Wörterbuch Deutsch-Indonesisch

Adolf Heuken

Wörterbuch Deutsch-Indonesisch

unter Mitarbeit von Elizabeth Ratna Tjahjono Sinaga

LANGENSCHEIDT · VERLAG ENZYKLOPÄDIE
Leipzig · Berlin · München · Wien · Zürich · New York

3. Auflage 1995
Die erste Auflage erschien unter dem Titel
„Langenscheidts Handwörterbuch Deutsch-Indonesisch"

Diterbitkan pertama kali oleh
Penerbit PT gramedia, anggota IKAPI, dan Yayasan Cipta Loka Caraka,
Jakarta 1987 für die Originalausgabe

Druck: Druckerei „G. W. Leibniz" GmbH, Gräfenhainichen
Printed in Germany
ISBN 3-324-00609-0

Inhalt

Isi

Vorwort

AUSGANGSPUNKT für die Abfassung dieses Wörterbuches waren die Bitten vieler Deutscher und Indonesier an den Verfasser, ein umfangreicheres und modernes Deutsch–Indonesisches Wörterbuch zu schreiben. Geplant war allerdings anfangs nur ein kleines Taschenwörterbuch. Nach langen Überlegungen in einer Studiengruppe und Rücksprache mit Angehörigen der mutmaßlichen Benutzergruppen haben wir uns dann entschlossen, den Umfang der aufzunehmenden Wörter beträchtlich zu erweitern. Wir hoffen, daß dieses Wörterbuch seinen Benutzern hilft, leichter mit beiden Sprachen umzugehen.

Für die Auswahl der deutschen Wörter haben wir uns weitgehend an den modernen Wörterbüchern des Verlages Langenscheidt orientiert und uns für die indonesische Übersetzung an in Jakarta zur Zeit gesprochenes und geschriebenes gehobenes Indonesisch gehalten. Dieses Wörterbuch ist gedacht für den Umgang mit zwei lebenden Sprachen, deren Wortschatz sich rasch weiter entwickelt und laufend verändert. Bei der Auswahl wurde auf Ausgewogenheit von Gemeinsprache und Fachsprachen geachtet; populäre wie auch 'offizielle' Neologismen wurden nur dann berücksichtigt, wenn sie sich schon eingebürgert haben; das gilt besonders für indonesische Neuschöpfungen. Um nicht-deutschsprachigen Benutzern den Umgang mit den deutschen Substantiven zu erleichtern, sind Genitiv Singular und Nominativ Plural angegeben und bei den Verben ist angezeigt, ob sie unregelmäßig sind und das Partizip ohne *'ge'* bilden. Eine Tabelle unregelmäßiger Verben ist beigefügt (siehe S. 663). Auf phonetische Hinweise wurde verzichtet, es sei denn, daß eine andere Betonung den Sinn eines deutschen Wortes ändert. Indonesiern und Deutschsprechenden bereitet die Aussprache der jeweils anderen Sprache kaum Schwierigkeiten.

Dieses Wörterbuch konnte nur in Zusammenarbeit fertiggestellt werden. Deshalb möchten wir allen Mitarbeitern danken, besonders aber Frau *Elizabeth Ratna Tjahjono Sinaga*, die nicht nur in einer der Gruppen für die Zusammenstellung der Wörter, sondern auch bei der wiederholten Überarbeitung des Manuskriptes und der Korrektur des Satzes mitgearbeitet hat. Wir danken ferner den Damen *Elisabeth Soeprapto Hastrich, Herijanti Potri, Soekartini Soegiono, Lusy Hilman, Sr. Marie-Therese Koesoemahadinegara OSU, Yulia Gunawan* und *Luki Hermanto,* sowie den Herren *Goris Ginggut* und *Supriyapto.* Aber auch den vielen anderen, mit deren Unterstützung dieses Wörterbuch fertiggestellt wurde, gilt mein Dank, besonders Frau *Ulla Müller* und *Ulrike Freifrau von Mengden*, Herrn *K.E. Tielebier-Langenscheidt*, Herrn *Friedrich Delius* und Herrn *Foo Keng Ho* sowie allen Mitarbeitern der Stiftung Cipta Loka Caraka in Jakarta. Und schließlich danken wir dem Verlag P.T. Gramedia, der in Zusammenarbeit mit der Stiftung Cipta Loka Caraka dieses Wörterbuch in Indonesien verbreitet.

Adolf Heuken SJ

Kata Pengantar

PENYUSUNAN kamus ini bertolak dari permintaan banyak orang Jerman dan Indonesia, yang sejak dulu mendorong pengarang untuk menulis kamus Jerman-Indonesia modern yang agak luas isinya. Rencana kami semula hanya menyusun sebuah kamus saku yang tidak begitu tebal. Setelah lama berunding dalam suatu kelompok studi dan bertukarpikiran dengan orang-orang yang termasuk kelompok-kelompok pemakai kamus seperti ini, kami memutuskan memperluas bidang kata-kata yang diterima. Kami harap kamus ini sungguh-sungguh dapat menolong mereka yang memakainya dalam penggunaan kedua bahasa ini dengan lebih mudah.

Kata-kata Jerman sebagian besar dipilih berdasarkan kamus-kamus modern Penerbit Langenscheidt, sedangkan padanan Indonesia diambil dari bahasa Indonesia yang baik sebagaimana digunakan secara lisan dan tertulis di Jakarta. Kamus ini dimaksudkan untuk pergaulan dalam dua bahasa yang hidup, yang perbendaharaan katanya berkembang pesat dan terus-menerus berubah. Dalam pemilihan kata-kata dijaga keseimbangan antara bahasa umum dan istilah-istilah dari bidang-bidang khusus. Kata-kata yang baru saja muncul, baik yang populer maupun yang agak resmi, hanya diperhatikan sejauh sudah diterima masyarakat; hal ini berlaku khususnya untuk kata-kata Indonesia yang baru saja dibentuk. Untuk mempermudah orang bukan-Jerman memakai kata benda (substantif) Jerman, maka dicantumkan genitif singular dan nominatif plural; dan kata kerja yang tak beraturan atau yang membentuk partisip tanpa '*ge-*', diberitahu secara khusus. Tabel kata kerja tak beraturan dilampirkan (lih. hlm. 663). Petunjuk-petunjuk fonetis diabaikan, kecuali kalau pemindahan tekanan suara mengubah arti sebuah kata Jerman. Sebab, mengucapkan bahasa Indonesia dan bahasa Jerman tidak begitu sulit bagi kedua belah pihak.

Hanya berkat kerjasamalah kamus ini dapat diselesaikan. Maka kami ingin berterimakasih kepada mereka semua yang telah membantu kami, terutama kepada Ny. *Elizabeth Ratna Tjahjono Sinaga*, yang tidak hanya turut serta dalam salah satu kelompok yang mencari kata-kata padanan Indonesia, melainkan juga turut mengerjakan dan memperbaiki manuskrip beberapa kali serta mengoreksi setting. Kami berterimakasih juga pada Ny *Elisabeth Soeprapto-Hastrich, Herijanti Potri, Soekartini Soegiono, Lusy Hilman, Sr. Marie-Therese Koesoemahadinegara OSU, Yulia Gunawan* dan *Luki Hermanto*, sebagaimana juga kepada Bapak *Goris Ginggut* dan *Supriyapto*. Akan tetapi kami ingin juga mengucapkan terimakasih kepada mereka yang mendukung kami terus untuk menyelesaikan kamus ini, terutama Ny. *Ulla Müller* dan *Ulrike Freifrau von Mengden*, Tuan *K.E. Tielebier-Langenscheidt, Friedrich Delius* dan *Foo Keng Ho*, sebagaimana juga semua rekan kerja kami dari Yayasan Cipta Loka Caraka di Jakarta. Dan akhirnya tak lupa pula ucapan terimakasih kami kepada Penerbit PT Gramedia, yang bekerjasama dengan Yayasan Cipta Loka Caraka menyebarluaskan kamus ini sampai ke tangan pembaca.

Adolf Heuken SJ

Erklärung der Zeichen und Abkürzungen
Keterangan tanda-tanda dan singkatan

1. Zeichen — *tanda-tanda*

– Waagerechter Strich (–) vertritt das erste nach links ausgerückte Stichwort oder den Teil dieses Wortes vor dem senkrechten Strich (|). — *Tanda panah horizontal (–) menggantikan sebuah entri pokok yang menjorong ke kiri atau bagian yang terdapat di muka garis tegak (|).*

| Der Teil des Stichwortes vor dem senkrechten Strich (|) wird bei den folgenden Wörtern desselben Abschnittes wiederholt. – *Bagian entri pokok di depan garis tegak (|) diulangi dalam semua kata subentri yang terdapat dalam alinea yang sama.*

° Kleiner runder Kreis über der Tilde (~̊) oder dem waagerechten Strich (–̊) bedeutet, daß der Anfangsbuchstabe des betreffenden Wortes klein statt groß oder umgekehrt geschrieben wird. — *Tanda nol kecil di atas tilde (~̊) atau garis pisah (–̊) menandakan, bahwa huruf pertama kata yang bersangkutan ditulis dengan huruf kecil sebagai ganti huruf besar atau sebaliknya.*

Arbeits|amt . . . ; **–̊los** (= arbeitslos)
. . ; **–losigkeit** (= Arbeitslosigkeit)

~ Die Tilde (~) vertritt das unmittelbar vorausgehende fettgedruckte Wort. — *Tilde (~) menggantikan kata yang dicetak tebal yang terletak persis sebelumnya.*

besprechen . . . ; *e Buch* ~ (= ein Buch besprechen)
Betrag *m* . . . ; **–̊en** . . . ; *sich* ~ (= sich betragen)
Haus *n* . . . ; *nach* ~*e* (= nach Hause)

e̸, *s̸* Schräger Strich durch die Buchstaben *e̸* oder *s̸* bedeutet, daß der Genitiv Singular oder Nominativ Plural mit oder ohne e bzw. s gebildet wird. — *Tanda garis miring yang terdapat pada huruf e̸ atau s̸ berarti, bahwa genitif tunggal atau nominatif jamak dibentuk dengan atau tanpa e atau s.*

Ehemann *m* (*–e̸s; ¨–er*) (Genitiv Singular = des
Ehemanns *oder* des Ehemannes)

– Waagerechter Strich (–) in der Klammer hinter Substantiven zeigt an, daß der Genitiv Singular bzw. der Nominativ Plural dem Nominativ

Singular gleich sind. — *Tanda panah horizontal dalam kurung di belakang kata-kata benda menandakan, bahwa genitif tunggal atau nominatif jamak sama bentuknya dengan nominatif tunggal.*

Galerie *f* (–;–*n*) (Genitiv Singular = der Galerie)
Galgen *m* (–*s*;–) (Nominativ Plural = die Galgen)

Kleiner senkrechter Strich (') zeigt den Akzent an: Die folgende Silbe wird betont. Wird vor allem angegeben, wo wechselnder Akzent einen Bedeutungswandel mit sich bringt. — *Garis lurus kecil* (') *menandakan aksen atau tekanan suara: Suku kata berikutnya mendapat tekanan. Tanda ini dicantumkan terutama, kalau penggantian aksen mengakibatkan perubahan arti.*

'umfahren (= beim Fahren umwerfen; *z.B.* er hat den Pfahl umgefahren);
um'fahren (= herum fahren; *z.B.* er hat die Insel umfahren)

O Großes *O* zeigt an, daß das Wort keinen Plural hat. — *Huruf O besar menandakan, bahwa kata yang bersangkutan tidak mempunyai bentuk jamak.*

Garaus *m* (–;*O*) (*bildet keinen Plural*)

¨– Waagerechter Strich mit zwei Punkten darüber (¨–) zeigt an, daß der Nominativ Plural mit Umlaut gebildet wird. — *Tanda pisah dengan dua titik di atasnya* (¨–) *menandakan, bahwa nominatif jamak dibentuk dengan umlaut.*

Mann *m* (–*(e)s*; ¨–*er*) (Nominativ Plural = die Männer)

... Drei Punkte in der Klammer nach einem Substantiv bedeuten, daß im Genitiv Singular und/oder Nominativ Plural der Teil des Wortes, der wiederholt wird, vom Nominativ der Singularform abweicht. — *Tiga titik (...) dalam kurung sesudah kata benda menandakan, bahwa bagian kata yang diulang pada bentuk genitif tunggal dan/atau nominatif jamak menyimpang dari bentuk nominatif tunggal(nya).*

Anschluß *m* (... *usses*; ... *üsse*) (Genitiv Singular = des Anschlusses; Nominatif Plural = die Anschlüsse)
Examen *m* (–*s*; ... *mina*) (Nominativ Plural = die Examina)

(–) Waagerechter Strich in Klammern: das Verb bildet das Partizip Perfekt ohne *ge*–. — *Tanda pisah dalam kurung (–) berarti, bahwa partisip perfek dari kata kerja yang bersangkutan dibentuk tanpa awalan ge–.*

zerbrechen (–) (Partizip Perfekt = zerbrochen)

... Drei fettgedruckte Punkte (**...**) vor dem Stichwort zeigen an, daß das folgende Wort den letzten Teil zusammengesetzer Wörter ausmacht. — *Tiga titik tebal* (**...**) *sebelum entri menandakan, bahwa kata berikutnya merupakan bagian akhir dari kata-kata majemuk.*

... tägig (*kommt in Zusammensetzungen vor, z. B. ganztägig, halbtägig*)

ë Zwei Punkte auf deutschem (ë) in diesem Wörterbuch bedeuten nur, daß dieses e ausgesprochen wird. Diese Punkte sind ein Aussprachezeichen und werden nicht geschrieben. — *Dua titik di atas huruf (ë) dalam kata-kata Jerman hanya menandakan, bahwa e ini diucapkan. Akan tetapi dua titik ini hanya tanda ucapan dan tidak ditulis.*

Familië, Kapitaliën

Schräger Strich deutet an, (1) daß die Wörter vor und nach dem Strich synonym gebraucht werden, (2) daß es mehrere Möglichkeiten gibt, eine Form zu bilden, oder (3) daß ein Wort mit mehreren Wörtern verbunden werden kann. – *Tanda garis miring (|) menandakan, (1) bahwa kata sebelum dan sesudahnya (hampir) sama artinya, (2) bahwa terdapat beberapa kemungkinan untuk membentuk kata yang tertentu, atau (3) bahwa satu kata dapat digunakan dengan beberapa kata lain.*

(1) **balai/gedung kesehatan** = balai atau gedung kesehatan
(2) **Fleck** *m (–es; –e/–en)* = Flecke *oder* Flecken (zwei mögliche Nominative im Plural)
(3) **memegang bola/kayu/kertas** = memegang bola atau kayu atau kertas

1., 2., 3. Fettgedruckte arabische Ziffern geben an, (1) daß das deutsche Wort mehrere weit von einander abweichende Bedeutungen hat; (2) häufig handelt es sich um verschiedene Wörter mit gleicher Schreibweise. — *Angka Arab tebal menandakan, (1) suatu kata Jerman mempunyai beberapa arti yang sangat berbeda; (2) seringkali menandakan juga kata-kata yang berbeda tetapi kebetulan ditulis sama.*

(1) **umlegen** *tr.* **1.** meratakan; **2.** *Mantel* meletakkan di atas bahu; **3.** *Verkehr, s. umleiten*
(2) **Leiter 1.** *m (–s;–)* (= der Führer); **2.** *f (–;–n)* (= Gerät um hochzusteigen)
laut 1. berbunyi; **2.** *Prp.* menurut

2. Abkürzungen — *Singkatan*

a) im deutschen Text — *dalam teks Jerman*

Abk. Abkürzung *singkatan*
Adj. Adjektiv, Eigenschaftswort *kata sifat, ajektif*
Adv. Adverb, Umstandswort *kata keterangan, adverbia*
Akk. Akkusativ, Wenfall *kasus keempat, akusatif*
Anat. Anatomie *ilmu urai tubuh, anatomi*
Ast. Astronomie *ilmu perbintangan/falak, astronomi*
Bgb. Bergbau *pertambangan*
Bio. Biologie *ilmu hayat, biologi*
Bo. Botanik, Pflanzenkunde *ilmu tumbuh-tumbuhan, botani*
Chem. Chemie *ilmu kimia*
Dat. Dativ, Wemfall *kasus ketiga, datif*
Demon. Demonstrativum, Demonstrativpronomen, hinweisendes Fürwort *kata ganti penunjuk*

e	ein *satu/suatu* (unbestimmter Artikel, *kata sandang tak tentu*)
e-e	eine *satu/suatu*
Elek.	Elektrotechnik *perlistrikan, elektroteknik*
e-m	einem *satu/suatu*
e-n	einen *satu/suatu*
e-r	einer *satu/suatu*
e-s	eines *satu/suatu*
et.	etwas *sesuatu*
f	feminin, weiblich *jenis betina, feminin*
fig.	figürlich, im übertragenen Sinne *dalam arti kiasan*
Flgw.	Flugwesen *penerbangan*
Fot.	Fotografie *fotografi*
Gen.	Genitiv, Wesfall *kasus kedua, genitif*
Geogr.	Geographie, Erdkunde *ilmu bumi, geografi*
Geo.	Geologie, Lehre von der Erde *ilmu tanah, geologi*
Gr.	Grammatik, Sprachlehre *tata-bahasa, gramatika*
iron.	ironisch *ironis*
itr.	intransitiv, ohne Ergänzung im Wenfall *tanpa obyek langsung atau pelengkap penderita, intransitif*
j.	jemand *seseorang (sso.)*
j-m	jemandem *seseorang (sso.)*
j-n	jemanden *seseorang (sso.)*
j-s	jemandes *seseorang (sso.)*
Jur.	Jura, Rechtswissenschaft *ilmu hukum*
Konj.	Konjunktion, Bindewort *kata penghubung*
Lit.	Literatur, dichterische Sprache *bahasa sastra*
m	maskulin, männlich *jenis jantan, maskulin*
Mar.	Marine, Seefahrt *pelayaran*
Math.	Mathematik *ilmu pasti, matematika*
Med.	Medizin *ilmu kedokteran*
Mil.	Militär *ketentaraan, militer*
Mot.	Motor, Kraftfahrwesen *berh. dng. motor*
Mus.	Musik *musik*
Myth.	Mythologie *berh. dng. dongeng/mitos, mitologi*
n	Neutrum, sächlich *jenis banci, netral*
od.	oder *atau*
Parl.	Parlamentarischer Ausdruck *berh. dng. parlemen*
Part.	Partizip Perfekt, Zweites Mittelwort *bentuk partisip perfek*
pej.	pejorativ, im schlechten Sinne *dalam arti jelek*
Phil.	Philosophie *filsafat*
Phys.	Physik *ilmu alam, fisika*
pl	Plural, Mehrzahl *jamak*
Pol.	Politik *politik*
Pron.	Pronomen, Fürwort *kata ganti, pronomina*
Prp.	Präposition, Verhältniswort *kata depan, preposisi*
Psych.	Psychologie *ilmu jiwa, psikologi*
refl.	reflexiv, rückbezüglich *refleksif*
Rel.	Religion *agama*
Relat.	Relativpronomen, bezügliches Fürwort *kata ganti penghubung*
Rundf.	Rundfunk(wesen) *perihal radio dan televisi*
s.	siehe *lihatlah*
s-e	seine ...*nya*

Sg. Singular, Einzahl *tunggal*
s-m seinem ... *nya*
s-n seinen ... *nya*
s-r seiner ... *nya*
s-s seines ... *nya*
Sp. Sport *olahraga, sport*
Tech. Technik, technisch *teknik*
Tel. Telegraphie u. Telefon, Fernschreiben u. Fernsprechen *telegraf dan telpon*
Thea. Theater *teater, seni panggung*
tr. transitiv, zielend *dengan obyek langsung, transitif*
u. und *dan*
ugs. umgangssprachlich *bahasa percakapan*
Univ. Universität, Hochschulwesen *universitas, perguruan tinggi*
unr. unregelmäßig *tak beraturan*
z.B. zum Beispiel *misalnya (mis.)*
Zo. Zoologie, Tierkunde *ilmu hewan*

b) **im indonesischen Text — dalam teks Indonesia**

berh. *berhubungan* bezüglich, in Verbindung mit
bk. *bahasa kasar* grober Ausdruck
bp. *bahasa percakapan/pergaulan* Umgangssprache
dl. *dalam* in
dng. *dengan* mit
dp. *daripada* von, als
dsb. *dan sebagainya* und ähnlich(e,es)
dst. *dan seterusnya* und so weiter (u.s.w.)
kpd. *kepada* an, nach, bis, zu; zur Bildung des Dativs
mis. *misalnya* zum Beispiel
pd. *pada* an, auf
sm. *semacam, sejenis* ähnlich, eine Art von
spt. *seperti* wie
spy. *supaya* damit, daß
sso. *seseorang* jemand
sst. *sesuatu* ein, etwas
tdk. *tidak* nicht
thd. *terhadap* gegen(über), in Bezug auf, betreffend
tt. *tentang* über, von
utk. *untuk* für
yg. *yang* Relativpronomen (der, die, das)

A

A *n* (–;–) *das A u. O* hal yg. paling penting; *von A bis Z* semuanya, dari mula hingga akhir; *wer A sagt, muß auch B sagen* harus konsekwen; *A-Dur* A mayor; *A-Moll* A minor

Aal *m* (–ɇs;–e) belut, mua, *anguilla vulgaris;* **≗en** *sich* ~, *ugs.* bermalas-malasan; **≗glatt** licin/licik sekali

Aar *m* (–ɇs;–e) elang, rajawali

Aas *n* (–es;–e) bangkai (binatang); *Köder* umpan; **≗en** *itr. ugs., mit et.* ~ memboroskan sst.; **–geier** *m* burung hering

ab dari, mulai dari; *vom* 15. *Mai* ~ dari tanggal 15 Mei; *von jetzt* ~ mulai dari sekarang; ~ *u. zu* kadang-kadang; ~ *Berlin/Fabrik/Lager* dari Berlin/pabrik/gudang; ~ *dort* dari sana; *auf u.* ~ turun naik; *weit* ~ jauh dari; *Hut* ~ *! ugs.* angkat topi!

Abakus *m* (–;–) swipoa, dekak-dekak Tionghoa

ab·änder|n *tr.* mengubah; **≗ung** *f* perubahan; **≗ungs·antrag** *m, Parl.* amandemen; usul perubahan

ab·arbeiten *tr., Schuld* ~ bekerja utk. melunasi hutang; *sich* ~ bekerja keras, membanting tulang; *abgearbeitet* letih, lesu (karena kerja)

Abart *f* bentuk lain; *Bio.* spesies; **≗en** *itr.* bervariasi; **≗ig** tdk. normal

Abbau *m* (–ɇs;O) pembongkaran; eksploitasi; penggalian, pertambangan; *fig.* penurunan; *Erz* pertambangan bijih besi; *Preis* kemerosotan harga; **≗en** *tr. itr.* membongkar, menambang; menurunkan; **≗würdig** bermanfaat utk. digali/dieksploitasi

abbeißen *unr. tr.* menggigit sampai lepas

abbekommen (–) *unr. itr., s-n Teil/et.* ~ memperoleh bagiannya/sst.; *Regen* ~ kehujanan

abberufen (–) *unr. tr.* memanggil kembali

abbestellen (–) *tr.* membatalkan; *Zeitung* menghentikan langganan suratkabar

abbezahl|en (–) *tr.* mencicil, mengangsur; membayar lunas; **≗ung** *f* (–;–en) angsuran, cicilan

abbieg|en *unr. tr. itr.* membelok(kan); *fig.* menghalangi, mencegah; *vom Wege* ~ menyimpang dari jalan; *der Weg biegt ab* jalan itu bercabang; **≗ung** *f* persimpangan jalan

Abbild *n* salinan, kopi; gambaran; *Lit.* citra; **≗en** *tr.* mencontoh, menggambar, meniru, menyalin; **–ung** *f* (–;–en) ilustrasi, gambar(an), potret

abbinden *unr. tr.* membuka ikatan; *Ader* mengikat pembuluh darah; *itr., Zement* membeku, mengeras

Abbitte *f* (permintaan) maaf; **≗n** *unr. tr.* meminta maaf

abblasen *unr. tr.* meniup (debu); *Streik* ~ membatalkan/menghentikan pemogokan

abblättern *tr.* gugur, rontok (daun); *Farbe, Haut* mengelupas, terkelupas

abblenden *tr. itr.* mengurangi cahaya yg. menyilaukan; *Auto* memasang lampu kecil/dim; *Fot.* mengecilkan lubang lensa, memperkecil diafragma

abblitzen *itr. ugs.,* ~ *lassen* menampik, menolak dng. tdk. sopan

abbrausen *sich* ~ mandi air pancuran; *itr. ugs.* berangkat dng. cepat

abbrechen *unr. tr.* memutuskan (hubungan), mengakhiri; membongkar; memetik (bunga); *die Arbeit* ~ menghentikan pekerjaan, berhenti bekerja; (*et.*) *die Spitze* ~ mencegah akibat (dari sst.); *Zelte* ~, *fig.* pindah tempat
abbremsen *tr.* mengurangi kecepatan, merem
abbrennen *unr. tr. itr.* menghanguskan; (habis) terbakar; *Feuerwerk* ~ meledakkan petasan
abbringen *unr. tr.* mengalihkan; *j-n von s-r Meinung* ~ membuat sso. mengubah pendapatnya; *vom rechten Wege* ~ menyesatkan; *davon lasse ich mich nicht* ~ dl. hal ini saya tdk. mau mengubah pendapat saya
abbröckeln *itr.* merepih; *Farbe* mengelupas
Abbruch *m* pembongkaran; kerugian; *auf* ~ *verkaufen* menjual rumah dng. syarat bahwa rumah dibongkar; ~ *der diplomatischen Beziehungen* pemutusan hubungan diplomatik; ~ *tun* merugikan; **–s·unternehmer** *m* pembongkar rumah
abbrühen *tr.* menyeduh
abbuchen *tr.* membebankan konto; *fig.* menganggap hilang
abbürsten *tr.* menyikat sampai bersih
abbüßen *tr.* menebus/memperbaiki (kesalahan) dng. berbuat sst.; *mit Geld* ~ membayar denda
Abc *n* (–;O) ABC, abjad; **––Schüler** *m*, **––Schütze** *m* murid kelas satu sekolah dasar
abdach|en *tr.* memiringkan, mencondongkan; **–ig** miring, condong; **≗ungswinkel** *m* sudut inklinasi
abdämmen *tr.* membendung
Abdampf *m* asap kotor; **≗en** *itr. ugs.* berangkat, pergi
abdämpfen *tr.*, *s. dämpfen*
abdank|en *tr. itr.* memberhentikan; berhenti, melepaskan kedudukan, meletakkan jabatan, mengundurkan diri; **≗ung** *f* (–;–*en*) pengunduran diri, turun-tahta
abdeck|en *tr.* membereskan (meja sesudah makan); membongkar atap; *zudecken* menutupi; *Kadaver* menguliti; **≗erei** *f* (–;–*en*) perusahaan pengolahan bangkai
abdicht|en *tr.* menutup rapat-rapat, menambal; **≗ung** *f* (–;–*en*) penutupan yg. rapat
abdienen *tr.* mengabdi sampai kesalahan/hutang terbayar; *s-e Zeit* ~ melaksanakan ikatan dinas
abdingen *unr. tr.* menawar rendah
Abdomen *n* (–*s*;–/. . . *mina*) perut
abdrängen *tr.* menyingkirkan; *vom Wege* ~ mendesak(-desak) agar orang lain menyingkir dari jalan
abdrehen *tr.* memutar sampai lepas; *Gas, Licht* mematikan; *itr.* menyimpang dari haluan
abdrosseln *tr.*, *Luft* menutup saluran; *Mot.* memperlambat, *bp.* mengambil gas
Abdruck *m* (–*es*;¨–*e*) bekas, cetakan, jejak; (–*es*;–*e*) pencetakan, (hasil) cetakan, salinan; **≗en** *tr.* mencetak; *abgedruckt* tercetak
abdrücken *tr.* menarik (pelatuk senapan), melepas tembakan; *ugs.* memeluk erat-erat; *es drückt mir das Herz ab* saya menjadi patah hati karenanya
Abend *m* (–*s*;–*e*) malam; *am* ~, *des* ~*s* pd. waktu malam; *guten* ~! selamat malam! *Heilig(er)* ~ Malam Natal; *Samstag* ≗ malam minggu; *Sonntag* ≗ minggu malam; *zu* ~ *essen* makan malam; **–anzug** *m* pakaian lengkap utk. pesta malam; **–ausgabe** *f* edisi sore; **–brot** *n* makan/santapan malam; **–dämmerung** *f* senjakala; **–gebet** *n* doa malam; **–gesellschaft** *f* pesta malam; **–gottesdienst** *m* ibadah malam; **–kasse** *f* loket utk. membeli karcis sebelum pertunjukan; **–kleid** *n* gaun malam; **–land** *n* negeri Barat; **≗lich** pd. waktu malam; *zur* ~*en Stunde* di waktu malam (sebelum tidur); **–mahl** *n*, *Rel.* Perjamuan Suci; **–messe** *f*, *Rel.* misa malam; **≗s** pd. malam hari; *acht Uhr* ~ jam delapan malam; **–schule** *f* kursus malam; **–stern** *m* bintang sore/zohrah; Venus; **–zug** *m* kereta malam

Abenteu|er *n* (*–s;–*) petualangan; **≗erlich** penuh pengalaman luar biasa; **–rer** *m* (*–s;–*) petualang

aber tetapi, tapi; *oder* ∼ atau; *ohne Wenn u.* ≗ tanpa alasan ini dan itu; tanpa banyak cincong; *er hat immer e (Wenn u.)* ≗ ia selalu banyak alasan; ∼*tausend* ribuan

Aber·glaube *m* (*–ns;O*) takhyul

ab·erkenn|en (–) *unr. tr.* tdk. mengakui lagi; *e Recht* ∼ mencabut hak; **≗ung** *f* (*–;–en*) *die* ∼ *e-s Diploms* pencabutan ijazah

abermals sekali lagi

ab·ernten *tr.* menuai

aberwitzig tdk. masuk di akal, gila

ab·essen *unr. tr.* memakan habis

abfahr|en *unr. itr.* berangkat; *j-n* ∼ *lassen* menolak sso.; *tr.* mengangkut dng. kendaraan; menghabiskan dng. berjalan-jalan; **≗t** *f* (*–;–en*) keberangkatan; (pem)belokan (dari jalan raya); *Sp.* meluncurnya dari atas dng. ski.; **≗tsbahnsteig** *m*, **≗tshalle** *f* peron/serambi stasiun tempat kereta berangkat; **≗tslauf** *m* perlombaan ski; **≗t(s)zeit** *f* waktu berangkat

Abfall *m* (*–(e)s;–̈e*) ampas, sampah, sisa; *Gelände* lereng, kemiringan; *fig.* pemisahan, penarikan diri, murtad, pengkhianatan; *Blätter* rontoknya; **–eimer** *m* tempat sampah; **–eisen** *n* besi karatan; **≗en** *unr. itr.* berkurang; berguguran, jatuh; *Gelände* melandai, menurun; *sich abwenden* mengkhianati, meninggalkan; *es fällt sehr ab gegen* mutunya tdk. sebanding dng.; *es fällt nicht viel dabei ab* hampir tdk. ada untungnya; **≗end** condong, miring, landai; **–haufen** *m* timbunan sampah

abfällig bersifat menghina/tercela; tak setia; ∼*e Bemerkung* cemoohan, sindiran; ∼ *über j-n sprechen* mencemoohkan/mengata(–ngata)i sso.; ∼ *urteilen* menilai jelek; ∼ *bescheiden* menolak

Abfallprodukt *n* produk sampingan

abfangen *unr. tr.* mencegat, menghadangi; *Brief* menyabot

abfärben *itr.* luntur; ∼ *auf* kelunturan; *fig.* mempengaruhi (secara jelek)

abfass|en *tr.* merumuskan, menyusun; *e-n Bericht* ∼ mengarang laporan; *j-n* ∼ menangkap sso.; **≗ung** *f* (*–;–en*) karangan, uraian; perumusan

ab|faulen *itr.* membusuk dan jatuh; **–federn** *itr.* membal, mengeper; mengenyal; **–feilen** *tr.* mengikir

abfertig|en *tr.*, *e-n Kunden/Antrag* ∼ melayani langganan/permohonan; *j-n kurz* ∼ melayani sso. dng. cepat dan tdk. ramah; *Paket* ∼ menerima paket utk. dikirim; **≗ung** *f* (*–;–en*) *Gepäck* pengurusan bagasi; *Zoll* pemeriksaan duane; *Abfuhr* penolakan

abfeuern *tr.* melepaskan tembakan

abfind|en *unr. tr.* memuaskan seadanya/secukupnya, mengganti rugi; *sich mit j-m/et.* ∼ terpaksa menerima sso./sst.; **≗ung** *f* (*–;–en*) pemuasan, penyelesaian tuntutan, kompensasi; **≗ungssumme** *f* uang ganti-rugi

abflach|en *tr. itr.* mendatarkan; menjadi dangkal; **≗ung** *f* (*–;–en*) pendataran

abflauen *itr.* berkurang, mereda

abfliegen *unr. itr.*, *Flgw.* lepas landas, berangkat

abfließen *unr. itr.* mengalir

Abflug *m* keberangkatan (dng.) pesawat terbang

Abfluß *m* saluran; **–graben** *m* parit, selokan; **–rohr** *n* pipa saluran

Abfolge *f* urutan (acara)

abfordern *tr.*, *j-m et.* ∼ menuntut sst. dari sso.

abfragen *tr.* menanyai; *e-m Schüler die Grammatik* ∼ menguji pengetahuan tata bahasa seorang murid

abfressen *unr. tr.*, *Tier* memakan habis

abfrieren *unr. itr.* membeku karena dingin dan kemudian jatuh

Abfuhr *f* (*–;–en*) transpor, pengangkutan; *fig.* kekalahan; penolakan kasar

abführ|en *tr.* membawa ke tempat lain, memindahkan; *Geld* membayar kpd.; *ins Gefängnis* ∼ menghantar ke penjara; *vom Wege* ~ menyesatkan; **–end** *Med.* bersifat mencahar; **≗mittel** *n* pencahar, obat cuci perut, urus-urus

abfüllen *tr.* mengisi (ke dl. botol)

abfüttern *tr.*, *Tiere* memberi makanan kpd. binatang; *ugs. bp.* mengasih makanan; memberi makanan spy. dimakan cepat-cepat

Abgabe *f* pemberian, penyerahan; *Beitrag* sumbangan, dana, iuran; *Steuer* pajak (bea); *Sp.* pengoperan bola; *Handel* penjualan; *Wahl* pemberian suara; **≗nfrei** bebas bea; **≗pflichtig** wajib pajak

Abgang *m* (–ẹs;–̈e) pergi keluar; *Tod* kematian; *Rückgang* turunnya (jumlah pasien, pegawai. . .); ~ *aus e-r Stellung* pengunduran diri; ~ *von der Schule* meninggalkan sekolah; *Verlust* kerugian; *Verdauung* hajat besar; **–sprüfung** *f* ujian penghabisan; **–szeugnis** *n* Surat Tanda Tamat Belajar (STTB)

Abgas *n* gas kotor, asap motor

abgeben *unr. tr.* memberi(kan), membagi, menyerahkan; *e-e Erklärung* ~ menyatakan penjelasan; *Meinung* ~ mengeluarkan pendapat; *Schuß* ~ melepaskan tembakan; *Stimme* ~ memberi suara; *sich* ~ *mit et.* menyibukkan diri dng. sst., mengurus sst.; *sich* ~ *mit j-m* mengadakan hubungan dng. sso.

abge|brannt terbakar; *ohne Geld, ugs. bp.* bokek; **–brüht** tak berperasaan, tebal muka; **–droschen** *Adj.* membosankan; **–feimt** licik; **–griffen** *Adj.* kumal; **–hackt** terpotong

abgehen *unr. itr.* meninggalkan, pergi; berangkat; *von der Schule* ~ meninggalkan sekolah; *reißend* ~, *bp.* laris spt. kacang goreng; *von e-m Vorhaben* ~ mengubah maksud/rencana; *von e-r Meinung* ~ ganti pendapat; *vom Thema* ~ menyimpang dari pokok pembicaraan; *vom (rechten) Wege* ~ menyimpang dari jalan (yg. benar); *ihm geht nichts ab* ia tdk. kekurangan apa-apa; *gut* ~ berjalan baik; *schlecht* ~ berjalan buruk

abgekämpft lesu, cape sekali

abgeklärt seimbang, matang, bijaksana

abgelebt renta; tua bangka

abgelegen *Adj.* terpencil, terisolir

abgelten *unr. tr.* mengimbangi, mengganti dng.

abgemacht! setuju! akur!

abgemessen *Adj.* terukur, teratur; *fig.* kaku, formil

abgeneigt segan, tdk. bersedia; *nicht ~ sein* tdk. berkeberatan

abgenutzt aus, usang

Abgeordnete *m, f* (*–n;–n*) wakil; utusan; **–nhaus** *n* gedung perwakilan; *fig.* dewan perwakilan

abgerissen *Adj.* terputus, sobek; *Gebäude* terbongkar; *Kleid* compang-camping

abgerundet bulat, lengkap

Abgesandte *m, f* (*–n;–n*) utusan, duta

abgeschieden *Adj.* mati, wafat; *einsam* terpencil

abgeschlossen *Adj.* terkunci; *fig.* selesai, lengkap

abgeschmackt aneh, ganjil, tak lucu

abgesehen *Adj.*, ~ *von* selain dari, kecuali

abgespannt *fig.* lelah, lesu, penat

abgestanden *Adj.* basi

abgestorben *Adj.* mati

abgestumpft tumpul; ~ (*gegen*) bosan, jemu akan, tak berminat, acuh tak acuh (thd.)

abgetan *Adj.*, ~ *sein* sudah selesai/beres

abgewinnen (–) *unr. tr.* memperoleh, mendapat

abgewirtschaftet terbengkalai, terlantar; hampir bangkrut

abgewöhnen (–) *tr.*, *j-m et.* ~ membuat sso. melepaskan/meninggalkan suatu kebiasaan

abgezählt ~*es Geld* uang pas

Abglanz *m* pantulan sinar/cahaya

abgleiten *unr. itr.*, **abglitschen** *itr. ugs.* merosot, meluncur, tergelincir

Abgott *m* berhala; *fig.* pujaan

Abgött|erei *f* (*–;O*) pemujaan berhala; **≗isch** terlalu, sangat

abgrämen *sich* ~ merana, bersedih hati

abgrenzen *tr.* membatasi, memberi batasan

Ab|grund *m* ngarai, jurang yg. dl. sekali; *fig.* jurang, kesenjangan, dalamnya; *Herz* lubuk; **≗gründig** tak terduga dalamnya; sangat
abgucken *tr.* belajar dng. melihat cara kerja orang lain; menyontek, mencontoh
Abguß *m* cetakan, tuangan
abhacken *tr.* menebas, memotong
abhaken *tr.* menandai, memberi tanda (V)
abhalten *unr. tr.* mencegah, menghalangi; *Sitzung, Fest* melaksanakan, menyelenggarakan, mengadakan; *Unterricht* ~ memberi pelajaran; *e Kind* ~ mengangkat kanak-kanak sedikit spy. dapat buang air
abhandeln *tr.* tawar-menawar harga; *behandeln* membahas, menguraikan
abhanden *Adv.*, ~ *kommen* (ke)-hilang(an)
Abhandlung *f* pembahasan, uraian, karangan
Abhang *m* lereng; tebing
abhäng|en **1.** *tr.* menurunkan; melepaskan; **2.** *unr. itr.* tergantung dari; ~ *von, s. abhängig;* **–ig** ~ *von* tergantung kpd./dari; **≗igkeit** *f* (–;*O*) ketergantungan; ketagihan
abhärmen *sich* ~ merana, bersedih hati
abhärten *tr.*, ~ (*gegen*) mengeraskan, memperkuat, menggembleng
abhauen *unr. tr.* menebang, memotong; *itr. ugs.* diam-diam pergi, melarikan diri
abhäuten *tr.* menguliti
abheben *unr. tr.* mengangkat; *Geld vom Konto* ~ mengambil uang dari konto; *sich* ~ *von* berkontras dng., tampak dng. jelas
abheften *tr.* memasukkan/menyimpan dl. snelhechter/stofmap
abhelfen *unr. itr.*, *e-r Sache* ~ mengakali/membereskan sst.
abhetzen *itr.* melelahkan, membuat (menjadi) capai; *sich* ~ tergesa-gesa sampai menjadi lelah
Abhilfe *f* perbaikan
abhold tdk. suka, segan
abholen *tr.* menjemput, mengambil
abholzen *tr.*, *Wald* ~ menggunduli hutan
abhorchen *tr.* menguping, memasang telinga; *Med.* memeriksa dng. stetoskop
abhören *tr.* mendengarkan secara diam-diam, memonitor; *Hausaufgaben* ~ memeriksa pekerjaan rumah
abirren *itr.* menyimpang dari arah/jalan tanpa disengaja, melantur; *fig.* menyimpang; *abgeirrt* tersesat
Abitur *n* (–*s*;–*e*) ujian penghabisan sekolah lanjutan atas; **–iënt** *m* (–*en*;–*en*) , **iëntin** *f* (–;–*nen*) tamatan sekolah lanjutan atas
abjagen *tr.* merampas sesudah diburu; *sich* ~ bersibuk-sibuk sampai menjadi lelah
abkarten *tr.* bersekongkol; merencanakan (dng. diam-diam)
Abkauf *m* pembelian; **≗en** *tr.*, *j-m et.* ~ membeli sst. dari sso.; *ugs.* percaya akan sst. yg. dikatakan sso.
Abkehr *f* (–;*O*) perbuatan berpaling; **≗en** *tr.* menyapu; *sich von j-m* ~ berpaling dari sso.
abklären *tr.* menjernihkan
Abklatsch *m* (–*es*;–*e*) jiplakan, tiruan yg. kurang berharga
abklemmen *tr.* menjepit sehingga aliran putus, memutuskan dng. jepitan
abklingen *unr. itr.* menghilang berangsur-angsur, menjadi semakin lemah
abklopfen *tr.* membersihkan kain dng. mengiraikan/mengirapkan; *Brust, Wand* memeriksa dng. mengetok(kan)
abknallen *tr.* menembak seenaknya
abkneifen *unr. tr.* mengepit/menjepit sampai putus
abknicken *tr.* mematahkan; *itr.*, *Verkehr* membelok
abknutschen *tr. ugs.* mencium lama dan hangat
abkochen *tr.* mendidihkan, memasak sampai mendidih; *itr.* masak di alam terbuka
Abkomme *n* (–*n*;–*n*) keturunan
Abkommen *n* (–*s*;–) persetujuan, perjanjian; **≗** *unr. itr.* menyimpang; *von e-r Gewohnheit* ~ meninggalkan kebiasaan; *er kann nicht* ~ ia tdk.

dapat datang/hadir (karena sibuk); **–schaft** *f* (–;*O*) keturunan
abkömmlich tdk. terikat, bebas
Abkömmling *m* (*–s;–e*) keturunan
abkoppeln *tr.* melepaskan
abkratzen *tr.* mengerik/mengorek/menggaruk(–garuk) sampai terlepas; *itr. ugs.* mati, *bp.* mampus
abkühlen *tr. itr.* mendinginkan; menjadi dingin/sejuk; *sich* ~ menyegarkan diri
Abkunft *f* (–;*O*) (ke)turunan, asal(–usul)
abkürz|en *tr.* menyingkat, memperpendek; *den Weg* ~ memotong jalan; **≗ung** *f* (–;*–en*) penyingkatan, pemotongan; singkatan
abladen *unr. tr.* membongkar/menurunkan muatan
Abladeplatz *m* tempat pembongkaran (muatan)
Abla|ge *f* (–;*–n*) tempat penyimpanan/penitipan; arsip; **≗gern** *tr.* menyimpan; mengendap; **–gerung** *f* (–;*–en*) endapan
Ablaß *m* (*Ablasses; Ablässe*) *Rel.* pengampunan denda dosa; *Preis* potongan harga; **–rohr** *n* pipa penyaluran
ablassen *unr. tr.* membiarkan mengalir ke luar; menjual; *vom Preis* ~ memberi potongan harga; *Strafe* ~ meringankan hukuman; *von j-m* ~ tdk. mengejar sso. lagi
Ablauf *m* tempat cairan keluar; saluran keluar; *fig.* tamat, selesainya; *Verlauf* peredaran, terjadinya; *nach ~ der Vorstellung* sehabis pertunjukan; **≗en** *unr. itr.* mengalir terus sampai habis, mengalir ke bawah; *die Zeit läuft ab* waktu berlalu; *das Wasser läuft ab* air menyusut; *der Paß ist abgelaufen* paspor tdk. berlaku lagi; *j-m den Rang* ~ melebihi/mengalahkan sso.; *das läuft nicht gut ab* hal itu tdk. akan berakhir dng. baik; *die Uhr ist abgelaufen* jam itu sudah mati; ~ *lassen* membiarkan mengalir, membiarkan berputar sampai habis
ablauschen *tr.* mendengarkan
Ablaut *m* ablaut, gradasi vokal (pd. kata yg. berasal dari satu akar; *mis.*: *gehen — ging — gegangen*)
Ableben *n* kematian, wafat, meninggalnya
ablecken *tr.* menjilat (sampai habis)
ablegen *tr.* menanggalkan (pakaian); meletakkan; *Rechenschaft* ~ mempertanggungjawabkan; *e-n Eid* ~ bersumpah; *Zeugnis* ~ memberi kesaksian; *bitte legen Sie ab*! silahkan menanggalkan mantel dan topi! *e-e Prüfung* ~ menempuh ujian
Ableger *m* (–*s*;–) tunas; cabang
ablehn|en *tr.* menolak; **≗ung** *f* (–;*–en*) penolakan; **≗ungsbescheid** *m* pemberitahuan tt. penolakan
ableisten *tr.* menyelesaikan (waktu ikatan dinas)
ableit|en *tr.* mengalihkan, menyalurkan ke tempat lain; *fig.* menyimpulkan; *Ursache feststellen* menyusuri, menelusuri; *sich ~ von* berasal dari; **≗ung** *f* pengalihan; *Folgerung* penyimpulan, kesimpulan; *Linguistik* pengembalian pd. asal-usulnya
ablenk|en *tr.* membelokkan, membias(kan); **≗ung** *f* (–;*–en*) pembelokan; *fig.* gangguan pd. konsentrasi; **≗ungsmanöver** *n* usaha mengalihkan perhatian
ables|bar dapat dibaca; **–en** *unr. tr.* membaca
ableugn|en *tr.* menyangkal, memungkiri; **≗ung** *f* (–;*–en*) penyangkalan
ablichten *tr.* membuat fotokopi
abliefer|n *tr.* menyerahkan, menyampaikan; **≗ung** *f* penyerahan
ablös|en *tr.* melepaskan dng. hati-hati; *übernehmen, ersetzen* menggantikan, *bp.* mengaplus; *Schuld* menebus, melunaskan; **≗ung** *f* penggantian; pelunasan
abmach|en *tr.* melepaskan; menyetujui; menyelesaikan, mengakhiri; *abgemacht*! setuju! **≗ung** *f* (–;*–en*) persetujuan, perjanjian; *e-e* ~ *treffen* mengadakan janji
abmager|n *itr.* menjadi kurus; **≗ungskur** *f* diet utk. melangsingkan badan
abmalen *tr.* melukis, menggambarkan; *sich* ~ tercermin
Abmarsch *m* keberangkatan; **≗ieren** (–) *itr. Mil.* berangkat dng. berbaris

abmelden *tr. refl.* melaporkan bahwa pindah/pergi/meninggalkan
abmess|bar dapat diukur; **–en** *unr. tr.* mengukur; menilai; *s-e Worte* ~ berbicara dng. hati-hati
abmontieren (–) *tr.* melepaskan, membongkar
abmühen *sich* ~ berusaha keras
abnagen *tr.* menggigit-gigit, mengerip, mengunggis
abnähen *tr.* mengecilkan pakaian
Abnahme *f* (–;–*n*) pengurangan, penyusutan, penurunan; *Kauf* pembelian; *Annahme* pengambilan, penerimaan; (*offizielle*) *Überprüfung* pemeriksaan, kontrol; *Med.* amputasi; *gute* ~ *finden* laris; **–prüfung** *f* testing, inspeksi; **–verpflichtung** *f* kewajiban menerima
abnehm|en *unr. tr. itr.* mengambil, mengurangi; membeli; berkurang; *den Hut* ~ mengangkat topi; *j-m e Versprechen* ~ meminta sso. berjanji; *der Regen nimmt ab* hujan berkurang; *mein Gewicht nimmt ab* berat saya berkurang; *der Mond nimmt ab* bulan susut, bulan tua; **≗er** *m* (–*s*;–) langganan, pembeli, konsumen; **≗erkreis** *m* kalangan konsumen
Abneigung *f* rasa segan, keengganan, antipati
abnorm tdk. biasa, ganjil; **–al** aneh, ganjil, **≗alität** *f* (–;–*en*) kelainan, keganjilan, abnormalitas
abnutz|en *tr. refl.*, **abnütz|en** *tr.* mengauskan; *refl.* menjadi aus/susut; **≗ung** *f* (–;–*en*) proses menjadi aus
Abon|nement *n* (–*s*;–*s*) abonemen, langganan; **–nent** *m* (–*en*;–*en*) langganan; **≗nieren** (–) *itr.* berlangganan
abordn|en *tr.* mengutus, menyuruh; **≗ung** *f* delegasi, utusan; pengutusan
Abort *m* (–*ǝs*;–*e*) jamban, kakus, W.C.; **–us** *m* (–;–) pengguguran (buah kandungan), *abortus*
abpflücken *tr.* memetik
abprall|en *itr.* memantul, terpantul; **≗winkel** *m* sudut pantul
abpressen *tr.* memeras
abputzen *tr.* menghapus(kan), menyapu, *bp.* melap
abquälen *sich* ~ membanting tulang, bersusah-payah
abrahmen *tr.* mengambil kepala susu; *fig.* mengambil yg. baik saja
abraten *unr. itr.* menganjurkan spy. jangan
Abraum *m* (–*ǝs*;*O*) lapisan tanah di atas mineral; *fig.* sampah
abräumen *tr.* memindahkan; membersihkan; mengosongkan; *den Tisch* ~ membereskan meja sesudah makan
abreagieren (–) *tr.* mengurangi (ketegangan); *sich* ~ menjadi tenang kembali
abrechn|en *itr. tr.* menyelesaikan perhitungan (keuangan); *abziehen* mengurangi, memotong; *fig.* meminta tanggungjawab; membalas dendam; **≗ung** *f* penyelesaian keuangan, perhitungan; *fig.* balasdendam
Abrede *f* perjanjian, janji; *das ist wider die* ~ itu bertentangan dng. perjanjian; *et. in* ~ *stellen* menyangkal/membantah sst.; **≗n** *s. abraten*
abreiben *unr. tr.* menggosok, menyeka
Abreise *f* keberangkatan, kepergian; **≗n** *itr.* berangkat, bertolak
abreißen *unr. tr.* menyobek, mencabut; *Gebäude* membongkar; *itr.* menjadi putus; *meine Geduld reißt ab* habis kesabaranku
abrichten *tr.* melatih
abriegeln *tr.* memasang gerendel/kancing/palang (pintu, jendela); *fig.* merintangi; *die Polizei riegelt das Gebäude ab* polisi menutup jalan masuk ke gedung
Abriß *m* ikhtisar, ringkasan; *Entwurf* bagan, sketsa, rancangan; *Gebäude* pembongkaran
abrollen *itr.* membuka gulungan
abrücken *tr. itr., von j-m* ~ menjauhkan diri dari sso.; *Mil.* meninggalkan
Abruf *m* pemanggilan kembali; *auf* ~ dikirim bila diminta; **≗en** *unr. tr.* memanggil kembali; mengambil uang dari rekening bank
abrunden *tr.* membulat(kan)

abrupt sekonyong-konyong, tiba-tiba
abrüst|en *tr. itr.* mengurangi angkatan bersenjata, membatasi persenjataan; **≗ung** *f* pembatasan angkatan bersenjata; pembatasan/pengurangan senjata
abrutschen *itr.* terpeleset, tergelincir
absacken *itr.* tenggelam; turun, merosot
Absage *f* (–;–*n*) penolakan, pembatalan; **≗n** *tr.* membatalkan, menolak
absägen *tr.* menggergaji sampai putus
Absatz *m* (–*es*;–̈*e*) tumit sepatu; *Handel* penjualan barang; *Abschnitt* alinea; *Unterbrechung* istirahat sebentar, jeda; *Treppe* sm. anak tangga yg. agak lebar; **≗fähig** dapat dijual; **–gebiet** *n* daerah penjualan, pasaran; **–gestein** *n* batu endapan; **≗weise** terbagi oleh alinea-alinea; alinea demi alinea
absaug|en *tr.* menghisap; **≗pumpe** *f* pompa hisap
abschaben *tr.* mengikis, mengerik, menggosokkan
abschaffen *tr.* meniadakan, menghapuskan
abschälen *tr.* mengupas
abschalten *tr.* mematikan (listrik, air, gas); *fig. ugs.* tdk. memperhatikan lagi
abschätz|en *tr.* menaksir harga; **–ig** bersifat menghina
abschauen *tr.* meniru, mencontoh
Abschaum *m* buih kotor; ~ *der Gesellschaft* sampah masyarakat
abscheiden *unr. tr.* memisahkan; mengeluarkan; *itr.* meninggal
Abscheu *m* (–*e*s;*O*) rasa muak/jijik; **≗ern** *tr.* menghilangkan dng. menggosok; menipiskan; **≗lich** mengerikan, memuakkan; *ugs.* sangat
abschicken *tr.* mengirim(kan)
abschieben *unr. tr.* menggeserkan, memindahkan, mendorong ke samping; mengeluarkan, menyingkirkan
Abschied *m* (–*es*;–*e*) perpisahan; ~ *nehmen* minta diri/pamit; *s-n* ~ *nehmen* mengundurkan diri, berhenti dari tugas; **–s·essen** *n* perjamuan perpisahan; **–sgeschenk** *n* hadiah perpisahan, kenang-kenangan; **–sgesuch** *n* surat permintaan berhenti
abschießen *unr. tr.* menembak jatuh; menembak(kan); *den Vogel* ~ berhasil menembak dng. baik (pd. lomba tembak), *fig.* mendapat untung besar; mengungguli semua
abschirmen *tr.* melindungi thd.
abschlachten *tr.* menjagal, membantai
Abschlag *m* (–*e*s;–̈*e*) potongan harga, reduksi; *Wald* penebangan; *Fußball* tendangan gawang; *auf* ~ dng. mencicil; **≗en** *unr. tr.* memotong; menolak; *den Kopf* ~ memenggal kepala; *e-n Angriff* ~ menangkis serangan; *e-n Ast* ~ menebas dahan
abschlägig ~ *bescheiden* menolak permintaan (sso.)
abschleifen *unr. tr.* mengasah, menggosok(–gosok), menghaluskan
Abschlepp|dienst *m* dinas derek; **≗en** *tr.* menderek
abschließen *unr. tr.* mengunci, menutup; *fig.* mengakhiri; *sich* ~ menyendiri, mengasingkan diri; *e-n Vertrag* ~ mengadakan perjanjian; *e-n Vortrag* ~ menyelesaikan/mengakhiri ceramah; *die Bücher* ~ menutup buku
Abschluß *m* penyelesaian, penutupan; perjanjian; ~ *e-s Vertrags* peresmian/pengesahan perjanjian; **–prüfung** *f* ujian akhir/penghabisan
ab|schmecken *tr.* mencicipi; **–schmeicheln** *tr.* memperoleh sst. dng. cara membujuk; **–schmelzen** *unr. tr.* membiarkan mencair/meleleh; **–schmieren** *tr.* meminyaki
abschminken *itr.* membersihkan muka dari make-up
abschneiden *unr. tr.* memotong, menggunting; mengisolasikan; *nicht schlecht* ~ berhasil baik; *j-m das Wort* ~ memotong pembicaraan sso.; *j-m die Ehre* ~ merusakkan nama baik sso.; *den Weg* ~ memintas(i); *j-m den Weg* ~ menghalangi jalan sso., mencegat sso.

Abschnitt *m* (–(e)s;–e) bagian, bab; alinea; sektor, seksi; potongan
abschnüren *tr.* mengikat spy. tdk. mengalir terus
abschöpfen *itr.* mengambil bagian atas; *fig.* mengambil untung
abschrauben *tr.* membuka dng. melepaskan sekrup, membuka dng. memutar
abschrecken *tr.* menakut-nakuti, menjerakan; *erhitzte Stoffe* mencelupkan/memasukkan ke dl. air dingin; *~des Beispiel* contoh yg. menakutkan
abschreib|en *unr. tr. itr.* menyalin; menjiplak, menyontek; *zurückziehen* menuliskan bahwa tdk. bisa/akan datang; *Schuld* menghapus hutang (yg. tak akan kembali), menganggap hilang; **≗ung** *f* (–;–en) amortisasi, penghapusan; penyusutan harga
abschreiten *unr. tr.* mengukur dng. langkah; *Mil.* mengadakan inspeksi barisan kehormatan
Abschrift *f* salinan, duplikat, kopi; *beglaubigte ~* salinan yg. disahkan
abschuppen *tr.* membuang sisik, menyiang(i) ikan
abschürfen *sich ~* mendapat luka lecet
Abschuß *m*, *~ e-r Rakete* peluncuran roket; *~ e-s Rehes* penembakan rusa
abschüssig miring, terjal, curam
abschütteln *tr.* mengebas-ngebaskan; *fig.* membebaskan diri dari
abschwächen *tr.* melemahkan; *fig.* memperlunak
abschweifen *itr.*, *vom Thema ~* menyimpang dari pokok pembicaraan
abschwellen *unr. itr.* menjadi lisut; menyusut, mereda
abschwenken *itr.* mengubah arah, membelok
abschwören *unr. itr.* menyangkal (dng. bersumpah); *dem Alkohol ~* berjanji tdk. akan minum alkohol lagi
absegeln *itr.* berangkat dng. kapal layar
abseh|bar (sudah) dapat diketahui/diduga; **–en** *unr. tr.* mengenali/mengetahui dng. mengamati; menduga; *abschreiben* mencontoh, menyontek; *itr.* tdk. memperhatikan; *von e-r Strafe ~* membatalkan hukuman; *auf et. ~* menginginkan sst.; *er hat es auf das Mädchen abgesehen* ia mengincar/menaksir gadis itu
abseifen *tr.* membersihkan/mencuci dng. sabun
absein *unr. itr. ugs.* sudah putus; capai, lelah; *der Bart ist ab!* selesailah! habislah!
abseitig aneh, ganjil
abseits (sedikit) terpisah dari, di samping, agak jauh; *~ stehen*, *fig.* tdk. ikut serta; *sich ~ halten* tdk. melibatkan diri; **≗** *n*, *Sp.*, *off side*, *im ~ stehen* berdiri dekat gawang lawan dp. pemain lawan
abservieren (–) *tr. itr.* membereskan meja sesudah makan; *ugs.* memecat, menolak
absetz|bar dapat dijual/diberhentikan/dikurangi; **–en** *tr.* menurunkan, meletakkan, memecat; menjual; *streichen* membatalkan; *den Hut ~* menanggalkan topi; *sich ~* pergi, meninggalkan; *Mil.* mengundurkan diri; **≗ung** *f* (–;–en) pemecatan, penurunan
absichern *tr.* menjaga spy. aman
Absicht *f* (–;–en) maksud, tekad, niat; rencana; *die ~ haben* bermaksud; *mit ~* dng. sengaja, disengaja; *ernste ~en haben* mau menikah; **≗lich** dng. sengaja
absitzen *unr. itr.* turun dari kuda/sepeda (motor); *tr.* menjalani (hukuman); *Zeit* hadir tanpa bekerja
absolut mutlak, tanpa syarat, absolut; **≗ion** *f* (–;–en) *Rel.* penghapusan dosa, absolusi; **≗ismus** *m* (–;O) absolutisme
absolvieren (–) *tr.* menyelesaikan, menamatkan (sekolah, kursus), lulus; *freisprechen von* menyatakan bebas dari
absonder|lich aneh, ganjil; **–n** *tr.* menyendirikan, mengasingkan, memisahkan; mengeluarkan; **≗ung** *f* (–;–en) pemisahan, pengasingan; *Med.* getah-pakai, *secretum*; pengeluaran getah, *secretio*
absorbieren (–) *tr.* menyerap
abspalten *tr.* membelah(–belah)
abspann|en *tr.* melepaskan kuda dari kereta; *Elek.* menurunkan

tegangan; *entspannen* melepaskan ketegangan; **⁓ung** *f* (–;*O*) kelelahan
abspenstig *j-m j-n* ~ *machen* membujuk sso. spy. tdk. ikut orang lain
absperr|en *tr.* menghalangi, merintangi; menutupi; **⁓hahn** *m* keran penutup; **⁓ung** *f* (–;–*en*) alangan, rintangan; *Verkehr* penutupan jalan; *Gas, Wasser* penutupan aliran
abspielen *tr.* memutar (piringan hitam . . .) sampai selesai; *Sp.* mengoperkan bola; *vom Blatt* ~, *Mus.* memainkan musik langsung dari partitur tanpa latihan sebelumnya; *sich* ~ terjadi
absplittern *itr.* menyerpih; *fig.* berpisah dari
Absprache *f* perjanjian, janji; **⁓gemäß** seperti telah disetujui
absprechen *unr. tr.* mengadakan perjanjian; *sein Recht* ~ menyangkal haknya
abspringen *unr. itr.* melompat dari; lepas
abspritzen *tr.* membersihkan dng. menyemprot
Absprung *m* lompatan, loncatan
abspülen *tr.* membilas; *wegspülen* menggelontor; *Ufer* menghanyutkan
abstamm|en *itr.* berasal dari; **⁓ung** *f* (–;*O*) keturunan, peranakan; *Wort* . . . asal-usul; **⁓ungslehre** *f* teori evolusi
Abstand *m* (–*(e)s*;–̈*e*) jarak; *in Abständen* bersela; dng. berjangka (waktu); ~ *nehmen von* melepaskan (hak . . .), menjauhkan diri dari; *mit* ~ *besser* jauh lebih baik; ~ *wahren* menjaga spy. tdk. terlalu erat/dekat; **–ssumme** *f* uang kompensasi, uang kerugian
abstatten *tr., e-n Besuch* ~ berkunjung, mengunjungi, bertamu; *Dank* ~ mengucapkan terimakasih; *Bericht* ~ melaporkan
abstauben *tr.* menyapu debu; *ugs.* mencuri
abstech|en *unr. tr.* memisahkan dng. menusuk/menikam; *Tier* menyembelih, memotong; *gegen/von et.* ~ berkontras dng.; **⁓er** *m* (–*s*;–) perlawatan pendek; *e-n* ~ *machen* mampir, singgah
abstecken *tr.* menandai/mematok/memberi batas; *fig.* menegaskan; *Kleid* ~ memeniti(kan) baju
abstehen *unr. itr.* tdk. (me)rapat; *fig.* tdk. mendesakkan
absteigen *unr. itr.* menurun, turun; *fig.* bertamu, singgah, menginap
abstell|en *tr.* meletakkan, menaruh; menitipkan; *fig.* menghentikan, meniadakan; *Tech.* mematikan, memutuskan hubungan; *et. auf den Publikumsgeschmack* ~ menyesuaikan sst. dng. selera umum; **⁓raum** *m* gudang
abstempeln *tr.* mencap; *j-n* ~ *als* mencap sso. sebagai
Abstieg *m* (–*s*;–*e*) penurunan, jalan yg. menurun (dari gunung)
abstimm|en *itr.* memberi suara; *Mus.* menyelaraskan; *fig.* mengkoordinasikan; **⁓ung** *f* (–;–*en*) pemungutan suara; penyelarasan, modulasi
Abstinenz *f* (–;*O*) pantang
abstoppen *tr.* menghentikan, menyetop; mengurangi kecepatan
Abstoß *m* (. . . *osses*; . . . *össe*) *Fußball* tendangan dari gawang; **⁓en** *unr. tr. itr.* menolak dari; menendang; *fig.* memuakkan; *Ware* ~ menjual murah; *sich die Hörner* ~ belajar dari pengalaman pahit; **⁓end** menjijikkan
abstrahieren (–) *tr., Phil.* mengadakan abstraksi, mengadakan kesimpulan dari yg. khusus kpd. yg. umum; *absehen* tdk. memperhatikan, mengabaikan
abstrakt tdk. berbentuk/konkret, abstrak, niskala
abstreichen *unr. tr.* membersihkan, menyapu; *die Hälfte* ~ *können, ugs.* tdk. bisa percaya semuanya
abstreifen *tr.* menanggalkan; *die Schlange streift ihre Haut ab* ular menyilih
abstreiten *unr. tr.* tdk. mengakui, menolak, menyangkal
Abstrich *m* (–*(e)s*;–*e*) pengurangan; *Med.* pengambilan getah pakai
abstrus tdk. jelas, gelap, kacau
Abstufung *f* (–;–*en*) gradasi, susunan derajat/tingkat; *feine* ~ nuansa

abstumpfen *tr. itr.* menjadi(kan) tumpul
Absturz *m* jatuhnya
abstürzen *itr.* jatuh; terjal, curam
Absud *m* (–*(e)s*;–*e*) seduhan, jejamu
absurd tdk. masuk akal
Abszeß *m* (. . . *esses*; . . . *esse*) abses, benjol, rongga bernanah, *abscessus*
Abt *m* (–*(e)s*;–̈*e*) kepala biara
abtasten *tr.* mencari dng. meraba-raba; *fig.* menjajaki, menyelidiki
abtauen *tr.* membebaskan dari es, mencairkan es
Abtei *f* (–;–*en*) biara
Abteil *n* (–*(e)s*;–*e*) ruangan dl. gerbong kereta api, kompartemen; **≗en** *tr.* membagikan, memisahkan, menggolongkan; **–ung** *f* (–;–*en*) bagian, departemen; *deutsche* ~ jurusan bahasa Jerman; *Mil.* satuan, pasukan; **–ungsleiter** *m*, **–ungsvorstand** *m* kepala bagian
abtippen *tr.* menyalin dng. mengetik
abtöten *tr.*, *Bakterien* memusnahkan; *Schmerz* menghilangkan; *Rel.*, *sich* ~ menyangkal diri
abtragen *unr. tr.*, *Erdmassen* ~ memindahkan dan meratakan tanah; *Mauer* ~ membongkar tembok; *Schulden* ~ melunasi/membayar hutang; *Kleidung* ~ memakai baju sampai lusuh; *die Speisen* ~ membereskan meja sesudah makan
abträglich yg. merugikan
abtransportieren (–) *tr.* mengangkut (dng. kendaraan)
abtreib|en *unr. tr.* menghanyutkan; *Kind* menggugurkan (buah kandungan); *itr.* hanyut, terbawa arus; **≗ung** *f* (–;–*en*) pengguguran, abortus
abtrennen *tr.* memisahkan, melepaskan, memutuskan; *Med.* mengamputasikan
abtret|en *unr. itr. tr.* mengundurkan diri; menyerahkan; *das Amt* ~ meletakkan jabatan; *von der Bühne* ~ pergi/keluar dari panggung; *sich die Füsse* ~ membersihkan sepatu dng. menghentak-hentakkannya; **≗ung** *f* (–;–*en*) penyerahan
Abtritt *m* (–*(e)s*;–*e*) pengunduran diri; keluarnya dari panggung; *ugs.* jamban
abtrocknen *tr.* mengeringkan, mengesat(kan); *Teller* ~ melap piring; *itr.* menjadi kering
abtrotzen *tr.* merebut, memperoleh secara paksa
abtrünnig tdk. setia, murtad, durhaka; ~ *werden* membelot
abtun *unr. tr.* tdk. mempedulikan; *Kleider* ~ menanggalkan pakaian
aburteilen *tr.* menghukum, menjatuhkan hukuman
abverlangen (–) *tr.* menuntut
abwägen *unr. tr.* mempertimbangkan, menimbang(–nimbang)
abwälzen *tr.* mengalihkan
abwand|eln *tr.* mengubah (sebagian), mengadakan modifikasi; *Gr.* mentasrifkan, mendeklinasikan, mengkonyugasikan; **≗lung** *f* (–;–*en*) perubahan; modifikasi; *Gr.* pentasrifan
abwandern *itr.* berpindah
abwarten *tr. itr.* menunggu (saatnya/selesainya); **–d** ~*e Haltung* sikap tunggu dulu, sikap ragu-ragu
abwärts ke bawah, ke hilir, menurun; **–gehen** *unr. itr.* merosot, menjadi jelek/buruk
abwaschen *unr. tr.* mencuci, membersihkan
Abwasser *n* (–*s*;–̈) air kotor (bekas cucian/pabrik)
abwechsel|n *itr.* berganti, bertukar; bervariasi; **–nd** berganti-ganti, silih berganti; **≗ung** *f* (–;–*en*) variasi; hiburan; **–ungsreich** bervariasi
Abweg *m* jalan sesat; *auf* ~*e geraten* menyimpang dari jalan benar; **≗ig** aneh; salah, merugikan; tdk. cocok
Abwehr *f* (–;*O*) penangkisan, pembelaan, pertahanan, perlawanan; **–dienst** *m* dinas kontra spionase; **≗en** *tr.* menangkis, mencegah; menolak(kan); **–mechanismus** *m*, *Bio.*, *Psych.* mekanisme pembelaan-diri
abweich|en *unr. itr.* membias, menyimpang, melantur; berbeda; **≗ung** *f* (–;–*en*) kelainan; pembiasan; penyimpangan, perbedaan
abweisen *unr. tr.* menolak, menampik

abwenden *unr. tr. itr.* menghindari, menangkis; *sich ~ von* berpaling dari
Abwerbung *f* bujukan spy. pindah tempat kerja
abwerfen *unr. tr.* melemparkan ke bawah, membuang; *itr.* menguntungkan
abwert|en *tr.* menurunkan nilai uang; **≗ung** *f* (–;–*en*) devaluasi
abwesen|d absen, tdk. hadir; **≗heit** *f* (–;*O*) ketidakhadiran
abwickeln *tr.* membuka gulungan; melaksanakan; *e-n Handel ~* mengadakan transaksi; *Geschäfte ~* mengurus, menyelesaikan urusan
abwiegen *unr. tr.* menimbang sampai cocok
abwirtschaften *itr.* mengelola secara salah
abwischen *tr.* melap bersih, menyapu
Abwurf *m* pelemparan dari atas, pendropan; *Sp.* pelemparan bola
abzahlen *tr.* melunasi; mencicil, mengangsur(kan)
abzählen *tr.* menghitung (satu per satu)
Abzahlung *f* cicilan, angsuran
abzapfen *tr.* membuka sumbat (vat/tong); *Gummibaum* menakik, menyadap; *ugs. fig.* mengambil uang orang lain
abzäunen *tr.* memagari
Abzeichen *n* lencana, tanda kenal; simbol, lambang
abzeichnen *tr.* memberi paraf; menyalin (gambar); *sich ~* (mulai) tampak; muncul
Abziehbild *n* gambar tempel
abziehen *unr. tr. itr.* menarik; melepaskan; *Geld* mengurangi; *sich entfernen* menjauh, pergi; *Matrize* menstensil; *Bett ~* mengambil seprai; *Haut ~* menguliti; *vom Preis ~* memotong dari harga; *e Photo ~* mencetak foto, membuat afdruk; *e Messer ~* menggabus/mengasah pisau
abzielen *itr., auf e-e Sache ~* bertujuan/mengarah pd. sst.
Abzug *m* (–*e*s;–̈*e*) pengurangan, korting, potongan; *Abmarsch* keberangkatan; *Fot.* cetakan, afdruk; *~ der Truppen* penarikan kembali tentara; *~ des Gewehrs* pelatuk senapan; *~ des Wassers* saluran/penyusutan air
abzüglich terpotong, sesudah dipotong
abzweig|en *itr.* bercabang; *tr.* menyisihkan (dari); **≗ung** *f* (–;–*en*) persimpangan
ach! ah! aduh! *mit ≗ u. Krach, ugs.* dng. susah payah; *~ was!* tdk. bisa!
Achat *m* (–*e*s;–*e*) batu akik
Achse *f* (–;–*n*) as, poros, sumbu
Achsel *f* (–;–*n*) bahu; **–höhle** *f* ketiak; **–klappe** *f*, **–stück** *n* polet: **–zucken** *n* angkat-bahu
acht delapan; *in ~ Tagen* seminggu lagi; *halb ~* pukul/jam setengah delapan
Acht *f* (–;*O*) **1.** perhatian; *et. außer ≗ lassen* tdk. mempedulikan sst., mengabaikan sst.; *et. in ≗ nehmen* memperlakukan sst. dng. hati-hati; *sich in ≗ nehmen* berhati-hati, bersikap waspada; **2.** pengucilan, pembuangan; *in ~ u. Bann* terkucil, terkutuk, terbuang
achtbar patut dihormati/dikagumi; **≗keit** *f* (–;*O*) kehormatan
acht|e kedelapan; **≗eck** *n* segi delapan, astakona; **≗el** *n* (–*s*;–) seperdelapan
achten *tr.* menghargai, menghormati, menilai; *~ auf* memperhatikan, menjaga
ächten *tr.* mengucilkan, mengisolasikan, membuang, mencabut perlindungan hukum; *verbieten* mengutuk dan melarang
achtens yg. kedelapan; **–wert** pantas dihormati
Achter *m* (–*s*;–) perahu utk. perlombaan dng. delapan pendayung; **–deck** *n* geladak belakang
acht|fach, –fältig delapan kali (lipat)
acht|geben *unr. itr.*, **–haben** *unr. itr., auf et. ~* memperhatikan/menjaga sst.
acht|hundert delapan ratus; **–jährig** berumur delapan tahun
acht|los alpa, lalai; **–mal** delapan kali; **–sam** penuh perhatian, seksama, teliti, cermat; **–tausend** delapan ribu

Achtung *f* (*–;O*) (rasa) hormat, penghormatan; perhatian; ~! awas! perhatian! *Mil.* siap!

Ächtung *f* (*–;–en*) pengucilan, boikot

acht|zehn delapan belas; **–zig** delapan puluh

ächzen *itr.*, *Mensch* merintih, mengerang; *Holz* berderak(–derak)

Acker *m* (*–s;⸚*) ladang, huma, sawah; **–bau** *m* (*–ɇs;O*) pertanian; **–bestellung** *f* penenggalaan, pengerjaan sawah; **–boden** *m* tanah pertanian; **–gerät** *n* alat pertanian; **–krume** *f* humus, lapisan tanah yg. subur; **–land** *n*, *s. Ackerboden*

ackern *itr.* mengerjakan sawah, membajak; *fig.* bekerja keras, berusaha dng. susah payah

Ackerschlepper *m* traktor; **–smann** *m* (*–ɇs; . . . leute*) petani

ad acta ~ *legen* menganggap selesai

Adams|apfel *m* jakun, lekum; **–kostüm** *n* keadaan telanjang bulat

addieren (–) *tr.* menambah(kan), menjumlahkan

ade! daag! selamat jalan!

Adel *m* (*–s;O*) kaum bangsawan/ningrat/priyayi; **≗ig** (bersifat) bangsawan, kebangsawanan; **≗n** *tr.* mengangkat menjadi bangsawan; *fig.* memuliakan

Ader *f* (*–;–n*) *Anat.* pembuluh/urat darah, *vena;* pembuluh/urat nadi, *arteria; Gestein, Holz* . . . urat; *zur ~ lassen* memantik darah, *fig.* merugikan

Adhäsion *f* (*–;O*) adhesi

ad hoc ad hoc, terutama utk. maksud ini

Adjektiv *n* (*–s;–e*) kata sifat, ajektif

Adjutant *m* (*–en;–en*) ajudan, pembantu

Adler *m* (*–s;–*) elang, rajawali, *aquila;* **–auge** *n* mata yg. tajam sekali; **–horst** *m* sarang elang; **–nase** *f* hidung bengkok dan runcing

administrativ administratif

Admiral *m* (*–s;–e*) laksamana

adoptieren (–) *tr.* mengangkat (anak), mengadopsi

Adress|ant *m* (*–en;–en*) si pengirim; **–at** *m* (*–en;–en*) si alamat; **–e** *f* (*–;–n*) alamat; **≗ieren** (–) *tr.* mengalamatkan, mengirimkan ke

adrett rapih, bagus, *bp.* necis

Advent *m* (*–ɇs;–e*) empat minggu sebelum Natal, (masa) Adven

Adverb *n* (*–s; . . . biën/–en*) kata keterangan, adverbia

Advokat *m* (*–en;–en*) advokat, pengacara

Aerodynamik *f* aerodinamika

Affäre *f* (*–;–n*) perkara yg. tdk. menyenangkan; hubungan asmara; *sich aus der ~ ziehen* mundur (secara) teratur

Affe *m* (*–n;–n*) kera, kunyuk, monyet, *simiae*

Affekt *m* (*–ɇs;–e*) perasaan, emosi; **–handlung** *f* perbuatan dl. keadaan emosi; **≗iert** dibuat-buat, sombong, *bp.* sok

äffen *tr.* meniru, mencontoh; mengganggu

Affen|hitze *f, ugs.* panas sekali; **–liebe** *f* cinta monyet; **–mensch** *m* manusia purba, *pithecanthropus;* **–schande** *f, ugs., es ist e-e ~* benar-benar kurangajar; **–theater** *n* kejadian gila

affig spt. monyet; dibuat-buat, sombong

Affix *n* (*–es;–e*) *Gr.* imbuhan, tambahan

After *m* (*–s;–*) *Anat.* dubur, *anus*

Agave *f* (*–;–n*) *Bo.* agave

Agenda *f* (*–; . . . den*) buku catatan, agenda

Agent| (**in** *f*) *m* (*–en;–en*) agen, wakil; pengantara; *Spion* mata-mata; **–en·netz** *n* jaringan mata-mata; **–ur** *f* (*–;–en*) perwakilan, keagenan

Aggregat *n* (*–ɇs;–e*) *Tech.* unit beberapa mesin; agregat, mesin pembangkit listrik; **–zustand** *m* keadaan zat /benda (padat, cair dan gas)

Agress|ion *f* (*–;–en*) penyerangan, serangan, agresi; **≗iv** agresif; **–or** *m* (*–s;–en*) penyerang, agresor

Ägide *f* (*–;O*) *unter der ~ von* di bawah pimpinan/perlindungan dari

agieren (–) *itr.* beraksi/bertindak/berfungsi sebagai; main di panggung

agil cekatan, gesit

Agit|ation *f* (*–;–en*) hasutan, agitasi; **–ator** *m* (*–s;–en*) penghasut, agitator; **≗atorisch** bersifat menghasut

agrarisch yg. berh. dng. pertanian
Ahle *f* (–;–*n*) penusuk, pusut
Ahn *m* (–*ĕs*/–*en*;–*en*) nenek moyang
ahnd|en *tr.* membalas; *strafen* menghukum; **≗ung** *f* (–;–*en*) pembalasan; hukuman
ähneln *itr.* menyamai, menyerupai
ahnen *tr.* menduga, menyangka, mengira(–ngira); **≗forschung** *f* pengusutan susur-galur
ähnlich mirip; **≗keit** *f* (–;–*en*) kemiripan
Ahnung *f* (–;–*en*) sangkaan, dugaan, firasat; *ugs.* gagasan; *keine ~ haben von* tdk. mengetahui apa-apa tt. (sst.); **≗slos** tak disangka-sangka
Ähre *f* (–;–*n*) bulir
Akade|mie *f* (–; . . . *iën*) akademi, sekolah tinggi; *Vereinigung* perhimpunan kaum ilmiawan/seniman; **–miker(in** *f*) *m* (–*s*;–) akademikus, orang tamatan akademi/universitas; **≗misch** yg. diperoleh di universitas, akademis; *trocken* yg. membosankan, kering, teoretis
akklimatisieren (–) *sich ~* menyesuaikan diri dng. iklim
Akkord *m* (–*ĕs*;–*e*) paduan nada; *fig.* mufakat, persetujuan; **–arbeit** *f* kerja borongan; **–eon** *n* (–*s*;–*s*) *Mus.* sm. harmonika tangan, akordeon
akkreditieren (–) *tr.* mensahkan; *Bank* memberi kredit
Akkumulator *m* (–*s*;–*en*) akumulator, aki
akkurat tepat, persis, teliti, akurat
Akkusativ *m* (–*s*;–*e*) *Gr.* kasus keempat, pelengkap penderita, akusatif
Akne *f* (–;–*n*) jerawat
Akrobat *m* (–*en*;–*en*) akrobat, penambul
Akt *m* (–*ĕs*;–*e*) babak, adegan; *Gemälde* (peng)gambar(an) orang telanjang; *Handlung* perbuatan, tindakan; *Sex* sanggama, persetubuhan; *s. Akte*
Akte *f* (–;–*n*) akte, dokumen, berkas, dosir
akten|kundig terdapat/terbukti secara tertulis; **≗mappe** *f* stofmap; **≗tasche** *f* aktentas
Aktië *f* (–;–*n*) saham, surat berharga, andil; **–nbörse** *f* bursa saham; **–ngesellschaft** *f* perseroan terbatas (PT); **–nkapital** *n* modal perseroan
Aktion *f* (–;–*en*) aksi; *in ~ sein* sedang giat/beraksi; **–är** *m* (–*s*;–*e*) pemegang saham; **–sradius** *m* jarak/jangkauan kegiatan; lingkungan pengaruh
aktiv giat, aktif; *~e Bestechung* penyuapan; *~es Wahlrecht* hak memilih; **≗a** *pl* aktiva; **–ieren** (–) *tr.* menggiatkan; **≗ität** *f* (–;–*en*) kegiatan, aktifitas
aktuell aktuil, hangat
Akustik *f* (–;*O*) ilmu suara/bunyi, akustik
akut akut, genting, gawat; mendesak
Akzent *m* (–*ĕs*;–*e*) logat, aksen; tekanan
akzeptieren (–) *tr.* menerima
Alarm *m* (–*ĕs*;–*e*) alarem, tanda bahaya; **≗ieren** (–) *tr.* memberitahukan adanya bahaya, memanggil spy. membantu; *fig.* menggelisahkan; **≗ierend** yg. menggemparkan
Alaun *m* (–*ĕs*;–*e*) tawas
albern *Adj.* bersikap bermain-main, kekanak-kanakan, *bp.* konyol
Album *n* (–*s*; *Alben*) album
Alchimie *f* (–;*O*) alkimia
Alge *f* (–;–*n*) ganggang laut, *alga*
Algebra *f* (–;*O*) aljabar
alias alias, disebut juga
Alibi *n* (–*s*;–) alibi
Alimente *pl* tunjangan uang yg. diberikan seorang ayah utk. anak yg. lahir di luar nikah
Alkali *n* (–*s*; . . . *liën*) alkali
Alkohol *m* (–*s*;*O*) alkohol; minuman keras; **–spiegel** *m* kadar alkohol (dl. darah)
All *n* (–*s*;*O*) jagat raya, alam semesta
all (–er, –e, –es) 1. (*meist Singular*) seluruh(nya); *trotz ~em* walaupun demikian, mau tdk. mau; *~(e) s-e Habe* seluruh kepunyaannya; *~es in ~em* dilihat secara keseluruhan (–nya); *Mädchen für ~es, ugs.* tenaga utk. apa saja; *vor ~em* terutama; **2.** (*Plural*) semua, segala; *~e bis auf zwei* semua(nya) kecuali dua; *auf ~e Fälle* bagaimanapun juga; *vor ~en Dingen* pertama-tama, terutama; *über ~e Berge sein* jauh sekali, tak

dapat dikejar lagi; **3.** *~es aussteigen!* turun(lah) semua! *~es Gute!* semoga sukses! selamat tinggal! *~e fünf Minuten* setiap lima menit; *~e beide* kedua-duanya; *~e werden* menjadi habis; *zu ~em Unglück* tambah celaka lagi

all|abendlich setiap malam; **–bekannt** diketahui umum

Allee *f* (–;–*n*) jalan lebar dng. pohon-pohon di sebelah kanan dan kiri

Allegorie *f* (–; . . . *iën*) hiasan

allein sendiri(an), seorang diri; sepi; *nur* hanya; **≗handel** *m* (perdagangan) monopoli; **≗herrschaft** *f* kekuasaan seorang, absolutisme; **–ig** tunggal, eksklusif; **≗inhaber** *m* pemilik tunggal; **≗sein** *n* (–*s;O*) kesendirian, kesepian; **–stehend** sendirian; tdk. kawin; tanpa keluarga; **≗vertrieb** *m* agen tunggal

allemal bagaimanapun juga, tentu saja; selalu; *e für ~* sekali ini dan utk. selamanya, definitif

allenfalls paling(–paling); mungkin

allenthalben *Adv.* dimana-mana

allerdings tentu saja; memang

Allergie *f* (–; . . . *iën*) alergi; kepekaan luar biasa thd. sst.

aller|hand bermacam-macam; *das ist doch ~!* bagus! baik! *pej.* kurangajar! **–heiligst** mahakudus, mahasuci; **–höchst** yg. paling tinggi; *es ist ~e Zeit* waktu sangat mendesak; **–höchstens** paling-paling, maksimal; **–lei** bermacam-macam; *e buntes* ≗ beranekawarna; **–liebst** paling disayangi; manis sekali; **–meist** paling banyak; **≗seelen** *n, Rel.* Hari Peringatan Arwah Semua Orang Beriman; **–seits** kpd. semuanya; di mana-mana, di segala pihak; **≗werteste** *m* (–*n;–n*) *ugs.* pantat

alles *s. all*

allesamt semuanya

Alles|kleber *m* lem/perekat utk. segala macam barang; **–wisser** *m* orang yg. serba tahu, *bp.* orang sok tahu

allezeit selalu

allgemein (secara) umum; *im ~en* pd. umumnya; **≗befinden** *n* kondisi tubuh (seluruhnya); **≗bildung** *f* pengetahuan umum; **–gültig** berlaku umum; **≗heit** *f* (–;*O*) khalayak ramai, masyarakat umum; **≗heiten** *pl* pembicaraan/perkataan umum (tanpa isi), *bp.* basa-basi; **–verständlich** mudah dimengerti; **≗wohl** *n* kepentingan umum, kesejahteraan bersama

Allheilmittel *n* obat/cara serba guna

Alli|anz *f* (–;–*en*) persekutuan, aliansi; **≗ieren** (–) *sich ~* bersekutu, bergabung dng.; **–ierte** *m* (–*n;–n*) sekutu

Alligator *m* (–*s;–en*) sm. buaya, *alligatoridae*

all|jährlich setiap tahun; **–mächtig** mahakuasa; **–mählig** lambat-laun, berangsur-angsur, lama-kelamaan; **–seitig** serba, umum, universal; sempurna; **≗tag** *m* hari kerja; **–täglich** sehari-hari, biasa, umum; **–umfassend** mencakup semuanya; **–wissend** mahatahu; **–zu** terlalu, sangat

Alm *f* (–;–*en*) *s. Alp 1*

Almanach *m* (–*s;–e*) almanak, penanggalan

Almosen *n* (–*s;*–) derma, amal, sedekah

Alp 1. *f* (–;–*en*) padang rumput di pegunungan; **2.** *m* (–*ɇs;–e*) mimpi buruk; tekanan; **–druck** *m, s. Alp 2;* **–e** *f* (–;–*n*) *s. Alp 1*

Alpen *pl* pegunungan Alpen; **–glühen** *n* cahaya merah di puncak pegunungan Alpen pd. waktu matahari terbenam; **–rose** *f* sm. bunga ros yg. daunnya selalu segar di pegunungan Alpen, *rhododendron hirsutum*

Alphabet *n* (–*ɇs;–e*) abjad; **≗isch** menurut abjad

Alp|inist *m* (–*en;–en*) pendaki gunung; **–traum** *m* mimpi buruk

als 1. *temporal* ketika, pd. waktu; **2.** *im Vergleich* daripada; *größer ~* lebih besar daripada; *nichts ~* tak lain daripada, hanya; *er tat, ~ habe er nichts gesehen* ia berpura-pura/seakan-akan tdk. melihat apa-apa; *so tun ~ ob* berpura-pura, seolah-olah; **3.** *sich fühlen ~* merasa diri sebagai/seperti; *er ist zu schlau, ~ daß er in die Falle geht* ia terlalu pandai utk. masuk perangkap; *alles andere ~ klug* sama sekali tdk. bijaksana/pandai

alsbald dng. segera

also maka, demikian, jadi; *na ~ !* *ugs.* akhirnya

alt 1. tua; *~ u. jung* semua orang; **2.** berumur; tdk. baru lagi; *≗es Testament* Perjanjian Lama; *~e Sprachen* bahasa kuno (yg. tdk. dipakai lagi); *e-e ~e Tradition* kebiasaan yg. sudah lama; *e ~er Witz* lelucon yang sudah basi/usang; *unser ~er Lehrer* guru kita yg. dulu; *im ~en Zeiten* dahulu kala; *e ~er Freund* sahabat lama; *e ~er Hase* orang yg. berpengalaman

Alt *m* (*–s;O*) (nada suara) alto

Altar *m* (*–s;⸗e*) altar, mezbah

alt|backen *Adj.* tdk. segar lagi; *fig.* kolot; **–bewährt** lama dan dapat diandalkan

Alte *m, f* (*–n;–n*) orang yg. tua; *ugs.* suami, isteri, ayah; majikan; **–n** *pl* kaum tua

alt|eingesessen *Adj.* sudah lama (menjadi penduduk setempat); **≗enteil** *n* bagian milik yg. dipertahankan sso. (pd. waktu mewariskan miliknya)

Alter *n* (*–s;O*) usia; usia lanjut, umur tua; kaum tua; zaman; *im ~ von 70 (Jahren)* pd. umur tujuh puluh (tahun); *im kindlichen ~* pd. usia anak-anak

älter lebih tua; *s. ältlich*

altern *itr.* menjadi tua

Alternative *f* (*–;–n*) alternatif, kemungkinan/pilihan lain

alters *von ~ her, seit ~* sejak lama, sejak dahulu kala; **≗erscheinung** *f* gejala usia lanjut; **≗fürsorge** *f* pemeliharaan/perawatan orang yg. tua; **≗grenze** *f* batas umur; **≗heim** *n* panti wreda, rumah jompo; **≗präsident** *m* ketua suatu lembaga karena umurnya paling tua; **≗rente** *f* sm. pensiun; **–schwach** jompo, tua renta; **≗stufe** *f* tingkatan usia; **≗versicherung** *f* asuransi hari tua

Altertum *n* (*–s;O*) zaman purbakala

Altertüm|er *pl* peninggalan zaman purbakala, barang antik; **≗lich** antik, purba, kuno

Altertums|forscher *m* ahli/penyelidik purbakala; **–kunde** *f* ilmu purbakala

Älteste *m* (*–n;–n*) anggota pengurus gereja, ketua jemaat; senior; anak tertua/pertama; **–nrat** *m* dewan penatua

alt|gewohnt sudah biasa (sejak lama); **–hergebracht** tradisional; **–klug** bersifat dewasa sebelum waktunya

ältlich (kelihatan) tdk. begitu muda lagi

Alt|material *n* barang bekas; **≗modisch** ketinggalan zaman, kuno; **–philologe** *m* ahli/guru bahasa kuno (khususnya Yunani dan Latin); **–stadt** *f* kota(–lama), bagian kota yg. kuno; **≗väterlich** kuno, kolot; **–warenhändler** *m* tukang loak; **–weibersommer** *m* hari-hari hangat pd. musim gugur

Aluminium *n* (*–s;O*) aluminium (Al)

Alwegbahn *f* kereta atas rel satu, monorel

am = *an dem*; *~ Ende* pd. akhir(nya); di ujung; *~ Ende sein* kehabisan; *Frankfurt ~ Main* Frankfurt di tepi sungai Main; *temporal* pada (waktu); *~ Schreiben sein* sedang menulis

Amalgam *n* (*–s;–e*) campuran (logam)

Amateur *m* (*–s;–e*) amatir, bukan professional

Amazone *f* (*–;–n*) **1.** *Myth.* sm. srikandi; **2.** gadis yg. cakap dan atletis; joki wanita

Ambition *f* (*–;–en*) ambisi

Amboß *m* (*. . . sses; . . . sse*) paron, landasan

ambulan|t dirawat/diobati di rumahsakit tetapi boleh pulang; berobat jalan; **≗z** *f* (*–;–en*) (mobil) ambulans

Ameise *f* (*–;–n*) semut, *formicidae*; **–nhaufen** *m* busut; **–nsäure** *f* asam semut

Amen *n* (*–s;–*) amin; *zu et. ja u. ≗ sagen* mengamini, menyetujui

Amme *f* (*–;–n*) mak/babu tetek; **–nmärchen** *n* cerita isapan jempol

Ammoniak *n* (*–s;O*) amoniak

Amnesie *f* (*–; . . . iën*) *Med.* kelupaan, *amnesia*

Amnestie *f* (–;. . . *iën*) amnesti, pengampunan
Amöbe *f* (–;–*n*) amuba, *amoeboidae, amoebozoae*; **–nruhr** *f* disentri amuba
Amok *m* (–*s;O*) ~ *laufen* mengamuk
amoralisch asusila, amoral
Amorti|sation *f* (–;–*en*) amortisasi, penghapusan dng. angsuran; **≗sieren** (–) *tr.* melunasi hutang (dng. angsuran); menghapus(kan), menghasilkan cukup utk. menutup biaya pembelian (mesin . . .)
Ampel *f* (–;–*n*) lampu lalu-lintas; lampu gantung yg. kecil
Ampere *n* (–*s*;–) ampere
Amplitude *f* (–;–*n*) amplitudo, lebar ayunan
Ampulle *f* (–;–*n*) *Med.* tabung-gelas kecil, ampul
amputieren (–) *tr.* memotong, mengadakan amputasi
Amsel *f* (–;–*n*) sm. burung hitam yg. dapat bersiul
Amt *n* (–*ęs*; ¨*er*) jabatan, kedudukan; tugas, kewajiban; kantor, balai; *Rel.* misa meriah; *Auswärtiges* ~ Departemen Luar Negeri; **≗ieren** (–) *itr* menjabat, memegang/memangku jabatan; **≗lich** secara resmi, berh. dng. instansi pemerintah; **–mann** *m* (–*ęs*; ¨*er*/. . . *leute*) pejabat menengah
Amts|antritt *m* permulaan memegang jabatan; **–befugnis** *f* wewenang resmi; **–bezirk** *m* wilayah administratif; **–blatt** *n* buletin/lembaran resmi; **–delikt** *n* kesalahan/pelanggaran yg. dilakukan dl. dinas; **–eid** *m* sumpah jabatan; **–einführung** *f* pelantikan, inaugurasi; **–enthebung** *f* pemecatan; **–geheimnis** *n* rahasia jabatan; **–gericht** *n* pengadilan negeri tingkat II (di Jerman); **–handlung** *f* tindakan resmi seorang pejabat; **–niederlegung** *f* peletakan jabatan, pengunduran diri; **–siegel** *n* cap resmi, segel kedinasan; **–sprache** *f* bahasa resmi/kaku, *bp.* bahasa kantoran; **–tracht** *f* pakaian kebesaran; **–überschreitung** *f* pelanggaran wewenang; **–verweser** *m* pejabat, wakil; **–weg** *n*, *auf dem* ~ *e* melalui jalur resmi/instansi; **–wohnung** *f* rumah dinas; **–zeichen** *n*, *Tel.* nada pilih; **–zeit** *f* masa jabatan; **–zimmer** *n* ruang kantor
Amulett *n* (–*ęs*;–*e*) jimat
amüs|ant bersifat menyenangkan, lucu; **–ieren** (–) *itr.* menyenangkan; *sich* ~ bersenang-senang; (ber-)senang/(ber)gembira karena
an dekat; kepada; pada; *bis* ~ sampai dengan/pada/ke; ~ *der Reihe (sein)* pada gilirannya; ~ *e–m Ort* pada suatu tempat; ~ *Herrn X* Kepada Yang Terhormat (Kpd. Yth.) Bapak/Tuan X; ~ *der Arbeit sein* sedang bekerja; ~ *TBC sterben* mati karena tebese; ~ *sich* sebenarnya; lepas dari hubungan apapun, itu sendiri; ~ *u. für sich* sebenarnya, tepatnya; *arm* ~ miskin akan; *denken* ~ berpikir tt.; *von heute* ~ mulai hari ini; *das Licht ist* ~ lampu menyala; ~! hidup! nyala! ~ *die zwei Meter* kurang-lebih dua meter
Analogie *f* (–; . . . *iën*) analogi, kias
Analphabet *m* (–*en*;–*en*) orang buta huruf
Analy|se *f* (–;–*n*) analisa, penguraian, penyelidikan; **≗sieren** (–) *tr.* menyelidiki, menganalisir, menganalisa
Ananas *f* (–;–/–*se*) nanas, *ananas sativus*
Anarch|ie *f* (–;*O*) huru-hara, kekacauan, kerusuhan, anarki; **≗isch** kacau-balau
Anatomie *f* (–;*O*) anatomi, ilmu urai tubuh manusia
anbahnen *tr.* melancarkan, menyiapkan; *sich* ~ mulai berkembang
Anbau *m* (–*s*;–*ten*) penanaman; *Gebäude* penambahan gedung; gedung tambahan, sibar; **≗en** *tr.* menanam; menambah gedung; **–möbel** *pl* mebel kombinasi
anbefehlen (–) *unr. tr.* menganjurkan
Anbeginn *m* (–*s;O*) awal mula; *von* ~ sejak permulaan/awal
anbehalten (–) *unr. tr.* tetap memakai, tdk. menanggalkan
anbei terlampir, bersama (dng. surat) ini
anbeißen *unr. itr.* memakan umpan; *tr.* mulai memakan

anbelangen (–) *tr.*, *was mich anbelangt* sejauh saya tersangkut/kena
anberaumen (–) *tr.* menentukan/menetapkan (tanggal)
anbeten *tr.* menyembah, memuja
Anbetracht *in* ~ *(von)* dng. mengingat/mempertimbangkan
anbetreffen (–) *unr. tr.*, *s. betreffen*
anbetteln *tr.* meminta-minta pd.
Anbetung *f* (–;–*en*) penyembahan, pemujaan; **≗swürdig** pantas dipuja
anbiedern *sich* ~ bermanis-manis
anbieten *unr. tr.* menawarkan; menghidangkan; mempersembahkan; *es bietet sich an* ada kesempatan
anbinden *unr. tr.* mengikat (pd. sst.), mengikatkan; *mit j–m* ~ bertengkar dng. sso.; *kurz angebunden sein* tdk. ramah, menjawab pendek/singkat saja
anblasen *unr. tr.* meniupkan; *fig. ugs.* menegur dng. keras, mencela
Anblick *m* (–*(e)s*;–*e*) pandangan, pemandangan; *fig.* aspek; **≗en** *tr.* melihat, memandang, menatap
an|bohren *tr.* membor, menggurdi; **–brechen** *unr. tr.* mulai makan; mulai memakai; *itr.* mulai; *Tag* fajar mulai menyingsing; *Nacht* malam tiba; **–brennen** *unr. itr.* mulai menyala; (menjadi) hangus; *tr.* menyalakan; *es riecht angebrannt* bau angit
anbringen *unr. tr.* memasang; membawa; *e–e Klage* ~ mengajukan keberatan; *Verbesserungen* ~ memperbaiki; *angebracht sein* cocok, sesuai; pantas
Anbruch *m* (–*(e)s;O*) awal, permulaan
An|dacht *f* (–;–*en*) *Rel.* kebaktian, kekhidmatan, kekhusyukan; *fig.* minat, perhatian (besar); **≗dächtig** khusyuk, khidmat; dng. perhatian besar
andauern *itr.* berlangsung terus, belum berhenti; **–d** terus-menerus
Andenken *n* (–*s*;–) ingatan, peringatan, kenangan; kenang-kenangan, oleh-oleh, suvenir
ander(e) yang lain, yang berikut; berbeda, lain; *e ~er, e-e ~e, e ~es* orang/yg. lain; *e–r nach dem ~en* satu demi satu; *e ~es Mal* lain kali; *alles ~e als* tdk., bukan; *am ~en Tag* hari berikut; *das ist et. ~es!* itu soal lain! *e–n Tag um den ~en* berselang sehari, dua hari sekali; *unter ~em* antara lain
andermal *e* ~ pd. kesempatan lain, lain kali, nanti
ander(e)nfalls *komm pünktlich,* ~ *ist die Tür geschlossen* datanglah pd. waktunya (sebab) kalau tdk. pintu sudah terkunci
ander(e)nteils, ander(er)seits di lain pihak, sebaliknya; tetapi
ändern *tr.* mengubah; menukar; mengganti; *sich* ~ berubah
anders berbeda, lain; *ich kann nicht* ~ saya tdk. bisa lain dp.; *wer* ~ siapa lagi; **–artig** berbeda, berlainan; **–gläubig** beragama lain; **–wo** di tempat lain
anderthalb satu setengah
Änderung *f* (–;–*en*) perubahan; pergantian; **–svorschlag** *m* usul perubahan, amendemen
anderwärts di suatu tempat yg. lain
anderweitig dng. cara lain
andeut|en *tr.* mengisyaratkan, menyarankan, memberi petunjuk (halus); *Kunst* menggambarkan dng. (beberapa) goresan saja; *sich* ~ mulai tampak; **≗ung** *f* (–;–*en*) isyarat, petunjuk/usul halus; **–ungsweise** dng. cara halus; dng. garis besar, secara global
andichten *tr.* menyatakan sst. yg. tdk. benar
Andrang *m* desakan massa, keramaian; *Blut, Med.* darah berlebihan mengalir ke kulit, *congestio*
andrehen *tr.* mulai memutar; membuka (gas), menyalakan (lampu); mengencangkan (sekrup); *ugs.* memaksa sso. utk. membeli
andrerseits *s. anderseits*
andringen *unr. itr.* mendesak
androh|en *tr.* mengancam, menakut-nakuti dng.; **≗ung** *f* ancaman
andrücken *tr.* menekankan pd.
an·ecken *itr. ugs.* membuat kesalahan; *bei j-m* ~ menjengkelkan hati sso.
aneign|en *tr. refl.* menjadikan milik (sendiri); *widerrechtlich* mencaplok, mengambil (walaupun tdk. berhak), mengambil oper/alih; *Gewohn-*

heit membiasakan diri dng.; *Sprache* mempelajari dan menguasai; **≗ung** *f* (–;–*en*) pengambilalihan, aneksasi; perampasan
aneinander satu sama lain, saling; (rapat) bersama-sama; berendeng; ~*gedrängt* berdesak-desak(an); **–fügen** *tr.* menggabungkan, menyambungkan; **–geraten** *unr. itr.* berkelahi; **–hängen** *unr. itr.* tergantung satu sama lain; saling menyayangi; **–stoßen** *unr. itr.* bertabrakan; saling menyentuh; *angrenzen* berbatasan satu sama lain
Anekdote *f* (–;–*n*) anekdot, ceritera singkat dan lucu
an·ekeln *itr.* menjijikkan, memuakkan
Anemone *f* (–;–*n*) sm. bunga kecil, *ranunculus*
anempfehl|en (–) *unr. tr.* menganjurkan, menyarankan; **≗ungsbrief** *m* surat rekomendasi
Anerbieten *n* (–*s*;*O*) penawaran, tawaran
anerkannt diakui, sah; terkenal; **–ermaßen** *Adv.* tak dapat di sangkal lagi; pd, umumnya (diketahui)
anerkenn|en (–) *unr. tr.* mengakui, menerima, mensahkan; *würdigen* menghargai; **–enswert** pantas diakui/dihargai/dipuji; **≗ung** *f* (–;*O*) pengakuan; legitimasi; *Würdigung* penghargaan; *Billigung* penerimaan, persetujuan
anerziehen (–) *unr. tr.* membiasakan dng. cara mendidik; *anerzogen* menjadi kebiasaan/sikap berkat pendidikan
anfachen *tr.* menghembus-hembuskan, meniup-niup, menghidupkan (api); *fig.* menghasut, membakar-bakar
anfahr|en *unr. itr. tr.* (mulai) berangkat; *heranfahren* mendekati dng. kendaraan; *anbringen* mengangkut (ke tempat tertentu); *rammen* menabrak; *j–n* ~ melabrak/membentak sso.; **≗t** *f* (–;–*en*) jalan masuk di muka rumah; *Fahrt* perjalanan ke tempat tertentu (dng. berkendaraan); *Mar.* dermaga, kade
Anfall *m* (–*ℯs*;⁻*e*) serangan (tiba-tiba), penyerbuan; **≗en** *unr. tr. itr.* menyerbu, menyerang; ~*de Zinsen* bunga yg. diperoleh
anfällig ~ *für* mudah kena, rentan; **≗keit** *f* (–;–*en*) kelemahan, kepekaan (thd.), kecenderungan (utk. jatuh sakit)
Anfang *m* (–*ℯs*; ⁻*e*) awal(–mula), permulaan; ~ *April* awal April; *von* ~ *an* sejak awal mula; *den* ~ *machen* mulai; **≗en** *unr. tr. itr.* (me)mulai; *was soll ich* ~? apa yg. harus saya lakukan? *ich kann damit nichts* ~ saya tdk. bisa menggunakannya; *es fängt an zu regnen* hujan mulai turun
Anfänger|(in *f*) *m* (–*s*;–) orang yg. mulai belajar/bekerja, orang baru; **–kurs** *m* kursus elementer
anfänglich, anfangs, pd. permulaan
Anfangs|buchstabe *m* huruf awal, inisial; **–gehalt** *n* gaji pertama/permulaan; **–gründe** *pl* dasar-dasar (ilmu pengetahuan), azas(–azas); **–kapital** *n* modal permulaan; **–stadium** *n* tahap permulaan, stadium awal; **–unterricht** *m* pelajaran dasar; **–zeit** *f* waktu (mulai)nya
anfassen *tr.* memegang, menyentuh; mengambil; *et.* ~, *fig.* menangani; memulai sst.; *j-n grob* ~ memperlakukan sso. dng. kasar
anfauchen *tr.* menggeram; *fig.* membentak, mendamprat
anfaulen *itr.* mulai membusuk
anfecht|bar dapat dibantah/digugat; **≗en** *unr. tr.* membantah(kan), melawan, menentang, menggugat; **≗ung** *f* (–;–*en*) penggugatan, bantahan; *Rel.* godaan
anfeind|en *tr.* memusuhi; **≗ung** *f* (–;–*en*) permusuhan
anfertig|en *tr.* membuat, menghasilkan; ~ *lassen* menyuruh membuat; **≗ung** *f* (–;–*en*) buatan, hasil produksi; produksi, pembuatan
an|feuchten *tr.* melembabkan, membasahi; **–feuern** *tr. fig.* menyemangati, mendorong; **–flehen** *tr.* meminta-minta, menyambat-nyambat, memohon dng. sangat; **–fliegen** *unr. tr. itr.*, *Flgw.* mendekati, mengarah pd., terbang/menuju ke
Anflug *m* pendaratan (di); penerbangan (ke); *fig.* sekilas pikiran yg.

tiba-tiba; *e ~ von Angst* menjadi sedikit takut

anforder|n *tr.* meminta dng. sangat, menuntut; **≗ung** *f* (*–;–en*) tuntutan, permintaan; *hohe ~en stellen* mengharapkan hasil yg. sangat baik

Anfrage *f* pertanyaan; permintaan; *Parl.* interpelasi; *e ~ stellen* mengajukan pertanyaan; **≗n** *itr.* bertanya, meminta; mengadakan interpelasi

anfressen *unr. itr. tr.* mengerkah sedikit-sedikit, menggerogoti

anfreunden *sich ~* berteman, menjadi teman, bersahabat (dng.)

anfrieren *unr. itr.* menempel karena kedinginan; menjadi agak dingin

anfügen *tr.* melampirkan (pd.), menyambungkan (pd.); menambah

anfühlen *tr.* merasakan; meraba-raba; *es fühlt sich weich an* rasanya empuk

Anfuhr *f* (*–;–en*) penyediaan/pengangkutan barang

anführ|en *tr.* memimpin; *erwähnen* mengajukan, mengemukakan; mengutip; *j-n ~* membohongi sso.; *Beispiele ~* memberi contoh; **≗er(in** *f*) *m* (*–s;–*) pemimpin/kepala kelompok; **≗ungsstrich** *m*, **≗ungszeichen** *n* tanda kutip/petik

anfüllen *tr.* mengisi sampai penuh, melengkapi

Angabe *f* (*–;–n*) keterangan, pernyataan, laporan; perincian; *ugs.* pembualan; *Tennis* pukulan pertama, serpis; *falsche ~n* salah keterangan; *genauere ~n machen* memperincikan

angaffen *tr.* melongo, memandang(i) dng. mulut terbuka

angängig mungkin, boleh jadi

angeb|en *unr. tr.* memberitahukan, menyebut; *melden* mengadukan, melaporkan; merinci; *ugs.* membual; *Spiel* membuka permainan; *zu hoch ~* melebih-lebihkan; **≗er(in** *f*) *m* (*–s;–*) pelapor; pembual; **≗erei** *f* (*–;–en*) pembualan; **–erisch** bersifat membual

Angebinde *n* (*–s;–*) sm. hadiah kecil

angeblich katanya, menurut dugaan orang, disangka; *~ ist er klug* katanya ia pandai

angeboren *Adj.* berpembawaan sejak lahir, bawaan

Angebot *n* (*–[e]s;–e*) penawaran, tawaran; *Ware* barang yg. ditawarkan; *~ u. Nachfrage* penawaran dan permintaan

angebracht pantas, wajar, cocok, tepat; dapat dianjurkan

angebrannt hangus, angit

angedeihen (–) *unr. itr., j-m et. ~ lassen* memberikan/menganugerahkan sst. kpd. sso.

angegossen *Adj., sitzt wie ~* pas benar

angegriffen *Adj., fig.* capai, lelah

angeheiratet berhubungan keluarga akibat perkawinan

angeheitert *ugs.* sedikit mabuk dan riang gembira

angehen *unr. tr. itr.* **1.** meminta; **2.** mulai bermain/menyala/membusuk/berakar; *ugs.* sudah jalan/mulai; *das geht nicht an* itu tdk. boleh; *das geht dich nichts an* itu bukan urusanmu; itu tdk. menyangkut kamu; *was mich angeht* bagi saya, sejauh menyangkut saya; **–d** bakal, calon

angehör|en (–) *itr.* termasuk; **≗ige** *m, f* (*–n;–n*) warga, anggota; sanak keluarga; *s-e ~n* familinya

Angeklagte *m, f* (*–n;–n*) yg. tertuduh/terdakwa/tergugat, pesakitan

Angel *f* (*–;–n*) kail, alat pancing ikan; *Tür* engsel, sendi

Angeld *n* uang jaminan/jadi, panjar

angelegen *Adj., sich et. ~ sein lassen* menaruh perhatian (yg. lebih) pd. sst.; mengurus(i) sst.; **≗heit** *f* (*–;–en*) urusan; peristiwa, hal, perkara, *persönliche ~* urusan pribadi; **–tlich** bersifat mendesak, urgen

Angel|gerät *n* alat pancing (ikan); **–haken** *m* mata-kail; **≗n** *tr.* mengail, memancing; **–punkt** *m* poros; titik pangkal; **–rute** *f* (batang) joran, tangkai alat pancing; **–sachsen** *pl* suku bangsa Anglo-Saxon; **≗sächsisch** berh. dng. Anglo-Saxon; **–schnur** *f* tali pancing/kail

angemessen *Adj.* pantas, patut, dapat diterima, sesuai dng. kenyataan; ~*er Grund* beralasan benar/kuat

angenehm enak, nyaman, menyenangkan; ~*e Unterhaltung* pembicaraan yg. menyenangkan; ~*e Ruhe*! selamat tidur!

Anger *m* (*–s;–*) padang rumput

ange|regt bersemangat; ~*e Gespräche* pembicaraan yg. hangat/ramai; **–schlagen** *Adj*. lelah, capai; *s-e Gesundheit ist* ~ kesehatannya menurun/merosot; **–sehen** *Adj*. terhormat, terpandang, terkemuka; **–sessen** *Adj*., ~*e Bürger* penduduk asli/tetap

Angesicht *n* wajah, paras (muka); *im* ~ dl. menghadapi; **≗s** berhadapan dng., mengingat; ~ *der vielen Fehler* mengingat banyak kesalahan

angespannt dng. penuh perhatian; kritis; tegang

ange|stammt turun-temurun; **≗stellte(r)** *m, f* (*–n;–n*) karyawan, pegawai; **–strengt** berat, yg. melelahkan; ~ *nachdenken* berpikir keras/sungguh-sungguh; **–tan** ~ *sein von* senang/suka akan; **–trunken** *Adj*. mabuk sedikit; **–wandt** terapan, praktis; **–widert** muak, bersifat menjijikkan; **–wiesen** *Adj*., ~ *sein auf* tergantung (dari); **–wöhnen** (–) *tr*. membiasakan; **≗wohnheit** *f* kebiasaan; **–zeigt** *et. ist* ~ sepantasnya, seyogyanya

Angina *f* (*–;* . *nen*) senak, sakit kerongkongan, *angina;* ~ *pectoris* rasa kejang jantung

angleich|en *unr. tr*. menyesuaikan, menyamai; **≗ung** *f* penyesuaian

Angler *m* (*–s;–*) pemancing ikan

anglied|ern *tr*. memasukkan/menambah pd., menjadikan anggota; **≗erung** *f* (*–;–en*) penggabungan, inkorporasi; aneksasi

anglotzen *tr. ugs*. membeliak(kan)

angreif|bar dapat diserang; mudah kena serangan; **–en** *unr. tr*. menyerang, menyerbu; *e-e Sache* ~ menanggulangi/mengurus sst.; *Gesundheit* ~ melemahkan/mengganggu kesehatan; *das Kapital* ~ mengambil (dari) modal; **≗er** *m* (*–s;–*) penyerang, penyerbu

angrenzen *itr*., ~ *an* berbatasan dng.

Angriff *m* (*–e̸s;–e*) serangan, penyerbuan; *fig*. kecaman; *et. in* ~ *nehmen* memulai/mengusahakan sst.; **≗slustig** agresif, suka menyerang; **–spunkt** *m* titik serang/lemah; *Tech*. titik tangkap; **–swaffe** *f* senjata penyerang

angrinsen *tr. ugs*. meringis, menyeringai

Angst *f* (*–;¨–e*) rasa takut, ketakutan; kecemasan, kekuatiran; *keine* ~ ! jangan takut! ≗ *u. bange* sangat takut; **–hase** *m* (*–n;–n*) penakut

ängstigen *tr*. menakut-nakuti, menakutkan; *sich* ~ merasa takut/kuatir/cemas

ängstlich takut, cemas, kuatir; *genau* sangat teliti; **≗keit** *f* (*–;O*) ketakutan, kecemasan; ketelitian yg. terlalu

Angst|neurose *f* sm. penyakit syaraf yg. tampak dl. ketakutan; **–schweiß** *m* keringat dingin, peluh seni (karena ketakutan); **≗voll** takut sekali; sangat ketakutan; **–zustand** *m* keadaan takut

angucken *tr*. menatap, memandang

anhaben *unr. tr*. mengenakan; *das kann mir nichts* ~ hal ini tdk. dapat merugikan saya

anhaften *itr*. menempel/melekat pd.

anhaken *tr*. memasang/menghubungkan dng. kait; *bezeichnen* memberi tanda (√)

Anhalt *m* (*–e̸s;–e*) pegangan; **≗en** *unr. tr. itr*. menghentikan; berhenti memohon; *der Regen hält an* hujan berlangsung terus; *j-m* ~ *zu* mendorong sso. utk.; *um e Mädchen* ~ meminang/melamar seorang gadis **≗end** terus-menerus; **–er** *m* (*–s;–*) *per* ~ *fahren* menghentikan dan menumpang kendaraan orang lain (tanpa membayar), membonceng, *bp*. liften; **–spunkt** *m* pegangan, petunjuk

anhand *Prp*. dng. bantuan

Anhang *m* (*–e̸s;¨–e*) tambahan, lampiran; pengikut, pengiring, cantrik, anak-buah; **≗en** *unr. itr*. mengikuti, setia pd.

anhäng|en 1. *tr*. menggantungkan, menghubungkan dng.; *fig*. menambahkan; **2.** *unr. itr*. setia pd., menjadi pengikut (sso.); *an s-m*

Vater hängen sangat sayang pd. ayahnya; **²er** *m* (*–s;–*) pengikut; *Schmuck* bandulan; *Verkehr* gandengan; **²erschaft** *f* (*–;O*) kaum pengikut; **–ig** belum diputuskan; ~ *machen* membawa ke pengadilan; **–lich** ikut, setia; yg. mengintil; **²lichkeit** *f* (*–;O*) kesetiaan; **²sel** *n* (*–s;–*) tambahan/bandulan kecil; pengikut yg. tdk. penting
Anhauch *m* (*–ḛs;O*) nafas; *fig.* yg. sedikit (dari sst.); **²en** *tr.* menghembus-hembuskan (nafas); *fig.* menegur; *links angehaucht* berkiblat ke kiri
anhäuf|en *tr.* menimbun, menumpuk; *sich* ~ bertumpuk, bertimbun; berakumulasi; **²ung** *f* (*–;–en*) timbunan, tumpukan; penimbunan, penumpukan
anheben *unr. tr.* mengangkat, menaikkan; meninggikan; *Lit.* mulai berbicara
anheften *tr.* mengenakan pd., menyematkan, menyepitkan
anheilen *itr.* mulai menjadi sembuh; *tr.* menyembuhkan
anheimeln *tr.* menimbulkan rasa kerasan/nyaman/cocok
anheim|fallen *unr. itr.*, *j-m* ~ jatuh ke tangan sso.; **–geben** *unr. tr.*, **–stellen** *tr.* menyerahkan, membiarkan
anheischig *sich* ~ *machen* menawarkan diri (utk. berbuat sst.)
anherrschen *tr.* menghentak, menghardik
anheuern *tr.* menerima sebagai kelasi
Anhieb *m*, *auf* ~ langsung
anhimmeln *tr.* memuja(–muja)
Anhöhe *f* (*–;–n*) bukit (kecil)
anhören *itr. tr.* mendengar(kan); *sich schlecht* ~ kedengaran jelek
animalisch berh. dng. binatang, hewani; kebinatangan
animier|en (*–*) *tr.* mendorong, memberi semangat, menggairahkan; **²lokal** *n* restoran dng. atraksi; **²mädchen** *n* sm. hostes
Animismus *m* (*–;O*) animisme
Animo *n* (*–s;O*) minat, gairah, animo; **–sität** *f* (*–;–en*) rasa permusuhan, sikap tdk. menyukai
Anis *m* (*–es;–e*) adas manis, *pimpinella anisum*
ankämpfen *itr.*, ~ *gegen* berjuang melawan
Ankauf *m* pembelian; barang yg. dibeli; **²en** *tr.* membeli; *sich* ~ membeli tanah
Anker *m* (*–s;–*) jangkar, sauh; *Elek.* angker (dari magnit); *vor* ~ *gehen* berlabuh; **–kette** *f* tali/rantai sauh; **²n** *itr.* berlabuh, bersauh; **–tau** *n* tambang kapal; **–wicklung** *f, Elek.* lilitan angker; **–winde** *f* pengerek/penggulung tambang (kapal)
anketten *tr.* merantai, membelenggu
Anklage *f* tuduhan, dakwaan, gugatan; *unter* ~ *stehen* menjadi tertuduh; **–bank** *f* kursi tertuduh; **²n** *tr.* mendakwa, menggugat, menuduh
Ankläger(in *f*) *m* (*–s;–*) penggugat, pendakwa, penuduh; *öffentlicher* ~ jaksa (penuntut) umum
Anklageschrift *f* pendakwaan, tuduhan
anklammern *tr.* menjepit; *sich* ~ berpegang erat-erat/teguh
Anklang *m* kemiripan; sambutan baik; ~ *finden* disambut dng. baik
ankleben *tr. itr.* melekat(kan), menempel(kan)
Ankleid|ekabine *f* kamar ganti pakaian, kamar bersalin; **²en** *tr. refl.* mengenakan pakaian, berpakaian
an|klingeln *tr. itr.* mengebel; *ugs.* menelpon; **–klingen** *unr. itr.* (masih) mengingatkan pd.; mirip dng.; ~ *lassen* membangkitkan; **–klopfen** *itr.* mengetuk (pintu); **–knipsen** *tr.* menyalakan, menghidupkan
anknüpf|en *itr. tr.* menyambung (-kan), mengikat; *fig.* menjalin (hubungan/pembicaraan); **²ungspunkt** *m* titik tolak/pangkal (pembicaraan)
ankommen *unr. itr.* tiba, datang; mendekati; diterima/disambut dng. baik, mendapat sukses; ~ *bei e-r Firma* mendapat pekerjaan di suatu perusahaan; ~ *auf* tergantung dari; *gut* ~ diterima baik; *darauf* ~ *lassen* mengambil risiko; *darauf kommt es an* itulah yg. penting, inilah titik persoalannya; *es kommt mir sehr*

darauf an hal itu sangat penting bagi saya

Ankömmling *m* (*–s;–e*) pendatang baru

ankoppeln *tr.* menghubungkan, menggandengkan, merangkaikan

ankotzen *tr. derb.* memuakkan, memualkan

ankreiden *tr. ugs.*, *~ lassen* tdk. langsung membayar; *j-m et. ~* tdk. melupakan perbuatan sso. yg. tdk. baik

ankreuzen *tr.* menandai dng. silang

ankündig|en *tr.* memberitahukan (sebelum terjadi), mengumumkan; **≗ung** *f* (*–;–en*) pengumuman, pemberitahuan, proklamasi

Ankunft *f* (*–;O*) kedatangan, **–shalle** *f* ruang kedatangan

ankurbeln *tr.*, *Mot.* mengengkol; *fig.* memajukan, menggiatkan

anlächeln, *itr.* **anlachen** *tr.* tersenyum kpd.

Anlage *f* (*–;–n*) instalasi; *Entwurf* rencana; *Anhang* lampiran; *Begabung* bakat alamiah; *Med.* (penyakit) pembawaan sejak lahir; *Fabrik* kompleks (perusahaan); *Garten* penataan taman; *Kapital* penanaman modal, investasi; *in der ~* terlampir; *öffentliche ~* taman umum; **–kapital** *n* modal tertanam; **–papiere** *pl* surat-surat berharga

anlagern *tr. refl.* mengendap(kan); *Chem.* bersenyawa (dng.)

anlangen *itr.* tiba; *was mich anlangt* sejauh menyangkut saya

Anlaß *m* (*. . . sses; . . . ässe*) kesempatan; *Grund* sebab, alasan; *aus ~* pd. kesempatan, karena; *ohne allen ~* tanpa alasan apapun; *~ geben zu* menyebabkan

anlass|en *unr. tr.*, *Mot.* menghidupkan; *e Kleid ~* tdk. menanggalkan pakaian; *Licht ~* membiarkan lampu menyala terus; *das läßt sich gut an* mulai berjalan dng. lancar; **≗er** *m* (*–s;–*) stater

anläßlich pd. kesempatan, sehubungan dng.; oleh karena

Anlauf *m* mulainya berlari/bergerak/berjalan; lari pendek sebelum melompat, mengancang-ancang; *fig.* usaha, percobaan; **≗en** *unr. itr.* mulai berlari/bergerak/berputar/berjalan; *Mar.* singgah; *verfärben* berlapis tipis, berubah warnanya; *angelaufen kommen* datang berlari-lari; *die Kosten laufen an* biaya bertambah-tambah

Anlaut *m* bunyi awal; **≗en** *itr.*, *mit 'a' ~en* mulai dng. bunyi 'a'

anläuten *tr. ugs.* menelpon; membel

anlegen *tr.*, *Garten, Fabrik . . .* membuat; *Geld* menanamkan; *Gewehr* membidikkan; *Hand ~* membantu dl. pekerjaan; *Hand ~ an j-n* menganiaya/membunuh sso.; *Kleid, Schmuck* mengenakan, memakai; *Mar.* berlabuh, merapat di kade; *Leiter* meletakkan pd.; *Leitung, Fesseln* memasang; *Liste* menyusun; *Säugling* menyusui; *Straße* membuka, membangun; *Vorrat ~* menimbun utk. persediaan; menyediakan barang; *Zügel* membatasi; *es auf et. ~* bermaksud/merencanakan sst.; *sich mit j-m ~* bertengkar dng. sso.

Anlegestelle *f* dermaga, tempat merapat

anlehn|en *tr.* menyandarkan; *sich ~ an* bersandar pd., *fig.* mengambil sebagai contoh; **–ungsbedürftig** memerlukan dukungan/persahabatan

Anleihe *f* (*–;–n*) pinjaman, kredit

anleimen *tr.* mengelem, merekatkan

anleit|en *tr.* melatih; *leiten* membimbing, menuntun, **≗ung** *f* (*–;–en*) bimbingan, petunjuk, instruksi; *Handbuch* buku penuntun, pedoman

anlern|en *tr.* mengajar, melatih; **≗ling** *m* (*–s;–e*) magang

anlieg|en *unr. itr.* berdampingan; terlampir; *Kleid* ketat, **≗en** *n* (*–s;–*) permintaan, permohonan; harapan, keinginan; **–end** berbatasan, berdampingan; **≗er** *m* (*–s;–*) tetangga; *frei für ~* boleh dilalui orang yg. tinggal di jalan yg. bersangkutan

anlocken *tr.* menarik

anlöten *tr.* mematerikan, menyolderkan

anlügen *unr. tr.* membohongi, mendustai

anmachen *tr. ugs.* menyalakan (api, lampu); *zubereiten* mencampur dng. mengaduk; *befestigen* memasang
anmahnen *tr.* mengingatkan
anmalen *tr.* mencat; *sich ~, ugs.* merias muka
Anmarsch *m, im ~ auf* bergerak mendekati; **≗ieren** (–) *itr.* datang berbaris
anmaß|en *sich ~* berlagak seakan-akan berhak; **–end** congkak, pongah, sombong; **≗ung** *f (–;–en)* kesombongan, kecongkakan
Anmelde|formular *n* formulir pendaftaran; **–frist** *f* batas waktu utk. melapor/mendaftarkan; **–gebühr** *f* iuran pendaftaran
anmeld|en *tr.* memberitahukan, melaporkan; *sich beim Arzt ~* mengadakan janji dng. dokter; *s-n Besuch ~* memberitahu kunjungannya; *Konkurs ~* menyatakan diri bangkrut; **–epflichtig** wajib lapor; **≗eschein** *m, s. Anmeldeformular;* **≗ung** *f (–;–en)* laporan, pemberitahuan, pendaftaran; tempat resepsi/pelaporan
anmerk|en *tr.* mencatat; memberi komentar pendek; *sich et. (nicht) ~ lassen* (tdk.) memperlihatkan (perasaan . . .); **≗ung** *f (–;–en)* catatan, tambahan, tanggapan; catatan kaki
anmessen *unr. tr., j-n et. ~* menempahkan
Anmut *f (–;O)* kecantikan, kemolekan; **≗ig** menarik, cantik; *~e Gegend* daerah bagus
annageln *tr.* memaku(kan) pd.
annähen *tr.* memasang
annähern *tr.* mendekatkan; membuat menjadi mirip atau hampir sama; *sich ~* menjadi mirip atau hampir sama; **–d** kira-kira, kurang lebih, hampir
Annäherung *f (–;–en)* pendekatan; persesuaian; *Math.* perkiraan; **–sversuch** *m* usaha pendekatan; **≗sweise** kira-kira, hampir
Annahme *f (–;–n)* penerimaan, tempat penerimaan; *Vermutung* anggapan; *Zustimmung* persetujuan; *Kind* pengangkatan anak; *Gesetz* pengesahan undang-undang; *ich habe Grund zur ~* saya punya alasan untuk menganggap; *in der ~, daß* menyangka bahwa; **–stelle** *f* tempat penerimaan, loket; **–verweigerung** *f* penolakan utk. menerima (sst.)
Annalen *pl* buku tawarikh/sejarah
annehm|bar dapat diterima, masuk akal; agak memuaskan; **–en** *unr. tr.* menerima; menyangka, menduga; *Glauben* menganut; *Haltung* mengambil sikap; *Kind* mengangkat; *Gesetz* mensahkan; *angenommen, daß* misalnya, umpamanya; *sich e-r Sache ~* memperhatikan/mengurus sst.; *sich e-s Kindes ~* merawat/menjaga seorang anak; *Vernunft ~* menjadi tenang lagi, berpikir tenang; **≗lichkeit** *f (–;–en)* kesenangan, kenikmatan, keberuntungan
anne|ktieren (–) *tr.* mencaplok, menganeksasi; **≗xion** *f (–;–en)* pencaplokan, aneksasi
Anno *~ dazumal* dahulu kala, tempo dulu; *~ Domini* (pd. tahun) sesudah Masehi
Annon|ce *f (–;–n)* iklan; **≗cieren** (–) *tr. itr.* memasang iklan
annullieren (–) *tr.* membatalkan
Anode *f (–;–n)* anoda, kutub positif
anomal ganjil, tdk. biasa, aneh; **≗ie** *f (–; . . iën)* kelainan
anonym dng. tdk. dikenal, tdk. disebut namanya, anonim
Anorak *m (–s;–s)* sm. jaket yg. mempunyai tutup kepala
anordn|en *tr.* mengatur, menata, menyusun; *fig.* memerintah; menetapkan; **≗ung** *f (–;–en)* penyusunan, susunan; perintah; *auf ~ von* atas perintah (dari)
anorganisch anorganik
anormal *s. anomal*
anpacken *tr.* memegang kuat-kuat; *e-e Arbeit ~* melakukan pekerjaan dng. sungguh-sungguh; *mit ~* ikut membantu; *j-n hart ~* memperlakukan sso. dng. keras
anpass|en *tr.* menyesuaikan; menyelaraskan; *e Kleid ~* mengepas/mencoba pakaian; *sich ~* menyesuaikan diri; **≗ung** *f (–;O)* penyesuaian, adaptasi; **–ungsfähig** dapat menyesuaikan diri
anpeilen *tr., Flgw., Radio* menentukan lokasi dng. memancarkan

sinyal optis/elektronis, mengambil arah; *fig.* mengarahkan pandangan ke
Anpfiff *m, Sp.* peluit tanda mulai main; *fig.* teguran keras
anpflanz|en *tr.* menanam; **≗ung** *f* (*–;–en*) penanaman; perkebunan
anpflocken *tr.* mengikat pd. patok, mengencangkan dng. patok
anpöbeln *tr. ugs.* menghina, mengganggu (dng. kata yang kasar)
Anprall *m* (*–ẹs;–e*) benturan, tabrakan, tubrukan; **≗en** *itr.* membentur, menabrak, menubruk
anprangern *tr.* menegur di muka umum, mengritik terang-terangan
anpreisen *unr. tr.* memuji-muji dan menganjurkan
Anprob|e *f* (*–;–n*) pengepasan (pakaian); **≗ieren** (–) *tr.* mengepas, mencoba
anpumpen *tr. ugs.* meminjam secara kasar
anranzen *tr.* menggertak
anraten *unr. tr.* menganjurkan, menasehatkan; *auf sein ≗ hin* atas anjurannya
anrechn|en *tr.* memperhitungkan; *j-m et. hoch ~* sangat menghargai sst. dari sso.; *sich zur Ehre ~* menganggap sebagai suatu kehormatan; **≗ung** *f* (*–;O*) *in ~ bringen* memperhitungkan, memasukkan dl. perhitungan
Anrecht *n* hak, tuntutan
Anrede *f* sapaan; tegur-sapa; *im Brief* salam; **≗n** *tr.* menyapa; menegur
anreg|en *tr.* mengusulkan, menyarankan, memprakarsai; *anreizen, beleben* merangsang(kan); **–end** menarik, merangsang; **≗ung** *f* (*–;–en*) prakarsa, rangsangan; saran, usul; **≗ungsmittel** *n* obat perangsang
anreichern *tr.* memperkaya, meningkatkan
anreihen *tr.* menambahkan dl. suatu deretan; *Naht* menjelujur
Anreise *f* perjalanan ke (tempat tertentu)
anreißen *unr. tr.* merobekkan sedikit; mulai memakai, menyalakan korek-api; *fig.* mengemukakan, menimbulkan
Anreiz *m* (*–es;–e*) perangsang, rangsangan; pemikat, godaan; **≗en** *tr.* merangsang, mendorong, membujuk, menarik; *Appetit ~* membangkitkan selera makan
anrennen *unr. tr. itr.* menabrak (tanpa sengaja); menyerang, melawan; *angerannt kommen* datang berlari-lari
Anrichte *f* (*–;–n*) bufet; ruang utk. menyiapkan makanan; **≗n** *tr.* mempersiapkan (utk. dihidangkan); *fig.* menyebabkan, menimbulkan (hal yg. tdk. baik); **–tisch** *m* meja makan
anrüchig terkenal jahat, mempunyai nama jelek
anrücken *itr.* datang mendekat
Anruf *m* (*–ẹs;–e*) panggilan; *bp.* telepon; **≗en** *unr. itr. tr.* berseru, menyeru; menelepon; *flehen* memohon (dng. sangat); *e-e höhere Instanz ~* naik banding
anrühren *tr.* menyentuh; mengaduk adonan (kue)
ans = *an das*
Ansag|e *f* (*–;–n*) pengumuman, pemberitahuan; **≗en** *tr.* memberitahukan, mengumumkan; **–er** *m* (*–s;–*), **–erin** *f* (*–;–nen*) penyiar, pembawa berita/acara
ansamm|eln *tr.* mengumpulkan, menimbun; *sich ~* bertumpuk; berkumpul; **≗lung** *f* (*–;–en*) kumpulan, timbunan; orang banyak (sekali), massa
ansässig *~ sein in* menjadi penduduk di, bertempat tinggal di
Ansatz *m* (*–es;≗e*) percobaan, permulaan; *Gerät* sambungan; *Voranschlag* taksiran; *Mus.* mulut (instrumen); **–punkt** *m* pangkal tolak; *Tech.* tempat (utk.) menyambung; **–stück** *n* sambungan, penyambung
ansaugen *unr. tr.* (mulai) menghisap, menghirup
anschaff|en *tr.* membeli; mengusahakan; **≗ung** *f* (*–;–en*) pembelian barang baru; **≗ungskosten** *pl*, **≗ungspreis** *m* harga pembelian, pengeluaran utk. membeli; **≗ungswert** *m* harga waktu dibeli
anschalten *tr.* menyalakan, menghidupkan; *~ an* menghubungkan dng.

anschau|en *tr.* memandang, menatap; menonton; **–lich** dapat dibayangkan, nyata, konkret, mudah dimengerti

Anschauung *f* (–;–*en*) pandangan; pendapat; konsepsi; **–smaterial** *n* alat-alat peraga; **–s·unterricht** *m* pelajaran dng. ekskursi; **–svermögen** *n* daya angan-angan, imajinasi; **–sweise** *f* sudut/segi pandangan

Anschein *m* (–*s;O*) bentuk lahiriah, rupa; *allem* ~ *nach* kelihatannya, tampaknya; barangkali; *sich den* ~ *geben* berlagak, menimbulkan kesan; **⁼end** rupanya, rupa-rupanya

anscheißen *unr. tr., derb* memaki-maki, menyalahkan dng. keras; menipu

anschicken *sich* ~ *(zu)* menyiapkan diri (utk.), bersiap-siap (utk.)

Anschlag *m* (–*es*;¨*e*) pengumuman; *Gewehr* kokang; *Attentat* komplotan, percobaan membunuh; *Berechnung* perkiraan, anggaran, kalkulasi; *Schreibmaschine* ketukan; *Klavier* pukulan; *in* ~ *bringen* memasukkan dl. perhitungan; *e–n* ~ *verüben auf* mencoba membunuh; **–brett** *n* papan pengumuman; **⁼en** *unr. tr. itr.* menempel(kan); memasang; *Klavier* membunyikan (nada); *berechnen* memperhitungkan, menaksirkan; *anstoßen* mengena, terbentur; *wirken* membawa hasil; *zu hoch* ~ menilai terlalu tinggi; *e-n anderen Ton* ~ mengubah nada dl. pembicaraan; *der Hund schlägt an* anjing menggonggong

Anschläger *m* (–*s*;–) tukang tempel (plakat); *Bgb.* pekerja/buruh tambang yg. memberi isyarat

Anschlag|säule *f* tiang (tempat menempel) pengumuman/iklan; **–zettel** *m* pengumuman, pemberitahuan, maklumat

anschleichen *unr. itr., sich* ~ mendekati secara diam-diam

anschließen *unr. itr. tr.* menyambung(kan); bersambung; *festmachen* membelenggu, merantai; *sich* ~ ikut/turut serta; menggabungkan diri; *fig.* menyusul, mengikut(i); **–d** yg. berikutnya/menyusul, sesudahnya

Anschluß *m* (*. . . sses; . . . üsse)* sambungan; hubungan; gabungan; *im* ~ *an* langsung sesudah(nya); sehubungan dng.; ~ *finden, ugs.* berkenalan, bergaul; *den* ~ *verpassen* tdk. mendapat sambungan (bis, kereta, pesawat terbang), *ugs. fig.* tdk. laku; **–dose** *f, Elek.* stop kontak; **–rohr** *n* pipa sambungan; **–schnur** *f* kabel penghubung; **–zug** *m* kereta sambungan

an|schmieden *tr.* menempelkan dng. menempa; **–schmiegen** *sich* ~ bersandar/merapat pd.; **–schmieren** *tr.* mencoret-coret sehingga menjadi kotor; *ugs.* menipu; **–schnallen** *tr.* memasang tali pengaman; **–schnauzen** *tr. ugs.* membentak, menghardik, menggertak

an|schneiden *unr. tr.* mulai memotong/mengiris; *fig.* mulai membahas sst.; mengemukakan, menyinggung (dl pembicaraan); **⁼schnitt** *m* potongan pertama; **–schrauben** *tr* menyekrupkan; **–schreiben** *unr tr.* menulis kpd./pd.; mencatat (spy. dibayar kemudian); *bei j-m gut (schlecht) angeschrieben sein* (tdk.) disukai/dihargai oleh sso.; **–schreien** *unr. tr.* meneriaki

Anschrift *f* (–;–*en*) alamat

anschuldig|en *tr.* menyalahkan, menuduh, mendakwa; **⁼ung** *f* (–;–*en*) tuduhan

an|schüren *tr, itr., s. schüren;* **–schwärzen** *tr.* menghitamkan; *fig.* memfitnah, melaporkan hal jelek

anschwell|en *unr. itr.* membengkak; bertambah; *der Fluß schwillt an* sungai sebak; **–end** *Mus.* makin lama makin keras, *crescendo;* **⁼ung** *f* (–;–*en*) pembengkakan

anschwemm|en *tr. itr.* (meng)-hanyut(kan) ke darat, terdampar di tepi/pantai; **⁼ung** *f* (–;–*en*) kukup

ansehen *unr. tr.* memandangi; menganggap; menyelidiki; *et. mit* ~ menyaksikan; *j-n* ~ menatap sso.; *j-m et.* ~ mengetahui/menerka suasana hati sso.; ~ *für/als* memandang sebagai; *sich et.* ~ melihat,

menonton (film); *nicht mit ~ können* tdk. tahan/tega melihat; **≗** *n* (*–s;O*) nama baik, reputasi; wibawa; *~ haben* dipandang, dihormati (sebagai); disegani, terkenal sebagai; *er hat großes ~* ia sangat dihormati; *vom ~ kennen* mengetahui/mengenali sso. (tetapi bukan namanya); *ohne ~ der Person* tanpa pandang bulu
ansehnlich (agak) besar; bagus
ansetzen *tr. itr.* menambahkan, menyambungkan; menempatkan, menaruh; *fig.* menentukan, menetapkan; *Pflanze* mulai muncul/ berkembang, bertunas; *Fett ~* menjadi gemuk; *zum Sprung ~* siap melompat; *Rost ~* berkarat
Ansicht *f* (*–;–en*) pemandangan, pandangan; pendapat; *meiner ~ nach* menurut pendapat saya; *zur ~* sebagai contoh; **≗ig** *j-s ~ werden* melihat sso.; **–s(post)karte** *f* kartupos bergambar; **–ssache** *f* soal pendapat (tergantung selera masing-masing)
ansied|eln *tr. itr.* menempati; menjadi penduduk; **≗ler(in** *f*) *m* (*–s;–*) pendatang; **≗lung** *f* (*–;–en*) pemukiman, perkampungan
Ansinnen *n* (*–s;–*) permintaan (yg. keterlaluan); usul yg. agak memaksa
ansonsten *Adv. ugs.* selain dari itu
anspannen *tr.* memasang (pakaian kuda, kuk); *spannen* menegangkan; *fig.* menggunakan tenaga, berusaha
anspeien *unr. tr.* meludahi
anspiel|en *tr. itr.* memulai/membuka permainan; *~ auf* menyindir; **≗ung** *f* (*–;–en*) sindiran
anspinnen *unr. tr.* menjalin (secara hati-hati); *sich ~* mulai berkembang (hubungan)
anspitzen *tr.* meruncingkan, melancipkan
Ansporn *m* (*–ẹs;O*) dorongan, semangat, perangsang; **≗en** *tr.* mendorong, membujuk
Ansprache *f* (*–;–n*) pidato yg. pendek; sambutan
ansprechen *unr. tr.* menyapa, mengalamatkan; *itr.* memberi kesan; bereaksi; *j-n um et. ~* meminta sst. pd. sso.; *das spricht (nicht) an* hal itu (tdk.) mengesankan/disukai; **–d** menarik, menyenangkan
anspringen *unr. tr.* melompati; *itr.*, *Mot.* hidup
anspritzen *tr.* mereciki, menyemprotkan
Anspruch *m* (*–ẹs;⸗e*) tuntutan, hak; *~ haben* berhak; *Hilfe in ~ nehmen* sangat meminta bantuan; *Zeit in ~ nehmen* makan waktu; *~ erheben, Ansprüche stellen* menuntut; **≗slos** sederhana; **–slosigkeit** *f* (*–;–en*) kesederhanaan; **≗svoll** cerewet, rewel; banyak tuntutan; kritis
anspucken *tr.* meludahi
anspülen *tr.* menghanyutkan ke tepi/pantai, mendamparkan
anstacheln *tr.* membangkitkan, menghasut
Anstalt *f* (*–;–en*) lembaga, institut; *Gebäude* gedung dari lembaga pendidikan / kemasyarakatan / kesehatan; *pl, fig.* persiapan; *~en treffen* mempersiapkan
Anstand *m* (*–ẹs;O*) sopan-santun, adat; *~ nehmen zu* berkeberatan
anständig sopan, berbudi bahasa; *ugs.* cukup, agak besar/banyak
Anstands|besuch *m* kunjungan kehormatan; **–dame** *f* wanita pengantar/pengawal gadis; **–formen** *pl* etiket, sopan-santun; **–gefühl** *n* budi bahasa; **≗halber** demi kesopanan; **≗los** tanpa ragu-ragu, tanpa keberatan; **–regeln** *pl* aturan sopan-santun
anstarren *tr.* menatap terpaku, membelalakkan mata, melongo
anstatt *Konj.*, *Prp. mit Gen.* sebagai ganti, daripada
anstauen *sich ~* bertumpah-ruah/ berjejal-jejal / bertumpuk-tumpuk / berderet-deret karena tertahan/ macet atau tdk. bisa mengalir
anstaunen *tr.* menatap tertegun/tercengang
anstechen *unr. tr.* menusuk sedikit; membuka vat bir; *wie angestochen, ugs.* marah-marah
ansteck|en *tr.* menyematkan, memasang, memasukkan (cincin ke jari); *Kerze* menyalakan; *Haus* membakar; *Med.* menulari; **–end** yg.

menjangkit, dapat menular; **≗ung** *f* (–;–*en*) infeksi, penularan
anstehen *unr. itr.* (ber)antri; *fig.* masih perlu diselesaikan; *nicht ~ et. zu tun* tdk. ragu-ragu utk. berbuat sst.
ansteigen *unr. itr.* menanjak, naik
anstelle *Prp. mit. Gen.* sebagai ganti/wakil
anstell|en *tr.* menempatkan, menaruh pd.; *Maschine* menghidupkan, menyalakan; *Arbeiter* memberi pekerjaan; *tun* berbuat, melakukan; *Unfug ~* membuat gaduh; *sich ~* (ber)antri; bertingkah-laku, berlagak; *sich ~ als ob* berpura-pura; *angestellt bei* bekerja pd.; **≗ung** *f* (–;*O*) penerimaan (karyawan); pekerjaan
Anstich *m* (–*ɇs*;*O*) pembukaan vat bir/anggur
Anstieg *m* (–*ɇs*;–*e*) tanjakan; pendakian; *fig.* kenaikan
anstift|en *tr.* menimbulkan, menyebabkan (hal yg. tdk. baik); menggoda(i), menghasut; **≗er** *m* (–*s*;–), **≗erin** *f* (–;–*nen*) orang yang menimbulkan sst. yg. tdk. baik, biang keladi, penghasut; **≗ung** *f* (–;–*en*) hasutan
anstimmen *tr.* memberikan nada; mulai berseru; *e Lied ~* mulai memainkan/menyanyikan lagu
Anstoß *m* (–*es*;*⁼e*) inisiatif, dorongan; sebab; *Fußball* tendangan pertama; *an et. ~ nehmen* tdk. menyetujuinya, menganggap tdk. pantas; *~ erregen* menghebohkan; *~ geben zu* menyebabkan, menjadi inisiator; memulai; **≗en** *unr. tr. itr.* mendorong; menyentuh, menyenggol; menendang; menyikut; bertumbuk, terbentur; *angrenzen* berbatasan dng.; *mit der Zunge ~* pelo, pelat, telor; *bei j-m ~* menyinggung/menyakiti (perasaan) sso.; *~ auf* mengangkat gelas utk memperingati/menghormati
anstößig tdk. pantas/sopan; kurangajar
anstrahlen *tr.* menyinari, menyoroti dng. lampu
anstreben *tr.* mengejar, menginginkan, berhasrat, mencita-citakan
anstreich|en *unr. tr.* mencat, menandai; **≗er** *m* (–*s*;–) tukang cat
anstreng|en *tr.* melelahkan; *Klage, Prozeß* mengajukan; *sich ~* berusaha keras, bertekun; **–end** (bersifat) melelahkan; makan tenaga; berat; **≗ung** *f* (–;–*en*) usaha, ketekunan; hal yg. membuat lelah
Anstrich (–*ɇs*;–*e*) cat, warna; *fig.* kelihatan, penampilan
An|sturm *m* penyerbuan, serbuan, penyerangan; desakan; **≗stürmen** *itr. tr.* menyerbu, menyerang
ansuchen *tr.* meminta, memohon; melamar; ≗ *n* (–*s*;–) permohonan resmi, petisi; *auf j-s ~* atas permintaan sso.
Antagonismus *m* (–; . . . *men*) pertentangan, antagonisme
antanzen *itr. ugs.* datang (karena diminta/disuruh); datang pd. saat yg. tdk. cocok
Antarktis *f* (–;*O*) daerah kutub selatan
antasten *tr.* menyentuh (dng. hati-hati); *fig.* mulai memakai; *Ehre* mencemarkan
Anteil *m* (–*ɇs*;–*e*) bagian; *Aktie* andil, saham, sero; *fig.* kepentingan; *~ haben an* berpartisipasi dl., turut ambil bagian dl.; *~ nehmen* memperhatikan, turut merasakan (suka dan duka); **≗ig, ≗mäßig** menurut bagiannya, yg. sebanding; **–nahme** *f* (–;*O*) perhatian, minat, partisipasi; *s-e ~ aussprechen* mengucapkan belasungkawa
antelephonieren (–) *tr.* menelepon
Antenne *f* (–;–*n*) antena; **–nmast** *m* tiang antena
Anthologie *f* (–; . . . *giën*) bunga rampai, antologi
Anthrazit *m* (–*s*;–*e*) antrasit, batubara yg. keras dan mengkilap
Anti– . . . , anti– . . . anti, melawan, menentang
Antibabypille *f* pil pencegah kehamilan, *bp.* pil anti hamil
Antibiotikum *n* (–*s*; . . . *tika*) *Med.* antibiotika, obat anti infeksi
Antichrist *m* **1.** (–*en*;–*en*) orang yg. memusuhi agama Kristen; **2.** (–*s*;–*e*) *Rel.* si lawan Kristus

antik kuno, antik; **ºe** *f* (–;O) zaman kebudayaan klasik (Yunani-Romawi)
Antilope *f* (–;–*n*) sm. rusa, *antilopinae*
Antimon *n* (–*s*;O) antimon, sm. batu serawak
Antipathie *f* (–; . . . *iën*) antipati, rasa tdk. suka
Antipode *m* (–*s*;–*n*) orang yg. benar-benar bertentangan; orang yg. hidup di balik bumi yg. berlawanan dng. tempat kita, antipode
antippen *tr*. menyentuh dng. lembut; *fig*. bertanya dng. hati-hati
Antiquar *m* (–*s*;–*e*) penjual buku bekas/kuno; *s. Antiquitätenhändler;* **–iat** *n* (–*s*;–*e*) toko buku antik; **ºisch** antik, kuno dan berharga
Antiquitäten|händler *m* penjual barang antik; **–laden** *m* toko barang(-barang) antik
Antisemit *m* (–*en*;–*en*) musuh orang Yahudi, orang anti Yahudi
antiseptisch antiseptis
Antithese *f* (–;–*n*) antitesis, pertentangan
Antlitz *n* (–*es*;–*e*) *Lit*. wajah, muka, paras
Antrag *m* (–*es*;–̈*e*) permintaan, permohonan, usul; *Heirat* lamaran, pinangan; *Parl*. mosi; *e-n* ~ *stellen* mengajukan permohonan; **ºen** *unr. tr*. menawarkan; **–sformular** *n* formulir permohonan; **–steller** *m* (–*s*;–) pemohon
antrauen *tr*., *j-m j-n* ~ menikahkan sso. dng. sso.
antreffen *unr. tr*. menjumpai, menemui, mendapatkan
antreiben *unr. tr*. mendorong, mendesak; menggerakkan; *Pferd* memacu; *itr*. terdampar di darat/tepi/pantai
antreten *unr. itr*. berbaris; bertanding; *tr*., *Mot*. menstart(er); *e Amt* ~ mulai memangku jabatan; *Reise* ~ memulai perjalanan; *den Beweis* ~ mengajukan bukti, membuktikan
Antrieb *m* (–*es*;–*e*) desakan; alasan, dorongan, motivasi; tenaga penggerak; *aus eigenem* ~ atas usaha/inisiatif sendiri; **–s·achse** *f* poros penggerak; **–skraft** *f* gaya penggerak; **–sriemen** *m* sabuk penggerak; **–swelle** *f*, *s. Antriebsachse*
antrinken *unr. tr*. mulai meminum; *sich e-n Rausch* ~ minum sampai mabok
Antritt *m* (–*es*;–*e*) permulaan; *der* ~ *e-s Amtes* awal memangku jabatan; **–srede** *f* pidato pelantikan
antun *unr. tr*. berbuat kpd., melakukan thd.; memberi (hormat . . .); mengenakan (pakaian); *es j-m angetan haben* menyenangkan sso.; *tun Sie sich keinen Zwang an!* jangan malu-malu! *bp*. biasa-biasa saja! *j-m et. Böses* ~ berbuat jahat pd. sso.; *sich et*. ~ (mem)bunuh diri
Antwort *f* (–;–*en*) jawab(an), balasan; *Rede u*. ~ *stehen* mempertanggungjawabkan; **ºen** *tr. itr*. menjawab, membalas, menyahut; **–karte** *f* kartu balasan; **ºlich** *Handel* sebagai jawaban atas; **–schreiben** *n* surat balasan
anvertrauen (–) *tr*. mempercayakan; *j-m et*. ~ menyerahkan/mengatakan sst. kpd. sso. (spy. disimpan baik-baik)
anverwandt masih sanak-saudara; **ºe** *m*, *f* (–*n*;–*n*) famili, sanak-saudara, kerabat
anwachsen *unr. tr. itr*. tumbuh, berakar; bersambung kembali; *fig*. bertambah
Anwalt *m* (–*es*;–̈*e*), **Anwältin** *f* (–;–*nen*) pengacara, pembela, advokat
anwand|eln *tr*. menimpa, datang, mencekam; *mich wandelt die Lust an* saya kepingin; **ºlung** *f* (–;–*en*) dorongan hati yg. tiba-tiba, gerak hati; *e-e* ~ *von Schwäche* saat kelemahan
anwärmen *tr*. menghangatkan
Anwärter(in *f*) *m* (–*s*;–) calon, magang
Anwartschaft *f* (–;O) hak atas, tuntutan yg. beralasan kuat; pencalonan
anwehen *tr. itr*. meniup, meng(h)embus(kan); terbawa oleh angin
anweis|en *unr. tr*. menunjukkan; *unterweisen* mengajar(kan); *befehlen* memerintahkan; *überweisen* menyuruh membayar; **ºung** *f* (–;–*en*)

petunjuk, instruksi; *Geld* cek; perintah membayar; *Post* poswesel
anwend|bar dapat dipergunakan/dipakai, praktis; **–en** *unr. tr.* menggunakan, menerapkan; **≗ung** *f* (*–;–en*) penerapan, penggunaan; **≗ungsvorschrift** *f* aturan pakai
anwerben *unr. tr.* mencari/memperoleh (tenaga), *Mil.* merekrut
Anwesen *n* (*–s;–*) pekarangan yg. agak besar
anwesen|d hadir; *die ≗en* hadirin; *verehrte ≗e!* para hadirin yg. terhormat! **≗heit** *f* (*–;O*) kehadiran; **≗heitsliste** *f* daftar hadir
anwidern *tr.* menjijikkan, memuakkan
Anwohner *m* (*–s;–*) tetangga; orang yg. tinggal di jalan tertentu, orang yg. tinggal di sekitar (lapangan terbang, taman . . .)
Anwurf *m* (*–¢s;¨–e*) tuduhan yg. memalukan; *Sp.* lemparan bola yg. pertama
Anzahl *f* (*–;O*) (se)jumlah; **≗en** *tr.* memberi panjar/persekot ātāu uang muka; **–ung** *f* (*–;–en*) panjar, jaminan, uang muka
anzapfen *tr.* membuka sumbat; menyadap; *fig.* meminjam
Anzeich|en *n* petunjuk, tanda, gejala; **≗nen** *tr.* mencatat, menandai
Anzeig|e *f* (*–;–n*) pernyataan, pemberitahuan, berita (kelahiran/kematian); *Zeitung* iklan; *Jur.* pengaduan, laporan; **≗en** *tr.* memberitahukan, menunjukkan; *melden* melapor, mengadu; *~des Fürwort* kata ganti penunjuk; **–enbüro** *n* biro iklan; **–enteil** *m* halaman iklan (dl. koran); **≗epflichtig** wajib dilaporkan; **–er** *m* (*–s;–*) alat/jarum/lampu penunjuk (sst.); (nama) koran
anzetteln *tr.* menyiapkan/memulai hal yg. buruk/jahat
anziehen *unr. tr.* menarik; mengenakan (pakaian); mengencangkan (sekrup); menegangkan (tali/tambang); *fig.* memikat; *itr.* meningkat; *Preise* naik; *sich ~* berpakaian; **–d** menarik, atraktif
Anziehung *f* (*–;O*) daya pikat/tarik; **–skraft** *f* gaya tarik

Anzug *m* (*–¢s;¨–e*) pakaian, stelan jas; *im ~e sein* akan timbul/datang, sudah dekat
anzüglich bersifat menyinggung, kurang sopan/ajar
Anzugstoff *m* bahan pakaian
anzünden *tr.* menyalakan, menghidupkan; membakar
anzweifeln *tr.* meragukan, menyangsikan
apart menarik, menawan, bergaya; **≗heid** *f* (*–;O*) pemisahan ras; **≗ment** *n* (*–s;–s*) apartemen
Apath|ie *f* (*–; . . . iën*) kelesuan, keadaan tak bergairah/berminat, apati; **≗isch** lesu, apatis
Apfel *m* (*–s;¨–*) (buah) apel; **–mus** *n* bubur apel; **–saft** *m* sari apel; **–sine** *f* (*–;–n*) jeruk manis/sunkis, *orange, citrus aurantium sinensis;* **–torte** *f* (kue) tar apel
apodiktisch dng. pasti/tegas
Apostel *m* (*–s;–*) rasul; **–geschichte** *f*, *Rel.* Kisah Para Rasul
Apostroph *m* (*–s;–e*) tanda apostrof ('); **≗ieren** (–) *tr.* menyebut sebagai
Apotheke *f* (*–;–n*) apotek; **–r** *m* (*–s;–*) apoteker; **–rwaren** *f* obat-obatan
Apparat *m* (*–¢s;–e*) alat, pesawat, aparat; *Foto* kamera; *fig.* keseluruhan administrasi, aparatur; *bleiben Sie am ~!* jangan tutup (telepon)! **–ur** *f* (*–;–en*) peralatan, perlengkapan, aparat
Appell *m* (*–s;–e*) perintah utk. berkumpul, seruan, apel; **≗ieren** (–) *itr.* memohon dng. sangat
Appetit *m* (*–¢s;O*) selera/napsu makan; *guten ~!* selamat makan! *~ haben auf et.* ingin makan sst.; **≗anregend** menimbulkan selera makan; **≗lich** enak, lezat
applaudieren (–) *itr.* bertepuk tangan
Applaus *m* (*–es;O*) tempik sorak, tepuk tangan
approbiert berijin praktek, berijazah
Aprikose *f* (*–;–n*) abrikos, *prunus armeniaca*
April *m* (*–s/–;O*) (bulan) April; **–scherz** *m* april mop
a priori dipandang sebelumnya, dng. tiada dipertimbangkan ter-

lebih dahulu, apriori; berdasarkan teori saja
Apsis *f* (–;*Apsiden*) bagian gereja yg. menonjol dan berbentuk setengah bundar
Aquädukt *m* (–*ts*;–*e*) sm. jembatan tempat saluran air
Aquarell *n* (–*s*;–*e*) gambar/lukisan cat air; **–farbe** *f* cat air
Aquarium *n* (–*s*; . . . *riën*) akuarium, bak kaca utk. memelihara ikan
Äquator *m* (–*s*;*O*) khatulistiwa
äquivalent sama dengan, ekuivalen
Ar *n*, *m* (–*s*;–*e*) are, 100 meter persegi
Ära *f* (–; *Ären*) zaman, era
Arab|er *m* (–*s*;–) orang/kuda Arab; **–eske** (–;–*n*) hiasan gaya Arab
Arbeit *f* (–;–*en*) kerja, pekerjaan, pencaharian; karya; *in der Schule* ulangan; *e-e gute* ~ (hasil) karya yg. bagus; *keine* ~ *haben* menganggur; *et. ist in* ~ sst. sedang dikerjakan; **≗en** *itr*. bekerja, berkarya, berusaha; ~ *an* mengerjakan
Arbeiter|(in *f*) *m* (–*s*;–) buruh, pekerja, karyawan; **–frage** *f* masalah perburuhan; **–klasse** *f* kelas buruh; **–mangel** *m* kekurangan tenaga kerja; **–partei** *f* partai buruh; **–schaft** *f* (–;*O*), **–stand** *m* kaum buruh; **–schutz** *m* perlindungan kaum buruh; **–viertel** *n* kampung kaum buruh
Arbeit|geber(in *f*) *m* (–*s*;–) majikan; **–geberanteil** *m* bagian asuransi yg. dibayar oleh majikan; **–nehmer(in** *f*) *m* (–*s*;–) karyawan
arbeitsam rajin, tekun; **≗keit** *f* (–;*O*) kerajinan, ketekunan
Arbeits . . . kerja . . . ; **–amt** *n* kantor (penempatan) tenaga kerja; **–anzug** *m* pakaian kerja; **–auftrag** *m* order utk. mengerjakan sst.; **–ausfall** *m* kehilangan jam kerja; **–ausschuß** *m* panitia kerja; **–bedingung** *f* syarat bekerja; **–beschaffung** *f* penyediaan/pengadaan tempat kerja; **–bescheinigung** *f* surat bukti kerja (dari majikan); **–eifer** *m* ketekunan, kerajinan, semangat bekerja; **–einkommen** *n* pendapatan/hasil pekerjaan; **–einsatz** *m* pengerahan tenaga (kerja); pencurahan tenaga; **–einstellung** *f* pemogokan; **–erlaubnis** *f* ijin kerja; **–essen** *n* makan sambil melanjutkan perundingan; **≗fähig** sanggup bekerja; **–feld** *n* lapangan kerja; **≗freudig** suka/senang bekerja; **–gang** *m* proses pelaksanaan kerja, jalannya pekerjaan; **–gemeinschaft** *f* kelompok studi; kelompok yg. bekerjasama dl. hal tertentu; kartel; kongsi dagang; **–gericht** *n* pengadilan perselisihan perburuhan; **≗intensiv** padat karya
Arbeits|kleidung *f* pakaian kerja; **–kraft** *f* tenaga kerja, tenaga utk. bekerja; **–kreis** *m* kelompok studi; **–lager** *n* kamp kerja paksa; **–leistung** *f* produktifitas, hasil kerja; **–lohn** *m* upah, gaji; **≗los** menganggur; **–lose** *m*, *f* (–*n*;–*n*) penganggur; **–losigkeit** *f* (–;*O*) pengangguran; **–markt** *m* pasaran tenaga kerja; **–methode** *f* cara bekerja; **–minister** *m* menteri tenaga kerja; **–plan** *m* rencana kerja; keterangan/instruksi melaksanakan pekerjaan; **–platz** *m* tempat kerja; pekerjaan; **–prozeß** proses kerja/bekerja; *wieder in den* ~ *eingliedern* mempekerjakan lagi, merehabilitasikan; **–raum** *m* ruang kerja; **≗scheu** malas; **–schutz** *m* perlindungan/keamanan buruh
Arbeits|schutzgesetzgebung *f* undang-undang perburuhan; **–stätte** *f*, *s. Arbeitsplatz;* **–stunde** *f* jam kerja; **–tag** *m* hari kerja; **–teilung** *f* pembagian kerja; **≗unfähig** cacat dan tdk. mampu bekerja; **–verhältnis** *n* hubungan kerja; kondisi kerja; **–vertrag** *m* kontrak kerja; **–weise** *f* cara bekerja; **–zeit** *f* waktu kerja; **–zimmer** *n* kamar kerja; **–zwang** *m* wajib kerja
Archäologie *f* (–;*O*) ilmu pengetahuan mengenai zaman purbakala, arkeologi
Arche *f* (–;–*n*) bahtera
Archipel *m* (–*s*;–*e*) kepulauan
Architekt *m* (–*en*;–*en*) arsitek, ahli bangunan; **≗onisch** berh./dipandang dari segi seni bangunan; **–ur** *f* (–;–*en*) arsitektur; *Stil* seni/gaya bangunan
Archiv *n* (–*s*;–*e*) arsip

Areal *n* (–*s*;–*e*) luasnya, bidang, daerah, areal
Arena *f* (–;*Arenen*) gelanggang bundar, arena
arg jelek; sangat; *zu* ~ terlalu; *im* ~*en liegen* dl. keadaan buruk
Ärger *m* (–*s*;*O*) kekesalan, kedongkolan, kejengkelan; kekecewaan; kesusahan; *das gibt* ~ ini akan menimbulkan kesulitan; **≗lich** kesal, dongkol, jengkel, marah; **≗n** *tr*. mengganggu; menjengkelkan, membuat marah; *sich* ~ *über* merasa jengkel/marah tt.; **–nis** *n* (–*ses*;–*se*) skandal; keadaan buruk, hal yg. menimbulkan amarah
Arg|list *f* (–;*O*) kelicikan, itikad jahat, tipuan, kecerdikan; **≗listig** berakal jahat, licik, cerdik; **≗los** dng. tdk. curiga, dng. percaya, bersahaja, naif
Argument *n* (–*ẹs*;–*e*) alasan, argumen; **–ation** *f* (–;–*en*) argumentasi, pembuktian, pemberian alasan; **≗ieren** (–) *itr*. berargumentasi, mengajukan alasan
Arg|wohn *m* (–*s*;*O*) kecurigaan; syak(–wasangka); **≗wöhnen** *tr*, mencurigai, mensyaki; **≗wöhnisch** yg. menimbulkan curiga/syakwasangka, yg. mencurigakan, kurang mempercayai
Ariё *f* (–;–*n*) nyanyian tunggal/solo
Aristokrat *m* (–*en*;–*en*) bangsawan, aristokrat; *fig*. orang yg. bersikap ksatria; **–ie** *f* (–; . . .*iёn*) negara yg. diperintah oleh kaum ningrat, aristokrasi
Arkade *f* (–;–*n*) lengkungan di atas dua pilar; gang beratap
arktisch berh. dng. kutub utara
arm miskin, papa, berkekurangan; malang, pantas dikasihani; *gehaltlos* tdk. berisi/berbobot
Arm *m* (–*ẹs*;–*e*) lengan; *Fluß, Leuchter* cabang, anak; *auf den* ~ *nehmen* menggendong, *fig*. mempermainkan; *in die* ~*e schließen* merangkul, memeluk; ~ *in* ~ berkepit tangan
Armatur *f* (–;–*en*) peralatan/perlengkapan utk. menjalankan/mengontrol mesin, instrumen; **–enbrett** *n* dasbor, papan instrumen
Arm|band *n* gelang; **–banduhr** *f* arloji/jam tangan; **–binde** *f* ambin; ban lengan; **–brust** *f* sm. busur besar (dari abad pertengahan)
Armee *f* (–;–*n*) angkatan darat, bala tentara; **–korps** *n* kelompok beberapa divisi
Ärmel *m* (–*s*;–) lengan baju; **–aufschlag** *m* lipatan lengan baju, manset; **≗los** (baju) tak berlengan
Armen|fürsorge *f* pemeliharaan/bantuan utk. fakir-miskin; **–haus** *n* wisma bagi orang tak mampu; **–kasse** *f* dana utk. fakir-miskin; **–recht** *n* hak pembebasan dari biaya perkara
armieren (–) *tr*. memperkuat dng. beton (bertulang); *Mil*. mempersenjatai
Arm|lehne *f* sandaran lengan; **–leuchter** *m* kandil atau tempat lilin yg. bercabang-cabang; *fig. derb* bajingan
ärmlich serba kurang, sederhana sekali
Armloch *n* kerung/lubang lengan
armselig serba kurang; tdk. pantas
Armsessel *m* kursi bersandaran dan berlengan
Armut *f* (–;*O*) kemiskinan, kepapaan, kekurangan; **–szeugnis** *n* pernyataan resmi bahwa orang tdk. sanggup membayar perkara; *fig*. bukti ketidakmampuan
Aroma *n* (–*s*;–*s*/*Aromen*) bau harum, bahan pewangi, aroma
Arrak *m* (–*s*;–*s*) arak
Arrang|ement *n* (–*s*;–*s*) organisasi; karangan (bunga); *Übereinkommen* persetujuan, permufakatan; *Mus*. aransemen; **≗ieren** (–) *tr*. melaksanakan, mengurus; menyusun; *sich* ~ *mit* mencari persetujuan dng.
Arrest *m* (–*es*;*O*) tahanan, penahanan, ares; **–ant** *m* (–*en*;–*en*) tahanan, orang yg. diares; **–befehl** *m* perintah utk menahan
arretieren (–) *tr*. menangkap, menahan; *Tech*. mengunci, memblokir
arrogan|t congkak, sombong; **≗z** *f* (–;*O*) keangkuhan
Arsch *m* (–*es*;⸚*e*) *vulgär* pantat; **–loch** *n*, *ugs*. dubur; *fig*. bajingan

Arsenal *n* (*–s;–e*) gudang persenjataan; *das ganze ~, fig.* keseluruhan, seluruhnya
Arsenik *n* (*–s;O*) arsenikum
Art *f* (*–;–en*) gaya, cara; macam; jenis; sifat; *~ u. Weise* cara; *auf diese ~* dng. cara/metode ini; *einzig in s-r ~* luar biasa, istimewa sekali, unik; *aller ~* segala macam; rupa-rupa; **≗en** *itr.* bersifat (agak) sama, menjadi mirip dng.; menyerupai, bersifat spt.
Arterië *f* (*–;–n*) pembuluh-nadi, *arteria;* **–nverkalkung** *f* pembuluh nadi mengeras dan dindingnya menjadi tebal, *arteriosclerosis*
artig sopan, ramah, beradab; tdk. nakal, manis; **≗keit** *f* (*–;–en*) kesopanan, keramahan; pujian
Artikel *m* (*–s;–*) barang kebutuhan sehari-hari; *Zeitung* karangan, artikel; *Gr.* kata sandang, artikel; *Gesetz* ayat, pasal
artikulieren (–) *tr. itr.* melafalkan dng. baik; *tr. refl., äußern* mengungkapkan
Artillerie *f* (*–;O*) artileri, pasukan meriam
Artischocke *f* (*–;–n*) sm. tumbuhan yg. digunakan sebagai sayur, *cynara scolymus*
Artist|(in *f*) *m* (*–en;–en*) artis; **≗isch** artistik
Arznei *f* (*–;–en*) obat; **–kunde** *f,* **–kunst** *f* ilmu (membuat) obat, farmasi; **–mittel** *n* obat-obatan
Arzt *m* (*–es;⸚e*), **Ärztin** *f* (*–;–nen*) dokter; *praktischer ~* dokter umum; **–helfer(in** *f*) *m* perawat pembantu dokter
ärztlich *~e Behandlung* perawatan dokter
As *n* (*–ses;–se*) kartu as (yg. tertinggi); *fig.* orang/barang yg. unggul
Asbest *m* (*–es;–e*) asbes
Asche *f* (*–;O*) abu; **–nbahn** *f, Sp.* lintasan lari (dng. terak); **–nbecher** *m* tempat-abu, asbak
Aschermittwoch *m* (*–s;O*) *Rel.* Rabu Abu
asch|farben, –farbig, –grau abu-abu, kelabu
äsen *itr., Reh* makan

Asi|at(in *f*) *m* (*–en;–en*) orang Asia; **–ën** *n* (*–s;O*) Asia
Askese *f* (*–;O*) matiraga
asozial asosial
Aspekt *m* (*–ẹs;–e*) segi, aspek
Asphalt *m* (*–ẹs;–e*) aspal; **≗ieren** (–) *tr.* mengaspal
Aspirant *m* (*–en;–en*) calon
Assessor *m* (*–s;–en*) calon pegawai tinggi
Assimi|lation *f* (*–;–en*) penyesuaian, asimilasi; **≗lieren** (–) *tr.* menyesuaikan
Assisten|t *m* (*–en;–en*), **–tin** *f* (*–;–nen*) asisten, pembantu; **–z·arzt** *m* dokter pembantu
assistieren (–) *itr.* membantu
Assoziation *f* (*–;–en*) gabungan; (per)hubungan, asosiasi
Ast *m* (*–ẹs;⸚e*) dahan, cabang
Aster *f* (*–;–n*) bunga aster
Ästhet|ik *f* (*–;O*) ilmu keindahan, estetika; **≗isch** yg. bersifat indah/bagus, estetis
Asthma *n* (*–s;O*) asma, penyakit bengek/mengih
ast·rein *nicht ganz ~* kurang beres/bersih/jujur
Astrologie *f* (*–;O*) astrologi, ilmu nujum, perbintangan (utk. meramalkan)
Astronaut *f* (*–en;–en*) angkasawan, astronot
Astro|nom *m* (*–en;–en*) astronom, ahli perbintangan; **–nomie** *f* (*–;O*) ilmu falak/perbintangan, astronomi
Asyl *n* (*–s;–e*) suaka, tempat perlindungan
asymetris tak setangkup, asimetris
Atelier *n* (*–s;–s*) studio, sanggar
Atem *m* (*–s;O*) nafas; *den ~ anhalten* tahan nafas; *außer ~ sein* terengah-engah, terekeh-ekeh; **≗beraubend** *fig.* sangat besar/cepat; hebat; mempesonakan; **–beschwerden** *pl* sesak nafas; **–holen** *n* pengambilan nafas; **≗los** terengah-engah; **–not** *f* sesak nafas; **–pause** *f* saat berhenti sebentar; **≗raubend** mengagumkan sekali, mempesonakan; **–wege** *pl, Anat.* saluran nafas; **–zug** *m* (tarikan dan hembusan) nafas; *in e-m ~* sekaligus; *bis zum letzten ~* sampai nafas penghabisan

Atheismus *m* (*–;O*) ateisme, penyangkalan adanya Tuhan
Äther *m* (*–s;O*) eter; *über den ~* lewat radio; **ºisch** mengandung eter; yg. mudah menguap; *fig.* halus sekali
Athlet *m* (*–en;–en*) atlet, olahragawan; orang berperawakan kuat; **ºisch** berotot, kuat; berh. dng. atletik; *Psych.* bertipe atletis
Atlantik *m* (*–s;O*) (samudera) Atlantik
Atlas *m* **1.** (*–/–ses;–se/Atlanten*) atlas; **2.** (*–ses;–se*) kain antelas/satin
atmen *itr. tr.* bernafas, mengambil nafas
Atmosphäre *f* (*–;–n*) atmosfir, udara; satuan dl. tekanan udara; *fig.* suasana
Atmung *f* (*–;O*) pernafasan; **–s·organ** *n* alat/organ pernafasan
Atoll *n* (*–s;–e*) pulau karang yg. berbentuk lingkaran
Atom *n* (*–s;–e*) atom; **ºar** yg. berh. dng. atom, nuklir; **–bombe** *f* bom atom; **–energie** *f* tenaga atom; **–forscher** *m* ahli/sarjana atom; **–forschung** *f* riset/penelitian nuklir; **–gewicht** *n* bobot/berat atom; **–kern** *m* inti atom; **–kraft** *f* tenaga atom; **–krieg** *m* perang nuklir; **–meiler** *m*, *s. Atomreaktor;* **–müll** *m* sisa proses penghasilan tenaga atom; **–reaktor** *n* reaktor atom/nuklir; **–spaltung** *f* pembelahan atom; **–teilchen** *n* partikel/unsur atom; **–versuch** *m* percobaan atom; **–waffe** *f* senjata atom; **–wissenschaft** *f* ilmu nuklir; **–zerfall** *m* penguraian atom; **–zertrümmerung** *f* penghancuran atom
Attache *m* (*–s;–s*) atase
Attack|e *f* (*–;–n*) serangan; *e-e ~ reiten gegen* menyerang; **ºieren** (–) *tr.* menyerang
Atten|tat *n* (*–(e)s;–e*) percobaan pembunuhan; **–täter** *m* (*–s;–*) pembunuh (orang penting)
Attest *n* (*–(e)s;–e*) surat keterangan dokter; **ºieren** (–) *tr.* menegaskan
Attrakt|ion *f* (*–;–en*) atraksi; **ºiv** menarik; cantik, atraktif
Attrappe *f* (*–;–n*) contoh buatan
atypisch tdk khas
Attribut *n* (*–(e)s;–e*) ciri, tanda khas; perlengkapan; *Gr.* atribut
ätz|en *tr.* mengetsa; menggores (dng. larutan tajam); *Med.* membakar (luka); **–end** *fig.* tajam, pedas, menusuk (hati); **ºmittel** *n*, **ºstoff** *m* bahan utk. mengetsa; *Med.* obat yg. membakar/menggigit, *causticum*
au! aduh! oh!
Aubergine *f* (*–;–n*) sm. terong
auch juga, pun, pula; bahkan; *nicht nur . . . , sondern ~* bukan/tdk. hanya . . . , tetapi/melainkan juga
Audienz *f* (*–;–en*) penerimaan resmi (oleh pembesar), audiensi; *~ erteilen* berkenan menerima
Auditorium *n* (*–s; Auditoriën*) ruangan/aula kuliah, auditorium; (para) hadirin
Aue *f* (*–;–n*) tanah subur dekat sungai
auf **1.** *Prp.* a) *mit Dat.* atas, di, di atas; *er studiert ~ der Universität* ia belajar di universitas; *~ der rechten Seite* di sebelah kanan; *~ Seite zwei* pd. halaman dua; *~ dem Tisch* di atas meja; *~ dem Zimmer* dl. kamar; b) *mit Akk.*, *~ deutsch* dl. bahasa Jerman; *es geht ~ 10 Uhr* sudah hampir jam sepuluh; *~ morgen verschieben* mengundurkan sampai besok; *~ s-e Bitte* atas permintaannya; *~ ewig* selama-lamanya; *~ die Minute* tepat pd. waktunya; **2.** *Adv.*, *~ u. ab gehen* mondar-mandir; *~ u. ab* turun naik; *~!* bangunlah! *die Tür ist ~* pintu terbuka; **3.** *Konj.*, *~ daß* supaya, agar
aufarbeiten *tr.* menyelesaikan, mengejar ketinggalan; *erneuern* memperbaharui
aufatmen *itr.* bernafas lega
aufbahren *tr.* menempatkan jenazah di peti/balai (utk. dilawati)
Aufbau *m* **1.**(*–(e)s;O*) pembangunan; susunan; **2.** (*–(e)s;–ten*) bangunan tambahan di atas; **ºen** *tr. itr.* membangun, membuat, menyusun, mendirikan; **ºend** konstruktiv; **–programm** *n* rencana pembangunan
aufbäumen *sich ~* (kuda) berlaga; *fig.* melawan, memberontak
aufbegehren (–) *itr.* menentang, membangkang, melawan
aufbehalten (–) *unr. tr., Augen* tdk. menutup; *Hut* tetap memakai

aufbekommen (–) *unr. tr.* membuka; mendapat tugas; *ugs.* makan habis
aufbereit|en (–) *tr.* menyiapkan; *fig.* mengerjakan, mempersiapkan; **≗ung** *f* (–;–*en*) proses persiapan; penjernihan (air)
aufbessern *tr.* memperbaiki; *das Gehalt* ~ menaikkan gaji
aufbewahr|en (–) *tr.* menyimpan, mendepositokan; **≗ungs·ort** *m* (tempat) penyimpanan
aufbieten *unr. tr.* menggunakan, mengerahkan; mengumumkan perkawinan secara resmi
aufbinden *unr. tr.* membuka ikatan; mengikat (ke atas); *ugs.* membohongi
aufblähen *tr.* menggembungkan; *sich* ~ menyombongkan diri; berlagak penting
aufblasen *unr. tr.* meniup(kan), menggembungkan; *sich* ~ berlagak (sombong)
aufbleiben *unr. itr.* berjaga(-jaga), *bp.* bergadang; *ugs.* tetap terbuka
aufblenden *itr.* menyalakan lampu jarak jauh
aufblicken *itr.* menengadah; *fig.* mengagumkan
aufblitzen *itr.* (me)nyala tiba-tiba; *fig.* muncul tiba-tiba
aufblühen *itr.* (me)mekar; *fig.* berkembang baik
aufbrauchen *tr.* memakai sampai habis, menghabiskan
aufbrausen *itr.* bergelembung; menggelora; *fig.* menjadi berang
aufbrechen *unr. tr. itr.* membongkar, membuka dng. paksa; tiba-tiba terbuka sendiri; *fortgehen* berangkat
aufbringen *unr. tr.* membuka; mengusahakan; *Gerücht* menyebarkan; *fig.* membuat marah, menghasut; *Verständnis* ~ *für* mau mengerti (sst.); *e Schiff* ~ merompak/membajak kapal
Aufbruch *m* keberangkatan; *fig.* munculnya
aufbrühen *tr.* menyeduh teh/kopi
aufbügeln *tr.* melicinkan, menyetrika kembali; *fig. ugs.* mempelajari kembali
aufbürden *tr.* membebani
aufdecken *tr.* membuka; *e Verbrechen* ~ membongkar kejahatan; *itr. ugs.* menyiapkan meja makan
aufdrängen *tr.* memaksa(kan); *et.* ~ mendesakkan sst.
aufdrehen *tr.* membuka/melepas (dng. memutarkan); *aufgedreht sein* bersemangat
aufdringlich (bersifat) memaksa/mendesak; gapil
Aufdruck *m* cetakan tulisan di atas sst.; **≗en** *tr.* mencetak tulisan di atas sst.
aufdrücken *tr.* mencap di atasnya; *öffnen* membuka dng. menekan/mendorong
aufeinander satu di atas yg. lain, bertumpuk-tumpuk; berlapis-lapis; saling; **≗folge** *f* urutan; giliran; **–folgen** *itr.* berturut-turut, bersambung(-sambung); **–prallen** *itr.* bertabrakan
Aufenthalt *m* (–*(e)s*;–*e*) perhentian, persinggahan; *zeitlich* waktu berhenti, jeda; *Verzögerung* kelambatan, halangan; *Wohnsitz* tempat tinggal, kediaman; *der Zug hat 10 Minuten* ~ kereta api berhenti selama sepuluh menit; *ohne* ~ tanpa berhenti; **–s·erlaubnis** *f*, **–sgenehmigung** *f* ijin tinggal; **–s·ort** *m* tempat kediaman; **–sraum** *m* ruang tunggu; **–sverbot** *n* larangan bertempat tinggal (dl. kota/daerah/negara tertentu)
auferlegen (–) *tr.* membebankan; mengenakan
aufersteh|en (–) *unr. itr.* bangkit; **≗ung** *f* (–;O) kebangkitan; *Fest der* ~ pesta Paskah
auferwecken (–) *tr.* membangkitkan (dari kematian)
aufessen *unr. tr.* memakan habis
auffahren *unr. itr.* naik; *Zug, Auto* datang, mendekati; *aufstoßen* menubruk; *nahe heranfaren* mendekati mobil yg. berjalan di muka; *ugs.* menghidangkan banyak makanan; *Schiff* kandas; *in Erregung* ~ naik pitam; *aus dem Schlaf* ~ tersentak, terbangun (dng. terkejut); **–d** mudah naik pitam
Auffahrt *f* (–;–*en*) jalan masuk di muka rumah; pendekatan dng. kereta/mobil, kedatangan; tan-

jakan; *Zufahrt* jalan naik (ke jalan raya)
auf|fallen *unr. itr.* jatuh (di); *fig.* menarik perhatian; **–fallend, –fällig** menyolok (mata)
auffang|en *unr. tr.* menangkap (bola, kata-kata . . .); *fig.* menampung; *Schlag, Hieb* menangkis; (*nachteilige*) *Entwicklungen* ~ mencegah perkembangan (buruk); **²gebiet** *n* daerah penampungan; **²lager** *n* kamp penampungan
auffass|en *tr. itr.* menangkap; mengerti; mengartikan; **²ung** *f* (*–;–en*) pandangan, gambaran, pendapat, pengertian, tafsiran, anggapan; **²ungsgabe** *f*, **²ungskraft** *f*, **²ungsvermögen** *n* daya tangkap
auffinden *unr. tr.* mendapatkan, menemui, menemukan
aufflackern *itr.*, **aufflammen** *itr.* bernyala-nyala; muncul dng. tiba-tiba
auffliegen *unr. itr.* terbang (ke atas); terbuka dng. tiba-tiba; *ugs. fig.* menjadi ketahuan/gagal/bangkrut
aufforder|n *tr.* meminta dng. sangat; mengajak; menantang; **²ung** *f* (*–;–en*) ajakan, permintaan, tuntutan; tantangan
Aufforstung *f* (*–;–en*) reboisasi, penghutanan kembali
auffressen *unr. tr.* memakan habis; *fig. ugs.* menegur dng. keras; sangat melelahkan
auffrischen *tr.* menyegarkan; memperbaharui; *itr.* bertiup kencang
aufführ|en *tr.* membangun; menyebut (satu per satu); *e Schauspiel* ~ mementaskan/mempergelarkan sandiwara; *sich* ~ bertingkahlaku, berlagak; **²ung** *f* (*–;–en*) pertunjukan, pergelaran; **²ungsrecht** *n* hak pentas (sandiwara)
auffüllen *tr.* mengisi/menambah sampai penuh; melengkapi
Aufgabe *f* (*–;–n*) tugas, latihan; soal, pekerjaan rumah; *Gepäck, Telegramm* tempat pengiriman bagasi/telegram; ~ *e-s Amtes* peletakan jabatan, pengunduran diri; ~ *e-s Geschäftes* penutupan toko/perusahaan
Aufgang *m* tangga; jalan naik; *Gestirn* terbitnya
aufgeben *unr. tr.* menugaskan, menyuruh; *verzichten* menghentikan, melepas(kan); *schicken* mengirim(kan); *e-e Bestellung* ~ memesan; *den Geist* ~ meninggal; *gib's auf!* berhenti saja! jangan teruskan! *itr.* mengalah, menyerah
aufgeblasen *Adj.* kembung, melembung; congkak, sombong, angkuh
Aufgebot *n* panggilan (masuk tentara); orang yg. direkrut, pasukan; *Standesamt* maklumat; pengumuman resmi pernikahan; *unter* ~ dng. mengerahkan
aufgebracht marah, gusar, berang
aufgedunsen *Adj.* bengkak, gembung
aufgehen *unr. itr.* terbuka; *Blüte, Teig* . . . berkembang, mengembang; memuai; *Sonne* terbit; *Same* tumbuh; *Math.* habis dibagi tanpa sisa; *j-m* ~ sso. menjadi sadar (akan); *in s-r Pflicht* ~ tenggelam dl. tugas; *in der größeren Firma* ~ dileburkan dl. perusahaan yg. lebih luas; *in Flammen* ~ terbakar habis; *3 geht nicht in 7 auf* tujuh tdk. dapat dibagi tiga
aufgeklärt yg. berpandangan luas
aufgekratzt riang gembira
Aufgeld *n* uang tambahan/ekstra
aufgelegt *Adj.* berminat akan; *gut* ~ *sein* merasa senang, suka (akan)
aufgelöst *in Tränen* ~ *sein* menangis tersedu-sedu
aufgeräumt merasa senang; nyaman
aufgeregt gelisah, tdk. tenang, bingung
aufgeschlossen *Adj.* terbuka; **²heit** *f* (*–;O*) keterbukaan
aufgeschmissen *Adj. ugs.*, ~ *sein* menemui jalan buntu, (merasa) macet
aufgeweckt cerdas, pintar
aufgießen *unr. tr.* menuang(kan) air (panas) atas sst.; *Tee* menyeduh
aufglieder|n *tr.* membagi-bagi, menggolongkan; **²ung** *f* pembagian, penggolongan
aufglühen *itr.* mulai menyala
aufgraben *unr. tr.* menggali
aufgreifen *unr. tr.* menangkap; *e Thema* ~ menanggapi (dan meneruskan) pokok pembicaraan
aufgrund *Prp.* atas dasar

aufhaben *unr. tr. itr.* memakai; *Tür* terbuka; *ugs.* mempunyai pekerjaan rumah

aufhalten *unr. tr.* membiarkan terbuka; menghentikan; *j-n/et.* ~ menahan / menghalangi / mengganggu sso./sst.; *den Verkehr* ~ menghambat lalulintas; *sich in Berlin* ~ tinggal di Berlin; *sich* ~ *mit* membuang waktu (dng. mengurus hal tertentu); *sich* ~ *über* mencela, menyalahkan

aufhäng|en *tr.* menggantung(kan); *sich* ~ gantung diri; **≗er** *m* (*–s;–*) cantelan, gantungan; kaitan pd. baju; *fig.* pangkal tolak yg. menarik (utk. menceritakan sst.); **≗ung** *f* (*–;–en*) (peng)gantungan; *Tech.* suspensi

aufhäufen *tr.* menimbun, menumpukkan

aufheben *unr. tr.* mengangkat, memungut; *abschaffen* membatalkan, meniadakan; *lagern* menyimpan; *ausgleichen* (saling) mengimbangi, menetralisasikan; *e-n Vertrag* ~ membatalkan perjanjian; *die Verlobung* ~ memutuskan pertunangan; *die Versammlung* ~ membubarkan rapat/sidang; *gut aufgehoben sein* terpelihara/terurus baik; **≗** *n, viel* ~*s machen um* membesarkan-besarkan

Aufhebung *f* (*–;O*) peniadaan, pembatalan, penarikan kembali, penghapusan, pembubaran

aufheiter|n *tr.* menggembirakan, menyenangkan; **≗ung** *f* (*–;O*) penghiburan; ~ *des Wetters* perbaikan cuaca, cuaca menjadi terang/cerah

aufhelfen *unr. itr.* menolong (sso. yg. menderita/miskin)

aufhellen *tr.* membuat terang, mencerahkan; *sich* ~ menjadi terang

aufhetz|en *tr.* menghasut; **≗er(in** *f*) *m* (*–s;–*) penghasut; **≗ung** *f* (*–;O*) (peng)hasutan

aufheulen *itr.* memekik keras, melolong; meraung, menderu

aufholen *tr. itr.* mengejar (ketinggalan)

aufhorchen *itr.* tiba-tiba berminat mendengar (dng. penuh perhatian)

aufhören *itr.* berhenti, berakhir

aufjagen *tr.* menghalau(kan)

aufjauchzen *itr.*, **aufjubeln** *itr.* bersorak-sorai (dng. tiba-tiba)

Aufkauf *m* borongan; **≗en** *tr.* membeli (banyak), memborong

Aufkäufer *m* pemborong barang-barang; *Nahrungsmittel* tengkulak

aufkeimen *itr.* mulai berkecambah, muncul

aufklappen *tr.* membuka

aufklaren *itr.* menjadi lebih cerah/ terang

aufklär|en *tr.* menerangkan, menjelaskan, menyuluhi; *e-m Mord* ~ membongkar pembunuhan; *der Himmel klärt auf* langit menjadi cerah; **≗ung** *f* (*–;O*) penerangan, penyuluhan, pencerahan; ~ *verlangen über* menuntut penjelasan tentang; *der Fall bedarf der* ~ masalah ini harus diselesaikan dng. tuntas; *sexuelle* ~ penerangan tt. seks; **≗ungsflugzeug** *n* pesawat pengintai; **≗ungszeitalter** *n* Zaman Pencerahan

aufkleb|en *tr.* menempelkan, merekatkan, melekatkan; **≗eschild** *n* etiket

aufknacken *tr.* membuka dng. memecahkan

auf|knöpfen *tr.* membuka kancing; **–knüpfen** *tr.* membuka ikatan; menggantung sso.

aufkochen *tr.* merebus, mendidihkan; memanaskan lagi

aufkommen *unr. itr.* timbul, muncul; mulai; *für die Kosten* ~ menanggung biaya; *gegen j-n* ~ bertahan thd. sso.; *wieder* ~ sehat kembali, pulih; muncul lagi

aufkratzen *tr.* menggaruk(–garuk) hingga terluka

aufkreischen *itr.* (tiba-tiba) menjerit sebentar

aufkrempeln *tr.* menyingsingkan

aufkreuzen *itr.* muncul tiba-tiba

aufkriegen *tr. ugs.* membuka; makan habis

aufkündigen *tr.* membatalkan, menarik kembali

auflachen *itr.* (tiba-tiba) tertawa terbahak-bahak

aufladen *unr. tr.* memuatkan; mengisi (aki); *j-m et.* ~ membebani sso. dng. sst.

Auflage *f* (*–;–n*) tugas, syarat, beban; *Buch* cetakan ulang, edisi, peredaran; *Schicht* lapisan; **–nzitter** *f* angka peredaran/sirkulasi

auflassen *unr. tr.* membiarkan terbuka; tdk. membuka (topi); *Bgb.* meninggalkan, tdk. mengerjakan lagi

auflasten *tr., j-m et.* ~ membebani sst. pd. sso.

auflauern *itr., j-n* ~ mengadang (-adangi) sso.

Auflauf *m* (–és;–̈e) **1.** kerumunan orang; huru-hara; **2.** kue dadar; **°en** *unr. itr.* membengkak, menggembung; *Betrag* bertumpuk, bertambah; *Flut* naik; *Schiff* kandas; *ugs.* berlari/berjalan sampai kulit kaki lecet

aufleben *itr.* bersemangat lagi; timbul kembali

auflecken *tr.* menjilat habis (cairan)

auflegen *tr.* menaruh, meletakkan; *Buch* menerbitkan; *wieder* ~ menerbitkan kembali; *Lasten* membebankan; *Schiff* menggalangkan

auflehn|en *tr.* menyandar(kan); *sich* ~ membangkang, memberontak; **°ung** *f* (–;*O*) pemberontakan, perlawanan

auflesen *unr. tr.* mengumpulkan, memungut

aufleuchten *itr.* mulai menyala/bercahaya/bersinar

aufliegen *unr. itr.* terletak di atas sst.; terletak di suatu tempat (spy. dapat dilihat/dibaca)

auflockern *tr.* menggemburkan (tanah); *fig.* membuat (suasana) menjadi tdk. kaku

auflodern *itr.* berkobar-kobar, mulai nyala

auflösbar dapat diuraikan/dilarutkan; **°keit** *f* (–;*O*) daya larut

auflösen *tr. itr.* membuka ikatan; melebur(kan), mengurai; *fig.* membubarkan, mengakhiri; *sich* ~ melarut, bubar; *aufgelöst* terurai, *fig.* bingung

Auflösung *f* (–;–*en*) pelarutan, penguraian, peleburan; *Menschenmenge, Parlament* pembubaran; *Vertrag* pembatalan; *Konto* penutupan, likwidasi; *Schwierigkeiten* pemecahan; *Zerfall* keruntuhan; *Rätsel* tebakan, pemecahan

aufmach|en *tr.* membuka; *groß* ~ membuat spy. menyolok mata; *sich* ~ berangkat, pergi; **°ung** *f* (–;*O*) tata rias; *e-s Buches, e-r Zeitung* perwajahan buku/surat-kabar

Aufmarsch *m* pawai, demonstrasi

aufmerken *itr.* memperhatikan, mendengarkan

aufmerksam penuh perhatian, teliti, saksama, cermat; sopan; *j-n* ~ *machen auf* menarik perhatian sso. pd.; **°keit** *f* (–;–*en*) perhatian, keramahan; kesopanan; *Wachsamkeit* kewaspadaan *e-e kleine* ~ hadiah kecil

aufmuntern *tr.* memberi semangat, menghibur, membesarkan hati

Aufnahme *f* (–;–*n*) penerimaan, sambutan; *Arbeit* permulaan; *Einschreibung, Inventar* pendaftaran, pencatatan; *Fot.* pemotretan, potret; *Gespräch, Tätigkeit* pembukaan; *Gelände* pemetaan; *Krankenhaus* opname; *Kapital* pinjaman; *Schalter* tempat pendaftaran/penerimaan; *e-e* ~ *machen* memotret; **°fähig** dapat menampung/menerima; mampu mengerti; **–fähigkeit** *f* daya tangkap; **–gebühr** *f* uang pangkal; **–gerät** *n* alat rekaman; *Fot.* kamera; **–prüfung** *f* ujian masuk

aufnehmen *unr. tr.* menerima, menyambut, menampung; *aufheben* memungut, mengangkat; *eintragen* mencatat; *Foto* memotret; *Film* mengadakan film/*shooting; Tonband* merekam; *geistig* menangkap; *e-n Gast* ~ menerima tamu; *Geld* ~ meminjam uang; *in e-r Liste* ~ mendaftarkan; *Verbindung* ~ mengadakan hubungan; *et. gut* ~ menerima baik; *wieder* ~ mulai lagi; *es mit j-m* ~ bersaing dng. sso.

aufnötigen *tr., j-m et.* ~ memaksa sso. spy. menerima sst.

aufopfern *tr.* mengorbankan

aufpass|en *tr. itr.* memperhatikan, memberi perhatian; berhati-hati; *paß auf! aufgepaßt!* hati-hati! awas! waspadalah! *auf j-m* ~ mengawasi/menjaga sso.; **°er(in** *f*) *m* (–s;–) penjaga, pengawas

aufpeitschen *tr. fig.* membangkitkan, mengobarkan; *Nerven* merang-

sang, menggairahkan, menstimulasikan
aufpfropfen *tr.*, *Bo.* mengadakan okulasi
aufplatzen *itr.* pecah, retak
aufpolieren (–) *tr.* menghaluskan, mengkilapkan
aufpolstern *tr.* mengisi (dng. kapuk atau karet busa), melapisi dng. kain
aufprägen *tr.* mencetakkan di atas sst.; *sich* ~ meninggalkan bekas di atas sst., membekas
Aufprall *m* (*–s;O*) tabrakan; **≗en** *itr.* membentur pd.
aufpumpen *tr.* memompa(kan)
aufputschen *tr.* menghasut; merangsang
aufputzen *tr.* menghiasi; *sich* ~ menghias diri, berdandan
aufquellen *itr.* bergembung, melembung
aufraffen *tr.* memunguti cepat-cepat; *sich* ~ bangun dng. susah-payah; mengambil keputusan dng. susah-payah
aufrauhen *tr.* membuat kasar
aufräum|en *tr.* merapihkan, membereskan, membenahi, mengatur; **≗ungsarbeiten** *pl* pembersihan, pemberesan
aufrecht tegak, lurus; *fig.* tulus, jujur; **–erhalten** (–) *unr. tr.* menegakkan; memegang teguh; meneruskan; memelihara
aufreg|en *tr.* menggelisahkan, menghebohkan; menjengkelkan, mendongkol(kan), mengganggu; *sich* ~ menjadi gelisah/marah/heboh; **–end** yg. menggelisahkan/membingungkan; **≗ung** *f* (*–;–en*) kegelisahan, kehebohan; keributan; *nur keine* ~ ! tenang-tenang saja!
aufreiben *unr. tr.* memakan tenaga; *sich* ~ memforsir diri, bekerja/berusaha sampai habis tenaga; *Öl auf die Haut reiben* menggosok kulit dng. minyak
aufreihen *tr.* merangkaikan (pd. benang); *sich* ~ berdiri berderet-deret
aufreißen *unr. tr.* merobek; membuka lębar-lebar dng. keras; *Straße* menggali; *Augen* membelalak, melotot; *das Maul* ~ membual
aufreizen *tr.* menghasut, menghebohkan, merangsang; **–d** provokatif, yg. merangsang
aufricht|en *tr.* mendirikan, menegakkan; *fig.* membesarkan hati; *sich* ~ bangun; **–ig** jujur, tulus, terus-terang; **≗igkeit** *f* (*–;O*) kejujuran, ketulusan hati, sifat terus-terang
Aufriß *m* (. . . *sses;* . . . *sse*) skema, bagan, pola
aufrollen *tr.* membuka (gulungan); menggulung; *fig.* membuka (masalah)
aufrücken *itr.* bergeser (ke depan/samping), merapat; *fig.* naik pangkat
Aufruf *m* seruan, panggilan; **≗en** *unr. tr.* memanggil, menyerukan spy.
Aufruhr *m* (*–ℯs;–e*) pemberontakan, kerusuhan, huru-hara
aufrühr|en *tr.* membangkitkan, menimbulkan, merangsang; menggoncangkan; **≗er(in** *f*) *m* (*–s;–*) perusuh, pemberontak, pengacau; **–erisch** rusuh, yg. memberontak
aufrunden *tr.* membulatkan (ke atas)
aufrüst|en *tr.* mempersenjatai, menambah (produksi/pembelian) senjata; **≗ung** *f* (*–;O*) persenjataan, penambahan alat-alat perang
aufrütteln *tr.* menggoyang-goyangkan spy. bangun; *fig.* menegur keras (spy. bertindak)
aufs = *auf das*
aufsagen *tr.* mendeklamasikan dng. hafal; *aufkündigen* membatalkan, menarik kembali
aufsammeln *tr.* mengumpulkan (dng. memunguti) satu per satu
aufsässig membangkang, bandel
Aufsatz *m* karangan, uraian, ulasan; *Oberteil* bagian (di) atas, tambahan
aufsaugen *unr. tr.* menghisap, menyedot
aufschauen *itr.* melihat ke atas, menengadah
aufscheinen *unr. itr.* tampak
aufscheuchen *tr.* mengejutkan spy. bangun
aufschichten *tr.* menyusun secara berlapis-lapis, menimbun

aufschieben *unr. tr.* menunda, menangguhkan, menggeserkan; membuka dng. menyorong
Aufschlag *m* (–(e)s;–̈e) benturan (karena jatuh); *Kleidung* lipatan celana; kelepak baju; *Preis* kenaikan/tambahan (harga); **°en** *unr. tr. itr.* membuka dng. memecahkan; jatuh dan membentur; *den Preis* ~ menaikkan harga; *e Zelt* ~ memasang tenda; *e Buch* ~ membuka buku; *sich den Kopf* ~ kepala terbentur sampai luka
aufschließen *unr. tr.* membuka (dng. kunci); *nachrücken* merapat
aufschlitzen *tr.* membuka dng. pisau; merobek (perut)
Aufschluß *m* (. . . *usses*; . . . *üsse*) penerangan, informasi; **°reich** informatif, penuh informasi
aufschlüsseln *tr.* membagi-bagi, menggolong-golongkan
aufschnappen *tr.* menangkap dng. moncong; *fig.* mendengar secara kebetulan
aufschneid|en *unr. tr.* membuka dng. pisau; mengiris/menyayat (daging); *Arzt* membedah; *itr.* membual; **°er** *m* (–*s*;–) pembual, penyombong; **°erei** *f* (–;–*en*) omong-besar
Aufschnitt *m* irisan daging (dingin)
aufschnüren *tr.* membuka tali
aufschrauben *tr.* membuka sekrup
aufschrecken *unr. tr. itr.* mengejutkan; terkekau-kekau, terbangun karena terkejut
Aufschrei *m* jeritan, teriakan; **°en** *unr. itr.* menjerit, berteriak
aufschreiben *unr. tr.* mencatat
Aufschrift *f* tulisan (pd. amplop, etiket, label); alamat
Aufschub *m* penundaan, penangguhan
aufschütteln *tr.* menepuk-nepuk (spy. empuk)
aufschütten *tr.* menimbun(kan), menumpuk
aufschwingen *unr., sich* ~ terbang tinggi; *fig.* memutuskan utk. (bertindak)
Aufschwung *m* (–*s*;*O*) kemajuan, perkembangan cepat; *Sp.* ayunan (ke atas)
aufsehen *unr. itr.* menengok ke atas; menengadah; **°** *n* (–*s*;*O*) sensasi, kehebohan; ~ *erregen(d)* menggemparkan, menghebohkan, menarik perhatian
Aufseher(in *f*) *m* pengawas, penjaga; mandor
aufsein *unr. itr. ugs.* terbuka; tdk. di tempat tidur lagi, sudah bangun
aufsetzen *tr.* memasang, mengenakan; menyusun (naskah); *Flgw.* mendarat; *j-m Hörner* ~ menipu suami
Aufsicht *f* (–;*O*) pengawasan, kontrol; **–sbehörde** *f* badan pengawas; **–srat** *m* dewan pengawas/komisaris
aufsitzen *unr. itr.* duduk dng. tegak; naik kuda; *fig.* tertipu; *j-n* ~ *lassen* meninggalkan sso. dl. kesulitan
aufspalten *tr.* membelah; *sich* ~ terbelah, terpecah-belah
aufspannen *tr., Schirm, Seil* membuka, merentang(kan)
aufsparen *tr.* menabung, menyimpan
aufspeicher|n *tr.* menyimpan, menimbun; **°ung** *f* (–;–*en*) penyimpanan; **°ungsvermögen** *n* kapasitas
aufsperren *tr.* membuka lebar-lebar; mengangakan
aufspielen *itr. tr.* memainkan; *sich* ~ berlagak seakan-akan/sombong
aufspießen *tr.* (mengambil dng.) menusuk
aufsplittern *tr.* memecah-mecahkan, memecah-belahkan
aufsprengen *tr.* membuka dng. kekerasan/paksa
aufspringen *unr. itr.* bangkit/melompat dng. tiba-tiba; melompat ke; *Tür, Schloß* membuka dng. sendirinya; *Haut* pecah
aufspüren *tr.* mendapatkan setelah merunut(i)/mencari(–cari); *fig.* menemukan
aufstacheln *tr.* menghasut
aufstampfen *itr.* menghentak/(hentak)kan kaki
Aufstand *m* (–(e)s;–̈e) pemberontakan, huru-hara
Aufständische *m* (–*n*;–*n*) pemberontak
aufstapeln *tr.* menumpuk, menimbun

aufstechen *unr. tr. itr.* membuka dng. tusukan

aufstecken *tr.* menyemat(kan), memasukkan/memasang di atas sst.; *ugs.* berhenti dari, menyerah, meninggalkan; *das Haar* ~ mengikat rambut ke atas

aufstehen *unr. itr.* bangkit, bangun; terbuka; ~ *gegen* memberontak melawan

aufsteigen *unr. itr.* naik; muncul, timbul; *Flugzeug* lepas landas, mengangkasa; *Rauch* membubung

aufstell|en *tr.* menaruh, memasang; *Zelt,Maschine* mendirikan, membangun; *Liste, Theorie* menyusun; *Behauptung* menyatakan; *Regel* menetapkan; *sich* ~ berbaris; *e-n Kandidaten* ~ mengajukan seorang calon; **≗ung** *f* (–;–*en*) daftar; susunan, penyusunan; penunjukan, pencalonan; ~ *nehmen* berbaris; ~ *der Kosten* perhitungan biaya

Aufstieg *m* (–ɇs; *e*) pendakian (gunung); naiknya; tanjakan; *fig.* kemajuan, karier

aufstocken *tr. itr.* menambah tingkat/modal/tenaga

aufstoßen *unr. tr.* membuka (pintu) dng. mendorong; *itr.* mendapat luka karena terbentur; *Essen* beserdawa; ~ *auf* mengenai sst.; membentur pd., kandas; *et. stößt mir übel auf* sst. yg. tdk. enak menarik perhatianku

aufstreben *itr.* menjulang tinggi; *fig.* bercita-cita menjadi

aufstreichen *unr. tr.* mengoles, melumaskan

aufstreuen *tr.* menabur(kan) di atas sst.

Aufstrich *m* (–ɇs;*O*) olesan, lauk utk. roti

aufstülpen *tr.* mengenakan (topi); mencibirkan bibir

aufstützen *sich* ~ bersandar pd.

aufsuchen *tr.* mencari; menengok, mengunjungi; mengadakan konsultasi

auftakeln *tr., sich* ~ berdandan secara berlebihan

Auftakt *m, Mus.* ketukan pertama; *fig.* pendahuluan, permulaan

auftanken *tr.* menambah bensin; *fig.* mengumpulkan tenaga

auftauchen *itr.* muncul, timbul; datang

auftauen *itr. tr.* meleleh; mencair (-kan); *fig.* bebas dari hambatan psikis

aufteil|en *tr.* membagi(–bagi); **≗ung** *f* (–;*O*) pembagian; penggolongan

auftischen *tr. itr.* menghidangkan, menyajikan; *fig* menceritakan

Auftrag *m* (–ɇs;¨–*e*) perintah, suruhan, instruksi; *Aufgabe* tugas, misi; *Bestellung* pesanan, order; *im* ~ *von* atas perintah; *im* ~ *handeln von* bertindak atas nama; **≗en** *unr. tr.* menghidangkan; *bestellen* memesan; *anweisen* menyuruh, menugaskan; *Salbe* memoles(kan); *Kleidung* memakai sampai usang; *dick* ~ membesar-besarkan, membual; **–geber** *m* (–*s*;–) pemesan; orang yg. memberi tugas/order; **–sbestätigung** *f* konfirmasi, peneguhan; **–sbuch** *n* buku pesanan; **–s·erteilung** *f* pesanan; **≗sgemäß** sesuai dng. pesanan/perintah; **–slage** *f* keadaan (penerimaan) order

auftreffen *unr. itr.* membentur, melanggar, menimpa

auftreiben *unr. tr.* (akhirnya) menemukan; menggembungkan; *Geld* ~ mengumpulkan/meminjam uang

auftrennen *tr.* membuka jahitan

auftreten *unr. itr.* menapak, menginjak; *benehmen* berkelakuan, bertindak; *fig.* muncul, timbul, *auf der Bühne* ~ tampil di panggung; *als Zeuge* ~ menjadi saksi; *leise* ~ berjalan perlahan-lahan; *Krankheit tritt auf* penyakit timbul; ≗ *n* (–*s*;*O*) penampilan, tingkah-laku

Auftrieb *m* (–*s*;*O*) dorongan, semangat; *Flgw.* arus udara yg. menanjak, daya-angkat udara; *Phys.* daya-apung; *Wirtschaft* perkembangan membaik, konyungtur

Auftritt *m* (–ɇs;–*e*) *Personen* penampilan; *Thea.* babak; *Streit* pertengtengkaran

auftrocknen *tr. itr.* mengeringkan; menjadi kering

auftun *unr. tr. ugs.* membuka; mengambil dan menaruh di atas piring
auftürmen *tr.* menumpukkan; *sich* ~ bertumpuk-tumpuk; menjulang
aufwachen *itr.* (ter)bangun, mendusin
aufwachsen *unr. itr.* tumbuh, berkembang, membesar
aufwall|en *itr.* bergelora, naik, mendidih sebentar, menggelembung; *Dampf* membubung; **≗ung** *f* (*–;–en*) timbulnya perasaan/emosi dng. tiba-tiba
Aufwand *m* (*–(e)s;O*) biaya, ongkos; *Luxus* kemewahan; *großen ~ treiben* bermewah-mewah, menghamburkan uang; **–s·entschädigung** *f* ganti-rugi atau restitusi (utk. pengeluaran dinas)
aufwärmen *tr.* memanaskan kembali; *fig.* mengingat(–ingat) kembali; *sich* ~ menjadi hangat lagi
Aufwartefrau *f* (wanita) pembersih kantor/gedung
aufwarten *itr.* melayani
aufwärts naik, ke atas; *Fluß* ke hulu
Aufwartung *f* (*–;–en*) pelayanan; *j-m s-e ~ machen* mengadakan kunjungan resmi/kehormatan kpd. sso.
aufwaschen *unr. tr.* mencuci bersih; *das ist e ≗* hal itu (dapat) diselesaikan sekaligus
aufwecken *tr.* membangunkan, membangkitkan
aufweichen *tr.* merendam(kan), melunakkan
aufweisen *unr. tr.* menunjuk(kan), memperlihatkan, menampakkan
aufwend|en *unr. tr.* memakai; mengeluarkan biaya/tenaga; **–ig** mahal; **≗ung** *f* (*–;–en*) pengeluaran, biaya
aufwerfen *unr. tr.* menimbunkan (tanah); melemparkan ke atas; *fig.* menyebabkan, menimbulkan, mengajukan; *sich* ~ berlagak
aufwert|en *tr.* menaikkan nilai (uang); **≗ung** *f* (*–;–en*) revaluasi
aufwickeln *tr.* menggulung(kan); membuka (bungkusan)
aufwiegel|n *tr.* menghasut; **≗ung** *f* (*–;–en*) hasutan, penghasutan
aufwiegen *unr. tr.* mengimbangi dng.
Aufwiegler *m* (*–s;–*) penghasut, pembangkang
Aufwind *m* arus udara ke atas
aufwirbeln *tr. itr.* mengangkat dng. memutar-mutarkan (debu); *fig.* menghebohkan
aufwisch|en *tr.* melap; mengepel; **≗lappen** *m* kain pel
aufwühlen *tr.* mengaduk(–aduk)-kan, mengacau-balaukan; *fig.* menggoncangkan
aufzähl|en *tr.* menghitungkan; menyebutkan satu demi satu, memperinci(kan); **≗ung** *f* (*–;–en*) perincian
aufzäumen *tr.* memasang pakaian kuda; *das Pferd beim Schwanz ~, fig.* memulai/menangani sst. secara salah
aufzehren *tr.* menghabiskan (karena dipakai terus)
aufzeichn|en *tr.* mencatat; menggambarkan; merekam; **≗ung** *f* catatan; rekaman
aufzeigen *tr.* menunjukkan, memperlihatkan
aufziehen *unr. tr.* menarik ke atas, menaikkan; membuka (gorden); mengerek ke atas; *Kind* membesarkan; *Uhr* memutar; *Veranstaltung* mengorganisir; *j-n ~* mengganggu/memperolok sso.; *e Gewitter zieht auf* badai dan guruh mendekat; *die Wache zieht auf* (tentara) pengawal/penjaga berbaris mengambil posisi
Aufzucht *f* (*–;O*) perkembangbiakan, pembiakan; pemeliharaan
Aufzug *m* (*–(e)s;¨–e*) pawai, arak-arakan; *Fahrstuhl* lift, katrol; *ugs.* pakaian (yg. kurang pantas); *Drama* babak
aufzwingen *unr. tr.* memaksakan (sst. pd. sso.)
Augapfel *m* (*–;Augäpfel*) bola mata, *bulbus oculi; et. wie s-n ~ hüten, fig.* memelihara dng. hati-hati sekali
Auge *n* (*–s;–n*) mata; *in meinen ~n* menurut pandangan saya; *im ~ behalten* memperhatikan; *aus den ~n verlieren* melupakan; *mit bloßem ~* dng. mata telanjang; *große ~n machen* memandang dng. heran; *in*

die ~n fallen menyolok mata; *nicht aus dem ~ lassen* mengamati terus; *e ~ zudrücken* mengedipkan mata; tdk. memperhatikan, memaafkan, membiarkan; *ins ~ fassen* mempertimbangkan; *ins ~ sehen* menghadapi hal yg. tdk. menyenangkan; *~ in ~ mit* berhadapan dng.; *unter 4 ~n* di bawah empat mata; *das paßt wie die Faust aufs ~* sama sekali tdk. cocok; *sich et. vor ~n halten* memikir(-mikir)kan; *mit e-m blauen ~ davonkommen* mengalami kerugian kecil saja

Augenarzt *m* dokter mata; ahli penyakit mata

Augenblick *m* saat, momen, sekejap mata; *jeden ~* sebentar lagi; *im ~* sekarang, pd. waktu ini; *e-n ~ bitte!* tunggu sebentar! **≗lich** dng. segera, sekarang juga; utk. sementara; **–ssache** *f* hal yg. diselesaikan dng. cepat sekali

Augen|braue *f* alis (mata); **–diener** *m* penjilat; **–entzündung** *f* radang mata; **–höhle** *f* rongga/lekuk mata; **–klinik** *f* klinik/rumahsakit mata; **–leiden** *n* gangguan/penyakit pd. mata; **–licht** *n* penglihatan; **–lid** *n* kelopak mata; **–maß** *n* penilaian secara global; perkiraan; *nach ~* kira-kira, menurut ukuran kasar; **–merk** *n, sein ~ richten auf* memperhatikan secara khusus; **–nerv** *m* syaraf mata; **–schein** *m, dem ~ nach* menurut, tampaknya; *in ~ nehmen* melihat/memeriksa dng. teliti; **≗scheinlich** ternyata, tampaknya, jelas; **–stern** *m* orang kesayangan; **–täuschung** *f* silap-mata, penipuan optis; **–wasser** *n* air mata; *Med.* obat (tetes) mata; **–weide** *f* pemandangan yg. menyenangkan; **–wimper** *f* bulu mata; **–zeuge** *f* saksi mata

August *m* (*–$;O*) (bulan) Agustus

Auktion *f* (*–;–en*) pelelangan, lelang; **–ator** *m* (*–s;–en*) juru lelang

Aula *f* (*–;Aulen*) aula

Aureole *f* (*–;–n*) lingkaran cahaya

aus 1. *Prp.* dari, karena; *~ Ihrem Brief* dari surat Tuan; *~ Jakarta* dari Jakarta; *~ diesem Grunde* oleh karena (alasan) itu; *~ Liebe* karena cinta; *von mir ~* saya tdk. keberatan; *von Grund ~* dari dasarnya; **2.** *Adv.* selesai, habis; *es ist ~ mit ihm* habis perkara dng. dia; *das Spiel ist ~* permainan telah selesai; *er weiß weder ein noch ~* ia bingung sekali; 3. ~ mati, padam; *Sp.* keluar; *~ u. ein* keluar masuk; *er ist ~* ia tdk. di rumah

aus·arbeit|en *tr.* mengerjakan sampai hal kecil-kecil; mengarang/menyusun (secara terperinci); menyempurnakan; **≗ung** *f* (*–;O*) penyelesaian, karangan yg. disempurnakan

aus·arten *itr.* berkembang ke arah negatif

aus·atmen *tr.* mengeluarkan/menghembuskan napas

ausbaden *tr. ugs.* menanggung akibat (buruk)

ausbaggern *tr.* mengeruk, mengorek

ausbalancieren (–) *tr.* menjadikan/membuat seimbang, mengimbangkan

Ausbau *m* perluasan; *fig.* konsolidasi; **≗en** *tr.* memperluas, melengkapi; *Mot.* mengeluarkan yg. sudah dipasang, membongkar; **≗fähig** dapat diperkembangkan

ausbedingen (–) *unr., sich ~* menetapkan (sebagai syarat), menuntut

ausbesser|n *tr.* memperbaiki; membetulkan; **≗ung** *f* (*–;–en*) perbaikan, reparasi, pembetulan

ausbeulen *tr.* menjendulkan, menonjolkan; *Auto* memperbaiki yg. peyot/penyok

Ausbeut|e *f* penghasilan, profit, keuntungan; **≗en** *tr.* memanfaatkan, menghisap, mengeksploitasikan; memeras; **–ung** *f* (*–;O*) eksploitasi, penghisapan

ausbezahlen (–) *tr.* membayarkan

ausbiegen *unr. itr. tr.* menyingkir, menghindar, memberi tempat; membelokkan ke luar

ausbild|en *tr.* mendidik, melatih; membentuk; **≗er** *m* (*–s;–*) pelatih, instruktor; **≗ung** *f* (*–;O*) pendidikan, latihan; **≗ungsbeihilfe** *f* subsidi utk. pendidikan

ausbitten *unr. tr., j-n ~ zum Essen* mengajak sso. utk. makan di luar;

sich et. ~ memohon dng. sangat; menuntut sst.

ausblasen *unr. tr.* meniup sampai padam

ausbleiben *unr. itr.* tdk. hadir/muncul/datang/jadi

ausblenden *tr., Radio* menghilangkan perlahan-lahan

Ausblick *m* pemandangan (luas); pandangan ke masa depan

ausbluten *itr. tr.* membiarkan darah keluar (sampai berhenti); berdarah (terus) sampai mati; melemahkan

ausbooten *tr.* mengantar/membawa ke darat (dng. perahu kecil); *fig.* mengeluarkan dari kedudukan/jabatan

ausborgen *tr., sich* ~ meminjam

ausbrechen *unr. tr. itr.* melepaskan/membongkar dari; melarikan diri (dari penjara); *Krankheit* terjadi (sekonyong-konyong), mulai, timbul; *Feuer, Vulkan* meletus, berkobar; *et.* ~ memuntahkan sst.

ausbreiten *tr.* menyebarluaskan; memperluas; membentangkan (kain); *fig.* membeberkan dng. panjang-lebar; *sich* ~ menjalar, menyebarluas

ausbrennen *unr. itr. tr.* bernyala/terbakar (terus) hingga padam; terbakar habis (sampai musnah); meniadakan dng. membakar; mengeringkan; *Wunde* membersihkan dng. membakar

Ausbruch *m, Vulkan* letusan; *Gefangener* pelarian; *Gefühl* luapan; *Krankheit* penjangkitan; *Krieg* pecahnya/mulainya

ausbrüten *tr.* mengerami; *fig.* merencanakan (matang-matang)

ausbuchen *tr., das Hotel ist ausgebucht* hotel ini penuh, tak ada tempat lagi

Ausbuchtung *f* (*–;–en*) lekuk(an) melengkung, lengkungan cembung; tonjolan

ausbuddeln *tr. ugs.* menggali ke luar

ausbügeln *tr.* melicinkan dng. menyetrika; *fig.* membereskan lagi, memulihkan

Ausbund *m, e* ~ *von* contoh/teladan (yg. baik/jelek sekali)

ausbürgern *tr.* mencabut kewarganegaraan

ausbürsten *itr.* menyikat bersih

Ausdauer *f* ketekunan, ketabahan; daya tahan, stamina; **≗n** *itr.* bertekun, bertahan; **≗nd** dng. tekun/rajin/tabah, sabar

ausdehn|bar dapat diperluas/dikembangkan/memuai; **–en** *tr.* memperluas, mengembangkan; *sich* ~ memuai; meluas, menyebarluas; berlangsung lama; **≗ung** *f* perluasan, pengembangan, pemuaian, ekspansi; luasnya; **≗ungsvermögen** *n* daya (me)muai

ausdenken *unr. tr.* memikirkan; *sich et.* ~ membayangkan; *bp.* mengisap jempol; *nicht auszudenken* tak terpikirkan

ausdeut|en *tr.* menafsirkan, menerangkan; **≗ung** *f* (*–;–en*) tafsiran, keterangan

ausdienen *itr., Mil.* (masa tugas) berakhir; tdk. terpakai lagi

ausdorren *itr.* menjadi kering, mengering

ausdörren *tr.* mengeringkan

ausdrehen *tr.* memadamkan/mematikan (lampu, gas . . . dng. memutarkan)

Ausdruck *m* (*–e̸s;¨e*) ungkapan; pernyataan; ekspresi, perwujudan; *Wort* istilah; *zum* ~ *bringen* menyatakan, mengungkapkan

ausdrück|en *tr. itr.* memeras; mengucapkan, mengungkapkan, menyatakan, merumuskan; **–lich** terang-terangan, dng. tegas/jelas

ausdrucks|fähig ekspresif; **–los** tanpa ekspresi, bersifat tdk. menyatakan (sst.); **–voll** penuh arti/ekspresi/gaya/rasa; bersifat menyatakan arti; **≗weise** *f* cara mengungkapkan; gaya bahasa

ausdunst|en *tr.*, **ausdünst|en** *tr.* mengeluarkan bau/uap; **≗ung** *f* (*–;–en*) penguapan; bau

auseinander terpisah, tercerai; **–bringen** *unr. tr.* memisahkan, menceraikan; **–fallen** *unr. itr.* patah, pecah, berkeping-keping, jatuh berantakan; **–gehen** *unr. itr.* berpisah, bercerai; berbeda; **–halten** *unr. tr.* memisahkan, membedakan; **–jagen** *tr.* mencerai-beraikan, membubarkan; **–laufen** *unr. itr.*

bubar, berpencaran; **–nehmen** *unr. tr.* membongkar satu demi satu; **–reißen** *unr. tr.* merobek-robek; **–setzen** mengupas; *sich ~ mit. et.* mempertimbangkan/mempelajari sst.; **≗setzung** *f (–;–en)* diskusi; perselisihan, perdebatan; pembahasan/uraian kritis; **–stieben** *unr. itr.* bubar dng. kocar-kacir; **–treiben** *unr. tr.* mencerai-beraikan, membubarkan

auserkoren, auserlesen *Adj.* terpilih; pilihan

ausersehen (–) *unr. tr.* memilih utk. maksud tertentu

auserwählen (–) *tr.* memilih, mendahulukan

ausessen *unr. itr.* makan sampai habis

ausfahren *unr. itr.* bepergian dng. kenderaan; *Schiff* berlayar keluar, bertolak (dari); *Zug* meninggalkan; *tr.* mengendarai dng. kecepatan tertinggi; *j-n ~* membawa sso. berjalan-jalan dng. kendaraan; *Flgw.* mengeluarkan roda

Ausfahrt *f* keberangkatan; *Tor* pintu/jalan keluar

Ausfall *m* kerugian, defisit; *Wegfall* yg. tdk. ada, yg. kurang; *Tech.* kegagalan, gangguan, tdk. berfungsinya; *Angriff* serangan dari dl.; *Haar* rontoknya; *(Miß)erfolg* hasil (yg. jelek); *Chem.* endapan; *Ausfälle* penghinaan; **≗en** *unr. itr.* melepas, rontok; *nicht stattfinden* batal, tdk. jadi; *Tech.* tdk. berfungsi (lagi); *angreifen* menyerang; *Chem.* mengendap; *das Kleid fällt e bißchen zu eng aus* pakaian itu sedikit terlalu sempit

aus|fallend, –fällig (bersifat) menghina/memalukan, kasar

Ausfall|s·erscheinung *f* gejala kekurangan; **–straße** *f* jalan besar ke luar kota

ausfechten *unr. itr.* berkelahi sampai ada yg. menang

ausfegen *tr.* menyapu (keluar)

ausfeilen *tr.* mengikir sampai pas; *fig.* menyempurnakan

ausfertig|en *tr.* mengeluarkan secara tertulis (visa, surat keterangan . . .); **≗ung** *f (–;–en) erste ~* (naskah, dokumen) yg. asli; *in doppelter ~* rangkap dua

ausfindig *~ machen* menemukan, mendapatkan

ausflicken *tr.* menampalkan

ausfliegen *unr. itr.* terbang ke luar; *ugs.* keluar (dari) rumah, berjalan-jalan; *tr.* menerbangkan ke luar

ausfließen *unr. itr.* mengalir keluar, menjadi kosong (karena cairan mengalir keluar)

ausflippen *itr. ugs.* rusak karena (kecanduan) narkotika

Ausflucht *f (–;–̈e)* dalih, alasan (saja), dusta

Ausflug *m* darmawisata, piknik

Ausflügler *m (–s;–)* turis, wisatawan, pelancong

Ausfluß *m* aliran/pipa keluar, pengaliran keluar; akibat; *Med.* nanah, keputihan

ausforschen *tr.* menyelidiki, memeriksa; *s. ausfragen*

ausfragen *tr.* menanyai, memeriksa

ausfressen *unr. tr., Tier* makan habis; *et. ~* berbuat salah

Ausfuhr *f (–;–en)* ekspor; **–artikel** *m* barang ekspor

ausführbar dapat dilaksanakan/dikerjakan

Ausfuhr|bestimmungen *pl* peraturan/ketentuan ekspor; **–bewilligung** *f* ijin ekspor

ausführen *tr.* melaksanakan, mengerjakan; menghasilkan; *Handel* mengekspor; *fig.* menguraikan, mengupas; *j-n ~* menemani/membawa sso. berjalan-jalan ke luar

Ausfuhrhandel *m* perdagangan ekspor

ausführlich secara terperinci, dng. panjang-lebar, dng. lengkap

Ausführung *f (–;–en)* pelaksanaan; hasil kerja; *Darlegung* keterangan, uraian; *Mot.* model; **–sbestimmungen** *pl* ketentuan/peraturan pelaksanaan

Ausfuhr|verbot *n* larangan ekspor; **–zoll** *m* bea/cukai ekspor

ausfüllen *tr.* mengisi; *fig.* memuaskan; melakukan dng. baik

Ausgabe *f (–;–n)* pengeluaran; edisi, penerbitan; eksemplar; *Schalter*

tempat pembagian; **–n** *pl* biaya, pengeluaran

Ausgang *m* (–ɇs;¨–e) kepergian; pintu/jalan keluar; keluarnya (barang); *Ende* penyelesaian, selesainya, penutup, akhir; *Ergebnis* hasil; ~ *haben* mendapat hari libur; *Unfall mit tödlichem* ~ kecelakaan dng. korban mati; **–sbasis** *f*, **–spunkt** *m* pangkal/titik tolak

ausgeben *unr. tr.* mengeluarkan, membagi; memberikan; *ugs.* mentraktir; *sich* ~ *für/als* berkedok sebagai; berpura-pura sebagai

ausgebildet terdidik, terlatih, berijazah

Ausgeburt *f*, ~ *der Phantasie* isapan jempol, khayalan belaka; ~ *von Faulheit* amat sangat malas; ~ *der Hölle* iblis

ausgedehnt luas, lapang

ausgedient pensiun, veteran; *Sache* usang, tdk. terpakai lagi

ausgefallen *Adj.* tdk. biasa, aneh, *bp.* nyentrik

ausgeglichen *Adj.* seimbang, harmonis, tenang

Ausgeh·anzug *m* pakaian (yg. baik) utk. pergi; pakaian utk. hari Minggu; *Mil.* pakaian dinas utk. kesempatan resmi

ausgehen *unr. itr.* pergi ke luar, berjalan-jalan; berasal dari; *enden* menjadi habis, berakhir; *Licht* padam, mati; *gut* ~ berakhir dng. baik; *auf et.* ~ bermaksud, mencari; *leer* ~ tdk. mendapat apa-apa; *von et.* ~ berangkat dari, berpangkal tolak pd.; *frei* ~ tdk. dihukum

ausgekocht *ugs.* pinter busuk, licik

ausgelassen *Adj. laut* riuh, ribut; *wild* liar; *sehr fröhlich* bersenang-senang

ausgemacht setuju, sudah diputuskan; pasti, tentu; *e ~er Lump* bangsat ulung; *e-e ~e Dummheit* kebodohan yg. amat sangat

ausgenommen *Konj.* (ter)kecuali, selain(dari)

ausgeprägt tampak dng. jelas

ausgerechnet *Adv.* tepat, justru; ~ *(d)er!* celaka, mengapa justru dia!

ausgeschlossen *Adj.* mustahil, tak mungkin, tak masuk akal

ausgeschnitten *Adj.* dng. potongan leher yg. rendah sekali

Ausgesiedelte *m, f* (–*n*;–*n*) orang yg. dipindahkan

ausgesprochen *Adj.* khas, khusus; sangat, luar biasa

ausgesucht terpilih, istimewa

ausgewachsen *Adj.* sudah matang/besar; *ugs.* sangat, besar

Ausgewiesene *m, f* (–*n*;–*n*) orang yg. dibuang/diusir

ausgezeichnet istimewa, luar biasa, sangat baik; ~*!* baik! cocok sekali!

ausgiebig cukup, banyak; ~*en Gebrauch machen von* memanfaatkan sepenuhnya

ausgießen *unr. tr.* menuangkan keluar/dari, mengosongkan (sst. dari cairan)

Ausgleich *m* (–ɇs;–e) keseimbangan; kompromi; *Entschädigung* ganti-rugi; **≗en** *unr. tr.* menyelaraskan, mengimbangi; mengadakan kompromi (dng.); mendamaikan

ausgleiten *unr. itr.* tergelincir, terpeleset

ausgrab|en *unr. tr.* menggali (ke luar); *fig.* menghidupkan kembali; **≗ung** *f* (–;–*en*) penggalian

ausgreifen *unr. itr.* membuat langkah-langkah besar; **–d** berakibat luas; panjang

Ausguck *m* (–ɇs;–e) menara/pos pengintai

Ausguß *m* bak/tempat cuci piring (dng. lubang saluran air ke luar)

aushacken *tr.* menetak/membacok (hingga terlepas)

aushaken *tr.* melepaskan kait(nya)

aushalten *unr. tr.* menahan, bertahan; *nicht zum* ≗ tak tertahankan; *j-n* ~ menanggung biaya hidup sso.

aushandeln *tr.* tawar-menawar

aushändigen *tr.* menyerahkan secara pribadi

Aushang *m* (–ɇs;¨–e) pengumuman/pemberitahuan (yg. ditempelkan pd. sst.)

aushänge|n **1.** *unr. itr.* tergantung/dipasang di luar; **2.** *tr.* menggantungkan/memasang di luar; mengumumkan; *Tür* melepaskan dari engsel; **≗schild** *n* papan (pemberitahuan) yg. dipasang di muka

rumah; *fig*. sst./sso. yg. dimanfaatkan sebagai alat/kedok; pemimpin menurut namanya saja, boneka
ausharren *itr*. bertahan; menunggu dng. sabar, ulet
aushauchen *tr*. mengeluarkan/menghembuskan napas; *die Seele* ~ meninggal
aushauen *unr. tr*. melepaskan/mengeluarkan sst. dng. memukulnya, memahat (dari batu, kayu, es . . .); *Wald* merambah
ausheben *unr. tr*. menggali lobang; *fig*. membongkar, menciduk; *Mil*. mewajibkan masuk dinas militer, merekrut
aushecken *tr. ugs*. mencari akal, merencanakan sst. yg. tdk. baik
ausheilen *tr. itr*. memulih(kan), menyembuhkan; menjadi sembuh
aushelfen *unr. itr*. membantu/menolong dl. kesulitan; meminjamkan uang . . .
Aushilf|e *f* pertolongan/bantuan (dl. keadaan sulit/darurat); wakil, orang yg. membantu; *zur* ~ sebagai wakil/pengganti; **–skraft** *f* tenaga bantuan/tambahan; **≗sweise** utk. sementara
aushöhlen *tr*. melubangi, mengorek; *fig*. merongrong
ausholen *itr*. mengancang-ancang; *weit* ~ mulai bercerita dari permulaan; *ugs. s. aushorchen*
aushorchen *tr*. memancing keterangan/rahasia (secara lihai)
aushungern *tr*. membiarkan kelaparan; memaksa menyerah dng. tdk. menyediakan makanan
aushusten *tr*. meludahkan dng. berbatuk
ausjäten *tr*. menyiangi, mencabuti tanaman liar
auskämmen *tr*. menyisir utk. membuang kotoran; *Mil*. membersihkan (dari sisa-sisa musuh)
auskehren *tr*. menyapu bersih; *fig. ugs*. menertibkan, menindak
auskennen *unr., sich in e-r Stadt* ~ mengenal kota dng. baik; *sich auf e-m Gebiet* ~ menguasai bidang tertentu
ausklammern *tr*. tdk. memperhatikan, menyisihkan
Ausklang *m, Mus*. alunan/bunyi terakhir; *fig*. tamat, berakhirnya; kesan terakhir, epilog
auskleiden *tr*. menanggalkan/membuka pakaian; *beziehen mit* melapisi dng.
ausklingen *unr. itr*. berangsur-angsur hilang; *fig*. berakhir (dng.)
ausklopfen *tr*. membersihkan (pakaian, kasur . . .) dng. memukul-mukulkannya / menepuk-nepukkannya, memegas
ausklügeln *tr*. merencanakan/memikirkan dng. cermat dan pandai
auskneifen *unr. itr. ugs*. membolos; (berhasil) lolos
ausknipsen *tr. ugs., Elek*. memadamkan, mematikan
auskochen *tr*. memasak sampai mengeluarkan gemuk/sari . . . ; memasak sampai suci hama; *noch nicht ausgekocht sein* belum matang/jelas/beres
auskommen *unr. itr*. memiliki dl. jumlah yg. mencukupi/memadai; *mit dem Geld* ~ keuangan mencukupi/memadai, tdk. membuat hutang; *mit j-m* ~ bergaul baik dng. sso.; **≗** *n* (*–s;O*) pendapatan/pencaharian (yg. memadai); *sein* ~ *haben* berkecukupan; *mit ihm ist kein* ~ tdk. dapat hidup bersama dng. dia
auskömmlich cukup, mencukupi
auskosten *tr*. benar-benar menikmati
auskramen *tr*. mengeluarkan; *fig*. membangkitkan kembali
auskratzen *tr*. menggaruk/mengorek sampai kosong/habis; mengerik
auskühlen *itr. tr*. menjadi dingin, mendinginkan
auskundschaften *tr*. mengintai, menyelidiki
Auskunft *f* (*–;–̈e*) keterangan, penerangan; **–sschalter** *m*, **–sstelle** *f* (loket/tempat) penerangan, informasi
auskuppeln *itr*. menginjak/melepas kop(e)ling
auskurieren (–) *tr*. menyembuhkan sama sekali
auslachen *tr*. menertawakan; *sich* ~ tertawa sampai tenang lagi

ausladen *unr. tr.* membongkar, mengeluarkan, mengosongkan; *fig. ugs.* membatalkan undangan
Auslage *f* (–;–*n*) pajangan etalase; **–n** *pl* pengeluaran (uang)
auslagern *tr.* memindahkan ke tempat/gudang lain
Ausland *n* (–*ɇs;O*) luar negeri
Ausländ|er *m* (–*s*;–), **–erin** *f* (–;–*nen*) orang asing; **≗isch** asing, bersifat luar negri
Auslands . . . berh. dng. luar negeri, asing; **–abteilung** *f* bagian luar negeri; **–anleihe** *f* pinjaman/ kredit dari luar negeri; **–aufenthalt** *m* waktu tinggal di luar negeri; **–berichterstatter** *m* wartawan di luar negeri; **–beziehungen** *pl* hubungan dng. luar negeri; **–deutsche** *m, f* orang (keturunan) Jerman yg. tinggal di luar negeri; **–gespräch** *n* telepon internasional; **–guthaben** *n* uang/deposito di luar negeri; **–hilfe** *f* bantuan dari luar negeri; **–korrespondent(in** *f*) *m* koresponden di luar negeri; *Handel* orang yg. mengurus korespondensi/surat-menyurat dng. luar negeri; **–schule** *f* sekolah di luar negeri; **–telegramm** *n* telegram internasional; **–vermögen** *n* harta benda di luar negeri; **–verschuldung** *f* hutang thd. luar negeri; **–vertretung** *f* perwakilan luar negeri
auslangen *itr.* mengulurkan; *ugs.* mencukupi
auslass|en *unr. tr.* membiarkan (mengalir) keluar; melewati, mengabaikan; *Wut ~ an* melampiaskan kemarahan pd.; *sich ~ über* memberi keterangan tentang; *Fett ~* mengambil lemak dng. menggoreng; *Kleid ~* memanjangkan baju dng. melepas jahitan som; **≗ung** *f* (–;–*en*) tdk. dicantumkannya/disebutnya; ulasan, komentar; **≗ungszeichen** *n* tanda apostrof
auslasten *tr.* membebani/mempekerjakan/menggunakan sepenuhnya; *Tech.* mengimbangi
Auslauf *m* bocornya; *Mar.* keberangkatan, bertolaknya kapal; *keinen ~ haben* tiada tempat utk. bergerak/ main/berjalan-jalan; **≗en** *unr. itr.* bocor, mengalir keluar; berakhir; *Mar.* bertolak, berangkat
Ausläufer *m* (–*s*;–) bagian paling ujung (pegunungan, hutan . . .)
Auslaut *m* bunyi terakhir dari suatu kata; **≗en** *itr.* berakhir (dng.)
ausleben *sich ~* menikmati hidup, mengumbar hawa nafsu
auslecken *tr.* menjilat sst. (sampai isinya habis)
ausleeren *tr.* mengosongkan
ausleg|en *tr.* memamerkan, memajangkan; *ausbreiten* membentangkan; menaruh di luar; *fig.* menerangkan, menafsirkan; *Geld ~* meminjamkan uang; **≗er** *m* (–*s*;–) pentafsir; *Kran* (perpanjangan) tangan mesin derek/kerek; *Boot* katir, cadik; **≗erboot** *n* biduk bercadik; **≗ung** *f* (–;–*en*) tafsiran, keterangan
ausleiern *itr. ugs.* menjadi longgar/ dol
Ausleih|e *f* pinjaman; ruang tempat buku dipinjamkan; **≗en** *unr. itr. tr.* meminjam(kan); **–er** *m* (–*s*;–) peminjam
auslernen *tr. itr.* mengakhiri (masa) pelajaran/studi; belajar sampai selesai semuanya; *man lernt nie aus* orang selalu dapat mempelajari hal-hal yg. baru
Auslese *f* pilihan; *Lit.* bunga-rampai; **≗n** *unr. tr.* memilih; membaca sampai selesai/habis
ausliefern *tr.* menyerahkan; mengirimkan (spy. dijual); *j-m ausgeliefert sein* tdk. berdaya thd. sso.
Auslieferung *f* penyerahan; *Ausgabe* pengiriman, pembagian; **–sstelle** *f* tempat pembagian; **–svertrag** *m* perjanjian internasional mengenai saling menyerahkan penjahat, perjanjian ekstradisi
ausliegen *unr. itr.* dipamerkan, dihamparkan
auslöffeln *tr.* menyendok; *die Suppe ~ müssen, die man sich eingebrockt hat* menanggung akibat buruk dari perbuatan sendiri
auslöschen *tr.* memadamkan; menghapuskan; membasmi
auslosen *tr.* mengundi(kan), menentukan dng. undi

auslös|en *tr.* melepaskan; *Gefangene* menebus; *verursachen* menyebabkan; **≗er** *m* (–s;–) *Fot.* engkol swadaya, *self-timer*
Auslosung *f* (–;–*en*) undian, pengundian
ausloten *tr.* menduga
auslüften *tr.* menganginkan, menjemur; *sich* ~, *ugs. bp.* makan angin
ausmachen *tr.* memadamkan; *feststellen* dapat melihat dan/atau menetapkan lokasi; *Termin* menyetujui; *untereinander* ~ menyelesaikan sendiri (pertikaian . . .); *itr.* berjumlah; *es macht nichts aus* tdk. apa-apa; *das ist ausgemacht* itu sudah disetujui
ausmahlen *tr.* menggiling halus-halus
ausmalen *tr.* mencat seluruhnya; menghias (dng. lukisan); *Zeichnungen* mewarnai; *sich et.* ~ membayangkan/melukiskan sst.
Ausmarsch *m*, *Mil.* keberangkatan secara berbaris; **≗ieren** (–) *itr.* berangkat/pergi secara berbaris
Ausmaß *n* luasnya, ukuran, tingkat; *in großem* ~ secara besar-besaran; utk. sebagian besar
ausmerzen *tr.* membasmi, menghapus(kan)
ausmessen *unr. tr.* mengukur tepat
ausmisten *tr.* mengeluarkan kotoran binatang dari kandang; *fig.* membersihkan yg. kotor/bejat
ausmünden *itr.* bermuara di; berakhir
ausmustern *tr.* membebaskan dari dinas ketentaraan; *wegwerfen* menyortir dan membuang (karena tdk. dapat dipakai)
Ausnahme *f* (–;–*n*) perkecualian; *mit* ~ *von* kecuali/selain (dng.); **–fall** *m* kekecualian; **–zustand** *m* keadaan darurat; (dl.) keadaan luar biasa
ausnahms|los tanpa kecuali; **–weise** kecuali; kali ini saja
ausnehmen *unr. tr.*, *fig.* mengecualikan, membebaskan; *herausnehmen* mengambil dari; *Huhn* membersihkan/menyiangi; *sich* ~ tampak, kelihatan; **–d** ~ *schön* indah sekali
ausnutzen *tr.*, **ausnützen** *tr.* menggunakan, memanfaatkan; memeras, mengeksploitasikan
auspacken *tr.* mengeluarkan dari bungkusan; membongkar
auspeitschen *tr.* mencambuki
aus|pfeifen *unr. tr.* menyuiti, meneriaki; **–pflanzen** *tr.* memindahkan tanaman (ke); **–plaudern** *tr.* membocorkan (rahasia); **–plündern** *tr.* merampas/merampok habis; **–polstern** *tr.* mengisi dng.; **–posaunen** (–) *tr.* mengumumkan/menyiarkan (kabar buruk) ke manamana; menggembar-gemborkan; **–prägen** *tr.* mencetak dng. menonjol jelas; mengacu; *sich* ~ tampak dng. jelas; **–pressen** *tr.* memeras keluar; **–probieren** (–) *tr.* mencoba, menguji
Auspuff *m* (–*ϵs*;–*e*) knalpot; **–rohr** *n* pipa knalpot; **–topf** *m* saringan knalpot
aus|pumpen *tr.* memompa (air/udara) keluar, memompa hingga kosong; **–pusten** *tr.* memadamkan (lilin . . .) dng. meniup; **–putzen** *tr.* membersihkan; **–quartieren** (–) *tr.* memindahkan penghuni; **–quetschen** *tr.* memeras; *fig. ugs.* menanyai (dng. mengancam); **–radieren** (–) *tr.* menyetip; **–rangieren** (–) *tr.* membuang, menyingkirkan; **–rauben** *tr.* merampok; **–räuchern** *tr.* mengusir dng. menggunakan asap; **–räumen** *tr.* mengosongkan (tempat/ruangan); *ugs.* menggarong habis-habisan; *Bedenken oder Mißverständnisse* ~ membereskan salah paham atau keberatan
ausrechn|en *tr.* menghitung; **≗ung** *f* (–;–*en*) perhitungan
Ausrede *f* dalih, alasan; dusta belaka; *leere* ~*n* omong kosong; **≗n** *itr.* menyelesaikan pembicaraan; *j-m et.* ~ membujuk sso. spy. jangan
ausreichen *itr.* mencukupi, memadai; **–d** cukup
ausreifen *itr. tr.* matang; mematangkan
Ausreise *f* keberangkatan (ke luar negeri); **≗n** *itr.* melewati perbatasan dl. perjalanan ke luar negeri; **–erlaubnis** *f* ijin keluar/berangkat

ausreiß|en *unr. tr. itr.* mencabuti; terlepas; *bp.* copot; *ugs.* melarikan diri; **≗er** *m* (*–s;–*) orang yg. minggat atau melarikan diri

aus|reiten *unr. itr.* pergi naik kuda; **–renken** *tr.* memiuh/memilin/memutar persendian; *sich* ~ keseleo; **–richten** *tr.* meluruskan; *übermitteln* menyampaikan (pesanan); *erreichen* menyelesaikan, mengerjakan, melaksanakan; *Grüße von j-m* ~ menyampaikan salam dari sso.; *nichts* ~ *können* tdk. dapat berbuat apa-apa; *sich* ~ *nach* menyesuaikan diri menurut

Ausritt *m* kepergian dng. naik kuda

ausroden *tr.* menebang hutan; mencabut dng. akarnya

ausrollen *tr. itr.* membuka gulungan; menggiling (dng. penggilingan); *auslaufen* berhenti bergerak/berputar

ausrotten *tr.* memusnahkan, membasmi

ausrücken *itr.* berbaris keluar; minggat

Ausruf *m* (*–ẹs;–e*) teriakan, seruan; **≗en** *unr. itr. tr.* berteriak, berseru; memaklumkan, menyerukan; **–ewort** *n* kata seru; **–ezeichen** *n* tanda seru

Ausrufung *f* (*–;–en*) proklamasi, maklumat

ausruhen *itr.* beristirahat, mengaso

ausrupfen *tr.* mencabut(i)

ausrüst|en *tr.* melengkapi; **≗ung** *f* (*–;–en*) perlengkapan, peralatan

ausrutsch|en *itr.* tergelincir, terpeleset; **≗er** *m* (*–s;–*) *ugs.* jatuhnya karena tergelincir; *Sp.* kekalahan tak terduga

Aussaat *f* (*–;O*) penaburan, penyemaian; benih

aussäen *tr* menabur(kan)

Aussage *f* (*–;–n*) pernyataan; *geistiger Gehalt* makna (dari suatu karya seni/sastra); **≗n** *tr.* menyatakan; mengatakan dng. jelas; mengungkapkan; **–satz** *m, Gr.* kalimat berita

Aussatz *m* (*–ẹs;O*) *Med.* penyakit kusta, lepra

aussätzig berpenyakit kusta; **≗e** *m, f* (*–n;–n*) orang sakit kusta

aussaugen *unr. tr.* meng(h)isap

ausschachten *tr.* menggali (lubang . . .)

ausschalten *tr.* memadamkan, mematikan; melenyapkan, menyingkirkan; *verhindern* mencegat, mencegah

Ausschank *m* (*–ẹs;¨–e*) penjualan/pembagian minuman (keras); *Platz* bar; kedai minuman keras

ausscharren *tr.* menggaruk/mengais-ngais (sampai keluar)

Ausschau *f* (*–;O*) ~ *halten* melihat-lihat, menanti-nantikan; **≗en** *itr.* melihat ke luar (karena menantikan sso./sst.); *gut/schlecht* ~ kelihatan sehat/sakit; *wie schaut's aus? ugs.* apa kabar?

ausscheid|en *unr. itr. tr.* meninggalkan, keluar; mengeluarkan, menyingkirkan; *das scheidet aus* hal itu di luar masalah, itu tdk. bisa/jadi; *aus e-m Amt* ~ meninggalkan jabatan; **≗ung** *f* (*–;–en*) sst. yg. dikeluarkan (keringat, kencing, nanah . . .); pengeluaran; *Sp.* penyisihan; **≗ungsspiel** *n* permainan babak penyisihan

aus|schelten *unr. tr.* memaki-maki; memarahi; menghardik; **–schenken** *tr.* menjual minuman; **–schicken** *tr.* mengutus, *bp.* mengirim; **–schiffen** *tr.* membongkar dari kapal; mendaratkan; *sich* ~ meninggalkan kapal, turun dari kapal; **–schildern** *tr.* memasang kertas bertuliskan harga barang

ausschimpfen *tr.* mengata-ngatai, mendamprat

aus|schlachten *tr.* menyiangi; *fig.* memanfaatkan; *bp.* mempretelin; **–schlafen** *unr. itr.* tidur lama; tidur sesuka hati

Ausschlag *m* (*–ẹs;¨–e*) sm. penyakit kulit (*mis.* kudis, ruam); *Meßgerät* sentakan jarum, ayunan; *fig.* faktor yg. menentukan; *den* ~ *geben* menentukan; **≗en** *unr. itr. tr.* memukul/menghantam sampai keluar; mendepak; menolak (undangan); melapisi dng.; bertunas; mengayun; **≗gebend** yg. menentukan

ausschließ|en *unr. tr.* mengeluarkan; memecat; mengecualikan; **–lich** eksklusif, hanya; dng. tdk.

terhitung, (ter)kecuali; **≗ung** *f* (–;–*en*) *s. Ausschluß*
ausschlüpfen *itr.* menetas
Ausschluß *m* pengeluaran, pemecatan, suspensi; tdk. mengikutsertakannya; *unter ~ der Öffentlichkeit* tertutup/rahasia/terlarang utk umum
ausschmück|en *tr.* menghias(i); **≗ung** *f* (–;–*en*) (peng)hiasan
ausschneiden *unr. tr.* menggunting; memotong (dari); *tief ausgeschnittenes Kleid* baju dng. potongan leher rendah
Ausschnitt *m* potongan; guntingan; *Teil* bagian; *Math.* sektor
ausschöpfen *tr.* menyendok/menyudu (air ke luar); *fig.* memanfaatkan sepenuhnya
ausschreib|en *unr tr.* menulis (lengkap, dng. huruf); mengumumkan; membuat tender; *e-e Stelle ~* mengumumkan adanya lowongan kerja; **≗ung** *f* (–;–*en*) pengumuman, pemberitahuan; tender
ausschreit|en *unr. itr.* membuat langkah besar; **≗ung** *f* (–;–*en*) huruhara, kerusuhan
Ausschuß *m* panitia; *Abfall* barang buangan; *Wunde* luka tempat peluru tembus; **–ware** *f* barang rombengan
ausschütteln *tr.* mengiraikan, mengibas-ngibaskan
ausschütt|en *tr.* menuangkan, mencurahkan; *sein Herz ~* membuka hati; *Dividende ~* membagi dividen, membagi keuntungan saham; **≗ung** *f* (–;–*en*) pembagian
ausschwärmen *itr.* menyebar, berpencar-pencar
ausschweif|end *e–e ~e Phantasie* pikiran yg. menerawang; *~es Leben* hidup bejat; **≗ung** *f* (–;–*en*) perbuatan bejat/keterlaluan
ausschwingen *unr. itr.* berayunayun sampai batasnya; mulai berhenti mengayun-ayun
ausschwitzen *tr.* mengeluarkan dng. berkeringat; *e–e Krankheit ~* sembuh akibat berkeringat
aussegeln *tr.* berlayar ke luar
aussehen *unr. itr.* tampak; *er sieht blaß aus* ia kelihatan pucat; *~ als ob* kelihatan/tampaknya seakan-akan; *es sieht nach Regen aus* rupanya akan hujan; *nach et. ~* memberi kesan hebat; **≗** *n* (–*s*;*O*) penampilan, rupa, roman; *dem ~ nach kennen* kenal sepintas lalu; *nicht nach dem ~ urteilen* menilai tanpa pandang bulu
aussein *unr. itr. ugs.* selesai, habis; padam, mati; keluar; *nicht dasein* tdk. di rumah; *auf et. ~* sangat menginginkan sst.
außen luar, di (sebelah) luar; *von ~ her* dari luar; *nach ~ hin* ke luar
Außen|amt *n* departemen luar negeri; **–ansicht** *f* pemandangan di luar; **–antenne** *f* antena di luar rumah; **–aufnahme** *f, Film* pembuatan film atau *shooting* di luar studio; **–beamte** *m* pegawai lapangan; **–bezirk** *m* bagian pinggiran kota; daerah di luar kota; **–bordmotor** *m* motor tempel
aussenden *unr. tr.* mengutus; memancarkan
Außen|dienst *m* dinas luar; **–hafen** *m* pelabuhan bagian luar; **–handel** *m* perdagangan luar negeri; **–minister** *m* menteri luar negeri; **–ministerium** *n* departemen luar negeri (Deplu); **–politik** *f* politik luar negeri; **–seite** *f* bagian/sebelah luar; **–seiter** *m* (–*s*;–) orang luar; orang yg. aneh; orang yg. senang sendirian; **–stände** *pl* piutang yg. belum ditagih; **–stehende** *m* (–*n*;–*n*) orang luar(an); *als ~r* sebagai pengamat dari luar; **–welt** *f* dunia luar; **–winkel** *m* sudut luar; **–wirtschaft** *f* perdagangan dng. luar negeri
außer 1. *Prp.* di luar; di samping; selain; *~ Zweifel* tanpa ragu-ragu; *alle ~ ihm* semua kecuali dia; *~ Haus/Landes* di luar rumah/negeri; *~ sich sein* menjadi sangat marah; **2.** *Konj.*; *~ daß/wenn* kecuali bahwa/bila; **–dem** selain daripada itu, di samping itu
außerdienstlich di luar (waktu) dinas; prive
äußere lahiriah; (di/dari) luar; **≗** *n* (–*n*;*O*) bentuk/bagian lahiriah, luarnya; tampaknya; *Minister des ~n* menteri luar negeri

außer|ehelich di luar perkawinan (yg. sah); **–gewöhnlich** luar biasa; **–halb** di/dari luar
Außerkraftsetzung *f* (–;*O*) pembatalan
äußerlich lahiriah; dilihat dari luar; dangkal; **≗keit** *f* (–;–*en*) hal yg. tdk. penting, formalitas
äußern *tr.* mewujudkan, mengekspresikan; mengutarakan, mengucapkan; *sich* ~ menyatakan (pendapat)
außer|ordentlich luar biasa; hebat; ~*er Professor* dosen luar biasa; **–parlamentarisch** di luar parlemen; **–planmäßig** di luar rencana/anggaran
äußerst sangat, bukan main; **–e** ekstrem, paling (ujung); *im* ~*n Falle* dl. keadaan darurat/terdesak; *die* ~ *Linke* golongan kiri yg. paling ekstrem; *mit* ~*r Kraft* dng. sekuat tenaga, dng. secepat mungkin; **≗e** *n* (–*n;O*) yg. terakhir; yg. paling buruk; maksimum; *sein* ~*s tun* berusaha sekuat-kuatnya; *auf das* ~ *gefaßt* siap menghadapi yg. paling jelek; *bis zum* ~*n gehen* berbuat sampai keterlaluan
außerstande *Adv.* tdk. sanggup/mampu
Äußerung *f* (–;–*en*) pernyataan, ucapan; perwujudan, manifestasi
aussetzen *tr.* menempatkan di luar; *Belohnung* menawarkan; *verschieben* menangguhkan/menunda (kegiatan/pembayaran), menghentikan utk. sementara; *Passagier* membawa ke darat; *Tier* melepaskan; *itr.* berhenti; *Kind* ~ membuang anak *Tech.* tdk. jalan, macet; *was ist daran auszusetzen?* apa salahnya dng. hal itu? *an j-m et.* ~ mengecam/mengritik sso.; *sich e-r Gefahr* ~ mengambil risiko
Aussicht *f* pemandangan; harapan; *in* ~ *haben* (boleh) mengharapkan; *in* ~ *stellen* memberi harapan, menjanjikan; *in* ~ *nehmen* merencanakan; **≗slos** tak ada harapan; **≗sreich** *s. aussichtsvoll;* **–s·turm** *m* menara pemandangan; **≗svoll** penuh harapan; **–swagen** *m* gerbong khusus dng. langit-langitnya dari kaca tembus-pandang
aussied|eln *tr.* mengusir, mengungsikan, mengosongkan, mentransmigrasikan; **≗ler** *m* pengungsi, transmigran; **≗lung** *f* pengungsian, transmigrasi
aussinnen *unr. tr.* memikirkan; merencanakan
aussöhn|en *tr.* mendamaikan (kembali), merukunkan; **≗ung** *f* (–;–*en*) kerukunan
aussondern *tr.* menyendirikan, memisahkan; memilih
aussortieren (–) *tr.* menyortir
ausspann|en *tr. itr.* merentangkan; *Pferd* melepaskan kuda dari kereta; *fig.* melepaskan lelah, beristirahat; *ugs.* merebut (teman/isteri orang lain); **≗ung** *f* istirahat, liburan
aussparen *tr*, menyediakan tempat khusus; *fig.* mengesampingkan
ausspeien *unr. tr.* memuntahkan, membuang makanan dari mulut
aussperren *tr.* mencegah masuk, menskors, melarang buruh/pegawai masuk kerja
ausspielen *tr.* mulai main kartu; *s-e Rolle* ~ kehilangan pengaruhnya
ausspionieren (–) *tr.* mengintai, mencari info
Aussprache *f* (–;–*n*) pengucapan, lafal, aksen; *Erörterung* pembicaraan, pertukaran pikiran, diskusi; **–bezeichnung** *f* tulisan/transkripsi fonetik
aussprechen *unr. tr.* mengucapkan, melafalkan; menyatakan; ~ *lassen* membiarkan berbicara sampai selesai/puas; *sich* ~ mengeluarkan isi hati, mengemukakan pendapat; *sich* ~ *für* mendukung; *sich gegen et.* ~ menentang sst.; *ausgesprochen, Adj.* nyata, tegas; sangat
aus|sprengen *tr.* menyebarluaskan, menyiarkan; meledakkan (spy. keluar); **–spritzen** *tr.* menyemprot (-kan)
Ausspruch *m* ucapan, kata; sabda, firman
aus|sprühen *itr.* menyemprotkan ke mana-mana; **–spucken** *tr.* meludahkan; *fig.* mengeluarkan; **–spülen** *tr.* membersihkan dng. air; *Mund* ~ berkumur
ausstaffieren (–) *tr.* melengkapi dng.

Aus|stand *m* pemogokan; *in den ~ treten* mogok; **–stände** *pl* hutang yg. belum dilunasi
ausständig mogok
ausstanzen *tr., Tech.* memaksa keluar dng. derip
ausstatt|en *tr.* melengkapi; menyediakan; **⁼ung** *f (–;–en)* perabotan (mebel); perlengkapan; bekal nikah; dekorasi
ausstechen *unr. tr.* menusuk sampai keluar; *Augen* mencungkil; *fig.* mengalahkan (saingan)
ausstehen *unr. itr. tr.* dinantikan; menahan/memikul penderitaan; *Zahlung* belum dibayar; *j-n nicht ~ können* tdk. menyukai sso., membenci sso.
aussteig|en *unr. itr.* turun dari; *fig. ugs.* tdk. ikut lagi; **⁼er(in** *f*) *m* orang yg. tdk. mau lagi belajar/bekerja; orang yg. (mau) keluar dari struktur sosio-ekonomi/sosio-budaya
ausstell|en *tr.* memamerkan; *ausschreiben* memberi (kwitansi), mengisi (cek); *auf j-s Namen ~* mengeluarkan atas nama sso.; *et. ~* menunda sst.; **⁼er** *m (–s;–)* peserta pameran
Ausstellung *f (–;–en)* pameran, eksposisi; *~ e-s Passes* pengeluaran paspor; **–sraum** *m* ruang pameran/ pertunjukan; **–sstand** *m* kios, *bp.* stan(d)
Aussterbe·etat *m, auf dem ~ stehen* mulai punah; tdk. diperlukan lagi
aussterben *unr. itr.* tdk. mempunyai keturunan; akan lenyap/punah; tdk. akan ada lagi; *ausgestorben, Adj.* sudah punah; ditinggal(kan kosong), sepi
Aussteuer *f (–;O)* hadiah/perlengkapan yg. diberi kpd. pengantin perempuan oleh orangtuanya; **–ung** *f (–;O) Rundf.* modulasi
Ausstieg *m (–s;–e)* tempat/pintu keluar
ausstopfen *tr.* mengisi kulit binatang dng. kapas dsb. (sehingga tampak spt. binatang hidup), mengawetkan
Ausstoß *m (–es;O)* hasil, produksi; **⁼en** *unr. tr.* membuang, mengeluarkan
ausstrahl|en *tr.* menyinarkan; memancarkan, menyiarkan; **⁼ung** *f* penyinaran, pemancaran, magnetisme; *Radio* siaran, penyiaran; *fig.* karisma, pengaruh
ausstrecken *tr.* mengulurkan, merentangkan; *sich ~* membaringkan diri
ausstreichen *unr. tr.* mencoret; *glätten* mengisi dan meratakan
ausstreuen *tr.* menabur(kan); *fig.* menyebarkan
ausströmen *itr.* mengalir/memancar ke luar; *tr.* memancarkan; menyebarkan
ausstudieren (–) *tr.* belajar hingga selesai, menyelesaikan pelajaran
aussuchen *tr.* memilih (dari)
Austausch *m* pertukaran; **⁼bar** dapat ditukar; **⁼en** *tr.* menukar(kan), mengganti(kan); **–schüler(in** *f*) *m* pelajar/siswa pertukaran
austeil|en *tr.* membagi(kan); mengeluarkan; **⁼ung** *f* pembagian, distribusi
Auster *f (–;–n)* tiram, *ostreidae*
austilg|en *tr.* memusnahkan, membasmi; menghapuskan; **⁼ung** *f* pembasmian, pemusnahan
austoben *tr., Wut ~* mengamuk habis-habisan; *sich ~* bermain-main dng. gaduh
Austrag *m (–es;O)* penyelesaian; **⁼en** *unr tr.* menyelesaikan (hingga menjadi jelas); mencoret (dari daftar); *Briefe ~* membawakan/menyampaikan surat; *e-n Streit ~* menyelesaikan persengketaan/perkelahian; *e Kind ~* membiarkan janin bertumbuh sampai dilahirkan
Austral|ier *m (–s;–)*, **⁼isch** (orang) Australia
austreiben *unr. tr.* mengusir, mengeluarkan; membuang; menggugurkan
aus|treten *unr. tr. itr.* menginjak utk. memadamkan; muncul/keluar dari; *Bedürfnis* ke kamar kecil, ke belakang; *aus e-r Partei ~* keluar dari partai; **–trinken** *unr. itr.* minum habis
Austritt *m* keluarnya (dari); *Architektur* balkon kecil; **–s·erklärung** *f* pernyataan keluar

austrocknen *tr. itr.* mengeringkan, menjadi kering
austrompeten (–) *tr.* menggembar-gemborkan
austüffeln *tr.* memikir-mikirkan sst. yg. sangat rumit
ausüb|en *tr.* menjalankan, melaksanakan; *Beruf* memangku; *~de Gewalt* kekuasaan eksekutif; *Druck/ Einfluß auf et.* ~ menekan/mempengaruhi sst.; **≗ung** *f* (–;–*en*) pelaksanaan; *in ~ seiner Pflicht* dl. pengamalan tugas-kewajibannya
ausufern *itr.* banjir; meluap; *fig.* menjadi terlalu, berlebihan
Ausverkauf *m* obral; **≗en** (–) *tr.* mengobral; **≗t** habis terjual
auswachsen *unr. itr.* tumbuh menjadi dewasa/matang; *Kleidung* menjadi terlalu sempit (karena orang bertambah besar); *fig.* berkembang menjadi besar; *das ist zum ≗ (langweilig . . .)* ini terlalu (membosankan . . .); *sich* ~ menjadi besar, membesar
Auswahl *f* pemilihan; pilihan; persediaan banyak (sehingga dapat memilih), kemungkinan utk. memilih
auswählen *tr.* memilih
Auswahl|mannschaft *f, Sp.* regu terpilih; **–prinzip** *n* prinsip seleksi; **–sendung** *f* pengiriman/kiriman contoh-contoh
Auswander|er *m* emigran; **≗n** *itr.* beremigrasi, meninggalkan tanah air; **–ung** *f* emigrasi
auswärtig berh. dng. luar negeri, asing; *das ≗e Amt* departemen luar negeri
auswärts di luar; tdk. di rumah; ~ *essen* makan di luar/restoran; **≗spiel** *n* pertandingan di kota lain
auswaschen *unr. tr.* menghilangkan kotoran dng. mencuci; *s. aushöhlen*
auswechsel|bar dapat ditukar; **–n** *tr.* menukar(kan), mengganti(kan); **≗ung** *f* (–;–*en*) penukaran, penggantian
Ausweg *m* jalan keluar; *keinen ~ wissen* kehilangan akal; **≗los** tdk. ada jalan keluar; tiada harapan
ausweich|en *unr. itr.* minggir; mengelak, menghindari; **–end** bersifat mengelakkan; **≗plan** *m* rencana cadangan/alternatif
ausweiden *tr.* menyiangi, mengeluarkan isi perut (binatang)
ausweinen *itr. tr.* menangis sampai puas; *sich* ~ menangis sampai berhenti
Ausweis *m* (–*es*;–*e*) kartu tanda pengenal; *nach* ~ menurut, berdasarkan; **≗en** *unr. tr.* mengusir, mengasingkan, mengucilkan; *beweisen* menunjukkan, membuktikan; *sich ~ als* melegitimasikan diri sebagai, memperlihatkan kartu pengenal/ legitimasi; **–karte** *f* kartu pengenal; **–papiere** *pl* surat legitimasi; **–ung** *f* (–;–*en*) pengusiran, pembuangan; **–ungsbefehl** *m* perintah utk. meninggalkan negara
ausweiten *sich* ~ melebar, menyebarluas; menjadi longgar
auswendig hafal, luar-kepala
auswerfen *unr. tr.* membuang ke luar, mengeluarkan; melemparkan; menghamburkan, memuntahkan; *Grube* menggali
auswert|en *tr.* menilai, menguji, menganalisa; *nutzen* memanfaatkan; **≗ung** *f* (–;–*en*) evaluasi, penilaian; *wirtschaftlich* pengusahaan, eksploitasi
auswetzen *tr.* mengasah (spy. tdk. bergerigi lagi); *fig.* memperbaiki kesalahan
aus|wickeln *tr.* membuka bungkusan; **–wiegen** *unr. itr.* menimbang-nimbang; **–wirken** *sich* ~ berakibat; **≗wirkung** *f* akibat, implikasi; **–wischen** *tr.* menghapus(kan); *Augen* mengucek(–ngucek), menggosok-gosok dng. tangan; *j-m eins ~, ugs.* berbuat jahat thd. sso.; **–wringen** *unr. tr.* memeras (pakaian)
Aus|wuchs *m* (–*es*;–̈*e*) keterlaluan, penyalahgunaan; *Med.* kelainan bentuk, benjolan; **–wüchse** *pl* akibat buruk, hal yg. keterlaluan, ekses; **–wurf** *m* riak, lendir dari tenggorokan; *Vulkan* lahar; *fig.* sampah masyarakat
auswürfeln *tr.* menentukan dng. membuang dadu
auswüten *tr., s. austoben*

auszahlen *tr.* membayar; *sich* ~ bermanfaat, menguntungkan
auszählen *tr.* menghitung (satu per satu); *Boxen* menyatakan kalah
Auszahlung *f* (*–;–en*) pembayaran kontan/tunai; **–sstelle** *f* tempat pembayaran
auszanken *tr.* mencacimaki
auszehr|en *tr.* melemahkan; **°ung** *f* (*–;O*) tebece
auszeichn|en *tr.* menandai; memberi penghargaan; *hervorheben* membedakan, menonjolkan; *sich* ~, *fig.* menonjol; **°ung** *f* (*–;–en*) tanda penghargaan, tanda jasa; penghormatan; *mit* ~ dng. pujian, *cum laude*
ausziehen *unr. tr.* menanggalkan (pakaian); *Zahn* mencabut; *Haus* pindah rumah; *Tisch* memanjangkan dng. menarik (keluar)
Auszug *m* kepergian, keberangkatan; *Zitat* kutipan; *Extrakt* ekstrak, saripati; *Zusammenfassung* ikhtisar; *Haus* pindah rumah; *Konto* rekening koran; **°sweise** *Adv.* dl. bentuk kutipan(–kutipan), sebagian(–sebagian) saja
autark swasembada
authentisch asli, otentik; sungguhsungguh
Auto *n* (*–s;–s*) mobil; **–ausstellung** *f* pameran mobil; **–bahn** *f* jalan raya; **–biographie** *f* otobiografi, riwayat hidup yg. ditulis sendiri; **–bus** *m* bis; **–didakt** *m* (*–en;–en*) otodidak, orang yg. mendidik diri sendiri; **–droschke** *f* taksi; **–erotik** *f, Psych.* erotik yg. obyeknya ialah badan sendiri; **–fahrer** *m* pengemudi mobil; **–garage** *f* garasi mobil; **°gen** yg. dilaksanakan sendiri, otogen; **–gramm** *n* (*–s;–e*) tandatangan orang terkenal; **–hof** *m* tempat parkir utk. truk (yg. dilengkapi dng. bengkel dan pompa bensin) **–kino** *n* teater mobil, *drive-in;* **–krat** *m* (*–en;–en*) orang yg. memerintah sendiri, otokrat; **–mat** *m* (*–en;–en*) otomat; **–mation** *f* (*–s;O*) otomatisasi; **°matisch** otomatis, dng. sendirinya; **–mobil** *n* mobil; **°nom** otonom; **–nomie** *f* (*–; . . . iën*) otonomi; **–panne** *f* kerusakan/pemogokan mobil; **–pilot** *m, Flgw.* otopilot, kemudi otomatis
Autopsie *f* (*–; . . . iën*) *Med.* pemeriksaan mayat, autopsi
Autor *m* (*–s;–en*), **–in** *f* (*–;–nen*) pengarang, penulis
Auto|reifen *m* ban mobil; **–reparaturwerkstatt** *f* bengkel mobil
autor|isieren (–) *tr.* mengesahkan; memberi kuasa pd.; **–itär** otoriter; **°ität** *f* (*–;–en*) kewibawaan; keahlian; orang yg. berwibawa/berwenang; **–itativ** dng. berdasarkan kewibawaan; **°schaft** *f* (*–;O*) kepengarangan
Auto|schalter *m* loket bank yg. melayani pengemudi mobil; **–schlange** *f* deretan mobil; **–schlosser** *m* montir mobil; **–schuppen** *m* garasi; **–straße** *f* jalan; **–unfall** *m* kecelakaan mobil; **–verkehr** *m* lalu-lintas mobil; **–vermietung** *f* (tempat/perusahaan) penyewaan mobil; **–wäsche** *f* cuci mobil
avancieren (–) *itr.* naik pangkat, maju
avantgardistisch bersifat perintis/pelopor
Axiom *n* (*–s;–e*) kaidah, prinsip
Axt *f* (*–;¨–e*) kapak
azurn biru langit

B

Baby *n* (*–s;–s*) bayi, orok; **–ausstattung** *f* perlengkapan/pakaian bayi
Bach *n* (*–e̸s;–̈e*) sungai kecil; **–stelze** *f* (*–;–n*) sm. burung kicau, *motacillidae*
Backbord *n*, *Mar*. sisi kapal sebelah kiri
Backe *f* (*–;–n*) pipi; *Tech*. sepit tang; mulut ragum
backen *unr. tr.* memanggang, membakar; *in der Pfanne* menggoreng (dl. wajan); *itr., ugs., kleben* bergumpal; ~ *an* melengket pd.
Backen|bart *n* jambang; **–bremse** *f* rem blok; **–streich** *m* tamparan, tempeleng; **–zahn** *m* (gigi) geraham
Bäcker *m* (*–s;–*) tukang roti; **–ei** *f* (*–;–e*), **–laden** *m* perusahaan/toko roti
Back|fett *n* lemak; **–fisch** *m* gadis remaja; **–form** *f* loyang; **–huhn** *n* ayam panggang; **–ofen** *m* pemanggangan, *bp.* open; **–pfeife** *f*, *ugs.* tempeleng; **–pflaume** *f* buah prem yg. dikeringkan; **–pulver** *n* bubuk pengembang kue, *bp.* bakpuder; **–stein** *m* batu bata; **–waren** *pl* kue-kue; **–werk** *n* kue kering (yg. manis)
Bad *n* (*–e̸s;–̈er*) **1.** kamar mandi; (tempat) pemandian; *e* ~ *nehmen* mandi; **2.** *s. Badeort*
Bade|anstalt *f* (tempat) pemandian umum, kolam renang; **–anzug** *m* pakaian/baju renang; **–gast** *m* pengunjung kota dng. tempat/pemandian air yg. berkhasiat; **–hose** *f* celana renang; **–kabine** *f* tempat ganti pakaian; **–kappe** *f* topi renang; **—kur** *f* pengobatan dng. (mandi/minum) air yg. berkhasiat; **–mantel** *m*, *bp.* kamar jas; **–meister** *m* pengawas kolam-renang; guru renang
baden *tr. itr* (me)mandi(kan); *schwimmen* berenang; *in Schweiß gebadet* mandi keringat
Bade|ofen *m* alat pemanas air (di kamar mandi); **–ort** *m* kota dng. tempat/pemandian air mineral; **–schuhe** *pl* sandal/sepatu kamar mandi; **–strand** *m* pantai pemandian; **–stube** *f*, *s. Badezimmer*; **–tuch** *n* handuk (besar); **–wanne** *f*, *bp.* badkuip; **–zeug** *n* perlengkapan mandi/renang; **–zimmer** *n* kamar mandi
baff ~ *sein, ugs.* tercengang
Bagage *f* (*–;O*) *fig. ugs.* kaum bajingan/pengacau; *Gepäck* bagasi, barang muatan
Bagatell|e *f* (*–;–n*) hal sepele; **≗isieren** (*–*) *tr.* menyepelekan; **–schaden** *m* kerusakan ringan
Bagger *m* (*–s;–*) mesin keruk; **–löffel** *m* sekop keruk; **≗n** *tr. itr.* mengeruk, mengeduk
Bahn *f* (*–;–en*) jalan, jalur; lintasan; *Eisenbahn* kereta api; rel/jalan kereta api; *Stoff* kain panjang; *auf die schiefe* ~ *geraten* menjadi nakal/jahat; *mit der* ~ dng. kereta api; *sich* ~ *brechen* menerobos; *j-n zur* ~ *bringen* mengantar sso. ke stasiun
Bahn|beamte *m* pegawai/petugas kereta api; **≗brechend** bersifat memelopori/merintis; **–brecher** *m* (*–s;–*) pelopor, perintis; **–bus** *m* bis yg. dikelola oleh jawatan kereta api; **–damm** *m* tanggul jalan kereta api; **≗en** *tr.* membuka (jalan); *sich e-n Weg* ~ menerobos, membuka jalan; **–fahrt** *f* perjalanan dng. kereta api; **–fracht** *f* pengangkutan

dng. kereta api; **–gleis** *n* rel kereta api
Bahnhof *m* stasiun (kereta api); *großer* ~ penyambutan meriah/ramai; **–shalle** *f* ruang(an) stasiun; **–smission** *f* pelayanan utk. penumpang (yg. mengalami kesulitan di stasiun); **–svorsteher** *m* kepala stasiun; **–swirtschaft** *f* restoran di dl. stasiun
Bahn|linie *f* hubungan/trayek kereta api; **–schranke** *f* pintu kereta api; **–steig** *m* peron; **–steighalle** *f* ruang peron, peron beratap; **–steigkarte** *f* karcis peron; **–strecke** *f* trayek/jalur kereta api, **–übergang** *m* persimpangan jalan kereta api; **–verbindung** *f* hubungan (dng.) kereta api; **–wärter** *m* petugas/penjaga pintu kereta api
Bahre *f* (–;–*n*) tandu, brankar, usungan
Bai *f* (–;–*en*) teluk
Baisse *f* (–;–*n*) jaman depresi, kemerosotan harga
Bajonett *n* (–*ẹs*;–*e*) bayonet, sangkur
Bake *f* (–;–*n*) rambu laut/kereta-api
Bakschisch *n* (–*es*;–*e*) persen(an)
Bakterie *f* (–;. . .*iën*) bakteri, kuman; **≗nhaltig** mengandung bakteri, berkuman; **–nkrieg** *m* perang dng. menggunakan bakteri; **–nkultur** *f* pembiakan bakteri; **≗ntötend** yg. membunuh/membasmi kuman
Balanc|e *f* (–;–*n*) keseimbangan; **≗ieren** (–) *tr. itr.* menjaga keseimbangan
bald segera, tak lama lagi; *ugs.* hampir; ~ *so*, ~ *so* kadang-kadang begitu, kadang-kadang begini; *so* ~ *wie möglich* secepat-cepatnya
Baldachin *m* (–*s*;–*e*) langit-langit dari kain
Bälde *f*, *in* ~ (dng.) segera
baldig dng. cepat/segera; **–st** secepat-cepatnya
Balg 1. *m* (–*ẹs*;⸚*e*) kulit binatang; batang badan boneka; **2.** *m*, *n* (–*ẹs*; –*er*) *ugs.* anak nakal; **≗en** *sich* ~ bercanda dng. bergumul; **–erei** *f* (–;–*en*) perkelahian yg. tdk. serius
Balken *m* (–*s*;–) balok
Balkon *m* (–*s*;–*s*/–*e*) balkon
Ball *m* (–*ẹs*;⸚*e*) bola; pesta dansa
Ballade *f* (–;–*n*) balada, sajak yg. bersifat dramatis
Ballast *m* (–*ẹs*;–*e*) pemberat; beban; *Schiff* tolak bara
ballen *tr.* mengepalkan tangan; membentuk gumpalan; *sich* ~ berkumpul secara massal
Ballen *m* (–*s*;–) jantung tangan/kaki; *Stoff* bal, bandela; *Papier* 10 rim kertas
Ballet *n* (–*s*;–*e*) balet
ball|förmig spt. bola; **≗kleid** *n* pakaian dansa
Ballon *m* (–*s*;–*s*/–*e*) balon
Ball|saal *m* ruangan pesta dansa; **–spiel** *n* permainan bola
Ballung *f* (–;–*en*) kepadatan; gumpalan; pemusatan, konsentrasi; **–sraum** *m*, **–szentrum** *n* daerah penuh sesak (dng. industri, penduduk. . .)
Balsam *m* (–*s*;*O*) balsam, sm. minyak kental; *fig.* (peng)hiburan; **≗ieren** (–) *tr.* meminyaki dng. balsam
Balustrade *f* (–;–*n*) langkan
Balz *f* (–;*O*) musim kawin (unggas)
Bambus *m* (–;– *od.* –*ses*;–*se*) (pohon) bambu; **–rohr** *n* batang bambu; **–sproß** *m* rebung
banal tak berarti, kosong, banal
Banane *f* (–;–*n*) pisang; **–n·stecker** *m* kontak-tusuk, *bp.* steker (laki-laki)
Banause *m* (–*n*;–*n*) orang tanpa kepekaan seni/sastra
Band 1. *m* (–*ẹs*;⸚*e*) jilid; **2.** *n* (–*ẹs*;⸚*er*) tali, pita; sabuk; **3.** *n* (–*ẹs*;–*e*) *fig.* ikatan, hubungan; **4.** *f* (–;–*s*) ben, orkes
Bandage *f* (–;–*n*) pembalut, perban
Bande *f* (–;–*n*) **1.** kawanan; *die ganze* ~ seluruh kawanan/gerombolan; **2.** bantalan pinggiran meja bilyar
Banderole *f* (–;–*n*) pita cukai, banderol
bändig|en *tr.* menjinakkan; mengekang; menaklukkan; **≗er** *m* (–*s*;–) penjinak; **≗ung** *f* (–;–*en*) pengekangan, penjinakan
Bandit *m* (–*en*;–*en*) bandit, penjahat
Band|säge *f* gergaji pita; **–scheibe** *f*, *Anat.* piringan sendi; **–wurm** *m* cacing pita, *lestodes*
bang, –e takut; *keine* ≗*e!* jangan takut/kuatir! *j-m* ~ *machen* mena-

kut-nakuti sso.; **–en** *itr.* merasa takut/cemas/kuatir; ~ *um* **kuatir** tt./akan; ~ *vor* takut akan/karena; **≗igkeit** *f* (–;O) rasa takut/cemas, ketakutan

Bank 1. *f* (–;≗e) bangku; *Sand* gosong; *auf die lange ~ schieben* menunda-nunda; *durch die ~* pd. umumnya, lazimnya; semuanya; **2.** *f* (–;–en) bank; **–aktie** *f* saham pd. bank; **–anweisung** *f* cek; **–beamte** *m* pegawai bank; **–direktor** *m* direktur bank; **–diskont** *m* diskonto/potongan dari bank; **–einlage** *f* simpanan uang di bank

Bänkelsänger *m* tukang-nyanyi di pasar(–malam) atau di jalan, *bp.* tukang ngamen

Bankett *n* (–ȼs;–e) perjamuan meriah, bangket; **–e** *f* (–;–n) dasar tembok; bahu jalan

Bank|geheimnis *n* rahasia perbankan; **–geschäft** *n* perdagangan dng. perantaraan bank; transaksi bank; **–guthaben** *n* uang di konto/bank; *Konto* rekening bank; **–haus** *n* bank; gedung bank

Bankier *m* (–s;–s) bankir

Bank|konsortium *n* konsorsium bank-bank; **–konto** *n* simpanan uang di bank, rekening di bank; **–krach** *m* kepailitan bank; **–kredit** *m* kredit dari bank; **–note** *f* uang kertas; **–raub** *m* perampokan bank

bankrott pailit, bangkrut; **≗** *m* (–s;–e) kepailitan; ~ *machen* jatuh pailit

Bank|spesen *pl* biaya administrasi bank; **–überweisung** *f* transfer lewat bank; **–verbindung** *f* hubungan antar bank; (nomor) rekening di bank; **–wesen** *n* perbankan

Bann *m* (–ȼs; O) pengucilan; *Zauber* pesona, pengaruh; *j-n in s-n ~ ziehen* memikat/menjerat sso.; **≗en** *tr.* mengeluarkan, mengucilkan, membuang; *fig.* memikat, mempesona; *wie gebannt sein* terpikat, terpaku; *den Teufel ~* mengusir setan

Banner *n* (–s;–) bendera; panji

Bann|fluch *m* (kutukan) pengucilan; **–kreis** *m* lingkungan pengaruh/pesona; *im ~ von j-m* terpesona oleh sso.

bar tiada, kosong; *~es Geld* uang tunai; *~er Unsinn* omong-kosong belaka; ~ *aller Vernunft* tanpa pikiran sehat; ~ *bezahlen* bayar kontan

Bar *f* (–;–s) bar, *bp.* nite klub

Bär *m* (–en;–en) beruang, *ursidae; der Große ~* bintang beruang besar, bintang biduk; *e-n ~en aufbinden* menceritakan sst. yg. tdk. benar, membual, menipu

Baracke *f* (–;–n) rumah (darurat) dari kayu, bedeng, barak

Barbar *m* (–en;–en) orang biadab; **–ei** *f* (–;–en) kekejaman, kebiadaban; **≗isch** kejam, biadab

bärbeißig *fig.* asam, bersikap masam

Bar|bestand *m* uang tunai; uang di kas; **–betrag** *m* sejumlah uang tunai

Barbier *m* (–s;–e) pemangkas rambut; **–en** (–) *tr.* mencukur, memangkas

Bar|dame *f* gadis bar, hostes, pramuria; **–einlage** *f* deposito uang tunai; **–einnahme** *f* penerimaan dl. bentuk uang tunai

Bären|dienst *m, j-m e-n ~ erweisen* membantu tetapi sekaligus (dng. tdk. sengaja) merugikan; **–haut** *f, auf der ~ liegen* bermalas-malasan; **–hunger** *m, e-n ~ haben* merasa sangat lapar; **–mütze** *f* topi/peci dari kulit berbulu tebal

Barett *n* (–ȼs;–e) baret, peci

barfuß dng. kaki telanjang, tanpa alas kaki

Bar|geld *n* uang tunai, *cash;* **≗geldlos** tanpa uang tunai; **≗häuptig** tak bertutup kepala; **–hocker** *m* kursi bar

Bariton *m* (–s;–e) suara bariton

Barkasse *f* (–;–n) sekoci yg. bermotor, barkas

Barkauf *m* pembelian dng. pembayaran tunai/kontan

Barke *f* (–;–n) barkas

barmherzig rahim; **≗keit** *f* (–;O) kerahiman, belaskasihan

Barmittel *pl* uang tunai (yg. tersedia)

barock yg. berh. dng. suatu gaya seni abad 17/18, barok; *fig.* aneh; **≗** *m* (–ȼs;O), **≗stil** *m*, **≗zeit** *f* gaya/zaman barok

Barometer *n* (–s;–) barometer

Baron *m* (*–s;–e*) baron (*gelar kebangsawanan Jerman*)
Barpreis *m* harga tunai
Barren *m* (*–s;–*) batang logam (mulia); *Sp.* palang sejajar
Barriere *f* (*–;–n*) rintangan, perintang
Barrikade *f* (*–;–n*) barikade, perintang; *auf die* ~*n steigen, fig.* memprotes dng. keras
barsch kasar, garang; ≗ *m* (*–es;–e*) sm. ikan merah, *perciformes*
Bar|schaft *f* (*–;O*) uang tunai; **–scheck** *m* cek terbuka
Bart *m* (*–es;–̈e*) jenggot; *Schlüssel* lidah(–lidah) anak-kunci
bärtig berjenggot
bartlos tak berjenggot
Bar|verkauf *m* penjualan dng. pembayaran tunai; **–verkehr** *m* transaksi (dl. bentuk) uang tunai; **–verlust** *m* kerugian nyata; **–zahlung** *f* pembayaran kontan/tunai
Basalt *m* (*–ɇs;–e*) batu basalt
Basar *m* (*–s;–e*) bazar, pasar murah
Base *f* (*–;–n*) **1.** saudara sepupu (perempuan); **2.** *Chem.* basa (alkali)
basieren (*–*) *itr.*, ~ *auf* berdasar(kan) atas
Basilika *f* (*–;. . .ken*) gereja gaya kuno, basilika; sm. gedung besar zaman Romawi
Bas|is *f* (*–; Basen*) dasar, landasan; alas; basis, pangkalan; ≗**isch** yg. berh. dng. alkali
Basketball *m, Sp.* bola keranjang/basket
baß ~ *erstaunt* heran sekali
Baß *m* (*Basses; Bässe*) bas; **–geige** *f* biola alto; **–stimme** *f* suara bas
Bassin *n* (*–s;–s*) kolam (buatan)
Bast *m* (*–es;–e*) kulit pohon
basta! *ugs.* habis! cukuplah!
Bastard *m* (*–ɇs;–e*) orang campuran, blasteran, bastar
bast|eln *tr. itr.* mengerjakan/membuat sst. sebagai kesenangan; menggerupis; ≗**ler** *m* (*–s;–*) amatir
Bastion *f* (*–;–en*) baluarti, sm. benteng, kubu pertahanan
Bataillon *n* (*–s;–e*) batalyon
Batik *f* (*–;–en*) (kain) batik; *handgemalte* ~ batik tulis, *mit Stempeln hergestellte* ~ batik cap, *gedruckte* ~ batik cetak; ≗**en** *tr.* membatik

Batist *m* (*–ɇs;–e*) (kain) batis
Batterie *f* (*–;. . .iën*) baterai; *Mot.* aki; *Mil.* beberapa meriam besar bersama pasukannya
Bau *m* **1.** (*–ɇs;O*) pembangunan, konstruksi; *im* ~ sedang dibangun; *auf dem* ~ *arbeiten* bekerja di pembangunan; *Land* pertanian; *Körper* susunan badan/tubuh; *Mil. ugs.* tahanan; **2.** (*–ɇs;–ten*) bangunan, gedung; **3.** (*–ɇs;–e*) tambang; liang (binatang)
Bau|abschnitt *m* bagian bangunan; tahap pembangunan; **–amt** *n* dinas pengawasan bangunan; **–arbeiten** *pl* pekerjaan bangunan; **–arbeiter** *m* buruh/kuli bangunan; **–art** *f* gaya bangunan, konstruksi bangunan; **–behörde** *f* dinas bangunan; **–bewilligung** *f* ijin bangunan
Bauch *m* (*–ɇs;–̈e*) perut; *auf dem* ~ *liegen* menelungkup, meniarap; tengkurap; **–fell** *n* selaput-perut, *peritoneum;* **–fell·entzündung** *f* radang selaput-perut, *peritonitis;* **–höhle** *f* perut; **–landung** *f, Flgw.* pendaratan darurat tanpa mengeluarkan roda; ≗**reden** *itr.* berbicara lewat perut; **–schmerzen** *m* sakit perut; **–speicheldrüse** *f* pankreas, kelenjar ludah-perut; **–ung** *f* (*–;O*) lengkungan, tonjolan
bauen *tr.* membangun, mendirikan, membuat; *anpflanzen* menanam; ~ *auf* berlandaskan; *auf j-n* ~ menaruh kepercayaan/harapan pd. sso.
Bauer **1.** *m* (*–n;–n*) petani; *Schach* bidak, pion; *Kartenspiel, ugs.* yongen, yongker; **2.** *n* (*–s;–*) sangkar/kandang (burung)
bäu(e)risch kasar, spt. orang udik
Bau·erlaubnis *f* ijin bangunan
bäuerlich yg. berh. dng. pertanian; bersifat pedusunan/pedesaan
Bauern|dorf *n* desa, dusun; **–fängerei** *f* akal bulus, penipuan kasar; **–frau** *f* petani wanita; **–haus** *n* rumah petani; **–hof** *m* rumah tani (dan pekarangannya); **–knecht** *m,* **–magd** *f* buruh tani; ≗**schlau** licik, cerdik; pintar busuk; **–stand** *m* kaum tani
Bau|fach *n* arsitektur, ilmu bangunan; ≗**fällig** reyot, hendak roboh;

–firma *f* perusahaan bangunan/ kontraktor; **–fluchtlinie** *f* garis roi; **–führer** *m* pengawas bangunan; mandor; **–gelände** *n* tanah bangunan; **–genehmigung** *f* ijin bangunan; **–gerüst** *n* perancah; **–gewerbe** *n* bidang pembangunan; **–gewerkschule** *f* sekolah tehnik jurusan sipil; **–grundstück** *n* tanah/ petak/kapling utk. (mendirikan) bangunan; **–handwerker** *m* tukang batu; **–herr** *m* pemilik rumah/ gedung yg. dibangun; **–holz** *n* kayu bangunan; **–ingenieur** *m* insinyur sipil; **–jahr** *n* tahun pembangunan; **–kasten** *m* kotak dng. balok-balok (utk. permainan anak-anak); **–kosten** *pl* biaya pembangunan; **–kredit** *m* kredit pembangunan; **–kunst** *f* arsitektur, seni bangunan; **–leitung** *f* pimpinan bangunan; **≗lich** dari segi pembangunan, dari segi seni bangunan; *in gutem ~en Zustand* (gedung) dl. keadaan baik; **–lichkeiten** *pl* bangunan-bangunan

Baum *m* (*–es;⸚e*) pohon; batang

Bau|maschine *f* mesin utk. pembangunan; **–materialiën** *pl* bahan bangunan; **–meister** *m* arsitek, ahli bangunan

baumeln *itr.* berjuntai, berayun-ayun

bäumen *sich ~, s. aufbäumen; fig.* menentang

Baum|grenze *f* batas pertumbuhan pohon; **–rinde** *f* kulit pohon; **–schule** *f* persemaian pohon; **–stamm** *m* pokok/batang pohon; **≗stark** kuat, kokoh; **–wolle** *f* kapas, katun; **≗wollen** *Adj.* dari kapas/ katun

Bau|ordnung *f* peraturan pembangunan; **–plan** *m* bagan/rencana bangunan; **–platz** *m* tempat pembangunan; **–polizei** *f* (polisi) pengawas bangunan; **≗reif** (di)siap (-kan) utk. dibangun di atasnya

Bausch *m* (*–es;⸚e/–e*) sst. yg. gembung; *Watte* segumpal kapas; *in ~ u. Bogen* secara borongan; seluruhnya; **≗en** *tr. itr.* menggembung (–kan); melembung

Bau|schule *f* sekolah tehnik sipil; **≗sparen** *itr.* menabung dng. memperoleh keuntungan yg. diberikan oleh pemerintah (bagi mereka yg. mau membangun rumah); **–sparkasse** *f* bank tabungan utk. membangum rumah; **–sparvertrag** *m* perjanjian dng. bank tabungan khusus utk. membangun rumah (dng. memperoleh keuntungan); **–stein** *m* batu bangunan; *fig.* unsur, komponen; sumbangan; **–stelle** *f* tempat pembangunan; *Achtung ~!* awas di sini sedang dibangun! **–stil** *m* gaya bangunan; **–stoff** *m* bahan bangunan; **–tätigkeit** *f* pembangunan; **–techniker** *m* insinyur sipil/ bangunan; **–teile** *pl* komponen; **–ten** *pl* gedung-gedung; *öffentliche ~* bangunan umum; **–unternehmer** *m* pemborong, kontraktor, anemer; **–vorhaben** *n* rencana/maksud pembangunan; **–vorschrift** *f* peraturan pembangunan; **–weise** *f* cara membangun; **–werk** *n* gedung, bangunan; **–wesen** *n* perihal pembangunan; **–zeichnung** *f* gambar bangunan

Bazar *m* (*–s;–e*) *s. Basar*

Bazillus *m* (*–;. . .llen*) basil, kuman

beabsichtigen (–) *tr.* bermaksud, berniat, merencanakan

beacht|en (–) *tr.* memperhatikan, mengindahkan; **–enswert** patut diperhatikan, penting; **–lich** berkesan; penting, berarti; *sehr, ziemlich* sangat, agak; **≗ung** *f* (*–;O*) perhatian

Beamt|e *m* (*–n;–n*), **–in** *f* (*–;–en*) pegawai; **–enapparat** *m* para pegawai negeri; **–enbestechung** *f* penyuapan thd. pegawai negeri; **–enschaft** *f* (*–;O*) para/korps pegawai negeri; **–entum** *f* (*–s;O*) kepegawaian; *s· Beamtenschaft*

beängstigen (–) *tr.* mencemaskan, menakutkan; menakuti; **–d** bersifat menakutkan

beanspruch|en (–) *tr.* menuntut; *Zeit ~* makan waktu; **≗ung** *f* (*–;–en*) *nervliche ~* tekanan jiwa (akibat terlalu banyak tuntutan)

beanstand|en (–) *tr.* mengajukan keberatan; mencela, mengeluh; *bp.* mengapkir; **≗ung** *f* (*–;–en*) keluhan, keberatan

beantragen (–) *tr*. mengajukan permintaan, memohon
beantwort|en (–) *tr*. menjawab; membalas; **≗ung** *f* (–;–*en*) jawaban; balasan; *in* ~ *Ihres Briefes vom 13. September* menjawab surat Tuan tanggal 13 September
bearbeit|en (–) *tr*. mengerjakan; menangani; memproses; *Buch* merevisi; *j-n* ~ *et. zu tun* mendesak sso. utk. berbuat sst.; **≗ungskosten** *pl* ongkos pengerjaan, biaya administrasi
beargwöhnen (–) *tr*. mencurigai
Beatmung *f* (–;*O*) pemberian napas dng. alat pernapasan
beaufsichtig|en (–) *tr*. mengawasi; **≗ung** *f* (–;*O*) pengawasan
beauftrag|en (–) *tr*. menugaskan, memerintahkan; memberi wewenang (utk.); **≗te** *m, f* (–*n*;–*n*) orang yg. ditugaskan, agen; wakil; komisaris, pelaksana
bebau|en (–) *tr*. menanami; *Gelände* mendirikan gedung-gedung; **≗ung** *f* (–;*O*) penanaman; pembangunan gedung-gedung (di atas tanah kosong)
beben *itr*. gemetar, menggigil; bergetar; **≗** *n* (–*s*;–) gempa, gemetarnya, getaran
bebildern (–) *tr*. memberi ilustrasi
Becher *m* (–*s*;–) piala, alat minum tanpa pegangan; **≗n** *itr*. *ugs*. minum banyak
Becken *n* (–*s*;–) kolam; *Schale* baskom; *Mulde* tanah rendah/lekuk; *Anat*. pinggul, *pelvis; Mus*. simbal; **–bruch** *m* patahnya tulang pinggul
Beckmesserei *f* (–;*O*) kritik asal kritik
Bedacht *m* (–*(e)s*;*O*) pertimbangan; perhatian; *mit* ~ dng. dipikirkan/dipertimbangkan matang-matang, dng. sengaja; *darauf* ≗ *sein* menaruh perhatian pd.
bedächtig dng. hati-hati, tenang; tdk. tergesa-gesa; **≗keit** *f* (–;*O*) ketenangan (pikiran), sikap berhati-hati
bedachtsam *s. bedächtig*
bedanken (–) *sich* ~ berterimakasih, bersyukur; *dafür bedanke ich mich! iron*. saya tdk. mau!
Bedarf *m* (–*(e)s*;*O*) keperluan, kebutuhan; permintaan; *bei* ~ jika diperlukan; *nach* ~ menurut keperluan/permintaan; *s-n* ~ *decken* memenuhi kebutuhannya; **–s·artikel** *m* barang kebutuhan seharihari; **–sfall** *m, im* ~ jika diperlukan; **–sgüter** *pl* barang-barang kebutuhan; **–sweckung** *f* usaha menimbulkan minat konsumen akan barang (yg. kurang diperlukan)
bedauerlich patut disesalkan; **–erweise** sayang sekali
bedauern (–) *tr. itr*. menyesal(i), menyesalkan; mengasihani; *bedaure (sehr)*! maaf! sayang! **≗** *n* (–*s*;*O*) sesalan, penyesalan; kasihan; *zu unserm (großen)* ~ dng. menyesal (sekali); **–swert, –swürdig** pantas disesali/dikasihani
bedeck|en (–) *tr*. menutupi; **–t** berawan, mendung; tertutup; **≗ung** *f* (–;*O*) penutupan; *Decke, Deckel* penutup; *Schutz* pelindung; *Kleidung* pakaian; *Mil*. pengawalan
bedenken (–) *unr. tr*. memikirkan, memperhatikan; mempertimbangkan; *sich anders* ~ mengubah pikiran; *auf et. bedacht sein* memperhatikan sst. dng. saksama; *j-n mit et.* ~ memberi hadiah kpd. sso.; **≗** *n* (–*s*,–) pertimbangan; keberatan; kekuatiran, keragu-raguan; *j-s* ~ *teilen* menguatirkan sama spt. orang lain; ~ *haben* meragukan, menyangsikan; **–los** dng. berdarah dingin; tanpa peduli, tanpa berpikir panjang
bedenklich kritis, genting, gawat; bersifat menguatirkan/meragukan
Bedenkzeit *f* waktu utk. berpikir
bedeut|en (–) *itr. tr*. berarti; menandakan; *andeuten* memberitahukan, mengisyaratkan; *was soll das* ~? apa artinya? *das bedeutet* artinya, maksudnya; *es hat nichts zu* ~ tdk. ada artinya; tak penting; **–end, –sam** bersifat menonjol; penting, (sangat) berarti; sangat
Bedeutung *f* (–;–*en*) arti, makna, pentingnya; **≗slos** tak berarti; **≗svoll** penuh arti, penting; **–swandel** *m* perubahan arti (suatu kata)

bedien|en (–) *tr.* melayani, meladeni; mengabdi; menjalankan (mesin); *bitte ~ Sie sich!* silahkan ambil (sendiri)! *sich e-r Sache ~* menggunakan sst.; *ich bin bedient, ugs.* saya sudah kenyang; **°stete** *m, f (–n;–n)* pegawai; **°te** *m (–n; –n)* pelayan, pembantu

Bedienung *f (–;O)* pelayanan; orang yg. menjalankan (mesin, pesawat); *Kellner, Verkäufer* (para) pelayan; *~! (im Restaurant)* bung! tolong! **–s·anleitung** *f,* **–s·anweisung** *f,* **–svorschrift** *f* petunjuk pemakaian

beding|en (–) *unr. tr.* menyebabkan, mengakibatkan; menuntut; **–t** dng. syarat; *von et. ~ sein* tergantung dari sst., disebabkan oleh sst.

Bedingung *f (–;–en)* syarat, persyaratan, kondisi, prasyarat; tuntutan; *Ursache* sebab; *°en pl, Verhältnisse* keadaan; *unter der ~, daß* dng. syarat bahwa; **°slos** tanpa syarat, tak bersyarat; **–ssatz** *m, Gr.* kalimat syarat; **°sweise** dng. syarat

bedräng|en (–) *tr.* mendesak, menekan(kan); menyulitkan, menyusahkan; **°nis** *f (–;–se)* keadaan terdesak/sulit

bedroh|en (–) *tr.* mengancam; **–lich** berbahaya, terancam; **°ung** *f (–;–en)* ancaman

bedrucken (–) *tr.* mencetak di atas sst.

bedrück|en (–) *tr.* menekan, menindas; **–end** yg. menyedihkan; **–t** tertekan; **°ung** *f (–;–en)* penindasan

bedürfen (–) *unr. itr., e-r Sache ~* memerlukan/membutuhkan sst.

Bedürfnis *n (–ses;–se)* keperluan, kebutuhan; *(s)ein ~ verrichten* ke belakang, berhajat; **–anstalt** *f* WC umum; **°los** sederhana, biasa

bedürftig berkekurangan, miskin, papa; *e-r Sache ~ sein* memerlukan sst.

Beefsteak *n (–s;–s)* (daging) bistik; *deutsches ~* hamburger

beehren (–) *tr.* menghormati; *sich ~* mendapat kehormatan

beeid|(ig)en (–) *tr.* menguatkan dng. sumpah, mengangkat sumpah; **–et, –igt** *Aussage* atas sumpah; *~er Dolmetscher* penterjemah yg. disumpah; **°igung** *f (–;O)* pengukuhan dng. sumpah

beeifern (–) *sich ~* berusaha sungguh-sungguh

beeilen (–) *sich ~* bergegas-gegas, bertindak cepat; *beeil dich!* ayo cepat!

beeindrucken (–) *tr.* mengesankan

beeinfluss|en (–) *tr.* mempengaruhi; **°ung** *f (–;–en)* perbuatan mempengaruhi; pengaruh

beeinträchtig|en (–) *tr.* merugikan, mengganggu; *behindern* menghambat, membatasi; **°ung** *f (–;–en)* pengurangan; hambatan

Beelzebub *m (–;O) den Teufel mit (dem) ~ austreiben* melawan kejahatan dng. kejahatan yg. lebih besar, mengusir setan dng. iblis

beend(ig)|en (–) *tr.* mengakhiri, menyelesaikan; **°ung** *f (–;O)* penyelesaian; penutupan

beengen (–) *tr.* menyempitkan, membatasi; menimbulkan rasa terlalu sempit/sesak

beerben (–) *tr.* menjadi ahli waris (dari)

beerdigen (–) *tr.* menguburkan, memakamkan

Beerdigung *f (–;–en)* pemakaman; **–s·institut** *n* perusahaan pemakaman; **–skosten** *pl* biaya pemakaman

Beere *f (–;–n)* buah kecil (spt. arbei); **–n·obst** *n* buah-buahan kecil

Beet *n (–ẹs;–e)* petak tanaman (bunga, sayur)

befähig|en (–) *tr.* menyanggupkan; memungkinkan; **–t** mampu, berbakat; *berechtigt* berwenang; **°ung** *f (–;–en)* kecakapan, kemampuan, kepandaian; wewenang; **°ungsnachweis** *m* ijazah kecakapan/ketrampilan, diploma

befahr|bar dapat dijalani/dilalui, dapat dilayari; **–en** (–) *unr. tr.* melayari laut; menggunakan jalan (dng. kendaraan); *e-e sehr ~e Straße* jalan yg. sangat ramai

Befall *m (–ẹs;O)* keadaan kena hama; **°en** (–) *unr. tr.* menimpa, menyerang, mengenai; *von e–r Krankheit ~ sein* diserang suatu penyakit

befangen *Adj.* malu; bingung; *fig.* berat sebelah, memihak; **°heit** *f*

(–;*O*) rasa malu/bingung; prasangka

befassen (–) *sich* ~ *mit* sibuk dng., menyibukkan diri dng., mengurus

befehden (–) *tr.* memerangi, menentang

Befehl *m* (–*e*s;–*e*) perintah; komando, aba-aba; *auf* ~ atas perintah; *zu* ~ *!* siap/ya (perintah akan dilaksanakan)! **°en** (–) *unr. tr.* memerintahkan, menyuruh; mempercayakan; **°igen** (–) *tr.* mengepalai, memimpin

Befehls|form *f, Gr.* bentuk imperatif/perintah; **°gemäß** sesuai dng. perintah; **–haber** *m* (–*s*;–) komandan, panglima; **–satz** *m, Gr.* kalimat perintah; **–stelle** *f, Mil.* pos komando/komandan; **–ton** *m* nada perintah; **–verweigerung** *f* penolakan menjalankan perintah; **°widrig** bertentangan dng. perintah

befestig|en (–) *tr.* memasang, mengikat (dng. tali), melekatkan (dng. lem); *Mil.* memperkokoh/memperkuat (benteng); *fig.* menguatkan, menegaskan; **°ung** *f* (–;–*en*) pemasangan; perbentengan, kubu pertahanan

befeuchten (–) *tr.* melembabkan, membasahi

befeuern (–) *tr.* mengisi dng. bahan bakar; *fig.* membakar semangat

befinden (–) *unr. tr. itr.* menganggap (baik, jelek . . .); *sich* ~ (ber)ada, terdapat; merasa; **°** *n* (–*s*;*O*) keadaan kesehatan; anggapan, pendapat

beflecken (–) *tr.* menodai, mengotori

befleißigen (–) *sich* ~ berusaha sekuat-kuatnya

beflissen *Adj.* rajin sekali, tekun

beflügeln (–) *tr.* mempercepat; membangkitkan, menggairahkan

befolgen (–) *tr.* mengikuti, mentaati, **–swert** patut dicontoh

beförder|n (–) *tr.* **1.** mengangkut, membawa; mengirimkan; **2.** *Rang* menaikkan pangkat; **°ung** *f* (–;–*en*) **1.** pengangkutan, transportasi; pengiriman; **2.** promosi, kenaikan pangkat; **°ungs·art** *f* alat/cara pengangkutan; **°ungsgebühr** *f,* **°ungskosten** *pl* biaya/ongkos angkutan; **°ungsmittel** *n* alat pengangkutan

befrachten (–) *tr.* memuati, membebani

befrag|en (–) *tr.* menanyai, memeriksa, mewawancarai; meminta keterangan/nasehat; **°ung** *f* (–;–*en*) pemeriksaan, interogasi

befrei|en (–) *tr.* membebaskan, melepaskan, memerdekakan; **°er** *m* (–*s*;–) pembebas, orang yg. memerdekakan; **–t** dibebaskan; **°ung** *f* (–;–*en*) pembebasan; **°ungskrieg** *m* perang kemerdekaan

befremd|en (–) *tr.* memberi kesan ganjil/aneh, mengherankan; **–lich** aneh, ganjil tdk. biasa, yg. mengherankan

befreunde|n (–) *sich* ~ menjadi teman (dari); bersahabat dng.; *fig.* menyesuaikan diri dng.; **–t** bersahabat

befrieden (–) *tr.* menenangkan, menentramkan

befriedig|en (–) *tr.* memuaskan; memenuhi; **–end** dng. memuaskan; **°ung** *f* (–;*O*) pemuasan; kepuasan

befrist|en (–) *tr.* membatasi (waktu); **–et** terbatas

befrucht|en (–) *tr.* membuahi; menghamili; *fig.* merangsang (pikiran); **°ung** *f* (–;–*en*) pembuahan, penghamilan; *künstliche* ~ inseminasi buatan

Befug|nis *f* (–;–*se*) wewenang, hak bertindak; kompetensi; **°t** berhak, berwenang, berijazah

befühlen (–) *tr.* meraba(–raba), memegang(–megang)

Befund *m* (–*e*s;–*e*) hasil pemeriksaan

befürcht|en (–) *tr.* (merasa) takut akan, kuatir bahwa; **°ung** *f* (–;–*en*) perasaan takut, ketakutan, kekuatiran

befürwort|en (–) *tr.* memberi rekomendasi; menganjurkan; mendukung, menyetujui; **°er** *m* (–*s*;–) pendukung, penyokong; **°ung** *f* (–;*O*) dukungan, rekomendasi

begab|t berbakat; **°ung** *f* (–;–*en*) bakat, pembawaan, kepandaian

begatt|en (–) *tr. refl.* meniduri, kawin, bersetubuh; **≗ung** *f* (–;–*en*) persetubuhan, sanggama, kawin
begeben (–) *unr., sich* ~ terjadi; *sich* ~ *nach/zu* pergi ke; *sich an die Arbeit* ~ mulai bekerja; *sich zur Ruhe* ~ pergi tidur; *sich auf die Reise* ~ berangkat; *sich e–r Sache* ~ melepaskan/meninggalkan sst.; *sich in Gefahr* ~ terperangkap/masuk dl. bahaya; **≗heit** *f* (–;–*en*) kejadian, peristiwa
begegn|en (–) *itr.* bertemu, berjumpa, menemui, mengalami; *vorbeugen* mencegah; *Schwierigkeiten* ~ menghadapi kesulitan; **≗ung** *f* (–;–*en*) pertemuan, perjumpaan; perkenalan
begehen (–) *unr. tr.* menggunakan (jalan sebagai pejalan kaki); *Verbrechen/Fehler* ~ melakukan kejahatan/kesalahan; *Fest* ~ merayakan pesta
Begehr *m, n, was ist Ihr* ~? apa keinginan anda? **≗en** (–) *tr.* menginginkan, menghendaki, menuntut; *zur Ehe* ~ meminang, melamar; **–en** *n* (–*s;O*) keinginan, hasrat; nafsu; **≗enswert** pantas diinginkan; **≗lich** bernafsu, tamak; **–lichkeit** *f* (–*;O*) hawa nafsu (ingin memiliki)
Begehung *f* (–*;O*) perayaan; ~ *e-s Verbrechens* perbuatan kejahatan
begeister|n (–) *tr.* menimbulkan/membakar/memberi semangat; *sich* ~ *für* mengagumi, tertarik pd.; **–t** bersemangat, bergairah; kagum; **≗ung** *f* (–;–*en*) kegairahan, semangat besar, antusiasme
Begier *f* (–*;O*), **–de** *f* (–;–*n*) keinginan, nafsu, hasrat; **≗ig** kepingin, bernafsu
begießen (–) *unr. tr.* menyirami; *ugs.* merayakan dng. minum-minum
Beginn *m* (–*s;O*) awal, permulaan; **≗en** (–) *unr. tr. itr.* (me)mulai
beglaubig|en (–) *tr.* mengesahkan; **≗ung** *f* (–;–*en*) pengesahan; **≗ungsschreiben** *n* surat kepercayaan
begleich|en (–) *unr. tr.* melunasi, membayar; **≗ung** *f* (–*;O*) pembayaran lunas
Begleit|brief *m* surat pengantar; **≗en** (–) *tr.* mengantar, menemani, mendampingi; *Mus.* mengiringi; *j–n hinaus* ~ mengantar sso. ke luar; **–er** *m* (–*s;*–), **–erin** *f* (–;–*en*) pendamping, pengiring, pengawal; **–erscheinung** *f* gejala yg. menyertai, simtom; **–musik** *f* musik iringan; **–schein** *m* konosemen, surat muatan; **–schreiben** *n* surat pengantar; **–umstand** *m, s. Begleiterscheinung;* **–ung** *f* (–*;O*) pendamping, pengantar; *Gefolge* (para) pengiring; *ohne* ~ sendirian; *mit* ~, *Mus.* dng. iringan instrumen
beglück|en (–) *tr.* membahagiakan; **–end** bersifat membahagiakan; **–t** berbahagia; **–wünschen** (–) *tr.* menyampaikan/mengucapkan selamat
begnadet sangat berbakat
begnadig|en (–) *tr.* memberi grasi, mengampuni; **≗ung** *f* (–;–*en*) grasi, pengampunan; **≗ungsgesuch** *n* permohonan grasi
begnügen (–) *sich* ~ puas dng.
begraben (–) *unr. tr.* menguburkan, memakamkan
Begräbnis *n* (–*ses;* –*se*) (upacara) penguburan/pemakaman; **–platz** *m* kuburan, tempat pemakaman
begradigen (–) *tr.* meluruskan
begreifen (–) *unr. tr. itr.* mengerti, memahami; *umfassen* mencakup, meliputi
begreiflich dapat dimengerti; *j–m et.* ~ *machen* memberi pengertian pd. sso.; **–erweise** dapat dimengerti, masuk akal
begrenz|en (–) *tr.* membatasi; **≗theit** *f* (–*;O*) batas pengertian; sempitnya daya tangkap; **≗ung** *f* (–;–*en*) batas, pembatasan
Begriff *m* (–*ẹs;*–*e*) pengertian, konsep(si), gagasan, buah pikiran; *Ausdruck* istilah; *keinen* ~ *haben von* tdk. dapat dibayangkan; *sich e–n* ~ *machen von* mendapat/memperoleh pengertian tt., mengerti; *im* ~ *sein zu* siap/bermaksud utk. (berbuat sst.); *schwer von* ~ *sein* mengerti dng. lamban; **≗en** *Adj.*, ~ *sein in/mit* sedang berbuat/melakukan; **–sbestimmung**

f definisi, batasan; **–svermögen** *n* pemahaman, daya tangkap; **–sverwirrung** *f* kekacauan pengertian

begründ|en (–) *tr.* mendasari; memberi dasar/alasan/bukti; *fig.* mendirikan; **–end** bersifat sebab-akibat, kausal; **²er** *m* (*–s;–*) pendiri; **–et** yg. mempunyai bukti/alasan kuat, masuk akal; **²ung** *f* (*–;–en*) dasar, bukti, argumen(tasi); alasan

begrüß|en (–) *tr.* memberi salam, menyambut; *einander* ~ bersalam (–salaman); **–enswert** pantas disambut dng. baik, menyenangkan; **²ung** *f* (*–;–en*) sambutan, pemberian salam

begucken (–) *tr. ugs.* melihat, memandang

begünstig|en (–) *tr.* mengutamakan, mendahulukan; **²ung** *f* (*–;–en*) pengutamaan, preferensi; bantuan; *Jur.* pemudahan

begutacht|en (–) *tr.* (seorang ahli) memberikan penilaian tt.; **²ung** *f* (*–;–en*) penaksiran, penilaian

begütert kaya, berada

behäbig nyaman, enak; *fig.* lamban, tdk. gesit

behaftet *mit et.* ~ *sein* (ter)kena sst., tertimpa oleh sst.

behag|en (–) *itr.* menyenangkan, memuaskan; **²en** *n* (*–s;O*) rasa puas/enak; kesenangan, kesukaan; **–lich** enak, nyaman; *sich* ~ *fühlen* merasa senang

behalten (–) *unr. tr.* tdk. melepaskan/memberikan, memegang; menyimpan; *fig.* mengingat; *recht* ~ (di)benar(kan); *für sich* ~ tdk. meneruskan/membocorkan; *s–n Wert* ~ nilainya/harganya bertahan; *übrig* ~ ada sisa

Behält|er *m* (*–s;–*), **–nis** *n* (*–ses;–se*) bak, tempayan (air); wadah; tangki (bensin); *Kasten* kotak penyimpan

behand|eln (–) *tr.* memperlakukan; *Med.* merawat, mengobati; *behandelnder Arzt* dokter yg. mengobati; *e Thema* ~ membahas suatu pokok/tema; **²lung** *f* (*–;–en*) perlakuan; *Med.* pengobatan, terapi; *Besprechung* pembahasan; **²lungszimmer** *n, Med.* ruang periksa, kamar praktek

Behang *m* (*–ęs;¨e*) hiasan yg. digantungkan; **²en** *Adj.* penuh dng. sst. yg. digantung

behängen (–) *tr.* menggantungi dng.; menghiasi

beharr|en (–) *itr.* bertahan, tdk. mengalah; *auf s–r Meinung* ~ mempertahankan pendapatnya; **–lich** tekun, ulet, tabah; **²lichkeit** *f* (*–;O*) ketekunan, keuletan; ketabahan hati; **²ung** *f* (*–;O*) bertahannya; **²ungsvermögen** *n* kemampuan bertahan; *Phys.* kelambanan

behaupt|en (–) *tr.* menyatakan, menegaskan; mempertahankan; *sich* ~ bertahan; ~ *daß* menyatakan dng. tegas bahwa; **²ung** *f* (*–;–en*) pernyataan, pendirian

Behausung *f* (*–;–en*) rumah (sederhana), tempat tinggal

beheben (–) *unr. tr.* mengatasi; membereskan; memperbaiki

beheimatet ~ *in* mempunyai kampung halaman di; berdomisili di

beheizen (–) *tr.* memanasi

Behelf *m* (*–ęs;–e*) alat/tempat darurat; pengganti sementara; **²en** (–) *unr., sich* ~ menggunakan alat darurat; **–sbrücke** *f* jembatan darurat; **–slösung** *f* pemecahan sementara; **²smäßig** utk. sementara; sebagai darurat/pengganti

behelligen (–) *tr.* mengganggu

behen|d(e) *Adj.* cepat dan tangkas, sigap; **²digkeit** *f* (*–;O*) ketangkasan, kegesitan

beherbergen (–) *tr.* memberi tempat penginapan

beherrsch|en (–) *tr.* menguasai, memerintah, berkuasa atas; *sich* ~ menguasai/mengendalikan diri; **–t** tenang, menahan emosi, berkepala dingin; terkendali; **²ung** *f* (*–;O*) penguasaan, kontrol

beherzigen (–) *tr.* mencamkan, memperhatikan; **–swert** patut diperhatikan

beherzt berani

behexen (–) *tr.* menyihiri/kan

behilflich suka membantu/menolong

behinder|n (–) *tr.* menghalangi, merintangi; *körperlich behindert* cacat

tubuh; **²ung** *f* (–;–*en*) rintangan, halangan
Behörd|e *f* (–;–*n*) badan/instansi/ dinas pemerintah; yg. berwenang/ berkuasa; **²lich** resmi; dari yg. berwenang
Behuf *m, zu diesem* ~(*e*) utk. tujuan ini; **²s** dng. tujuan/maksud
behüten (–) *tr.* menjaga(i), melindungi
behutsam hati-hati; lembut; **²keit** *f* (–;*O*) sikap hati-hati
bei *Prp. mit Dat.* (ke)pada; dekat; dng.; ~ *alledem* walaupun demikian; ~ *der Hand nehmen* menuntun sso.; *j–n* ~*m Namen nennen* menyebut sso. dng. namanya; *et.* ~*m Namen nennen* menyatakan sst. dng. berterus-terang; ~ *der Kirche* dekat gereja; ~*m Essen* pd. waktu makan; ~*m Unterricht* pd. waktu pelajaran; ~ *Müllers* di rumah Müller; ~ *euch* di kalangan Saudara; di rumah Saudara; ~ *offenen Türen* dng. pintu-pintu terbuka; *ich habe kein Geld* ~ *mir* saya tdk. membawa uang; ~ *den Chinesen* di kalangan orang Tionghoa; ~ *guter Gesundheit* dl. keadaan sehat walafiat; ~ (*guter*) *Laune sein* sedang senang hati; ~ *meiner Abreise* pd. waktu keberangkatan saya; *Besuch* ~ *j–m* kunjungan pd. sso.; *Stunden nehmen* ~ les privat pd.; ~ *schlechtem Wetter* pd. waktu cuaca buruk; *er wohnt* ~ *seiner Mutter* ia tinggal pd. ibunya; ~ *Sonnenaufgang* pd. waktu fajar menyingsing; ~ *Tag. u. Nacht* siang-malam; ~ *Nacht* pd. waktu malam; ~ *Strafe* dng. ancaman hukuman; ~*m besten Willen geht es nicht* sayang sekali tdk. bisa; ~ *Wasser u. Brot* dl. penjara; ~ *weitem der beste Schüler* betul-betul murid yg. paling baik
beibehalten (–) *unr. tr.* berpegang teguh pd., mempertahankan
Beiblatt *n* lampiran, tambahan, suplemen
beibringen *unr. tr.* membawa; mengajukan (saksi, bukti, alasan); *ugs.* dng. hati-hati menyampaikan (sst. yg. tdk. menyenangkan); *e–e Wunde* ~ melukai; *j–m et.* ~ mengajar/menerangkan sst. pd. sso.
Beicht|e *f* (–;–*n*) pengakuan (dosa); **²en** *tr. itr.* mengaku; mengakui; **–geheimnis** *n*, **–siegel** *n* rahasia pengakuan (dosa); **–stuhl** *m* kamar/ tempat pengakuan; **–vater** *m* bapa pengakuan
beide kedua(–dua)nya; *e–r von beiden* salah seorang/satu dari kedua itu
beider|lei kedua-duanya; ~ *Geschlechts* dari kedua jenis; **–seitig** kedua belah pihak; luar-dalam, bolak-balik, sebelah-menyebelah; **–seits** kedua belah/sisi, timbal-balik, saling
bei·einander bersama(–sama); **–bleiben** *unr. itr.* tinggal bersama
Beifahrer *m* pengemudi pembantu, pendamping pengemudi; *Mitfahrer* orang yg. membonceng
Bei|fall *m* (–*s*;*O*) tepuk-tangan, sorak-sorai; sambutan baik, dukungan; **²fällig** dng. setuju, bersifat menyetujui
beifüg|en *tr.* menambah(kan), melampirkan; **²ung** *f* (–;–*en*) tambahan; *Gr.* atribut
Beigabe *f* tambahan, ekstra
beige (berwarna) kuning kecoklatan
beigeben *unr. tr.* menambah(kan); *klein* ~ mengalah
Beigeordnete *m, f* (–*n*;–*n*) pegawai kotapraja yg. dipilih
beigesellen (–) *tr.* bergabung dng.
Beigeschmack *m* rasa tdk. sedap (yg. mengganggu rasa sebenarnya); *fig.* sifat ganjil (sedikit)
beiheften *tr.* melampirkan
Beihilfe *f* pertolongan, bantuan; *finanziell* subsidi, sumbangan, tunjangan; *Jur.* ikut-sertanya (dl. kejahatan), sekongkolan
beikommen *unr. itr.*, *ihm ist nicht beizukommen* ia tdk. dapat ditangkap/dikalahkan; *e–r Sache* ~ membereskan sst.
Beikost *f* (–;*O*) makanan bayi (di samping susu)
Beil *n* (–*e*s;–*e*) ka(m)pak
Beilage *f* (–;–*n*) lampiran, tambahan, ekstra, suplemen; *Essen* sayur-sayuran, lauk-pauk

beiläufig dng. sepintas lalu, secara kebetulan
beileg|en *tr.* menambahkan/melampirkan pd.; menyertakan; *e–r Sache Wert/Sinn ~* menganggap sst. bernilai/berarti; *Streit ~* mengakhiri/menghentikan pertengkaran; *sich e–n Titel ~* menambah gelar; **≗ung** *f (–;–en)* tambahan; penyelesaian
beileibe *Adv., ~ nicht* pasti tdk. (boleh)
Beileid *n (–ɇs;O)* belasungkawa; **–sbesuch** *m* perlawatan; **–sbrief** *m* surat pernyataan belasungkawa
beiliegend terlampir
beim = *bei dem*
beimengen *tr., s. beimischen*
beimessen *unr. tr., e–r Sache Bedeutung ~* menganggap hal itu penting
beimischen *tr.* mencampur(kan) pd.
Bein *n (–ɇs;–e)* kaki, tulang; *j–m auf die ~e helfen* membantu sso. spy. dapat berdiri sendiri; *j–m e ~ stellen* menjegal/mengganggu sso.; *j–m ~e machen* mendesak sso. spy. cepat-cepat; *die ~e in die Hand nehmen* lari cepat; *es friert Stein u. ~* sangat dingin; *wieder auf den ~en sein sembuh kembali, pulih kesehatan*
beinah(e) hampir, mendekati
Beiname *m* nama julukan
Bein|bruch *m* patah tulang kaki; *Hals– u. ~!* selamat! **–kleid** *n* celana
be·inhalten (–) *itr.* berisi, mengandung
bei·ordnen *tr.* menempatkan di samping, mendampingkan; memperbantukan; *Gr.* mengkoordinasikan
beipflichten *itr.* menyetujui, mengiakan
Beiprodukt *n* produk/hasil sampingan
Beiprogramm *n* acara tambahan
Beirat *m* penasehat, dewan penasehat
be·irren (–) *tr.* membingungkan, menyesatkan; *sich nicht ~ lassen* berpendirian teguh
beisammen *Adv.* berkumpul, bersama-sama; **≗sein** *n (–s;O)* berkumpulnya, kebersamaan
Beischlaf *m* persetubuhan, sanggama
Beisein *n, im ~ von j–m* dng. hadirnya sso., di hadapan sso.
beiseite di/ke samping; *~ treten* menepi, meminggir; *~ legen, fig.* menyimpan (sebagai cadangan)
beisetz|en *tr.* mengebumikan, menguburkan; **≗ung** *f (–;–en)* pemakaman
Beisitzer *m (–s;–)* hakim anggota; anggota dewan
Beispiel *n (–ɇs;–e)* contoh, misal; teladan; *zum ~ (z.B.)* misalnya (mis.), umpamanya; *e gutes ~ geben* memberi teladan yg. baik; **≗haft** patut dicontoh; **≗los** tak ada duanya/taranya; **≗sweise** misalnya, ibaratnya
beispringen *unr. itr.* bergegas menolong
beißen *unr. itr. tr.* menggigit; *Geschmack* terasa perih; *Pfeffer beißt auf der Zunge* lidah berasa pedas karena merica; *nicht viel zu ~ haben* kurang mampu, miskin; *ins Gras ~, ugs. bp.* mampus; **–d** pedas, lidas; *fig.* sinis
Beißzange *f, Tech.* kakatua
Beistand *m (–ɇs;O)* bantuan, dukungan; *Jur.* bantuan hukum; *j–m ~ leisten* memberi pertolongan pd. sso.; **–spakt** *m* perjanjian saling membantu
beistehen *unr. itr., j–m ~* menolong/mendampingi sso.
Beisteuer *f* uang iuran; sokongan, derma, **≗n** *tr.* membantu, memberi sokongan
beistimmen *itr.* menyetujui
Beistrich *m* koma
Beitel *m (–s;–)* pahat (utk. mengerjakan kayu)
Beitrag *m (–ɇs;¨–e)* iuran, kontribusi; sumbangan; *Versicherung* premi; *Aufsatz* artikel, karangan; **≗en** *unr. itr.* menyumbang; turut membantu; **≗sfrei** bebas iuran; **≗spflichtig** wajib membayar iuran
beitreiben *unr. tr.* mengumpulkan, menagih
bei|treten *unr. itr.* menjadi anggota, masuk (organisasi . . .); bergabung dng.; *zustimmen* setuju dng.; **≗tritt** *m (–s;O)* masuknya; **≗tritts·erklärung** *f* pernyataan menjadi anggota

Beiwagen *m* gerbong gandengan; *Mot.* gandengan samping (sepeda motor), *bp.* sespan
Beiwerk *n* embel-embel; sst. yg. tdk. perlu
beiwohnen *itr.* menghadiri; *geschlechtlich* bersetubuh dng.
Beize *f* (–;–*n*) bahan fermentasi (tembakau, bibit); asam samak (kulit); sm. zat warna (kayu, tekstil); saus/larutan masam (ikan, keju)
beizeiten *Adv.* pagi hari, (tepat) pd. waktunya, tdk. terlambat
beizen *tr.* menghilangkan karat (dari logam) dng. bantuan bahan kimia; mengadakan fermentasi bibit (spy. tdk. dimakan hama); mewarnai/meragi (kayu, tekstil); memberi larutan/saus masam pd. ikan/daging (spy. awet); *Jagd* berburu dng. bantuan burung elang
beiziehen *unr. tr.* mengikutsertakan, meminta nasehat
bejahen (–) *tr.* menyetujui, mengiakan, setuju dng.
bejahrt agak tua, lanjut usia
bejammern (–) *tr.* menyesali/kan; meratapi; **–swert** patut disesali/kan
bejubeln (–) *tr.* menyoraki, menyambut dng. bersorak(-sorai)
bekämpfen (–) *tr.* memerangi, memberantas, menentang, melawan
bekannt terkenal, dikenal, diketahui; termasyhur; *mit j–m ~ machen* memperkenalkan pd. sso.; *mit j–m ~ sein* kenal dng. sso.; *als ~ voraussetzen* menganggap sudah diketahui; **≗e** *m, f* (–*n*;–*n*) kenalan; *ugs. Freund(in)* pacar; **–geben** *unr. tr.* memaklumkan, mengumumkan; **≗gabe** *f, s. Bekanntmachung;* **–lich** spt. sudah diketahui; **–machen** *tr.* memaklumkan, mengumumkan; **≗machung** *f* (–;–*en*) maklumat, pengumuman, pemberitahuan, **≗schaft** *f* (–;–*en*) perkenalan; *enge ~* persahabatan; *Bekanntenkreis* para kenalan; **–werden** *unr. itr.* diketahui, dikenal
bekehr|en (–) *tr.* mentobatkan, menjerakan; *sich ~* bertobat; **≗ung** *f* (–;–*en*) pertobatan
bekenn|en (–) *unr. tr.* mengakui; menyatakan; *sich zu e–r Religion ~* menganut suatu agama; *Farbe ~, fig.* mengakui kebenaran; **≗er** *m* (–*s*;–) pengaku iman
Bekenntnis *n* (–*ses*;–*se*) pengakuan; *Glauben* syahadat; *Konfession* kepercayaan, agama; **–schule** *f* sekolah yg. diurus oleh yayasan keagamaan
beklagen (–) *tr.* menyesali; meratapi; *sich ~ über* mengeluh tt.; **–swert** *Adj.* yg. menyedihkan/memilukan
Beklagte *m, f* (–*n*;–*n*) yg. terdakwa/tertuduh
beklatschen (–) *tr.* menyambut dng. bertepuk tangan
bekleben (–) *tr.* menempelkan
bekleid|en (–) *tr.* memakai(kan); menutupi dng.; *e Amt ~* menjabat, memangku jabatan; *bekleidet sein mit* berpakaian (kemeja . . .); **≗ung** *f* (–;–*en*) pakaian, sandang; **≗ungsindustrie** *f* industri sandang
beklemm|end tertekan, terhimpit, takut; **≗ung** *f* (–;–*en*) rasa takut karena tertekan; rasa sesak
beklommen *Adj.* takut(-takut), waswas
bekommen (–) *unr. itr.* memperoleh, mendapat, menerima; *Angst ~* menjadi takut; *den Zug um 9 Uhr ~* mendapat kereta jam 9.00; *e Kind ~* mendapat anak; *was ~ Sie?* anda ingin beli apa? *das Essen bekommt mir schlecht* makanan itu tdk. cocok bagi saya; *wohl bekomm's!* semoga baik-baik sejalah! *bp.* prosit! *Hunger ~* menjadi lapar; *e-e ansteckende Krankheit ~* kena penyakit menular
bekömmlich *Speisen* mudah/dapat dicerna; *Klima, Luft* sehat, sesuai
beköstig|en (–) *tr.* memberi makan; **≗ung** (–;*O*) makanan, *bp.* kos; *Wohnung u. ~* indekos
bekräftigen (–) *tr.* menguatkan, memperkuat, meneguhkan, mengukuhkan
bekränzen (–) *tr.* menghiasi dng. karangan bunga
bekreuzigen (–) *sich ~* membuat tanda salib
bekriegen (–) *tr.* memerangi, berperang melawan

bekümmern (–) *itr.* mengkhawatirkan, menyedihkan

bekunden (–) *tr.* menunjukkan, memperlihatkan

belächeln (–) *tr.* tersenyum menyeringai

belachen (–) *tr.* menertawakan; tertawa (karena)

Belag *m* (–ɇs;¨–e) lapisan (atas yg. tipis), pelapis; *Brot* lauk utk. roti

belager|n (–) *tr.* mengepung; mengerumuni; **≗ung** *f* (–;–*en*) pengepungan; **≗ungszustand** *m* keadaan darurat (perang)

Belang *m* (–ɇs;–*e*) pentingnya; kepentingan; *von ~ sein* penting; *ohne ~ sein* tanpa arti, tdk. penting; **≗en** (–) *tr.* meminta/menuntut tanggungjawab; *j-n ~* menuduh/menyalahkan sso.; **≗los** tanpa arti; **≗reich** berarti, penting; **–ung** *f* (–;*O*) penuntutan

belassen (–) *unr. tr.* membiarkan (spt. adanya)

belasten (–) *tr.* memberatkan; membebani/kan; *Handel* memasukkan ke dl. lajur debet; *e Haus ~* menghipotekkan rumah

belästig|en (–) *tr.* mengganggu, mengusik, menggodai; **≗ung** *f* (–;–*en*) (peng)gangguan

Belastung *f* (–;–*en*) beban, muatan; *Schulden* hutang, hipotek; **–sfähigkeit** *f* daya muat maksimal; batas kemampuan utk. memikul beban; **–szeuge** *m* saksi yg. memberatkan

belauern (–) *tr.* mengamat-amati, memperhatikan dng. diam-diam

belaufen (–) *unr., sich ~ auf* mencapai, berjumlah, menjadi total

belauschen (–) *tr.* memasang telinga, mendengarkan (dng. diam-diam), *bp.* nguping

beleb|en (–) *tr.* menghidupkan, menggairahkan; membangkitkan, merangsang; *sich ~* menjadi hangat/ramai; **–t** hidup; tdk. sepi; sibuk

Belebung *f* (–;*O*) pemberian semangat, penyegaran; perangsang; **–smittel** *n* obat penyegar; **–sversuch** *m* usaha utk. menghidupkan kembali

belecken (–) *tr.* menjilat

Beleg *m* (–ɇs;–*e*) (tanda) bukti; bon, kwitansi; **≗en** (–) *tr.* melapisi; *nachweisen* membuktikan; *reservieren* memesan (tempat), mengisi; menduduki; mendaftarkan diri (utk. mengikuti kursus/kuliah); *Mil.* menempatkan (tentera di kota/desa); *mit Strafe ~* mengenakan hukuman; **–exemplar** *n* nomor/buku bukti; **–schaft** *f* (–;*O*) keseluruhan karyawan, staf; **–stelle** *f* kutipan; **≗t** *~es Brot* roti dng. irisan daging/keju. . .; *~e Stimme* suara serak/parau; *~e Zunge* lidah bebercak(-bercak) putih

belehr|en (–) *tr.* mengajarkan; menerangkan, memberitahukan; *sich ~ lassen* menerima nasehat; *j-n e–s Besseren ~* menginsyafkan sso.; **–end** bersifat memberi pelajaran; bersifat mengandung keterangan; **≗ung** *f* (–;–*en*) pengajaran; penerangan, nasehat

beleibt gemuk, gendut

beleidig|en (–) *tr.* menyakiti/melukai (hati), menghina; **–end** bersifat menghina/mengejek/mencemooh; **–t** *sich ~ fühlen* merasa terhina; **≗ung** *f* (–;–*en*) penghinaan, ejekan

belesen *Adj.* luas pengetahuan (karena banyak membaca); **≗heit** *f* (–;*O*) sifat berpengetahuan luas (akibat banyak membaca)

beleuchten (–) *tr.* menerangi, menyinari; *fig.* menjelaskan, menyoroti

Beleuchtung *f* (–;–*en*) penerangan; **–skörper** *m* lampu, alat penerangan

beleum(un)det mempunyai nama (baik, jelek. . .)

belicht|en (–) *tr. Fot.* menyingkapkan thd. cahaya; **≗ung** *f* (–;–*en*) pencahayaan, masuknya cahaya lewat kamera; **≗ungsdauer** *f*, **≗ungszeit** *f* waktu pencahayaan; **≗ungsmesser** *m* pengukur cahaya; **≗ungs·tabelle** *f* tabel penunjuk penggunaan diafragma

belieben (–) *tr.* berkenan; berkehendak; ingin; *~ Sie noch et.?* masih ingin sst.? *wie es Ihnen beliebt!* terserah menurut keinginan anda!

Belieben *n* (–*s;O*) keinginan, kesukaan; *ganz nach* ~ sesuka/sekehendak hati;
belieb|ig sesuka/sekehendak hati; mana/apa saja; *zu* ~*er Zeit* pd. waktu apa saja; *jeder* ~*e* siapa saja; **–t** yg. disukai/digemari/dicintai, populer; *sich bei j-m* ~ *machen* mengambil muka (pd.) sso.; **≗theit** *f* (–;*O*) ketenaran, popularitas, keadaan disenangi/digemari
beliefer|n (–) *tr.* mengirimkan (barang yg. dipesan); menyediakan; **≗ung** *f* (–;*O*) kiriman; pengiriman
bellen *itr.* menyalak, menggonggong
Belletristik *f* (–;*O*) sastra ringan/hiburan
belobig|en (–) *tr.* memuji, menghargai; **≗ung** *f* (–;–*en*) pujian, penghargaan
belohn|en (–) *tr.* memberi hadiah/ganjaran, membalas; *schlecht* ~ membalas dng. kejahatan; **≗ung** *f* (–;–*en*) imbalan, ganjaran
belüft|en (–) *tr.* menyediakan ventilasi; mengganti udara; **≗ung** *f* (–;*O*) ventilasi, peredaran udara/hawa
belügen (–) *unr. tr.* mendustai, membohongi
belustig|en (–) *tr.* menghibur, menggembirakan; **≗ung** *f* (–;–*en*) hiburan, lawakan
bemächtigen (–) *sich* ~ merebut, menguasai
bemalen (–) *tr.* mewarnai, melukisi
bemängeln (–) *tr.* mencela, mengecam, mengritik
bemann|en (–) *tr.* mengawaki, menempatkan orang (di kapal laut, pesawat terbang, benteng); **≗ung** *f* (–;–*en*) awak, anak-buah kapal
bemänteln (–) *tr.* menyelimuti, menutup(-nutup)i
bemerk|bar dapat diketahui; kelihatan, kedengaran; *sich* ~ *machen* menarik perhatian, memperlihatkan diri; **–en** (–) *tr.* mengetahui, menyadari (bahwa ada); menyatakan; **–enswert, –enswürdig** patut/pantas diperhatikan; luar biasa; **–t** *wie oben* ~ spt. sudah disebut di atas; **≗ung** *f* (–;–*en*) ucapan; catatan; komentar pendek; *e–e* ~ *machen* mengatakan (sst.)
bemessen (–) *unr. tr.* menentukan (besarnya, banyaknya, lamanya . . . menurut ukuran tertentu); *meine Zeit ist* ~ waktuku terbatas
bemitleiden (–) *tr.* mengasihani, mengibai; **–swert** pantas dikasihani
bemittelt kaya, berada
bemüh|en (–) *sich* ~ berusaha, berikhtiar, berupaya; *sich um/für j-n* ~ membantu sso.; *sich um e-e Stellung* ~ mencari/melamar pekerjaan; *sich zu j-m* ~ berkenan mengunjungi sso.; ~ *Sie sich nicht!* tdk. usah repot-repot; *j-n* ~ merepotkan/menyusahkan sso.; minta bantuan sso.; **≗en** *n* (–*s;O*), **≗ung** *f* (–;–*en*) usaha, upaya, ketekunan
bemuttern (–) *tr.* mengurus spt. seorang ibu
benachbart bertetangga
benachrichtig|en (–) *tr.* memberitahukan; melaporkan; **≗ung** *f* (–;–*en*) pemberitahuan, laporan
benachteiligen (–) *tr.* merugikan, mengesampingkan
benebel|n (–) *tr.*, *fig.* membingungkan; **–t** *ugs.* mabuk
benedeien *tr. Lit.* memuji; memberkati
benehmen (–) *unr.*, *sich* ~ bertingkah-laku, berkelakuan; **≗** *n* (–*s;O*) kelakuan, tingkah-laku; *im* ~ *mit j-m* dng. persetujuan sso.; *sich mit j-m ins* ~ *setzen* berunding/membicarakan dng. sso.; *das ist kein* ~ ini kurangajar
beneiden (–) *tr.* mengiri, mencemburui; **–swert** sangat beruntung
benenn|en (–) *unr. tr.* menamai, menyebut; mengangkat; *e-n Termin* ~ menentukan/menetapkan waktu; **≗ung** *f* (–;–*en*) pengangkatan; pemberian nama
benetzen (–) *tr.*, *Lit.* membasahi/kan sedikit, memerciki
Bengel *m* (–*s*;–) *ugs.* anak laki-laki yg. nakal
benommen *Adj.* pusing, linglung
benötigen (–) *tr.* membutuhkan, memerlukan
benutz|en (–) *tr.*, **benütz|en** (–) *tr.* menggunakan, memakai; **≗ung**

f (–;O) pemakaian, penggunaan; **≗ungsgebühr** *f* uang sewa/pakai

Benzin *n* (*–s;–e*) bensin; **–hahn** *m* keran bensin; **–kanister** *m* kaleng bensin; **–motor** *m* motor bensin; **–tank** *m* tangki bensin; **–verbrauch** *m* pemakaian bensin

Benzoe *f* (–;O) getah damar

Benzol *n* (*–s;–e*) bensol

beobacht|en (–) *tr.* mengamati, memperhatikan, memandang(i); *überwachen* mengawasi; *e Gesetz* ~ mentaati undang-undang; **≗er(in** *f***)** *m* (*–s;–*) pengamat; **≗ung** *f* (*–;–en*) pengamatan; kepatuhan thd.; *zur* ~ utk. pemeriksaan (oleh dokter); **≗ungsstation** *f* stasiun/pos pengamatan

beordern (–) *tr.* memerintahkan (spy. datang/pergi)

bepacken (–) *tr.* memuati, membebani

bepflanzen (–) *tr.* menanami

bepflastern (–) *tr.* memasang batu jalan; *ugs.* menempelkan plester pd. luka

bequem enak, nyaman; dng. mudah; malas; *~e Schuhe* sepatu yg. enak dipakai; *er ist* ~ ia malas; *machen Sie es sich ~!* bersenang-senanglah! **–en** (–) *sich* ~ *zu* menurut(i) dng. rasa segan; akhirnya menyesuaikan diri utk.; **≗lichkeit** *f* (–;O) enaknya; kenyamanan; *Faulheit* kemalasan, sikap sembrono

berat|en (–) *unr. tr.* menasihati; *sich* ~ mempertimbangkan bersama-sama, berunding, bermusyawarah; *gut/schlecht* ~ *sein* diberi nasihat baik/buruk; **–end** bersifat menasihati, konsultatif; **≗er** *m* (*–s;–*) penasihat, konsultan; **–schlagen** (–) *unr. itr.* berunding, berembuk; **≗ung** *f* (*–;–en*) musyawarah, perundingan; konsultasi; *Ehe* penasehat perkawinan, badan penasehat perkawinan; **≗ungsstelle** *f* biro konsultasi

beraub|en (–) *tr.* merampok, merampas; **≗ung** *f* (*–;–en*) perampokan, perampasan

berauschen (–) *tr.* memabukkan; *sich* ~ menjadi mabuk; menjadi terlalu bersemangat, berapi-api

berechn|en (–) *tr.* memperhitungkan; menaksir (harga); **–end** lihai, mau mengambil untungnya saja; egoistis; **–et** terhitung, terencana; **≗ung** *f* (*–;–en*) perhitungan, kalkulasi

berechtig|en (–) *tr.* memberi hak/wewenang; *zu Hoffnungen* ~ memberi harapan; **–t** ~ *sein* berhak, sah; mempunyai wewenang; *das ist* ~ ini sah/wajar; **–terweise** secara sah, dng. hak; **≗ung** *f* (–;O) hak, wewenang, kuasa

bered|en (–) *tr.* membicarakan; mem(per)bincangkan; membujuk; **–sam** pandai/fasih berbicara; **≗samkeit** *f* (–;O) kepandaian/kefasihan berbicara; **–t** *s. beredsam; e-e ~e Zunge haben* petah lidah; *~es Schweigen* diam seribu bahasa

Bereich *m, n* (*–s;–e*) lapangan, wilayah, bidang; jangkauan; **≗ern** (–) *tr. refl.* memperkaya (diri); **–erung** *f* (*–;–en*) perbuatan memperkaya (diri)

bereif|en (–) **1.** *tr.* memasang(kan) roda; **2.** *tr.* tertutup embun yg. beku; **≗ung** *f* (*–;–en*) ban roda

bereinig|en (–) *tr.* menyelesaikan, membereskan; **≗ung** *f* (–;O) pemberesan, penyelesaian

bereisen (–) *tr.* menjelajahi; mengelilingi

bereit siap, bersedia; **–en** (–) **1.** *tr.* mempersiapkan, menyiapkan, menyediakan; *bearbeiten* mengolah; *verursachen* menyebabkan, menimbulkan; *Schmerz* ~ menimbulkan rasa sakit; **2.** *unr. itr.* menaklukkan kuda (liar); *berittene Polizei* polisi berkuda; **–halten** *unr. tr.* menyediakan; *refl.* bersiap sedia; **–liegen** *unr. itr.* tersedia; **–s** sudah, telah; **≗schaft** *f* (–;O) keadaan siap sedia; tersedianya; regu/pasukan polisi; **≗schaftsdienst** *m* dinas siap-sedia; *Med.* dokter jaga; **≗schaftspolizei** *f* polisi khusus; **–stehen** *unr. tr.* sudah siap; **–stellen** *tr.* menyediakan, menyiapkan; **≗ung** *f* (–;O) persiapan, pengolahan

bereitwillig rela, bersedia; *eifrig* rajin; **≗keit** *f* (–;O) kerelaan, kesediaan

bereuen (–) *tr.* menyesal(i), bertobat
Berg *m* (–(e)s;–e) gunung, bukit; *über alle ~e* sangat jauh; *wir sind noch nicht über den ~* kita belum mengatasi puncak kesulitan; *die Haare stehen mir zu ~e* bulu kudukku berdiri; **~ab** turun gunung, ke hilir; *fig.* merosot, memburuk; **–akademie** *f* akademi pertambangan; **~an** *s. bergauf;* **–arbeiter** *m* buruh tambang; **~auf** naik gunung; ke atas; *fig.* menjadi lebih baik; **–bau** *m* pertambangan; **–bauingenieur** *m* insinyur pertambangan; **–besteigung** *f* pendakian gunung; **–bewohner** *m* penduduk pegunungan
Berg|elohn *n* uang/upah utk. menyelamatkan kapal yg. mengalami musibah; **~en** *unr. tr.* menyelamatkan; menyembunyikan; *enthalten* mengandung, berisi
Berg|fahrt *f* perjalanan naik gunung; pelayaran ke hulu; **–führer** *m* pandu pendaki gunung; **–gipfel** *m* puncak gunung; **–grat** *m* punggung gunung; **~ig** bergunung-gunung, berbukit-bukit
Berg|kessel *m* lembah yg. dikelilingi gunung-gunung; **–kette** *f* gunung barisan, deretan pegunungan; **–land** *n* daerah pegunungan; **–mann** *m* (–s;. . . *leute*) buruh pertambangan; **–predigt** *f* Khotbah di Bukit (dl. Injil Mateus, bab 5-7); **–rücken** *m* punggung gunung; **–rutsch** *m* tanah longsor, longsoran; **–schlucht** *f* jurang, ngarai; **–schuh** *m* sepatu utk. mendaki gunung; **–spitze** *f* puncak gunung; **–steiger(in** *f*) *m* pendaki gunung
Berg–und–Tal–Bahn *f* peluncur beroda, *jet-coaster*
Bergung *f* (–;–*en*) penyelamatan; **–s·arbeiten** *pl* operasi penyelamatan; **–sversuch** *m* usaha penyelamatan
Berg|wanderung *f* perjalanan/tamasya di pegunungan; **–welt** *f* alam pegunungan; **–werk** *n* (per)-tambang(an); **–werksgesellschaft** *f* perusahaan pertambangan; **–wesen** *n* pertambangan
Bericht *m* (–(e)s;–e) laporan, kabar, berita; risalah; *laut ~* menurut berita; **~en** (–) *tr. itr.*, **~erstatten** (–) *tr. itr.* melapor(kan), memberitakan; **–erstatter** *m* wartawan, koresponden; pelapor; **–erstattung** *f* pelaporan, pemberitaan
berichtig|en (–) *tr. refl.* membetulkan, memperbaiki, meralat; **~ung** *f* (–;–*en*) pembetulan, ralat, perbaikan; penyesuaian
Berichtsjahr *n* tahun yg. tertera dl. laporan
beriechen (–) *unr. tr.* membaui, mencium-cium
beriesel|n (–) *tr.* mengairi; *fig.* mempengaruhi terus; **~ung** *f* (–;*O*) penyemprotan (kebun) dng. air; pengairan
beritten *Adj.* berkuda
Bernstein *m* (–*s;O*) batu ambar, ambar kuning
bersten *unr.itr.* meretak; *fig.* meledak (pecah); *zum ~ voll* penuh sesak
berüchtigt terkenal karena nama buruk
berückend yg. memikat/menawan hati
berücksichtig|en (–) *tr.* memperhatikan, mengindahkan; memperhitungkan; **~ung** *f* (–;*O*) perhatian; perhitungan; *unter ~ von* (dng.) mengingat/mempertimbangkan
Beruf *m* (–(e)s;–e) pekerjaan; jabatan; *was sind Sie von ~?* pekerjaan saudara apa? **~en 1.** (–) *unr. tr.* memanggil; menawarkan jabatan; *ernennen* mengangkat; *sich ~ auf* menyebut sebagai saksi/bukti; **2.** *Adj.* kompeten, berwenang; terpanggil; **~lich** berh. dng. pekerjaan
Berufs . . . berh. dng. pekerjaan/kejuruan; **–arbeit** *f* pekerjaan, mata pencaharian; **–ausbildung** *f* pendidikan kejuruan; **–beratung** *f* konsultasi (mengenai) pekerjaan; **–geheimnis** *n* rahasia jabatan; **–genossenschaft** *f* sm. asosiasi profesional; sm. asuransi kecelakaan; **–heer** *n* angkatan bersenjata yg. terdiri dari tentara tetap; **–kleidung** *f* pakaian kerja; **–leben** *n* (bidang) pekerjaan, hidup berkarya; **~mäßig** menurut/sesuai dng. pekerjaan, profesional; **–schule** *f*

sekolah kejuruan; **–spieler** *m* pemain professional; **–sportler** *m* olahragawan profesional; **°tätig** bekerja, berkarya; **–verbrecher** *m* penjahat profesional; **–wahl** *f* (keputusan) pilihan pekerjaan; **–ziel** *n* pekerjaan/jabatan yg. dicita-citakan

Berufung *f* (*–;–en*) tawaran jabatan, pengangkatan; *Rel.* panggilan; *Jur.* naik banding; *Verweis* penunjukan kpd. referensi; *unter ~ auf* berdasar pd., berkenaan dng.; *~ einlegen* naik banding; **–sgericht** *n*, **–s·instanz** *f* pengadilan naik-banding; **–sklage** *f* naik-banding; **–srecht** *n* hak naik-banding

beruhen (–) *tr.* berlandaskan, berdasarkan; *et. auf sich ~ lassen* membekukan/membiarkan sst.

beruhig|en (–) *tr.* menenangkan, menentramkan; meredakan (suara); *sich ~* menjadi tenang/reda; **°ung** *f* (*–;O*) penenangan, penentraman; **°ungsmittel** *n* obat penenang

berühmt termasyhur, terkenal, tersohor, kenamaan; **°heit** *f* (*–;–en*) kemasyhuran; orang yg. terkenal

berühren (–) *tr.* menyentuh, menjamah, meraba; *angrenzen* berbatasan dng.; *fig.* mengharukan; *Math.* menyinggung; *e Thema ~* menyinggung pokok/tema; *unangenehm ~* mengecewakan

Berührung *f* (*–;–en*) sentuhan; hubungan, kontak; *in ~ bleiben* berhubungan terus; **–sfläche** *f* bidang perhubungan; *fig.* kepentingan yg. sama; **–slinie** *f*, *Math.* garis singgung, tangen; **–spunkt** *m* titik singgung

besäen (–) *tr.* menaburkan benih pd., menaburi

besag|en (–) *itr. tr.* berarti, menyatakan; **–t** *~er Mann* laki-laki yg. sudah disebut

Besamung *f* (*–;–en*) inseminasi

besänftigen (–) *tr.* menenangkan, meredakan

Besatz *m* (*–es;¨–e*) bordiran/sulaman (di pinggir baju)

Besatzung *f* (*–;–en*) awak kapal; tentara pendudukan; garnisun; **–smacht** *f* penguasa asing; **–sstreitkräfte** *pl* tentara pendudukan; **–szone** *f* daerah pendudukan oleh tentara asing

besaufen (–) *unr.*, *sich ~* minum sampai mabuk

beschädig|en (–) *tr.* merusakkan; **–t** rusak, tdk. utuh/mulus lagi; **°ung** *f* (*–;–en*) pengrusakan; kerusakan

beschaff|en 1. (–) *tr.* mengadakan, mengusahakan, menyediakan; **2.** *Adj.* (dl.) keadaan; *so ist die Welt ~* demikianlah keadaan dunia; **°enheit** *f* (*–;O*) keadaan, sifat; kualitas; kodrat; **°ung** *f* (*–;O*) usaha memperoleh/mendapatkan

beschäftig|en (–) *tr.* mempekerjakan, memberi pekerjaan/kesibukan; *sich ~* menyibukkan diri; **–t** sibuk; **°ung** *f* (*–;–en*) kesibukan; pekerjaan; **–ungslos** menganggur, tdk. bekerja; **°ungsnachweis** *m* (surat) bukti pekerjaan; **°ungstherapie** *f* terapi dng. memberi pekerjaan/kesibukan

beschäm|en (–) *tr.* mempermalukan, membuat malu; **–end** (bersifat) memalukan; **–t** malu; **°ung** *f* (*–;O*) perbuatan yg. memalukan, penghinaan; rasa malu

beschatten (–) *tr.* menaungi; *fig.* membayangi dan mengawasi, menguntiti

beschau|en (–) *tr.* mengamati; memandang(i); **–lich** kontemplatif, bertafakur; tenang, sentosa; **°lichkeit** *f* (*–;O*) keadaan tenang/hening/nyaman

Bescheid *m* (*–ęs;–e*) jawaban, (ke-)putusan; *Auskunft* keterangan, berita, pemberitahuan; *j-m ~ geben* memberitahukan (sst.) kpd. sso.; *j-m gehörig ~ sagen* memaki-maki sso.; *~ wissen* mengetahui, mengenal; *auf ~ warten* menunggu berita/putusan; *geben Sie mir bitte ~, wann Sie kommen!* beritahukanlah saya, kapan anda datang! *ich weiß hier keinen ~* saya tdk. tahu (tt. keadaan/bidang/tempat ini)

bescheiden 1. (–) *unr. tr.* memberitahukan; menyuruh; *j-n aufs Amt ~* memanggil sso. spy. datang ke kantor; *sich mit et. ~* menerima keadaannya dng. pasrah; *es ist mir*

beschieden ini adalah nasibku; *abschlägig* ~ menolak; **2.** *Adj.* rendah hati, sederhana, kecil; **-heit** *f* (–;O) kesederhanaan, kerendahan hati
bescheinen (–) *unr. tr.* menyinari
bescheinig|en (–) *tr.* menyatakan (secara tertulis); mengakui; *den Empfang e-s Paketes* ~ menandatangani surat tanda terima paket, menyatakan telah terima paket; *es wird hiermit bescheinigt daß* dng. ini dinyatakan, bahwa; **-ung** *f* (–;–*en*) surat keterangan, tanda bukti, resi, kwitansi
bescheißen (–) *unr. tr.*, *derb* menipu
beschenken (–) *tr.* menghadiahi, memberi hadiah kpd.
bescher|en (–) *tr.* memberikan/membagi(-bagi)kan hadiah; **-ung** *f* (–;–*en*) pemberian/pembagian hadiah (Natal); *e-e schöne ~! iron.* aduh, kacau benar!
Beschichtung *f* (–;–*en*) lapisan
beschicken (–) *tr.* mengirim utusan (ke)
beschießen (–) *unr. tr.* menembaki
beschildern (–) *tr.* memasang papan/tanda/etiket
beschimpfen (–) *tr.* memaki-maki, menghina
beschirm|en (–) *tr.* melindungi; **-er** *m* (–*s*;–) pelindung; **-ung** *f* (–;O) perlindungan
Beschiß *m* (. . .*sses;O*) *derb* tipuan
beschlafen (–) *unr. tr.* meniduri (wanita); *e-e Sache* ~ menunda sst. selama satu malam (spy. dapat dipertimbangkan)
Beschlag *m* (–*es*;–*e*) ladam/kasut kuda; *Überzug* lapisan tipis; *Tech.* alat-alat bantu (dari logam), alat-alat utk. montasi; *Jur., in ~ nehmen, mit ~ belegen* mengambil; menyita; *j-n in ~ nehmen* merepotkan sso.
beschlagen (–) *unr. itr.* memasang ladam/sepatu kuda; *sich* ~ berembun; berkarat; *in e-r Sache gut ~ sein* sangat pandai dl. suatu bidang; **-heit** *f* (–;O) pengalaman, pengetahuan (yg. dalam)
Beschlagnahm|e *f* (–;–*n*) penyitaan, beslah; **-en** (–) *tr.* menyita, membeslah, merampas
beschleichen (–) *unr. tr.* mendekati dng. diam-diam; *fig.* mengenai, menyerang
beschleunig|en (–) *tr.* mempercepat; **-ung** *f* (–;–*en*) percepatan, akselerasi
beschließen (–) *unr. tr.* memutuskan, menetapkan; mengakhiri, menutup
Beschluß *m* (. . . *usses*; . . . *üsse*) keputusan, resolusi; *unter* ~ terkunci; *e-n ~ fassen* mengambil keputusan; **-fähig** mencapai kworum, lengkap anggotanya utk. mengambil keputusan; **-fassung** *f* pengambilan keputusan
beschmieren (–) *tr.* mengolesi, melumasi, melumuri dng. minyak; mengotori
beschmutzen (–) *tr.* mengotori
beschneid|en (–) *unr. tr.* memotong, menggunting (kuku); *fig.* membatasi; *Knaben* menyunat(kan), mengkhitan(kan), mengislamkan; **-ung** *f* (–;–*en*) pengguntingan; penyunatan, sunat
beschnüffeln (–) *tr.*, **beschnuppern** (–) *tr.*, *Hund* membaui, menciumi; *fig.* mencoba mengenali dng. hati-hati
beschönigen (–) *tr.* memanis(-manis)
beschränken (–) *tr.* membatasi; *sich auf et.* ~ membatasi diri pd.
beschrankt *Adj.* yg. mempunyai palang/pintu kereta-api
beschränk|t terbatas; picik; **-theit** *f* (–;O) keterbatasan; kepicikan, kecupetan; **-ung** *f* (–;–*en*) pembatasan, restriksi; keterikatan; syarat-syarat
beschreib|en (–) *unr. tr.* menggambarkan, melukiskan, memerikan, menuliskan; *e-n Kreis ~, Math.* membuat lingkaran; **-end** bersifat menggambarkan, deskriptif; **-ung** *f* (–;–*en*) penggambaran, deskripsi; uraian
beschreiten (–) *unr. tr.* menempuh/mengambil langkah atau jalan (tertentu)
beschrift|en (–) *tr.* menulisi di atas (sst.); **-ung** *f* (–;–*en*) penulisan, tulisan (atas batu, mata uang, medali, piala. . .)

beschuldig|en (–) *tr.* menyalahkan, menuduh; membebankan; **⁼te** *m, f (–n;–n)* tertuduh, terdakwa; **⁼ung** *f (–;–en)* tuduhan, (pen)dakwaan

Beschuß *m (. . .usses;O)* penembakan

beschütz|en (–) *tr.* melindungi, mengayomi; **⁼er** *m (–s;–)*, **⁼erin** *f (–;–nen)* pelindung

beschwatzen (–) *tr. ugs.* mengomongkan; *überreden* membujuk

Beschwerde *f (–;–n)* keberatan; keluhan, gangguan; *Mühsal* beban; *Jur.* pengaduan; *wo haben Sie ~?* ada keluhan apa? ada rasa sakit di mana? **–buch** *n* buku pengaduan; **–führer** *m* pengadu, pendakwa; **–schrift** *f* surat pengaduan

beschwer|en (–) *tr.* memberati; mengimpit; memberatkan; *sich ~* mengeluh; berkeberatan, mengajukan keberatan; **–lich** sukar; berat; **⁼lichkeit** *f (–;–en)* keberatan, keluhan; kesukaran

beschwichtig|en (–) *tr.* menenangkan; meredakan; **⁼ung** *f (–;O)* perbuatan menenangkan

beschwindeln (–) *tr.* menipu; mendustai

beschwingt riang gembira, ringan

beschwör|en (–) *unr. tr.* menguatkan dng. sumpah; *anflehen* meminta dng. sangat, mendesak; *Geister ~* memanggil/mengusir roh-roh; **⁼ung** *f (–;–en)* permintaan; pengusiran roh jahat

beseel|en (–) *tr.* menjiwai; menyemangati; **–t** bernyawa; *von der Hoffnung ~* dng. hati penuh harapan; **⁼theit** *f (–;O)* ilham, semangat; **⁼ung** *f (–;–en)* penjiwaan

besehen (–) *unr. tr.* mengamati, meninjau; memeriksa; *bei Licht(e) ~, genau ~* sebenarnya, bila pegang pd. peraturan

beseitig|en (–) *tr.* melenyapkan, menyingkirkan; **⁼ung** *f (–;O)* penghapusan, penyingkiran, pemusnahan; pembunuhan

beseligen (–) *tr.* membahagiakan

Besen *m (–s;–)* sapu; *aus Reisig* sapu lidi; *fig.* wanita yg. jahat dan kasar; *e-n ~ fressen* mustahil; **–binder** *m* pembuat sapu; **–stiel** *m* gagang sapu

besessen *Adj., von et. ~ sein* kerasukan; mata gelap, kalap; **⁼e** *m, f (–n;–n)* orang yg. kerasukan; **⁼heit** *f (–;O)* kerasukan

besetz|en (–) *tr.* menempati, menduduki; *Rolle ~* memilih pemain utk. peran; *Kleid* menghiasi; **–t** ditempati, terisi; sibuk; *Telefon, WC* sedang dipakai; *voll ~* penuh; *dicht ~* penuh sesak; **⁼ung** *f (–;–en)* pendudukan (tentara); penempatan pegawai/peran; *Thea.* p(em)ilihan para pemain

besichtig|en (–) *tr.* meninjau, melihat-lihat; menyelidiki; bertamasya ke; **⁼ung** *f (–;–en)* peninjauan; **⁼ungsfahrt** *f* perjalanan tinjauan/peninjauan

besiedel|n (–) *tr.* membuka, dan mendiami suatu daerah baru; **⁼ung** *f (–;–en)* kolonisasi, pembukaan daerah baru; **⁼ungsdichte** *f* kepadatan penduduk

besiegeln (–) *tr.* mengesahkan; memeterai(kan), mencap; *fig.* mengukuhkan (persahabatan); *sein Schicksal ist besiegelt* nasibnya sudah pasti

besieg|en (–) *tr.* mengalahkan, menang atas; **⁼er** *m (–s;–)* pemenang, penakluk; **⁼te** *m, f (–n;–n)* orang yg. kalah

besingen (–) *unr. tr.* memuji dl. nyanyian; memuji-muji; *Platte* bernyanyi utk. direkam (pd.)

besinn|en (–) *unr., sich ~* memikirkan, mempertimbangkan; merenungkan, memawas diri; mengingat; *sich anders ~* mengubah pikiran/rencana; *sich nicht darauf ~* tdk. ingat lagi, lupa; *wenn ich mich recht besinne* jika saya tak salah (ingat); **–lich** dng. merenungkan; tenang, kontemplatif

Besinnung *f (–;O)* perenungan, tafakur; *die ~ verlieren* menjadi tak sadar, pingsan; *wieder zur ~ kommen* siuman (kembali); *j-n zur ~ bringen* menginsyafkan, menyadarkan, membuat sso. berpikir tenang; **⁼slos** tak sadarkan diri, pingsan; bingung setengah mati; **–slosigkeit** *f (–;O)* ketidaksadaran, keadaan tak sadar

Besitz *m* (–es;O) milik, kepunyaan; *in ~ nehmen* mengambil, menjadikan milik; **≗anzeigend** *Gr.* yg. berbentuk kepunyaan; **≗en** (–) *unr. tr.* memiliki, mempunyai; **–er** *m* (–s;–) pemilik; **–ergreifung** *f* pengambilan (sst.) sebagai milik; *gewaltsam* perebutan; **≗er·los** tak ada pemilik; **≗los** tdk. mempunyai apa-apa; **–nahme** *f* (–;O) *s. Besitzergreifung;* **–recht** *n* hak milik; **–titel** *m* hak (milik) atas sst.; **–ung** *f* (–;–en) tanah milik yg. luas; **–urkunde** *f* surat bukti hak milik, sertifikat

besoffen *Adj.* mabuk

besohlen (–) *tr.* mensol

besold|en (–) *tr.* membayar gaji, menggaji; **≗ung** *f* (–;O) pembayaran gaji; **≗ungsgruppe** *f* golongan gaji; **≗ungsstufe** *f* tingkat gaji

besonder *Adj.* khusus, luar biasa; *nichts ≗es* biasa; *im ≗en* khususnya; **≗heit** *f* (–;–en) kekhususan; keanehan; **–s** *Adv., getrennt* tersendiri, sendiri-sendiri; *hauptsächlich* (ter-) utama, khusus; *sehr* sangat; *nicht ~* tdk begitu baik

besonnen *Adj.* berhati-hati, berkepala dingin, bijaksana; **≗heit** *f* (–;O) sikap hati-hati; kebijaksanaan

besonnt disinari matahari

besorgen (–) *tr.* melaksanakan, mengerjakan, mengusahakan; *betreuen* mengurus; *kaufen* membeli; *wird besorgt!* pasti beres! *s. besorgt; sich et. ~ , ugs.* mencuri sst.

Besorgnis *f* (–;–se) kekhawatiran, kecemasan; **≗erregend** yg. meresahkan

besorgt cemas, khawatir; takut; *~ sein um* mengkuatirkan (tt.)

Besorgung *f* (–;–en) pengurusan, urusan; pembelanjaan; *~ machen* berbelanja; mengurus

bespannen (–) *tr.* memasang senar pd. (biola, gitar . . .); melapisi (dng. kain . . .); *Wagen* memasang kuda (pd. kereta)

bespeien (–) *unr. tr.* meludahi

bespiegeln (–) *tr.* mencerminkan; membahas, mengupas

bespielen (–) *tr.* merekam

bespitzeln (–) *tr.* memata-matai, mengintai

bespötteln (–) *tr.* mengejek

besprech|en (–) *unr tr.* membicarakan, merundingkan, membahas; *Buch ~* membuat resensi buku; *Kassette ~* merekam pita kaset; *sich mit j-m ~* berunding dng. sso.; **≗ung** *f* (–;–en) perundingan, rapat; resensi, pertimbangan (buku); pembahasan

besprengen (–) memerciki; menyimbah

bespritzen (–) *tr.* menyemprot (hingga basah/kotor)

besprühen (–) *tr.* menyemprot(kan)

besser lebih baik; mending(an); *desto ~, um so ~* lebih baik lagi; *~e Leute* orang kelas elite; *es geht ~* keadaan menjadi lebih baik; *ich täte ~ daran zu gehen* lebih baik saya pergi saja; *~ gesagt* atau (dng.) lebih tepat; **≗e(s)** *n* (–n;O) yg. lebih baik; *j–n e–s ~n belehren* menginsyafkan sso.; **–gestellt** lebih mampu, berkecukupan; **–n** *tr.* menjadikan (lebih) baik, memperbaiki; *sich ~* menjadi baik; bertobat

Besserung *f* (–;O) perbaikan; kesembuhan; *auf dem Wege der ~* semakin sembuh; *gute ~!* semoga lekas/cepat sembuh! **–s·anstalt** *f* lembaga pendidikan anak-anak nakal

Besserwisser *m* (–s;–) orang yg. sok tahu

best(e) paling baik, terbaik; *das/der erste ~e* sembarangan/apa/siapa saja; *aufs ~e* sebaiknya, dng. cara yg. paling baik; *im ~en Falle* paling-paling; *zum ~en geben* menyumbang acara; *j-n zum ~en halten/haben* mempermainkan / mengolok-olok sso.; *nach ~en Kräften* dng. sekuat tenaga; *nach ~em Wissen* sepanjang pengetahuan; *zu deinem ≗en* demi kepentinganmu; *im ~en Alter, in den ~en Jahren, bp.* pd. usia yg. sedang top; *Danke ~ens!* terima-kasih banyak! *zum ~en der Armen* demi orang miskin

bestall|en (–) *tr.* mengangkat; menyerahkan tugas; **≗ungs·urkunde** *f* surat pengangkatan

Bestand *m* (–es;≗e) kelangsungan (hidup); pelanjutan; lamanya; *Vor-*

rat persediaan, inventaris; *von* ~ *sein*, ~ *haben* berlangsung/tahan lama; **≗en** *Adj.* ditanami dng.
beständig tetap, terus-menerus, permanen, konstan, mantap, tdk. berubah-ubah, stabil; **≗keit** *f* (–;O) kemantapan, kestabilan, keadaan tetap/konstan
Bestand|s·aufnahme *f* inventarisasi, catatan persediaan; **–sliste** *f* daftar inventaris; **–teil** *m* bagian; onderdil, unsur, komponen
bestärken (–) *tr.* memperkuat, memperkokoh, meneguhkan
bestätig|en (–) *tr.* membenarkan; menguatkan, menegaskan, meneguhkan; *Empfang* memberi tanda (bukti) penerimaan; *Jur.* mengesahkan; *sich* ~ benar-benar terjadi (spt. disangka), terbukti benar; **≗ung** *f* (–;–*en*) penegasan, pengesahan, pengakuan, peneguhan; bukti; **≗ungsschreiben** *n* surat penegasan
bestatt|en (–) *tr.* memakamkan, menguburkan, mengebumikan; **≗ung** *f* (–;–*en*) pemakaman, penguburan
bestäub|en (–) *tr.* menyerbukkan; melapisi/menyemprot (dng. bubuk); **≗ung** *f* (–;–*en*) penyerbukan (bunga); penyemprotan
bestaunen (–) *tr.* mengagumi
beste *s. best*
bestech|en (–) *unr. tr.* menyuap, menyogok; **–end** yg. menarik, mempesonakan, mengesankan; **–lich** korup, tdk. jujur; **≗lichkeit** *f* (–;O) sikap korup
Bestechung *f* (–;–*en*) penyuapan, korupsi; **–s·affäre** *f* skandal korupsi; **–sgeld** *n* (uang) suapan, sogokan; **–sversuch** *m* percobaan/usaha utk. menyuap
Besteck *n* (–*(e)s*;–*e*) satu set perkakas makan (sendok, garpu dan pisau); *Mar.* perhitungan posisi (kapal); ~ *des Arztes* perkakas dokter
bestehen (–) *unr. itr. tr.* terdiri, ada; *bewältigen* mengatasi, bertahan pd./dl.; *Abenteuer* ~ mengalami dan mengatasi bahaya; *e-e Prüfung (nicht)* ~ (tdk). lulus ujian; *fort*~ berdiri terus; ~ *auf et.* berpegang teguh pd., menuntut, berpendirian; ~ *aus* terdiri atas/dari; terbuat (dari); *et. nicht* ~ gagal; *auf s-n Kopf* ~ berkeras kepala; **≗** *n* (–*s*;*O*) berdirinya; eksistensi; *Prüfung* lulusnya; *seit* ~ sejak berdirinya; **–bleiben** *unr. itr.* tetap (akan) ada/berlaku **–d** yg. (sudah/masih) ada
bestehlen (–) *unr. tr.* mencuri dari
besteig|en (–) *unr. tr.* naik, mendaki; **≗ung** *f* (–;–*en*) *Thron* penaikan; *Berg* pendakian
Bestellbuch *n* buku pesanan
bestellen (–) *tr.* memesan, menyampaikan (surat, salam); mengerjakan (kebun); *sein Haus* ~ mengurus rumah(tangga); ~ *zu j-m* menyuruh datang kpd. sso.; *es ist schlecht mit ihm bestellt* keadaannya menyedihkan/sulit
Besteller *m* (–*s*;–) pemesan
Bestell|karte *f*, **–schein** *m* kartu/surat pemesanan, order; **–ung** *f* (–;–*en*) pemesanan, pesanan; penyampaian (surat, salam); *Betreuung* pengurusan; *Feld* penanaman; *Vormund* pengangkatan; *et. auf* ~ *machen* membuat sst. sesuai dng. pesanan; **–zettel** *m*, *s. Bestellkarte*
besten|falls paling-paling; **–s** sebaik-baiknya, sangat baik
besteuer|n (–) *tr.* mengenakan/membebani pajak; **≗ung** *f* (–;O) pajak; pengenaan pajak
bestial|isch biadab; *ugs.* sangat; **≗ität** *f* (–;–*en*) kebiadaban, kebinatangan, kekejaman
Bestië *f* (–;–*n*) binatang buas; *fig.* orang biadab
bestimm|en (–) *tr.* menentukan, menetapkan, memutuskan; *e-n Begriff* ~ memberi batasan; ~ *für* memperuntukkan; *j-n zu/für et.* ~ menunjuk sso. utk. melakukan sst.; **–t** pasti, tentu; tegas; ~ *sein zu* ditentukan menjadi, diperuntukkan; *(ganz)* ~! tentu! pasti! **≗theit** *f* (–;O) kepastian; *mit* ~ dng. pasti/tegas; **≗ung** *f* (–;–*en*) penentuan; (per-)aturan, ketetapan; nasib; *Zweck* tujuan; *Begriff* batasan, definisi; **≗ungsbahnhof** *m* stasiun yg. dituju; **–ungsgemäß** sesuai dng. pesan (–an)/aturan; sebagaimana se-

harusnya; **≗ungs·ort** *m* tempat tujuan
Bestleistung *f* prestasi paling baik/tinggi
bestmöglich sebaik-baiknya, yg. sebaik mungkin
bestraf|en (–) *tr.* menghukum; **≗ung** *f* (–;–*en*) (peng)hukuman
bestrah|en (–) *tr.* menyinari; **≗ung** *f* (–;–*en*) penyinaran
bestreb|en (–) *sich* ~ berusaha, berikhtiar; **≗en** *n* (–*s*;*O*), **≗ung** *f* (–;–*en*) usaha, ikhtiar
bestreichen (–) *unr. tr.* melumasi, mengoles
bestreiken (–) *tr.* melumpuhkan (pabrik) dng. mogok
bestreit|bar yg. dapat ditentang/dibantah; **–en** (–) *unr. tr.* menentang, melawan, membantah, menangkis; menyangkal, tdk. mengakui; *s-e Ausgaben* ~ membiayai pengeluarannya
bestreuen (–) *tr.* menaburi (dng. garam, gula . . .)
bestricken (–) *tr.* mempesonakan, memikat hati
Bestseller *m* (–*s*;–) buku atau piringan hitam dsb. yg. laku/laris sekali
bestürm|en (–) *tr.* menyerbu, menyerang; *fig.* mendesak; **≗ung** *f* (–;–*en*) serbuan, serangan
bestürz|t terkejut, terperanjat, kaget; **≗ung** *f* (–;*O*) kekejutan; kecemasan
Besuch *m* (–*ѐs*;–*e*) kunjungan, mampir; *Gast* tamu; *Schule* kehadiran, *bp.* absensi; *ich bin auf* ~ saya (ber)tamu di sini; *e-n* ~ *machen* berkunjung; **≗en** (–) *tr.* mengunjungi; berkunjung/pergi ke; *Kino* menonton; *die Schule* ~ pergi ke sekolah; masih sekolah (belum bekerja); **–er(in** *f*) *m* (–*s*;–) tamu, pengunjung, penonton; **–szeit** *f* waktu berkunjung, waktu menerima tamu; *bp.* jam besuk; **–szimmer** *n* kamar tamu
besudeln (–) *tr. refl.* mengotori; menjadi kotor
betagt tua, lanjut usia
betasten (–) *tr.* meraba(–raba), memegang-megang
betätig|en (–) *tr.* menjalankan, menggunakan; *sich* ~ bekerja, menyibukkan diri; *sich politisch* ~ ikut aktif dl. politik; *sich bei et.* ~ ikut mengambilbagian; **≗ung** *f* (–;–*en*) kegiatan, kesibukan, usaha, pekerjaan
betäub|en (–) *tr.* membius(kan), membuat mati rasa; ~ *der Lärm* kegaduhan yg. memekakkan telinga; **≗ung** *f* (–;*O*) pembiusan, pelalian; *örtliche* ~ lali setempat; **≗ungsmittel** *n* obat bius, obat pemati rasa
Be(e)te *f* (–;–*n*) *Bo.* bit, *beta vulgaris*
beteilig|en (–) *tr. refl.* mengikutsertakan; (ikut) mengambilbagian, turut serta; *beteiligt sein an* ikut serta dng.; tersangkut/terlibat dl.; **≗te** *m*, *f* (–*n*;–*n*) orang yg. ikut serta/terlibat, peserta, yg. berkepentingan; **≗ung** *f* (–;–*en*) partisipasi, turutsertanya; *unter großer/starker* ~ beramai-ramai
Betel|(nuß *f*) *m* (–*s*;*O*) pinang; **–palme** *f* palem pinang, *areca catechu*
bet|en *itr.* berdoa, bersembahyang; *tr.* mendoakan, memohon; *bete u. arbeite!* berdoa dan bekerjalah! **≗er** *m* (–*s*;–) orang yg. berdoa
beteuer|n (–) *tr.* menyatakan dng. sungguh-sungguh, menegaskan; **≗ung** *f* (–;–*en*) penegasan
betiteln (–) *tr.* memberi nama/judul; menyebut dng. gelar
Beton *m* (–*s*;*O*) beton
betonen (–) *tr.* memberi tekanan; menekankan, menitik-beratkan
beton|ieren (–) *tr.* membangun sst. dari/dng. beton; **≗mischmaschine** *f* mesin pengolah beton
beton|t tegas, dng. sungguh-sungguh; **≗ung** *f* (–;–*en*) tekanan (suara), aksen; penekanan
betören (–) *tr.* menipu dng. kata-kata manis; merayu spy. jatuh cinta
Betracht *m*, *in* ~ *ziehen* mempertimbangkan, memperhitungkan; *nicht in* ~ *kommen*, *außer* ~ *lassen* tdk. memikirkan (kemungkinannya), mengabaikan; **≗en** (–) *tr.* memandang lama dan teliti, mengamati; *fig.*, ~ *als* menganggap sebagai; *Rel.*, *meditieren* merenung(kan), bersemadi; *aus der Nähe* ~ melihat/memandang dari dekat
beträchtlich agak; sangat

Betrachtung *f* (–;–*en*) pemandangan; pemikiran, pertimbangan; renungan, meditasi
Betrag *m* (–*(e)s*;*–̈e*) jumlah, total: ~ *erhalten* lunas; **°en** (–) *unr. itr.* berjumlah, meliputi; *der Abstand von Jakarta nach Bogor beträgt 60 km* jarak Jakarta-Bogor (sejauh) 60 km; *sich* ~ berkelakuan, bersikap; **–en** *n* (–*s*;*O*) kelakuan, sikap, tingkahlaku
bertrauen (–) *tr.*, *j-n mit et.* ~ mempercayakan sst. kpd. sso.
betrauern (–) *tr.* berduka-cita atas
Betreff *m* (–*s*;*O*) *am Briefanfang* (peri-) hal; *in* ~ sehubungan dng.; **°en** (–) *unr. tr.* mengenai; berhubungan dng.; *was mich betrifft* sejauh saya tersangkut; **°end** yg. bersangkutan, yg. dimaksud(kan); **–ende** *f*, *m* (–*n*;–*n*) orang yg. bersangkutan; **°s** (peri)hal, tentang, mengenai hal
betreiben (–) *unr. tr.* menjalankan, mengurus, mengerjakan; *e Geschäft* ~ mengurus toko; *Studien* ~ belajar, melakukan studi; **°** *n* (–*s*;*O*) *auf ~ von* atas usaha/dorongan
betreten 1. (–) *unr. tr.* memasuki; menginjak; *° verboten!* dilarang masuk! **2.** *Adj.* malu(-malu); tersipu-sipu
betreu|en (–) *tr.* memelihara, mengurus; **°er** *m* (–*s*;–) pengurus, orang yg. memelihara/menjaga; **°ung** *f* (–;–*en*) pemeliharaan
Betrieb *m* (–*(e)s*;–*e*) perusahaan, firma, pabrik; *Maschine* keadaan bekerja/ berjalan; *fig.* kesibukan, keramaian; *öffentlicher* ~ perusahaan umum; *außer ~ sein* tdk. jalan; *in ~ sein* sedang jalan; *in ~ setzen* menghidupkan, menjalankan; *lebenswichtiger* ~ perusahaan yg. menguasai hajat hidup orang banyak (*mis.* perusahaan listrik, air minum)
betriebsam sibuk, rajin; **°keit** *f* (–;*O*) kesibukan
Betriebs|angehörige *m* karyawan perusahaan; **–anleitung** *f*, **–anweisung** *f* petunjuk pemakaian (mesin . . .); **–bedingungen** *pl* syarat-syarat utk. menjalankan mesin; **–berater** *m* penasehat perusahaan; **–dauer** *f* lamanya mesin dapat berfungsi; **°eigen** *Adj.* yg. dimiliki perusahaan; **–einrichtungen** *pl* peralatan perusahaan; mesin-mesin; **°fähig, °fertig** siap berjalan, siap (di)pakai; **–führer** *m* pemimpin perusahaan; **–geheimnis** *n* rahasia perusahaan
Betriebs|kapital *n* modal usaha/ perusahaan; **–klima** *n* suasana kerja dl. perusahaan; **–kosten** *pl* biaya operasi/produksi; **–krankenkasse** *f* asuransi kesehatan utk. karyawan; **–leistung** *f* efisiensi kerja; hasil produksi; **–leiter** *m*, *s. Betriebsführer;* **–mittel** *pl* modal perusahaan; alat yg. dipakai utk. bekerja/berproduksi; **–ordnung** *f* peraturan perusahaan; **–personal** *n* karyawan/ staf perusahaan; **–prüfung** *f* pemeriksaan tata buku perusahaan; audit(ing) perusahaan; **–rat** *m* dewan pengurus perusahaan; **–schließung** *f* penutupan pabrik/ perusahaan; **–schluß** *m* jam/waktu tutup perusahaan/toko/kantor
betriebssicher aman penggunaannya; **°heit** *f* keamanan (suatu alat/ mesin) pd. waktu dipakai/berjalan
Betriebs|stillegung *f* penutupan pabrik/perusahaan; **–stockung** *f* macetnya produksi; **–stoff** *m* bahan bakar; **–störung** *f* gangguan produksi; **–unfall** *m* kecelakaan pd. waktu kerja; **–verhältnisse** *pl* keadaan di tempat kerja; **–versammlung** *f* rapat para karyawan/staf perusahaan
Betriebswirtschaft *f* ekonomi perusahaan; **°lich** yg. berh. dng. ekonomi perusahaan; **–slehre** *f* ilmu ekonomi perusahaan
Betriebs|wissenschaft *f* ilmu perusahaan; **–zustand** *m* keadaan (bekerjanya) mesin; **–zweig** *m* cabang industri/usaha
betrinken (–) *unr.*, *sich* ~ minum sampai mabuk
betroffen *Adj.* terkejut; *heimgesucht* terkena; *die ~en Personen* orang-orang yg. bersangkutan
betrüb|en (–) *tr.* menyedihkan, menyakitkan hati; **–lich** sedih, yg. menyedihkan; **°nis** *f* (–;–*se*) kesedihan; **–t** sedih hati

Betrug *m* (–e̸s;*O*) penipuan, tipuan, pemalsuan, kecurangan

betrüg|en (–) *unr. tr.* menipu, mengakali, memperdayakan, main curang; **≗er(in** *f***)** *m* (–*s*;–) penipu; **≗erei** *f* (–;–*en*) penipuan; **–erisch** bersifat menipu, curang

betrunken *Adj.* mabuk; **≗e** *m, f* (–*n*;–*n*) pemabuk; **≗heit** *f* (–;*O*) keadaan mabuk

Bett *n* (–e̸s;–*en*) tempat tidur; *Fluß* palung sungai/kali; *das* ~ *hüten* terus berbaring di tempat tidur; *zu* ~ *gehen* naik ke tempat tidur, pergi tidur; *im* ~ di atas tempat tidur; **–bezug** *m* seprai; **–decke** *f* selimut

Bettel *m* (–*s*; *O*) (perbuatan) minta-minta; barang rongsokan; **≗arm** sangat miskin, papa; **–ei** *f* (–;–*en*) minta-minta; **–mönch** *m* biarawan pengemis, rahib peminta derma; *Lit.* kalandar; **≗n** *tr.* mengemis, minta-minta; **–orden** *m, Rel.* ordo yg. menerima derma/sedekah; **–stab** *m* tongkat pengemis; *j-n an den* ~ *bringen* menjerumuskan sso. ke dl. kemiskinan

betten *tr.* meletakkan (di atas sst.) dng. hati-hati

bettlägerig terpaksa harus berbaring di tempat tidur (karena sakit)

Bettlaken *n* (kain) seprai

Bettler *m* (–*s*;–) pengemis, *bp.* tukang minta-minta

Bett|nässen *n* (–*s*; *O*) ngompol di tempat tidur; **–ruhe** *f* istirahat di tempat tidur; **–schirm** *m* sekesel/sekat tempat tidur; **–stelle** *f* ranjang, tempat tidur; **–(t)uch** *n* seprai; **–überzug** *m* sarung bantal/selimut; **–ung** *f* (–;–*en*) *Tech.* pelat fondasi; landasan; **–vorleger** *m* keset di muka tempat tidur; **–wäsche** *f*, **–zeug** *n* perlengkapan tempat tidur (seprai, sarung bantal . . .)

betulich santai bertele-tele dan agak lamban; *geschäftig* sibuk

Beug|e *f* (–;–*n*) bengkokan; **≗en** *tr.* membungkuk(kan), melengkungkan, membengkokkan; *Kopf* menundukkan; *Gr.* mendeklinasikan, mengkonyugasikan, mentasrifkan; *vom Alter gebeugt* bongkok karena sudah tua; *sich* ~ membungkuk; *fig.* tunduk, patuh; *das Recht* ~ menginjak-injak hukum; **–ung** *f* (–;–*en*) pembengkokan, pelengkungan; *Gr.* deklinasi, konyugasi; *Optik* pembiasan

Beule *f* (–;–*n*) benjol, bengkak; *Auto* penyok

be·unruhig|en (–) *tr.* mengkhawatirkan, menggelisahkan, meresahkan, mencemaskan; **≗ung** *f* (–; *O*) kekhawatiran, kegelisahan, keresahan

be·urkund|en (–) *tr.* mensahkan, membuat pernyataan/surat resmi; **≗ung** *f* (–;–*en*) pengesahan

be·urlaub|en (–) *tr.* memberi cuti/liburan; *vom Amt* ~ menskors, memberhentikan (sementara) dari jabatan; *sich* ~ mengatakan mau cuti/libur; **≗ung** *f* (–;–*en*) pemberian cuti/liburan; pemberhentian (sementara)

be·urteil|en (–) *tr.* menilai, memberi pertimbangan; **≗er** *m* (–*s*;–) penilai; **≗ung** *f* (–;–*en*) penilaian, pertimbangan, kritik

Beute *f* (–;*O*) mangsa (binatang); barang rampasan; *auf* ~ *ausgehen* mencari mangsa; **≗gierig** haus (utk.) merampas

Beutel *m* (–*s*;–) pundi-pundi, kantung; dompet; **–tier** *n* binatang berkantung, *marsupialia*

bevölker|n (–) *tr.* mendiami, menduduki; *sich* ~ (*mit*) menjadi penuh (dng.); **≗ung** *f* (–; *O*) penduduk

Bevölkerungs|abnahme *f* pengurangan penduduk; **–dichte** *f* kepadatan penduduk; **–explosion** *f* ledakan penduduk; **–kunde** *f* ilmu kependudukan, demografi; **–politik** *f* kebijaksanaan kependudukan; **–schicht** *f* lapisan masyarakat; **–stand** *m* keadaan penduduk; **–zunahme** *f* pertambahan penduduk

bevollmächtig|en (–) *tr.* memberi kuasa; **≗te** *m, f* (–*n*;–*n*) pemegang kuasa, orang yng. berwenang; utusan; duta (yg. diberi kuasa); **≗ung** *f* (–;–*en*) penguasaan, pemberian kuasa; *Vollmacht* kuasa, wewenang

bevor sebelum(nya)
bevormund|en (–) *tr.* menempatkan di bawah perwalian; *fig.* terlalu mempengaruhi, memperlakukan spt. anak kecil; **≗ung** *f* (–;O) perwalian; perlakuan yg. menghambat sso. utk. menjadi dewasa
bevorrecht(ig)en (–) *tr.* mendahulukan, memberi hak istimewa
bevorschussen (–) *tr.* memberikan persekot/panjar
bevorstehen (–) *unr. itr.* sudah dekat, sebentar lagi, di ambang pintu, menjelang; **–d** dekat, yg. akan datang
bevorzug|en (–) *tr.* mengutamakan, mendahulukan; memilih-milih, lebih suka akan; **≗ung** *f* (–;O) pengutamaan; pilihan (utama)
bewach|en (–) *tr.* menjaga; **≗ung** *f* (–;O) penjagaan
bewachsen *Adj.*, ~ *sein mit* ditutupi/ditumbuhi (dng.) tanam-tanaman
bewaffn|en (–) *tr.* mempersenjatai; **–et** bersenjata; **≗ung** *f* (–;O) persenjataan, perlengkapan senjata
bewahren (–) *tr.* menjaga dng. aman, melindungi; menyimpan (rahasia); *die Ruhe/Haltung* ~ menjaga sikap tenang, tdk. menjadi gelisah; (*Gott*) *bewahre!* astaga! jangan!
bewähren (–) *sich* ~ bertahan, tahan uji, tdk. mengalah
bewahrheiten (–) *sich* ~ terbukti benar/betul
bewährt dapat diandalkan, tangguh, terbukti
Bewahrung *f* (–;O) penyimpanan; perlindungan; *in* ~ *nehmen* menyimpan baik-baik
Bewährung *f* (–;–*en*) tahan-uji; percobaan; *drei Monate* ~, *Jur.* masa percobaan tiga bulan; **–sfrist** *f, Jur.* masa percobaan
bewaldet berhutan
bewältigen (–) *tr.* menanggulangi, menyelesaikan; mengatasi
bewandert berpengalaman, pandai
Bewandtnis *f* (–;–*se*) *damit hat es folgende* ~ masalahnya demikian, persoalannya sebagai berikut
bewässer|n (–) *tr.* mengairi; **≗ung** *f* (–;–*en*) irigasi, pengairan; **≗ungs·anlage** *f* projek irigasi; **≗ungskanal** *m* parit/selokan irigasi
beweg|en (–) **1.** *tr.* menggerakkan, memindahkan; *fig.* mengharukan, menggerakkan hati; *sich* ~ bergerak; **2.** *unr. tr.* menyebabkan, menimbulkan; *j-m zu et.* ~ membujuk sso. utk. berbuat sst.; *sich* ~ *lassen zu* mau dibujuk utk.; **≗grund** *m* alasan, motif, sebab; **–lich** dapat digerakkan, yg. dapat bergerak; *fig.* lincah, gesit; ~*er Geist* (si) otak encer, gesit; ~*e Habe* barang bergerak; **≗lichkeit** *f* (–;O) mobilitas; kegesitan; **–t** terharu; *Zeiten* sibuk, tdk. tenang; penuh kejadian penting; *See* bergolak; *anregend* hangat, *bp.* ramai; ~*es Leben* hidup yg. penuh peristiwa
Bewegung *f* (–;–*en*) gerakan; perubahan keadaan; *Gemüt* (gerakan) emosi; *körperliche* ~ gerak badan; *sich in* ~ *setzen* (mulai) bergerak; *in* ~ *setzen/bringen* menggerakkan; *alle Hebel in* ~ *setzen, fig.* berusaha mencapai tujuan dng. segala cara; **–s·energie** *f* tenaga gerak; **≗sfähig** dapat bergerak; **–sfreiheit** *f* kebebasan bergerak/berpindah, keleluasaan utk. bergerak; **≗slos** tak bergerak
beweinen (–) *tr.* menangisi, meratapi, menyesali
Beweis *m* (–*es*;–*e*) bukti; (sebagai) tanda; *den* ~ *führen* membuktikan; **–aufnahme** *f, Jur.* pemeriksaan bukti; **≗bar** dapat dibuktikan; **≗en** (–) *unr. tr.* membuktikan; menunjukkan (minat); **–führung** *f* pembuktian, argumentasi; **–grund** *m* alasan, dasar; sanggahan, argumen; **–kraft** *f* daya/kekuatan bukti; **–material** *n* barang bukti; **≗pflichtig** yg. harus membuktikan; **–stück** *n* tanda bukti
bewenden *es* ~ *lassen bei* membiarkan (sst.), menerima saja
bewerb|en (–) *unr., sich* ~ *um* melamar (pekerjaan); mencalonkan diri; *sich um e–n Preis* ~ bertanding utk. merebutkan hadiah; *sich um e Mädchen* ~ meminang seorang gadis; **≗er** *m* (–*s*;–), **≗erin** *f* (–;–*nen*) calon; pelamar, peminang; saingan;

≗ung *f* (*–;–en*) lamaran; **≗ungschreiben** *n* surat lamaran

bewerfen (–) *unr. tr.* melempari; *Wand* memplester

bewerkstelligen (–) *tr.* mengerjakan, melaksanakan

bewert|en (–) *tr.* menilai; **≗ung** *f* (*–;–en*) penilaian

bewillig|en (–) *tr.* mengabulkan, mengijinkan, menyetujui; memberikan; **≗ung** *f* (*–;–en*) persetujuan, ijin

bewillkommen (–) *tr.* menyambut, menyongsong; mengucapkan selamat datang

bewirken (–) *tr.* menyebabkan, mengakibatkan

bewirten (–) *tr.* menjamu, menerima tamu

bewirtschaft|en (–) *tr.* mengurus, mengelola; *Waren* menentukan jatah; *Devisen* membatasi/mengontrol; **≗ung** *f* (*–;O*) pengurusan, pengelolaan; penentuan jatah; pengawasan devisa

Bewirtung *f* (*–;O*) penjamuan, pelayanan

bewohn|bar dapat didiami/ditinggali; **–en** (–) *tr.* mendiami; menempati; **≗er** *m* (*–s;–*) penghuni, penduduk

bewölk|en (–) *sich* ~ menjadi mendung, mulai berawan; **–t** berawan, mendung

Bewunder|er *m* (*–s;–*), **–erin** *f* (*–;–nen*) pemuja, pengagum, penggemar; **≗n** (–) *tr.* mengagumi, memuja-muja; **≗nswert, ≗nswürdig** patut dikagumi; **–ung** *f* (*–;O*) kekaguman, rasa takjub

bewußt dng. sadar/sengaja; *sich e-r Schuld ~ sein* sadar/insyaf akan kesalahan; *so viel mir ~ ist* sepanjang pengetahuan saya, setahu saya; *in dem ~en Haus* dl. rumah yg. sudah dibicarakan itu; **–los** tak sadar; *~ werden* jatuh pingsan; **≗losigkeit** *f* (*–;O*) keadaan tak sadar(kan) diri; **≗sein** *n* (*–s;O*) kesadaran; *bei ~* dng. sadar; *das ~ haben* yakin akan; *j-m et. zum ~ bringen* menyadarkan/menginsyafkan sso. tt. sst.; **≗seinsspaltung** *f, Psych.* skizofrenia; **≗seinsstörung** *f* gangguan kesadaran

bezahl|en (–) *tr.* membayar; **–t** yg. sudah dibayar, lunas; *das macht sich ~* hal itu berguna/menguntungkan; *'bezahlt' (auf der Rechnung)* lunas; **≗ung** *f* (*–;–en*) pembayaran

bezähmen (–) *tr.* menjinakkan; mengekang, menahan

bezauber|n (–) *tr.* menyihir; mempesona(kan); **–nd** bersifat mempesonakan, menawan hati; **–t** terpesona, takjub

bezeichn|en (–) *tr.* menandai; menyebut, menamakan; menunjuk(-kan); *bedeuten* mengartikan, berarti; *näher ~* menggambarkan dng. lebih tepat; **–end** khas; **–enderweise** (dng. cara yg.) khas, *bp.* tipis; **≗ung** *f* (*–;–en*) tanda pengenal; istilah, nama; penandaan

bezeigen (–) *tr.* memperlihatkan, menyatakan, menunjukkan

bezeug|en (–) *tr.* memberi kesaksian; **≗ung** *f* (*–;O*) kesaksian

bezichtig|en (–) *tr.* menuduh, menyalahkan; **≗ung** *f* (*–;–en*) tuduhan (yg. belum terbukti)

bezieh|en (–) *unr. tr.* menutupi/menyelubungi dng. kain/kulit; mendapat; *e Haus ~* menempati/mendiami rumah; *Waren ~* memperoleh/mendapat barang; *Zeitung ~* berlangganan koran; *Lohn ~* menerima gaji; *Bett ~* memasang seprai; *Stellung ~* menentukan sikap, *Mil.* menyeteling, memasang seteling; *der Himmel bezieht sich* langit mulai berawan; *~ auf* menghubungkan dng.; *sich ~ auf et.* berh dng. sst., mengenai sst., menunjuk pd. sst.; *sich auf j–n ~* menunjuk/mengutip perkataan sso.; **≗er** *m* (*–s;–*) langganan

Beziehung *f* (*–;–en*) hubungan, koneksi, relasi; *in dieser ~* dl. hal itu; *in ~ auf* berhubung(an) dng.; **≗slos** tanpa hubungan, tak ada hubungan; **≗sweise** atau, atau dng. lebih tepat dikatakan

beziffern (–) *tr.* memberi angka; *schätzen* mentaksir (kerugian . . .); *sich ~ auf* berjumlah menjadi

Bezirk *m* (*–es;–e*) daerah, wilayah

Bezug *m* (–*e*s;–̈*e*) hubungan, relasi; *Kissen* sarung/kain penutup; *Zeitung* langganan; *bei* ~ *von 30 Stück* bila memesan/membeli 30 buah; *in* ≗ *auf* berhubungan dng; ~ *nehmend auf* dng. menunjuk pd.

Bezüg|e *pl* pendapatan; (uang, barang) yg. diperoleh; **≗lich** berhubung dng., mengenai; ~ *des Essens* dl. hal makanan; ~ des Klimas yg. menyangkut iklim; *es Fürwort, Gr.* kata ganti penghubung

Bezugnahme *f, mit/unter* ~ *auf* berkenaan dng.

Bezugs|bedingungen *pl* syarat-syarat penyerahan/pengiriman; **≗berechtigt** yg. berhak menerima; **≗fertig** siap dihuni; **–preis** *m* harga langganan; **–quelle** *f* sumber dari mana sst. diperoleh; **–schein** *m* surat ijin pembelian

bezwecken (–) *tr.* memaksudkan, bertujuan

bezweifeln (–) *tr.* meragukan, menyangsikan

bezwingen (–) *unr. tr.* mengalahkan; menaklukkan; *sich* ~ menguasai/mengekang diri

Bibel *f* (–;–*n*) Kitab Suci, Alkitab; **–auslegung** *f* pentafsiran Kitab Suci; **–forscher** *m* pentafsir/pelajar Kitab Suci; *Ernste* ~ Saksi Yehowa; **–spruch** *m* ayat/kutipan Kitab Suci; **–stunde** *f* pelajaran Kitab Suci

Biber *m* (–*s*;–) sm. berang-berang, *castoridae; Textil* sm. kain katun yg. kasar

Biblio|graph *m* (–*en*;–*en*) bibliograf; **–graphie** *f* (–; . . . *iën*) kepustakaan, bibliografi; **–thek** *f* (–;–*en*) perpustakaan; **–thekar** *m* (–*s*;–*e*) pengurus perpustakaan

biblisch berh. dng. Kitab Suci; alkitabiah; ~*e Geschichte* cerita dl. Alkitab; ≗*e Geschichte* pelajaran Kitab Suci

bieder jujur, polos, sedikit naif

bieg|en *unr. tr.* membengkokkan, melengkungkan; *sich* ~ (me)lendut, melengkung; *sich vor Lachen* ~ tertawa terpingkal-pingkal; *um die Ecke* ~ membelok di tikungan jalan; **–sam** dapat dibengkokkan, lentur, fleksibel; **≗samkeit** *f* (–;*O*) kelenturan; **≗ung** *f* (–;–*en*) tikungan (jalan), (pem)belokan; pembengkokan

Biene *f* (–;–*n*) tawon, lebah, *apidae;* **–nfleiß** *m* ketekunan luar biasa; **–nhaus** *n* rumah lebah; **–nkorb** *m* sarang lebah; **–nschwarm** *m* sekawanan lebah; **–nstich** *m* sengatan lebah; sm. kue puding dng. serpihan buah badam; **–nzucht** *f* peternakan lebah

Bier *n* (–*e*s;–*e*) bir; **–brauer** *m* pembuat/pemasak bir; **–brauerei** *f* tempat pembuatan bir; **–faß** *n* tong/vat bir; **–garten** *m* restoran terbuka; **–krug** *m* gelas bir yg. besar; **–ruhe** *f* ketenangan hati yg. besar; **–stube** *f*, **–wirtschaft** *f* kedai minum bir

Biest *n* (–*es*;–*er*) binatang buas; *du* ~! *ugs., bp.* biadab lu!

bieten *unr. tr.* menawarkan/i, memberikan; *sich et. nicht* ~ *lassen* tdk. menerima sst.; *es bietet sich e–e Chance* ada kesempatan baik; *e herrlicher Anblick bietet sich* ada pemandangan indah sekali; *die Stirn* ~ melawan

Bigamie *f* (–;*O*) perkawinan dng. dua orang

bigott munafik, sok saleh

Bikini *m* (–*s*;–*s*) pakaian renang mini, bikini

Bilanz *f* (–;–*en*) neraca; *die* ~ *ziehen* membuat neraca; *fig.* mengambil kesimpulan; **≗ieren** (–) *tr.* membuat neraca; **–prüfung** *f* audit(ing) keuangan

bilateral (antara) dua belah pihak, bilateral

Bild *n* (–*e*s;–*er*) gambar; potret; *fig.* gambaran, citra; *Eindruck* pemandangan, kesan; *im* ~*e sein* mengetahui; *sich e* ~ *machen von* memperoleh gambaran tt. (sst.); **–ausfall** *m* gambar hilang (di teve); **–band 1.** *m* buku gambar; **2.** *n* pita video; **–bandgerät** *m* (alat) video; **–bericht** *m* berita bergambar

bilden *tr.* membentuk; mendidik; membuat, mengadakan; merupakan; *sich* ~ terbentuk; mendidik diri sendiri; **–d** bersifat mendidik; ~*e Künste* seni rupa

Bilder|anbetung *f* pemujaan berhala; **–buch** *n* buku bergambar; **–galerie** *f* ruang lukisan/patung; **–rätsel** *n* teka-teki bergambar; **–sprache** *f* bahasa kiasan; **–stürmer** *m* perusak gambar/patung orang kudus

Bild|fläche *f* layar film/teve; *von der ~ verschwinden, ugs.* menghilang, dilupakan; **≗haft** plastis; **–hauer** *m* (*–s;–*) pemahat ahli; **≗hübsch** sangat cantik, manis sekali; **≗lich** kiasan, beribarat; dng. gambar; **–ner** *m* (*–s;–*) pemahat, pembuat patung; **–nis** *n* (*–ses;–se*) gambar, potret; **≗sam** dapat dibentuk, lemas, plastis; **–säule** *f* patung; **–schärfe** *f, Fot.* tajamnya gambar/potret; **–schirm** *m* layar televisi; **≗schön** sangat indah, cantik; **–sucher** *m, Fot.* jendela bidik, *view finder*

Bildung *f* (*–;–en*) terjadinya; *Schaffung, Gründung* pengadaan, pembentukan; *Erziehung* pendidikan; *Kultur* peradaban, pengetahuan; **–s·anstalt** *f* lembaga pendidikan; **–sdrang** *m*, **–s·eifer** *m* dorongan/keinginan belajar, tekad memperluas pengetahuan; **≗sfähig** dapat di didik; **–sgang** *m* riwayat pendidikan; **–sgrad** *m* tingkat/jenjang pendidikan

Bild|wand *f, Fot.* layar proyeksi; **–werfer** *m* proyektor; **–werk** *n* patung, gambar

Billard *n* (*–s;–e*) bilyar, bola sodok

Billett *n* (*–ẹs;–e*) karcis; **–ausgabe** *f*, **–schalter** *m* loket karcis; **–verkauf** *m* penjualan karcis

Billiarde *f* (*–;–n*) sejuta milyar (1 x 10^{15})

billig murah; murahan; *gerecht* layak, adil; *vernünftig* dapat diterima, masuk akal; **–en** *tr.* menyetujui, menerima baik; **–ermaßen, –erweise** wajar, layak; **≗keit** *f* (*–;O*) kelayakan; kemurahan; **≗ung** *f* (*–;–en*) persetujuan

Billion *f* (*–;–en*) seribu milyar (1 x 10^{12})

Bimsstein *m* batu apung/timbul

Binde *f* (*–;–en*) pembalut; pita; ambin, kain gendongan; **–gewebe** *n, Anat.* jaringan penghubung; **–glied** *n* mata rantai, **–haut** *f, Anat.* selaput mata; **–hautentzündung** *f, Med.* radang selaput mata, *conjunctivitis;* **–mittel** *n* bahan pembeku/perekat

binde|n *unr. tr.* mengikat; *Kranz* mengarang; *Buch* menjilid; *Schlips* memasang; *sich ~* terikat atau mengikat diri (pd.); **–nd** yg. mengikat; **≗r** *m* (*–s;–*) tukang/mesin ikat; *Schlips* dasi; **≗strich** *m* tanda/garis penghubung; **≗wort** *n* kata penghubung

Bind|faden *m* tali pengikat; **–ung** *f* (*–;–en*) ikatan, hubungan, kewajiban; *Ski* perlengkapan pengikat

binnen *Prp. mit Dat./Gen.* dalam; *~ kurzem* tdk. lama lagi

Binnen|gewässer *n, pl* perairan darat; sungai, kali dan danau; **–hafen** *m* pelabuhan di sungai/danau (bukan di tepi laut); **–handel** *m* perdagangan/perniagaan dl. negeri; **–land** *n* (daerah) pedalaman; **–meer** *n* laut yg. hampir seluruhnya di kelilingi darat; **–see** *m* danau, tasik; **–verkehr** *m* lalulintas dl. negeri

Binse *f* (*–;–n*) kercut, mensiang (kumbuh), *scirpus mucronatus; in die ~n gehen* menjadi rusak/gagal; **–nmatte** *f* tikar anyaman (dari kercut); **–nwahrheit** *f*, **–nweisheit** *f* hal yg. sudah diketahui umum

Biochemie *f* biokimia

Biograph *m* (*–en–en*), **–in** *f* (*–;–nen*) pengarang biografi; **–ie** *f* (*–;. . . iën*) riwayat hidup, biografi

Biolog|e *m, f* (*–n;–n*) ahli ilmu-hayat/biologi; **–ie** *f* (*–;O*) ilmu hayat, biologi; **≗isch** berh. dng. ilmu hayat; menyangkut proses kehidupan, alamiah, biologis

Bio|physik *f* biofisika; **–sphäre** *f* ruang yg. (dapat) di huni makhluk hidup

Birke *f* (*–;–n*) pohon birke, *betula*

Birnbaum *m* pohon pér/pir, *pyrus*

Birne *f* (*–;–n*) buah pir; *Elek.* bola lampu, bohlam

bis sampai, hingga; *2 ~ 3* dua sampai tiga; *alle ~ auf e–n* semua kecuali satu; *~ auf weiteres* sampai ada khabar lagi, sampai nanti; *~ dahin* sejauh itu; sampai di situ;

~ *heute* sampai hari ini; ~ *zum Schluß* sampai akhir; *vom Kopf* ~ *zum Fuß* dari atas sampai ke bawah, seluruhnya
Bischof *m* (*–s;–̈e*) uskup
bischöflich keuskupan
Bischofs|amt *n* jabatan uskup; **–mütze** *f* mitra; **–stab** *m* tongkat uskup
bisher(ig) hingga kini/sekarang
Biskuit *n* (*–s;–s/–e*) bisk(u)it
bislang *s. bisher*
Biß *m* (*Bisses; Bisse*) gigitan, luka akibat gigitan
bißchen *e* ~ sedikit
Bissen *m* (*–s;–*) segigit, sepotong, sekerat makanan; *sich jeden* ~ *vom Munde absparen* hidup sangat hemat
bissig suka menggigit; *fig.* galak
Bistum *n* (*–ꞩ;–̈e*) keuskupan
bisweilen *Adv.* sewaktu-waktu, kadang-kadang
Bitte *f* (*–;–n*) permintaan, permohonan; **°** *Adv.*, ~ *sehr/schön!* silahkan! (*wie*) ~*?* bagaimana? apa maksud tuan? *vielen Dank!* ~*!* terimakasih! kembali!
bitten *unr. tr.* (me)minta, memohon; *um Verzeihung* ~ minta maaf; *zum Essen* ~ mengundang makan; *ich lasse Frau A* ~ saya minta Nyonya A masuk
bitter pahit; getir; ~*er Ernst* sangat serius; **–böse** sangat marah; **–kalt** sangat dingin; **°keit** *f* (*–;–en*) kepahitan; **–lich** sangat; *er weint* ~ ia menangis tersedu-sedu
Bitt|gang *m* prosesi, arak-arakan, iring-iringan (utk. memohon sst.); **–gebet** *n* doa permohonan; **–gesuch** *n*, **–schrift** *f* surat permohonan; petisi; **–steller** *m* (*–s;–*) pemohon, pelamar
Bitumen *n* (*–s;O*) bitumen, aspal
Biwak *m* (*–s;–s/–e*) perkemahan, bivak; **°ieren** (*–*) *itr.* berkemah
bizarr *Adj.* tdk. biasa, aneh, ganjil
bläh|en *tr. itr.* mengembung(kan), mengembang(kan); **°ung** *f* (*–;–en*) gembung; *Furz* kentut
blam|abel yg. memalukan; **°age** *f* (*–;–n*) sst. yg. memalukan; **–ieren** (*–*) *tr.* membuat malu, mempermalukan
blank bersih, berkilau, licin (dan) mengkilap; *bloß, nackt* telanjang; *auf dem* ~*en Boden* tanpa alas; *ich bin* ~, *ugs. bp.* saya bokek; ~*er Unsinn* omong kosong belaka
blanko tdk. terisi, kosong; **°scheck** *m* cek yg. belum diisi; **°vollmacht** *f* kekuasaan/mandat tak terbatas
Bläs·chen *n* (*–s;–*) gelembung kecil
Blase *f* (*–;–n*) gelembung; *Med.* kandung kemih; **–balg** *m* pompa udara, embusan, puputan; **°n** *unr. tr. itr.* meniup; menghembus(kan); **–nleiden** *n* penyakit kantong kemih
Bläser *m* (*–s;–*) *Mus.* pemain alat musik tiup
blasiert sombong
Blas|instrument *n* alat musik tiup; **–kapelle** *f* ben dng. banyak alat musik tiup; **–orchester** *n* orkes tiup
Blasphemie *f* (*–;. . .iën*) penghujatan
Blasrohr *n* sumpitan
blaß pucat; *e* ~*es Rot* merah kusam; *keine* ~*e Ahnung haben* tdk. tahu apa-apa
Blässe *f* (*–;O*) pucatnya
Blatt *n* (*–ꞩ;–̈er*) daun; helai, lembar; *ugs.* koran; *kein* ~ *vor den Mund nehmen* berbicara terus-terang/blak-blakan; *das* ~ *hat sich gewendet* keadaan sudah berubah
Blatter *f* (*–;–n*) lepuh; bisul, *pustula;* **–n** *pl, Med.* cacar (air), *varicella*
blättern *itr.* membalik(–balik) halaman
Blatternarbe *f* bekas cacar, bopeng
Blätter|teig *m* adonan lipat yg. bergelembung, *bp.* bladerdik; **–wald** *m, iron.* pers, persuratkabaran
Blatt|gold *n* emas perada; **–knospe** *f* kuncup daun; **–laus** *f* kutu daun; **–pflanze** *f* tanaman hias (yg. daunnya bagus); **–säge** *f* gergaji tangan (dng. daunnya kurang lebar)
blau biru; ~ *sein* mabuk; *mit e–m* ~*en Auge davonkommen* masih untung dibandingkan dng. yg. lain (dl. suatu malapetaka); mengalami sedikit kerugian (saja); *e–e Fahrt ins* **°e** bertamasya tanpa tujuan tertentu; ~ *unterlaufen* biru lebam; **°beere** *f* sm. tanaman arbei kecil berwarna biru, *vaccinium myrtillum*
bläulich kebiru-biruan

Blau|licht *n* lampu biru pd. mobil (polisi, pemadam kebakaran); **≗machen** *itr. ugs.* membolos; **–pause** *f* salinan, (foto)kopi; **–säure** *f* asam biru (HCN); **–stift** *m* pinsil berwarna biru; **–strumpf** *m* wanita yg. menonjolkan pengetahuannya (dan kurang feminin)

Blech *n* (–ẹs;–e) kaleng, belik, blek; ~ *reden, ugs.* beromong kosong; **–büchse** *f*, **–dose** *f* kaleng, kotak dari kaleng

blechern *Adj.* dibuat dari kaleng; bunyi spt. kaleng kosong, sember

Blech|geschirr *n* piring kaleng, *bp.* ompreng; **–instrument** *n* alat musik tiup dari logam; **–musik** *f* musik tiup; **–schere** *f* gunting (utk. memotong) kaleng; **–waren** *pl* barang kalengan

blecken *tr., Tiere* mengangakan

Blei *n* (–ẹs;O) timah hitam, timbel; batu duga

Bleibe *f* (–;O) tempat bernaung, penginapan; *ugs.* rumah

bleiben *unr. itr.* tinggal, menetap; tdk. pergi; *übrig* ~ sisa; *in der Schlacht* ~ gugur dl. pertempuran; *treu* ~ tetap setia; *bei der Wahrheit* ~ berpegang teguh pd. kebenaran; *das Wetter bleibt kalt* cuaca tetap dingin; *wo bleibt sie denn?* dimana dia? *es bleibt dabei!* setuju! *hier ist meines* ≗*s* (*nicht*) disini saya (tdk.) betah/kerasan; **–d** tetap; **–lassen** (–) *unr. tr. ugs.* tdk. berbuat (lagi); *laß das bleiben!* jangan berbuat itu!

bleich pucat; **≗e** *f* (–;–*n*) pengelantangan, tempat jemur cucian spy. menjadi putih; **–en 1.** *tr.* mengelantang, menjemur, menjadikan, pucat/putih; **2.** *unr. itr.* memudar, menjadi luntur; **≗sucht** *f* penyakit kurang darah, sampu, *chlorosis*

bleiern *Adj.* dari timah; *fig.* yg. terasa berat sekali

blei|farben *Adj.* yg. berwarna spt. timah; **–haltig** mengandung timah; **≗lot** *n* batu duga (dari timah), pengukur tegak lurus; **≗rohr** *n* pipa (dari) timah; **≗stift** *m* pensil, potlot; **≗stiftspitzer** *m* serutan (pensil), *bp.* sleper; **≗weiß** *n* putih timbel, abuk cat putih

Blend|e *f* (–;–*n*) tingkap mata; jendela/pintu hiasan; *Mineral* senyawa belerang; *Fot.* diafragma; **≗en** *tr.* membutakan; menyilaukan; *fig.* mempesonakan; menipu; **≗end** sangat mengesankan; istimewa; **–er** *m* (–*s*;–) pembual, pelagak; *ugs.* alat utk. melumatkan buah/makanan, blender; **–ling** *m* (–*s*;–*e*) bastar, campuran; **–ung** *f* (–;–*en*) penyilauan; **–werk** *n* maya, khayalan, ilusi

Blick *m* (–ẹs;–*s*) pandangan; pemandangan; *Liebe auf den ersten* ~ cinta pd. pandangan pertama; *e–n* ~ *werfen auf* membuang/melayangkan pandang(an) ke; **≗en** *itr.* melihat, memandang; *sich* ~ *lassen* menampilkan diri; **–fang** *m* pemikat perhatian; **–feld** *n* bidang pandang; **–punkt** *m* titik pandang, segi/sudut pandangan; *im* ~ *stehen* berada dl. pusat perhatian; **–richtung** *f* arah pandang; **–winkel** *m* sudut pandang

blind buta; *für et.* ~ buta thd. sst.; ~*er Alarm* alarem palsu; ~*er Passagier* penumpang gelap, ~*es Glas* kaca buram

Blinddarm *m* usus buntu; umbai cacing; **–entzündung** *f* radang usus buntu, *appendicitis;* **–operation** *f* operasi usus buntu

Blinde *m, f* (–*n*;–*n*) orang tunanetra/buta

Blinden|anstalt *f* panti tunanetra; **–hund** *m* anjing penuntun tunanetra; **–schrift** *f* huruf braille

blind|fliegen *unr. itr., Flgw.* terbang dl. kabut; terbang hanya dng. bantuan instrumen; **≗flug** *m* penerbangan dng. bantuan instrumen; **≗gänger** *m* bom yg. belum meledak; **–gläubig** percaya secara buta; **≗heit** *f* (–;*O*) kebutaan; **–lings** tak berpikir, serampangan; ceroboh; **–schreiben** *unr. tr. itr.* mengetik secara buta; **–wütig** yg. membabi buta, marah sekali

blink|en (–) *itr.* berkilap, berkilauan; *Auge* berkedip(-kedip); *Signal* memberi isyarat/tanda (lampu sen); **≗er** *m* (–*s*;–) *Mot.* lampu sen; **≗feuer** *n*, **≗licht** *n* lampu isyarat kelapkelip; **≗zeichen** *n* tanda dng. cahaya

blinzeln *itr.* mengedipkan mata; memberi isyarat

Blitz *m* (*–es;–e*) kilat, petir, halilintar; *Fot.* lampu kilat; *wie der ~* secepat kilat; **–ableiter** *m* penangkal petir; **–aufnahme** *f* pemotretan/potret dng. lampu kilat; **≗blank** *Adj.* bersih sekali, berkilauan, mengkilap; **≗en** *itr.* berkilat, memetir-metir; berkilauan, berkelip-kelip; **–gerät** *n, Fot.* lampu kilat; **–gespräch** *n* (sambungan) telepon kilat; **–licht** *n* lampu kilat; **–schlag** *m* sambaran petir; **≗schnell** secepat kilat; **–strahl** *m* cahaya halilintar

Block *m*(*–ẹs;⸗e*) blok; balok; *Papier* sebuku karcis; buku catatan; **–ade** *f* (*–;–n*) blokade, pengepungan; **–flöte** *f* sm. suling; **–haus** *n* rumah yg. dibangun dari batang-batang pohon; **≗ieren** (*–*) *tr.* memblokir, mengepung; *fig.* membekukan; **–schrift** *f* huruf cetak

blöd|e bebal, bodoh; sinting; tolol; **≗heit** *f* (*–;–en*) kebebalan, kedunguan; **≗ian** *m* (*–ẹs;–e*), **≗ling** *m* (*–s;–e*) si tolol/dungu; **≗sinn** *m* omong-kosong; ketololan; **–sinnig** tolol, sinting

blöken *itr.* mengembik

blond pirang; **≗e** *f* (*–n;–n*), **≗ine** *f* (*–;–n*) wanita berambut pirang

bloß 1. *Adj.* tak bertutup, telanjang; *mit ~em Kopf* tanpa tutup kepala; *in ~em Hemd* (dng.) kemeja terbuka; *mit ~em Auge* dng. mata telanjang; **2.** *Adv.* hanya; *~ aus Spaß* karena senang saja; *es kostet ~ 1 DM* harganya hanya 1 Mark

Blöße *f* (*–;–n*) ketelanjangan; *fig.* kelemahan; *sich e–e ~ geben* kurang hati-hati (dl. perdebatan), memberi peluang utk. diserang

bloß|legen *tr.* membuka, memaparkan, menyingkapkan; **–stellen** *tr.*, *j–n ~* membuat malu sso.; membuka kedok sso; **≗stellung** *f* penyingkapan/pembongkaran yg. memalukan

Bluff *m* (*–s;–s*) tipuan; gertak sambal; **≗en** *tr. itr.* menipu dng. bergaya; menggertak sambal

blühen *itr.* berkembang, mekar; *was uns noch blüht* apa yg. masih harus kita hadapi; **–d** sedang mekar; *fig.* segar; *~es Geschäft* usaha/toko yg. maju/laku; *im ~en Alter* pd. usia muda

Blume *f* (*–;–n*) kembang, bunga; *Wein* keharuman; *et. durch die ~ sagen* mengatakan sst. dng. halus/terselubung, menyinggung, menyindir

Blumen|ausstellung *f* pameran bunga; **–beet** *n* bedeng(an)/petak (utk.) bunga; **–blatt** *n* daun/helai bunga; **–gewinde** *n* rangkaian bunga; **–handlung** *f* toko bunga, tempat penjualan bunga; **–kasten** *m* sm. bak/kotak (utk. menanam) bunga; **–kohl** *m* kol kembang, blumkol; **≗reich** (bahasa) yg. muluk-muluk; **–schale** *f* vas bunga dng. tempat menancapkan tangkai bunga; **–stengel** *m*, **–stiel** *m* tangkai bunga; **–strauß** *m* seikat bunga; **–topf** *m* pot bunga; **–zucht** *f* pemeliharaan bunga; **–zwiebel** *f* umbi bunga

blum|ig harum semerbak; muluk-muluk; **≗ist** *m* (*–en;–en*) penjual bunga

Bluse *f* (*–;–n*) blus

Blut *n* (*–es;O*) darah; *bis aufs ~ (ärgern)* (mengganggu) sampai naik darah; *ruhig ~!* harap tenang!

Blut|ader *f* pembuluh nadi; **≗arm** kurang darah; **–armut** *f* (penyakit) kekurangan darah, *anaemia;* **–bad** *n* pertumpahan darah, pembantaian; **–bahn** *f* peredaran darah; **–bank** *f* bank darah; **–bild** *n, Med.* keadaan darah (mengenai butir darah yg. putih dan yg. merah dsb.); **–drang** *m* berlebihnya aliran darah; **≗dürstig** buas, haus darah, bernafsu membunuh

Blüte *f* (*–;–n*) bunga, kuntum; *Geld* uang (kertas) palsu; *fig.* puncak, masa gemilang; *~ des Volkes* (golongan) elite

Blut·egel *m* lintah, *hirudo medicinalis*

bluten *itr.* berdarah; *~ müssen* (terpaksa) membayar mahal

Blüten|knospe *f* kuntum, kuncup; **–lese** *f* bunga rampai, antologi; **–stand** *m* batang daun-daun mah-

kota bunga; **–staub** *m* tepung/ serbuk sari, **°weiß** seputih salju
Bluter *m* (–*s*;–) orang yg. sakit mudah berdarah dan kurang daya pembeku pd. darah, *haemophil*
Blut·erguß *m* luka memar, *haematom(a)*
Blütezeit *f* musim berkembang; *fig.* zaman keemasan, puncak kemegahan
Blut|farbstoff *m* zat warna pemerah darah, *haemoglobin*; **–gefäß** *n*, *Anat.* pembuluh darah; **–gerinnsel** *n* gumpalan darah beku; **–gerüst** *n* panggung pemenggalan kepala; **°gierig** yg. haus akan darah, yg. mau membunuh; **–gruppe** *f* golongan darah; **°ig** berdarah; *mit ~em Ernst* sungguh-sungguh serius; **–hund** *m* anjing pemburu; *fig.* orang yg. tdk. segan-segan utk. membunuh; **°jung** muda belia; **–konserve** *f* darah yg. diawetkan dl. kaleng/botol; **–körperchen** *n* butir/sel darah; **–kreislauf** *m* peredaran darah; **°leer, °los** tak berdarah, pucat; **–pfropfen** *m* gumpalan darah, *thrombus*; **–plasma** *n* plasma darah; **–probe** *f* pemeriksaan darah; pemeriksaan kadar alkohol dl. darah; **–rache** *f* pembalasan dendam kesumat, pembunuhan balasan yg. turun-temurun; **°reinigend** yg. membersihkan darah; **°rot** merah darah; **°rünstig** buas, haus darah
Blut|sauger *m* penghisap darah, *bp.* vampir; *fig.* pemeras, lintah darat; **–schande** *f* (perbuatan) sumbang dng. anggota keluarga sendiri, *bp.* inses; **°schänderisch** sumbang, bermukah dng. saudara; **–senkung** *f*, *Med.* pengendapan darah merah; **–serum** *n* (–*s*;. . .*sera*) *Med.* serum darah; **–spender(in** *f*) *m* donor darah, penyumbang darah; **–spuren** *pl* noda/bekas darah; **–stauung** *f* hambatan aliran darah; **°stillend** yg. menghentikan mengalirnya darah, yg. merupakan penasak, *haemostaticus*; **–s·tropfen** *m* tetesan darah; **–sturz** *m* muntah darah; **°sverwandt** yg. merupakan sanak-saudara; (masih) berhubungan darah, *bp.* masih famili; **°überströmt** berlumuran darah; **–übertragung** *f* transfusi darah; **–umlauf** *m* peredaran darah; **–ung** *f* (–;–*en*) perdarahan; **°unterlaufen** *Adj.* biru lebam; **–vergießen** *n* (–*s*;*O*) pertumpahan darah; **–vergiftung** *f* keracunan darah; **–verlust** *m* kehilangan darah; **–wasser** *n*, *s.Blutserum*; **–zeuge** *m* martir, saksi iman
Bö *f* (–;–*en*) hembusan angin kencang yg. mendadak
Bob *m* (–*s*;–*s*), **–schlitten** *m* sm. kereta peluncur (tanpa roda)
Bock *m* (–*s*;⸗*e*) kambing jantan; *Kutsche* tempat duduk kusir; *Sp.* kuda-kuda; *e-n ~ schießen* membuat kesalahan yg. tolol; *den ~ zum Gärtner machen* menyuruh musang menjaga ayam; **°beinig** *fig.* keras kepala, kepala batu; **–bier** *n* bir yg. kadar alkoholnya tinggi
bock|en *itr.* bertingkah, berkeras kepala, melawan; *Mot. bp.* ngadat, mogok; **–ig** keras kepala, bandel
Bock|shorn *n*, *j–n ins ~ jagen* menakut-nakuti sso.; **–wurst** *f* sm. sosis yg. panjang dan kurus
Boden *m* (–*s*;⸗) tanah; lantai, dasar, landasan; *Dach* loteng di bawah atap; *~ des Meeres* dasar laut; *zu ~ fallen* jatuh ke tanah; *dem ~ gleich machen* meratakan dng. tanah, membumihanguskan; **–beschaffenheit** *f* keadaan tanah; **–erhebung** *f* bukit, tanah yg. lebih tinggi; **–ertrag** *m* hasil bumi; **–fläche** *f* luas tanah; **–kammer** *f* kamar loteng; **–kontrolle** *f*, *Flgw.* pengawasan dari darat (di lapangan terbang); **–kredit** *m* pinjaman uang dng. jaminan tanah; **–kultur** *f* pengolahan tanah; **°los** tak berdasar; *fig.* bukan main, kurangajar; **–nebel** *m* kabut rendah; **–nutzung** *f* pemanfaatan tanah; **–organisation** *f*, *Flgw.* peralatan di darat (utk. penerbangan); **–papiere** *pl* surat tanah; **–personal** *n*, *Flgw.* regu petugas/pekerja di darat; **–reform** *f* landreform; **–rente** *f* sewa tanah; **–satz** *m* endapan, ampas; **–schätze** *pl* kekayaan alam; **–senkung** *f* tanah turun; **–spekula-**

tion *f* spekulasi tanah; **≗ständig** asli, pribumi; yg. menetap; **–turnen** *n* senam (tanpa alat)

Bogen *m* (*–s;–*) busur; *Biegung* tikungan, belokan; *Wölbung* lengkung (-an); *Mus.* alat penggesek biola; *Papier* helai kertas; *e-n großen ~ um j-n machen* menjauhi/menghindari sso.; **≗förmig** melengkung; **–gang** *m* lorong beratap yg. berbentuk kubah; **–gewölbe** *n* langit-langit yg. melengkung; **–schießen** *n* panahan; **–schütze** *m* pemanah; **–sehne** *f* tali busur

Boheme *f* (*–;O*) kalangan seniman yg. hidup bebas

Bohle *f* (*–;–n*) papan tebal

Bohne *f* (*–;–n*) buncis, kacang, biji; **–nkaffee** *m* kopi (murni); **–nstange** *f* tiang buncis; *fig. ugs.* orang kurus tinggi; **–nstroh** *n, dumm wie ~ ugs.* tolol sekali

Bohner *m* (*–s;–*) penggosok/sikat lantai; **≗n** *tr.* menggosok (dng. pelitur), mengkilapkan; **–wachs** *n* lilin lantai

bohr|en *tr. itr.* membor, melubangi, mehggurdi, menjara; **≗er** *m* (*–s;–*) pengebor, tukang bor; *Gerät* bor, jara, gurdi; **≗loch** *n* lobang yg. di bor; **≗maschine** *f* mesin bor/gerek; **≗turm** *m* menara pemboran minyak; mercu gerek; **≗ung** *f* (*–;–en*) pemboran

böig *Adj.* berangin, banyak angin

Boiler *m* (*–s;–*) alat utk. memanaskan air

Boje *f* (*–;–n*) *Mar.* pelampung

Böller *m* (*–s;–*) sm. meriam kecil (utk. membuat letusan keras)

Bollwerk *n* pertahanan, kubu, baluarti

Bolzen *m* (*–s;–*) pasak, baut; gerendel

Bombard|ement *n* (*–s;–s*) pemboman, bombardemen; **≗ieren** (*–*) *tr.* membombadir; *fig. ugs. bp.* memberondong

bombastisch bombastis

Bombe *f* (*–;–n*) bom; *wie e–e ~ einschlagen* menimbulkan heboh, menjadi sensasi besar; **–n·angriff** *m* serangan bom; **–n·anschlag** *m*, **–n·attentat** *n* (percobaan) pembunuhan dng. menggunakan bom; **–n·erfolg** *m* hasil (yg.) luar-biasa/gemilang; **≗nfest** tahan bom; sangat pasti; **–nflugzeug** *n* pesawat pembom; **–ngeschäft** *n* perdagangan yg. sangat menguntungkan; hasil gemilang; **–nschaden** *m* kerusakan akibat bom; **≗nsicher** *s. bombenfest;* **–nstimmung** *f* suasana riang gembira; **–r** *m* (*–s;–*) *s. Bombenflugzeug*

Bon *m* (*–s;–s*) bon

bona fide jujur, lurus hati, bonafid(e)

Bonbon *m, n* (*–s;–s*) kembang gula, permen

Bonus *m* (*–;– od. –ses; –se*) bonus

Bonze *m* (*–n;–n*) biksu; *pej.* orang gedean

Boot *n* (*–ẹs;–e*) kapal kecil, perahu; **–sbesatzung** *f* awak kapal; **–sfahrt** *f* pelayaran, perjalanan dng. perahu; **–shaus** *n* gudang kapal; rumah peristirahatan di tepi danau/sungai; **–smann** *m* bintara laut, opsir rendahan; **–srennen** *n* lomba perahu; **–ssteg** *m* dermaga kecil; **–sverleih** *m* penyewaan perahu

Bor *n* (*–s;O*) *Chem.* bor(ium); **–ax** *m* (*–ẹs;O*) boraks, sm. garam natrium

Bord (*–ẹs;–e*) **1.** *n* rak; **2.** *m* pinggir kapal; *an ~ gehen* masuk kapal (laut/terbang); *an ~ e–s Schiffes* di atas kapal; *über ~ werfen* membuang dari kapal; *fig.* melepaskan

Börde *f* (*–;–n*) daratan subur

Bordell *n* (*–s;–e*) tempat pelacuran,. bordel

Bord|flugzeug *n* pesawat terbang (di atas) kapal induk; **–funker** *m* markonis **–ingenieur** *m*, **–mechaniker** *m* ahli mesin (di kapal terbang/laut); masinis; **–personal** *n* awak kapal; **–stein** *m* batu pinggiran trotoar/kaki-lima

Bordüre *f* (*–;–n*) bordir, sulaman

Borg *m, auf ~ kaufen/leben* membeli/hidup dng. meminjam; **≗en** *tr.* meminjam(kan)

Borke *f* (*–;–n*) kulit pohon

Born *m* (*–ẹs;–e*) sumber

borniert picik, cupet; bodoh; **≗heit** *f* (*–;–en*) kepicikan

Bor|salbe *f* salep bor; **–säure** *f* asam bor

Börse *f* (–;–*n*) bursa; pundi-pundi, dompet; **–nbericht** *m* berita bursa; **–nblatt** *n* jurnal bursa; **–n·index** *m* indeks bursa; **–nkrach** *m* kepailitan bursa; **–nkurs** *m* kurs di bursa, nilai tukar (uang) di bursa; **–npapier** *n* surat berharga yg. diperdagangkan di bursa; **–nzeitung** *f* suratkabar bursa/ekonomi; **–nzettel** *m* daftar catatan bursa
Borst|e *f* (–;–*n*) bulu babi; **–envieh** *n* babi; **≗ig** keras, kaku; *fig.* kasar
Borte *f* (–;–*n*) pita utk. hiasan pakaian
Borwasser *n* borwater, larutan asam bor
bös *s. böse;* **–artig** jahat, kejam; *Med.* buas, ganas; *~er Krebs* kanker ganas; **≗artigkeit** *f* (–;–*en*) kejahatan; keganasan
Böschung *f* (–;–*en*) landaian, lereng
böse jahat, jelek; buruk; nakal; *sei mir nicht ~ wenn. . .* jangan marah kalau. . .; *auf j-n, mit j-m ~ sein* marah thd. sso.; *e-e ~ Krankheit* penyakit yg. berbahaya; *≗s tun* berbuat jahat; **≗** *m, f* (–*n*;–*n*) penjahat; setan; **≗wicht** *m* orang jahat; *bp.* bajingan
bos|haft jahat, kejam; **≗heit** *f* (–;–*en*) kejahatan, sifat jahat
böswillig yg. bermaksud jahat
Botan|ik *f* (–;*O*) ilmu tumbuh-tumbuhan; **–iker** *m* (–*s*;–) ahli ilmu tumbuh-tumbuhan; **≗isch** *~er Garten* kebon raya
Bot|e *m* (–*n*;–*n*), **–in** *f* (–;–*nen*) opas, pesuruh; pengantar, kurir, utusan
Boten|gang *m* perjalanan utk. menyampaikan pesanan; **–lohn** *m* upah utk. opas/kurir
botmäßig tunduk, takluk; **≗keit** *f* (–;*O*) kekuasaan, dominasi
Botschaft *f* (–;–*en*) amanat, pesan; *Pol.* kedutaan (besar); *gute ~* berita baik; *Frohe ~* Kabar Gembira, Injil; **–er** *m* (–*s*;–), **–erin** *f* (–;–*nen*) duta besar; **–erkonferenz** *f* konperensi duta-duta besar
Böttcher *m* (–*s*;–) pembuat tong/tahang (dari kayu)
Bottich *m* (–*s*;–*e*) ember/tahang dari kayu
Bouillon *f* (–;–*s*) seduhan sari daging
Boulevard *m* (–*s*;–*s*) jalan lebar yg. bagus di kota; **–blatt** *n* koran gosip
bourgeois borjuis
Boutique *f* (–;–*n*) butik
Bowle *f* (–;–*n*) minuman anggur bercampur potongan buah-buah; *Gefäß* sm. mangkuk besar
Box *f* (–;–*en*) kandang kuda; gudang kecil; sm. kamera
boxen *tr. itr.* meninju; bertinju; **≗** *n* (–*s*;*O*) pertinjuan; adu tinju
Box|er *m* (–*s*;–) petinju; sm. anjing; **–handschuh** *m* sarung tinju; **–kampf** *m* pertandingan tinju, adu tinju; **–ring** *m* arena tinju
Boykott *m* (–*[e]s*;–*e*) pemboikotan; **≗ieren** (–) *tr.* memboikot
brach *Adv.* terbengkalai, tak terurus; **≗land** *n* daerah/tanah yg. tak terurus
brack|ig payau; **≗wasser** *n* campuran air tawar dan asin (di muara sungai), air payau
Brahman|e *m* (–*n*;–*n*), **≗isch** (orang) Brahma
Bramsegel *n* layar (yg. dipasang) di bawah layar pengapuh
Branche *f* (–;–*n*) cabang, bidang (dl. dunia niaga/industri); **–nkenntnis** *f* pengetahuan tt. bidang niaga/industri; **–nverzeichnis** *n* halaman kuning dl. buku telpon
Brand *m* (–*[e]s*;*¨–e*) kebakaran, api; bahan bakar; *fig. ugs.* kehausan; *Med.* kelemayuh, mati jaringan, *gangraena; in ~ stecken* membakar; **–blase** *f* (luka) lepuh; **–bombe** *f* bom yg. menyebabkan kebakaran; **–brief** *m, ugs.* surat yg. mendesak; **≗en** *itr.* (ombak) menghempas (ke pantai); menderu; bergelora; **–fackel** *f* obor; **–gefahr** *f* bahaya kebakaran; **–geruch** *m* bau angit; **–herd** *m* tempat mulainya kebakaran/pembakaran; *fig.* pusat (pengacauan, pemberontakan); **–mal** *n* tanda selar, cap bakar; *fig.* noda, aib; **≗marken** *tr.* menyelar(kan); *fig.* mencap (buruk/jelek), mengecam; **–mauer** *f* tembok penahan api; **≗neu** *ugs.* sama sekali baru, *bp.* masih gres; **–opfer** *n* kurban bakar; **–rede** *f* pidato polemis/hasutan; **–schaden** *m* kerugian akibat kebakaran;

≗schatzen *tr. itr.* menjarah, merampok, merampas, menggarong; memeras (uang); **–schatzung** *f* perampokan, penggarongan; **–stätte** *f*, **–stelle** *f* tempat pembakaran; **–stifter(in** *f*) *m* pembakar; **–stiftung** *f* pembakaran, kebakaran
Brandung *f* (*–;–en*) (h)empasan; **–swelle** *f* gelombang yg. dihempas, pecahan ombak
braten *unr. tr.* memanggang; menggoreng (dng. minyak); *über dem Feuer* ~ membakar (di atas api)
Braten *m* (*–s;–*) daging goreng/panggang; *den* ~ *riechen, fig.* mencium hal yg. tdk. beres; **–fett** *n* (tetesan) gemuk/lemak/minyak yg. keluar dari daging yg. digoreng; **–soße** *f* saus daging
Brat|huhn *n* ayam goreng; **–kartoffeln** *pl* kentang goreng; **–ofen** *m* panggangan; **–pfanne** *f* pemanggangan; pan, penggorengan
Bratsche *f* (*–;–n*) *Mus.* biola alto
Brat|spieß *m* tusuk(an utk. memanggang) daging; **–wurst** *f* sosis goreng
Bräu *n* (*–ẹs;–e/–s*) bir; tempat pembuatan bir
Brauch *m* (*–ẹs;–̈e*) kebiasaan, adat; **≗bar** dapat dipakai, berguna, cocok; **–barkeit** *f* (*–;O*) kegunaan; manfaat(nya), faedah(nya); **≗en** *tr. itr.* memerlukan, membutuhkan; memakai, menggunakan; *er braucht nicht zu essen* ia tdk. perlu makan; **–tum** *n* (*–s;–̈er*) adat-istiadat
Braue *f* (*–;–n*) alis, kening
brau|en *tr.* memasak/membuat (bir. . .); *Unheil braut sich zusammen* malapetaka mengancam; **≗erei** *f* (*–;–en*) tempat pembuatan bir
braun coklat; **≗** *n* (*–s;O*) warna sawo matang; **–gebrannt** yg. menjadi coklat/hitam (akibat terbakar sinar matahari)
Braune *m, f* (*–n;–n*) *ugs.* pengikut (partai) Hitler
Bräune *f* (*–;O*) warna coklat; *Med.* angina, macam-macam penyakit tenggorokan; **≗n** *tr.* mencoklatkan; *sich* ~ menjemur diri (spy. kulit menjadi coklat)
Braunkohle *f* batu bara coklat/muda
bräunlich kecoklat-coklatan
Braus *m, in Saus u.* ~ *leben* hidup berfoya-foya (dng. menghamburkan uang)
Brause *f* (*–;–n*) dus, pancuran; mulut emrat; *Getränk* minuman bersoda; **–bad** *n* mandi dus; **–limonade** *f* limun bersoda; **≗n** *itr.* menderu, meraung; *schäumen* berbuih, berbusa; *Mot.* menjalankan dng. kecepatan tinggi, *bp.* ngebut; *sich* ~ mandi dus
Braut *f* (*–;–̈e*) tunangan wanita, calon pengantin/mempelai perempuan; jodoh; *am Hochzeitstage* pengantin/mempelai perempuan; **–ausstattung** *f, s. Aussteuer;* **–bett** *n* pelaminan, pemajangan; **–führer** *m* pengantar/pengiring pengantin perempuan
Bräutigam *m* (*–s;–e*) tunangan laki-laki, calon pengantin/mempelai laki-laki; jodoh; *am Hochzeitstage* pengantin/mempelai laki-laki
Braut|jungfer *f* gadis pengiring pengantin; **–kleid** *n* pakaian pengantin perempuan; **–kranz** *m* sm. mahkota pengantin; **–leute** *pl, s. Brautpaar;* **–messe** *f* misa pengantin
bräutlich sebagai pengantin
Braut|nacht *f* malam pengantin; **–paar** *n* pasangan pengantin; **–schau** *f, auf* ~ *gehen* cari jodoh; **–schleier** *m* cadar pengantin; **–stand** *m* masa (per)tunangan; **–werbung** *f* peminangan, pelamaran; **–zeit** *f, s. Brautstand;* **–zug** *m* arak-arakan pengantin
brav patuh, lurus hati, baik; *tapfer* berani; **≗heit** *f* (*–;O*) tingkah laku yg. baik
bravo! hebat! bagus sekali! sabas! bravo!
Bravour *f* (*–;O*) keberanian; *mit* ~ dng. baik sekali; dng. berani/gagah; **–stück** *n* prestasi tinggi; *Mus.* musik yg. sulit dimainkan
Brech|durchfall *m* sakit muntah-berak, muntaber; **–eisen** *n* linggis; perejang; tuas; pengungkit, tuil; **≗en** *unr. tr. itr.* mematahkan, memecahkan, memutuskan; patah, pecah; *Ehe* ~ berzinah; *Licht* ~ membiaskan cahaya; *e Gesetz* ~ melanggar hukum; *erbrechen* mun-

tah; *mit j–m* ~ memutuskan hubungan dng. sso.; *~d voll* penuh sesak; **–er** *m* (*–s;–*) gelombang besar; **–mittel** *n* obat perangsang muntah, *emeticum;* **–reiz** *m* rasa mual/muak; **–stange** *f* linggis, perejang; **–ung** *f* (*–;–en*) pembelokan, pembiasan, lenturnya

Brei *m* (*–ɇs;–e*) bubur; **ºig** spt. bubur

breit lebar, lapang, luas; **–beinig** mengangkang; **–drücken** *tr.* menekan sampai berbentuk datar, menceperkan

Breite *f* (*–;–n*) lebarnya, luasnya; *Geogr.* (garis) lintang; **ºn** *tr.* membentang(kan), merentangkan (sayap); *sich* ~ *(über)* terbentang (di atas); **–ngrad** *m* (derajat) garis lintang

breit|machen *sich* ~, *ugs.* bertingkah/berbuat seakan-akan tempat menjadi miliknya; **–schlagen** *unr., sich ~ lassen, ugs.* terbujuk, tertipu; **–schult(e)rig** berbahu lebar; **ºseite** *f* sisi yg. lebar/panjang; tembakan serentak; **–treten** *unr. tr. fig.* menyebarluaskan; membicarakan dng. panjang lebar; **ºwandfilm** *m* film dng. layar lebar

Bremse *f* (*–;–n*) **1.** rem; **2.** lalat kuda, *tabanidae;* **ºn** *tr. itr.* mengerem; **–r** *m* (*–s;–*) pengerem, tukang rem

Brems|fußhebel *m* injakan/pedal rem, *bp.* rem kaki; **–klotz** *m* blok/sepatu rem; **–licht** *n* lampu rem; **–spur** *f* bekas roda yg. direm (di jalan); **–weg** *m* jarak sampai kendaraan yg. direm berhenti

brenn|bar dapat/mudah (ter)bakar; **–en** *unr. tr. itr.* membakar; berapi, terbakar, menyala; *fig.* berhasrat; *Alkohol* menyuling; *Wunde/Augen* ~ luka/mata perih atau panas; *es brennt!* (ada) kebakaran/api! **–end** bernyala, berapi; hangat; *das interessiert mich* ~ saya sangat tertarik pd. hal itu, saya sangat ingin tahu; ~ *gern* dng. senang hati: *~e Frage* masalah hangat; **ºer** *m* (*–s;–*) (alat) pembakar; pembuat brendi; tukang bakar; **ºerei** *f* (*–;–en*) perusahaan pengolahan minuman keras; tempat pembakaran biji kopi; **ºessel** *f, Bo.* sm jelatang, *urtica;* **ºglas** *n* kaca api; **ºholz** *n* kayu bakar; **ºmaterial** *n* bahan bakar; **ºöl** *n* minyak lampu; **ºpunkt** *m* titik api, fokus; *in den ~ rücken* menempatkan di pusat (perhatian); **ºspiegel** *m* cermin cekung; **ºstoff** *m* bahan bakar; **ºweite** *f* jarak fokus

brenzlig *ugs.* angit; *fig.* berbahaya

Bresche *f* (*–;–n*) lobang dl. dinding atau di pagar; *für j-n in die ~ springen* menolong sso. dng. menggantikannya/mewakilinya

Brett *n* (*–ɇs;–er*) papan; *e ~ vor dem Kopf haben* sangat bodoh, picik, *Schwarzes* ~ papan pengumuman; **–er** *pl* papan ski; *fig.* panggung; **–erwand** *f* dinding papan; **–erzaun** *m* pagar papan

Brevier *n* (*–s;–e*) *Rel.* (buku) ibadat harian

Brezel *f* (*–;–n*) sm. kue kering yg. garing, *bp.* krakeling; *das geht wie's Brezelbacken, ugs.* gampang sekali

Brief *m* (*–ɇs;–e*) surat; *e–n ~ schreiben* menyurat; *~e wechseln* surat-menyurat; **–aufschrift** *f* alamat; **–ausgabe** *f* pembagian surat; **–beschwerer** *m* penindih surat; **–bogen** *m* sehelai kertas surat; **–bote** *m* pengantar surat; **–geheimnis** *n* rahasia surat-menyurat; **–kasten** *m* kotak/bis surat; **–kopf** *m* kepala surat; **ºlich** melalui/dng. surat; **–marke** *f* perangko; **–markensammler** *m* pengumpul perangko; **–öffner** *m* pembuka surat; **–ordner** *m* map (utk.) menyimpan surat; **–papier** *n* kertas surat; **–partner** *m* sahabat pena; **–porto** *n* ongkos/biaya kirim surat; **–schaften** *pl* surat-surat, dokumen; **–schreiber** *m* pengirim (surat); **–tasche** *f* sm. dompet (utk. uang, paspor, tanda pengenal); **–taube** *f* merpati pos; **–träger** *m* pengantar surat, tukang pos; **–umschlag** *m* sampul (surat), amplop; **–waage** *f* timbangan surat; **–wechsel** *m* surat-menyurat, korespondensi; **–zensur** *f* sensor surat

Brigade *f* (*–;–n*) brigade; *DDR* kelompok buruh; **–general** *m* brigadir jenderal (brigjen)

Brigadier *n* (*–s;–s*) *österreichisch* brigadir jenderal

Brigg *m* (*–;–s/–en*) kici
Brikett *n* (*–ẹs;–s/–e*) (sebata) batu bara pres, briket
Brillan|t *m* (*–en;–en*) berlian; **≗t** *Adj*. cemerlang, gemilang; pandai sekali, brilyan; **–t·ring** *m* cincin berlian; **–z** *f* (*–;O*) kepandaian yg. luar biasa; *Fot*. ketajaman
Brille *f* (*–;–n*) kacamata; *WC* tempat duduk kayu/plastik di atas kloset; **–n·etui** *n*, **–nfutteral** *n* tempat kacamata; **–nschlange** *f* (ular) kobra; *ugs*. wanita berkacamata
bringen *unr. tr*. membawa (ke); *j-m zum Bahnhof* ~ mengantar sso. ke stasiun; *an sich* ~ mengambil; *Gewinn* ~ menghasilkan untung; *Neues* ~ memuat/membawa kabar baru; *zur Sprache* ~ mengemukakan, merundingkan; *es zum General* ~ naik pangkat sampai menjadi jendral; *j-n dahin* ~, *daß* berhasil membujuk sso. spy.; *j-m um et.* ~ merugikan sso.; *es zu et.* ~ berhasil; *j-m zum Lachen* ~ membuat orang tertawa
brisant mudah meledak, brisan; *fig*. peka sekali
Brise *f* (*–;–n*) angin sepoi-sepoi
bröck|(e)lig rapuh, repih; **-eln** *itr*. merepih, mengelupas
Brocken *m* (*–s;–*) remah-remah, sepotong/sekerat (roti); bongkahan, pecahan; *nur e paar* ~ *Deutsch sprechen* hanya bicara bahasa Jerman sedikit; **≗** *tr*. memecah-mecahkan
brodeln *itr*. menggelembung, bergelembung(-gelembung)
Brokat *m* (*–ẹs;–e*) brokat
Brom *n* (*–s;O*) brom, bromium (Br)
Brom|beere *f* sm. arbei berwarna hitam, *rubus fructicosus;* **–säure** *f* asam bromida; **–silber** *n* perak bromida; **–silberpapier** *n* kertas perak bromida
Bronch|ialkatarrh *m*, *s. Bronchitis;* **–iën** *pl* cabang-cabang tenggorok; **–itis** *f* (*–;O*) radang cabang tenggorok, *bronchitis*
Bronze *f* (*–;O*) perunggu; **≗n** *Adj*. dari perunggu
Brosamen *pl* remah-remah roti
Brosche *f* (*–;–n*) peniti hiasan, bros
brosch|ieren (*–*) *tr*. menjilid (secara sederhana); **≗üre** *f* (*–;–n*) brosur; buku tipis
Brösel *n* (*–s;–*) remah-remah, repih-repihan
Brot *n* (*–ẹs;–e*) roti; **–aufstrich** *m* olesan, pulasan (keju, selai. . .); **–(frucht)baum** *m* pohon cempedak/nangka/sukun, *artocarpus;* **–belag** *m* lauk roti (ham. . .)
Brötchen *n* (*–s;–*) roti kecil, kadet
Brot|erwerb *m* mata pencaharian, **–geber** *m*, **–herr** *m* majikan; **–korb** *m* keranjang roti; *j-m den* ~ *höher hängen*, *ugs*. mengurangi makanan sso.; *fig*. memotong pendapatan; **–krume** *f* remah-remah roti; **≗los** menganggur, tuna karya; **–röster** *m* pembakar roti; **–schnitte** *f* sepotong roti; **–zeit** *f* selingan makanan kecil
Bruch *m* (*–ẹs;¨–e*) **1.** pecahnya, retaknya; pecahan, retakan; pengingkaran/penyangkalan (sumpah, perjanjian dsb.); *Gesetz* pelanggaran; *Math*. angka pecahan; *Med*. burut, *hernia;* **2.** *Moor* rawa-rawa, paya; **–bude** *f*, *ugs*. rumah reot, gubuk
brüchig rapuh, mudah pecah
Bruch|landung *f* pendaratan darurat (dng. mengalami kerusakan); **–operation** *f* pembedahan burut; **–rechnung** *f* perhitungan dng. angka pecahan; **–stelle** *f* tempat retakan/patahan; **–strich** *m* setrip pecahan; **–stück** *m* bagian, petikan; **≗stückhaft** tdk. lengkap, terpotong-potong; fragmen; **–teil** *m*, *im* ~ *e–r Sekunde* kurang dari sedetik, secepat kilat; **–zahl** *f* bilangan pecahan
Brücke *f* (*–;–n*) jembatan; permadani kecil; *Schiff* anjungan; **–nkopf** *m*, *Mil*. pangkalan terdepan/lompatan/jembatan; **–npfeiler** *m* penopang/penyangga jembatan; **–nwaage** *f* jembatan timbang
Bruder *m* (*–s;¨–*) saudara laki-laki; *älterer* ~ kakak laki-laki; *jüngerer* ~ adik laki-laki; *Rel*. bruder
Brüderchen *n* (*–s;–*) adik laki-laki yg. masih kecil
Bruderkrieg *m* perang saudara
brüderlich spt. saudara; **≗keit** *f* (*–;O*) persaudaraan

Bruder|liebe *f* kasih persaudaraan; **–mord** *m* pembunuhan saudara sendiri; **–schaft** *f* (*–;–en*) *Rel.* persatuan para bruder

Brüderschaft *f* (*–;–en*) persaudaraan; ~ *trinken* minum (minuman keras) sebagai tanda persaudaraan

Brüh|e *f* (*–;–n*) (air) kaldu, sari daging; *ugs.* air kotor; **≗en** *tr.* menyeduh; **≗heiß** panas mendidih; **–kartoffeln** *pl* kentang rebus; **≗warm** *fig.* (masih) hangat/segar; **–würfel** *m* ekstrak kaldu (berbentuk kubus)

brüllen *itr.* mengaum; berteriak; *er ist zum ≗, ugs.* ia amat lucu sekali

Brumm|bär *m* pencomel, penggerutu; **–baß** *m, ugs.* suara rendah sekali; **≗eln** *itr.* berbicara tdk. jelas; mencomel, menggerutu; **≗en** *tr. itr.* mendengung, berdengung; *fig.* menggumam; mencomel, menggerutu; *in den Bart ~, ugs.* menggerutu; *mir brummt der Kopf* kepala saya pusing; **–er** *m* (*–s;–*) lalat besar; *ugs.* truk; **≗ig** yg. menggerutu, geram; **–kreisel** *m* gasing

brünett berambut coklat

Brunft *f* (*–;⸚e*) masa berahi; **≗ig** sedang berahi

Brunnen *m* (*–s;–*) sumur, perigi; **–vergiftung** *f, fig.* pengeruhan suasana politik; **–wasser** *n* air sumur

Brunst *f* (*–;⸚e*) masa berahi

brünstig sedang berahi, bernapsu

brüsk kasar; **–ieren** (–) tr. memperlakukan secara kasar, menghina

Brust *f* (*–;⸚e*) dada; *weiblich* buah dada; *sich in die ~ werfen, fig.* mengembungkan dada; *die ~ geben* menyusui; **–bein** *n* tulang dada, *sternum;* **–beschwerden** *pl* sakit dada, **–bild** *n* pasfoto; gambar setengah badan; **–drüse** *f* kelenjar susu.

brüsten *sich ~* mengembungkan/membusungkan dada, menyombongkan diri

Brust|fell *n* selaput dada, *pleura;* **–fell·entzündung** *f* radang selaput dada, birsam, *pleuritis*

Brust|kasten *m,* **–korb** *m* (rangka) dada; **≗krank** sakit pd. dada; **–krebs** *m* kanker payudara; **–schwimmen** *n* renang gaya dada; **–stück** *n* daging bagian dada (pd. binatang), dada mentok (pd. ayam), daging lemusir (pd. sapi); **–tee** *m* teh utk. mengobati penyakit sesak-napas; **–ton** *m, im ~ der Überzeugung* dng. (tekanan suara yg.) meyakinkan; **–tuch** *n* kemban; **–umfang** *m* lingkar dada

Brüstung *f* (*–;–en*) langkan, selusur pagar rendah, birai

Brust|warze *f* puting/pentil susu, *mamilla;* **–wehr** *f, Mil.* tembok pertahanan/benteng; **–weite** *f* lingkar dada

Brut *f* (*–;–en*) pengeraman; seperindukan (anak-anak binatang); *pej.* orang-orang busuk

brutal kejam, buas, kurangajar, brutal, *fig.* durjana; **≗ität** *f* (*–;–en*) kekejaman, kebuasan

Brutapparat *m* mesin tetas, alat pengeram

brüten *itr.* mengeram; *~ über, fig.* berpikir lama tt., merenungkan

Brut|henne *f* ayam yg. (sedang) mengeram; **–hitze** *f* (keadaan) panas sekali; **–kasten** *m, Med.* inkubator; **–ofen** *m, s. Brutapparat;* **–stätte** *f* tempat binatang mengeram; *~ des Lasters* sarang kebejatan

brutto berat kotor, bruto; **≗einkommen** *n* pendapatan/hasil kotor; **≗gewicht** *n* berat kotor; **≗gewinn** *m, s. Bruttoeinkommen;* **≗sozialprodukt** *n* hasil kotor nasional

Bub *m* (*-en;–en*) anak laki-laki, buyung; anak nakal; **–e** *m* (*–n;–n*) orang jahat; *Spielkarte* yongen, jek, pangeran; **–enstreich** *m,* **–enstück** *n* perbuatan nakal/jahat

Bubikopf *m* potongan rambut pendek (pd. wanita), *bp.* yongenskop

bübisch nakal; jahat

Buch *n* (*–(e)s;⸚er*) buku, kitab; *~ führen* memegang buku; mencatat; *zu ~e schlagen, fig.* membawa untung, menguntungkan; **–besprechung** *f* resensi/tinjauan buku; **–binder** *m* penjilid buku; **–druck** *m* (per)cetakan buku; **–drucker** *m* pencetak buku, tukang cetak buku; **–druckerei** *f* percetakan buku

Buche *f* (*–;–n*) sm. pohon besar yg. kayunya kemerahan, *fagus silvatica*
buchen *tr.* mencatat dl. buku; mengadakan pembukuan; memesan tempat; *als Erfolg* ~ menganggap sebagai keberhasilan/sukses
Bücher|abschluß *m* tutup buku; **–brett** *n* rak/tempat buku; **–ei** *f* (*–;–en*) perpustakaan; **–freund** *m* penggemar buku; **–narr** *m* kutu buku; **–regal** *n* rak buku; **–revisor** *m* pemeriksa laporan pembukuan, auditor; **–schrank** *m* lemari buku; **–stand** *m* kios buku; **–stütze** *f* penahan/sandaran buku; **–wurm** *m* ngengat, gegat; *fig.* penggemar buku
Buch|führer *m* pemegang buku; **–führung** *f* pembukuan, tata buku; **–halter** *m*, *s. Buchführer;* **–haltung** *f*, *s. Buchführung;* **–handel** *m* perdagangan buku; **–händler** *m* pedagang buku; **–handlung** *f* toko buku; **–hülle** *f* sampul buku; **–kritik** *f* resensi buku; **–prüfer** *m* auditor, akuntan
Buchse *f* (*–;–n*) *Tech.* tabung, selongsong; *Elek.* lubang-tusuk, *bp.* steker perempuan
Büchse *f* (*–;–n*) kotak, kaleng, *bp.* blik; *Gewehr* senapan (angin); **–nfleisch** *n* daging kalengan; **–nmacher** *m* pembuat senapan; **–n·öffner** *m* pembuka kaleng
Buchstabe *m* (*–ns;–n*) huruf; **–nrechnung** *f* aljabar
buchstabieren (–) *tr.* mengeja
buchstäblich harfiah; *fig.* benarbenar; ~ *nichts* tdk. sedikit pun
Bucht *f* (*–;–en*) *Geogr.* teluk, ceruk
Buch|umschlag *m* sampul buku; **–ung** *f* (*–;–en*) pencatatan dl. buku; pe(me)sanan karcis/tiket; **–ungsfehler** *m* kesalahan dl. pembukuan; **–ungsmaschine** *f* mesin tik yg. sekaligus mesin hitung
Buckel *m* (*–s;–*) bongkol, punuk pd. punggung, bungkuk; *ugs.* bukit kecil; *e–n* ~ *machen* melengkungkan badan, membungkuk; **≗ig** yg. berpunuk; tdk. rata
bücken *sich* ~ membungkuk
Bückling *m* (*–s;–e*) **1.** hormat dng. membungkukkan badan, penyembahan; **2.** *Fisch* ikan haring yg. diasap
Bude *f* (*–;–n*) kamar; gubuk; *ugs.* warung, kedai, kios; **–nzauber** *m* pesta urakan/ugal-ugalan di kamar
Budget *n* (*–s;–s*) anggaran belanja, *bp.* bujet
Büfett *n* (*–s;–e*), **–Büffet** *n* (*–/s;–s*) bufet; *kaltes* ~ meja dng. hidangan dingin (utk. mengambil sendiri), perasmanan dingin
Büffel *m* (*–s;–*) banteng; *Wasserbüffel* kerbau **≗n** *itr.*, *ugs.* belajar tekun
Bug *m* (*–/s;–e*) haluan kapal; *Fleisch* daging lem(b)usir
Bügel *m* (*–s;–*) gantungan pakaian; pegangan; *Elek.* sengkang kontak; **–eisen** *n* setrika; **–falte** *f* lipatan pd. celana panjang; **≗frei** licin tanpa disetrika; **≗n** *tr.* menyetrika
bugsieren (–) *tr.*, *Mar.* menarik, menyeret
Buhle *f* (*–;–n*), *m* (*–n;–n*) piaraan, kekasih gelap, simpanan; **≗n** *itr.* berusaha; merayu-rayu; menjalin hubungan gelap; *um j–s Gunst* ~ menjilat; **–rin** *f* (*–;–nen*) pelacur; **≗risch** spt. pelacur
Buhne *f* (*–;–n*) sm. tanggul pemecah gelombang (utk. menjaga tepi/pantai dari kerusakan)
Bühne *f* (*–;–n*) panggung, pentas; teater; sandiwara; **–n·anweisung** *f* petunjuk pemanggungan; **–n·ausstattung** *f*, **–nbild** *n* dekorasi panggung; **–nbildner** *m* penata panggung; **–ndichter** *m* dramawan, penulis drama; **–nkünstler(in** *f*) *m* pemain sandiwara; **–nstück** *n* sandiwara, drama
Bukett *n* (*–/s;–e*) karangan bunga, buket; aroma/harumnya anggur
Bull|auge *n* tingkapan (di sisi kapal); **–dog** *m* (*–s;–s*) traktor; **–dogge** *f* (anjing) buldog
Bulle **1.** *m* (*–n;–n*) sapi jantan; **2.** *f* (*–;–n*) dokumen resmi kepausan
Bulletin *n* (*–s;–s*) buletin
Bummel *m* (*–s;–*) jalan-jalan, pelesiran; *e–n* ~ *machen* berjalan-jalan, *bp.* melonco(–lonco); **–ant** *m* (*–en;–en*) pemalas yg. sering terlambat; **–ei** *f* (*–;–en*) kecerobohan, kesem-

bronoan; kelambanan; **≗ig** lamban, sembrono, malas, **≗n** *itr. ugs.* berjalan-jalan, berpelesiran; *trödeln* bekerja pelan-pelan; hidup bermalas-malasan; **–streik** *m* pekerjaan dijalankan secara perlahan-lahan; **–zug** *m, ugs.* kereta api langsam

bums|en *itr. ugs.* berdebum, berdebam, jatuh dng. berdebam; memukul sehingga berdebam; *derb, bk.* mengancuk; **≗lokal** *n, ugs.* restoran murahan

Bund 1. *n (–es;–e)* (se)ikat; *Schlüssel* serangkai kunci; **2.** *m (–es–̈e)* ikatan, persekutuan, federasi, perserikatan; perjanjian; *im ~e mit* bersama/bersekutu dng.; *den ~ fürs Leben schließen* menikah

Bündel *n (–s;–)* berkas, bungkusan, buntelan; **≗n** *tr.* memberkas, mengikat

Bundes . . . federal; **–anwalt** *m* jaksa agung; **–bahn** *f* jawatan kereta-api federal; **–bank** *f* bank federal; **–behörde** *f* jabatan/instansi pemerintah federal; **–bruder** *m* anggota seperkumpulan mahasiswa; **–bürger** *m* warga negara federal; **≗deutsch** berh. dng. Republik Federal Jerman; **–ebene** *f, auf ~* pd. tingkat nasional (di Jerman); **–gebiet** *n* wilayah federal; **–genosse** *m* sekutu; **–gericht** *n* pengadilan federal; **–grenzschutz** *m* pasukan pertahanan/penjagaan perbatasan Jerman Barat; **–haus** *n* (gedung) Dewan Perwakilan Rakyat Federal (Jerman); **–kanzler** *m* kanselir federal; **–lade** *f, Rel.* Peti Perjanjian; **–land** *n* negara bagian; **–liga** *f, Sp.* liga/kelompok kesebelasan sepakbola yg. paling hebat (di Jerman Barat); **–post** *f* jawatan pos federal; **–präsident** *m* presiden federal; **–rat** *m* Majelis Perwakilan Negara-Negara Bagian (di Jerman dan Austria); pemerintah federal (di Swiss); **–regierung** *f* pemerintahan federal; **–republik** *f* republik federal; *~ Deutschland (BRD)* Republik Federal Jerman (RFJ); **–staat** *m* negara serikat/federasi; **–straße** *f* jalan federal; **–tag** *m* Dewan Perwakilan Rakyat Federal (Jerman); **–verfassung** *f* undang-undang dasar federal; **–wehr** *f* Angkatan Bersenjata Federal

bündig yg. meyakinkan; pasti; *kurz u ~* pendek dan singkat

Bündnis *n (–ses;–se)* persekutuan, ikatan; perjanjian

Bungalow *m (–s;–s)* rumah peristirahatan, bungalo

Bunker *m (–s;–)* tempat pertahanan/perlindungan yg. kuat; tempat menimbun (batu bara, minyak . . .)

bunt beraneka warna, berwarna-warni; bermacam-macam; *e–e ~e Reihe machen* selang-seling antara pria dan wanita; **≗druck** *m* cetakan berwarna; **≗metall** *n* logam yg. bukan besi/baja; **≗stift** *m* pinsil berwarna

Bürde *f (–;–n)* beban, kesusahan, tanggungan

Burg *f (–;–en)* benteng, puri

Bürge *m (–n;–n)* penjamin; **≗n** *itr.* menjamin

Bürger|(in *f) m (–s;–)* warganegara, penduduk kota; orang sipil; **–krieg** *m* perang saudara; **–kunde** *f* ilmu kewarganegaraan, *bp.* civics; **≗lich** berh. dng. warganegara; spt. rakyat kebanyakan, sipil, sederhana; *pej.* sempit; *~e Ehrenrechte* hak-hak warganegara; *≗es Gesetzbuch* Kitab Undang-undang Hukum Perdata; **–meister** *m* walikota; *Dorf* lurah; **–pflicht** *f* kewajiban warga (negara/kota); **–recht** *n* hak warganegara; **–schaft** *f (–;–en)* keseluruhan warga; **–sinn** *m* rasa tanggungjawab sebagai warga; **–stand** *m* kelas/lapisan menengah; **–steig** *m* trotoar, kaki lima; **–tum** *n (–s;O)* para warga (negara/kota); kelas menengah; **–wehr** *f* pertahanan rakyat, milisi

Burgfriede *m* gencatan senjata (sementara), penghentian permusuhan

Bürgschaft *f (–;–en)* jaminan

Burgverlies *n* penjara di bawah tanah dl. puri

Büro *n (–s;–s)* kantor, biro; **–bedarf** *m*, **–bedarfsartikel** *pl* keperluan kantor; **–chef** *m* kepala kantor; **–diener** *m* opas/pesuruh kantor;

–klammer *f* jepitan kertas; **–krat** *m* (*–en;–en*) birokrat; **–kratie** *f* (*–;. . . iën*) birokrasi; **≗kratisch** birokratis; picik; **–möbel** *pl* mebel/perabot kantor; **–personal** *n* personil kantor, staf; **–stunden** *pl* jam kerja kantor; **–vorsteher** *m* kepala kantor

Bursch|(e) *m* (*–n;–n*) pemuda; pelayan, jongos; *Mil.* pelayan perwira; **–enschaft** *f* (*–;–en*) perhimpunan/organisasi mahasiswa; **≗ikos** *Adj.* bebas, gesit, kelaki-lakian (tt. gadis)

Bürste *f* (*–;–n*) sikat; **≗n** *tr. itr.* menyikat; **–nbinder** *m* pembuat sikat

Bus *m* (*–ses;–se*) bis

Busch *m* (*–es;¨–e*) belukar, semak-semak; hutan tropis; hutan kecil; **≗ig** yg. ditumbuhi semak-semak; yg. berambut/berbulu lebat; **–messer** *n* parang, pisau panjang (yg. tdk. bisa dilipatkan)

Büschel *n* (*–s;–*) (se)ikat, berkas, segabung

Busen *m* (*–s;–*) dada perempuan; *fig.* sanubari, batin; *Meer* teluk; **–freund** *m*, **–freundin** *f* teman akrab, sahabat karib; **–nadel** *f* bros

Bus|fahrer *m* pengemudi/sopir bis; **–haltestelle** *f* halte/perhentian bis

Buße *f* (*–;–n*) tobat, sesal; *Strafe* penitensi; denda; ~ *tun, s. büßen*

büßen *tr. itr.* bertobat, menyesal(i), menanggung denda, memperbaiki kesalahan

Büßer(in *f*) *m* (*–s;–*) orang yg. bertobat

bußfertig penuh sesal, bersedia utk. bertobat

Buß|geld *n* (uang) denda; **–predigt** *f* khotbah pertobatan; **–tag** *m* hari pertobatan; **–übung** *f* perbuatan bertobat, pertobatan

Büste *f* (*–;–n*) patung setengah badan; **–nhalter** *m* kutang, *bp.* beha (BH); **–nhebe** *f* peninggi buah dada (dl. beha)

Bütte *f* (*–;–n*) tong, tahang

Büttel *m* (*–s;–*) juru sita; pembantu algojo

Büttenpapier *n* kertas yg. dibuat dng. tangan

Butter *f* (*–;O*) mentega; *alles in ~!* semuanya beres! **–brot** *n* roti (dng.) mentega; *für e ~* dng. harga murah sekali; **–dose** *f* tempat mentega; **–milch** *f* dadih susu; **≗n** *itr. tr.* membuat mentega; mengoles(i) dng. mentega; *ugs.* menginvestasikan (uang terlalu banyak); *Med.* bernanah; **≗weich** sangat lunak

C

Cafe *n* (*–s;–s*) warung kopi, kedai minum (kopi, teh dan kue)
Camp *n* (*-s;-s*) lapangan/tempat perkemahan; *Mil.* bivak; **≗en** *itr.* berkemah; **–ing** *n* (*–s;O*) hidup/ liburan dng. berkemah; **–ingplatz** *m* lapangan perkemahan
Cape *n* (*–s;–s*) mantel tanpa lengan
Cashewnuß *f* kacang mete
Cellist *m* (*–en;–en*) pemain selo
Cello *n* (*–s;–s/Celli*) selo
Cellophan *n* (*–s;O*) kertas kaca
Celsius Celsius (satuan termometer)
Cembalo *n* (*–s;–s/Cembali*) *Mus.* cembalo
Chamäleon *n* (*–s;–s*) bunglon, *chamaeleonidae*
Champagner *m* (*–s;–*) (minuman) anggur berbusa, sampanye
Champignon *m* (*–s;–s*) jamur merang, *psalliota*
Chance *f* (*–;–n*) kesempatan, *bp.* kans; **–ngleichheit** *f* kesempatan sama
Chanson *n* (*–s;–s*) lagu kabaret
Chaos *n* (*–;O*) (keadaan) kacau-balau, kekacauan, kericuhan
chaotisch kacau-balau, berantakan
Charakter *m* (*–s;–e*) watak, tabiat, perangai; *Persönlichkeit* kepribadian; *Eigenschaft* sifat; **–bildung** *f* pembinaan kepribadian; **–eigenschaft** *f* sifat khas, ciri-ciri kepribadian; **≗fest** berpendirian, berwatak teguh/kuat/kukuh; **≗isieren** (–) *tr.* menggambarkan (sso./sst.) menurut ciri-ciri khasnya; **–isierung** *f* (*–;–en*) penggambaran yg. tepat, karakterisasi; **–istik** *f* (*–;–en*) penggambaran tepat; ciri khas; karakteristik; **≗istisch** khas; **≗lich** yg. berh. dng. watak/kepribadian; **≗los** tak berpendirian, plin-plan; *schlecht* jahat; **–losigkeit** *f* (*–;–en*) tiada kepribadian/pendirian, sifat plin-plan; **–stärke** *f* kemantapan/kekuatan kepribadian; **–zug** *m* sifat/ciri khas watak
Charisma *n* (*–;–ta/. . . men*) anugerah khas, karisma; *fig.* panggilan
charm|ant menarik, mempesonakan, luwes; **≗e** *m* (*–s;O*) daya tarik, pesona
Charta *f* (*–;–s*), **Charte** *f* (*–;–n*) piagam
Charter *m* (*–s;–s*) piagam; *Mar.* perjanjian sewa kapal atau ruang muatan; **–flug** *m* penerbangan carter
chartern *tr.* menyewa, *bp.* mencarter
Chassis *n* (*–;–*) *Mot.* kasis
Chauff|eur *m* (*–s;–e*) sopir; **≗ieren** (–) *itr.* mengendarai, mengemudi, menyopir
Chaussee *f* (*–;/. . . sseën*) jalan raya (di luar kota)
Chauvinismus *m* (*–;O*) nasionalisme sempit, chauvinisme
Chef *m* (*–s;–s*) kepala, atasan, pimpinan, *bp.* sep; **–arzt** *m* dokter kepala; **–redakteur** *m* pemimpin redaksi
Chemie *f* (*–;O*) (ilmu) kimia; **–faser** *f* serat sintetis
Chemikaliën *pl* bahan kimia
Chemiker *m* (*–s;–*) ahli kimia
chemisch kimia(wi)
Chiffon *m* (*–s;–s*) sifon, kain yg. tipis dan halus
Chiffre *f* (*–;–n*) angka; *geheim* kode, sandi; **–schrift** *f* tulisan rahasia; **–telegramm** *n* telegram dl. tulisan rahasia atau dng. kode khusus
chiffrieren (–) *tr.* mengubah (tulisan/huruf) ke sandi/kode rahasia

Chinarinde *f* (*–;–n*) kulit pohon kina, *cinchona succirubra*
Chinin *n* (*–s;O*) kinine
Chip *m* (*–s;–s*) kepingan pengganti uang (pd. permainan judi); **–s** *pl* keripik kentang
Chirurg *m* (*–en;–en*) ahli bedah; **–ie** *f* (*–;. . . iën*) ilmu bedah
Chlor *n* (*–s;O*) klor, chlor (Cl); **–kalium** *n* kalium klorida; **–kalk** *m* kapur klorida; **–kalzium** *n* kalsium klorida
Chloroform *n* (*–s;O*) kloroform
Chlorophyll *n* (*–s;O*) zat hijau daun, klorofil
Cholera *f* (*–;O*) kolera
cholerisch bersifat lekas marah
Chor *m* (*–es;¨–e*) paduan suara, koor; *Kirche* ruang altar; **–al** *m* (*–s;¨–e*) nyanyian khoral (gaya gregorian); lagu gereja
Choreograph *m* (*–en;–en*) pencipta tarian/sendratari, koreograf(er); **–ie** *f* (*–;O*) koreografi
Chor|knabe *m* anak laki-laki yg. menyanyi dl. koor; **–sänger** *m* penyanyi (dl. koor)
Christ **1.** *m* (*–s;O*) *ugs.* Jesus Kristus; **2.** *m* (*–en;–en*) orang Kristen
Christ|abend *m* malam Natal; **–baum** *m* pohon Natal; **–nacht** *f* malam Natal
Christen|heit *f* (*–;O*) umat Kristen; kekristenan; **–pflicht** *f* kewajiban orang Kristen; **–tum** *n* (*–s;O*) *Lehre* ajaran agama Kristen; *alle Gläubigen* umat Kristen; *fig.* iman dan hidup Kristiani; **–verfolgung** *f* penganiayaan orang Kristen
christianisieren (–) *tr.* menasranikan, menyebarkan agama Kristen
Christ|kind *n* Kanak-Kanak Jesus; **≗lich** Kristen, Kristiani; Masehi; **–messe** *f* misa kudus pd. malam Natal
Christus (Jesus) Kristus; *im Islam* (Isa) Almasih; *Christi Geburt* kelahiran Kristus; *vor/nach* ~ (*v./n. Chr.*) sebelum/sesudah Masehi (seb./ses. Masehi)
Chrom *n* (*–s;O*) krom (Cr)
Chromatik *f* (*–;O*) *Mus.* nada kromatik
Chromosom *n* (*–s;–en*) *Bio.* kromosom, bagian sel (yg. mengandung sifat/informasi keturunan)
Chromsäure *f* asam krom
Chronik *f* (*–;–en*) kronik, sejarah, tarikh; *Buch der* ~ Kitab Tawarikh
chronisch yg. berlangsung lama, tiada hentinya, kronis
Chronist *m* (*–en;–en*) penulis kronik; *Rel.* pengarang Kitab Tawarikh
Chronolog|ie *f* (*–;O*) kronologi, ilmu tt. penetapan/perhitungan waktu; susunan peristiwa menurut urutan waktu kejadian; **≗isch** kronologis, menurut urutan waktu/masa
Chronometer *n* (*–s;–*) pengukur waktu, kronometer
circa kira-kira, kurang-lebih
Cis *n* (*–;–*) *Mus.* c-kres, cis
Clique *f* (*–;–n*) kelompok, klik; **–nwesen** *n* klik-klikan
Clou *m* (*–s;–s*) puncak, acara penting
Clown *m* (*–s;–s*) badut, pelawak
Coiffeur *n* (*–s;–e*) penata rambut
Collaborateur *m* (*–s;–e*) kolaborator, orang yg. bekerja sama dng. musuh
Collage *f* (*–;–n*) gambar tempel dng. kertas berwarna atau bahan lain
Computer *m* (*–s;–*) komputer
Conferencier *m* (*–s;–s*) pembawa acara
Container *m* (*–s;–*) kontainer, peti kemas
Copyright *n* (*–s;–s*) hak cipta
Corpus delicti *n* (*–; Corpora –*) barang bukti (perbuatan kejahatan)
Couch *f* (*–;–es*) dipan, sofa panjang
Couplet *n* (*–s;–s*) kuplet, bait, untai
Coupon *m* (*–s;–s*) kupon
Courag|e *f* (*–;O*) keberanian; **≗iert** *ugs.* berani, tdk. takut
Cousin *m* (*–s;–s*), **–e** *f* (*–;–n*) saudara sepupu (laki-laki/perempuan)
Credo *n* (*–s;O*) syahadat, pengakuan iman
Creme *f* (*–;–s*) krem; **≗farben** *Adj.* warna krem, kuning muda; **–torte** *f* tar krem
Curry *m*, *n* (*–s;O*) kari
Cutaway *m* (*–s;–s*) sm. jas berpotongan lancip ke belakang

D

da 1. *Adv. a) örtlich, dort/hier* di sana/sini; ~ *sein* (ber)ada di sana/sini; *von ~ an/ab (räumlich)* mulai dari situ/sana, (*zeitlich*) mulai dari waktu itu; *wer ~?* siapa (itu)? *hier u. ~* di sana-sini; ~ *bin ich!* inilah saya! *b) zeitlich* pd. waktu itu; *c) konditional* kalau begitu, maka; **2.** *Konj. a) Lit., zeitlich* selama, ketika, sementara; ~ *er noch reich war, hatte er viele Freunde* ketika ia masih kaya, kawannya banyak; *im Augenblick ~* pd. saat/waktu yg.; *b) kausal* oleh karena; ~ *er Deutscher ist* karena dia orang Jerman; ~ *der Schüler einsah, daß . . .* karena murid itu insyaf, bahwa . . . ; ~ *dem so ist* karena (memang) halnya demikian; *Gegensatz, um so mehr ~* lebih-lebih karena

dabehalten (–) *unr. tr.* mengundang/menahan spy. jangan pergi

dabei *Adv., e Paket u. e-e Rechnung ~* satu paket dan selembar rekening terlampir; *e Haus mit Garten ~* sebuah rumah dng. kebun; *ganz nahe ~* sangat dekat dengannya; ~ *sein et. zu tun* sedang (sibuk) berbuat sst.; *es ist nichts ~* tdk. apa-apa; tiada jeleknya; *lesen u. ~ rauchen* membaca sambil merokok; *er ist klug u. ~ fleißig* ia pandai lagi rajin; *er ist reich doch ~ nicht stolz* ia kaya tetapi tdk. sombong; *er studiert noch, ~ könnte er schon Doktor sein* ia masih belajar, walaupun sudah lama bisa menjadi doktor; *es kommt nichts ~ heraus* tak ada gunanya; *sich nichts Böses ~ denken* sama sekali tdk. bermaksud jahat; ~ *haben* membawa serta; ~ *bleiben* berpegang pada (pandangan . . .); *es bleibt ~* tdk. akan diubah; ~ *sitzen/stehen* duduk/berdiri waktu berbuat sst.

dabei|bleiben *unr. itr.* (tetap) hadir; **–sein** *unr. itr.* hadir, ikutserta; **–sitzen** *unr. itr.* turut hadir (dng. duduk); **–stehen** *unr itr.* turut hadir (dng. berdiri); berdiri di samping

dableiben *unr. itr.* tinggal, tdk. pergi; *er soll 'dableiben* ia jangan pergi; *das Buch soll da 'bleiben* buku ini jangan dipindah(kan)

Dach *n* (*–es;–er*) atap; *et. unter ~ u. Fach bringen* menyelesaikan/membereskan sst.; *unter e-m ~ wohnen* hidup/tinggal serumah; **–balken** *m* balok atap (yg. melintang); **–boden** *m* loteng di bawah atap; **–decker** *m* tukang genting; **–fenster** *n* jendela atap/loteng; **–first** *m* bubungan, nok, perabung(an); **–gesellschaft** *f* perusahaan yg. memegang saham perusahaan-perusahaan lain, *holding company;* **–giebel** *m* (bagian atas) dinding muka rumah yg. berbentuk segitiga; **–kammer** *f* kamar loteng; **–latte** *f* reng; **–pfanne** *f* genteng, genting; **–rinne** *f* talang

Dachs *m* (*–es;–e*) daks, sm. luak, *melina; e junger ~, ugs.* orang yg. belum berpengalaman sama sekali, orang yg. masih hijau; **–hund** *m* anjing daks, sm. anjing yg. pendek kakinya

Dach|sparren *m* kasau, kasok; **–stube** *f* kamar loteng; **–stuhl** *m* kerangka atap; **–traufe** *f* talang; **–ziegel** *m* genting, genteng

Dackel *m* (*–s;–*) *s. Dachshund*

dadurch melalui; dng. perantaraan; dng. itu/demikian; ~ *daß* karena (–nya)

dafür untuk itu, karena (itu); *anstelle* sebagai gantinya; ~ *daß* (oleh) karena; *ich kann nichts* ~ bukan kesalahan saya; *er ist jung,* ~ *aber sehr klug* ia masih muda tetapi pandai sekali; *er wurde* ~ *bestraft* ia dihukum karena (berbuat) itu; ~ *sein* menyetujui, mengiakan; **–halten** *unr. itr.* berpendapat; **≗halten** *n* (*–s;O*) *nach meinem* ~ menurut pendapatku

dagegen 1. *Adv.* melawan; *ich habe nichts* ~ saya tak berkeberatan; ~ *sein* menentang, tdk. menyetujui; **2.** *Konj.* sebaliknya, di pihak lain, tetapi; **–halten** *unr. tr.* membantah, mengemukakan pandangan yg. bertentangan; **–wirken** *itr.* menentang, berusaha menghalangi

daheim di rumah, di kampung halaman

daher dari sana; *aus diesem Grunde* oleh karena itu, maka(nya); maka dari itu; **–gelaufen** *Adj.* muncul dng. tiba-tiba (tanpa diketahui dari mana); **–kommen** *unr. itr.* muncul; **–reden** *tr.* berbicara tanpa berpikir

daherum di sekitarnya

dahin (sampai) ke sana; *weg* berlalu, lenyap; *bis* ~ (*örtlich*) hingga/sampai di situ, (*zeitlich*) sampai nanti/sekian; ~ *sein* hilang, habis; *j-n* ~ *bringen* mengantar sso. ke sana; *fig.* membujuk sso. (sampai menurut); ~ *gehen/eilen* pergi/lari ke sana; *e* ~ *gehender Antrag* permohonan dng. maksud ini; **–eilen** *itr.* berlalu cepat; **–gehen** *unr. itr.* berlalu; *Lit.* meninggal; **≗geschiedene** *m, f* (*–n;–n*) yg. telah wafat, almarhum; **–gestellt** ~ *sein lassen, fig.* tdk. mempersoalkan; belum diputuskan; **–leben** *itr.* menjalani/melalui hidup dng. biasa; **–schwinden** *unr. itr.* menghilang, menjadi habis/lenyap; berlalu; **–siechen** *itr.* merana; **–stehen** *unr., es steht noch dahin, ob* belum pasti apakah

dahinten *Adv.* (jauh) di belakang

dahinter di belakang(ya); di baliknya; **–her** ~ *sein* berusaha keras utk. mendapat sst.; **–kommen** *unr. itr. ugs.* mencari tahu; menemukan; **–setzen** *sich* ~ berusaha keras; **–stecken** *itr.* (ber)ada di baliknya/belakangnya

dahinziehen *unr. itr.* berpindah pelan-pelan; *refl.* meluas, menyebar; *die Sache zieht sich dahin* hal/masalah itu tdk. selesai-selesai

dalassen *unr. tr.* meninggalkan di tempat tertentu, tdk. membawa

dalli ~ *machen, ugs.* bergegas-gegas; ~ *!* cepat, cepat!

damal|ig yg. pd. waktu itu, ketika itu; *der ~e Besitzer* pemilik yg. dulu; **–s** pd. waktu itu, d(ah)ulu

Damast *m* (*–es;–e*) kimkha, kain damas/kepiri

Dame *f* (*–;–n*) nyonya; (*unverheiratet*) nona; *Schach/Karte* ratu; *meine ~n u. Herren* nyonya-nyonya dan tuan-tuan, ibu-ibu dan bapak-bapak, *malaiisch* tuan-tuan dan puan-puan; *~n* (*Aufschrift*) wanita

Damen|binde *f* (kapas) pembalut wanita; **–friseur** *m* penata rambut wanita; **≗haft** spt. wanita terhormat; **–kleidung** *f* pakaian wanita; **–konfektion** *f* konfeksi pakaian wanita; **–mannschaft** *f* regu wanita; **–salon** *m* salon kecantikan; **–schneider** *m* penjahit pakaian wanita; **–unterwäsche** *f* pakaian dalam wanita

Dam(e)spiel *n* permainan dam (–dam)

damit 1. *Adv.* dng. itu; dng. cara demikian; dng. demikian; *was soll ich* ~ *?* saya harus berbuat apa dengannya? **2.** *Konj.* agar supaya; ~ *nicht* supaya tdk./jangan

Däm|lack *m* (*–s;–e/–s*) *ugs.* orang bodoh/dungu; **≗lich,** *ugs.* tolol, bodoh

Damm *m* (*–es;⸚e*) tanggul, bendungan, tambak; dermaga; *Med.* kerampang, *perinaeum;* **–bruch** *m* bobolnya tanggul/bendungan

dämmen *tr.* membendung

dämmer|ig remang-remang; **≗licht** *n* cahaya remang-remang/taram-temaram; **–n** *itr.* mulai pagi/gelap; *es dämmert bei ihm, fig.* ia mulai mengerti, mulai menjadi jelas baginya; **≗ung** *f* (*–;–e*) *morgens* fajar pagi; *abends* magrib, senja

Dämon *m* (*–s;–en*) setan, jin, hantu, roh jahat; **²isch** spt. setan, jahat
Dampf *m* (*–(e)s;⁻e*) uap; **–bad** *n* mandi uap; *e ~ nehmen* bertangas; **–boot** *n* kapal uap; **–druck** *m* tekanan uap; **²en** *itr.* menguap, mengeluarkan uap
dämpfen *tr.*, *Ton* meredam; *Stoß, Gefühle* mengurangi, meredakan; *Fleisch, Gemüse* mengukus, menyetum; *mit gedämpfter Stimme* dng. suara rendah/perlahan-lahan
Dampfer *m* (*–s;–*) kapal api/uap
Dämpfer *m* (*–s;–*) *Ton, Stimme* peredam; *s. Stoßdämpfer*
Dampf|heizung *f* alat pemanas dng. uap; **–kessel** *m* ketel uap; **–kochtopf** *m* panci pemasak-cepat; **–kraft** *f* tenaga uap; **–maschine** *f* mesin uap; **–schiff** *n* kapal uap
Dämpfung *f* (*–;–en*) *Ton* peredaman; *Stoß* pengurangan
Dampfwalze *f* mesin-giling uap, penggiling jalan, *bp.* stomwals
danach sesudah itu, kemudian, lalu; menurut itu; *ich frage ~* saya bertanya tt. itu
daneben di samping (itu), selain itu; **–benehmen** (–) *unr., sich ~* bertingkahlaku tdk. pantas/sopan; **–gehen** *unr. itr.* gagal; **–hauen** *unr. itr. ugs.* meleset
daniederliegen *unr. itr.* berbaring (karena sakit parah); *fig.* tdk. berjalan baik, berjalan serat
Dank *m* (*–(e)s;O*) syukur, terimakasih; imbalan, ganjaran; *~ sagen/abstatten* menyampaikan/mengucapkan terima-kasih; *Gott sei ~!* alhamdulillah! syukur kpd. Tuhan! *vielen/schönen/herzlichen ~* terimakasih banyak, *bp.* trims
dank berkat; *~ deiner Hilfe* berkat bantuanmu
dankbar yg. berterimakasih; *e-e ~e Aufgabe* tugas yg. memuaskan; *ich bin Ihnen ~, daß* saya berterimakasih kpd. anda, bahwa; *ich wäre Ihnen ~ dafür wenn* saya akan berterimakasih kpd. saudara, kalau; **²keit** *f* (*–;O*) rasa terimakasih/syukur
danken *itr.* berterimakasih, bersyukur, mengucapkan terimakasih; *danke! (Ablehnung)* (tidak) terimakasih! *danke schön!* terimakasih, (*bitte schön* kembali); **–swert** pantas berterimakasih kpd.; *Aufgabe* yg. memuaskan/bermanfaat
Dankesschuld *f* hutang budi
Dank|gebet *n* doa terimakasih/syukur(an); **–sagung** *f* (*–;–en*), **–schreiben** *n* ucapan/surat/kartu terimakasih
dann lalu, kemudian, maka; *~ u. wann* kadang-kadang, sewaktu-waktu; *u. ~ vergiß nicht* selain itu jangan lupa; **–en** *Adv., von ~* dari sana; *von ~ eilen* berangkat dng. cepat
daran (*dran*) pada, akan; mengenai hal itu; *was liegt ~?* apa artinya itu? *es ist nichts ~* tdk. ada yg. benar (yg. dikatakan itu); *ich bin gut ~* saya beruntung; *gut ~ tun* ada baiknya; *nicht ~ denken et. zu tun* tdk. mau berbuat sst.; *denke nicht ~!* jangan memikirkannya! *ich bin ~* giliran saya; **–setzen** *tr.* mengusahakan
darauf (*drauf*) *örtlich* di atasnya; *höre nicht ~!* jangan dengarkan! *ich freue mich ~* saya mengharapkannya; *~ steht Gefängnis* (hal spt.) itu di hukum penjara; *zeitlich* sesudahnya, kemudian; *den Tag ~* hari berikutnya; **–folgend** yg. berikut (–nya); **–hin** lalu, setelah itu
daraus (*draus*) dari (itu), dari dalamnya; *~ folgt* dari situ dapat disimpulkan; *sich nichts ~ machen* tdk. mempedulikan
darben *itr.* menderita kekurangan/kelaparan
darbiet|en *unr. tr.* mempertunjukkan, menyelenggarakan, menghidangkan; *anbieten* menawarkan; *sich ~ (Anblick)* terlihat, (*Gelegenheit*) ada/mendapat kesempatan; **²ung** *f* (*–;–en*) pertunjukan, tontonan
darbring|en *unr. tr.* mempersembahkan; **²ung** *f* (*–;O*) persembahan
darein ke dalam(nya); **–finden** *unr., sich ~* menyesuaikan diri dng., (terpaksa) menerima keadaan; **–mischen** *sich ~* turut campurtangan; **–reden** *itr.* memotong kalimat/

pembicaraan; **-willigen** *tr.* menyetujui
darin (*drin*) di dalam(nya), dalam hal itu
darleg|en *tr.* menguraikan, menjelaskan; **°ung** *f* (*-;-en*) uraian, penjelasan
Darleh(e)n *n* (*-s;-*) pinjaman; **-skasse** *f* bank kredit; **-svertrag** *m* kontrak pinjaman
Darm *m* (*-ẹs;¨-e*) usus; **-entleerung** *f* buang air besar; **-entzündung** *f* radang usus, *enteritis;* **-grimmen** *n* mulas perut; **-saite** *f* dawai; **-tätigkeit** *f* kerjanya usus; **-trägkeit** *f* sembelit, konstipasi; **-verschlingung** *f* usus terbelit/tercerut, *volvulus*
darnach *s. danach*
darreichen *tr.* menyampaikan, menyodorkan
darstell|bar dapat digambarkan/dilukiskan; dapat dipertunjukkan; **-en** *tr.* menggambarkan, mempertunjukkan; *beschreiben* menguraikan; *Thea.* berperan sebagai, memainkan peran; *was stellt das dar?* apa artinya/maksudnya?
Darstell|er *m* (*-s;-*), **-erin** *f* (*-;-nen*) pemain sandiwara/drama/film; **-ung** *f* (*-;-en*) (peng)gambaran, lukisan; *Beschreibung* uraian, laporan; *Vorstellung* pementasan, pertunjukan, pegelaran; *graphische* ~ grafik
dartun *unr. tr.* membuktikan, menunjukkan
darüber (*drüber*) di atas(nya); mengenai/tentang itu; ~ *hinaus will ich sagen* selain itu saya masih mau mengatakan; *wir werden* ~ *sterben* kita akan mati sebelum itu terjadi; *es geht nichts* ~ tdk. ada yg. melebihinya; ~ *habe ich völlig vergessen daß* sementara itu saya sama sekali lupa bahwa; **-machen** *sich* ~ mulai melakukan/mengerjakan (dng. semangat); *Essen* menikmati; **-stehen** *unr. itr. fig.* tdk. perlu terkena/dipengaruhi (oleh sst.)
darum (*drum*) maka, (oleh) sebab/karena itu, jadi; ~ *herum* di sekelilingnya; ~ *handelt es sich nicht* bukan ini maksudnya; *er weiß* ~ ia menyadarinya; **-stehen** *unr. itr.* berkerumun, berkerubung
darunter (*drunter*) di bawah(nya); *dazwischen* di antara(nya), termasuk; kurang dari itu; 2 *Jahre u.* ~ dua tahun ke bawah; *was verstehst du* ~? apa yg. kamu maksudkan dng. itu? *es geht alles drüber u. drunter* semuanya kacau-balau; **-fallen** *unr. itr.* tergolong, termasuk; **-liegen** *unr. itr.* berada di bawah (sst.)
das 1. *n., bestimmter Artikel: wird nicht übersetzt;* **2.** *Relat.* yang; **3.** *Demon.* itu; *s. der;* ~ *heißt* artinya, maksudnya
dasein *unr. itr.* (ber)ada, had(l)ir; **°** *n* (*-s;O*) adanya, eksistensi, keberadaan; hidup; **°sberechtigung** *f* hak (utk.) hidup; **°skampf** *m* perjuangan hidup
daselbst di sana (juga)
dasitzen *unr. itr.* duduk tenang-tenang
dasjenige *s. derjenige*
daß bahwa; *so* ~ sehingga; *auf* ~ supaya; *ohne* ~ tanpa
dasselbe *n., s. derselbe*
dastehen *unr. itr.* berdiri tenang-tenang; *ohne Mittel* ~ dl. keadaan tanpa uang; *wie stehe ich nun da!* saya (diper)malu(kan)!
Datei *f* (*-;-en*) kumpulan rekaman data
Daten *pl* data; fakta, keterangan; **-bank** *f* bank data; **-schutz** *m* perlindungan data pribadi; **-verarbeitung** *f* proses data
datier|en (*-*) *tr.* membubuhi tanggal; menentukan tanggal; *itr.* berasal dari (waktu); bertanggal; **°ung** *f* (*-;-en*) tanggal, penentuan tanggal/waktu
Dativ *m* (*-s;-e*) *Gr.* kasus ketiga, pelengkap penyerta, datif
Dattel *f* (*-;-n*), **-palme** *f* (pohon) kurma, *dactylifera*
Datum *n* (*-s;Daten*) tanggal; *s. Daten*
Dauer *f* (*-;O*) lamanya, waktunya; jangka waktu; *auf die* ~ utk. waktu yg. lama, lama-kelamaan; *für die* ~ *von 2 Jahren* utk. jangka waktu dua tahun; *von* ~ *sein, s. dauerhaft*
Dauer|auftrag *m, Bank* perintah utk. membayar sejumlah uang

tetap secara berkala, *periodical payment order; Handel* pesanan tetap; **–beschäftigung** *f* pekerjaan tetap; **≗haft** tahan lama, langgeng, awet; **–karte** *f* karcis sepanjang musim, karcis yg. berlaku selama waktu tertentu, kartu abonemen; **–lauf** *m* lari pelan-pelan dan lama; **≗n** *itr.* **1.** berlangsung (terus), bertahan; *es dauert zu lange* hal itu berlangsung terlalu lama; **2.** menaruh belaskasihan; *er dauert mich* saya merasa kasihan kepadanya; **≗nd** terus-menerus; **–regen** *m* hujan terus-menerus; **–stellung** *f* posisi/pekerjaan tetap; **–visum** *n* visum yg. berlaku terus/lama; **–welle** *f, im Haar* keriting permanen/tetap; **–zustand** *m* keadaan tetap

Daumen *m* (–*s*;–) ibu jari, jempol; *auf et. den ~ halten* tdk. melepaskan sst.; *j-m den ~ halten* mengharapkan sso. mendapat untung/kemenangan; **–abdruck** *m* cap jempol

Däumling *m* (–*s*;–*e*) ibu jari pd. sarung tangan; *im Märchen* tokoh dongeng yg. sebesar jempol

Daune *f* (–;–*n*) bulu (halus); **–ndecke** *f* sm. selimut (yg. diisi dng. bulu-bulu angsa yg. halus)

davon dari, dari itu/situ, dari padanya; tt. itu; *auf u. ~* pergi kabur; *was habe ich ~?* apa gunanya bagiku? **–bleiben** *unr. itr.* tdk. menyentuh; menjauhi; *bleibt davon!* jangan sentuh! **–gehen** *unr. itr.* pergi (meninggalkan), berangkat; **–jagen** *tr.* mengusir; **–kommen** *unr. itr.* luput/terlepas (dari bahaya), nyaris celaka; **–laufen** *unr. itr.* lari dari/karena (sso./sst.); **–machen** *sich ~* mengambil kaki seribu; diam-diam pergi; **–tragen** *unr. tr.* membawa pergi; *Sieg* mencapai/menggondol kemenangan; *e-e Wunde ~* menderita/menanggung luka

davor di depan(nya); *zeitlich* sebelum (itu); *in Bezug auf* tentang

dazu untuk (maksud) itu; tentang; tambah lagi; *~ gehört Zeit* utk. itu diperlukan waktu; **–gehören** (–) *itr.* termasuk, tercakup; **–kommen** *unr. itr.* muncul, datang; bergabung dng., ditambah pd.; *ich komme nicht dazu* saya tdk. sempat (utk. melakukan itu)

dazumal dahulu, pd. zaman dahulu; *Anno ~* pd. tempo doeloe

dazutun *unr. tr.* menambahkan; *ohne j-s ≗* tanpa bantuan/dorongan sso.

dazuverdienen (–) *tr.* menambah penghasilan

da'zwischen di antara(nya); **–fahren** *unr. itr.* berteriak (utk. menghentikan kegaduhan/perkelahian); **–funken** *itr. ugs.* mengganggu, mengusik; *s. dazwischenfahren;* **–kommen** *unr. itr.* ada halangan; *Person* campur tangan; **≗kunft** *f* (–;*O*) intervensi, campurtangan; perantaraan; **–reden** *itr.* memotong pembicaraan (dng. tdk. sopan); **–treten** *unr. itr.* turut campur, campur tangan; memisahkan

Debakel *n* (–*s*;–) kekalahan, kegagalan

Debatt|e *f* (–;–*n*) pembahasan, perbantahan, debat; *zur ~ stellen* mengemukakan; **≗ieren** (–) *itr. tr.* berdebat, mendebat, membahas

Debet *n* (–*s*;–*s*) piutang, debet

Debüt *n* (–*s*;–*s*) munculnya/pementasan/pertunjukan yg. pertama kali, debut; **–ant** *m* (–*en*;–*en*) orang yg. melakukan debutnya

Dechant *m* (–*en*;–*en*) pastor kepala beberapa paroki, deken

dechiffrieren (–) *tr.* membaca tulisan rahasia, membuka sandi

Deck *n* (–*s*;–*s*) geladak kapal, dek; **–adresse** *f* alamat rahasia; **–bett** *n* selimut (dari bulu); **–blatt** *n, Bo.* daun kelopak; *Zigarre* (daun) pembungkus cerutu

Decke *f* (–;–*n*) langit-langit; *Bett* selimut; *Tisch* kain tutup (meja . . .); *Straße* permukaan jalan; *Reifen* ban luar; *unter e-r ~ stecken, fig.* bersekongkol

Deckel *m* (–*s*;–) tutupan, penutup, tutup panci; *Buch* kulit buku

decken *tr.* menutup(i) (panci, ongkos, meja); *schützen* melindungi; *Dach ~* memasang genting; *für 6 Personen ~* menyiapkan meja utk. enam orang; *j-n ~* melindungi sso.; *der Check ist nicht gedeckt* cek itu kosong; *den Bedarf* ~ memenuhi kebutuhan; *die beiden Dreiecke* ~ *sich* kedua segitiga itu sama sisi dan sebangun; *sich* ~ *gegen* melindungi diri thd.; *e Pferd* ~ menjantani kuda betina; *e-n Spieler* ~, *Sp.* menjaga/mengawal pemain

Deck|enbeleuchtung *f* penerangan di langit-langit; **–engemälde** *n* lukisan di langit-langit; **–farbe** *f* cat yg. menutup cat dasar; **–mantel** *m*, *unter dem* ~ *von* dng. dalih bahwa; **–name** *m* nama samaran; **–ung** *f* (–;O) perlindungan; *bp.* deking; *Sp.* pertahanan, penjagaan; *Geld* jaminan; *Bedürfnis* pemenuhan; *Math.* sama sisi dan sebangun

de facto menurut kenyataan(nya), de facto

defekt rusak; **≗** *m* (–es;–e) kerusakan, kekurangan

defensiv bersikap membela/bertahan, defensif; **≗e** *f* (–;–n) pembelaan, pertahanan

defilieren (–) *itr.*, *Mil.* berdefile

defin|ieren (–) *tr.* memberi batasan/definisi; **≗ition** *f* (–;–en) definisi, batasan; **–itiv** definitif, tentu, sudah pasti

Defizit *n* (–s;–e) defisit, kekurangan

Deflation *f* (–;–en) deflasi, kenaikan nilai uang

deformieren (–) *tr.* mengubah bentuk (menjadi jelek)

deftig *ugs.* kuat; tdk. halus, kasar; *e* ~*e Mahlzeit* makanan bergizi

Degen *m* (–s;–) sm. pedang panjang

degenerieren (–) *itr.* merosot, mundur

Degrad|ation *f* (–;–en) degradasi, kemerosotan, proses kemunduran; **≗ieren** (–) *tr.*, *Mil.* menurunkan pangkat

dehn|bar mulur, elastis, dapat diregangkan; **≗barkeit** *f* (–;O) elastisitas, mulurnya; **–en** *tr.* memanjangkan, meregangkan; *sich* ~ melar, memuai, memanjang; *e Wort* ~ memperpanjang ucapan suatu kata; **≗ung** *f* (–;–en) regangan, pemuaian, meluasnya

Deich *m* (–es;–e) tambak, tanggul; **–bruch** *m* bobolnya tanggul/bendungan

Deichsel *f* (–;–n) bom, galah penarik kereta kuda

dein (kepunyaan) mu/saudara/ bapa/ibu; ~ *Geld* uangmu, uang saudara/bapa/ibu; *die* **≗***(ig)en* pihak keluargamu; **–erseits** dari pihakmu; **–esgleichen** orang(–orang) spt. saudara; **–ethalben**, **–etwegen**, **–etwillen** karena/demi (kepentingan) kamu/kau; **–ige** kepunyaanmu

Deismus *m* (–;O) ketuhanan, deisme

de jure (sah) menurut hukum, de jure

Dekade *f* (–;–n) dasawarsa, masa sepuluh tahun, dekade

dekadent yg. merosot, dekaden

Dekan *m* (–s;–e) dekan, ketua fakultas; *Rel.* deken

Deklam|ation *f* (–;–en) deklamasi, pembacaan (puisi); **≗ieren** (–) *tr.* membacakan (puisi), mendeklamasikan

Dekla|ration *f* (–;–en) pernyataan resmi, deklarasi; **≗rieren** (–) *tr.* menyatakan dng. ringkas dan tegas; *Zoll* melaporkan pd. duane

Dekli|nation *f* (–;–en) tasrif, deklinasi; *Phys.* pembiasan; **≗nieren** (–) *tr.* mentasrifkan, mengubah bentuk kata kerja

Dekolleté *n* (–s;–s) potongan leher yg. rendah pd. baju wanita

Dekor *m*, *n* (–s;–s/–e) hiasan, dekor; **–ateur** *m* (–s;–e) ahli hias, dekorator, penghias; **–ation** *f* (–;–en) dekorasi, hiasan; tanda jasa; **≗ieren** (–) *tr.* menghias; *Orden* menganugerahkan tanda jasa

Dekret *n* (–es;–e) keputusan, ketetapan, dekret; **≗ieren** (–) *tr.* menetapkan, memutuskan, mendekretkan

Deleg|ation *f* (–;–en) delegasi; (per-)utusan; **≗ieren** (–) *tr.* mengutus; *Befugnisse/Aufgaben* melimpahkan kekuasaan/tugas; **–ierte** *m*, *f* (–n;–n) utusan, wakil

delikat sedap, enak sekali; *Problem* pelik, peka; **≗esse** *f* (–;–n) makanan yg. sedap sekali; *mit* ~ dng. hati-hati/bijaksana

Delikt *n* (–es;–e) kejahatan, perbuatan jahat, delik

Delinquent *m* (*–en;–en*) orang yg. membuat pelanggaran ringan; penjahat
Delirium *n* (*–s; . . . riën*) gangguan jiwa, igauan, keadaan tdk. waras, *delirium*
Delphin *m* (*–s;–e*) dolfin, ikan lumba-lumba, *delphinida*
Delta *n* (*–s;–s*) delta; muara bercabang-cabang yg. berbentuk segi tiga
dem *Dat. von der/das; wie ~ auch sei* bagaimanapun juga; *wenn ~ so ist* kalau memang demikian
Demagog|e *m* (*–n;–n*) penghasut (rakyat), demagog; **–ie** *f* (*–; . . . iën*) demagogi, penghasutan; **$\stackrel{o}{-}$isch** (bersifat) menghasut
Demarkationslinie *f* garis demarkasi, garis perbatasan
demaskieren (–) *tr.* membuka kedok
Dement|i *n* (*–s;–s*) penyangkalan; **$\stackrel{o}{-}$ieren** (–) *tr.* menyangkal, mengingkari
dem|entsprechend menurut itu, sesuai dng. itu; **–gegenüber** sebaliknya, tetapi; **–gemäß** *s. dementsprechend*
demilitarisier|en (–) *tr.* mengosongkan dari tentara dan perlengkapan perang, mendemiliterisasikan; **$\stackrel{o}{-}$ung** *f* (*–;O*) demiliterisasi
dem|nach oleh karena itu, maka; **–nächst** tak lama lagi, segera; *~ in diesem Theater* segera (dipertunjukkan) di bioskop ini
demobilisier|en (–) *tr. itr.* menghapuskan mobilisasi (tentara); mendemobilisasikan; **$\stackrel{o}{-}$ung** *f* (*–;–en*) demobilisasi
Demokrat|(in *f*) *m* (*–en;–en*) (orang) demokrat; **–ie** *f* (*–; . . . iën*) demokrasi, kerakyatan; **$\stackrel{o}{-}$isch** demokratis
demolieren (–) *tr.* merusakkan (dng. sengaja)
Demonstr|ant *m* (*–en;–en*) demonstran; **–ation** *f* (*–;–en*) demonstrasi; **$\stackrel{o}{-}$ativ** dng. menyolok; dng. cara yg. mudah dibayangkan; **$\stackrel{o}{-}$ativpronomen** *n*, **–ativum** *n* (*–s; . . . va*) *Gr.* kata ganti penunjuk; **$\stackrel{o}{-}$ieren** (–) *itr. tr.* mengadakan demonstrasi; *vorführen* mempertunjukkan, mendemonstrasikan
Demont|age *f* (*–;–n*) pembongkaran; **$\stackrel{o}{-}$ieren** (–) *tr.* membongkar
Demoralis|ation *f* (*–;O*) kemerosotan akhlak, demoralisasi; **$\stackrel{o}{-}$ieren** (–) *tr.* memerosotkan semangat; merendahkan moral
Demoskop|ie *f* (*–; . . iën*) penyelidikan pendapat umum; **$\stackrel{o}{-}$isch** *~e Untersuchung* angket pendapat umum (mengenai hal tertentu)
Demut *f* (*–;O*) kerendahan hati
demütig rendah hati; **–en** *tr.* merendahkan, menyepelekan, meremehkan; mempermalukan, menghina; *sich ~* merendahkan diri; **$\stackrel{o}{-}$ung** *f* (*–;–en*) penghinaan
demzufolge *Adv.* menurut itu; oleh karena itu, sebagai akibat dp. itu
Denk|(ungs)art *f* cara berpikir; **$\stackrel{o}{-}$bar** dapat dibayangkan/dipikirkan; *~ ungünstig* sangat tdk. cocok; **$\stackrel{o}{-}$en** *unr. itr. tr.* berpikir, mengira; *erwägen* bermaksud; *sich vorstellen* membayangkan; *annehmen* menyangka; *~ an j-n* mengingat (akan) sso.; *~ über* memikirkan/berpendapat tt.
Denk|en *n* (*–s;O*) pemikiran, perkiraan; **–er** *m* (*–s;–*) pemikir, filsuf; **$\stackrel{o}{-}$faul** malas/lamban berpikir; **–freiheit** *f* kebebasan berpikir; **–lehre** *f* logika, ilmu mantik; **–mal** *n* (*–s;Denkmäler*) monumen, tugu peringatan; **–modell** *n* pola memikirkan/membayangkan kenyataan; **–münze** *f* medali peringatan/kenang-kenangan; **–schrift** *f* memorandum, pernyataan tertulis; **–sport** *m* sport otak; latihan cerdas tangkas; **–spruch** *m* motto, kata semboyan; **–stein** *m* batu peringatan; **–vermögen** *n* daya pikir; **–weise** *f, s. Denkart;* **$\stackrel{o}{-}$würdig** patut diperingati/diingat/dikenangkan; **–würdigkeit** *f* (*–;O*) hal yg. patut diperingati/diingat/dikenangkan; **–zettel** *m* surat peringatan; hajaran, hukuman (ringan)
denn karena; *bahasa tinggi utk. mengganti 'als':* daripada, sebagai; *mehr ~ je* malah lebih dp. biasanya; *es sei ~, daß . . .* kecuali kalau; *was ist ~ los?* ada apa (gerangan)? *nun ~ !* ayo!

dennoch meskipun demikian, tetapi, namun, toh
Dentist *m* (*–en;–en*) tukang gigi
Denun|ziant *m* (*–en;–en*) pelapor; pengkhianat; **–ziation** *f* (*–;–en*) pelaporan (dng. alasan yg. kurang baik)
Depesche *f* (*–;–n*) telegram
deplaciert tdk. pd. tempatnya
Deponie *f* (*–; . . . iën*) tempat sampah; **⁰ren** (–) *tr.* menyimpan/menitip pd.
Deport|ation *f* (*–;–en*) pembuangan/pengusiran dng. paksa(an), deportasi; **⁰ieren** (–) *tr.* membuang/mengusir dng. kekerasan
Depositen *pl* penyimpanan uang di bank, deposito; **–bank** *f* bank deposito; **–gelder** *pl* uang yg. didepositokan; **–konto** *n* konto deposito
Depot *n* (*–s;–s*) depo(t)
Depression *f* (*–;–en*) kemunduran; *Psych.* depresi
deprimieren (–) *tr.*membuat sedih/murung/putus-asa
Deputation *f* (*–;–en*) perutusan, deputasi
der, die, das *Gr.* **1.** *bestimmter Artikel: wird nicht übersetzt;* **2.** *Demon,* dia (–lah), ini, itu; *ausgerechnet* ~ justru dia; **3.** *Relat.* yang; *Karl V* (*der Fünfte*) Karel Kelima
der·art sedemikian (rupa), begitu; **–ig** serupa/seperti itu
derb keras, kuat; kasar; **⁰heit** *f* (*–;–en*) kekerasan, kekasaran
der·einst sekali peristiwa, kelak
deren *Gen. Singular f u. Plural m, f, n* **1.** *vom Relat.* yang... –nya; **2.** *vom Demon.,* ~ *erinnere ich mich* saya ingat akan dia; *ich habe* ~ *viele* saya mempunyai banyak dari itu
derent|halben, –wegen, –willen demi berkat/karena dia atau mereka
derer *Gen. pl vom Demon.; gedenkt* ~, *die euer gedenken!* ingatlah mereka yg. mengingati kamu!
dergestalt *s. derart*
dergleichen *Adv.* yg. seperti itu, yg. (se)demikian itu; *nichts* ~ hal semacam itu sama sekali tdk.
der-, die-, dasjenige *Demon.* siapa/ia/apa yang
dermaßen *Adv.* begitu, demikian
derselbe *m* (*desselben; dieselben*) *Demon.* (dia) yg. sama
derweil sementara (itu), selama
derzeit *Adv.* sekarang; kini; **–ig** pd. waktu sekarang ini, dewasa ini
Des *n* (*–;O*) *Mus.* nada d minor, des
Desaster *n* (*–s;–*) malapetaka; keruntuhan total
Deserteur *m* (*–s;–e*) pelari, pembelot, desertir
deshalb oleh karena itu, sebab itu, maka
Design *n* (*–s;–s*) model, pola, rancangan, desain; **–er** *m* (*–s;–*) perancang mode, desainer
desillusionieren (–) *tr.* menyadarkan kpd. keadaan yg. sebenarnya, mengecewakan
Desinfektion *f* (*–;–en*) desinfeksi, pembasmian hama; **–smittel** *n* obat desinfeksi
Desinteress|e *n* (*s;O*) berkurangnya minat, hilangnya perhatian; **⁰iert** tdk. berminat, masa bodoh, acuh tak acuh
despektierlich bersifat meremehkan/menghina
Despot *m* (*–en;–en*) despot, rajalela; **–ismus** *m* (*–;O*) despotisme, kelaliman
dessen *Gen. Singular m, n vom Relat.; der Schüler* ~ *Vater gestorben ist* murid yg. ayahnya meninggal; **–ungeachtet** *Adv.* meskipun/walaupun/kendatipun demikian
Dessert *n* (*–s;–s*) makanan pencuci mulut (spt. kue-kue, puding dsb.)
Destill|ation *f* (*–;–en*) penyulingan; **⁰ieren** (–) *tr.* menyuling
desto lebih, (se)makin
destruktiv (bersifat) merusak, destruktif
deswegen *s. deshalb*
Detail *n* (*–s;–s*) bagian kecil-kecil, perincian; **–geschäft** *n* toko eceran; **–handel** *m* perdagangan barang eceran; **–händler** *m* pedagang eceran; **⁰liert** terperinci sampai hal kecil, tepat sekali
Detektiv *m* (*–s;–e*) polisi rahasia, detektif; penyelidik; **–roman** *m* roman detektif
Detektor *m* (*–s;–en*) detektor; alat pembuka rahasia

determi|nieren (–) *tr.* menetapkan, menakdirkan; **≗nismus** *m* (–;*O*) *Phil.* determinisme, ajaran tt. takdir

Deton|ation *f* (–;–*en*) ledakan, letusan; **≗ieren** (–) *itr.* meletus, meledak

deut|eln *itr.*, *an et.* ~ mencela hal-hal kecil dari sst., mentafsirkan sst. dng. cara yg. dicari-cari; **–en** *itr. tr.* menunjuk(kan); *erklären* menjelaskan, menafsirkan; **–lich** jelas, terang, nyata; ~ *werden* berbicara/mencela dng. terus-terang; **≗lichkeit** *f* (–;*O*) jelasnya, terangnya

deutsch Jerman; *mit j-m* ~ *reden* berbicara dng. sso. secara blak-blakan; *auf gut* ~ secara jelas/sederhana; **≗** *n* (–*s*/–;*O*) bahasa Jerman; **≗e** *m, f* (–*n*;–*n*) orang Jerman; **–feindlich** bersikap anti-Jerman; **≗kurs** *m* kursus bahasa Jerman; **≗land** *n* (–*s*;*O*) (negara) Jerman; *Bundesrepublik Deutschland* Republik Federal Jerman; **≗schweizer(in** *f*) *m* orang (berkebangsaan) Swiss yg. berbahasa Jerman; **–sprachig** **1.** dl. bahasa Jerman; **2.** = **–sprechend** yg. berbahasa Jerman; **≗unterricht** *m* pelajaran bahasa Jerman; **≗tum** *n* (–*s*;*O*) kebangsaan Jerman; sikap/watak Jerman

Deutung *f* (–;–*en*) tafsiran, penjelasan, keterangan, arti

Devaluation *f* (–;–*en*) devaluasi, penurunan nilai uang

Devise *f* (–;–*n*) motto, semboyan; **–n** *pl* devisa, alat pembayaran luar negeri; **–nhandel** *m* perdagangan devisa; **–nschmuggel** *m* penyelundupan devisa; **–nsperre** *f* embargo devisa; **–nverordnung** *f* peraturan tt. devisa

devot *Adj.* terlalu tunduk/patuh

Dezember *m* (–ɇs;*O*) (bulan) Desember

dezent tdk. menyolok, menyenangkan, lembut; *geziemend* sopan; dng. hati-hati/halus

dezentralisieren (–) *tr.* mengadakan desentralisasi

Dezernat *n* (–ɇs;–*e*) bagian dari suatu instansi; bidang pekerjaan suatu instansi

dezimal puluhan, desimal; **≗bruch** *m*, pecahan persepuluhan/desimal; **≗waage** *f* timbangan desimal

dezimieren (–) *tr.* mengurangi jumlah, menjarangkan

Diabetiker *m* (–*s*;–) orang yg. menderita penyakit gula

diabolisch spt. setan, jahat sekali, kejam

Diadem *n* (–*s*;–*e*) sm. mahkota kecil yg. bertatahkan intan, diadem

Diagnose *f* (–;–*n*) diagnosa, pengenalan keadaan penyakit

diagonal, ≗e *f* (–;–*n*) *Math.* (garis) diagonal, (garis lurus) sudut-menyudut

Diagramm *n* (–*s*;–*e*) diagram, gambaran yg. menerangkan sst.

Diakon *m* (–*s*;–*e od.* –*en*;–*en*), **–us** *m* (–;*Diakonen*) *Rel.* diakon, diaken, pengabdi; pembantu pendeta; **–isse** *f* (–;–*n*) suster protestan, suster samas

Dialekt *m* (–ɇs;–*e*) logat, dialek; **–ik** *f* (–;*O*) *Phil.* metode ilmiah utk. mencapai pengetahuan lebih mendalam (dng. cara pro dan kontra), ilmu bahas, dialektika; **≗isch** dialektis

Dialog *m* (–ɇs;–*e*) dialog, percakapan

Diamant *m* (–*en*;–*en*) intan, berlian; **≗en** *Adj.* dari intan, yg. bertatahkan intan; ~*e Hochzeit* pesta perkawinan intan

diametral yg. berh. dng. garis-tengah/diameter; *entgegengesetzt* yg. sama sekali bertentangan dng.

Diapositiv *n* (–*s*;–*e*) *Fot.* diapositif, *slide*

Diarrhö *f* (–;*O*) sakit perut mencret/mencuru, murus, kerap buang air, *diarrhee*

Diaspora *f* (–;*O*) daerah yg. didiami oleh sejumlah kecil umat beragama tertentu, minoritas umat beragama

Diät *f* (–;*O*) aturan makanan tertentu, *bp.* diet; ≗ *leben* berpantang makanan/minuman tertentu; **–en** *pl* uang harian utk. anggota dewan perwakilan rakyat; uang jalan

dich *Akk. von du* kamu, –mu, engkau

dicht rapat; *undurchlässig* tertutup, kedap (air); *gedrängt* sesak; *Wald* lebat; ~ *bei/an* dekat dng./pd.;

≗e *f* (–;*O*) rapatnya, kepadatan; *Phys.* berat jenis
dichten *itr. tr.* **1.** *Tech.* menutup; *e-e Leitung* ~ memperbaiki leding yg. bocor; **2.** *schreiben* mengarang/menyusun syair/sajak; *ugs.* mengarang-ngarang
Dichter|(in *f*) *m* (–*s*;–) penyair; **≗isch** puitis; dl. bahasa indah
dichthalten *unr. itr. ugs.* menutup mulut, tdk. mengatakan sst.
Dicht|heit *f* (–;*O*), **–igkeit** *f* (–;*O*) sifat kedap
Dichtkunst *f* seni sajak, puisi
Dichtung *f* (–;–*en*) **1.** *Tech.* bahan/alat penutup; *bp.* paking; **2.** *Poesie* puisi, sajak, syair; *fig.* khayalan; **–sring** *m*, **–sscheibe** *f* cincin penutup, gelang-tutup
dick gemuk; *umfangreich* tebal; *geschwollen* bengkak; *zähflüssig* kental; *das ~e Ende kommt noch* yg. paling berat (biasanya) muncul belakangan; *~e Freunde* sahabat karib; *~e Luft* suasana tdk. enak; *durch ~ u. dünn* (tetap bersama) dl. suka dan duka; *e ~es Fell haben, fig.* berkulit badak
dick|bäuchig yg. gendut perutnya; **≗darm** *m* usus besar; **≗e** *f* (–;*O*) tebalnya; **–fellig** *bp.* berkulit badak, tebal kulit/telinga/muka; **–flüssig** kental, liat; **≗häuter** *m* (–*s*;–) binatang berkulit tebal; *fig.* orang tak berperasaan; **≗icht** *n* (–*s*;–*e*) semak, hutan belukar; **≗kopf** *m* kepala batu; **–köpfig** keras kepala; **–leibig** gendut, bayak; **–tun** *unr. itr. refl.* membual, menyombongkan diri; **≗wanst** *m* si gendut
Didaktik *f* (–;*O*) ilmu tt. pengajaran/pendidikan, didaktik
die *s. der*
Dieb|(in *f*) *m* (–*e̸s*;–*e*) pencuri, maling; **–erei** *f* (–;–*en*) pencurian
Diebes|bande *f* gerombolan/kawanan pencuri; **–gut** *n* barang curian; **–höhle** *f* sarang pencuri; **≗sicher** aman thd. pencuri
dieb|isch suka mencuri; *~e Freude* kesenangan atas kemalangan orang lain; **≗stahl** *m* (–*e̸s*;¨–*e*) pencurian
diejenige *s. derjenige*
Diele *f* (–;–*n*) papan; lantai papan; *Raum* ruang depan yg. luas
dienen *itr* melayani, mengabdi; *nützlich sein für* digunakan/berguna utk.; *Mil.* masuk tentara; *es dient zu nichts* tdk. ada gunanya; *womit kann ich (Ihnen) ~ ?* dapatkan saya bantu (tuan/nyonya)?
Diener|(in *f*) *m* (–*s*;–) pelayan, pembantu; *e-n ~ machen* tunduk kepala sebentar; **–schaft** *f* (–;*O*) para pelayan, *bp.* personil
dienlich berguna; cocok
Dienst *m* (–*es*;–*e*) *Arbeit* waktu (be-)kerja; *Beruf* dinas, jawatan; *Dienstleistung* pelayanan, pengabdian, jasa; *im ~* sedang (ber)dinas; *außer ~* pensiun; di luar waktu kerja; *j-m e-n ~ erweisen* membantu sso.; *j-m zu ~en stehen* siap membantu sso.; **–abteil** *n* ruangan petugas kereta api (dl. gerbong)
Dienstag *m* Selasa
Dienst|alter *n* masa jabatan/kerja; **–antritt** *m* permulaan masa kerja/jabatan; **–anzug** *m* pakaian dinas; **≗bar** wajib melayani, yg. tunduk; *sich Wasserkraft ~ machen* memanfaatkan tenaga air; **–barkeit** *f* (–;–*en*) kewajiban melayani, sikap tunduk; hak utk. memanfaatkan (barang bukan milik sendiri); **≗bereit** siap utk. melayani; **–bote** *m* pelayan, pembantu; **–eid** *m* sumpah jabatan; **–eifer** *m* sikap rajin bekerja waktu dinas; sikap suka menolong; **≗eifrig** suka melaksanakan kewajiban dinasnya; suka melayani; **≗(un)fähig** (tdk.) dapat masuk kerja; **≗fertig** suka melayani; **≗frei** bebas tugas; *~er Tag* hari libur
Dienst|geheimnis *n* rahasia jabatan; **–gespräch** *n* (pembicaraan) telepon dinas; **–grad** *m* pangkat; **≗habend** sedang (ber)tugas/dinas; **–herr** *m* majikan, tuan; **–jahre** *pl* tahun dinas; **–leistung** *f* (bidang) jasa; **≗lich** resmi; **–mädchen** *n* pembantu wanita yg. muda; **–mann** *m* jongos, kuli, portir, buruh pembawa barang; **–ordnung** *f* peraturan kerja; **–pflicht** *f* tugas (ke)dinas(an); wajib militer; **–reise** *f* perjalanan dinas
Dienst|sache *f* surat dinas; **–stelle** *f* kantor, instansi; **–stunden** *pl* jam kerja, jam kantor; **≗(un)tauglich** *s.*

dienst(un)fähig; **≗tuend** yg. bertugas/menjabat; **–verpflichtung** *f* (*–;–en*) wajib (dinas) militer; ikatan dinas; wajib kedinasan; **–vertrag** *m* perjanjian kerja; **–vorschrift** *f* peraturan dinas; **–wagen** *m* mobil dinas; **–weg** *m* saluran resmi; **≗widrig** yg. bertentangan dng. peraturan kedinasan; **≗willig** mau/siap membantu/mengabdi; **–wohnung** *f* rumah dinas/instansi; **–zeit** *f* masa dinas/jabatan; jam/waktu kerja

diesbezüglich berhubungan/bersangkutan dng. ini

Diesel(motor) *m* (*–s;–*) (mesin) diesel

dieselbe *f* (*derselben;–n*) yg. sama

dies|er (–e;–es *od.* **dies; –e)** dia(lah), yg. ini

diesig membalam; *die Luft ist ~* udara tdk. bersih (sehingga tdk. dapat melihat jauh), berkabut tipis

dies|jährig pd./dl. tahun ini; **–mal** kali ini; **–seitig** duniawi; di sebelah ini; **–seits** di sebelah/pihak sini; **≗seits** *n* (*–;O*) *im ~* dl. hidup (di dunia fana) ini

Dietrich *m* (*–s;–e*) **1.** kunci palsu/maling; **2.** nama kecil bagi laki-laki

diffamieren (–) *tr.* memfitnah, mencemarkan nama baik

Differential *n* (*–s;–e*) *Math., Mot.* diferensial

Differ|enz *f* (*–;–en*) perbedaan; selisih; **–enzen** *pl* perbedaan pendapat, perselisihan, **≗enzieren** (–) *tr.* membedakan, memisahkan, membeda-bedakan; **≗ieren** (–) *itr.* berbeda satu sama lain

diffizil *Adj.* sulit, sukar

diffus *Adj.* kabur, kurang jelas/teratur

Diktat *n* (*–e̸s;–e*) diktat; dikte; **–or** *m* (*–s;–en*) diktator; **≗orisch** diktatoris; **–ur** *f* (*–;–en*) resim diktator

diktier|en (–) *tr.* mendikte(kan); **≗maschine** *f* mesin/pesawat diktat, diktafon

Dilemma *n* (*–s;O*) dilema

Dilettant *m* (*–en;–en*) bukan ahli, awam, amatir, diletan

Dill *m* (*–s;O*) sm. tanaman utk. bumbu acar ketimum, *anethum graveolens*

Dimension *f* (*–;–en*) segi, dimensi, matra, ukuran

Diner *n* (*–s;–s*) makan siang; santapan/hidangan pesta

Ding *n* (*–e̸s;–e*) hal; *Gegenstand* barang, benda; *vor allen ~en* terutama, pertama-tama; *guter ~e sein* sehat-walafiat, segar-bugar; *das geht nicht mit rechten ~en zu* ada hal yg. tdk. beres; *unverrichteter ~e* tanpa hasil; *e albernes ~* (*pl, –er*), *ugs., bp..* cewek konyol; **≗en** *unr. tr.* menyewa (sso.); **≗fest** *j-n ~ machen* menangkap sso.; **≗lich** materiil, kebendaan, bendawi

Dingsbums, Dingsda *m, f, n* si anu/itu

Diode *f* (*–;–n*) dioda

Dioxyd *n* (*–e̸s;–e*) dioksid(a)

Diözese *f* (*–;–n*) keuskupan

Diphterie *f* (*–; . . . iën*) penyakit menular yg. disebabkan kuman Klebs-Löffler, *diphtheria*

Diphtong *m* (*–s;–e*) bunyi rangkap, diftong

Diplom *n* (*–e̸s;–e*) ijazah, piagam, diploma

Diplomat *m* (*–en;–en*) diplomat; **–ie** *f* (*–;O*) diplomasi; **≗isch** diplomatik; bijaksana, lihai, diplomatis

Diplomingenieur *m* insinyur (lulusan perguruan tinggi)

dir *Dat. von du* (ka)mu

direkt langsung; segera

Direkt|ion *f* (*–;–en*) direksi, (dewan) pimpinan perusahaan; **–ive** *f* (*–;–n*) perintah, petunjuk, instruksi; **–or(in** *f*) *m* (*–s;–en*) direktur, pimpinan; *Schule* kepala sekolah; **–orat** *n* (*–e̸s;–e*) direktorat; jabatan/dewan/masa-jabatan direktur; **–orium** *n* (*–s; . . . riën*) (dewan) pimpinan

Direktrice *f* (*–;–n*) *Handel* (perempuan) kepala bagian

Direktübertragung *f, Rundf.* siaran langsung

Dirig|ent *m* (*–en;–en*) dirigen, pemimpin orkes/paduan-suara; **≗ieren** (–) *tr.* memimpin pergelaran musik; *lenken* membimbing, mengemudikan; **–ismus** *m* (*–;O*) sistem ekonomi terpimpin

Dirne *f* (*–;–n*) pelacur, wanita tunasusila (WTS), perempuan sundal

Dis *n* (–;–) *Mus.* d-kres, dis
Dis·harmonie *f* (–; . . . *iën*) ketidakselarasan, kejanggalan, disharmoni
Diskont *m* (–*s*;–*e*) potongan, diskonto
Diskothek *f* (–;–*en*) kumpulan piringan hitam; diskotik, disko
Diskrepanz *f* (–;–*en*) ketidakselarasan
diskret bijaksana, arif, berhati-hati; yg. tdk. menyolok; **≗ion** *f* (–;*O*) kebijaksanaan, kearifan
diskriminier|en (–) *tr.* mendiskriminasikan; **≗ung** *f* (–;–*en*) diskriminasi
Diskurs *m* (–*es*;–*e*) pembicaraan hangat
Diskus *m* (–;–*se*/*Disken*) *Sp.* cakram, diskus
Disku|ssion *f* (–;–*en*) pembahasan, perundingan, diskusi; **≗tieren** (–) *tr.* mendiskusikan, membahas, merundingkan
Dispens *m* (–*es*;–*e*) pembebasan (dari suatu kewajiban), ijin khusus, dispensasi; **–ation** *f* (–;–*en*) dispensasi, pembebasan, keringanan, perkecualian; **≗ieren** (–) *tr.* memberi kebebasan/dispensasi/keringanan
disponier|en (–) *itr.* mengatur; membagi dng. betul; **–t** *nicht* ~ *sein* berada dl. kondisi yg. tdk. menguntungkan; ~ *sein zu* cenderung ke
Disposition *f* (–;–*en*) pembagian; penyusunan; kecenderungan, disposisi; *s-e* ~*en treffen* mengadakan disposisi, mengatur, mengurus; *zur* ~ *stehen* dapat digunakan, tersedia
disputieren (–) *itr.* bertukar pikiran (secara ilmiah); bertengkar mulut
disqualifizieren (–) *tr.*, *Sp.* menyatakan tdk. boleh ikut main lagi, mendiskwalifikasikan
Dissertation *f* (–;–*en*) disertasi
Dissonanz *f* (–;–*en*) kejanggalan bunyi
Distanz *f* (–;–*en*) jarak; **≗ieren** (–) *sich* ~ *von* menjauhkan diri dari
Distel *f* (–;–*n*) sm. widuri, *carduus*
distinguiert terhormat, sopan sekali
Distrikt *m* (–*ȼs*;–*e*) wilayah, daerah, distrik
Disziplin *f* (–;–*en*) ketertiban, tata tertib, disiplin; bidang/cabang (ilmu pengetahuan, olahraga); **≗arisch** menurut peraturan/tata-tertib, disipliner; **–arstrafe** *f* hukuman (menurut peraturan) dinas; **–arverfahren** *n* perkara mengenai perbuatan indisipliner; **≗iert** tertib, berdisiplin; **≗los** indisipliner
dito (*Abk. do*) sama (dng. yg. disebut di atas), idem, dito
Diva *f* (–;–*s*/*Diven*) penyanyi atau bintang film yg. nyentrik
dívergieren (–) *itr.* berbeda arahnya
diverse *Adj.* bermacam-macam, beranekaragam
Dividend *m* (–*en*;–*en*) angka yg. (harus) dibagi, pembilang; **–e** *f* (–;–*n*) dividen, laba/keuntungan perusahaan/perseroan
divi|dieren (–) *tr.* membagi; **≗sion** *f* (–;–*en*) divisi; *Math.* pembagian; **≗sor** *m* (–*s*;–*en*) *Math.* penyebut, pembagi
Diwan *m* (–*s*;–*e*) dipan
doch toh, namun, tetapi; *gewiß* tentu(nya), bagaimanapun juga; *nicht* ~! jangan(lah)! ~ *nicht etwa* . . . tdk. . . . bukan; *Siehst du's nicht?* ≗! apakah kamu tdk. melihat itu? ya (saya lihat) *setzen Sie sich* ~! duduklah! *du kommst* ~? kamu datang ya?
Docht *m* (–*ȼs*;–*e*) sumbu
Dock *n* (–*ȼs*;–*s*/–*e*) galangan (kapal), dok; **–arbeiter** *m* buruh galangan
docken *itr.* masuk galangan
Dogge *f* (–;–*n*) *deutsche* ~ sebangsa anjing (besar dan kuat)
Dogma *n* (–*s*;*Dogmen*) ajaran resmi, dogma; **–tik** *f* (–;–*en*) ajaran/ilmu tt. dogma; **≗tisch** menurut ajaran resmi; secara keras dan kaku; dogmatis
Dohle *f* (–;–*n*) sm. burung gagak, *coloeus monedula*
Doktor *m* (–*s*;–*en*) doktor, sarjana bergelar doktor; *Med.* dokter; *den* ~ *machen* melakukan promosi gelar doktor; **–arbeit** *f* disertasi, tesis; **–examen** *n* ujian utk. mencapai gelar doktor; **–grad** *m*, **–titel** *m*, **–würde** *f* gelar doktor/kesarjanaan
Doktrin *f* (–;–*en*) ajaran, doktrin; **≗är** tergantung pd. doktrin; *engstirnig* kaku, sempit

Dokument *n* (–*ᵽs*;–*e*) dokumen, surat resmi, tanda bukti; **–arfilm** *m* film dokumentasi; **≗arisch** terbukti oleh dokumen; **–ation** *f* (–;–*en*) dokumentasi; **≗ieren** (–) *tr*. memberi tanda bukti, membuktikan; membuat dokumentasi

Dolch *m* (–*ᵽs*;–*e*) pisau belati, keris; **–stich** *m*, **–stoß** *m* tusukan pisau belati

Dolde *f* (–;–*n*) sm. bunga majemuk (berbentuk payung)

dolmetsch|en *itr*. *tr*. menterjemahkan (secara lisan); **≗er** *m* (–*s*;–), **≗erin** *f* (–;–*nen*) penterjemah, juru bahasa

Dom *m* (–*ᵽs*;–*e*) katedral; *Gewölbe* kubah

Domäne *f* (–;–*n*) pertanian/perkebunan (milik) negara; *fig*. bidang keahlian

dominieren (–) *itr*. menguasai, mengekang

Dominikaner *m* (–*s*;–) *Rel*. anggota Ordo Dominikan

Domino (–*s*;–*s*) **1.** *m* pakaian karnaval; **2.** *n* (permainan) domino

Domizil *n* (–*s*;–*e*) tempat tinggal tetap, pemukiman, kediaman, domisili

Dompteur *m* (–*s*;–*e*) penjinak binatang buas, pawang

Donner *m* (–*s*;–) guruh, guntur, geledek, petir; **–keil** *m* fosil ekor sm. cumi-cumi besar, *belemnoiden;* **≗n** *itr*. menggelegar, menggeledek, bergemuruh; bersuara keras; *Kanone* berdentuman; **–schlag** *m* gemuruh (keras dan sebentar); **–s·tag** *m* Kamis; **–stimme** *f* suara keras; **–wetter** *n* badai; *fig*. peringatan keras; *zum* ~! *ugs*. astaga! kurangajar! persetan!

doof *ugs*. goblok, tolol

Doppel *n* (–*s*;–) rangkap, lipat dua, dobel, ganda, dua kali (lipat); **–dekker** *m* pesawat terbang dng. dua pasang sayap; bis tingkat; **≗deutig** dng. dua arti; tdk. jelas/sopan; **–ehe** *f* bigami, hal beristeri/bersuami dua; **–flinte** *f* senapan berlaras dua; **–gänger** *m* orang yg. mirip/serupa; **–kinn** *n* dagu rangkap; **–laut** *m* bunyi rangkap, diftong; **–leben** *n* dua macam cara hidup yg. bertentangan; **≗n** *tr*. *itr*. membuat rangkap; **–punkt** *m* titik dua; **≗seitig** (dipakai) bolak-balik; **–sinn** *m* duaarti, dwiarti; **–spiel** *n* permainan ganda; *fig*. permainan kotor, penipuan; **–stecker** *m* steker ganda; **≗t** dobel, rangkap, ganda, dua kali lipat; ~*e Buchführung* tata buku rangkap; ~*e Moral* penilaian moral menurut dua patokan; **–verdiener** *m* orang yg. mendapat dua gaji; **–zentner** *m* kwintal; **–zimmer** *n* kamar tidur utk. dua orang; **≗züngig, –züngigkeit** *f* (–;*O*) lidah bercabang

Dorf *n* (–*ᵽs*;*¨er*) desa, dusun, kampung; *böhmische Dörfer* hal yg. kabur dan sukar dimengerti; **–bewohner** *m*, **–bewohnerin** *f* penduduk/orang desa

dörflich (dari) desa/kampung; (bersifat) kedesaan

Dorf|oberhaupt *n* kepala desa, lurah; **–schule** *f* sekolah rakyat/desa

Dorn *m* (–*ᵽs*;–*en*) duri; *j-m e* ~ *im Auge sein* dibenci oleh sso.; *Tech*. pasak, paksi, jarum peluas; **–busch** *m* semak berduri; **–enhecke** *f* pagar berduri; **–enkrone** *f* mahkota (ber)duri; **≗envoll, ≗ig** berduri; *fig*. sukar sekali, banyak sengsara; **–rös·chen** *n* (–*s*;*O*) Putri Mawar/Tidur

dorren *itr*. menjadi kering/layu, mengering

dörr|en *tr*. *itr*. mengeringkan, menjemur; menjadi kering, mengering; **≗fleisch** *n* daing, daging yg. dikeringkan; **≗obst** *n* buah yg. dikeringkan

Dorsch *m* (–*ᵽs*;–*e*) sm. ikan laut (yg. masih muda atau kecil), *gadus morrhua*

dort di sana; **–her** dari sana; **–hin** ke sana; **–ig** yg. di sana

Dose *f* (–;–*n*) kotak; *Büchse* dos, kaleng; **–n·öffner** *m* pembuka kaleng

dös|en *itr*. melamun; mengantuk; **–ig** lemas, pusing, ngantuk

Dosis *f* (–;*Dosen*) dosis, satuan takaran

dotiert ada honor(nya)

Dotter *m*, *n* (–*s*;–) kuning telur

Double *n* (*–s;–s*) *Film* aktor/aktris pengganti pd. peran yg. membahayakan
Doz|ent *m* (*–en;–en*) dosen; **≗ieren** (–) *tr.* memberi kuliah, mengajar; *fig.* menggurui
Drache *m* (*–n;–n*) naga; **–n** *m* (*–s;–*) layang-layang; *ugs.* perempuan galak
Dragoner *m* (*–s;–*) prajurit pasukan berkuda; *fig.* wanita kasar dan sembrono
Draht *m* (*–e̸s;¨–e*) kawat; *feiner* dawai; *auf ~ sein, ugs.* sigap, tangkas, cekatan; **–bericht** *m* telegram, kawat; **–bürste** *f* sikat kawat; **≗en** *tr.* mengirim telegram; **–funk** *m* transmisi program radio/televisi lewat jaringan kawat telpon; **–gaze** *f* kawat kasa/nyamuk; **–geflecht** *n* jaringan kawat; **–gitter** *n* kisi/jeruji kawat; **≗ig** spt. kawat, kasar; *fig.* kekar, tegap; **≗los** tanpa kawat, lewat radio; *~e Telephonie* radiotelefoni; **–saite** *f* dawai (kawat); **–schere** *f* gunting kawat; **–seil** *n* tali/kabel kawat; **–seilbahn** *f* trem/kereta yg. digerakkan dng. kabel; **–verhau** *m* pagar kawat berduri; **–zange** *f* tang kawat; **–zaun** *m* pagar kawat; **–zieher** *m* pemasang kawat; *fig.* dalang
drakonisch sangat tegas dan keras
Drall *m* (*–e̸s;–e*) putaran, kisaran; *Pol.* kecenderungan; *Sp.* pukulan plintir; **≗**, **≗ig** montok, sintal, agak gemuk
Drama *n* (*–s;Dramen*) drama, sandiwara, lakon sedih; *fig.* peristiwa menyedihkan; **–tiker** *m* (*–s;–*) dramawan; **≗tisch** berh. dng. drama/sandiwara; dramatis, tegang; **≗ti–sieren** (–) *tr.* menggambarkan secara emosional, mendramatisir; **–turg** *m* (*–en;–en*) penasehat (pimpinan) teater; **–turgie** *f* (*–;... iën*) ilmu tt. drama, dramaturgi
dran *ugs., s. daran; ~ sein* pada gilirannya; *wissen wie man ~ ist* mengetahui keadaan/sikap sso.; *das ganze Drum u. ≗* seluruhnya, apa yg. termasuk di dalamnya
Dränage *f* (*–;–n*) pengeringan tanah melalui saluran air di bawah tanah
Drang *m* (*–e̸s;O*) desakan, dorongan, keinginan; tekanan; *Sturm u. ~, Lit.* masa pergolakan dan tekanan (dl. kesusasteraan Jerman abad ke-18)
dräng|eln *itr.* berdesak-desakkan; **–en** *tr.* mendesak(kan), mendorong; mengimpit; *fig.* menekan; *es drängt mich Ihnen zu sagen* saya terdorong utk. berkata kpd. anda; *sich ~* berimpit(–impit)
Drangsal *f* (*–;–e*) sengsara, penderitaan; kesialan, kenaasan; **≗ieren** (–) *tr.* menyukarkan, menyusahkan, menyiksa
dränieren (–) *itr.* mengeringkan tanah (melalui pipa air di bawah tanah)
drapieren (–) *tr.* melipat-lipat (kain); menutupi/menghiasi dng. kain
drastisch tegas, radikal, drastis
drauf *s. darauf; ~ u. dran* siap utk. berbuat, sedang melakukan; **≗gänger** *m* (*–s;–*) pemberani; **–gehen** *unr. itr. derb* mati; hilang; dihabiskan
draußen *Adv.* di luar
drech|seln *tr.* membubut kayu, melarik(kan); **≗sler** *m* (*–s;–*) tukang bubut, pelarik
Dreck *m* (*–e̸s;O*) lumpur, kotoran; **–fink** *m* (*–en;–en*) *ugs.* anak/orang yg. jorok/kotor; **≗ig** kotor, jorok; *es geht mir ~, ugs., fig.* saya dl. kesulitan besar
Dreh *m* (*–s;–s*) *ugs.* akal; *auf den richtigen ~ kommen* mendapat akal; **–arbeiten** *pl, Film* pembuatan film; **–bank** *f* bangku/mesin bubut, bindu; **≗bar** dapat diputar; **–brücke** *f* jembatan putar; **–buch** *n* skenario; **–bühne** *f* panggung berputar; **≗en** *tr.* memutar(kan); *sich ~* berputar; berpaling; *e-n Film ~* membuat film, *bp.* syuting; *Zigaretten ~* melinting/menggulung rokok; *es dreht sich darum, daß* masalahnya bahwa; *mir dreht sich der Kopf* saya pusing sekali; **–orgel** *f* orgel putar; **–punkt** *m* poros, paksi/sumbu putaran; *Hebel* titik putar; **–schalter** *m* sakelar putar; **–scheibe** *f* putaran langsir; *Keramik* jentera pembuat tembikar; **–strom** *m* arus putar, arus

tiga fase; **–stuhl** *m* kursi putar; **–tür** *f* pintu putar; **–ung** *f* (*–;–en*) putaran; **–wurm** *m, e-n ~ haben, ugs.* pusing, pening; **–zahl** *f* (angka) putaran per menit

drei tiga; ~ *Viertel* tiga bagian masing-masing seperempat; *s. dreiviertel; zu ~en* bertiga; *alle ~* ketiga-tiganya; **≗** *f* (*–;–en*) (angka) tiga; **–armig** bertangkai/bercabang tiga; **–blätterig** berdaun tiga; **≗bund** *m* tiga sekutu; **–dimensional** trimatra; **≗eck** *n* segitiga; **–eckig** bersudut/bersegi tiga; **–einig** (bersifat) tritunggal; **≗einigkeit** *f* (*–;O*) *Rel.* Tritunggal; **–erlei** tiga macam; **–fach, –fältig** tiga kali lipat; **≗faltigkeit** *f* (*–;O*) *Rel.* (Allah) Tritunggal; Trinitas; **–farbig** berwarna tiga; **≗fuß** *m* kaki tiga; **–hundert** tiga ratus; **–jährig** berumur tiga tahun; berlangsung tiga tahun; **–jährlich** setiap tiga tahun; **≗käsehoch** *m* anak balita; **≗klang** *m, Mus.* paduan bunyi yg. terdiri dari tiga nada, triad; **≗könige** *pl* (pesta) Tiga-Raja; **–mal** tiga kali; **≗master** *m* perahu bertiang tiga; **≗meilenzone** *f* batas tiga mil; **–motorig** bermesin tiga

drein *s. darein*

drein|blicken *itr.* menatap; **–reden** *itr.* mencampuri (urusan orang lain)

Drei|rad *n* kendaraan beroda tiga; **≗seitig** bersisi tiga; trilateral; **≗silbig** bersuku-kata tiga

dreißig tiga puluh; **≗er(in** *f*) *m* (*–s;–*) orang yg. berusia tiga puluhan; **–ste** ketiga puluh

dreist kasar, lancang; tdk. malu-malu

drei|stimmig dng./dl. tiga suara; **–stöckig** bertingkat tiga; **≗stufenrakete** *f* roket bertingkat tiga; **–tägig** berlangsung (selama) tiga hari; **–tausend** tiga ribu; **–viertel** tiga perempat; ~ *acht* jam/pukul delapan kurang seperempat; **≗viertelmehrheit** *f* mayoritas tiga perempat; **≗vierteltakt** *m* irama tiga perempat; **≗zack** *m* trisula; **–zehn** (**–te**) (ke)tiga belas

Dresch|e *f* (*–;–n*) pukulan; **≗en** *unr. tr.* menumbuk (dng. antan), mengirik, menebah; *prügeln* memukuli; *Phrasen ~* menggunakan kata muluk-muluk (tetapi kosong); **–flegel** *m* kayu penebah; antan; **–maschine** *f* mesin penebah, mesin irik

Dreß *m* (*–/Dresses; Dresse*) pakaian khusus (olahraga)

Dress|eur *m* (*–s;–e*) pelatih binatang; **≗ieren** (*–*) *tr.* melatih binatang, menjinakkan; **–ur** *f* (*–;–en*) latihan (keras)

dribbeln *tr. itr., Sp.* menggiring bola, mendribel

Drift *f* (*–;–en*) *Mar.* arus

Drill *m* (*–(e)s;O*) *Mil.* latihan keras; **–bohrer** *m* sm. bor, gurdi, incar; **≗en** *tr.* melatih dng. keras; *bohren* membor; **–ich** *m* (*–s;O*) kain dril, kanvas; **–ing** *m* (*–s;–e*) senapan berlaras tiga; **–inge** *pl* kembar tiga

drin *ugs., s. darin; das ist ~ , ugs.* hal itu mungkin, masih bisa

dringen *unr. itr.* terdesak, mendesak; *in die Öffentlichkeit ~* (rahasia) bocor; *durch et. ~* menembus sst.; menerobos ke dl.; bocor; *in e Haus (ein)~* masuk ke dl. rumah dng. paksa; *auf et. ~* mendesak spy. sst. terjadi; *in j-m ~* mendesak sso. spy.; **–d** mendesak, penting, urgen; *~er Verdacht* kecurigaan yg. kuat/sangat; ~ *notwendig* sangat mendesak, penting sekali

dringlich mendesak, urgen, sangat perlu; **≗keit** *f* (*–;O*) keadaan mendesak, urgensi

drinnen *Adv.* di dalam(nya)

dritte yg. ketiga; **≗l** *n* (*–s;–*) (se)pertiga; **–ln** *tr.* membagi tiga; **–ns** yg. ketiga

droben *Adv.* di atas(nya)

Droge *f* (*–;–n*) obat; obat-obatan; **≗n·abhängig** ketagihan obat (tidur, narkotika . . .); **–nhändler** *m* pedagang obat; **–nsüchtige** *m, f* orang yg. ketagihan obat-obatan; morfinis, narkotik; **–rie** *f* (*–; . . . iën*) toko obat

Drogist *m* (*–en;–en*) pedagang obat

drohen *itr.* mengancam, menakut (–nakut)i, (tiba-tiba) terancam; **–d** yg. mengancam

Drohne *f* (*–;–n*) lebah jantan; *fig.* laki-laki pemalas

dröhnen *itr.* menderu, menggemuruh, mendengung keras
Drohung *f* (–;–*en*) ancaman
drollig lucu, menggelikan, jenaka
Dromedar *n* (–*s*;–*e*) unta (berponok satu), *camelus dromedarius*
Droschke *f* (–;–*n*) *österreichisch* taksi; kereta sewaan; **–n(halte)platz** *m* pangkalan taksi; **–nkutscher** *m* kusir kereta; supir taksi
Drossel *f* (–;–*n*) *Zo.* sm. burung kutilang, *turdida; Wild* batang tenggorok; *Tech.* katup cerat; **–klappe** *f* katup penghambat, klep penutup; **≗n** *tr.* menghambat, memperlambat; membatasi, mengurangi; **–spule** *f, Elek.* kumparan hambatan; **–ventil** *n, s. Drosselklappe*
drübe|n *Adv.* di sebelah sana; di seberang; **–r** *s. darüber* di atas(nya); tentang itu
Druck *m* **1.** (–*(e)s*;–̈*e*) tekanan; *fig.* rasa tertekan; *j-n unter* ~ *setzen* menekan/mendesak sso.; *im/in* ~ *sein* dl. keadaan terdesak; **2.** (–*(e)s*;–*e*) (pen)cetakan; *im* ~ *sein* sedang dicetak; **–bogen** *m* lembaran cetakan
Drückeberger *m* (–*s*;–) orang yg. selalu menghindari pekerjaan yg. sulit, pemalas; penakut
drucken *tr.* mencetak
drücken *itr. tr.* menekan(kan), mengimpit, membebani; *Preis* ~ menekan harga; *die Schuhe* ~ sepatu itu sempit; *j-n an sich* ~ memeluk sso. erat-erat; *sich* ~ menghindar/mengelakkan diri dari tugas/pekerjaan; **–d** panas dan pengap
Drucker *m* (–*s*;–) pencetak, tukang cetak
Drücker *m* (–*s*;–) gagang/pegangan pintu; tombol, kenop; pelatuk bedil
Druck|erei *f* (–;–*en*) percetakan; **–erlaubnis** *f* ijin cetak; **–erschwärze** *f* (–;–*n*) tinta cetak
Druck|farbe *f* warna/cat cetak; **–fehler** *m* salah-cetak; **–fehlerverzeichnis** *n* ralat, daftar kesalahan cetak; **≗fertig** siap utk. dicetak, *bp.* siap naik mesin; **–kammer** *f* ruang tekanan udara; **–knopf** *m* kancing jepret; **–kosten** *pl* biaya cetak; **–legung** *f* (–;–*en*) cetakan; **–luft** *f* udara kompresi/mampat/kempaan; **–maschine** *f* mesin cetak; **–messer** *m* alat pengukur tekanan udara/gas, manometer; **–mittel** *n, fig.* alat/cara utk. memeras; **–presse** *f* mesin cetak; **–probe** *f* cetakan percobaan, pruf; **–pumpe** *f* pompa tekan/kempa; **–sache** *f* (barang) cetakan; **–schalter** *m* sakelar/tombol tekan; **–schrift** *f* huruf cetak; lembaran cetakan; **–taste** *f* tombol (jari)
drucksen *itr. ugs.* tdk. bisa/mau berterus-terang
drum *Adv., sei's* ~ setuju, disetujui
drunten di bawah(nya)
Drüse *f* (–;–*n*) kelenjar
Dschungel *m, n* (–*s*;–), *f* (–;–*n*) rimba, hutan belantara
Dschunke *f* (–;–*n*) jung, perahu besar (buatan Tiongkok)
du *Personalpron.* (eng)kau, kamu; –mu; Saudara; *auf* ~ *u.* ~ *stehen* berkawan dekat
Dualis|mus *m* (–;*O*) dualisme; sifat mendua; **≗tisch** dwi–, bersifat mendua
dubios *Adj.* yg. meragukan, tdk. pasti (benar)
Dublee *n* (–*s*;*O*) logam biasa yg. dilapisi perak/mas
Dublette *f* (–;–*n*) salinan, *bp.* dobelan
ducken *tr., den Kopf* ~ menundukkan kepala; *sich* ~ membungkuk
dudeln *tr. itr.* memainkan/membunyikan melodi yg. itu-itu saja
Duell *n* (–*s*;–*e*) duel, perang-tanding
Duett *n* (–*s*;–*e*) duet, gubahan musik utk. dua suara/instrumen
Duft *m* (–*(e)s*;–̈*e*) bau wangi, keharuman; **≗en** *itr.* mewangi, berbau wangi/harum; **≗end** wangi, harum; **≗ig** ~*e Farben* warna lembut/halus; **–stoff** *m* bahan wangi-wangian
duld|en *itr. tr.* menahan, menanggung (derita dsb.); *erlauben* mengijinkan, memperbolehkan; **≗er** *m* (–*s*;–) orang yg. banyak menanggung penderitaan; penderita; **–sam** sabar, toleran; **≗samkeit** *f* (–;*O*) kesabaran, toleransi; **≗ung** *f* (–;*O*) *mit* ~ *des Herrn X* seijin Tuan X
dumm bodoh, goblok, tolol, dungu; ~*es Zeug* omong kosong; *e-e* ~*e Geschichte* perkara yg. memusingkan; **–dreist** kurangajar; tdk. sopan; ter-

lalu berani; **≗heit** *f* (–;–*en*) kebodohan, ketololan, perbuatan bodoh; kesalahan; ~*en machen* bertindak salah/nakal/tolol; **≗kopf** *m* si bodoh, si goblok

dümmlich tdk. kritis, dungu

dumpf debuk, debam; *Farbe* (warna) suram/buram; *Luft/Raum* pengap, sumpek; *Gefühl* tdk. jelas; menekan; **–ig** lembab, apak

Düne *f* (–;–*n*) bukit pasir

Dung *m* (–*e̸s;O*), **Düngemittel** *n* pupuk, rabuk

dünge|n *tr.* memupuk; merabuki; **≗r** *m* (–*s*;–) *s. Dung*

dunkel gelap, suram, kabur; *fig.* tdk. jelas; *Farbe* tua; *et. im* ~*n lassen* membiarkan sst. tetap samar-samar

Dünkel *m* (–*s*;–) keangkuhan, kecongkakan, kesombongan; **≗haft** angkuh

Dunkel|heit *f* (–;*O*) kegelapan; *bei Einbruch der* ~ rembang petang; **–kammer** *f* kamar gelap

dunkeln *itr.* menjadi gelap, mulai menjadi malam

Dunkelziffer *f* angka gelap, angka yg. tdk. diketahui dng. pasti, angka perkiraan

dünken *es dünkt mich* menurut anggapan saya; *sich* ~ berlagak sebagai

dünn tipis, kurus; *selten* jarang; **≗darm** *m* usus halus, *intestinum tenue;* **–flüssig** cair; **≗heit** *f* (–;*O*) kekurusan, tipisnya; **–(e)machen** *refl.* menjauhkan diri dng. diam-diam

Dunst *m* (–*e̸s*;*¨e*) kabut/uap halus; asap campur kabut (asbut); *fig.* dugaan; *j-m blauen* ~ *vormachen* membohongi sso.; **≗en** *itr.* beruap, menyebarkan uap (yg. bau)

dünsten *tr.* mengukus

Dunstglocke *f* kabut campur asap dan debu di atas kota-kota besar atau daerah industri

dunstig berkabut, (cuaca) kurang jelas

Dünung *f* (–;*O*) ayunan ombak/gelombang

düpieren (–) *tr.* menipu, mengelabui

Duplikat *n* (–*e̸s*;–*e*) duplikat, salinan, tiruan

Dur *n* (–;*O*) *Mus.* mayor

durch 1. *Prp.* melalui, dng. perantaraan; terus; (*im Passiv*) oleh; (*infolge von*) karena; *das ganze Jahr* ~ sepanjang tahun; *die ganze Nacht* ~ semalam suntuk, sepanjang malam; *es ist drei (Uhr)* ~ sudah lewat jam tiga; **2.** *Adv., der Zug fährt* ~ keretaapi tdk. berhenti; ~ *u.* ~ seluruhnya, sama sekali

'durchackern *tr. ugs.* mempelajari/menelaah seluruhnya

'durcharbeiten *itr. tr.* bekerja terus; mengerjakan sampai selesai; *et.* ~ mempelajari/mengerjakan sst. dng. sungguh-sungguh; *sich* ~ bekerja/berusaha terus sampai berhasil

durchaus *Adv.* sama sekali, seluruhnya; *unbedingt* betul-betul, memang demikian; ~ *nicht!* pasti tdk.! sama sekali tdk.!

'durchbeißen *unr.* **1.** *tr.* menggigit sampai putus; **2.** *sich* ~ pantang menyerah, berusaha (sendiri) mengatasi kesulitan; **durch' beißen** (–) *unr. tr., s. 'durchbeißen 1.*

durch'blättern (–) *tr.*, **'durchblättern** *tr.* membalik-balik halaman

Durchblick *m* pemandangan (melalui sst.); *fig.* selayang pandang; gambaran sepintas lalu

'durchblicken *itr.* melihat/memandang melalui sst.; *fig.* mengerti dng. jelas; *et.* ~ *lassen* menyindir; menyinggung secara halus; *da blicke ich nicht mehr durch, ugs.* saya bingung, saya tdk. mengerti lagi

durchblutet yg. dialiri oleh darah

'durchbohren *tr.* melobangi dng. bor, mengebor sampai tembus; **durch'bohren** (–) *tr.* menembus(i), melubangi/menusuk hingga tembus; *die Kugel durchbohrt s-n Körper* peluru menembus tubuhnya

'durchbraten *unr. tr.* menggoreng (daging) sampai matang benar

'durchbrechen *unr. tr.* mematahkan, memutuskan; melubangi tembok; *itr.* patah, putus; *durch Eis* ~ jatuh menembus es yg. tdk. kuat, *bp.* kejeblos; **durch'brechen** (–) *unr. tr.* menerobos, menembus; membobolkan; mendobrak

'durchbrennen *unr. itr.* terbakar sampai putus/tembus; bernyala/

menyala sampai pijar; *ugs.* melarikan diri diam-diam
'durchbringen *unr. tr.* berhasil menyembuhkan; *e Gesetz* ~ undang-undang berhasil diterima; *Geld* ~ menghabiskan/menghamburkan uang; *sich ehrlich* ~ mencari nafkah dng. bekerja secara halal
Durchbruch *m* pendobrakan, penerobosan; bobolnya (tanggul); pecahnya/robeknya (usus); perbuatan melubangi (tembok)
durch'denken (–) *unr. tr.*, **'durchdenken** *unr. tr.* memikirkan dng. segala kemungkinan dan konsekwensinya; memikirkan dng. masak-masak, mempertimbangkan
'durchdrehen *tr.* menggiling (daging); *itr. fig.* menjadi senewen/risau, patah semangat
durch'dringen (–) *unr. tr.* menembus(i); *fig.* meresap, meliputi; *von der Wahrheit durchdrungen sein* yakin akan kebenaran; **'durchdringen** *unr. itr.* (berhasil) menembus/merembes; *mit s-r Meinung* ~ pendapatnya berhasil diterima; **–d** *~e Stimme* suara nyaring/melengking; *~er Schmerz* sakit nyeri, ngilu
'durchdrücken *tr. fig.* memaksakan kehendaknya
'durcheilen *itr.* melalui dng. cepat; **durch'eilen** (–) *tr.* menjelajah dng. cepat; *fig.* menyelesaikan/mengerjakan (bahan pelajaran) dng. cepat
durcheinander berantakan, morat-marit, kacau-balau, acak-acakan; **≗** *n* (*–s;O*) keadaan kacau-balau; **–bringen** *unr. tr.* mengacaukan, memporak-porandakan; menukarkan (dng. tdk. sengaja); **–gehen** *unr. itr.* menjadi kacau; **–reden** *tr. itr.* berbicara berbareng(an); berbicara tak keruan
durchfahren *unr. itr.* tdk. berhenti, berjalan terus; **durch'fahren** (–) *unr. tr.* melalui, melewati; *Land, Meer* menjelajah; *Gedanke* terlintas; *Schreck* terkejut, kaget
Durchfahrt *f* perjalanan terus; jalan lewat, terusan; *freie* ~ boleh lewat
Durchfall *m* sakit menc(e)ret, diare; *ugs.* kegagalan
'durchfallen *unr. itr.* jatuh melalui (sst.); *fig.* tdk. lulus/berhasil, gagal
'durchfechten *unr. tr.* berusaha meyakini; *sich* ~ berjuang keras mencari nafkah
'durchfinden *unr., sich* ~ berhasil mendapatkan; *fig* mengerti
'durchfliegen *unr. itr.* melayang/terbang (masuk) melalui sst.; *Flugzeug* tdk. mendarat, terbang terus; *Passagier* transit; *ugs.* gagal, tdk. lulus; **durch'fliegen** (–) *unr. tr.* menerbangi; terbang melalui; *fig.* membaca sepintas lalu
'durchfließen *unr. itr.* mengalir terus; **durch'fließen** (–) *unr. tr.* mengalir melalui
durch'forschen (–) *tr.* menyelidiki, meneliti
'durchfragen *sich* ~ bertanya terus (tt. jalan sampai ke tujuan)
'durchfrieren *unr. itr.* menjadi sangat/semakin dingin
Durchfuhr *f* (*–;O*) transito
durchführbar dapat dilaksanakan/diselesaikan
'durchführ|en *tr.* merealisasikan; melaksanakan; melakukan; **≗ung** *f* (*–;–en*) realisasi; pelaksanaan, penyelesaian; **≗ungsbestimmungen** *pl* (per)aturan pelaksanaan
Durch|gang *m* terusan; jalan lintasan; gang (di antara deretan kursi/rumah); *Sp.* babak, *bp.* ronde; *Waren* transito; ~ *verboten!* dilarang lewat (jalan ini)! **–gänger** *m* (*–s;–*) orang pelarian (dari tahanan); **≗gängig** biasa, pd. umumnya
Durchgangs|handel *m* perdagangan transito; **–hotel** *n* hotel transito; **–lager** *n* penampungan sementara; **–verkehr** *m* lalu-lintas terusan; **–zoll** *m* bea transito; **–zug** (*D-Zug*) *m* kereta api ekspres
'durchgeben *unr. tr.* meneruskan, mengumumkan, menyiarkan
'durchgehen *unr. itr.* (pergi) melewati, melalui; *fliehen* melarikan diri; *Gefühl* meluap(–luap); *Pferd, bp.* mabur; *e Gesetz geht durch* rancangan undang-undang diterima; *et.* ~ *lassen* membiarkan, memaaf-

kan; *j-m nichts ~ lassen* mengawasi sso. dng. ketat; *tr., e-n Bericht ~* membaca/memeriksa suatu laporan; **–d** terus, *bp.* nonstop; biasanya, umumnya; *~ geöffnet* tetap terbuka
'durchglühen *itr.* lambat-laun menjadi bara/pijar; putus karena panas; **durch'glühen** (–) *tr.* menggelorakan hati, menyemangati
'durchgreifen *unr. itr.* merogoh; menjulurkan tangan (utk. mengambil sst. lewat jeruji/kawat); *fig.* mengambil tindakan drastis; **–d** tegas
'durchhalt|en *unr. itr.* bertahan (terus); **≗evermögen** *n* daya tahan, ketabahan, stamina
'durchhauen *unr. tr.* menebas (dahan); memotong (tali); *j-m ~* menghantam/memukuli sso.
'durchkämmen *tr.* menyisir rambut (yg. kusut); **durch'kämmen** (–) *tr., fig.* mencari dng. teliti
'durchkämpfen *tr.* berhasil mencapai tujuan; *Mil., sich ~* bertempur menerobos garis pertahanan musuh
'durchkommen *unr. itr.* sampai; berhasil melalui; *durch Krankheit/Gefahr ~* mengatasi penyakit/bahaya; *im Examen ~* lulus ujian; *ich komme mit 100 DM in der Woche durch* saya dapat hidup dng. seratus DM seminggu; *es ist (nicht) durchzukommen* (tdk.) bisa lewat/keluar
'durchkreuzen *tr.* membuat tanda silang, menyilang; **durch'kreuzen** (–) *tr.* merintangi, menghalangi
Durchlaß *m* (. . *lasses;* . . *lässe*) tempat terbuka; jalan terusan
'durch|lassen *unr. tr. itr.* membiarkan/mengijinkan lewat; *Licht* tembus; **–lässig** dapat ditembus; tdk. rapat/kedap, bocor
Durchlaucht *f* (*–;–en*) (sri) baginda, paduka (yg. mulia)
'durchlaufen *unr. itr.* berlari terus (tanpa berhenti); mengalir terus; **durch'laufen** (–) *unr. tr.* melewati, melalui; *Schule* mengikuti terus sampai selesai
durch'leben (–) *tr.* menghabiskan/mengisi waktu; *fig.* mengenali perasaan
'durchlesen *unr. tr.* membaca sampai selesai
durch'leucht|en (–) *tr.* (sinar) menembusi; menyinari (dengan lampu, sinar X. . .); *fig.* menyelidiki; **≗ung** *f* (*–;–en*) penyinaran, pemeriksaan dng. sinar X; *fig.* penyelidikan
durch'lochen (–) *tr.*, **durch'löchern** (–) *tr.* melubangi
durch'lüften (–) *tr.*, **'durchlüften** *tr.* menukar udara
'durchmachen *tr.* mengalami/menanggung derita; *durchlaufen* mengikuti sampai selesai (kursus . . .)
Durchmarsch *m* perjalanan berbaris melalui, mars; *ugs.* penyakit menc(e)ret, diare; **≗ieren** (–) *itr.* berjalan berbaris (melalui kota/daerah); berjalan terus (tanpa berhenti)
Durchmesser *m* (*–s;–*) garis tengah, diameter
durchnäßt basah kuyup
'durchnehmen *unr. tr.* membahas
'durchpausen *tr.* menjiplak (gambar) melalui kertas tipis
'durchpeitschen *tr. fig.* (berusaha) menyelesaikan dng. tergesa-gesa
'durchprügeln *tr.* memukuli (habis-habisan)
durch'queren (–) *tr., Fluß, Tal* menyeberang(i); *Stadt* melintasi; *Land* menjelajah
'durchrechnen *tr.* menghitung dng. teliti; memeriksa perhitungan
'durchregnen *itr.* bocor; hujan terus
Durchreise *f* perjalanan lewat (suatu tempat/daerah)
'durchreisen *itr.* lewat, melewati, melalui; berjalan terus; **durch'reisen** (–) *tr.* menjelajah(i)
Durchreisende *m, f* penumpang transit
'durchreißen *unr. tr.* merobek, menyobek; *itr.* (menjadi) putus
'durchringen *unr., sich ~* mengambil keputusan (setelah banyak pertimbangan)
Durchsage *f* (*–;–n*) pemberitahuan lewat radio/pengeras-suara; berita khusus, pengumuman penting
'durchsagen *tr.* menyiarkan/mengumumkan lewat radio/pengeras-suara

'durchsägen *tr.* menggergaji sampai putus
'durchschauen *itr.* melihat melalui sst.; **durch'schauen** (–) *tr. fig.* mengetahui, mengerti (yg. tersirat)
durch'scheinen (–) *unr. tr.* menyinari, menerangi; **'durchscheinen** *unr. itr.* bersinar melalui, (sinar) menembus; **–d** tembus pandang; tembus cahaya
'durchscheuern *tr. refl.* menjadi tipis dan berlubang-lubang; *Haut* menjadi lecet
'durchschießen *unr. itr.* menembak tembus (sst.); **durch'schießen** (–) *unr. tr.* menembak (tembus); mengetik dng. spasi; menyelipkan kertas (kosong, berwarna . . .); *Gedanke* melintasi
'durchschimmern *itr.* menembus sedikit/samar-samar
Durchschlag *m* saringan, ayakan; *Brief* salinan, tembusan, kopi
durch'schlagen (–) *unr. tr.* menembus (ke dalam dan keluar lagi); **'durchschlagen** *unr. itr.* menjadi kentara/nampak; tembus; *Sicherung* putus; *tr.* memecahkan, membelah; *Nagel* memaku hingga tembus; *Brief* membuat salinan; *Gemüse, Obst* menyaring; *sich* ~ berhasil mengatasi/menerobos; **–d** efektif, membawa hasil, manjur, tepatguna; *~er Erfolg* sukses gemilang
Durchschlag|papier *n* kertas tipis, *bp.* kertas dorslag; kertas karbon; **–skraft** *f* daya tembus; ~ *haben, fig.* berakibat (besar)
'durchschleusen *tr., Schiff* memandu(kan), melalukan pintu air; *Fahrzeuge* menyalurkan; *fig.* membimbing
'durchschlüpfen *itr.* menyelinap melalui
'durchschneiden *unr. tr.* memotong, menggunting; **durch'schneiden** (–) *unr. tr. fig.* membelah
Durchschnitt *m* penampang(–lintang), gambar profil; *im* ~ rata-rata, pd. umumnya; **≗lich** rata-rata; dl. penampang; *von ~er Qualität* bermutu sedang; **–smensch** *m* orang biasa/sedang; **–swert** *m* nilai rata-rata/sedang

Durchschreibe|block *m* bon nota berkarbon; **–buch** *n* buku salinan
durch'schreiten (–) *unr. tr.* menyeberangi/melalui dng. berjalan
Durchschrift *f* salinan, kopi
Durchschuß *m* (selangnya) lembaran kosong; spasi (antar baris-baris); *Mil.* tembakan yg. menembus; *Med.* lubang bekas tembakan
'durchschütteln *tr.* mengocok, mengguncang-guncangkan
'durchschwitzen *tr.* mengeluarkan keringat sampai pakaian menjadi basah
'durchsehen *unr. itr.* melihat melalui sst.; *tr.* memeriksa, merevisi
'durchsetzen *tr.* (berhasil) melaksanakan; *s-n Kopf* ~ bersikeras, berkepala batu; *sich* ~ pantang mundur, berhasil; *der Lehrer kann sich nicht* ~ guru tdk. dapat mengendalikan murid-murid; **durch'setzen** (–) *tr., mit Agenten* ~ menyusupkan mata-mata
Durchsicht *f* pemeriksaan, perbaikan, revisi; **≗ig** tembus pandang, transparan; mudah diketahui
'durchsickern *itr.* merembes, bocor
'durchsieben *tr.* mengayak, menapis
'durchsprechen *unr. itr.* membicarakan dng. masak-masak
'durchstechen *unr. itr. tr.* menusuk (–kan) hingga tembus; **durch'stechen** (–) *unr. tr.* melubangi (tanggul)
'durchstehen *unr. tr.* tetap bertahan (dl.)
durch'stöbern (–) *tr.* menggeledah, memeriksa, mencari-cari
'durchstoßen *unr. tr.* membuka dng. pukulan; membuka jalan dng. kekerasan; **durch'stoßen** (–) *unr. tr.* menerobos
'durchstreichen *tr.* mencoret
durch'streifen (–) *tr.* menjelajahi
durch'such|en (–) *tr.* menggeledah; **≗ung** *f* (–;–*en*) penggeledahan
durchtrieben *Adj.* licik, berkilah, culas
durch'wachen (–) *tr.* berjaga sepanjang malam, bergadang
'durchwählen *itr., Telefon* memilih/memutarkan langsung
durch'wandern (–) *tr.* menjelajah (dng. berjalan kaki)

durch'waten (–) *tr.*, **'durchwaten** *itr.* menyeberang(i) (kali) dng. berjalan kaki
durchweg biasanya, tanpa kecuali, selalu; **≗** *m* jalan tembus
durch'wühlen (–) *tr.*, **'durchwühlen** *tr.*, *Erde* menyungkur, membongkar; *Gepäck* menggeledah; *sich* ~ menerobos
'durchzählen *itr. tr.* menghitung (terus sampai selesai)
'durchziehen *unr. itr.* melalui, melewati; *Mil.* berbaris terus tanpa berhenti; *tr.* meloloskan benang (melalui lubang jarum); **durch'ziehen** (–) *unr. tr.* melewati/melalui (sst.); *das Land* ~ menjelajah negeri
durch'zucken (–) *itr.*, *Gedanken* terlintas
Durchzug *m* (–;O) aliran angin, tempat berangin-angin; *Durchmarsch* perjalanan melalui, penyeberangan; ~ *machen* mengganti/menukar udara, mengangini
dürfen *unr. itr.* boleh, diijinkan, diperbolehkan; *wenn ich bitten darf!* silahkan! *morgen dürfte es regnen* besok mungkin akan hujan
dürftig miskin, kurang; *in ~en Verhältnissen* dl. keadaan serba kurang; **≗keit** *f* (–;O) kemiskinan, kekurangan
dürr tandus, kering; kerempeng; **≗e** *f* (–;–*n*) tandusnya, keringnya

Durst *m* (–*es*;O) kehausan, keadaan dahaga; *ich habe* ~ saya haus; **≗en** *itr.* merasa haus
dürsten *itr.* merasa haus; *fig.* sangat ingin
durstig haus, dahaga
Dusche *f* (–;–*n*) dus, pancuran; **≗n** *itr. tr. refl.* mandi dus, mandi di bawah pancuran
Düse *f* (–;–*n*) semprotan; spuyer, corot selang/pipa
dus(e)lig pening
Düsen|antrieb *m* gaya dorong dng. mesin jet; *mit* ~ dng. tenaga jet; **–flugzeug** *n* pesawat jet; **–jäger** *m* pesawat pemburu jet; **–motor** *m* mesin jet, mesin pancar gas
düster gelap, suram; **≗heit** *f*, **≗keit** *f* (–;O) kegelapan
Dutzend *n* (–*s*;–*e*) lusin; ~*e von* banyak sekali; **≗weise** lusinan
duzen *tr.* menyapa dng. memakai kata *'du'*, berengkau
Dynam|ik *f* (–;O) dinamik(a); **≗isch** bertenaga, bersemangat, dinamis
Dynamit *n* (–*s*;O) dinamit, bahan peledak
Dynamo *m* (–*s*;–*s*) dinamo, pembangkit tenaga listrik
Dynastie *f* (–; . . *iën*) dinasti, wangsa
Dysentrie *f* (–; . . *iën*) disentri, mejan, berak-darah
D-Zug *m* kereta api ekspres

E

Ebbe *f* (–;–*n*) air surut; *bei mir ist* ~, *ugs. bp.* saya kehabisan duit, saya bokek; **≗n** *itr.* menyurut

eben 1. *Adj.* datar, rata; *zu* ~ *er Erde* pd. lantai pertama; **2.** *Adv.*, ~ *erst* baru saja; *es ist* ~ *anders* (itu) memang berbeda; *das ist es* ~*!* itulah masalahnya! **≗bild** *n* citra, persamaan, gambaran; **–bürtig** sederajat, setingkat; **–derselbe** orang/hal yg. persis sama; **–deshalb** justru karena itu; **–deswegen** itulah sebab/alasannya; **–dort** persis di sana

Ebene *f* (–;–*n*) dataran; *Math.* bidang; *auf der* ~ *von, fig.* pd. tingkat(an)

ebenerdig yg. sama tinggi dng. tanah

eben|falls juga, pula; **≗holz** *n* kayu eben/hitam, *diospyros utilis;* **≗maß** *n* simetri, keselarasan proporsi; **–mäßig** simetris, setangkup, selaras; **–so** sama spt., juga; **–sogut** sama baiknya; **–soviel** sama banyak; **–sowenig** sama (halnya) dng., sama sedikit(nya)

Eber *m* (–*s*;–) babi jantan

ebnen *tr.* meratakan; melicinkan; *den Weg* ~, *fig.* merintis jalan

Echo *n* (–*s*;–*s*) gema, kumandang; gaung; **–lot** *n* peruman gema

echt asli, murni, tulen, sejati, sah; ~*er Bruch, Math.* pecahan murni; **≗heit** *f* (–;*O*) keaslian, sahnya, kemurnian

Eck|ball *m, Sp.* tendangan sudut/penjuru, kornel; **–e** *f* (–;–*n*) sudut, pojok, penjuru; tepi, pinggir; *Straße* tikungan; *um die* ~ *bringen, fig. ugs.* membunuh; *an allen* ~*n u. Enden* di mana(-mana) saja; *von allen* ~*n u. Enden* dari segala penjuru; **–ensteher** *m* pemalas, penganggur

eck|ig bersudut; *fig.* kasar; **≗platz** *m* kursi pinggir; **≗stein** *m* batu sendi; **≗zahn** *m* (gigi) taring

edel mulia, luhur; **–denkend** berpikir/berpandangan luhur; **≗frau** *f* wanita bangsawan; **≗gas** *n* gas mulia; **–gesinnt** *s. edeldenkend;* **≗knabe** *m* putra bangsawan yg. mengabdi di istana; **≗leute** *pl* bangsawan, kaum ningrat; **≗mann** *m* (–e̸s; . . . *leute*) laki-laki bangsawan; **≗metall** *n* logam mulia; **≗mut** *m* kemurahan hati, (al)karim; **–mütig** murah hati, karim; **≗stahl** *m* baja mulia; **≗stein** *m* batu permata, intan; **≗tanne** *f* cemara (dng. jarum keperak-perakan), *abies procera;* **≗weiß** *n* (–*es*;–*e*) edelweis (bunga gunung Alpen), *leontopodium alpinum*

Efeu *m* (–*s*;*O*) sm. tumbuhan menjalar, *hedera helix*

Effekt *m* (–e̸*s*;–*e*) efek, akibat, hasil; *Eindruck* kesan; *Tech.* daya guna; **–en** *pl* surat-surat berharga; **–enbörse** *f* bursa surat berharga, bursa efek; **–hascherei** *f* perbuatan mencari(–cari) sensasi

effektiv efektif, berhasil guna; **≗leistung** *f* produktivitas/tenaga yg. sebenarnya

effektvoll berkesan; efektif

Effizienz *f* (–;*O*) efisiensi

egal sama (saja); *das ist mir* ~ saya tak peduli

Egel *m* (–*s*;–) lintah

Egge *f* (–;–*n*) (peng)garu, sisir tanah; **≗n** *tr. itr.* menggaru

Ego|ismus *m* (–; . . . *men*) egoisme, sifat mementingkan diri; **–ist** *m* (–*en*;–*en*) (orang) egois

ehe sebelum

Ehe *f* (–;–*n*) perkawinan, pernikahan; **–anbahnung** *f* biro jodoh; **–bett** *n* peraduan, tempat tidur suami-isteri; **≗brechen** *unr. itr.* berzinah; **–brecher** *m* (–*s*;–), **–brecherin** *f* (–;–*nen*) orang yg. melakukan zinah, pezinah; **≗brecherisch** (bersifat) zinah; **–bruch** *m* perzinahan; **–bund** *m* ikatan perkawinan

ehedem *Adv.* dahulu

Ehe|frau *f* isteri, bini; **–gatte** *m* suami; **–gattin** *f* isteri; **–glück** *n* kebahagiaan perkawinan; **–hälfte** *f* isteri; **–hindernis** *n* rintangan utk. menikah; **–leben** *n* hidup sebagai suami-isteri; **–leute** *pl* pasangan suami-isteri; **≗lich** berh. dng. perkawinan; *~es Kind* anak yg. halal/sah; *~ verbinden* menikahkan; **≗lichen** *tr., Mann* mengawini, memperisteri; *Frau* nikah/kawin dng.; **≗los** bujangan, belum/tdk. menikah; **–losigkeit** *f* (–;*O*) keadaan wadat/membujang; *Rel.* selibat

ehemal|ig bekas, eks; **–s** dahulu kala

Ehe|mann *m* suami, laki; **≗mündig** berumur cukup utk. menikah dng. sah; akilbalig; **–nichtigkeit** *f* tdk. sahnya perkawinan; **–paar** *n* (pasangan) suami-isteri; **–pflicht** *f* kewajiban suami-isteri

eher lebih dahulu; *lieber* lebih suka (. . . daripada); *je ~, je lieber* makin cepat, makin baik

Ehe|recht *n* hukum perkawinan; **–ring** *m* cincin perkawinan

ehern *Adj.* dari logam/perunggu; *fig.* keras, kuat

Ehe|scheidung *f* perceraian; **–schließung** *f* upacara pernikahan; **–stand** *m* status (per)kawin(an)

ehestens sedini mungkin; secepat-cepatnya

Ehe|stifter(in *f*) *m* (–*s*;–) mak comblang; **–vermittlung** *f* perjodohan; **–versprechen** *n* janji perkawinan; **–vertrag** *m* akad nikah, perjanjian perkawinan; **–weib** *n* isteri

Ehrabschneider(in *f*) *m* (–*s*;–) pemfitnah

ehrbar patut dihormati; terhormat, terpandang; **≗keit** *f* (–;*O*) kehormatan, nama baik, reputasi

Ehre *f* (–;–*n*) hormat, kehormatan; harga-diri; *auf ~!* demi Allah! *zu ~n von* utk. menghormati; *sich die ~ geben* (*Sie einzuladen*) perkenankan kami (mengundang Anda), memohon kesedian (kehadiran Anda); *j-m die letzte ~ erweisen* melayat; **≗n** *tr.* menghormati(i), menghargai; *sehr geehrter Herr A* Tuan/Bapak A yg. terhormat

Ehren|amt *n* jabatan kehormatan; **≗amtlich** tanpa imbalan; **–bezeigung** *f*, **–bezeugung** *f* pemberian hormat, salut; saluir; **–bürger** *m* warga kehormatan; **–doktor** *m* (gelar) doktor kehormatan; **–erklärung** *f* pernyataan maaf (utk. memulihkan kehormatan orang lain); **≗haft** lurus, jujur; mulia, tak tercela; **≗halber** (sebagai) kehormatan; **–kompanie** *f* barisan kehormatan; **–kränkung** *f* penghinaan; **–mann** *m* orang terhormat/jujur

Ehren|mitglied *n* anggota kehormatan; **–pflicht** *f* kewajiban (demi) kehormatan, hutang budi; **–pforte** *f* gapura kehormatan; **–platz** *m* tempat kehormatan; **–preis** *m* **1.** penghargaan (pertama); **2.** sm. tumbuh-tumbuhan perdu, *veronica;* **–rechte** *pl, bürgerliche ~* hak-hak yang dimiliki setiap warganegara (yg. tdk. dicabut karena terhukum); **–rettung** *f* pemulihan nama baik, rehabilitasi.

ehren|rührig yg. memalukan; **≗sache** *f, es ist für mich ~* bagi saya hal itu merupakan (tugas) kehormatan; **≗schuld** *f* hutang budi; **≗strafe** *f* hukuman pencabutan hak-hak istimewa; **≗tag** *m* hari besar/peringatan; **≗titel** *m* gelar kehormatan; **–voll** penuh kehormatan; tersohor; **≗vorsitzende** *m, f* ketua kehormatan; **–wert** terhormat, patut dihargai; **≗wort** *n, auf ~! bp.* sumpah! sungguh mati! *sein ~ geben* berani sumpah; **≗zeichen** *n* tanda penghormatan

ehr|erbietig bersikap takzim, dng. hormat; **≗erbietung** *f* (–;*O*) takzim, penghormatan; **≗furcht** *f* khidmat, rasa penuh hormat; rasa takut; **–furchtgebietend** yg. membangkitkan rasa hormat/takut/kagum; **–fürchtig, –furchtsvoll** khidmat, takzim, penuh rasa hormat; **≗gefühl** *n* rasa harga-diri; **≗geiz** *m* ambisi; **–geizig** berambisi, ambisius

ehrlich jujur, polos, lurus hati; **≗keit** *f* (–;*O*) kejujuran

ehrlos tdk. pantas dihormati, tercela, cemar; **≗igkeit** *f* (–;*O*) kecemaran, keburukan nama

ehrsam patut/pantas dihormati; **≗keit** *f* (–;*O*) perihal yg. patut/pantas dihormati

Ehr|sucht *f* ambisi berlebihan; **≗süchtig** gila hormat, ambisius; **–ung** *f* (–;–*en*) penghormatan; **–verlust** *m* kehilangan nama baik; **–würden** *n* (–;*O*) *Rel.* Yang Terhormat; **≗würdig** patut dimuliakan

Ei *n* (–*e̸s*;–*er*) telur; *weichgekochtes ~* telur setengah matang; *~ er legen* bertelur; **–austritt** *m, Med.* peneluran, ovulasi

Eich|baum *m*, **–e** *f* (–;–*n*) pohon eik, *quercus*

Eichel *f* (–;–*n*) buah pohon eik; *Anat.* kepala zakar

eichen 1. *Adj.* dari kayu pohon eik; **2.** *tr.* menera, memberi bertera

Eich|hörnchen *n* (–*s*;–), **–kätzchen** *n* tupai, bajing, *sciurinae;* **–maß** *n* ukuran baku

Eid *m* (–*e̸s*;–*e*) sumpah; *e-n ~ schwören* mengangkat sumpah

Eid|bruch *m* pelanggaran sumpah; **≗brüchig** yg. bersifat melanggar sumpah

Eidechse *f* (–;–*n*) bengkarung, kadal, *lacertidae*

Eides|formel *f* (pe)rumus(an) sumpah; **≗stattlich** dng. mengangkat sumpah, bersumpah; *~e Erklärung* surat keterangan (yg. disahkan) atas sumpah; *~e Versicherung* pernyataan di bawah sumpah

Eid|genosse *m* warganegara Swiss; **–genossenschaft** *f* Konfederasi Swiss; **≗lich** dng. sumpah

Eidotter *n* (–*s*;–) kuning telur

Eier|becher *m* tempat telur (di meja); **–kuchen** *m* (kue) dadar, omelet; **–schale** *f* kulit telur; **–stock** *m* indung telur; **–uhr** *f* jam pasir (utk. masak telur)

Eifer *m* (–*s*;*O*) kerajinan, semangat (berusaha); *Hast* keadaan tergesa-gesa; *blinder ~ schadet nur* bertindak gegabah membawa kerugian; *in ~ geraten* menjadi bersemangat/panas; **≗n** *itr.* berusaha keras; berbicara dng. sikap yg. berapi-api; *~ gegen* mencela; menyerang; **–sucht** *f* kecemburuan, kedengkian, sifat iri-hati; **≗süchtig** cemburu, dengki, iri hati, sirik

eifrig rajin, bersemangat, giat; *~ beschäftigt mit* sedang asyik dng.

Eigelb *n* (–*e̸s*;–*e*) kuning telur

eigen *Adj.* (punya) sendiri; *peinlich genau* (bersifat) sangat teliti; *wählerisch* (ber)pilih-pilih; *eigentümlich* khas, ganjil; *e ~es Zimmer* kamar sendiri; *auf/für ~e Rechnung* atas rekening sendiri (bukan perusahaan); **≗art** *f* kekhususan, keistimewaan, sifat khas; **–artig** aneh, ganjil; **≗bedarf** *m* keperluan sendiri/pribadi; **≗brötler** *m* orang yg menyendiri, orang aneh/eksentrik; **≗dünkel** *m* kesombongan, keangkuhan; **≗erzeugung** *f* hasil produksi sendiri; **≗gewicht** *n* berat netto/bersih; **–händig** dikerjakan (dng. tangan) sendiri; *~ übergeben* menyerahkan sendiri; **≗heim** *n* rumah milik sendiri

Eigen|heit *f* (–;–*en*) kekhususan, ciri-ciri khas; *Eigenartigkeit* keanehan; **–leben** *n* cara hidup sendiri/individuil; **–liebe** *f* cinta diri; egoisme; **–lob** *n* puji diri; **≗mächtig** sewenang-wenang, seenaknya; **–mächtigkeit** *f* (–;–*en*) kesewenang-wenangan; **–name** *m* nama diri; **–nutz** *m* kepentingan sendiri; **≗s** dng. (di)sengaja; *~ zu diesem Zweck* khusus utk. maksud ini saja

Eigenschaft *f* (–;–*en*) sifat, kwalitas; *Merkmal* ciri; *s. Eigentümlichkeit; in s-r ~ als* dl. kedudukannya sebagai; **–swort** *n* kata sifat, ajektif

Eigen|sinn *m* sifat suka mengikuti kemauan sendiri; ketegaran; sifat keras kepala/hati; **≗sinnig** keras kepala/hati; **≗ständig** asli; tdk. tergantung; *s. selbstständig*

eigentlich sebenarnya, sesungguhnya

Eigentum *n* (–*s;O*) milik, kepunyaan; *(un)bewegliches* ~ barang/milik (tak) bergerak

Eigentüm|er(in *f*) *m* (–*s;*–) pemilik; **≗lich** khas; aneh; **≗licherweise** anehnya; **–lichkeit** *f* (–;–*en*) kekhususan; *Seltsamkeit* keanehan

Eigentums|recht *n* hak milik; **–wohnung** *f* flat milik sendiri

Eigen|vermögen *n* milik pribadi/sendiri-sendiri; **–wechsel** *m* promes, surat aksep; **–wille** *m* kemauan sendiri; sifat keras kepala; **≗willig** berkeras-kepala

eign|en *sich* ~ *für/zu* cocok utk.; bermanfaat bagi; **≗ung** *f* (–;*O*) bakat; kegunaan; kecocokan

Eiland *n* (–*es;*–*e*) pulau (kecil)

Eil|bestellung *f* pengiriman ekspres/khusus/kilat; **–bote** *m* pengantar pos kilat; kurir; *durch* ~*n* dng. kilat, ekspres; **–brief** *m* surat kilat/ekspres

Eile *f* (–;*O*) kegopohan, cepat-cepatnya; *es hat keine* ~ tdk. perlu tergesa-gesa, tdk. mendesak

Ei·leiter *m* saluran telur

eilen *itr.* bergegas-gegas; perlu dibuat dng. cepat; *eilt!* (*Briefaufschrift*) urgen! mendesak! **–ds** dng. cepat-cepat/lekas-lekas, segera

eil|fertig terburu-buru; suka melayani; **≗fracht** *f* barang kiriman kilat; **≗gebühr** *f* biaya pengiriman kilat; **≗gut** *n*, *s. Eilfracht*

eilig cepat, mendesak, tergesa-gesa; **–st** cepat sekali; *Brief* kilat

Eil|zug *m* kereta api ekspres; **–zustellung** *f* pengiriman atau pengantaran ekspres/kilat/khusus

Eimer *m* (–*s;*–) ember

ein 1. *unbestimmter Artikel, Zahlwort* se-, satu, suatu; *Hilfszählwörter: für Personen* seorang, *für große Dinge* sebuah, *für Tiere* seekor, *für Pflanzen* sebatang, *für Papiere* sehelai, *für Briefe/Waffen* sepucuk, *für kleine runde Dinge* sebutir; ~ *für allemal* secara definitif, sekali utk. selamanya; ~*er nach dem andern* satu demi satu; ~ *u. derselbe* orang yg. sama, orang yg. itu-itu juga; *in* ~*em fort* terus menerus; *sein* ~ *u. alles* yg. paling berharga baginya; buah hatinya; *das geht in* ~*em* dapat dilaksanakan sekaligus/serentak; **2.** *Adv.*, ~ *u. aus gehen bei j-m* sering mengunjungi sso.; *nicht* ~ *noch aus wissen* kehilangan akal, bingung sekali; (*Schaltung*) ~! nyala! hidup!

einander saling, satu sama lain

ein·arbeiten *tr.*, *j-n* ~ membiasakan sso. pd. pekerjaan; *et.* ~ menyisipkan sst.; *sich* ~ melatih diri, membiasakan diri (pd. pekerjaan)

ein·äscher|n *tr.* membakar sampai hangus; *Leiche* ~ memperabukan mayat; **≗ung** *f* (–;–*en*) tindakan memperabukan

ein·atmen *tr. itr.* menarik napas, bernapas

ein·äugig pecak

einbahn|ig yg. mempunyai satu jalur saja; **≗straße** *f* jalan satu arah

Ein|band *m* jilid, sampul (buku); **≗bändig** yg. berjilid satu (saja)

einbauen *tr.* memasang (di dalamnya), memasukkan

Einbaum *m*, *kleiner* ~ kolek; *größerer* ~ jongkong

Einbau·möbel *pl* mebel yg. terpasang tetap

einbe|griffen *Adj.* termasuk (di dalamnya); **–halten** (–) *unr. tr.* menahan, tdk. menyerahkan

einberuf|en (–) *unr. tr.* memanggil (rapat); *Mil.* merekrut, memanggil (sso.) utk. menjalankan wajib militer; **≗ung** *f* (–;–*en*) panggilan rapat; (surat) panggilan utk. masuk dinas ketentaraan

einbetonieren (–) *tr.* mengelilingi dng. beton

Einbettzimmer *n* kamar dng. satu tempat tidur

einbeziehen (–) *unr. tr.* memasukkan, merangkum, mencakup; mengikutsertakan

einbiegen *unr. itr.* membelok masuk ke jalan lain; *tr.* melekukkan ke dl.

einbilden *sich et.* ~ berangan-angan/berkhayal tt. sst.; membayangkan sst.; *sich et.* ~ *auf* menyombongkan diri karena; *was bildest du dir ein?* *bp.* ah, kamu gila!

Einbildung *f* (–;–*en*) khayalan; kesombongan; **–skraft** *f* imaginasi, daya angan-angan/rekaan

einbinden *unr. tr.* menjilid; *Paket* membungkus
einbleuen *tr., j-m et.* ~ mengajar sso. dng. keras
Einblick *m* pengertian; *e-n ~ haben in* mengetahui tt. sst.
einbrech|en *unr. itr.* membongkar (utk. mencuri); jatuh menembus sst. (yg. tdk. tahan); runtuh; *plötzlich bricht die Nacht ein* tiba-tiba hari menjadi malam; **≗er** *m (–s;–)* pencuri/maling (yg. menggunakan kekerasan)
Einbruch *m, Jur* pembongkaran rumah dan pencurian, kemasukan pencuri; *Wasser* masuknya; *Mil.* invasi; *Lit.* mulainya, tibanya; **–sdiebstahl** *m* pencurian dng. membongkar rumah; **≗ssicher** aman thd. pembongkaran dan pencurian
Einbuchtung *f (–;–en)* teluk, lekukan, ceruk
einbürger|n *tr.* menaturalisasikan; **≗ung** *f (–;–en)* naturalisasi, pewarganegaraan
Ein|buße *f (–;–n)* kerugian; **≗büßen** *tr.* mendapat rugi, kehilangan, kerugian
eindämm|en *tr.* membendung (dng. tanggul); **≗ung** *f (–;O)* pembendungan
eindecken *tr., mit. et.* ~ menghujani dng. (granat . . .); *sich ~ mit* menyediakan perbekalan
eindeutig jelas, tegas
eindeutschen *tr.* mengalihkan ke bahasa Jerman
eindrängen *sich* ~ berusaha masuk dng. paksa; *fig.* turut campur
eindring|en *unr. itr.* masuk ke dl.; menyerbu masuk, memaksa masuk; *fig.* mendalami, menyelami; **–lich** dng. mendesak/tegas; **≗ling** *m (–s;–e)* orang yg. masuk dng. paksa, penyerang
Eindruck *m (–es;¨–e)* kesan, gambaran; *Druckspur* bekas(–bekas), jejak
eindrücken *tr.* menekan/mendorong ke dl.; merusakkan (pintu . .)
eindrucksvoll sangat mengesankan
ein·ebnen *tr.* meratakan
Ein·ehe *f* monogami
ein·engen *tr.* menyempitkan, memperkecil; *fig.* membatasi
einer *unbestimmtes Fürwort; Gen. von 'eine' (f); ~ von beiden* salah satu dari keduanya; *~ nach dem anderen* satu demi satu; *du bist so ~* kamu orang semacam itu; **≗** *m (–s;–) Math.* (angka) satuan; *Sp.* sampan dng. satu pendayung
einerlei *Adj.* sama saja; sembarangan; monoton; *es ist mir ~* bagi saya sama saja, *bp.* masabodoh; *~ wer* siapa saja/pun; **≗** *n (–s;O)* yg. sama-saja / berulang-ulang / menjemukan
einerseits, einesteils di satu pihak
einfach sekali (lipat . . .); *schlicht* sederhana, biasa; *leicht* mudah; *das ist ~ so* memang demikian halnya; *~e Fahrkarte* karcis sekali jalan saja; *~er Soldat* tentara biasa/kroco; **≗heit** *f (–;O)* kesederhanaan, kesahajaan
einfädeln *tr.* memasukkan benang (ke lubang jarum); *fig.* mempersiapkan dng. diam-diam
einfahr|en *unr. tr.* membawa masuk, memasukkan; menjalankan mesin/ mobil baru, *bp.* inriyen; *itr.* masuk, tiba, datang (kereta api . . .); *Bgb.* turun ke dl. tambang; **≗t** *f (–;–en)* jalan masuk
Einfall *m (–es;¨–e)* penyerbuan; robohnya; *fig.* inspirasi, ilham, ide; **≗en** *unr. itr.* menyerbu, masuk; runtuh; *sich erinnern* mengingat; *in die Rede ~* menyela pembicaraan; *sich et. ~ lassen* mencari ilham/ide; *(das) fällt mir nicht ein!* saya tdk. mau! saya tdk. ingat lagi; **≗sreich** imaginatif, penuh daya angan-angan; **–swinkel** *m* sudut masuknya (cahaya)
Ein|falt *(–;O)* sifat naif/sahaja, kesederhanaan; *Torheit* ketololan; **≗fältig** sederhana, naif; tolol; **–faltspinsel** *m* si bodoh/dungu
einfangen *unr. tr.* menangkap; *fig.* melukiskan
einfarbig berwarna satu, polos
einfass|en *tr.* membordir; mengesom; memagari, membingkai; menatah (permata); **≗ung** *f (–;–en)* bordir; *Zaun* pagar; *Rahmen* bingkai
einfetten *tr.* melumasi, meminyaki

einfinden *unr., sich* ~ datang, muncul, tiba
einflechten *unr. tr.* menyelipkan, menyisipkan
einflößen *tr.* menyuapi (cairan); *Mut* ~ menyemangati; *Angst* ~ menakuti
Einflugschneise *f* jalur pesawat terbang yg. akan mendarat
Einfluß *m* (. . . *usses/ . . . üsse*) muara, kuala; mengalirnya ke dl.; *fig.* pengaruh; ~ *ausüben* mempengaruhi; **≗reich** yg. berpengaruh; **–sphäre** *f* lingkungan pengaruh
einflüstern *tr.* membisikkan
einfordern *tr.* menagih, menuntut
einförmig monoton, menjemukan
einfried(ig)|en *tr.* memagari, mengelilingi dng.; **≗ung** *f* (–;–*en*) pagar, tembok (keliling)
einfrieren *unr. tr. itr.* membekukan, mendinginkan; membeku, menjadi dingin; *eingefrorener Kredit* kredit yg. dibekukan
einfüg|en *tr.* menyisipkan, memasukkan, menambahkan; *sich* ~ menyesuaikan diri; **≗ung** *f* (–;–*en*) sisipan; penyisipan; *fig.* penyesuaian diri
einfühlen *sich* ~ *in* menyelami, turut/ikut merasakan
Einfuhr *f* (–;–*en*) (barang) impor; **–artikel** *m* barang impor; **–bestimmungen** *pl* peraturan impor; **–bewilligung** *f, s. Einfuhrerlaubnis*
einführen *tr.* mengimpor, memasukkan; *bekannt machen* memperkenalkan; *Amt* melantik; *Maßnahme, Vorschrift* memberlakukan
Einfuhr|erlaubnis *f*, **–genehmigung** *f* ijin impor; **–handel** *m* perdagangan/perniagaan impor; **–sperre** *f* larangan (meng)impor
Einführung *f* (–;–*en*) *e-r Neuheit* pengenalan; *Vorstellung* perkenalan; *Vorbemerkung* (kata) pengantar; *Amt* pelantikan; **–slehrgang** *m* kursus pengantar; **–s·schreiben** *n* surat perkenalan
Einfuhr|verbot *n* embargo/larangan impor; **–waren** *pl* barang impor; **–zoll** *m* bea masuk, cukai
einfüllen *tr.* mengisi, menuangkan (ke dl.)
Eingabe *f* (surat) permohonan keberatan; petisi; pemasukan data (ke dl. komputer)
Eingang *m* pintu/jalan masuk; masuknya barang/pos/uang; *verbotener* ~ *! kein* ~ *!* dilarang masuk! **≗s** pd. mulanya; **–sbestätigung** *f* tanda penerimaan; **–sbuch** *n* surat/buku masuk; **–sformel** *f* pembukaan; mukadimah, preambul; **–shalle** *f* ruang masuk; **–s·spannung** *f, Elek.* tegangan/voltase masuk
eingeben *unr. tr.* memasukkan (data/obat . . .), menyampaikan (usul/permintaan); *fig.* mengilhamkan
eingebildet *Adj.* sombong, angkuh; (*fälschlich*) *vorgestellt* khayali
eingeboren *Adj.* asli; *angeboren* bawaan; *≗er Sohn Gottes* Allah-Putera Yg. Tunggal; **≗e** *m, f* (–*n*;–*n*) penduduk asli, pribumi, bumiputera
Eingebung *f* (–;–*en*) ilham; akal; *Regung* dorongan hati; *den* ~*en des Herzens folgen* mengikuti gerak hatinya
eingedenk *Adv.* mengingat
eingehen *unr. itr.* masuk, datang; *Tier, Pflanzen* mati; *Zeitung* berhenti; *Kleid* menyusut, mengerut; *das geht mir nicht ein* saya tdk. dapat mengerti hal ini; *auf et.* ~ memperhatikan / menyelidiki / menerangkan sst., menerima sst.; *e-e Ehe* ~ menikah; *e-n Vertrag* ~ mengadakan perjanjian; *e-n Vergleich* ~ berdamai; *e Risiko* ~ mengambil risiko; *eingegangene Gelder* uang masuk; **–d** yg. masuk; *gründlich* secara mendalam/panjang-lebar
Eingemachte *n* (–*n*;*O*) makanan yg. diawetkan (dl. tabung kaca)
eingenommen *Adj.* berprasangka; beranggapan baik; *von sich selbst* ~ *sein* terlalu percaya pd. diri sendiri; **≗heit** *f* (–;*O*) prasangka; kesombongan
eingeschnappt *ugs.* (mudah) tersinggung
eingeschränkt terbatas
Eingesessene *m, f* (–*n*;–*n*) penduduk (asli), penghuni

eingestandener·maßen *Adv.* yg. memang tdk. (dapat) disangkal, yg. (telah) mengaku
Eingeständnis *n* pengakuan
eingestehen (–) *unr. tr.* (akhirnya) mengaku(i)
eingetragen *Adj.* terdaftar
Eingeweide *pl* usus, dalaman perut, jeroan, isi perut; **–bruch** *m* burut, *hernia*
eingewöhn|en (–) *sich* ~ menyesuaikan diri; **≗ung** *f* (–;O) penyesuaian diri, usaha membiasakan diri
eingezogen *Adj.* bersifat pendiam/ penyendiri; alim
eingießen *unr. tr.* menuangkan ke dl.
eingleisig berjalur satu
eingliedern *tr.* memasukkan ke dalam, menggabungkan dng.; menjadikan sso. anggota; *Pol.* menganeksasi(kan)
eingravieren (–) *tr.* mengukirkan
eingreifen *unr. itr.* campur/turun tangan, bertindak, mengambil tindakan; **≗** *n* (–s;O) intervensi, campurtangan
Eingriff *m* tindakan tegas; pelanggaran; intervensi; *Med.* operasi, pembedahan
Einhalt *m*, *j-m* ~ *gebieten* menghalangi/mencegah (perbuatan) sso.; **≗en** *unr. tr.* menepati (perjanjian); mengikuti (arah); menangguhkan (pekerjaan); menjalankan (peraturan); *die Zeit* ~ tdk. melampaui waktu; *itr.* berhenti; *halt ein!* stop! berhenti(lah)! **–ung** *f* (–;–*en*) perbuatan menuruti peraturan
einhandeln *tr.* membeli dng. tawarmenawar/tukar-menukar
einhändigen *tr.* menyerahkan (langsung)
einhängen *tr. itr.* menggantungkan pd.; *Telefon* ~ meletakkan gagang telepon; *die Tür* ~ memasang (daun) pintu pd. engsel; *sich bei j-m* ~ (berjalan) bergandengan dng. sso.; *eingehängt gehen* berjalan bergandengan tangan
einhauchen *tr.* menghembuskan ke dl.
einheften *tr.*, *in e-n Ordner* ~ memasukkan/menyimpan dl. snelhechter; *Textil* menjahitkan pd., menjelujuri
einheimisch pribumi, asli; berasal dari; **≗e** *m*, *f* (–*n*;–*n*) orang asli/ pribumi
einheimsen *tr. ugs.* mengantongi, menggondol
Einheirat *f* semenda; **≗en** *itr.*, *in e-e reiche Familie* ~ menikah dng. orang dari keluarga kaya
Einheit *f* (–;–*en*) kesatuan, persatuan; *Einssein* keesaan; *Maß, Währung, Mil.* satuan; **≗lich** seragam, standar; **–lichkeit** *f* (–;O) keseragaman; **–sbestrebungen** *pl* gerakan persatuan; **–sfront** *f* front persatuan; **–sgewerkschaft** *f* serikat buruh tunggal; **–skurzschrift** *f* sistem steno standar; **–spartei** *f* partai tunggal; **–spreis** *m* harga standar; **–s·staat** *m* negara kesatuan
einheizen *itr.* memanaskan
einhellig sepakat; **≗keit** *f* (–;O) kesepakatan, suara bulat
einholen *tr.* menyamai, menjajari; *Versäumtes* mengejar; *einkaufen* berbelanja; *Rat* ~ minta nasehat; *Segel* ~ menggulung/menggandak(kan) layar; *Fahne* ~ menurunkan bendera
Einhufer *m* (–s;–) binatang berkuku satu
einhüllen *tr.* menyelubungi, membungkus
einig bersatu; ~ *sein über* bersepakat tt.
einige beberapa; *ich möchte Ihnen* ~*s sagen* saya ingin mengatakan sst./ beberapa hal kpd. anda; *das kann* ~*n Ärger geben* hal ini dapat menimbulkan kemarahan/kesulitan; **–mal** beberapa kali, kadangkadang; **–n** *tr.* mempersatukan, menyatukan; *sich* ~ berdamai, bersepakat; **–rmaßen** *Adv.* agak
Einigkeit *f* (–;O) kesatuan, persatuan; *der Ansichten* konsensus, kesepakatan, mufakat; ~ *macht stark* bersatu kita teguh
Einigung *f* (–;–*en*) penyatuan; persetujuan, persepakatan
ein·impfen *tr.* menyuntik, menginjeksi; *fig.* mengindoktrinasikan
einjagen *tr.*, *j-m Furcht* ~ menakuti sso.

einjährig berumur setahun; utk. satu tahun, setahun lamanya
einkalkulieren (–) *tr.* memperhitungkan (risiko . . .)
einkassieren (–) *tr.* memasukkan ke dl. kas; *einziehen* menagih
Einkauf *m* (–*es*;–̈*e*) belanjaan, pembelian; **–̲en** *itr. tr.* berbelanja, membeli
Einkaufs|abteilung *f* bagian pembelanjaan; **–netz** *n* tas belanja; **–preis** *m* harga (pem)beli(an); **–tasche** *f*, *s. Einkaufsnetz*; **–zentrum** *n* pusat pembelanjaan/pertokoan, *shopping centre*
Einkehr *f* (–;*O*) singgah di restoran; *fig.* mawas diri; *bei j-m ~ halten* mengunjungi sso.; *bei sich ~ halten* memawas diri, merenung; **–̲en** *itr.* bermalam, menginap; mengunjungi, singgah pd.
einkellern *tr.* menyimpan di gudang bawah tanah
einkerkern *tr.* memenjarakan
einkesseln *tr. Mil.* mengepung
einklagen *tr.* menggugat, menuntut
einklammern *tr.* menaruh dl. tanda kurung
Einklang *m* keselarasan, paduan nada; mufakat; *in ~ bringen mit* menyelaraskan/menyerasikan dng.
einkleben *tr.* melekatkan/menempelkan di dl.
einkleid|en *tr.* memberi pakaian pd.; *sich ~* membeli baju; **–̲ung** *f* (–;–*en*) penerimaan pakaian seragam (biarawan/-wati, tentara); *Sprache* susunan kata-kata yg. halus
einklinken *tr.* mengaitkan; *die Tür klingt ein* pintu tertutup rapat
einknicken *tr.* melekukkan; *eingeknickt* terkulai; *ich bin eingeknickt (Fuß)* kaki saya keseleo
einkochen *tr.* **1.** memasak terus sampai kental; **2.** memasak buah/sayur utk. diawetkan
einkommen *unr. itr.* masuk; *um et. ~* meminta spy.; memohon sst.; *die eingekommenen Zinsen* bunga yg. masuk; **–̲** *n* (–*s*;–) pendapatan, penghasilan; *festes ~* gaji tetap; **–̲steuer** *f* pajak penghasilan/pendapatan
einkreis|en *tr.* melingkari, mengelilingi; mengepung; **–̲ung** *f* (–;–*en*) *Pol., Mil.* pengepungan
einkremen *sich ~* melumasi krem/salep pd. kulit
Einkünfte *pl* pendapatan, penghasilan
einlad|en *unr. tr.* memuat(kan) ke dl.; *fig.* mengundang, mengajak; **–end** *Adj.* yg. menarik/merangsang; **–̲ung** *f* (–;–*en*) undangan; **–̲ungskarte** *f* kartu undangan
Einlage *f* (–;–*n*) sisipan, lampiran; *Bank* deposito; *Thea.* acara khusus; *Schuh* ganjal kaki; *Zahn* tambalan gigi sementara; *Suppe mit ~* sop dng. telur/baso dsb.; **–kapital** *n* modal yg. ditanam, modal investasi
einlagern *tr.* menyimpan di (dl.) gudang
Einlaß *m* (*Einlasses; Einlässe*) ijin masuk; waktu boleh masuk, pembukaan pintu masuk; tempat masuk
einlassen *unr. tr.* mengijinkan masuk; memasukkan (air ke dl. bak); *sich in/auf et. ~* melibatkan diri dl. sst.; *sich mit j-m ~* mengadakan hubungan dng. sso.
Einlauf *m* (–*es*;–̈*e*) masuknya, tibanya; *Med.* suntikan urus-urus; **–̲en** *unr. itr.* masuk; tiba; *Tech.* menjalankan mesin yg. masih baru, *bp.* inriyen; *Mot.* memanaskan; *enger werden* menyusut, mengerut
einleben *sich ~* menyesuaikan diri, menjadi kerasan
einlegen *tr.* memasukkan/menaruh ke dl.; menambah (acara, kereta khusus); mengawetkan (ketimun) dl. cairan; *Beschwerde ~* mengajukan keberatan; *Geld ~* mendepositokan uang; *Berufung ~* naik banding; *e Wort ~ für* memberi rekomendasi
Einlegesohle *f* sol/tapak yg. disisipkan dl. sepatu
einleit|en *tr.* memulai; membuka; memberi kata pengantar; **–̲ung** *f* (–;–*en*) (kata) pengantar, pembukaan
einlenken *itr.* membelok; *fig.* menjadi lunak; menerima keadaan

einleuchten *itr. fig.* menjadi jelas; **–d** jelas, masuk akal, dapat dimengerti, meyakinkan
einliefer|n *tr.* memasukkan (ke rumahsakit/penjara); **≗ungsschein** *m* (surat) tanda terima pengiriman barang/surat
einliegend terlampir
einlogieren (–) *sich* ~ memondok, *bp.* indekos
einlösen *tr.* menebus, membayar; *Scheck* menguangkan; *Versprechen* memenuhi
einmach|en *tr.* mengawetkan (dng. mengasinkan, mengasamkan, memaniskan); **≗glas** *n* tabung utk. mengawetkan
einmal sekali; *vergangen* dahulu; *auf* ~ pd. waktu yg. sama, seketika; tiba-tiba; *es war* ~ sekali peristiwa; *nicht* ~ bahkan/pun tdk.; *noch* ~ sekali lagi; ~ *ist keinmal* sekali-sekali boleh; *das ist nun* ~ *so* apa boleh buat memang demikian halnya
Einmal·eins *n* (–;*O*) *Math.* kali-kalian, daftar kalian
einmalig satu kali saja; *fig.* luar biasa, unik; ~ *schön* indah sekali
Einmarsch *m, Mil.* penyerbuan tentara; **≗ieren** (–) *itr. Mil.* menyerbu (ke dl.); masuk
einmengen *sich* ~ mencampuri, campur tangan dl.
einmieten *sich* ~ memondok pd.
enmisch|en *s. einmengen;* **≗ung** *f* campurtangan
einmotorig yg. bermesin/bermotor satu
einmotten *tr.* meletakkan kamper di antara pakaian; *Schiff, Gerät* menyimpan dng. baik spy. dapat dipakai lagi
einmünd|en *itr.*, ~ *in* bermuara di; **≗ung** *f* (–;–*en*) muara, kuala; pertemuan dua jalan/sungai
einmütig bersatu, sepakat, sehati
Einnahme *f* (–;–*n*) penerimaan, uang masuk; *Mil.* perebutan (negara/kota); *Medizin* minumnya obat; **–n** *pl* pendapatan; **–quelle** *f* sumber pendapatan
einnehmen *unr. tr.* menerima; *Steuern* mengumpulkan; *Pillen* minum; *Essen* makan; *Festung* merebut, menguasai; *Platz* menduduki tempat, memakan tempat; *j-n* ~ *für/gegen* membuat sso. berprasangka buruk atau beranggapan baik; **–d** ~*es Wesen* sikap yg. menyenangkan, yg. menawan hati
einnicken *itr.* mengantuk
einnisten *sich* ~, *fig.* bersarang, bercokol
Einöde *f* (–;–*n*) tempat sunyi/tandus/gersang, padang belantara
einölen *tr. refl.* melumasi, meminyaki
einordnen *tr.* memasukkan ke tempatnya, menggolongkan; mengintegrasikan; *sich* ~ menyesuaikan diri; *sich rechts* ~ masuk jalur kanan
einpacken *tr.* membungkus, mengemasi, mempak
einpflanzen *tr.* menanam(kan)
einphasig *Elek.* berfasa satu
einplanen *tr.* memasukkan ke dl. rencana
einpökeln *tr.* mengasinkan, memeda
einpräg|en *tr.* menekan(kan) sehingga ada bekasnya; *sich et.* ~ menanamkan/mencamkan sst. dl. ingatan, masuk dl. ingatan; **–sam** mudah diingat, mengesankan
einquartier|en (–) *tr.* memberi penginapan (utk. tentara); *sich* ~ *bei* memondok pd.; **≗ung** *f* (–;–*en*) pemberian penginapan pd. tentara; *ugs.* tentara yg. ditempatkan di rumah-rumah penduduk
einrahmen *tr.* memasang bingkai, membingkai(kan); *fig.* mengelilingi
einrammen *tr.* melantak(kan), memancangkan, menancapkan
einräum|en *tr.* memasukkan/menempatkan perabot (di ruang); membereskan; *ich räume ein, fig.* saya mengakui/mengijinkan; **≗ung** *f* (–;*O*) ijin, persetujuan; *Recht* pengakuan hak
einrechnen *tr.* memperhitungkan; *(mit) eingerechnet* termasuk dl. hitungan
Einrede *f* bantahan, keberatan; **≗n** *itr., j-m et.* ~ membujuk sso. spy. percaya/melakukan sst.; *j-m Mut* ~ memberi keberanian pd. sso.; *auf j-n* ~ mendesak sso.

einreib|en *unr. tr.* menggosokkan; **$\stackrel{\circ}{-}$ung** *f* (*–;–en*) gosokan
einreichen *tr.* menyerahkan, menyampaikan; *e-n Antrag* ~ mengajukan permohonan (secara tertulis)
einreihen *tr.* menyisipkan ke dl. deret(an), menderetkan; *sich* ~ (ber)antri
Einreise *f* masuknya; **–bestimmungen** *pl* peraturan/ketentuan ijin masuk, peraturan imigrasi; **–erlaubnis** *f* ijin masuk, visa; **$\stackrel{\circ}{-}$n** *itr.* masuk
einreißen *unr. tr. itr.* merobek; *Gebäude* membongkar, merobohkan; *Unsitte* meluas, menyebar
einrenken *tr.* memasang kembali; *fig.* memulihkan, menyelesaikan
einrennen *unr. tr.* membenturkan sst. sehingga rusak; *sich den Kopf* ~ terluka kepala(nya) akibat kena benda keras, *fig.* berusaha keras tetapi sia-sia; *offene Türen* ~ melakukan usaha yg. tdk. perlu
einricht|en *tr.* mengatur, membenahi; *ausstatten* melengkapi; *gründen* mendirikan; *es* ~ *daß* memungkinkan bahwa; *sich* ~ mengisi rumah dng. mebel; *sich* ~ *müssen* terpaksa menghemat; *sich* ~ *auf* mempersiapkan diri utk.; **$\stackrel{\circ}{-}$ung** *f* (*–;–en*) perabot rumah, perlengkapan; *das Einrichten* penyusunan, penataan; *öffentliche* ~ instansi/lembaga umum; **$\stackrel{\circ}{-}$ungsgegenstand** *m* perabot rumah, mebel
einrücken *itr.* masuk dinas (tentara); (tentara) masuk (ke wilayah, kota ...); *tr.* sedikit memasukkan ke dl.
eins *s. einer* satu; *um* ~ pd. jam satu; *es ist mir alles* ~ saya tak peduli; ~ *ums andere* satu per satu, selang-seling; ~ *trinken* minum-minum sedikit; ~ *sein* bersatu, tdk. berbeda; ~ *werden* menyatu; bermufakat; **$\stackrel{\circ}{-}$** *f* (*–;–en*) angka satu
einsam sepi, sunyi; **$\stackrel{\circ}{-}$keit** *f* (*–;O*) kesepian, kesunyian
einsammeln *tr.* mengumpulkan
einsargen *tr.* menaruh dl. peti mayat
Einsatz *m* (*–es;*$\ddot{-}$*e*) sisipan, selipan; *Wagnis* risiko; *Spiel* taruhan; *Anstrengung* usaha; *Hingabe* keterlibatan; *Auftrag, Mil.* penempatan; *Aktion* kegiatan, aksi; *e-s Kleides* bagian baju yg. bisa ditukar; *Mus.* mulai-masuknya; *im* ~ dl. pertempuran; *unter* ~ *s-s Lebens* dng. mempertaruhkan nyawanya; **$\stackrel{\circ}{-}$bereit** siap bertempur/siaga; **–besprechung** *f, Mil.* penerangan singkat; **$\stackrel{\circ}{-}$fähig** bersedia, siap dipakai; **–truppe** *f* satuan tugas (satgas); **–zug** *m* kereta api tambahan/cadangan
einsaugen *unr. tr.* menghisap (ke dl.)
einsäumen *tr.* mengesom, mengelim
einschalt|en *tr.* menyalakan (lampu, radio); *Kupplung* memasukkan; *einschieben* menyisipkan; *sich* ~ *in et.* campur tangan dl. sst., *Tel.* menyadap; **$\stackrel{\circ}{-}$er** *m* (*–s;–*) tombol; **$\stackrel{\circ}{-}$ung** *f* (*–;–en*) perbuatan menyalakan/menghidupkan; *e-r Person* pengikutsertaan; *Einschub* penyisipan, sisipan
einschärfen *tr.* menekankan
einscharren *tr.* menguburkan (cepat-cepat atau tdk. dalam)
einschätz|en *tr.* menaksir, menilai; **$\stackrel{\circ}{-}$ung** *f* (*–;–en*) taksiran, penilaian
einschenken *tr.* menuangkan ke dl.
einschieben *unr. tr.*, *(hin~)* mendorong(kan) ke dl.; *fig.*, ~ *zwischen* menyisipkan di antara
einschießen *unr. tr.* menembaki sampai rusak; *Blatt, Faden* menyisipkan
einschiffen *tr.* menaikkan ke kapal, mengapalkan; *sich* ~ naik kapal
einschlafen *unr. itr.* jatuh tertidur; meninggal dng. tenang; *aufhören* lama-kelamaan berhenti; *Glieder* kesemutan
einschläf(e)rig ~*es Bett* tempat tidur utk. satu orang
einschläfern *tr.* menidurkan; membiuskan; *fig.* membosankan; **–d** (bersifat) mengantukkan, narkotis
einschlagen *unr. tr. itr.* menancapkan (paku ...); *zerschlagen* memecahkan, memukul sampai pecah; ~ *auf* memukuli terus; *einwickeln* membungkus, menyelimuti; *Weg* menempuh; *Erfolg haben* mendapat sukses, berhasil; *Richtung* mengambil arah; *Geschoß* me-

ngenai; *Blitz* menyambar; *nicht* ~ gagal; *eingeschlagen!* setuju! jadilah!
Einschlag(e)papier *n* kertas bungkus
einschlägig relevan, yg. berh. dng., termasuk; ~ *vorbestraft* pernah terhukum karena hal yg. sama
einschleichen *unr.*, *sich* ~ menyelinap ke dl.
einschleppen *tr.* membawa masuk (penyakit)
einschleusen *tr.* menyusupkan
einschließ|en *unr. tr.* mengunci, mengurung(kan); *beilegen* melampirkan; *umzingeln* mengepung, mengelilingi; *fig.* memasukkan ke dl., mengikutsertakan; *sich* ~ mengunci diri; **–lich** termasuk, terhitung, inklusif; sampai dng.
einschlummern *itr.* jatuh tertidur
Einschluß *m*, *mit/unter* ~ *von* termasuk
einschmeicheln *sich* ~ mengambil muka
einschmieren *tr.* melumasi, meminyaki
einschmuggeln *tr.* menyelundupkan ke dl.
einschnappen *itr.*, *fig.* merasa tersinggung; *die Tür schnappt ein* pintu menutup dng. bunyi ceklek
einschneiden *unr. itr. tr.* memotong-motong, mengukir, menakik; **–d** drastis, tegas
einschneien *itr.* ditutupi oleh salju
Einschnitt *m* potongan; goresan, guratan, takik, toreh; *fig.* titik balik yg. menentukan
einschnüren *tr.* mengikat (dng. tali); *Hals* mencekik; *Mil.* mengepung
einschränk|en *tr.* membatasi, mengurangi; *sich* ~ menghemat; **–end** restriktif, yg. bersifat membatasi; **≗ung** *f* (–;–*en*) restriksi, pembatasan, pengurangan; *ohne* ~ tanpa syarat, tak terbatas
einschrauben *tr.* memutar/memasang sekrup pd. sst.
Einschreibe|brief *m* surat tercatat; **–gebühr** *f* uang pendaftaran
einschreiben *unr. tr.* mendaftarkan, mencatat; *sich als Mitglied* ~ menjadi anggota; *e-n Brief* ~ *lassen* mengirim surat tercatat; **≗** *n* (–*s*;–) surat/barang tercatat
einschreiten *unr. itr. fig.* turun tangan; ~ *gegen* mengambil tindakan utk. melawan; **≗** *n* (–*s*;*O*) turuntangan, turut-campur, tindakan (melawan), intervensi
Einschub *m* (–*es*;*–̈e*) sisipan
einschüchter|n *tr.* menakut-nakuti, mengancam; **≗ung** *f* (–;–*en*) intimidasi
einschulen *tr.* menyekolahkan
einschütten *tr.* menuangkan ke dl.
einsegn|en *tr.* memberkati; **≗ung** *f* (–;–*en*) pemberkatan; penerimaan penuh dl. umat Protestan
einsehen *unr. tr.* melihat ke dl.; menyelidiki; mengerti, menyadari; **≗** *n* (–*s*;*O*) ~ *haben* mempunyai pengertian, memaklumi
einseifen *tr.* menyabuni; *fig.* menjilat, menipu
einseitig berat sebelah, sepihak; unilateral
einsend|en *unr. tr.* mengirimkan; **≗er** *m* (si) pengirim; **≗ung** *f* (–;–*en*) (barang) kiriman, pengiriman
einsetz|en *tr.* memasang, menaruh; *Wort* menyisipkan; *Pflanzen* menanam; *Ausschuß, Pol.* membentuk, mengangkat; *Truppen, Kräfte* mengerahkan; *Maschinen* mempekerjakan; *Spiel* bertaruh; *e-n Flikken* ~ menambal; *in e Amt* ~ melantik; menugaskan sebagai; *sein Leben* ~ mempertaruhkan nyawanya; *Edelsteine* ~ menatah batu permata; *itr.* mulai; *das Fieber setzt ein* demam mulai; *sich* ~ *für* berusaha utk. membantu (sso.) dl. sst., merekomendasikan; memperjuangkan; **≗ung** *f* (–;*O*) penempatan, pemasangan; *Amt* pelantikan, pengangkatan; *Ausschuß* pembentukan; *s. Einsatz*
Einsicht *f* pengertian, pengetahuan; ~ *nehmen in et.* menyelidiki, memeriksa; **≗ig** yg. dapat dimengerti, yg. masuk akal; penuh pengertian; **–nahme** *f* (–;*O*) *zur* ~ utk. diketahui; *nach* ~ sesudah melihat/diketahui; **≗svoll** penuh pengertian, bijaksana
Einsiedler|(in *f*) *m* pertapa; **≗isch** spt. pertapa; suka menyendiri; **–krebs** *m* umang-umang, *eupagurus*

einsilbig bersuku-kata satu; *wortkarg* bersifat pendiam; **≗keit** *f* (–;O) sikap pendiam
einsinken *unr. itr.* terbenam; runtuh
einsitzig yg. mempunyai satu tempat duduk saja
einspannen *tr.* mempekerjakan; memasukkan dl. bingkai; memasang kuda di muka kereta; *eingespannt sein* sibuk sekali
Einspänner *m* (–s;–) dokar
einsparen *tr.* menghemat
einsperren *tr.* memenjarakan, mengunci(kan); *Vogel* memasukkan ke dl. sangkar
einspielen *sich* ~ mulai berjalan lancar; *Sp.* berlatih, memanaskan badan; main sampai regu bekerjasama dng. baik; *tr., Mus.* menyelaraskan nada; *Rundf.* mengadakan *insert; Ausgaben* kembali modal
Einsprache *f, s. Einspruch*
einspringen *unr. itr.* mengambilalih (tugas) utk. sementara; menolong, membantu; *Stoff* mengerut, menyusut
einspritzen *tr.* menginjeksikan, menyemprotkan ke dl.
Einspruch *m* bantahan, keberatan, protes, veto; ~ *erheben* naik banding, memprotes; **–srecht** *n* hak veto
einspurig mempunyai rel satu, berjalur satu
einst(ens) *Adv.* pernah dahulu; *künftig* kelak, nanti (masih lama)
Einstand *m* (–ts;⸚e) permulaan memangku jabatan; *Sp.* jus, seri; *s-n ~ geben* mentraktir rekan-rekan di tempat kerja baru
einstecken *tr.* memasukkan ke dl.; mengantongi; menyarungkan pedang; *fig.* menerima (kekalahan . .)
einstehen *unr. itr.,* ~ *für* memikul akibat; menjamin; mempertanggungjawabkan
einsteigen *unr. itr.* naik; masuk
einstell|en *tr.* menempatkan di dl.; *Arbeitskräfte* menerima; *Zahlung* ~ menghentikan pembayaran; *Feindseligkeiten* ~ mengadakan gencatan senjata; *Radio* ~ menyetel radio; *Arbeit* ~ mogok bekerja; *den Betrieb* ~ menghentikan usaha; *Gedanken* ~ *auf* memusatkan pikiran pd.; *Feuer* ~ berhenti menembak; *sich* ~ muncul, datang, tampil; *sich* ~ *auf* menyesuaikan diri dng.; menyiapkan diri utk.; *eingestellt sein gegen* menentang; **–ig** terdiri atas satu angka saja; **≗ung** *f* (–;–en) penerimaan; *Radio* penyetelan; *Beendigung* penghentian, penyetopan; *Anpassung* penyesuaian; *fig.* pendirian, sikap (thd.), mentalitas
Einstieg *m* (–s;–e) pintu/tempat masuk
einstig dahulu, pernah; bekas
einstimm|en *itr. tr.* ikut bernyanyi; menala, *bp.* menyetem; *fig.* menyetujui; **–ig** bersuara satu/tunggal; dng. suara bulat; **≗igkeit** *f* (–;O) kebulatan pendapat, mufakat
einstmals *Adv., s. einst*
einstöckig bertingkat satu
einstöpseln *tr., Elek.* memasang steker
einstoßen *unr. tr.* menancapkan ke dl.; *Scheibe* ~ menghancurkan/memecahkan kaca
einstreuen *tr.* menaburi; *fig.* menyisipkan
einstudieren (–) *tr.* mempelajari; *Thea.* melatih peran
einstuf|en *tr.* menggolongkan, mengadakan klasifikasi/tingkatan; **≗ung** *f* (–;–en) klasifikasi, penggolongan
einstürmen *itr.* menyerbu, menyerang
Ein|sturz *m* runtuhnya, ambruknya, robohnya; **≗stürzen** *itr. tr.* runtuh, roboh; meruntuhkan, merobohkan
einstweil|en *Adv.* sementara; utk. sementara itu; selama (itu); **–ig** utk. sementara waktu
Eintagsfliege *f, Zo.* lalat sehari, *ephemeroptera; fig.* sst. yg. berlaku/menarik/menonjol sebentar saja
eintauchen *tr.* mencelup(kan); *itr.* menyelam
eintauschen *tr.* menukar(kan)
einteil|en *tr.* membagi(kan); membagi(–bagi)kan; menggolongkan; **≗ung** *f* (–;–en) pembagian, penggolongan, klasifikasi; *Tech.* pembuatan skala/ukuran

eintönig yg. menjemukan/membosankan, monoton; **≗keit** *f* (–;O) sifat menjemukan/membosankan
Eintracht *f* (–;O) kerukunan, keselarasan, persesuaian, harmoni
einträchtig rukun, sehati; bersatu
Eintrag *m* (–ẹs;–̈e) catatan; ~ *tun* merugikan; **≗en** *unr. tr.* mencatat (–kan); *Gewinn* ~ menguntungkan; *sich* ~ mendaftarkan diri; *eingetragener Verein (e.V.)* perkumpulan terdaftar; *eingetragenes Warenzeichen* merek terdaftar
einträglich yg. menguntungkan
Eintragung *f* (–;–*en*) registrasi, (pen)catatan, pendaftaran
einträufeln *tr.* meneteskan ke dl.
eintreffen *unr. itr.* tiba, datang, sampai; *fig.* terjadi, terlaksana
eintreiben *unr. tr.* menghalau/menggiring ke dl.; *Nagel* melantakkan ke dl.; *Geld* menagih
eintreten *unr. itr.* masuk; memulai; terjadi; *in Verhandlungen* ~ mulai perundingan; ~ *für j-n* menganjurkan/membela sso.; *tr.* menendang sampai rusak/pecah; **–denfalls** seandainya terjadi, jika, kalau
eintrichtern *tr. ugs.* mencekok(i)
Eintritt *m* (–ẹs;–*e*) masuknya; tempat/jalan masuk; *Beginn* mulainya; datangnya; ~ *frei!* masuk cuma-cuma! ~ *verboten!* dilarang masuk! **–sgeld** *n* uang masuk; **–skarte** *f* karcis masuk
eintrocknen *itr. tr.* mengering(kan)
eintunken *tr.* mencelup(kan)
einüben *tr.* melatih
einverleib|en (–) *tr.* memasukkan, mencaplok, menganeksasi; melahap; **≗ung** *f* (–;–*en*) pencaplokan, aneksasi
Einver|nehmen *n* (–*s*;O) persesuaian (paham), persetujuan; pengertian satu sama lain; *in gutem* ~ dl. hubungan yg. baik; *im gegenseitigen* ~ dng. pengertian timbal-balik; *sich mit j-m ins* ~ *setzen* mengadakan saling pengertian dng. sso.; *heimliches* ~ persekongkolan; **≗standen** *Adj.* setuju; **–ständnis** *n, s. Einvernehmen*
Einwand *m* (–ẹs;–̈e) keberatan, pertimbangan yg. lain
Einwander|er *m* imigran; **≗n** *itr.* masuk ke dl. negeri; **–ung** *f* (–;–*en*) imigrasi
einwandfrei sempurna, tanpa cela/noda; jelas, terang; ~ *das Beste* pasti yg. paling unggul
einwärts (masuk) ke dalam
einwechseln *tr.* menukarkan
einwecken *tr.* mengawetkan (makanan) dng. memasak lama
Einwegflasche *f* botol yg. tdk. diterima kembali
einweichen *tr.* merendam
einweih|en *tr.* memberkati; meresmikan; menggunakan (sst.) utk. pertama kali; *in e Geheimnis* ~ membagi rahasia; **≗ung** *f* (–;–*en*) pemberkatan; peresmian
einweis|en *unr. tr.* menunjukkan; *in Heim, Lager* menyuruh spy. sso. dibawa dan tinggal di tempat tertentu; *Amt* melantik; *Verkehr* mengarahkan; *unterrichten* menginstruksikan; **≗ung** *f* (–;–*en*) petunjuk, instruksi; penerangan ringkas, *bp.* brifing; *Amt* pelantikan
einwend|en *unr. tr.* mengajukan keberatan; *nichts dagegen einzuwenden haben* tak ada keberatan apapun; **≗ung** *f* (–;–*en*) keberatan, protes
einwerfen *unr. tr.* merusakkan (dng. melemparkan ke dl.); memasukkan; *fig.* mengajukan pertimbangan/keberatan
einwickel|n *tr.* membungkus; *fig.* memikat; **≗papier** *n* kertas (pem–) bungkus
einwillig|en *itr.* menyetujui, mengabulkan; **≗ung** *f* (–;–*en*) persetujuan, ijin
einwirk|en *tr.*, ~ *auf* berakibat pd., *fig.* mempengaruhi; **≗ung** *f* (–;–*en*) pengaruh, akibat
Einwohner *m* (–*s*;–), **–in** *f* (–;–*nen*) penduduk, penghuni; **–meldeamt** *n* jawatan pendaftaran penduduk, dinas kependudukan; **–schaft** *f* (–;O) (para) penduduk/penghuni
Einwurf *m* celah di kotak surat; celah uang (di telepon umum, otomat); *Sp.* pelemparan ke dl.; *fig.* keberatan
Einzahl *f* (–;O) *Gr.* tunggal; **≗en** *tr.* menyetor, membayar; **–ung** *f*

(–;–*en*) penyetoran; **–ungsschein** *m* formulir penyetoran
einzäun|en *tr.* memagari; **≗ung** *f* (–;–*en*) pagar, pemagaran
einzeichnen *tr.* menggambarkan di dl. (peta . . .); *sich* ~ mendaftarkan diri sebagai langganan/penyumbang
Einzel|angaben *pl* data/fakta khusus; **–aufstellung** *f* pendaftaran satu persatu; **–ausbildung** *f* pendidikan/latihan secara perseorangan; **–fall** *m* kasus tersendiri; **–fertigung** *f* produk yg. dibuat satu-persatu/khusus; **–gänger** *m* (–*s*;–) penyendiri; **–haft** *f* penahanan tersendiri; **–handel** *m* dagang eceran; **–handelspreis** *m* harga eceran; **–händler** *m* pedagang eceran; **–heit** *f* (–;–*en*) hal-hal yg. khusus, *bp.* detail
einzeln *Adj.* (ter)sendiri; satu demi satu; *im* ~*en* secara terperinci; *der* ≗*e*/~*e* perseorangan, individu
Einzel|spiel *n* permainan tunggal; **–teil** *n* suku-cadang, onderdil; **–verkauf** *m* penjualan eceran; **–wesen** *n* perorangan, individu; **–zimmer** *n* kamar/ruang tersendiri; kamar tidur utk. satu orang
einzieh|bar dapat ditarik ke dl.; dapat ditagih; **–en** *unr. tr.* menarik ke dl./kembali; *Mil.* memanggil masuk dinas; *beschlagnahmen* menyita; *Steuer* ~ menarik pajak; *Erkundigungen* ~ mengumpulkan keterangan/informasi; *itr.* masuk; meresap; *in e-e Wohnung* ~ menempati rumah; **≗ung** *f* (–;–*en*) *Geld* penarikan, penagihan; *Jur.* penyitaan; *Erkundigungen* pengumpulan; *Mil.* panggilan utk. masuk wajib militer
einzig satu-satunya, tunggal; tdk. ada lain lagi; **–artig** tak ada bandingannya, unik, luar biasa
Einzug *m* (–*ts*;*⸗e*) perjalanan masuk, masuknya (arak-arakan); penempatan rumah/gedung; **–sfeier** *f* selamatan penempatan rumah baru; **–sgebiet** *n*, *Stadt* daerah yg. dipengaruhi oleh kota tertentu, daerah yg. memenuhi kebutuhan kota tertentu; *Fluß* daerah aliran sungai (DAS)
eirund bulat telur
Eis *n* (–*es*;*O*) es; *Creme* es krim; *et. auf* ~ *legen* mempetieskan
E·is *n* (–;–) *Mus*, e-kres, eis
Eis|bär *m* beruang es, *thalarctos maritimus;* **–bein** *n* masakan kaki babi; **–berg** *m* gunung es; **–block** *m* es batu; **–blume** *f* bunga es; **–brecher** *m* kapal pemecah es; **–decke** *f* lapisan es; **–diele** *f* istana es krim
Eisen *n* (–*s*;–) besi; *altes* ~ besi tua; *heißes* ~ hal yg. peka sekali; *in* ~ *legen* membelenggu; **≗artig** spt. besi
Eisenbahn *f* kereta api, sepur; **–abteil** *n* kompartemen kereta api; **–damm** *m* tanggul kereta api; **–er** *m* (–*s*;–) pegawai/buruh jawatan kereta api; **–fahrt** *f* perjalanan kereta api; **–knotenpunkt** *m* tempat persimpangan/pertemuan beberapa jurusan kereta api; **–linie** *f* lintasan kereta api; **–netz** *n* jaringan kereta api; **–schiene** *f* rel (kereta api); **–schwelle** *f* bantalan kereta api; **–station** *f* stasiun kereta api; **–strecke** *f* rel/trayek kereta api; **–übergang** *m* persimpangan rel kereta api (dng. jalan); **–unglück** *n* kecelakaan kereta api; **–unterführung** *f* jembatan (mobil) di atas rel kereta api; **–wagen** *m* gerbong
Eisen|bergwerk *n* tambang besi; **–beschlag** *m* patam besi; **–beton** *m* beton bertulang; **–blech** *n* lempengan/pelat besi; **–draht** *m* kawat besi; **–erz** *n* bijih besi; **–fresser** *m* pembual; **–gehalt** *m* kadar besi; **–gießerei** *f* pabrik penuangan/pengecoran besi; **–guß** *m* penuangan/pengecoran besi; **≗haltig** mengandung besi; **–hammer** *m* palu godam (utk. tempa besi); *veraltet* pabrik besi; **≗hart** sekeras besi; **–hütte** *f* pabrik peleburan besi; **–lack** *m* pernis besi; **–oxyd** *n* persenyawaan besi (Fe_20_3); **–platte** *f* pelat besi; **–rost** *m* karat besi; jeruji besi; **≗schaffend** ~*e Industrie* industri penghasil besi; **–träger** *m* balok penopang dari besi; **–vitriol** *m*, *n* p(e)rusi hijau; **–waren** *pl* barang-barang (dari) besi; **–warenhändler** *m* pedagang barang-barang besi; **–warenhandlung** *f* toko besi; **–werk** *n* pabrik besi; **–zeit** *f* zaman besi

eisern *Adj.* dari besi; berh. dng. besi; *fig.* keras; kuat; *~er Bestand* persediaan tetap; *~er Fleiß* ketekunan yg. sangat; *≗er Vorhang, Pol.* Tirai Besi; *~er Vorhang* tirai tahan api antara panggung dan penonton; *≗es Kreuz* 'Salib Besi' *sebagai tanda jasa militer (Jerman)*

eis|frei bebas es; **–gekühlt** sangat dingin; **–grau** beruban; **≗heiligen** *pl* empat orang suci yaitu S. Mamertus, S. Pankrasius, S. Servasius, S. Sofia, yg. dipestakan pd. tanggal 12-15 Mei; **≗hockey** *n, Sp.* hockey (di atas) es

eis|ig sangat dingin; **–kalt** dingin sekali; **≗keller** *m* gudang dingin; **≗krem** *f, m* es krim; **≗lauf** *m, Sp.* sekat, main melincir di atas es (dng. sepatu berpisau); **≗maschine** *f* mesin pembuat es krim; **≗meer** *n* Laut Arktik, Laut Antarktika; **≗pikkel** *m* sm. kapak/dandang utk. naik gunung (yg. dilapisi) es

Ei·sprung *m* ovulasi, peneluran

Eis|scholle *f* bongkahan es yg. terapung; **–schrank** *m* lemari es, kulkas; **–segeln** *n* pelayaran di atas es; **–verkäufer** *m* penjual es krim; **–vogel** *m* burung pekakak, *alcedo atthis;* **–wasser** *n* air es; **–würfel** *m* es batu kecil; **–zapfen** *m* untaian tetesan air yg. beku; **–zeit** *f* zaman es

eitel sombong, be(r)lagak; suka bersolek; *leer, nichtig* kosong, *Lit.* fana; *nutzlos* sia-sia; *~ Gold* emas murni; **≗keit** *f (–;–en)* kesombongan; sifat suka bersolek; *Nichtigkeit* kekosongan, kesia-siaan

Eiter *m (–s;O) Med.* nanah, *pus;* **–beule** *f* bengkak/benjol bernanah, abses; **–erreger** *m* kuman yg. menimbulkan nanah; **≗n** *itr.* bernanah; **–pfropf** *m* punat, mata/biji bisul; **–pustel** *f* bisul, gelembung kulit berisi nanah, *pustula*

eit(e)rig bernanah, mengandung/ mengeluarkan nanah

Eiweiß *n (–es;–e)* (zat) putih telur, protein; **≗haltig** mengandung zat putih telur; **–stoff** *m, s. Eiweiß*

Ekel 1. *m (–s;O)* rasa mual/muak/ jijik; keseganan; **2.** *n (–s;–)* orang yg. memuakkan; **≗erregend, ≗haft, ek(e)lig** yg. menjijikkan, memuakkan; **≗n** *sich ~ (vor)* merasa mual/ jijik (thd.)

eklatant jelas-jelas

Ekstase *f (–;–n)* ekstase; rasa terpesona, rasa sangat gembira

Ekzem *n (–s;–e)* eksem, *eczema*

Elan *m (–s;O)* semangat

elast|isch dapat mulur dan mengerut, elastis, melenting, kenyal; **≗izität** *f (–;O)* keadaan elastis, elastisitas

Elefant *m (–en;–en)* gajah, *elephantida; fig.* orang canggung; **–enlaus** *f, s. Cashewnuß;* **–enrüssel** *m* belalai; **–enzahn** *m* taring gajah, gading

elegan|t elok, anggun, apik, luwes, elegan, perlente; **≗z** *f (–;O)* keindahan, keelokan, kemewahan, kemolekan

elegisch sedih, yg. mengharukan

elektrifizier|en (–) tr. memasang/ melengkapi dng. tenaga listrik, mengelektrifikasikan; **≗ung** *f (–;O)* elektrifikasi

Elektriker *m (–s;–)* ahli/tukang listrik

elektrisch (yg. berh. dng.) listrik, elektris; *~er Strom* aliran/arus listrik, setrum; *~ betreiben* mengerjakan dng. listrik; **≗e** *f (–n;–n) ugs.* trem

elektrisieren (–) *sich ~* kena (arus) listrik, *bp.* kesetrum; *tr. fig.* membangkitkan, menyemangati

Elektrizität *f (–;O)* (tenaga) listrik; **–sgesellschaft** *f* perusahaan listrik; **–swerk** *n* pembangkit tenaga listrik; **–szähler** *m* meteran listrik

Elektro|de *f* elektroda; **–dynamik** *f* elektrodinamika; **–gerät** *n* alat/pesawat listrik; **–herd** *m* open listrik; **–ingenieur** *m* insinyur listrik; **–kocher** *m* kompor listrik; **–lyse** *f (–;–n)* elektrolisa; **–magnet** *m* elektromagnet; **≗mechanisch** elektromekanis; **–motor** *m* motor listrik

Elektron *n (–s;–en)* elektron; **–enblitz** *m, Fot.* lampu kilat; **–enmikroskop** *n* mikroskop elektron; **–enrechner** *m* kalkulator; **–enröhre** *f* tabung/pipa elektron; **–entechnik** *f*, **–ik** *f (–;O)* elektronika; **≗isch** elektronis

Elektro|physik *f* (ilmu) elektrofisika; **–rasierer** *m* alat cukur listrik; **–schweißung** *f* las listrik; **–skop** *n* (*–s;–e*) elektroskop; **–technik** *f* elektroteknik; **–techniker** *m* insinyur/ ahli elektroteknik

Element *n* (*–e̸s;–e*) elemen, unsur, anasir; *Chem.* sel aki; *Wissen* dasar, pokok; *asoziales* ~ oknum asosial

elementar dasar, pokok; berh. dng. asal; *mit ~er Kraft/Gewalt* dng. kekuatan dahsyat; **≗buch** *n* buku pengantar/pertama; **≗lehrer** *m* guru sekolah dasar; **≗schule** *f* sekolah dasar; **≗teilchen** *n* partikel; **≗unterricht** *m* pelajaran sekolah dasar

Elend *n* (*–s;O*) kemelaratan, kemiskinan, penderitaan; ≗ susah-payah, penuh sengsara/derita, melarat; *gemein* jelek, jahat; *sich ~ fühlen* merasa tdk. enak (badan); *~ aussehen* kelihatan menyedihkan/sakit; **–sviertel** *n* perkampungan orang-orang miskin/melarat

Elevator *m* (*–s;–en*) alat pengangkut padi-padian

elf sebelas; ≗ *f* (*–;–en*) *Sp.* kesebelasan

Elf *m* (*–en;–en*), **–e** *f* (*–;–n*) bidadari; peri

Elfenbein *n* (*–s;O*), **≗ern** *Adj.* (dari) gading gajah; **–turm** *m*, *fig.* isolasi yg. dipilih sendiri, pengucilan diri, menara gading

Elfmeter *m*, *Sp.* tendangan dua belas pas, tendangan penalti; **–marke** *f* titik tendangan penalti; **–stoß** *m*, *s. Elfmeter*

elfte kesebelas; **≗l** *n* (*–s;–*) sepersebelas; **–ns** kesebelas

eliminieren (–) *tr.* mengeluarkan, menyingkirkan, menyisihkan

Elite *f* (*–;–n*) elite, golongan orang-orang pilihan; **–truppen** *pl* pasukan komando/elite

Ellbogen *m* (*–s;–*) siku; **–freiheit** *f*, *fig.* kebebasan bergerak

Elle *f* (*–;–n*) (ukuran) elo; *Anat.* tulang hasta; **≗nlang** sangat panjang, tak ada habisnya

Ellipse *f* (*–;–n*) elips, penampang jorong, bujur telur

Elster *f* (*–;–n*) murai, *pica-pica; fig.*, *diebische* ~ yg. bertangan panjang

elter|lich berh. dng. orangtua/bapa-ibu

Eltern *pl* orangtua, bapa-ibu, ayah-bunda; **–beirat** *m* persatuan orangtua murid; **–haus** *n* rumah orangtua; **≗los** tanpa orangtua, yatim piatu; **–teil** *m* salah satu orangtua

Email *n* (*–s;–s*), **–le** *f* (*–;–n*) lapisan email; **≗lieren** (–) *tr.* melapisi dng. email

Emanzi|pation *f* (*–;O*) emansipasi, pembebasan, persamaan hak; **≗pieren** (–) *sich ~* memperoleh emansipasi, memperjuangkan persamaan hak

Embargo *n* (*–s;–s*) embargo, larangan ekspor

Emblem *n* (*–s;–e*) lambang, tanda

Embolie *f* (*–; . . iën*) penyakit pembuluh darah tersumbat, *embolia*

Embryo *m* (*–s;–nen/–s*) embrio, mudigah; **≗nal** embrional; *fig.* dl. persiapan, bakal

Emigr|ant *m* (*–en;–en*) emigran; **–ation** *f* (*–;–en*) emigrasi; keadaan terpaksa tinggal di luar negeri; **≗ieren** (–) *itr.* berpindah tempat, meninggalkan tanah tumpah darahnya, beremigrasi

eminen|t sangat, luar biasa; **≗z** *f* (*–;–en*) *s-e ~ der Kardinal* Bapa Kardinal Yang Mulia

emotion|al, –ell yg. menurut perasaan/emosi

Empfang *m* (*–e̸s;⸚e*) penerimaan, sambutan; resepsi; **≗en** (–) *unr. tr.* menerima, menyambut; *Kind* menjadi hamil

Empfänger *m* (*–s;–*) penerima, si alamat; *Rundf.* pesawat penerima, radio

empfänglich mudah menerima/terpengaruh/terkena; rentan (thd. penyakit); **≗keit** *f* (*–;O*) kerentanan; kepekaan; *Med.* kecenderungan

Empfängnis *f* (*–;O*) penghamilan, pembuahan; **–verhütung** *f* pencegahan kehamilan; **–verhütungsmittel** *n* alat/obat anti hamil, kontraseptiva

empfangs|berechtigt yg. berhak menerima; **≗bereich** *m* jangkauan penerimaan (radio); **≗bescheini-**

gung *f* surat tanda terima, resi; **≗chef** *m* kepala (bagian) penerima tamu; **≗dame** *f* resepsionis, penerima tamu; **≗gerät** *n* radio/pesawat penerima; **≗komitee** *n* panitia penerima tamu; **≗raum** *m*, **≗saal** *m* ruang resepsi; **≗schein** *m* surat tanda terima, resi; **≗stelle** *f* tempat penerimaan; **≗zimmer** *n* kamar/ruang tamu

empfehlen (–) *unr. tr.* menganjurkan; menasehati; *sich* ~ minta diri, permisi; menawarkan diri; *es empfiehlt sich zu* sebaiknya, selayaknya, seyogyanya; ~ *Sie mich Ihrer Gattin* sampaikan salam saya kpd. isteri anda

empfehlens|wert, –würdig dapat/pantas dianjurkan

Empfehlung *f* (*–;–en*) rekomendasi; *Rat* anjuran, saran; *meine besten ~en* (*an*) salam hangat kami (kpd.); hormat kami (kpd.); **–sschreiben** *n* surat rekomendasi/perkenalan

empfinden (–) *unr. tr.* merasa(kan)

empfindlich peka, mudah terkena/tersinggung, sensitif, sangat terasa/perasa; *Med.* alergis; **≗keit** *f* (*–;–en*) kepekaan, sikap mudah tersinggung; alergi

empfindsam sensitif, sangat perasa; sentimentil; **≗keit** *f* (*–;O*) perasaan halus/peka

Empfindung *f* (*–;–en*) (pe)rasa(an); persepsi; **≗slos** tdk. berperasaan, kebal, buta hati, tdk. ada rasa; **–slosigkeit** *f* (*–;O*) keadaan yg. tak berperasaan, mati rasa; **–svermögen** *n* kepekaan, kemampuan merasakan

empirisch menurut pengalaman, empiris

empor ke atas, naik; **–arbeiten** *sich* ~ maju dl. karir; **–blicken** *itr.* mendongak, menengadah

Empore *f* (*–;–n*) balkon (di bagian belakang gereja)

empören (–) *tr.* membangkitkan rasa marah/jengkel; melukai perasaan; *sich* ~ memberontak menjadi marah/murka; *es empört mich* itu membuat saya naik pitam/panas-hati; **–d** menimbulkan rasa mual/marah/jengkel

Empörer *m* (*–s;–*) pemberontak; **≗isch** bersikap menentang/memberontak

empor|heben *unr. tr.* mengangkat; *fig.* menonjolkan, menekankan; **–kommen** *unr. itr.* meningkat, maju, berkembang; **≗kömmling** *m* (*–s;–e*) orang yg. naik daun dng. main sikut; orang kaya baru (OKB); **–ragen** *itr.* menjulang, menonjol; **–schießen** *unr. itr.* muncul dan segera tumbuh dng. cepat; *tr.* menembakkan ke atas; **–schrauben** *sich* ~ naik melingkar-lingkar ke atas; **–schwingen** *unr. refl.* naik; **–steigen** *unr. itr.* naik, mendaki; **–streben** *itr.* berambisi mau naik, berusaha maju; **–treiben** *unr. tr. Preis* mendesak(kan) spy. naik

empör|t murka, jengkel; **≗ung** *f* (*–;–en*) keberangan, kemarahan; *Aufruhr* pemberontakan

emsig sibuk, giat, rajin; **≗keit** *f* (*–;O*) kesibukan, kerajinan

End|abnehmer *m* pembeli; **–abrechnung** *f* perhitungan final; **–bahnhof** *m* stasiun/perhentian terakhir; **–betrag** *m* jumlah seluruhnya, total jenderal

Ende *n* (*–s;–n*) akhir, ujung, tamat; *es geht mit ihm zu* ~ ia mendekati ajal; *letzten ~s* akhirnya; *zu* ~ (*sein*) selesai, habislah, tak ada lagi; *zu ~ gehen* hampir selesai/berakhir; **≗n** *itr.* berakhir; ~ *auf* berakhir dng.

End·effekt *m*, *im* ~ pd. akhirnya

End·ergebnis *n* hasil final/akhir

Endes·unterzeichnete *m, f* yg. bertandatangan di bawah ini

endgültig final, yg. menentukan, pasti

Endkampf *m* pertempuran/pertandingan final/akhir

endlich akhirnya; terbatas; **≗keit** *f* (*–;O*) keterbatasan

end|los tiada akhirnya/batasnya; **≗montage** *f* perakitan final; **≗phase** *f* tingkatan/fase terakhir; **≗preis** *m* harga eceran/penjualan; **≗punkt** *m* titik akhir; **≗reim** *m* sajak/radif akhir; **≗runde** *f* pertandingan final; **≗silbe** *f* suku kata terakhir; **≗spurt** *m* lari sekuat tenaga saat menjelang finis; **≗station** *f* terminal, perhentian penghabisan; ≗stufe *f* tingkat (ter)akhir; ≗summe *f*, *s. Endbetrag*

Endung *f* (*–;–en*) akhiran

End|verbraucher *m* pemakai, konsumen; **≗zeitlich** yg. menyangkut akhirat; **–ziel** *n* tujuan (ter)akhir; **–zweck** *m* maksud terakhir

Energie *f* (*–; . . . iën*) energi, daya, tenaga, kekuatan; *Schwung* semangat; **–bedarf** *m* kebutuhan/keperluan akan energi; **–einheit** *f* satuan daya; **–krise** *f* krisis energi; **≗los** lesu, tak berdaya; **–quelle** *f* sumber energi; **–verschwendung** *f* pemborosan energi; **–wirtschaft** *f* ekonomi/industri energi

energisch tegas; dinamis, penuh daya

eng sempit; *gedrängt* sesak, rapat, padat; *Kleidung* ketat; ~ *befreundet* berteman akrab/intim; *im* ~*eren Sinne* dl. arti sempit; *der* ~*ere Ausschuß* panitia inti

Engag|ement *n* (*–s;–s*) kewajiban; keterlibatan; kontrak kerja (seorang seniman); **≗ieren** (–) *sich* ~ melibatkan diri; *tr.*, *Thea.* mengadakan kontrak kerja (utk. jangka waktu tertentu)

Enge *f* (*–;–n*) kesempitan, kesesakan; *j-n in die* ~ *treiben* memojokkan sso.

Engel *m* (*–s;–*) malaikat; **≗gleich, ≗haft, ≗rein** suci/murni/manis spt. malaikat; **–sgeduld** *f* kesabaran yg. luar biasa; **–szunge** *f*, *mit* ~ *reden* berbicara semanis-manisnya

Engerling *m* (*–s;–e*) lundi, larva

engherzig berpandangan sempit/picik

Engländer *m* (*–s;–*) orang Inggris; *Tech.* kunci Inggris

englisch Inggris; ~*e Kirche* Gereja Anglikan; ~*e Krankheit* penyakit Inggris, *rachitis*; *≗er Gruß* (doa) Salam Maria

Engpaß *m* jalan sempit; jalan di sela gunung yg. sempit; *fig.* kemacetan

en gros besar-besaran

Engroshandel *m* perdagangan grosir/besar-besaran

Enkel *m* (*–s;–*), **–in** *f* (*–;–nen*) cucu

enorm amat/sangat besar, hebat, banyak sekali; mempesonakan

ent·art|en (–) *itr.* merosot, mundur; **≗ung** *f* (*–;–en*) kemerosotan, degenerasi

ent·äußern (–) *sich* ~ menanggalkan, melepaskan

entbehr|en (–) *tr.* berkekurangan; kehilangan; menderita; *nicht* ~ *können* sangat memerlukan; **–lich** tdk. (begitu) diperlukan; **≗ung** *f* (*–;–en*) kekurangan, penderitaan

entbieten (–) *unr. tr.*, *e-n Gruß* ~ memberi salam; *zu sich* ~ minta spy. menghadap

entbinden (–) *unr. tr.* melepaskan; membebaskan; *entbunden werden* melahirkan

Entbindung *f* (*–;–en*) pemberhentian/pembebasan (dari tugas); *Geburt* kelahiran, persalinan; **–s·anstalt** *f*, **–sheim** *n* rumahsakit/klinik bersalin

entblöden (–) *sich nicht* ~ tdk. segan-segan, berani

entblöß|en (–) *tr.* membuka, menanggalkan; **–t** terbuka, telanjang

entbrennen (–) *unr. itr.* berkobar-kobar, menyala; *in Liebe* ~ kasmaran

entdecken (–) *tr.* menemukan

Entdeck|er *m* (*–s;–*) penemu; **–ung** *f* (*–;–en*) penemuan

Ente *f* (*–;–n*) itik, bebek, *anatina*; *fig.* berita palsu

ent·ehren (–) *tr.* mencemarkan, menodai

ent·eign|en (–) *tr.* menyita, membeslah, merampas, mengambilalih (utk. dijadikan milik negara); **≗ung** *f* (*–;–en*) pencabutan hak milik, penyitaan; nasionalisasi

ent·eisen (–) *tr.* membebaskan dari es

ent·erben (–) *tr.* menolak sebagai ahli waris

entern *tr.* merompak

entfachen (–) *tr.* meniup, menyalakan; *fig.* mengobarkan

entfahren (–) *unr. itr.* terlontar dari mulut, *bp.* keceplosan

entfallen (–) *unr. itr.* jatuh (dari tangan); *et. ist mir* ~ saya lupa sst.; *das entfällt* hal ini tdk. berlaku lagi, batal; *auf jeden entfällt e Drittel* setiap orang mendapat sepertiga

entfalt|en (–) *tr.* membuka; *fig.* menguraikan, mengembangkan; *itr.* berkembang; **°ung** *f* (–;O) perkembangan

entfern|en (–) *tr.* menghilangkan, menyingkirkan; *sich ~ (von)* menjauhkan diri (dari); menjauhi, pergi; **–t** jauh, terpencil; *weit davon ~ sein zu (bereuen)* enggan sekali utk. (bertobat); *nicht im ~esten daran denken* sama sekali tdk. memikirkan itu; **°ung** *f* (–;–*en*) jarak, jauhnya; *Beseitigung* penghapusan, penyingkiran

entfesseln (–) *tr.* melepaskan/membuka belenggu; *fig.* melepaskan, menimbulkan

entfett|en (–) *tr.* membuang/mengurangi lemak; **°ungskur** *f* pengobatan/usaha spy. menjadi langsing

entflammen (–) *tr. itr.* menyalakan; berapi-api; mulai berkobar

entflechten (–) *unr. tr.* meniadakan/menguraikan kekusutan; *Handel* membubarkan gabungan/kartel

entfliehen (–) *unr. itr.* melarikan diri; *fig.* berlalu dng. cepat

entfremd|en (–) *tr.* menjauhkan/merenggangkan hubungan; *sich ~* menjadi asing (bagi); *Phil.* menderita karena tdk. mencapai realisasi-diri; *s-m Zweck ~* menggunakan utk. maksud tdk. semestinya; **°ung** *f* (–;O) perbuatan/keadaan mengasingkan; keterasingan

entführ|en (–) *tr.* menculik; membawa lari, melarikan; *Flugzeug* membajak; **°er** *m* (–*s*;–) penculik; pembajak; **°ung** *f* (–;–*en*) penculikan, pembajakan

entgegen *Prp.* bertentangan/berlawanan/berhadapan dng.; **–arbeiten** (–) *tr.* menghalangi usaha (sso.); **–bringen** *unr. tr., j-m Sympathie ~* menaruh simpati pd. sso.; **–eilen** *itr.* bergegas menyongsong/menyambut; **–gehen** *unr. itr.* menghadapi; menyambut; *e-r Gefahr ~* menghadapi bahaya; *dem Ende ~* menjelang akhir, tdk. lama lagi berakhir; **–gesetzt** berlawanan, bertentangan satu sama lain; **–halten** *unr. tr.* menghadapkan sst. kpd. sso.; mengajukan keberatan; **–handeln** *itr.* (bertindak) melawan

entgegen|kommen *unr. itr.* menyongsong; menyesuaikan diri dng.; *j-m ~* memenuhi keinginan sso.; **°kommen** *n* (–*s*;O) uluran tangan; **–kommend** suka menolong; ramah; **–laufen** *unr. itr.*, *s. entgegeneilen*; **°nahme** *f* (–;O) penerimaan; **–nehmen** *unr. tr.* menerima; **–sehen** *unr. itr.* menanti (–kan); mengharap-harapkan; menghadapi; **–setzen** *tr.* melawan, menentang; *e Argument ~* mengajukan argumen yg. membantah; **–stehen** *unr. itr.* bertentangan/berlawanan (dng.); **–stellen** *tr.* mengadakan perlawanan, menentang; **–strecken** *tr.* mengulurkan; **–treten** *unr. itr.* menghadapi; *j-m feindlich ~* melawan/menentang sso.; **–wirken** *itr.* menentang; merintangi

entgegn|en (–) *itr.* menjawab; menangkis; **°ung** *f* (–;–*en*) jawaban; bantahan

entgehen (–) *unr. itr.* terluput/terhindar/terlepas/lolos dari; *ihm entgeht nichts* tdk. ada yg. luput dari perhatiannya; *sich nichts ~ lassen* memanfaatkan semuanya

entgeistert terkejut, termangu-mangu

Entgelt *n* (–*s*;O) honor, pembayaran; imbalan; ganti rugi; *ohne ~* cuma-cuma, gratis; **°en** (–) *unr. tr.* membalas budi; mengganti kerugian, memperbaiki kesalahan; *j-n et. ~ lassen, fig.* membuat sso. menebus kesalahannya, membalas kesalahan sso.

entgleisen (–) *itr.* melesat/lepas dari rel, anjlok; *fig.* membuat kesalahan, sesat langkah

entgleiten (–) *unr. itr.* luput dari

enthaaren (–) *tr.* mencabut/menghilangkan rambut/bulu

enthalt|en (–) *unr. tr.* berisi(kan), mengandung; meliputi, mencakup; *sich ~* berpantang; *sich der Stimme ~* tdk. memberikan suara; **–sam** yg. berpantang; sederhana, sedang, ugahari; **°samkeit** *f* (–;O) pantang; kesederhanaan, ugahari; **°ung** *f* (–;–*en*) *Stimme* suara blangko; *Speise* pantang

enthärten (–) *tr.* melembutkan, melunakkan; *Wasser* mengurangi kadar kapurit
enthaupten (–) *tr.* memenggal kepala
enthäuten (–) *tr.* menguliti
entheb|en (–) *unr. tr.* melepaskan, membebaskan; memecat; **≗ung** *f* (–;–*en*) pemberhentian, pemecatan, perbuatan membebas(tugas)kan
entheilig|en (–) *tr.* mencemarkan, menajiskan, menodai; **≗ung** *f* (–;*O*) pelanggaran kesucian; profanasi
enthemmen (–) *tr.* membebaskan dari hambatan psikologis (utk. berbuat jahat)
enthüll|en (–) *tr.* membuka; menyingkap, membongkar (kejahatan); **≗ung** *f* (–;–*en*) peresmian, pembukaan; *fig.* penyingkapan
Enthusias|mus *m* (–;*O*) semangat, gairah, kegembiraan, antusiasme; **–t** *m* (–*en*;–*en*) penggemar; **≗tisch** penuh semangat, bergairah, antusias
entkeimen (–) *tr.*, *Med.* membuat steril; mencabut tunas/kecambah (*mis.* dari kentang)
entkernen (–) *tr.* mengeluarkan biji (buah)
entkleiden (–) *tr.* menelanjangi; *fig.* merenggut; *sich* ~ menanggalkan/membuka pakaian
entkommen (–) *unr. tr.* melepaskan/meloloskan diri; terhindar dari; **≗** *n* (–*s*;*O*) lolosnya, luputnya; (pe)lari(an) dari
entkorken (–) *tr.* mencabut sumbat/gabus, membuka botol
entkräft|en (–) *tr.* melemahkan; membuat tdk. berlaku (lagi); *fig.* membuktikan kesalahan; **–et** lemas, tak berdaya, lesu; **≗ung** *f* (–;*O*) proses menjadi lemah, kelemahan; *fig.* pembuktian kesalahan, sangkalan, penyangkalan
entkuppeln (–) *tr.* melepaskan kop(e)ling; memisahkan gerbong kereta api
entlad|en (–) *unr. tr.* membongkar muatan; *sich* ~ meletus; *fig.* meledak; *Batterie* menjadi kosong/habis; **≗erampe** *f* peron tempat membongkar muatan; **≗ung** *f* (–;–*en*) pembongkaran; letusan, ledakan, eksplosi
entlang sepanjang
entlarven (–) *tr.* membuka kedok
entlass|en (–) *unr. tr.* memberhentikan, membebastugaskan, memecat; mengeluarkan; **≗ung** *f* (–;–*en*) *Beamter* pemberhentian; *Patient* ijin boleh pulang; *Häftling* pembebasan; *unehrenhafte* ~ pemecatan; **≗ungsgeld** *n* (uang) pesangon; **≗ungsgesuch** *n* permohonan berhenti; **≗ungsschreiben** *n* surat pemberhentian; **≗ungszeugnis** *n* ijazah (yg. diberikan pd. waktu tamat sekolah)
entlasten (–) *tr.* meringankan, melepaskan/membebaskan dari
Entlastung *f* (–;*O*) peringanan, pertolongan; kelegaan; *et. zur* ~ *anführen* mengajukan sst. sebagai hal yg. meringankan; **–s·angriff** *m* serangan utk. menolong pasukan yg. terdesak; **–smaterial** *n* bahan/bukti yg. meringankan terdakwa; **–sstraße** *f* jalan tambahan; **–szeuge** *m* saksi yg. meringankan terdakwa; **–szug** *m* kereta api tambahan
entlaufen (–) *unr. itr.* lari, lepas
entlausen (–) *tr.* menghilangkan kutu-kutu, menyelisik, mengutui
entledig|en (–) *sich* ~ membebaskan/melepaskan diri (dari); *sich e-r Pflicht* ~ menunaikan/menyelesaikan tugas; *sich s-s Mantels* ~ menanggalkan mantelnya; **≗ung** *f* (–;–*en*) penunaian
entleeren (–) *tr.* mengosongkan
entlegen *Adj.* terpencil
entlehnen (–) *tr.*, **entleihen** (–) *unr. tr.* meminjam
entloben (–) *sich* ~ membatalkan pertunangan
entlohn|en (–) *tr.* membayar upah; **≗ung** *f* (–;*O*) pembayaran upah, upah, ganjaran
entlüft|en (–) *tr.* mengganti udara; **≗ung** *f* (–;*O*) ventilasi, pertukaran udara
entmann|en (–) *tr.* mengebiri(kan); **≗ung** *f* (–;*O*) pengebirian
entmenscht biadab, buas
entmündigen (–) *tr.* menaruh di bawah pengawasan hukum/wali

entmutigen (–) *tr.* mengecilkan hati, menghilangkan keberanian, mencabarkan hati
entmythologisieren (–) *tr.* membebaskan dari (bahasa) mitos/dongeng
Entnahme *f* (–;–*n*) pengambilan
entnehmen (–) *unr. tr.* mengambil; mengutip (dari buku); *folgern* menyimpulkan dari
entpuppen (–) *sich* ~ keluar dari kepompong; *fig.* terbuka kedoknya, menjadi nyata; *sich* ~ *als* muncul/menjelma sebagai, membuka kedoknya
entrahmen (–) *tr.* mengambil kepala susu
enträtseln (–) *tr.* membuka teka-teki/rahasia
entrechten (–) *tr., j-n* ~ mencabut hak sso.
entreißen (–) *unr. tr.* merenggut, merampas, merebut (dari)
entrichten (–) *tr.* membayar (pajak); menyampaikan (terimakasih)
entrinnen (–) *unr. itr.* luput/terlepas/terhindar dari
entrücken *tr., fig.* membawa, menghanyutkan, mempesonakan
entrümpeln (–) *tr.* mengosongkan dari barang rongsokan
entrüst|en (–) *tr.* membuat marah; *sich* ~ (*über*) menjadi jengkel/marah/berang (karena); **²ung** *f* (–;*O*) kejengkelan, kemarahan
entsag|en (–) *itr.* merelakan dng. pengorbanan, menyangkal; *dem Thron* ~ melepaskan hak atas tahta; **²ung** *f* (–;*O*) *Thron* turun tahta; *e Leben der* ~ hidup berkorban dng. suka rela
Entsatz *m* (–*es*;*O*) *Mil.* pertolongan; pasukan penolong
entschädig|en (–) *tr.* mengganti rugi; **²ung** *f* (–;–*en*) gantirugi, kompensasi; *Krieg* pampasan perang
entschärfen (–) *tr.* menjinakkan bom/granat; *fig.* meredakan
Entscheid *m* (–*s*;–*e*) keputusan, dekret; **²en** (–) *unr. tr. refl.* memutuskan, mengambil keputusan; **²end** yg. menentukan, final
Entscheidung *f* (–;–*en*) keputusan; *e-e* ~ *treffen* mengambil keputusan; **–skampf** *m*, **–sspiel** *n* pertandingan yg. menentukan; **²svoll** yg. menentukan/penting
entschieden *Adj.* tegas, pasti, bulat hati, tanpa ragu-ragu; ~*er Gegner* lawan/musuh yg. tangguh; **²heit** *f* (–;*O*) kebulatan tekad, ketetapan hati; *mit* ~ dng. tegas/pasti
entschlafen (–) *unr. itr.* meninggal; **²e** *m, f* (–*n*;–*n*) orang yg. meninggal/mati
entschleiern (–) *tr.* membuka (tabir/cadar)
entschließ|en (–) *unr., sich* ~ bertekad, memutuskan; **²ung** *f* (–;–*en*) resolusi, (ke)putusan
entschlossen *Adj.* bertekad-bulat, pasti, tegas; *kurz* ~ tanpa ragu-ragu, sekonyong-konyong; yg. cepat memutuskan; **²heit** *f* (–;*O*) ketetapan hati, kebulatan tekad
entschlüpfen (–) *itr.* lolos; *Wort, s. entfahren*
Entschluß *m* (ke)putusan, resolusi, tekad; *zu dem* ~ *kommen* (*zu* + *Infinitiv od. daß*) menarik kesimpulan bahwa, mengambil keputusan utk.; *aus eigenem* ~ atas kemauan sendiri
entschlüsseln (–) *tr.* membuka/membaca sandi
Entschluß|kraft *f* kesanggupan mengambil keputusan (dng. cepat); **²los** bingung
entschuldbar dapat diampuni/dimaafkan
entschuldig|en (–) *tr.* memaafkan; *sich* ~ minta maaf; *sich* ~ *lassen* minta maaf bahwa tdk. bisa datang/hadir; ~ *Sie!* maaf! permisi! **²ung** *f* (–;–*en*) (permintaan) maaf; *ich bitte um* ~ saya minta maaf; **²ungsgrund** *m* alasan utk. dimaafkan/diampuni
entschwinden (–) *unr. itr.* menghilang, lenyap
entseelt tak bernyawa lagi, mati
entsenden (–) *unr. tr.* mengutus
entsetz|en (–) *tr.* memecat (dari jabatan); *Mil.* mengirim bala bantuan, melepaskan dari pengepungan; *sich* ~ menjadi atau merasa terkejut/ngeri/takut; **²en** *n* (–*s*;*O*) rasa terkejut/ngeri/takut; **–lich** yg. mengerikan; **²lichkeit** *f* (–;*O*) kengerian, kekejian; **–t** terperanjat, ter-

kejut, kaget; **≗ung** *f* (–;–*en*) pemecatan; *Mil.* pertolongan
entseuchen (–) *tr.* membasmi atau memberantas wabah/hama/kuman
entsichern (–) *tr.* mengokang (senjata)
entsinnen (–) *unr.*, *sich* ~ (meng–) ingat
entsittlich|en (–) *tr.* merusakkan moral/susila; **≗ung** *f* (–;*O*) demoralisasi, kemerosotan susila/akhlak
entspann|en (–) *tr. refl.* melepaskan ketegangan, mengendorkan/ menenangkan (syaraf/otot); **–t** santai, *bp.* rileks; **≗ung** *f* (–;*O*) keadaan tenang; hiburan, rekreasi; *Pol.* detente
entspinnen (–) *unr.*, *sich* ~ mulai berkembang
entsprech|en (–) *unr. itr.* sesuai/ cocok dng.; memenuhi (syarat, permintaan); **–end** sesuai dng.; seimbang, sepadan; *die ~e Behörde* instansi yg. berwenang; **≗ung** *f* (–;–*en*) keadaan sebanding, hal yg. cocok/sejajar; analogi
entspringen (–) *unr. itr.* lari/lolos dari; *Fluß* berhulu(kan), bersumber
entstammen (–) *itr.* berasal dari
entsteh|en (–) *unr. itr.* terjadi (dari), menjadi; *geschehen* timbul, muncul; *verursacht werden* diakibatkan (oleh); *e Haus entsteht* sebuah rumah dibangun; *Kosten* ~ biaya disebabkan; **≗ung** *f* (–;*O*) terjadinya, asal-usul, asal-muasal; pembentukan; **≗ungsgeschichte** *f* sejarah terjadinya
entstell|en (–) *tr.* merusak(kan), memalsukan; *fig.* memutar-balikkan fakta; **–t** cacat, rusak, palsu
entstören (–) *tr.*, *Rundf.* menghilangkan gangguan
entströmen (–) *itr.* memancar/mengalir dari
enttäusch|en (–) *tr.* mengecewakan; **≗ung** *f* (–;–*en*) kekecewaan
entvölkern (–) *tr.* mengurangi/ mengosongkan dari penduduk
entwachsen (–) *unr. itr.* menjadi terlalu besar utk.
entwaffnen (–) *tr.* melucuti (per)senjata(an); **–d** yg. membuat tak berdaya
entwalden (–) *tr.* menggunduli (daerah dari hutan), menebang hutan
entwarnen (–) *tr.* menyerukan bahaya sudah lewat, memberitahukan tanda aman
entwässer|n (–) *tr.* mengeringkan; menyalurkan air ke luar; **≗ung** *f* (–;*O*) pengeringan, penyaluran air; **≗ungsanlage** *f* sistem riol, sistem penyaluran/pengeringan tanah; **≗ungsgraben** *m* parit (utk. mengalirkan air ke luar)
entweder ~ . . . *oder* atau . . . atau pun
entweichen (–) *unr. itr.* keluar dari; melarikan diri
entweihen (–) *tr.* menajiskan, menodai kesucian
entwenden (–) *tr.* mencuri
entwerfen (–) *unr. tr.* merancang, membuat konsep
entwert|en (–) *tr.* mengurangi nilai/ harga, membuat tdk. berlaku lagi; *Briefmarke* ~ mencap perangko; *Geld* ~ mendevaluasikan uang; **≗ung** *f* (–;–*en*) pengurangan nilai; devaluasi
entwick|eln (–) *tr.* mengembangkan, memperkembangkan; *darlegen* menguraikan; *sich* ~ berkembang menjadi; *Film* ~ mencuci film; *neue Medizin* ~ merancang obat baru; **≗ler** *m* (–*s*;–) *Fot.* obat pencuci film
Entwicklung *f* (–;–*en*) perkembangan, pembangunan; *Bio.* evolusi; **–s·alter** *n*, *s. Entwicklungszeit;* **≗sfähig** mampu berkembang, dapat dikembangkan; **–shilfe** *f* bantuan/dana utk. negara yg. sedang berkembang; *Pol.* kerjasama tehnik; **–sland** *n* negara (yg. sedang) berkembang; **–slehre** *f* teori evolusi; **–szeit** *f* masa remaja, pancaroba, pubertas; *Med.* masa inkubasi
entwinden (–) *unr. tr.* merebut (sst. dari sso.)
entwirren (–) *tr.* menguraikan; *fig.* mengatur, membereskan
entwischen (–) *itr.* meloloskan diri
entwöhnen (–) *tr.* menyapih (anak); *fig.* melepaskan kebiasaan
entwürdig|en (–) *tr.* menghina, merendahkan; **≗ung** *f* (–;–*en*) penghinaan

Entwurf *m* (–*ḛs*;*¨–e*) rancangan, rencana, sketsa, bagan, model, konsep; **–sstadium** *n* tingkat(an) perancangan

entwurzeln (–) *tr.* mencabut dng. akarnya; *e entwurzelter Mensch* orang tak berakar (dl. bangsanya, agamanya . . .)

entzerren (–) *tr.* menghilangkan distorsi, meluruskan

entzieh|en (–) *unr. tr.* menarik (kembali), mencabut, mengambil; *sich e-r Pflicht* ~ mengabaikan tugas; *das entzieht sich meiner Kenntnis* hal itu di luar pengetahuan saya; **≗ung** *f* (–;*O*) pencabutan, penarikan (kembali); **≗ungskur** *f* pengobatan/perawatan utk. mengatasi ketagihan

entziffern (–) *tr.* membaca/mengartikan sandi; membaca tulisan yg. sulit dimengerti

entzück|en (–) *tr.* mengagumkan, menyenangkan, mempesonakan, menggembirakan; **≗en** *n* (–*s*;*O*) kegembiraan; kekaguman, kesenangan; **–end** yg. menarik/mengagumkan/mempesona; manis, menyenangkan; **≗ung** *f* (–;–*en*) *s. Entzücken*

entzünd|bar dapat/mudah dinyalakan; **–en** (–) *tr.* menyalakan, menyuluh, menyulut; *sich* ~, *Med.* meradang, bernanah; **–lich** *Med.* meradang; *leicht* ~ mudah menyala; **≗ung** *f* (–;–*en*) *Med.* radang, peradangan, infeksi

entzwei pecah menjadi dua, terbelah, hancur; **–brechen** *unr. tr.* memecahkan; *itr.* pecah; **–en** (–) *tr.* memisahkan (sahabat); *sich* ~ bertengkar; **–gehen** *unr. itr.* pecah, hancur; **≗ung** *f* (–;–*en*) perpecahan; pertengkaran

Enzyklika *f* (–; . . . *ken*) surat edaran (kepausan), ensiklik

Enzyklopädie *f* (–; . . . *iën*) ensiklopedi

Epidemie *f* (–; . . . *iën*) epidemi, wabah, penyakit menular

Epik *f* (–;*O*) epik, sajak panjang yg. bersifat cerita

Epilepsie *f* (– . . . *iën*) epilepsi, penyakit ayan/sawan

Epilog *m* (–*ḛs*;–*e*) (kata) penutup, epilog

Episode *f* (–; –*n*) episode, bagian cerita; peristiwa, kejadian

Epistel *f* (–;–*n*) *Rel.* (bacaan dari) Surat-Surat para Rasul; *ugs.* surat

Epoche *f* (–;–*n*) zaman, masa; jangka waktu terbatas; **≗machend** yg. merintis zaman baru

Epos *n* (–;*Epen*) wiracarita, epos

Equipe *f* (–;–*n*) regu

er ia, dia; (*vornehm*) beliau; ~ *selbst* ia sendiri

erachten (–) *tr.* menganggap, berpendapat (bahwa), memandang; **≗** *n* (–*s*;*O*) pendapat, pandangan, anggapan; *meines* ~*s* menurut pandangan saya

erarbeiten (–) *tr.* memperoleh (sst.) dng. bekerja

Erb|anlage *f*, *Bio.* pendukung pembawaan; **–anspruch** *m* tuntutan/hak atas warisan

erbarmen (–) *sich* ~ merasa berbelaskasih(an), mengasihani; **≗** *n* (–*s*;*O*) belas kasih, kasihan, kerahiman; **–swert, –swürdig** patut/pantas dikasihani

erbärmlich patut dikasihani; *jämmerlich* menyedihkan; *gemein* busuk; **≗keit** *f* (–;*O*) keadaan menyedihkan; keburukan

Erbarmung *f* (–;*O*) belaskasihan, kerahiman, keibaan hati; **≗slos** tanpa kasihan, kejam; *fig.*, ~ *e Kälte* sangat dingin; **≗svoll** penuh belas kasihan

erbau|en (–) *tr.* membangun, mendirikan; *fig.* memberi dukungan moril, menghiburkan hati; *erbaut sein von* didirikan oleh, *fig.* senang/puas/setuju akan; **≗er** *m* (–*s*;–) pendiri, pembangun; **–lich** yg. memberi dukungan moril, yg. menghiburkan hati; **≗ung** *f* (–;*O*) pendirian, pembangunan; *fig.* dukungan moril, dorongan rohani

Erbe **1.** *m* (–*n*;–*n*) ahli waris; **2.** *n* (–*s*;*O*) warisan pusaka, (harta) peninggalan

er·beben (–) *itr.* gemetar; goyang

erben *tr.* mewarisi, mendapat warisan

erbetteln (–) *tr.* meminta-minta

erbeuten (–) *tr.* merampas, merebut
Erb|fehler *m* cacat (ke)turunan; **–feind** *m* musuh bebuyutan; **–folge** *f* cara pewarisan, cara penggantian tahta; **–gut** *n* **1.** *s. Erbe 2;* **2.** *Bio.* genotip
erbieten (–) *unr., sich* ~ menawarkan/menyediakan diri utk. (membantu)
erbitten (–) *unr. tr.* meminta, memohon
erbitter|n (–) *tr.* membuat sso. menjadi pedih/pahit, memakan hati; **–t** merasa pahit/pedih; *~er Gegner* seteru/musuh besar; **≗ung** *f* (–;O) rasa pahit/getir
erblassen (–) *itr.* menjadi pucat/luntur
Erb·lasser *m* (–s;–) pewaris
erbleichen (–) *itr., s. erblassen*
erblich *Adj.* turun-temurun; *~ belastet* cacat (ke)turunan; **≗keit** *f* (–;O) perihal turun-temurun, keturunan, kebakaan
erblicken (–) *tr.* (tiba-tiba) melihat; *hierin s-e Aufgabe ~* hal ini dipandang sebagai tugasnya; *das Licht der Welt ~* (di)lahir(kan)
erblinden (–) *itr.* menjadi buta
erb·los tanpa ahli waris
erbosen (–) *itr., sich ~* menjadi marah, naik pitam; *erbost sein über* menjadi marah karena
erbrechen (–) *unr. tr.* membongkar, membuka dng. kekerasan; *sich ~* muntah
Erb·recht *n* hak atas warisan, hukum warisan
Erbschaft *f* (–;–*en*) warisan, (harta) peninggalan; *e-e ~ machen* mendapat warisan; **–s·steuer** *f* pajak warisan
Erbschleicher *m* pengejar warisan
Erbse *f* (–;–*n*) kacang kapri/polong, ercis, *pisum;* **–nsuppe** *f* sop kacang polong
Erb|stück *n* barang pusaka, harta peninggalan; **–sünde** *f* dosa asal; **–teil** *n, m* warisan
Erd|achse *f* poros/sumbu bumi; **–anschluß** *m, Elek.* hubungan ke tanah, *bp.* arde; **–arbeiter** *m* penggali tanah; **–bahn** *f* orbit bumi; **–ball** *m* bola bumi; **–beben** *n* gempa bumi; **–beere** *f* buah arbei, *fragaria;* **–beschreibung** *f* ilmu bumi, geografi; **–bewegungen** *pl* penggalian, pemindahan tanah; **–bewohner** *m* penduduk bumi (ini); **–boden** *m* tanah, bumi; *dem ~ gleichmachen* meratakan dng. tanah, membumianguskan
Erde *f* (–;O) bumi, dunia; *Erdboden* tanah; *Elek.* hubungan ke tanah, arde; *zur ~ fallen* jatuh ke tanah; *zu ebener ~ wohnen* tinggal di lantai pertama; **≗n** *tr., Elek.* menghubungkan ke tanah
erdenk|en (–) *unr. tr.* mengkhayalkan, membayangkan; **–lich** yg. dapat dipikirkan; *sich alle ~e Mühe geben* berusaha sekuat-kuatnya
Erd|ferne *f* apogeum; **–gas** *n* gas bumi; **–geist** *m* jembalang, hantu tanah, setan polong; **–geschichte** *f* geologi, ilmu tanah; sejarah bumi; **–geschoß** *n* lantai pertama; **–gürtel** *m* kawasan; **–halbkugel** *f* belahan bumi; **≗haltig** mengandung tanah
erdicht|en (–) *tr.* mengarang, mereka-reka; **–et** yg. bersifat khayalan; yg. dibuat-buat; **≗ung** *f* (–;–*en*) karangan, fiksi, rekaan; khayalan, isapan jempol
erdig spt./dari tanah
Erd|kabel *n* kabel dl. tanah; **–karte** *f* peta bumi, *bp.* kar; **–kreis** *m, der ganze ~* seluruh muka bumi; **–kruste** *f* kerak bumi; **–kugel** *f* bola dunia, globe; **–kunde** *f* ilmu bumi, geografi; **–leitung** *f, Elek.* hubungan ke tanah, arde; pipa/saluran (gas) di bawah tanah; **–nähe** *f* perigeum; **–nuß** *f* kacang tanah, *arachis hypogaea;* **–oberfläche** *f* permukaan bumi; **–öl** *n* minyak bumi
erdolchen (–) *tr.* menikam/menusuk dng. keris (sampai mati), mengeris
erdreisten (–) *sich ~* bertingkah-laku kurangajar; memberanikan diri
erdröhnen (–) *itr.* berdentum, menderum
erdrosseln (–) *tr.* mencekik
erdrücken (–) *tr.* meremukkan; *fig.* sangat menekan; *~des Beweismaterial* bukti yg. sangat meyakinkan; *~de Mehrheit* mayoritas (besar); *zum ≗ voll* penuh sesak

Erd|rutsch *m* tanah longsor; **–satellit** *m* satelit bumi; **–schicht** *f* lapisan bumi/tanah; **–scholle** *f* bongkah tanah; **–stoß** *m* getaran bumi; **–teil** *m* benua

erdulden (–) *tr.* menderita, menahan dng. sabar

Erd|umdrehung *f* rotasi bumi; **–umfang** *m* keliling bumi; **–umkreisung** *f* pengitaran bumi (oleh satelit)

Erdung *f* (*–;–en*) *Elek.* hubungan ke tanah, arde

ereifern (–) *sich* ~ bersemangat, berapi-api

ereignen (–) *sich* ~ terjadi

Ereignis *n* (*–ses;–se*) kejadian, peristiwa; sensasi; *freudiges* ~ kelahiran seorang anak; **≗reich** (hari) yg. penuh peristiwa penting

ereilen (–) *tr.* menyusul dan sampai; datang dng. tiba-tiba

Eremit *m* (*–en;–en*) pertapa

erfahr|en 1. (–) *unr. tr.* mengalami; mendengar, mengetahui, mendapat kabar; *Kritik* ~ mendapat kritik, dikecam; **2.** *Adj.* berpengalaman, banyak akal, pandai, ahli; **≗ung** *f* (*–;–en*) pengalaman, keahlian, kepandaian; *in* ~ *bringen* mendapat keterangan/tahu; **–ungsgemäß** menurut/berdasarkan pengalaman; **–ungsmäßig** sesuai dng. pengalaman, empiris

erfass|en (–) *tr.* menangkap; *fig.* mengerti; *einbeziehen* mencakup; *vom Fieber erfaßt werden* kena demam; *statistisch* ~ mencatat dl. statistik; *vom Auto erfaßt werden* diserempet/diseret oleh mobil; **≗ung** *f* (*–;–en*) registrasi, pencatatan

erfinden (–) *unr. tr.* menemukan; menciptakan; *sich ausdenken* mereka(–reka), membohong

Erfinder *m* (*–s;–*), **–in** *f* (*–;–nen*) penemu, pencipta; **≗isch** banyak akal, yg. berdaya cipta; inventif; **–recht** *n* hak cipta/paten

Erfindung *f* (*–;–en*) penemuan; *Erdichtung* akal, khayalan, dusta; **–sgabe** *f* daya cipta; **≗sreich** banyak akal, kreatif

erflehen (–) *tr.* meminta dng. sangat

Erfolg *m* (*–es;–e*) keberhasilan, hasil, sukses; *Folge* akibat; *keinen* ~ *haben* gagal, tdk. berhasil; *mit dem* ~ *daß* dng. akibat bahwa; **≗en** (–) *itr.* terjadi; **≗los** tanpa hasil, gagal; **–losigkeit** *f* (*–;O*) kegagalan; **≗reich** berhasil baik, penuh sukses; **–sbuch** *n* buku yg. laris, buku top; **–s·chance** *f* kesempatan utk. berhasil; **–srate** *f* angka keberhasilan; **≗versprechend** yg. memberi harapan (akan sukses)

erforderlich perlu, penting, menjadi syarat; **–enfalls** jika diperlukan

erforder|n (–) *tr.* memerlukan; *das erfordert Zeit* makan waktu; **≗nis** *n* (*–ses;–se*) keperluan, syarat

erforsch|en (–) *tr.* menyelidiki, memeriksa; *sein Gewissen* ~ menyelidiki/memeriksa hati/batin, mawas diri; **≗er** *m* (–s;–) penyelidik; **≗ung** *f* (*–;O*) penyelidikan

erfragen (–) *tr.* bertanya(–tanya) utk. mengetahui; *zu* ~ *bei* dapat ditanya pd.

erfrechen (–) *sich* ~ memberanikan diri dng. tdk. sopan

erfreu|en (–) *tr.* menggembirakan; *sich* ~ *an* merasa senang dng., bergembira atas; **–lich** yg. menggembirakan/menyenangkan; **–licherweise** untung bahwa; syukur; **–t** senang, gembira; ~ *über* gembira karena/akan

erfrier|en (–) *unr. itr.* mati kedinginan, membeku; **≗ung** *f* (*–;–en*) radang karena kedinginan

erfrisch|en (–) *tr.* menyegarkan; **–end** sejuk, segar; **≗ung** *f* (*–;–en*) penyegaran; minuman ringan/segar; **≗ungsraum** *m* restoran kecil

erfüll|en (–) *tr.* memenuhi; mengisi; *Pflicht, Wunsch . . .* melaksanakan, menunaikan, menepati; *befriedigen* memuaskan; *sich* ~ terpenuhi; **≗ung** *f* (*–;O*) pelaksanaan, penunaian; terpenuhinya; *in* ~ *gehen* terjadi, terpenuhi; **≗ungs·ort** *m* tempat penyerahan barang/pesanan

ergänz|en (–) *tr.* melengkapi/kan, menyempurnakan, menambah (–kan); **–end** selanjutnya, sebagai tambahan; **≗ung** *f* (*–;–en*) pelengkap; susulan, tambahan; **≗ungsband** *m* jilid tambahan/pelengkap

ergattern (–) *tr.* merebut, memperoleh (dng.. upaya)

ergeben 1. (–) *unr. tr.* menghasilkan, menjadi, berakibat; *sich* ~ menyerah; pasrah pd.; *die Untersuchungen haben* ~ *daß* penyelidikan membuktikan bahwa; *daraus ergibt sich daß* hal ini membuktikan bahwa, dari itu dapat disimpulkan bahwa; **2.** *Adj.* setia pd., bersikap penurut; *dem Opium* ~ ketagihan ganja; *Ihr* ~*er* (*Schlußformel im Brief*) hormat kami; **≗heit** *f* (–;*O*) kesetiaan; sikap tunduk/nrimo

Ergebnis *n* (*–ses;–se*) hasil, akibat; **≗los** tanpa hasil

Ergebung *f* (–;*O*) penyerahan; rasa pasrah, ketabahan

ergehen (–) *unr. itr.*, ~ *lassen* mengeluarkan; *über sich* ~ *lassen* menerima dng. pasrah, menyerah kpd.; memikul dng. sabar; *sich* ~ makan angin; *sich* ~ *in* mengauraikan dng. panjang lebar; *es wird dir gut* ~ kamu akan diperlakukan dng. baik, kamu akan merasa senang; *laß es dir gut* ~ *!* semoga kamu baik-baik!

ergiebig subur, menguntungkan, bermanfaat; tdk. boros; **≗keit** *f* (–;*O*) hal yg. menguntungkan; produktifitas

ergießen (–) *unr.*, *sich* ~ *in* bermuara di, mengalir ke

erglänzen (–) *itr.* berkilau(–kilau)an, bergemerlapan

erglühen (–) *itr.* menyala, menjadi merah (muka); *in Liebe* ~ *für* mulai kasmaran akan

ergötz|en (–) *tr.*, *sich* ~ menyenangkan, menggembirakan, menghibur; terhibur; **≗en** *n* (–*s;O*) kesenangan, hiburan, hal yg. lucu; **–lich** yg. menyenangkan; **≗ung** *f* (*–;–en*) *s. Ergötzen*

ergrauen (–) *itr.* menjadi beruban/kelabu

ergreif|en (–) *unr. tr.* memegang, menangkap; *Beruf* memilih; *Waffen* mengangkat; *Gemüt* mengharukan; *Partei* memihak; *Maßnahme* ~ mengambil tindakan; *Besitz* ~ menjadikan miliknya; *das Wort* ~ mengangkat bicara; *Macht* ~ merebut kekuasaan; *die Flucht* ~ melarikan diri; **≗ung** *f* (–;*O*) penangkapan

ergriffen *Adj.* terharu: *vom Fieber* ~ kena demam; **≗heit** *f* (–;*O*) keterharuan, rasa terharu, emosi

ergründen (–) *tr.* menyelidiki sampai dasar, menyelami

Erguß *m* (*Ergusses; Ergüsse*) pancaran, pencurahan; *Med.* memar, *contusio*

erhaben *Adj.* timbul; *fig.* mulia, agung, masyhur; ~ *sein über* tdk. dipengaruhi oleh; *über allen Zweifel* ~ tdk. dapat diragukan lagi, tak syak lagi; **≗heit** *f* (–;*O*) keagungan, keluhuran

Erhalt *m* (–ɇs;*O*) penerimaan; **≗en 1.** (–) *unr. tr.* menerima, mendapat; *bewahren* memelihara, merawat; *ernähren* menanggung; *et. aufrecht* ~ mempertahankan sst.; *sich* ~ *von* hidup dari; **2.** *Adj.*, *gut* ~ dl. keadaan baik; *noch* ~ *sein* masih ada/tinggal; **–er** *m* (*–s;–*) penanggung, pemelihara; **–ung** *f* (*–;–en*) pengawetan; perawatan; pemeliharaan

erhandeln (–) *tr.* membeli dng. tawar-menawar

erhängen (–) *sich* ~ menggantung (–kan) diri

erhärt|en (–) *tr.* mengeraskan; meneguhkan; **≗ung** *f* (–;*O*) pengerasan, peneguhan; bukti

erhaschen (–) *tr.* merenggut (dng. cepat); menangkap

erheben (–) *unr. tr.* mengangkat, menaikkan; *Steuern* menarik, menagih; *Gemüt* menimbulkan rasa khidmat; *Anspruch* menuntut; *Bedenken* mengemukakan; *ins Quadrat* ~ menaikkan bilangan ke pangkat, mengkwadratkan; *sich* ~ bangkit, naik, bangun; *Berg* terdapat, *hoch* menjulang; *Sturm, Schwierigkeit* timbul, muncul; *sich* ~ *gegen* memberontak, melawan; **–d** khidmat, takzim; *ergreifend* mengharukan

erheblich cukup besar; agak penting; **≗keit** *f* (–;*O*) pentingnya; *Jur.* hal yg. ada sangkut-pautnya

Erhebung *f* (*–;–en*) (tempat) ketinggian, bukit; *Lobpreis* perbuatan memuliakan; *Aufstand* pemberontakan; *Beförderung* pengangkatan;

Steuern penagihan; *Erbauung* rasa khidmat; *~en anstellen über* mengadakan penyelidikan tt.
erheischen (–) *tr.* menuntut, memerlukan
erheitern (–) *tr.* menggembirakan, membuat orang tertawa
erhellen (–) *tr.* menerangi; *fig.* memperjelas; *daraus erhellt* dari ini terbukti
erhitzen (–) *tr.* memanaskan; *fig.* menjadi panas/berapi-api
erhoffen (–) *tr.* mengharap(kan)
erhöh|en (–) *tr.* mempertinggi, menaikkan; *fig.* meningkatkan, mengangkat; **≗ung** *f* (–;–*en*) (tempat) ketinggian, bukit; *Preis* kenaikan (harga); *Rang* pengangkatan
erhol|en (–) *sich ~* beristirahat; melepas lelah; *Med.* menjadi sembuh, memulihkan kesehatan; **≗ung** *f* (–;*O*) istirahat, tetirah; pemulihan kesehatan; **–ungsbedürftig** memerlukan istirahat; **≗ungsheim** *n* rumah peristirahatan; **≗ungs·ort** *m* tempat peristirahatan; **≗ungs·urlaub** *m* cuti/istirahat utk. memulihkan kesehatan
erhören (–) *tr.* mengabulkan
erinner|lich *so viel mir ~ ist* sejauh saya ingat, seingatku; **–n** (–) *tr.*, *j-n ~ an et.* mengingatkan sso. pd. sst.; *sich ~* mengingat, ingat akan, tdk. lupa pd.
Erinnerung *f* (–;–*en*) kenangan, ingatan; peringatan; *zur ~ an* sebagai kenang-kenangan akan; utk. memperingati; **–en** *pl* kenang-kenangan; **–s·tag** *m* hari peringatan; **–svermögen** *n* daya ingat(an)
erjagen (–) *tr.* menangkap dng. memburu
erkalten (–) *itr.* menjadi dingin, mendingin
erkält|en (–) *sich ~* masuk angin, menjadi pilek; **≗ung** *f* (–;–*en*) sakit pilek
erkämpfen (–) *tr.* memperoleh (sst.) dng. perjuangan
erkaufen (–) *tr.* membeli/mendapatkan dng. susah payah atau menyuap
erkenn|bar dapat dikenal(i)/diketahui; **≗barkeit** *f* (–;*O*) perihal yg. dapat diketahui/dikenal; **–en** (–) *unr. tr.* mengenali, mengetahui, mengakui, mengerti; *für schuldig ~* menyatakan (ber)salah; *zu ~ geben* memberitahukan, mengisyaratkan; *sich zu ~ geben* memberitahukan identitasnya
erkenntlich dapat dikenali; berterimakasih; **≗keit** *f* (–;*O*) rasa terimakasih, perhatian
Erkenntnis 1. *f* (–;–*se*) pengetahuan, pengertian, pengenalan; *zur ~ kommen* menyadari, mengerti; bertobat; **2.** *n* (–*ses*;–*se*) keputusan hakim; **–theorie** *f* teori pengetahuan, kritika, epistemologi; **–vermögen** *n* kemampuan utk. mengenal/mengetahui (sst.); daya tangkap
Erkennung *f* (–;*O*) pengenalan; **–smarke** *f* tanda pengenal; **–swort** *n* kode; semboyan; **–szeichen** *n*, *s. Erkennungsmarke;* gejala
Erker *m* (–*s*;–) bagian rumah yg. menganjur ke depan
erklär|bar dapat diterangkan; **–en** (–) *tr.* menerangkan, menjelaskan, menyatakan, menguraikan; *auslegen* menafsirkan; *sich ~ für/gegen* menyatakan diri bersikap pro/kontra; **≗er** *m* (–*s*;–) penerang, komentator; penafsir; **–lich** dapat dimaklumi / dimengerti / diterangkan; **–licherweise** terang, jelas; **≗ung** *f* (–;–*en*) keterangan, penjelasan; pernyataan; *Auslegung* penafsiran, komentar; *Veranschaulichung* ilustrasi
erklecklich agak banyak, besar
erklettern (–) *tr.*, **erklimmen** (–) *unr. tr.* mendaki, menaiki, memanjat
erklingen (–) *unr. itr.*, *Lied* berbunyi, berkumandang, terdengar
erkoren *Adj.* terpilih
erkrank|en (–) *itr.* jatuh/menjadi sakit; **≗ung** *f* (–;–*en*) penyakit; sakitnya; **≗ungsfall** *m*, *im ~* bila sedang sakit
erkühnen (–) *sich ~* memberanikan diri, berani
erkunden (–) *tr.* meneliti, menjelajahi; mengintai, memata-matai
erkundig|en (–) *sich ~* mencari/meminta keterangan, bertanya; **≗ung** *f* (–;–*en*) pertanyaan

Erkundung *f* (–;–*en*) pengintaian, penyelidikan
erkünstelt yg. dibuat-buat
Erlagschein *m, österreichisch* wesel pos
erlahmen (–) *itr*. menjadi capek; *fig*. melempem
erlangen (–) *tr*. meraih, memperoleh, mendapatkan
Erlaß *m* (. . . *sses*; . . . *sse/Erlässe*) keputusan, dekrit; *Schuld* peringanan, pengampunan, pembebasan, dispensasi
erlassen (–) *unr. tr*. membebaskan dari, mengampuni; *verordnen* mengeluarkan (peraturan, dekrit, perintah, keputusan, undang-undang . . .)
erlauben (–) *itr*. mengijinkan; ~ *Sie!* maaf! permisi! boleh saya . . . ? *sich et*. ~ mengikuti kesukaan hati, menikmati; *sich* ~ *einzuladen* berkenan (utk.) mengundang; *sich* ~ *zu* memberanikan diri utk.; *was* ~ *Sie sich?* ini keterlaluan!
Erlaubnis *f* (–;–*se*) ijin; **–schein** *m* surat ijin
erläuter|n (–) *tr*. menerangkan, menjelaskan, menafsirkan; **≗ung** *f* (–;–*en*) keterangan, penjelasan; catatan tambahan
Erle *f* (–;–*n*) sm. pohon, *alnus*
erleb|en (–) *tr*. mengalami; **≗nis** *n* (–*ses*;–*se*) pengalaman; *Abenteuer* petualangan; *Ereignis* peristiwa yg. berkesan
erledig|en (–) *tr*. menyelesaikan, melaksanakan; **–t** selesai; *ugs*. lelah sekali; *Amt* lowong; **≗ung** *f* (–;–*en*) penyelesaian, pelaksanaan
erlegen (–) *tr*. menembak mati (binatang buruan)
erleichter|n (–) *tr*. meringankan, memperingan; memudahkan, melegakan; *j-n um et*. ~, *ugs*. mencuri sst. dari sso.; *sich* ~ melegakan dada/hati, *ugs*. membuang air; **–t** (merasa) lega/ringan; **≗ung** *f* (–;–*en*) kelegaan; peringanan, kemudahan, kelonggaran, fasilitas
erleiden (–) *unr. tr*. menderita; *den Tod* ~ meninggal dunia
erlernen (–) *tr*. mempelajari
erlesen 1. (–) *unr. tr., er hat sich sein Wissen* ~ pengetahuannya diperoleh dng. membaca; **2.** *Adj*. terpilih, istimewa
erleucht|en (–) *tr*. menyalakan, menerangi, menyinari; **≗ung** *f* (–;–*en*) penerangan; *fig*. ilham
erliegen (–) *unr. itr*. mengalah, dikalahkan, menjadi korban dari; **≗** *n* (–*s*;*O*) *zum* ~ *kommen* berhenti
erlogen *Adj*. bohong, dibuat-buat
Erlös *m* (–*es*;–*e*) hasil, pendapatan
erlöschen (–) *unr. itr*. padam, mati; sirna; *Vertrag, Visum* tdk. berlaku lagi, kedaluwarsa; *erloschener Vulkan* gunung api yg. sudah mati, gunung api yg. non-aktif
erlös|en (–) *tr*. membebaskan, menyelamatkan, menebus; *Geld* menghasilkan uang; **≗er** *m* (–*s*;–) penebus, penyelamat, pembebas; *der* ~ *Jesus Christus* Juruselamat/Penyelamat/(Sang) Penebus Jesus Kristus; **≗ung** *f* (–;*O*) *Rel*. penyelamatan, penebusan; *Erleichterung* kelegaan; *aus Gefangenschaft* pembebasan
erlügen (–) *unr. tr*. mengarang, membohong, berdusta
ermächtig|en (–) *tr*. memberi kuasa/hak; mengijinkan; **≗ung** *f* (–;–*en*) (pemberian) kuasa, ijin, wewenang
ermahn|en (–) *tr*. menegur, mengingatkan, memperingatkan; **≗ung** *f* (–;–*en*) teguran, peringatan
ermang|eln (–) *itr*. menderita kekurangan, berkekurangan; **≗(e)lung** *f* (–;*O*) *in* ~ *e-s Besseren* karena tdk. ada yg. lebih baik
ermannen (–) *sich* ~ memberanikan diri
ermäßig|en (–) *tr*. mengurangi, menurunkan; **≗ung** *f* (–;–*en*) rabat, potongan harga
ermatt|en (–) *tr. itr*. melelahkan; menjadi lemah; **≗ung** *f* (–;*O*) kelelahan, kepenatan, keletihan
ermessen (–) *unr. tr*. mempertimbangkan, menilai, menduga; **≗** *n* (–*s*;*O*) penilaian, pertimbangan; keputusan; *nach freiem* ~ menurut pertimbangan/kebijaksanaan sendiri; **≗sfrage** *f* masalah kebijaksanaan
ermitteln (–) *tr*. menyelidiki, mencari tahu, mengusut

Ermittlung *f* (*–;–en*) penyelidikan; *~en anstellen* mengadakan penyelidikan; **–sverfahren** *n* pemeriksaan pendahuluan, pengusutan
ermöglichen (–) *tr.* memungkinkan
ermord|en (–) *tr.* membunuh; **≗ung** *f* (*–;–en*) pembunuhan
ermüd|en (–) *tr. itr.* melelahkan, meletihkan, menjadi letih/capek; **≗ung** *f* (*–;O*) kelelahan, keletihan
ermunter|n (–) *tr.* memberi semangat, menggairahkan; menghibur, membangkitkan rasa gembira; **≗ung** *f* (*–;–en*) dorongan, pengobaran semangat, rangsangan
ermutigen (–) *tr.* memberanikan, membesarkan hati
ernähr|en (–) *tr.* memberi makan/nafkah; *sich ~ von* hidup dari; **≗er** *m* (*–s;–*) pencari nafkah; kepala keluarga; **≗ung** *f* (*–;O*) makanan, pangan; nafkah; gizi, nutrisi; **≗ungsfachmann** *m* ahli ilmu gizi; **≗ungskrankheit** *f* penyakit akibat kekurangan gizi/makanan; **≗ungskunde** *f* ilmu gizi; **≗ungslage** *f* keadaan pangan; **≗ungsminister** *m* menteri urusan pangan; **≗ungsweise** *f* pemilihan makanan; **≗ungszustand** *m* keadaan gizi
ernenn|en (–) *unr. tr.* mengangkat; **≗ung** *f* (*–;–en*) pengangkatan
erneu|e(r)n (–) *tr.* membaharui, memperbaharui; memperpanjang, menghidupkan kembali; **≗erung** *f* (*–;–en*) pembaharuan; **–t** *Adj.* diperbaharui; *Adv.* sekali lagi, terulang kembali
erniedrig|en (–) *tr.* merendahkan, menghina; **≗ung** *f* (*–;–en*) penghinaan
Ernst *m* (*–es;O*) kesungguhan; *Gewichtigkeit* keadaan/sifat serius; *Bedrohlichkeit* keadaan gawat/kritis; *es im ~ meinen* (menjadi) bersungguh-sungguh/serius, tdk. main-main; *~ machen mit* mulai (berlaku) serius; **–fall** *m, im ~* dl. keadaan gawat/darurat
ernst, –haft serius, sungguh-sungguh; tdk. gembira; *~ bleiben* menahan tertawa; *j-n nicht ~ nehmen* menganggap enteng sso.; *e-e ~e Lage* keadaan gawat/genting; **≗haftigkeit** *f* (*–;O*) *s. Ernst;* **–lich** dng. sungguh-sungguh/serius
Ernte *f* (*–;–n*) (hasil) panen; **–dankfest** *n* pesta panen; **≗n** *tr.* menuai, memetik hasil panen; *fig.* mendapat, memperoleh; **–zeit** *f* musim panen
ernüchtern (–) *tr.* membuat orang berpikir tenang; menyadarkan, membuka mata; *enttäuschen* mengecewakan
Erober|er *m* (*–s;–*) penakluk; **≗n** (–) *tr.* menaklukkan, menundukkan, merebut; **–ung** *f* (*–;–en*) penaklukan, penundukan, perebutan; **–ungskrieg** *m* perang agresif
eröffn|en (–) *tr.* membuka; meresmikan; *j-m et.~* memberitahukan sst. kpd. sso.; **≗ung** *f* (*–;–en*) pembukaan, peresmian; pengumuman, pemberitahuan; **≗ungsansprache** *f* pidato pembukaan; **≗ungsbeschluß** *m, Jur.* perintah pelaksanaan
erörter|n (–) *tr.* membahas, merundingkan, mendiskusikan; **≗ung** *f* (*–;–en*) pembahasan, uraian; tukar-pikiran; perundingan, diskusi
Erosion *f* (*–;–en*) erosi
Erotik *f* (*–;O*) erotik
erpicht *~ auf* gemar/tergila-gila akan
erpress|en (–) *tr.* memeras; **≗er** *m* (*–s;–*) pemeras; **–erisch** dng. cara memeras; **≗ung** *f* (*–;–en*) pemerasan; **≗ungsversuch** *m* usaha pemerasan
erproben (–) *tr.* mencoba, menguji, mengadakan tes(ting); mengadakan uji-coba
erquick|en (–) *tr.* menyegarkan; memberikan tenaga baru; **–lich** segar, yg. menggembirakan; **≗ung** *f* (*–;–en*) penyegaran; *Stärkung* makanan kecil, minuman segar
erraten (–) *unr. tr.* menerka, menebak
errechnen (–) *tr.* memperhitungkan, menghitung
erreg|bar mudah marah/terangsang; sensitif; **–en** (–) *tr.* merangsang, membangkitkan/mengobarkan gairah; menimbulkan, menyebabkan; *sich ~* bergairah; menjadi marah (–marah); **≗er** *m* (*–s;–*) perangsang; penyebab penyakit (spt. kuman,

basil, virus); **–t** gelisah, senewen; *es geht sehr ~ zu* suasana menjadi panas/hangat; **≗theit** *f* (–;*O*), **≗ung** *f* (–;–*en*) keadaan terangsang/gelisah/berkobar-kobar/terharu; rangsangan, bangkitnya emosi

erreich|bar dapat dicapai, dl. jangkauan; **–en** (–) *tr.* mencapai, memperoleh; *er ist nicht zu ~* ia tdk. dapat ditemukan/dihubungi; **≗ung** *f* (–;*O*) *bei ~ des Pensionsalters* pd. saat mencapai masa pensiun

errett|en (–) *tr.* menyelamatkan; **≗er** *m* (–*s*;–) penyelamat, penolong; **≗ung** *f* (–;–*en*) pertolongan, penyelamatan

erricht|en (–) *tr.* mendirikan, membangun(kan); **≗ung** *f* (–;*O*) pendirian

erringen (–) *unr. tr.* memperoleh (dng. perjuangan), memenangkan

erröten (–) *itr.*, *Gesicht* menjadi merah (padam)

Errungenschaft *f* (–;–*en*) hasil yg. dicapai, prestasi

Ersatz *m* (–*es*;*O*) ganti; penggantian; *Mil.* cadangan; *Ersatzstoff* tiruan; *Entschädigung* kompensasi, ganti-rugi; **–anspruch** *m* hak atas kompensasi, tuntutan ganti-rugi; **–leistung** *f* pembayaran ganti-rugi; **–mann** *m* pengganti, cadangan; **–mine** *f* isi cadangan pensil/bolpoin; **–mittel** *n* barang tiruan, bahan pengganti, substitusi; **–pflicht** *f* kewajiban utk. mengganti; **–rad** *n*, *Mot.* roda serep; **–reifen** *m*, *Mot.* ban serep; **–spieler** *m* pemain cadangan; **–stück** *n*, **–teil** *n* onderdil, suku cadang; **–teillager** *n* gudang suku cadang; **≗weise** sebagai pengganti

ersaufen (–) *unr. itr. ugs.* mati tenggelam

ersäufen (–) *tr. ugs.* membunuh dng. menenggelamkan

erschaff|en (–) *unr. tr.* menciptakan, mengadakan; **≗er** *m* (–*s*;–) pencipta; **≗ung** *f* (–;*O*) penciptaan

erschallen (–) *unr. itr.* menggema, berkumandang

erschein|en (–) *unr. itr.* muncul, tampak; memperlihatkan diri; *Buch* terbit; *vor j-m ~* menghadap sso.; **≗en** *n* (–*s*;*O*) terbitnya, munculnya; **≗ung** *f* (–;–*en*) penampilan rupa; kelihatan(nya); *Vision* penampakan, penglihatan, bayang-bayang; *Natur* kejadian alam; *Phil.* fenomen; *Rel.* manifestasi, perwujudan; penampakan; *in ~ treten* tampil (di muka umum); **≗ungsjahr** *n* tahun terbit

erschießen (–) *unr. tr.* menembak mati

erschlaffen (–) *itr.* menjadi lemah/kendor, mundur, merosot

erschlagen (–) *unr. tr.* memukul sampai mati, membunuh; *~ sein* merasa sangat capai

erschleichen (–) *unr.*, *sich et. ~* memperoleh sst. dng. tipu muslihat

erschließen (–) *unr. tr.* membuka; memanfaatkan; menyimpulkan

erschmeicheln (–) *sich et. ~* memperoleh dng. menjilat

erschöpf|en *tr.* melelahkan; menghabiskan; *Thema* membicarakan selengkap-lengkapnya; *sich ~ in* mengulangi terus-menerus, terbatas pd.; **–end** *fig.* lengkap; **–t** sangat letih; *Vorrat* habis, terpakai; **≗ung** *f* (–;*O*) kelelahan; kehabisan tenaga

erschrecken (–) *unr. tr.* mengejutkan, menakutkan; *sich ~* menjadi takut, terkejut, terperanjat; **≗** *n* (–*s*;*O*) ketakutan, keterkejutan; **–d** yg. menakutkan/mengerikan

erschrocken *Adj.* terkejut, kaget, takut

erschütter|n (–) *tr.* menggoncangkan; *fig.* mengharukan; **≗ung** *f* (–;–*en*) goncangan, getaran; *Rührung* keharuan; *Gehirn* gegar-otak; *fig.*, *Staat* kegoncangan

erschwer|en (–) *tr.* memberatkan, mempersulit; **≗nis** *f* (–;–*se*) kesusahan, kesulitan

erschwindeln (–) *tr.* memperoleh dng. menipu

erschwinglich dapat dicapai/dibayar; *zu ~en Preisen* harga yg. pantas/terjangkau

ersehen (–) *unr. tr.* mengetahui (dari); *~ aus* menyimpulkan

ersehnen (–) *tr.* merindukan, menginginkan, mengharapkan, mendambakan

ersetz|bar dapat diganti; **–en** (–) *tr.* mengganti; mengganti kerugian, memberi kompensasi; memperbaiki; **⸗ung** *f* (–;*O*) *s. Ersatz*

ersichtlich terbukti, (tampak dng.) jelas

ersinnen (–) *unr. tr.* merancang (–kan), mereka-reka; menemukan

erspähen (–) *tr.* melihat (dari jauh)

erspar|en (–) *tr.* menghemat, menabung; *j-m Ärger* ~ menghindari sso. menjadi marah/jengkel; **⸗nis** *f* (–;–*se*) penghematan; **⸗nisse** *pl* tabungan

ersprießlich bermanfaat, berguna, menguntungkan

erst 1. *Adv.* baru (saja); ~ *als* baru sesudahnya; *jetzt* ~ baru sekarang; *nun* ~ *recht* justru, lebih-lebih; *es ist* ~ *5 Uhr* baru saja pukul lima; *ich muß* ~ *meine Eltern fragen* saya harus bertanya kpd. orang-tuaku dulu; **2.** *der, die, das* ~*e* yg. pertama; pertama(–tama); ~*e Qualität* mutu utama/prima; ~*e Hilfe* pertolongan pertama; *in* ~*er Linie, an* ~*er Stelle* yg. pertama-tama; *fürs* ~*e* utk. sementara; *die* ~*e Geige spielen, fig.* memegang peranan utama, menonjol

erstarken (–) *itr.* menjadi kuat

erstarr|en (–) *itr.* menjadi kaku; membeku, menjadi keras; **⸗ung** *f* (–;*O*) pembekuan

erstatt|en (–) *tr.* mengembalikan; mengganti; *Anzeige* ~ melapor pd., mengadu; **⸗ung** *f* (–;–) penggantian, kompensasi, restitusi

Erst·aufführung *f* pertunjukan perdana

erstaun|en (–) *itr.* merasa kagum/heran/takjub; **⸗en** *n* (–*s*;*O*) rasa kagum/heran; *in* ~ *setzen* membuat kagum; **–lich** yg. mengagumkan; sangat, luar biasa; **–t** heran, tercengang

erstbeste *der, die, das* ~ siapa saja

erstechen (–) *unr. tr.* menikam, menusuk

erstehen (–) *unr. itr.* bangkit, timbul; *daraus* ~ *nur Unannehmlichkeiten* hal itu hanya menimbulkan kesusahan; *hier ersteht die Bank EAB* di sini (sedang) didirikan Bank EAB; *Christ ist erstanden* Kristus telah bangkit; *tr.* memperoleh, membeli

ersteigen (–) *unr. tr.* mendaki, naik ke

ersteigern (–) *tr.* membeli (sst.) pd. waktu lelang

erstellen (–) *tr.* menyediakan; menyusun, mendirikan, membuat

erstens pertama

er·sterben (–) *unr. itr.* melenyap

erstgeboren *Adj.* sulung, yg. tertua

Erstgeburtsrecht *n* hak anak sulung

erstgenannt yg. disebut pertama

ersticken (–) *itr. tr.* tak dapat bernapas; mati lemas; mencekik; *et. im Keime* ~, *fig.* membasmi/menumpas sst. (pd.) waktu baru mulai

erstklassig yg. bermutu · utama/prima, kelas wahid

erstlich pertama(–tama)

Erstling *m* (–*s*;–*e*) anak pertama; **–swerk** *n* karya pertama

erst|malig pertama; **–mals** *Adv.* utk. pertama kali

erstreben (–) *tr.* mengejar, mengusahakan; mencita-citakan; **–swert** pantas diinginkan/dicita-citakan

erstrecken (–) *sich* ~ (*von* . . .) *bis* terbentang (dari . . .) sampai; *sich* ~ *auf* berlaku utk., menyangkut; *sich* ~ *über* meliputi

erstürmen (–) *tr.* merebut

ersuchen (–) *tr.* meminta, memohon (dng. sangat); **⸗** *n* (–*s*;–) permintaan, permohonan

ertappen (–) *tr.* menangkap basah

erteilen (–) *tr.* memberi(kan); *j-m das Wort* ~ mempersilahkan sso. utk. angkat bicara

ertönen (–) *itr.* terdengar, bergema

ertöten (–) *tr. fig.* membunuh

Ertrag *m* (–*es*;⸗*e*) hasil, penghasilan; penerimaan; laba; **⸗en** (–) *unr. tr.* menahan, menanggung; *Leid* ~ menderita; **⸗fähig** produktif

erträglich dapat ditahan; lumayan

ertrag|reich subur, produktif, menguntungkan; **⸗srechnung** *f* perhitungan untung-rugi; **⸗s·steuer** *f* pajak penghasilan

ertränken (–) *tr.* menenggelamkan

ertrinken (–) *unr. itr.* tenggelam, mati lemas (dl. air)
ertrotzen (–) *tr.* memperoleh dng. cara memaksa/merengek-rengek
ertüchtig|en (–) *tr.* melatih, menguatkan; **=ung** *f* (–;O) *körperliche* ~ latihan jasmani
erübrigen (–) *tr.* menyisihkan; *ich kann dafür (keine) Zeit* ~ saya (tdk.) mempunyai waktu utk. itu; *sich* ~ tdk. (di)perlu(kan)
Eruption *f* (–;–*en*) letusan
erwachen (–) *itr.* bangkit, bangun
erwachsen 1. (–) *unr. itr.* timbul, tumbuh; *mir sind Bedenken* ~ timbul keragu-raguan pd. saya; **2.** *Adj.* dewasa; **=e** *m, f* (–*n*;–*n*) orang/kaum dewasa
erwäg|en (–) *unr. tr.* mempertimbangkan; memikirkan baik-baik/masak-masak; **=ung** *f* (–;–*en*) pertimbangan; *in* ~ *ziehen* mempertimbangkan, memberi perhatian pd.
erwählen (–) *tr.* memilih
erwähn|en (–) *tr.* menyinggung, menyebut (sepintas lalu); **–enswert** pantas disebut; **=ung** *f* (–;–*en*) penyebutan; *er hat darüber e-e* ~ *gemacht* ia telah menyinggung hal itu; *ohne* ~ *des Namens* tanpa menyebut nama
erwärmen (–) *tr.* menghangatkan, memanaskan, memanasi; *sich* ~ *für* berminat pd.
erwart|en (–) *tr.* menantikan, mengharap(kan); *am Flugplatz* ~ menunggu kedatangan di lapangan terbang; *sie erwartet e Kind* ia (sedang) hamil; **=en** *n* (–*s*;O) *über* ~ melebihi yg. diharapkan; *wider* ~ bertentangan dng. yg. diharapkan; **=ung** *f* (–;–*en*) harapan; *in* ~ *Ihrer Antwort* sambil menunggu jawaban Tuan/Anda; **–ungsvoll** dng. penuh harapan
erweck|en (–) *tr.* membangunkan; *vom Tode* ~ membangkitkan dari kematian, menghidupkan kembali; *Furcht* ~ menyebabkan ketakutan; *den Eindruck* ~ *als ob* menimbulkan kesan seakan-akan; **=ung** *f* (–;–*en*) kebangkitan (kembali); *Rel.* pertobatan, pembangkitan (semangat baru)
erwehren (–) *sich* ~ menghindar, melawan; *ich konnte mich des Lachens nicht* ~ saya tdk. dapat menahan tertawa atau rasa geli
erweichen (–) *unr. tr.* melunakkan, melembekkan; *fig.* mengharukan
Erweis *m* (–*es*;–*e*) tanda, bukti; **=en** (–) *unr. tr.* membuktikan, menyatakan, menunjukkan; *sich* ~ *als* ternyata, terbukti; *j-m e-n Dienst* ~ membantu sso.; **=lich** dapat dibuktikan
erweiter|n (–) *tr.* memperluas, melebarkan; **=ung** *f* (–;–*en*) perluasan, pelebaran; **=ungsbau** *m* bangunan tambahan
Erwerb *m* (–*es*;*O*) pencaharian; pendapatan; *Kauf* pembelian; **=en** (–) *unr. tr.* memperoleh, mendapat; membeli
erwerbs|fähig dapat bekerja, mampu mencari nafkah; **=fähigkeit** *f* kemampuan bekerja; **–los** menganggur; **=mittel** *n* sarana; **=quelle** *f* sumber pencaharian; **=sinn** *m* kemauan/keuletan/semangat berusaha atau mencari rezeki; **–tätig** berusaha/bekerja utk. mendapat penghasilan; **=tätigkeit** *f* pekerjaan utk. mendapat nafkah; **=trieb** *m, s. Erwerbssinn*; **–unfähig** tdk. mampu bekerja; **=unfähigkeit** *f* ketidakmampuan utk. mencari nafkah; **=zweig** *m* cabang kerajinan/industri
Erwerbung *f* (–;–*en*) perolehan; pembelian; perbuatan memperoleh
erwider|n (–) *tr. itr.* membalas, menyahut; *scharf* ~ menjawab dng. pedas; menangkis; **=ung** *f* (–;–*en*) balasan, jawaban
erwiesen *als* ~ *gelten*, **–ermaßen** *Adv* spt. terbukti
erwirken (–) *tr.* mengakibatkan, menghasilkan; memperoleh; *e-e Erlaubnis* ~ mendapat(kan) ijin
erwischen (–) *tr. ugs.* menangkap; memergoki; memperoleh; *den Zug* ~ masih mendapat kereta; *j-n hat es erwischt, ugs.* sso. jatuh sakit atau mati (karena kecelakaan)
erwünscht yg. diinginkan, dirindukan, didambakan, diharapkan
erwürgen (–) *tr.* mencekik, menjerat leher (sso.) sampai mati

Erz *n* (*–es;–e*) bijih (logam); **–ader** *f* lapisan bijih

erzähl|en (–) *tr. itr.* menceritakan, bercerita, memberitakan, mengabarkan; *man erzählt* kata orang; *wer hat (dir) das erzählt?* siapa yg. menceritakan dongeng ini (kpd.mu)? **≗er** *m* (*–s;–*), **≗erin** *f* (*–;–nen*) pencerita, pengarang; **≗ung** *f* (*–;–en*) cerita; cara berceritanya

Erz|bischof *m* uskup agung; **≗bischöflich** berh. dng. (ke)uskup(an) agung; **–bistum** *n* keuskupan agung; **–bösewicht** *m* bajingan; **–engel** *m* malaikat agung

erzeug|en (–) *tr.* menghasilkan; *verursachen* menimbulkan, mengakibatkan; mengadakan; *Elek.* membangkitkan; *e Kind* ~ mengadakan anak; **≗er** *m* (*–s–*) penghasil, produsen; *Vater* ayah; **≗erpreis** *m* harga produsen; **≗nis** *n* (*–ses;–se*) hasil, produksi, karya; *eigenes* ~ (hasil) buatan sendiri; *indonesisches* ~ buatan Indonesia; **≗ung** *f* (*–;O*) produksi; *Elek.* pembangkit(an); **≗ungskosten** *pl* ongkos produksi

Erz|feind *m* musuh bebuyutan; **–gang** *m* lapisan bijih; **–gauner** *m* penipu ulung; **≗haltig** mengandung bijih; **–herzog** *m* (*gelar*) pangeran wangsa Habsburg; **–hütte** *f* peleburan bijih besi

erziehen (–) *unr. tr.* mendidik, mengasuh, membesarkan

Erzieher *m* (*–s;–*), **–in** *f* (*–;–nen*) pendidik, guru, pengasuh; **≗isch** berh. dng. pendidikan, edukatif

Erziehung *f* (*–;O*) pendidikan, edukasi; **–s·anstalt** *f* lembaga pendidikan; panti asuhan utk. anak-anak nakal; **–sfach** *n*, **–skunde** *f* ilmu pendidikan; **–swesen** *n* sistem/bidang pendidikan

erzielen (–) *tr.* mencapai, memperoleh, menghasilkan

erzittern (–) *itr.* gemetar, bergetar

Erz|lager *n* tumpukan bijih/mineral, deposit bijih; **–lügner** *m* pendusta ulung

er·zürn|en (–) *tr.* membuat marah; *sich* ~ menjadi marah; **–t** (dng.) marah

Erzvater *m* bapa bangsa, patriark

erzwingen (–) *unr. tr.* memaksa, mendapat dng. paksa

es ia, dia, –nya; itu; *ich bin's* (*ich bin* ~) itu saya; *ich hoffe* ~ saya mengharapkannya; (*wird oft nicht übersetzt, z.B.*) *er ist klug, ich bin* ~ *nicht* dia pandai, saya tdk.; ~ *gibt* ada, terdapat; ~ *war einmal* sekali peristiwa, pd. suatu hari; ~ *lebte einmal e König* konon pernah hidup seorang raja; ~ *ist kalt* dingin; *ich weiß* ~ *nicht* saya tdk. tahu, saya tdk. mengetahuinya

Es·chatologie *f* (*–;O*) ilmu/ajaran tt. akhirat

Esche *f* (*–;–n*) sm. pohon besar berkayu keras dan liat, *fraxinus*

Esel *m* (*–s;–*) keledai, *equus asinus*; *fig.* si tolol; **–ei** *f* (*–;–en*) ketololan, kebodohan; **–in** *f* (*–;–nen*) keledai betina; **–sbrücke** *f, fig.* sarana utk. menghafalkan/mengingat sst.; **–s·ohr** *n, fig.* lipatan di sudut halaman buku

Eskalation *f* (*–;–en*) peningkatan

eskortieren (–) *tr.* mengawal

Espresso 1. *m.* (*–$;–s/Espressi*) kopi kental dan pahit; **2.** *n* (*–$;–$*) warung kopi

Essay *m, n* (*–s;–s*) esei, ulasan pendek

eßbar dapat dimakan

Eßbesteck *n* perkakas makan (garpu, sendok, pisau)

Esse *f* (*–;–n*) perapian; cerobong asap

essen *unr. tr. itr.* makan; menyantap, bersantap; **≗** *n* (*–s;–*) makanan, santapan; perjamuan; **≗szeit** *f* waktu makan

Essenz *f* (*–;–en*) sari(pati), esens, ekstrak; *Phil.* hakekat, inti, esensi

Esser(in *f*) *m* pemakan; tukang makan, pelahap

Eß|geschirr *n* cangkir dan piring utk. makan; ompreng; **–gier** *f* kerakusan, kelahapan

Essig *m* (*–s;O*) cuka; **–gurke** *f* acar ketimun; **≗sauer** asam spt. cuka; **–säure** *f* asam cuka

Eß|kastanie *f* kastanye (buah pohon berangan) yg. dapat dimakan; **–löffel** *m* sendok makan; **–lust** *f* selera/nafsu makan; **–saal** *m* ruang makan; **–tisch** *m* meja makan;

–waren *pl* bahan makanan; **–zimmer** *n* ruang/kamar makan

Estrich *m* (*–s;O*) sm. lantai beton/semen

etabl|ieren (–) *tr*. mendirikan, membuka (praktek); *sich* ~ membuka usaha; menetap; **≗issement** *n* (*–s;–s*) hotel/restoran (dahulu utk. kelas tinggi) yg. kurang baik; tempat pelacuran; *veraltet* perusahaan

Etage *f* (*–;–n*) tingkat (gedung); **–nwohnung** *f* flat, tempat tinggal dl. gedung bertingkat

Etappe *f* (*–;–n*) tahap/bagian perjalanan; tahap/jenjang karir; *Mil.* daerah perbekalan di belakang garis depan; **≗nweise** tahap demi tahap

Etat *m* (*–s;–s*) rancangan anggaran belanja; necara keuangan; **–jahr** *n* tahun fiskal; **≗mäßig** *Beamter* tetap; **–mittel** *pl* uang yg. termasuk dl. anggaran

Eth|ik *f* (*–;O*) etika, tata susila; *Phil.* kesusilaan, moral; **≗isch** susila, sopan, moril, etis; **–os** *n* (*–;O*) sikap/semangat etis

Etikett *n* (*–s;–e/–en/–s*) etiket (pd. botol . . .), label; **–e** *f* (*–;–n*) tata krama, sopan santun, etiket; **≗ieren** (–) *tr*. memasang etiket

etliche beberapa, agak banyak

Etui *n* (*–s;–s*) tempat/kotak simpan (kacamata, pinsil, rokok)

etwa kira-kira, kurang-lebih, sekitar; mungkin; misalnya, umpamanya; **–ig** mungkin

etwas sesuatu; sedikit; ~ *gelten* dianggap penting; **≗** *n* (*–;–*) *e gewisses* ~ sesuatu yg. khas yg. tdk. dapat dirumuskan

Etymologie *f* (*–; . . . iën*) ilmu asal-usul kata, etimologi

euch kamu, kalian

Eucharistie *f* (*–;O*) *Rel.* sakramen mahakudus, ekaristi

euer, –e *Possessivpron.* kamu, –mu; kalian; *≗ Majestät* Sri Baginda

Eule *f* (*–;–n*) burung hantu, *striges;* **–nspiegel** *m* tokoh dongeng yg. mengganggu orang lain; **–nspiegelei** *f* (*–;–en*) *m* tipuan yg. membuat orang menertawakan diri sendiri

Eurasiër *m* (*–s;–*), **–in** *f* (*–;–nen*) orang Indo, orang campuran Asia dan Eropa

euresgleichen (orang) yg. sama spt. kamu/kalian

euret|halben, –wegen, (um) –willen demi kalian, karena saudara-saudara/anda

eurig kepunyaan saudara-saudara/kalian; **≗en** *pl* anggota keluarga anda

Europa *n* (*–s;O*) (benua) Eropa

Europä|er(in *f*) *m* (*–s;–*) orang Eropa; **≗isch** *≗e* (*Wirtschafts–*) *Gemeinschaft (EG)* Pasaran Bersama Eropa, Masyarakat (Ekonomi) Eropa

Euter *n* (*–s;–*) ambing

evakuier|en (–) *tr*. mengosongkan (tempat dari penduduk), mengungsikan; **≗te** *m, f* (*–n;–n*) pengungsi; **≗ung** *f* (*–;–en*) evakuasi, pengungsian

evangel|isch Protestan; *~e Kirche* Gereja Protestan; **≗ische** *m, f* (*–n;–n*) penganut agama Protestan, orang Kristen(–Protestan); **≗ist** *m* (*–en;–en*) penginjil, pengarang Injil; guru Injil; **≗ium** *n* (*–s; . . . liën*) Injil, Kabar/Warta Gembira

Eventu|alität *f* (*–;–en*) kemungkinan; **≗ell** mungkin, bisa jadi

evident jelas sekali, meyakinkan

Evolution *f* (*–;–en*) evolusi, perkembangan

ewig kekal; abadi, baka; sangat lama sekali; *auf* ~ utk. selama-lamanya, terus-menerus; *die ~e Stadt* Roma; **≗keit** *f* (*–;–en*) kekekalan, keabadian; *ich warte schon e-e ~, ugs.* saya sudah menunggu lama sekali; **–lich** utk. selamanya, selalu, terus-menerus

ex *ugs.* habis; *Ex– . . .* bekas, eks

exakt persis, tepat, teliti, akurat; *~e Wissenschaften* pengetahuan/ilmu eksak(ta)

Exam|en *n* (*–s;–/Examina)* ujian, eksamen; **–ens·aufgabe** *f* soal ujian; **–inator** *m* (*–s;–en*) penguji, eksaminator; **≗inieren** (–) *tr*. menguji, mengeksamen; menyelidiki

Exegese *f* (*–;–n*) ilmu (pen)tafsir(an) AlKitab

Exekution *f* (*–;–en*) eksekusi; pelaksanaan (hukuman mati)
Exekut|ive *f* (*–;O*) lembaga eksekutif; **–or** *m* (*–s;–en*) pelaksana; juru sita
Exempel *n* (*–s;–*) contoh, misal; *Math.* soal; *die Probe aufs ~ machen* membuktikan kebenarannya dng. uji-coba
Exemplar *n* (*–s;–e*) eksemplar; contoh; *e ~ e-s Buches* satu/sebuah buku; **≗isch** sebagai contoh/teladan; *~ bestrafen* menghukum (sso.) sebagai peringatan bagi yg. lain
exerzier|en (–) *itr. tr. Mil.* berlatih/melatih berbaris, menggembleng; **≗platz** *m* lapangan tempat berbaris
Exerzitiën *pl. Rel.* retret, khalwat
Exil *n* (*–s;–e*) pengasingan, pembuangan
existent ada, nyata
Existential|ismus *m* (*–;O*), **–philosophie** *f* eksistensialisme
Existenz *f* (*–;–en*) (ke)hidup(an); *Phil.* adanya, keberadaan, eksistensi; *Lebensunterhalt* (dasar) mata pencaharian, pekerjaan; *verkrachte ~* orang yg. gagal; *Kampf um die ~* perjuangan mencari rezeki, perjuangan utk. hidup; **–berechtigung** *f* hak utk. hidup; **–kampf** *m* perjuangan (utk.) hidup; **–minimum** *n* pendapatan pas-pasan/minimum; **–mittel** *pl* sarana hidup
existieren (–) *itr.* (ber)ada, berwujud; *leben* hidup seadanya
exklusiv terbatas, eksklusif
Exkurs *m* (*–es;–e*) penyimpangan dari pokok pembicaraan; uraian tambahan; **–ion** *f* (*–;–en*) darmawisata, piknik, ekskursi
exmatrikulieren (–) *tr. refl.* mencoret (nama) dari daftar mahasiswa
Exot *m* (*–en;–en*) orang/binatang/tumbuh/tumbuhan dari negeri jauh; **≗isch** garib, luar biasa, eksotis; dari seberang lautan
Expansion *f* (*–;–en*) perluasan (wilayah), ekspansi; *Phys.* pemuaian
Exped|ient *m* (*–en;–en*) pengirim; **≗ieren** (–) *tr.* mengirim(kan)
Expedition *f* (*–;–en*) ekspedisi; *Versand(abteilung)* (bagian) pengiriman/pengangkutan/ekspedisi; *Forschungsreise* perjalanan ke suatu daerah utk. menyelidiki; **–sheer** *n* pasukan yg. dikirim ke wilayah lain
Experiment *n* (*–ẹs;–e*) percobaan, eksperimen; **≗ell** berdasarkan/dng. percobaan; **≗ieren** (–) *itr.* mencoba, mengadakan percobaan
Experte *m* (*–n;–n*) (tenaga) ahli, eksper
explo|dieren (–) *itr.* meletus, meledak; **≗sion** *f* (*–;–en*) letusan, ledakan, eksplosi; **–siv** mudah meledak, eksplosif; **≗sivstoff** *m* bahan peledak
Exponent *m* (*–en;–en*) *Math.* pangkat; *fig., Math.* eksponen; *Person* tokoh suatu teori/aliran
exponieren (–) *tr.* menonjolkan; *sich ~* menempatkan diri dl. posisi berbahaya
Export *m* (*–ẹs;–e*) ekspor; **–abteilung** *f* bagian ekspor; **–artikel** *m* barang ekspor; **–eur** *m* (*–s;–e*) eksportir; **–handel** *m* perdagangan ekspor; **≗ieren** (–) *tr.* mengekspor; **–quote** *f* jatah/kwota ekspor
expreß segera, ekspres
Expreß *m* (*. . . sses; –züge*) kereta api ekspres; **–bote** *m* tukang/pengantar pos kilat; **–gut** *n* barang titipan kilat
express|iv penuh arti, bersifat menyatakan (sst.), ekspresif; **≗ionismus** *m* (*–;O*) ekspresionisme
extensiv luas, bersifat menjangkau secara luas, ekstensif
extra tambah(an), selain dari itu; *besonders* istimewa, khusus, spesial, ekstra; *eigens, gesondert* tersendiri; **≗blatt** *n* edisi khusus, lembaran khusus/ekstra/tambahan; **–fein** sangat halus, kualitas utama
Extrakt *m* (*–ẹs;–e*) sari, ekstrak; biang; *aus Büchern* intisari, ringkasan
Extras *pl* alat-alat ekstra (pd. mobil)
extra|vagant sangat menonjol/lain dp. yg. lain; **≗wurst** *f, er will immer e-e ~ gebraten haben, fig.* ia selalu mau diperhatikan/dilayani secara khusus; **≗zug** *m* kereta tambahan/khusus
Extrem *n* (*–s;–e*) perihal yg. paling ujung, yg. berlebih-lebihan, ekstrem; **≗** *Adj.* yg. paling ujung; radi-

kal; **–ismus** *m* (–;...*men*) *Pol.* ekstremisme; **–itäten** *pl* kaki dan tangan; **–wert** *m* nilai paling tinggi/ rendah

exzell|ent istimewa, sempurna; **≗enz** *f* (–;–*en*) Paduka Yang Mulia

exzentrisch di luar poros; *Benehmen* ganjil, aneh, janggal, gila-gilaan, eksentrik, *bp.* nyentrik

Exzerpt *n* (–*ɇs*;–*e*) kutipan, nukilan

Exzeß *m* (. . . *sses*; . . . *sse*) keterlaluan, yg. melampaui batas, ekses

F

Fabel *f* (*–;–n*) fabel, cerita/dongeng binatang; **≗haft** luar biasa, hebat, menakjubkan; **≗n** *tr. itr.* mendongeng, mengarang-ngarang; beromong-kosong; **–wesen** *n* makhluk gaib

Fabrik *f* (*–;–en*) pabrik; **–anlage** *f* kompleks pabrik; **–ant** *m* (*–en;–en*) pemilik pabrik, produsen, pabrikan; **–arbeit** *f* pekerjaan di pabrik; **–arbeiter** *m*, **–arbeiterin** *f* buruh pabrik; **–at** *n* (*–(e)s;–e*) hasil buatan pabrik; **–ation** *f* (*–;–en*) produksi dl. pabrik; **–ationsfehler** *m* cacat produksi; **–ationsnummer** *f* nomor produksi; **–besitzer** *m*, *s. Fabrikant;* **–halle** *f* ruang produksi, ruang mesin; **–marke** *f* merek pabrik; **≗neu** masih asli, belum dipakai; **–preis** *m* harga (eks) pabrik; **–stadt** *f* kota industri; **–ware** *f* barang industri; **–zeichen** *n* merek dagang

fabrizieren (–) *tr.* membuat, menghasilkan, memproduksi(kan)

Facette *f* (*–;–n*) faset

Fach *n* (*–(e)s;¨–er*) bagian, kotak; *Arbeitsfeld* bidang, kejuruan, keahlian, vak; *Unterricht* mata pelajaran; *Buchbinder vom ~* penjilid profesional; **–arbeit** *f* (hasil) pekerjaan yg. bermutu; **–arbeiter** *m*, **–arbeiterin** *f* tukang yg. terlatih; **–arzt** *m* dokter spesialis/ahli; **–(aus)bildung** *f* pendidikan kejuruan; **–ausdruck** *m* istilah khusus (yg. digunakan dl. bidang tertentu); **–berater** *m* penasehat ahli/tehnis, konsultan

fächeln *tr. itr.* mengipasi, berkipas

Fächer *m* (*–s;–*) kipas; **≗förmig** spt. kipas; **–palme** *f* palem kipas, lontar, *borassus flabellifer;* gebang, *corypha utan*

Fach|gebiet *n* bidang keahlian; **–gelehrte** *m* spesialis, ahli; **≗gemäß, ≗gerecht** sesuai dng. keahlian (dl. salah satu bidang); **–geschäft** *n* toko khusus (hanya menjual barang tertentu); **–hochschule** *f* sekolah tinggi kejuruan; **–kenntnisse** *pl* keahlian, pengetahuan vak; **–kräfte** *pl* tenaga terlatih; **≗kundig** pandai/mahir/ahli dl. bidang tertentu, kompeten; **≗lich** profesional, menyangkut keahlian tertentu; **–literatur** *f* literatur mengenai vak/bidang tertentu; **–mann** *m* tenaga ahli, eksper, spesialis; **≗männisch** *s. fachgemäß;* **–messe** *f* pekan raya dagang (mengenai jenis barang tertentu); **–personal** *n*, *s. Fachkräfte;* **–richtung** *f* spesialisasi, kejuruan; jurusan; **–schule** *f* sekolah kejuruan; **≗simpeln** *itr.* membicarakan soal-soal pekerjaan saja; **–studium** *n* pelajaran spesialisasi/vak/kejuruan; **–verband** *m* himpunan profesi tertentu; **–werk** *n* gaya bangunan rumah yg. berdinding dari rangka kayu dan bagian-bagian di antaranya diisi dng. batu bata; perkayuan; **–wissenschaft** *f* ilmu mengenai bidang tertentu, kejuruan; **–zeitschrift** *f* majalah vak/kejuruan/khusus

Fackel *f* (*–;–n*) obor; **≗n** *itr. ugs.* bimbang, bersikap ragu-ragu; *ohne lange zu ~* tanpa banyak cincong; **–schein** *m* sinar obor; **–träger** *m* pembawa obor; **–zug** *m* arak-arakan/pawai obor

fade tawar; membosankan

Faden *m* (*–s;¨–*) benang, kelindan; tali tipis; *Maß* depa (1,852 meter); *Elek.* kawat pijar; *an e–m ~ hängen, fig.*

terancam sekali; *den ~ verlieren, fig.* lupa bagaimana mau bicara terus; **-kreuz** *n* kawat silang; **-nudeln** *pl* spageti, bihun, (bak)mi; **°scheinig** lusuh dan tipis; *~er Grund* alasan yg. dicari-cari

fähig sanggup, mampu, cakap; **°keit** *f* (*-;-en*) kesanggupan, kemampuan, kecakapan

fahl pucat; kelabu

fahnd|en *itr.* mencari, menyelidiki; **°ung** *f* (*-;-en*) penyelidikan, pelacakan, pengusutan

Fahne *f* (*-;-n*) bendera, panji; *Druck* cetakan percobaan (spy. diperbaiki), *bp.* pruf; *e-e ~ haben, ugs.* berbau alkohol

Fahnen|eid *m* sumpah prajurit; **-flucht** *f* lari dari dinas ketentaraan, desersi; **-flüchtige** *m* (*-n;-n*) desertir; **-stange** *f* tiang bendera; **-träger** *m* pembawa bendera

Fahr|ausweis *m* karcis; **-bahn** *f* jalur kendaraan; **°bar** dapat berjalan/bergerak; **-bereitschaft** *f* pangkalan mobil; **-damm** *m, s. Fahrbahn*

Fähre *f* (*-;-n*) perahu/kapal tambang, tambangan

fahren *unr. itr., Fahrzeug* berjalan; *Schiff* berlayar; *auf e-m Fahrrad ~* naik sepeda; *mit dem Zug ~* naik kereta api; *über e-n Fluß ~* menyeberang(i) sungai; *aus dem Bette ~* bergegas/cepat-cepat bangkit/bangun dari tempat tidur; *aus der Haut ~, fig.* naik pitam/darah, menjadi marah; *e Auto ~* mengendarai/mengemudikan mobil; **-lassen** (-) *unr. tr.* melepaskan sst.; *e-n (Wind) ~, ugs.* kentut

Fahrer *m* (*-s;-*) pengemudi, sopir; **-flucht** *f* tabrak-lari

Fahr|gast *m* penumpang; **-geld** *m* ongkos transpor, biaya angkutan

Fahr|gelegenheit *f* kendaraan, transpor; *haben Sie e-e ~?* apakah anda/tuan ada kendaraan/transpor? **-geschwindigkeit** *f* kecepatan (berjalan); **-gestell** *n* kasis; *Flgw.* kasis pendaratan; **°ig** gelisah

Fahrkarte *f* karcis; *~ hin u. zurück* karcis pulang pergi; **-n·ausgabe** *f* tempat penjualan karcis, loket; **-nkontrolleur** *m* kondektur, pemeriksa karcis; **-nschalter** *m, s. Fahrkartenausgabe;* **-nverkäufer** *m* penjual karcis

fahr|lässig sembrono, tdk. hati-hati, gegabah; *~e Tötung* pembunuhan yg. tdk. direncanakan; **°lässigkeit** *f* (*-;-en*) kelengahan, kelalaian, kesembronoan; **°lehrer** *m* guru sekolah mengemudi, instruktur

Fährmann *m* penambang, tukang (perahu-)tambang

Fahr|plan *m* daftar perjalanan yg. direncanakan, skedul/jadwal perjalanan; **°planmäßig** menurut jadwal/skedul, tepat pd. waktunya, sesuai dng. rencana; **-preis** *m* ongkos transpor (naik bis, kereta api); **-preisanzeiger** *m* meteran taksi, argometer; **-prüfung** *f* ujian mengemudi; **-rad** *n* sepeda; **-rinne** *f* (per)air(an) yg. cukup dalam utk. kapal, (j)aluran pelayaran; **-schein** *m* karcis; **-schule** *f* sekolah mengemudi mobil; **-sicherheit** *f* keamanan kendaraan/jalan; **-stuhl** *m* lift; kursi roda (utk. orang cacat); **-stuhlschacht** *m* cerobong lift; **-stunde** *f* les mengemudi, *bp.* les stir mobil

Fahrt *f* (*-;-en*) perjalanan, bepergian, (ber)jalan-jalan; *gute ~!* selamat jalan! *auf ~ gehen* bepergian berkemah (dng. jalan kaki, sepeda); *~ mit dem Schiff* pelayaran; *in voller ~* dng. kecepatan tinggi; *in ~ kommen* semakin cepat, *fig.* menjadi antusias (dan berbicara/bercerita semakin lancar)

Fährte *f* (*-;-n*) jejak, bekas

Fahrt|richtungsanzeiger *m* rambu penunjuk arah lalu-lintas; **-unterbrechung** *f* persinggahan, perhentian

Fahr|verbot *n* larangan berkendaraan/mengemudi; **-wasser** *n* jalur pelayaran; **-weg** *m* jalur kendaraan; **-werk** *n, s. Fahrgestell;* **-zeit** *f* waktu perjalanan; **-zeug** *n* kendaraan; **-zeugpapiere** *pl* surat tanda nomor kendaraan bermotor (STNK), *bp.* nomorbewes

fair adil, jujur

faktisch dl. kenyataan, nyatanya

Faktor *m* (*-s;-en*) faktor, bilangan yg. dikalikan/mengalikan, pengali;

Werkmeister, Leiter mandor, kepala bagian
Faktum *n* (*–s;Fakten/Fakta*) kenyataan, fakta
Faktur|(a) *f* (*–;–en*) bon, rekening, faktur; **°ieren** (–) *tr. itr.* menghitung harga barang; membuat faktur
Fakultät *f* (*–;–en*) fakultas
fakultativ tdk. diwajibkan, fakultatif
Falke *m* (*–n;–n*) sm. burung elang, *falconida*
Fall *m* (*–(e)s;–̈e*) **1.** jatuhnya; runtuhnya; **2.** *Vorkommnis* hal, soal; *Ereignis* kasus, kejadian; *auf alle Fälle, auf jeden* ~ bagaimanapun juga; pasti; *auf keinen* ~ sama sekali tdk.; *gesetzt den* ~ seandainya, jika, kalau; *von* ~ *zu* ~ satu demi satu; *zu* ~ *bringen* menjatuhkan, meruntuhkan, mengalahkan; *im* ~*e Schmidt* dl. perkara Schmict; *für alle Fälle* spy. aman; *in diesen* ~ dl. hal ini; *(auf) Knall u.* ~ sekonyong-konyong, seketika itu juga; **–beil** *n* sm. kapak utk. memenggal kepala; **–brücke** *f* jembatan jungkatan/angkat
Falle *f* (*–;–n*) perangkap, jebak(an); *Hinterhalt, Mil.* pengadangan; *in die* ~ *gehen* masuk perangkap, terjebak, *ugs.* (*Bett*) pergi tidur
fallen *unr. itr.* jatuh; menurun; *Preise* turun; *Soldat* gugur; *Schuß* meletus, terjadi tembak-menembak; *es fällt mir schwer* hal itu berat bagi saya; *es fällt schwer zu* sulit utk.; *unter e–e Kategorie* ~ termasuk golongan sama; *das fällt ins Gewicht* itu sangat penting; *j–m ins Wort* ~ memotong pembicaraan sso.
fällen *tr.* menebang; *e Urteil* ~ menjatuhkan vonis
fallenlassen *unr. tr.* membiarkan, melepaskan; *Plan usw.* membatalkan; *e–e Bemerkung* ~ sambil lalu menyinggung sst.
Fallensteller *m* (*–s;–*) pemasang perangkap/jerat
Fall|geschwindigkeit *f* kecepatan benda jatuh; **–grube** *f* serling, lobang perangkap
fällig sudah waktunya utk. dibayar/diserahkan; *e Besuch ist mal wieder* ~ sudah waktunya utk. mengadakan kunjungan; **°keit** *f* (*–;O*) batas waktu (pinjaman, pembayaran)
Fall|iment *n* (*–s;–e*) kebangkrutan, kepailitan; **°it** pailit, bangkrut, tak dapat membayar
Fallreep *n* (*–(e)s;–e*) tangga kapal
falls kalau, jika, jikalau
Fall|schirm *m* payung utk. terjun, parasut; **–schirmjäger** *pl* pasukan payung/para; **–strick** *m* jerat; **–sucht** *f* (*–;O*) penyakit ayan/sawan, epilepsi; **–tür** *f* pintu jebak/perangkap; **°weise** kasus demi kasus; kadang-kadang; **–wind** *m* angin berhembus dari pegunungan
falsch salah, keliru, palsu, tdk. jujur; ~ *auffassen* menangkap salah; *ohne* ~ dng. ikhlas; ~ *werden* berubah (negatif); ~ *verbunden* salah sambung; **°aussage** *f* pernyataan salah, dusta
fälschen *tr.* memalsukan
Fälscher *m* (*–s;–*) pemalsu
Falschgeld *n* uang palsu/tiruan
Falschheit *f* (*–;O*) kecurangan, kepalsuan, kelancungan, keculasan
fälschlich keliru
Falsch|meldung *f* berita palsu; **–münzer** *m* pemalsu uang; **–spieler** *m* pemain curang
Fälschung *f* (*–;–en*) pemalsuan, tiruan, imitasi
Falt|blatt *n* brosur; **–boot** *n* perahu (dari kain) yg. dapat dilipat
Falte *f* (*–;–n*) lipatan, kerut, keriput
falten *itr.* melipat(kan); *Hände* mengatupkan; **°rock** *m* rok yg. berlipat-lipat
Falter *m* (*–s;–*) kupu-kupu
faltig berlipat-lipat, berkerut-kerut
Falz *m* (*–es;–̈e*) lipatan; *Tech.* kampuh (las), sponeng; **°en** *tr.* melipat (-kan); membuat kampuh/sponeng
familiär kekeluargaan, ramah tamah; sudah dikenal baik; ~*er Ausdruck* istilah bahasa percakapan
Familië *f* (*–;–n*) keluarga; famili, sanak saudara, kerabat, keluarga besar; ~ *haben* sudah berkeluarga; *Bio.* famili
Familien|angehörige *m, f* anggota keluarga; sanak saudara; **–angelegenheit** *f* masalah/urusan keluarga;

–anschluß *m*, ~ *suchen* mencari pondokan dng. masuk lingkungan keluarga; **–glück** *n* kebahagiaan rumahtangga; **–haupt** *n* kepala keluarga; **–kreis** *m* lingkungan keluarga; **–leben** *n* kehidupan sebagai keluarga; hidup berumahtangga; **–nachrichten** *pl* iklan/berita keluarga; **–name** *m* nama keluarga; **–planung** *f* keluarga berencana; **–stand** *m* status keluarga; **–stück** *n* pusaka keluarga; **–unterstützung** *f* tunjangan keluarga; subsidi utk. keluarga; **–vater** *m* ayah, kepala keluarga; **–verhältnisse** *pl* keadaan keluarga; **–zuwachs** *m* anak (lagi)

famos hebat, bagus sekali; menyenangkan

Fan *m* (*–s;–s*) penggemar

Fanal *n* (*–s;–e*) sinyal api; *fig.* pertanda

Fanatiker *m* (*–s;–*) orang fanatik

fanatisch fanatik

Fanfare *f* (*–;–n*) sm. trompet; sinyal yg. diberikan dng. trompet

Fang *m* (*–es;O*) penangkapan; hasil yg. ditangkap, tangkapan, mangsa; **⁻̈e** *pl*, *Vogel* cakar, kuku; *Eber* taring; **–eisen** *n* perangkap besi, pencakup; **°en** *unr. tr.* menangkap; *sich* ~ menjadi tenang lagi, *Tier* terjebak; *Feuer* ~ terkena api, *fig.* mulai bersemangat; **–vorrichtung** *f* pasak pengaman; **–zahn** *m* (gigi) taring

Fantasie *f* (*–;. . .iën*) *Mus.* fantasia

Farb|aufnahme *f*, **–bild** *n* foto berwarna; **–band** *n* pita mesin tik; **–dia(positiv)** *n* slide berwarna

Farbe *f* (*–;–n*) warna, cat; ~ *bekennen* menyatakan keyakinan, membuka kartu

farb·echt tahan/tdk. luntur

färben *tr.* mencelup, mencat; mewarnai; *sich* ~, *Laub* menguning

farben|blind buta warna; **°druck** *m* cetakan berwarna; pencetakan berwarna; **–freudig, –froh** berwarna-warni; berwarna cerah; **°lehre** *f* ilmu tt. warna; **–reich** beraneka warna, berwarna-warni, indah; **°spiel** *n* tata warna; permainan/perubahan warna-warna

Färber *m* (*–s;–*) tukang celup; **–ei** *f* (*–;–en*) perusahaan celup

Farb|fernseher *m* televisi berwarna; **–film** *m* film berwarna; **–filter** *m*, *Fot.* penyaringan/filter warna

farbig berwarna; **°e** *m*, *f* (*–n;–n*) orang kulit berwarna

farb|lich mengenai warna; **–los** tak/kurang berwarna, pucat; *fig.* membosankan; **°photographie** *f* foto/pemotretan berwarna; **°stift** *m* pinsil berwarna; **°stoff** *m* zat (pe-) warna; **°ton** *m* (sifat/corak) warna

Färbung *f* (*–;–en*) warna, pewarnaan

Farce *f* (*–;–n*) permainan jenaka, lelucon; permainan; *Speise* isian (daging di dl.) unggas yg. digoreng

Farm *f* (*–;–en*) (tanah) pertanian yg. luas; *Hof* rumah dan pekarangan petani; *Geflügelfarm* peternakan unggas; **–er** *m* (*–s;–*) petani

Farn *m* (*–es;–e*) *Bo.* paku, pakis; **–kraut** *n*, *Bo.* (paku) resam, paku rotan, bengkawang, *gleichenia;* picisan, *drymoglossum heterophyllum* dan *cyclophorus mummularifolius*

Fasan *m* (*–es;–e*) burung kuau, *phasianina*

Faschine *f* (*–;–n*) ikatan kayu kering

Fasching *m* (*–s;–e*) pesta karnaval (sebelum Rabu Abu)

Faschismus *m* (*–;O*) fasisme

Fasel|ei *f* (*–;–en*) omong-kosong, bualan; **–hans** *m* (*–es;⁻̈e*) pembual; **°ig** tak keruan; **°n** *itr.* berbicara tak keruan, membual

Faser *f* (*–;–n*) serat, serabut, benang; *Fleisch* urat; **°ig** spt. serabut; **°n** *itr.* bertiras-tiras, terurai, berlepasan; **–ung** *f* (*–;O*) tenunan/susunan dari serat atau jaringan; urat kayu

Faß *n* (*Fasses; Fässer*) tong, tahang, vat

Fassade *f* (*–;–n*) bagian muka/depan (gedung)

faßbar yg. dapat dipegang; *fig.* dapat dimengerti

Faßbier *n* bir dari vat

Fäßchen *n* (*–s;–*) tong kecil

fassen *tr.* memegang; menangkap; *aufnehmen* menampung, memuat; *begreifen* mengerti; *et. ins Auge* ~ menaruh perhatian pd. sst.; *e–n Plan* ~ mengadakan rencana; *sich* ~ menjadi tenang; *fasse dich kurz!* bicara(lah) dng. singkat! *in Gold* ~

menatah dl. emas; *in Worte* ~ merumuskan; *e-n Beschluß* ~ mengambil keputusan; (*zum Hund*) *fass!* gigit! tangkap! cuh!
Faßhahn *m* keran tong
faßlich dapat ditangkap/dimengerti (dng. mudah); terang
Fasson *f* (–;–s) potongan, bentuk
Fassung *f* (–;–*en*) tatahan; bingkai; *Elek.* tampuk lampu-pijar, *bp.* piting; *Konzept* konsep, rancangan, buram; *Formulierung* rumusan, versi; *fig.* penguasaan diri, sikap tenang; *aus der* ~ *bringen* menggelisahkan, membingungkan; *außer* ~ *sein* sangat gelisah, kalang kabut
Fassungs|gabe *f*, **–kraft** *f* daya tangkap; **≗los** bingung, kalang kabut; **–vermögen** *n* daya tampung; *fig.*, *s. Fassungsgabe*
faßweise tong demi tong
fast hampir; ~ *nichts* hampir sama sekali tdk.
fasten *itr.* berpuasa; ≗ *n* (–*s*;–) puasa; **≗zeit** *f* masa puasa
Fast|nacht *f* (–;O) malam Rabu Abu; *s. Fasching*; **–tag** *m* hari puasa
Faszination *f* (–;–*en*) pesona, daya tarik yg. kuat
fatal sangat tdk. menyenangkan; memalukan; *verhängnisvoll* celaka, fatal; **≗ismus** *m* (–;O) fatalisme, takdir
Fata Morgana *f* (––;–*Morganen*) pembayangan udara (di gurun pasir), fata morgana, khayalan belaka
Fatum *n* (–*s*;*Fata*) nasib
fauchen *itr.* menggeram; mendengus, mendesis
faul malas; *Lebensmittel* busuk; *die Sache ist* ~ ada yg. tdk. beres; ~*er Witz* lelucon jorok/porno atau yg. tolol; ~*e Ausrede* alasan lemah
Fäule *f* (–;O) *s. Fäulnis*
faulen *itr.* menjadi busuk, membusuk
faulenz|en *itr.* bermalas-malas; **≗er** *m* (–*s*;–) pemalas; **≗erei** *f* (–;O) kemalasan
Faul|heit *f* (–;O) kemalasan; **≗ig** busuk, tengik
Fäulnis *f* (–;O) perbusukan, pembusukan; kebusukan; **–erreger** *m* penyebab pembusukan
Faul|pelz *m*, *ugs.* pemalas; **–tier** *n* sm. kungkang, *bradypodidae; fig.* pemalas
Fauna *f* (–;*Faunen*) fauna, segala binatang suatu daerah/masa
Faust *f* (–;⸚e) tinju, kepalan; *auf eigene* ~ atas kehendak/risiko/usaha sendiri; *e-e* ~ *ballen*/*machen* mengepal (–kan tangan)
Fäustchen *n* (–*s*;–) *sich ins* ~ *lachen* senang atas kemalangan orang lain
faust|dick sebesar tinju; *es* ~ *hinter den Ohren haben* kelihatannya sederhana tetapi cerdik; ~*e Lüge* bohong belaka/gede; **–en** *tr. Sp.* memukul bola dng. tinju; **≗handschuh** *m* sm. sarung tangan (dng. dua bagian saja); **–isch** yg. selalu berikhtiar utk. mencapai yg. lebih; **≗kampf** *m* adu tinju; **≗kämpfer** *m* petinju; **≗pfand** *n* jaminan berupa barang bergerak; **≗recht** *n* (main) hakim sendiri; **≗regel** *f* petunjuk yg. bersifat umum; **≗schlag** *m* pukulan tinju
Favorit *m* (–*en*;–*en*) kesayangan, kegemaran, favorit
Faxen *pl* keisengan, lelucon yg. mengganggu; *Grimassen* geringsing muka; **–macher** *m* (–*s*;–) pelawak, badut
Fazit *n* (–*s*;–*e*/–*s*) jumlah, hasil hitungan, total
Februar *m* (–*s*;O) (bulan) Pebruari
Fecht|bahn *f* gelanggang (main-) anggar; **≗en** *unr. itr.* bermain anggar; *betteln* meminta-minta; **–er** *m* (–*s*;–) pemain anggar; pendekar; **–schule** *f* sekolah anggar, tempat latihan main anggar
Feder *f* (–;–*n*) bulu; pena; per; **–ball** *m* bola bulu tangkis, *bp.* kok; *Spiel* bulu tangkis; **–besen** *m* kemucing; **–bett** *n* sm. selimut yg. diisi bulu-bulu halus; **–busch** *m*, **–büschel** *n* bulu-bulu; **–decke** *f*, *s. Federbett*; **–fuchser** *m* (–*s*;–) orang (yg. berpandangan) sempit; tukang tulis; **≗führend** yg. bertanggungjawab; **–gewicht** *n*, *Sp.* kelas bulu; **–halter** *m* tangkai pena; **≗ig** berbulu, penuh bulu; **–kissen** *n* bantal yg. diisi bulu-bulu; **–kraft** *f* daya melenting, elastistas; **–krieg** *m* perang pena; **≗leicht** sangat ringan; **–lesen** *n*

(–s;O) *nicht viel ~s machen mit* tdk. bertele-tele; **–messer** *n* pisau lipat

feder|n *itr.* melenting, memegas, mengenyal; *Vögel* meluruh, (bulu) rontok; **–nd** elastis

Feder|riegel *m* baut/gerendel pegas; **–ung** *f* (–;–en) daya pegas, elastisitas; **–vieh** *n* unggas; **–waage** *f* neraca (yg. memakai) per; **–wild** *n* unggas buruan; **–wolke** *f* awan sirus; **–zeichnung** *f* lukisan pena

Fee *f* (–;–n) peri, bidadari; **≗nhaft** spt. peri; *fig.* mempesonakan, mengagumkan

Fegefeuer *n* (–s;O) *Rel.* api penyucian

feg|en *tr.* menyapu, menyeka; **≗er** *m* (–s;–) tukang sapu

Fehde *f* (–;–n) permusuhan, sengketa

fehl *~ am Platz sein* tdk. pd. tempatnya; *ohne ≗* tanpa cacat; **≗anzeige** *f* laporan yg. menyatakan bahwa sst. tdk. ada; **–bar** dapat bersalah/meleset; **≗betrag** *m* kekurangan, ketekoran, defisit; *e-n ~ aufweisen* berkekurangan; **≗deutung** *f* pentafșiran/pengertian keliru; **≗diagnose** *f* diagnosa keliru

fehlen *itr.* tdk hadir/masuk/ada; kurang; *sündigen* berbuat keliru, bersalah; *es fehlt mir an Zeit* saya tdk. ada waktu; *es ~ immer noch drei* masih kurang tiga; *es an Fleiß ~ lassen* kurang bertekun; *~ gegen* melanggar; *gegen j-n ~* bersalah thd. sso.; *was fehlt Ihnen?* anda sakit/kekurangan apa? *weit gefehlt!* sama sekali salah! *es fehlte nicht viel u. ich hätte laut gelacht* hampir saja saya tertawa terbahak-bahak

Fehler *m* (–s;–) kekeliruan, kesalahan, kelemahan, cacat; **≗frei** tanpa salah/cacat; **≗haft** salah, tdk. benar; *~e Stelle* tempat kerusakan; **≗los** *s. fehlerfrei*

Fehl|geburt *f* keguguran sebelum bulan keempat, keluron, mati bebang; **≗gehen** *unr. itr.* salah jalan; meleset; gagal; **–griff** *m* tindakan/pilihan salah; **–investition** *f* investasi/penanaman modal yg. saláh; **–kalkulation** *f* perhitungan salah; **–konstruktion** *f* konstruksi salah; **≗leiten** *tr.* menyesatkan; salah mengasuh/membimbing; **–punkt** *m* penalti; **–schlag** *m* kegagalan; kekecewaan; **≗schlagen** *unr. itr.* tdk. berhasil, gagal; **–schluß** *m* kesimpulan salah; **–schuß** *m* tembakan yg. meleset; **–spruch** *m* keputusan salah

fehl|treten *unr. itr.* salah langkah; *sündigen* berdosa; **≗tritt** *m* langkah/tindakan yg. salah, kesalahan; dosa; **≗urteil** *n* keputusan pengadilan yg. salah; **≗zündung** *f, Mot.* letusan palsu, (motor) tak menyala; *fig.* reaksi/kesimpulan yg. tdk. pd. tempatnya

Feier *f* (–;–n) perayaan, pesta, upacara; **–abend** *m* selesai kerja; istirahat/waktu sesudah selesai bekerja; waktu malam (utk. beristirahat); *~ machen* menghentikan pekerjaan, pulang kerja; **≗lich** resmi; meriah; khidmat; **–lichkeit** *f* (–;–en) upacara; suasana khidmat/resmi; kemegahan; **≗n** *tr. itr.* merayakan, mementaskan; berpesta; *ausruhen* beristirahat dari pekerjaan, berlibur; *j-n ~* menghormati/memperingati sso., memberi sambutan hangat kpd. sso.; **–stunde** *f* perayaan; **–tag** *m* hari raya/libur; **–tagskleid** *n* pakaian utk. hari raya/libur

feig(e) kecut/cabar hati, bersifat penakut

Feige *f* (–;–n) buah ara; **–nbaum** *m* pohon ara, *ficus;* **–nblatt** *n* daun ara; *fig.* dalih

Feig|heit *f* (–;O) kekecutan hati; **≗herzig** takut, cabar hati; **–ling** *m* (–s;–e) pengecut, penakut

feil yg. dapat dijual; *fig.* dapat disuap; *e-e ~e Dirne* pelacur; **–bieten** *unr. tr.* menawarkan (utk. dijual); *sich ~* melacurkan diri

Feile *f* (–;–n) kikir; **≗n** *itr.* mengikir

feilhalten *unr. tr.* menawarkan utk. dijual

feilschen *itr.* tawar-menawar

Feilspäne *pl* serbuk kikir, kikiran

fein halus; *dünn* tipis; *erlesen* bagus sekali; *~er Ton* sopan santun; *sich ~ machen* berdandan, berhias; *~es Gebäck* kue halus/enak; **≗arbeit** *f* pe-

kerjaan presisi/teliti/halus; **°bäckerei** *f* toko kue
Feind|(in *f*) *m* (–*(e)s*;–*e*) musuh, lawan, seteru; *der böse ~* setan, iblis; *e-r Sache ° sein* membenci sst., menolak; **°lich** yg bermusuhan, yg. bersifat memusuhi; termasuk pihak musuh; dari pihak lawan; **–lichkeit** *f* (–;–*en*), **–schaft** *f* (–;–*en*) permusuhan, perseteruan; **°selig** bermusuhan; **–seligkeit** *f* (–;–*en*) permusuhan, perseteruan; *die ~en eröffnen* membuka peperangan, menyerang
Fein|einstellung *f* penyetelan yg. tepat sekali; **°fühlend, °fühlig** berperasaan halus, peka; **–gefühl** *n* perasaan halus, kepekaan; **–gehalt** *m* kadar
Fein|heit *f* (–;–*en*) kehalusan; kesopanan; nuansa; *~en der Sprache* perbedaan halus dari suatu bahasa; **–kost** *f* makanan terpilih; **°maschig** (kawat) berjaring halus; **–mechanik** *f* cabang tehnik yg. membuat alat-alat pengukur halus (*mis.* mikroskop, teropong, kamera); **–mechaniker** *m* ahli/tukang yg. membuat/memperbaiki peralatan halus/presisi; **–schmecker** *m* penggemar makanan terpilih; **–schnitt** *m* (tembakau) rajangan/racikan halus
feist gemuk (serta) padat
Feld *n* (–*(e)s*;–*er*) ladang; lapangan; (*auch fig.*) bidang; medan; *aus dem ~e schlagen* mengalahkan, memukul mundur; *ins ~ führen* mengerahkan ke medan pertempuran, *fig.* mengajukan (bukti); *das ~ räumen* mundur; **–arbeit** *f* pekerjaan di ladang/sawah; **–bau** *m* pertanian; **–bereinigung** *f* pengaturan kembali pembagian ladang dan tanah; **–bett** *n* tempat tidur lipat, *bp.* pelbed; **–dienst** *m* tugas di medan perang; **–dienstübung** *f* latihan perang-perangan; **–flasche** *f* botol minuman tentara, *bp.* pelples; **–frucht** *f* tanaman ladang; **–geistliche** *m* pastor tentara, *bp.* almosenir; **–gendarmerie** *f* polisi militer; **–geschrei** *n* pekik/seruan perang; **–geschütz** *n* artileri/meriam medan perang; **–gottesdienst** *m* kebaktian di medan perang; **°grau** hijau keabuabuan (warna pakaian dinas tentara Jerman)
Feld|heer *n* angkatan darat di medan perang; **–herr** *m* panglima perang; hulubalang; **–herrnkunst** *f* strategi/siasat perang; **–jäger** *m*, *s. Feldgendarmerie;* **–küche** *f* dapur tentara; **–lazarett** *n* tempat perawatan darurat (waktu perang); **–marschall** *m* panglima besar/tertinggi (angkatan darat); **–maus** *f* tikus ladang/sawah; **–messer** *m* (juru) pengukur tanah; **–post** *f* dinas pos militer (selama perang); **–regler** *m*, *Elek.* resistansi pengatur medan
Feld|schaden *m* kerugian pd. tanaman di ladang; **–schlacht** *f* pertempuran (di darat); **–spannung** *f*, *Elek.* tegangan medan; **–stecher** *m* teropong; **–stuhl** *m* kursi lipat; **–verweis** *m*, *Sp.* pengeluaran dari lapangan; **–webel** *m* sersan kepala; *schweizerisch* sersan mayor; **–weg** *m* jalan yg. belum diaspal; pematang; **–zug** *m*, *Mil.* ekspedisi
Felge *f* (–;–*n*) **1.** pelek, gading-gading/lingkar roda; *Sp.* sm. putaran senam pd. palang tunggal; **2.** *Landwirtschaft* tindakan membajak tanah yg. kosong
Fell *n* (–*(e)s*;–*e*) kulit/belulang binatang; *er hat e dickes ~* ia berkulit badak; *j-m das ~ über die Ohren ziehen* memperdayakan/menipu sso.
Fels *m* (–*en*;–*en*) wadas, cadas; **–block** *m*, **–en** *m* (–*s*;–) batu wadas/karang (yg. besar); **°enfest** sangat kokoh, sekeras karang/wadas; **–enkette** *f* barisan gunung wadas; **–enklippe** *f* batu karang; **–enriff** *n* batu-batu karang (di bawah air); **–enwand** *f* tebing wadas
felsig spt. cadas, yg. berbatu karang; yg. banyak karangnya
feminin bersifat kewanitaan, feminin; **°um** *n* (–*s*;. . . *na*) *Gr.* jenis betina/feminin
Fenchel *m* (–*s*;*O*) adas, *foeniculum vulgare*
Fenster *f* (–*s*;–) jendela; **–bank** *f*, **–brett** *n* ambang jendela; **–flügel** *m* daun jendela; **–gitter** *n* terali/kisi-kisi jendela; **–glas** *n* kaca jendela;

–kitt *m* dempul; **–laden** *m* pintu jendela, papan penutup jendela; jendela luar; **–platz** *m* tempat duduk dekat jendela; **–rahmen** *m* bingkai/kosen jendela; **–scheibe** *f* kaca jendela; **–sims** *n, m, s. Fensterbank*

Feriën *pl* libur(an), vakansi; cuti; **–zeit** *f* waktu libur; masa liburan

Ferkel *n* (*–s;–*) anak babi; *fig.* anak yg. kotor; **°n** *itr.* membuat kotor, mengotori; *fig.* berbicara jorok/kotor

Ferment *n* (*–s;–e*) ragi, enzim(a); **–ation** *f* (*–;–en*) peragian, fermentasi

fern jauh, terpencil; *das sei ~ von mir* sama sekali bukan maksud saya demikian; *der °e Osten* Timur Jauh, Asia Timur

Fern|amt *n* sentral telepon interlokal; **–anruf** *m, s. Ferngespräch;* **°bleiben** *unr. itr.* tdk. hadir; **–bleiben** *n* (*–s;O*) ketidakhadiran, *bp.* absensi; **–blick** *m* pemandangan jauh; **–e** *f* (*–;–n*) jauhnya, kejauhan; *aus der ~* dari jauh

ferner tambah, lagi' (pula), selain (dari) itu; **–hin** selanjutnya

Fern|fahrer *m* pengemudi truk jarak jauh; **°gelenkt** dikendalikan dari jarak jauh: *~es Geschoß* peluru kendali (rudal); **–gespräch** *n* telepon jarak jauh, telepon interlokal; **°gesteuert** *s. ferngelenkt;* **–glas** *n* teropong, *bp.* keker; **°halten** *unr. tr.* menjauhi/kan; **–heizung** *f* pemanasan sentral; **°her** *von ~* dari jauh; **–laster** *m,* **–lastwagen** *m,* **–lastzug** *m* truk yg. melayani trayek jarak jauh; **–leitung** *f* kawat telepon interlokal; *Elek.* lin transmisi, saluran tegangan tinggi; *Röhre* saluran pipa ke tempat jauh; **–lenkung** *f* pengendalian jarak jauh, pengendalian lewat radio; **–licht** *n* lampu jarak jauh; **°liegen** *unr. itr., das liegt mir fern* bukan maksud saya

Fernmelde|amt *n* kantor telekomunikasi; **–satellit** *m* satelit komunikasi; **–technik** *f* technik telekomunikasi, telekomunikasi; **–truppe** *f, Mil.* satuan perhubungan; **–turm** *m* menara telekomunikasi; **–wesen** *n* telekomunikasi

fern|mündlich lewat telepon; **°rohr** *n, s. Fernglas;* **°ruf** *m* (hubungan) telepon; **°schnellzug** *m* kereta ekspres jarak jauh; **°schreiber** *m* teleks

Fernseh|apparat *m,* **–empfänger** *m* pesawat televisi; **–en** *n* (*–s;O*) televisi; **°en** *unr. itr.* menonton televisi; **–er** *m* (*–s;–*) (alat) televisi; (orang) pirsawan; **–film** *m* film (di) televisi; **–gerät** *n* (alat) televisi, *bp.* tivi; **–schirm** *m* layar televisi; **–sender** *m* pemancar televisi; **–sendung** *f* siaran televisi; **–spiel** *n* sandiwara televisi; **–turm** *m* menara televisi; **–übertragung** *f* penyiaran lewat televisi

Fern|sicht *f* pemandangan jauh; *~ haben* dapat melihat jauh; **°sichtig** tdk. dapat melihat yg. dekat dng. baik (dan memakai kacamata plus)

Fernsprech|amt *n* kantor telepon; **–anlage** *f* instalasi telepon; **–anschluß** *m* sambungan telepon; **–apparat** *m* (pesawat) telepon, tilpon; **–buch** *n* buku (petunjuk) telepon; **–er** *m* (*–s;–*) pesawat telepon; **–gebühren** *pl* iuran telepon; **–leitung** *f* kawat telepon; **–netz** *n* jaringan telepon; **–nummer** *f* nomor telepon; **–stelle** *f* telepon umum; **–teilnehmerverzeichnis** *n* daftar/buku pelanggan telepon; **–zelle** *f* kios/boks telepon

fern|stehen *unr. itr.* asing thd./pd.; tdk. ada hubungan (pribadi) dng.; **°stehende** *m, f* (*–n;–n*) orang luar/asing; **°steuerung** *f* pengemudian/pengendalian jarak jauh; **°unterricht** *m* kursus surat-menyurat; **°verkehr** *m* lalu-lintas jarak jauh; hubungan telekomunikasi jarak jauh; **°verkehrsstraße** *f* jalan utama; **°weh** *n* kerinduan utk. melancong; **°wirkung** *f* pengaruh dari jauh; *Psych.* telepati; **°zug** *m, F-Zug* kereta api jarak jauh

Ferse *f* (*–;–n*) tumit, tumit sepatu/kaos-kaki; *j-m auf den ~n sein* mengejar sso. dari dekat; **–ngeld** *n, ~ geben, ugs.* lari terbirit-birit

fertig selesai, siap; *ich bin ~* saya siap; saya telah menyelesaikan pekerjaan, *ugs.* saya sangat lelah;

mit j-m ~ werden bisa menguasai/mengurus sso.; bisa bergaul dng. sso.; *j-n ~ machen* menundukkan/memarahi sso.; *sich ~ machen* menyiapkan diri; *~ werden mit et.* mengatasi sst.; (*fix u.*) *~ sein* sama sekali selesai/beres, *ugs.* sangat capai/lelah; **–bekommen** (–) *unr. tr.*, **–bringen** *unr. tr.* menyelesaikan, mencapai, membuat; *es nicht ~, die Wahrheit zu sagen* tdk. bisa/berani mengatakan kebenaran; **≗beton** *m* beton campur(an)

fertig|en *tr.* mengadakan, membuat, memproduksikan; **≗haus** *n* rumah pabrikan/cetakan (yg. bagian-bagiannya tinggal dipasang saja karena sudah dikerjakan di pabrik); **≗keit** *f* (*–;–en*) kecekatan, ketrampilan, kecakapan; **–kriegen** *tr., ugs. s. fertigbringen;* **–machen** *tr.* menyelesaikan, menyiapkan; *ugs.* memarahi, memukul habis-habisan, mengalahkan; **≗montage** *f* perakitan final; **≗stellung** *f* penyelesaian; **≗teil** *n* bagian yg. sudah diselesaikan di pabrik (sehingga tinggal dipasang); **≗ung** *f* (*–;–en*) produksi, pembuatan; **≗ware** *f* barang jadi

Fes *n* (*–;–*) *Mus.* F minor, fes

fesch bergaya, parlente; cakap, lincah

Fessel *f* (*–;–n*) **1.** belenggu; *fig.* ikatan; **2.** pergelangan kaki; **≗n** *tr.* membelenggu, mengikat; *fig.* memikat, menarik perhatian; *ans Bett gefesselt sein* harus/terpaksa berbaring di tempat tidur; **≗nd** sangat memikat/menarik

fest kuat, teguh, kokoh; padat, beku (tdk. cair); tetap, pasti; *~er Preis* harga pasti; *~ schlafen* tidur lelap

Fest (*–es;–e*) pesta, perayaan, hari raya; **–akt** *m* upacara resmi/meriah; **≗angestellt** (pegawai, pembantu) tetap; **–ausschuß** *m* panitia perayaan; **≗besoldet** *~er Beamter/Angestellter* pegawai dng. gaji tetap; **≗binden** *unr. tr.* mengikat erat-erat; **≗bleiben** *unr. itr.* berpendirian tetap

Feste *f* (*–;–n*) benteng, perkubuan

Fest|essen *n* perjamuan besar; **≗fahren** *unr.*, **≗fressen** *unr., sich ~* macet; **–gelage** *n* pesta pora; **–gelder** *pl* simpanan uang di bank, deposito tetap; **–halle** *f* bangsal pesta; **≗halten** *unr. tr.* memegang teguh; *verhaften* menawan; *schriftlich ~* mencatat; *im Bild ~* mengabadikan dl. foto, memotret; *in Ton ~* merekam; *sich ~ an* berpegang teguh pd.

festig|en *tr.* memperkuat/menguatkan (kesehatan, kekuasaan, valuta, kedudukan), mengokohkan, mengkonsolidasikan; *sich ~* menjadi lebih kuat; **≗keit** *f* (*–;O*) kekokohan, kestabilan; kepadatan; *fig.* sikap tegas; **≗ung** *f* (*–;O*) peneguhan, pengokohan, konsolidasi

fest|kleben *tr., itr.* melekat(kan) kuat-kuat; **≗kleid** *n* pakaian pesta; **–klemmen** *tr.* menjepit (kabel, tali); **≗konto** *n* rekening yg. dibekukan (utk. sementara); **≗land** *n* daratan, benua; **–legen** *tr.* menetapkan; membekukan (uang); *sich ~* mengikat diri; mengambil keputusan pasti; *sich ~ auf et.* mengikat/melibatkan diri pd.

festlich meriah, semarak (spt. dl. pesta); **≗keit** *f* (*–;–en*) perayaan, upacara, pesta; kemegahan

fest|liegen *unr. itr.* tdk. dapat bergerak; *fig.* dibekukan; ditentukan; **≗lokal** *n* ruangan/tempat pesta; **–machen** *tr.* mengikat kuat-kuat; *fig.* mengadakan persetujuan pasti; *e Schiff macht fest* kapal merapat (di dermaga); **≗mahl** *n* perjamuan besar, pesta makan; **≗meter** *m* meter kubik (kayu); **≗nahme** *f* (*-;-n*) penangkapan; **–nehmen** *unr. tr.* menangkap; **≗ordner** *m* penerima tamu, tenaga protokol; penjenang; **≗preis** *m* harga mati/pasti; **≗rede** *f* pidato pd. perayaan/upacara/pesta; **≗saal** *m* ruang pesta, bangsal

fest|schnallen *tr. itr.* memasang sabuk pengaman/kursi; **≗schrift** *f* terbitan/buku peringatan; **–setzen** *tr.* menahan; *fig.* menentukan, menetapkan; *sich ~* menempel, *fig.* menetap (di suatu tempat); **–sitzen** *unr. itr.* tdk. goyah/lepas; tdk. bisa bergerak, macet; *fig.* tdk. bisa berangkat; **≗spiele** *pl* festival

fest|stecken *tr.* menjepit, menyematkan; *itr.* tdk. bisa bergerak; **–stehen** *unr. itr.* berdiri teguh; *es steht fest* pasti, tentu; *der Termin steht noch nicht fest* tanggal belum ditentukan; **–stehend** tdk. bergerak; pasti, tentu; lazim

feststell|en *tr.* **1.** *Tech.* memasang/menyetel sehingga tdk. dapat bergerak (lagi); **2.** *ermitteln, erforschen* menyelidiki, mencari tahu, mengetahui adanya; *Fehler* ~ mengetahui/menemukan kesalahan/cacat; *Personalien* ~ menanyai personalia, mengidentifikasikan sso.; *Schaden* ~ menaksir kerugian; **3.** *konstatieren, Schuld* ~ menyatakan salah; *den Tod* ~ menyatakan kematian; **4.** *wahrnehmen* melihat, mengamati, menyadari adanya; **5.** *erklären, sagen* menyatakan, mengemukan; **6.** *kannst du das ~?* dapatkah kamu memastikannya? *den Kurs* ~ menentukan kurs valuta asing; **≗ung** *f* pernyataan, penegasan; identifikasi

Fest|tag *m* hari raya/besar; **≗umrissen** *Adj.* jelas-tegas

Festung *f* (–;–*en*) benteng, perkubuan; **–sgraben** *m* parit benteng; **–shaft** *f* (–;*O*) tahanan dl. benteng

fest|verzinslich menghasilkan bunga tetap; *~e Anlagepapiere* surat-surat berharga; **≗wert** *m* nilai standar; satuan konstan; **≗woche** *f* pekan raya; **≗zug** *m* pawai, arak-arakan, parade

Fetisch *m* (–*es*;–*e*) jimat, benda yg. dianggap mempunyai kesaktian

fett gemuk; berlemak; *korpulent* tambun; *~er Boden* tanah subur; *~ gedruckt* dicetak tebal; **≗** *n* (–*es*;–*e*) lemak; gemuk, minyak semir

Fett|bauch *m* si perut gendut, si bayak; **–druck** *m* cetakan tebal; **≗en** *tr. itr.* melumas, melumuri dng. lemak/minyak; mengeluarkan minyak/lemak; *e-e ~de Salbe* salep yg. berlemak; **–fleck** *m* noda lemak/minyak; **–gehalt** *m* kadar lemak; **≗ig** berlemak, *bp.* berminyak; **–kohle** *f* batu bara muda; **≗leibig** gendut, gemuk; **–näpfchen** *n, ins ~ treten* menyinggung perasaan sso. tanpa disadarinya; **–schicht** *f* lapisan gemuk; **–spritze** *f* semprotan gemuk/lemak; **–sucht** *f, Med.* penyakit tambun, *obesitas*

Fetus *m* (–*ses*;–*se*) *Bio.* janin

Fetzen *m* (–*s*;–) carik(an), cabikan, sobekan, robekan

feucht lembab, basah; **–en** *tr.* membasahi/kan

Feuchtigkeit *f* (–;*O*) kelembaban, kelengasan; **–sgehalt** *m,* (*absoluter/relativer*) ~ *der Luft* kadar lengas (absolut/nisbi); **–smesser** *m* higrometer

feucht|kalt dingin lembab; **–warm** panas lembab

feudal feodal

Feuer *n* (–*s*;–) api; *Brand* kebakaran; *Mil.* tembakan; *~!* tembak! *~ fangen* terkena api, *fig.* jatuh cinta; *für j–n die Hand ins ~ legen* menjamin (kebaikan) sso.; *~ u. Flamme sein für et./j-n* berapi-api, bersemangat, sangat antusias mengenai sst./sso.; *~ geben* menawarkan api (utk. menyalakan rokok); *~ eröffnen* mulai menembak; **–alarm** *m* alarem kebakaran; **–anbeter** *m* penyembah api; **≗beständig** *s. feuerfest;* **–bestattung** *f* pembakaran mayat; ngaben (Bali); **–eifer** *m* semangat berapi-api; **–einstellung** *f* berhentinya tembak-menembak; gencatan senjata; **≗fangen** *unr. itr.* kena api, mulai terbakar; jatuh cinta; **≗fest** tahan api; **≗flüssig** cair pd. suhu tinggi; **≗gefährlich** mudah terbakar; **–hahn** *m* keran (utk. memadamkan) kebakaran; **–haken** *m* besi opak; alat pengorek api, alat pengopak; **–leiter** *f* tangga kebakaran/darurat; **–linie** *f, Mil.* garis depan; **–löscher** *m* alat pemadam api/kebakaran; **–meer** *n* lautan api; **–melder** *m* alat pemberi tanda kebakaran

feuern *itr. tr.* menembak(kan); *fig.* memecat; *mit Kohle ~* membuat api dng. menggunakan batu bara

Feuer|probe *f* ujian berat sekali; **≗rot** merah merang/padam; **–sbrunst** *f* kebakaran besar/hebat; **–schaden** *m* kerugian akibat kebakaran; **–schein** *m* cahaya api; **–schiff** *n* kapal rambu suar; **–sgefahr** *f* bahaya kebakaran; **–sglut** *f* bara api; **–snot** *f* bahaya akibat kebakaran; **≗speiend** *~er Berg* gunung (ber)api; **–spritze** *f* pompa pemadam kebakaran; **–stätte** *f*, **–stelle** *f* perapian, tungku; (tempat) bekas api; **–stein** *m* batu api; **–stoß** *m* tembakan berondongan; **–strahl** *m* nyala-api; **–taufe** *f* kesempatan pertama utk. membuktikan kebolehan; **–überfall** *m* tembakan mendadak bertubi-tubi

Feuerung *f* (*–;–en*) bahan bakar; tempat perapian; tungku

Feuer|versicherung(sgesellschaft) *f* asuransi kebakaran; **–wache** *f* pos/stasiun/penjaga kebakaran; **–waffe** *f* senjata api; **–wasser** *n* minuman alkohol/keras; **–wehr** *f* dinas pemadam kebakaran; **–wehrauto** *n*, **–wehrwagen** *m* mobil pemadam kebakaran; **–werk** *n* pesta atau tontonan kembang-api/petasan; **–werker** *m* (*–s;–*) orang yg. membuat petasan; *Mil.* perwira yg. mengurus amunisi dan bahan peledak; **–werkerei** *f* (*–;–en*) pembuatan petasan; **–zange** *f* tang api; **–zeichen** *n* sinyal/tanda api; **–zeug** *n* geretan

Feuilleton *n* (*–s;–s*) *Zeitung* halaman kebudayaan; *Radio, TV* siaran budaya dan sastra ringan; *Artikel* karangan pendek yg. menghibur

feu(e)rig berapi(-api); bersinar-sinar, berkobar-kobar, bernyala-nyala; merah sekali

Fiaker *m* (*–s;–*) kereta(-sewaan)

Fiasko *n* (*–s;–s*) kegagalan

Fibel *f* (*–;–n*) buku bacaan bergambar utk. anak-anak; *Brosche* bros, peniti berhias

Fiber *f* (*–;–n*) serabut, serat, benang

Fichte *f* (*–;–n*) sm. pohon cemara, *picea*; **–nnadel** *f* paku pohon cemara

fidel senang, riang gembira, bersukaria

Fieber *n* (*–s;–*) demam, panasnya; *~ haben* sakit demam, sedang panas badan; **–anfall** *m* serangan demam; **≗artig** *s. fieberhaft*; **–frost** *m* panas dingin; gigil demam; **≗haft** spt. demam, gelisah; *fig.* terlalu rajin, cepat-cepat; **–hitze** *f* panas demam; **≗krank** sakit demam; **–kurve** *f* grafik demam; *s. Fiebertabelle*; **–mittel** *n* obat utk. menurunkan demam; **≗n** *itr.* diserang/kena demam; mengigau/meracau karena demam; *fig.* sangat gelisah (karena menantikan sst.); **–phantasie** *f* igau(-igau)an karena demam; **–rinde** *f* kulit pohon kina; **–schauer** *m* gigil karena demam; **–tabelle** *f* kartu pencatat demam; **–thermometer** *n* termometer (utk. mengukur suhu badan); **–traum** *m* mimpi waktu sakit demam

fiebrig ada/sakit demam

Fiedel *f* (*–;–n*) biola; **–bogen** *m* alat penggesek biola; **≗n** *itr.* main/menggesek biola

fies *ugs.* kotor, tdk. baik, jelek

Figur *f* (*–;–en*) bentuk/potongan badan, perawakan; *Person* tokoh, figur; *Bildwerk* arca, patung; *e-e gute ~ machen* menciptakan kesan baik

figurativ, figürlich dl. arti kiasan

Fik|tion *f* (*–;–en*) khayalan, rekaan, fiksi; **≗tiv** tdk. nyata, khayal, fiktif

Filet *n* (*–s;–s*) daging has (sapi, babi); *Fisch* daging ikan yg. tdk. bertulang; *Geflügel* daging dada unggas

Filial|e *f* (*–;–n*) cabang; **–leiter** *m* kepala cabang

Filigran *n* (*–s;–e*) barang perhiasan dari benang/kawat logam mulia

Film *m* (*–es;–e*) film; *Häutchen* selaput pd. permukaan cairan; *e-n ~ drehen, s. filmen; e-n ~ vorführen* mempertunjukkan film; *sich e-n ~ ansehen* menonton (film); **–atelier** *n* studio film; **–aufnahme** *f* pengadaan/*shooting* film; **–besucher** *m* penonton bioskop/film; **–diva** *f* bintang film perempuan; **≗en** *tr. itr.* mengadakan/membuat film, *shooting; in e–m ~ spielen* bermain dl. film

Film|gesellschaft *f* perusahaan film; **–hersteller** *m* produsen/pengusaha film; **≗isch** dilihat dari segi seni/tehnik perfilman; **–kamera** *f* kamera film; **–leinwand** *f* layar putih/perak/film; **–prüfstelle** *f* badan sensor; **–regisseur** *m* sutradara, regisir; **–reklame** *f* iklan film; **–schauspieler** *m*, **–schauspielerin** *f* pemain/bintang/artis film; **–spule** *f* gulungan/rol film; **–star** *m* bintang film; **–theater** *n* bioskop; **–verleih**

m penyalur/distributor film; penyaluran/distribusi film; **–vorführer** *m* pengurus proyektor film; **–vorführgerät** *n* proyektor; **–vorschau** *f* potongan film yg. memperkenalkan film yg. akan datang; **–vorstellung** *f* pertunjukan film

Filter *m, n* (*–s;–*) saringan, penyaring (-an), penapis, tapisan, filter; **–anlage** *f* instalasi penyaringan; **≗n** *tr.* menyaring; **–zigarette** *f* sigaret filter

filtrieren (–) *tr.* menyaring

Filz *m* (*–es;–e*) bulu kempa; **≗en** *itr.* (wol) menjadi kasar spt. bulu kempa; *tr., ugs.* menggeledah; mencuri; **–hut** *m* topi tebal (dari bulu kempa); **–stift** *m, bp.* sm. spidol

Fimmel *m* (*–s;–*) *e-n ~ haben für* sangat terpikat pd. satu hal tertentu, gila pd. sst.

final pd. babak akhir, final

Finanz|amt *n* kantor pajak/keuangan negara; **–ausschuß** *m* panitia keuangan; **–beamter** *m* pegawai departemen keuangan; tukang pajak; pegawai bea; **–bedarf** *m* kebutuhan finansiil; **–bericht** *m* laporan keuangan; **–en** *pl* keuangan negara/perusahaan/perseorangan; *s-e ~ sind gut* urusan/milik keuangannya cukup baik; **–gebarung** *f* (*–;O*) kebijaksanaan keuangan; **≗iëll** mengenai keuangan, moneter, finansiil; **≗ieren** (–) *tr.* menyediakan/memberi uang; membiayai; **–jahr** *n* tahun keuangan/fiskal; **–lage** *f* keadaan keuangan; **–mann** *m* ahli keuangan; pemberi modal; **–minister** *m* menteri keuangan; **–ministerium** *n* departemen keuangan; **–politik** *f* politik moneter; **–verwaltung** *f* administrasi keuangan; **–wesen** *n* (keadaan/pengurusan) keuangan

Findel|haus *n* rumah yatim piatu; **–kind** *n* anak dapat (karena ditinggalkan orangtuanya)

finden *unr. tr.* menemukan; *zufällig et. ~* ketemu, mendapat(kan/i); *das wird sich alles ~* semuanya akan beres; *keinen Schlaf ~* tdk. bisa tidur; *für gut ~* menganggap baik, menyetujui; *wie ~ Sie das?* rasanya bagaimana? bagaimana pendapat anda? *keine Zeit ~* tdk. mempunyai waktu; *et. schön ~* menganggap sst. bagus; senang akan sst.; *das findet sich bei Schiller* perkataan ini terdapat dl. karya Schiller; *Hilfe ~* mendapat pertolongan

Finder *m* (*–s;–*) penemu; **–lohn** *m* hadiah/persen (bagi penemu)

findig cerdik, banyak akal; **≗keit** *f* (*–;O*) kecerdikan

Findling *m* (*–s;–e*) kanak-kanak yg. ditinggalkan orangtuanya; *Stein* batu besar yg. terbawa oleh gletser

Finger *m* (*–s;–*) jari; *der kleine ~* jari kelingking; *sich die ~ verbrennen* mendapat kesukaran; *die ~ von et. lassen* tdk. ikut campur; *an den ~n abzählen können* seharusnya sudah tahu sendiri; *lange ~ haben* panjang tangan; *die ~ im Spiel haben* ikut campur(-tangan); *das hat er sich aus den ~n gesogen* itu isapan jempol saja

Finger|abdruck *m* cap/sidik jari; **–fertigkeit** *f* ketrampilan/kecekatan (dl. memakai jari tangan); **–glied** *n* ruas jari; **–hut** *m* bidal; *Bo.* sm. bunga yg. berkhasiat utk. mengobati jantung dan peredaran darah, *digitalis;* **–ling** *m* (*–s;–e*) sarung jari; **≗n** *itr. tr.* memegang-megang; *fig.* mengatur (dng. akal licik); **–nagel** *m* kuku jari; **–satz** *m* pola/peraturan penggunaan jari (pd. mesin tik/hitung atau alat musik); **–spitze** *f* ujung jari; **–spitzengefühl** *n, fig.* kepekaan; **–übung** *f* latihan jari; **–zeig** *m* petunjuk, isyarat

fingieren (–) *tr.* memalsukan, menipu

Fink *m* (*–en;–en*) sm. burung gelatik, *fringillina*

Finne 1. *f* (*–;–n*) sirip ikan; *Bandwurm* larva cacing pita; *Med.* sm. penyakit kulit; **2.** *m* (*–n;–n*), **Finnin** *f* (*–;–nen*) orang Finlandia

finster gelap, suram; *fig.* sedih, muram; **≗nis** *f* (*–;O*) kegelapan; kesuraman; kesedihan, kemuraman

Finte *f* (*–;–n*) dalih, tipuan

Firlefanz *m* (*–es;O*) omong-kosong, barang (hiasan) tak berguna

Firma *f* (*–;Firmen*) perusahaan, firma

Firmament *n* (–e̸s;–e) lengkung langit, cakrawala
firmen *tr., Rel.* memberi sakramen penguatan
Firmen|bezeichnung *f* nama perusahaan; **–inhaber** *m* pemilik perusahaan; **–register** *n* daftar resmi perusahaan; **–schild** *n* pelat/papan nama perusahaan/firma
Firmung *f* (–;–en) *Rel.* sakramen penguatan
Firn *m* (–s;–e) salju abadi
Firnis *m* (–ses; –se) pernis, minyak rengas
First *m* (–e̸s;–e) nok, bubungan; *Gipfel* puncak gunung
Fisch *m* (–es;–e) ikan; *Sternbild,* ~*e* bintang pisces; *grosse* ~*e, fig. ugs, bp.* kakap gede; **–adler** *m* elang laut, *pandion haliaetus;* **–angel** *f* alat pengail; **–bein** *n* tulang ikan paus; **–blase** *f* lupa-lupa; **–brut** *f* anak-anak ikan; **–dampfer** *m* perahu nelayan, kapal penangkap ikan
fischen *tr. itr.* menangkap ikan, mengail, memancing
Fischer *m* (–s;–) penangkap ikan, nelayan; **–boot** *n* perahu nelayan; **–dorf** *n* desa/kampung nelayan; **–ei** *f* (–;–en) perikanan, industri penangkapan ikan
Fisch|fang *m* penangkapan ikan; **–flosse** *f* sirip ikan; **–gerät** *n* alat penangkap ikan; **–gericht** *n* makanan ikan; **–geruch** *m* bau spt. ikan, bau amis; **–gräte** *f* duri ikan; **–gründe** *pl* perairan yg. kaya akan ikan; **–händler** *m* penjual/pedagang ikan; **–handlung** *f* toko penjual ikan; **–konserve** *f* ikan kaleng(an); **–laich** *m* telur ikan; **–leim** *m* lem/perekat yg. dibuat dari ikan; **–markt** *m* pasar ikan; **–mehl** *n* tepung ikan; **–netz** *n* jala ikan, jaring ikan; **–otter** *m, Zo.* sm. berang-berang, *lutra-lutra;* **–reiher** *m, Zo.* sm. burung bangau, *ardea cinerea;* **–reuse** *f* bubu, sm. alat penangkap ikan dari kawat; **–teich** *m* empang ikan; **–zucht** *f* (–;O) perikanan, peternakan ikan
fiskalisch berh. dng. kas negara, fiskal
Fiskus *m* (–;O) kas negara
Fistel *f* (–;–n) *Med.* hubungan berbentuk pipa yg. tdk. biasa antara permukaan badan dng. suatu kelenjar/saluran/rongga-badan, *fistula;* **–stimme** *f, ugs.* suara yg. terlampau tinggi
fit segar bugar
Fittich *m* (–e̸s;–e) *Lit.* sayap
fix tentu, tdk. berubah; *fig.* cepat, lincah; tangkas; *e-e* ~*e Idee* buah pikiran gila-gilaan yg. tdk. bisa diubah; ~*e Preise* harga pasti; ~ *u. fertig sein* capek sekali
Fix|ativ *n* (–s;–e) *s. Fixiermittel;* **≗en** *itr. Börse* menjual-belikan surat berharga atau barang dng. memanfaatkan turun-naiknya harga; *sich* ~ menyuntik diri dng. obat bius; **–er** *m* (–s;–) pecandu/pemadat obat bius; **≗fertig** siap sedia; **–ierbad** *n, Fot.* cairan cuci film; **≗ieren** (–) *tr.* merumuskan dng. pasti; menentukan, memastikan; *Fot.* membuat film (yg. sudah dicuci) spy. tahan cahaya; *Gemälde* mengawetkan (dng. cairan khusus); *j-n* ~ menatap sso. dng. tajam; *fixiert sein auf et./j-n* dipusatkan/terikat pd. sst./sso.; **–iermittel** *n, Fot.* bahan utk. fiksasi; **–ierung** *f* (–;–en) fiksasi; **–stern** *m* bintang tetap; **–um** *n* (–s;*Fixa*) gaji/jumlah tetap
flach rata, datar, dangkal; ~*er Teller* piring ceper; **≗dach** *n* atap datar
Fläche *f* (–;–n) bidang, luasnya; daratan; permukaan; **–n·inhalt** *m* luasnya bidang; **–nmaß** *n* ukuran utk. menentukan luasnya bidang; **–nraum** *m, s. Flächeninhalt*
flach|fallen *unr. itr.* batal, tdk. jadi; **≗kopf** *m* orang bodoh; **≗küste** *f* pantai yg. rendah; **≗land** *n* tanah/wilayah datar; **≗relief** *n* gambar timbul
Flachs *m* (–es;O) batang lenan, *linum usitatissimum;* sm. rami; **–bau** *m* penanaman rami; **≗blond, ≗haarig** berambut pirang
flachsen *itr.* berkelakar, bersenda-gurau
Flachzange *f* (–;–n) tang pecak
flackern *itr.* berkelip-kelip, berkedip-kedip
Fladen *m* (–s;–) kue/roti dadar

Flagg|e *f* (–;–*n*) bendera, panji; **≗en** *itr.* memasang/mengibarkan bendera; **–schiff** *n* kapal pemimpin
flagrant jelas-terang
Flak *f* (–;–*s*) meriam utk. menembak kapal terbang
Flakon *m* (–*s*;–*s*) buli-buli, botol kecil
flambieren (–) *tr.* menuangkan alkohol di atas makanan yg. dihidangkan dng. menyalakannya
Flamm|e *f* (–;–*n*) (lidah) api; *fig.* kekasih; **≗en** *itr.* berapi, bernyala, berkilau-kilauan; **≗end** berapi-api, bergairah; **–enmeer** *n* lautan api; **–enwerfer** *m, Mil.* pelontar api
Flanell *m* (–*s*;–*e*) bahan flanel
flanieren (–) *itr.* berjalan-jalan, berpelesiran, *bp.* meraun
Flanke *f* (–;–*n*) sisi, samping; *Sp.* lompatan menyamping; **≗n** *itr. tr., Sp.* menyepak bola dari sisi lapangan; melakukan lompatan menyamping; **–n·angriff** *m* serangan dari samping
flankieren (–) *tr.* mengapit, mendampingi; *~de Maßnahmen* tindakan menyokong/menunjang
Flansch *m* (–*es*;–*e*) kerah pd. pipa, flensa; **≗en** *tr.* melekukkan, memberi flensa
Flasche *f* (–;–*n*) botol; *fig. ugs.* si tolol; *kleine ~* buli-buli; **–nbier** *n* bir botol; **–nhals** *m* leher botol; **–nmilch** *f* susu botol; **–n·öffner** *m* kotrek, pembuka botol; **–npfand** *n* jaminan botol; **–npost** *f* botol (tersumbat) berisi kabar (yg. dilempar ke laut); **–nspüler** *m* alat pembersih botol; **–nzug** *m* kerek, katrol
flatter|haft bersikap tdk. tetap, dangkal; **–n** *tr. itr., Flügel* mengibas-ngibaskan, berkepak-kepak; *Fahne* berkibar-kibar; *Blatt* melayang-layang
flau lemah, lesu; *Geschmack* tawar; *Handel* sepi, lesu; *mir wird ~* saya hampir jatuh pingsan; **≗heit** *f* (–;*O*) kelemahan, keadaan lesu
Flaum *m* (–*ℯs*;*O*) bulu/rambut halus
Flaus *m,* **Flausch** *m* (–*es*;–*e*) bahan wol tebal/lembut
flauschig halus, lembut
Flausen *pl, ugs.* pikiran aneh; dalih; **–macher** *m* (–*s*;–) pembual
Flaute *f* (–;–*n*) keadaan tiada angin; *Handel* keadaan sepi, stagnasi
Flechse *f* (–;–*n*) urat daging
Flecht|e *f* (–;–*n*) kepang; *Med.* penyakit kulit spt. ruam dll., *herpes; Bo.* lumut pohon/batu, *lichenes;* **≗en** *unr. tr.* mengepang (rambut); *Matten* menganyam; *Seil* memintal; **–werk** *n* anyaman
Fleck *m* (–*ℯs*;–*e*) bintik; noda; tampal, tambal; *nicht vom ~ kommen* tdk. (bisa) bergerak/maju
Flecken *m* (–*s*;–) **1.** desa, dukuh **2.** *s. Fleck;* **≗los** tak bernoda, bersih; **–reiniger** *m,* **–wasser** *n* obat penghilang noda
Fleck|fieber *n, s. Flecktyphus;* **≗ig** berbintik-bintik, bernoda; **–typhus** *m* tifus berbecak-becak, *typhus petechialis*
Fleder|maus *f* kelelawar, *chiroptera;* **–wisch** *m* bulu ayam, kemucing
Flegel *m* (–*s*;–) alat penumbuk, antan; *fig.* laki-laki yg. kurangajar; **–alter** *n* masa prapubertas; **–ei** *f* (–;–*en*) kenakalan; **≗haft** kurangajar, nakal; **–jahre** *pl, s. Flegelalter;* **≗n** *sich ~* duduk secara tdk. sopan
flehen *itr.* meminta dng. sangat; berdoa; **≗** *n* (–*s*;*O*) permohonan; **–tlich** dng. sangat meminta
Fleisch *n* (–*es*;*O*) daging; *in ~ u. Blut übergehen* mendarah-daging; **–beschauer** *m* pemeriksa ternak sembelihan; **–brühe** *f* air kaldu, sari daging; **–er** *m* (–*s*;–) tukang (potong) daging; **–erei** *f* (–;–*en*), **–erladen** *m* toko daging
Fleischeslust *f* nafsu berahi, hawa nafsu
Fleisch|extrakt *m* sari daging; **≗farben** *Adj.* berwarna spt. kulit (orang putih); **–fresser** *m* pemakan daging; **–hauer** *m* tukang daging; **≗ig** gendut; banyak dagingnya; **–kloß** *m* sm. bakso, sm. bulatan daging; **–konserve** *f* daging kaleng (-an); **–kost** *f* makanan dari daging; **≗lich** jasmaniah; *sinnlich* berahi; **≗los** tanpa/tdk. mengandung daging, vegetaris; **–platte** *f* hidangan potongan daging yg. dingin; **–salat** *m* sm. selada dari daging; **–schnitte** *f* irisan daging; **–speise** *f*

masakan daging; **-vergiftung** *f* keracunan daging; **-ware** *f* daging, sst. yg. dibuat dari daging; **-werdung** *f* (-;O) penjelmaan, penitisan, inkarnasi; **-wolf** *m* alat/mesin penggiling daging; **-wunde** *f* luka pd. daging

Fleiß *m* (-es;O) kerajinan, ketekunan; *mit* ~ dng. sengaja; **²ig** rajin, tekun, giat; *ugs.* sering; **-prüfung** *f* tes (utk. menguji) ketekunan

flektieren (-) *tr.* mentasrifkan, mendeklinasi(kan)

flennen *itr.* merengek, menangis

fletschen *tr., die Zähne* ~ menunjukkan/memperlihatkan gigi dng. geram

flexibel lentur, fleksibel; dapat menyesuaikan diri

Flick|arbeit *f* pekerjaan memperbaiki/menambal; **-en** *m* (-s;-) tampal, (secarik kain) tambal(an); **²en** *tr.* menambal, memperbaiki; *j-m et. am Zeuge* ~ memburukkan nama sso.; **-er** *m* (-s;-), **-erin** *f* (-;-nen) penambal, tukang tambal; **-schneider** *m* penjahit yg. mengubah/memperbaiki pakaian, tukang permak pakaian; **-schuster** *m* tukang (tambal) sepatu; **-werk** *n* pekerjaan jelek; **-wort** *n* kata tambahan (tanpa arti); **-zeug** *n* alat-alat penambal

Flieder *m* (-s;O) sm. pohon berbunga putih/ungu, *syringa*

Fliege *f* (-;-n) lalat, *brachycera; Krawatte* dasi kupu-kupu

fliegen *unr. itr. tr.* terbang; menerbang(kan); naik pesawat terbang; *fig. ugs.* dipecat; ~ *der Händler* pedagang keliling; **²** *n* (-s;O) terbang(nya), penerbangan

Fliegen|draht *m* kawat kasa; **-dreck** *m* tahi lalat; **-fänger** *m* kertas berperekat utk. menangkap lalat; **-fenster** *n* jendela yg. berkawat kasa; **-gewicht** *n, Boxen* kelas terbang; **-klappe** *f*, **-klatsche** *f* pemukul lalat; **-netz** *n* kelambu; **-pilz** *m* sm. jamur yg. kulit bagian atasnya berwarna merah berbintik-bintik putih, *amanita muscaria*

Flieger *m* (-s;-) penerbang, pilot; anggota angkatan udara *Zo.* binatang yg. dapat terbang; *ugs.* pesawat terbang; **-abwehr** *f* pasukan penangkis pesawat terbang; **-alarm** *m* tanda bahaya udara; **-aufnahme** *f* foto udara, foto dari pesawat terbang; **-horst** *m* pangkalan udara militer; **-in** *f* (-;-nen) penerbang wanita; **²isch** berh. dng. penerbangan; **-offizier** *m* perwira angkatan udara

fliehen *unr. itr.* melárikan diri, mengungsi

Fliehkraft *f* gaya sentrifugal/pusingan

Fliese *f* (-;-n) ubin, porselen

Fließ|band *n* ban berjalan (di pabrik); **²en** *unr. itr.* mengalir; **²end** ~*es Wasser* air yg. mengalir; ~ *sprechen* bicara dng. lancar/fasih; ~*e Grenzen* batas-batas tak jelas, *fig.* batasan tdk. jelas

Flimmer|kasten *m*, **-kiste** *f, ugs.* pesawat televisi; **²n** *itr.* berkelip (-kelip), mengerlip; *es flimmert mir vor den Augen* pandangan saya menjadi kabur

flink cepat, *aufgeweckt* cerdas; *geschickt* gesit, lincah; **²heit** *f* (-;O) kegesitan, ketangkasan

Flinte *f* (-;-n) bedil; *die* ~ *ins Korn werfen* menyerah kalah; **-nlauf** *m* laras bedil; **-nschuß** *m* tembakan bedil/senapan

flirren *itr.* mendesing, berdengung; *s. flimmern*

Flirt *m* (-s;-s) cumbuan, main-main; **²en** *itr.* bercumbu-cumbu(an), berpacaran

Flitter *m* (-s;O) hiasan (murahan); **-gold** *n* emas tiruan; **-kram** *m* barang mentereng tapi tdk. berharga; **-wochen** *pl* bulan madu

flitzen *itr. ugs.* lari/berjalan cepat

Flock|e *f* (-;-n) jonjot, kabu-kabu, serpih; **²ig** spt. kabu-kabu/kapas, bergumpal-gumpal

Floh *m* (-es;¨-e) kutu, *alphaniptera*

flöhen *tr.* mencari kutu, mengutui; *ugs.* mengambil dng. licik, menipu (dl. hal keuangan)

Floh|markt *m* pasar loak; **-stich** *m* gigitan kutu

Flor *m* (-s;-e) **1.** penuhnya kembang dan bunga; **2.** kain halus/paris;

Trauer tanda berkabung; *fig.* kabut tipis
Flora *f* (–;*Floren*) alam tumbuh-tumbuhan, flora
Florett *n* (*–s;–e*) pedang anggar, floret
florieren (–) *itr.* berkembang, maju
Floskel *f* (–;*–n*) ungkapan kosong, kata yg. dibuat-buat
Floß *n* (*–es;¨–e*) rakit
Flosse *f* (–;*–n*) sirip
flößen *tr. itr.* mengapungkan (kayu) ke hilir; berakit
Flöte *f* (–;*–n*) suling, seruling; peluit; **²n** *itr.* meniup seruling; membunyikan peluit; *mit dem Munde* ~ bersiul; **–nbläser** *m*, *s. Flötenspieler;* **²ngehen** *unr. itr. ugs.* (meng)hilang; **–nspieler** *m* pemain/peniup seruling
flott cepat, gesit, lincah, lancar; *schick* bergaya, tampan; ~ *sein* berjalan, (*Schiff*) layak laut; ~ *leben* hidup berfoya-foya; *e-n ~en Heinrich haben, ugs.* menc(e)ret
Flotte *f* (–;*–n*) armada, angkatan laut; **–nstützpunkt** *m* pangkalan angkatan laut
flottgehend lancar, laris, laku sekali
Flottillenadmiral *m* laksamana pertama, komodor
flott|machen membuat spy. dapat berjalan/berlayar lagi; **–weg** *Adv.* cepat, langsung, terus-terang
Flöz *n* (*–es;–e*) lapisan bumi yg. mengandung batubara
Fluch *m* (*–s;¨–e*) kutukan, laknat, serapah; **²beladen** *Adj.* terkutuk; **²en** *itr.* mengutuk, menyumpahi; *derb schimpfen* memaki-maki dng. kasar
Flucht *f* (–;*–en*) **1.** pelarian, pengungsian, langkah-seribu; *auf der* ~ sedang melarikan diri, dl. pengungsian/pelarian; **2.** *Fluchtlinie* garis roi/cadangan; *Zimmer* deretan (kamar); *in e-r ~ stehen* berderet-deret sebaris; **²artig** terburu-buru, tergesa-gesa
flüchten *itr. refl.* melarikan diri, mengungsi
flüchtig yg. melarikan diri; yg. mengungsi; *vorübergehend* tdk. tetap, sepintas lalu, sekejap, cepat berlalu; *oberflächlich* kurang hati-hati, dangkal; *Chem.* mudah menguap; *~er Blick* pandangan sepintas lalu; *~er Fahrer* pengemudi yg. tabrak-lari; **²keit** *f* (–;*O*) sikap kurang teliti; **²keitsfehler** *m* kesalahan karena kurang hati-hati
Flüchtling *m* (*–s;–e*) pengungsi, pelarian; orang yg. dikejar-kejar, buronan, buruan; **–slager** *n* kamp pengungsi
Flucht|linie *f* garis roi; **²verdächtig** dicurigai mau melarikan diri; **–versuch** *m* percobaan utk. melarikan diri
fluchwürdig terkutuk
Flug *m* (*–es;¨–e*) penerbangan, terbangnya; *wie im ~e* cepat sekali; **–abwehr** *f* (pasukan) penangkis serangan udara; **–bahn** *f* lintasan peluru; **–betrieb** *m* lalulintas udara/penerbangan; **–blatt** *n* selebaran, pamflet; **–boot** *n* pesawat terbang (yg. dapat mendarat di) air; **–deck** *n* landasan terbang di atas kapal induk; **–dienst** *m* dinas/trayek penerbangan, hubungan dng. pesawat terbang
Flügel *m* (*–s;–*) sayap; sm. piano; *Fenster* daun jendela; *Gebäude* sayap gedung; *die ~ hängen lassen* patah semangat, putus asa; **²lahm** lumpuh pd. sayap; *fig.* tak berdaya, lesu; **–mann** *m*, *Sp.* penyerang kiri/kanan; **–tür** *f* pintu yg. terdiri dari dua daun atau lebih
Fluggast *m* penumpang kapal terbang
flügge sudah dapat terbang; *fig.* mulai berdiri sendiri
Flug|geschwindigkeit *f* kecepatan terbang; **–gewicht** *n* beratnya pd. waktu lepas-landas; **–hafen** *m* lapangan terbang, pelabuhan/bandar udara; **–kapitän** *m* pilot, penerbang; **–karte** *f* tiket; peta utk. lalu-lintas penerbangan; **–linie** *f* perusahaan penerbangan; trayek penerbangan; **–passagier** *m* penumpang pesawat terbang; **–personal** *n* awak pesawat terbang; **–plan** *m* jadwal penerbangan; **–platz** *m* lapangan terbang; **–post** *f* pos udara
flugs cepat; langsung

Flug|sand *m* pasir hanyut/halus; **–schein** *m* tiket; **–schrift** *f*, *s. Flugblatt*; **–sicherung** *f* pengawasan (keamanan) lalulintas udara; **–sport** *m* sport penerbangan; **–strecke** *f* rute/trayek penerbangan; **–stützpunkt** *m* pangkalan udara; **≗tauglich** mampu/boleh terbang, layak udara; **–technik** *f* teknik penerbangan; kepandaian menerbang(kan); **–überwachung** *f* kontrol lalulintas udara; **–verbot** *n* larangan utk. terbang/mengudara; **–verkehr** *m* lalulintas/hubungan udara; **–weg** *m* rute penerbangan; **–wesen** *n* (bidang) penerbangan; **–zeit** *f* waktu/lamanya terbang

Flugzeug *n* (*–s;–e*) pesawat/kapal terbang; **–absturz** *m* jatuhnya pesawat terbang; **–bau** *m* pembuatan/industri pesawat terbang; **–besatzung** *f* awak pesawak terbang; **–entführung** *f* pembajakan pesawat terbang; **–führer** *m* pilot, penerbang; **–halle** *f* hanggar; **–motor** *m* mesin pesawat terbang; **–mutterschiff** *n* kapal induk; **–rumpf** *m* badan pesawat terbang; **–träger** *m* kapal induk

Fluidum *n* (*–s;O*) *fig.* suasana/pengaruh khas

Fluktuation *f* (*–;–en*) perobahan, turun-naiknya, pasang-surut

Flunder *f* (*–;–n*) sm. ikan sebelah, *pleuronectes flesus*

flunkern *itr.* (berceritera dng.) berbohong sedikit, membual

Fluor *n* (*–s;O*) fluor (F); **≗eszieren** (–) *itr.* berpendar, bercahaya bila kena sinar

Flur 1. *f* (*–;–en*) tanah garapan, ladang, persawahan; **2.** *m* (*–ɇs;–e*) gang, lorong, koridor (di dl. rumah); *Fußboden* lantai; **–garderobe** *f* tempat gantungan pakaian di koridor; **–hüter** *m* penjaga kebun/ladang; **–schaden** *m* kerusakan tanam-tanaman di ladang

Fluß *m* (*Flusses; Flüsse*) sungai, kali; aliran; *fig.* alirnya, kelancaran, lancarnya; *in ~ bringen* melancarkan, menjalankan, menggerakkan; *in ~ sein* belum tentu, masih berubah; **≗abwärts** ke hilir, milir; **≗aufwärts** ke hulu; **–bett** *n* alur/palung/dasar sungai; **–eisen** *n* baja tuangan/lunak

flüssig cair; lancar, fasih; *~es Kapital* modal tunai/tersedia; **≗keit** *f* (*–;–en*) cairan; keadaan cair

Fluß|lauf *m* aliran sungai; **–mündung** *f* muara; **–pferd** *n* kuda nil, *hippopotamus amphibius*; **–schiffahrt** *f* pelayaran sungai; **–übergang** *m* arungan; **–ufer** *n* tepi/pinggir sungai/kali

flüstern *tr. itr.* berbisik, membisikkan

Flut *f* (*–;–en*) air pasang; banjir, air bah; air deras; *e–e ~ von*, *fig.* banyak sekali; **≗en** *itr. tr.* mengalir (dng. deras); mengaliri; membanjiri; *~der Verkehr* lalu-lintas yg. ramai; **–licht** *n* penerangan dng. lampu sorot; **–wechsel** *m* pasang surut; **–welle** *f* gelombang pasang; **–zeit** *f* (waktu) pasang naik

Föderation *f* (*–;–en*) federasi

Fohlen *n* (*–s;–*) anak kuda

Föhn *m* (*–ɇs;–e*) angin kering dan panas di sebelah utara pegunungan Alpen

Folge *f* (*–;–n*) akibat, lanjutan, hasil; *Reihe* deretan, rangkaian; *zur ~ haben* mengakibatkan, berakibat; *~ leisten* menuruti, menerima; *die ~n tragen* menanggung akibat; **–erscheinung** *f* gejala (sebagai) akibat; **–leistung** *f* ketaatan, kepatuhan

folgen *itr.* mengikuti, menyusul; *gehorchen* menurut, mentaati; *nachfolgen* menggantikan; *daraus folgt* dapat disimpulkan; *wie folgt* sebagai/spt. berikut; *e–r Einladung ~* menerima undangan; *~ können* dapat mengerti; **–d** berikut(nya), yg. menyusul; **–dermaßen**, **–derweise** sebagai berikut; **–reich**, **–schwer** berakibat berat/penting

folgerecht, folgerichtig konsekwen, logis, tepat

folger|n *itr.* menarik kesimpulan, menyimpulkan; **≗ung** *f* (*–;–en*) kesimpulan

Folge|satz *m*, *Gr.* anak kalimat yg. mengungkapkan akibat dari suatu kejadian yg. disebut dl. kalimat induk, klausa konsekutif; **≗widrig** tdk. konsekwen; **–zeit** *f* waktu yg. akan datang

folglich maka (dari itu), jadi, akibatnya

folgsam taat, patuh

Foliant *m* (*–en;–en*) buku ukuran folio yg. tebal

Folië *f* (*–;–n*) lembaran/helai tipis (dari plastik, aluminium . . .)

Folioformat *n* ukuran folio

Folklore *f* (*–;O*) ceritera/kesenian rakyat

Folter *f* (*–;–n*) alat penyiksaan; *das Foltern* penyiksaan, siksaan; *j-n auf die ~ spannen* menyimpan informasi utk. membuat sso. gelisah (karena sangat ingin tahu); **–instrument** *n* alat penyiksaan; **–kammer** *f* ruang penyiksaan; **–knecht** *m* penyiksa; **≗n** *tr.* menyiksa, menganiaya

Fön *m* (*–s;–e*) alat pengering rambut; **≗en** *tr.* mengeringkan rambut

Fond *m* (*–s;–s*) *Wagen* tempat-duduk belakang; *Grundlage* dasar; *Kunst* latarbelakang

Fonds *m* (*–;–*) dana, cadangan, *bp.* fonds

Fontäne *f* (*–;–n*) air mancur

foppen *tr.* mengganggu, mempermainkan, mengusik

forcieren (*–*) *tr.* memaksakan, memforsir; mempercepat

Förder|anlage *f* instalasi/alat pembawa barang-barang; **–band** *n* ban berjalan (pembawa barang), sabuk transpor; **–er** *m* (*–s;–*) pendukung, sponsor, penolong; **–klasse** *f* kelas khusus utk. anak yg. ketinggalan atau yg. melebihi nilai rata-rata; **–korb** *m* sm. lift (di pertambangan); **≗lich** bermanfaat, berguna, menguntungkan

fordern *tr.* menuntut; menantang

förder|n *tr.* memajukan; *j–n ~* menolong sso. spy. maju, mensponsori sso.; *Kohle ~* menambang batubara; **≗schacht** *m* cerobong/corong dl. pertambangan; **≗turm** *m* menara pertambangan batubara

Forderung *f* (*–;–en*) tuntutan, permintaan; tantangan; tagihan; *ausstehende ~en* piutang; *~en stellen* menuntut

Förderung *f* (*–;O*) dorongan, bantuan, usaha memajukan/mendukung sst.; produksi hasil tambang; **≗swürdig** pantas dibantu/dimajukan

Forelle *f* (*–;–n*) ikan forel, *salmo trutta*

Forke *f* (*–;–n*) porok/garpu besar

Form *f* (*–;–en*) bentuk, wujud; *Kuchen* loyang, cetakan kue; *Körperform* potongan; *Preßform, Gußform* acuan; *Umgangsform(en)* tata krama; *die ~ wahren* bertingkahlaku sopan; *in (guter) ~ sein* (badan) dl. kondisi baik; *in aller ~* menurut peraturan sopan santun, secara resmi; *et. nimmt feste ~en an* mendapat bentuk (semakin) mantap

formal resmi, formal; **≗in** *n* (*–s;O*) formalin, obat pengawetan dan desinfeksi; **≗ismus** *m* (*–;O*) sikap mementingkan yg. lahiriah, formalisme; **≗ität** *f* (*–;–en*) peraturan resmi; formalitas, *e–e reine ~* basa-basi belaka

Format *n* (*–ts;–e*) ukuran, format; *e Mann von ~* seorang yg. berkepribadian

Formation *f* (*–;–en*) *Mil.* formasi, susunan/satuan pasukan; *Formierung* pembentukan; *Geo.* masa pembentukan bumi

Formblatt *n, s. Formular*

Formel *f* (*–;–n*) rumus; **≗haft** stereotip, selalu sama

formell resmi, kaku, basa-basi, formal

formen *tr.* membentuk, memberi wujud; menyusun

Formenlehre *f, Gr.* ilmu bentuk (kata-kata), morfologi

Form|fehler *m, Jur.* kesalahan yg. mengakibatkan tdk. sahnya sst.; *gesellschaftlich* pelanggaran tata cara; **≗gerecht** seharusnya, sepatutnya; **–gestalter** *m* disainer, perancang (di bidang industri); **≗ieren** (*–*) *tr.* membentuk, menyusun; *itr. refl.* berkumpul, bergabung; terbentuk

förmlich *s. formell; ich bekam ~ Angst* saya sungguh-sungguh takut; **≗keit** *f* (*–;–en*) tindakan/acara resmi/formal; hal menurut aturan resmi, keresmian, formalitas

form|los tanpa bentuk, samar; *fig.* tanpa memperhatikan tata cara atau formalitas; tdk. resmi; **≗sache** *f* keresmian, formalitas; **–schön** indah (bentuknya), bergaya
Formular *n* (*–s;–e*) formulir, surat isian
formulier|en (–) *tr.* merumuskan; **≗ung** *f* (*–;–en*) (pe)rumus(an); batasan
Formung *f* (*–;O*) pembentukan wujud (lahiriah)
formvollendet berbentuk sempurna, indah
forsch gagah, berani; penuh aksi, bergaya
forschen *itr.* menyelidiki, meneliti; melakukan riset; *nach et.* ~ mencari sst.
Forscher|(in *f*) *m* (*–s;–*) penyelidik, peneliti; **–geist** *m* semangat/jiwa seorang penyelidik
Forschung *f* (*–;–en*) penelitian, penyelidikan, riset; **–s·abteilung** *f* bagian riset; **–s·arbeit** *f* riset; **–sgebiet** *n* bidang/lapangan riset; **–sgesellschaft** *f* lembaga penyelidikan/riset; **–sreise** *f* perjalanan penyelidikan/riset, ekspedisi
Forst *m* (*–es;–e/–en*) hutan (terpelihara); **–akademie** *f* akademi kehutanan; **–amt** *n* jawatan kehutanan; **–aufseher** *m* pengawas hutan
Förster *m* (*–s;–*) pegawai jawatan kehutanan; **–ei** *f* (*–;–en*) *s. Forsthaus*
Forst|frevel *m* perusakan hutan, pencurian kayu; **–haus** *n* rumah instansi kehutanan; **–meister** *m* kepala jawatan kehutanan; **–revier** *n* daerah/wilayah kehutanan; **–wesen** *n*, **–wirtschaft** *f* perhutanan, kehutanan; **–wirt** *m* ahli kehutanan
Fort *n* (*–s;–s*) benteng, (per)kubu(an)
fort tdk. ada; jauh dari; ~ *von Jakarta* pergi dari Jakarta; *wir müssen* ~ *von hier* kita harus minggir dari sini; ~*!* pergi! *in e-m* ~ terus-menerus; *u. so* ~ (*usf.*) dan seterusnya (dst.)
fort|an selanjutnya, mulai dari sekarang, seterusnya; **–bestehen** (–) *unr. itr.* tetap (ber)ada, terus berdiri, bertahan; **–bewegen** (–) *refl.* bergerak maju; *tr.* memindahkan; **≗bewegung** *f* gerak-maju; **–bilden** *tr. refl.* melanjutkan pendidikan; **≗bildungskurs(us)** *m*, **≗bildungslehrgang** *m* kursus/pendidikan lanjutan, latihan lanjutan; seminar, penataran; **≗bildungsschule** *f* sekolah/lembaga pendidikan lanjutan; **–bleiben** *unr. itr.* tdk. hadir; **–bringen** *unr. tr.* membawa ke tempat lain; *j-n* ~ mengantar sso.; **–dauern** *itr.* berlangsung terus, berlanjut-lanjut; tetap ada; **–dauernd** terus-menerus, kontinyu; **–fahren** *unr. itr.* pergi/berangkat dng. kendaraan; *fig.* meneruskan; **–fallen** *unr. itr.* ditiadakan, dibuang; ~ *lassen* meniadakan; **–führen** *tr.* melanjutkan, meneruskan; *j-n* ~ membawa sso. (dng. paksa); **≗führung** *f* penerusan; **≗gang** *m* perginya, sepeninggalnya; kepergian; *Fortsetzung* kelanjutan; *Weitergang* kemajuan; *e-n schleppenden* ~ *nehmen* berlangsung dng. tersendat-sendat
fort|gehen *unr. itr.* pergi, meninggalkan; *fig.* berjalan/berlangsung terus; **–geschritten** *Adj.* lanjutan; *Klasse/Kursus für* ≗*e* kelas/kursus utk. peserta tingkat lanjutan; *zu ~er Stunde* sudah larut malam; **–gesetzt** terus-menerus; **–kommen** *unr. itr.* pergi, berangkat; *abhanden kommen* kehilangan (uang dsb.); *fig.* maju; *mach daß du fortkommst!* pergi! enyahlah! **≗kommen** *n* (*–s;O*) kemajuan (dl. karir); *Unterhalt* mata pencaharian; **–laufen** *unr. itr.* lari dari; melarikan diri; **–laufend** terus-menerus; berurutan; ~*e Nummer* nomor urut; **–leben** *itr.* hidup terus, tetap hidup; **≗leben** *n* hidup di akhirat
fortpflanz|en *sich* ~ membiak; menyebar luas; **≗ung** *f* (*–;O*) pembiakan; *Elek.* transmisi; **≗ungs·apparat** *m* alat pembiakan; **–ungsfähig** mampu membiak; **≗ungstrieb** *m* dorongan/nafsu utk. mengadakan turunan
fort|räumen *tr.* menghilangkan, memindahkan; **–schaffen** *tr.* menyisihkan, membawa (ke tempat lain), memindahkan; **–schicken** *tr.* menyuruh pergi; mengirim;

–schreiben *unr. tr.* mengadakan proyeksi jangka jauh; meneruskan; *fig.* mengabadikan; **–schreiten** *unr. itr.* melangkah maju, berjalan/berkembang terus; **–schreitend** meningkat; berlangsung terus; progresif; **⁼schritt** *m* kemajuan; **–schrittlich** maju, progresif, modern; **–setzen** *tr.* meneruskan, melanjutkan, menyambung; **⁼setzung** *f* (*–;–en*) lanjutan, sambungan; ~ *folgt* bersambung, akan dilanjutkan; **–stehlen** *unr., sich* ~ pergi diam-diam, minggat; **–während** terus-menerus, selalu; **–ziehen** *unr. tr.* menarik (ke tempat lain); *itr.* pindah (tempat tinggal)

Forum *n* (*–s;Foren/Fora*) forum, tempat bertukar pikiran secara terbuka; *vor dem* ~ *der Öffentlichkeit* di muka khalayak ramai; ~ *für Diskussionen* tempat utk. bertukar pikiran di muka umum, tempat diskusi terbuka

Fossil *n* (*–s;–iën*) fosil

Foto (*–s;–s*) **1.** *n* foto, gambar, potret; **2.** *m, ugs.* kamera, alat pemotret, *bp.* kodak

Foto|album *n* album foto; **–apparat** *m* kamera, alat pemotret, *bp.* tustel; **⁼gen** *Adj.* cocok utk. dipotret, nampak cakap bila dipotret, *bp.* fotogenik; **–geschäft** *n* toko peralatan foto; **–graf** *m* (*–en;–en*) juru potret, pemotret; **–grafie** *f* (*–;. . . ien*) foto, potret; fotografi, seni potret; **⁼grafisch** berh. dng. fotografi; fotografis; **–kopie** *f* fotokopi; **⁼kopieren** (*–*) *tr.* membuat fotokopi; **⁼mechanisch** (mencetak) dng. membuat foto; **–modell** *n* fotomodel; **–montage** *f* pembuatan gambar dari potongan beberapa foto; gambar hasil penyusunan potongan beberapa foto

Fötus *m* (*–ses;–se*) janin, *foetus*

Foyer *n* (*–s;–s*) ruang masuk (gedung), ruang tunggu, *bp.* lobi

Fracht *f* (*–;–en*) muatan; *s. Frachtgebühren;* **–brief** *m* surat muatan; *Mar.* konosemen; **–dampfer** *m,* **–er** *m* (*–s;–*) kapal muatan/barang, tongkang; **–flugzeug** *n* kapal terbang pengangkut barang; **⁼frei** biaya muatan sudah dibayar; **–gebühren** *pl,* **–geld** *n* biaya muatan; **–geschäft** *n* perusahaan angkutan; **–gut** *n* barang muatan; *als* ~ *schicken* mengirim sebagai barang; **–kosten** *pl* uang pengiriman barang, biaya muatan/angkutan; **–raum** *m* ruang/kapasitas muat(an); **–satz** *m* tarif muatan/angkutan; **–schiff** *n, s. Frachter;* **–stück** *n* koli; paket; **–verkehr** *m* lalu-lintas barang/muatan; **–wagen** *m* mobil angkutan, truk

Frack *m* (*–ŧs;⁼e*) sm. jas berekor (berwarna hitam utk. acara resmi), dabal setengah tiang

Frage *f* (*–;–n*) pertanyaan; *Angelegenheit* pokok pembicaraan, persoalan, masalah; *außer* ~ *stehen* pasti, sudah barang tentu; *in* ~ *kommen* cocok, sesuai; *das kommt nicht in* ~*!* (hal itu) tdk. boleh; *in* ~ *stellen* menyangsikan, meragukan; *das ist eben die* ~ itulah persis masalahnya; *ohne* ~ jelas, pasti; **–bogen** *m* daftar pertanyaan, kwesioner; **–fürwort** *n* kata ganti tanya; **⁼n** *tr.* bertanya, menanyakan; *sich* ~ mempertimbangkan; *gefragt sein* laku, laris; *es fragt sich ob* belum pasti bahwa; *niemand fragt danach* tak ada yg. mempedulikannya

Frage|satz *m* kalimat tanya; **–steller** *m* penanya; **–stellung** *f* cara bertanya; masalah, persoalan; **–wort** *n* kata tanya; **–zeichen** *n* tanda tanya

frag|lich tdk. pasti, belum tentu, dapat disangsikan; *erwähnt* yg. bersangkutan; **–los** pasti, tentu

Fragment *n* (*–ŧs;–e*) fragmen, penggalan; **⁼arisch** dl. bentuk fragmen, kurang lengkap

fragwürdig pantas disangsikan, yg. mencurigakan

Fraktion *f* (*–;–en*) fraksi; **–svorsitzende** *m, f* ketua fraksi; **–szwang** *m* kewajiban memberi suara spt. yg. ditentukan pimpinan fraksi

Fraktur *f* (*–;–en*) *s. Frakturschrift; Med.* patah tulang, *fractura;* ~ *reden* berterus-terang, bicara blak-blakan; **–schrift** *f* huruf cetak Jerman

frank ~ *u. frei* terus-terang, tanpa tedeng aling

Frank *m* (*–en;–en*); **–en** *m* (*–s;–*) frank (*mata uang Belgia, Perancis dan*

Swiss); **–e** *m* (*–n;–n*) (*anggota*) *salah satu sukubangsa di Jerman,* franka
Frankfurter 1. *m* (*–s;–*) penduduk kota Frankfurt; ~ *Würstchen, s.* **2.** *f* (*–;–*) sm. sosis dari daging (sapi/babi)
frankieren (–) *tr.* membubuhi perangko
franko bebas dari bea tertentu
Franse *f* (*–;–n*) umbai, jumbai
Franzbranntwein *m* sm. alkohol gosok
Franziskaner *m* (*–s;–*) *Rel.* Saudara Dina, Fransiskan; **–orden** *m, Rel.* Ordo Fransiskan
frappant yg. mengesankan/mengherankan
Fräse *f* (*–;–n*) alat menggembur dan membalik tanah; *s. Fräsmaschine*
Fräsmaschine *f* mesin bubut/frais
Fraß *m* (*–es;O*) makanan binatang; makanan jelek; *Rost* karatan
Frater *m* (*–s;Fratres*) frater, bruder
Fratze *f* (*–;–n*) geri(ng)sing, gerenyet muka, muka jelek; *~n schneiden* menyeringai; **≗nhaft** (bentuk muka) yg. menggelikan/menakutkan
Frau *f* (*–;–en*) perempuan, wanita; *Ehefrau* isteri, *bp.* bini; *Anrede* (i)bu, nyonya (Ny.); ~ *Baum* Nyonya/Ibu Baum; *meine* ~ isteri saya; *Unsere Liebe* ~ Bunda Maria; *zur ~ begehren* menginginkan sebagai isteri; *zur ~ geben* mengawinkan (anak perempuan) dng.; *zur ~ nehmen* memperisteri
Frauen|arzt *m* ginekolog; **–bewegung** *f* gerakan wanita; **–held** *m* si mata keranjang; **–klinik** *f* rumah sakit utk. penyakit wanita dan bersalin; **–kloster** *n* biara utk. wanita, susteran; **–krankheit** *f,* **–leiden** *n* penyakit wanita; **–rechtlerin** *f* pendukung emansipasi wanita; **–s·person,** *f, s. Frauenzimmer;* **–stimmrecht** *n* hak memilih utk. kaum wanita; **–zimmer** *n, pej.* perempuan
Fräulein *n* (*–s;–*) nona, gadis; *Anrede* non(a)· (Nn.); *Ihr ~ Tochter* puteri anda
fraulich kewanitaan, keibuan
frech kurangajar, berani, lancang; **≗dachs** *m, pej.* anak nakal; **≗heit** *f* (*–;–en*) kelancangan, kenakalan
Fregatte *f* (*–;–n*) sm. kapal perang perusak, fregat; **–nkapitän** *m* letnan kolonel (angkatan laut)
frei bebas, merdeka, tdk. terikat; lepas; *nicht besetzt/gebraucht* kosong, tdk. terpakai; *offen* terbuka, (*fig.*) terus-terang; *umsonst* tdk. usah bayar, cuma-cuma, franko; *ohne Verpflichtung* perai, prei, libur; *Pol.* liberal; *~e Berufe* pekerjaan yg. tdk. terikat (spt. dokter, pengacara, seniman . . .); *~e Fahrt* perjalanan tanpa halangan; *~e Hand haben* boleh bertindak leluasa; *~e Liebe, bp.* friseks; *≗e Reichsstadt* kota berdaulat (di Jerman); *aus ~en Stücken* tdk. terpaksa, menurut kemauan sendiri; *im ≗en* di luar rumah, di alam terbuka; *~er Mitarbeiter* tenaga lepas; *~e Stelle* lowongan; *~er Sitzplatz* tempat duduk kosong/perai; *sind Sie ~ ?* anda punya waktu? *ich bin so ~* saya memberanikan diri; ~ (*heraus*) *sprechen* berbicara bebas/terus-terang/blakblakan; *sich ~ benehmen* bertingkahlaku bebas, tdk. takut atau tdk. kaku; *dort herrscht e ~er Ton* di sana ada suasana bebas; *~ an Bord* harga sampai di atas alat pengangkutan, franko kapal, *f.o.b. (free on board); ~ Haus* tanpa bayar bea angkut, harga sampai di rumah; *Eintritt ~* masuk bebas/gratis; *~er Tag* hari bebas kerja, hari perai; ~ *sprechen* berbicara terus terang, (*Redner*) berpidato tanpa teks
Frei|bad *n* kolam renang (di luar gedung); **–bank** *f* tempat penjualan daging yg. kurang bermutu; **≗beruflich** yg. tdk. terikat pd. majikan; **–betrag** *m* pendapatan yg. bebas pajak; **–beuter** *m* perompak, bajak laut; **≗bleibend** tdk. terikat/mengikat; **–brief** *m* piagam tt. hak istimewa; *fig.* alasan, dalih; **–denker** *m* orang yg. tdk. mengakui/menganut ajaran agama; ateis
Freie 1. *m, f* (*–n;–n*) orang bebas; **2.** *n* (*–n;O*) alam terbuka/bebas
freien *tr.,* ~ *um* meminang, melamar; *itr.* berpacaran
Freier *m* (*–s;–*) peminang, pelamar; kekasih

Frei|exemplar *n* buku hadiah/ contoh; **–fahrschein** *m* karcis gratis; **–fahrt** *f* perjalanan gratis; **–frau** *f* (*gelar*) isteri baron; **–gabe** *f* pembebasan, perlepasan; **≗geben** *unr. tr.* membebaskan, melepaskan; *erlauben* mengijinkan, mencabut larangan; *e-n Tag* ~ memberi perai/ liburan satu hari; **≗gebig** murah hati, royal; **–gebigkeit** *f* (–;O) sikap suka memberi; **–gehege** *n* sm. kandang tanpa jeruji; **–geist** *m, s. Freidenker;* **–gepäck** *n* bagasi yg. termasuk harga tiket; **–gut** *n* barang yg. bebas bea-cukai; **≗haben** *unr. itr.* (ber)libur; **–hafen** *m* pelabuhan bebas, *free port;* **≗halten** *unr. tr.* (men)traktir, membayar utk.; *e-n Platz* ~ menjaga tempat kosong; **–handel** *m* perdagangan bebas; **≗händig** lepas tangan

Freiheit *f* (–;–*en*) kebebasan, kemerdekaan; keleluasan; **≗lich** bebas, liberal, bersemangat bebas; *~e Ordnung* tata tertib yg. bebas dan konstitusional; **–sberaubung** *f* penahanan ilegal; **–sdrang** *m* keinginan akan kebebasan; **–skampf** *m,* **–skrieg** *m* perang kemerdekaan; **–sliebe** *f* cinta kemerdekaan; **–s·strafe** *f* hukuman penjara

freiheraus terus-terang, terbuka

Frei|herr *m* baron; **–karte** *f* karcis gratis, *free pass;* **–kirche** *f* gereja Protestan yg. bebas dari 'Landeskirche'; **–körperkultur** *f* gerakan hidup telanjang, nudisme; **–korps** *n* pasukan sukarelawan; **≗lassen** *unr. tr.* melepaskan, membebaskan; *unbesetzt lassen* membiarkan kosong, tdk. mengisi; **–lassung** *f* pembebasan; **–lauf** *m* roda jalan bebas, *bp.* priwil; **–laufbremse** *f* rem torpedo; **≗legen** *tr.* membuka (yg. ditutupi)

freilich sudah barang tentu, ya, memang

Frei|lichtbühne *f* teater terbuka; **–los** *n* (surat) undian/lotere yg. gratis; **≗machen** *tr.* membubuhi perangko; *leeren* mengosongkan; *sich* ~ mengambil/mencari waktu bebas, (*ausziehen*) membuka pakaian(nya); **–marke** *f* perangko, meterai pos; **–maurer** *m* (–*s*;–) anggota gerakan *freemason/vrijmetselar;* **–mut** *m* sikap terus-terang; **≗mütig** terus-terang, terbuka; **≗nehmen** *unr. tr.* mengambil libur; **–schärler** *m* (–*s*;–) gerilyawan, **≗schwimmen** *unr., sich* ~ (ujian) berenang selama 15 menit; *fig.* mulai berdiri sendiri; **≗sinnig** liberal; **≗sprechen** *unr. tr.* membebaskan dari tuduhan; **–spruch** *m* keputusan (hakim bahwa tersangka) tdk. bersalah; **–staat** *m* republik; **–statt** *f* (–;–̈*en*), **–stätte** *f* (–;–*n*) (tempat) suaka; **≗stehen** *unr. itr., es steht j-m frei* terserah pd. sso.; *~des Zimmer* kamar kosong (utk. disewa); **–stelle** *f* beasiswa; **≗stellen** *tr.,* ~ *von* membebaskan dari; **–stil** *m* gaya bebas; **–stoß** *m* tendangan bebas

Frei|tag *m* Jumat; **–tod** *m* pembunuhan diri; **≗tragend** tanpa penopang (di satu sudut); **–treppe** *f* tangga di luar; **–übungen** *pl* senam; **–umschlag** *m* amplop berperangko; **–wild** *n,* ~ *sein* tdk. mendapat perlindungan hukum; **≗willig** sukarela; **–willige** *m* (–*n*;–*n*) sukarelawan; **–willigkeit** *f* (–;O) kerelaan; **–zeichen** *n, Tel.* nada pilih; **–zeit** *f* waktu luang/libur/senggang; pertemuan pd. akhir pekan; **–zeitgestaltung** *f* kegiatan di waktu luang; **–zeitkleidung** *f* pakaian rekreasi; **–zügigkeit** *f* (–;O) kebebasan berpindah tempat; *fig.* kemurahan hati; sikap serba membolehkan

fremd asing, tak dikenal; tdk. biasa; *~es Eigentum* bukan milik sendiri; *ich bin hier* ~ saya bukan orang sini; **≗arbeiter** *m* buruh dari negara lain; **–artig** tdk. biasa, aneh

Fremde 1. *f* (–;O) perantauan; **2.** *m, f* (–*n*;–*n*) orang yg. tdk. dikenal; orang asing; **–nbuch** *n* buku tamu (di hotel); **–nführer** *m* pramuwisata; **–nhaß** *m* rasa benci pd. orang asing; **–nheim** *n* penginapan; **–n·industrie** *f* industri pariwisata; **–nverkehr** *m* pariwisata, turisme; **–nzimmer** *n* kamar sewa utk. tamu

Fremd|finanzierung *f* pembiayaan dari pihak luar; **≗gehen** *unr. itr.* berzinah, menyeleweng

Fremd|herrschaft *f* penjajahan; **–kapital** *n* modal dari luar, pinjaman; **–körper** *m* benda asing; **²ländisch** asing, dari luar negeri; **–ling** *m* (*–s;–e*) orang asing; **–sprache** *f* bahasa asing; **²sprachig** dapat berbicara dl. bahasa asing; dl. bahasa asing; **²sprachlich** berh. dng. bahasa asing; **²stämmig** yg. berketurunan asing; **–wort** *n* kata asing

frequentieren (–) *tr.* sering mengunjungi

Fre·quenz *f* (*–;–en*) *Phys.* frekwensi, bilangan getaran; jarang-kerapnya; *Besucherzahl* kehadiran

Freske *f* (*–;–n*), **Fresko** *n* (*–s;. . . ken*) sm. lukisan pd. dinding

Fresse *f* (*–;–n*) *ugs., bp., bk.* moncong, bacot

fressen *unr. tr., Tier* makan; *Mensch* makan dng. rakus; *Rost, Säure* merusak(kan); *j-n gefressen haben* tdk. suka pd. sso.; **²n** (*–s;O*) makanan yg. buruk; makanan binatang; *e gefundenes ~* hal yg. sangat cocok/menguntungkan bagi sso.

Fresser *m* (*–s;–*) pelahap; pelalah; **–ei** *f* (*–;–en*) makan-makan yg. berlebihan

Freß|gier *f* lahapnya, kerakusan; **–lust** *f* nafsu makan banyak; **–napf** *m* tempat makanan binatang

Freude *f* (*–;–n*) kegembiraan, kegirangan, riang-gembira, keriangan, kesenangan hati, sukaria; *mit ~n* dng. senang hati; *Freud u. Leid* suka-duka

Freuden|botschaft *f* kabar gembira, berita sukacita; **–fest** *n* pesta meriah; **–feuer** *n* api unggun pd. pesta; **–geschrei** *n* sorak-sorai; **–haus** *n* rumah/tempat pelacuran; **–mädchen** *n* pelacur; **–tag** *m* hari kegembiraan; **–taumel** *m* mabuk kegembiraan

freude|strahlend berseri-seri; **–trunken** *Adj* dng. riang gembira

freudig gembira, bersukaria, riang, girang, senang, meriah; *gratulieren zum ~en Ereignis* mengucapkan selamat atas kelahiran anak; **²keit** *f* (*–;O*) suasana gembira

freudlos sedih

freuen *sich ~* bergembira, bersukaria; *es freut mich, Sie kennenzulernen* saya senang berkenalan dng. anda; *sich ~ auf* menanti-nantikan

Freund *m* (*–es;–e*), **–in** *f* (*–;–nen*) teman, sahabat, kawan, sobat; *Liebhaber* kekasih; *e ~ der Wissenschaft* penggemar ilmu; **²lich** ramah (-tamah), baik hati, manis tuturnya, lemah-lembut; *~es Wetter* cuaca baik, udara cerah; *~ es Zimmer* kamar nyaman; **²licherweise** atas kebaikan; dng. baik hati, **–lichkeit** *f* (*–;–en*) keramahan; kebaikan hati; *j-m e-e ~ erweisen* menolong sso.; **–schaft** *f* (*–;–en*) persahabatan; **²schaftlich** yg. bersahabat, ramah; **–schaftsdienst** *m* pertolongan, kebaikan; **–schaftsspiel** *n* pertandingan persahabatan

Frevel *m* (*–s;–*) pelanggaran/perusakan hal-hal yg. dianggap keramat; *Untat* kejahatan; **²haft** jahat, durhaka, tak mempedulikan Tuhan; **–mut** *m* niat jahat; **²n** *itr.* berbuat jahat, melanggar; menodai; *Rel.* berdosa, menghojat; **–tat** *f, s. Frevel*

freventlich *s. frevelhaft*

Frevler *m* (*–s;–*) pelanggar, penjahat, penghojat

Friede(n) *m* (*–ns;–n*) damai, perdamaian; ketentraman, kerukunan; *laß mich in ~n!* jangan mengganggu saya!

Friedens|bedingungen *pl* syarat-syarat perdamaian; **–bote** *m* utusan/pembawa perdamaian; **–bruch** *m* pelanggaran perdamaian; **–gespräche** *pl* perundingan perdamaian; **²mäßig** spt. dl. waktu damai; **–pfeife** *f* pipa perdamaian; **–richter** *m* orang yg. memutuskan perkara kecil antara warga setempat; **–schluß** *m* perjanjian perdamaian; **–stärke** *f* kekuatan dan perlengkapan (tentara) pd. waktu damai; **–stifter** *m* pendamai; **–störer** *m* pengacau, penyerang; **–verhandlungen** *pl* perundingan perdamaian; **–vertrag** *m* perjanjian perdamaian; **–zeit** *f* masa damai; zaman perdamaian

fried|fertig suka damai; **²fertigkeit** *f* (*–;O*) sikap suka damai; **²hof** *m* kuburan, taman makam; tempat pemakaman; **–lich** secara damai; tenang; suka damai, rukun; ~ *stimmen* menenangkan (sso.); ~*e Nutzung der Kernenergie* penggunaan tenaga nuklir utk. maksud damai; **–liebend** yg. suka kedamaian/kerukunan, yg. cinta damai; **–los** tdk. tenang, gelisah; **–sam** *s. friedlich*

frieren *unr. itr.* merasa (ke)dingin(an); *gefrieren* membeku, menjadi dingin/es

frigid(e) dingin syahwat

Frikadelle *f* (*–;–n*) perkedel, bergedel

Frikassee *n* (*–s;–s*) hidangan daging yg. diiris halus, disetup lalu diberi saus

frisch segar; baru, bersih; sejuk; ~ *gestrichen!* awas, cat basah! ~*e Farben* warna cerah; ~*e Wäsche anziehen* ganti pakaian (dalam); *auf* ~*er Tat ergriffen/ertappt* tertangkap basah, **≗e** *f* (*–;O*) keadaan sejuk/segar; **≗haltepackung** *f* kemasan hampa udara; **≗haltung** *f* (*–;O*) pengawetan (makanan); **≗ling** *m* (*–s;–e*) anak celeng; **–weg** terus-terang, blak-blakan

Friseur *m* (*–s;–e*) tukang cukur, pemangkas/penata rambut; **–geschäft** *n*, **–laden** *m* tempat/salon pemangkas rambut

Friseuse *f* (*–;–n*) penata rambut

frisier|en (–) *tr.* menyisir, menata rambut; *fig.* memalsukan laporan (asal bapak senang); **≗salon** *m* salon; **≗tisch** *m*, **≗toilette** *f* meja rias/toilet

Frist *f* (*–;–en*) jangka waktu (tertentu/terbatas); batas waktu; *Aufschub* penundaan waktu; *e-e* ~ *setzen* menentukan batas waktu **≗en** *tr.*, *sein Leben* ~ hidup melarat; **≗los** langsung, tanpa ditunda/pemberitahuan

Frisur *f* (*–;–en*) tata rambut

frivol sembrono; *fig.* kotor, jorok; **≗ität** *f* (*–;–en*) kelakuan sembrono, tingkah laku tdk. sopan; omongan kotor

froh gembira, riang, senang; *die* ≗*e Botschaft*, *Rel.* Kabar Gembira, Injil

fröhlich gembira, riang, senang; ~*e Weihnacht(en)/Ostern* selamat Hari Natal/Paskah; **≗keit** *f* (*–;O*) kegembiraan, keriangan, kegirangan

frohlocken (–) *itr.* bersorak-sorai, bersorak gembira; *schadenfroh* bersenang-senang atas kerugian orang lain, bergendang paha

Frohsinn *m* kegembiraan hati, kebahagiaan

fromm saleh, alim, beribadat; *sanft* (*Mensch*) lembut, (*Tier*) jinak; ~*er Wunsch* khayalan, ilusi

Frömmelei *f* (*–;O*) sikap berlagak suci

Frömm|igkeit *f* (*–;O*) kesalehan, kealiman; **–ler** *m* (*–s;–*) orang yg. berlagak suci, orang munafik

Fron *f* (*–;O*), **–arbeit** *f*, **–dienst** *m* kerja rodi/paksa; **≗en** *itr.* melakukan kerja rodi

frönen *itr.* menjadi budak, ketagihan; *s-n Leidenschaften* ~ melampiaskan nafsunya

Fron·leichnamsfest *n*, *Rel.* Pesta Sakramen Mahakudus

Front *f* (*–;–en*) garis depan, front; bagian terdepan/muka; **≗al** frontal, berhadapan langsung; **–antrieb** *m*, *Mot.* penggerakan pd. roda muka; **–kämpfer** *m*, **–soldat** *m* tentara garis depan; **–wechsel** *m* pembelotan; *fig.* perubahan haluan

Frosch *m* (*–es;⸚e*) kodok, katak, *ranidae; e-n* ~ *im Hals haben* parau, serak; **–laich** *m* telur kodok; **–mann** *m* manusia katak; **–perspektive** *f*, *aus der* ~ dipandang dari bawah sekali; **–schenkel** *m* paha kodok

Frost *m* (*–es;⸚e*) suhu/kedinginan di bawah titik beku; **–aufbrüche** *pl* kerusakan jalan akibat kedinginan; **≗beständig** tahan (keadaan sangat) dingin; **–beule** *f* benjol akibat kena udara sangat dingin, radang dingin

frösteln *itr.* menggigil

Frost|gefahr *f* bahaya kedinginan di bawah titik beku; **≗ig** sangat dingin; *fig.* dingin hati; **–salbe** *f* salep utk. merawat radang dingin; **–schaden** *m* kerusakan/kerugian akibat keadaan sangat dingin; **–schutzmittel** *n* bahan/obat anti beku; **–schutzscheibe** *f* kaca mobil yg. dapat dipanaskan; **–wetter** *n* cuaca sangat dingin

Frottee *n* (–*ṣ*;–*s*) kain handuk
frottier|en (–) *tr.* menggosok dng. handuk. **≗(hand)tuch** *n* handuk mandi
Frucht *f* (–;–̈*e*) buah; hasil; *Feld* padi-padian; ~ *ansetzen* berputik
frucht|bar subur, berbuah lebat; produktif; berhasil baik; **≗barkeit** *f* (–;*O*) kesuburan; **≗barkeitsbräuche** *pl* adat yg. berh. dng. kesuburan; **–bringend** menghasilkan, berbuah, menguntungkan
Früchte *pl* buah-buahan
Frucht|eis *n* es krim beraroma buah-buahan; **≗en** *itr.* menghasilkan; berguna, berhasil; **–essenz** *f* esens buah-buahan; **–folge** *f* penanaman jenis-jenis tanaman secara bergiliran; **–knoten** *m* bakal buah; **≗los** tdk. berhasil, sia-sia, gagal; **–presse** *f* alat pemeras buah; **–saft** *m* sari buah; **–wasser** *n* air tuban, *liquor amnii;* **–wechsel** *m, s. Fruchtfolge*
frugal (makanan) sederhana
früh pagi(–pagi), dini; *morgen* ~ besok pagi; *morgens* ~ pagi-pagi benar; *von* ~ *bis spät* sepanjang hari, terus-menerus, sehari suntuk; *noch zu* ~ belum waktunya; ~*estens um 6 Uhr* paling-paling jam 6, **≗aufsteher** *m* orang yg. suka bangun pagi-pagi; **–christlich** berh. dng. Kristen purba
Früh|e *f* (–;*O*) pagi/dini hari, fajar; *in aller* ~ pagi-pagi benar; **≗er** dahulu, dulu; yg. lalu; *3 Stunden* ~ *kommen* datang tiga jam lebih dulu; *der* ~*e Besitzer* pemilik sebelumnya; bekas pemilik; *in* ~*en Zeiten* tempo doeloe; **≗estens** paling pagi/dini
Früh|geburt *f* kelahiran sebelum waktunya, kelahiran prematur/dini; **–geschichte** *f* sejarah zaman kuno/purba; **–gottesdienst** *m* ibadat/misa pagi-pagi; **–jahr** *n* musim semi/bunga; **–konzert** *n* konser pagi hari; **–ling** *m* (–*s*;–*e*) *s. Frühjahr;* **–lings·anfang** *m* permulaan musim semi, tanggal 21 Maret; **–messe** *f, s. Frühgottesdienst;* **≗morgens** pagi hari, pagi-pagi; **≗reif** terlalu cepat matang/dewasa; **–schicht** *f* regu pekerja pagi; **–schoppen** *m* perbuatan berkumpul pd. pagi hari di restoran utk. minum-minum; **–sport** *m* senam pagi; **–stück** *n* sarapan (pagi); *zweites* ~ makanan kecil sekitar jam sepuluh; **≗stücken** *itr. tr.* makan pagi; **≗zeitig** sangat pagi, dini; *vorzeitig* sebelum waktunya; **–zug** *m* kereta api pagi; **–zündung** *f, Mot.* penyalaan pendahuluan
Frustration *f* (–;–*en*) frustrasi, rasa kecewa
Fuchs *m* (–*es*;–̈*e*) rubah, *canis vulpes; Pferd* kuda napas; *e schlauer* ~ si licik, si kancil; **–bau** *m* sarang rubah; **≗en** *tr., es fuchst mich* hal itu sangat menjengkelkan saya; **–ië** *f* (–;–*n*) sm. tanaman hias, *fuchsia;* **≗ig** berwarna coklat kemerah-merahan; *fig. ugs.* marah-marah
Füchsin *f* (–;–*nen*) rubah betina
Fuchs|schwanz *m* ekor rubah; *Säge* gergaji kecil; *Bo.* sm. tanaman bunga, *amaranthus;* **≗teufelswild** sangat marah
Fuchtel *f* (–;–*n*) *unter j-s* ~ *stehen* berada di bawah kekuasaan sso.; **≗n** *itr.* menggerak-gerakkan tangan ke sana ke mari
Fuder *n* (–*s*;–) **1.** *Wein* takaran kurang-lebih 1000 liter; **2.** muatan rumput kering
Fug *m, mit* ~ *u. Recht* dng. alasan kuat/benar
Fuge *f* (–;–*n*) celah, sela, alur; *Mus.* fuga; *aus den* ~*n sein* tdk. kokoh lagi, goyang; **≗n** *tr.* menyambungkan
fügen *tr.* menyusun; *sich* ~ menurut, menyesuaikan diri; *es fügt sich, daß* kebetulan terjadi bahwa
füg|lich ~ *kann man sagen* memang/sebenarnya dapat dikatakan; **–sam** menurut, patuh, sopan; **≗ung** *f* (–;–*en*) takdir, nasib, keputusan Tuhan; *Gottes* ~ Penyelenggaraan Ilahi
fühl|bar dapat diraba/dirasakan, nyata ~*er Mangel* kekurangan yg. mengganggu, cukup kurang; **–en** *tr.* merasa(kan); meraba; menyadari; *sich* ~ merasa, berasa; **≗er** *m* (–*s*;–), **≗faden** *m*, **≗horn** *n* sungut, alat peraba; **≗ung** *f* (–;–*en*) hubung-

an, kontak; ~ *aufnehnen* menjalin hubungan

Fuhre *f* (–;–*n*) muatan

führen *tr.* memimpin, mengepalai; *geleiten* menuntun, meng(h)antar; *Mot.* mengemudi, mengendarai; *zum Verkauf haben* menyediakan barang (di toko); *Aufsicht* ~ mengawasi; *Bücher* ~ memegang buku; *e Konto* ~ mempunyai rekening di bank; *et. führt zu nichts* tdk. (akan) ada hasilnya; *Haushalt* ~ mengurus rumahtangga; *j-n hinters Licht* ~ menipu sso.; *Klage* ~ mengajukan keberatan/keluhan; *Krieg* ~ berperang; *mit/nach Punkten* ~ menang angka; *der Weg führt in die Stadt* jalan ini menuju kota; *sich* ~ bertingkah laku

führend yg. menjadi pertama/ utama/top

Führer *m* (–*s*;–) pemimpin; *Touristen* pemandu wisata; *Richtschnur* pedoman; *Handbuch* buku penuntun; **≗los** yg. tdk. dipimpin/dikemudikan; **–natur** *f* orang yg. berbakat memimpin; **–schaft** *f* (–;*O*) kepemimpinan; para pemimpin, pimpinan; **–schein** *m* surat ijin mengemudi (SIM), *bp.* rebewes; **–sitz** *m* tempat pengemudi; **–stand** *m* tempat/ ruang pengemudi (dl. lokomotip); *Flgw.* ruang pilot, kokpit

Fuhr|geld *n*, **–lohn** *m* ongkos/upah angkutan; **–mann** *m* pengemudi kendaraan angkutan, kusir; **–park** *m* keseluruhan kendaraan suatu perusahaan/kotapraja

Führung *f* (–;–*en*) kepemimpinan, pimpinan, para pemimpin; *Betragen* kelakuan, konduite; ~ *durch das Museum* keliling museum dl. kelompok yg. dipimpin; *in* ~ *liegen, Sp.* memimpin pertandingan, memegang posisi terkemuka; **–s-aufgabe** *f* tugas memimpin; **–srolle** *f* peran(an) pimpinan; **–s·spitze** *f* eselon tertinggi; **–s·stab** *m* staf pimpinan; **–s·stil** *m* gaya kepemimpinan; **–szeugnis** *n* surat kelakuan baik

Fuhr|unternehmen *n* perusahaan angkutan; **–werk** *n* kendaraan (yg. ditarik binatang), alat pengangkutan; **–wesen** *n* bidang pengangkutan

Fülle *f* (–;*O*) kelimpahan, tumpahruah, keadaan serba banyak; *Körper* kegemukan; *in Hülle u.* ~ bertumpah ruah; **≗n** *tr.* mengisi/ membuat penuh, memenuhi

Füllen *f* (–*s*;–) anak kuda

Füll|er *m* (–*s*;–), **–federhalter** *m* vulpen; **–horn** *n* (lambang) keadaan berlimpah-limpah; tumpah-ruah; **≗ig** kegemukan, montok; **–ung** *f* (–;–*en*) pengisian; isi; *Tür* papan pd. daun pintu, *bp.* panil pintu; *Zahn* plombir; **–wort** *n* kata pengisi (yg. tdk. ada artinya)

fummeln *itr.* meraba-raba; *Fußball* menggiring, *bp.* mendribel

Fund *m* (–*es*;–*e*) (hasil) penemuan

Fundament *n* (–*ϵs*;–*e*) pondasi, alas, dasar; basis, landasan, pondamen; **≗al** yg. menyangkut azas/pokok/ dasar/basis, fundamental **–alismus** *m* (–;*O*) fundamentalisme; **≗ieren** (–) *tr.* membuat pondasi

Fund|büro *n* kantor pengaduan barang yg. hilang; **–grube** *f, fig.* sumber, gudang, khazanah

fundieren (–) *tr.* mendasari, meletakkan/memberi dasar, memberi alasan/bukti kuat; *Anleihe* menjamin

fündig ~ *werden* menemukan

Fundort *m* tempat penemuan

fünf lima, panca; ~ *gerade sein lassen* tdk. berpegang teguh pd.; **≗** *f* (–; –*en*) angka lima; **≗eck** *n* segilima; **–eckig** bersegi-lima; **–erlei** lima macam; **–fach, –fältig** lima kali lipat, rangkap lima; **–hundert** lima ratus; **≗jahresplan** *m* rencana pembangunan lima tahun (repelita); **–jährig** selama/berumur lima tahun; **≗kampf** *m* pancalomba; **≗linge** *pl* anak kembar lima; **–mal** lima kali; **–malig** sebanyak lima kali; **–seitig** bersisi lima; setebal lima halaman; **–stellig** terdiri dari lima angka; **–stöckig** bertingkat lima; **≗tagewoche** *f* pekan dng. lima hari kerja; **–tägig** selama lima hari; **–te** yg. kelima; **≗tel** *n* (–*s*;–) seperlima; **–tens** kelima

fünfzehn lima belas

fünfzehnte yg. kelima belas
fünfzig lima puluh; **≗er** *m* (*–s;–*) uang logam 50 Pfennig, lembaran 50 Mark; *Mensch* orang yg. berumur antara 50 sampai 60 tahun; ≗ *Jahre* tahun lima puluhan; **–ste** yg. kelima puluh
fungieren (–) *itr.* berfungsi, berperan, menjabat
Funk *m* (*–ɇs;O*) morse, radio, telegrap; **–anlage** *f* instalasi radio, pemancar; **–apparat** *m* pesawat morse/telegrap/radiotelefoni; **–bastler** *m* amatir radio; **–bild** *n* foto radiogram
Funke(n) *m* (*–ns;–n*) bunga api
funkeln *itr.* berkilau, mengkilap; berkedip-kedip
funkelnagelneu yg. merupakan keluaran terbaru, sangat baru
funken *tr.* menyiarkan/mengirimkan berita lewat radio/telegrap; *Funken geben* memancarkan bunga api; *es hat bei ihm gefunkt, ugs.* (akhirnya) dia mengerti; ≗ *n* (*–s;O*) *s. Funke*
Funken|entladung *f* penyalaan cetus-api; **–induktor** *m* kumparan induksi, induktor cetus-api
Funker *m* (*–s;–*) markonis
Funk|feuer *n* rambu radio; **–gerät** *n* pesawat morse, pemancar radio telegrap; **–haus** *n* pusat penyiaran radio (dan televisi); **–ortung** *f* radar; **–sprechgerät** *n* pesawat radiotelefoni (yg. dapat dibawa-bawa), *bp.* woki-toki; **–spruch** *m* radiogram; **–station** *f* stasiun pemancar (radio); **–stille** *f* penghentian siaran; **–streife(nwagen** *m*) *f* mobil patroli yg. diperlengkapi radio; **–taxi** *n* taksi yg. diperlengkapi radio; **–technik** *f* teknik radio; **–telegramm** *n* radiogram
Funktion *f* (*–;–en*) fungsi, jabatan, tugas; **–är** *m* (*–s;–e*) fungsionaris; **≗ieren** (–) *itr.* berfungsi, berjalan, bekerja
Funk|turm *m* menara radio; **–verbindung** *f*, **–verkehr** *m* hubungan radio/telegrafi
Funzel *f* (*–;–n*) *ugs.* lampu suram
für untuk, demi, bagi, buat; *anstatt* sebagai ganti; *das* ≗ *u. Wider* pro dan kontra; ~ *den Preis ist der Stoff zu schlecht* dibandingkan dng. harganya kain itu terlalu jelek; *an u.* ~ *sich* sebenarnya; *Jahr* ~ *Jahr* tahun demi tahun; ~ *nichts u. wieder nichts* percuma, sia-sia; *was* ~ ? macam mana? ~*s erste* utk. sementara; ~ *sich leben* hidup sendiri(an)
Fürbitte *f* syafaat, doa umat/permohonan utk. orang lain; ~ *einlegen* mengetengahi, meminta sst. utk. orang lain
Furche *f* (*–;–n*) (g)alur; bekas roda; tapak bajak; *Runzel* kerut
Furcht *f* (*–;O*) rasa takut, ketakutan, kekhawatiran; **≗bar** menakutkan, mengerikan; *ugs.* sangat, dahsyat
fürchten *tr.* merasa khawatir/cemas; tdk. berani; segan; *Gott* ~ takwa kpd. Tuhan; *sich* ~ *vor* merasa takut akan
fürchterlich *s. furchtbar*
furcht|erregend menakutkan; **–los** tak gentar, berani; **≗losigkeit** *f* (*–;O*) keberanian; **–sam** takut-takut(an), kecut/kecil hati
füreinander satu sama lain, saling
Furië *f* (*–;–n*) wanita pemarah
fürliebnehmen *unr. itr.*, ~ *mit* terpaksa puas dng.
Furnier *n* (*–s;–e*) lapisan kayu (halus)
fürs = *für das* untuk (dia/itu)
Für|sorge *f* pemeliharaan, perawatan, kesejahteraan; *öffentliche* ~ dinas sosial; **–sorgeamt** *n* kantor dinas sosial; **–sorgeempfänger** *m* penerima tunjangan dari dinas sosial; **–sorgeerziehung** *f* pendidikan korektif; **–sorger** *m* (*–s;–*), **–sorgerin** *f* (*–;–nen*) pekerja sosial; **–sorgeunterstützung** *f* bantuan sosial; **≗sorglich** penuh kasih sayang; **–sprache** *f* pembelaan utk. orang lain, perantaraan; **–sprecher** *m* perantara, pembela
Fürst *m* (*–en;–en*) (*gelar*) bangsawan tinggi; raja; *wie die* ~ *en leben, ugs.* hidup berfoya-foya; **–engeschlecht** *n* wangsa, dinasti; **–entum** *n* (*–s;¨er*) sm. kerajaan, wilayah pemerintahan seorang 'Fürst'; **–in** *f* (*–;–nen*) isteri bangsawan tinggi; ratu; **≗lich** berh. dng. seorang bangsawan; mewah, royal, berlimpah-limpah

Furt *f* (*–;–en*) arungan
Furunkel *m* (*–s;–*) *Med.* bisul furunkel, *furunculus*
für|wahr sungguh(-sungguh); **≗witz** *m* rasa ingin tahu; **≗wort** *n* kata ganti, pronomina
Furz *m* (*–es;¨–e*), **≗en** *itr.* kentut
Fusel *m* (*–s;–*) minuman keras yg. murahan
füsilieren (–) *tr.* menembak mati (sebagai hukuman)
Fusion *f* (*–;–en*) fusi, peleburan
Fuß *m* (*–es;¨–e*) kaki (bagian di bawah mata kaki); *Maß* (ukuran) kaki (= 31,38 cm); *das hat Hand u.* ~ masuk akal, ada artinya; *auf gutem* ~ *stehen mit* berh. baik dng.; *auf großem* ~ *leben* hidup mewah; *zu* ~ *gehen* berjalan kaki; *auf eigenen Füßen stehen* berdiri sendiri, berdikari; *stehenden* ~*es* langsung, seketika; **–angel** *f* ranjau
Fußball *m* sepakbola; **–mannschaft** *f* regu/kesebelasan sepakbola; **–platz** *m* lapangan bola; **–spieler** *m* pemain sepakbola
Fuß|bank *f* bangku kecil, penumpu kaki; **–boden** *m* lantai; **–bodenbelag** *m* tutup lantai; **–bremse** *f* rem kaki
Fussel *f* (*–;–n*) bulu/benang halus; **≗ig** penuh bulu halus, bertiras-tiras
fußen *itr., auf et.* ~ berdasar(kan) pd.
Fuß|ende *n* bagian kaki (tempat tidur); **–fall** *m* (sembah) sujud; *fig.* permintaan dng. sangat; **–gänger** *m* pejalan kaki; **–gängerbrücke** *f* jembatan penyeberangan utk. pejalan kaki; **–gängerübergang** *m* penyeberangan jalan utk. pejalan kaki; **–gängerzone** *f* daerah bebas mobil; **–gelenk** *n* sendi kaki; **–hebel** *m* pedal, pijak kaki; **≗hoch** setinggi kaki; **–knöchel** *m* mata kaki; **–matte** *f* keset; **–note** *f* catatan kaki; **–pfad** *m* jalan setapak; **–pflege** *f* pengobatan dan pemeliharaan kaki; **–pilz** *m* penyakit kulit kaki disebabkan oleh jamur; **–reise** *f* perjalanan kaki; **–schalter** *m* pedal, injakan; **–schemel** *m, s. Fußbank;* **–sohle** *f* telapak kaki, kadam; **–soldat** *m* prajurit infanteri; **–spur** *f* jejak (kaki); **–stapfe** *f* jejak/tapak kaki; *in j-s* ~*n treten* mengikuti (jejak) sso.; **–steig** *m* trotoar, kakilima; **–tritt** *m* sepak, tendangan; *Trittbrett* tempat injakan kaki; **–volk** *n* infanteri; *ugs.* orang kebanyakan, anggota biasa; **–wanderung** *f* perjalanan kaki; **–weg** *m* jalan kecil, jalan utk. pejalan kaki; **–wurzel** *f, Anat.* pangkal kaki, *tarsus*
futsch! *ugs.* habis, hilang
Futter *n* (*–s;O*) **1.** makanan ternak; **2.** *Kleidung* vuring
Futteral *n* (*–s;–e*) tempat kacamata; *Schwert* sarung (pedang)
Futter|kasten *m* tempat makanan ternak; **–krippe** *f* palung(an); **–mittel** *n* bahan makanan ternak
futtern *tr. ugs.* makan
füttern *tr.* **1.** menyuapi anak; memberi makan kpd. ternak; **2.** *Kleid* memberi vuring, melapisi baju
Futter|neid *m* iri akan makanan (orang lain); *fig.* rasa iri; **–stoff** *m* bahan utk. vuring; **–trog** *m* palungan
Fütterung *f* (*–;–en*) (waktu) pemberian makanan; *Kleid* vuring
Futur *n* (*–s;–e*), **Futurum** *n* (*–s;. . . ra*) *Gr.* waktu/masa yg. akan datang, futur(um)
F-Zug *m* kereta api ekspres jarak jauh

G

Gabe *f* (*–;–n*) pemberian, hadiah, derma, persembahan; *fig.* bakat; *Med.* dosis

Gabel *f* (*–;–n*) garpu, porok; *Telefon* gagang; *Fahrrad* garpu, penopang; *Ast* cabang; *Pferdewagen* bom-topang, palang penarik kereta kuda; **–frühstück** *n* makan antara sarapan pagi dan makan siang; **≗n** *tr.* mengambil dng. garpu; *sich ~* bercabang; **–stapler** *m* sm. alat pengangkat barang-barang, truk forklif; **–ung** *f* (*–;–en*) percabangan

gackern *itr.* berkotek-kotek

gaffen *itr.* melotot, menatap sambil menganga

Gag *m* (*–s;–s*) hal yg. jenaka/kocak

Gage *f* (*–;–n*) uang jasa, honor

gähnen *itr.* menguap; *e ~der Abgrund* jurang menganga; *~de Leere* kosong-melompong

Gala *f* (*–;O*) pakaian pesta

galaktisch yg. berh. dng. sistem bimasakti

Galan *m* (*–s;–e*) *iron.* pacar; **≗t** sopan dan hormat (thd. wanita); **–terie** *f* (*–;. . .rien*) sikap sopan dan hormat

Gala|uniform *f* pakaian resmi (utk. pesta); **–vorstellung** *f* pertunjukan meriah

Galeere *f* (*–;–n*) sm. kapal perang zaman dahulu (dng. banyak bangku pendayung), gali; **–nsträfling** *m* penjahat/tawanan yg. dihukum mendayung

Galerie *f* (*–; . . . rien*) balkon; *Architektur* serambi, beranda; *Kunst* balai/gedung kesenian

Galgen *m* (*–s;–*) tiang gantungan; **–frist** *f* sisa waktu menjelang si terhukum mati di tiang gantungan; *fig.* sisa waktu sebelum peristiwa gawat; **–humor** *m* lelucon/humor yg. pahit; **–strick** *m*, **–vogel** *m* bajingan, bangsat

Galle *f* (*–;–n*) empedu; *j–m läuft die ~ über* sso. menjadi sangat marah/jengkel; **–nblase** *f* kantong empedu; **–nblasenentzündung** *f* radang kantung empedu, *cholecystitis;* **–ngang** *m*, *Anat.* saluran air empedu, *ductus choledochus;* **–nkolik** *f* sakit kejang akibat tersumbatnya saluran air empedu; kolik empedu; **–nleiden** *n* gangguan pd. empedu; **–nstein** *m* batu empedu

Gallert *n* (*–e̸s;–e*), **–e** *f* (*–;–n*) sm. agar-agar

gallig pahit; *fig.* masam, muring

Galopp *m* (*–s;–s/–e*) congklang; **≗ieren** (*–*) *itr.* mencongklang, lari cepat; *~de Schwindsucht* penyakit paru-paru/tebece yg. ganas

galvan|isch galvanis; *~es Element* elemen galvanis; **–isieren** (*–*) *tr.* menggalvanisasikan, melapisi dng. logam; **≗ismus** *m* (*–;O*) galvanisme

Gamasche *f* (*–;–n*) bengkap, setiwel

gamm|elig busuk, tdk. terpelihara, usang; **–eln** *itr.* hidup bermalas-malas, membuang-buang waktu; **≗ler** *m* (*–s;–*) pemalas, orang bambungan

gang *Adj.*, *~ u. gäbe* biasa, lazim

Gang *m* (*–e̸s;¨–e*) cara berjalan; jalan-jalan; *Weg* lorong, gang, tempat utk. berjalan; *Gastronomie* hidangan; *Mot.* persneling; *Bgb.* lapisan; *Sp.* ronde; *in ~ bringen/setzen* menghidupkan, menjalankan; *im ~e sein* sedang berlangsung/berjalan/bergerak; *e–n ~ machen* berjalan kaki; *in ~ halten* tetap dihidupkan/dijalankan; *in ~ kommen* mulai berjalan/

lancar; *s–n eigenen ~ gehen* bertindak menurut kehendak sendiri; tdk. mempedulikan nasehat; *vier Gänge* empat macam sajian/hidangan; *~ der Geschäfte/Ereignisse* jalan bisnis/peristiwa

Gang|art *f* derap kuda; *Bgb.* batu-batuan (dl. lapisan mineral); **≗bar** dapat dilalui/dipakai/dijalankan

Gängel|band *n, am ~ führen, s. gängeln;* **≗n** *tr., j–n ~* membuat sso. spy. selalu menurut

gängig lazim, dikenal umum; *Handel* laku, laris; *s. gangbar*

Gangliën *pl, Anat.* simpul urat/saraf, *ganglia*

Gang|schalter *m,* **–schalthebel** *m, Mot.* tuas persneling

Gangster *m (–s;–)* bandit, penjahat

Gans *f (–;¨–e)* angsa, *anserina; dumme ~, ugs., bp.* cewek bego

Gänse|blümchen *n* sm. bunga aster, *bellis perennis;* **–braten** *m* angsa panggang; **–füßchen** *n* tanda petik; **–haut** *f, e–e ~ bekommen* kulit berkikir; **–leber** *f* hati angsa; **–marsch** *n, im ~* berjalan satu per satu; **–rich** *m (–s;–e)* angsa jantan; **–wein** *m* air

ganz *Adj.* utuh, lengkap; *Adv.* sama sekali, seluruh(nya); *ziemlich* agak; *sehr* sangat; *das ~e Jahr hindurch* sepanjang tahun; *er ist e ~er Mann* dia laki-laki sejati; *im (großen u.) ~en* dl. keseluruhannya, secara global, kasarnya; *nicht ~ 12 (Uhr)* hampir jam 12; *~ u. gar (nicht)* sama sekali (tidak); *~ besonders* terutama, luar biasa; *~ einfach* mudah sekali; *er ist ~ der Vater* ia sama benar dng. ayahnya; *ich ginge ~ gern hin, aber* sebenarnya saya ingin pergi ke sana, tetapi

Ganze *n (–n;O)* keseluruhan, seluruhnya; *es geht ums ~* semuanya dipertaruhkan

Gänze *f (–;O)* semuanya, keseluruhan; *zur ~* sama sekali, seluruhnya

Ganzheit *f (–;O)* keseluruhan, lengkapnya; *Phil.* totalitas; **≗lich** secara menyeluruh/total; **–smethode** *f,* **–s·unterricht** *m* cara/pengajaran yg. berpangkaltolak pd. keseluruhan; **–spsychologie** *f* psikologi 'Ganzheit'

gänzlich sama sekali, seluruhnya

ganz|tägig sepanjang hari; sehari penuh; **≗tagsbeschäftigung** *f* pekerjaan sehari penuh

gar 1. *Adj.* masak, matang; **2.** *Adv.* seluruhnya; bahkan; agak, mungkin; *~ nicht* sama sekali tdk.; *~ keiner* seorang pun tdk.

Garage *f (–;–n)* garasi; bengkel mobil; **–nbesitzer** *m* pemilik garasi/bengkel

Garant|ie *f (–;. . .tiën)* garansi, jaminan; *unter ~* pasti; **≗ieren** (–) *itr.* memberi garansi, menjamin

Garaus *m, j–m den ~ machen* membunuh/menghabiskan sso.

Garbe *f (–;–n)* ikat(an)/berkas/gabung padi-padian; *Mil.* rentetan peluru

Garde *f (–;–n)* pasukan pengawal

Garderobe *f (–;–n)* pakaian; *Kleiderablage* (tempat) penitipan/gantungan jas, topi dsb.; *Thea.* ruang ganti pakaian; **–nfrau** *f* wanita penjaga penitipan pakaian; **–nhaken** *m* cantelan gantungan pakaian; **–nmarke** *f* tanda titipan pakaian; **–nschrank** *m* lemari pakaian; **–nаständer** *m* alat gantung mantel, *ugs.* kapstok

Gardine *f (–;–n)* tirai, gorden; **–npredigt** *f* teguran keras thd. suami

garen *tr. itr.* memasak sampai matang; menjadi masak/matang

gären *unr. itr.* meragi, beragi; berbuih; *es gärt im Volk* rakyat menjadi resah

Garn *n (–es;–e)* benang; jala; *ins ~ gehen* masuk perangkap

Garnele *f (–;–n)* udang, *natantia;* **–npaste** *f* terasi, belacan

garnier|en (–) *tr.* menghias makanan/pakaian; **≗ung** *f (–;–en)* (per)hiasan

Garnison *f (–;–en)* garnisun

Garnitur *f (–;–en)* seperangkat, stelan, set; *Verzierung, Besatz* hiasan pakaian, bordiran; *Mil.* pakaian resmi; *ugs.* kelompok orang yg. sama-sama mempunyai prestasi tertentu

garstig buruk, kotor, keji; *ungezogen* nakal

Garten *m (–s;¨–)* kebun, taman; **–arbeit** *f* pekerjaan berkebun; **–architekt** *m* arsitek pertamanan; **–bau** *m* hortikultura, ilmu perkebunan;

–erde *f* tanah kebun; **–fest** *n* pesta kebun; **–geräte** *pl* peralatan utk. berkebun; **–haus** *n* pondok/gubuk di kebun; **–laube** *f* punjung; dangau; **–messer** *n* pisau peranting; **–schere** *f* gunting pohon/kebun; **–zaun** *m* pagar kebun; **–zwerg** *m* patung orang kerdil; *fig. ugs.* orang kecil yg. tak berarti

Gärtner *m* (*–s;–*) tukang kebun; **–ei** *f* (*–;–en*) perusahaan bunga/sayur

Gärung *f* (*–;O*) peragian, fermentasi; *fig.* keresahan, pergolakan; **–sprozeß** *m* proses peragian, fermentasi

Gas *n* (*–es;–e*) gas; ~ *geben* tancap gas; **–anstalt** *f* pabrik gas; **–anzünder** *m* alat penyala gas, cetus gas; **≗artig** spt. gas; **–behälter** *m* tabung gas; **–beleuchtung** *f* penerangan lampu gas; **–bombe** *f* bom gas; **≗dicht** kedap gas; **–druck** *m* tekanan gas; **–erzeugung** *f* produksi gas; **≗förmig** berupa/berbentuk gas; **–(fuß)hebel** *m* pedal/tancapan gas; **–hahn** *m* keran gas; **–heizung** *f* pemanasan yg. memakai gas; **–herd** *m* tungku gas; **–kocher** *m* kompor gas; **–leitung** *f* pipa gas; **–licht** *n* lampu gas; **–maske** *f* kedok gas; **–messer** *m* meteran gas; **–ofen** *m* open gas; **–ometer** *m* tabung/tempat gas

Gäßchen *n* (*–s;–*) lorong/gang sempit

Gasse *f* (*–;–n*) lorong, jalan kecil; **–nhauer** *m* lagu hiburan; **–njunge** *m* anak jalanan

Gast *m* (*–es;¨–e*) tamu; undangan; pengunjung; *Thea.* artis/bintang tamu; *zu ~ bitten* mengundang; *j–n bei sich zu ~ haben* menjamu sso.; **–arbeiter** *m* pekerja/buruh asing

Gäste|buch *n* buku tamu; **–haus** *n*, **–heim** *n* wisma tamu; **–zimmer** *n* kamar (tidur) tamu; ruang tamu

gast|frei *s. gastfreundlich;* **≗freund** *m* tamu; **–freundlich** ramah tamah, senang menjamu; **≗freundschaft** *f* keramah(-tamah)an, sikap terbuka thd. tamu; **≗geber** *m* tuan rumah; **≗geberin** *f* nyonya rumah; **≗haus** *n*, **≗hof** *m* **1.** penginapan, losmen; **2.** rumah makan; **≗hörer(in** *f*) *m* mahasiswa tamu; **–ieren(–)** *itr., Thea.* tampil sebagai bintang tamu; **–lich** ~ *aufnehmen* menerima tamu dng. ramah; **≗mahl** *n* perjamuan; **≗recht** *n* hak mendapat perlindungan dan perlakuan sebagai tamu

Gastritis *f* (*–;O*) *Med.* radang lambung, *gastritis*

Gastronom *m* (*–en;–en*) pengusaha rumah makan; juru masak yg. ahli; **–ie** *f* (*–;O*) seni masak; perihal restoran

Gast|spiel *n, Thea.* pertunjukan oleh artis-artis tamu; **–spieltruppe** *f* teater keliling; **–stätte** *f* rumah makan; **–wirt** *m* pemilik rumah makan; **–wirtschaft** *f* rumah makan; **–zimmer** *n* kamar tamu

Gas|uhr *f* meteran gas; **–vergiftung** *f* keracunan gas; **–werk** *n* pabrik gas

Gatte *m* (*–n;–n*) suami

Gatter *n* (*–s;–*) pagar/pintu dari bilah-bilah papan, sawar; kisi-kisi; *s. Gattersäge;* **–säge** *f* sm. mesin pemotong kayu yg. mempunyai banyak mata gergaji

Gattin *f* (*–;–nen*) isteri

Gattung *f* (*–;–en*) golongan, jenis, macam; *Bio.* keluarga, genus; *Lit.* gaya; **–sname** *m, Bio.* nama keluarga; *Gr.* nama jenis

Gaudi *n* (*–s;O*), *f* (*–;O*), **Gaudium** *n* (*–s;O*) keramaian, kegembiraan, kesenangan

Gaukel|bild *n* khayalan, angan-angan; **–ei** *f* (*–;–en*) *s. Gaukelspiel;* **≗n** *itr.* mengepak-ngepakkan sayap; *fig.* menipu dng. cara menyulap, main sulap; **–spiel** *n*, **–werk** *n* permainan sulap; tipuan, khayalan

Gaul *m* (*–s;Gäule*) kuda (tua)

Gaumen *m* (*–s;–*) langit-langit (mulut); **–laut** *m* konsonan yg. dibunyikan dng. lidah didekatkan pd. langit-langit, konsonan palatal

Gauner|(in *f*) *m* (*–s;–*) penipu, penjahat; **–ei** *f* (*–;–en*) tipu-muslihat, penipuan; **≗n** menipu, *itr.* main curang

Gaze *f* (*–;–n*) kain/kawat kasa

Gazelle *f* (*–;–n*) sm. rusa, kijang, *gazella*

geachtet terhormat

Geächtete *m, f* (*–n;–n*) orang di luar perlindungan hukum, orang terbuang

geartet bersifat

Geäst *n* (–ɇs;O) cabang-cabang, dahan-dahan
Gebäck *n* (–ɇs;–*e*) kue-kue (dari terigu)
Gebälk *m* (–ɇs;O) balok-balok
geballt terkepal; *fig.* padat
Gebärde *f* (–;–*n*) gerak-gerik tangan, isyarat; **≗n** (–) *sich* ~ *(wie)* berkelakuan/bersikap (spt.); **–nspiel** *n* gerak isyarat; pantomin; **–nsprache** *f* bahasa isyarat; mimik
gebaren (–) *sich* ~ berkelakuan, bertingkah-laku, bersikap; **≗** *n* (–*s*;O) kelakuan, gaya, lagak
gebären (–) *unr. tr.* melahirkan; *Tier* beranak
Gebärmutter *f, Anat.* kandungan, rahim, *uterus;* **–hals** *m* leher rahim, *cervix uteri;* **–senkung** *f* turunnya peranakan
Gebäude *n* (–*s*;–) gedung, bangunan; *fig.* susunan
gebefreudig senang memberi, royal
Gebein *n* (–ɇs;–*e*) tulang-belulang, kerangka
Gebell *n* (–*s*;O) salak
geben *unr. tr.* memberi(kan), menghadiahkan; *Sp.* memulai memukul bola; *Ertrag* ~ menghasilkan; *Deutsch* ~ mengajar bahasa Jerman; *Bescheid* ~ memberitahukan; *e Konzert* ~ menyelenggarakan konser; *e Drama* ~ mementaskan/mempertunjukkan drama; *e Versprechen* ~ berjanji; *e–n Kuß* ~ mencium; *Flekken* ~ mengotori (dng. noda); *sich* ~ bertingkahlaku; bergaya; *es gibt sich* akan menjadi biasa lagi; *von sich* ~ mengeluarkan; *wer gibt?* giliran siapa? *es gibt* ada, terdapat; *das gibt's nicht* tdk. ada; tdk. boleh; tdk. mungkin; *was gibt's?* ada apa? *Gott geb's!* insya Allah! semoga! *et./nichts* ~ *auf* (tdk.) menghargai/mempedulikan sst.; *es j–m* ~ membalas perbuatan sso.; *sich zufrieden* ~ *mit* merasa puas dng.; *sich gelassen* ~ berpura-pura alim/tenang
Geber *m* (–*s*;–) pemberi; *Tel.* alat pengirim (berita)
Gebet *n* (–ɇs;–*e*) doa, sembahyang; *j–n ins* ~ *nehmen* menegur/memeriksa sso.; **–buch** *n* buku doa/sembahyang
Gebiet *n* (–ɇs;–*e*) daerah, wilayah, kawasan; *fig.* bidang (keahlian)
gebieten (–) *unr. tr.* menyuruh, memerintahkan; ~ *über* memerintah, menguasai; *geboten sein* diperlukan/dibutuhkan
Gebieter|(in *f*) *m* (–*s*;–) yg. dipertuan, raja, ratu, penguasa; **≗isch** tegas, otoriter, bersikap memerintah
Gebilde *n* (–*s*;–) barang; *Erzeugnis* buatan, ciptaan; *Form* bentuk; *Gefüge* susunan; **≗t** terdidik, terpelajar; (ber)adab, sopan; *die* ~*en, pl* golongan terpelajar
Gebinde *n* (–*s*;–) ikat, berkas; karangan (bunga)
Gebirg|e *n* (–*s*;–) pegunungan; **≗ig** bergunung(-gunung)
Gebirgs|bewohner *m* penghuni/penduduk daerah pegunungan; **–gegend** *f* daerah pegunungan; **–kamm** *m, s. Gebirgsrücken;* **–kette** *f, s. Gebirgszug;* **–rücken** *m* punggung gunung; **–zug** *m* barisan/deretan pegunungan
Gebiß *n* (. . .*sses*;. . .*sse*) gigi-geligi, selengkap gigi; gigi palsu/buatan; *Pferd* kekang(an)
Gebläse *n* (–*s*;–) pesawat peniup, kipas angin
geblümt berhiaskan bunga-bunga
geboren *Adj.* lahir; *e* ~*er Deutscher* orang Jerman asli; ~*e Müller* terlahir Müller (nama keluarga waktu gadis); *er ist e* ~*er Sänger* dia seorang penyanyi berbakat
geborgen *Adj.* terlindung, aman, tentram; **≗heit** *f* (–;O) rasa tentram, keamanan, perlindungan
Gebot *n* (–ɇs;–*e*) perintah, firman; (per)aturan; *Zehn* ~*e* Kesepuluh Perintah; *j–m zu* ~*e stehen* siap melayani/membantu sso.; **≗en** *Adj.* yg. diperintahkan, wajib, perlu
Gebräu *n* (–*s*;O) masakan, *bp.* ramuan; minuman jelek
Gebrauch *m* (–*s*;–̈*e*) pemakaian, penggunaan; *Sitte* adat, kebiasaan; *von et.* ~ *machen* menggunakan sst.; **≗en** (–) *tr.* memakai, menggunakan
gebräuchlich biasa, umum, lazim
Gebrauchs|anweisung *f* aturan/petunjuk pemakaian; **–artikel** *m*

barang keperluan sehari-hari; **ˆfertig** siap pakai; **–muster** *n* contoh/model barang penemuan (yg. terdaftar tetapi belum paten); **–musterschutz** *m* perlindungan hukum atas hak oktroi; **–waren** *pl, s. Gebrauchsartikel*
gebraucht bekas; **ˆwagen** *m* mobil bekas; **ˆwaren** *pl* barang bekas
Gebrechen *n* (*–s;–*) cacat, penyakit, kelemahan; *fig.* aib; **ˆ** (–) *unr., es gebricht (ihm) an* (ia) kurang (akan), (ia) tdk. mempunyai
gebrechlich bersakit-sakit, lemah; *alt u.* ~ jompo; **ˆkeit** *f* (*–;O*) kelemahan, kerapuhan, keadaan berpenyakitan
gebrochen *Adj.* tdk. lancar; *fig.* patah (hati/semangat)
Gebrüder *pl* saudara-saudara, kakak beradik (laki-laki); ~ *Müller* Müller bersaudara
Gebrüll *n* (*–ǿs;O*) raung; uak (sapi)
Gebühr *f* (*–;–en*) **1.** iuran, uang administrasi, bea; **2.** hal yg. sepantasnya; *nach* ~ sepantasnya; *über* ~ terlalu
gebühr|en (–) *itr., et. gebührt ihm* pantas (diberi) baginya; *es gebührt sich nicht* tdk. pantas dilakukan; **–end** wajar, pantas, sopan; **ˆenerlaß** *m* pembebasan dari pembayaran wajib; **–enfrei** bebas iuran/bea; **ˆenordnung** *f* peraturan pembayaran iuran/pajak/uang administrasi; **–enpflichtig** wajib membayar, kena iuran/pajak dsb.
gebunden *Adj.* terikat; terjilid; *in ~er Rede* berirama, dl. gaya sastra
Geburt *f* (*–;–en*) kelahiran; *Deutscher von* ~ orang Jerman totok; **–enbeschränkung** *f,* **–enregelung** *f* pembatasan/pengaturan kelahiran; **–enziffer** *f* angka kelahiran
gebürtig (ber)asal, kelahiran, keturunan
Geburts|anzeige *f* iklan/kartu pemberitahuan kelahiran; **–fehler** *m* cacat lahir/bawaan; **–helfer** *m,* **–helferin** *f* ahli kebidanan, bidan; **–jahr** *n* tahun lahir; **–land** *n* negara asal; **–ort** *m* tempat kelahiran; **–register** *n* daftar kelahiran; **–schein** *m, s. Geburtsurkunde;* **–tag** *m* hari kelahiran, hari ulang tahun; **–urkunde** *f* surat/akte kelahiran; **–wehen** *pl* his/royan beranak
Gebüsch *n* (*–es;–e*) semak-semak, semak belukar/samun
Geck *m* (*–en;–en*) pesolek; orang yg. senang membadut
Gecko *m* (*–s;–s*) cicak, cecak, *gekkonidae*
gedacht khayali, bayangan, imaginer
Gedächtnis *n* (*. . . sses;. . . se*) (per-) ingatan; kenangan; *sich et. ins ~ rufen* berusaha mengingat akan sst.; *zum* ~ utk. memperingati; **–feier** *f* (perayaan) peringatan; **–rede** *f* pidato peringatan; **–schwund** *m* hilang ingatan; **–stütze** *f* alat/akal utk. mengingati sst.
gedämpft *Stimme* rendah; *Laut* redam; *Licht* redup; *Speise* yg. dikukus
Gedanke *m* (*–ns;–n*) (buah) pikiran, angan-angan, gagasan, akal; *in ~n sein* sedang berpikir-pikir; melamun; *sich ~n machen über* memikirkan; cemas tt.; *s–e ~n sammeln* memusatkan pikirannya, mengkonsentrasikan diri; *s–e ~n beisammen haben* terpusat/terkonsentrasi pikirannya; *mit e–m ~n spielen* mempertimbangkan sst.
gedanken|arm miskin/dangkal pikirannya; **ˆaustausch** *m* (per)tukar(an) pikiran; **ˆfreiheit** *f* kebebasan berpikir; **ˆgang** *m* garis/jalan pikiran; **ˆgut** *n* keseluruhan pikiran/ide; **ˆlesen** *n* perbuatan menduga/membaca pikiran orang; **–los** tanpa pikir dahulu; sembrono; **ˆlosigkeit** *f* (*–;O*) sikap tak peduli; kesembronoan; **–reich** kaya akan gagasan/ide; **ˆsplitter** *m* aforisme, sm. amsal; **ˆstrich** *m* garis/tanda pisah; **ˆübertragung** *f* telepati; **–voll** termenung, (ber)tafakur; **ˆwelt** *f* alam pikiran
gedanklich berh. dng. pikiran; teoretis
Gedärm *n* (*–ǿs;–e*) usus, jeroan
Gedeck *n* (*–ǿs;–e*) perkakas makan; menu
Gedeih *m* (*–s;O*) *auf ~ u. Verderb* dl. suka dan duka; sungguh-sungguh,

tanpa syarat; **≗en** (–) *unr. itr.* tumbuh dng. baik; berkembang, berhasil, maju; **≗lich** berhasil; berfaedah, menguntungkan
gedenk|en (–) *unr. itr.* ingat akan; memperingati, mengingatkan; mengenangkan; ~ *zu tun* bermaksud utk. berbuat; **≗en** *n* (*–s;O*) kenangan, (per)ingatan; **≗feier** *f* perayaan peringatan; **≗münze** *f* medali peringatan; **≗rede** *f* pidato peringatan; **≗stätte** *f* tempat peringatan; **≗stein** *m* batu/tugu peringatan; **≗tafel** *f* papan peringatan; prasasti; **≗tag** *m* hari peringatan
Gedicht *n* (*–ẽs;–e*) sajak; syair; **–sammlung** *f* kumpulan sajak
gediegen *Adj.* yg. dibuat dng. baik, terjamin mutunya; *~e Kenntnisse* pengetahuan yg. dl.; *~e Arbeit* (hasil) pekerjaan yg. teliti; *~es Gold* emas murni; *~er Charakter* watak yg. pantas dipercayai
Gedränge *n* (*–s;O*) kerumunan, keadaan berdesak-desak; *fig.* kesulitan
gedrängt sesak, berdesak-desak, padat; *fig.* jelas dan ringkas; ~ *voll* berjejal-jejal, penuh sesak; **≗heit** *f* (*–;O*) keadaan padat/sesak; (cara) yg. singkat-padat
gedrückt tertekan, sedih, muram
gedrungen *Adj.* pendek-gemuk, buntak
Geduld *f* (*–;O*) kesabaran; **≗en** (–) *sich* ~ (ber)sabar; **≗ig** sabar; **–sfaden** *m, j–m reißt der* ~ hilang kesabarannya; **–sprobe** *f* ujian kesabaran; **–(s)spiel** *n* permainan yg. menguji kesabaran
gedunsen *Adj.* bengkak
geeignet cocok, tepat; cakap
Gefahr *f* (*–;–en*) bahaya; *auf eigene* ~ atas risiko sendiri; *j. läuft* ~ *daß* sso. berada dl. bahaya, bahwa; **≗bringend** berbahaya
gefährd|en (–) *tr.* membahayakan; *gefährdet sein* terancam; **≗ung** *f* (*–;O*) tindakan membahayakan; keadaan bahaya/terancam
Gefahren|herd *m* sumber bahaya/ gangguan; **–zone** *f* tempat/daerah bahaya; **–zulage** *f* tambahan uang karena pekerjaan yg. mengandung risiko
gefährlich berbahaya, penuh bahaya
gefahrlos tdk. ada bahaya, aman
Gefährt *n* (*–ẽs;–e*) kendaraan (yg. kurang baik)
Gefährt|e *m* (*–n;–n*), **–in** *f* (*–;–nen*) rekan, teman, pasangan, kawan seperjalanan
Gefälle *n* (*–s;–*) turunnya, penurunan, keadaan miring; *Fluß* jeram; *fig.* perbedaan
Gefallen 1. *m* (*–s;–*) pertolongan, kebaikan/kemurahan hati; *j–m e–n* ~ *tun* menyenangkan/membantu sso.; *um e–n* ~ *bitten* minta tolong; *würden Sie mir e–n* ~ *tun?* bolehkah saya meminta pertolongan Anda? **2.** *n* (*–s;O*) kesukaan, kesenangan, kepuasan; *an et.* ~ *finden* senang/ suka (akan) sst.
gefallen (–) *unr. itr.* menyukai, menyenangkan; *er gefällt mir* saya senang akan dia; *gefällt es Ihnen am Puncak?* Anda senang di Puncak? *das lasse ich mir nicht* ~ saya tdk. menerima hal/perlakuan itu; *sich in et.* ~ senang akan sst.; **≗e** *m* (*–n;–n*) prajurit yg. gugur
gefällig menyenangkan, menarik, sopan; *hilfsbereit* siap membantu; **≗keit** *f* (*–;–en*) bantuan (kecil); **–st** *iron.* silakan! ayo! (*dng.nada mendesak*)
Gefallsucht *f* sifat genit, sifat menarik perhatian
gefangen *Adj.* tertangkap, tertahan
Gefangen|e *m, f* (*–n;–n*) tawanan, tahanan; **–enfürsorge** *f* reklasering; **–enlager** *n* kamp tawanan; **–enwagen** *m* mobil tahanan; **–enwärter** *m* sipir, penjaga tahanan/penjara; **≗halten** *unr. tr.* menahan; **–nahme** *f* (*–;O*) penahanan, penangkapan; **≗nehmen** *unr. tr.* menangkap/ menawan (musuh), menahan; *fig.* sangat mengesankan; **–schaft** *f* (*–;O*) tahanan, tawanan, kurungan
Gefängnis *n* (*–ses;–se*) penjara, lembaga pemasyarakatan; *bp.* bui; **–strafe** *f* hukuman penjara/kurungan; **–wärter** *m* penjaga penjara, sipir
Gefäß *n* (*–es;–e*) bejana, tempat, wadah; **–verengung** *f, Med.* penyakit buluh darah menyempit, *vasoconstrictio*

gefaßt tabah, tenang; ~ *sein auf et.* tabah menghadapi sst.
Gefecht *n* (–ѥs;–e) pertempuran; *außer ~ setzen* melumpuhkan, menghancurkan; **≗sbereit, ≗sklar** siap (ber)tempur; **–sstand** *m* pos komandan dl. pertempuran; **–s·übung** *f* latihan bertempur/perang
gefeit kebal
Gefieder *n* (–s;–) bulu (burung); **≗t** berbulu
Gefilde *n* (–s;–) *Lit.* bumi persada; *in höheren ~n schweben* mengawang; berpikir tdk. realistis
Geflecht *n* (–ѥs;–e) anyaman
gefleckt berbintik, bertitik, bercak
geflissentlich dng. sengaja
Geflügel *n* (–s;O) unggas; **–farm** *f* peternakan unggas; **–schere** *f* gunting utk. memotong tulang unggas; **≗t** bersayap; *~e Worte* kata-kata mutiara; **–zucht** *f* peternakan/pemeliharaan unggas
Geflüster *n* (–s; O) bisikan, bisik-bisik
Gefolg|e *n* (–s;–) iringan, pengiring; *im ~* (*Gen.*) dl. iringan, *fig.* sebagai akibat (dari); **–schaft** *f* (–;–en) pengikut, anak buah; *~ leisten* mengikuti dng. setia
gefragt laku, laris, digemari
gefräßig rakus, tamak, lahap, loba; **≗keit** *f* (–;O) kerakusan, ketamakan
Gefreite *m* (–n;–n) *Mil.* kopral dua
gefrier|en (–) *unr. itr.* membeku; *Wasser* menjadi es; **≗fleisch** *n* daging beku; **≗punkt** *m* titik beku; **≗schrank** *m* lemari pendingin/es; **≗truhe** *f* peti pendingin
gefroren *Adj.* beku (karena dingin); **≗e** *n* (–n;O) es krim
Gefüge *n* (–s;–) susunan, struktur
gefügig menurut, mengalah; dapat menyesuaikan diri; **≗keit** *f* (–;O) sifat mengalah/menerima
Gefühl *n* (–ѥs;–e) perasaan; rasa; *s–n ~en freien Lauf lassen* mengumbar perasaannya; mengikuti emosi/perasaan; *mit gemischten ~en* dng. perasaan saling bertentangan; *e ~ für et. haben* dapat menghayati sst.; dapat mengerti sst.; *et. im ~ haben* mengetahui secara instingtif, mempunyai firasat; **≗los** tanpa rasa, lali; tak berperasaan, kejam; **–losigkeit** *f* (–;O) keadaan tanpa rasa/perasaan; *fig.* kekejaman; **≗sbetont** emosional, mudah terpengaruh emosi; **≗sduselig** sentimental; **–smensch** *m* (orang) perasa, orang yg. emosionil; **–sregung** *f* gerak hati; **≗voll** penuh perasaan, halus, lembut
gegeben *Adj., zu ~er Zeit* pd. waktu yg. cocok; *~e Größen* data/faktor yg. diketahui/diberitahukan; *die ~e Methode* cara yg. paling tepat; **≗e** *n, das ~ sein* yg. paling tepat/baik
gegeben|enfalls jika perlu, andaikata terjadi; **≗heit** *f* (–;–*en*) kenyataan, fakta; keadaan
gegen *Prp.* pada; melawan; *fig.* terhadap; *Adv.* menjelang, kira-kira, kurang-lebih; *~ 9 Uhr* sekitar jam 9; *Medizin ~ e–e Krankheit* obat melawan penyakit; *~ Barzahlung* dng. membayar tunai; *~ die Vernunft* berlawanan dng. akal sehat; *die Leiter ~ die Mauer stellen* menaruh tangga pd. dinding; *~ ihn erscheinst du größer* dibandingkan dengannya kau tampak lebih besar; *~ Süden* ke arah Selatan
Gegen|angriff *m* serangan balasan; **–antrag** *m* usul balasan; **–befehl** *m* perintah yg. bertentangan; **–besuch** *m* kunjungan balasan; **–bewegung** *f* gerakan (ber)lawan(an); **–beweis** *m, den ~ antreten* membuktikan bahwa argumentasi lawan salah
Gegend *f* (–;–*en*) daerah, wilayah; *Landschaft* pemandangan; *Umgegend* daerah sekitarnya; *durch die ~ laufen* berjalan-jalan tanpa tujuan
Gegen|dienst *m* balas budi/jasa; **–druck** *m* tekanan balik/lawan; **≗einander** yg. satu lawan yg. lain; **–einander** *n* (–s;O) perlawanan/pertentangan satu sama lain; **–erklärung** *f* pernyataan balasan, bantahan; **–forderung** *f* tuntutan balasan; tuntutan dari fihak lain/lawan; **–frage** *f* pertanyaan balik; **–füßler** *m* (–s;–) antipode; **–geschenk** *n* hadiah balasan; **–gewicht** *n* berat imbangan; *fig.* pengaruh imbangan; **–gift** *n* penawar, penangkal racun, antitoksin
Gegen|kandidat *m* calon lawan; **–klage** *f* dakwaan/pengaduan bala-

san; **≗läufig** yg. (berputar) berlawanan; **–leistung** *f* balas jasa; ganti rugi; **–licht** *n*, *Fot.* menentang sinar; *Verkehr* cahaya menyilaukan; **–liebe** *f* cinta balasan; persetujuan; *keine ~ finden* tdk. diterima dng. baik; **–maßnahme** *f* tindakan pencegahan; **–mittel** *n* nurbisa, *antidotum;* **–partei** *f* partai/pihak lawan; **–probe** *f, die ~ machen* menguji ketepatan perhitungan dng. pangkal-tolak yg. lain; **–rede** *f* bantahan; **–revolution** *f* kontrarevolusi; **–satz** *m* perlawanan, kebalikan, antitesis; *im ~ zu* berlawanan dng.

Gegenseit|e *f* oposisi, pihak lawan; **≗ig** saling, satu sama lain, timbal balik; **–igkeit** *f* (–;O) hal timbal balik; *das beruht auf ~* atas persetujuan/keuntungan bersama (kedua belah pihak)

Gegen|spieler *m* fihak/pemain lawan, musuh, penentang; *Thea.* tokoh hitam; **–spionage** *f* kontraspionase; **–sprechanlage** *f* interkom; **–stand** *m* barang, benda; pokok, tema; obyek; **≗ständlich** kongkret, obyektif; **≗standslos** *ungültig* tdk. berlaku (lagi); *belanglos* tdk. ada artinya; *unnötig* tdk. ada gunanya, percuma; *unbegründet* tdk. beralasan; *Malerei* abstrak; **–standswort** *n* kata benda; **–stimme** *f* suara lawan; **–strömung** *f* arus lawan; **–stück** *n* yg. cocok dng.; yg. melengkapi, imbangan, pasangan, padanan; lawan(nya); **–teil** *n* kebalikan, lawannya; *im ~* sebaliknya; **≗teilig** yg. berlawanan

gegenüber di seberang; berhadapan, terhadap; *im Vergleich* dibandingkan (dng.); **≗** *n* (–s;–) sso./sst. yg. ada di hadapan; **–stehen** *unr. itr., sich ~* berhadapan muka, menghadapi; saling memusuhi; mengambil sikap thd.; **–stellen** *tr.* menghadapkan dua hal/orang; membandingkan; **≗stellung** *f* (–;O) oposisi, konfrontasi; *Vergleich* pembandingan; **–treten** *unr. itr.* menghadapi; menentang

Gegen|verkehr *m* lalulintas (dari arah) berlawanan; **–vorschlag** *m* usul balasan; **–wart** *f* (jaman/waktu) sekarang; *Anwesenheit* kehadiran; **≗wärtig** kini, sekarang; *~ sein* hadir; **–wehr** *f* perlawanan; **–wert** *m* harga sepadan; imbangan; **–wind** *m* angin sakal/haluan; **–winkel** *pl* sudut-sudut berhadapan; **–wirkung** *f* reaksi; **≗zeichnen** *tr.* turut menandatangani

Gegner *m* (–s;–) (pihak) lawan, tandingan; musuh; saingan; **≗isch** dari pihak lawan; **–schaft** *f* (–;O) sikap berlawanan, permusuhan

Gehabe *n* (–s;O) tingkah-laku/kelakuan yg. dibuat-buat

Gehackte *n* (–n;O) daging cincang

Gehalt 1. *m* (–ɇs;–e) isi, kadar; **2.** *n* (–ɇs;¨–er) gaji; **≗en** *Adj.*, *~ sein* wajib; **≗los** kosong, hampa, tak berarti/berbobot; kurang bergizi; **–losigkeit** *f* (–;O) kekosongan; **≗reich** berisi, berarti; *Nahrung* bergizi

Gehalts|auszahlung *f* penggajian, pemberian gaji; **–empfänger** *m* penerima gaji, karyawan; **–erhöhung** *f, s. Gehaltszulage;* **–gruppe** *f*, **–stufe** *f* golongan gaji; **–zulage** *f* kenaikan gaji; tambahan gaji

gehaltvoll *s. gehaltreich*

Gehänge *n* (–s;–) hiasan yg. bergantung, kalung, anting-anting; kalung bunga; gaba-gaba; *Mil.* ban tentara tempat menggantungkan senjata

gehässig bersikap membenci/bermusuhan; **≗keit** *f* (–;–en) kebencian, permusuhan

Gehäuse *n* (–s;–) *Bio.* pembungkus biji (apel, pir), pangsa; *Schnecke* rumah siput; *Tech.* kotak

Gehege *n* (–s;–) tempat yg. dipagari (utk. binatang piaraan); *j–m ins ~ kommen* mengganggu/memasuki bidang atau urusan orang lain

geheim rahasia, tertutup; *im ~en* dng. diam-diam, tersembunyi; **≗bund** *m* perkumpulan rahasia; **≗dienst** *m* dinas rahasia; **≗fach** *n* laci tersembunyi; **–halten** *unr. tr.* merahasiakan

Geheimnis *n* (–ses;–se) rahasia; misteri; *e offenes ~* rahasia umum; **–krämer** *m* orang yg. senang akan rahasia-rahasia(an); **≗voll** penuh rahasia, misterius

Geheim|polizei *f* polisi rahasia; **–sache** *f* masalah/bahan rahasia; **–schrift** *f* tulisan rahasia; **–sender** *m* pemancar gelap/rahasia; **–tuerei** *f* (–;*O*) sikap suka rahasia-rahasiaan; **≗tuerisch** senang berahasia-rahasiaan; **–wissenschaft** *f* ilmu gaib/klenik

Geheiß *n, auf* ~ atas perintah

gehemmt malu-malu; terhambat

gehen *unr. itr.* berjalan (kaki), pergi; *aufbrechen* berangkat; *die Uhr geht* jam berputar; *wie geht es Ihnen?* apa kabar? *es geht mir gut* baik-baik saja; *das geht nicht* itu tdk. bisa/mungkin; tdk. boleh; *mit e–m Mädchen* ~ berpacaran dng. seorang gadis; *die Ware geht gut* barang ini laku; *die Tür geht nach links auf* pintu membuka ke kiri; *in sich* ~ mawas diri, menginsyafi; bertobat, menyesal; *wenn es nach dir geht* kalau menurut kemauanmu; *es geht um die Familie* hal itu menyangkut keluarga; *es geht um 100 Mark* taruhannya 100 DM; *auf Reisen* ~ melancong; *zu Bett* ~ pergi tidur, naik tempat tidur; *in die Schule* ~ bersekolah, masuk sekolah; *das geht in den Koffer* itu bisa masuk ke dl. koper; *Gesundheit geht über alles* kesehatan paling penting; *er ist gegangen worden* ia telah dipecat; *an et.* ~ memulai sst.; *vor sich* ~ terjadi, berlangsung; **–lassen** *unr., sich* ~ kurang mengendalikan diri, tdk. berdisiplin, bermalas-malas

geheuer aman; *er ist mir nicht* ~ saya kurang percaya padanya

Geheul *n* (–*s*;*O*) ratapan, raungan, tangisan; deru

Gehilf|e *m* (–*n*;–*n*), **–in** *f* (–;–*nen*) pembantu, asisten; *pej.* kakitangan

Gehirn *n* (–*ęs*;–*e*) otak; **–entzündung** *f* radang otak, *encephalitis;* **–erschütterung** *f* gegar otak, *commotio cerebri;* **–erweichung** *f* lunaknya otak, *encephalomalacia;* **–haut** *f* selaput otak, *meninx;* **–schlag** *m* pitam-otak, *apoplexia cerebri;* **–wäsche** *f* cuci otak

gehoben *Adj.*, ~*e Sprache* bahasa tinggi; ~*e Stimmung* suasana gembira; ~*e Stellung* pangkat/kedudukan (agak) tinggi

Gehöft *n* (–*ęs*;–*e*) rumah tani dng. kandang-kandang

Gehölz *n* (–*es*;–*e*) hutan kecil; semak-belukar

Gehör *n* (–*s*;*O*) pendengaran; *sich* ~ *verschaffen* berusaha spy. didengar (-kan)/diperhatikan; *j-m* ~ *schenken* mendengarkan sso,; *zu* ~ *bringen* mempertunjukkan, *Mus.* mempersembahkan

gehorchen (–) *itr.* mematuhi, mentaati

gehören (–) *itr.* menjadi milik, kepunyaan; *es gehört sich nicht* tdk. sopan/pantas; *dazu gehört Geld* hal ini memerlukan uang; *er gehört zur Gemeinde* ia termasuk umat; *das gehört nicht hierher* hal itu bukan masalahnya

Gehörgang *m* liang telinga

gehörig milik, kepunyaan; selayaknya, semestinya; *ich habe mich* ~ *erkältet/verspätet* saya sangat pilek/terlambat

gehörlos tuli

Gehörn *n* (–*ęs*;–*e*) tanduk

gehorsam taat, patuh, menurut; **≗** *m* (–*s*;*O*) ketaatan, kepatuhan; **≗sverweigerung** *f* ketidakpatuhan

Geh|steig *m* trotoar, lantai di pinggir jalan, kaki lima; **–weg** *m* jalan (khusus) utk. pejalan kaki; **–werk** *n, Tech.* mesin arloji

Geier *m* (–*s*;–) burung nasar

Geige *f* (–;–*n*) biola; *die erste* ~ *spielen* main peranan pertama; **≗n** *itr.* main/menggesek biola; **–nbogen** *m* penggesek biola; **–r** *m* (–*s*;–) pemain biola

Geiger·zähler *m* alat penghitung Geiger, alat pengukur radiasi

geil berkeinginan cabul, gasang, gatal; *Bo.* subur; **≗heit** *f* (–;*O*) nafsu cabul

Geisel *f* (–;–*n*) sandera

Geiß *f* (–;–*en*) kambing (betina); **–bock** *m* kambing jantan

Geißel *f* (–;–*n*) cambuk, cemeti; *fig.* kesusahan, bencana; **≗n** *tr.* mencambuk, mendera; *fig.* mengeritik dng. tajam; **–ung** *f* (–;–*en*) dera

Geist *m* (–*ęs*;–*er*) roh; *Verstand* akal, intelek, pikiran, daya pikir; *Gesinnung* semangat, sikap; *Seele* jiwa;

Gespenst hantu; *böser* ~ roh jahat, jin; *der Heilige* ~ Roh Kudus; *im* ~*(e)* dl. pikiran, tdk. nyata; *den* ~ *aufgeben* menghembuskan nafas terakhir; ~ *der Zeit* semangat jaman; *er ist e großer* ~ ia seorang jeni(al); *ugs., dienstbare* ~*er* para pembantu rumah

Geister|beschwörer *m* dukun, pengusir setan; **–erscheinung** *f* penampakan roh; **–geschichte** *f* cerita setan/hantu; **≗haft** spt. hantu, yg. berupa roh halus; **–reich** *n*, **–welt** *f* alam roh halus

geistes|abwesend melamun, lengah, berkhayal; **≗arbeiter** *m* pekerja intelektual/otak; **≗blitz** *m* ilham; **≗gabe** *f* bakat; *Rel.* anugerah Roh Kudus; **≗gegenwart** *f* kewaspadaan; sikap cerdas-tangkas; **–gegenwärtig** mampu bereaksi dng. cepat dan tepat; waspada; **–gestört** sakit jiwa; **≗haltung** *f* sikap mental; **≗kraft** *f* daya pikir; kekuatan jiwa, semangat; **–krank** sakit jiwa, gila; **≗krankheit** *f* penyakit jiwa; **≗richtung** *f* aliran pemikiran; **≗schärfe** *f* ketajaman pikiran; **–schwach** dungu, cacat jiwa, bebal; **≗störung** *f* gangguan jiwa; **≗verfassung** *f* kerangka pikiran; keadaan jiwa; **–verwandt** sealiran; **≗wissenschaften** *pl* ilmu non-eksakta; **≗zustand** *m* keadaan jiwa

geistig rohani, mental, spiritual; ~*e Getränke* minuman keras

geistlich kerohanian, keagamaan; **≗e** *m* (*–n;–n*) rohaniwan, imam, pendeta; **≗keit** *f* (*–;O*) para iman/pendeta

geist|los membosankan, kurang bermakna **–reich** *s. geistvoll;* **–tötend** yg. mematikan semangat/pikiran; **–voll** kaya akal, pandai, berinspirasi, berhumor

Geiz *m* (*–es;O*) sikap kikir/pelit; **≗en** *itr.* bersifat/bertindak kikir; **–hals** *m*, *s. Geizkragen;* **≗ig** kikir, pelit; **–kragen** *m* orang pelit

Gejammer *n* (*–s;O*) keluh kesah, ratapan

gekonnt bagus sekali, sempurna

Geklapper *n* (*–s;O*) gemerencing, derakan

Geklirr(e) *n* (*–s;O*) dencingan, gemerencang

Geknirsch *n* (*–es;O*) kertak-kertuk, gemeletak, gemeletuk

Geknister *n* (*–s;O*) bunyi meretih, gemerisik

Gekreisch *n* (*–es;O*) teriakan, jeritan, lengkingan

Gekreuzigte *m* (*–n;–n*) yg. disalibkan; *Rel.* Jesus Kristus Yg. tersalib

gekünstelt bersifat dibuat-buat

Gelächter *n* (*–s;O*) tertawa gelakgelak

geladen *Adj.* (sudah) diisi

Gelage *n* (*–s;–*) pesta pora

gelähmt lumpuh

Gelände *n* (*–s;–*) medan, tanah lapang, (bidang) tanah, tempat luas; **–fahrt** *f* perjalanan melintasi alam terbuka; **–fahrzeug** *n* kendaraan utk. lintas-alam (jip, landrover); **≗gängig** dapat dipakai di segala tempat; **–kunde** *f* topografi; **–lauf** *m* lari lintas alam

Geländer *n* pegangan, sandaran, birai, langkan

gelangen (–) *itr.* sampai pd., mencapai

Gelaß *n* (*Gelasses; Gelasse*) ruang sempit

gelassen *Adj.* tenang, tdk. gelisah, sabar; **≗heit** *f* (*–;O*) ketenangan

Gelatine *f* (*–;O*) agar-agar

geläufig lazim, biasa; lancar; **≗keit** *f* (*–;O*) kelancaran

gelaunt *er ist gut* ~ ia sedang senang; *er ist schlecht* ~ ia sedang jengkel

Geläute *n* (*–s;O*) (bunyi) dering, gemerencing, bunyi lonceng-lonceng

gelb kuning; **≗e** *n* (*–n;O*) kuning (telur); **≗filter** *m*, *Fot.* filter kuning; **–lich** kekuningan-kuningan; **≗sucht** *f* penyakit kuning, *icterus;* **≗wurz** *f* (*–;–en*) kunyit, *curcuma*

Geld *n* (*–es;–er*) uang, duit; biaya; *bares* ~ uang tunai; *zu* ~ *machen* menguangkan; *zu* ~ *kommen* mendapat uang; *das* ~ *zum Fenster hinauswerfen* menghambur-hamburkan uang; *kleines* ~ recehan, uang kecil

Geld|angelegenheit *f* urusan keuangan, soal uang; **–anlage** *f* penanaman uang, investasi; **–anleihe** *f*

pinjaman (uang), kredit; **–anweisung** *f* pengiriman uang; **–aufwertung** *f* revaluasi; **–ausgabe** *f* pengeluaran uang; biaya, ongkos; **–bedarf** *m* keperluan akan uang; **–betrag** *m* jumlah uang

Geld|einheit *f* satuan uang; **–einnahmen** *pl* masuknya uang, pendapatan; **–einwurf** *m* celah utk. memasukkan uang; **–entwertung** *f* devaluasi; **–erwerb** *m* mata pencarian; **–geber** *m* pemberi modal; **–geschäfte** *pl* transaksi, penukaran uang; **–gier** *f* loba uang, mata duitan; **–heirat** *f* perkawinan karena uang/kekayaan; **–klemme** *f* kesulitan akan uang (yg. bersifat sementara); **–knappheit** *f* kekurangan/kebutuhan uang; **–krise** *f* krisis moneter; **≗lich** yg. berh. dng. keuangan, moneter; **–markt** *m* pasaran uang/moneter; **–mittel** *pl* modal, persediaan uang, dana; **–nehmer** *m* peminjam; **–quelle** *f* sumber keuangan

Geld|sache *f* urusan/hal/masalah keuangan; **–schein** *m* uang kertas; **–schrank** *m* lemari besi, brankas; **–sendung** *f* pengiriman uang; **–sorten** *pl* uang logam dan kertas; macam-macam valuta; alat-alat pembayaran; **–strafe** *f* denda (dl. bentuk) uang; **–stück** *n* uang logam; duit; **–tasche** *f* dompet, pundi-pundi; **–überhang** *m* kelebihan uang cadangan; **–umlauf** *m* peredaran uang; **–verlegenheit** *f*, *in ~ sein* sedang membutuhkan uang; **–verleiher** *m* peminjam/pelepas uang; rentenir; **–verlust** *m* kerugian keuangan; **–wechsel** *m* penukaran uang; **–wechsler** *m* penukar uang; **–wert** *m* nilai (mata) uang; nilai dl. bentuk uang; **–wucher** *m* riba, bunga terlampau tinggi

Gelee *n*, *m* (*–s;–s*) **1.** selai; sari daging yg. beku; **2.** *Kosmetik* sm. krem kulit

gelegen *Adj.* terletak; tepat; *das kommt mir ~* hal itu cocok/sesuai bagi saya

Gelegenheit *f* (*–;–en*) kesempatan; kemungkinan baik; **–s·arbeit** *f* pekerjaan tdk. tetap; **–s·arbeiter** *m* pekerja tdk. tetap; **–skauf** *m* pembelian dng. harga yg. kebetulan murah sekali

gelegentlich kadang-kadang, kapan-kapan, jika sempat

gelehrig mudah menerima pelajaran, dapat diajari, pandai

Gelehrsamkeit *f* (*–;O*) pengetahuan, ilmu

gelehrt terpelajar, berilmu, mendalam (dl. ilmu); **≗e** *m*, *f* (*–n;–n*) sarjana, cendekiawan

Geleise *n* (*–s;–*) rel (kereta api); *fig.* kebiasaan sehari-hari; *ins rechte ~ bringen* mengembalikan ke jalan yg. benar

Geleit *n* (*–e̸s;O*) peng(h)antaran, pengawalan, pengiringan; *j–m das ~ geben* mengantarkan sso.; *freies ~* jaminan keamanan dl. perjalanan; **–brief** *m* surat (pas) jalan; surat muatan; **≗en** (–) *tr.* mengantar, mengiringi, mengawal; **–schiff** *n* kapal pengawal; **–wort** *n* kata pengantar; **–zug** *m* konvoi, iring-iringan

Gelenk *n* (*–e̸s;–e*) sambungan; *Anat.* sendi; *Tech.* engsel, mata rantai; **≗ig** dapat melentur; lemah gemulai, lemas; gesit; **–igkeit** *f* (*–;O*) sifat melentur; **–rheumatismus** *m* penyakit encok sendi

gelernt *e ~er Arbeiter* seorang tukang yg. trampil/terlatih

Gelichter *n* (*–s;O*) kaum penjahat/bajingan

Geliebte *m*, *f* (*–n;–n*) kekasih, buah hati

gelind(e) halus, lembut, lunak; *~ gesagt* dikatakan secara hati-hati/halus; *e–e ~e Strafe* hukuman ringan

gelingen (–) *itr.* berhasil; **≗** *n* (*–s;O*) hasil, sukses

Gelispel *n* (*–s;O*) bunyi bisik-bisik; ucapan pelat

gellen *itr.* melengking, memekik; **–d** nyaring, lantang

geloben (–) *tr.* menjanjikan, mengikrarkan

Gelöbnis *n* (*–ses;–se*) ikrar, kaul; janji

gelt|en *unr. itr.* berlaku, sah; *~ als/für* berlaku/dipandang sebagai; *et. ~ bei j-m* dipandang oleh sso.; *et. ~ lassen* mengakui/menerima sst.; *j–n ~ lassen* mengakui sso.; *das gilt* *(nicht)* (tdk.) berlaku/jadi/sah; *das gilt dir* ini dimaksudkan utk. kamu, ini mengenai kamu; *es gilt rasch zu handeln* tindakan harus diambil dng. cepat; *~d machen* (*Einfluß*) menggunakan, (*Recht*) menekankan, (*Forderung*) menuntut; **°ung** *f* (–;*O*) berlakunya, validitas; *Ansehen* wibawa; **°ungsbedürfnis** *n* keinginan menonjolkan diri; kesombongan; **°ungsdauer** *f* masa berlakunya

Gelübde *n* (–*s*;–) kaul, ikrar

gelungen *Adj.* berhasil, sukses; *du bist ~!* kamu lucu!

Gelüst *n* (–*es*;–*e*) nafsu; hasrat; **°en** (–) *itr.* berkeinginan, kepingin, mengidam

Gemach *n* (–*es*;–̈*er*) kamar yg. bagus

gemächlich perlahan-lahan, tdk. tergesa-gesa, kalem, seenaknya

Gemahl *m* (–*s*;–*e*) suami; **–in** *f* (–; –*nen*) isteri

gemahnen (–) *tr. itr.* mengingat(kan) pd.

Gemälde *n* (–*s*;–) lukisan; **–ausstellung** *f* pameran lukisan; **–galerie** *f* balai/ruang pameran lukisan

gemäß sesuai (dng.), cocok, menurut; **–igt** sedang, moderat, lunak, sederhana; *~es Klima* iklim sedang

Gemäuer *n* (–*s*;–) dinding, tembok; *verfallenes ~* puing

gemein umum, bersama-sama; *niedrig gesinnt* tdk. sopan, jahat; *~er Kerl* orang buruk/licik; *~er Soldat* prajurit biasa; *sich ~ machen mit* bersekongkol dng.; *et. ~ haben mit* mempunyai kesamaan dng., samasama mempunyai

Gemeinde *f* (–;–*n*) distrik pemerintahan (kira-kira setingkat dng. kelurahan), kotapraja; *Rel.* paroki, umat, jemaat; **–bezirk** *m* wilayah, distrik; **–haus** *n* balai desa/kota; gedung paroki/jemaat; **–rat** *m* (anggota) dewan perwakilan tingkat kelurahan/kota; *Rel.* majelis jemaat; **–schwester** *f* suster yg. merawat orang sakit/tua di rumah masingmasing; **–steuer** *f* pajak/iuran yg. dipungut oleh kelurahan/kota; **–vorstand** *m* (dewan) pengurus daerah tingkat kelurahan/kota; *Rel.* dewan jemaat/paroki

gemein|gefährlich berbahaya utk. umum; **–gültig** berlaku/diakui umum; **°gut** *n* milik umum; **°heit** *f* (–;–*en*) kelicikan, kebusukan; **–hin** biasa, pd. umumnya, lazim; **°nutz** *m* kepentingan umum/bersama; **–nützig** yg. memajukan kepentingan umum, berguna utk. umum; umum; *~er Verein* perkumpulan/yayasan yg. berguna utk. umum (dan tdk. mencari keuntungan); **°nützigkeit** *f* kepentingan/kesejahteraan umum; **°platz** *m* kata-kata lumrah/basi; **–sam** bersama-sama; *°er Markt* Pasaran Bersama (Eropa); *~e Sache machen mit* bersekongkol dng.; **°samkeit** *f* (–;–*en*) kesamaan, hal/ikatan/kepentingan bersama

Gemeinschaft *f* (–;–*en*) hidup bersama; *soziologisch* paguyuban; *Gesellschaft* masyarakat; *Verband* perhimpunan, perkumpulan; *fig.* kebersamaan; *Europäische Gemeinschaft (EG)* Masyarakat Ekonomi Eropa (MEE); *~ der Gläubigen* umat (seiman); *in ~ mit* dl. kerjasama dng., bersama dng.; *eheliche ~* (ikatan) perkawinan; **°lich** dimiliki/dibuat bersama

Gemeinschafts|arbeit *f* (hasil) kerjasama; **–erziehung** *f* koedukasi, pendidikan bersama putra-putri; **–geist** *m* jiwa/semangat gotong-royong/kebersamaan; **–raum** *m* ruang rekreasi bersama; **–verpflegung** *f* makanan sama yg. disediakan utk. sekelompok orang

Gemein|sinn *m* jiwa/semangat memperhatikan kepentingan bersama; **°verständlich** dapat dimengerti orang biasa, populer; **–wesen** *n* masyarakat negara; **–wohl** *n* kesejahteraan umum, kepentingan bersama

Gemeng|e *n* (–*s*;–) campuran; kerumunan orang banyak; **–sel** *n* (–*s*;–) campuran

gemessen *Adj.* formal, kaku; perlahan-lahan dan angkuh

Gemetzel *n* (–*s*;–) pembantaian, pembunuhan besar-besaran

Gemisch *n* (*–es;–e*) campuran; **≗t** (ter)campur; macam-macam

Gemse *f* (–;*–n*) kambing gunung, *rupicapra rupicapra*

Gemunkel *n* (*–s;O*) gunjing, omongan yg. tdk. pasti

Gemüse *n* (*–s;–*) sayur-mayur, sayuran; **–bau** *m* perkebunan sayur; **–beet** *n* bedengan; **–garten** *m* kebun sayur; **–händler** *m*, **–händlerin** *f* pedagang sayur; **–handlung** *f* toko sayur; **–konserven** *pl* sayur dl. kaleng/gelas

gemustert yg. bercorak, berpola

Gemüt *n* (*–ẹs;–er*) hati, perasaan, jiwa; *j–m et. zu ~e führen* menginsyafkan sso.; *sich et. zu ~e führen* makan/minum dng. nikmat

gemütlich baik hati, ramah-tamah; menyenangkan, enak; *~es Beisammensein* pertemuan ramah -tamah; **≗keit** *f* (–;*O*) kebaikan hati, keramah-tamahan; kenyamanan

Gemüts|art *f*, **–beschaffenheit** *f* tabiat, watak, perangai; **–bewegung** *f* perasaan, gerak hati, emosi; **≗krank** murung; sakit jiwa; **–krankheit** *f* kemurungan; **–mensch** *m* perasa, orang sentimental/emosionil; **–ruhe** *f* ketenangan hati/jiwa; **–verfassung** *f*, **–zustand** *m* suasana/keadaan hati/jiwa

gemütvoll penuh perasaan

gen *Prp.* ke, menuju

Gen *n* (*–s;–e*) *Bio.* gen(e)

genau tepat, persis; *sorgfältig* jitu, teliti; (*als Antwort*) memang! ya! *≗eres* keterangan yg. lebih lengkap/terperinci; *et.* (*nicht*) *~ nehmen* bersifat (tdk.) teliti; (tdk.) begitu mempedulikan sst.; **≗igkeit** *f* (–;*O*) ketepatan, ketelitian; **–so** *Adv.* (secara) sama

Gendarm *m* (*–en;–en*) polisi (khususnya luar kota); **–erie** *f* (–;. . .*iën*) kepolisian; pos polisi

Genealogie *f* (–;. . .*iën*) ilmu silsilah

genehm yg. menyenangkan/memuaskan; **–igen** (–) *tr.* mengizinkan, menyetujui, mengesahkan; **≗igung** *f* (–;*–en*) izin, persetujuan

geneigt berkenan, bersedia; *abschüssig* miring, condong; *~er Leser* pembaca yg. budiman; **≗heit** *f* (–;*O*) kecenderungan; kesediaan

General *m* (*–s;–e/¨e*) *Mil.*, *Rel.* jenderal; **–agent** *m* agen tunggal; **–anzeiger** *m* suratkabar umum; **–bevollmächtigte** *m* wakil/agen dng. kuasa penuh; **–direktor** *m* direktur umum/jenderal; **–intendant** *m*, *Thea.* direktur teater; kepala gedung dan ensembel sandiwara serta opera; **≗isieren** (–) *tr. itr.* menyamaratakan, menggeneralisasi(kan); **–ität** *f* (–;*O*) korps jenderal; **–konsul** *m* konsul jenderal; **–konsulat** *n* konsulat jenderal; **–leutnant** *m* letnan jenderal; **–major** *m* mayor jenderal; **–probe** *f* latihan/repetisi terakhir (sebelum pertunjukan), gladi resik; **–sekretär** *m* sekretaris jenderal, sekjen; **–staatsanwalt** *m* jaksa agung; **–stab** *m* staf gabungan angkatan bersenjata; markas besar angkatan bersenjata; **–stabskarte** *f* peta dng. skala 1:100.000; **–streik** *m* pemogokan umum; **–überholung** *f*, *Mot.* revisi total; **–vertreter** *m* agen tunggal; **–vikar** *m* vikaris jenderal; **–vollmacht** *f* kuasa mutlak/penuh

Generation *f* (–;*–en*) generasi, angkatan; **–skonflikt** *m* konflik antar generasi; **–swechsel** *m* peralihan generasi

Generator *m* (*–s;–en*) generator, pembangkit listrik

generell pd. umumnya

generös *Adj.* murah hati

genes|en (–) *unr. itr.* menjadi sembuh, pulih; **≗ende** *m*, *f* (*–n;–n*) orang yg. sedang sembuh dari penyakit; **≗ung** *f* (–;*O*) kesembuhan; **≗ungsheim** *n* sanatorium, tempat pemulihan kesehatan

genial cerdas, pandai sekali; mengagumkan; **≗ität** *f* (–;*O*) kepandaian yg. luar biasa, kecerdasan yg. tinggi

Genick *n* (*–s;–e*) tengkuk, kuduk; **–starre** *f* radang selaput otak dan sumsum tulang-belakang, *meningitis cerebrospinalis*

Genie *n* (*–s;–s*) orang yg. pandai luar biasa, jeni

genieren (–) *itr.* mengganggu; *sich ~* merasa malu-malu

genieß|bar dapat dinikmati/diminum/dimakan; **-en** (-) *unr. itr.* menikmati; *j-s Vertrauen* ~ mendapat kepercayaan sso.
Genitaliën *pl* (alat) kelamin/kemaluan
Genitiv *m* (*-s;O*) *Gr.* kasus kedua, genitif
Genius *m* (*-;Geniën*) orang yg. pandai luar biasa; kepandaian, jeni; *guter* ~ roh pelindung
genormt sesuai dng. standar, baku
Genoss|e *m* (*-n;-n*), **-in** *f* (*-;-nen*) rekan, kawan; **-enschaft** *f* (*-;-en*) koperasi, serikat, maskapai, perkumpulan; *eingetragene* ~ *mit beschränkter Haftpflicht* (*eGmbH*) sm. perseroan terbatas yg. terdaftar
Genre *n* (*-s;-s*) jenis (sastra), *genre*
genug cukup; *ich habe* ~ *davon* saya sudah muak
Genüg|e *f, zur* ~ mencukupi; *j-m* ~ *tun* memuaskan/memenuhi keinginan sso.; **≗en** (-) *itr.* mencukupi, memenuhi; **≗end** cukup; **≗sam** sederhana, merasa puas dng. sedikit; **-samkeit** *f* (*-;O*) kesederhanaan, ugahari
genug|tun *unr. itr., j-m* ~ memenuhi keinginan/memuaskan sso.; *sich nicht* ~ *können an* tdk. pernah capek/bosan utk.; **≗tuung** *f* (*-;-en*) rasa puas; ganti-rugi
Genus *n* (*-;Genera*) *Gr.* jenis
Genuß *m* (*. . .sses;Genüsse*) kenikmatan, kesenangan, keenakan; ~ *von Speisen* makan; **-mittel** *n* makanan/minuman spt. manisan, minuman keras, rokok; **≗reich** penuh kenikmatan, enak, lezat; **-sucht** *f* kehausan akan kenikmatan; **≗süchtig** haus akan kenikmatan
Geo|däsie *f* (*-;O*) geodesi, ilmu pengukuran bumi; **-graphie** *f* (*-;O*) ilmu bumi, geografi; **≗graphisch** geografis; **-log(e)** *m* (*-en;-en*) ahli geologi/ilmu-tanah; **-logie** *f* (*-;O*) ilmu tanah, geologi; **-metrie** *f* (*-;O*) ilmu ukur/pengukuran bumi, geometri; **≗metrisch** geometris
geordnet teratur
Gepäck *n* (*-s;O*) barang-barang, bagasi; **-annahme(stelle)** *f* tempat penerimaan barang (utk. dikirim); **-aufbewahrung(sstelle)** *f* tempat penitipan barang; **-ausgabe(stelle)** *f* tempat penerimaan barang (kembali); **-halter** *n* tempat bagasi pd. sepeda, boncengan; **-netz** *n* sm. rak tempat barang (di atas tempat duduk dl. gerbong kereta api atau bis); **-schein** *m* resi bagasi/barang; **-träger** *m* kuli angkut; s. *Gepäckhalter;* **-wagen** *m* kereta/gerbong barang
gepanzert berlapis(-lapis) baja
Gepard *m* (*-s;-e*) *Zo.* sm. macan tutul (di Afrika), *acinonyx jubatus*
Gepflogenheit *f* (*-;-en*) kebiasaan
Geplapper *n* (*-s;O*) ocehan, obrolan, omong-omong (kosong)
Geplauder *n* (*-s;O*) obrolan, basa-basi
Gepolter *n* (*-s;O*) ribut, kegaduhan
Gepräge *n* (*-s;O*) cap; *fig.* ciri, warna
Gepränge *n* (*-s;O*) kemewahan, kemegahan, kebesaran
gerade 1. *Adj.* lurus, langsung; *aufrecht* tegak; *eben* datar, rata; *aufrichtig* jujur; *das* ~ *Gegenteil* persis sebaliknya; ~ *Zahl* angka genap; **2.** *Adv., ich bin* ~ *gekommen* saya baru saja datang; *sie kocht* ~ ia sedang masak; *ich war* ~ *dort* kebetulan/baru saja saya di sana; *nun* ~ *(nicht)* justru sekarang (tdk.); **≗** *f* (*-;-n*) garis/bagian yg. lurus; **-aus** lurus, terus; **-heraus** terus-terang, tanpa tedeng aling-aling; **-(n)wegs** langsung; **-so** sama spt.; **-stehen** *unr. itr.* berdiri tegak; *für et.* ~, *fig.* memikul tanggungjawab utk.; **-zu** hampir; betul-betul; *s. geradeheraus*
Gerad|heit *f* (*-;O*) kejujuran, kelurusan; **≗linig** lurus; *fig.* terus-terang
Geranië *f* (*-;-n*) *Bo.* sm. bunga hias, *pelargonium*
Gerät *n* (*-es;-e*) alat, pesawat, perkakas, perabot
geraten 1. (-) *unr. itr.* berhasil baik; *zum Vorteil* ~ menguntungkan; *zu kurz* ~ menjadi terlalu pendek; *nach j-m* ~, (*Kind*) menyerupai sso.; *an j-n* ~ (kebetulan) bertemu sso.; *in Brand* ~ kebakaran; *in Wut* ~ naik pitam; **2.** *Adj., e* ~*es Kind* anak yg. terdidik baik; *das ist* ~ dianjurkan, sebaiknya

Geräte|stecker *m* steker alat listrik; **–turnen** *n* senam (dng. memakai) alat
Geratewohl *n*, *aufs* ~ untung-untungan, tergantung nasib
geraume *e–e* ~ *Zeit/Weile* waktu yg. agak lama
geräumig luas, lapang
Geräusch *n* (*–es;–e*) bunyi, suara; **≗los** diam-diam, tak terdengar; **≗voll** berisik, gaduh
gerb|en *tr.* menyamak (kulit); *ugs.* memukuli, menghajar; **≗er** *m* (*–s;–*) penyamak kulit; **≗säure** *f* asam samak
gerecht adil; wajar, layak; *j–m* ~ *werden* menilai/memperlakukan sso. dng. adil/layak; *e–r Sache (nicht)* ~ *werden* (tdk.) berbuat dng. tepat; **–fertigt** yg. dapat dibenarkan, legal; **≗igkeit** *f* (*–;O*) keadilan, rasa adil; **≗same** *f* (*–;–n*) hak istimewa
Gerede *n* (*–s;O*) omongan, obrolan, desas-desus, kabar angin; *ins* ~ *kommen* menjadi buah mulut
gereichen (–) *itr.*, *zur Ehre* ~ mendapat kehormatan, dapat dibanggakan; *zum Vorteil* ~ berguna, bermanfaat
gereift matang, masak; arif-bijaksana
gereizt senewen, bingung, lekas marah
gereuen (–) *tr.*, *es gereut mich* saya menyesal
Gericht *n* (*–[e]s;–e*) **1.** pengadilan, mahkamah; *Jüngstes* ~ pengadilan terakhir, hari kiamat; *mit j–m ins* ~ *gehen* memperingati/menginsyafkan sso. akan kesalahannya; **2.** *Gastronomie* hidangan; **≗lich** yg. berh. dng. pengadilan; oleh/melalui pengadilan; menurut hukum
Gerichts|barkeit *f* (*–;O*) yurisdiksi; kekuasaan hukum/peradilan/kehakiman; wilayah/bidang kekuasaan hukum; **–beschluß** *m* keputusan pengadilan; **–bezirk** *m* daerah pengadilan; **–diener** *m* petugas pengadilan; **–gebäude** *n* (gedung) pengadilan; **–hof** *m* mahkamah; *Oberster* ~ mahkamah agung; **–kosten** *pl* ongkos pengadilan; **–saal** *m* ruang pengadilan; **–sache** *f* perkara peradilan; **–schreiber** *m* panitera; **–stand** *m* tempat pengadilan yg. berwenang, domisili; **–verfahren** *n* perkara/proses pengadilan; **–verfassung** *f* sistem hukum/pengadilan; **–verhandlung** *f* perkara/sidang pengadilan; **–vollzieher** *m* juru sita
gerieben *Adj.*, *ugs.* lihai, banyak akal
gering sedikit, tak seberapa, tdk. berarti/berharga; ~ *denken von* tdk. menghargai, meremehkan; *von* ~*er Herkunft* dari keluarga biasa; *kein* ≗*erer als der Präsident* bahkan presiden sendiri; **–achten** *tr.* tdk. menghargai, menganggap sepele; **–fügig** tak berarti; **≗fügigkeit** *f* (*–;–en*) hal sepele; **–schätzen** *tr. s. geringachten;* **–schätzig** dng. nada/sikap menghina; **≗schätzung** *f* (*–;O*) sikap menghina, sikap menganggap tak berarti; **–st** paling sedikit, sekecil/serendah pun; *nicht im* ~*en* sama sekali tdk.; **–wertig** bernilai/bermutu rendah
gerinn|en (–) *unr. itr.* membeku, menggumpal; *Milch* mengental; **≗sel** *n* (*–s;–*) gumpalan; **≗ung** *f* (*–;O*) pembekuan
Geripp|e *n* (*–s;–*) kerangka (tubuh); rangka-rangka; **≗t** (kain) dng. garis-garis yg. menonjol (spt. kain korduroi)
gerissen *Adj.* licik, lihai
German|e *m* (*–n;–n*) orang German(ia); **≗isch** German(ia); **–ist** *m* (*–en;–en*) ahli bahasa dan kesusasteraan Jerman
gern(e) suka, dng. senang (hati); *j–n* ~ *haben* senang pd. sso.; ~ *geschehen!* kembali!
Geröll *n* (*–s;O*) batu-batuan
Gerste *f* (*–;O*) jelai, *hordeum sativum;* **–nkorn** *n*, *Med.* timbil, *hordeolum;* **–nsaft** *m* bir
Gerte *f* (*–;–n*) tangkai kecil (sm. buluh muda), rotan pemukul
Geruch *m* (*–[e]s;–̈e*) bau, harumnya; *Sinn* penciuman; **≗los** tdk. berbau; **–snerv** *m* syaraf penciuman; **–(s-)sinn** *n* pencium(an)
Gerücht *n* (*–[e]s;–e*) desas-desus, kabar angin

geruchtilgend *~es Mittel* deodoran, obat pembasmi bau busuk
gerufen *Adj., das kommt wie ~* cocok sekali, tepat pd. saatnya
geruhen (–) *itr.* berkenan
Gerümpel *n* (*–s;–*) barang rongsokan
Gerüst *n* (*–ẹs;–e*) perancah; bagan, panggung; **–stange** *f* aram(-aram)
gesamt seluruhnya, lengkap
Gesamt|ausgabe *f* edisi/terbitan lengkap; **–ausgaben** *pl* pengeluaran seluruhnya; **–betrag** *m* jumlah seluruhnya; total; **–bild** *n* gambaran/pandangan menyeluruh; **–eindruck** *m* kesan umum; **–einnahme** *f* penerimaan seluruhnya; **–ertrag** *m* hasil seluruhnya; **–heit** *f* (*–;O*) keseluruhan, semuanya; **–preis** *m* harga seluruhnya; **–schule** *f* sekolah komprehensif; **–wohl** *n* kepentingan umum/bersama; **–zahl** *f* jumlah seluruhnya
Gesandt|e(r) *m* (*–n;–n*) utusan, duta; **–schaft** *f* (*–;–en*) kedutaan; **–schaftssekretär** *m* sekretaris kedutaan
Gesang *m* (*–ẹs;–̈e*) nyanyian, lagu; **–buch** *n* buku nyanyian; **–lehrer** *m* guru seni suara; **–verein** *m* perkumpulan nyanyi
Gesäß *n* (*–es;–e*) pantat, bokong
Geschäft *n* (*–ẹs;–e*) toko, perusahaan; *Tätigkeit* urusan; bisnis; *Transaktion* penjualan, transaksi; *~e machen* berdagang dng.; mengambil untung; *e ~ verrichten, ugs.* buang air (besar); **–emacher** *m* (*–s;–*) pencatut, orang licik (dl. berdagang); **≗ig** sibuk, repot; ramai; **–igkeit** *f* (*–;O*) kesibukan, keramaian; **≗lich** yg. berh. dng. perdagangan/bisnis
Geschäfts|abschluß *m* transaksi bisnis; **–anzeige** *f* iklan niaga; **–bereich** *m* bidang keaktifan/wewenang; **–bericht** *m* laporan tahunan (perusahaan); **–fähigkeit** *f* kemampuan mengambil tindakan yg. mengikat secara yuridis; **–frau** *f* wanita pengusaha, usahawati; **–freund** *m* relasi, rekan (bisnis); **–führer** *m* pemimpin perusahaan, menejer; ketua harian; **–führung** *f* pimpinan perusahaan; **–gang** *m* jalannya usaha; rutin; **–gebaren** *n* cara berdagang; **–gegend** *f* daerah pertokoan; **–geheimnis** *n* rahasia perusahaan; **–haus** *n* gedung utk. perusahaan; perusahaan; **–inhaber** *m* pemilik perusahaan/toko; **–jahr** *n* tahun pembukuan; **–kenntnis** *f* pengetahuan/kepandaian niaga; **–kosten** *pl, auf ~* atas biaya perusahaan; **≗kundig** pandai berniaga; **–lage** *f* tempat/lokasi usaha; keadaan usaha; **–leben** *n* kehidupan/dunia usaha; **–lokal** *n* ruang/tempat usaha; toko; kantor
Geschäfts|mann *m* (*–s; . . . leute*) pengusaha, usahawan, pedagang, saudagar; **≗mäßig** bersifat bisnis, secara rutin; tdk. ramah; **–ordnung** *f* anggaran rumah tangga; agenda (rapat); **–räume** *pl, s. Geschäftslokal;* **–reise** *f* perjalanan bisnis; **–reisende** *m, f* pramuniaga keliling, *sales(man);* **–schluß** *m* waktu tutup toko/kantor; **–stelle** *f* kantor dari instansi/organisasi; keagenan, kantor cabang; **–teilhaber** *m* rekanan, sekutu, partner; **–träger** *m* kuasa usaha; **≗tüchtig** pandai/pintar mencari untung; **–unternehmen** *n* perusahaan niaga; **–verbindung** *f* hubungan bisnis; **–verkehr** *m* transaksi; **–viertel** *n* daerah perniagaan/pertokoan; **–welt** *f* dunia bisnis; kalangan pedagang; **–zeit** *f* jam buka/kerja; **–zweig** *m* cabang perusahaan, bidang usaha
gescheckt berbintik-bintik
geschehen (–) *unr. itr.* terjadi, berlangsung; *es geschieht ihm recht* salahnya sendiri; *es ist um et. ~* habislah; **≗** *n* (*–s;O*) kejadian, terjadinya
Geschehnis *n* (*–ses;–se*) peristiwa, kejadian
gescheit cerdas, pandai, pintar; *nicht recht ~* kurang berpikiran lurus, sinting
gescheitelt (rambut) bersibak
Geschenk *n* (*–ẹs;–e*) pemberian, hadiah, kado
Geschichte *f* (*–;–n*) cerita; hikayat; *Wissenschaft* (ilmu) sejarah; *Chronik* riwayat; *Angelegenheit* kejadian; *immer die alte ~ !* yg. itu-itu juga, selalu sama saja; *e-e schöne ~! iron.* kacau-balau! **–nbuch** *n* buku cerita/

dongeng; **–n·erzähler** *m* pendongeng, tukang cerita
geschichtlich bersejarah, menurut sejarah, historis
Geschichts|buch *n* buku sejarah; **–fälschung** *f* pemalsuan sejarah; **–forscher** *m* ahli sejarah, historikus; **–schreiber** *m* penulis sejarah
Geschick *n* (–*ẹs*;–*e*) nasib, takdir; *Eignung* bakat, kepandaian, ketrampilan; **–lichkeit** *f* (–;*O*) kepandaian, kelincahan, kebolehan; **≗t** cakap, pandai, mahir, sanggup
geschieden *Adj.* (ber)cerai
Geschirr *n* (–*s*;–*e*) barang pecahbelah; *Pferd* pakaian/abah-abah kuda; ~ *abwaschen* cuci piring; **–spülmaschine** *f* mesin cuci piring
Geschlecht *n* (–*ẹs*;–*er*) jenis; jenis kelamin, seks; *Generation* (ke)turunan, generasi; angkatan; *das menschliche* ~ umat manusia; *das* ~ *der Habsburger* wangsa Habsburg; *das schwache/schöne* ~ kaum wanita; **≗lich** seksual; **–lichkeit** *f* (–;*O*) seksualitas
Geschlechts|akt *m* persetubuhan, sanggama; **–drang** *m* nafsu berahi; **≗krank** berpenyakit kelamin; **–krankheit** *f* penyakit kelamin/kotor; **≗los** tdk. berkelamin; banci, tdk. jantan tdk. betina; **–organ** *n* alat kelamin; **–reife** *f* pubertas, masa remaja, akil-balig; **–teile** *pl* alat kelamin, kemaluan; **–trieb** *m* hawa nafsu, nafsu berahi; **–verkehr** *m* persetubuhan, sanggama; **–wort** *n* kata sandang, artikel
geschlossen *Adj.* (ter)tutup; *(alle) zusammen* semua, tanpa kecuali; *einstimmig* dng. suara bulat; *~e Veranstaltung* acara/pertemuan yg. tertutup utk. umum; *in sich* ~ utuh, serba lengkap, kompak
Geschmack *m* (–*ẹs*;*¨e*/*¨er*) selera; rasa, aroma; *fig.* perasaan keindahan; ~ *finden an* suka/senang akan; **≗los** tawar, hambar; *fig.* kurangajar, *bp.* kampungan, tak bermutu; **–(s)sache** *f* soal rasa/selera; **–sverirrung** *f*, *das ist e-e* ~ hal itu tdk. sesuai dng. selera yg. baik; **≗voll** bagus, cantik
Geschmeide *n* (–*s*;–) perhiasan
geschmeidig dapat melentur, elastis; gemulai, fleksibel; *fig.* luwes, **≗keit** *f* (–;*O*) sifat melentur; keluwesan
Geschöpf *n* (–*ẹs*;–*e*) makhluk, ciptaan; *fig.* buatan
Geschoß *n* (. . . *sses*; . . . *sse*) peluru; *Gebäude* tingkat/lantai dl. gedung
Geschrei *n* (–*s*;*O*) teriakan, jeritan; *fig.*, *Aufhebens* ribut(–ribut)
geschult terlatih, terdidik
Geschütz *n* (–*es*;–*e*) meriam
Geschwader *n* (–*s*;–) *Mil.* satuan tempur kapal laut/terbang, eskader, skwadron
Geschwätz *n* (–*es*;*O*) obrolan, bualan, omongan; **≗ig** suka mengobrol; **–igkeit** *f* (–;*O*) sifat senang mengobrol/membual
geschweige ~ *denn* jangankan, apalagi
geschwind cepat, lekas
Geschwindigkeit *f* (–;–*en*) kecepatan; laju; **–sbegrenzung** *f* (pem)batas(an) kecepatan; **–smesser** *m* pengukur kecepatan, spidometer
Geschwister *pl* kakak beradik, saudara (sekandung); **–kind** *n* keponakan
geschwollen *Adj.* dng. dibuat-buat, bombastis; *Med.* bengkak, meradang
Geschworen|e *m*, *f* (–*n*;–*n*) anggota dewan kehakiman (yg. bukan ahli hukum); **–engericht** *n* dewan kehakiman yg, (sebagian) anggotanya bukan ahli hukum
Geschwulst *f* (–;*¨e*) bengkak, gembung
Geschwür *n* (–*ẹs*;–*e*) borok, benjol bernanah, abses
Gesell(e) *m* (–*en*;–*en*) *Kamerad* teman, kawan, sobat; *Handwerk* tukang terdidik/terlatih; *junger Mann* lelaki muda
gesellen (–) *sich* ~ *zu* menggabungkan diri dng.
gesellig ramah (tamah), suka berkelompok, mudah bergaul; *e ~er Abend* malam ramah-tamah; **≗keit** *f* (–;*O*) keramah-tamahan; pesta
Gesellschaft *f* (–;–*en*) masyarakat; *Körperschaft* serikat, perkumpulan; *Handel* maskapai, perseroan; *Um-*

gang pergaulan; *Fest* para undangan; *pej*. gerombolan; ~ *mit beschränkter Haftung* (*GmbH*) perseroan terbatas (P.T.); *e-e* ~ *geben* mengadakan pesta; *j-m* ~ *leisten* menemani/mendampingi sso.; *e-e langweilige* ~ kelompok yg. membosankan; **–er** *m* (*–s;–*) pesero, rekan/partner dl. perusahaan; *unterhaltsamer Mensch* orang yg. pandai bergaul; **≗lich** kemasyarakatan, sosial; termasuk masyarakat yg. terhormat

Gesellschafts|anzug *m* pakaian resmi; **–kapital** *n* modal perseroan; **–kleid** *n* gaun pesta; **–kritik** *f* kecaman/kritik sosial; **–lehre** *f* sosiologi; **–ordnung** *f* susunan masyarakat; **–reise** *f* perjalanan bersama/berkelompok; **–schicht** *f* lapisan masyarakat; **–spiel** *n* permainan utk. beberapa orang

Gesetz *n* (*–es;–e*) undang-undang; hukum; **–buch** *n* kitab undang-undang; **–entwurf** *m* rancangan undang-undang; **–eskraft** *f* kekuatan hukum; **–esvorlage** *f*, **–esvorschlag** *m* rancangan undang-undang; **≗gebend** legislatif, yg. berkuasa membuat undang-undang; **–geber** *m* pembuat undang-undang, badan yg. mengeluarkan undang-undang; **–gebung** *f* perundang-undangan; **≗lich** menurut hukum, legal, sah; ~ *geschützt* dilindungi undang-undang; **–lichkeit** *f* (*–;O*) legalitas, sahnya menurut hukum

gesetz|los tanpa/melawan hukum, anarkistis, tdk. sah; **≗losigkeit** *f* (*–;O*) anarki, kekacauan; **–mäßig** sesuai dng. undang-undang, legal; *fig*. menurut hukumnya, teratur; **≗(es)sammlung** *f* kumpulan undang-undang

gesetzt tenang, bijaksana; *von ~em Alter* berumur lanjut; ~ *den Fall* andaikata

gesetzwidrig bertentangan dng. hukum, ilegal

Gesicht *n* **1.** (*–ęs;–er*) muka, wajah, roman; mimik; *Sehvermögen* penglihatan, daya lihat; *~er machen/schneiden/ziehen* menyeringai, bergerising; *sein* ~ *verlieren* kehilangan muka; *j-m zu* ~ *bekommen* melihat sso.; **2.** (*–ęs;–e*) impian, bayang-bayangan

Gesichts|ausdruck *m* air muka; **–farbe** *f* warna kulit muka; **–feld** *n*, **–kreis** *m* cakrawala, kaki langit; **–massage** *f* masase muka; **–punkt** *m* (pokok) pandangan; **–wasser** *n* air pembersih muka, losion; **–winkel** *m* sudut pandangan; **–zug** *m* raut muka

Gesims *n* (*–es;–e*) sm. hiasan tonjolan pd. tembok

Gesinde *n* (*–s;O*) para pelayan; pembantu-pembantu di pertanian

Gesindel *n* (*–s;O*) kaum bajingan, gerombolan (jahat)

gesinnt berpandangan, berpendirian, bersikap

Gesinnung *f* (*–;–en*) pendirian, sikap; pandangan, keyakinan; **–sgenosse** *m* orang yg. sepaham, pengikut, pendukung; **≗slos** tak berpendirian, plin-plan; **≗s·treu** berpendirian tetap, loyal; **–swechsel** *m* perubahan pendapat

gesitt|et beradab, sopan, tahu adat; **≗ung** *f* (*–;O*) keadaban, kesopanan; peradaban

gesondert terpisah, sendiri-sendiri

gesonnen *Adj*. suka pd., berkenan; bermaksud

Gespann *n* (*–ęs;–e*)kereta (yg. ditarik) kuda/lembu; *Pferde* joli; *fig*. pasangan, dua sejoli

gespannt tegang, genting; regang, tdk. kendur; ~ *sein* (*auf*) sangat ingin tahu (akan sst.); **≗heit** *f* (*–;O*) ketegangan; keregangan

Gespenst *n* (*–es;–er*) hantu, orang/roh halus; **≗isch** spt. hantu, yg. menakutkan

Gespinst *n* (*–es;–e*) tenunan; *fig*. khayalan

Gespött *n* (*–ęs;O*) ejekan, olokan

Gespräch *n* (*–ęs;–e*) pembicaraan, percakapan; dialog; **≗ig** suka berbicara; **–s·einheit** *f*, *Tel*. pulsa; **–spartner** *m* lawan bicara; **–sstoff** *m*, **–sthema** *n* bahan/pokok pembicaraan; **≗sweise** dl./melalui pembicaraan; sambil lalu

gespreizt yg. dibuat-buat, muluk-muluk

gesprengkelt berbintik-bintik
gesprungen *Adj.* retak
Gespür *n* (–s;*O*) kepekaan; firasat
Gestade *n* (–*s*;–) *Lit.* pantai, tepi
Gestalt *f* (–;–*en*) bentuk, rupa; sosok, potongan, perawakan; *Lit.* tokoh; *Psych.* gestalt; **$\stackrel{o}{-}$en** (–) *tr.* membentuk; menciptakan (karya seni); *sich* ~ berkembang, menjadi
Gestaltung *f* (–;–*en*) pembentukan, pengaturan, susunan; **$\stackrel{o}{-}$sfähig** dapat dibentuk/disusun/dibina
Gestammel *n* (–*s*;*O*) menggagapnya
geständ|ig ~ *sein* mengaku; **$\stackrel{o}{-}$nis** *n* (–*ses*;–*se*) pengakuan
Gestank *m* (–*s*;*O*) bau (busuk)
gestatten (–) *tr.* mengijinkan, memperkenankan; memungkinkan; ~ *Sie?* permisi! maaf! bolehkah?
Geste *f* (–;–*n*) gerak tubuh; isyarat, tanda
gestehen (–) *unr. tr.* mengaku(i); *offen gestanden* terus-terang saja
Gestehungs|kosten *pl*, **–preis** *m* ongkos produksi
Gestein *n* (–*s*;–*e*) batu; batu-batuan
Gestell *n* (–*e*s;–*e*) rak; *Rahmen* (ke-) rangka; *Brille* bingkai; *Fahrzeug* kasis
Gestellung *f* (–;–*en*) penyediaan, pengadaan; *Mil.* pelaporan utk. masuk tentara; **–sbefehl** *m* perintah melaporkan diri utk. masuk tentara
gestern kemarin; *Mode von* ~ mode yg. kolot
gestiefelt yg. bersepatu lars; ~ *u. gespornt* siap pergi/berangkat
gestikulieren (–) *itr.* berbicara sambil menggerakkan tangan
Gestirn *n* (–*e*s;–*e*) rasi/gugusan bintang; **$\stackrel{o}{-}$t** berbintang
Gestöber *n* (–*s*;–) hujan salju bersama angin kencang
Gesträuch *n* (–*e*s;–*e*) semak-semak
gestreift **1.** tersenggol; **2.** bergaris-garis; bertelau-telau; *Zo.* berloreng
gestrig (dari/yg.) kemarin
Gestrüpp *n* (–*e*s;–*e*) belukar, semak
Gestüt *n* (–*e*s;–*e*) peternakan kuda, pe(r)kudaan
Gesuch *n* (–*e*s;–*e*) permohonan, lamaran, petisi; **$\stackrel{o}{-}$t** yg. (banyak) dicari, laris; *fig.* dibuat-buat

gesund sehat, sembuh; segar; ~ *u. munter* sehat walafiat, segar bugar; **$\stackrel{o}{-}$beter** *m* dukun, orang yg. menyembuhkan dng. menggunakan tenaga kebatinan; **$\stackrel{o}{-}$brunnen** *m* sumber air yg. berkhasiat; *fig.* sumber kekuatan; **–en** (–) *itr.* menjadi sehat, memulihkan kesehatan
Gesundheit *f* (–;*O*) kesehatan; *auf Ihre* ~*!* selamat! prosit! **$\stackrel{o}{-}$lich** yg. berh. dng. kesehatan; **–s·amt** *n* jawatan kesehatan; **–sdienst** *m* dinas kesehatan; **$\stackrel{o}{-}$shalber** demi kesehatan; **–spflege** *f* pemeliharaan kesehatan; **$\stackrel{o}{-}$sschädlich** yg. merugikan kesehatan; tdk. sehat; **–swesen** *n* kesehatan masyarakat; **–szeugnis** *n* surat keterangan dokter; **–szustand** *m* keadaan kesehatan
Gesundung *f* (–;*O*) kesembuhan, pulihnya kesehatan
getäfelt dilapisi dng. kayu
Getier *n* (–*e*s;*O*) binatang-binatang
Getöse *n* (–*s*;*O*) deru; keributan, kegaduhan
Getränk *n* (–*e*s;–*e*) minuman; *alkoholisches* ~ minuman keras
getrauen (–) *sich* ~ memberanikan diri, berani
Getreide *n* (–*s*;–) gandum, padi-padian; **–arten** *pl* macam-macam jenis gandum, padi-padian; **–bau** *m* penanaman gandum; **–boden** *m* tanah subur utk. gandum; *Speicher* lumbung padi-padian; **–börse** *f* bursa gandum; **–feld** *n* ladang gandum; **–händler** *m* pedagang gandum; **–markt** *m* pasar(an) gandum; **–pflanze** *f* tanaman gandum; **–speicher** *m* lumbung gandum
getreu, –lich dng. setia, patuh, loyal
Getriebe *n* (–*s*;–) mekanisme; *Tech.* transmisi, perlengkapan roda gigi; *Mot.* gigi/bak persneling; *fig.* keramaian, kesibukan
getrost dng. tenang, tanpa rasa takut
getrübt keruh, kabur; *fig.*, ~*e Freundschaft* persahabatan yg. agak renggang
Getto *n* (–*s*;–*s*) *historisch* kampung Yahudi

Getue *n* (*–s;O*) sikap/tingkah-laku yg. dibuat-buat

Getümmel *n* (*–s;O*) kerumunan, hiruk-pikuk

geübt mahir, terlatih, berpengalaman

Gewächs *n* (*–es;–e*) tumbuh-tumbuhan; *Med.* tumor; **–haus** *n* rumah kaca

gewachsen *Adj.* yg. telah berkembang/tumbuh (sejak lama); *~e Tradition* kebiasaan yg. berurat-berakar; *j-m ~ sein* menjadi lawan yg. seimbang dng. sso.; *e-r Lage ~ sein* sanggup menanggulangi keadaan

gewählt terpilih; halus, sopan sekali

gewahr *~ werden* menyadari, merasa, melihat; **–en** (–) *tr.* melihat, mengamati; menyadari

Gewähr *f* (*–;O*) jaminan, garansi; *ohne ~* tanpa garansi; bisa berubah sewaktu-waktu; **ºen** (–) *tr.* mengabulkan, meluluskan, memberi; *j-n ~ lassen* membiarkan sso.; **ºleisten** (–) *tr.* menjamin, menanggung, memberi jaminan; **–leistung** *f* (*–;O*) jaminan

Gewahrsam 1. *m* (*–s;O*) penyimpanan; penahanan; *et. in ~ nehmen/haben/halten* menyimpan sst. dng. baik; **2.** *n* (*–s;–e*) penjara; *j-n in ~ nehmen* memenjarakan sso.

Gewährsmann *m* (*–ɇs;Gewährsleute*) sumber berita, informan

Gewalt *f* (*–;–en*) kekuasaan, wewenang; *rohe ~* kekerasan; *ausübende ~* kekuasaan eksekutif; *gesetzgebende ~* kekuasaan legislatif; *höhere ~* keadaan darurat; *j-m ~ antun* memaksa/memperkosa sso.; *mit aller ~* dng. sekuat tenaga, dng. sekuat-kuatnya; *sich in der ~ haben* menguasai/mengekang diri; **–enteilung** *f*, **–entrennung** *f* pemisahan kekuasaan; **–haber** *m* (*–s;–*) penguasa; **–herrschaft** *f* despotisme, kelaliman; kekuasaan yg. sewenang-wenang; **ºig** kuat sekali; *ugs.* besar, hebat, luar biasa; sangat; **ºlos** tanpa kekerasan; **–maßnahme** *f* tindakan kekerasan; **–mensch** *m* orang kejam; **ºsam** dng. kekerasan; **–samkeit** *f* (*–;O*) kekerasan; **–tat** *f* perbuatan kekerasan; **ºtätig** keras, kejam; **–tätigkeit** *f* kekejaman

Gewand *n* (*–ɇs;¨–er*) *Lit.* busana, pakaian, baju; *fig.* bentuk lahiriah, rupa

gewandt tangkas, trampil, sigap, pandai; lincah; luwes, gesit; **ºheit** *f* (*–;O*) ketangkasan, kecekatan, ketrampilan

gewärtig *e-r Sache ~ sein* siap menghadapi sst.; **–en** *tr.* siap menghadapi

Gewäsch *n* (*–es;O*) omong kosong

Gewässer *n* (*–s;–*) perairan

Gewebe *n* (*–s;–*) tenunan; *Anat.* jaringan

geweckt pandai, bersemangat

Gewehr *n* (*–ɇs;–e*) senapan, bedil; **–feuer** *n* tembakan senapan; **–kolben** *m* gagan senapan, popor; **–lauf** *m* laras senapan

Geweih *n* (*–ɇs;–e*) tanduk menjangan

geweiht ditahbiskan; suci, keramat; *dem Tode ~* ditakdirkan utk. mati

Gewerbe *n* (*–s;–*) *Erwerbstätigkeit* pekerjaan, usaha, profesi; *Erwerbszweig* perdagangan, bisnis, (cabang) industri; *Handwerk* pertukangan, kerajinan; **–ausstellung** *f* pameran hasil industri; **–ertragssteuer** *f* pajak pendapatan; **–fleiß** *m* ketekunan, kerajinan; **–freiheit** *f* kebebasan berusaha atau memilih pekerjaan; **–ordnung** *f* peraturan utk. bidang usaha; **–schein** *m* izin usaha; **–schule** *f* sekolah kejuruan; **–steuer** *f* pajak perusahaan; **ºtreibend** yg. menjalankan usaha

gewerblich berh. dng. bidang usaha; bersifat usaha

gewerbsmäßig yg. merupakan mata pencaharian; profesional

Gewerkschaft *f* (*–;–en*) serikat buruh/kerja; **º(l)er** *m* (*–s;–*) anggota serikat buruh; **–sbund** *m* gabungan/ikatan serikat buruh

gewesen *Part. von 'sein'* sudah, telah, lewat; *Adj.* bekas, eks

Gewicht *n* (*–ɇs;–e*) berat, bobot; *spezifisches ~* berat jenis; *~ legen auf* menitikberatkan/menekankan pd.; **–heben** *n* (*–s;O*) angkat besi; **ºig** berbobot, penting; **–s·abnahme** *f*, *s. Gewichtsverlust*; **–sstück** *n* batu timbangan; **–sverlust** *m* kurangnya/

turunnya berat; **–szunahme** *f* tambahan/kenaikan berat

gewieft, gewiegt berpengalaman; *durchtrieben* lihai, licik

gewillt ~ *sein* bersedia, bertekad, berkenan

Gewimmel *n* (*–s;O*) kerumunan, keadaan penuh-sesak

Gewimmer *n* (*–s;O*) rintihan, erangan

Gewinde *n* (*–s;–*) ulir sekrup; *Blumen* karangan bunga; **–schneidmaschine** *f* mesin potong uliran

Gewinn *m* (*–ℯs;–e*) untung, keuntungan, laba, hasil; *im Spiel* hadiah (lotere dsb.); *fig.* manfaat; *~– u. Verlustrechnung* perhitungan laba rugi; **–anteil** *m* dividen; **–beteiligung** *f* penyertaan dl. keuntungan; **≗bringend** yg. menguntungkan

gewinnen (–) *unr. tr.* memenangkan; *Preis* memperoleh (hadiah, keuntungan. . .); *Kohle, Erdöl . . .* menghasilkan; *itr.* menang (atas), berhasil mencapai; bertambah baik; *j-n für sich* ~ menarik sso. menjadi teman; *lieb* ~ mulai menyukai; **–d** yg. menyenangkan/menawan hati

Gewinn|er *m* (*–s;–*) pemenang; **–spanne** *f* (persentase) keuntungan bersih; **–sucht** *f* kelobaan, ketamakan, keserakahan; **≗süchtig** loba, tamak, serakah; **–ung** *f* (*–;O*) perolehan; pertambangan, produksi, penghasilan

Gewirr *n* (*–ℯs;O*) keadaan acak-acakan/kacau, kekusutan

gewiß pasti, tentu; memang; *e gewisser Mann* (se)seorang tertentu

Gewissen *n* (*–s;–*) suara hati, hati nurani; *e schlechtes* ~ *haben* merasa bersalah; **≗haft** teliti, penuh perhatian, saksama; **–haftigkeit** *f* (*–:O*) ketelitian; **≗los** tdk. bertanggungjawab, jahat

Gewissens|angst *f*, **–bisse** *pl* rasa takut karena bersalah; **–frage** *f* masalah prinsip/keyakinan; **–freiheit** *f* kebebasan berpikir, kebebasan mengikuti keyakinan; **–pflicht** *f* kewajiban moril; **–sache** *f* masalah keyakinan; **–zwang** *m* paksaan utk. bertindak melawan keyakinan; **–zweifel** *m* kebingungan tt. baikburuknya

gewissermaßen *Adv.* boleh dikatakan, agaknya

Gewißheit *f* (*–;O*) kepastian

Gewitter *n* (*–s;–*) hujan badai disertai petir dan guruh; **–wolke** *f* awan guntur

gewitzigt *durch Erfahrung* ~ *sein* sudah banyak makan garam, sudah banyak pengalaman

gewitzt pintar, lihai

gewogen *Adj.*, *j-m* ~ *sein* suka pd. sso.; **≗heit** (*–;O*) kebaikan hati

gewöhnen (–) *sich* ~ (*an*) membiasakan/menyesuaikan diri (pd.)

Gewohnheit *f* (*–;–en*) kebiasaan; *aus* ~ karena biasa; **≗smäßig** menurut kebiasaan; **–srecht** *n* hukum adat; **–ssünde** *f* dosa yg. terulang-ulang; **–s·trinker** *m* peminum/pemabuk yg. ketagihan; **–sverbrecher** *m* residivis

gewöhnlich biasa(nya), lazim; *unfein* kasar

gewohnt sudah biasa, terbiasa

Gewöhnung *f* (*–;O*) pembiasaan, perbuatan membiasakan (diri)

Gewölb|e *n* (*–s;–*) langit-langit melengkung spt. kubah; ruangan dng. langit-langit melengkung; lengkung busur; **≗t** yg. melengkung, berkubah

Gewühl *n* (*–s;O*) kerumunan, keramaian, keadaan berjejal(–jejal)

gewunden *Adj.* berliku-liku, berbelit-belit

Gewürm *n* (*–ℯs;O*) cacing(–cacing)

Gewürz *n* (*–es;–e*) rempah-rempah, bumbu; **–nelke** *f* cengkeh; **–nelkenbaum** *m* pohon cengkeh, *eugenia caryophyllata*

Geysir *m* (*–s;–e*) gaisir

gezackt, gezähnt bergerigi, berbikubiku

Gezänk *n* (*–s;O*) pertengkaran, percekcokan

Gezeiten *pl* pasang-surut

Gezeter *n* (*–s;O*) teriakan, keluhan keras

geziemen (–) *itr.* sesuai/pantas (bagi); **–d** sopan, patut, pantas

geziert yg. dibuat-buat, genit, tdk. wajar

Gezwitscher *n* (–*s*;*O*) kicauan
gezwungen *Adj*. terpaksa; *unnatürlich* kaku, resmi-resmian; **–ermaßen** dng./karena paksa(an), secara terpaksa
Gibbon *m* (–*s*;–*s*) *Zo*. siamang, *hylobatidae*
Gicht *f* (–;*O*) pirai, *arthritis urica*
Giebel *m* (–*s*;–) bagian muka dinding rumah yg. berbentuk segitiga (yg. terletak antara kedua belah atap)
Gier *f* (–;*O*) keserakahan; ketamakan; **≗en** *itr*. sangat menginginkan; *Mar*. merewang, mengoleng; **≗ig** loba, serakah, lahap
gieß|en *unr. tr*. menuang(kan); menyiram; *Metall* mengecor logam; *es gießt* sedang hujan deras; **≗erei** *f* (–;–*en*) pengecoran logam; **≗kanne** *f* emrat
Gift *n* (–*ẹs*;–*e*) racun, bisa; **–gas** *n* gas beracun; **≗ig** beracun, berbisa; *fig*. marah, jengkel, jahat; *~es Grün* hijau yg. menyolok; **–mord** *m* pembunuhan dng. racun; **–pflanze** *f* tumbuhan beracun; **–schlange** *f* ular berbisa
Gigant *m* (–*en*;–*en*) raksasa; **≗isch** besar sekali, raksasa
Gilde *f* (–;–*n*) himpunan para tukang (dahulu), gilda
Ginster *m* (–*s*;–) *Bo*. sm. semak berbunga kuning, *genista*
Gipfel *m* (–*s*;–) puncak; *fig*. titik kulminasi; **–konferenz** *f*, *Pol*. konperensi tingkat tinggi; **≗n** *itr*. memuncak
Gips *m* (–*es*;–*e*) gips, batu-tahu, plester; **–abdruck** *m*, **–abguß** *m* acuan/cetakan gips; **≗en** *tr*. memplester dng. gips; **–figur** *f* patung gips; **–verband** *m* pembalut gips
Giraffe *f* (–;–*n*) jerapah, *giraffa camelopardalis*
Girlande *f* (–;–*n*) rangkaian/kalung bunga; gaba-gaba; hiasan dari kertas berwarna
Giro *n* (–*s*;–*s*) giro, endosemen; **–bank** *f* bank giro; **–konto** *n* rekening giro; **–verkehr** *m* pembayaran melalui giro; **–zentrale** *f* lembaga kliring, tempat yg. menyelesaikan penerimaan cek-cek antara bank
girren *itr*. mendekut; *fig*. tertawa genit
Gischt *m* (–*ẹs*;*O*), *f* (–;*O*) buih, busa
Gitarre *f* (–;–*n*) gitar
Gitter *n* (–*s*;–) kisi(–kisi), jeruji, pagar berkisi, terali; *Elektronik* kisi; **–bett** *n* tempat tidur anak dng. kisi pelindung; **–fenster** *n* jendela berterali; **–spannung** *f*, *Radio* tegangan kisi; **–zaun** *m* pagar berkisi
Glanz *m* (–*es*;*O*) kerlip, kilap; cahaya; semarak, seri; *fig*. kecemerlangan; *mit ~* dng. cemerlang
glänzen *itr*. mengkilap, berkilau, berkelip; berseri, bercahaya, bersemarak; *durch Abwesenheit ~* tdk. hadir; **–d** berkilap-kilap, berkilau-kilauan, gemerlap; *fig*. cemerlang, gilang-gemilang; *~es Geschäft* usaha yg. beruntung besar; *mir geht es ~* saya seperti tikus jatuh di beras; *das ist ja ~ !* baik sekali!
Glanz|leder *n* kulit perlak; **–leistung** *f* prestasi luar biasa; **≗los** tak berkilap, *bp*. dof; *fig*. tdk. semarak, biasa saja; **–nummer** *f* acara puncak; **–papier** *n* kertas berkilap; **–periode** *f* jaman emas; **≗voll** gemilang
Glas *n* (–*es*;–̈*er*) kaca, gelas; **≗artig** kelihatan spt. kaca; **–auge** *n* mata buatan/palsu; **–bläser** *m* peniup gelas; **–er** *n* (–*s*;–) tukang kaca/bingkai
gläsern *Adj*. (dibuat) dari kaca/gelas; *~er Blick* tatapan yg. hampa dan terpaku
Glas|faser *f* serat kaca; **–fenster** *n* jendela kaca; **–hütte** *f* pabrik kaca/gelas
glasieren (–) *tr*. memberi lapisan kaca, menyalut dng. kaca; *Gastronomie* membuat daging goreng mengkilap; melapisi kue dng. gula cair
glasig spt. kaca, ganyar; *Augen* sedikit buram/kusam
Glas|kasten *m* kotak kaca; **–malerei** *f* seni lukis di atas kaca; gambar dari kaca berwarna; **≗klar** bening

sekali; **–perle** *f* manik dari gelas; **–scheibe** *f* kaca jendela; lembaran kaca; **–scherbe** *f* beling, pecahan kaca; **–schrank** *m* lemari kaca

Glasur *f* (*–;–en*) lapis(an) kaca/gula/email dsb.; bahan upaman

Glas|waren *pl* barang-barang dari gelas; **°weise** gelas demi gelas; **–wolle** *f* kabu-kabu/serat kaca

glatt licin; rata; lancar; *e–e ~e Lüge* bohong belaka; *~ ins Gesicht sagen* bicara blak-blakan; *~ anliegen* (pakaian) ketat

Glätte *f* (*–;O*) keadaan licin; pelitur; *fig.* keluwesan

Glatteis *n* (*–es;O*) lapis(an) es di atas jalan; *j–n aufs ~ führen* menyesatkan sso.

glätten *tr.* melicinkan, meratakan; *bügeln* menyetrika; *fig.* meredakan

glatt|gehen *unr. itr.* berjalan lancar; **–machen** *tr.* melicinkan, meratakan; **–weg** *Adv.* begitu saja, mentah-mentah; **–ziehen** *unr. tr.* menarik spy. menjadi licin

Glatz|e *f* (*–;–n*) kepala botak; **°köpfig** botak

Glaube *m* (*–ns;O*), **–n** *m* (*–s;O*) (ke)percaya(an), iman; *Religion* agama; *in gutem ~n* dng. jujur/percaya, bonafide

glauben *tr. itr.* percaya (kpd./akan), beriman (akan), mengimani; mempercayai; berkeyakinan; *meinen* mengira; *es ist nicht zu ~!* terlalu! tdk. masuk akal! *dran ~ müssen, ugs. (sterben)* menemui ajalnya, (*Folgen tragen*) terpaksa menanggung kerugian besar

Glaubens|bekenntnis *n* syahadat, pengakuan iman; kepercayaan; **–frage** *f* masalah iman; **–freiheit** *f* kebebasan (ber)agama; **–gemeinschaft** *f* umat, golongan agama; **–genosse** *m* orang seiman; **–lehre** *f*, **–satz** *m* ajaran agama, dogma; **–spaltung** *f* perpecahan umat beriman; **°stark** beriman kuat; **–zeuge** *m* saksi iman, martir; **–zwang** *m* intoleransi, paksaan utk. beragama

glaubhaft pantas dipercaya(i); masuk akal; **°igkeit** *f* (*–;O*) sifat dapat dipercayai

gläubig yg. beriman/percaya

Gläubig|e(r) **1.** *m, f* (*–n;–n*) *Rel.* orang beriman; **2.** **–er** *m* (*–s;–*), **–erin** *f* (*–;–nen*) penagih, yg. berpiutang, kreditor

Gläubigkeit *f* (*–;O*) iman, kepercayaan

glaub|lich *kaum ~* sulit dipercaya; **–würdig** patut dipercaya, bonafide; **°würdigkeit** *f* (*–;O*) sifat/keadaan yg. pantas dipercayai

gleich **1.** *Adj.* sama, sepadan; mirip; *es ist mir ~* saya tak peduli, sama saja bagiku; *zu ~er Zeit* bersamaan dng. itu; *zwei mal drei ist ~ sechs* dua kali tiga sama dengan enam; **2.** *Prp.* (sama) seperti; **3.** *Adv.* segera; *es ist ~ 8 Uhr* hampir jam 8; *~!* sebentar!

gleich|altrig sebaya, seumur; **–artig** sejenis; **°artigkeit** *f* (*–;O*) persamaan; kemiripan; **–bedeutend** sama artinya; sinonim; **–berechtigt** berhak sama; **°berechtigung** *f* persamaan hak; **–bleibend** tak berubah, tetap sama, konstan; **°e** *m, f, n* (*–n;–n*) yg. sama; *~s mit ~m vergelten* membalas dng. setimpal

gleichen *unr. itr.* menyerupai, menyamai

gleicher|maßen, –weise sama seperti, sama-sama

gleich|falls demikian pula, juga; *danke, ~!* terimakasih sama-sama! (terimakasih) kembali! **–förmig** serupa; seragam, monoton; **°geschlechtlichkeit** *f* homoseksualitas; **–gesinnt** sependapat, sealiran, seia sekata; **–gestellt** setingkat; **–gestimmt** selaras, senada; **°gewicht** *n* keseimbangan; **–gültig** acuh tak acuh, tak peduli; tak berarti; **°gültigkeit** *f* (*–;O*) sikap acuh-tak-acuh, sikap tak peduli; **°heit** *f* (*–;O*) kesamaan, persamaan, keseragaman

Gleich|klang *m* kesamaan bunyi/nada; keselarasan; **°kommen** *unr. itr.* menyamai, menandingi; **°laufend** sejajar; **°lautend** sama bunyinya/isinya, identik; **°machen** *tr.* menyamakan; *dem Erdboden ~* menyama-ratakan; memusnahkan; **–maß** *n* keselarasan, keseimbangan; **°mäßig** secara seimbang/

teratur/merata/tetap; **–mut** *m* (*–es; O*) ketenangan; kesabaran; **≗mütig** tenang; **–mütigkeit** *f* (–;*O*) *s. Gleichmut*

gleich|namig bernama sama; **≗nis** *n* (*–ses;–se*) perumpamaan; **≗richter** *m, Elek.* perata arus; **–sam** seolah-olah; (sama) seperti; **–schalten** *tr.* mengkoordinasikan; *Elek.* mengadakan sinkronisasi; *Pol.* menyeragamkan (dng. paksaan); **–schenk(e)lig** sama kaki; **≗schritt** *m* (irama). langkah tegap; **–sehen** *unr. itr.* tampak/kelihatan serupa; *das sieht ihm gleich!* inilah khas dia! **–seitig** sama sisi; **–setzen** *tr.*, **–stellen** *tr.* menyamakan (dng.); **≗strom** *m* arus searah; **–tun** *unr. tr., es j–m ~* menyamai sso.; **≗ung** *f* (*–;–en*) persamaan, perbandingan; **–viel** bagaimanapun juga sama saja; entah; **–wertig** sama nilainya/harganya; **–wohl** tetapi, namun, meskipun demikian; **–zeitig** pd. waktu yg. sama, serentak; sejaman; *der Raum ist ~ Eß– u. Schlafzimmer* ruang itu digunakan baik utk. kamar makan maupun utk. kamar tidur

Gleis *n* (*–es;–e*) rel; *et. ins rechte ~ bringen* membereskan sst. (spy. baik lagi)

Gleit|bahn *f* peluncuran; **≗en** *unr. itr.* meluncur, melayang; *dahin ~* berlalu; *~de Arbeitszeit* kelonggaran mulai dan akhir waktu kerja dl. batas-batas tertentu (dng. jumlah jam yg. tdk. berubah); **–flug** *m* penerbangan layang; **–flugzeug** *n* pesawat peluncur, pesawat terbang layang; **–mittel** *n* minyak pelumas

Gletscher *m* (*–s;–*) gletser

Glied *n* (*–(e)s;–er*) *Anat.* anggota tubuh; *fig.* anggota, bagian (dari suatu keseluruhan); *Kette* mata rantai; *männliches ~* zakar; *in Reih u. ~* dl. barisan

Glieder|bau *m* perawakan, susunan anggota tubuh; **–lähmung** *f* lumpuh, *paralysis;* **≗n** *tr.* membagikan, menggolongkan; menyusun; **–puppe** *f* boneka yg. anggota badannya dapat digerakkan; **–schmerz** *m* encok, rematik; **–ung** *f* (*–;–en*) pembagian, penyusunan, susunan

Gliedmaßen *pl* anggota badan

glimmen *unr. itr.* membara, masih berapi

Glimmer *m* (*–s;–*) kilauan (yg. lemah); *Bgb.* mika

glimpflich lunak, ringan; *~ davonkommen* lolos dng. sedikit kerugian saja

glitsch(er)ig licin dan lunak

glitzern *itr.* berkilap, berkilau, berkelip-kelip

global yg. meliputi seluruh dunia; *Adv.* (taksiran) secara kasar, global

Globetrotter *m* (*–s;–*) orang langlangbuana

Globus *m* (*–;Globen od. –ses;–se*) bola

Glocke *f* (*–;–en*) lonceng, genta; *Schelle* bel; *Käse usw.* tutup(an); *et. an die große ~ hängen* menggembar-gemborkan

glocken|förmig berbentuk/spt. lonceng; **≗geläut** *n* bunyi lonceng; **≗schlag** *m* pukulan atau dentang jam/lonceng; **≗spiel** *n* alat musik sebangsa gambang, lira; irama paduan genta/lonceng; **≗stuhl** *m* tempat lonceng bergantung; **≗turm** *m* mencara lonceng

Gloria *n* (*–s;O*) *Rel.* Doa Kemuliaan

Glorië *f* (*–;–n*) kemegahan, keagungan; semarak; **–nschein** *m* lingkaran cahaya di sekeliling kepala seorang suci, halo

glorreich megah, mulia; gilang-gemilang

Gloss|ar *n* (*–s;–e*) daftar kata-kata; **–e** *f* (*–;–n*) catatan/keterangan (disamping naskah); *Krittelei* komentar yg. mengejek; **≗ieren** (–) *tr.* memberi catatan; mengomentari (secara ironis)

Glotz|e *f* (*–;–n*), **–kasten** *m, ugs.* pesawat televisi

glotzen *itr.* melotot, membeliak

Glück *n* (*–(e)s;O*) kebahagiaan; ke(ber)untungan; *~ wünschen* mengucapkan selamat bahagia; *zum ~!* untung! kebetulan! *viel ~!* selamat! **≗bringend** membawa untung, menguntungkan, bertuah

Glucke *f* (*–;–n*) induk ayam

glücken *itr.* berhasil

gluckern *itr.*, *s. glucksen*
glücklich 1. *Adj.* (ber)bahagia, senang, yg. menyenangkan; *günstig* yg. menguntungkan; *zufrieden* puas; *~e Reise !* selamat jalan! **2.** *Adv.*, *endlich* akhirnya; **–erweise** untunglah
glückselig bahagia, senang; **≗keit** *f* (–;O) kebahagiaan
glucksen *itr.* berdeguk; *Lachen* tertawa kecil/tertahan
Glücks|fall *m* nasib baik, keuntungan; **–göttin** *f* dewi fortuna; **–kind** *n*, **–pilz** *m* orang mujur, pemujur; **–ritter** *m* petualang; **–sache** *f*, *das ist ~* inilah untung-untungan; **–spiel** *n* main judi; **–tag** *m* hari mujur
glück|strahlend berseri-seri; **–verheißend** yg. memberi harapan (akan untung); **≗wunsch** *m* ucapan selamat
Glüh|birne *f* lampu pijar, bohlam; **≗en** *itr.* membara, memijar; menjadi merah; *fig.* bergelora; **≗end** yg. membara; *fig.* (cinta . . .) yg. hangat/membara/bersemangat; **–faden** *m* kawat pijar; **–lampe** *f*, *s. Glühbirne*; **–strumpf** *m* kaos lampu; **–wein** *m* anggur merah panas (dibumbui cengkeh dsb.); **–wurm** *m* kunang-kunang, *lampyridae*
Glut *f* (–;–en) bara api, panasnya, pijar; *~ der Liebe* hangatnya/semangat cinta; **≗rot** merah padam
Gnade *f* (–;–n) rahmat, anugerah, karunia; pengampunan, grasi; *ohne ~* tanpa ampun; *Euer ~n* Sri Baginda; *sich auf ~ od. Ungnade ergeben* menyerah tanpa syarat
Gnaden|akt *m* grasi; **–bild** *n* patung/gambar yg. keramat; **–brot** *n* tunjangan hari tua yg. diberi dng. rela; **–frist** *f* penangguhan pelaksanaan (hukuman, tindakan balasan); **–gesuch** *n* permohonan grasi/ampun; **–stoß** *m* pukulan/tusukan yg. mengakhiri penderitaan; **–weg** *m*, *auf dem ~e* dng. pengajuan permohonan grasi/pengampunan
gnädig rahim, belaskasihan; lembut, ramah; *Urteil* ringan, lunak; *~e Frau!* Nyonya yg. terhormat!
Gneis *m* (–es;–e) gneiss
Gnom *m* (–en;–en) sm. kurcaci
Gold *n* (–es;O) emas, mas, kencana; **–barren** *m* emas lantak, batang emas; **–bergwerk** *n* pertambangan emas; **–borte** *f* renda emas
golden dari emas; (berwarna) spt. emas; *~e Hochzeit* pesta pernikahan emas (50 tahun kawin); *j–m ~e Brücken bauen* memudahkan perdamaian, memudahkan saling pengertian; *≗er Schnitt*, *Kunst* perbandingan jarak, yakni: jarak seluruhnya banding jarak lebih panjang = jarak lebih panjang banding jarak lebih pendek, kaidah kencana
gold|farben *Adj.* berwarna emas, keemas-emasan; **≗fisch** *m* ikan mas; **≗gehalt** *m* kadar emas; **–gelb** kuning keemasan; **≗gewicht** *n* karat emas; **≗grube** *f*, *fig.* (tempat) usaha yg. membawa untung besar, *bp.* tambang mas; **–haltig** mengandung emas; **–ig** manis, cakap; **≗kind** *n* anak mas/kesayangan; **≗klumpen** *m* gumpal emas; **≗münze** *f* uang (logam) emas; **≗reserve** *f* cadangan emas; **≗schmied** *m* pandai emas; **≗schnitt** *m* pinggir emas (buku); **≗stickerei** *f* sulaman emas; **≗stück** *n* uang emas; *fig.* orang baik hati; **≗waage** *f* timbangan emas; *jedes Wort auf die ~ legen* berbicara dng. sangat hati-hati (karena orang lain mudah tersinggung); **≗währung** *f* standar emas; **≗wert** *m* nilai/harga emas
Golf *m* (–es;–e) teluk
Golf *n* (–s;O), **–spiel** *n* golf; **–platz** *m* lapangan golf; **–schläger** *m* tongkat golf; **–spieler(in** *f*) *m* pemain golf
Gondel *f* (–;–n) gondola
Gong *m* (–s;–s) gong, canang besar
gönnen *tr.*, *j-m et. ~* senang/merelakan sso. mendapat sst.
Gönner *m* (–s;–) pelindung, sponsor; **≗haft** bersikap memamerkan kebaikan
Gonorrhöe *f* (–;O) *Med.* kencing-nanah, penyakit sabun, *gonorrhoea*
Gorilla *m* (–s;–s) gorila, *gorilla gorilla*
Gosse *f* (–;–n) got, selokan
Gotik *f* (–;O) gaya seni bangun gotik
Gott *m* (–es;¨–er) Tuhan, Allah, dewa;

~ *sei Dank!* alhamdulillah! syukurlah! *um ~es Willen!* jangan! **≗ähnlich** (sama) spt. Tuhan; **≗begnadet** yg. dianugerahi Tuhan; berbakat besar

Gott·erbarmen *n, zum ~* yg. menyedihkan/mengerikan

Götterbild *n* berhala, patung dewa/dewi

gottergeben *Adj.* pasrah (pd. kehendak Tuhan)

Götterspeise *f* puding agar-agar; *Myth.* makanan dewa-dewa

Gottes|acker *m* kuburan; **–dienst** *m* ibadat, kebaktian, sembahyang; **–furcht** *f* rasa takut kpd. Allah, takwa, kealiman, kesalehan; **≗fürchtig** takwa, saleh; **–haus** *n* gereja, tempat ibadat; **–lästerer** *m* penghojat, penghina Tuhan; **–lästerung** *f* hojat, penghinaan Tuhan; **–leugner** *m* ateis; **–lohn** *m* ganjaran yg. diberi oleh Tuhan; *um ~* prodeo, cuma-cuma; **–urteil** *n, historisch* percobaan berat utk. mengetahui orang bersalah atau tdk.; **–verehrung** *f* pemujaan Tuhan, ibadat

gott|gefällig yg. berkenan pd. Tuhan; **–gleich** setingkat (dng.) Tuhan; **≗heit** *f* **1.** (*–;O*) ketuhanan; **2.** (*–;–en*) dewa, dewi, ilah

Göttin *f* (*–;–nen*) dewi

göttlich ilahi; indah sekali; **≗keit** *f* (*–;O*) ketuhanan

gott|lob syukur; **–los** kafir; jahat; **≗losigkeit** *f* (*–;O*) kekafiran; **≗mensch** *m* Allah-Manusia; **≗seibeiuns** *m* (*–;O*) setan; **–selig** saleh; **≗vater** *m* Allah-Bapa; **–vergessen** *Adj.* tak beriman; **–verlassen** *Adj., fig.* terkutuk; *ugs.* sepi, terpencil; **≗vertrauen** *n* kepercayaan akan bantuan Tuhan

Götze *m* (*–n;–n*), **–nbild** *n* berhala, patung/gambar dewa; **–ndiener** *m* pemuja berhala; **–ndienst** *m* pemujaan berhala; **–ntempel** *m* tempat pemujaan berhala

Gouvern|ante *f* (*–;–n*) pengasuh/pendidik anak di rumah; **–eur** *m* (*–s;–e*) gubernur

Grab *n* (*–ẹs;⸚er*) kuburan, makam

Graben *m* (*–s;⸚*) parit, selokan; **≗** *unr. itr. tr.* menggali, membuat lobang

Gräber *m* (*–s;–*) penggali

Grabes|ruhe *f,* **–stille** *f* keadaan sunyi-sepi

Grab|gesang *m* nyanyian pemakaman; lagu ratapan; **–hügel** *m* bukit kuburan; **–legung** *f* pemakaman; **–mal** *n* patung/tugu di kuburan; *chinesisch* bompai; **–rede** *f* ucapan perpisahan pd. waktu pemakaman; **–schrift** *f* tulisan pd. batu nisan; **–stätte** *f,* **–stelle** *f* makam, kuburan; **–stein** *m* batu nisan

Grad *m* (*–ẹs;–e*) derajat; tingkat; gelar; **–einteilung** *f* pembagian menurut derajat; **≗ieren** (–) *tr.* mengadakan pembagian/penggolongan menurut derajat; *Salz* memperoleh garam dari air (dng. menguapkan air); **–messer** *m, fig.* ukuran, kriterium

graduell bertingkat-tingkat; secara bertahap; berangsur-angsur

graduieren (–) *itr. tr.* lulus perguruan tinggi, memperoleh gelar akademis; *in Grade einteilen* membagi dl. derajat

Graf *m* (*–en;–en*), **Gräfin** *f* (*–;–nen*) (*gelar*) *bangsawan;* **–schaft** *f* (*–;–en*) sm. kabupaten

Gram *m* (*–ẹs;O*) rasa duka/sedih; *j-m ≗ sein* jengkel/marah pd. sso.

grämen *sich ~* bersedih hati (atas), sangat kuatir (tt.)

Gramm *n* (*–s;–e*) gram

Grammatik *f* (*–;–en*) tata bahasa, gramatik, paramasastra; **≗alisch, grammatisch** sesuai/menurut tata bahasa

Grammophon *n* (*–s;–e*) gramopon, alat utk. memainkan piringan hitam; **–nadel** *f* jarum gramopon; **–platte** *f* piring(an) hitam

grandios luar biasa, istimewa; *fig.* gemilang, hebat

Granat *m* (*–ẹs;–e*) garnet; **–apfel** *m* buah delima, *punica granatum;* **–e** *f* (*–;–n*) granat; **–trichter** *m* kawah yg. diakibatkan oleh ledakan granat

Granit *m* (*–s;–e*) batu besi, granit

Graph|ik *f* (*–;–en*) grafik(a); (hasil) seni grafik; **–iker** *m* (*–s;–*) ahli seni

grafik; ≗**isch** menurut/secara grafik, grafis
Graphit *m* (*–s;–e*) grafit
Graphologle *m* (*–n;–n*) ahli pentafsir tulisan tangan; **–ie** *f* (*–;O*) tafsiran suratan tangan
Gras *n* (*–es;–̈er*) rumput, *gramineae; das ~ wachsen hören* mendengar/mengetahui hal-hal yg. belum terjadi; *ins ~ beißen* mati
grasen *itr.* makan rumput
gras|fressend yg. memakan rumput; ≗**halm** *m* tangkai rumput; ≗**hüpfer** *m* belalang, *locusta;* ≗**mähmaschine** *f* mesin pemotong rumput; ≗**narbe** *f* tanah berumput
grassieren (–) *itr.* meluas, merajalela; *Krankheit* menjadi wabah
gräßlich mengerikan, menyeramkan
Gras|steppe *f* sabana, stepa; **–wuchs** *m* perumputan
Grat *m* (*–s;–e*) punggung gunung; garis puncak; *Rand, Kante* tepi/pinggir yg. tajam; *Dach* bubungan
Gräte *f* (*–;–n*) tulang/duri ikan
Gratifikation *f* (*–;–en*) gratifikasi, bonus
gratis cuma-cuma, gratis, prodeo
Gratul|ant *m* (*–en;–en*) pemberi selamat; **–ation** *f* (*–;–en*) pemberian selamat; ≗**ieren** (–) *itr.* memberi (ucapan) selamat
grau abu-abu, kelabu; ≗**brot** *n* roti dari gandum hitam; **–en** *itr.* **1.** takut; *mir graut vor dir* saya merasa takut terhadapmu; **2.** *der Tag graut* fajar menyingsing; *beim ersten ≗ des Tages* pagi-pagi benar, dinihari
Grauen *n* (*–s;O*) ketakutan sangat; kengerian; ≗**haft,** ≗**voll** ngeri, mengerikan, sangat menakutkan
grauhaarig berambut abu-abu, beruban, ubanan
gräulich keabu-abuan
Graupe *f* (*–;–n*) jelai yg. dikopak
Graus *m, es ist e ~* mengerikan
grausam kejam, bengis, keji; *ugs.* buruk; *e-e ~e Kälte* kedinginan yg. sangat; ≗**keit** *f* (*–;–en*) kekejaman, kebengisan
graus|en *unpersönlich, mir graust* saya merasa ngeri; ≗**en** *n* (*–s;O*) ketakutan, kengerian; **–ig** yg. mengerikan
Graveur *m* (*–s;–e*) tukang ukir logam
gravier|en (–) *tr.* mengukir (logam, batu, gelas); *belasten* memberatkan; **–end** yg. memberatkan
gravitätisch kaku, sangat resmi, megah
Gravitation *f* (*–;O*) gaya berat (bumi), gravitasi
graziös lemah-gemulai, jelita
Greif|bagger *m, Tech.* alat/mesin keruk (dng. pencekau); ≗**bar** dapat diraih/dijangkau; *e ~er Erfolg* hasil nyata; *in ~er Nähe* dekat sekali; ≗**en** *unr. tr.* menggenggam; memegang; *~ Sie zu!* silahkan ambil (makanan)! *mit Händen zu ~* nyata, jelas sekali; *ans Herz ~* menyentuh hati; *in die Tasche ~* membayar; *~ nach et.* meraih/memegang sst.; *um sich ~* menyebarluas; *j-m unter die Arme ~* menyokong sso.; *et. aus der Luft ~* membohong, berdusta; *zu den Waffen ~* mengangkat senjata; **–er** *m* (*–s;–*) *Tech.* alat utk. mencekau/meraup/menjepit
Greis *m* (*–es;–e*), **–in** *f* (*–;–nen*) orang sangat tua, kakek-kakek, nenek-nenek
Greisen|alter *n* usia lanjut; ≗**haft** pikun
grell silau; menyolok; *Ton* melengking, nyaring
Gremium *n* (*–s;Gremiën*) panitia, badan
Grenadier *m* (*–s;–e*) prajurit infanteri
Grenz|abfertigung *f* pemeriksaan duane/pabean; **–beamter** *m* pegawai pabean/bea-cukai; **–bezirk** *m* daerah perbatasan
Grenze *f* (*–;–n*) (tapal) batas, perbatasan, limit; ≗**n** *itr.* berbatasan; *nahe kommen* (hampir) sama dng.; ≗**nlos** tak ada batasnya, tak terhingga
Grenz|fall *m* masalah yg. terletak di batas antara dua kemungkinan/ilmu/bidang; masalah yg. hampir tdk. normal lagi; **–gänger** *m* penduduk perbatasan yg. bekerja pd. negara tetangga; *Schmuggler* penyelundup; **–linie** *f* garis batas; **–pfahl** *m* patok, pancang; **–situation** *f* keadaan genting/gawat; **–stein** *m* batu perbatasan

Grenz|übergang *m*, **–übertrittsstelle** *f* tempat penyeberangan perbatasan (antara dua negara); **–verletzung** *f* pelanggaran perbatasan; **–wächter** *m* penjaga di perbatasan; **–wert** *m*, *Math.* had

Gries|gram *m* (*–s;–e*) perengut, pencomel, pengeluh; **≗grämig** muram, murung, suka mengomel/bersungut

Grieß *m* (*–es;O*) tepung gandum yg. kasar; pasir yg. kasar

Greuel *m* (*–s;–*) kekejaman, kengerian; **–tat** *f* perbuatan keji

greulich keji, kejam, ngeri

Griff *m* (*–e̸s;–e*) pegangan, genggam (-an); *Vorrichtung zum Anfassen* gagang, hulu, pegangan; *e-n guten ∼ tun* memilih dng. pandai, mendapat untung; *et. in den ∼ bekommen* menguasai/mengerti sst.; **≗bereit** siap dipakai; **–brett** *n* leher/gagang (biola); **–el** *m* (*–s;–*) anak batu tulis, gerip; *Bo.* putik; **≗ig** tdk. licin, mudah dipegang/dicekau; *Mot.* pakem; *fig.* (istilah) tepat

Grill *m* (*–s;–s*) pemanggangan

Grille *f* (*–;–n*) jangkrik, *grylloidea; fig.* tingkah, lela; **≗n** *tr.* memanggang (di alam terbuka); **≗nhaft** yg. bertingkah/berlela

Grimasse *f* (*–;–n*) seringai, gerenyut; *∼n schneiden* menyeringai

Grimm *m* (*–e̸s;O*) kemarahan, kemurkaan, keberangan; **≗ig** marah (-marah), berang; *∼ kalt* sangat dingin; **–en** *n* (*–s;O*) sakit perut

Grind *m* (*–e̸s;–e*) kelemumur, ketombe, *tinea furfuracea;* keropeng, kudis, *crusta*

grinsen *itr.* tersenyum lebar/mengejek/sinis, menyeringai, meringis

Grippe *f* (*–;–n*) influensa, *bp.* flu

grob kasar; kurangajar; *aus dem Gröbsten heraus sein* sudah melewati kesulitan yg. paling besar; **≗heit** *f* (*–;–en*) tindakan/perkataan kurangajar; **≗ian** *m* (*–s;–e*) orang kasar

gröblich agak kasar

Grob|schmied *m* pandai besi; **–schnitt** *m* irisan tembakau yg. kasar

grölen *itr.* berteriak, bernyanyi dng. keras

Groll *m* (*–e̸s;O*) rasa dendam/benci; **≗en** *itr.* berdendam; *Donner* bergemuruh

Gros *n* **1.** (*–;–*) sebagian besar, kebanyakan; **2.** (*–ses;–se*) gros, 12 lusin

Groschen *m* (*–s;–*) *mata uang logam:* 10 Pfennig; **–roman** *m* roman picisan

groß besar; *viel* banyak; *hoch, lang* tinggi; *älter* lebih tua; *berühmt, vornehm* terkenal, agung, luhur; *die ∼en Ferien* liburan panjang/lama; *im ∼en u. ganzen* pd. umumnya; *∼e Schmerzen haben* merasa sangat sakit; *∼e Mode* sangat modern; *das ≗e Los* hadiah utama; *er hat das ≗e Los gezogen* ia bernasib untung; *der ≗e Ozean* Lautan Teduh/Pasifik; *Karl der ≗e* Karel Agung; *∼ schreiben* menulis kata dng. huruf pertama besar, menulis dng. huruf kapital, *fig.* mengutamakan; *∼ u. klein* semua (orang); **–artig** hebat, bukan main, gemilang; **≗aufnahme** *f* potret dari dekat; **≗betrieb** *m* perusahaan besar/raksasa

Größe *f* (*–;–n*) besarnya, luasnya; *fig.* kebesaran, keagungan, kemasyhuran; pentingnya; *Kleidung* ukuran; *Math.* faktor; *e-e bekannte ∼* orang terkenal, tokoh, *bp.* pentolan, *Math.* faktor yg. diketahui

Groß|eltern *pl* kakek dan nenek; **–enkel** *m*, **–enkelin** *f* cicit

großenteils sebagian besar; pd. umumnya

Größen|verhältnis *n* perbandingan, perimbangan; **–wahn** *m* kecongkakan; penyakit gila yg. mengkhayalkan diri spt. orang besar/mulia, *megalomania*

Groß|familie *f* keluarga besar, famili, sanak-saudara; **–grundbesitzer** *m* tuan tanah; **–handel** *m* perniagaan besar-besaran/grosir; **–handelspreis** *m* harga grosir; **–händler** *m* (pedagang) grosir; **–handlung** *f* perusahaan grosir; **≗herzig** bermurah hati, baik budi; **–herzogtum** *n* (wilayah) kepangeranan agung; **–industrie** *f* industri yg. memproduksikan barang massal

Grossist *m* (*–en;–en*) (pedagang) grosir

groß|jährig dewasa; **⁼jährigkeit** *f* (batas umur) kedewasaan; **⁼kaufmann** *m* pedagang grosir; **⁼kreuz** *n* bintang kehormatan tingkat tertinggi; **⁼kundgebung** *f* rapat akbar/massal; **⁼macht** *f* negara adikuasa; **–mächtig** sangat berkuasa; hebat; **⁼mannssucht** *f* kesombongan; **⁼maul** *n* mulut besar; **⁼meister** *m* juara; **⁼mut** *m*, **⁼mütigkeit** *f* keluhuran budi; **⁼mutter** *f* nenek; **⁼neffe** *m* cucu lelaki dari kemanakan; **⁼nichte** *f* cucu perempuan dari kemanakan; **⁼onkel** *m* paman dari ayah/ibu; **⁼raum** *m* ruangan kantor yg. luas; *Geogr.* wilayah/daerah yg. mencakup beberapa kota; ~ *Jakarta* Jakarta Raya; **⁼raumwagen** *m* gerbong trem/bis yg. panjang dan berengsel; **⁼reinemachen** *n* (*–s;O*) pembersihan rumah secara tuntas/menyeluruh; **⁼schreibung** *f* penulisan dng. huruf besar/kapital; **⁼sprecher** *m* orang bermulut besar, pembual; **–spurig** sombong; **⁼stadt** *f* kota besar, kota-madya; **⁼städter** *m* penduduk kota besar; **–städtisch** berh. dng. kota besar; **⁼tante** *f* bibi dari ayah/ibu; **⁼tat** *f* perbuatan luhur/mulia

größtenteils (se)bagian terbesar

Groß|tuer *m* (*–s;–*) pembual, orang congkak; **–unternehmen** *n* perusahaan raksasa; **–vater** *m* kakek; **–verdiener** *m* orang yg. berpendapatan besar; **–wild** *n* binatang buruan yg. besar; **⁼ziehen** *unr. tr.* membesarkan; **⁼zügig** murah hati; royal; *Ansichten* . . . berpandangan luas; *weiträumig* luas

grotesk ajaib, menggelikan, aneh

Grotte *f* (*–;–n*) gua

Grübchen *n* (*–s;–*) cawak/lesung pipi

Grube *f* (*–;–n*) pertambangan; *Loch* lubang, liang

Grübel|ei *f* (*–;–en*) menungan, lamunan, angan-angan; **⁼n** *itr.* memenungkan, mempertimbangkan dng. lama; melamun

Gruben|arbeiter *m* buruh tambang; **–gas** *n* metana (CH4), gas rawa

Gruft *f* (*–;⁼e*) (ruang) pusara/kuburan, makam yg. bertembok; makam khusus utk. satu keluarga

grün hijau; *fig.* belum matang, belum berpengalaman; *am ~en Tisch* secara teoretis; *~es Licht* lampu hijau; *dasselbe in ~* sama saja; **⁼** *n* (*–s;O*) warna hijau; *bei Mutter ~* di alam/udara terbuka; *s. Grünen;* **⁼anlage** *f* taman umum

Grund *m* (*–ẹs;⁼e*) landasan, dasar; *Boden* tanah; *Ursache* sebab, alasan; *auf ~ von* atas dasar, oleh karena; *von ~ auf* dari dasarnya; sama sekali; *auf ~ von* atas dasar, dng. alasan; *im ~e* (*genommen*) sebenarnya, pd. dasarnya; *in ~ u. Boden verwünschen* mengutuk; **–ausbildung** *f* pendidikan/latihan dasar; **–bedeutung** *f* arti pokok; **–bedingung** *f* syarat mutlak; **–begriff** *m* pengertian dasar; **–besitz** *m* pemilikan tanah; tanah milik; **–besitzer** *m* pemilik/tuan tanah; **–buch** *n* kadaster; **–eigentum** *n* pemilikan tanah

gründ|en *tr.* melandaskan (pd.), mendasari, meletakkan dasar; *fig.* mendirikan (partai, perkumpulan. . .); *sich ~ auf* berdasarkan; **⁼er** *m* (*–s;–*) pendiri

grund|falsch salah sama sekali; **⁼farbe** *f* warna pokok; cat dasar; **⁼fläche** *f* (bidang) dasar, basis; **⁼form** *f*, *Gr.* bentuk dasar; **⁼gebühr** *f* iuran/bea pokok; **⁼gedanke** *m* gagasan pokok; **⁼gesetz** *n* undang-undang dasar; **⁼herr** *m* tuan tanah; **–ieren** (–) *tr.* memberi cat dasar; **⁼kapital** *n* modal pokok/dasar; **⁼lage** *f* dasar, alas, landasan; **–legend** yg. mendasar, yg. menjadi dasar, hakiki; **⁼legung** *f* (*–;O*) pendirian/pembangunan fondamen/alas

gründlich yg. mendalam; (dng.) teliti, sampai pd. pokoknya/intinya/dasarnya; *~ daneben* sangat meleset; **⁼keit** *f* (*–;O*) ketelitian

Grund|linie *f* garis dasar, basis; **–lohn** *m* gaji pokok; **⁼los** tanpa alasan/dasar; **–mauer** *f* tembok dasar; **–nahrungsmittel** *n* makanan pokok

Gründonnerstag *m*, *Rel.* Kamis Putih

Grund|pfeiler *m* sokoguru; **–prinzip** *n* asas, prinsip dasar, **–problem** *n*

masalah pokok; **–recht** *n* hak dasar/ azasi; **–regel** *f* aturan pokok, hukum dasar; **–richtung** *f*, *fig.* kecenderungan umum; **–riß** *m* denah, bagan, rancangan, rangka; *fig.* ikhtisar, ringkasan; **–satz** *m* prinsip, asas, dasar, aksioma; **°–sätzlich** pd. dasarnya; prinsipiil; **–schule** *f* sekolah dasar; **–stein** *m* batu pertama; *fig.* landasan; **–steinlegung** *f* (–;–*en*) peletakan batu pertama; **–steuer** *f* pajak tanah; **–stoff** *m* bahan baku; *Chem.* unsur; **–stück** *n* bidang tanah, kapling, persil tanah; **–stücksmakler** *m* makelar/ perantara tanah; **–ton** *m* nada dasar; **–umsatz** *m*, *Med.* batas pertukaran zat, *basal metabolism*

Gründung *f* (–;–*en*) pendirian

grund|verkehrt sama sekali keliru; **–verschieden** *Adj.* berbeda sama sekali; **°–wasser** *n* air tanah; **°–zahl** *f* kata bilangan; **°–zug** *m* ciri/sifat khas; **°–züge** *pl* dasar-dasar, prinsip, pokok (ajaran, ilmu. . .)

grün|en *itr.* menjadi hijau, menghijau; **°–en** *pl* golongan/partai konservasionis (di Jerman); **°–futter** *n* makanan ternak yg. segar (berupa rumput dan daun-daunan); **°–kohl** *m* sm. kol, *brassica oleracea var. acephala;* **–lich** kehijau-hijauan

Grün|schnabel *m* pemuda/i yg. sok tahu; **–span** *m* (–*s*;*O*) terusi; **–streifen** *n* jalur hijau

grunzen *itr.* mendengkur; mengorok

Gruppe *f* (–;–*n*) kelompok, rombongan, golongan, *bp.* grup; **–nbild** *n* foto bersama; **°–nweise** secara berkelompok

gruppier|en (–) *tr.* menyusun/ membagi dl. golongan/kelompok; **°–ung** *f* (–;–*en*) penggolongan, pengelompokan

grusel|ig seram, mengerikan; **–n** *itr.* merasa seram/takut/ngeri; menggigil; **°–n** *n* (–*s*;*O*) kengerian

Gruß *m* (–*es*;*¨–e*) salam, wassalam

grüßen *tr. itr.* memberi salam/ hormat

Grütze *f* (–;–*n*) bubur gandum (kasar); *keine ~ haben, ugs., bp.* bego

gucken *itr.* melihat, menjenguk

Guerillakrieg *m* perang gerilya

Gulasch *m*, *n* (–*s*;*O*) sm. hidangan daging irisan dng. saus

Gulden *m* (–*s*;–) gulden

gültig berlaku, sah; **°–keit** *f* (–;*O*) berlakunya, keabsahan; **°–keitsdauer** *f* masa berlakunya

Gummi *m*, *n* (–*s*;–*s*) karet; **°–artig** spt. karet; **–band** *n* (tali) karet, elastik; **–baum** *m* pohon karet/para, *hevea brasiliensis;* pohon karet asli dari Sumatra dan Jawa, *ficus elastica*

gummieren (–) *tr.* melapisi dng. lem

Gummi|handschuh *m* sarung/kaos tangan dari karet; **–knüppel** *m* tongkat/pentung dari karet; **–mantel** *m* jas hujan; **–reifen** *m* ban (karet); **–ring** *m* cincin/gelang karet; **–schlauch** *m* slang karet; ban dalam; **–schnur** *f* elastik; **–schuhe** *pl* sepatu karet; **–sohle** *f* sol karet; **–stempel** *m* stempel (karet); **–tuch** *n*, **–unterlage** *f* alas karet (dipasang di bawah seprei), *bp.* sm. kain perlak; **–zapfer** *m* (–*s*;–) penakik/penyadap (getah karet); **–zug** *m* karet elastik

Gunst *f* (–;*O*) kebaikan, kemurahan hati; anugerah, karunia; itikad baik; *zu ~en* utk. kepentingan, untuk, demi

günstig yg. menguntungkan; *e-e ~e Gelegenheit* kesempatan baik; *e ~er Preis* harga murah

Günstling *m* (–*s*;–*e*) orang kesayangan (dari atasan), anak mas

Gurgel *f* (–;–*n*) tenggorokan, (batang) leher, kerongkongan; **°–n** *itr.* berkumur

Gurke *f* (–;–*n*) ketimun, mentimun, *cucumis sativus; ugs.* hidung; *saure ~n* acar mentimun

gurren *itr.* berkukur

Gurt *m* (–*es*;–*e*) ikat pinggan, sabuk, pita anyaman yg. kuat

Gürtel *m* (–*s*;–) ban/ikat pinggang; wilayah/daerah yg. melingkar; **–rose** *f* penyakit ruam syaraf, sinannaga, *herpes zoster;* **–schnalle** *f* gesper

gürten *tr. refl.* memasang ikat pinggang

Guß *m* (*Gusses; Güsse*) penuangan; *Gegossenes* tuangan, coran; *Regen* hujan lebat; *Zucker* lapisan (gula);

aus e-m ~ utuh, dibuat sekaligus; **–eisen** *n* besi cor/tuang; **²eisern** *Adj.* dari besi cor; **–form** *f* cetakan cor; **–stahl** *m* baja cor/tuang

gut baik; *schon* ~! baiklah! bagus! *~en Morgen!* selamat pagi! *es ist* ~ (*so*) cukuplah; *mach's* ~! daag! *alles* *²e* salam hangat; selamat; *~er Dinge sein* bergembira, bersenang hati; *laß es* ~ *sein* sudahlah! tdk. apa-apa! ~ *daran tun* ada baiknya, sebaiknya; *im* *²en* dng. maksud baik; *j-m* ~ *sein* menyukai sso.; *mir ist es nicht* ~ saya merasa mual/(se)nak; saya tdk. enak; *der ~e Ton* tingkah laku yg. sopan; *~e Besserung!* semoga lekas sembuh!

Gut *n* (*–es;–er*) harta, harta benda/milik; *Landwirtschaft* pertanian dng. tanah milik luas; *Fracht* barang (–barang); *fig.* nilai; *Hab u.* ~ harta benda/milik; ~ *u. Böse* yg. baik dan yg. buruk; *des ~en zuviel* melampaui batas

Gut|achten *n* (*–s;–*) pe(r)nilaian ahli; surat keterangan (dokter); **–achter** *m* (*–s;–*) ahli, penasehat, juru taksir; **²artig** baik hati; *Geschwulst* tdk. ganas; **–dünken** *n, nach* ~ menurut kebijaksanaan/kesukaan

Güte *f* (*–;O*) kebaikan/kemurahan hati; *Qualität* mutu, kualitas; *du meine* ~! astaga! *in* ~ dng. jalan damai; *haben Sie die* ~, *zu* sudilah kiranya anda utk.; *durch die* ~ dng. jasa/budi baik

Güter|abfertigung *f*, **–annahme** *f* kantor ekspedisi/pengangkutan (barang); **–bahnhof** *m* stasiun barang; **–gemeinschaft** *f* harta tak terpisah (antara suami-isteri); **–kraftverkehr** *m* lalulintas barang; **–schuppen** *m* gudang; **–trennung** *f* pemisahan harta (dl. perkawinan); **–verkehr** *m* lalulintas barang; **–wagen** *m* gerbong barang; **–zug** *m* kereta barang

Gütezeichen *n* cap kwalitas tinggi

gut|gehen *unr. itr., mir geht es gut* saya merasa baik/sehat/senang; *das ist gutgegangen* ini berhasil; **–gehend** laris, laku

gut|gelaunt senang hati, gembira; **–gesinnt** baik hati; berkemauan baik; **–gläubig** yg. mudah percaya; **²haben** *n* (*–s;–*) piutang, saldo laba, kredit; **–haben** *unr. tr., A hat DM 5.- bei B gut* B berhutang DM 5.- pd. A; **–heißen** *unr. tr.* menyetujui, menerima dng. baik; **²heißung** *f* (*–;O*) persetujuan; **–herzig** baik hati; ramah, lembut

gütig ramah, baik hati, suka menolong

gütlich secara damai; *sich* ~ *tun an* makan seenak-enaknya

gut|machen *tr.* memperbaiki; **–mütig** baik hati, lemah-lembut; **–sagen** *itr.* menjamin; **²sbesitzer** *m* tuan tanah; **²schein** *m* kupon; **–schreiben** *unr. tr.* mencatat/membukukan sebagai piutang/kredit; **²schrift** *f* (pen)catatan piutang/kredit; **²schriftsanzeige** *f* nota kredit

Gutshaus *n* rumah tuan-tanah

gutsituiert kaya

Guttapercha *f* (*–;O*) getah perca

guttun *unr. tr., j-m* ~ berbuat baik thd. sso.; *das tut gut!* enak! *Arznei* manjur

gutwillig berkemauan baik; rela, menurut

Gymnasial|bildung *f* pendidikan sekolah lanjutan menengah dan atas; **–direktor** *m* kepala sekolah lanjutan menengah/atas

Gymnasium *n* (*–s;Gymnasiën*) sekolah lanjutan menengah dan/atau atas

Gymnastik *f* (*–;O*) gerak badan, senam, gimnastik

Gynäkolo|ge *m* (*–n;–n*) dokter kandungan dan kebidanan; **–gie** *f* (*–;O*) ginekologi, ilmu kedokteran kandungan dan kebidanan

H

Haar *n* (–es;–e) rambut, bulu; *~e schneiden* memotong/memangkas rambut; *ums ~* hampir-hampir, nyaris; *e ~ in der Suppe finden* menemukan kesalahan kecil; *um kein ~ besser* sama saja; *sich in den ~en liegen* berkelahi; *j–m kein ~ krümmen* tdk. menyakiti sso. sedikitpun; *an den ~en herbeiziehen* dibuat–buat, dicari–cari; *kein gutes ~ an j–n lassen* menjelek–jelekkan sso.; *~e auf den Zähnen haben* galak, cerewet dan kasar; *das ~ waschen* berkeramas, mencuci rambut

Haar|ausfall *m* (penyakit) rontoknya rambut; **–bürste** *f* sikat rambut; **–büschel** *n* jambul; **–creme** *f* krem rambut; **≗en** *itr.* (rambut) rontok; **–entferner** *m* obat penghilang rambut; **–ersatz** *m* rambut palsu

Haaresbreite *f, um ~, fig.* hampir (sekali)

Haar|färbemittel *n* cat rambut; **≗fein** halus sekali, teliti sekali; **–flechte** *f* kepang; **–gefäß** *n* pembuluh rambut; **≗genau** tepat sekali, persis; **≗ig** berambut, berbulu; *e–e ~e Sache* hal yg. peka, yg. tdk. menyenangkan; **≗klein** sampai tetek–bengek; **–klemme** *f* jepit(an) rambut; **–knoten** *m* sanggul, konde; **–locke** *f* ikal rambut; **≗los** tanpa rambut, botak; **–nadel** *f* tusuk rambut, arnal; **–nadelkurve** *f* tikungan/belokan jalan yg. tajam; **–netz** *n* jala/rajut rambut, *bp.* harnet; **–röhrchen** *n* pembuluh rambut; **≗scharf** sangat tajam; tepat sekali; nyaris; **–schneidemaschine** *f* alat pemotong rambut; **–schnitt** *m* tata/potongan rambut; **–sieb** *n* ayakan/saringan halus; **–spalterei** *f* pertengkaran mengenai tetek-bengek; pekerjaan yg. terlampau teliti; **–spray** *m* obat semprot· rambut; **≗sträubend** mengerikan, menegakkan bulu roma; (ke)terlalu(an); **–tracht** *f* tata rias rambut; **–trockner** *m* alat pengering rambut; **–wäsche** *f* cuci rambut, keramas; **–wasser** *n* losion rambut; **–wickler** *m* rol/pengeriting rambut; **–wuchs** *m* pertumbuhan rambut; (adanya) rambut; **–wuchsmittel** *m* obat (pertumbuhan) rambut; **–wulst** *m* konde; **–zopf** *m* kepang rambut yg. panjang, kucir

Habe *f* (–;O) (harta) milik, kepunyaan; *bewegliche ~* harta bergerak; *Hab u. Gut* harta benda

haben **1.** *unr. itr. tr.* mempunyai, memiliki; *was hat es damit auf sich?* apa artinya/maksudnya? *j-n gern ~* menyukai sso.; *(noch) et. vor sich ~* masih akan menghadapi; *unter sich ~* mengepalai; *zu ~* dapat diperoleh/dibeli; *da ~ wir's!* apa boleh buat! *das hast du zu tun* kamu harus berbuat itu; **2.** *Hilfsverb zur Bildung des Perfekt* (*kata kerja bantu utk. waktu lampau*) telah, sudah; **3.** ≗ *n* (*–s;–*) piutang, kredit

Habenichts *m* (*–;–e*) *pej.* orang miskin/malang

Habgier *f* (–;O) ketamakan, kelobaan; **≗ig** tamak, serakah

habhaft *~ werden* memperoleh, menangkap

Habicht *m* (*–s;–e*) sebangsa burung elang, *accipiter gentilis;* **–snase** *f* hidung bengkok (spt. paruh elang)

Habilitation *f* (–;–*en*) habilitasi, wewenang utk. mengajar di universitas
Habitus *m* (–;*O*) penampilan lahiriah, perawakan, sikap; *Zo.* ciri-ciri khas yg. tampak
Hab|seligkeit *f* (–;–*en*) barang milik pribadi yg. kurang berharga; **–sucht** *f* ketamakan, kelobaan; **≗süchtig** tamak, serakah
Hackbeil *n* kapak, kampak, beliung
Hacke *f* (–;–*n*) **1.** tumit; *Schuh* tumit sepatu; **2.** *Werkzeug* pacul, cangkul; **–n** *m* (–*s*;–) tumit; *sich die ~ nach et. ablaufen* sangat berusaha utk. mendapatkan sst.
hacken *tr.* mencangkul; mencincang, menetak, membelah-belah; *Vogel* mematuk
Hack|fleisch *n* daging cincang/kernai; **–frucht** *f* ubi-ubian (*di Jerman terutama kentang dan bit*); **–messer** *n* golok, parang, pisau cincang
Häcksel *m, n* (–*s*;*O*) jerami yg. dipotong-potong
Hader *m* (–*s*;*O*) pertengkaran, perselisihan; **–n** *pl* rongsokan, rombengan; **≗n** *itr.* merasa tdk. puas; bertengkar, bermusuhan
Hafen *m* (–*s*;–̈) pelabuhan, bandar; **–arbeiter** *m* kuli pelabuhan; **–damm** *m* dermaga; **–meister** *m* syahbandar
Hafer *m* (–*s*;*O*) sm. gandum, *avena sativa;* **–brei** *m* bubur havermout; **–flocken** *pl* havermout
Haff *n* (–*e̸s*;–*e*) perairan dangkal yg. terpisah dari laut terbuka oleh semenanjung atau pulau-pulau, sm. laguna
Haft *f* (–;*O*) penahanan, kurungan; **≗bar** yg. bertanggungjawab; **–befehl** *m* perintah penahanan; **≗en** *itr.* melekat; *für et. ~* menanggung sst.
Häftling *m* (–*s*;–*e*) tahanan, tawanan
Haftpflicht *f* wajib menanggung; **≗ig** dapat dikenakan; wajib bertanggungjawab; **–versicherung** *f* asuransi tanggungjawab kerugian (yg. disebabkan pemegang polis)
Haftschalen *pl, bp.* kontak lens; *Büste* beha tanpa tali
Haftung *f* (–;*O*) tanggungjawab, tanggungan, wajib menanggung, jaminan; *Tech.* kelekatan, melekatnya, adhesi; *Chem.* adsorpsi; *Gesellschaft mit beschränkter ~* (*GmbH*) perseroan terbatas (P.T.)
Hagel *m* (–*s*;*O*), **–schauer** *m* hujan (batu) es; **≗n** *itr.* hujan es; *es hagelt Vorwürfe* banyak kecaman dilontarkan; **–schlag** *m* hujan es deras; kerusakan yg. disebabkan hujan es
hager kurus-kering
Hagestolz *m* (–*es*;–*e*) bujang laki-laki yg. sudah tua (dan aneh sedikit)
Hahn *m* **1.** (–*e̸s*;–̈*e*) ayam jantan/jago; *es kräht kein ~ danach* tdk. ada yg. peduli; **2.** (–*e̸s*;–̈*e*/–*en*) keran; *Gewehr* pelatuk
Hahnen|kamm *m* balung; jengger; *Bo.* sm. bunga jengger, *celosia;* **–kampf** *m* adu/sabung ayam; **–schrei** *m* kokok ayam
Hai *m* (–*e̸s*;–*e*), **–fisch** *m* ikan hiu, *selachia*
Hain *m* (–*e̸s*;–*e*) *Lit.* hutan kecil
Häkel|arbeit *f* perajutan, (hasil) kerajinan merenda; **≗n** *itr. tr.* merenda, merajut; **–nadel** *f* jarum kait/rajut, alat merenda
Haken *m* (–*s*;–) kait, pengait, gaitan; cantelan; *Angel* kail; *die Sache hat e-n ~* ada udang di balik batu, ada tetapinya; **≗förmig** berbentuk kait, bengkok; **–kreuz** *n* swastika
halb separoh, setengah; *~ drei* setengah tiga; *auf ~em Wege* di pertengahan jalan; di tengah-tengah; *~ so schlimm* tak begitu buruk/jelek
halb|amtlich setengah resmi; **≗bildung** *f* pendidikan dangkal; **≗blut** *n* orang keturunan campuran, indo (Indonesia-Eropa); **≗bruder** *m* saudara tiri; **–dunkel** remang-remang, agak gelap, aram-temaram; **≗edelstein** *m* batu setengah mulia
halber karena; *der Umstände ~* karena situasi
Halb|fabrikat *n* barang setengah jadi; **≗fertig** setengah jadi; **≗fett** *Käse* mengandung 20-25% lemak; *Buchstabe* medium; **≗gar** setengah matang; **–geschwister** *pl* saudara tiri; **–gott** *m* setengah dewa; **–heit** *f*

(–;–*en*) perihal tanggung-tanggung/ kepalang-tanggung / setengah-setengah

halbieren (–) *tr.* membagi/ membelah dua

Halb|insel *f* semenanjung, jazirah; **–jahr** *n* setengah tahun, enam bulan; **⁼jährig** setengah tahun lamanya/umurnya; **⁼jährlich** setiap setengah tahun; **–kreis** *m* setengah lingkaran; **–kugel** *f* setengah bulatan, belahan bumi; **⁼laut** dng. berbisik; **–leinen** *n* setengah linen; **⁼mast** *Adv.*, *auf ~* setengah tiang; **–messer** *m* jari-jari, radius; **–monatsschrift** *f* majalah dwipekan; **–mond** *m* bulan separuh; *ab-, zunehmender Mond* bulan tua/ muda; *Islam* bulan sabit; **⁼part** *Adv.*, *~ machen* membagi rata antara dua orang; **–pension** *f* penginapan dng. makan pagi dan malam saja; **–schlaf** *m* setengah tidur; **–schuh** *m* sepatu rendah (yg. tdk. menutup mata kaki); **–schwester** *f* saudari tiri; **–seide** *f* setengah sutera; **–starke** *m* (–*n*;–*n*) anak tanggung; **⁼stündlich** setiap setengah jam; **–tagsarbeit** *f*, **–tagsbeschäftigung** *f* pekerjaan setengah hari; **⁼tot** setengah mati; *sich ~ lachen* tertawa terpingkal-pingkal; **⁼wegs** agak, kira-kira; di tengah perjalanan; **–welt** *f* kalangan masyarakat yg. pantas dicurigai; **–wissen** *n* pengetahuan dangkal; **–wolle** *f* setengah wol; **⁼wüchsig** remaja, puber, tanggung; **–wüchsige** *m*, *f* (–*n*;–*n*) anak-anak remaja; **–zeit** *f* babak (pertama/kedua) dl. pertandingan; *Pause* istirahat pd. setengah permainan, waktu jeda

Halde *f* (–;–*n*) lereng; timbunan (hasil tambang, sampah)

Hälfte *f* (–;–*n*) setengahnya, separohnya; *die bessere ~* isteri

Halfter *m*, *n* (–*s*;–) **1.** kekang, tali kang; **2.** *f* (–;–*n*), *n* (–*s*;–) sarung pistol

Hall *m* (–*es*;*O*) gaung

Halle *f* (–;–*n*) ruang (besar), bangsal, aula; balai; *Flgw.* hanggar; *Hotel* ruang masuk (hotel), lobi

hallen *itr.* bergaung, bergema, berkumandang

Hallenbad *n* kolam renang tertutup

Halluzination *f* (–;–*en*) khayalan, halusinasi

Halm *m* (–*(e)s*;–*e*) tangkai, batang padi-padian

Hals *m* (–*(e)s*;*⁼e*) (batang) leher; *Speiseröhre* kerongkongan; *Luftröhre* tenggorokan; *~ über Kopf* (*weglaufen*) terburu-buru, berlari pontang-panting; *et. am ~ haben* dibebani dng. sst.; *aus vollem ~* sekeras-kerasnya; *zum ~ heraushängen* sudah muak/jemu

Hals|abschneider *m* lintah darat; **–ausschnitt** *m* potongan leher baju; **–band** *n* ban/tali leher; **–bräune** *f* radang amandel, *tonsillitis*; **⁼brecherisch** sangat berbahaya/membahayakan; **–entzündung** *f* radang tenggorokan; **–kette** *f* kalung; **–kragen** *m* kerah, leher baju; **– –, Nasen- u. Ohrenspezialist** *m* dokter tenggorokan, hidung dan telinga (THT); **–schmerzen** *pl* penyakit leher-tenggorokan/kerongkongan; *~ haben* sakit leher; **–starrigkeit** *f* (–;*O*) keras-kepala, kepala-batu; **–tuch** *n* kain pembebat leher, syal; **– – u. Beinbruch!** selamat! semoga sukses! **–weh** *n*, *s. Halsschmerzen*

Halt 1. *m* (–*(e)s*;–*e*) perhentian, keberhentian; *Griff* pegangan; *fig.* kemantapan; **2. ⁼!** stop! berhenti(lah)! cukup! **3. ⁼** *Adv.*, *das ist ~ so* yah memang demikianlah

haltbar awet, tahan (lama); **⁼keit** *f* (–;*O*) keawetan, daya tahan

halten *unr. itr. tr.* berhenti; *festhalten, behaupten* mempertahankan; *ergreifen* memegang; *einhalten* melakukan; *Versammlung/Gottesdienst ~* mengadakan rapat/ibadah; *Versprechen ~* memegang janji; *Tiere ~* memelihara binatang; *e—e Rede ~* berpidato; *Vorlesungen ~* memberi kuliah; *den Mund ~* tutup mulut; *Regel/Gesetz ~* melaksanakan/ mengindahkan peraturan/hukum; *e–e Zeitung ~* berlangganan koran; *~ für* menganggap; *was ~ Sie davon?* apa pendapat anda mengenai hal itu? *zu j-m ~* memihak/setia

pd. sso.; *auf et.* ~ menekan sst.; *sich* ~ bertahan, awet; *sich an et.* ~ berpegang(an)/berpedoman pd.; *j-n für ehrlich* ~ menganggap sso. jujur; *große Stücke auf j-n* ~ menjunjung/menghormati sso.; *auf sich* ~ merawat/memelihara diri
Halte|platz *m*, **-punkt** *m* (tempat) perhentian, halte
Halter *m* (-s;-) pegangan, cantelan; *Besitzer* pemilik, pemelihara
Halte|signal *n* tanda berhenti, sinyal/rambu berhenti; **-stelle** *f*, *s. Halteplatz;* **-verbot** *n*, *Verkehr* larangan utk. berhenti
halt|los lemah, mudah terombang-ambing, labil, rapuh, tdk. mantap, tak beralasan; **°losigkeit** *f* (-;O) sifat labil; **-machen** *itr.* berhenti, setop; *vor nichts* ~ tdk. takut thd. apapun, nekat
Haltung *f* (-;-en) sikap, pendirian; *körperlich* gaya/cara berdiri atau duduk; ~ *von Tieren* pemeliharaan binatang
Halunke *m* (-n;-n) bangsat, bajingan
hämisch senang karena orang lain kerugian
Hammel *m* (-s;-) domba jantan yg. dikebiri; *ugs.* si tolol
Hammer *m* (-s;¨-) palu, tukul besi, martil; *unter den* ~ *kommen* dilelang
hämmern *itr.* memalu, menempa; *Tür* menggedor-gedor; *Herz* berdenyut keras
Hämorrhoiden *pl* wasir, puru sembilik, *haemorrhois*
Hampelmann *m* (-s;¨-er) boneka kayu yg. sendi-sendinya dapat digerakkan dng. tali; *fig.* orang yg. dapat dijadikan boneka, orang yg. lemah kepribadiannya
Hamster *m* (-s;-) sm. tupai, *cricetus cricetus;* **-er** *m* (-s;-) penimbun; **°n** *tr. itr.* menimbun, menyimpan
Hand *f* (-;¨-e) tangan; *die* ~ *geben* menjabat tangan; *j-m freie* ~ *lassen* membiarkan sso.; ~ *an sich legen* membunuh diri; ~ *an et. legen* menangani/mengerjakan sst.; *an* ~ *von* atas dasar, berdasarkan; *aus erster* ~ dari sumber pertama/resmi; *e-e Sache in die* ~ *nehmen* menangani sst.; *unter der* ~ secara rahasia/gelap; *zu Händen von* spy. diperhatikan oleh; ~ *u. Fuß haben* mantap, berbobot; ~ *in* ~ *gehen* berjalan bergandengan tangan; ~ *in* ~ *arbeiten* bekerjasama dng. lancar; *in der* ~ *haben* memegang; *fig.* mengurus; *das liegt auf der* ~ sudah jelas, dng. sendirinya; *von der* ~ *in den Mund leben* hidup Senen-Kemis, hidup pas-pasan; *um j-s* ~ *anhalten* melamar/meminang sso.; *die öffentliche* ~ pemerintah; *alle Hände voll haben* sangat sibuk
Hand|arbeit *f* (hasil) kerajinan/pekerjaan tangan; **-arbeiter** *m* tukang, pekerja tangan; **-ball** *m* bola tangan; **-beil** *n* kampak; **°betrieben** *Adj.* yg. dijalankan dng. tangan; **-bewegung** *f* gerakan tangan; **°breit** selebar tangan; **-bremse** *f* rem tangan; **-buch** *n* pedoman, buku pegangan/penuntun
Hände|druck *m* jabatan tangan; **-klatschen** *n* tepuk tangan
Handel *m* (-s;O) perdagangan, perniagaan; *Feilschen* tawar-menawar; *im* ~ *sein* sudah di pasar; ~ *treiben* berdagang
Händel *pl* pertengkaran, perselisihan
handeln *itr.* bertindak, berbuat; *Handel treiben* berdagang, berniaga; *feilschen* tawar-menawar; *es handelt sich um* menyangkut, berh. dng., mengenai, tentang
Handels|abkommen *n* perjanjian/persetujuan perdagangan; **-adreßbuch** *n* buku alamat perusahaan; **-artikel** *m* barang dagangan; **-bank** *f* bank dagang; **-bericht** *m* berita (per)dagang(an); **-beziehungen** *pl* hubungan dagang/niaga; **-bilanz** *f* neraca perdagangan; **°einig, °eins** ~ *werden* bersepakat, bermufakat; **-flotte** *f* armada niaga; **-freiheit** *f* kebebasan berniaga; **-genossenschaft** *f* kongsi, persekutuan/serikat dagang; **-gericht** *n* pengadilan niaga; **-gesellschaft** *f* serikat/maskapai/perusahaan dagang; **-gesetzbuch** *n* kitab undang-undang hukum dagang; **-haus** *n* perusahaan

dagang; **–hochschule** *f* perguruan tinggi perniagaan; **–kammer** *f* kamar dagang; **–korrespondenz** *f* surat-menyurat/korespondensi dagang

Handels|mann *m* (–*s*; . . . *leute*) saudagar, pedagang; **–marke** *f* cap/ merek dagang; **–minister** *m* menteri perdagangan; **–ministerium** *n* kementerian/departemen perdagangan; **–nachrichten** *pl* berita dagang; **–organisation** *f* (*DDR*) perusahaan dagang negara; **–politik** *f* (–;*O*) politik perdagangan; **–register** *n* daftar/register resmi semua pedagang dan perusahaan; **–schiff** *n* kapal dagang; **–schiffahrt** *f* pelayaran perdagangan; **–schule** *f* sekolah dagang; sekolah menengah ekonomi atas; **–spanne** *f* persentase keuntungan; **–sperre** *f* embargo; **–stadt** *f* kota dagang; **–stand** *m* kaum pedagang; **≗üblich** lazim/ biasa dl. dunia dagang; **–vertrag** *m* persetujuan perdagangan; perjanjian dagang; **–vertreter** *m* agen perusahaan dagang; **–ware** *f* barang/ mata dagangan; **–wert** *m* nilai pasar; **–zeichen** *n* merek dagang; **–zweig** *m* bidang niaga

hände|ringend *Adv.* (yg. bersifat) memohon dng. sangat; *verzweifelt* putus asa; **≗schütteln** *n* (–*s*;*O*) jabatan tangan

Hand|feger *m* sapu kecil; **–fertigkeit** *f* ketrampilan, kecekatan; **–fesseln** *pl* borgol; **≗fest** kuat, kukuh; **–fläche** *f* telapak tangan; **≗gearbeitet** buatan tangan; **–gebrauch** *m, zum* ~ utk. pemakaian sehari-hari; **–geld** *n* uang muka, panjar; **–gelenk** *n* pergelangan tangan; **≗gemein** ~ *werden* berkelahi, bertengkar; **–gemenge** *m* perkelahian; **–gepäck** *n* bagasi ringan/jinjing; tas tangan; **≗gerecht** mudah dipegang, cocok utk. tangan; **≗geschrieben** *Adj.* ditulis (dng.) tangan; **≗gewebt, ≗gewirkt** ditenun tangan; **–granate** *f* granat tangan; **≗greiflich** jelas, nyata; ~ *werden* mulai berkelahi; **–griff** *m* gagang, pegangan; *Fertigkeit* penanganan mudah/gampang; *noch einige* ~ *machen* tinggal mengerjakan sedikit lagi; **–habe** *f* alasan (utk. bertindak); **≗haben** *unr. tr.* menangani, menggunakan/ memakai dng. tepat; **–habung** *f* (–;*O*) pemakaian, cara menggunakan

Hand|karren *m* gerobak; **–koffer** *m* koper kecil; **–korb** *m* keranjang; **–kuß** *m* cium tangan; **–langer** *m* pembantu tukang (batu), kuli; *fig.* kakitangan, antek

Händler(in *f*) *m* (–*s*;–) pedagang; *fliegender* ~ pedagang kakilima/keliling

handlich enak/mudah dipakai

Handlung *f* (–;–*en*) perbuatan, tindakan, kelakuan; *Laden* toko; *Roman, Film (Verlauf)* alur, plot; *Film (Tätigkeit)* aksi; *Ort der* ~ tempat kejadian; **–sbevollmächtigte** *m* wakil perusahaan dagang yg. diberi kuasa; **≗sfähig** yg. berhak/ dapat mengambil tindakan (yg. sah); **–sfreiheit** *f* kebebasan utk. bertindak (sesuai dng. kemauan sendiri); **–sgehilfe** *m* pegawai/ pelayan toko, pramuniaga; karyawan perusahaan dagang; **–sreisende** *m* agen, *salesman*; **–sweise** *f* cara bertindak; tingkah-laku

Hand|reichung *f* bantuan; pedoman; **–rücken** *m* punggung tangan; **–schaltung** *f* persneling (yg. diganti dng.) tangan; **–schelle** *f* borgol; **–schlag** *m* jabatan tangan (sebagai tanda setuju); **–schreiben** *n* surat dl. tulisan tangan; **–schrift** *f* tulisan tangan; naskah (yg. ditulis tangan); **≗schriftlich** ditulis dng. tangan (sendiri); **–schuh** *m* sarung tangan; **–stand** *m, Sp.* berdiri di atas tangan; **–streich** *m* serangan mendadak (yg. berhasil); **–täschchen** *n* tas tangan kecil; **–tasche** *f* tas tangan, tas wanita; **–tuch** *n* (h)anduk; **–umdrehen** *n, im* ~ dl. sekejap mata; **–voll** *f* (–;–) segenggam, sekepal, sedikit; **–wagen** *m* gerobak

Hand|waschbecken *n* wastafel; **–werk** *n* pertukangan; kerajinan tangan; **–werker** *m* tukang, pengrajin; **–werkskammer** *f* kamar perusahaan-perusahaan pertukangan; **≗werksmäßig** (dibuat) menurut peraturan kejuruan; **–werkszeug** *n* perkakas/alat pertukangan; **–wörterbuch** *n* kamus saku/ringkas; **–wurzel** *f* pangkal tangan; **–zeichnung** *f* gambar/lukisan tangan; **–zettel** *m* surat sebaran

Hanf *m* (–ɇs;O) henep, *cannabis saliva; Indischer ~, s. Haschisch;* **–faser** *f* serat henep

Hang *m* (–ɇs;¨–e) lereng; *fig.* kecenderungan, keinginan

Hangar *m* (–s;–s) (h)anggar

Hänge|bahn *f* kereta gantung; **–bauch** *m* perut gendut; **–brücke** *f* jembatan gantung; **–lampe** *f* lampu gantung; **–matte** *f* ayunan/buaian dari jala

hängen 1. *tr.* menggantungkan; menggantung (sso.); **2.** *unr. itr.* bergantung; tergantung (pd., di); *an j-m* ~ suka kpd. sso.; **–bleiben** *unr. itr.* tersangkut; *ugs.* tdk. naik kelas; *wir sind in Bogor hängengeblieben* kita tinggal lebih lama di Bogor; **–lassen** (–) *unr. itr.* membiarkan tergantung; *sich* ~ lesu, tak bergairah

Hänger *m* (–s;–) sm. mantol tanpa ikat pinggang

hänseln *tr.* mengganggu, mengusik

Hansestadt *f* kota Hansa

Hanswurst *m* (–ɇs;–e) badut, pelawak; si tolol

Hantel *f* (–;–*n*) *Sp.* halter

hantieren (–) *itr.* (ber)sibuk dng.; menggunakan

hapern *itr., es hapert* berkekurangan, ada yg. kurang

Happen *m* (–s;–) sesuap/sepotong makanan

Harem *m* (–s;–s) harem

Häresie *f* (–; . . . *iën*) bidaah

Harfe *f* (–;–*n*) harpa

Harke *f* (–;–*n*) penggaru(k) tanah; **≗n** *tr.* menggaru(k)

Harlekin *m* (–s;–e) badut

Harm *m* (–ɇs;O) kesedihan

härmen *sich* ~ bersedih hati, kuatir

harmlos yg. tdk. berbahaya/merugikan/jahat

Harmon|ie *f* (–; . . . *iën*) keselarasan, keserasian, harmoni; **≗ieren** (–) *itr.* cocok, berpadanan, selaras; **–ika** *f* (–;–s/ . . . *ken*) harmonika; **≗isch** selaras, serasi, cocok, harmonis; **≗isieren** (–) *tr.* menyelaraskan; **–ium** *n* (–s; . . . *niën*) harmonium

Harn *m* (–s;–*e*) air seni/kencing; **–blase** *f* kandung kencing/kemih; **≗en** *itr.* kencing, buang air kecil; **–isch** *m* (–*es*;–*e*) baju zirah; *j-n in ~ bringen* membuat sso. marah; *in ~ sein* marah; **–röhre** *f* saluran kencing; **–ruhr** *f* penyakit kencing manis, *diabetes mellitus;* **–säure** *f* asam urat; **–untersuchung** *f* pemeriksaan air seni

Harpun|e *f* (–;–*n*) seruit, harpun; **≗ieren** (–) *tr.* menangkap binatang laut dng. seruit

harren *itr.* menunggu-nunggu, menantikan, merindukan

harsch kasar, keras

hart keras; *~e Kritik* kritik/kecaman tajam; *e ~es Los* nasib yg. berat/pahit; *e ~es Herz* hati yg. jahat; *~e Zeit* masa sulit; *~ werden* membeku; *es geht ~ auf ~* tdk. ada yg. mau mengalah; *~ am Abgrund* dekat sekali pd. jurang, *fig.* sangat terancam

Härte *f* (–;–*n*) kekerasan, kerasnya; *soziale ~* ketidakadilan sosial; **–fall** *m* kasus yg. menyebabkan penderitaan/kerugian besar (jika aturan tertentu diterapkan); **–grad** *m* kadar kerasnya

härten *tr.* mengeraskan; membajai; menyepuh; *fig.* menggembleng

Hartfaserplatte *f* papan serat kayu, *bp.* hartbor

Hart|geld *n* uang logam; **≗gesotten** *Adj.* masak benar; *fig.* bersikeras; **–gummi** *m* ebonit; **≗herzig** tega, sampai hati, tdk. berbelaskasih; **≗köpfig** keras kepala; **≗leibig** sembelit; **≗näckig** ber(si)tegang; berkeras kepala; *~e Krankheit* penyakit yg. kronis/berkepanjangan; **–pappe** *f* hartbor; **–spiritus** *m* spiritus beku

Härtung *f* (–;–*en*) pengerasan

Harz 1. *n* (–*es*;–*e*) (getah) damar; **2.** *m* (–*es*;O) *nama pegunungan di Jerman;* **≗ig** spt. mengandung damar

Hasardeur *m* (–*s*;–*e*) penjudi; orang yg. bertindak untung-untungan

Haschee *n* (–s;–s) (hidangan) daging cincang/potong halus

haschen *tr.* menangkap (dng. cepat-cepat); *nach Erfolg* ~ mengejar sukses; *itr. ugs.* merokok ganja
Häscher *m* (*–s;–*) penangkap
Haschisch *n* (*–;O*) ganja
Hase *m* (*–n;–n*) kelinci, terwelu, *leporidae; da liegt der* ~ *im Pfeffer* inilah pokok persoalannya; *e alter* ~ orang yg. berpengalaman
Haselnuß *f* sm. kemiri, *corylus avellana*
Hasen|fuß *m* pengecut, penakut; **–panier** *n, das* ~ *ergreifen* melarikan diri; **–pfeffer** *m* semur daging kelinci; **–scharte** *f* bibir sumbing
Häsin *f* (*–;–nen*) kelinci betina
Haspel *f* (*–;–n*) gelendong, poros pemintal; *Mar.* paksi/putaran jangkar; **≗n** *tr.* menggulung; *itr. ugs.* berbicara cepat dan sukar dimengerti
Haß *m* (*Hasses;O*) kebencian
hass|en *tr.* membenci; **–enswert** patut dibenci
häßlich jelek, buruk; **≗keit** *f* (*–;–en*) kejelekan/keburukan rupa
Hast *f* (*–;O*) kegopohan; **≗en** *itr.* bergegas; **≗ig** tergesa-gesa, terburu-buru, tergopoh-gopoh; **–igkeit** *f* (*–;O*) sifat tergopoh-gopoh
hätscheln *tr.* membelai, mengusap, mengelus-elus
Haube *f* (*–;–n*) tutup kepala (utk. wanita), kap (perawat); *j-n unter die* ~ *bringen* mengawinkan sso.
Haubitze *f* (*–;–n*) sm. meriam berlaras pendek, *bp.* howitzer
Hauch *m* (*–es;O*) hembusan nafas; angin sepoi-sepoi/siliran; *Dunst* kabut tipis; *e-n* ~ *von* sedikit; **≗dünn** tipis sekali; **≗en** *itr.* menghembuskan nafas; *flüstern* berbisik; **–laut** *m* bunyi aspirasi
Haudegen *m* (*–s;–*) pemberani
Haue *f* (*–;–n*) pacul, beliung, cangkul; *ugs.* pukulan, tamparan
hau|en *unr. tr. itr.* menampar, memukul; *bearbeiten* menetak; *Bäume* menebang; *Holz* membelah; *Stufen in den Felsen* ~ memahat anak tangga di batu karang; *um sich* ~ memukul dng. membabibuta; *j-n übers Ohr* ~ menipu sso.; *sich aufs Ohr* ~ pergi tidur; **≗er** *m* (*–s;–*) buruh tambang; *Zo.* taring celeng
Haufe(n) *m* (*–s;–*) timbunan, tumpukan; *Gruppe* kelompok; *der große* ~ (gerombolan) orang banyak; *über den* ~ *werfen* mengubah, membatalkan
häufen *tr.* menimbun, menumpuk; *sich* ~ bertimbun, menjadi semakin banyak; *zeitlich* makin sering terjadi
haufen|weise bertumpuk-tumpuk banyak sekali; **≗wolke** *f* awan kumulus
häufig sering(kali); **≗keit** *f* (*–;O*) seringnya, frekwensi
Häufung *f* (*–;–en*) timbunan, sering terjadinya
Hauklotz *m* balok tetak/pemotong
Haupt *n* (*–es;–̈er*) kepala
Haupt . . . utama, induk, umum; **≗amtlich** sebagai jabatan utama; **–anschluß** *m, Tel.* sambungan induk; **–arbeit** *f* pekerjaan utama/terpenting; **–augenmerk** *n* perhatian khusus; **–bahnhof** *m* stasiun utama; **–beruf** *m*, **–beschäftigung** *f* pekerjaan/jabatan utama; **–bestandteil** *m* unsur pokok; **–buch** *n* buku kas induk, buku besar; **–darsteller(in** *f*) *m* pemain/aktor/peran utama; **–eingang** *m* pintu masuk utama; **–fach** *n* mata pelajaran utama/pokok; **–feldwebel** *m* sersan mayor; **–geschäft** *n* toko induk; **–gewinn** *m* hadiah utama, hadiah nomor satu; **–haar** *n* rambut kepala; **–hahn** *m* setopkran; **–inhalt** *m* isi pokok; **–lehrer** *m* kepala sekolah dasar (yg. tdk. lengkap kelasnya); **–leitung** *f* saluran induk
Häuptling *m* (*–s;–e*) kepala suku
Haupt|linie *f* trayek utama; saluran utama; **–mann** *m* (*–es; . . . leute*) kapten; **–merkmal** *n* ciri utama/pokok; **–nahrung** *f* makanan pokok; **–nenner** *m* (*–s;–*) angka sebutan senama, penyebut senama; **–niederlage** *f* depot pusat; **–niederlassung** *f* kantor pusat; **–person** *f* orang terpenting/utama; *Thea.* tokoh utama; **–postamt** *n* kantor pos pusat/besar; **–punkt** *m* hal utama; titik pokok; **–quartier** *n* markas besar; **–redakteur** *m* pemim-

pin redaksi; **–rolle** *f* peranan utama; **–sache** *f* pokok/soal/hal utama, yg. penting; *in der ~* pd. hakekatnya; *die ~ ist, daß* yg. paling penting adalah bahwa; **⚬sächlich** terutama; sebahagian besar; **–satz** *m* induk kalimat; **–schalter** *m* sakelar induk; **–schlüssel** *m* kunci induk; **–schule** *f* sekolah lanjutan (umum); **–stadt** *f* ibukota; **⚬städtisch** metropolitan; **–straße** *f* jalan raya/utama; **–strecke** *f* trayek utama; **–teil** *m* bagian pokok/utama; **–treffer** *m* hadiah utama; **–verkehrsstraße** *f* jalan lintas utama, jalan raya; **–verkehrsstunden** *pl*, **–verkehrszeit** *f* jam-jam sibuk; **–versammlung** *f* rapat atau sidang pleno/lengkap para pesero; **–werk** *n* karya utama; pabrik induk; **–wort** *n*, *Gr.* kata benda

Haus *n* (*–es;⸚er*) rumah, gedung, bangunan; *fig.* firma; *Dynastie* wangsa; *nach ~e* (pulang) ke rumah; *zu ~e* di rumah; *aus gutem ~e* dari keluarga baik-baik; *e großes ~ führen* hidup mewah dan sering mengundang banyak tamu

Haus|angestellte *m, f* pembantu rumahtangga; **–apotheke** *f* lemari obat; **–arbeit** *f* pekerjaan rumahtangga; *Schule* pekerjaan rumah; **–arrest** *m* larangan meninggalkan rumah; **–arzt** *m* dokter keluarga; **⚬backen** *Adj.* dibuat di rumah; sederhana, tdk. begitu menarik; **–bau** *m* pembangunan rumah; **–bedarf** *m* keperluan rumahtangga, barang-barang kelontong; **–besitzer(in** *f*) *m* pemilik rumah, tuan rumah; **–besuch** *m* kunjungan di rumah (pasien, anggota umat . . .), **–bewohner(in** *f*) *m* penghuni rumah

Häus·chen *n* (*–s;–*) rumah kecil/mungil; *ugs.* WC, kamar kecil; *aus dem ~ sein/geraten* mengalami luapan perasaan, bingung

Haus|dame *f* pengurus rumahtangga; **–diener** *m* pelayan (di hotel)

hausen *itr.* bermukim di tempat jelek (gubuk, pondok); hidup/tinggal tdk. teratur; *wer hat hier gehaust?* siapa yg. membuat semuanya berantakan?

Häuser|block *m* sekelompok rumah; **–makler** *m* makelar/pengantara jual-beli rumah

Haus|flur *m* gang; ruang masuk; **–frau** *f* ibu rumahtangga; **–freund** *m* sahabat keluarga; sahabat intim (dari isteri); **–friedensbruch** *m* masuknya ke pekarangan/rumah orang walaupun dilarang; **–garten** *m* kebun di (sekitar) rumah; **–gebrauch** *m, für den ~* utk. keperluan/pemakaian sendiri; **–gehilfin** *f* pembantu rumahtangga, babu; **–genosse** *m* teman serumah; **–gerät** *n* perabot rumahtangga; **–gesinde** *n* seisi rumah; **–halt** *m* (*–s;–e*) rumahtangga; anggaran belanja; *Pol.* anggaran pendapatan dan pembelanjaan; **⚬halten** *unr. itr.* mengurus rumahtangga; *sparen* menghemat; **–hälterin** *f* (*–;–nen*) pengurus rumahtangga; **⚬hälterisch** hemat

Haushalts|artikel *m* alat/perabot rumahtangga; **–ausschuß** *m* panitia anggaran belanja; **–geld** *n* uang belanja; **–gerät** *n* alat/perabot rumahtangga; **–jahr** *n* tahun fiskal; *e ~ machen* bekerja sebagai pembantu rumahtangga sebelum meneruskan pendidikan; **–kunde** *f* ekonomi rumahtangga; **–plan** *m* rancangan anggaran belanja

Haushaltung *f* (*–;–en*) (urusan) rumahtangga; urusan keuangan; **–svorstand** *m* kepala keluarga; kepala rumahtangga

Haus|herr *m* tuan rumah; **⚬hoch** sangat tinggi; **–hund** *m* anjing piaraan/jaga

hausier|en (–) *itr.* menjaja, berdagang keliling; *fig.* menyebarluaskan; **⚬er** *m* (*–s;–*) penjaja, tukang kelontong

Hausknecht *m* pelayan laki-laki, kacung

häuslich krasan (di rumah); nyaman spt. di rumah; berh. dng. rumahtangga; **⚬keit** *f* (*–;O*) keadaan/suasana dl. rumahtangga yg. baik, keakraban rumahtangga/keluarga

Haus|mädchen *n*, **–magd** *f* pembantu rumah perempuan; **–mann** *m*

(–s;–̈er) pengurus gedung; penghuni rumah; *Hausleute, pl* pasangan penghuni rumah; **–mannskost** *f* makanan sederhana tapi sehat; **–meister** *m* orang yg. bertanggungjawab atas keadaan gedung; **–miete** *f* uang sewa rumah; **–mittel** *n* obat tradisional; **–mutter** *f* ibu rumahtangga/asrama; **–nummer** *f* nomor rumah; **–ordnung** *f* tata tertib/aturan (rumah, asrama dsb.); **–pflege** *f* perawatan pasien di rumah; **–putz** *m* pembersihan seluruh rumah; **–rat** *m* perabot rumahtangga; **–recht** *n* wewenang di dl. rumah dan atas rumah; ~ *geben* mengizinkan orang keluar masuk dan tinggal di dl. rumah; **–rock** *m* baju rumah; *s. Morgenrock;* **–sammlung** *f* pengumpulan dana dari rumah ke rumah; **–schlachtung** *f* penjagalan binatang di (halaman) rumah; **–schlüssel** *m* kunci rumah; **–schuhe** *pl* selop; **–schwamm** *m* jamur kayu, *merulus lacrymans*

Hausse *f* (–;–*n*) kenaikan harga dan saham

Haus|stand *m* rumahtangga dan keluarga; **–steuer** *f* pajak rumah; **–suchung** *f* penggeledahan rumah; **–telefon** *n* (hubungan) telepon dl. lingkungan rumah/gedung, *bp.* interkom; **–tier** *n* binatang piaraan; **–tochter** *f* pembantu rumah; **–tor** *n* pintu pagar/halaman; **–tür** *f* pintu rumah; **–vater** *m* bapa keluarga; kepala asrama; **–verbot** *n* larangan masuk rumah; **–verwalter** *m* pengurus/penanggungjawab rumah; **–wart** *m, s. Hausmeister;* **–wäsche** *f* barang tekstil utk. keperluan rumahtangga; **–wesen** *n* urusan rumahtangga; **–wirt** *m,* **–wirtin** *f* pemilik rumah; **–wirtschaft** *f* ekonomi rumahtangga; **–zins** *m* uang sewa rumah; **–zustellung** *f* pengantaran surat/suratkabar/paket sampai ke rumah

Haut *f* (–;–̈e) kulit; *dünne* ~ selaput; *e-e ehrliche* ~ orang yg. jujur; *aus der* ~ *fahren* naik pitam; **–abschürfung** *f* luka lecet, terkelupas kulitnya; **–arzt** *m* ahli penyakit kulit; **–ausschlag** *m* sm. penyakit kulit (spt. ruam, kudis, kurap)

Häutchen *n* (–s;–) selaput, kulit ari

häuten *tr.* menguliti; mengelupaskan; *sich* ~ menyilih, bertukar kulit; mengelupas

haut|eng ketat; **°farbe** *f* warna kulit; **°krankheit** *f* penyakit kulit; **°krem** *f* krem kulit; **–nah** *fig.* sangat realistis; **°pflege** *f* perawatan kulit; **°transplantation** *f* pemindahan/transplantasi kulit

Häutung *f* (–;–*en*) pergantian kulit

Havarie *f* (–; . . *iën*) *Mar., Flgw.* kerusakan pd. kapal (atau muatannya) yg. terjadi pd. waktu perjalanan

Hebamme *f* (–;–*n*) bidan

Hebe|baum *m* tuas, tuil; **–bühne** *f, Mot.* jembatan angkat; **–kran** *n* derek, alat kerek

Hebel *m* (–s;–) tuas, pengungkit, pengumpil; engkol; *alle* ~ *in Bewegung setzen* menggunakan segala kesempatan utk. mencapai maksudnya, berusaha sekeras-kerasnya

Hebe·liste *f* daftar pajak

heben *unr. tr.* mengangkat, menaikkan, meningkatkan

Heber *m* (–s;–) pipa-pindah

Hebewinde *f* dongkrak

Hebrä|er *m* (–s;–), **–erin** *f* (–;–*nen*) orang Ibrani; **°isch** Ibrani

Hebung *f* (–;–*en*) pengangkatan, peningkatan, kenaikan; *Vers* penekanan suku kata

hecheln *itr.* bernafas terengah-engah, ngap-ngap; *fig.* menggunjing

Hecht *m* (–*e*s;–*e*) sm. ikan tombak, *esoxlutus;* **–sprung** *m* lompat(an) ke dl. air dng. tangan dan kepala dahulu

Heck *n* (–*e*s; –*s*/–*e*) buritan, bagian belakang, ekor (kapal terbang); *Koppel* pagar, pintu pagar; **–antrieb** *m, Mot.* pergerakan roda belakang

Hecke *f* (–;–*n*) **1.** pagar hidup; **2.** *Zo.* seperindukan binatang kecil; masa pengeraman; **°n** *itr., Tierchen* beranak; *Vogel* menetas; **–nschütze** *m* penembak tersembunyi/gelap

Heer *n* (–*e*s;–*e*) angkatan darat, tentara; *fig.* kelompok besar; **–esdienst**

m dinas tentara; **–(es)zug** *m* barisan tentara, ekspedisi pasukan; **–führer** *m* pemimpin pasukan, panglima; **–schar** *f* bala tentara; **–straße** *f* jalan raya

Hefe *f* (–;–*n*) ragi; *die* ~ *des Volkes* sampah masyarakat; **–kuchen** *m* kue yg. dibuat dng. ragi

Heft *n* (–*(e)s*;–*e*) **1.** buku tulis; brosur; nomor majalah; **2.** *Griff* gagang; *das* ~ *in der Hand haben* menguasai; **–chen** *n* (–*s*;–) brosur, buku kecil yg. tdk. dijilid

heften *tr.* menjilid; menjahitkan (utk. sementara); *s-n Blick* ~ *auf* menatap(i), mengamat-amati

heftig keras, hebat; lekas marah; **≗keit** *f* (–;*O*) sikap keras; sifat berapi-api; semangat yg. meluap

Heft|klammer *f* penjepit kertas; **–maschine** *f* stepler, penjepret kawat; **–nadel** *f* jarum penjilid buku; **–pflaster** *n* plester; **–zwecke** *f* pines, paku payung

Hegemonie *f* (–; . . . *iën*) kekuasaan yg. melebihi yg. lain, hegemoni

hegen *tr.* memelihara, merawat; *fig.* mempunyai; *Gefühle* menaruh perasaan, merasa

Hehl *n*, *kein* ~ *machen aus* tdk. menyembunyikan; **≗en** *tr.* menadah, menyembunyikan/membeli barang curian

Hehler|(in *f*) *m* (–*s*;–) tukang tadah, pembeli barang curian; **–ei** *f* (–;–*en*) perdagangan barang curian

hehr luhur, mulia, agung

Heid|e *m* (–*n*;–*n*), **–in** *f* (–;–*nen*) orang kafir

Heide *f* (–;–*n*) padang tegalan; **–kraut** *n* tumbuhan di tegalan yg. berbunga lila, *erica*

Heiden|angst *f* rasa sangat takut; **–bekehrung** *f* pentobatan orang kafir; **–geld** *n* uang sangat banyak; **–lärm** *m* kegaduhan/keributan luar biasa; **–spaß** *m* kegembiraan luar biasa; **–tum** *n* (–*s*;*O*) kekafiran

heikel, heiklig pelik, peka, sensitif; *er ist im Essen* ~ ia pilih-pilih dl. hal makanan; ~ *sein mit et.* terlalu cerewet mengenai sst.

heil utuh, tak terluka; selamat; **≗** *n* (–*(e)s*;*O*) keselamatan, kebahagiaan, berkat, keuntungan, karunia; ~ *!* selamat! *im Jahr des* ~*es* dl. tahun Masehi; *sein* ~ *versuchen* mengadu untung

Heiland *m* (–*(e)s*;–*e*) *Rel.* Juruselamat, Penyelamat

Heil|anstalt *f* sanatorium; rumahsakit jiwa; **–bad** *n* (tempat) permandian air yg. berkhasiat/manjur; **≗bar** dapat diobati/disembuhkan; **≗bringend** yg. membawa kesembuhan/keselamatan, mujarab, manjur; **≗en** *tr.* menyembuhkan, mengobati; *itr.* menjadi sehat, sembuh; **≗froh** ~ *sein* senang sekali; **–gymnastik** *f* senam demi pemulihan kesehatan

heilig kudus, suci, keramat; *≗e Schrift* Alkitab, Kitab Suci; *≗er Abend* Malam Natal; *≗es Land* Tanah Suci (Israel); **≗e** *m*, *f* (–*n*;–*n*) orang kudus; santo, santa; **–en** *tr.* menguduskan, menyucikan

Heiligen|bild *n* gambar/patung/arca orang kudus; **–schein** *n* lingkaran cahaya pd. kepala orang kudus, halo

heilig|halten *unr. tr.* menghormati, menganggap suci; **≗keit** *f* (–;*O*) kesucian, kesalehan, kekudusan; **–sprechen** *unr. tr.* menyatakan kudus; **≗tum** *n* (–*s*;*¨er*) tempat atau barang keramat/suci

Heiligung *f* (–;*O*) penyucian, persucian

Heil|kraft *f* daya penyembuhan, khasiat; **≗kräftig** berkhasiat, mujarab, dapat menyembuhkan; **–kraut** *n* tumbuh-tumbuhan berkhasiat; *Medizin aus Heilkräutern* (je)jamu; **–kunde** *f* ilmu kedokteran/penyembuhan/pengobatan; **≗los** jahat; sangat, luar biasa; ~*e Angst* ketakutan bukan main; ~*es Durcheinander* kacau-balau; **–mittel** *n* obat-obatan; **–pflanzen** *pl*, *s. Heilkraut*; **–praktiker** *m* sm. tabib, dukun, *chinesischer* ~ sinse; **–quelle** *f* mata-air berkhasiat; **≗sam** menyehatkan, berguna, sehat

Heils·armee *f* (–;*O*) Bala Keselamatan

Heil|serum *n* obat serum; **–sgeschichte** *f* sejarah keselamatan;

-stätte *f* sanatorium; petirahan; **-ung** *f* (*-;-en*) penyembuhan; **-verfahren** *n* cara penyembuhan, terapi

heim *Adv.* pulang

Heim *n* (*-es;-e*) rumah(tangga); *Wohnstätte* asrama, panti, **-arbeit** *f* kerajinan rumah(tangga); **-arbeiter(in** *f*) *m* pengrajin industri rumah

Heimat *f* (*-;O*) kampung halaman, tempat kelahiran; *Heimatland* tanah air; **-anschrift** *f* alamat rumah; **-land** *n* tanahair, tanah tumpah darah; **°lich** spt. di daerah asalnya; berh. dng.kampung halaman, daerah atau negara asal; **°los** kehilangan atau diusir dari daerah asal, tdk. berakar; yg. berkelana; **-ort** *m* tempat asal, kampung halaman; **-vertriebene** *m, f* orang yg. diusir dari daerah asalnya

heim|begleiten (-) *tr.*, **-bringen** *unr. tr.* mengantar pulang

Heimchen *n* (*-s;-*) sm. jangkrik rumah, *cryllus domesticus*

Heim|fahrt *f* perjalanan pulang; **°führen** *tr. fig.* mengambil sebagai isteri, memperisteri; **-gang** *m* pulang ke rahmatullah, meninggalnya; **°gehen** *unr. itr.* pulang; meninggal; **°isch** dari daerah/negeri ini; *vertraut* (merasa) betah/krasan; **-kehr** *f* pulangnya, kembalinya; **°kehren** *itr.*, **°kommen** *unr. itr.* pulang; **-kunft** *f, s. Heimkehr;* **-leiter** *m* bapak/pemimpin asrama; **°leuchten** *itr.* menegur dng. keras; mengusir

heimlich diam-diam, secara tersembunyi; **°keit** *f* (*-;-en*) rahasia, penyembunyian, cara diam-diam; **-tun** *unr. itr.* suka/berbuat rahasia(-rahasiaan)

Heim|reise *f* perjalanan kembali/pulang; **°schicken** *tr.* menyuruh/mengirim pulang; **-schule** *f* sekolah dng. asrama; **-stätte** *f* rumah pribadi dng. kebun; *~ der Wissenschaft* tempat pengembangan ilmu pengetahuan; *~n, pl* perumahan; **°suchen** *tr.* mengunjungi (dng. mengganggu); menimpa, kena (penyakit, bencana . . .); **-suchung** *f* (*-;-en*) gangguan, kesusahan, kemalangan; **-tücke** *f* (*-;O*) akal jahat, kebusukan; **°tückisch** berakal jahat; curang, merugikan secara sembunyi; **°wärts** ke rumah, pulang; **-weg** *m* perjalanan pulang; **-weh** *n* rindu (akan) kampung halaman; **°zahlen** *tr.* membalas (dendam)

Heinzelmännchen *n* (*-s;-*) kurcaci

Heirat *f* (*-;-en*) perkawinan, pernikahan; **°en** *tr.* menikah/kawin (dng.); mengawini

Heirats|antrag *m* pinangan/lamaran utk. mengawini; **-anzeige** *f* kartu/iklan pemberitahuan perkawinan; **°fähig** cukup berumur utk. kawin; **-gut** *n* bekal kawin; *s. Aussteuer;* **-kandidat** *m* calon pengantin; **°lustig** sedang mencari jodoh; **-urkunde** *f* surat nikah, akte perkawinan; **-schwindler** *m* penipu yg. pura-pura mau menikah (tetapi mencari uang saja); **-vermittler(in** *f*) *m* (mak) comblang, nenek kebayan; **-versprechen** *n* perjanjian/akad nikah

heischen *tr.* menuntut, meminta dng. sangat

heiser serak, parau; **°keit** *f* (*-;O*) suara serak

heiß panas; sangat; *~e Zone* daerah tropis; *e ~es Eisen* masalah peka; **-blütig** berdarah panas

heißen *unr. itr. tr.* bernama; memberi nama; *nennen* menyebut; *bedeuten* berarti; *j-n ~* menyuruh/memerintahkan sso.; *das heißt* artinya, maksudnya; *es heißt* katanya, kata orang, konon; *willkommen ~* menyambut; *wie ~ Sie?* siapa (nama) anda? *wie heißt das?* apa namanya? *was soll das ~ ?* apa artinya? bagaimana ini?

Heiß|hunger *m* keadaan sangat lapar; **°laufen** *unr. itr.* (mesin, motor) menjadi panas; **-sporn** *m* orang yg. mudah terangsang/naikdarah; **-wasser** *n* air panas

heiter gembira, cerah, riang; **°keit** *f* (*-;O*) kegembiraan

Heiz|anlage *f* instalasi pemanasan; **°bar** dapat dipanaskan; **°en** *tr.* memanaskan (ruang); **-er** *m* (*-s;-*) juru api, setoker; **-körper** *m* radiator, alat pemanas; **–material** *n* bahan bakar; **–platte** *f* pelat pemanas panci di kompor listrik; **–rohr** *n* pipa/saluran air panas; **–ung** *f* (*–;–en*) pemanasan; **–widerstand** *m, Elek.* penghambat/resistensi pijar

Hektar *m* (*–s;–e*) hektar

hektisch tdk. tenang, tergopoh-gopoh, tergesa-gesa; *Med.* yg. menderita sakit paru-paru

Hekto . . . seratus; hekto; **≗graphieren** (–) *tr.* menstensil

Held *m* (*–en;–en*) pahlawan; *Lit.* pelaku/tokoh utama

Helden|gedenktag *m* hari pahlawan; **–gedicht** *n* syair kepahlawanan; **≗haft** gagah berani, perkasa; **–mut** *m* semangat kepahlawanan, kegagahan; **–tat** *f* perbuatan kepahlawanan/keperwiraan; **–tod** *m* gugur(nya) sebagai pahlawan; **–tum** *n* (*–s;O*) kepahlawanan, keperwiraan

helfen *unr. tr. itr.* membantu, menolong, mendukung; *nützen* berguna; *sich zu ~ wissen* mencari akal; *es hilft nichts* tdk. ada jalan lain, tdk. ada gunanya

Helfer|(in *f*) *m* (*–s;–*) pembantu, penolong; asisten, ajung; *~ in Steuersachen* konsultan pajak; **–shelfer** *m* kakitangan, konco

Helikopter *m* (*–s;–*) helikopter

hell terang, cerah; *Farbe* muda; *Stimme* tinggi; *Flüssigkeit* bening; *am ~en Tag* pd. siang hari bolong; *~ begeistert* bersemangat besar; **–blond** pirang muda

Helle *f* (*–;O*) terangnya, cerahnya, keadaan terang

Heller *m, auf ~ u. Pfennig bezahlen* membayar tanpa dikurangi sepeser pun; *keinen ~ wert sein* tdk. berharga serimis

hell|hörig tajam pendengaran; *Gebäude* tembus suara; *fig.* cepat mengerti; *~ werden* menjadi curiga; **–(l)icht** *am ~en Tag(e)* pd. siang hari bolong; **≗igkeit** *f* (*–;O*) keadaan terang; kecerahan; **≗seher(in** *f*) *m* peramal; **–sichtig** tajam pengamatan

Helm *m* (*–ꞔs;–e*) topi baja, ketopong besi, helm

Hemd *n* (*–ꞔs;–en*) kemeja; kaus, singlet; *j-n bis aufs ~ ausziehen* merampas segalanya dari sso.; **–bluse** *f* blus berlengan dan berkerah; **–hose** *f* sm. pakaian dalam terusan; *Mode* baju montir; **≗s·ärmelig** hanya berpakaian kemeja (tanpa jaket); *fig.* seenaknya

Hemisphäre *f* (*–;–n*) belahan bumi; setengah bulatan; *Pol.* kawasan

hemmen *tr.* merintangi, menghambat

Hemm|nis *n* (*–ses;–se*) hambatan, halangan, rintangan; **–schuh** *m, Mot.* sepatu rem; *fig.* rintangan, halangan; **–ung** *f* (*–;–en*) rintangan, kemacetan; hambatan emosional; **≗ungslos** tak terkendali

Hengst *m* (*–es;–e*) kuda jantan

Henkel *m* (*–s;–*) pegangan, gagang; **–mann** *m* (*–s;¨–er*) rantang

henken *tr.* melaksanakan hukuman gantung

Henker *m* (*–s;–*) algojo; *zum ~ !* persetan! **–sknecht** *m* pembantu algojo; **–smahl(zeit** *f*) *n* hidangan makanan terakhir (sebelum pelaksanaan hukuman mati)

Henne *f* (*–;–n*) ayam betina

Hepatitis *f* (*–;. . . titiden*) radang hati, *hepatitis*

her ke, ke mari, ke sini; *es ist schon e Jahr ~* sudah setahun lewat; *von weit ~* dari jauh; *wo ist er ~ ?* dari mana dia? *~ damit!* berilah! *hinter et./j-m ~ sein* mencari-cari/mengejar sso./sst.; *hin u. ~* kian kemari, bolak-balik; *vor j-m ~ gehen* berjalan di muka sso.

herab ke bawah; **–drücken** *tr.* menekan (harga); **–lassen** *unr. tr.* menurunkan; *sich ~* berkenan; **–lassend** sombong; **≗lassung** *f* (*–;O*) sikap rendah hati spy. dihormati; kesombongan; **–sehen** *unr. itr.* melihat ke bawah; *fig.* menganggap rendah (orang lain); **–setzen** *tr.* menurunkan (harga), meringankan (hukuman); *fig.* meremehkan, merendahkan; **–steigen** *unr. itr.* turun ke bawah, turun dari; **–würdigen** *tr.* menghina; *sich ~* merendahkan diri, berkenan; **≗würdigung** *f* penghinaan

Heraldik *f* (–;O) ilmu lambang (kebangsawanan)
heran ke sini/mari; ~ ! ke mari! ayo, lebih dekat!; **–bilden** *tr.* mendidik, membina; *refl., sich entwickeln* berkembang; **–gehen** *unr. itr.* mendekati; *an e-e Arbeit* ~ memulai pekerjaan; **–kommen** *unr. itr.* datang mendekat; *an j-n nicht* ~ tdk. dapat disaingi/didekati; *die Dinge an sich* ~ *lassen* tdk. bertindak sebelum perlu; *an et.* ~ mencapai/memperoleh sst.; **–machen** *sich an j-n* ~ mendekati sso. (dng. maksud tersembunyi); *sich an et.* ~ mulai mengerjakan sst.; **–nahen** *itr.* mendekat; **–pirschen** *itr.* mengejar dng. hati-hati; **–reichen** *itr.* sampai pd., mencapai; **–rücken** *itr.* datang mendekati; menggeser spy. lebih dekat; **–schaffen** *itr.* mendatangkan, menyediakan; **–schleichen** *unr. itr.* mendekati dng. diam-diam; **–tragen** *unr. tr.* membawa ke; *fig.* memberitahukan; **–treten** *unr. itr.* mendekati **–wachsen** *unr. itr.* berkembang, tumbuh, bertambah besar; **ºwachsende** *m, f* (*–n;–n*) remaja; **–ziehen** *unr. tr.* menarik (ke); mendidik, membina; *zitieren* mengutip; *zum Vergleich* ~ membandingkan sst. dng., mengumpamakan; *das Gewitter zieht heran* awan guruh mendekat
herauf ke atas, naik; **–beschwören** (–) *unr. tr.* menimbulkan hal yg. tdk. baik; mengingatkan; **–kommen** *unr. itr.* naik ke atas; **–setzen** *tr.* menaikkan harga; **–steigen** *unr. itr.* naik ke atas; mendaki, memanjat; **–ziehen** *unr. tr.* menarik ke atas; *e Unwetter zieht herauf* sebentar lagi timbul angin ribut
heraus ke luar; ~ *damit!* keluarkanlah! katakanlah! **–arbeiten** *tr.* membuat tampak tajam, memperjelas; menonjolkan; **–bekommen** (–) *unr. tr.* mengeluarkan; membongkar (rahasia); *Geld* mendapat kembali; *Aufgabe* memecahkan; **–bringen** *unr. tr.* mengeluarkan, membawa ke luar; *sagen* mengucapkan; *Geheimnis* membongkar; *Rätsel* menerka, mendapat tahu; *Buch* menerbitkan; **–finden** *unr. tr.* menemukan, mendapatkan; mengetahui jalan ke luar; **–fordern** *tr.* menantang; memancing (kritik); **ºforderung** *f* (*–;–en*) tantangan; pancingan, provokasi; **–fühlen** *tr.* (turut) merasakan, menyadari; **ºgabe** *f* penerbitan; *Rückgabe* pengembalian, restitusi; **–geben** *unr. tr.* mengeluarkan; mengembalikan; menerbitkan; **ºgeber(in** *f*) *m* penerbit; editor, penyunting; **–greifen** *unr. tr.* memilih (di antara banyak); **–haben** *unr. tr.* mengetahui, mengerti; **–holen** *tr.* mengambil, mengeluarkan; *Gewinne* ~ mendapat/mencapai keuntungan; **–kommen** *unr. itr.* keluar, terbit, muncul; *fig.* menjadi ketahuan; *dabei kommt nichts heraus* tdk. akan ada hasilnya; **–kriegen** *tr. ugs., s. herausbekommen*
heraus|machen *tr.* menghapuskan; *refl.* berkembang baik, mendingan, maju; **–nehmen** *unr. tr.* mengambil dari; mengeluarkan; *sich et.* ~ terlalu berani; **–putzen** *tr.* mendandani, berdandan, menghias; **–ragen** *itr.* menonjol; **–reden** *sich* ~ berdalih; **–rücken** *tr.* memindahkan ke luar; memberi, mengembalikan; *mit der Sprache* ~ (walaupun tdk. suka, akhirnya) berbicara terus-terang; **–rufen** *unr. tr.* memanggil keluar; **–schälen** *tr.* mengupas spy. tampak (isinya); *fig.* menjadikan jelas; **–schlagen** *unr. tr. fig.* menarik untung (dng. lihai); **–springen** *unr. itr.* melompat ke luar; *tr. fig.* mendapat (untung); **–stellen** *tr.* menaruh di luar, mengeluarkan; menonjol(kan); *sich* ~ menjadi nyata; terbukti sebagai; **–streichen** *unr. tr.* mencoret (sehingga terhapus); *fig., sehr rühmen* menonjolkan, menekankan; **–treten** *unr. itr.* (melangkah/menonjol) ke luar; **–ziehen** *unr. itr.* menarik ke luar
herb (m)asam, agak pahit; sepat; tdk. manis; *Geruch* tajam, menusuk
Herbarium *n* (*s; . . . riën*) herbarium
herbei ke mari, ke sini; **–eilen** *itr.* lari mendekat(i); **–führen** *tr.* menimbulkan, menyebabkan; **–lassen** *unr., sich* ~ berkenan; **–rufen** *unr.*

tr. memanggil kemari; **–schaffen** *tr.* menyediakan, mendapatkan dng. usaha

Herberge *f* (–;–*n*) penginapan, pondokan; pesanggrahan

her|bestellen (–) *tr.* menyuruh datang, memanggil; **–beten** *tr.* berdoa dari bibir saja; **–bitten** *unr. tr.* meminta spy. datang, mengundang; **–bringen** *unr. tr.* mendatangkan, membawa ke sini

Herbst *m* (–*es*;–*e*) musim gugur/rontok; **²lich** berh. dng. musim gugur, spt. pd. musim gugur; **–zeitlose** *f* (–*n*;–*n*) sm. bunga ungu di musim rontok, *colchicum autumnale*

Herd *m* (–*es*;–*e*) tungku, kompor, perapian; *fig.* pusat

Herde *f* (–;–*n*) kawanan (ternak); **–ntrieb** *m* naluri utk. berkelompok; **²nweise** berkelompok, bergerombol

herein ke dalam, masuk; ~ *!* masuk! **–brechen** *unr. itr.* terjadi/mulai tiba-tiba, menimpa; *e Unglück bricht herein* malapetaka menimpa; **–bringen** *unr. tr.* membawa ke dalam; *Verluste wieder* ~ menutupi kerugian; **²fall** *m* kerugian, kekecewaan; **–fallen** *unr. itr.* jatuh ke dalam, masuk perangkap; *fig.* kena tipu(an);**–lassen** *unr. tr.* mempersilakan/membiarkan masuk; **–legen** *tr.* menaruh ke dalam sst.; *ugs.* menipu; **–platzen** *itr.* masuk/muncul sekonyong-konyong; **–schneien** *itr.* salju masuk ke dalam; *fig.* masuk/datang dng. tdk. tersangka

her|fallen *unr. itr.*, *über j-n* ~ menyerbu/menyerang sso.; *über et.* ~ makan sst. dng. lahap; **²gang** *m* terjadinya/jalannya peristiwa; **–geben** *unr. tr.* menyerahkan, memberi; *sich* ~ *zu et.* membiarkan diri dipergunakan (utk.); **–gebracht** biasa, menurut adat/tradisi; **–gehen** *unr. itr.*, *es geht hoch her* hal itu berlangsung dl. suasana meriah; **–gehören** *Adj.* termasuk; pd. tempatnya; **–gelaufen** *Adj.* liar, gelandangan; **–halten** *unr. itr.*, ~ *müssen für et.* terpaksa menerima sst. atau menderita karena sst.; **–holen** *tr.* mendatangkan, membawa ke sini; *das ist weit hergeholt* itu dicari-cari; **–hören** *itr.*, ~ *!* perhatikanlah! dengarkanlah!

Hering *m* (–*s*;–*e*) **1.** sm. ikan Laut Utara, haring, *clupea harengus;* **2.** *Zelt* pasak kemah

her|kommen *unr. itr.* datang ke sini; ~ *von* berasal dari; disebabkan oleh; **²kommen** *n* (–*s*;*O*) asal; keturunan; *Brauch* kebiasaan, adat; **–kömmlich** biasa, menurut adat; **²kunft** *f* (–;O) asal, keturunan; tempat dari mana sso. datang; **–laufen** *unr. itr.*, ~ (*hinter*) mengikuti, mengejar; **–leiten** *tr.* menarik kesimpulan; *refl.* berasal dari; **–machen** *sich über et.* ~ (mulai) mengerjakan/menanggulangi sst.; makan habis; *sich über j-n* ~ menyerang/menyerbu sso.

Hermaphrodit *m* (–*en*;–*en*) banci

hermetisch tertutup rapat-rapat

her|nach sesudahnya, kemudian; **–nehmen** *unr. tr.* mengambil dari; *j-n* ~ membuat sso. menjadi sangat lelah, menegur sso.; **–nieder** *Adv.* ke bawah; **–niederprasseln** *itr.*, *Regen* hujan lebat

Heroin *n* (–*s*;*O*) heroin, sm. obat bius

hero|isch bersifat kepahlawanan, perkasa; **²ismus** *m* (–;*O*) heroisme, kepahlawanan

Herold *m* (–*es*;–*e*) bentara; pelopor

Herr *m* (–*n*;–*en*) tuan; penguasa, pemilik; *Gott* Tuhan; *Anrede* Tuan, Bapak; ~ *über et. sein/werden* menguasai

her·reichen *tr.* menyampaikan

Her·reise *f* perjalanan (datang) ke mari; **²n** *itr.* datang/berjalan ke mari

Herren|artikel *pl* perlengkapan utk. laki-laki; **–bekanntschaft** *f* teman pria; **–bekleidung** *f* busana pria; **–dienst** *m* kerja rodi; **–doppel (–spiel)** *n* (permainan) ganda putra; **–einzel(spiel)** *n* (permainan) tunggal putra; **–gesellschaft** *f* pesta/pertemuan yg. dihadiri laki-laki (saja); **–haus** *n* rumah bangsawan/tuan tanah; *Parl.* kamar pertama; **–konfektion** *f* konfeksi utk. pria; **²los** tak bertuan; **–partie** *f*, *s. Herrengesell-*

schaft; **–schneider** *m* penjahit pakaian laki-laki; **–schnitt** *m* yongenskop; **–zimmer** *n* kamar kerja/studi di rumah

Herrgott *m* (–*s;O*) Tuhan Allah; **–sfrühe** *f, in aller ~* pagi-pagi buta

her·richten *tr.* mengatur, menyiapkan, menyediakan, membereskan

Herrin *f* (–;–*nen*) nyonya; pemilik/majikan (perempuan)

herrisch angkuh; ingin berkuasa; dng. (nada) memerintah

herrje! aduh!

herrlich sangat elok; bagus/indah sekali; *köstlich* enak; **≗keit** *f* (–;*O*) keindahan, kemuliaan, kebesaran

Herrschaft *f* (–;*O*) kekuasaan, pemerintahan; penguasaan; *Gebiet* wilayah kekuasaan; *meine/die ~en!* tuan-tuan dan nyonya-nyonya! **≗lich** berh. dng. tuan besar; mentereng, agung

herrschen *itr.* memerintah(i), menguasai, memimpin, berkuasa; *fig., bestehen, walten* ada, terdapat; *es herrscht Stille* keadaan sunyi-senyap, diam semuanya

Herrscher *m* (–*s;*–) yg. dipertuan, penguasa; **–haus** *n* wangsa, dinasti

Herrsch|sucht *f* nafsu berkuasa; **≗süchtig** ingin berkuasa/menguasai

her|rühren *itr., ~ von* berasal dari; **–sagen** *tr.* mengucapkan dng. hafal; **–schaffen** *tr.* membawa ke sini; **–schenken** *tr.* menghadiahkan; **–schicken** *tr.* mengirim/mengutus ke mari; **–sehen** *unr. itr.* melihat ke (sini); **–stammen** *itr.* berasal dari; **–stellen** *tr.* menghasilkan, membuat, memproduksikan; *ugs.* menempatkan/menaruh di sini; *e Gespräch ~, Tel.* menyambung telepon kpd.; **≗steller** *m* (–*s;*–) pembuat, produsen, penghasil

Herstellung *f* (–;*O*) produksi, pembuatan; hasil; **–sfehler** *m* cacat produksi; **–skosten** *pl* biaya produksi; **–sland** *n* negara produsen; **–spreis** *m* harga produksi; **–sverfahren** *n* metode/cara produksi

Hertz *n* (–;–) *Tech.* hertz

herüber *Adv.* menyeberang ke sini, ke mari

herum sekeliling, sekitar; *ungefähr* kira-kira; *die Zeit ist ~, ugs.* waktunya sudah lewat; *hier ~* lewat sini

herum|ärgern *sich ~ mit* (terpaksa) terus terlibat dng. (hal yg. menjengkelkan); **–bekommen** (–) *unr. tr.* berhasil membujuk; *Zeit* mengisi/membuang (waktu); **–drehen** *tr.* memutar(kan); membalikkan; *sich ~* berpaling, berputar-putar; *j-m die Worte im Munde ~* memutarbalikkan kata-kata sso.; **–drücken** *sich ~, ugs. bp.* nongkrong, menganggur; **–fahren** *unr. itr.* berputar-putar/berkeliling dng. kendaraan (tanpa tujuan); *sich umdrehen* berpaling dng. sekonyong-konyong; *tr.* mengantar berkeliling; *um et. ~* memutar(i), mengitari; **–fragen** *itr.* bertanya-tanya; **–fuchteln** *itr.* menggapai(–gapai); **–führen** *tr.* mengantar keliling; *an der Nase ~* mengakali, menipu; **–gehen** *unr. itr.* (berjalan) mengitari/memutar(i); berjalan-jalan (tanpa tujuan tertentu; **–hacken** *itr., auf j-m ~* mencela sso. terus-menerus; **–horchen** *itr.* memasang telinga di mana-mana; mencari keterangan; **–kommen** *unr. itr.* menjelajah/melancong kemana-mana; *nicht um et. ~* tdk. dapat mengelakkan sst.

herum|kriegen *tr. ugs.* membujuk-bujuk; **–lungern** *itr.* bermalas-malas, *bp.* nongkrong; **–reden** *itr.* berbicara berputar-putar; **–reichen** *tr.* mengedarkan; **–reißen** *unr. tr.* membanting (setir . . .); **–reiten** *unr. itr., auf et. ~, fig.* menekankan berulang-ulang; **–scharwenzeln** (–) *itr.* ingin selalu menarik perhatian; **–schlagen** *unr., sich mit ~* berkelahi (dng.); *fig.* menekuni, terus berurusan dng.; **–sprechen** *unr., sich ~* tersiar kabar, menjadi rahasia umum; **–stehen** *unr. itr.* berdiri mengelilingi; menganggur; **–strolchen** *itr.* berkeluyuran; **–treiben** *unr., sich ~* berkelana, mengembara; menganggur, luntang-lantung; **–werfen** *unr. tr.* memutarkan ke kanan/kiri dng. sekonyong-konyong, membanting; **–wirbeln** *tr.* memutar(kan) berkali-kali dng.

cepat; *itr.* berputar-putar; **–ziehen** *unr. itr.* berpindah-pindah; *sich* ~ mengelilingi

herunter ke bawah; **–drücken** *tr.* menekan ke bawah; **–fallen** *unr. itr.* jatuh (ke bawah); *Blätter, Haare* rontok; **–gekommen** *Adj.* (menjadi) lemah; bobrok, terlantar; merosot; **–hauen** *unr. tr., j-m e-e* ~ menempeleng sso.; **–kommen** *unr. itr.* turun; merosot; menjadi reot/terlantar/lemah; **–machen** *tr.* memaki-maki, memarahi; **–reißen** *unr. tr.* menarik ke bawah, merenggut (ke bawah); *fig.* mengeritik dng. tajam; **–schalten** *itr.* memindahkan ke persneling yg. lebih rendah; **–spielen** *tr., Mus.* main secara mekanis; *fig.* mengecilkan, meremehkan; **–wirtschaften** *tr.* menjadikan bangkrut

hervor ke muka, ke depan; muncul, tampil; **–brechen** *unr. itr.* tiba-tiba muncul/timbul; **–bringen** *unr. tr.* menghasilkan; *kein Wort* ~ tdk. bisa bicara; **–gehen** *unr. itr.* timbul, muncul, berasal (dari sst.); *fig.* menjadi nyata; **–heben** *unr. tr.* menonjolkan, menekankan, menampakkan; **–holen** *tr.* mengeluarkan dari; **–locken** *tr.* memancing spy. keluar; **–ragen** *itr.* menonjol, menjulur, tampak jelas; **–ragend** yg. menyolok, luar biasa, istimewa; **–rufen** *unr. tr.* menimbulkan, mengakibatkan; **–stechend** yg. menonjol/menyolok; **–stehen** *unr. itr.* menonjol; *Augen* menyembul; *Zähne* jongkang; **–treten** *unr. itr.* tampil ke muka; (sudah) tampak jelas; **–tun** *unr., sich* ~ menonjol; **–ziehen** *unr. tr.* menarik ke luar, mengeluarkan

Herz *n* (*–ens;–en*) jantung; *Kartenspiel* hart(en); *fig.* hati; budi; batin; *sich e* ~ *fassen* memberanikan diri; *et. auf dem* ~*en haben* mempunyai maksud; *sein* ~ *ausschütten* mengeluarkan isi hati; *s-m* ~*en Luft machen* berbicara blak-blakan; *et. nicht übers* ~ *bringen* tdk. sampai hati, tdk. tega; *von* ~*en gern* dng. senang hati; *sich et. zu* ~*en nehmen* sungguh memperhatikan; *e* ~ *u. e-e Seele* sehati sejiwa; *schweren* ~*ens* dng. berat hati

Herz|ader *f* batang nadi, *aorta;* **–anfall** *m* serangan jantung; **–asthma** *n* sesak nafas karena sakit jantung; **–beschwerden** *pl* sakit jantung; **–chen** *n* (*–s;–*) kekasih, sayang(ku), manis(ku)

her·zeigen *tr.* memperlihatkan

Herzeleid *n* penderitaan batin yg. lama, kesedihan, duka-cita

herzen *tr.* membelai-belai, memeluk, *Kind* menimang(–nimang)

Herzens|angelegenheit *f, das ist mir e-e* ~ hal itu sangat berarti bagi saya; *Rat in* ~*en* nasehat dl. hal cinta; **–angst** *f* ketakutan setengah mati; **–brecher** *m* (*–s;–*) pria yg. pandai memikat hati wanita; **–grund** *m, von* ~ dari dl. lubuk hati; **°gut** sangat baik hati; **–güte** *f* kebaikan hati; **–lust** *f, nach* ~ sesuka hati; **–wunsch** *m* idaman/dambaan hati

herz|erfrischend, –erquickend yg. menyegarkan hati; **–ergreifend** yg. mengharukan; **–erschütternd** yg. menyayat hati; **°erweiterung** *f, Med.* membesarnya jantung; *cor pulmonale;* **°fehler** *m* gangguan (pd. fungsi) jantung; **–förmig** berbentuk jantung; **°grube** *f* hulu hati, bagian perut sebelah atas, *epigastrium;* **–haft** ~ *lachen* tertawa gelak/terbahak-bahak; ~ *zugreifen* makan banyak dng. senang; ~*es Essen* makanan gurih

her·ziehen *unr. tr., über j-n* ~ menjelekkan nama sso.

herzig jelita, manis

Herz|infarkt *m* serangan jantung; **°innig(lich)** mesra, dari lubuk hati, penuh perasaan; ~ *weinen* menangis tersedu-sedu; **–klopfen** *n* detak jantung yg. cepat; hati berdebar; **°krank** sakit jantung; **–leiden** *n* penyakit jantung

herzlich ramah(–tamah), mesra; ~ *gern* dng. senang hati; ~ *schlecht* sangat jelek; ~*e Grüße* salam hangat; *mir geht es* ~ *schlecht* nasib saya buruk; **°keit** *f* (*–;–en*) keramahtamahan, keakraban

Herz|liebste *m, f* kekasih, sayang; **°los** kejam, tak berperasaan

Herzlosigkeit *f* (–;–*en*) kekejaman
Herzog *m* (–*s*;–̈*e*) hertog, sm. adipati; **–in** *f* (–;–*nen*) isteri adipati; **–tum** *n* (–*s*;–̈*er*) wilayah pemerintahan adipati, kadipaten
Herz|schlag *m* denyut/detak jantung; *pathologisch* serangan jantung; **–schrittmacher** *m*, *Med*. (alat) pemacu jantung; **–schwäche** *f* kelemahan jantung; **≗stärkend** yg. menguatkan jantung
her·zu (ke) mari, ke sini
Herz|verfettung *f* jantung berlemak, *cor adiposum*; **–verpflanzung** *f* transplantasi jantung; **≗zerreißend** yg. menyayat hati
heterogen *Adj*. serbaneka, tdk. sejenis, heterogen
Hetze *f* (–;*O*) kegopohan, keadaan terburu-buru / keburu-waktu / tergesa-gesa; *Aufhetzung* penghasutan, agitasi; **≗n** *tr*. mengejar, memburu; menghasut; *itr*. bergegas-gegas
Hetzer(in *f*) *m* (–*s*;–) *fig*. penghasut, agitator
Hetz|jagd *f* pemburuan; **–rede** *f* pidato yg. menghasut; **–redner** *m* agitator
Heu *n* (–*s*;*O*) rumput kering (sebagai makanan ternak di musim dingin); *Geld wie* ~ *haben* mempunyai uang banyak; **–boden** *m* lumbung rumput kering
Heuchel|ei *f* (–;–*en*) kemunafikan; **≗n** *itr*. berpura-pura, bermuka dua
Heuchler|(in *f*) *m* (–*s*;–) orang munafik; **≗isch** munafik, pura-pura
heuen *itr*. mengeringkan dan/atau mengumpulkan rumput (kering)
heuer *Adv*. dl. tahun ini
Heuer 1. *f* (–;*O*) upah kelasi; **2.** *m*. (–*s*;–) orang yg. mengeringkan rumput, pengumpul rumput kering; **≗n** *tr*. menyewa (kapal); menarik/mempekerjakan kelasi
Heu·ernte *f* panen rumput kering
heul|en *itr*. menangis; melolong, meraung; *Mot*. menderu; *jammern* meratap; **≗suse** *f* (–;–*n*) anak cengeng
Heupferd *n* sm. belalang, *tettigonia viridissima*; *fig*. si tolol
heurig dari tahun ini
Heu|schnupfen *m* pilek alergis pd. musim panas; **–schrecke** *f* (–;–*n*) belalang, sm. uir-uir, *saltatoria*
heute hari ini; (jaman) sekarang; ~ *abend* malam ini, nanti malam; ~ *in e-r Woche* satu minggu lagi
heut|ig (jaman) sekarang, kini; dari hari ini; **–zutage** pd. jaman ini, dewasa ini
Hexe *f* (–;–*n*) tukang sihir; **≗n** *itr*. menyihiri, menyihirkan; main sulap; *ich kann doch nicht* ~ saya tdk. bisa berbuat/bekerja lebih cepat lagi
Hexen|jagd *f* kampanye pemfitnahan; **–kessel** *m*, *fig*. keadaan kacau-balau, hiruk-pikuk; **–schuß** *m* encok/sengal pinggang, *lumbago*
Hexerei *f* (–;–*en*) penyihiran, penyulapan
Hieb *m* (–*e̸s*;–*e*) pukulan, tinju; bacokan, tetak; *bp*. hantam; **≗–** *u. stichfest*, *fig*. beralasan kuat; **–waffe** *f* senjata utk. memukul/menetak (spt. pedang, parang); **–wunde** *f* luka bacokan
hienieden *Adv*., *Lit*. di bumi, di kolong langit
hier di sini, pd. tempat ini; ~ *u. da* di sana-sini; ~ *sein* ada, hadir; ~ *!* ada!
hieran pd./dl. hal ini; *anschließend* setelah ini
Hierarchie *f* (–; . . . *iën*) hirarki, susunan tingkatan/derajat; (*in der katholischen Kirche*) para imam, uskup dan paus
hier|auf *Adv*. di atas itu; sesudahnya; kemudian; **–aus** dari ini/itu; **–bei** dl. pd. itu, bersama(an) dng. ini; terlampir; **–durch** melalui ini, oleh karena/sebab ini; dng. (cara) ini; **–für** utk. ini/itu; **–gegen** melawan ini/itu; **–her** ke sini, ke mari; *bis* ~ sampai di sini (saja); **–herum** di sekitar/dekat (s)ini; lewat sini; **–hin** ke sini; **–in** di dalamnya; mengenai hal ini; **–mit** dng./bersama ini; dng. demikian; **–nach** setelah itu, sesuai dng. itu; **–neben** di samping ini; **–orts** di tempat ini, di sini; **–über** di atas ini; *fig*. tt./mengenai itu; **–um** (di) sekitar sini; *fig*. mengenai hal ini; **–unter** di bawah ini; di antaranya; *fig*. tt. hal. ini; **–von** dari/tt. ini; **–zu** utk. mak-

sud ini; mengenai hal ini; termasuk (kelompok) ini; ~ *ist noch zu sagen* masih perlu ditambahkan pd. ini; **–zulande** di negeri ini

hiesig dari atau di sini/tempat/ daerah ini

Hilfe *f* (–;–*n*) bantuan, pertolongan, sokongan; *Erste* ~ pertolongan pertama pd. kecelakaan; ~ *leisten* membantu; *(zu)* ~ *!* tolong! **–leistung** *f* (pemberian) bantuan, dukungan; **–ruf** *m* jeritan minta tolong

hilf|los tak berdaya, tdk. dapat menolong diri sendiri; **–reich** suka/ siap menolong; bermanfaat

Hilfs|aktion *f* aksi/gerakan bantuan; **–arbeiter(in** *f*) *m* kuli; buruh/ tenaga-kerja pembantu; **–armee** *f* regu/bala bantuan; **°bedürftig** memerlukan pertolongan, miskin; **°bereit** suka/siap menolong; **–geistliche** *m* pastor/pendeta pembantu; **–gelder** *pl* subsidi, tunjangan; **–kraft** *f* tenaga bantuan; **–lehrer** *m* guru bantu; **–linie** *f* garis bantu; **–mittel** *n* alat (pertolongan/darurat); sarana; **–schule** *f* sekolah luar biasa; **–truppen** *pl* bala bantuan; **–werk** *n* organisasi yg. membantu, lembaga bantuan/amal; **–zahlwort** *n* kata bantu bilangan; **–zeitwort** *n* kata kerja bantu

Himbeere *f* (–;–*n*) buah frambos, *rubus idaeus*

Himmel *m* (–*s*;–) langit; angkasa; *Rel.* surga; ~ *auf Erden* surga dunia; *um ('s)* ~*s willen!* masya Allah! **–bett** *n* tempat tidur yg. berlangit-langit; **°blau** biru lazuardi/langit/ muda; **–fahrt** *f, Christi* ~ Kenaikan Jesus Kristus; *Mariä* ~ (Pesta) Pengangkatan Maria ke Surga; *Islam* mikraj; **–fahrtskommando** *n, Mil.* tugas yg. sangat berbahaya; **–fahrtstag** *m* Pesta Kenaikan Jesus Kristus, Hari Raya Kenaikan Isa Al Masih; **°hoch** setinggi langit; **–reich** *n* kerajaan surga; **°schreiend** keterlaluan

Himmels|gegend *f* mata angin, penjuru, arah; **–körper** *m* benda angkasa; **–kugel** *f* lengkung langit; **–richtung** *f, s. Himmelsgegend;* **–strich** *m* kawasan

himmel|wärts ke arah langit/surga; **–weit** (jarak yg.) jauh sekali, sejauh langit

himmlisch surgawi; *fig.* istimewa, merdu, indah sekali; ~*e Geduld* sangat sabar; *unser* ~*er Vater* (Allah) Bapa kita Yang di Surga

hin ke, ke situ/sana; *ugs.* lenyap; rusak; ~ *u. her* ke sana kemari, bolak-balik, mundar-mandir, hilir-mudik; ~ *u. zurück* pulang-pergi; ~ *u. wieder* kadang-kadang, sekali-sekali, sewaktu-waktu; ~ *ist* ~ sudahlah; *auf Verdacht* ~ *verhaften* menahan atas dasar atau karena kecurigaan

hinab ke bawah; *den Fluß* ~ (ke) hilir; **–gehen** *unr. itr.*, **–steigen** *unr. itr.* turun

hin·an ke atas

hinauf ke atas; *den Fluß* ~ ke hulu; **–arbeiten** *sich* ~ menanjak/maju kariernya (berkat kerja keras); bekerja dng. tekun/rajin; **–gehen** *unr. itr.* naik; **–setzen** *tr.* menaikkan (harga); **–steigen** *unr. itr.* naik, mendaki (gunung)

hinaus ke luar; *auf Jahre* ~ masih beberapa tahun; **–begleiten** (–) *tr.* mengantar ke luar; **–fliegen** *unr. itr.* terbang ke luar; *fig.* dikeluarkan; **–gehen** *unr. itr.* (pergi) keluar; *über et.* ~ melampaui; ~ *auf* mengarah ke; **–kommen** *unr. itr.* keluar, muncul di luar; ~ *auf* menuju ke; *et. kommt auf dasselbe hinaus* sama saja, tak ada bedanya; **–laufen** *unr. itr.* lari ke luar; ~ *auf* berakhir dng., menuju ke; berakibat; **–ragen** *itr.* menonjol; **–schieben** *unr. tr.* mengundurkan, menunda; **–schießen** *unr. itr., über's Ziel* ~ melampaui (batas); **–sein** *unr. itr., über et.* ~ telah melampaui; **–werfen** *unr. tr.* melempar(kan) ke luar; mengusir, memecat; *sein Geld zum Fenster* ~ menghamburkan uangnya; **–wollen** *unr. itr.* mau keluar (dari); bermaksud; *worauf will er* ~*?* maksudnya apa? *hoch* ~ bercita-cita tinggi; **–zögern** *tr.* mengundur-undurkan, menunda-nunda

hinbegeben (–) *unr., sich* ~ pergi ke
Hin|blick *m, im* ~ *auf* mengingat, berhubung dng.; **≗bringen** *unr. tr.* membawa/mengantar ke; *Zeit* menghabiskan waktu
Hinde *f* (–;–*n*) rusa betina
hinder|lich bersifat menghambat/ menghalangi; **–n** *tr.* menghambat, menghalangi, merintangi; **≗nis** *n* (–*ses*;–*se*) rintangan, halangan, gangguan, hambatan
hindeuten *itr.* menandai; *auf* ~ menunjuk ke/pd.
hindurch melalui, lewat; *zeitlich* sepanjang (. . . terus)
hinein ke dalam, masuk; **–denken** *unr., sich* ~ *in* berusaha mengerti, menyelami; **–fallen** *unr. itr.* jatuh ke dalam; *fig., s. hereinfallen*; **–gehen** *unr. itr.* masuk; **–leben** *itr., in den Tag* ~ bersenang-senang, bersantai-santai; **–legen** *tr.* memasukkan ke dalam, menaruh di dalam; *fig.* menipu; **–passen** *itr.* dapat masuk; **–reden** *itr.* mengganggu dng. campur bicara; mencampuri (urusan orang lain); **–schauen** *itr.* melihat ke dalam; *besuchen* mengunjungi sebentar, mampir; **–stekken** *tr.*, **–stellen** *tr.*, **–tun** *unr. tr.* memasukkan ke dalam; **–ziehen** *unr. tr.* menarik ke dalam; *itr.* masuk ke dalam
Hin|fahrt *f* perjalanan pergi; **≗fallen** *unr. itr.* jatuh; **≗fällig** rapuh, lemah; *ungültig* batal; **–fälligkeit** *f* (–;–*en*) kerapuhan, kelemahan; **≗fort** mulai sekarang, utk. selanjutnya; kemudian; **≗führen** *tr.* mengantar/membimbing ke; *itr.* menuju ke; *wo soll das* ~ ? bagaimana akibatnya nanti? bagaimana akan berakhir?
Hin|gabe *f* dedikasi, pengabdian; **–gang** *m* perjalanan pergi; *Tod* kematian; **≗geben** *unr. tr.* menyerahkan, mengorbankan, mengabdi; *sich dem Glücksspiel* ~ ketagihan main judi; **–gebung** *f* (–;*O*) pengabdian, perhatian; **≗gebungsvoll** penuh pengabdian/perhatian
hin|gegen tetapi; sebaliknya; **–gehen** *unr. itr.* pergi ke, mengunjungi; *vergehen* berlalu; *j-m et.* ~ *lassen* (masih) membiarkan sso. berbuat sst., belum menindak sso. karena sst.
hin|gehören (–) *itr.* cocok, (seharusnya) termasuk (tempat/kelompok tertentu); **–geraten** (–) *unr. itr.* sampai ke; **–halten** *unr. tr.* menyodorkan, menawarkan; *j-n* ~ membiarkan sso. menunggu; **–haltend** yg. mengundur-undurkan
hinken *itr.* berjalan pincang; **–d** pincang
hin|kommen *unr. itr.* (datang), sampai; *ugs.* mencukupi; *wo kämen wir hin, wenn . . . ?* apa yg. akan terjadi, jika . . ? **–länglich** cukup; **–legen** *tr.* meletakkan; *sich* ~ berbaring; **–nehmen** *unr. tr.* menerima, membiarkan; **–neigen** *tr., zu et.* ~ condong ke
hinnen *Adv., von* ~, *Lit.* dari sini
hin|raffen *tr.* merenggut; **–reichen** *tr.* menyampaikan, memberikan; *itr.* mencukupi; **–reichend** cukup, memadai; **–reißen** *unr. tr.* mempesonakan, memukau; *sich* ~ *lassen, fig.* membiarkan diri terbawa emosi; **–reißend** dng. mempesonakan, memukau; yg. mengherankan; **–richten** *tr.* melaksanakan hukuman mati; **≗richtung** *f* (–;–*en*) pelaksanaan hukuman mati, eksekusi; **–scheiden** *unr. itr.* meninggal, wafat; **≗scheiden** *n* (–*s*;*O*) kematian, wafatnya; **–schlachten** *tr.* membantai, menjagal; **–schleppen** *tr.* menyeret; *sich* ~ menjadi tertunda-tunda; **–schwinden** *unr. itr.* lenyap, menghilang; **–sehen** *unr. itr.* memandang ke; **–sein** *unr. itr.* rusak; *erschöpft* capai; *hingerissen* terpesona; **–setzen** *tr.* meletakkan; *sich* ~ duduk
Hinsicht *f, in* ~ *auf* mengingat, berh. dng., dl. hal ini; *in e-r* ~ di satu pihak; *in gewisser* ~ dl. arti tertentu; **≗lich** yg. berh. dng., tentang, mengenai
hin|siechen *itr.* merana; **–stellen** *tr.* meletakkan; ~ *als* menggambarkan sebagai; **–strecken** *tr.* membunuh, mematikan; *sich* ~ berbaring
hintan|setzen *tr.*, **–stellen** *tr. fig.* mengesampingkan, mengabaikan, tdk. mengindahkan

hinten (di sebelah) belakang; *nach* ~ ke bagian belakang; **–herum** *Adv.* melalui belakang; *fig.* dng. diam-diam; **–über** telentang, terjengkang, ke belakang

hinter di belakang; *et.* ~ *sich haben* mengatasi sst., sst. sudah lewat; ~ *et. stehen* mendukung sst.; **≗achse** *f* poros/as belakang; **≗achsenantrieb** *m* penggerakan/transmisi poros belakang; **≗backe** *f* pantat sebelah; **≗bein** *n* kaki belakang; *sich auf die ~e stellen, fig.* melawan; berusaha keras; **–bleiben** *unr. itr.* tinggal di belakang, ketinggalan; **≗bliebene** *m* (*–n;–n*) keluarga yg. ditinggalkan (oleh anggota yg. mati); **–bringen** *unr. tr.* melaporkan, membocorkan; **≗deck** *n* geladak belakang; **–drein** di belakang, yg. menyusul

Hintere *m* (*–n;–n*) yg. di belakang

hinter|einander berturut-turut; **–einanderschalten** *tr., Elek.* mengadakan hubungan seri; **≗gebäude** *n* bangunan belakang; **≗gedanke** *m* pikiran/maksud tersembunyi; **–gehen** *unr. tr.* menipu; **≗gehung** *f* (*–;–en*) penipuan, tipuan; **≗grund** *m* latar belakang

Hinter|halt *m* jebakan, pengadangan; perangkap; **≗hältig** dng. khianat, berakal busuk; **–hand** *f* **1.** (posisi) pemain kartu yg. membuka kartu terakhir; *in der ~ haben* mempunyai cadangan; **2.** (kaki) bagian belakang kuda; **–haupt** *n, s. Hinterkopf;* **–haus** *n* bagian belakang rumah; bangunan di belakang rumah

hinterher belakangan, kemudian, lalu

Hinter|indiën *n* (*–s;O*) Hindia Belakang, wilayah Birma, Muang Thai, Indocina dan Malaysia; **–kopf** *m* belakang kepala, kepala bagian belakang; **–lader** *m* senapan kopak; **–land** *n* pedalaman; **≗lassen** *unr. tr.* meninggalkan, mewariskan; **–lassenschaft** *f* (*–;–en*) warisan, peninggalan; **–lauf** *m* kaki belakang (binatang); **≗legen** (–) *tr.* menitipkan, mendepositokan; **–legung** *f* (*–;O*) penyimpanan, deposito, penitipan; **–leib** *m* badan bagian belakang; **–list** *f* tipu daya, akal licik; **≗listig** licik, jahat

Hinter|mann *m* orang (yg. berdiri) di belakang; *fig.* pendukung, orang yg. memberi beking (yg. tdk. tampak); **–n** *m* (*–s;–*) *ugs.* pantat, bokong; **–pforte** *f* pintu belakang; **–rad** *n* roda belakang; **–radantrieb** *m* penggerakan/transmisi roda belakang; **≗rücks** dari belakang; dng. khianat; **–seite** *f* bagian belakang; **≗st** paling belakang/akhir

Hinter|teil *n* bagian belakang; *Mar.* buritan; *ugs.* pantat; **–treffen** *n, ins ~ geraten/kommen* masuk dl. keadaan yg. tdk. menguntungkan; **≗treiben** (–) *unr. tr.* merintangi/menggagalkan secara tersembunyi; **–treppenroman** *m* roman picisan; **–tür** *f* pintu belakang; **–wäldler** *m* (*–s;–*) orang udik; **≗ziehen** (–) *unr. tr., Steuern ~* tdk. membayar pajak spt. semestinya; **–ziehung** *f* pengelakan (pajak)

hinüber ke seberang, ke sana

Hin– und Rückfahrt *f* perjalanan pulang-pergi

hinunter ke bawah, turun; ke hilir; **–gehen** *unr. itr.* turun; **–schlucken** *tr.* menelan

Hinweg *m* perjalanan ke/pergi

hinweg ~ *!* pergilah! **–gehen** *unr. itr., über et. ~, fig.* tdk. mengindahkan; **–sehen** *unr. itr., über et.* ~ melihat/memandang lebih jauh dp. sst.; *fig.* tdk. (mau) mempedulikan/memperhatikan sst.; **–setzen** *sich über et.* ~ dng. sengaja tdk. mengindahkan sst.

Hin|weis *m* (*–es;–e*) petunjuk; peringatan; **≗weisen** *unr. itr., ~ auf* menunjukkan; **–weiszeichen** *n* rambu/tanda penunjuk; **≗werfen** *unr. tr.* melemparkan, membuang ke; menjatuhkan; *e Wort ~* terucap kata tanpa sengaja, *bp.* keceplosan; *die Arbeit ~* mogok kerja; **≗wirken** *tr., ~ auf* berusaha ke arah; **≗ziehen** *unr. itr.* pindah ke; *sich ~* terbentang sampai, *fig.* berlarut-larut, berkepanjangan; **≗zielen** *itr., ~ auf* mengarah ke; memaksudkan

hinzu tambah (lagi); **–fügen** *tr.* menambahkan (pd.); **–kommen** *unr. itr.* datang lagi; *es kommt hinzu* tambah lagi; **–setzen** *tr.* menambah (-kan); **–treten** *unr. itr.* mendekati; **–tun** *unr. tr.* menambah(kan); **–zählen** *tr.* menambahkan (hitungan); **–ziehen** *unr. tr., j-n* ~ mengikutsertakan sso.; meminta nasehat sso.

Hirn *n* (*–es;–e*) otak; akal; **–gespinst** *n* khayalan, angan-angan; **–hautentzündung** *f* radang selaput otak, *meningitis;* **≗los** tanpa otak, bodoh, dungu; **–schale** *f* batok kepala, tengkorak, tempurung kepala, *cranium;* **–schlag** *f* pitam-otak, sawan bangkai, *apoplexia;* **≗verbrannt** gila, sinting

Hirsch *m* (*–es;–e*) rusa, menjangan, *cervida;* **–bock** *m* rusa jantan; **–fänger** *m* pisau pemburu; **–geweih** *n* tanduk rusa; **–horn** *n* (bahan) tanduk rusa; **–hornsalz** *n* campuran amonium bikarbonat dan amonium karbaminat yg. dipakai sebagai bakpuder; **–käfer** *m* kumbang menjangan, *lucanus cervus;* **–kalb** *n* anak rusa; **–kuh** *f* rusa betina; **–leder** *n* kulit rusa

Hirse *f* (*–;O*) jawawut, sekui, *panicum viride*

Hirt *m* (*–en;–en*) gembala, penggembala

Hirten|brief *m* surat gembala; **–stab** *m* tongkat gembala; *Rel.* tongkat uskup; **–volk** *n* suku penggembala/pengembara

Hirtin *f* (*–;–nen*) wanita gembala

hissen *tr.* mengibarkan, menaikkan (bendera, layar . . .)

Histor|ië *f* (*–;–n*) sejarah, histori; **–iker** *m* (*–s;–*) ahli sejarah, sejarahwan, historikus; **≗isch** yg. bersejarah, berh. dng. sejarah, historis

Hit *m* (*–/–s;–s*) sst. yg. sangat laku (khususnya musik pop), sukses, *hit*

Hitz|bläs·chen *n, pl,* **–blattern** *pl* biang keringat, biring peluh, *miliaria*

Hitze *f* (*–;O*) panas, kepanasan, suhu panas; *Zo.* nafsu, berahi; **≗beständig** tahan panas; **≗frei** (sekolah) libur karena terlalu panas; **–grad** *m* derajat panas

hitzig panas, naik darah, suka bertengkar

Hitz|kopf *m, fig.* pemarah; **–pickel** *pl, s. Hitzbläschen;* **–schlag** *m* berlebihnya tinggi suhu, demam panas yg. sangat, *bp.* kelengar, *hyperthermia*

Hobby *n* (*–s;–s*) kegemaran, hobi

Hobel *m* (*–s;–*) ketam, serut; **–bank** *f* bangku tukang kayu; **≗n** *tr.* mengetam, menyerut; **–späne** *pl* serutan (kayu), tatal ketam

Hoboë *f* (*–;–n*) *Mus.* (h)obo

hoch tinggi; *fig.* mulia, agung; *hohes Alter* umur panjang; *hohe See* laut lepas; *drei Mann* ~ mereka bertiga; *Hände* ~ ! angkat tangan! ~ *zu stehen kommen* mahal sekali; *vier* ~ *fünf, Math.* empat pangkat lima; ~ *interessant* sangat menarik; ≗ *n* (*–s;–s*) selamat, *toast; Wetter* tekanan udara tinggi

hoch|achtbar terhormat, mulia; **–achten** *tr.* menghormati; **≗achtung** *f* penghormatan, penghargaan; **–achtungsvoll** dng. (segala) hormat; **≗altar** *m* altar utama; **≗amt** *n, Rel.* misa agung; **–arbeiten** *sich* ~ bekerja keras sehingga maju; **≗bahn** *f* rel kereta api yg. lebih tinggi dp. jalan (sehingga lalu-lintas dapat berjalan di bawahnya); **≗bau** *m* pembangunan gedung (di atas tanah); **–betagt** lanjut usia; **≗betrieb** *m* kesibukan, keramaian; **–blicken** *itr.* menengadah; **≗burg** *f* daerah kekuatan (suatu kelompok); pusat; **≗decker** *m* pesawat terbang bersayap tinggi; **≗deutsch** *n* bahasa Jerman baku; **≗druck** *m* tekanan tinggi; cetakan tinggi; *mit* ~ *arbeiten* kerja cepat

Hoch|ebene *f* dataran tinggi; **≗fahrend** tinggi hati, angkuh, sombong; **–finanz** *f* (*–;O*) kelompok yg. mengendalikan keuangan suatu negara; **≗fliegend** muluk-muluk; **–flut** *f* (air) pasang besar; **–form** *f* kondisi baik; **–format** *n* ukuran vertikal; **–frequenz** *f* frekwensi tinggi; **–garage** *f* gedung parkir (bertingkat); **–gebirge** *n* pegunungan tinggi; ≗**gehen** *unr. itr.* melayang/naik ke atas; *explodieren* meledak; *fig.* naik pitam; ≗**gemut** bersemangat, gembira

Hoch|genuß *m* hal yg. sangat menyenangkan; ≗**gesinnt** berhati/berpandangan mulia; ≗**gestellt** berkedudukan tinggi; ~*e Zahl* pangkat; ~*e Persönlichkeit* tokoh penting; –**glanz** *m, auf* ~ berkilap, berkilauan; ≗**gradig** berkadar tinggi; sangat; ≗**halten** *unr. tr.* mengangkat/menjunjung tinggi; –**haus** *n* gedung bertingkat banyak; ≗**herzig** murah hati; ≗**kommen** *unr. itr.* maju (dl. karier); *es kommt mir hoch* saya merasa mual; –**konjunktur** *f* masa keadaan ekonomi berkembang pesat, konyungtur; –**land** *n* tanah tinggi; ≗**leben** *itr., j-n* ~ *lassen* minum(–minum) utk. menghormati sso.

Hoch|mut *m* keangkuhan, kesombongan; ≗**mütig** angkuh, sombong, congkak; ≗**näsig** sombong, tinggi hati; ≗**nehmen** *unr. tr.* mengejek/mengganggu (sso.); –**ofen** *m* tanur tinggi; ≗**prozentig** berkadar tinggri; –**rechnung** *f* proyeksi; ≗**rot** merah padam; –**ruf** *m* seruan 'selamat, selamat!', sorak(–sorai); –**saison** *f* musim ramai/sibuk; ≗**schätzen** *tr.* sangat menghormati/menghargai; ≗**schnellen** *itr.* naik pesat; –**schule** *f* perguruan/sekolah tinggi, akademi, universitas; –**schullehrer** *m* mahaguru, profesor; dosen, lektor; –**schwanger** hamil tua

Hoch|see *f* laut lepas; –**seefischerei** *f* perikanan di laut lepas; –**sommer** *m* pertengahan musim panas; –**spannung** *f, Elek.* tegangan tinggi; *fig.* harapan besar yg. mendebarkan; *Pol.* keadaan genting sekali; ≗**spielen** *tr.* membesar-besarkan; –**sprache** *f* bahasa baku/standar; –**sprung** *m* lompat/loncat tinggi

höchst paling/sangat tinggi; sangat; *es ist* ~*e Zeit* waktu sangat mendesak; *im* ~*en Grade* amat sangat; ≗**angebot** *n* tawaran paling tinggi

Hochstapler *m* (–*s*;–) penipu lihai

Höchstbelastung *f* daya muat maksimal; batas maksimum tekanan

hochstehend *fig.* berkedudukan/berpangkat tinggi

höchstens (yg) paling tinggi/banyak, tdk. lebih, paling-paling

Höchst|geschwindigkeit *f* kecepatan maksimal; –**grenze** *f* batas maksimum/tertinggi; –**leistung** *f* prestasi gemilang/ulung; produksi maksimal; –**lohn** *m* gaji maksimal; –**maß** *n* maksimum; ≗**persönlich** *Adj.* sendiri, pribadi; –**preis** *m* harga maksimum, batas harga tertinggi; –**stand** *m* (tingkat) puncak; ≗**wahrscheinlich** *Adv.* mungkin sekali; –**wert** *m* nilai tertinggi

hoch|trabend muluk-muluk; sombong; –**verdient** sangat berjasa; ≗**verrat** *m* pengkhianatan thd. (keamanan) negara; ≗**wald** *m* hutan dng. pohon besar dan tinggi; ≗**wasser** *n* air pasang; banjir; –**wertig** berkadar tinggi, sangat bernilai; ≗**wild** *n* binatang buruan yg. besar; ≗**würden** (*ohne Artikel*) yg. terhormat, *Euer* ~ (*sapaan utk. pastor/pater Katolik*)

Hochzeit *f* (–;–*en*) (upacara) perkawinan/pernikahan; *fig., s. Höhepunkt;* ≗**lich** yg. berh. dng. perkawinan; –**sfest** *n* pesta perkawinan; –**sgeschenk** *n* hadiah/kado perkawinan; –**sreise** *f* perjalanan bulan madu

Hocke *f* (–;–*n*) **1.** jongkok; *Sp.* lompatan dl. posisi jongkok; **2.** *Getreide* timbunan berkas-berkas gandum; ≗**n** *itr.* berjongkok; nongkrong; –**r** *m* (–*s*;–) bangku tanpa sandaran

Höcker *m* (–*s*;–) bungkuk, bongkol, punuk; *Hügel, ugs.* bukit kecil; ≗**ig** tdk. rata, bergelombang

Hockey *n* (–*s*;*O*) hockey, dil; –**spieler** *m* pemain hockey

Hode *f* (–;–*n*), –**n** *m* (–*s*;–) buah pelir, *testis;* –**nsack** *m* kandung buah pelir, *scrotum*

Hof *m* (–*e*s;–̈*e*) halaman, pekarangan; *Bauernhof* tempat tinggal dan tanah seorang petani; *Fürst* istana, keraton; *Ast.* korona, lingkaran cahaya (pd. bulan, matahari . . .); *j-m den* ~ *machen* merayu/memuja (gadis); –**dame** *f* dayang

Hoffart *f* (–;O) kesombongan, keangkuhan
hoffärtig tinggi hati, angkuh
hoffen *itr. tr.* mengharap(kan), menantikan; **–tlich** mudah-mudahan, semoga
Hoffnung *f* (–;–*en*) (peng)harapan; *in* (*guter*) ~ *sein* sedang hamil; **≗slos** putus harapan/asa; **–s·strahl** *m* sinar harapan; **≗svoll** penuh harapan, memberi harapan
Hof|haltung *f* rumahtangga istana/keraton; **–hund** *m* anjing jaga; **≗ieren** (–) *tr.* merayu, memuja, melayani; *schmeicheln* menjilat
höflich sopan, santun, ramah, beradab; **≗keit** *f* (–;–*en*) kesopanan, keramah-tamahan
Höfling *m* (–*s*;–*e*) bangsawan istana; abdi dalem
Hofmeister *m* kepala rumahtangga dan protokol istana
Höhe *f* (–;–*n*) ketinggian; *Hügel* bukit; *Gipfel* puncak; ~ *der Strafe* besarnya/tingginya hukuman; *in ~ von* berjumlah; *auf der ~ sein* (tubuh) dl. keadaan sangat baik; *fig.* mengetahui dng. tepat/baik; *auf der ~ von* pd. garis lintang; *das ist die ~ !* keterlaluan! kurangajar!
Hoheit *f* (–;–*en*) paduka yg. mulia; *Staat* wewenang kedaulatan; *Erhabenheit* keagungan; **–sgewässer** *pl* perairan nasional; **–szeichen** *n* lambang negara
Hohelied *n*, *Rel.* Kidung Agung (dl. Kitab Suci)
Höhen|flosse *f*, *Flgw.* sirip pd. buritan, stabilisator; **–flug** *m* penerbangan tinggi; ~ *der Gedanken*, *fig.* pikiran tinggi-tinggi; **–kur·ort** *m* tempat tetirah di pegunungan; **–leitwerk** *n*, *Flgw.* kemudi tinggi; **–linie** *f* garis bangun; **–luft** *f* udara (di) pegunungan; **–messer** *m* alat pengukur ketinggian; **–ruder** *n*, *Flgw.* kemudi tinggi/naik-turun; **–sonne** *f* matahari di pegunungan; *Med.* alat penyinaran ultra violet; **–unterschied** *m* perbedaan ketinggian; **–zug** *m* barisan bukit
Hohepriester *m* imam agung
Höhepunkt *m* (titik) puncak
höher lebih/makin tinggi; ~*e Schule* sekolah lanjutan; ~ *e Gewalt* keadaan darurat/terpaksa, *force majeur; nach ≗em streben* mengejar cita-cita yg. tinggi/mulia.
hohl hampa; cekung; yg. berongga; ~ *klingen* bergaung
Höhle *f* (–;–*n*) gua, liang, lubang, rongga; **≗n** *tr.* melubangi; **–nbewohner** *m* penghuni gua; **–nmensch** *m* manusia penghuni gua
hohlgeschliffen *Adj.* cekung, konkav
Hohl|maß *n* takaran (isi); **–raum** *m* ruang hampa/kosong; rongga; **–saum** *m* jahitan kelim; **–spiegel** *m* cermin cekung/konkav
Höhlung *f* (–;–*en*) lubang, rongga
Hohn *m* (–*s*;O) olokan-olokan, celaan, ejekan, hinaan
höhn|en *tr. itr.* mengejek, mengolok-olok, mencela; **–isch** dng. nada mengejek, sinis
Höker *m* (–*s*;–) pedagang kaki lima
Hokuspokus *m* (–;O) pemainan su(ng)lap; *Zauberformel* simsalabim; *fig.* tipuan saja
hold manis, jelita; *j-m ~ sein* menyukai/mendukung sso.; **–selig** sangat manis, lemah-lembut
holen *tr. itr.* mengambil; *Atem* ~ menarik nafas; ~ *lassen* memanggil, menyuruh datang; *sich e-e Krankheit* ~ jatuh sakit; *hol's der Teufel!* persetan! *sich Rat ~ bei* meminta nasehat kpd.
Holländer *m* (–*s*;–) orang Belanda; keju (dari negeri Belanda); mesin aduk bahan baku kertas
Hölle *f* (–;O) neraka
Höllen|angst *f* rasa sangat takut; **–lärm** *m* suara sangat ribut, kegaduhan; **–maschine** *f* bom waktu; **–pein** *f* siksaan ngeri; **–stein** *m* batu nitrat perak (utk. mengobati luka), *lapis infernalis*
höllisch spt. di neraka; *fig.* luar biasa; *ugs.* sangat
holper|ig lekak-lekuk, tdk. rata/datar, banyak lubang; ~*e Sprache* bahasa kaku, ucapan tdk. lancar; **–n** *itr.* berjalan terguncang-guncang; *fig.* tdk. lancar

Holz *n* (*–es;–̈er*) kayu; *Wald* hutan; **–arbeit(en** *pl*) *f* barang (yg. terbuat) dari kayu; **–̲artig** spt. kayu; **–bau** *m* bangunan kayu; **–blasinstrument** *n, Mus.* alat tiup dari kayu; **–boden** *m* lantai kayu

holzen *tr.* menebang; *ugs.* bekerja sembrono; *Sp.* main kasar

hölzern *Adj.* (terbuat) dari kayu; *fig.* kaku, canggung

Holz|essig *m* cuka hasil sampingan proses pengarangan; **–fäller** *m* (*–s;–*) penebang kayu; **–̲frei** tdk. mengandung serat kayu; *~es Papier* kertas HVS; **–frevel** *m* pencurian kayu; **–hacker** *m*, **–hauer** *m* penebang/pemotong kayu; **–haus** *n* rumah papan; **–̲ig** spt. kayu, berserabut; **–kohle** *f* arang; **–nagel** *m* pasak/paku dari kayu; **–̲reich** yg. berhutan lebat; **–schlag** *m* penebangan kayu; **–schnitt** *m* gambar yg. dicetak dng. ukiran kayu

Holz|schnitzer *m* pemahat/pengukir kayu; **–schuh** *m* sepatu kayu, kelom; **–späne** *pl* serutan kayu, tatal; **–splitter** *m* suban (kayu); **–stapel** *m*, **–stoß** *m* tumpukan kayu; **–taube** *f* sm. burung tekukur, *columba palumbus;* **–weg** *m* jalan di hutan utk. pengangkutan kayu; *auf dem ~ sein, fig.* berpikiran keliru; **–wolle** *f* tatal; **–wurm** *m* ulat kayu, bubuk

homogen *Adj.* sejenis, homogen

Homöopathie *f* (*–;O*) cara pengobatan dng. memberi dosis obat terkecil, yaitu obat yg. dimakan di waktu sehat akan menimbulkan penyakit serupa, *homoeopathia*

Homosexualität *f* (*–;O*) homoseksualitas, kebancian

Honig *m* (*–s;O*) madu; **–biene** *f* lebah, tawon madu, *apis mellifica;* **–kuchen** *m* kue madu, *ontbijtkuk;* **–̲süß** manis sekali; **–wabe** *f* sarang lebah, indung madu

Honorar *n* (*–s;–e*) honorarium, uang balas jasa; **–professor** *m* dosen honorer

Honoratioren *pl* para pemuka masyarakat

honorieren (–) *tr.* memberi balas jasa; mengganjari, menghargai; *Wechsel* menerima/menguangkan cek

Hopfen *m* (*–s;–*) tanaman 'hop' (utk. membuat bir), *humulus lupulus; da ist ~ u. Malz verloren* sia-sia belaka

hops *~ gehen* mati, menghilang

hops|a! wah! (*kata seru utk. menyatakan kaget*); **–en** *itr.* melompat-lompat, berjengkek; **–̲er** *m* (*–s;–*) loncatan, lompatan; *fig.* jarak dekat; *sein Herz tat e-n ~* jantungnya berdebar-debar (karena gembira/kaget)

hörbar dapat didengar

horch|en *itr.* mendengarkan, memasang telinga, *bp.* nguping; **–̲er** *m* (*–s;–*) tukang dengar diam-diam, tukang pasang telinga; **–̲gerät** *n* alat pendengar, detektor suara

Horde *f* (*–;–n*) gerombolan; *Zo.* kawanan binatang

hör|en *tr.* mendengar(kan); menangkap/menerima siaran; *auf j-n ~* mengindahkan/menurut sso.; *das läßt sich ~* hal itu dapat diterima, hal ini masuk akal; *ich lasse von mir ~* saya akan menghubungi, saya akan memberi kabar; **–̲ensagen** *n*, *vom ~* kata orang; **–̲er** *m* (*–s;–*) pendengar; gagang telepon; **–̲erschaft** *f* (*–;O*) sidang/para pendengar; **–̲gerät** *n* alat bantu mendengar; **–ig** tergantung sama sekali (secara emosional)

Horizont *m* (*–(e)s;–e*) cakrawala, kaki langit, horison; *das geht über meinen ~* hal itu melampaui daya-tangkap saya; **–̲al** (men)datar, horisontal

Hormon *n* (*–s;–e*) hormon; **–drüse** *f* kelenjar hormon

Horn *n* (*–(e)s;–̈er*) tanduk, cula (badak); *Auto* klakson; *Berg* puncak; *Mus.* horn, korno; *j-m Hörner aufsetzen* (istri) bertindak tdk. setia; *sich die Hörner ablaufen* (ugal-ugalan, berfoya-foya semasa muda utk.) mencari pengalaman; **–̲artig** dari/spt. tanduk; **–brille** *f* kacamata berbingkai bahan tanduk

Hörnchen *n* (*–s;–*) tanduk kecil; *Gebäck* kue kecil berbentuk tanduk; horen (utk. es krim)

hörnern *Adj.* dari tanduk

Hornhaut *f* kapalan, belulang; *Auge* selaput bening/tanduk, *cornea*

Hornisse *f* (*–;–n*) sm. tabuhan, lalat kerbau/kuda, *vespa crabro*
Horoskop *n* (*–ęs;–e*) horoskop, ramalan bintang
horrend terlalu (tinggi)
Horror *m* (*–s;O*) kengerian/ketakutan sangat
Hör|saal *m* ruang kuliah, aula, auditorium; **–spiel** *n* sandiwara radio
Horst *m* (*–es;–e*) sarang (burung besar); *Mil.* pangkalan angkatan udara
Hort *m* (*–ęs;–e*) tempat aman/perlindungan; tempat penitipan anak; *Schatz* harta karun; *fig.* pusat; *Lit.* pelindung; **⁼en** *tr.* menimbun; **–ung** *f* (*–;O*) penimbunan
Hörweite *f* (*–;O*) *in ~* sejauh masih terdengar
Hose *f* (*–;–n*) celana, pantalon; *die ~n anhaben* berkuasa dl. keluarga; *die ~n voll haben* sangat ketakutan
Hosen|bein *n* kaki celana; **–boden** *m* bagian celana yg. menutup pantat; *sich auf den ~ setzen* belajar dng. tekun; **–klappe** *f*, **–latz** *m* golbi; **–rock** *m* rok celana, kulot; **–rolle** *f* peran laki-laki yg. dimainkan oleh perempuan; **–schlitz** *m* belahan celana (di depan); **–tasche** *f* saku/kantong celana; **–träger** *m* tali penahan celana
Hospit|al *n* (*–s;–e/ . . . täler*) rumahsakit; **–ant(in** *f*) *m* (*–en;–en*) pendengar (kuliah); **⁼ieren** (–) *itr.* ikutserta sebagai tamu
Hostië *f* (*–;–n*) *Rel.* hosti, roti suci
Hotel *n* (*–s;–*) hotel; **–boy** *m* (*–s;–s*) pelayan/pesuruh di hotel; **–gewerbe** *n* perhotelan; **–ier** *m* (*–s;–s*) pemilik/pengurus hotel; **–nachweis** *m* informasi tt. hotel/penginapan; **–page** *m*, *s. Hotelboy*; **–unterkunft** *f* penginapan/kamar dl. hotel
hott! ayo!
Hub *m* (*–ęs;⁼e*) pengangkatan, daya angkat; *Mot.* langkah naik piston
hüben *Adv.* sebelah sini; *~ u. drüben* di sana dan di sini, di mana-mana
Hub|pumpe *f* pompa angkat/hisap; **–raum** *m* volume langkah, isi silinder, kubik (*cc*)
hübsch cantik, manis, cakap, jelita; *e-e ~e Summe Geld(es)* uang cukup banyak
Hubschrauber *m* (*–s;–*) helikopter
huckepack *Adv.*, *j-n/et. ~ tragen* mengangkut sso./sst. di atas punggung
Huf *m* (*–ęs;–e*) kuku kuda; **–beschlag** *m* pemasangan sepatu kuda; **–eisen** *n* sepatu kuda, ladam; **–schlag** *m* derap kaki kuda; **–schmied** *m* pandai besi ladam
Hüft|bein *n* tulang pangkal paha, *os coxae;* **–e** *f* (*–;–n*) pangkal paha, pinggul, *coxa;* **–gelenk** *n* persendian pangkal paha; **–gürtel** *m*, **–halter** *m* korset pinggul
Huftier *n* binatang berkuku
hüft|lahm encok pinggul; **⁼weh** *n* sakit pinggul, sengal pangkal paha, *ischias*
Hügel *m* (*–s;–*) bukit; **⁼ig** berbukitbukit
Huhn *n* (*–ęs;⁼er*) ayam; ayam betina
Hühnchen *n* (*–s;–*) anak ayam; *ich habe mit dir e ~ zu rupfen* saya perlu menegur saudara (karena kesalahan)
Hühner|auge *n* mata ikan, katimumul, *clavus;* **–brühe** *f* soto/kaldu ayam; **–ei** *n* telur ayam; **–hof** *m* peternakan ayam; **–hund** *m* anjing pemburu unggas (liar di hutan); **–leiter** *f* tenggeran/tangga kandang ayam; *ugs.* tangga yg. sempit sekali; **–stall** *m* kandang ayam, reban; **–stange** *f* tenggeran ayam; **–vögel** *pl* unggas; **–zucht** *f* pemeliharaan/peternakan ayam
Huld *f* (*–;O*) karunia, kemurahan/kebaikan hati
huldig|en *itr.* sangat menghormati, menyembah; *Rel.* memuja (Tuhan); *fig.* gemar akan; **⁼ung** *f* (*–;–en*) penghormatan, pemujaan, penyembahan; **⁼ungs·eid** *m* sumpah kesetiaan
huld|reich, –voll dng. baik hati
Hülle *f* (*–;–n*) bungkus, sampul, selubung, sarung; *Bio.* kelongsong; *in ~ u. Fülle* berlimpah-ruah; *sterbliche ~* jenazah; **⁼n** *tr.* menyelubungi, menutup(i); *sich in Schweigen ~* (ber)diam seribu bahasa

Hülse *f* (–;–*n*) selongsong (peluru); kapsul; *Bo.* sekam, kulit kacang (polong); **–nfrucht** *f* buah tumbuhan polong; **–nfrüchtler** *m* tumbuhtumbuhan polong, *leguminosae*
human berperikemanusiaan, human; **≗ismus** *m* (–;*O*) humanisme, aliran yg. menjunjung tinggi nilai kemanusiaan; pendidikan/kebudayaan yg. berdasarkan peradaban klasik; **–istisch** yg. berh. dng. kebudayaan/bahasa klasik; **–itär** berbelaskasih pd. sesama manusia, beramal; **≗ität** *f* (–;*O*) perikemanusiaan
Humbug *m* (–*s*;*O*) omong kosong, penipuan
Hummel *f* (–;–*n*) kumbang, tawon besar, *bombus*
Hummer *m* (–*s*;–) udang karang/laut/galah, *homarida*
Humor *m* (–*s*;*O*) humor; **–eske** *f* (–;–*n*) cerita lucu/jenaka; **–ist** *m* (–*en*;–*en*) pelawak; pengarang cerita lucu; **≗istisch** penuh humor, jenaka
humpeln *itr.* berjalan pincang
Humus(erde *f*) *m* (–*s*;*O*) humus
Hund *m* (–*es*;–*e*) anjing, *canis*; *Bgb.* lori; *auf den ~ kommen* jatuh sangat miskin, makan kawat; *Fliegender ~*, *Zo.* kelelawar besar, kalong
Hunde|arbeit *f* pekerjaan beratberat; **≗elend** *sich ~ fühlen* merasa sangat sakit/lemas; **–gebell** *n* salak/gonggongan anjing; **–hütte** *f* kandang anjing; **–kälte** *f* dingin sekali; **–leben** *n* hidup penuh sengsara; **–leine** *f* tali/rantai anjing; **–marke** *f* peneng anjing; *ugs. Mil.* peneng yg. dipakai sebagai tanda pengenal (tentara); **≗müde** lelah/capek sekali
hundert seratus; *vom ≗ (v.H.)* persen, prosen, peratus; *zu ≗en* ratusan; beratus-ratus; **≗er** *m* (–*s*;–) bilangan ratusan; lembaran 100 Mark; **–erlei** bermacam-macam, beraneka-ragam; **–fach, fältig** lipat seratus, seratus kali; **≗jahrfeier** *f* perayaan ulang tahun ke-100; **–jährig** seratus tahun, seabad; **–mal** seratus kali; **–prozentig** seluruhnya, tanpa kecuali; **≗satz** *m* persenan, persentase; **–st** keseratus; **≗stel** *n* (–*s*;–) seperseratus; **–tausend** seratus ribu; **–weise** beratus-ratus, dng. ratusan
Hunde|wetter *n* cuaca buruk; **–zucht** *f* pembibitan/perkembangbiakan anjing
Hünd|in *f* (–;–*nen*) anjing betina; **≗isch** berkenaan dng. anjing; *fig.* sikap busuk, hina, suka menjilat
Hunds|fott *m* (–*es*;–*e*) orang kurangajar/jahat; **≗gemein** sangat keji/busuk; **≗miserabel** buruk sekali; **–stern** *m* bintang sirius; **–tage** *pl* hari-hari sangat panas (antara 24 Juli dan 24 Agustus)
Hüne *m* (–*n*;–*n*) orang yg. tinggi perawakannya; raksasa; **–ngestalt** *f* perawakan yg. sangat besar dan kuat; **–ngrab** *n* kuburan megalitik/purbakala; **≗nhaft** spt. raksasa
Hunger *m* (–*s*;*O*) rasa lapar, kelaparan; *fig.* kerinduan; **–jahr** *m* tahun kelaparan; *fig.* masa paceklik; **–kur** *f* pengobatan dng. berpuasa; **–leider** *m* penderita kelaparan; orang miskin; **–lohn** *m* upah kecil sekali
hungern *itr.* merasa lapar, kelaparan; *mich hungert* saya lapar
Hunger|ödem *n* busung lapar; **–snot** *f* (masa) kelaparan; **–streik** *m* mogok makan; **–tod** *m* mati kelaparan; **–tuch** *n*, *am ~ nagen* (menderita) kelaparan
hungrig lapar
Hupe *f* (–;–*n*) klakson, tuter; **≗n** *itr.* membunyikan klakson/tuter
hüpfen *itr.* meloncat-loncat, berjingkrak-jingkrak; *gehüpft wie gesprungen* sama saja
Hürde *f* (–;–*n*) gawang, rintangan, halangan; *Pferch* kandang terbuka yg. berpagar; *Zaun* pagar yg. dapat dipindah; **–nlauf** *m*, **–nrennen** *n* lari gawang, lomba kuda dng. memasang rintangan
Hure *f* (–;–*n*) pelacur, lonte, perempuan sundal; **≗n** *itr.* melacur, mengunjungi pelacur; **–rei** *f* (–;*O*) pelacuran
hurtig cepat, tangkas, gesit
Husar *m* (–*en*;–*en*) *Mil.* tentara pasukan kuda; **–enstreich** *m*, **–enstück** *n* tindakan nekat dan berani

huschen *itr.* pergi diam-diam
hüsteln *itr.* mendeham
husten *itr.* (ber)batuk; **°** *m* (–*s;O*) batuk; **°anfall** *m* serangan batuk; **°bonbon** *n* permen batuk; **°reiz** *m* rasa mau batuk; **°saft** *m* obat batuk berbentuk cairan
Hut 1. *m* (–*es;¨–e*) topi; *den ~ abnehmen* (meng)angkat topi; *den ~ nehmen* mengundurkan diri; **2.** *f* (–*;O*) perlindungan, pengawasan; asuhan; *auf der ~ sein* waspada, berjaga-jaga
hüten *tr.* menggembalakan, menjaga; *das Bett ~* tdk. boleh turun dari tempat tidur (karena sakit); *sich ~ vor* bersikap waspada thd.
Hut|krempe *f* pinggir topi; **–nadel** *f* tusuk topi; **–schnur** *f, das geht mir über die ~ !* terlalu!
Hütte *f* (–*;–n*) **1.** pondok, gubuk; *Mar.* kabin; **2.** *Gießerei* pabrik peleburan logam
Hütten|arbeiter *m* buruh peleburan; **–kunde** *f* metalurgi; **–werk** *n* pabrik peleburan besi; **-wesen** *n* metalurgi
Hyäne *f* (–*;–n*) dubuk, anjing hiena, *hyaenida*
Hydrant *m* (–*en;–en*) keran sambungan pipa air di tepi jalan (utk. kebakaran . . .), hidran
Hydraul|ik *f* (–*;O*) ilmu teknik tt. zat cair, hidraulika; **°isch** hidraulis
Hydro|gen *n* (–*s;O*) zat air; **–graphie** *f* (–*;O*) pengetahuan tt. perairan, hidrografi; **–logie** *f* (–*;O*) ilmu tt. air
Hygien|e *f* (–*;O*) ilmu/cara memelihara kesehatan, higiene; **°isch** bersih, sehat
Hygrometer *n* (–*s;*–) pengukur kelembaban
Hymne *f* (–*;–n*) lagu/sajak pujian, himne
Hyperbel *f* (–*;–n*) hiperbola; *Lit.* gaya bahasa hiperbola (yg. membesar-besarkan sst.)
hypermodern sangat moder(e)n
Hypno|se *f* (–*;–n*) hipnose, pesona tidur yg. dibuat; **°tisieren** (–) *tr.* menghipnotisir
Hypotenuse *f* (–*;–n*) hipotenusa, sisi miring
Hypothek *f* (–*;–en*) hipotek, jaminan pinjaman (dng. harta tdk. bergerak); **°arisch** terjamin oleh hipotek; berh. dng. hipotek; **–enbank** *f* bank hipotek
Hypothe|se *f* (–*;–n*) hipotesa, pengandaian; **°tisch** bersifat hipotesa, belum pasti
Hyster|ie *f* (–*;O*) penyakit histeria, gangguan rasa dan syaraf; **°isch** histeris, terlalu mudah naik pitam

I

ich aku, saya; **≗** *n* (*–ȿ;–ȿ*) diri, pribadi, sendiri; **≗bewußtsein** *n* kesadaran diri; **≗sucht** *f* egoisme

ideal sempurna, yg. dicita-citakan/diangan-angankan, paling baik; **≗** *n* (*–s;–e*) ideal, cita-cita, idaman; (suri) teladan; **–isieren** (–) *tr.* mengagung-agungkan; **≗ismus** *m* (*–;O*) idealisme; **≗ist** *m* (*–en;–en*) idealis, orang yg. bercita-cita tinggi

Idee *f* (*–;–n*) ide, gagasan, cita-cita; *Einfall* ilham; *keine ~ von et. haben* tdk. tahu-menahu tt. sst.; **≗nreich** penuh gagasan

ideell yg. bukan materiil, rohani; yg. hanya ada dl. pikiran, yg. dibayangkan

identi|fizieren (–) *tr.* mengidentifikasi(kan), mengenali; **≗fizierung** *f* (*–;–en*) identifikasi, penetapan ciri-ciri khusus sso./sst.; **–sch** identik, sama benar; **≗tät** *f* (*–;O*) identitas; kesamaan yg. menyeluruh; **≗tätsnachweis** *m* tanda bukti identitas, kartu pengenal, surat keterangan diri

Ideo|logie *f* (*–;. . .iën*) ideologi, asas pendapat/keyakinan; **≗logisch** berh. dng. ideologi

Idiom *n* (*–s;–e*) corak khas bahasa, logat, langgam bahasa; idiom; **≗atisch** yg. berh. dng. idiom; *~er Ausdruck* ungkapan khas

Idiot *m* (*–en;–en*) orang dungu, idiot; **≗ensicher** sangat mudah dan aman (sehingga seorang tolol pun dapat menggunakan/memakainya tanpa menimbulkan bahaya/kerusakan); **–ie** *f* (*–;O*) (penyakit) pandir; ketololan; **≗isch** tolol, gila, tdk. masuk akal

Idol *n* (*–s;–e*) (orang) pujaan; berhala

Idyll *n* (*–s;–e*) keadaan tenang, sederhana serta segar; **–e** *f* (*–;–n*) syair/prosa/gambar yg. melukiskan keindahan serta ketenangan alam; **≗isch** (bersuasana) tenang dan tentram, sederhana serta indah

Igel *m* (*–s;–*) landak, *erinaceus europaeus*

Ignor|ant *m* (*–en;–en*) orang yg. tdk. tahu, orang tolol/bodoh; **–anz** *f* (*–;O*) kebodohan; **≗ieren** (–) *tr.* mengabaikan, tdk. memperhatikan

ihm *Dat. von er* kepadanya

ihn *Akk. von er* ia, . . . nya

ihnen *Dat. pl von sie* (kpd.) mereka; **≗** *Dat. von Sie* kpd. Anda

ihr **1.** *Dat. Singular von sie* kepadanya, ia; **2.** *Nominativ pl von du* kalian, kamu (sekalian), saudara-saudara; **3.** *Possesivpron. Singular f u. pl* kepunyaan dia; kepunyaan mereka; *ihr Buch* buku-nya/dia/mereka; *es waren ~er drei* mereka itu bertiga; **≗** *Singular u. pl* kepunyaan Anda/Tuan/Nyonya; *~e Majestät* Sri Baginda

ihrerseits dari pihaknya; dari pihak mereka; pd. gilirannya, pd. giliran mereka; **≗** dari pihak Anda; pd. giliran Anda

ihresgleichen sesama dia; sesama mereka; **≗** sesama Anda

ihret|halben, –wegen, (um) –willen karena dia/mereka; **≗** karena/demi Anda

ihrig *s. ihr 3*

illegal tdk. menurut hukum, tdk. sah, gelap, ilegal

illuminieren (–) *tr.* menerangi dng. banyak lampu

Illus|ion *f* (*–;–en*) angan-angan, khayal(an), maya, gagasan yg. keliru, ilusi; **≗orisch** bersifat angan-angan, khayali, ilusif

illustrier|en (–) *tr.* menggambarkan, membuat ilustrasi; menerangkan; **≗te** *f* (*–n;–n*) majalah bergambar

im = *in dem* di dalam

Imbiß *m* (*. . .sses;. . .sse*) makanan ringan, jajanan; **–stube** *f* kedai makan(an)

Imitation *f* (*–;–en*) tiruan, imitasi

Imker *m* (*–s;–*) peternak lebah

immatrikulieren (–) *tr. refl.* mendaftarkan sebagai mahasiswa

Imme *f* (*–;–n*) lebah-madu

immens sangat, hebat, luar biasa

immer selalu, tiap-tiap kali, terus-menerus, senantiasa; *auf/für* ~ selamanya; ~ *mehr* semakin banyak; (*nur*) ~ *zu!* terus; ~ *zwei u. zwei* (selalu) dua demi dua; *wer auch* ~ barangsiapa saja; **–dar** senantiasa, utk. selamanya; **–fort** terus-menerus; **≗grün** *n* (*–s;O*) sm. tumbuh-tumbuhan, *vinca minor;* **–grün** *Adj.* selalu hijau (spt. pd. tumbuh-tumbuhan); **–hin** sekurang-kurangnya, paling tdk.; tentu saja! **–während** berlaku terus, abadi; **zu** terus(-menerus)

Immigrant *m* (*–en;–en*) imigran, orang yg. masuk ke negeri asing utk. menetap

Immobiliën *pl* barang tak bergerak; **–gesellschaft** *f* perusahaan yg. bergerak dl. bidang tanah dan perumahan, *real estate*

immun kebal; **–isieren** (–) *tr.* membuat kebal, mengebalkan; **≗ität** *f* (*–;O*) kekebalan, imunitas

Imperativ *m* (*–s;–e*) bentuk perintah, imperatif

Imperfekt *n* (*–s;O*) bentuk waktu lampau, imperfek

Imperialismus *m* (*–;O*) imperialisme

impertinent kurangajar, tdk. sopan

impf|en *tr.* menyuntik; **≗ling** *m* (*–s;–e*) orang yg. disuntik; **≗schein** *m* tanda bukti suntikan/vaksinasi; **≗stoff** *m* vaksin, obat/bahan utk. vaksinasi; **≗ung** *f* (*–;–en*) vaksinasi, suntikan

Implikation *f* (*–;–en*) sst. yg. tersimpul/tersirat, implikasi

implizite *Adv.* secara implisit

Imponderabiliën *pl* hal-hal yg. tdk. dapat diperhitungkan

imponieren (–) *tr.* mengesankan; membekas (dl. hati); membuat kagum

Import *m* (*–ᵼs;–e*) impor; **–e** *pl* barang impor; **–eur** *m* (*–s;–e*) pengimpor, importir; **≗ieren** (–) *tr.* mengimpor

imposant mengesankan, mengagumkan

impoten|t *Med.* impoten, lemah syahwat; *Mann* mati pucuk; *fig.* tak berdaya, lemah; **≗z** *f* (*–;O*) impotensi

imprägnieren (–) *tr.* membuat tahan air

improvisieren (–) *tr. itr.* mencari akal, melakukan sst. tanpa persiapan, melakukan improvisasi

Impuls *m* (*–es;–e*) gerak hati; rangsangan, dorongan; **≗iv** mengikuti gerak hati, serta-merta, spontan, impulsif

imstande *Adv.* mampu, sanggup

in 1. *mit Dat.* di, dalam ; **2.** *mit Akk.* ke dalam

inadäquat tdk. atau kurang cocok/sesuai

Inangriffnahme *f* (*–;O*) mulainya (melakukan pekerjaan)

Inanspruchnahme *f* (*–;O)* pemakaian, penggunaan; *Strapazierung* beban; *Streß* tekanan; *zur* ~ *des Kredits* spy. dapat menggunakan kredit; *geschäftliche* ~ kesibukan bisnis; *unter* ~ *von* dng. menggunakan

Inbegriff *m* (*–ᵼs;O*) hakekat, makna, intisari; *Verkörperung* penjelmaan, ideal; **≗en** *Adj.* yg. termasuk/terhitung

Inbesitznahme *f* (*–;O*) pengambilan sebagai milik; pendudukan

Inbetriebnahme *f* (*–;–n*) mulainya bekerja/berfungsi

Inbrunst *f* (*–;O*) gairah, semangat, hasrat, keinginan

inbrünstig berapi-api, penuh semangat, yg. bergelora/menggelora

Indefinit|pronomen *n,* **–um** *n* (*–s;. . .ta*) kata ganti tak tentu

indem *Konj.* dng. (jalan); sambil, waktu, sedang

indes(sen) *Konj.* sementara (itu); namun
Index *m* (–*(e)s*;–*e/Indizes*) daftar (isi); penunjuk; indeks; *Rel.* daftar buku-buku terlarang
Indianer(in *f*) *m* (–*s*;–) orang Indian
Ind(i)er(in *f*) *m* (–*s*;–) orang India
indifferent tdk. memihak, berdiri di tengah; *gleichgültig* acuh tak acuh, masa bodoh
indigniert tersinggung, jengkel, marah
Indigo *m*, *n* (–*s*;*O*) nila
Indikation *f* (–;–*en*) petunjuk, indikasi
Indikativ *m* (–*s*;–*e*) *Gr.* bentuk pernyataan, indikatif; *≗ischer Satz* kalimat berita
indirekt tdk. langsung
indisch dari India
indiskret kurang sopan; *nicht verschwiegen* yg. membocorkan rahasia; **≗ion** *f* (–;–*en*) pembocoran rahasia; kelancangan mulut
indiskutabel tak dapat ditawar-tawar; tdk. pantas dibicarakan, tdk. mungkin
Individu|alismus *m* (–;*O*) individualisme; **–alist** *m* (–*en*;–*en*) individualis; **≗alistisch** bersifat menonjolkan pandangan/kepentingan sendiri, bersifat keras kepala, individualistis; **–alität** *f* (–;–*en*) individualitas, ciri-ciri khusus yg. dimiliki sso.; kepribadian; **≗ell** individual, perseorangan, tersendiri, khas; **–um** *n* (–*s*;. . .*duen*) perseorangan, individu, orang seorang (diri)
Indiz *n* (–*es*;–*iën*) tanda, petunjuk, indikasi; **–iën** *pl*, **–ienbeweis** *m* bukti tdk. langsung, bukti sangka
indolent lamban, kurang semangat, tak acuh
Indones|iën *n* (–*s*;*O*) Indonesia; **–iër** *m* (–*s*;–), **–ierin** *f* (–;–*nen*) orang Indonesia; **≗isch** (dari, berh. dng.) Indonesia
Indoss|ament *n* (–*s*;–*e*) pemindahan hak atas surat berharga; tandatangan di belakang wesel/cek; indosemen; **–ant** *m* (–*en*;–*en*) orang yg. mengoperkan wesel/cek dsb. kpd. orang lain; **–at** *m* (–*en*;–*en*), **–atar** *m* (–*s*;–*e*) orang yg. menerima wesel; **≗ieren** (–) *tr.* menyerahkan wesel kpd. orang lain dng. memberi tandatangan di belakangnya
Induktion *f* (–;–*en*) penyimpulan dari hal-hal yg. khas kpd. yg. umum; induksi; *Elek.* pembangkitan tegangan listrik; **–sspule** *f* kumparan/koil induksi; **–sstrom** *m* arus induksi
industrialisier|en (–) *tr.* menggalakkan industri; membangun industri; **≗ung** *f* (–;*O*) industrialisasi, usaha menghidupkan industri
Industrie *f* (–;. . .*iën*) industri, kerajinan; bidang usaha; **–anlage** *f* pabrik; **–arbeiter** *m* buruh pabrik; **–ausstellung** *f* pameran/pekan-raya industri; **–berater** *m* konsultan perusahaan; **–erzeugnis** *n* hasil industri; **–gebiet** *n* daerah industri; **–gewerkschaft** *f* serikat buruh cabang industri tertentu
industriëll berh. dng. industri; **≗e** *m* (–*n*;–*n*) industrialis, pengusaha industri
Industrie|magnat *m* industrialis besar, raja industri; **–messe** *f*, *s. Industrieausstellung*; **–staat** *m* negara industri; **–zweig** *m* cabang/bidang industri
induzieren (–) *tr.*, *Elek.* mengadakan induksi
ineinander *Adv.* satu dl. yg. lain, (ber)sengkarut; **–greifen** *unr. itr. fig.* saling mengisi, sambung-menyambung satu sama lain, berpautan satu sama lain; *Tech.* saling menangkap (roda gigi), masuk gigi; **–passen** *itr.* cocok satu sama lain
infam jahat, busuk
Infanterie *f* (–;*O*) (pasukan) infanteri
infantil kekanak-kanakan
Infanterist *m* (–*en*;–*en*) perajurit infanteri
Infarkt *m* (–*(e)s*;–*e*) *Med.* mengerasnya/matinya suatu jaringan (karena tdk. terisi darah dng. semestinya), *infar(c)tus*
Infektion *f* (–;–*en*) ketularan penyakit, infeksi **–skrankheit** *f* penyakit menular
infektiös yg. dapat menularkan infeksi, yg. menular

infiltrieren (–) *tr. itr.* masuk secara diam-diam, melaksanakan infiltrasi, menyusup
Infinitiv *m* (*–s;–e*) *Gr.* bentuk infinitif
infizieren (–) *tr.* menjangkiti; *sich ~* kena infeksi
Inflation *f* (*–;–en*) inflasi; **–spolitik** *f* kebijaksanaan politik yg. menyebabkan inflasi, politik inflasi
Influenza *f* (*–;O*) *Med.* influensa, flu
infolge *Prp. mit Gen.* akibat, karena, (di)sebab(kan); *~ s–r Krankheit* akibat penyakitnya; **–dessen** *Konj.* oleh karena itu, (sebagai) akibatnya
Inform|ation *f* (*–;–en*) penerangan, informasi; pemberitahuan, maklumat; **–ationsbüro** *n* kantor/jawatan penerangan; bagian informasi; **≗ativ** mengandung informasi; informatif; **≗ieren** (–) *tr.* memberitahukan, memberi penerangan; *sich ~* mengumpulkan informasi, *bp.* cari tahu
infra|rot infra-merah; **≗struktur** *f* prasarana
Ingangsetzung *f* (*–;O*) *Tech.* tindakan menghidupkan/menggerakkan setater; *fig.* menyebabkannya sst. mulai
Ingenieur *m* (*–s;–e*) insinyur, ahli teknik
Ingredienziën *pl* unsur-unsur dl. campuran/ramuan
Ingrimm *m* (*–[e]s;O*) kemarahan, kedongkolan
Ingwer *m* (*–s;O*) jahe, halia, *zingiber officinale;* **–wurzel** *f* laos, lengkuas, *alpinia galanga*
Inhaber(in *f*) *m* (*–s;–*) pemilik; penghuni (rumah); *Titel, Amt* pemegang, pemangku; *auf den ~ ausstellen* mengisi cek atas nama pembawa
inhaftieren (–) *tr.* menangkap, menahan (dl. penjara)
inhalieren (–) *tr.* menghirup
Inhalt *m* (*–[e]s;–e*) isi, pokok; volume; **–s·angabe** *f* ringkasan isi; ikhtisar; pernyataan isi; **≗sleer, ≗slos** tanpa isi/arti, kosong; **≗sreich** berisi, berbobot, berarti, penting, **≗s·schwer** padat isinya; **–sverzeichnis** *n* daftar isi
inhärent *Adj.* yg. melekat (padanya), yg. menjadi sifatnya, inheren
inhuman tak berperikemanusiaan
Initiale *f* (*–;–n*) huruf besar pd. awal
Initiat|ive *f* (*–;–n*) prakarsa, inisiatif, usaha, ikhtiar; *die ~ ergreifen* mengambil inisiatif, memulai usaha; **–or** (*–s;–en*) pemrakarsa, pengambil inisiatif
Injektion *f* (*–;–en*) suntikan, penyuntikan, injeksi
Injurië *f* (*–;–n*) penghinaan
Inkarnation *f* (*–;–en*) penjelmaan, perwujudan, penitisan, inkarnasi
Inkasso *n* (*–s;–s/Inkassi*) penagihan hutang
Inkaufnahme *f* (*–;O*) penerimaan (dng. terpaksa); *Jur.* tdk. mempedulikan akibat-akibat, kenekatan
inklusive *Prp. mit Gen.* termasuk, terhitung, inklusif; *Adv.* sampai dng.
inkognito *Adv.* secara menyamar, tanpa dikenal identitasnya; **≗** *n* (*–s;–s*) inkognito, (nama) samaran
inkonsequent tdk. konsekwen, bertentangan dng.
inkorrekt tdk. sesuai/pantas
Inkraft|setzung *f* pernyataan berlakunya; **–treten** *n* (*–s;O*) berlakunya
Inkubationszeit *f* masa inkubasi/tunas
Inland *n* dalam negeri; *Landesinnere* pedalaman; *In– u. Ausland* dalam dan luar negeri
Inländ|er(in *f*) *m* (*–s;–*) warganegara, bumiputera; **≗isch** dl. negeri, asli, domestik
Inlands|absatz *m* pemasaran dl. negeri; **–auftrag** *m* pesanan dari dl. negeri; **–markt** *m* pasaran dl. negeri
Inlaut *m* bunyi di tengah kata
inmitten *Prp. mit Gen.* di tengah-tengah, di dalamnya, di antara
inne|haben *unr. tr.* memegang (jabatan/rekor . . .); **–halten** *unr. itr.* berhenti (sebentar); *tr.* memegang pd.; menepati
innen *Adv.* di dalam; *von ~* dari dalam(nya); *nach ~* ke dalam; *~ u. außen* luar dalam
Innen|architekt *m* penata ruang; **–architektur** *f* tata/desain ruang;

–ausstattung *f* perlengkapan/perabot(an) ruangan; **–dekoration** *f* (seni) hias ruang; **–einrichtung** *f*, s. *Innenausstattung;* **–fläche** *f* luasnya bidang di tengah-tengah; *Hand* telapak tangan; **–hof** *m* halaman dalam; **–leben** *n* hidup batin(iah)/rohani/emosional; **–minister** *m* menteri dalam negeri; **–ministerium** *n* departemen/kementerian dalam negeri; **–politik** *f* politik dl. negeri; **–seite** *f* sebelah dalam; **–stadt** *f* pusat kota

innerdeutsch yg. berh. dng. masalah antara Jerman Barat dan Jerman Timur

inner|e di sebelah dalam; di dalam; batin(iah); ~ *Angelegenheiten* masalah domestik; *≗ Mission* Karya Amal (Gereja Protestan di Jerman); **≗e** *n* (*–n;O*) bagian dalam; dalamnya; pusat; *fig.* sanubari; *Minister des ~n* menteri dalam negeri; *im ~n des Landes* di pedalaman, di bagian udik; **≗eien** *pl* jeroan; **–halb** di dalam(nya), di dalam batas; *zeitlich* dl. batas (waktu tertentu); **–lich** di dalam; dalam hati, batin(iah); *~ anzuwenden, Med.* utk. diminum/ditelan; **≗lichkeit** *f* (*–;O*) kehidupan batin(iah), kerohanian

innerst yg. paling dalam; **≗e** *n* (*–n;O*) intisari; hakekat, pokok; yg. di tengah-tengah

innewerden *unr. itr.* menyadari, memahami

innewohnen *itr.* tercantum, terkandung; **–d** tercantum/terkandung di dalamnya

innig mesra, hangat, akrab, dalam, erat; *~sten Dank* terimakasih sedalam-dalamnya; **≗keit** *f* (*–;O*) keakraban, kemesraan, kehangatan

Innung *f* (*–;–en*) himpunan para tukang/pengusaha (dari bidang pertukangan tertentu)

inoffiziell tdk. resmi

inopportun *Adj.* tdk. pd. tempatnya, tdk. pd. waktu yg. cocok

ins = *in das* ke dalam

Insasse *m* (*–n;–n*) penghuni, penduduk; *Fahrgast* penumpang; *Gefangener* orang tahanan

insbesondere terutama, lebih-lebih

Inschrift *f* (*–;–en*) inskripsi

Insekt *n* (*–ẹs;–en*) serangga; **–enkunde** *f* entomologi, ilmu serangga; **–enplage** *f* hama serangga; **–enpulver** *n* obat pembasmi serangga, insektisida; **–enstich** *m* gigitan serangga, ketip; **–envertilgung** *f* pembasmian serangga

Insel *f* (*–;–n*) pulau, nusa; *Verkehr* trotoar di tengah jalan/lapangan; **–bewohner** *m* penghuni/penduduk pulau; **–gruppe** *f* kepulauan, gugusan pulau; **–reich** *n*, **–staat** *m* negara yg. terdiri dari pulau (-pulau); **–welt** *f* pulau-pulau, kepulauan

Inser|at *n* (*–ẹs;–e*) iklan, adpertensi; **–ent** *m* (*–en;–en*) pemasang iklan; **≗ieren** (–) *tr. itr.* memasang iklan

ins|geheim secara diam-diam/rahasia; **–gemein** pd. umumnya, biasanya; **–gesamt** semuanya, keseluruhannya

Insigniën *pl* tanda(-tanda) kehormatan/kekuasaan

insistieren (–) *itr.* menuntut, meminta dng. agak memaksa

insofern sejauh (itu), sampai begitu; kalau, asal

insolvent tdk. sanggup membayar

Inspekteur *m* (*–s;–e*) inspektur, pemeriksa

Inspektion *f* (*–;–e*) pemeriksaan, inspeksi

Inspektor *m* (*–s;–en*) *pangkat kepegawaian (di Jerman)*; inspektur; *Schule* penilik

Inspiration *f* (*–;–en*) ilham, inspirasi

inspirieren (–) *tr.* mengilhami, memberi inspirasi

inspizieren (–) *tr.* menyelidiki, melihat dng. teliti, memeriksa

Install|ateur *m* (*–s;–e*) tukang pasang instalasi listrik/leding/gas/saniter; **–ation** *f* (*–;–en*) instalasi, pemasangan leding/pipa/kawat; **≗ieren** (–) *tr.* memasang (instalasi); *fig.* melantik

instand ~ *halten* memelihara, merawat; ~ *setzen* memperbaiki (sst.); membuat mampu (sso.); **≗haltung** *f* (*–;O*) pemeliharaan

inständig dng. mendesak/sangat, urgen

Instandsetzung *f* (*–;–en*) reparasi, perbaikan
Instanz *f* (*–;–en*) instansi, jawatan; *Gericht* tingkatan pengadilan; **–enweg** *m* saluran resmi/dinas; **–enzug** *m* tingkat(an) naik banding
Instinkt *m* (*–ḙs;–e*) naluri, garisah, insting; **≗artig, ≗iv, ≗mäßig** secara naluri
Institut *n* (*–ḙs;–e*) gedung/badan/lembaga yg. menekuni ilmu/pendidikan dsb.; institut; **–ion** *f* (*–;–en*) lembaga, badan, yayasan; *Einsetzung* penyerahan jabatan; **≗ionell** kelembagaan, berh. dng. lembaga
instru|ieren (–) *tr.* memberi instruksi/perintah, menginstruksikan, memberitahukan; **≗ktion** *f* (*–;–en*) instruksi, perintah, aturan; pelajaran, pemberitahuan; **–ktiv** yg. mengandung pelajaran
Instrument *n* (*–ḙs;–e*) alat, perkakas, instrumen; **–almusik** *f* musik instrumental; **–enbrett** *n* papan instrumen; dasbor; **–enflug** *m* penerbangan dng. bantuan instrumen (saja)
Insul|aner *m* (*–s;–*) penghuni pulau; **≗ar** mengenai pulau, insuler
inszenier|en (–) *tr.* menyutradarai, mementaskan; menjalankan; **≗ung** *f* (*–;–en*) pementasan
intakt utuh
integer jujur, lurus hati
Integralrechnung *f* hitungan integral
Inte|gration *f* (*–;–en*) integrasi, penyatuan; **≗grieren** (–) *tr.* mengadakan integrasi; **≗grierend** *~er Bestandteil* bagian integral
Integrität *f* (*–;O*) keutuhan; kejujuran, integritas
Intellekt *m* (*–ḙs;O*) akal, daya pikiran, kecerdasan, intelek; **≗uell** cerdik pandai, cendekia, intelektuil; **–uelle** *m, f* (*–n;–n*) orang terpelajar/intelektuil, cendekiawan, inteligensia
intelligen|t cerdas, pandai; **≗z** *f* (*–;O*) kecerdasan, kepandaian, inteligensi
Intendan|t *m* (*–en;–en*) pemimpin teater, kepala pemancar radio/televisi; *Mil.* kepala bagian administrasi; **–tur** *f* (*–;–en*) jawatan/kantor kepala teater atau pemancar radio/televisi; *Mil.* bagian administrasi; **–z** *f* (*–;–en*) pimpinan teater, kepala pemancar radio atau televisi; kantor pimpinan teater, kantor pemancar radio atau televisi
intendieren (–) *tr.* memaksudkan, merencanakan, mengusahakan
intensiv dng. sungguh-sungguh, intensip; **–ieren** (–) *tr.* mengintensipkan, menggalakkan, memperkuat
interessant menarik, interesan
Interesse *n* (*–s;–n*) perhatian, minat; *Belange, Nutzen* kepentingan; *im ~ e-r Person/Sache* demi sso./sst., *es liegt in Ihrem ~* termasuk kepentingan anda; **≗los** tdk. peduli, tak acuh, tak berminat; **–ngebiet** *n* bidang perhatian khusus (dan keahlian); **–ngemeinschaft** *(IG) f* gabungan perusahaan yg. bertujuan melariskan produksi dan penjualan; kelompok yg. membela kepentingan bersama; **–ngruppe** *f* kelompok orang/perusahaan yg. bertujuan memajukan kepentingan bersama
Interess|ent *m* (*–en;–en*) peminat; yg. berkepentingan; **–envertretung** *f* perwakilan kepentingan; **≗ieren** (–) *tr.* menarik hati; *itr.* menimbulkan minat sso.; *sich ~ für* merasa tertarik pd.; *interessiert sein an* berminat pd.
interimistisch utk. sementara waktu, ad interim
Interjektion *f* (*–;–en*) kata seru, interyeksi
interkontinental antar(a) benua; **≗rakete** *f* peluru kendali antarbenua
intern dl. lingkungan sendiri, intern
Internat *n* (*–ḙs;–e*) (sekolah dng.) asrama, internat, rumah pondokan
international sedunia, sejagat, antar negara/bangsa, internasional
inter|nieren (–) *tr.* menginternir, menahan; **≗nierung** *f* (*–;–en*) interniran, pengasingan; **≗nierungslager** *n* kamp interniran/pengasingan
Inter|nist *m* (*–en;–en*) ahli penyakit dalam, internis; **–nuntius** *m* duta Vatikan; **≗pellieren** (–) *itr.* menga-

dakan interpelasi; **–polation** *f* (*–;–en*) penyisipan, interpolasi; sisipan; **≗pretieren** (–) *tr.* menafsirkan, mengadakan interpretasi; **–punktion** *f* (aturan) penggunaan tanda baca; **–punktionszeichen** *n* tanda baca; **–regnum** *n* masa peralihan pemerintahan; pemerintahan sementara; *in Deutschland besonders* masa tanpa kaisar (1254-1273); **–vall** *n* (*–s;–e*) waktu antara/jeda; (jarak) antar-nada, interval

inter|venieren (–) *tr.* turun/campur tangan, mengadakan intervensi; **≗view** *n* (*–s;–s*) wawancara, tanya-jawab, *interview;* **≗zonen**. . . yg. berh. dng. dua bahagian Jerman (Barat-Timur)

intim akrab, erat, intim; **≗ität** *f* (*–;–en*) suasana akrab/kekeluargaan, keakraban; **≗sphäre** *f* hal-hal pribadi; **≗spray** *m* obat semprot utk. liang sanggama

intoleran|t tdk. bertoleransi; **≗z** *f* (*–;O*) sikap tdk. bertoleransi

intransitiv tdk. berpelengkap penderita, intransitif

Intrigant(in *f*) *m* (*–en;–en*) penghasut, orang yg. suka mengadakan/melakukan intrik

Intrig|e *f* (*–;–n*) intrik, persekongkolan, gerakan rahasia/gelap; **≗ieren** (–) *itr.* menghasut/bersekongkol secara diam-diam

Intuit|ion *f* (*–;–en*) gerak hati, intuisi; **≗iv** berdasarkan intuisi

Invalid|e *m* (*–n;–n*) penderita cacat, invalide; **–enrente** *f* tunjangan utk. perderita cacat; **–ität** *f* (*–;O*) keadaan cacat

Invasion *f* (*–;–en*) penyerbuan ke dl. wilayah negara lain, invasi

Inventar *n* (*–s;–e*) inventaris, (daftar) barang-barang yg. dipakai; **≗isieren** (–) *itr.* mengadakan inventarisasi; *tr.* menginventarisasikan

Inventur *f* (*–;–en*) pengadaan daftar inventaris(asi), *bp.* stokopname; **–ausverkauf** *m* obral sebelum inventarisasi

investier|en (–) *tr.* menanam modal, menginvestasikan; **≗ung** *f* (*–;–en*) penanaman modal, investasi

Investition *f* (*–;–en*) *s. Investierung*

Investmentgesellschaft *f* firma yg. mengadakan investasi modal utk. nasabahnya dan mengurus modal tsb.

inwärts ke dalam

inwendig di dalam

inwiefern, inwieweit sampai/sejauh mana

Inzucht *f* (*–;O*) kawin sedarah, inses

inzwischen sementara itu; selama itu

Ion *n* (*–s;–en*) *Phys.* ion, (kelompok) atom yg. berisi listrik; **–osphäre** *f* lapisan ionosfer

ird|en *Adj.* (dibuat) dari tanah (liat); **–isch** duniawi; *zeitlich* fana

irgend **1.** sst. atau sso. yg. tdk. dpt. ditentukan; **2.** dng. cara apapun; *so schnell wie ~ möglich* secepat mungkin; *wenn ich ~ kann* jika/asal saya bisa; *~ so e Kerl, ugs.* seorang laki-laki; **–ein, –eine, –eins** seseorang; sesuatu, salah satu; **–einer** seseorang, siapa saja, si anu; **–einmal** pernah, pd. suatu waktu; **–wann** kapan-kapan; **–wer** seseorang, siapapun; **–wie** entah bagaimana, bagaimanapun; **–wo** di suatu tempat, di mana saja; **–woher** dari mana saja, dari tempat mana pun; **–wohin** ke mana saja, ke suatu tempat

Iron|ie *f* (*–;. . .iën*) ironi; sindiran, cemoohan secara halus dng. mengatakan kebalikan dari apa yg. sebenarnya dimaksudkan; **≗isch** ironis, dng. menyindir

irrational tdk. masuk akal, tak dapat dimengerti

irr(e) gila; bingung; *ugs.* hebat; *wie ~ arbeiten* bekerja secara keras sekali; *an j-m ~ werden* tdk. (dapat) percaya lagi pd. sso.

Irre **1.** *m, f* (*–n;–n*) orang sakit jiwa, orang gila; *du ~r! ugs.* tolol kamu! **2.** *f* (*–;O*) salah-arah, kesesatan

irreal tdk. nyata/riil

irre|führen *tr.* menyesatkan, menipu; **–gehen** *unr. itr.* menempuh jalan yg. sesat/salah; **–gulär** tdk. berbentuk tetap, tdk. biasa; *Mil.* liar; *Gr.* tdk. beraturan; **–leiten** *tr.* menyesatkan

irre|levant tdk. berarti; **–machen** *tr.* membuat sso. menjadi bingung/bimbang
irren *itr.* mengembara, berkelana; *falscher Meinung sein* (berpikir, berbuat . . .) salah/keliru/khilaf; *sich* ~ bersalah, keliru, khilaf; *wenn ich mich nicht irre* kalau saya tdk. keliru
Irren|arzt *m* ahli penyakit jiwa; **–haus** *n*, **–(heil)anstalt** *f* rumahsakit jiwa
irreparabel tdk. dapat diperbaiki
Irr|fahrt *f* perjalanan yg. sesat; **–gang** *m*, **–garten** *m* susunan jalan yg. menyesatkan; **°gläubig** percaya pd. bidaah
irrig salah, sesat
Irrigation *f* (*–;–en*) *Med.* pembilasan, penyiraman, *irrigatio; Bewässerung* pengairan, irigasi
irritieren (–) *tr.* membingungkan, mengganggu
Irr|lehre *f* bidaah; **–licht** *n* jerambang; **–sinn** *m* kegilaan, penyakit jiwa; ketololan, kebodohan; **°sinnig** gila, sakit jiwa; *ugs.* sangat, hebat; **–tum** *m* (*–s;¨–er*) kekeliruan; kekhilafan; **°tümlich** khilaf, tak disengaja; **–weg** *m* jalan sesat; **–wisch** *m* (*–ẹs;–e*) *s. Irrlicht*
Ischias *m* (*–;O*) sengal pangkal paha
Isegrim *m* (*–s;O*) *Fabel* serigala; *fig.* orang yg. murung/masam
Islam *m* (*–s;O*) (agama) Islam; **–it** *m* (*–en;–en*) orang Islam, Muslim(in), **–itin** *f* (*–;–nen*) muslimat
Isolat|ion *f* (*–;O*) isolasi; pengasingan; **–or** *m* (*–s;–en*) alat utk. mengisolir, isolator
Isolier|band *n* pita isolasi; **°en** (–) *tr.* mengisolir; mengasingkan, memencilkan; **–schicht** *f* lapisan isolasi; **–station** *f* bagian isolasi (dl. rumahsakit); **–ung** *f* (*–;–en*) isolasi; pengasingan, pemencilan
Isotop *n* (*–s;–e*) isotop
Ist|bestand *m* keadaan sebenarnya (uang kas dsb.); **–stärke** *f* keadaan/kekuatan sebenarnya

J

ja ya; ~ *sagen* mengiakan, menyetujui; *da ist er* ~*!* nah, itulah dia! *das ist es* ~ justru itulah; ~ *doch,* ~ *freilich* tentu saja; *ich sagte es Ihnen* ~ 'kan saya sudah bilang itu pd. anda; *tun Sie es* ~ *nicht!* janganlah berbuat itu!

Jacht *f* (*–;–en*) kapal pesiar/sport

Jacke *f* (*–;–en*) jas, baju; jaket; *das ist* ~ *wie Hose* itu setali tiga uang, sama saja; **–nkleid** *n* setelan rok dan jas (utk. wanita)

Jackett *n* (*–s;–s*) jaket

Jade *m* (*–;O*) sm. batu mineral, *jade; grüne* ~ batu giok, sm. batu nefrit/lumut

Jagd *f* (*–;–en*) pemburuan; *Verfolgung* pengejaran; *s. Jagdbezirk; auf* ~ *gehen* berburu; ~ *machen auf et.* mencari sst.; **–aufseher** *m* (pegawai) pengawas binatang perburuan; **–berechtigung** *f* izin berburu; **–bezirk** *m* daerah perburuan; **–bomber** *m* pesawat pembom cepat; **–büchse** *f* senapan berburu; **–flieger** *m* pilot pesawat (terbang) pemburu; **–flinte** *f, s. Jagdbüchse;* **–flugzeug** *n* pesawat (terbang) pemburu; **–geschwader** *n* skwadron (pesawat) pemburu; **–gesellschaft** *f* kelompok pemburu; **–horn** *n* terompet (perburuan); sm. korno; **–hund** *m* anjing pemburu/berburu; **–hüter** *m* penjaga daerah perburuan; **–pächter** *m* orang yg. menyewa daerah perburuan; **–recht** *n* hak berburu; undang-undang perburuan; **–revier** *n, s. Jagdbezirk;* **–schein** *m* surat izin berburu; **–schlößchen** *n* puri pemburu; **–tasche** *f* kantong pemburu

jagen *tr.* berburu, memburu; *suchen* mengejar; *vertreiben* mengusir, menghalaukan; ~ *nach* mengejar, memburu; *ugs.* berjalan cepat sekali; *in die Luft* ~ meledakkan

Jäger *m* (*–s;–*), **–smann** *m* (*–e̸s;. . . sleute*) pemburu; *s. Jagdflugzeug;* **–latein** *n* bual(an), cerita (pemburu) yg. dilebih-lebihkan

Jaguar *m* (*–s;–e*) sm. macan tutul, *panthera onca*

jäh curam, terjal sekali; *plötzlich* tiba-tiba, mendadak; **–lings** tiba-tiba, sekonyong-konyong, tak disangka-sangka

Jahr *n* (*–e̸s;–e*) tahun; *einmal im* ~ setahun sekali; *im* ~*e 1980* pd. tahun 1980; *mit 21* ~*en* pd. umur 21 tahun; *letztes* ~ tahun lalu; *das ganze* ~ *hindurch/über* sepanjang tahun; *im* ~ *des Heiles* pd. tahun Masehi; *übers* ~ setahun lagi; *von* ~ *zu* ~ dari tahun ke tahun; **°aus** ~ *jahrein* tahun demi tahun; **–buch** *n* buku tahunan

jahrelang bertahun-tahun (lamanya)

jähren *sich* ~ terjadi setahun sebelumnya

Jahres|abschluß *m* penutupan tahun; **–bericht** *m* laporan tahunan; **–bilanz** *f* neraca tahunan; **–ende** *n* akhir tahun, penghabisan tahun; **–feier** *f* peringatan/perayaan ulang tahun; **–frist** *f* jangka waktu setahun; **–gehalt** *n* gaji tahunan; **–ringe** *pl* renggat; **–tag** *m* hari ulang tahun; **–wechsel** *m,* **–wende** *f* pergantian tahun; **–zahl** *f* (bilangan/angka) tahun; **–zeit** *f* musim

Jahr|gang *m* angkatan, generasi; tahun (penerbitan/keluaran); **–hundert** *n* (*–s;–e*) abad

jährig (waktu) setahun
jährlich tiap-tiap tahun; setahun sekali
Jahr|markt *m* pekan raya, pasar malam; **–tausend** *n* (*–s;–e*) (se)ribu tahun; **–zehnt** *n* (*–s;–e*) dasawarsa, sepuluh tahun, dekade
jähzornig cepat marah, cepat naik darah
Jalousie *f* (*–;. . .iën*) kerai, keré, bidai
Jammer *m* (*–s;O*) keluhan; penderitaan; *es ist e ~* sayang sekali; **–geschrei** *n* ratapan, tangisan; **–gestalt** *f* sosok yg. (kelihatan) menyedihkan/malang; **–lappen** *m*, *ugs.* orang yg. lembek (sifatnya), orang lemah
jämmerlich sangat menyedihkan, malang
jammern *itr.* mengeluh, merintih, meratap; *er jammert mich* saya kasihan padanya
jammer|schade sayang/menyesal sekali; **≗tal** *n* (dunia sebagai) lembah kesengsaraan, mayapada; **–voll** sangat menyedihkan, malang, jelek sekali
Jänner *m* (*–\$;O*), **Januar** *m* (*–\$;O*) (bulan) Januari
japsen *itr. ugs.* (ter)engah-engah
Jargon *m* (*–s;–s*) bahasa percakapan golongan tertentu
jäten *tr. itr.* menyiang(i)
Jauche *f* (*–;O*) (air) tinja; **–ngrube** *f* perigi jamban
jauchzen *itr.* bersorak-sorai; **≗** *n* (*–s;O*) sorak-sorai; tempik sorak
jaulen *itr.* melolong, meraung
jawohl ya, betul, *höflich* saya
Jawort *n* kata setuju; *sein ~ geben* menyetujui
Jazz *m* (*–;O*) (musik) jazz; **–kapelle** *f* orkes/ben/band jazz
je *Interjektion, ach ~ !* aduh!
je 1. *s. jemals; seit ~* sejak dahulu, selalu; *schöner als ~ zuvor* belum pernah begitu bagus; *wie eh u. ~* sebagaimana selalu; **2.** *s. jeweils; ~ fünf in e-r Dose* dl. setiap kotak (selalu) ada lima buah/biji; **3.** *~ nach* menurut, sesuai dng.; *~ nachdem* tergantung dari, menurut keadaan; **4.** *~ . . . desto* (se)makin. . . (se)makin; *~ länger ~ lieber* makin lama makin senang
jeder, jede, jedes setiap, tiap-tiap, masing-masing; *jeden zweiten Tag* setiap dua hari (sekali); *jeder von beiden* kedua-duanya; *das tut jeder* setiap orang melakukannya
jede|nfalls bagaimanapun juga, setidak-tidaknya; **–rmann** *ugs.* segala orang, setiap orang, siapa saja, barangsiapa; **–rzeit** *Adv.* selalu, setiap waktu/saat, kapan saja; **–smal** *Adv.* (se)tiap kali, selalu; **–smalig** tiap-tiap kali
jedoch tetapi, namun
jedweder, jeglicher *s. jeder*
jeher *seit/von ~* sejak dahulu kala
jemals pernah; *wird er ~ kommen?* apakah ia pernah akan datang?
jemand (se)seorang, ada orang yg.; *sonst noch ~ ?* masih ada lagi sso.?
jen|er, –e, –es; –e *pl* itu
jenseitig seberang; berh. dng. alam baka
jenseits *Adv.* di seberang; *~ unseres Wissens* di luar batas pengetahuan kita; **≗** *n* (*–;O*) (dunia) akhirat, alam baka
Jesuit *m* (*–en;–en*) anggota Serikat Jesus
Jesus Christus Jesus (Yesus) Kristus; *Islam* Isa Almasih
Jet *m* (*–\$;–s*) pesawat pancar gas, *bp.* jet
jetzig (yg. berh. dng.) masa kini, sekarang
jetzt sekarang, kini, pd. waktu/saat ini; *für ~* utk. sekarang (ini); *von ~ an* mulai dari sekarang; **≗zeit** *f* (*–;O*) masa sekarang/kini
jeweilig yg. sekarang (berlaku, memegang jabatan . . .); *der ~e Klassenerste erhält e-n Preis* setiap juara kelas menerima hadiah; *den ~en Umständen nach* sesuai dng. situasi dan kondisi, *bp.* sikon
jeweils pd. setiap kali, selalu; pd. setiap kesempatan/kejadian; sewaktu-waktu; *~ am ersten* pd. setiap tanggal satu
Joch *n* (*–\$s;–e*) **1.** kuk; *er hat e schweres ~ zu tragen* ia menanggung beban yg. berat; **2.** ukuran satuan luasnya tanah; **3.** sela, tempat melewati punggung gunung; **–bein** *n*

tulang pipi; **–brücke** *f* jembatan bertiang
Jockei *m* (*–s;–s*) joki, penunggang kuda pacuan
Jod *n* (*–s;O*) yodium
jodeln *tr. itr.* bernyanyi yodel (spt. penduduk pengunungan Alpen)
Jodtinktur *f* larutan yodium
Johanni(s) *n* (*–;O*) hari di pertengahan musim panas (tanggal 24 Juni); **–sbeere** *f* sm. buah bundar kecil (merah, hitam atau putih), *ribes;* **–swürmchen** *n* kunang-kunang
johlen *itr.* bergaduh, berteriak
Jolle *f* (*–;–n*) sampan kecil, joli
Joppe *f* (*–;–n*) sm. jaket, sm. jas pendek
Journal *n* (*–s;–e*) buku (catatan) harian; majalah berkala; **–ismus** *m* (*–;O*) jurnalisme, kewartawanan; **–ist** *m* (*–en;–en*) wartawan; **–istin** *f* (*–;–en*) wartawati
jovial riang, baik hati dan gembira
Jubel *m* (*–s;O*) sorak-sorai; **–feier** *f*, **–fest** *n* pesta peringatan; **≗n** *itr.* bersorak-sorai
Jubil|ar *m* (*–s;–e*), **–arin** *f* (*–;–nen*) orang yg. memperingati hari ulang tahun tertentu; **–äum** *n* (*–s;. . . äën*) hari peringatan; **≗ieren** (–) *itr.* bersorak-sorai; *ugs.*, merayakan peringatan
Juchtenleder *n* kulit halus dan harum
jucken *itr.* gatal; *sich* ~ menggaruk; *es juckt mich* saya merasa gatal; *das Thema juckt mich* pokok itu menarik bagi saya
Jude *m* (*–n;–n*) (orang) Yahudi; **–nviertel** *n* perkampungan Yahudi, getto
Jüd|in *f* (*–;–nen*) wanita Yahudi; **≗isch** Yahudi
Jugend *f* (*–;O*) masa/usia muda; kaum muda, muda-mudi; *von ~ auf* sedari kecil; **–alter** *n* masa muda; **–amt** *n* instansi (urusan) muda-mudi; **–bewegung** *f* gerakan kaum muda (tahun 20–an abad ini); **–bücher** *pl* buku-buku (utk.) remaja; **–erinnerung** *f* kenang-kenangan (akan) masa muda; **≗frei** orang muda boleh masuk/melihat; **–freund(in** *f*) *m* teman masa muda; **–fürsorge** *f* dinas sosial utk. kaum muda; **≗gefährdend** tdk. baik utk. orang muda; **–gericht** *n* pengadilan utk. kaum muda; **–herberge** *f* pondokan/pesanggrahan utk. orang muda yg. sedang dl. perjalanan; **–kriminalität** *f* kenakalan/kriminalitas remaja
jugend|lich muda, belia; **≗liche** *m* (*–n;–n*) pemuda, pemudi, muda-mudi, remaja
Jugend|liebe *f* cinta pertama; **–schriften** *pl* karya pengarang muda; buku/majalah utk. anak muda; **–schutz** *m* perlindungan kaum muda; **–streich** *m* kebandelan anak muda; **–sünde** *f* kesalahan pd. waktu muda; **–verbot** *m* dilarang utk. remaja, utk. dewasa saja; **–werk** *n* karya pengarang pd. waktu masih muda; **–zeit** *f* masa muda
Juli *m* (*–s;O*) (bulan) Juli
jung muda; *~er Wein* anggur baru; *von ~ auf* sejak masa muda; *~ u. alt* semua
Junge 1. *m* (*–n;–n*) anak laki-laki, pemuda; *bp.* cowok; *Kartenspiel* pangeran, *jack*, yongen; **2.** *n* (*–n;–n*) anak binatang; *~ werfen, s. jungen;* **≗n** *itr., Tier* beranak; **≗nhaft** spt. anak laki-laki; **–nstreich** *m* kebandelan anak laki-laki
jünger lebih muda; lebih baru; *~er Bruder, ~e Schwester* adik laki-laki/perempuan; **≗** *m* (*–s;–*) murid, pengikut, cantrik
Jungfer *f* (*–;–n*) gadis, nona, dayang; *alte ~* perawan tua; **–nfahrt** *f*, **–nreise** *f* perjalanan perdana; **–nhäutchen** *n* selaput dara; **–nschaft** *f* (*–;O*) kegadisan
Jung|frau *f* perawan, gadis; **≗fräulich** spt. perawan, (masih) gadis; *~er Boden, fig.* tanah yg. belum pernah digarap; **–fräulichkeit** *f* (*–;O*) keperawanan; keadaan wadat; **–geselle** *m* bujang; **–gesellin** *f* (*–;–nen*) wanita yg. belum kawin
Jüngling *m* (*–s;–e*) pemuda, remaja, bujang, jejaka
jüngst *Adj.* paling muda; paling akhir; *der ≗e Tag* hari kiamat; *Adv.* baru-baru ini

jung|verheiratet, –vermählt belum lama kawin
Juni *m* (–*$*;*O*) (bulan) Juni
junior yg. lebih muda, yunior; **≗en** *pl* olahragawan muda
Junker *m* (–*s*;–) tuan tanah (di Jerman sebelah Timur)
Junktim *n* (–*s*;–*s*) hubungan yg. tak terpisahkan
Jupiterlampe *f* lampu sorot
Jura 1. *pl* ilmu hukum; **2.** *m* (–;*O*) *Geo.* (yg. berh. dng.) masa jura; Pegunungan Jura(di Eropa Tengah)
juridisch yuridis, menurut hukum
Jurisprudenz *f* (–;*O*) ilmu hukum, yurisprudensi
Jurist *m* (–*en*;–*en*) ahli hukum, yuris; **≗isch** yg. berh. dng. hukum, yuridis
Jury *f* (–;–*s*) juri
just baru saja; justru; **–ieren** (–) *tr.* menyesuaikan, memasang dng. tepat, mencocokkan
Justiz *f* (–;*O*) aparatur penegak keadilan, yustisi (kehakiman, pengadilan, kejaksaan); **–beamte** *m* pegawai kehakiman; **–minister** *m* menteri kehakiman; **–ministerium** *n* departemen kehakiman; **–mord** *m* pelaksanaan hukuman mati atas orang yg. tdk. bersalah; **–rat** *m* pegawai tinggi kehakiman; **–verfassung** *f* sistem pengadilan; **–wesen** *n* lembaga-lembaga yg. berh. dng. pengamalan keadilan, aparatur penegak hukum
Jute *f* (–;*O*) goni, yute, rami, *corchorus capsularis*
Juwel *n* (–*s*;–*en*) permata, intan, jauhar; perhiasan; *fig.* orang yg. sangat berguna; **–en** *pl* perhiasan; **–enkästchen** *n* kotak perhiasan
Juwelier *m* (–*s*;–*e*) jauhari, tukang emas/intan
Jux *m* (–*es*;–*e*) *ugs.* lelucon, banyolan

K

Kabale *f* (*–;–n*) kongkalikong, intrik
Kabarett *n* (*–s;–e/–s*) kabaret, pertunjukan hiburan berupa nyanyian, tarian dsb.
Kabel *n* (*–s;–*) kabel, kawat; **≗n** *tr. itr.* mengirim kawat/telegram
Kabine *f* (*–;–n*) kabin, kamar/ruang dl. kapal laut atau pesawat terbang
Kabinett *n* (*–s;–e*) kabinet, dewan pemerintahan; *Raum* ruang kecil utk. perundingan atau kumpulan (barang-barang berharga); **–skrise** *f* krisis kabinet; **–ssitzung** *f* sidang/rapat kabinet; **–stück** *n* prestasi/karya istimewa
Kabriolett *n* (*–s;–e*) kereta kuda beroda dua; *Auto* mobil penumpang yg. dapat dibuka tendanya, kabriolet
Kachel *f* (*–;–n*) ubin porselen
Kacke *f* (*–;O*) *derb* tahi
Kadaver *m* (*–s;–*) bangkai; **–gehorsam** *m* ketaatan buta
Kader *m* (*–s;–*) kader, kelompok orang terlatih
Kadett *m* (*–en; –en*) siswa akademi militer, taruna, kadet; **–enschiff** *n* kapal latihan
Kadi *m* (*–s; –s*) *j-n vor den ~ schleppen* menyeret sso. ke meja hijau
Käfer *m* (*–s;–*) kumbang, *coleoptera*
Kaff 1. *m, n* (*–s;O*) sekam; barang yg. tdk. berharga, barang rongsokan; **2.** *n* (*–s;–s*) *ugs.* tempat kecil yg. membosankan
Kaffee 1. *m* (*–s;O*) kopi; *zeitlich* waktu (utk.) minum kopi; *gemahlener ~* kopi bubuk; *fig., kalter ~* sudah basi; **2.** *n* (*–s;–s*) restoran/kedai kopi; **–bohne** *f* biji kopi; **–brenner** *m* penggoreng(an) kopi; **– –Ersatz** *m* kopi tiruan; **–filter** *m* penyaring kopi; **–geschirr** *n* perangkat minum kopi
Kaffee|haus *n* kedai kopi; **–kanne** *f* teko, cerek, poci (utk. kopi); **–klatsch** *m*, **–kränzchen** *n* minum-minum kopi (di antara ibu-ibu sebagai kesempatan utk. mengobrol); **–maschine** *f* alat utk. masak kopi, cerek penapis/perecik kopi; **–mühle** *f* (peng)gilingan kopi; **–plantage** *f* perkebunan kopi; **–satz** *m* ampas kopi; **–tasse** *f* cangkir kopi; **–wärmer** *m* sm. bantalan utk. menutupi teko spy. kopi tetap hangat
Käfig *m* (*–s;–e*) kandang, kurungan; sangkar; *Tech.* bantalan peluru, kohelaher
kahl botak, kosong, tandus; **–geschoren** *Adj.* gundul; **≗kopf** *m* (si) kepala botak; **–köpfig** berkepala botak; **≗schlag** *m* penebangan hutan sampai habis, penggundulan hutan
Kahn *m* (*–s;¨–e*) perahu, sekoci, sampan kecil
Kai *m* (*–s;–s/–e*) pangkalan, dermaga
Kaiman *m* (*–s;–e*) *Zo.* sm. buaya (di Amerika Selatan)
Kaiser *m* (*–s;–*) kaisar, maharaja; **≗lich** kekaisaran; **–reich** *n* kekaisaran; **–schnitt** *m*, *Med.* bedah sesar, *sectio caesarea*; **–tum** *n* (*–s;O*) kekaisaran
Kajüte *f* (*–;–n*) kamar/bilik di kapal, kabin
Kakadu *m* (*–s;–s*) burung kakatua, *kakatoeinae*
Kakao *n* (*–s;O*) pohon/bubuk/biji/minuman coklat; *j-n durch den ~ ziehen* mengganggu/memperolok sso.

Kakerlak *m* (*–s/–en;–en*) lipas, kacoak, coro, *blatta orientalis;* orang atau binatang bulai/bular, *albino*

Kakteë *f* (*–;–n*), **Kaktus** *m* (*–;Kakteën*) kaktus; *ugs. derb* tahi manusia

Kalamität *f* (*–;–en*) kesulitan, keadaan terjepit

Kalb *n* (*–ẹs;⁻er*) anak sapi/lembu; **⁼en** *itr.* (lembu) beranak; (gunung es) melepas dari gletser

kalbern *itr.*, **kälbern** *itr.* bermain-main; bertingkahlaku kekanak-kanakan

Kalb|fell *n* kulit anak lembu (dng. bulu-bulunya); **–fleisch** *n* daging anak lembu; **–leder** *n* kulit anak lembu (yg. sudah disamak)

Kalbs|braten *m* daging goreng anak lembu; **–bries(·chen)** *n* (*–es;–e*) daging empuk dari kelenjar kacangan anak lembu; **–haxe** *f*, **–keule** *f* daging paha anak lembu; **–kopf** *m* kepala anak lembu; *fig.* orang yg. bersikap kekanak-kanakan; **–milch** *f, s. Kalbsbries;* **–schnitzel** *n* irisan daging anak lembu yg. digoreng, *bp.* snisel

Kalender *m* (*–s;–*) penanggalan, kalender

kalfatern (–) *tr.* memakal

Kali *n* (*–s;–s*) kalium hidroksid; alkali

Kalib|er *n* (*–s;–*) kaliber, garis tengah laras senapan, ukuran lebar dl. pipa; *fig.* kecakapan, sikap dan sifat; **⁼rieren** (–) *tr.* mengukur jarak kaliber

Kalium *n* (*–s;O*) kalium; **–chlorat** *n* klorat-kalium

Kalk *m* (*–ẹs;–e*) kapur; **–bewurf** *m* (*–ẹs;O*) plester kapur; **–brennerei** *f* pekapuran; **⁼en** *tr.* mengapur(i); **⁼haltig** mengandung kapur; **⁼ig** mengandung kapur, spt. kapur; **–ofen** *m* (tungku) pekapuran; **–stein** *m* batu kapur

Kalkul|ation *f* (*–;–en*) kalkulasi, perhitungan ongkos; **⁼ieren** (–) *tr. itr.* mengadakan kalkulasi, menghitung, memperhitungkan (untung-rugi)

Kalorie *f* (*–;. . . iën*) kalori

kalt dingin; *j-n ~machen* membunuh sso.; *die ~e Schulter zeigen* bersikap dingin; **–blütig** berdarah dingin, tak berperasaan; *ruhig* tenang

Kälte *f* (*–;O*) kedinginan, suhu dingin; **⁼beständig** tahan dingin; **–erzeuger** *m* mesin pendingin; **–grad** *m* derajat kedinginan; derajat di bawah nol (Celsius); **–welle** *f* cuaca dingin; *Meteorologie* gelombang hawa dingin

kalt|herzig berhati dingin; **–lassen** *unr. itr., das läßt mich kalt* tdk. berkesan pd. saya; **⁼leim** *m* lem (dingin); **⁼schale** *f* sop buah dingin; **–schnäuzig** *ugs.* tdk. mempedulikan perasaan orang lain; bersifat dingin; **–stellen** *tr. ugs., j-n ~* menyingkirkan/menyisihkan sso. dari kedudukan penting; **⁼welle** *f* keriting rambut dingin

Kamel *n* (*–s;–e*) onta, *camelidae; fig.* orang tolol; **–haar** *n* bulu onta

Kamera *f* (*–;–s*) kamera, alat pemotret

Kamerad *m* (*–en;–en*) kawan, sahabat; *~!* bung! **–schaft** *f* (*–;–en*) persahabatan; regu kecil; **⁼schaftlich** bersahabat, akrab; **–schaftsgeist** *m* semangat persahabatan/korps

Kameramann *m* juru kamera

Kamin *m* (*–s;–e*) cerobong asap; perapian; **–feger** *m* penyapu cerobong asap

Kamm *m* (*–ẹs;⁻e*) sisir; punggung (gunung); *Hahn* balung, jengger; *ihm schwillt der ~* ia menjadi sombong/congkak; *über e-n ~ scheren* menyamaratakan

kämmen *tr. refl.* menyisir

Kammer *f* (*–;–n*) kamar, bilik, ruang; *Mil.* tempat penyimpanan pakaian; *Handel* kamar dagang; *Erste ~* majelis rendah; *Zweite ~* majelis tinggi; **–diener** *m* pelayan pribadi, abdi dalem

Kämmer|ei *f* (*–;–en*) dewan/jawatan keuangan; **–er** *m* (*–s;–*) kepala jawatan keuangan (kotapraja)

Kammer|frau *f* wanita pelayan pribadi/dalam; **–gericht** *n* pengadilan tinggi (utk. naik banding); **–herr** *m* pengurus rumahtangga raja; **–jäger** *m* tukang pemberantas serangga rumah; **–musik** *f* musik utk. main di ruang kecil, musik kamar; **–ton**

(**–höhe** *f*) *m, Mus.* nada A mayor (= 440 gelombang dobel); **–zofe** *f* wanita pelayan pribadi
Kamm|garn *n* kamhar, benang/kain wol bermutu tinggi; **–stück** *n* daging leher
Kampagne *f* (*–;–n*) kampanye; perjuangan
Kampf *m* (*–(e)s;–̈e*) perjuangan, pertarungan; *Sp.* pertandingan; perlombaan; *Konflikt* pertentangan, konflik; ~ *ums Dasein* perjuangan hidup; **–ansage** *f* tantangan; **–bahn** *f, Sp.* gelanggang, arena; **⁼bereit** siap berjuang/tempur; **–einheit** *f, Mil.* satuan tempur
kämpfen *itr.* berjuang, bertempur, berperang; *fig.* berusaha keras
Kampfer *m* (*–s;O*) kamper, kapur barus
Kämpfer *m* (*–s;–*) pejuang; **⁼isch** bersemangat perjuangan
Kampf|flugzeug *n* pesawat tempur; **–geist** *m* semangat berjuang/tempur; **–gruppe** *f* regu tempur; **–hahn** *m* jago; ayam sabungan; **–handlung** *f* pertempuran; **⁼los** tanpa perjuangan/usaha; **⁼lustig** suka berkelahi; **–richter** *m* wasit; **–spiel** *n* perlombaan, pertandingan; **⁼unfähig** tdk. berdaya lagi, lumpuh; ~ *machen* melumpuhkan; **–wagen** *m* kendaraan berlapis; **–zone** *f* daerah pertempuran/peperangan
kampieren (–) *itr.* berkemah
Kanaille *f* (*–;–n*) penjahat, orang busuk
Kanal *m* (*–s;–̈e*) terusan, kanal; parit, saluran; **–isation** *f* (*–;–en*) penyaluran air kotor, sistem riol; kanalisasi; **⁼isieren** (–) *tr.* menyalurkan, mengalirkan; **–isierung** *f* (*–;–en*) pengadaan kanal/riol; kanalisasi; perbuatan memperdalam sungai (spy. kapal dapat melaluinya)
Kanariënvogel *m* burung kenari, *serinus canarius*
Kandare *f* (*–;–n*) kendali, kekang (-an); *j-n an der ~ nehmen* mengawasi sso. dng. ketat
Kandidat *m* (*–en;–en*) calon, bakal, kandidat; **–enliste** *f* daftar calon; **–ur** *f* (*–;–en*) pencalonan
kandidieren (–) *itr.* mencalonkan diri
kandier|en (–) *tr.* membuat/menjadikan manis; **–t** ~*e Früchte* manis-manisan
Kandis(zucker) *m* (*–;O*) gula batu
Kaneel *m* (*–s;–e*) kayu manis, *canella alba*
Känguruh *n* (*–s;–s*) kanguru, *macropodinae*
Kaninchen *n* (*–s;–*) kelinci, *oryctolagus cuniculus;* **–bau** *m* sarang kelinci; **–stall** *m* kandang kelinci
Kanister *m* (*–s;–*) jeriken
Kanne *f* (*–;–n*) tempat air/minuman, kan, cerek; *Kaffee* poci; *Tee* morong; **–gießer** *m* (*–s;–*) *fig.* politikus pembual
Kannibal|e *m* (*–n;–n*) kanibal; **⁼isch** yg. berh. dng. kanibal; kejam; *ugs.* sangat
Kanon *m* (*–s;–s*) nyanyian kanon/sambung-menyambung; *Maßstab* ukuran (keindahan . . .), norma; *Rel.* doa syukur agung; daftar kitab-kitab suci yg. diakui resmi
Kanonade *f* (*–;–n*) tembak-menembak dng. meriam
Kanone *f* (*–;–n*) meriam, kanon; *ugs.* jago; *unter aller ~ sein* jelek sekali, bermutu sangat rendah; **–nboot** *n* kapal meriam; **–ndonner** *m* dentuman meriam; **–nfutter** *n, fig.* tentara yg. dibiarkan mati dng. sia-sia; **–nkugel** *f* peluru (meriam); **–nrohr** *n* laras meriam; **–nschuß (–weite** *f*) *m* (jangkauan) tembakan meriam
Kanon|ikus *m* (*–;. . . ker*) imam Katolik/Anglikan anggota dewan katedral; **⁼isch** ~*es Recht* Hukum Gereja; **⁼isieren** (–) *tr.* menyatakan kudus
Kantate *f* (*–;–n*) nyanyian utk. paduan suara dan instrumen, kantata
Kante *f* (*–;–n*) sisi, pinggir; tepi; *Geld auf die hohe ~ legen* menyisihkan uang utk. menabung; **⁼n** *tr.* menempatkan pd. sisi; membuat bersisi-sisi; **–n** *m* (*–s;–*) kepala dan ujung roti
kantig bersanding; bersegi(-segi); *fig.* kurus

Kantine *f* (–;–*n*) kantin, ruang makan karyawan
Kanton *m* (–*s*;–*e*) negara bagian (di Swiss)
Kantor *m* (–*s*;–*en*) penyanyi utama; pemimpin nyanyian/koor di gereja
Kanu *n* (–*s*;–*s*) kano, sm. perahu
Kanüle *f* (–;–*n*) pipa kecil; *Med.* jarum suntik
Kanzel *f* (–;–*n*) mimbar; *Flgw.* kokpit; **–redner** *m* pengkhotbah
Kanzlei *f* (–;–*en*) kantor pemerintahan/pengadilan/pengacara; **–sprache** *f* bahasa Jerman yg. digunakan dl. dokumen abad pertengahan; bahasa kaku
Kanzler *m* (–*s*;–) kanselir; pejabat kedutaan; kurator, pimpinan administrasi perguruan tinggi
Kap *n* (–*s*;–*s*) tanjung
kapabel cakap, sanggup, mampu, kapabel
Kapazität *f* (–;–*en*) kapasitas; kesanggupan, daya; kemampuan memuat; *e–e* ~ (orang) ahli dl. bidang tertentu
Kapell|e *f* (–;–*n*) gereja kecil, kapel; *Mus.* ben, orkes; **–meister** *m* pemimpin orkes
Kaper 1. *f* (–;–*n*) sm. tumbuh-tumbuhan utk. bumbu, kaper, *caparis;* **2.** *m* (–*s*;–) perompak, bajak laut; **–ei** *f* (–;–*en*) pembajakan; **≗n** *tr.* membajak; mengambil; **–schiff** *n* kapal (pem)bajak
kapieren (–) *tr. ugs.* mengerti, memahami, menangkap
Kapillargefäß *n*, *Anat.* pembuluh rambut, pembuluh yg. halus-halus, kapiler, *capillaria*
Kapital *n* (–*s*;–*iën*/–*e*) modal, kapital; kaum bermodal; ~ *schlagen aus* memanfaatkan, mengambil keuntungan; **≗** besar, luar biasa
Kapitäl *n* (–*s*;–*e*) *s. Kapitell*
Kapital|abwanderung *f* pelarian modal; **–anlage** *f* penanaman modal, investasi; **–beschaffung** *f* pengumpulan modal; **–ertragssteuer** *f* pajak atas bunga dari modal; **–fehler** *m* kesalahan (ter-) besar; **–flucht** *f*, *s. Kapitalabwanderung;* **–gesellschaft** *f* perseroan terbatas; **≗intensiv** padat modal; **≗isieren** (–) *itr.* menguangkan; memperhitungkan nilai dl. jumlah uang; **–ismus** *m* (–;*O*) kapitalisme; **–ist** *m* (–*en*;–*en*) orang kapitalis; **≗istisch** kapitalistis; **–mangel** *m* kekurangan modal; **–markt** *m* pasar(an) modal; **–verbrechen** *n* kejahatan besar
Kapitän *m* (–*s*;–*e*) nakhoda; pemimpin; *Sp.* kapten regu; *Flgw.* pilot; ~ *zur See* kolonel Angkatan Laut; **–leutnant** *m* kapten Angkatan Laut
Kapitel *n* (–*s*;–) bab, bagian; *Rel.* dewan; *das ist e anderes* ~ ini masalah lain
Kapitell *n* (–*s*;–*e*) mal, bagian paling atas dari tiang/pilar
Kapitu|lation *f* (–;–*en*) penyerahan, kapitulasi; **≗lieren** (–) *itr.* menyerah kalah
Kaplan *m* (–*s*;–̈*e*) pastor pembantu
Kapok *m* (–*s*;*O*) kapuk; **–baum** *m* pohon kapuk, *ceiba pendantra*
Kappe *f* (–;–*n*) pet, peci; *Schuh* ujung sepatu; *et. auf s-e* ~ *nehmen* menanggung sst./akibat; **≗n** *tr.* memotong, membabat
Kapriole *f* (–;–*n*) loncat-loncatan kegembiraan; permainan/pertualangan gila-gilaan
Kapsel *f* (–;–*n*) kapsul, kotak; penutup, sarung
kaputt *ugs.* rusak, hancur; *ich bin* ~ saya capek sekali; **–gehen** *unr. itr.* menjadi hancur; **–machen** *tr.* merusakkan
Kapuze *f* (–;–*n*) tudung lancip
Kapuziner *m* (–*s*;–) *Rel.* kapusin, anggota ordo Saudara-saudara Dina
Karabiner *m* (–*s*;–) karabin, sm. senapan; **–haken** *m* kait/cantelan dng. katup otomatis
Karaffe *f* (–;–*n*) sm. kendi dari gelas, serahi besar, karaf anggur
Karambolage *f* (–;–*n*) tabrakan
Karat *n* (–*e*s;–*e*) karat, ukuran utk. menentukan kadar emas; *Juwelen* bobot/beratnya permata
Karawan|e *f* (–;–*n*) kafilah; **–serei** *f* (–;–*en*) tempat perhentian kafilah
Karbid *n* (–*e*s;*O*) karbit
Karbolsäure *f* asam karbol
Karbonade *f* (–;–*n*) daging panggang (dari rusuk)

Karbunkel *m* (–s;–) (pekung) inas, karbunkul
Kardamom *m* (–s;–e) kepulaga, *amomum cardamomum*
Kardan|gelenk *n* kopeling/sendi kardan; **–welle** *f* poros kardan
Kardinal *m* (–;–e) kardinal; **–tugend** *f* satu di antara empat keutamaan pokok (keberanian, keadilan, kesederhanaan dan kebijaksanaan); **–zahl** *f* bilangan pokok
Kardiogramm *n* (–s;–e) *Med.* kardiogram
Karenzzeit *f* masa penantian
Karfreitag *m* Jumat Suci
karg serba kurang, tandus; *spärlich* sedikit sekali; **–en** *itr.* menghemat; **≗heit** *f* (–;O) tandusnya, kemiskinan, keadaan bersahaja
kärglich serba kurang, miskin
Kargo *m* (–s;–s) muatan kapal
kariert berkotak-kotak; *~es Zeug reden, ugs. bp.* omong bodoh
Karikatur *f* (–;–en) karikatur, gambar ejekan
karitativ murah hati, bersikap membantu
karm(es)inrot (warna) merah cerah
Karneval *m* (–s;–e/–s) pesta rakyat sebelum Rabu Abu (permulaan masa puasa)
Karnickel *n* (–s;–) kelinci
Karo *n* (–s;–s) belah ketupat; *Kartenspiel* ret, wajik; **–muster** *n* pola dng. petak-petak bersegi, corak dam
Karosse *f* (–;–n) kereta (kencana); **–rie** *f* (–;. . .iën) karoseri, badan mobil
Karotte *f* (–;–n) wortel, *daucus carota*
Karpfen *m* (–s;–) ikan karper/tambera, *cyprinus carpio*
Karre *f* (–;–n) gerobak, kereta (dorong)
Karree *n* (–s;–s) persegi empat, bujur sangkar
Karren *m* (–s;–) *s. Karre;* ≗ *tr. itr.* mengangkut dng. gerobak/kereta-dorong
Karriere *f* (–;–n) karier
Karsterscheinungen *pl* gejala-gejala karst
Karte *f* (–;–n) kartu; *Landkarte* peta; *Fahr–, Eintrittskarte* karcis (masuk, bis . . .); *~n spielen* main kartu; *alles auf e-e ~ setzen* mengambil risiko besar
Kartei *f* (–;–en) kartotik, perkartuan; **–karte** *f* kartu kartotik; **–kasten** *m* kotak perkartuan
Kartell *n* (–s;–e) kartel, sindikat, kongsi; *Univ.* gabungan ikatan/organisasi mahasiswa
Karten|blatt *n* lembaran peta; **–haus** *n, Mar.* ruang(an) peta; *zusammenbrechen wie e ~, fig.* berantakan spt. rumah di atas pasir; **–legerin** *f* (–;–nen) dukun peramal yg. menggunakan kartu; **–spiel** *n* main kartu; sebungkus kartu; **–zeichner** *m* kartograf, pembuat peta
Kartoffel *f* (–;–n) kentang, *solanum tuberosum;* **–anbau** *m* penanaman kentang; **–brei** *m* bubur kentang; **–puffer** *m* (–s;–) panekuk kentang; **–schalen** *pl* kulit kentang
Kartograph *m* (–en;–en) kartograf, pembuat peta; **–ie** *f* (–;O) kartografi, ilmu pemetaan
Karton *m* (–s;–s) kardus, kertas tebal, karton; *Schachtel* dos karton; **≗ieren** (–) *tr.* menjilid dng. menggunakan kertas tebal
Kartothek *f* (–;–en) *s. Kartei*
Karussell *n* (–s;–s/–e) komidi putar, korsel
Karwoche *f* Minggu Suci (sebelum Paskah)
Karzer *m* (–s;–) *veraltet* penjara di sekolah/universitas
Käse *m* (–s;–) keju; *das ist doch ~, ugs.* itu tdk. ada artinya, omong-kosong; **–blatt** *n* koran lokal; **–glocke** *f* tutup tempat (simpanan) keju
Kasematte *f* (–;–n) tempat perlindungan dl. benteng atau kapal perang
Kasern|e *f* (–;–n) tangsi; **–enhof** *m* lapangan tangsi; **≗ieren** (–) *tr.* menempatkan di tangsi, mengasramakan
käsig *fig.* pucat
Kasino *n* (–s;–s) ruang/gedung hiburan; kantin; *Mil.* ruang makan/pertemuan/rekreasi perwira; *Spielkasino* tempat perjudian, kasino
Kaskoversicherung *f* asuransi utk. kerusakan pd. kendaraan

Kasperle *n* (–*s*;–) tokoh lucu dl. sandiwara boneka atau wayang golek (utk. anak-anak); **–theater** *n* pertunjukan sandiwara boneka

Kassa *f* (–;*Kassen*) *s. Kasse*

Kassation *f* (–;–*en*) kasasi, pembatalan; *Mil.* pemecatan dng. tdk. hormat

Kasse *f* (–;–*n*) kas, tempat menyimpan uang, *bp.* peti uang; *Ladenkasse, Schalter* tempat/loket utk. membayar atau menerima uang; *Bargeld* uang kontan; *Versicherung* asuransi kesehatan; *Sparkasse* bank tabungan; *gut/schlecht bei ~ sein* sedang/tdk. mempunyai uang; *~ bei Lieferung* pembayaran pd. saat penyerahan

Kassen|abschluß *m* saldo buku-kas/uang; **–anweisung** *f* perintah bayar tunai; **–arzt** *m* dokter yg. melayani anggota asuransi kesehatan; **–beleg** *m* bon pembayaran; **–bericht** *m* laporan uang tunai atau keadaan keuangan; **–bestand** *m* isi kas; **–bote** *m* pesuruh bank; **–buch** *n* kasbuk, buku kas; **–erfolg** *m* sukses keuangan; **–führer** *m* kasir, pemegang kas, bendahara; **–patient** *m* pasien (yg.) anggota asuransi kesehatan; **–prüfung** *f* pemeriksaan dan laporan kas; **–raum** *m* ruangan loket

Kassen|schalter *m* loket (kas); **–schein** *m* tanda terima, kwitansi; **–zettel** *m* bon, tanda terima (yg. disahkan kas); **–zwang** *m* kewajiban masuk asuransi kesehatan

Kasserolle *f* (–;–*n*) sm. panci masak (bertutup yg. mempunyai pegangan)

Kassette *f* (–;–*n*) peti/kotak bagus dan kecil; *Tonband* kaset; *Zimmer* langit kamar yg. berkotak persegi

kassier|en (–) *tr. itr.* menerima uang; meniadakan (keputusan hakim); *Mil.* memecat, **²er(in** *f*) *m* (–*s*;–) pemegang kas, kasir

Kastanië *f* (–;–*n*) pohon/buah berangan, *castanea; die ~n für j-n aus dem Feuer holen* berkorban utk. membantu orang lain yg. sedang dl. kesulitan; **²nbraun** berwarna sawo matang

Kaste *f* (–;–*n*) kasta

kasteien (–) *refl.* bermati-raga, menyiksa diri

Kastell *n* (–*s*;–*e*) benteng, kastil

Kasten *m* (–*s*;–̈) kotak, peti; lemari; *et. auf dem ~ haben* pandai sekali; **–geist** *m* pandangan sempit, sikap feodal

Kastr|at *m* (–*en*;–*en*) orang kasim, orang yg. dikebirikan; **²ieren** (–) *tr.* mengasim, mengebiri

Kasus *m* (–;–) kasus, soal, perkara, kejadian, peristiwa; *Gr.* kasus

Katakomben *pl* pekuburan di bawah tanah (di Roma), katakombe

Katalog *m* (–*es*;–*e*) buku daftar, katalogus; **²isieren** (–) *tr.* membuat daftar, mendaftarkan secara teratur

Katapult *n*, *m* (–*es*;–*e*) katapel

Katarrh *m* (–*s*;–*e*) radang selaput lendir

Kataster *m* (–*s*;–) daftar resmi pemilikan tanah, kadaster; **–amt** *n* kantor pendaftaran tanah

Katastrophe *f* (–;–*n*) bencana, musibah

Katech|ese *f* (–;–*n*) pelajaran agama; **–et** *m* (–*en*;–*en*), **–etin** *f* (–;–*nen*) pengajar/guru agama, katekis

Katechismus *m* (–;. . . *men*) katekismus, buku pelajaran agama (Kristen)

Kateg|orie *f* (–;. . . *iën*) golongan, jenis, kategori; **²orisch** dng. tegas, pasti; **²orisieren** (–) *tr.* menggolongkan

Kater *m* (–*s*;–) **1.** kucing jantan; **2.** *ugs.* rasa tdk. enak badan pd. hari sesudah minum minuman keras

Katheder *n* (–*s*;–) mimbar, podium; **–blüte** *f* ucapan pengajar yg. menimbulkan rasa geli

Kathedrale *f* (–;–*n*) gereja katedral/keuskupan

Katheter *m* (–*s*;–) *Med.* pipa penyadap

Kathode *f* (–;–*n*) katoda

Kathol|ik *m* (–*en*;–*en*), **–ikin** *f* (–;–*nen*) orang Katolik; **²isch** Katolik; **–izismus** *m* (–;O) agama Katolik

Kattun *m* (–*s*;–*e*) kain katun

katzbuckeln *itr.* menjilat, terlalu ramah

Katze *f* (–;–*n*) kucing, *felidae; das ist für die Katz, ugs.* sia-sia belaka; *die ~*

im Sack kaufen membeli kucing dl. karung; *die ~ läßt das Mausen nicht* orang jarang melepaskan kebiasaannya yg. lama
Katzen|auge *n* reflektor, lampu belakang pd. sepeda/motor; *Mineral* mata kucing; **≗freundlich** bersifat ramah secara dibuat-buat dan berlebihan; **–geschrei** *n* ngeong; **–jammer** *m, s. Kater 2.*; **–musik** *f* ngeong; musik fals, musik yg. menyakiti telinga; **–sprung** *m, ugs., e-n ~ weit* dekat sekali; **–tisch** *m* meja makan kecil utk. anak-anak; **–wäsche** *f* cuci muka dng. sedikit air saja
Kauderwelsch *n* (–*ꞩ;O*) bahasa (Jerman) yg. sukar dimengerti, *bp.* bahasa cap-cai
kauen *tr. itr.* mengunyah, memamah
kauern *itr. refl.* duduk berjongkok; meringkuk
Kauf *m* (–*ꞩs;¨e*) pembelian; belanjaan; *in ~ nehmen* mengambil risiko; **–auftrag** *m* order, pesanan; **–bedingungen** *pl* syarat-syarat pembelian; **–brief** *m* surat (pen)jualbeli(an), faktur; **≗en** *tr.* membeli
Käufer *m* (*–s;–*) pembeli
Kauf|fahrer *m* (*–s;–*) kapal dagang (zaman lampau); **–haus** *n* toko serba ada; **–kraft** *f* daya beli; **–kraftschwund** *m* merosotnya daya beli; **≗kräftig** mampu membeli; **–laden** *m* toko
käuflich dapat dibeli; *fig.* dapat disuap; **≗keit** *f* (*–;O*) korupsi
Kauf|mann *m* saudagar, pedagang; pemilik toko; pengusaha; **≗männisch** komersi(a)l, secara dagang, yg. berh. dng. perniagaan; **–mannschaft** *f* kaum pedagang; **–preis** *m*, **–summe** *f* harga beli; **–vertrag** *m* perjanjian/kontrak jual-beli
Kaugummi *m, n* permen karet
Kaulquappe *f* (*–;–n*) berudu, cebong
kaum hampir tdk.; baru saja; *wohl ~ !* saya kira tdk., (hampir) tak mungkin!
kausal ada hubungan sebab-akibat; **≗ität** *f* (*–;–en*) hubungan sebab-akibat; **≗itätsgesetz** *n* hukum sebab-akibat
Kautabak *m* sm. tembakau susur
Kautel *f* (*–;–en*) *Jur.* syarat
Kaution *f* (*–;–en*) uang jaminan; *e-e ~ stellen* menyerahkan (uang) jaminan
Kautschuk *m* (*–s;O*) karet, getah karet; **–baum** *m* pohon karet
Kauz *m* (*–es;¨e*) sm. burung hantu/serak/pungguk; *fig.* orang aneh; **≗ig** aneh, ganjil
Kavalier *m* (*–s;–e*) pria yg. sopan thd. wanita, jentelmen
Kavallerie *f* (*–;. . . iën*) kavaleri, pasukan kuda
Kaviar *m* (*–s;O*) telur terubuk, kaviar
Kebs|e *f* (*–;–n*), **–weib** *n* gundik, selir
keck lancang, berani
Kegel *m* (*–s;–*) kerucut; *mit Kind u. ~* dng. semuanya (keluarga); **–bahn** *f* jalur tempat menggelindingkan bola guling; **≗förmig** berbentuk kerucut, konis; **–klub** *m* perkumpulan main bola guling; **≗n** *itr.* main bola guling; **–schnitt** *m* bagian/potongan kerucut; **–spiel** *n* permainan bola guling/pancang, *bowling*
Kehle *f* (*–;–n*) tenggorok(an); kerongkongan; *et. in die falsche ~ bekommen* tersinggung karena salah tangkap
Kehl|kopf *m* pangkal-tenggorok(an); **–laut** *m* konsonan langit-langit lembut atau velar (g, k, ch)
Kehre *f* (*–;–n*) tikungan, belokan, pembelokan; **≗n** *tr. refl.* menyapu; membelok; membalik(kan); *das Oberste zuunterst ~* membolak-balikkan, membongkar-bangkirkan; *j-m den Rücken ~* meninggalkan sso. (karena kecewa); *sich nicht an j-n/et. ~* tdk. memperhatikan/mempedulikan sso./sst.
Kehricht *m* (*–ꞩs;O*) sampah; **–haufen** *m* tumpukan sampah; **–schaufel** *f* pengki
Kehr|maschine *f* mesin penyapu jalan; **–reim** *m* refren, bagian ulangan dl. sajak/lagu; **–seite** *f* bagian belakang; *fig.* segi negatif
kehrtmachen *itr.* berbalik (haluan)
keifen *itr.* membentak/menghardik dng. suara tinggi

Keil *m* (–(e)s;–e) baji; pasak; **–e** *f* (–;O) pukulan; **°en** *tr.* membaji; *sich* ~ saling memukul; *für et.* ~ membujuk (utk. masuk sst. kelompok); **–er** *m* (–s;–) babi hutan jantan; **–erei** *f* (–;–en) baku hantam

keil|förmig berbentuk baji; **°kissen** *n* kasur kecil yg. berbentuk baji; **°riemen** *m* sabuk-mesin (berbentuk V); **°schrift** *f* tulisan paku

Keim *m* (–(e)s;–e) kecambah, tunas; lembaga; *Med.* benih, kuman; **–blatt** *n* daun kecambah, lembaga daun; **–drüse** *f* kelenjar kelamin; **°en** *itr.* berkecambah; mulai (ber-) tumbuh; *fig.* muncul

keim|fähig dapat berkecambah/tumbuh; **–frei** steril, suci hama; **°ling** *m* (–s;–e) kecambah; **–tötend** yg. membuat steril; yg. meniadakan kuman; **°träger** *m* pembawa kuman penyakit; **°zelle** *f* sel kelamin yg. mempersatukan diri dng. sel lain utk. menjadi sel baru, gamet; *fig.* awal mulanya

kein bukan; *auf ~en Fall, s. keinesfalls*

kein|er, –e –(e)s tak seorang/sesuatu pun

keinerlei tdk. sesuatu pun, tak (ada) satu pun; *auf ~ Weise* dng. cara bagaimanapun juga tdk.

keines|falls, –wegs sama sekali tdk.

keinmal tdk. pernah

Keks *m, n* (–es;–e) kue kering, biskuit

Kelch *m* (–(e)s;–e) piala; *Bo.* tampuk

Kelle *f* (–;–n) sendok sop besar; *Maurer* sendok semen, cetok, centong, kulir

Keller *m* (–s;–) ruang di bawah lantai rumah/gedung; **–ei** *f* (–;–en) perusahaan anggur; **–meister** *m* ahli pembuat anggur; **–wechsel** *m* cek atas nama yg. dibuat-buat

Kelter *f* (–;–n) kilang anggur

kennbar dapat diketahui/dikenal

kennen *unr. tr.* mengenal, mengetahui; *sich* ~ saling mengenal, mengenal diri sendiri; **–lernen** *tr.* (mulai) berkenalan dng., belajar kenal

Kenner *m* (–s;–) ahli

Kennkarte *f* kartu/tanda pengenal

kenntlich dapat dikenal/diketahui, nyata, terang

Kenntnis *f* (–;–e) pengetahuan; *zur ~ nehmen* memaklumi; *in ~ setzen von* memberitahukan, memberi keterangan; **–nahme** *f* (–;O) *zur ~* utk. diketahui/diperiksa

Kennwort *n* kode; kata teguran

Kennzeich|en *n* ciri khas, tanda (pengenal); kriterium; gejala; **°nen** *tr.* memberi tanda (pengenal); *~ als* menggambarkan/menunjukkan sebagai; **°nend** khas

Kennziffer *f* nomor induk/pokok; nomor kode

kentern *itr.* menjungkir, terjungkir

Keramik *f* (–;–en) keramik, barang-barang tembikar

Kerb|e *f* (–;–n) takik, toreh, kelar, tetakan; **°en** *tr.* menakik; **–holz** *n, et. auf dem ~ haben* bersalah, menanggung kesalahan; **–tier** *n* serangga

Kerker *m* (–s;–) penjara; **–meister** *m* sipir

Kerl *m* (–s;–e/–s) laki(–laki); *e netter ~* orang simpatik

Kern *m* (–(e)s;–e) inti; biji; *fig.* pokok; **–chemie** *f* kimia nuklir; **–energie** *f* tenaga nuklir; **–forschung** *f* penelitian/riset nuklir; **–frage** *f* masalah/soal pokok; **–frucht** *f* buah berbiji; **–gehäuse** *n* pembungkus biji; **°gesund** sehat walafiat, segar-bugar; **–holz** *n* teras (kayu)

kernig mengandung biji; *fig.* asli, kuat

Kern|kraftwerk *n* pembangkit tenaga nuklir; **–leder** *n* kulit sangat kuat; **°los** tanpa biji; **–physik** *f* fisika nuklir/atom; **–punkt** *m* inti/pokok persoalan; **–reaktor** *m* reaktor nuklir; **–schuß** *m* tembakan yg. mematikan seketika; **–seife** *f* sabun cuci; **–spaltung** *f* pembelahan atom; **–spruch** *m* semboyan; **–truppen** *pl* pasukan inti; **–waffen** *pl* senjata nuklir

Kerosin *n* (–s;O) kerosin, minyak tanah

Kerze *f* (–;–n) lilin; *Mot.* busi; *Sp.* sikap lilin; **°ngerade** tegak lurus; **–nleuchter** *m* tempat/kaki lilin; **–nstärke** *f* kekuatan lilin (sebagai ukuran cahaya)

keß *kesse Biene, ugs.* gadis berani/bebas

Kessel *m* (*–s;–*) ketel, cerek; kuali besi; *Tech.* tangki; *Tal* lembah yg. dikelilingi gunung; *Mil.* (keadaan) terkepung; **–flicker** *m* tukang patri (yg. memperbaiki kuali); *sich zanken wie die* ~ suka berkelahi/ribut terus; **–haken** *m* kait tempat gantungan ketel; **–haus** *n* ruang/gedung ketel uap; **–schmied** *m* tukang pembuat ketel/kuali dsb.; **–stein** *m* kerak air, batu ketel; **–treiben** *n* pengejaran dari segala arah; **–wagen** *m* gerbong/mobil tangki

Kette *f* (*–;–n*) rantai, kalung; *Berge* barisan gunung; *e-e ~von Ereignissen* deretan/rangkaian peristiwa; **≗n** *tr.* merantai, membelenggu

Ketten|antrieb *m* transmisi rantai; **–brief** *m* surat berantai; **–glied** *n* mata rantai; **–hund** *m* anjing jaga; **–raucher** *m* pemadat rokok; **–reaktion** *f* reaksi berantai; **–schutz** *m* tutup rantai (pd. sepeda); **–stich** *m* setik rantai; (jahitan ber)kia

Ketzer *m* (*–s;–*) orang bidaah; **–ei** *f* (*–;–en*) bidaah; **≗isch** (bersifat) bidaah

keuch|en *itr.* terengah-engah, mengengah-engah; **≗husten** *m, Med.* batuk rejan, *pertussis*

Keule *f* (*–;–n*) pentung(an), gada; *Fleisch* daging paha; **–nhieb** *m*, **–nschlag** *m* pukulan pentung

keusch murni, suci; **≗heit** *f* (*–;O*) kemurnian

kichern *itr.* terkikih-kikih, ketawa kecil

kick|en *tr.* menyepak; **≗starter** *m, Mot.* setarter-injak

Kiefer 1. *m* (*–s;–*) rahang; **2.** *f* (*–;–n*) sm. pohon cemara/tusam, *pinus;* **–höhle** *f* rongga rahang-atas

Kiel *m* (*–es;–e*) lunas kapal; *Feder* gagang bulu burung; **≗holen** *tr.* menarik kapal ke pantai, memasukkan ke dok; *Strafe* menghukum awak kapal; **≗oben** *Adv.* terbalik; **–wasser** *n* air baling-baling, jaluran ombak

Kieme *f* (*–;–n*) insang

Kien *m* (*–es;O*) kayu damar; **–fackel** *f* obor kayu damar; **–span** *m* sepotong kayu damar

Kiepe *f* (*–;–n*) keranjang/ambung (yg. dibawa di punggung)

Kies *m* (*–es;–e*) batu kerikil halus, pasir kasar; *ugs., Geld* duit

Kiesel *m* (*–s;–*) batu kerikil/api; **–erde** *f* tanah (yg. mengandung) kersik/silikat, *dioksida silicium;* **–säure** *f* asam kersik

kiesig mengandung silikat/kersik

Kilo|gramm *n* kilogram; **–hertz** *n* kilohertz; **–meter** *m* kilometer; **–meterfresser** *m* pengendara mobil yg. suka berjalan jauh; **–meterstein** *m* batu/pal kilometer; **–meterzähler** *m* alat pencatat kilometer; **–watt** *n* kilowatt; **–wattstunde** *f* kilowatt (per) jam

Kimme *f* (*–;–n*) kelar, takik, toreh;

Kind *n* (*–es;–er*) anak, bayi; *ältestes ~* anak sulung; *jüngstes ~* anak bungsu; *e ~ bekommen* melahirkan, beranak; *e ~ erwarten* sedang mengandung; *mit ~ u. Kegel* dng. segala miliknya, segenap keluarga; *von ~ an* sejak kecil; *totgeborenes ~* anak yg. lahir dl. keadaan mati, *fig.* proyek yg. gugur pd. taraf perencanaan; **–bett** *n* nifas, *puerperium;* **–bettfieber** *n* deman nifas; **–chen** *n* (*–s;–*) anak kecil; *Anrede* sayang

Kinder|abteilung *f* bagian (k)anak-(k)anak; **–arzt** *m* dokter kanak-kanak; **–buch** *n* buku (utk.) anak-anak

Kinderei *f* (*–;–en*) (tindakan) kekanak-kanakan/nakal/tolol

Kinder|frau *f* pengasuh anak-anak; **–funk** *m* siaran radio utk. anak-anak; **–fürsorge** *f* kesejahteraan anak-anak; **–garten** *m* taman kanak-kanak; **–gärtnerin** *f* guru taman kanak-kanak; **–geld** *n, s. Kinderzulage;* **–gottesdienst** *m* ibadat khusus utk. anak-anak; **–heim** *n*, **–hort** *m* tempat penitipan anak-anak; **–kleid** *n* baju anak-anak; **–kleidung** *f* pakaian anak-anak; **–krankheit** *f* penyakit kanak-kanak; *fig.* kesulitan/cacat karena masih baru; **–kriegen** *n* keadaan (akan) melahirkan anak; *das ist zum ~* hal itu membuat sso. menjadi gila; **–lähmung** *f* penyakit lumpuh anak-anak, *poliomyelitis;* **≗leicht** sangat mudah; **–lied** *n* lagu anak-anak; **≗los** tdk. mempunyai anak; **–mädchen** *n*, *s. Kinderfrau*

Kinder|märchen *n* dongeng; **–pflege** *f* pemeliharaan anak-anak; **≗reich** mempunyai banyak anak; **–schreck** *m* momok; **–schuh** *m* sepatu anak; *noch in den ~en stecken* (penemuan teknis atau orang yg.) belum berkembang/matang; **–spiel** *n* permainan anak-anak; *fig.* hal yg. mudah/gampang, soal kecil/sepele; **–sterblichkeit** *f* angka kematian anak-anak; **–stube** *f* kamar anak-anak; *(k)eine gute ~ haben* (tdk.) beradat; **–wagen** *m* kereta bayi; **–zeit** *f* masa anak-anak/kecil; **–zimmer** *n* ruang anak-anak; **–zulage** *f* tunjangan (utk.) anak

Kindes|alter *n* masa kanak-kanak/anak; **–annahme** *f* pengangkatan/adopsi anak; **–beine** *pl*, *von ~n an* sedari kecil; **–entführung** *f* penculikan anak; **–kind** *n* cucu; **–liebe** *f* kasihsayang kpd. orangtua

Kindheit *f* (–;*O*) masa kecil/anak

kind|isch kekanak-kanakan; **–lich** spt./sebagai anak, sederhana, naif

Kind|skopf *m* si goblok; **–taufe** *f* pembaptisan anak

Kinkerlitzchen *pl* hal sepele; kekonyolan

Kinn *n* (–*ɇs*;–*e*) dagu; **–backen** *m* tulang rahang; **–bart** *m* bauk; **–haken** *m*, *Sp.* pukulan ke arah dagu; **–lade** *f* tulang rahang (bawah)

Kino *n* (–*s*;–*s*) bioskop; **–besucher** *m* penonton bioskop; **–reklame** *f* iklan/poster film; **–vorstellung** *f* pertunjukan film

Kiosk *m* (–*ɇs*;–*e*) kios(k)

Kippe *f* (–;–*n*) *Turnen* sm. ayunan kaki ke atas (pd. palang sejajar); *Müll* tempat pembuangan bahan sisa tambang atau sampah; *ugs.* puntung rokok; *auf der ~ stehen* terancam/mungkin gagal; **≗n** *tr.* membalikkan, memiringkan; menuang(kan); *itr.* jatuh

Kipp|karren *m* gerobak ungkit (yg. baknya dapat dibalikkan); **≗(e)lig** goyah, mudah terbalik; **–lore** *f* lori yg. baknya dapat dibalikkan; **–schalter** *m* sakelar-tuas

Kirche *f* (–;–*n*) *Gebäude* gereja; *Gemeinschaft* Gereja, Umat Kristen

Kirchen|älteste *m* penatua jemaat; **–bann** *m* pengucilan dari Gereja; **–blatt** *n* mingguan gereja; **–bücher** *pl* buku registrasi jemaat/paroki; **–buße** *f* denda yg. ditetapkan oleh Gereja; **–diener** *m* pelayan gereja, koster; **–gebet** *n* doa pembukaan; **–gemeinde** *f* jemaat, paroki, umat; **–geschichte** *f* sejarah Gereja; **–kreis** *m* wilayah administrasi Gereja Protestan; **–lehrer** *m* pujangga Gereja; **–lied** *n* nyanyian/lagu Gereja; **–musik** *f* musik Gereja/sakral; **–rat** *m* dewan Gereja; pejabat dl. Gereja Protestan; **–raub** *m* pencurian milik gereja/umat; **–recht** *n* Hukum Gereja; **–schändung** *f* penajisan gedung gereja; **–schiff** *n* bagian tengah dari ruang gereja; **–spaltung** *f* perpecahan (dl.) Gereja, skisma; **–staat** *m* negara gereja (Vatikan); **–steuer** *f* pajak kegerejaan; **–tag** *m* sidang raya Gereja; **–vater** *m* Bapak Gereja; **–vorstand** *m* (anggota) dewan paroki; **–vorsteher** *m* pemimpin jemaat, penatua; **–zucht** *f* tata tertib Gereja

Kirch|gang *n* kepergian ke gereja; turut-sertanya ibadah di gereja; **–hof** *m* kuburan (di halaman gereja), *bp.* kerkop; **≗lich** gerejani; **–spiel** *n* wilayah paroki; **–sprengel** *m* wilayah keuskupan/paroki; **–turm** *m* menara gereja; **–turmpolitik** *f* politik lokal, politik yg. picik; **–weih** *f* pemberkatan gereja; *s. Kirmes*

Kirmes *f* (–;–*sen*) kermis, pesta peringatan pemberkatan gereja (dng. pasar malam)

kirre jinak; menurut

Kirsch *m* (–*ɇs*;*O*) minuman keras dari ceri; **–e** *f* (–;–*n*) buah ceri/kersen, *prunus;* **–kern** *m* biji buah ceri; **–likör** *m* sopi manis dari ceri; **–wasser** *n*, *s. Kirsch*

Kissen *n* (–*s*;–) bantal; **–bezug** *m* sarung bantal

Kiste *f* (–;–*n*) peti, kotak
Kitsch *m* (–*(e)s*;*O*) hasil kesenian semu, *kitsch*; **≗ig** tak bermutu; tdk. berseni
Kitt *m* (–*(e)s*;–*e*) dempul, perekat
Kittel *m* (–*s*;–) baju luar/kerja
kitten *tr*. mendempul, merekat; *fig*. memperbaiki
Kitzel *m* (–*s*;–) rasa geli; *fig*. keinginan; **≗n** *tr*. menggelitik, menggilik-gilik; *fig*. merangsang
kitzlig mudah geli; *fig*. peka
Kitzler *m* (–*s*;–) kelentit, *clitoris*
Kladde *f* (–;–*n*) buku utk. mencatat sst. secara kasar (utk. sementara), *bp*. buku klad
klaffen *itr*. menganga, terbuka lebar
kläff|en *itr*. menyalak; **≗er** *m* (–*s*;–) anjing penyalak
Klafter *m*, *n* (–*s*;–) *ukuran kubik utk. kayu bakar* (± *sebesar* $3m^3$); *veraltet*, *ukuran panjang* (± 1,9m), depa
klagbar dapat digugat/dituntut
Klage *f* (–;–*n*) keluhan; tuntutan; *Jur*. pengaduan; **–grund** *m* alasan utk. menggugat; **–laut** *m* keluhan; **–lied** *n* (lagu) ratapan **≗n** *itr*. mengeluh; mengadu, menuduh; *gegen j–n* ~ mengajukan pengaduan thd. sso., menggugat sso.
Kläger *m* (–*s*;–) pengadu, pendakwa, penuntut
Klageschrift *f* surat pengaduan/dakwaan
kläglich (secara) menyedihkan; malang
klamm lembab; beku karena kedinginan; *Geld* kurang uang; **≗** *f* (–;–*en*) jurang/ngarai yg. dilalui sungai deras
Klammer *f* (–;–*n*) penjepit, jepitan, kelam; *Zeichen* tanda kurung; **≗n** *tr*. menjepit; *sich* ~ *an* memegang kuat-kuat, memeluk erat; *fig*. berpegang pd.
Klampfe *f* (–;–*n*) sm. gitar (yg. sederhana)
Klang *m* (–*(e)s*;–̈*e*) bunyi, suara; **–farbe** *f* warna suara/nada; **–fülle** *f* volume/kemerduan nada atau suara; **≗los** tanpa bunyi/suara; diam-diam; **≗voll** merdu, bernada baik; *fig*. termasyhur
Klappbett *n* ranjang lipat, pelbet
Klappe *f* (–;–*n*) tutup, penutup; klep, katup; *Kleidung* kelepak; *halt die* ~ ! *ugs*. tutup mulut! **≗n** *tr*. membalik (-kan); membuka (penutup); *itr*., *es hat geklappt* sudah jadi/klop/berhasil; *wenn's klappt* kalau tdk. ada halangan; **–nschrank** *m*, *Tel*. papan hubung
Klapper *f* (–;–*n*) kelontong; *Kind* sm. alat permainan bayi (yg. berbunyi kertak-kertak), sm. giring-giring; **≗dürr** kurus kering
klapp(e)rig mudah goyah, rapuh, reot
klappern *itr*. gemerutuk, gemertak, bekertak gigi, gemeletuk; berderak-derak; berbunyi kertak-kertuk
Klapper|schlange *f* sm. ular berbisa (di Amerika), *crotalus* dan *sistrurus*; *fig*. wanita galak; **–storch** *m* burung bangau
Klapp|messer *n* pisau lipat; **–pult** *n* meja tulis yg. tutupnya dapat dilipat; **–stuhl** *m* kursi lipat; **–tisch** *m* meja lipat; **–tür** *f* pintu yg. (dapat) tertutup sendiri
Klaps *m* (–*es*;–*e*) tepuk(an); *e–n* ~ *haben*, *ugs*. (bersikap) sinting, aneh
klar jelas, jernih, bening, terang; *geordnet* teratur; *bereit* siap; *e–n* ~*en Kopf behalten* tetap berkepala dingin; *sich* ~ *sein über et*. menyadari/menginsyafi sst.; *na* ~ ! *ugs*. tentu saja! *bp*. terang dong! *alles* ~? sudah siap?
Klär|anlage *f* instalasi penyaringan air; **–becken** *n* bak pengendap
klarblickend berpandangan tajam
klären *tr*. menjernihkan, menjelaskan, menerangkan; *refl*. menjadi terang/jelas
Klarheit *f* (–;–*en*) kejernihan, jelasnya
Klarinette *f* (–;–*n*) klarinet, sm. serunai
klar|legen *tr*. menjelaskan, menerangkan, menguraikan; **–machen** *tr*. menerangkan; mempersiapkan kapal utk. berangkat atau bertempur; *Brennholz* ~ memotong-motong kayu bakar; **–stellen** *tr*. menjelaskan (hal yg. ditangkap salah)

Klärung *f* (–;*O*) penjernihan, penyelesaian (masalah)

klarwerden *unr.*, *sich* ~ *über* mengerti, memahami, menjadi jelas

Klasse *f* (–;–*n*) kelas; golongan; *das ist* ~ *!* bukan main! hebat!

Klassen|älteste *m* ketua kelas; **–arbeit** *f* ulangan; **≗bewußt** sadar tergolong/berkelas; **–buch** *n* buku kelas; **–einteilung** *f* penggolongan/pembagian dl. kelas; **–kamerad** *m* teman sekelas/sekolah; **–kampf** *m* pejuangan kelas; **–lehrer** *m* wali kelas; **–unterschied** *m* perbedaan kelas (masyarakat); **–zimmer** *n* ruang kelas

klassifizier|en (–) *tr.* menggolongkan; **≗ung** *f* (–;–*en*) penggolongan, klasifikasi

Klass|ik *f* (–;*O*) klasik; **–iker** *m* (–*s*;–) sastrawan/seniman/ilmiawan yg. karyanya menjadi standar (baku) di suatu masa; pengarang/karya (terutama) zaman Yunani dan Romawi kuno; **≗isch** klasik, yg. dianggap sebagai standar; *e* ~*es Beispiel* contoh yg. tepat sekali; ~*e Erziehung* pendidikan yg. mengutamakan bahasa dan sastra Yunani — Romawi kuno; **–izismus** *m* (–;*O*) peniruan gaya bangunan klasik (sekitar tahun 1800)

klatsch! pung! debap! debak! (*sebagai bunyi tempeleng atau benda jatuh di air*)

Klatsch *m* (–*es*;–*e*) desas-desus, gosip; *Schlag* tepuk; **–base** *f* perempuan tukang obrol, peleter; **–e** *f* (–;–*n*) pemukul lalat; **≗en** *itr. tr.* bertepuk tangan; *ugs.* membicarakan orang lain (secara negatif); *Geräusch* berbunyi pung, debap, debak; **–erei** *f* (–;–*en*) gosip, bual; **≗haft** suka mengobrol tt. orang lain, gatal mulut; **≗naß** basah-kuyup

klauben *tr.* memungut dng. memilih-milih, mencari-cari

Klaue *f* (–;–*n*) cakar, cengkeraman; kuku (binatang); *fig.* tulisan cakar ayam; **≗n** *tr. ugs.* mencuri; **–nseuche** *f*, *Mund– u.* ~ penyakit mulut dan kuku (ternak)

Klause *f* (–;–*n*) pertapaan; kamar yg. tenang dan kecil

Klausel *f* (–;–*n*) syarat/ketentuan dl. perjanjian

Klausner *m* (–*s*;–) pertapa

Klausur *f* (–;–*en*) *Rel.* slot, bagian biara yg. tertutup utk. orang luar; *s. Klausurarbeit;* **–arbeit** *f* ulangan/ujian tertulis dng. pengawasan ketat; **–tagung** *f* rapat tertutup

Klavier *m* (–*s*;–*e*) piano; **–auszug** *m* aransemen utk. piano; **–konzert** *n* konser piano; **–lehrer(in** *f*) *m* guru piano; **–schule** *f* buku pelajaran piano; **–spieler(in** *f*) *m* pemain piano; **–stimmer** *m* ahli stem piano; **–stunde** *f* les piano

Klebe|band *n* pita perekat, plakban; **–mittel** *n* bahan perekat, lem

klebe|n *tr. itr.* merekat, melem; *j–m e–e* ~, *ugs.* menempeleng/menampar sso.; **–nbleiben** *unr. itr.* melekat; *fig.* tinggal kelas, tdk. naik; **≗pflaster** *n* plester; **≗r** *m* (–*s*;–) bahan/zat perekat

klebrig lengket, lekat, rekat; ~*e Hände haben* tangan leceh, (*fig.*) panjang tangan

Kleb(e)|stoff *m* perekat, lem; **–streifen** *m* plakban, ban perekat

kleckern *itr.* berceceran dan membuat noda, mengotori

Klecks *m* (–*es*;–*e*) noda; **≗en** *itr. tr.* menodai, mengotori

Klee *m* (–*s*;*O*) semanggi, *trifolium;* **–blatt** *n* daun semanggi

Kleid *n* (–*s*;–*er*) baju wanita, gaun, rok; **≗en** *tr.* memakaikan; *Kleidung* kena benar, cocok; *sich* ~ mengenakan pakaian, berbusana, berpakaian

Kleider|ablage *f* tempat penitipan/gantungan pakaian; sangkutan; **–bügel** *m* gantungan pakaian; **–bürste** *f* sikat pakaian; **–haken** *m* kait utk. menggantungkan pakaian; **–puppe** *f* orang-orangan di etalase; **–schrank** *m* lemari pakaian; **–ständer** *m* sangkutan, kapstok; **–stoff** *m* bahan pakaian wanita

kleidsam (pakaian yg.) cocok utk. sso.

Kleidung *f* (–;*O*) sandang, pakaian, busana; cara berpakaian; **–s·stück** *n* sepotong pakaian/baju

Kleie *f* (–;–*n*) dedak

klein kecil; *~e(r) Bruder/Schwester* adik (laki-laki/perempuan); *~es Geld* uang receh; *e ~ wenig* sedikit sekali; *von ~ auf* sejak/sedari kecil; *~ schreiben* menulis dng. huruf kecil

Klein|arbeit *f* pekerjaan (bagian) kecil-kecil, pelaksanaan sampai hal kecil; **–asien** *n* Asia bagian barat (= Turki), Asia Kecil; **–bahn** *f* kereta api dng. rel sempit; **–bauer** *m* petani kecil; **–betrieb** *m* perusahaan kecil; **–bildkamera** *f, Fot.* kamera yg. menghasilkan gambar 25 × 35 mm; **–bürger** *m* borjuis; **–bus** *m* bus mini

Kleine *m, f, n (–n;–n)* yg. kecil; anak kecil, si kecil; *im* ≗*n* pd. tingkat/ukuran terbatas; *um e* ≗*s* hampir, nyaris; *et. ~s unterwegs* sedang hamil

Klein|geld *n* uang receh; **≗gedruckt** yg. dicetak dng. (huruf) kecil; **≗gläubig** kurang percaya, cepat putus asa; **–handel** *m* perdagangan eceran; **–handelspreis** *m* harga eceran; **–händler** *m* pedagang eceran; **–heit** *f (–;O)* kecilnya, remehnya; **–holz** *n* potongan kayu api; *~ machen, ugs.* merusak(kan)

Kleinigkeit *f (–;–en)* hal sepele, perkara kecil; barang/kado kecil; **–skrämer** *m* orang yg. terlalu teliti

Klein|kaliberbüchse *f* senapan berkaliber 5,6 mm; **≗kalibrig** berkaliber kecil; *fig.* tdk. berarti; **–kind** *n* kanak-kanak, balita; **–kram** *m* tetekbengek, hal-hal kecil; **–krieg** *m* perang gerilya; **≗kriegen** *tr., j-n ~* mengalahkan sso.; *et. ~* merusakkan; *Geld ~* menghamburkan uang; **–kunstbühne** *f* kabaret; **≗laut** *~ werden* menjadi kecil hati, malu-malu

klein|lich picik, sempit; **–machen** *tr., Holz* membelah; *Geld* menukar atau mengembalikan uang receh

Klein|mut *m* rasa takut-takutan, rasa kecil hati; **≗mütig** kecil hati, pesimis

Kleinod *n (–ɇs;–iën)* barang (hiasan) berharga

Klein|staat *m* negara kecil; **–städter** *m* penduduk kota kecil; **–ste** *m, f, n (–n;–n)* yg. paling kecil; **–verdiener** *m* orang dng. pendapatan rendah; **–vieh** *n* binatang piaraan (spt. unggas dan lebah)

Kleister *m (–s;–)* lem, perekat

Klemm|e *f (–;–n)* jepitan, kepitan; *in der ~ sitzen* terjepit, dl. kesulitan; **≗n** *tr. itr.* menjepit, mengimpit, mengepit; **–schraube** *f* sekrup jepitan

Klempner *m (–s;–)* tukang patri/pipa/ledeng

klerik|al yg. berh. dng. klerus; berpandangan spt. pimpinan Gereja; **≗er** *m (–s;–)* pastor, pendeta, imam

Klerus *m (–;O)* para imam/pastor/pendeta

Klette *f (–;–n)* sm. tumbuhan kaitkait (yg. dapat melekat pd. bulu-bulu binatang atau pakaian), *lappa; fig.* kawan lengket yg. mengganggu

kletter|n *itr.* mendaki, naik, memanjat; **≗pflanze** *f* tumbuh-tumbuhan yg. menjalar; **≗stange** *f* tiang utk. latihan memanjat

Klient *m (–en;–en)* langganan pengacara, klien

Klima *n (–s;–ta)* iklim, cuaca; *gemäßigtes ~* iklim sedang; **–anlage** *f* alat pengatur suhu dan kelembaban udara; alat pendingin, pesawat AC, *air condition;* **–kterium** *n (–s;O)* mati haid, menopause; **≗tisch** berh. dng. iklim; **–tisierung** *f (–;O)* pengaturan suhu udara, *air conditioning*

klimm|en *unr. itr.* memanjat; **≗zug** *m, e-n ~ machen, Sp.* mengangkat badan di palang besi

klimpern *itr.* mengetuk-ngetuk (piano); *Geld* berdenting, berdencing; *mit den Augen ~* berkedip/mengedipkan mata

Klinge *f (–;–n)* mata pisau/pedang

Klingel *f (–;–n)* bel, giring-giring (sepeda); **–beutel** *m* tempat mengumpulkan kolekte, kantong derma (di gereja); **–knopf** *m* tombol bel; **≗n** *itr.* mengebel, membunyikan bel; *es klingelt* bel berbunyi; *Tel.* berdering; **–schnur** *f,* **–zug** *m* tali lonceng/bel

klingen *unr. itr.* berbunyi, bernada; *Gläser* berdenting

Klin|ik *f (–;–en)* klinik, rumahsakit; **–iker** *m (–s;–)* (calon) dokter yg. bekerja di klinik; mahasiswa yg.

belajar di rumahsakit; **–ikum** *n* (*–s; . . . ka/. . . ken*) masa belajar di rumahsakit; **≗isch** yg. berh. dng. klinik

Klinke *f* (*–;–n*) gagang pintu; **–r** *m* (*–s;–*) batu bata yg. keras

klipp ~ *u. klar* tanpa tedeng aling, terus-terang; **≗e** *f* (*–;–n*) batu karang di bawah permukaan laut; *fig.* penghalang, kesulitan; **≗er** *m* (*–s;–*) kapal layar yg. cepat

klirren *itr.* gemerincing; *Fenster* berbunyi kertak-kertuk; *Waffen* gemerencang; *Gläser . . .* berdenting

Klischee *n* (*–s;–s*) klise, tiruan

Klistier *n* (*–s;–e*) *Med.* pemasukan zat cair ke dl. poros-usus, suntikan urus-urus; **–spritze** *f, Med.* semprotan/pompa clyso, alat lavemen

Kloake *f* (*–;–n*) saluran WC atau air kotor; septiteng; *Zo.* kloaka, tempat bermuaranya pangkal saluran kencing, usus dan kelamin

Klob|en *m* (*–s;–*) balok; *Tech.* kait, pasak; **≗ig** besar dan berat lagi sukar diangkat; *fig.* kasar, canggung

klopf|en *itr.* mengetuk; *Herz* berdetak; *tr.* memukul, menggebuk (kasur dsb.); **≗er** *m* (*–s;–*) alat pengetuk pintu; pemukul; **≗festigkeit** *f* (*–;O*) sifat bahan bakar yg. tdk. dapat meletus terlalu dulu, sifat bahan bakar yg. diukur dng. bilangan oktan

Klöppel *m* (*–s;–*) anak lonceng/genta; gelendong/puntalan utk. merenda; **≗n** *tr.* membuat renda, merenda; **–spitzen** *pl* sm. renda (yg. dibuat dng. memakai puntalan)

Klops *m* (*–es;–e*) sm. baso goreng

Klosett *n* (*–s;–s/–e*) kamar kecil, kakus, jamban, kloset; **–becken** *n* kloset, jamban; **–papier** *n* kertas WC

Kloß *m* (*–es;≗e*) gumpal; *Gastronomie* baso, bergedel

Kloster *n* (*–s;≗*) biara; bruderan, susteran; *ins ~ gehen* masuk biara; **–bruder** *m* bruder; **–frau** *f* suster, rubiah, biarawati; **–gelübde** *n* kaul biara; **–leben** *n* kehidupan biara

klösterlich berh. dng. biara

Klotz *m* (*–es;≗e*) balok, talenan besar; tual; *fig.* orang kasar; **≗ig** besar sekali dan kasar

Klub *m* (*–s;–s*) (per)kumpulan; balai pertemuan; **–sessel** *m* kursi malas yg. besar dan empuk

Kluft *f* (*–;≗e*) **1.** jurang; **2.** *f* (*–;–en*) pakaian seragam

klug bijaksana, arif, cerdas; cerdik; *aus et./j–m nicht ~ werden* tdk. mengerti sst./sso.; **≗heit** *f* (*–;O*) kebijaksanaan, kepandaian, inteligensi

Klug|redner *m*, **–schnacker** *m* (*–s;–*) orang yg. sok tahu

Klump|en *m* (*–s;–*) gumpal, bingkah, bongkah, kepal; **–fuß** *m* kaki yg. sisi sebelah luar berinjak di atas tanah, sedang sisi sebelah dalam menjadi lebih ke atas letaknya, *pes varus;* **≗ig** menggumpal, berkepal-kepal

Klüngel *m* (*–s;O*) kelompok yg. berklik-klikan atau yg. mementingkan diri sendiri saja

Klüver *m* (*–s;–*) layar cucur, jib

knabbern *tr. itr.* mengerat, mengunggis, menggigit berdikit-dikit

Knabe *m* (*–n;–n*) anak laki-laki, pemuda; **–n·alter** *n* masa anak-anak, usia muda; **–nchor** *m* paduan suara anak laki-laki; **≗nhaft** spt. anak laki-laki

knack|en *tr.* memecahkan, meretakkan; *fig* membuka/mendobrak dng. paksaan; *itr.* berderak, berbunyi kertak; **≗er** *m* (*–s;–*) *alter ~, ugs.* laki-laki tua; **≗s** *m* (*–es;–e*) *e–n ~ haben* sudah rusak, tdk. sehat lagi; **≗wurst** *f* sm. sosis

Knall *m* (*–es;–e*) dentuman, letusan; *~ u. Fall* dng. mendadak, seketika itu juga; **–bonbon** *n* petasan kecil; **–büchse** *f* senapan mainan; **–effekt** *m* kejutan, sensasi; **≗en** *itr.* berbunyi, berdentum, berdentam; *j–m e–e ~, ugs.* menampar sso.; **–gas** *n* gas letus; **–gasgebläse** *n* alat utk. mengelas secara otogen; **≗ig** berwarna menyolok; **≗rot** merah padam/menyala

knapp langka, terbatas persediaannya, hampir tdk. cukup, pas-pasan; *fig.* hampir saja; *mit ~en Worten* dng. (kata) singkat; *meine Zeit ist ~*

(*bemessen*) saya tdk. ada waktu; *das Kleid sitzt* ~ gaun itu ketat; **-e** *m* (*-n;-n*) buruh tambang batubara yg. masih muda; abdi muda di istana; **-halten** *unr. tr.* memberi secukupnya saja; **-heit** *f* (*-;O*) kekurangan, persediaan terbatas (sekali); **-schaft** *f* (*-;-en*) asuransi kesehatan buruh tambang; *veraltet* persatuan buruh tambang

Knarre *f* (*-;-n*) alat mainan yg. berbunyi kertak-kertuk; *ugs.* senapan; **-n** *itr.* gemeretuk, gemeretak, berderak-derak, berkereket

Knast *m* (*-ẹs;O*) *ugs.* tahanan, penjara

knattern meraung, mendedas; *Mot.* menderu-deru

Knäuel *m, n* (*-s;-*) gulungan benang, tika(-tika), gelendong

Knauf *m* (*-ẹs;⸚e*) pegangan/gagang (yg. ujungnya) berbentuk bundar

Knauser *m* (*-s;-*) orang pelit/kikir; **-ig** kikir, pelit

knautsch|en *tr.* mengumalkan, merenyukkan; *itr.* menjadi kumal/renyuk; **-ig** kumal, berkerumuk, renyuk; **-zone** *f, Mot.* bagian kendaraan yg. mengurangi kerasnya benturan, *crush section*

Knebel *m* (*-s;-*) sumbat; *Säge* (alat) penegang; **-n** *tr.* mengebat, mengikat; menyumbat (mulut); *fig.* mengekang, memberangus

Knecht *m* (*-ẹs;-e*) hamba; pembantu petani; *fig.* orang yg. tergantung, budak; **-en** *tr.* memperhamba, memperbudak; **-isch** bersikap terlalu merendahkan diri; **-schaft** *f* (*-;O*) perbudakan; **-ung** *f* (*-;O*) pembudakan

kneif|en *unr. tr. itr.* mencubit, menjepit; *fig. ugs.* menyingkir (karena takut atau malas); **-er** *m* (*-s;-*) kacamata jepit, lornyet; **-zange** *f* tang jepit, kakatua

Kneipe *f* (*-;-n*) kedai/warung minum; **-n** *itr.* minum-minum bir; **-nwirt** *m* pemilik warung bir

Kneippkur *f* cara penyembuhan yg. menggunakan siraman air dingin

kneten *tr.* meremas, menguli, mengadoni; *Ton* membentuk (dari tanah liat dsb.)

Knick *m* (*-ẹs;-e*) patahan yg. tdk. bercerai; *Papier* lipatan; *Straße* tikungan, liku tajam; **-en** *tr.* melipat; menekuk tajam; *geknickt* terkulai; *geknickt sein, fig.* patah semangat

Knicks *m* (*-es;-e*) *e-n* ~ *machen* berlutut sedikit utk. memberi hormat

Knie *n* (*-s;-*) lutut; *Tech.* pipa-lutut; *fig.* lengkungan; *übers* ~ *brechen, fig.* memutuskan dng. tergesa-gesa; **-beuge** *f, e-e* ~ *machen* berlutut (sebentar); **-fällig** dng. berlutut; ~ *bitten* minta dng. sangat; **-gelenk** *n* sendi lutut; **-hose** *f* celana setinggi lutut; **-kehle** *f* pelipatan lutut; **-n** *itr.* berlutut; **-scheibe** *f* tempurung lutut; **-strumpf** *m* kaos kaki sampai lutut; **-stück** *n, Tech.* pipa-lutut

Kniff *m* (*-ẹs;-e*) cubitan; lipatan; *fig.* akal bulus, tipu-daya; **-(e)lig** sulit, rumit; peka

knips|en *tr.* melobangi; memijat sakelar; *Fot.* memotret; *itr., mit den Fingern* ~ memetik jari; **-er** *m* (*-s;-*) sakelar; *ugs.* pemotret yg. asalan

Knirps *m* (*-es;-e*) bocah laki-laki; *Schirm* payung lipat

knirschen *itr., Zähne* gemeletuk, bekertak; *Sand* berbunyi gersik

knistern *itr.* gemeresik, meretih

knitter|frei tdk./tahan kusut; **-n** *tr. itr.* mengusut(kan)

knobeln *itr.* main dadu; memikirkan dng. dalam dan lama

Knoblauch *m* (*-ẹs;O*) bawang putih, *allium sativum*

Knöchel *m* (*-s;-*) mata kaki/jari; buku lali, *malleolus*

Knochen *m* (*-s;-*) tulang; **-bau** *m* rangka tulang; **-bruch** *m* patah tulang; **-fraß** *m* benjol bernanah dl. tulang yg. merusak jaringan tulang, *caries;* **-gerüst** *n* (ke)rangka tulang; **-mark** *n* sumsum; **-mühle** *f, fig.* tempat kerja berat; **-splitter** *m* serpih tulang; **-trocken** *Adj.* kering sekali

knöchern *Adj.* spt./dari tulang; kurus; *s. knochig*

knochig bertulang kuat/menonjol

Knödel *m* (*-s;-*) sm. baso dari kentang

Knolle *f* (*-;-n*) umbi; pangkal batang

knollig ~*e Nase* hidung besar

Knopf *m* (*–es;⸚e*) kancing, *bp.* kenop; *Tech.* tombol; pentol, pegangan (pintu) yg. bulat
knöpfen *tr.* mengancingkan
Knopfloch *n* lobang kancing
Knorpel *m* (*–s;–*) tulang rawan; **⁼ig** spt. tulang rawan
knorrig berbonggol; *rauh* kasar (bentuknya)
Knosp|e *f* (*–;–n*) kuntum, kuncup, tunas; **⁼ig** penuh kuncup, belum berbunga
Knoten *m* (*–s;–*) simpul(an), buhul, ikatan pd. tali/benang dsb.; *Mar.* satu mil laut per jam; *fig.* pokok kesulitan; plot; *Bo.* buku, *nodus; Haar* konde; **⁼** *tr. itr.* menyimpulkan, mengikat, membuhul; **–punkt** *m* tempat persilangan (beberapa) jalur lalulintas mobil/kereta-api
knotig berbonggol
Knuff *m* (*–ẹs;⸚e*) sentuhan, dorongan; **⁼en** *tr.* menyikut
knüllen *tr.* mengumalkan, mengisut(kan)
Knüller *m* (*–s;–*) *ugs.* sukses yg. luar biasa
knüpfen *tr.* menyimpulkan benang-benang; mengikat, menyambung (-kan); *Erwartungen ~ an, fig.* mengharapkan sst. dari
Knüppel *m* (*–s;–*) pentung, gada; *j–m e–n ~ zwischen die Beine werfen* menghalangi/merintangi sso.; **–damm** *m* jalan kayu di rawa-rawa
knurr|en *itr.* menggerutu, bersungut; *der Magen knurrt* perut berkeroncongan; **–ig** menggerutu
knusp(e)rig garing, segar dan kering; *e ~es Mädchen* gadis yg. cakap dan segar
Knute *f* (*–;–n*) cambuk pendek; *unter der ~ stehen* di bawah kekuasaan sso.
knutschen *tr. itr. ugs.* bercumbu-rayu, (saling) memeluk/merangkul
Koalition *f* (*–;–en*) koalisi, gabungan antara beberapa partai (dl. dewan perwakilan); **–sfreiheit** *f*, **–srecht** *n* hak utk. mendirikan serikat/partai/perkumpulan dsb.
Kobalt *n* (*–s;O*) kobalt
Kobold *m* (*–ẹs;–e*) kurcaci, jembalan
Kobra *f* (*–;–s*) kobra, ular sendok, *naja naja*
Koch *m* (*–ẹs;⸚e*) juru masak, koki; **–buch** *n* buku masakan; **⁼echt** (warna) yg. tdk. luntur atau (kain) yg. tdk. susut bila dimasukkan ke dl. air mendidih; **⁼en** *tr. itr.* memasak, merebus, menggodok; menyiapkan makanan; *Reis* menanak; *vor Erregung ~* panas hati; **–er** *m* (*–s;–*) kompor
Köcher *m* (*–s;–*) tempat anak panah
Koch|fett *n* lemak/minyak utk. masak; **–gefäß** *n* tempat masakan, panci; **–geschirr** *n* ompreng
Köchin *f* (*–;–nen*) juru masak/koki wanita
Koch|löffel *m* centong, irus, cedok; **–nische** *f* dapur kecil dl. kamar; **–platte** *f* kompor listrik; **–salz** *n* garam dapur; **–topf** *m* panci masak, periuk
Kode *m* (*–s;–s*) sandi, kode
Köder *m* (*–s;–*) umpan
Kodex *m* (*–es/–;–e/Kodizes*) naskah kuno tulisan tangan; *Jur.* buku kumpulan undang-undang; *fig., Sitten* aturan tata susila (kelompok tertentu); kode etik
kodifizieren (*–*) *tr.* menyusun/membukukan sst. secara sistematis
Ko|edukation *f* (*–;O*) pendidikan bersama, koedukasi; **–effizient** *m* (*–en;–en*) *Math.* koefisien; **–existenz** *f* hidup berdampingan (secara damai), koeksistensi
Koffein *n* (*–s;O*) kofein
Koffer *m* (*–s;O*) kopor, koper; **–gerät** *n*, **–radio** *n* radio jinjing; **–raum** *m* ruang bagasi di mobil
Kognak *m* (*–s;–s*) sm. minuman keras, konyak
Kohäsion *f* (*–;O*) kekuatan tarik-menarik, kohesi
Kohl *m* (*–ẹs;–e*) kubis, kol, *brassica oleracea; ~ reden* omong kosong
Kohldampf *m* (*–ẹs;O*) *ugs.* rasa sangat lapar
Kohle *f* (*–;–n*) batubara, arang batu; **–hydrat** *n*, *s. Kohlenhydrat;* **⁼n** *itr.* **1.** hangus menjadi arang, membara; berasap tebal; *Schiff* menerima batubara; **2.** *ugs.* berbohong

Kohlen|becken *n* tempat perapian; *Gebiet* daerah tambang batubara; **–bergwerk** *n* tambang batubara; **–bunker** *m* gudang batubara; **–dioxyd** *n* karbon dioksida, gas asam arang, CO^2; **–eimer** *m* ember utk. mengambil batubara; **–flöz** *n* lapisan batubara; **–förderung** *f* produksi batubara; **–halde** *f* tumpukan batubara; **–handlung** *f* tempat penjualan batubara secara eceran; **–hydrat** *n* zat hidrat arang, karbohidrat, zat pati; **–kasten** *m* tempat penyimpanan batubara (di bawah pembakaran/oven); **–oxyd** *n* karbon monoksida, CO; **–pott** *m*, **–revier** *n* daerah pertambangan dan industri; **≗sauer** mengandung asam arang; **–säure** *f* asam karbonat/arang; **–staub** *m* debu/tepung batubara, bara halus; **–stoff** *m* zat arang, karbon; **–wasserstoff** *m* hidrokarbon

Kohle|papier *n* kertas karbon; **–tabletten** *pl* norit; **–zeichnung** *f* gambar arang

Köhler *m* (*–s;–*) pembakar arang kayu

Kohl|kopf *m* (sebongkah) kubis/kol; **≗rabenschwarz** hitam legam, hitam pekat; **–rabi** *m* kol umbi, rapkol, *brassica oleracea var. gongylodes;* **–rübe** *f* sm. umbi kol yg. digunakan sebagai sayur dan makanan ternak, *brassica napus var. napobrassica;* **–weißling** *m* kupu-kupu putih, *pieris brassicae*

Koitus *m* (*–;O*) persetubuhan, sanggama

Koje *f* (*–;–n*) bilik/tempat tidur di kapal, kuteri

Kokain *n* (*–s;O*) kokain

Kokarde *f* (*–;–n*) lencana

kokett genit, lincah; **≗erie** *f* (*–; . . . iën*) kegenitan; **–ieren** (–) *itr.* suka menarik perhatian (kaum pria)

Kokon *m* (*–s;–s*) kepompong

Kokos|baum *m* pohon kelapa; **–faser** *f* serat/sabut kelapa; **–fett** *n* minyak kelapa; **–matte** *f* keset dari serabut kelapa; **–milch** *f* santan; **–nuß** *f* (buah) kelapa; **–öl** *n* minyak kelapa; **–palme** *f* nyiur, pohon kelapa, *cocos nucifera*

Koks *m* (*–es;–e*) kokas

Kolben *m* (*–s;–*) *Bo.* tongkol; *Gewehr* popor, gagang senapan; *Keule* gada, pentung; *Mot.* piston, (badan) torak, silinder, penghisap; *Chem.* (botol) labu suling; **–hub** *m* (*–s;–e*) langkah torak; **–ring** *m* cincin torak, ring seher; **–stange** *f* batang torak, setang seher, pelocok

Kolik *f* (*–;–en*) *Med.* mulas, kolik

Kollaborateur *m* (*–s;–e*) kolaborator

Kollaps *m* (*–es;–e*) ambruknya tibatiba segala gerak hidup karena kelemahan kerja jantung, *collapsus*

Kolleg *n* (*–s;–s/–iën*) kuliah; *Schule* sekolah menengah (Katolik), seminari; **–e** *m* (*–en;–en*) rekan, teman sejawat; **≗ial** ramah, spt. pd. teman; suka membantu; **–in** *f* (*–;–nen*) rekan/teman sejawat wanita; **–ium** *n* (*–s; . . . iën*) lembaga pejabat, staf pengajar, badan pengurus

Kollek|te *f* (*–;–n*) pengumpulan uang/derma/sumbangan; **–tion** *f* (*–; –en*) koleksi, kumpulan; koleksi (barang sebagai) contoh utk. pembeli; **≗tiv** *Adj.* bersama-sama, berkelompok; **–tiv** *n* (*–s;–e*) pertanian/perusahaan kolektif; kelompok kerja; **–tivvertrag** *m* perjanjian yg. mencakup kelompok; **–tivwirtschaft** *f* pola ekonomi tanpa usaha swasta

Koller *m* (*–s;–*) *e–n ~ bekommen* tibatiba mengamuk atau sangat marah

kolli|dieren (–) *itr.* bertubrukan; saling bertentangan; **≗sion** *f* (*–;–en*) tabrakan

Kolloquium *n* (*–s; . . . quiën*) pembicaraan ilmiah antara mahaguru dan mahasiswa; rapat para ahli

Kölnischwasser *n* air/minyak kelonyo(r)

kolonial yg. berh. dng. (daerah) penjajahan; **≗ismus** *m* (*–;O*) kolonialisme, penjajahan; **≗warenhandlung** *f* toko barang keperluan sehari-hari

Kolon|ie *f* (*–; . . . iën*) tanah jajahan, koloni; kelompok orang asing di dalam negeri; *Neuansiedlung* pemukiman; *Bio.* kelompok sel, ke-

lompok binatang yg. hidup bersama; **≗isieren** (–) *tr.* menjajah; *erschließen* memperkembangkan daerah terbelakang, mengadakan kolonisasi; **–ist** *m* (*–en;–en*) pembuka tanah/daerah baru
Kolonnade *f* (*–;–n*) deretan pilar
Kolonne *f* (*–;–n*) kelompok, pasukan, satuan; *Auto* iring-iringan mobil, konvoi
kolor|ieren (–) *tr.* mewarnai, memberi warna; **≗it** *n* (*–s;–e*) tata warna lukisan; *fig.* suasana khas
Koloß *m* (*. . . sses; . . . sse*) raksasa, benda raksasa
kolossal sangat besar/hebat
Kolport|age *f* (*–;–n*) cerita picisan; penyebaran gosip; *Vertrieb* penjualan buku-buku murah dari pintu ke pintu; **≗ieren** (–) *tr.* menyebarluaskan barang terbitan atau gosip
Kolum|ne *f* (*–;–n*) kolom, spasi; lajur; **–nist** *m* (*–en;–en*) kolomnis
Koma *n* (*–s;–s*/*–ta*) *Med.* pingsan mati, *coma*
Kombi *m* (*–s;–s*) mobil kombi; **–nat** *n* (*–ts;–e*) perusahaan industri besar yg. mencakup beberapa cabang produksi
Kombi|nation *f* (*–;–en*) kombinasi, hubungan/gabungan beberapa hal; *Herrenanzug* stelan jas dan celana yg. cocok (walaupun beda warnanya); *Arbeitsanzug, Montur* baju kerja montir, baju monyet; *Sp.* perlombaan ski yg. mencakup beberapa nomor; kerjasama anggota suatu regu olahraga; *Schloss* kode angka-angka utk. membuka kunci lemari-besi/koper dsb.; *Vermutung* dugaan; *Folgerung* kesimpulan; **–nationszange** *f* tang pembengkok/kombinasi; **≗nieren** (–) *tr. itr.* membuat/mengadakan kombinasi; menarik kesimpulan
Komet *m* (*–en;–en*) bintang berekor
Komfort *m* (*–s;O*) kenyamanan, sst. yg. enak, kesenangan; perabotan rumah yg. menyenangkan/mewah; kemewahan; **≗abel** enak, mewah, menyenangkan
Komik *f* (*–;O*) kelucuan, kejenakaan; **–er** *m* (*–s;–*) pelawak, badut
komisch lucu, menggelikan; aneh
Komitee *n* (*–s;–s*) panitia
Komma *n* (*–s;–s*/*-ta*) koma
Kommand|ant *m* (*–en;–en*) kepala pasukan, komandan; **–antur** *f* (*–;–en*) markas komando; **–eur** *m* (*–s;–e*) *s. Kommandant*; **≗ieren** (–) *tr. itr.* memerintah(kan), memberi komando; memimpin pasukan; **–itgesellschaft** *f* perseroan komanditer, CV; **–itist** *m* (*–en;–en*) persero diam, komanditer
Kommando *n* (*–s;–s*) perintah, aba-aba, komando; *Truppe* pasukan komando; **–brücke** *f* anjungan kapal; **–stab** *m* tongkat perwira
komm! mari ke sini!
kommen *unr. itr.* datang; sampai, tiba; ~ *von* berasal/datang dari; ~ *in* masuk ke dalam (*suatu keadaan*); *in Gefahr* ~ terperangkap (masuk) dl. bahaya, terancam; *et./j–n* ~ *lassen* suruh mengirim/datang; *auf et.* ~ sampai pd. kesimpulan/pandangan; *hinter et.* ~ menemukan sst. secara kebetulan; *zu sich* ~ sadar (kembali); *fig.* istirahat sebentar; *ums Leben* ~ mati; *~de Woche* minggu yg. akan datang; *wie kommt es, daß* bagaimana (bisa) terjadi bahwa; *das kommt davon!* inilah akibatnya, *bp.* rasain! **–d** yg. akan datang
Kommen|tar *m* (*–s;–e*) komentar, ulasan, tafsir; **–tator** *m* (*–s;–en*) juru tafsir, komentator; **≗tieren** (–) *tr.* mengomentar(i), memberi komentar; menafsirkan, mengulas
Kommers *m* (*–es;–e*) pesta perkumpulan mahasiswa
kommerziell bersifat/secara dagang, komersil
Kommiliton|e *m* (*–n;–n*), **–in** *f* (*–;–nen*) teman sekuliah
Kommis *m* (*–;–*) komis, pegawai kantor perdagangan, anak semang
Kommiß *m* (*. . . sses;O*) *ugs.* ketentaraan, angkatan bersenjata
Kommissar *m* (*–s;–e*) komisaris, (pejabat/pegawai) polisi; **≗isch** utk. sementara, sebagai pejabat/wakil
Kommission *f* (*–;–en*) panitia, komisi; *Auftrag* pesanan; *Provision* persen; *in* ~ menjualbelikan atas nama sendiri tetapi utk. orang lain;

–är *m* (*–s;–e*) orang yg. melakukan dagangan utk. orang lain, *bp*. anak semang; grosir buku; **–sgeschäft** *n* penjualan barang dagangan orang lain
Kommode *f* (*–;–n*) lemari kecil berlaci
kommunal swapraja; **≗beamte** *m* pegawai kotapraja/swapraja; **≗verwaltung** *f* pemerintahan kotapraja; **≗wahlen** *pl* pemilihan umum utk. dewan perwakilan rakyat daerah dan kotapraja (di bawah tingkat propinsi)
Kommune *f* (*–;–n*) daerah swapraja (*di Jerman sampai tingkat 'Kreis'*); *Wohngemeinschaft* kelompok laki-perempuan yg. tinggal serumah
Kommunikant(in *f*) *m* (*–en;–en*) *Rel*. orang yg. menerima sakramen Ekaristi
Kommunikation *f* (*–;O*) perhubungan, komunikasi; **–smittel** *n* alat/media perhubungan
Kommunion *f* (*–;–en*) *Rel*. penerimaan sakramen ekaristi, komuni
Kommuniqué *n* (*–s;–s*) komunike, pernyataan, pemberitahuan resmi
Kommun|ismus *m* (*–s;O*) komunisme; **–ist** *m* (*–en;–en*) orang komunis; **≗istisch** komunis
kommunizieren (–) *itr*. menerima komuni; *~de Röhren, Phys*. bejana berhubungan
Komödi|ant *m* (*–en;–en*) pemain komidi, pelakon; orang yg. pura-pura; **–ë** *f* (*–;–n*) sandiwara lucu; komedi; tingkah-laku pura-pura
Kompagnon *m* (*–s;–s*) kawan yg. turut-serta atau turut memiliki usaha
kompakt padat, rapat, kompak
Kompanie *f* (*–; . . . iën*) kompi; *Ökonomie, Meyer u. ~* Firma Meyer; **–chef** *m* komandan kompi; **–geschäft** *n* (per)usaha(an) bersama
Komparativ *m* (*–s;–e*) *Gr*. tingkat perbandingan
Kompars|e *m* (*–n;–n*), **–in** *f* (*–;–nen*) figuran
Kompaß *m* (*. . . sses; . . . sse*) kompas, pedoman; **–nadel** *f* jarum kompas
Kompendium *n* (*–s; . . . iën*) buku pelajaran yg. ringkas, buku ikhtisar
Kompen|sation *f* (*–;–en*) kompensasi, ganti-rugi, imbangan; **≗sieren** (–) *tr*. mengadakan kompensasi, mengimbangi
kompeten|t kompeten, berwewenang, mempunyai keahlian; **≗z** *f* (*–;–en*) wewenang, kompetensi; **≗zstreitigkeit** *f* perselisihan mengenai (bidang) kompetensi
Komplement *n* (*–s;–e*) pelengkap; **≗är** yg. cocok/melengkapi
komplett lengkap, utuh, komplet, komplit; **–ieren** (–) *tr*. melengkapi, melengkapkan
Komplex *m* (*–es;–e*) kumpulan/kompleks perumahan; *Psych*. kompleks; **≗** *Adj*. ruwet, rumit, mencakup banyak dan bermacam-macam; tersusun/terdiri dari beberapa unsur
Komplikation *f* (*–;–en*) kesulitan, komplikasi
Kompliment *n* (*–* ~~*e*~~*s;–e*) sanjungan, pujian
Kompliz|e *m* (*–n;–n*) kakitangan, antek; **≗ieren** (–) *tr*. membuat sulit, mempersulit; **≗iert** sulit, ruwet, rumit; *~er Bruch, Med*. patah riuk/komplikasi, *fractura complicata*
Komplott *n* (*–* ~~*e*~~*s;–e*) komplot(an), sekongkolan
Kompo|nente *f* (*–;–n*) unsur, bagian, komponen; **≗nieren** (–) *tr*. menggubah lagu; menyusun, mengarang; **–nist** *m* (*–en;–en*) penggubah lagu, komponis; **–sition** *f* (*–;–en*) gubahan, komposisi, karangan, susunan
Kompositum *n* (*–s; . . . ta*) *Gr*. kata majemuk
Kompost *m* (*–es;–e*) pupuk, kompos
Kompott *n* (*–* ~~*e*~~*s;–e*) setup, buah yg. dimasak dng. gula, bubur buah (–buahan)
Kompress|e *f* (*–;–n*) kompres, *heiß* tuam, *kalt* jaram; **–or** *m* (*–s;–en*) kompresor, pemampat
komprimieren (–) *tr*. memadat(kan)
Komprom|iß *m* (*. . . sses; . . . sse*) kompromi; persetujuan (dng. jalan damai atau saling mengurangi tuntutannya); **≗ißlos** tegas, tdk. kenal kompromi; **≗ittieren** (–) *tr*. merugikan nama baik, memalukan

Kondens|ator *m* (*–s;–en*) kondensor; **≗ieren** (–) *tr.* membuat mengembun, memadat(kan) gas/uap; mengentalkan susu; **–milch** *f* susu kental; **–or** *m* (*–s;–en*) *Optik* lensa kondensor; **–wasser** *n* air embun/kondensasi

Kondition *f* (*–;–en*) syarat, keadaan, kondisi; **–al** *m* (*–s;–e*) *Gr.* bentuk (kalimat) pengandaian/bersyarat

Konditor *m* (*–s;–en*) ahli pembuat kue/tar; **–ei** *f* (*–;–en*) toko kue

Kondolenz *f* (*–;–en*) pernyataan belasungkawa

kondolieren (–) *itr.* mengucapkan belasungkawa, (menyampaikan) turut berdukacita

Kondom *m, n* (*–s;–s/–s*) karet KB, kondom

Kondor *m* (*–s;–e*) sm. burung nasar, *vultur gryphus*

Kondukteur *m* (*–s;–e*) pegawai kereta-api/trem/bus yg. memeriksa karcis, kondektur

Konfekt *n* (*– ¢s;–e*) gula-gula, manisan

Konfektion *f* (*–;–en*) pakaian jadi, konfeksi; **–sgeschäft** *n* toko konfeksi

Konfe|renz *f* (*–;–en*) konferensi, permusyawaratan, muktamar, rapat (guru); **–renzsaal** *m* ruang rapat; **≗rieren** (–) *itr.* berapat, bermusyawarah, berunding; *Kabarett* bertindak sebagai pemimpin acara hiburan

Konfession *f* (*–;–en*) mazhab, haluan dl. satu agama; *Bekenntnis* pengakuan iman, syahadat; **≗ell** berh. dng. salah satu haluan keagamaan; **≗slos** tdk. termasuk salah satu golongan agama; **–sschule** *f* sekolah negeri utk. golongan agama tertentu

Konfirm|and *m* (*–en;–en*) *Rel.* pemuda/pemudi yg. menjadi sidi; **–ation** *f* (*–;–en*) upacara sidi, penerimaan dl. jemaat Protestan; **≗ieren** (–) *tr.* menerima (dl. umat Protestan) dan mengizinkannya turut ambil-bagian dl. perjamuan kudus

konfiszieren (–) *tr.* menyita, membeslah

Konfitüre *f* (*–;–n*) selai, jelai; **–n** *pl* gula-gula, manisan

Konflikt *m* (*– ¢s;–e*) pertikaian, pertentangan, perselisihan, konflik

Konföderation *f* (*–;–en*) (kon)federasi, persekutuan

konform *Adj.* sependapat, sehaluan

konfrontieren (–) *tr.* menghadapkan, menghadap-mukakan, mengadakan konfrontasi

konfus samar, membingungkan, kacau; **≗ion** *f* (*–;O*) kebingungan, kekacauan

Kongregation *f* (*–;–en*) *Rel.* kongregasi, tarekat, serikat biarawan/biarawati

Kongreß *m* (*. . .sses;. . .sse*) kongres, muktamar, rapat besar, sidang raya

kongru|ent persis sama; *~e Dreiecke* segitiga sama dan sebangun; **≗enz** *f* (*–;–en*) kesesuaian, keadaan sama dan sebangun

König *m* (*– ¢s;-e*) raja; **–in** *f* (*–;–nen*) ratu, permaisuri **≗lich** (bersifat) kerajaan, sebagai raja; sangat berharga; *ugs.* istimewa; **–reich** *n* kerajaan

Königs|haus *m* wangsa/dinasti kerajaan; **–tiger** *m* harimau tunggal (dari Benggala); **–treue** *f* (*–;O*) (ke)setia(an) pd. (ke)raja(an)

Königtum *n* (*–s;–er*) kerajaan

Konju|gation *f* (*–;–en*) *Gr.* tasrif, konyugasi; **≗gieren** (–) *tr.* mentasrifkan

Konjunkt|ion *f* (*–;–en*) *Gr.* kata penghubung; *Ast.* konyungsi; **–iv** *m* (*–s;–e*) *Gr.* bentuk kata kerja utk. menandai pengandaian/kemungkinan/harapan/anjuran, konyungtif; **–ur** *f* (*–;–en*) kecenderungan/keadaan ekonomi, konyungtur; **≗urbedingt** tergantung dari keadaan ekonomi/bisnis; **≗urell** berh. dng. konyungtur

konkav cekung, lekuk, konkaf

Konkordat *n* (*– ¢s;–e*) perjanjian antara negara dan Vatikan

konkret kongkret, kongkrit, nyata, berwujud

Konkubin|at *n* (*– ¢s;–e*) pergundikan, *bp.* kumpul kebo; **–e** *f* (*–;–n*) gundik, selir, (wanita) piaraan

Konkurrent *m* (*–en;–en*) saingan, penyaing
Konkurrenz *f* (*–;–en*) persaingan, konkurensi; perlombaan; *Rivale* orang(–orang) yg. merupakan saingan; **≗fähig** sanggup bersaing; **–kampf** *m* persaingan dl. bisnis; **≗los** tdk. ada saingan/bandingnya
konkurrieren (–) *itr.* berlomba, bersaing
Konkurs *m* (*–es;–e*) kepailitan, kebangkrutan; **–erklärung** *f* pernyataan pa(i)lit; **–masse** *f* harta perusahaan yg. pailit; **–verwalter** *m* pengurus harta perusahaan yg. pailit
können *unr. tr. itr.* dapat, bisa, sanggup, mampu, pandai; *dürfen* diijinkan, boleh; *es kann sein* mungkin; *du kannst kommen* kamu boleh datang; *er kann Indonesisch* ia berbahasa Indonesia; *ich kann nichts dafür* bukan kesalahan saya; *ich kann nicht mehr* saya sudah kenyang sekali, saya tdk. mampu lagi
Könn|en *n* (*–s;O*) kemampuan, kepandaian; **–er** *m* (*–s;–*) orang pandai, ahli
Konnossement *n* (*–* ~~*e*~~*s;–e*) konosemen, surat muatan
Konsekration *f* (*–;–en*) *Rel.* konsekrasi, perubahan hakekat roti dan anggur (dl. misa)
Konsens *m* (*–es;–e*) persepakatan, permufakatan, konsensus
konsequen|t konsekwen, tetap sama; **≗z** *f* (*–;–en*) akibat, konsekwensi; *die ~en tragen/ziehen* menanggung akibat; *mit letzter ~ arbeiten* bekerja keras utk. mencapai tujuan
konservativ konservatif, kuno
Konservator *m* (*–s;–en*) pejabat dinas museum dan sejarah; **–ium** *n* (*–s;. . .iën*) akademi (seni) musik
Konserve *f* (*–;–n*) makanan yg. diawetkan; *Mus.* musik rekaman; **–nbüchse** *f,* **–ndose** *f* kaleng/belek/belik (makanan)
konservier|en (–) *tr.* mengawetkan; **≗ung** *f* (*–;–en*) pengawetan
Konsignation *f* (*–;–en*) konsignasi, penyerahan barang-barang sebagai titipan
konsist|ent konsisten, tetap, selaras; *zäh* kental; **≗orium** *n* (*–s;. . .iën*) *Rel.* rapat para kardinal yg. diketuai paus; instansi gereja Protestan
Konsol|e *f* (*–;–n*) meja kecil berkaki dua; siku-siku utk. rak; **≗idieren** (–) *tr.* mengkonsolidasikan, memperkuat
Konsonant *m* (*–en;–en*) bunyi/huruf mati, konsonan
Konsort|e *m* (*–n;–n*) konco; *pej.* kakitangan; *Jur., in Sachen gegen Nuhtada u. ~n* perkara melawan Nuhtada dan kawan-kawannya; **–ium** *n* (*–s; . . .iën*) konsorsium; sindikat
Konspiration *f* (*–;–en*) sekongkolan, konspirasi
konstant tetap, tdk. berubah-ubah, konstan; **≗e** *f* (*–;–n*) kesatuan tetap, faktor konstan
konstatieren (–) *tr.* menetapkan; mengadakan konstatasi
Konstellation *f* (*-;-en*) keadaan, situasi; *Ast.* konstelasi (perbintangan)
konstitu|ieren (–) *tr.* mendirikan; **≗tion** *f* (*–;O*) resam tubuh; *Pol.* undang-undang dasar, konstitusi; **–tionell** berdasarkan/sesuai dng. undang-undang dasar
konstruieren (–) *tr.* merancang; menyusun, mengadakan (re-) konstruksi; membangun; *Gr.* menguraikan
Konstruk|teur *m* (*–s;–e*) orang yg. merancang dan membangun suatu obyek tehnik; **–tion** *f* (*–;–en*) konstruksi, bangunan; penyusunan; *das ist reine ~* itu khayalan belaka; **–tionsfehler** *m* kesalahan konstruksi; **≗tiv** bersifat membangun, konstruktif
Konsul *m* (*–s;–n*) konsul; **–at** *n* (*–* ~~*e*~~*s;–e*) konsulat; **–tation** *f* (*–;–en*) pemeriksaan oleh dokter; konsultasi; **≗tieren** (–) *tr.* meminta nasehat
Konsum *m* (*–s;O*) pemakaian, konsumsi; **–ent** *m* (*–en;–en*) konsumen, pemakai; **–genossenschaft** *f* koperasi konsumsi; **–güter** *pl* barang-barang konsumsi; **≗ieren** (–) *tr.* memakai, menggunakan; memakan habis, menghabiskan; **–verzicht** *m, ~ leisten* membatasi pemakaian (dng. sukarela)

Kontakt *m* (–*(e)s*;–*e*) keadaan berhubungan/bersentuhan; hubungan, kontak; *in ~ stehen mit j–n* berhubungan dng. sso.; **–abzug** *m*, *Fot.*, *bp.* kontak-print; **~freudig** mudah bergaul; **–linse** *f* kontak lens; **–mann** *m* informan

Konter|admiral *m* laksamana muda; **–bande** *f* (–;O) barang selundupan; barang yg. tdk. boleh dibawa ke negara yg. sedang berperang; **–fei** *n* (–*s*;–*s*) potret; **~n** *tr.* membalas dng. cepat; menjawab dng. tepat

Kontext *m* (–*es*;–*e*) konteks, rangka

Kontinent *m* (–*(e)s*;–*e*) benua

Kontingent *n* (–*(e)s*;–*e*) kontingen; **~ieren** (–) *tr.* menentukan banyaknya, membatasi jumlah

kontinu|ierlich tanpa putus-putusnya, terus-menerus; **~ität** *f* (–;O) kelangsungan, kontinuitas

Konto *n* (–*s*;*Konten*/*Konti*/–*s*) rekening bank; *auf ~ von* dibebani pd.; *das geht auf dein ~*, *fig.* ini tanggungjawabmu; **–auszug** *m* laporan rekening koran; **–buch** *n* buku besar; **–korrent** *n* (–*(e)s*;–*e*) rekening koran

Kontor *n* (–*s*;–*e*) kantor; perwakilan; **–ist** *m* (–*en*;–*en*) pegawai kantor/administrasi (bisnis)

kontra lawan, kontra; *~ geben* melawan, menentang, tdk. setuju; *das Pro u. ~* untung-rugi; **~baß** *m* kontrabas; **~hent** *m* (–*en*;–*en*) lawan, saingan, penyaing

Kontrakt *m* (–*(e)s*;–*e*) (surat) perjanjian, kontrak; **–bruch** *m* pelanggaran kontrak; **~lich** berdasarkan/dng. perjanjian

konträr bertentangan, berlawanan dng.

Kontrast *m* (–*(e)s*;–*e*) perbedaan/pertentangan yg. nyata, kontras; **~ieren** (–) *itr.* tampak berbeda sekali, berkontras dng.

Kontrollabschnitt *m* sobekan karcis

Kontrollampe *f* lampu kontrol/pengawas

Kontroll|beamte *m* pegawai pengawas, kontrolir; **–e** *f* (–;–*n*) kontrol, pengawasan, pemeriksaan; *et. unter ~ bringen* menguasai sst.; **–eur** *m* (–*s*;–*e*) *s. Kontrollbeamte;* **~ieren** (–) *tr.* mengawasi, memeriksa, mengontrol; menguasai; **–kasse** *f* mesin kas; **–marke** *f* kartu kontrol; **–maßnahmen** *pl* (tindakan) pengawasan; **–organ** *n* lembaga pengawas(an); **–punkt** *m* pos pemeriksaan; **–turm** *m* menara pengawas; **–uhr** *f* jam pencatat absen

Kontroverse *f* (–;–*n*) perselisihan faham

Kontur *f* (–;–*en*) garis bentuk/luar

Konus *m* (–;*Koni*/–*se*) kerucut

Konvention *f* (–;–*en*) permufakatan umum; *Vertrag* perjanjian antarnegara, konvensi; *Brauch* adatistiadat; **–alstrafe** *f* denda sesuai dng. perjanjian; **~ell** sesuai dng. adat-istiadat, konvensionil

Konversation *f* (–;–*en*) percakapan, konversasi; **–slexikon** *n* kamus umum, ensiklopedi

konver|tierbar dapat ditukar; **–tieren** (–) *itr.* berpindah agama

konvex cembung, konveks

Konvoi *m* (–*s*;–*s*) iring-iringan, konvoi

konzedieren (–) *tr.* mengijinkan, mengakui

Konzentr|at *n* (–*(e)s*;–*e*) sari, bahan murni; *fig.* ringkasan; **–ation** *f* (–;–*en*) pemusatan, konsentrasi; **–ationslager** *n* kamp konsentrasi; **~ieren** (–) *tr.* memusatkan, mengarahkan ke satu titik; *Chem.* membuat pekat; *sich ~ auf et.* memusatkan perhatian pd. sst.; **~isch** bertitik pusat sama; *~e Kreise* lingkaran-lingkaran konsentris/sepusat

Konzept *n* (–*(e)s*;–*e*) rancangan, garis besar; konsepsi, konsep; *j–n aus dem ~ bringen* membuat sso. bingung; **–ion** *f* (–;–*en*) pengertian, konsepsi; *Bio.* pembuahan, penghamilan; **–papier** *n* kertas buram

Konzern *m* (–*s*;–*e*) gabungan perusahaan

Konzert *n* (–*(e)s*;–*e*) konser, pertunjukan/pagelaran musik

Konzession *f* (–;–*en*) ijin, konsesi; *(keine) ~en machen* (tdk.) memberi kelonggaran; **–är** *m* (–*s*;–*e*) pemegang konsesi

Konzil *n* (–*s*;–*e*/–*iën*) konsili; **~iant** bersikap mendamaikan, suka mengerti

konzipieren (–) *tr.* merancang, membuat konsep; *Med.* menjadi hamil
kooperieren (–) *itr.* bekerjasama
Koordina|te (–;–*n*) *Math.* koordinat; **–tion** *f* (–;*O*) koordinasi
koordinieren (–) *tr.* mengkoordinasikan; menyesuaikan, menyelaraskan
Köper *m* (–*s*;–) kain kepar
Kopf *m* (–*ɇs*;–̈*e*) kepala; *pro* ~ per kapita/orang; *den* ~ *schütteln* menggeleng-gelengkan kepala; *sich den* ~ *zerbrechen* berpikir dalam-dalam; *et. auf den* ~ *stellen* memutarbalikkan sst., membuat kacau; *j–n vor den* ~ *stoßen* menyinggung perasaan sso.; *Hals über* ~ tergesa-gesa; *sich den* ~ *waschen* berkeramas; *j–n den* ~ *waschen* menegur keras-keras; **–bahnhof** *m* terminal; **–ball** *m*, *e–n* ~ *schießen* menyondol/mengkop bola; **–bedeckung** *f* tutup kepala
köpfen *tr.* memenggal; *Sp.* menyondol/mengkop bola
Kopf|ende *n* (bagian) kepala/ujung (tempat tidur); **–geld** *n* uang tebusan; *Steuer* pajak perseorangan; *Belohnung* hadiah yg. dijanjikan utk. penangkap buronan; **–hörer** *m* sepasang pengeras suara yg. dipasang di kedua telinga, *headphone;* **–jäger** *m* pengayau; **–kissen** *n* bantal; **–kissenbezug** *m* sarung bantal; **≗los** hilang akal, gugup, bingung; **–nicken** *n* anggukan kepala; **–nuß** *f* jitak; **–putz** *m* hiasan kepala; **–rechnen** *n* hitung di luar kepala; **–salat** *m* selada, daun sla, *lactuca sativa var. capita;* **≗scheu** mudah kaget, bingung; **–schmerzen** *pl* pusing/sakit kepala; *sich keine* ~ *machen* tdk. memikirkan
Kopf|sprung *m* terjun ke air dng. kepala lebih dulu; **–stand** *m* (keadaan) berdiri atas kepala, kopstan; **–station** *f*, *s. Kopfbahnhof;* **≗stehen** *unr. itr.* berdiri di atas kepala, menyungsang; *fig.* kacau-balau, menjadi gila-gilaan; **–steuer** *f* pajak per kepala/orang; **–tuch** *n* ikat kepala, destar, tudung; **≗über** dng. kepala lebih dahulu; jungkir-balik; *fig.* segera, tanpa pikir panjang; **–wäsche** *f* cuci-rambut, keramas; **–zeile** *f* kepala berita; **–zerbrechen** *n* (–*s*;*O*) *j–m* ~ *machen* memusingkan orang; *ohne viel* ~ tanpa banyak pikir
Kopie *f* (–;*Kopiën*) salinan, tiruan, kopi
kopier|en (–) *tr.* menyalin, meniru; *Fot.* mencetak, membuat afdruk; **≗gerät** *n*, **≗maschine** *f* mesin fotokopi; **≗papier** *n* kertas karbon; *Fot.* kertas cetak; **≗stift** *m* pinsil tinta
Kopilot *m* pilot pembantu
Koppel 1. *f* (–;–*n*) sekawanan binatang yg. terikat satu sama lain dng. tali; *Gehege* padang rumput yg. dibatasi pagar hijau; **2.** *n* (–*s*;–) ban tentara, kopel(rim); **≗n** *tr.* menghubungkan, mengikat satu sama lain; merangkaikan, menggandengkan; **–ung** *f* (–;–*en*) *Mot.*, *Elek.* hubungan
Kopra *f* (–;*O*) kopra
Koproduktion *f* produksi bersama
Kopula *f* (–;–*s*/. . . *läe*) *Gr.* kata kerja pelantar, kopula; **–tion** *f* (–;–*en*) persetubuhan, hubungan kawin
Koralle *f* (–;–*n*) batu karang; binatang karang(-karang), *anthozoa;* **–nfischer** *m* penyelam pencari batu karang; **–n·insel** *f* pulau karang; **–nkette** *f* kalung merjan; **–nriff** *n* gosong karang
Koran *m* (–*s*;–*e*) AlQuran
Korb *m* (–*ɇs*;–̈*e*) keranjang; bakul; *j–m e–n* ~ *geben* menolak tawaran/pinangan sso.
Korb|ball *m* bola basket/keranjang; **–flechter** *m* penganyam keranjang; **–geflecht** *n* anyaman (rotan); **–macher** *m*, *s. Korbflechter;* **–möbel** *pl* perabot anyaman (dari rotan/bambu atau pohon weide); **–waren** *pl* barang anyaman; **–weide** *f* pohon weide yg. dapat digunakan utk. anyaman, *salix viminalis*
Kord(samt) *m* (–*ɇs*;–*e*) sm. beledu, korduroi
Kordel *f* (–;–*n*) tali kor
Koriander *m* (–*s*;–) ketumbar, *coriandrum sativum*
Korinthe *f* (–;–*n*) kismis; **–nbrot** *n* roti kismis

Kork *m* (–e̸s;–e) gabus; **–en** *m* (–s;–) tutup botol, sumbat, gabus, perop; **–enzieher** *m* kot(e)rek, pencabut sumbat botol

Kormoran *m* (–s;–e) burung ranggung, *phalacrocorax*

Korn 1. *n* (–e̸s;–̈er) butir, biji; macam-macam gandum, padi-padian; *am Gewehr* pejera; *j–n aufs ~ nehmen* mengamat-amati sso.; **2.** *m* (–s;O) sm. brendi; **–ähre** *f* bulir gandum; **–blume** *f* bunga biru di ladang gandum, *centaurea cyanus;* **–boden** *m* lumbung gandum; **–feld** *n* ladang gandum/padi-padian

körnig spt./mengandung butir-butir kecil

Kornkammer *f* lumbung gandum; *fig.* daerah penghasil gandum

Korona *f* (–;. . . *nen*) lingkaran cahaya/sinar (pd. matahari); *ugs.* kelompok orang

Körper *m* (–s;–) badan, tubuh; *Phys.* benda padat; **–bau** *m* potongan tubuh, bentuk badan, perawakan; **≗behindert** cacat tubuh; **–beschaffenheit** *f* resam tubuh, fisik; **–chen** *n* (–s;–) partikel, bagian kecil; **–fülle** *f* gemuknya, gendutnya, keadaan tambun; **–geruch** *m* bau badan; **–gewicht** *n* berat badan; **–größe** *f* tinggi(nya) badan; **–haltung** *f* sikap badan; **–kraft** *f* kekuatan jasmani/fisik; **≗lich** badaniah, jasmani, fisik; kebendaan; **–pflege** *f* perawatan badan/tubuh, **–puder** *m* bedak talek; **–schaft** *f* (–;–en) badan, lembaga; **–schulung** *f* latihan jasmani, gerak badan; **–teil** *m* anggota badan; **–temperatur** *f* suhu badan; **–verletzung** *f* perbuatan melukai badan/tubuh dng. sengaja; luka(-luka)

Korporal *m* (–s;–e/–̈e) kopral; *österreichisch* kopral satu; *schweizerisch* sersan dua

Korps *n* (–;–) korps; *Mil.* gabungan beberapa divisi; *veraltet* himpunan mahasiswa; *Diplomatisches ~* korps diplomatik; **–geist** *m* semangat korps

Korpulenz *f* (–;O) kegemukan badan, kebayakan, keadaan tambun

Korpus 1. *n* (–;*Korpora*) karya lengkap yg. diterbitkan; **2.** *m* (–;–se) *ugs.* badan, tubuh

Korreferat *n* uraian kedua (tt. pokok yg. sama)

korrekt betul, tepat, teliti, jujur; *~ gekleidet* berpakaian rapih/pantas; **≗heit** *f* (–;O) sikap tepat; **≗or** *m* (–s;–en) korektor

Korrektur *f* (–;–en) koreksi, pemeriksaan dan pembetulan kesalahan; **–bogen** *m* pruf, cetakan percobaan; **–fahne** *f* pruf lepas/kotor

Korrespon|dent *m* (–en;–en) koresponden, wartawan; **–denz** *f* (–;–en) surat-menyurat, korespondensi; **≗dieren** (–) *itr.* surat-menyurat

Korridor *m* (–s;–e) koridor

korrigieren (–) *tr.* mengoreksi, memeriksa dan membetulkan

korrosionsfest tahan karat, tdk. berkarat

kor|rumpieren (–) *tr.* menyuap, menyogok; membuat orang menjadi busuk/jahat; **–rupt** busuk, buruk, korup; **≗ruption** *f* (–;–en) korupsi; **≗ruptor** *m* (–s;–en) koruptor

Korsett *n* (–e̸s;–e/–s) korset, *bp.* long torso

Korso *m* (–s;–s) pawai dng. kereta yg. dihias bunga

Korvette *f* (–;–n) kapal perang kecil, korvet; **–nkapitän** *m* mayor Angkatan Laut

kose|n *itr.* membelai-belai, merayu (-rayu); **≗name** *m* nama kesayangan; **≗wort** *n* kata manis/bujukan

Kosmetik *f* (–;O) kosmetik; **–a** *pl* alat-alat kecantikan; **–erin** *f* (–;–nen) ahli kecantikan

kosm|isch berh. dng. jagat raya; **≗onaut** *m* (–en;–en) angkasawan, kosmonaut; **≗opolit** *m* (–en;–en) kosmopolit; **≗os** *m* (–;O) jagat raya, alam semesta

Kost *f* (–;O) makanan; *in (freier) ~ u. Logis* indekos (dng. cuma-cuma)

kostbar berharga, bernilai, bermutu; **≗keit** *f* (–;–en) sst. yg. sangat berharga/indah

Kosten *pl* pengeluaran, harga; biaya, ongkos; *laufende ~* pengeluaran rutin; *ohne ~* tanpa ongkos/biaya;

auf j–s ~, auf ~ von j–m atas biaya sso.; *auf s–e ~ kommen* memperoleh sst. sesuai dng. harapan/pengeluaran

kosten 1. *itr.* mempunyai harga, berharga, harganya; *das kostet soviel* harganya sekian; *Mühe ~* menuntut usaha; *den Kopf/Kragen ~* dapat berakibat fatal; *Zeit ~* makan waktu; *was kostet das?* berapa (harganya)? **2.** *tr.* mencicipi, mencoba

Kosten|(vor)anschlag *m* anggaran belanja; **–aufwand** *m* pengeluaran; **–erstattung** *f* pembayaran kembali, penggantian ongkos/pengeluaran; **–frage** *f* masalah harga/modal; **≗frei, ≗los** cuma-cuma, gratis, prodeo; **≗pflichtig** harus/wajib bayar; **–preis** *m* biaya produksi; **–rechnung** *f* kalkulasi/perhitungan biaya; **–senkung** *f* penurunan ongkos

Kost|gänger *m* (*–s;–*) penumpang indekos; **–geld** *n* uang makan/ indekos

köstlich lezat, nikmat; *fig.* indah, bagus; menyenangkan

Kost|probe *f* contoh; *e–e ~ nehmen* mencicipi; **≗spielig** mahal, yg. makan biaya banyak

Kostüm *n* (*–s;–e*) kostum; pakaian sandiwara; stelan jas dan rok utk. wanita; **–fest** *n* pesta topeng; **–probe** *f* repetisi sandiwara dng. memakai kostum

Kot *m* (*–<s>e</s>s;O*) tahi, kotoran, lumpur

Kotelett *n* (*–<s>e</s>s;–s*) daging rip/iga dari anak sapi, babi atau kambing; **–en** *pl* cambang

Köter *m* (*–s;–*) anjing kampung/ geladak

Kotflügel *m* spatbor, sayap roda

kotzen *itr. derb* muntah

Krabbe *f* (*–;–n*) ketam, kepiting, *branchyura; ugs.* anak kecil, gadis yg. lucu

krabbeln *itr.* merangkak, merayap

Krach *m* (*–<s>e</s>s;–e/–s/¨–e*) dentuman, letusan; bunyi/suara keras, kebisingan; *Streit* percekcokan, perselisihan; *Bank* kebangkrutan; *~ machen* berbuat ribut; *mit Ach u. ~* dng. susah payah; **≗en** *itr.* berdentam, berbunyi keras; **–er** *m* (*–s;–*) mercon; *ugs.* lelaki tua

krächzen *itr.* menggaok

Kraft *f* (*–;¨–e*) kekuatan, daya, tenaga; *aus eigener ~* dng. usaha sendiri, berswadaya; *außer ~ sein* tdk. berlaku lagi; *in ~ treten/sein* berlaku; **≗** *Prp.* menurut, berdasarkan, berkat; **–anstrengung** *f,* **–aufwand** *m* penggunaan tenaga; **–ausdruck** *m* kata kasar, kutukan; **–brühe** *f* air kaldu; **–droschke** *f* taxi, taksi; **–fahrer** *m* pengemudi mobil/ truk; **–fahrzeug** *n* kendaraan bermotor; **–fahrzeugbrief** *m* surat tanda nomor kendaraan bermotor (STNK), nomorbewes; **–fahrzeugsteuer** *f* pajak kendaraan; **–feld** *n* medan gaya

kräftig kuat; *nahrhaft* bergizi; *e-e ~e Sprache* bahasa kasar; **–en** *tr.* menguatkan, memperkuat; *sich ~* menjadi kuat/sehat kembali

kraft|los lemah, tak bertenaga; **≗messer** *m* alat ukur tenaga, dinamometer; **≗post** *f* (dinas) bis pos; **≗probe** *f* adu kekuatan; **≗rad** *n* sepeda motor; **≗stoff** *m* bahan bakar (minyak), bensin; **≗verkehr** *m* lalulintas bermotor; **≗verschwendung** *f* penghamburan/pemborosan tenaga; **–voll** kuat, bertenaga; atletis; **≗wagen** *m* kendaraan bermotor, mobil; **≗werk** *n* pembangkit tenaga listrik

Kragen *m* (*–s;–*) leher baju, kerah; *es geht j–m an den ~* sso. dituntut utk. memberi tanggungjawab(nya)

Krähe *f* (*–;–n*) sm. burung gagak/ gaok; **≗n** *itr.* berkokok; *ugs.* (anak) berteriak dng. suara nyaring; *danach kräht kein Hahn* tdk. penting/ dipedulikan

krakeelen (–) *itr.* bertengkar, berteriak, (mengadakan) ribut

krakeln *itr.* menulis (dng.) gaya cakar ayam

Kralle *f* (*–;–n*) kuku; *Vogel* cakar; **≗n** *itr.* mencengkeram; *sich an et. ~* berpegang pd. sst. dng. kuat

Kram *m* (*–s;O*) *pej.* macam-macam barang rongsokan; barang (bekas) yg. sudah lama disimpan; *das paßt mir (nicht) in den ~* (tdk.) sesuai

dng. rencana saya; **⁓en** *itr.* membongkar utk. mencari sst.
Krämer *m* (*–s;–*) pemilik toko/kedai kecil; **–geist** *m* sikap picik; **–seele** *f* orang picik
Kramladen *m* toko/kedai kelontong
Krampf *m* (*–ẹs;⸚e*) kejang, *bp.* kram, *spasmus; so e ~! ugs.* omongkosong! **–ader** *f, Med.* pembuluh darahbalik mekar, *varix;* **⁓haft** (ke)kejang(an), kaku; *fig.* dng. sangat tekun, sekuat tenaga
Kran *m* (*–ẹs;⸚e/–e*) keran (air); *Maschine* mesin derek; **–führer** *m* pengemudi mesin derek
Kranich *m* (*–s;–e*) sm. burung jenjang, *gruidae*
krank sakit; **⁓e** *m, f* (*–n;–n*) orang sakit, penderita
kränkeln *itr.* bersakit-sakitan
kranken *itr.* menderita; berkekurangan
kränken *tr.* menyinggung, menyakiti
Kranken|anstalt *f* rumahsakit; **–auto** *n* ambulans; **–bahre** *f* tandu, usungan, brankar; **–besuch** *m* kunjungan kpd. orang sakit, besuk; **–bett** *n* tempat tidur pasien; **–geld** *n* tunjangan di waktu sakit; **–haus** *n* rumahsakit, hospital; **–kasse** *f* asuransi kesehatan; **–kost** *f* makanan khusus utk. orang sakit, diet; **–lager** *m* tempat tidur pasien; *fig.* keadaan sakit; **–ölung** *f, Rel.* pengurapan orang sakit; **–pflege** *f* perawatan orang sakit; **–pfleger** *m,* **–pflegerin** *f* jururawat, perawat; **–schein** *m* surat pengobatan (dari asuransi kesehatan); **–schwester** *f* jururawat, suster; **–stuhl** *m* kursi dorong; **–urlaub** *m* cuti sakit; **–versicherung** *f* asuransi kesehatan; **–wagen** *m* ambulans; **–wärter** *m, s. Krankenpfleger;* **–zimmer** *n* kamar pasien
krankfeiern *itr.* tdk. bekerja atau membolos dng. dalih sakit
krankhaft tdk. sehat; ganjil, tdk. normal/lazim, aneh, berlebihlebihan
Krankheit *f* (*–;–en*) penyakit, sakit, penderitaan; **–sbericht** *m* laporan dokter/medis; **–s·erreger** *m* penyebab/kuman penyakit; **–s·erscheinung** *f* gejala penyakit; **⁓shalber** karena sakit; **–sherd** *m* pusat infeksi; **–skeim** *m, s. Krankheitserreger;* **–s·übertragung** *f* penularan penyakit; **–szeichen** *n* gejala penyakit
kränklich sakit-sakitan, sering sakit
Kränkung *f* (*–;–en*) penghinaan
Kranz *m* (*–es;⸚e*) karangan/rangkaian bunga; *Lit.* bumban
Kränz|chen *n* (*–s;–*) karangan bunga yg. kecil; *fig.* pertemuan ibu-ibu; **⁓en** *tr.* mengalungi karangan bunga
Kranzniederlegung *f* peletakan karangan bunga
kraß tajam, menyolok, tegas, keras; *krasser Widerspruch* pertentangan tajam
Krater *m* (*–s;–*) kawah
kratzbürstig judes, sombong
Krätze *f* (*–;O*) penyakit kudis, *scabies*
kratzen *tr. itr.* menggores; mencakar; menggaruk-garuk; *das kratzt mich nicht* saya tdk. peduli
Kratzer *m* (*–s;–*) goresan (luka)
krau|en *tr.* menggaruk-garuk; **–len** **1.** *tr.* menggaruk-garuk; **2.** *itr.* berenang gaya bebas
kraus keriting, berkerut; *~es Zeug* hal yg. tdk. jelas atau aneh; **⁓e** *f* (*–;–n*) leher baju berlipat
kräuseln *tr.* mengeriting; *refl., Wasser* beriak; *Stoff* membuat kerut/rimpel
krausen *tr.* mengerutkan
kraus|haarig berambut keriting; **⁓kopf** *m* orang yg. berambut keriting
Kraut *n* (*–ẹs;⸚er*) tumbuh-tumbuhan jamu; daun sayur yg. tdk. begitu berguna; (sayur) kubis; sirop sari buah yg. kental; *fig.* tembakau tak bermutu; *wie ~ u. Rüben* kacau-balau
Kräuter|kunde *f* ilmu tt. tanaman berkhasiat; **–tee** *m* teh dari (daun) tanaman berkhasiat
Krautgarten *m* kebun sayur
Krawall *m* (*–s;–e*) huruhara
Krawatte *f* (*–;–n*) dasi; **–nnadel** *f* tusuk dasi
kraxeln *itr. ugs.* mendaki gunung

kreativ memiliki daya cipta, kreatif; **≗ität** *f* (–;O) imajinasi; daya cipta, kreativitas
Kreatur *f* (–;–*en*) mahluk, ciptaan; *pej*. oknum
Krebs *m* (–*es*;–*e*) kepiting, ketam, *crustaceae; Krankheit* kanker; **≗artig** spt. kepiting/kanker; **–bekämpfung** *f* pengobatan penyakit kanker; **≗en** *itr*. menangkap kepiting; *fig*. memanjat/merangkak dng. susah payah; mundur; **–gang** *m* gerak/langkah mundur; **–geschwulst** *f*, **–geschwür** *n* tumor ganas; **≗krank** sakit kanker; **≗rot** merah spt. kepiting yg. dimasak; **–schaden** *m*, *fig*. kebusukan/kebobrokan yg. berakar kuat; **–schere** *f*, *Zo*. sepit kepiting; *Gastronomie* cinkong; **–suppe** *f* sop kepiting
kredenzen (–) *tr*. *Lit*. menghidangkan, menawarkan makanan/minuman
Kredit 1. *m* (–*e̸s*;–*e*) kredit, piutang; *fig*. kepercayaan; reputasi; *e–n ~ aufnehmen* meminjam uang; **2.** *n* (–*s*; –*s*) lajur piutang, (sisa) neraca kanan; **–aufnahme** *f* pinjaman; **–bank** *f* bank kredit/pinjaman; **–brief** *m* surat kredit; **≗fähig** dapat dipercaya(i), bonafide; **–geber** *m* kreditor, yg. berpiutang, penagih; **–genossenschaft** *f* koperasi simpan-pinjam; **–geschäft** *n* transaksi kredit
kreditieren (–) *tr*. memberi kredit, meminjamkan sst.; memasukkan dl. rekening penerimaan
Kredit|karte *f* kartu pengenal utk. berhutang di toko dsb., *credit card;* **–linie** *f* batas pemberian kredit; **–mittel** *pl* cadangan kredit; **–nehmer** *m* (–*s*;–) peminjam; **–verkehr** *m* transaksi kredit; **≗würdig** pantas diberi kredit, dapat dipercaya
Kredo *n* (–*s*;–*s*) *Rel*. syahadat
Kreide *f* (–;–*n*) kapur, kapur tulis; *tief in der ~ stehen* berhutang banyak; **≗weiß** pucat pasi; **–zeichnung** *f* gambar dng. kapur/krayon; **–zeit** *f*, *Geo*. (jaman) kapur
kre·ieren (–) *tr*. menciptakan
Kreis *m* (–*es*;–*e*) lingkaran, bulatan; lingkungan; *Schicht* lapisan masyarakat, kelompok orang; *Verwaltung* kecamatan; *sich im ~e bewegen* berputar-putar; *im engsten ~e* dl. lingkungan keluarga/kawan; **–abschnitt** *m* tembereng lingkaran; **–ausschnitt** *m* sektor, tembereng tajam; **–bahn** *f* lingkar, keliling bulatan; **–bogen** *m* busur lingkaran, lengkung
kreischen *itr*. menjerit-jerit
Kreisel *m* (–*s*;–) gasing; **≗n** *itr*. berputar-putar, berpusing-pusing; **–pumpe** *f* pompa pusing/sentrifugal
kreisen *itr*. berputar; berkisar, beredar
kreis|förmig bulat, berbentuk lingkaran; **≗lauf** *m* peredaran darah; pergantian/perputaran musim dsb.; **≗laufstörung** *f* gangguan peredaran darah; **≗linie** *f* garis lingkaran; **–rund** bulat; **≗säge** *f* mesin gergaji putar
Kreißsaal *m* ruang bersalin
Kreis|stadt *f* ibukota kecamatan; **–tag** *m* dewan perwakilan rakyat tingkat kecamatan; **–verkehr** *m* bundaran lalu-lintas
Krem *f* (–;–*s*), *m* (–*s*;–*e*) krem, krim, pasta
Krematorium *n* (–*s*;. . . *iën*) tempat pembakaran mayat, krematorium
Krempe *f* (–;–*n*) pinggir(an) topi
Krempel *m* (–*s*;O) macam-macam barang yg. tdk. berguna lagi, barang rosokan
krepieren (–) *itr*. meledak; *Tier* mati
Krepp *m* (–*s*;–*s*/–*e*), **–flor** *m* kain yg. berkerut dari sutera atau wol, kain krep; kain utk. pakaian berkabung; **–(p)apier** *n* kertas krep; **–sohle** *f* sol krep
Kresse *f* (–;–*n*) sm. selada, *lepidium*
Kreuz *n* (–*es*;–*e*) salib, palang, tanda silang; *Anat*. tulang kelangkang; *fig*. penderitaan, beban; *Mus*. kruis, kres; *Kartenspiel* klaver; *~ des Südens* bintang pari; *≗ u. quer fahren* berkeliling, berputar-putar, berpusing-pusing, *bp*. meraun; *zu ~e kriechen* menyerah kalah, tunduk; *j–n aufs ~ legen* memperdaya, mengalahkan sso.; **–abnahme** *f* penurunan jenazah Jesus dari salib; **–bein** *n* tulang

kemudi, tulang kelangkang, *os sacrum*
kreuzen *tr. itr.* menyilang(kan); melintasi; menjelajah; *begegnen* berpapasan; *Bio.* menyilangkan, mengadakan hibrida; *Mar.* berlayar serong-menyerong menyongsong angin, berpal-pal; *sich* ~ silang-menyilang; berselisih lalu/jalan
Kreuzer *m* (–*s*;–) **1.** kapal penjelajah; **2** uang receh (masa lalu)
Kreuz|fahrer *m* pengikut perang salib; **–fahrt** *f* pelayaran pesiar; **–feuer** *n, im ~ stehen, fig.* dihujani (macam-macam) pertanyaan; **≗fidel** riang gembira; **–gang** *m* serambi beratap di biara; **–gelenk** *n* sendi kardan; **–gewölbe** *n* sm. langit-langit berbentuk kubah silang-menyilang
kreuzig|en *tr.* menyalibkan; **≗ung** *f* (–;–*en*) penyaliban
Kreuz|otter *f* sm. ular berbisa, *vipera berus;* **–ritter** *m, s. Kreuzfahrer;* **–schmerzen** *pl* sakit sengal pinggang, *lumbago;* **–stich** *m* setik silang; **–ung** *f* (–;–*en*) persilangan jalan; *Bio.* perkawinan silang; jenis campuran; **–verhör** *n* interogasi, pemeriksaan seorang tertuduh dng. pertanyaan bertubi-tubi; **–weg** *m* persimpangan jalan; *Rel.* jalan salib; **≗weise** secara menyilang, bersilang; **–worträtsel** *n* teka-teki silang; **–zeichen** *n* tanda salib; **–zug** *m* perang salib
kribb(e)lig tegang, gelisah
kribbeln *itr.* merayap; menggelenyar, merasa gatal; *es kribbelt mir in den Fingern* saya kepingin, saya merasa gatal utk.
kriech|en *unr. itr.* merangkak, merayap, berjalan pelan-pelan; **≗er** *m* (–*s*;–) *fig.* penjilat; **≗erei** *f* (–;*O*) jilatan; **–erisch** dng./bersifat menjilat; spt. penjilat; **≗pflanze** *f* tumbuhan yg. menjalar; **≗spur** *f* jalur lambat; **≗tier** *n* binatang melata, reptil
Krieg *m* (–*(e)s*;–*e*) perang, peperangan; ~ *führen* berperang
kriegen *tr.* memperoleh, mendapat; *das werden wir schon* ~ kita akan mengatasinya/menyelesaikannya
Krieg|er *m* (–*s*;–) pejuang, prajurit; **–erdenkmal** *n* tugu pahlawan (perang); **≗erisch** suka perang, gagah berani; **–erverein** *m* persatuan veteran; **≗führend** yg. sedang berperang
Kriegs|auszeichnung *f* bintang/tanda jasa perang; **–beil** *n, das ~ ausgraben* mulai berselisihan; **–berichterstatter** *m* wartawan perang; **≗beschädigt** cacat akibat perang; **–dienst** *m* wajib militer; **–dienstverweigerer** *m* orang yg. menolak wajib militer (karena bertentangan dng. hati nuraninya); **–entschädigung** *f* pampasan perang; **–erklärung** *f* pernyataan perang; **–fall** *m, im* ~ (jika) terjadi perang; **–freiwillige** *m* sukarelawan; **–führung** *f* strategi perang, (ilmu) siasat perang; **–fuß** *m, mit j-m/et. auf ~ stehen* bermusuhan dng. sso., tdk. senang/suka pd. sst.
Kriegs|gefangene *m* tawanan perang; **–gefangenschaft** *f* (keadaan sebagai) tawanan perang; **–gericht** *n* pengadilan/mahkamah militer; **–geschrei** *n* pekik perang; **–gewinnler** *m* pengeruk keuntungan dl. waktu perang; **–glück** *n* keberhasilan dl. perang; **–gräberfürsorge** *f* perawatan taman makam pahlawan; **–hafen** *m* pangkalan angkatan laut; **–heer** *n* balatentara; **–held** *m* pahlawan perang; **–herr** *m, oberster ~* panglima besar/tertinggi; **–kamerad** *m* kawan seperjuangan; **–kunst** *f* ilmu siasat perang; **–list** *f* siasat perang; **–marine** *f* angkatan laut; **≗müde** jemu (akan) perang; **–opfer** *n* korban perang; **–rat** *m, ~ halten, fig.* berunding (mengenai siasat)
Kriegs|recht *n* keadaan bahaya/darurat; hukum perang; **–schauplatz** *m* gelanggang/medan perang; **–schiff** *n* kapal perang; **–schuld** *f* kesalahan memulai perang; hutang akibat perang; **–spiel** *m* perang tiruan; main perang-perangan; **–stärke** *f* kekuatan (ber)perang; **–tanz** *m* tari perang; **–treiber** *m* penghasut perang; **–verbrechen** *n* kejahatan perang yg. dilakukan

oleh (anggota) angkatan bersenjata atau negara yg. berperang, tindakan yg. berlawanan dng. hukum perang international; **–verbrecher** *m* penjahat perang; **≗versehrt** cacat akibat perang; **≗wichtig** penting bagi yg. berperang, strategis; **–zeit** *f* zaman/waktu perang; **–zug** *m* perang terbatas; ekspedisi; **–zustand** *m* keadaan perang

Krimi *m* (*–s;–s*) cerita/film detektif

kriminal kriminal; **≗beamte** *m* (anggota) polisi reserse; **≗ist** *m* (*–en;–en*) ahli hukum pidana; detektif; anggota polisi reserse; **≗istik** *f* (*–;O*) kriminologi; **≗ität** *f* (*–;O*) kriminalitas, kejahatan, perbuatan kriminal; **≗polizei** *f* polisi reserse; **≗polizist** *m*, *s. Kriminalbeamte;* **≗roman** *m* cerita detektif

kriminell kriminal, merupakan kejahatan

Kringel *m* (*–s;–*) sst. yg. (hampir) bulat; garis lengkung; kue berbentuk lingkaran

Kripo *f* (*–;O*) *s. Kriminalpolizei*

Krippe *f* (*–;–n*) palungan; *fig.* tempat penitipan anak; **–nspiel** *n* sandiwara Natal

Krise *f* (*–;–n*), **Krisis** *f* (*–;Krisen*) krisis, kemelut, keadaan genting

kriseln *es kriselt im Nahen Osten* ada gejala krisis di Timur Tengah

krisenfest tdk. terancam bahaya, kokoh, stabil

Kristall *m* (*–s;–e*) hablur, kristal; **≗en** *Adj.* dari/spt. kristal; **≗isieren** (*–*) *tr. itr.* menghablur, menjadi(kan) kristal; **≗klar** sangat bening

Kriterium *n* (*–s;. . . iën*) kadar/ukuran utk. mempertimbangkan, patokan, ciri-ciri khas, kriterium

Kritik *f* (*–;–en*) kritik, celaan, kecaman; resensi (buku/film/sandiwara); *unter aller ~* jelek sekali

Krit|iker *m* (*–s;–*) kritikus, pengecam, penelaah; **≗ik·los** tanpa kritik, dangkal; **≗isch** secara kritis, bersikap tajam/kritis; bersifat mengeritik/mengecam; gawat, genting, tegang; **≗isieren** (*–*) *tr.* mengeritik, memberi pertimbangan; mengecam

Kritzel|ei *f* (*–;–en*) coreng-moreng; perbuatan menconteng-conteng; **≗n** *itr.* bercoreng-moreng; menulis kecil-kecil

Krokant *m* (*–s;O*) sm. manisan campuran kacang dng. gula

Krokette *f* (*–;–n*) kroket

Krokodil *n* (*–s;–e*) buaya, *crocodylia;* **–s·tränen** *pl, fig.* tangisan purapura

Krone *f* (*–;–n*) mahkota; *Baum* puncak pohon; *Zahn* tajuk/kepala gigi; *e-n in der ~ haben* (menjadi) mabuk

krönen *tr.* memahkotai, menobatkan menjadi raja; *fig.* menyelesaikan dng. berhasil/gemilang

Kron|leuchter *m* kandil gantung, lampu kristal; **–prinz** *m* putera mahkota; **–prinzessin** *f* puteri mahkota

Krönung *f* (*–;–en*) penobatan raja, pemahkotaan; *fig.* puncak

Kronzeuge *m* saksi utama; penjahat yg mengaku dan membantu jaksa utk. memberatkan penjahat lain ⟨dng. jaminan bebas hukuman⟩

Kropf *m* (*–[e]s;¨–e*) *Zo.* tembolok; *Med.* gondok, *struma*

Kröte *f* (*–;–n*) kintal, sm. kodok kangkung; *fig.* gadis kecil yg. berani; *die letzten ~n ausgeben* menghabiskan sisa uang

Krücke *f* (*–;–n*) tongkat; tongkat ketiak; pegangan/gagang (payung, tongkat)

Krug *m* (*–[e]s;¨–e*) kendi, sm. cangkir besar, tempayan kecil bercerat

Kruke *f* (*–;–n*) tempayan besar

Krüllschnitt *m* tembakau pipa yg. agak kasar racikannya

Krume *f* (*–;–n*) remah(–remah); *Acker* lapisan atas dari tanah subur yg. lunak/empuk

Krüm|el *m* (*–s;–*) *s. Krume;* **≗elig** repih; **≗eln** *itr. tr.* merepih-repih(kan)

krumm bengkok, tdk. lurus; *j-n et. ~ nehmen* menganggap perbuatan orang lain salah atau tdk. pantas; *~e Tour* penipuan; **–beinig** pengkar (dalam/luar)

krümmen *tr.* membengkokkan; *sich ~* membungkuk; *sich vor Schmerzen ~* menggeliang-geliut

Krummstab *m* tongkat uskup

Krümmung *f* (*–;–en*) (pem)bengkokan; tikungan, belokan

Krupp *m* (*–s;O*) radang selaput lendir pd. pangkal dan batang tenggorok, *croup*

Kruppe *f* (*–;–n*) pantat binatang (kuda)

Krüppel *m* (*–s;–*) orang cacat/pincang/timpang; **≗haft, ≗ig** cacat

Kruste *f* (*–;–n*) kerak; kulit roti; *Wunde* keropeng; **–ntier** *n* binatang berkulit keras (spt. jenis ketam dsb.), *crustacea*

Kruzifix *n* (*–es;–e*) salib

Krypta *f* (*–;. . . ten*) kapel di bawah lantai gereja

Kübel *m* (*–s;–*) tong, tahang, bejana, tempat air, ember; **–wagen** *m* (*–s;–*) gerbong-tangki; *Mot.* sm. jip

Kubik|maß *n* ukuran kubik; **–meter** *n* meter kubik, meter pangkat tiga; **–wurzel** *f* akar (pangkat) tiga

kubisch berbentuk kubus

Kubismus *m* (*–;O*) (aliran senirupa) kubisme

Kubus *m* (*–s; Kuben*) kubus, dadu

Küche *f* (*–;–n*) dapur; masakan; (*gut*) *bürgerliche* ~ makanan ala nyonya rumah; *kalte* ~ hidangan dingin

Kuchen *m* (*–s;–*) kue; **–blech** *n* loyang; **–form** *f* cetakan kue

Küchen|abfälle *pl* sampah dapur; **–benutzung** *f, mit* ~ (menyewa kamar dng.) boleh memakai dapur; **–chef** *m* kepala dapur/jurumasak; **–gerät** *n*, **–geschirr** *n* perabot/alat dapur; **–handtuch** *n* serbet dapur; **–herd** *m* open, kompor; **–kräuter** *pl* rempah-rempah, bumbu; **–mädchen** *n* pembantu wanita di dapur; **–schabe** *f* coro, lipas, kecoa, kakerlak; **–schrank** *m* lemari dapur, sepen

Kuchenteig *m* adonan kue

Küchen|uhr *f* jam dapur; **–waage** *f* timbang(an); **–zettel** *m* daftar menu

Kü(c)ken *n* (*–s;–*) anak ayam atau unggas lain

Kuckuck *m* (*–s;–s*) burung bubut, *cuculus canorus; zum ~!* sialan! *j-n zum ~ wünschen* berkehendak agar sso. (ada) di kejauhan

Kuckucks|ei *n, fig.* sst. yg. mulamula baik tetapi akhirnya ternyata jahat; **–uhr** *f* jam kukuk

Kuddelmuddel *m, n* (*–s;O*) keadaan kacau-balau

Kufe *f* (*–;–n*) **1.** papan peluncur; **2.** tahang dari kayu

Kugel *f* (*–;–n*) bola, peluru; **≗fest** tahan peluru; **≗förmig, ≗ig** berbentuk bola; **–gelenk** *n* engsel peluru; *Anat.* sendi peluru; **–kopf** *m, Schreibmaschine* bola mesin tik listrik; **–lager** *n* bantalan peluru, *bp.* kohelaher; **≗n** *sich* ~ berguling-guling; *sich ~ vor Lachen* tertawa bahak-bahak/terpingkal-pingkal; **≗rund** bulat spt. bola; **–schreiber** *m* bolpen, bolpoin; **≗sicher** tahan peluru; **≗stoßen** *n* tolak peluru

Kuh *f* (*–;¨e*) lembu betina, sapi perahan; **–augen** *pl, fig.* mata yg. melotot; *Zo.* sm. kupu-kupu, *epinephele jurtina;* **–blume** *f* sm. bunga kuning di ladang rumput; **–dorf** *n* udik; **–erbse** *f* kacang merah/panjang, *vigna sinensis;* **–euter** *n* tetek lembu; **–fladen** *m* kotoran sapi; **–glocke** *f* genta sapi; **–handel** *m* tawar-menawar politik, perdagangan sapi; **–haut** *f, das geht auf keine ~* kurangajar sekali

kühl sejuk, adem, dingin segar; *fig.* dingin; *e-n ~en Kopf behalten* tetap berkepala dingin; **≗anlage** *f* instalasi pendingin; **≗box** *f* kotak pendingin; **≗e** *f* (*–;O*) kesejukan, kesegaran, kedinginan; **–en** *tr.* mendinginkan

Kühler *m* (*–s;–*) kotak es utk. menyimpan makanan/minuman; *Mot.* radiator, alat pendingin motor; bagian muka mobil; **–haube** *f* tutup radiator, kap motor (mobil)

Kühl|fach *n* ruang pembeku (dl. lemari es); **–haus** *n* ruang pendingin; **–mittel** *n* obat/bahan pendingin; **–raum** *m* ruang/kamar pendingin; **–schrank** *m* lemari es, kulkas; **–truhe** *f* pesawat pembeku; **–ung** *f* (*–;–en*) pendinginan; udara/hawa sejuk, penyegaran; pesawat pendingin; **–wagen** *m* gerbong/truk pendingin

Kuh|magd *f* wanita pemelihara sapi; **–milch** *f* susu sapi

kühn berani, gagah; **≗heit** *f* (*–;O*) keberanian

Kuh|pocken *pl* cacar; **–stall** *m* kandang sapi; **–weide** *f* padang rumput utk. sapi
kulan|t sopan, suka menolong; **°z** *f* (–;*O*) sikap lunak/wajar
Kuli *m* (–*s*;–*s*) kuli
Kulisse *f* (–;–*n*) sisi panggung, layar bergambar, dekor; *hinter den ~n* di belakang layar; **–nmaler** *m* pelukis gambar panggung
Kulmi|nationspunkt *m* titik kulminasi/tertinggi, puncak; **°nieren** (–) *itr.* memuncak
Kult *m* (–*s*;–*e*) cara ibadat, upacara; pemujaan yg. keterlaluan
kultivier|en (–) *tr.* mengolah tanah; *fig.* memelihara; **–t** beradab, sopan, terdidik, halus
Kultur *f* (–;–*en*) kebudayaan, kultur; *Landwirtschaft* pengolahan tanah, penanaman, perkebunan; *Bio,* pembiakan
Kultur|abkommen *n* perjanjian kebudayaan; **–austausch** *m* pertukaran (ke)budaya(an); **–beutel** *m* tas kecil atau kantong tempat alat-alat kebersihan badan; **°ell** kultural, mengenai kebudayaan; **–film** *m* film dokumenter; **–geschichte** *f* sejarah kebudayaan; **–kreis** *m* lingkungan kebudayaan; **–land** *n* tanah pertanian; **–stufe** *f* tingkat kebudayaan; **°widrig** bertentangan dng. kebudayaan/peradaban
Kultus *m* (–;*Kulte*) pemujaan, ibadat, kebaktian, kultus; **–minister** *m* menteri (pendidikan dan) kebudayaan
Kümmel *m* (–*s*;*O*) jintan, *carum;* sm. minuman keras dari minyak biji jintan
Kummer *m* (–*s*;*O*) rasa sedih, kekuatiran
kümmer|lich lemah, tdk. berdaya/mampu; menyedihkan, merana; kurus kering; **–n** *sich ~ um* memelihara, mengurus; *kümmere dich nicht um das Geschwätz!* jangan peduli omongan itu! *das kümmert mich nicht* saya tdk. peduli, **°nis** *f* (–;–*se*) kesedihan, kecemasan
kummervoll bersedih, cemas
Kummet *n*, **Kumt** *n* (–*s*;–*e*) ban leher kuda
Kumpan *m* (–*s*;–*e*) kawan; kakitangan
Kumpel *m* (–*s*;–) buruh tambang; teman, kawan baik
Kumulation *f* (–;–*en*) timbunan
Kumuluswolke *f* awan kumulus
kund maklum
kündbar dapat dibatalkan/ditarik (kembali)
Kund|e **1.** *m* (–*n*;–*n*) langganan, pembeli; *übler ~* oknum jahat; **2.** *f* (–;–*n*) kabar, berita; pengetahuan; ...**°e** *f* (–;*O*) (berh. dng.) ilmu; *Natur~* ilmu alam
künden *tr.*, *s. kundgeben*
Kunden|beratung *f* informasi/nasehat bagi langganan/nasabah; **–dienst** *m* pelayanan khusus utk. langganan, serpis; **–werber** *m* orang yg. mencari langganan
kund|geben *unr. tr.* memaklumkan, mengumumkan; **°gebung** *f* (–;–*en*) rapat umum/raksasa; pengumuman, permakluman
kundig berpengalaman, pandai; *er ist des Lesens ~* ia pandai membaca
kündig|en *tr. itr.* membatalkan, mengakhiri; memberhentikan, memecat; menyatakan berhenti (dari pekerjaan); **°ung** *f* (–;–*en*) pembatalan, pemberhentian; pernyataan berhenti; **°ungsfrist** *f* jangka waktu yg. perlu utk. membatalkan/memberhentikan; **°ungsgrund** *m* alasan pemecatan/pembatalan; **°ungsschreiben** *n* surat pemecatan/pembatalan/pemberhentian
kund|machen *tr.* mengumumkan; **°machung** *f* (–;–*en*) pengumuman
Kundschaft *f* (–;*O*) para langganan/nasabah; *die Kunde* berita; *Erkundigung* penyelidikan; **°en** *itr.* menyelidiki, mengintai; **–er** *m* (–*s*;–) penyelidik, pengintai
kundtun *unr. tr.* memberitahu, mengumumkan
künftig yg. akan datang, di masa depan, di kemudian hari, kelak, bakal; **–hin** (mulai) dari sekarang
Kunst *f* (–;⸚*e*) kesenian, seni; kepandaian; *das ist keine ~* mudah amat; **–akademie** *f* akademi seni rupa; **–ausstellung** *f* pameran hasil kesenian; **–betrachtung** *f* pembahasan

hasil seni; **–druckpapier** *n* kertas kunsdruk/kilap; **–dünger** *m* pupuk buatan

Künstelei *f* (–;–*en*) hal yg. dibuat-buat, lagak

künsteln *itr*. berlagak, melagak

Kunst|erzeugnis *n* hasil kesenian; **–erziehung** *f* (pendidikan) kesenian; **–faser** *f* serat sintetis; **–fehler** *m* tindakan dokter yg. tdk. sesuai dng. *lege artis*, kesalahan mengobati pasien; **≗fertig** pandai, cekatan; **–fertigkeit** *f* kepandaian, keahlian, kecekatan; **–flug** *m* penerbangan akrobatik; **–freund** *m* pencinta/penggemar kesenian; **–galerie** *f* balai budaya/kesenian; **–gegenstand** *m* benda kesenian; **≗gemäß, ≗gerecht** (berbuat sst.) dng. keahlian, spt. seorang ahli, sebagaimana seharusnya; **–geschichte** *f* sejarah kesenian; **–gewerbe** *n* kerajinan tangan, pembuatan barang seni; **–griff** *m* akal, daya, cara pandai; **–gummi** *n* karet sintetis; **–handel** *m* perdagangan barang seni; **–harz** *n* sm. damar sintetis; **–hochschule** *f* akademi/perguruan seni rupa; **–kenner** *m* ahli kesenian; **–kritik** *f* kritik/resensi karya seni; **–leder** *n* kulit tiruan/buatan/sintetis

Künstler *m* (–*s*;–) seniman, artis; **–in** *f* (–;–*nen*) seniwati, artis; **≗isch** artistik, penuh corak seni, indah; **–werkstatt** *f* sanggar

künstlich buatan, tiruan, sintetis; *~e Atmung* pernafasan buatan; *~e Ernährung* pemberian makanan melalui infus

Kunst|liebhaber *m* penggemar seni; **≗los** sederhana, biasa, tdk. berseni; **–maler** *m* pelukis; **–pause** *f* sejenak diam utk. menarik perhatian; **≗reich** penuh corak seni; **–reiter** *m* ahli penunggang kuda; **–richtung** *f* aliran kesenian; **–sammlung** *f* kumpulan/koleksi barang (ke)seni(an); **–schätze** *pl* barang seni yg. berharga/bermutu tinggi **–seide** *f* sm. serat buatan, rayon; **–springen** *n* lompat indah; **–stoff** *m* bahan sintetis/plastik; **–stück** *n* perbuatan yg. menuntut keahlian/kepandaian; *das ist kein ~* ini gampang/mudah; **–verständige** *m, f* (–*n*;–*n*) ahli mengenai (barang) kesenian; **–verständnis** *n* rasa seni, keahlian dl. menilai karya seni; **≗voll** artistik, penuh corak seni; **–werk** *n* karya kesenian; **–wort** *n* kata buatan; **–zweig** *m* cabang/bidang kesenian

kunterbunt berwarna-warni, campur aduk

Kupfer *n* (–*s*;*O*) tembaga; **–blech** *n* lempeng tembaga; **–draht** *m* kawat tembaga; **–erz** *n* bijih tembaga; **–geld** *n* uang (logam) tembaga; **≗haltig** mengandung tembaga; **–münze** *f* uang (logam) tembaga; **≗n** *Adj*. dari/spt./mengandung tembaga; **–platte** *f* pelat tembaga; **–schmied** *m* pandai tembaga; **–stecher** *m* ahli ukir lempeng tembaga utk. cetakan; **–stich** *m* hasil cetakan lempeng tembaga yg. diukir; **–tiefdruck** *m* cetak benam pd. lempeng tembaga; **–vitriol** *n* terusi

kupieren (–) *tr*. memotong, memendekkan; *Med*. menghambat

Kupon *m* (–*s*;–*s*) kupon

Kuppe *f* (–;–*n*) puncak gunung yg. bundar; *Finger* ujung jari

Kuppel *f* (–;–*n*) kubah, relung; **–ei** *f* (–;*O*) perbuatan mempermudah orang lain berbuat cabul; penjodohan yg. tdk. wajar; **≗n** *tr*. menghubungkan, menyambung(kan); *fig*. menjodohkan; *Mot*. memakai kop(e)ling; **–ung** *f* (–;–*en*) *s. Kupplung*

Kupp|ler *m* (–*s*;–), **–lerin** *f* (–;–*nen*) mak comblang, pencari jodoh; calo utk. berbagai kegiatan mesum, germo; **–lung** *f* (–;–*en*) hubungan antara dua gerbong; *Mot*. kop(e)ling; **–lungspedal** *n*, *Mot*. pedal kop(e)ling

Kur *f* (–;–*en*) tetirah, pemulihan kesehatan, cara pengobatan; **–anstalt** *f* sanatorium, petirahan

Kür *f* (–;–*en*) nomor dl. pertandingan olahraga yg. boleh ditentukan oleh peserta sendiri

Kurat *m* (–*en*;–*en*) pembantu pastor; **–el** *f* (–;–*en*) *unter ~ stehen* di bawah perwalian; **–or** *m* (–*s*;–*en*) wali; kurator, pengurus yayasan; **–orium** *n* (–*s*;. . . *iën*) dewan pengawas/kurator

Kurbad *n* tempat pe(r)mandian air berkhasiat, kota tetirah/peristirahatan
Kurbel *f* (–;–*n*) engkol, gagang; **≗n** *tr. itr.* memutar engkol/gulungan; *ugs., Film* mengadakan *shooting;* **–welle** *f* poros engkol
Kürbis *m* (*–ses;–se*) labu, *cucurbita*
küren *unr. tr.* memilih
Kur|fürst *m* bangsawan tinggi yg. berhak memilih kaisar (di Jerman); **–gast** *m* tamu yg. tetirah; **–haus** *n* gedung/hotel petirahan (tempat hiburan dan/atau pengobatan)
Kurië *f* (–;–*n*) instansi pimpinan Gereja Katolik
Kurier *m* (*–s;–e*) kurir, utusan; **≗en** (–) *tr.* menyembuhkan
kurios aneh, lucu, ganjil; **≗ität** *f* (–;–*en*) benda/hal aneh atau luar biasa
Kur|mittel *pl* obat/sarana utk. memulihkan kesehatan di tempat tetirah; **–ort** *m* petirahan, kota/tempat tetirah; **–park** *m* taman umum di tempat tetirah; **–pfuscher** *m* dukun/tabib/sin(g)se (yg. berusaha menyembuhkan dng. obat yg. pantas diragukan)
Kurs *m* (*–es;–e*) arah, haluan; kursus; *Geld* kurs, nilai penukaran mata uang; *außer ~ setzen* ditarik dari peredaran, menyatakan batal; **–änderung** *f* perubahan arah/haluan; **–bericht** *m* berita kurs uang dan surat berharga; **–buch** *n* buku jadwal perjalanan kereta-api/bus
Kürschner *m* (*–s;–*) (tukang) pembuat pakaian bulu
Kursgewinn *m* keuntungan dari perbedaan kurs
kursieren (–) *itr.* beredar
kursiv kursif, miring; **≗schrift** *f* huruf miring/kursif/italik
Kurs|schwankung *f* turun-naiknya kurs valuta asing; **–sturz** *m* turunnya/jatuhnya kurs; **–teilnehmer** *m* peserta/pengikut kursus
kursorisch sepintas lalu
Kursus *m* (–;*Kurse*) kursus
Kurs|verlust *m* kerugian akibat penurunan kurs; **–wagen** *m* gerbong kereta api yg. membawa penumpang sampai tujuan tertentu (yg. berbeda dng. tujuan kereta api sendiri); **–wechsel** *m, Pol.* perobahan haluan; **–wert** *m* harga/nilai pasaran; **–zettel** *m* berita/daftar kurs
Kurtaxe *f* iuran utk. pemakaian sarana tempat tetirah
Kurve *f* (–;–*n*) tikungan, lengkungan, belokan; *Statistik* garis-garis turun-naik pd. grafik
kurven *itr.* berputar-putar; **–reich** berbelok-belok, berliku-liku
kurz pendek; singkat; sebentar; *~ gesagt* pendeknya; *vor ~em* belum lama berselang; *~ u. gut* pendeknya; *~e Hose* celana pendek; *~ vor Bonn* sedikit sebelum kota Bonn; *j-n ~ halten* membatasi uang yg. diperlukan utk. hidup sso.; *zu ~ kommen* mendapat kurang dari semestinya; *den kürzeren ziehen* kalah; *alles ~ u. klein schlagen* menghancurkan semuanya; *über ~ od. lang* cepat atau lambat; *sich ~ fassen* bicara pendek
Kurz|arbeit *f* pengurangan waktu kerja dan gaji akibat kesulitan tertentu; **≗atmig** sesak/pendek nafas, *dyspnoea;* **–ausgabe** *f* edisi yg. dipersingkat, edisi ringkas(an)
Kürze *f* (–;*O*) pendeknya, kependekan, singkatnya; *in ~* sebentar lagi; *in aller ~* dng. singkat, pendeknya; **–l** *n* (*–s;–*) singkatan steno
kürzen *tr.* memperpendek, mempersingkat, meringkas; mengurangi
kurz|erhand tanpa pikir panjang, tiba-tiba; **≗film** *m* film pendek; **≗form** *f* rumusan/bentuk singkat; **–fristig** dl. jangka pendek, dl. waktu singkat; **≗geschichte** *f* cerita pendek, cerpen; **–lebig** hidup sebentar saja; **≗lehrgang** *m* kursus intensif/kilat
kürzlich baru-baru ini
Kurz|schluß *m, Elek.* hubungan singkat, korsleting; *fig.* panik; **–schrift** *f* tulisan steno; **≗sichtig** bermata dekat; *fig.* picik, tdk. bijaksana; **–sichtigkeit** *f* (–;*O*) mata (pandang) dekat, *myopia;* **–streckenläufer** *m* pelari jarak dekat; **≗treten** *unr. itr.* membatasi pengeluaran, menghemat; **≗um** pendek kata

Kürzung *f* (–;–*en*) pemotongan, pengurangan
Kurz|waren *pl* barang-barang keperluan utk. menjahit; **°weg** begitu saja, sekonyong-konyong, tiba-tiba; **–weil** *f* (–;*O*) hiburan; **°weilig** yg. menarik/menyenangkan; **–welle** *f* gelombang pendek
kuscheln *sich* ~ mendekap, merapat manja (pd. sso.)
kuschen *itr*. (anjing) duduk; *fig*. menurut
Kusine *f* (–;–*n*) saudari sepupu
Kuß *m* (*Kusses; Küsse*) ciuman, kecup, cipok; **°echt** (lipstik yg.) tdk. luntur
küssen *tr*. mencium
Küste *f* (–;–*n*) pantai, pesisir
Küsten|fahrer *m*, **–fahrzeug** *n* kapal (susur) pantai; **–gewässer** *n* perairan pesisir; **–handel** *m* perdagangan antar pulau; **–land** *n* daerah pantai; **–schiffahrt** *f* pelayaran pesisir; **–strich** *m*, *s. Küstenland;* **–wache** *f* dinas penjagaan pantai
Küster *m* (–*s*;–) koster
Kustos *m* (–;. . . *oden*) pegawai museum
Kutsch|e *f* (–;–*n*) kereta kuda; *zweiräderig* dokar, bendi; **–enschlag** *m* pintu kereta kuda; **–er** *m* (–*s*;–) kusir; **°ieren** (–) *tr. itr*. mengendarai kereta kuda; bepergian dng. kereta kuda; *ugs*. (membawa) berjalan-jalan dng. mobil
Kutte *f* (–;–*n*) jubah
Kutter *m* (–*s*;–) kapal nelayan; kapal layar dng. satu tiang
Kuvert *n* (–*ts*;–*s*) sampul, amplop; **°ieren** (–) *tr*. memasukkan dl. amplop
Kybernetik *f* (–;*O*) sibernetika

L

Lab *n* (–*e*s;–*e*) fermen dl. cairan perut sapi
Labe *f* (–;*O*) *s. Labsal;* **≗n** *tr.* menyegarkan; *sich ~ an* menikmati
labial berh. dng. bibir, labial
labil goyah, goyang, mudah berubah(-ubah), tdk. mantap, labil
Labor *n* (–*s*;–*s*/–*e*) laboratorium; **–ant** *m* (–*en*;–*en*) orang yg. bekerja di laboratorium
Laboratorium *n* (–*s*;. . .*riën*) *s. Labor*
laborieren (–) *itr. ugs., an et. ~* bergumul/bergulat dng. sst. dan berusaha mengatasinya
Lab|sal *n* (–*e*s;–*e*), **–ung** *f* (–;*O*) (makanan/minuman) yg. menyegarkan; *fig.* (peng)hiburan
Labyrinth *n* (–*e*s;–*e*) tempat yg. menyesatkan; *ugs.* keadaan kacaubalau/berantakan; *Med.* labirin (dl. telinga)
Lache *f* (–;–*n*) **1.** (cara) tertawa; **2.** *Pfütze* lopak, kobakan
lächeln *itr.* tersenyum; *gekünstelt ~* tersenyum raja; *überlegen ~* tersenyum nabi; *verächtlich ~* tersenyum kambing; **≗** *n* (–*s*;*O*) senyum(an)
lachen *itr.* tertawa, ketawa; *nichts zu ~ haben* merasa berat, terkekang; *du hast gut ~! ugs. bp.* kamu enak-enak saja! *sich ins Fäustchen ~* tertawa/senang atas kerugian orang lain; **≗** *n* (–*s*;*O*) tawa(nya)
lächerlich yg. membuat tertawa, yg. menjadi tertawaan; tdk. masuk akal; *j-n ~ machen* memalukan/menertawakan sso.; *~er Betrag* jumlah yg. tdk. berarti; **≗keit** *f* (–;–*en*) hal yg. tdk. berarti; keganjilan, ketidakwajaran
lach|haft aneh, ganjil; **≗krampf** *m* tawa terbahak-bahak
Lachs *m* (–*es*;–*e*) ikan salem, *salmonoidei;* **≗farben** *Adj.* merah muda; **–schinken** *m* irisan daging babi yg. diasapkan
Lack *m* (–*e*s;–*e*) lak, pernis, pelitur, sirlak; **≗ieren** (–) *tr.* memberi pelitur/pernis; *ugs.* menipu, memperdaya(kan); **–ierer** *m* (–*s*;–) tukang pernis
Lack|mus *n* (–;*O*) lakmus; **–schuhe** *pl* sepatu (dari kulit) perlak
Lade *f* (–;–*n*) laci; kotak, peti; **–aggregat** *n* sm. alat/mesin pengisi (baterai/aki); **–fähigkeit** *f* daya muat(an), kapasitas; **–fläche** *f* ruang muatan; **–gebühr** *f*, **–geld** *n* ongkos/biaya muatan; **–hemmung** *f* kemacetan senjata api; *~ haben, fig. ugs.* (tiba-tiba) tdk. dapat mengatakan/melakukan sst.; tdk. dapat mengerti; **–kran** *m* derek di atas kapal; **–linie** *f* garis batas muatan
laden *unr.* **1.** *tr. itr.* menaruh/memasukkan muatan, memuat; mengisi (pistol/aki); *er hat schwer geladen, ugs.* ia mabuk; *ich bin geladen, ugs.* saya marah; **2.** *tr.* mengundang, memanggil
Laden *m* (–*s*;–̈) toko, kedai; *Fenster* pintu jendela; *der ~ klappt* semuanya berjalan lancar; **–dieb** *m* pencuri toko; **–gehilfe** *m*, **–gehilfin** *f* pelayan toko, pramuniaga; **–hüter** *m* barang yg. tdk. laku; **–inhaber** *m* pemilik toko; **–kasse** *f* laci uang, kas toko; **–kette** *f* rangkaian toko (dari satu perusahaan); **–mädchen** *n* (wanita) pelayan toko; **–preis** *m* harga eceran; **–schild** *n* papan (nama) toko; **–schluß** *m* waktu

tutupnya toko; **–tisch** *m* meja (tempat) jualan
Lade|platz *m* tempat membongkar dan memuat barang; **–raum** *m* ruang muatan, tempat barang muatan; **–schein** *m* konosemen, surat muatan
lädieren (–) *tr.* merusak(kan)
Ladung *f* (–;–*en*) muatan, barang, beban; *Sprengstoff* mesiu, obat bedil; *Elek.* muatan listrik; *Jur.* panggilan
Lafette *f* (–;–*n*) alas/kereta meriam
Laffe *m* (–*n*;–*n*) pesolek
Lage *f* (–;–*n*) (cara) letaknya/berbaringnya; *Zustand* keadaan, situasi; *Schicht* lapisan; (*nicht*) *in der ~ sein* (tdk.) sanggup/mampu; **–plan** *m* bagan/peta pembangunan gedung/rumah dsb.
Lager *n* (–*s*;–) tempat penampungan; *Zelte* perkemahan; *Ruhelager* tempat berbaring; *Vorrat* stok, persediaan barang; *Gebäude* gudang; *zur Unterbringung von Personen* kamp; *Geo.* tumpukan; *Tech.* bantalan; *fig.* kaum, golongan; *auf ~* tersedia, ada; **–aufseher** *m* kepala gudang; **–bestand** *m* isi/persediaan dl. gudang; **–bier** *n* bir yg. tdk. keras
Lager|buch *n* buku gudang/stok; **≗fähig** dapat disimpan; **–feuer** *n* api unggun di perkemahan; **–gebühr** *f*, **–geld** *n*, *s. Lagerkosten;* **–haus** *n* (gedung) gudang; **–ist** *m* (–*en*;–*en*) buruh gudang; **–kosten** *pl* ongkos gudang; **≗n** *itr.* tersimpan; *zelten* berkemah; *tr.* menimbun, menyimpan, menaruh (barang); *sich ~* membaringkan diri
Lager|platz *m* tempat perkemahan/ peristiharatan, kamp; *Stapel* depot; tempat timbunan barang; **–raum** *m* gudang; **–statt** *f* (–;–̈*en*) tempat istirahat/berbaring; **–stätte** *f* (–;–*n*) **1.** *s. Lagerstatt;* **2.** *Geo.* tempat (adanya) kekayaan alam; **–ung** *f* (–;–*en*) penyimpanan (barang); *Wein* pematangan; *Tech.* bantalan poros; *Geo.* tumpukan, lapisan; **–verwalter** *m*, *s. Lageraufseher;* **–vorrat** *m* persediaan barang, stok
Lagune *f* (–;–*n*) danau di pinggir laut, laguna
lahm lumpuh, kurang bertenaga/ bergerak; *fig.* tak bergairah, lesu, lamban
lahmen *itr. Tier* berjalan pincang/ timpang
lähm|en *tr.* melumpuhkan; *fig.* memperlambat; **≗ung** *f* (–;–*en*) kelumpuhan
Laib *m* (–*ks*;–*e*) roti/keju yg. bundar dan besar
Laich *m* (–*ks*;–*e*) telur ikan/katak, sm. terubuk
Laie *m* (–*n*;–*n*) awam; bukan ahli; **–nbruder** *m*, *Rel.* bruder; **≗nhaft** tanpa keahlian, secara amatir; **–nspiel** *n* (permainan) sandiwara oleh pemain amatir
Lakai *m* (–*en*;–*en*) pelayan/abdi bangsawan; *fig.* orang yg. berwatak budak, antek, penjilat
Laken *n* (–*s*;–) seperai, kain alas kasur
lakonisch singkat dan tepat
Lakritze *f* (–;–*n*) sm. gula-gula berwarna hitam
lallen *itr. tr.* meraban, berbicara tdk. jelas, berbicara pelat/telor
Lama **1.** *n* (–*s*;–*s*) (binatang) lama; **2.** *m* (–*s*;–*s*) biarawan Budha di Tibet
Lamelle *f* (–;–*n*) *Tech.* lempeng/pelat tipis dan kecil, lamela; *Bo.* lembaran-lembaran spora di balik permukaan tudung jamur
lamentieren (–) *itr.* mengeluh, merintih, meratap
Lametta *n* (–*s*;*O*) kertas perak yg. tipis dan panjang utk. hiasan pohon Natal; *ugs.* bintang/tanda jasa
Lamm *n* (–*ks*;–̈*er*) domba, biri-biri
Lämm|chen *n* (–*s*;–) domba/biri-biri muda; **–ergeier** *m* sm. rajawali; **–erwolke** *f* awan sirus
Lamm|fell *n* bulu domba; **–fleisch** *n* daging domba; **≗fromm** lembut hati, sabar sekali; **–sgeduld** *f*, *ugs.* kesabaran yg. besar/sangat
Lampe *f* (–;–*n*) lampu; **–n·anzünder** *m* penyulut lampu; **–ndocht** *m* sumbu lampu; **–nfieber** *n* rasa takut atau senewen sebelum naik panggung/pentas; **–nlicht** *n* cahaya/sinar lampu; **–nschirm** *m* kap/tudung lampu; **–nzylinder** *m* semprong/ corong lampu

Lampion *m* (*–s;–s*) tanglung, lentera kertas, lampion
lancieren (–) *tr.* melontarkan (desas-desus); mengorbitkan sso.
Land *n* **1.** (*–ɇs;O*) tanah, ladang; daratan; *ans ~* ke darat; *zu ~e* melalui darat; *auf dem ~e* di luar kota; **2.** (*–ɇs;¨er*) wilayah, negeri, negara (bagian); *außer ~es* di/ke luar negeri
Land|arbeiter *m* buruh tani; **–armee** *f* angkatan darat; **–bau** *m* pertanian; **–besitz** *m* tanah milik; **–besitzer** *m* tuan tanah; **–bevölkerung** *f* penduduk desa, penduduk luar kota
Lande|bahn *f, Flgw.*. landasan; **–deck** *n* landasan (terbang) di kapal induk
land·einwärts ke udik/pedalaman
landen *itr. tr.* mendarat(kan); sampai
Land|enge *f* genting tanah; **–eplatz** *m* dermaga; *Flgw.* lapangan terbang
Länder|eiën *pl* tanah-tanah, tanah milik yg. luas; **–kampf** *m* pertandingan international; **–kunde** *f* ilmu bumi, geografi; **–spiel** *n, s. Länderkampf*
Landes|aufnahme *f,* **–beschreibung** *f* topografi; **≗eigen** *Adj.* dimiliki negara (bagian); **–farben** *pl* kombinasi warna pd. bendera nasional; warna kebangsaan; **–fürst** *m* raja yg. berkuasa; **–grenze** *f* perbatasan (negara); **–hauptstadt** *f* ibu kota negara (bagian) **–herr** *m, s. Landesfürst;* **–kind** *n* bumiputera, penduduk asli; **–kirche** *f* gereja negara; Gereja Protestan di suatu negara bagian Jerman; **–meister** *m, Sp.* pemegang rekor dl. negeri
Landes|obrigkeit *f* pemerintah; **–recht** *n* hukum negara (bagian); **–regierung** *f* pemerintah negara (bagian); **–sitte** *f* adat kebiasaan nasional; **–sprache** *f* bahasa nasional/daerah; **–tracht** *f* pakaian nasional/daerah; **–trauer** *f* perkabungan nasional; **≗üblich** lazim, biasa; **–vater** *m* bapak negara; **–verrat** *m* pengkhianatan thd. negara; **–verteidigung** *f* pertahanan nasional; **–verweisung** *f* pengusiran, pengasingan; **–währung** *f* mata uang negara
Landeverbot *n* larangan (utk.) mendarat
Land|flucht *f* arus perpindahan penduduk dari desa ke kota, urbanisasi; **–frau** *f* perempuan desa; **–gemeinde** *f* desa, kampung; **–gericht** *n* pengadilan tinggi negeri (tingkat kedua di Jerman); **–gewinnung** *f* cara memperoleh tanah dng. mengeringkan rawa-rawa, pantai pasang surut atau laut rendah; **–gut** *n* pertanian yg. luas; **–haus** *n* rumah peristirahatan di luar kota; *kleines ~* bungalo, villa; **–jäger** *m* polisi desa; *Wurst* sm. sosis yg. diasapkan; **–karte** *f* peta bumi; **–kreis** *m* sm. kecamatan
landläufig lazim, umum
Landleben *n* kehidupan (di) desa/pedalaman
ländlich bersifat pedesaan/pedalaman
Land|macht *f* angkatan darat; *Staat* negara yg. angkatan daratnya sangat kuat; **–mann** *m* petani, orang desa; **–messer** *m* ahli pengukur tanah; **–partie** *f* piknik, tamasya, darmawisata; **–plage** *f* gangguan umum; **–rat** *m* pegawai tinggi negeri, camat; **–ratte** *f* orang yg. dibesarkan jauh dari pantai dan asing thd. laut; **–regen** *m* hujan (yg.) lama; **–rücken** *m* bukit yg. memanjang
Landschaft *f* (*–;–en*) daerah, wilayah; *e–e schöne ~* pemandangan alam yg. bagus/indah; **≗lich** yg. berh. dng. pemandangan alam (yg. indah); terbatas pd. wilayah tertentu; **–smaler** *m* pelukis pemandangan alam; **–sschutzgebiet** *n* cagar alam
Landsee *m* danau
Land|ser *m* (*–s;–*) tentara, prajurit; **–sknecht** *m* tentara sewaan; **–smann** *m* (*–ɇs;. . .leute*) orang sebangsa/senegara/sedaerah
Land|spitze *f* tanjung; **–stadt** *f* kota kecil; **–straße** *f* jalan di luar kota; **–streicher** *m* (*–s;–*) gelandangan; **–strich** *m* sebagian dari suatu daerah; **–tag** *m* dewan perwakilan rakyat tingkat negara bagian
Landung *f* (*–;–en*) pendaratan; **–sbrücke** *f* papan/jembatan antara kapal dan darat

Land|vermessung *f, s. Landesaufnahme;* **–volk** *n* penduduk/orang desa; **°wärts** *Adv.* ke (arah) darat; **–weg** *m* jalan melalui darat; jalan sederhana
Landwehr *f (–;–en)* wajib militer pd. orang berusia 35-45 tahun; *Befestigung* pertahanan perbatasan yg. **°schaftlich** berh. dng. pertanian
Landwirt *m* ahli pertanian, petani; **–schaft** *f (–;–en)* pertanian dan/atau peternakan; tempat pertanian; **°schaftlich** berh. dng. pertanian
Landzunge *f* semenanjung
lang panjang; *zeitlich* lama; *~e Finger machen, ugs.* mencuri; *e ~es Gesicht machen, ugs.* bermuka (m)asam, merasa kecewa; **–atmig** panjang lebar, bertele-tele; **–beinig** berkaki ramping
lange *Adv.* lama; *noch ~ nicht (fertig)* masih lama (sampai selesai); *so ~ bis* sampai; *zu ~* terlalu lama; *seit ~m* sejak lama
Länge *f (–;–n)* lamanya; *räumlich* panjangnya; tingginya; *Geogr.* garis bujur; *sich in die ~ ziehen* menjadi lebih lama, berkepanjangan, berlarut-larut
langen *itr.* mencukupi; mencapai; *~ nach* mengulurkan tangan utk. mengambil, meraih; *jetzt langt's!* cukup! habis kesabaran! *tr. ugs., j-m eine ~* menempeleng sso.
Längen|grad *m* (derajat) garis bujur; bagian permukaan bumi antara dua garis bujur; **–kreis** *m* garis bujur; **–maß** *n* ukuran panjang
länger lebih/agak lama; *~e Zeit* waktu yg. agak lama; *nicht ~* tdk. lebih lama lagi
Langeweile *f (–;O)* kebosanan
Langfinger *m* si panjang tangan; pencuri, maling
lang|fristig jangka panjang; **–haarig** berambut/berbulu panjang, gondrong; **–holz(wagen** *m) n* (truk pengangkut) batang-batang kayu yg. panjang; **–jährig** selama beberapa tahun, bertahun-tahun lamanya; **–lebig** panjang umur
länglich (agak) panjang; **–rund** lonjong, bujur telur
Lang|mut *m* kesabaran; **°mütig** sabar; **–ohr** *n* keledai
längs *Adv.* menurut panjangnya; *Prp.* sepanjang, di pinggir, membujur
langsam lamban, lambat, perlahan-lahan; *immer ~!* tenang-tenang saja!
Lang|schiff *n* bagian panjang dari ruang gereja yang berbentuk salib; **–schläfer** *m* tukang tidur, pemalas; **–spielplatte** *f* piringan hitam yg. masa putarnya lebih panjang
Längs|richtung *f* arah panjang(nya); **°seits** sepanjang, di sisi/samping
längst *Adv.* sudah (sejak) lama; *~ nicht so gut wie* sama sekali tdk. sebaik (itu); **–ens** selambat-lambatnya
langstielig bertangkai/bergagang/berbatang panjang; *fig. ugs.* membosankan
Langstrecken|flug *m* penerbangan jarak jauh; **–läufer** *m* pelari jarak jauh; **–rakete** *f* roket jarak jauh
Languste *f (–;–n)* udang laut/karang/satang, *palinuris vulgaris*
langweil|en *tr.* membosankan, menjemukan; *sich ~* merasa bosan; **–ig** (men)jemu(kan), (mem)bosan(kan)
Langwelle *f, Rundf.* gelombang panjang
langwierig yg. berlangsung lama (sekali), bertele-tele
Lanz|e *f (–;–n)* tombak, lembing; **–ette** *f (–;–n)* pisau bedah, lanset
lapidar singkat dan tepat
Lappalië *f (–;–n)* hal kecil/sepele, tetek-bengek
Lappen *m (–s;–)* secarik kain, kain rombengan, lap
läppern *tr., es läppert sich zusammen* bertambah/bertumpuk sedikit demi sedikit
läppisch kekanak-kanakan, bodoh
Lärche *f (–;–n)* sm. pohon cemara, *larix*
Lärm *m (–es;O)* keributan, kegaduhan; **°en** *itr.* membuat gaduh/ribut; **°end** gaduh, ribut, berisik
Larve *f (–;–n)* **1.** *Zo.* larva, jentik-jentik, ulat, tempayak; **2.** topeng
lasch lesu, tak berdaya; longgar; **°e** *f (–;–n)* pelat sambung; lidah sepatu
lassen *unr. itr. tr.* mengijinkan, membiarkan; *veranlassen* menyuruh; *der Draht läßt sich biegen* kawat dapat dibengkokkan; *laß mich in*

Ruhe! jangan mengganggu saya! *laß das!* jangan (teruskan)! hentikan (itu)! *sich Zeit* ~ mengambil waktu, tdk. tergesa-gesa, santai; *das läßt sich denken* dapat dibayangkan; *sein Leben* ~ *für/wegen* mengorbankan nyawanya karena/demi; *der Wein läßt sich trinken* anggur ini cukup baik

lässig sambil lalu, gampang(an), sembrono, sembarang(an), acuh tak acuh

läßlich *Sünde* ringan

Lasso *n* (–*s*;–*s*) lasso, jerat yg. dilemparkan (pd. hewan)

Last *f* (–;–*en*) beban, muatan; *fig.* kesusahan; *j–m et. zur* ~ *legen* menuduh/mempersalahkan sso. karena sst.; *j–m zur* ~ *fallen* memusingkan /membebankan/memberatkan sso.; *zu* ~*en von* menjadi tanggungan

Lastauto *n* truk

lasten *itr.* menjadi beban, menekan dng. sangat; **≗aufzug** *m* lift (utk.) barang; **–frei** bebas hutang

Laster **1.** *n* (–*s*;–) kebiasaan buruk/jahat; dosa; **2.** *m* (–*s*;–) s. *Lastauto*

Lästerer *m* (–*s*;–) pemfitnah, penghojat

lasterhaft busuk, buruk, jahat

läster|lich bersifat memfitnah, menghojat; **≗maul** *n* pemfitnah; **–n** *itr. tr.* memfitnah; menghojat, menghina, mencacimaki, mengumpat; **≗ung** *f* (–;–*en*) fitnahan, hojatan

lästig yg. menyusahkan/mengganggu, usil

Last|kahn *m* perahu barkas, tongkang; **–(kraft)wagen** *m* lori, truk, mobil pengangkut barang; **–schiff** *n* kapal barang; **–schrift** *f* catatan debet/hutang; **–tier** *n* binatang beban; **–träger** *m* kuli angkut; **–zug** *m* truk (dng.) gandengan

Lasur *f* (–;–*en*) upaman; batu biru lazuardi

laszlv bersifat (agak) cabul/kotor

Latein *n* (–*s*;*O*), **≗isch** Latin

latent terpendam, tersembunyi, laten

Laterne *f* (–;–*n*) lentera; **–npfahl** *m* tiang lentera

Latrine *f* (–;–*n*) kakus, jamban sederhana

latschen *itr. ugs.* berjalan dng. menyeret kaki

Latschen *pl* sandal; sepatu tua

Latte *f* (–;–*n*) papan panjang dan pipih; bilah; **–nkiste** *f* kotak/peti dari kayu; **–nzaun** *m* pagar (dari) papan

Lattich *m* (–*s*;–*e*) sm. selada, *lactuca*

Latz *m* (–*es*;*¨*–*e*) oto, cukin, kain liur; *Hose* sm. golbi; *Kleid* tutup luar

lau hangat-hangat kuku, tawar, tdk. panas tdk. dingin; *Wind* sepoi-sepoi, lembut

Laub *n* (–*es*;*O*) daun(–daun); **–baum** *m* pohon yg. berdaun, pohon yg. termasuk tumbuh-tumbuhan berbiji tertutup

Laube *f* (–;–*n*) punjung, rumah kecil di kebun; **–ngang** *m* tempat jalan kaki yg. dinaungi oleh pohon yg. tumbuh di sebelah-menyebelahnya; gang beratap; serambi terbuka yg. menghubungkan semua kediaman pd. suatu tingkat dari suatu gedung besar; **–nkolonie** *f* sekelompok kebun kecil

Laub|fall *m* gugurnya daun; **–frosch** *m* katak pohon, *hyla arborea;* **–holz** *n, Bo.* tumbuhan dikotil atau berbiji tertutup, *angiospermae;* **–hüttenfest** *n* pesta/hari-raya orang Yahudi sebagai ucapan terimakasih kpd. Tuhan atas panen; **–säge** *f* gergaji (utk.) kayu triplek; **–wald** *m* hutan pohon-pohon berdaun; **–werk** *n* hiasan dinding yg. bercorak daun-daunan

Lauch *m* (–*¢s*;–*e*) bawang, *allium*

Lauer *f* (–;*O*) *auf der* ~ *liegen/sein*, *s. lauern;* **≗n** *itr.* bersembunyi utk. mengintai dan/atau menyerang; menunggu kesempatan baik utk.; **≗nd** bersifat mencurigai/mengancam

Lauf *m* (–*¢s*;*¨*–*e*) larinya; jalannya; *Gewehr* laras bedil, lop; *Tier* kaki; *Wasser* aliran; *im* ~*e der Zeit* lama-kelamaan; *der* ~ *der Welt* peredaran zaman; **–bahn** *f* karier; **–bursche** *m* pesuruh; **≗en** *unr. itr.* lari, (ber)jalan cepat; *fig.* (ber)jalan, berlalu; *Fluß* mengalir; *Mot.* berjalan, berputar; **≗end** yg. berjalan (terus), terus-menerus; *der* ~*e Monat* bulan ini;

auf dem ~en sein mempunyai informasi terbaru, *bp.* tetap up-to-date; *~e Nummer* nomor urut/bersambung/seri

Läufer *m* (*–s;–*) pelari; *Teppich* permadani kecil yg. memanjang, babut panjang; *Fußball* gelandang; *Schach* menteri, gajah

Lauferei *f* (*–;–en*) lalu-lalang, mondar-mandir; urusan/kesibukan yg. merepotkan

Lauf|feuer *n* api yg. merembet cepat; *wie e ~* tersebar luas dng. cepat; **–gitter** *n* boks (utk.) kanak-kanak; **–graben** *m*, *Mil.* hubungan yg. digali dl. tanah; **–junge** *m* pesuruh yg. masih muda; **–kran** *m* kerek (ber)jalan; **–kunde** *m* langganan/pembeli yg. jarang datang; **–masche** *f* lubang (karena tisikan lepas) pd. kaus kaki; **–schritt** *m*, *im ~* (lari) dng. cepat; **–werk** *n* mekanisme yg. membuat sst. berjalan/berputar; **–zeit** *f* jangka waktu film dipertunjukkan; *Anleihe* jangka waktu sampai pinjaman harus dibayar kembali; **–zettel** *m* sehelai kertas laporan yg. menyertai barang yg. dibuat/diperbaiki; memo

läufig sedang berahi

Lauge *f* (*–;–n*) larutan alkali; air sabun/abu; **≗n** *tr.* menaruh/merendam dl. air alkali

Lauheit *f* (*–;O*) rasa tawar/hambar; ketidaktegasan, sifat plin-plan

Laune *f* (*–;–n*) suasana/perasaan hati yg. berubah-ubah; sikap yg. berubah-ubah (tanpa alasan); tingkah; *gute/schlechte ~ haben* merasa senang/murung; (*nicht*) *bei ~ sein* .sedang (kurang) senang; **≗nhaft** berubah-ubah, (sangat) tergantung dari perasaan hati, angin-anginan; bertingkah

laun|ig bersifat lucu/jenaka; **–isch** *s. launenhaft*

Laus *f* (*–;⸚e*) kutu, tuma; *j-m e–e ~ in den Pelz setzen* membuat sso. menjadi jengkel/susah; **–bub(e)** *m* anak nakal

lauschen *itr.* mendengar(kan) dng. penuh perhatian; *bp.* nguping

lauschig tenang dan menyenangkan, nyaman

lausen *tr.* mencari kutu, mengutui, menyelisik; *ugs.* menghisap, memoroti

lausig jelek, tak berharga; *~ kalt* sangat dingin

laut 1. *Adj.* (bersuara) keras, berisik, gaduh; *nichts ~ werden lassen* tdk. sampai diketahui; **2.** *Adj.* menurut, berdasarkan

Laut *m* (*–(e)s;–e*) bunyi, suara, nada; *~ geben* (anjing) menyalak; **–bildung** *f* artikulasi

Laute *f* (*–;–n*) *Mus.* sm. gitar/mandolin, *bp.* lut, luit

lauten *itr.* berbunyi; *die Erklärung lautet wie folgt* pernyataan ini berbunyi sebagai berikut

läuten *itr.* berbunyi, berdering; *tr.* membel, membunyikan bel; *Glocken* melonceng

lauter 1. murni, asli; hanya (saja); *~ dummes Zeug* omong kosong belaka; **2.** jujur; **≗keit** *f* (*–;O*) kejujuran, sikap tak tercela; *die ~ der Gesinnung* keluhuran budi

läuter|n *itr. tr.* memurnikan; menjernihkan; menyaring, membersihkan; **≗ung** *f* (*–;–en*) pemurnian, penjernihan, pembersihan; penyucian; penyaringan

Laut|lehre *f* fonetik; **≗los** tanpa bunyi, dng. diam(–diam); **–schrift** *f* tulisan fonetik; tulisan dng. huruf (bukan dng. gambar); **–sprecher** *m* pengeras suara; **–sprecherwagen** *m* mobil dng. pengeras suara; **–stärke** *f* kerasnya suara; **–stärkeregler** *m* (tombol) pengatur volume suara; **–verschiebung** *f* pergeseran konsonan

lauwarm hangat-hangat kuku

Lava *f* (*–;O*) lahar, lava

lavieren (–) *itr.* bertindak pintar/lihai dl. keadaan sulit

Lawine *f* (*–;–n*) salju/es longsor; **–ngefahr** *f* bahaya salju/es longsor

lax ceroboh, sembrono, lalai; tak berpendirian, plin-plan; **≗ans** *n* (*–;. . . ntia*), **≗ativ** *n* (*–s;–e*) obat cuci perut, obat urus-urus

Lazarett *n* (*–(e)s;—e*) rumahsakit militer

Lebe·hoch *n* (*–s;–s*) (seruan) hidup! hidup!

Lebemann *m* orang yg. suka pelesir/berfoya-foya

leben *itr.* hidup, bernyawa; *er lebt in Köln* ia tinggal/diam di Köln; *leb(e) wohl!* selamat tinggal/jalan! *bp.* daag

Leben *n* (*–s;–*) kehidupan, hayat; *Treiben* kesibukan; *et. ins ~ rufen* memulai/mendirikan sst.; *j–n ums ~ bringen* membunuh sso.; *für mein ~ gern* dng. senang hati; *am ~ sein* hidup; *ums ~ kommen* mati, dibunuh; **≗d** (masih) hidup; **≗dig** (yg.) hidup, giat; *~e Erinnerung* pengalaman yg. masih membekas jelas; *bei ~em Leibe* hidup-hidup

Lebens|abend *m* masa tua, sisa hidup; **–abriß** *m* riwayat hidup yg. singkat; **–alter** *n* fase dl. kehidupan; usia; **–anschauung** *f* pandangan (tt.) hidup; **–art** *f* tingkah-laku; kemampuan mengisi hidup spy. berarti; **–auffassung** *f* filsafat/pandangan tt. hidup; **–aufgabe** *f* tugas pokok dl. hidup (ini); **–bedingungen** *pl* syarat-syarat (utk.) hidup; **–bedürfnisse** *pl* keperluan hidup; **–bejahung** *f* sikap optimis; **–beschreibung** *f* riwayat hidup, biografi; **–dauer** *f* masa hidup; daya tahan; **–erfahrung** *f* pengalaman hidup; **–erinnerungen** *pl* pengalaman sepanjang hidup (yg. dicatat), kenangan-kenangan tt. masa lalu; **–erwartung** *f* umur yg. dapat diharapkan; **≗fähig** sanggup/dapat hidup; **–frage** *f* masalah hidup atau mati; soal penting; **≗fremd** berkhayal, tdk. realistis, tdk. berpengalaman, *bp.* (masih) hijau; **≗froh** bergairah, riang, optimis

Lebens|gefahr *f* bahaya maut; **≗gefährlich** sangat berbahaya; **–gefährte** *m*, **–gefährtin** *f* teman/kawan hidup; **–geister** *pl* semangat hidup, vitalitas, kesegaran; **–gemeinschaft** *f* hidup bersama; **–geschichte** *f* riwayat hidup; **≗groß** sesuai dng. ukuran sebenarnya

Lebenshaltung *f* (*–;–en*) cara/standar hidup; **–skosten** *pl* biaya/pengeluaran utk. kebutuhan hidup sehari-hari

Lebens|interessen *pl* kepentingan vital; **≗klug** bijaksana, pintar; **–kraft** *f* vitalitas, daya/semangat hidup; **–künstler** *m*, *du bist e ~* kamu adalah orang yg. mengerti hidup dng. tenteram dan menyenangkan, kamu mengerti seni hidup; **≗lang, ≗länglich** seumur hidup; **–lauf** *m* riwayat hidup; **–licht** *n, fig., j–m das ~ ausblassen* membunuh sso.; **≗lustig** bergairah, gembira

Lebensmittel *pl* bahan makanan; **–geschäft** *n* toko bahan makanan; **–knappheit** *f* kekurangan bahan makanan; **–versorgung** *f* penyediaan bahan makanan

lebens|müde lesu, jemu/bosan hidup; **–nah** sesuai dng. kenyataan/hidup sehari-hari, realistis; **–notwendig** yg. perlu utk. hidup, vital; **≗qualität** *f* nilai kehidupan; **≗raum** *m* lingkungan hidup, ruang lingkup; **≗regel** *f* aturan/kaidah/pegangan utk. kehidupan; **≗retter** *m* penyelamat/penolong nyawa; **≗spanne** *f* jangka waktu (utk.) hidup; **≗standard** *m* standar hidup; **≗stellung** *f* pekerjaan/kedudukan tetap; **≗stil** *m* gaya hidup; **–überdrüssig** muak utk. hidup terus; **≗unterhalt** *m* keperluan hidup; *s–n ~ verdienen* mempunyai mata pencaharian; **≗verhältnisse** *pl* syarat/keadaan kehidupan; **≗verneinung** *f* sikap pesimis; **≗versicherung** *f* asuransi jiwa

Lebens|wandel *m* tingkah-laku, kelakuan, perangai; **–weise** *f* cara/gaya hidup, kebiasaan; **–weisheit** *f* kata arif(–bijaksana), petuah; filsafat praktis; **–werk** *n* karya (hasil) kehidupan; **≗wert** wajar utk. hidup; **≗wichtig** sangat perlu, penting sekali, vital; **–wille** *m* kemauan/tekad (utk.) hidup; **–zeichen** *n* tanda orang masih hidup; **–zeit** *f* masa hidup, usia; *auf ~* seumur hidup; **–ziel** *n* tujuan hidup, cita-cita; **–zweck** *m* arti kehidupan

Leber *f* (*–;–n*) (h)ati, *hepar; frei/frisch von der ~ weg sprechen* berbicara terus-terang; **–entzündung** *f, Med.* radang hati, *hepatitis;* **–fleck** *m* tahi lalat, andang-andang; noda coklat di kulit; **≗krank, ≗leidend** sakit akibat gangguan kerja hati; **–tran** *m*

minyak ikan paus, *levertran;* **–wurst** *f* sosis ati

Lebe|wesen *n* makhluk (hidup); **–wohl** *n* (*–s;–s/–e*) selamat jalan/tinggal

leb|haft giat, bergairah, bersemangat hidup; *Verkehr* ramai, sibuk; *e bißchen ~ bitte! ugs.* ayo, cepat-cepat! **≗haftigkeit** *f* (–;*O*) kegairahan, keramaian, kesibukan; **≗kuchen** *m* sm. kue yg. dibubuhi jahe; **–los** lemas, mati, tak bernyawa; sunyi sepi; **≗tag** *m, mein ~* seumur hidupku, selamanya **≗zeiten** *pl, zu s–n ~* selama/semasa hidupnya

lechzen *itr. tr.* sangat (meng)ingin(kan), haus

Leck *n* (*–e̸s;–e*); **–age** *f* (*–;–n*) kebocoran; **≗en** *tr.* menjilat; *itr.* bocor

lecker enak, lezat; **≗bissen** *m* makanan yg. lezat; **≗ei** *f* (*–;–en*) manisan yg. lezat; **≗maul** *n* orang yg. sangat suka makan manisan lezat

Leder *n* (*–s;–*) kulit (yg. sudah disamak); *Fußball* bola; *vom ~ ziehen* mulai bertengkar, mencari gara-gara; **–(ein)band** *m* kulit buku dari kulit binatang; **–fett** *n* semir sepatu dari gemuk; **–handel** *m* perdagangan kulit; **–hose** *f* celana pendek dari kulit; **≗n 1.** *tr.* menyamak; **2.** *Adj.* dari kulit; *fig.* menjemukan, membosankan; **–rücken** *m* punggung buku dari kulit; **–waren** *pl* barang-barang dari kulit; **–zeug** *n* peralatan dari kulit

ledig tdk./belum menikah, lajang, bujang; *frei* bebas, tdk. terikat; *e–r Pflicht ~ sein* bebas dari suatu tugas; *e–e ~e Mutter* ibu yg. tak bersuami; **–lich** belaka, hanya. . . saja

Lee *f* (–;*O*) sisi kapal yg. tdk. kena angin

leer kosong, hampa; *~ ausgehen* tdk. mendapat apa-apa, dng. tangan kosong; **≗e** *f* (–;*O*) kekosongan; **–en** *tr.* mengosongkan; *sich ~* menjadi kosong; **≗gut** *n* barang yg. kosong (*mis.* botol, peti); **≗lauf** *m* persneling nol; *fig.* pekerjaan tanpa hasil; **–laufen** *unr. itr.* menjadi kosong; *Flüssigkeit* mengalir keluar; *Mot.* berputar sia-sia/tanpa-hasil; **–stehend** *~e Wohnung* rumah tak berpenghuni, tempat tinggal yg. kosong; **≗taste** *f* tuts/tombol utk. spasi; **≗ung** *f* (–;*O*) pengosongan bis surat

Lefze *f* (*–;–n*) bibir binatang

legal sah, sesuai dng. undang-undang, legal; **–isieren** (–) *tr.* mensahkan; **≗ität** *f* (–;*O*) legalitas, keadaan sah

Legat 1. *m* (*–en;–en*) utusan Paus: **2.** *n* (*–e̸s;–e*) warisan atas dasar surat wasiat

Legation *f* (*–;–en*) perutusan; perwakilan kepausan; **–srat** *m* pegawai kementerian luar negeri

legen *tr. itr.* meletakkan, menaruh; *Eier ~* bertelur; *Karten ~* meramal dng. memakai kartu; *Geld auf Zinsen ~* membungakan uang; *sich (hin)~* berbaring, *Wind, Ärger* mereda

legendär legendaris

Legende *f* (*–;–n*) legenda, hikayat; *Geogr.* keterangan peta

leger informal, bergaya bebas

legier|en (–) *tr.* **1.** mencampurkan/meleburkan/memadukan beberapa logam; **2.** *Gastronomie* membuat kental (sop, saus); **3.** *vermachen* mewariskan; **≗ung** *f* (*–;–en*) logam campur

Legion *f* (*–;–en*) legiun, pasukan tentara romawi; pasukan tentara sewaan; *fig.* jumlah banyak sekali; **–är** *m* (*–s;–e*) anggota pasukan tentara sewaan

Legislative *f* (–;*O*) kuasa membuat undang-undang, legislatif; dewan/badan legislatif

Legislaturperiode *f* jangka waktu badan legislatif bersidang

legitim sah, menurut undang-undang, diakui; **≗ation** *f* (*–;–en*) legitimasi, hak; surat kepercayaan; pernyataan ayah spy. anaknya yg. tdk. sah disahkan; **–ieren** (–) *tr.* memberi wewenang yg. sah; mengesahkan; *sich ~* membuktikan wewenang/kuasa/identitasnya; **≗ierung** *f* (*–;–en*) hak, kuasa; *Beglaubigung* pengesahan

Leguan *m* (*–s;–e*) *Zo.* sm. biawak, *iguanidae*

Lehen *n* (*–s;–*) tanah/daerah (yg. diberikan raja kpd.) bangsawan; **–sherr** *m* bangsawan tinggi yg.

meminjamkan wilayah kpd. pengikutnya; pengikut raja; **–smann** *m* bangsawan bawahan; **–swesen** *n* feodalisme

Lehm *m* (–ɇs;–*e*) tanah liat, lempung; **≗ig** spt. tanah liat

Lehne *f* (–;–*n*) sandaran; **≗n** *itr. refl.* bersandar/bertumpu pd.; *tr.* menyandarkan

Lehn|sessel *m*, **–stuhl** *m* kursi malas; **–wort** *n* kata pinjaman (dari bahasa asing)

Lehr|amt *n* jabatan guru; **–anstalt** *f* perguruan; **–auftrag** *m* tugas mengajar; **–beruf** *m* pekerjaan sebagai pengajar/guru; **–brief** *m* sertifikat selesainya masa magang; **–buch** *n* buku pelajaran

Lehre *f* (–;–*n*) **1.** pelajaran, ajaran; doktrin, ilmu, sistem; *Berufslehre* masa/tempat belajar suatu keahlian/pekerjaan sebagai magang; *in der ~ sein* sedang menjalankan masa belajar suatu keahlian praktis; *e–e ~ aus et. ziehen* menarik kesimpulan/pelajaran dari sst.; **2.** *Tech.* sm. alat pengukur; **≗n** *tr.* mengajar (-kan)

Lehrer *m* (–*s*;–) pengajar, guru (pria); **–bildungsanstalt** *f* sekolah pendidikan guru; **–in** *f* (–;–*nen*) guru (wanita); **–kollegium** *n* staf pengajar; **–schaft** *f* (–;*O*) para guru

Lehr|fach *n* mata pelajaran/kuliah; *Beruf* pekerjaan sebagai guru/ pengajar; **–freiheit** *f* kebebasan mimbar; **–gang** *m* kursus; **–gebäude** *n* ajaran sistematis; **–geld** *n*, *~ zahlen müssen* belajar dari pengalaman pahit; **≗haft** mengandung pelajaran; **–herr** *m* kepala tukang yg. melatih magang, pelatih tukang muda; **–jahre** *pl* masa magang, tahun-tahun pelajaran, masa belajar suatu keahlian; **–körper** *m* staf/tenaga pengajar; **–ling** *m* (–*s*;–*e*) magang, orang yg. bekerja sambil belajar suatu kepandaian, pelajar pertukangan; **–mädchen** *n* magang perempuan; **–meister** *m*, *s. Lehrherr;* **–methode** *f* metode/cara mengajar; **–mittel** *pl* alat-alat pengajaran/ pelajaran; **–plan** *m* jadwal mata pelajaran, kurikulum; **≗reich** yg. mengandung / menyampaikan / merupakan pelajaran yg. berharga; **–saal** *m* ruang belajar/kuliah; **–satz** *m* ajaran pokok, azas, prinsip, dogma; *Math.* dalil, rumus; **–stoff** *m* bahan pelajaran/kuliah; **–stuhl** *m* jabatan dosen atau mahaguru; **–stunde** *f* jam pelajaran; **–vertrag** *m* perjanjian tt. pendidikan kejuruan; **–werkstatt** *f* bengkel latihan magang; **–zeit** *f* masa latihan kejuruan

Leib *m* (–ɇs;–*er*) tubuh, badan, raga; *Rumpf* batang tubuh; *Bauch* perut; *~ des Herrn* Tubuh Kristus, Hosti; *mit ~ u. Seele* dng. (seluruh) jiwa raganya, dng. penuh semangat; *sich et./j-n vom ~e halten* menjauhkan sst./sso. dari dirinya

Leib|arzt *m* dokter pribadi; **–binde** *f* ban dari wol utk. menghangatkan perut; **–chen** *n* (–*s*;–) sm. baju anak tempat memasang tali kaos kaki yg. panjang; sm. korset; sm. kutang

leib·eigen *Adj.* yg. berh. dng. perhambaan; **≗e** *m, f* hamba; **≗schaft** *f* (–;*O*) perhambaan

leiben *itr., wie er leibt u. lebt* sungguh khas dia

Leibes|beschaffenheit *f* resam/keadaan tubuh, konstitusi badan; **–erbe** *m* ahli waris dari keturunan sendiri; **–frucht** *f* janin, *foetus; Tötung der ~* pengguguran (buah kandungan), abortus; **–kraft** *f, aus Leibeskräften* sekuat tenaga; **–strafe** *f* hukuman badan; **–übungen** *pl* senam, olahraga, gerak badan; **–visitation** *f* penggeledahan badan

Leib|garde *f* (pasukan) pengawal pribadi; **–gericht** *n* makanan kesukaan; **≗haftig** nyata; sendiri

leiblich badaniah, jasmani; *mein ~er Bruder* saudaraku sekandung, saudara seayah-seibu; *das ~e Wohl (-ergehen)* kesehatan jasmani

Leib|rente *f* rente/tunjangan seumur hidup; **–riemen** *m* ikat pinggang, sabuk; **–schmerzen** *pl* sakit perut, mulas; **–wache** *f*, *s. Leibgarde;* **–wäsche** *f* pakaian dalam

Leiche *f* (–;–*n*) jenazah, mayat, bangkai; *über ~n gehen* mengejar tujuan tanpa peduli orang lain, kasar dan jahat

Leichen|beschauer *m* dokter yg. memeriksa mayat; **–bestattung** *f* pelayanan/perusahaan pemakaman; **–bittermiene** *f* paras muka yg. sangat sedih/serius; **≗blaß** pucat pasi; **–geruch** *m* bau mayat; **–gift** *n* air mayat/bangkai yg. beracun, *ptomain;* **–halle** *f* ruang/kamar mayat; **–öffnung** *f* bedah/pemeriksaan mayat, autopsi; **–rede** *f* pidato pd. waktu pemakaman; **–schau** *f* pemeriksaan mayat mengenai sebab-musabab kematian; **–starre** *f* kaku-mayat, bangkar; **–träger** *m* pengusung peti jenazah; **–tuch** *n* kain kafan; **–verbrennung** *f* pembakaran mayat; *Bali* ngaben; **–wagen** *m* kereta/mobil jenazah; **–zug** *m* iring-iringan pengantar jenazah

Leichnam *n* (–⊄s;–e) jenazah, mayat

leicht ringan, tdk. berat, enteng, mudah, gampang; ~ *übertrieben* sedikit berlebihan; *~es Mädchen* pemudi yg. nakal; *e ~e Speise* makanan yg. mudah dicerna; *er ist ~ gekränkt* ia cepat tersinggung; **≗athletik** *f* atletik; **–blütig** riang, bersemangat; tdk. murung

Leichter *m* (–s;–) perahu kecil utk. mengangkut barang

leicht|fallen *unr. itr.* tdk. menuntut usaha; **–faßlich** mudah dimengerti; **–fertig** sembrono, dangkal, sembarangan; **≗fertigkeit** *f* (–;O) kesembronoan; **–füßig** *ugs.* gesit, cekatan; **≗gewicht** *n* kelas ringan; **–gläubig** mudah percaya, mudah ditipu; **–hin** tanpa berpikir panjang, seenaknya

Leichtigkeit *f* (–;O) *mit* ~ dng. mudah/gampang

Leicht|industrie *f* industri ringan, industri barang konsumsi; **≗lebig** santai; gampang; **–matrose** *m* kelasi; **–metall** *n* logam yg. berat jenisnya di bawah 5; **≗nehmen** *unr. tr.* tdk. menganggap serius; **–sinn** *m* sikap tdk. peduli, kesembronoan, kecerobohan; **≗sinnig** sembrono, ceroboh; **≗verdaulich** mudah dicerna; **≗verderblich** *Waren* cepat membusuk; **≗verständlich** mudah dimengerti; **≗verwundet** (ter)luka ringan

leid *Adv.* ~ *sein* menyesal; *es tut mir* ~ saya menyesal, maaf; *er tut mir* ~ saya kasihan kepadanya; *et.* ~ *werden* jemu/bosan akan sst.

Leid *n* (–⊄s;O) derita, penderitaan, sengsara, kedukaan; *seelisch* kesedihan; *j–m e ~ antun* berbuat jahat thd. sso.

Leideform *f* bentuk pasif

leiden *unr. itr. tr.* menderita, merana; *j-n/et. (nicht) ~ können* (tdk.) menyukai sso./sst.; *darunter ~ unsere Interessen* ini merugikan kepentingan kita; *keinen Aufschub* ~ tdk. boleh ditunda; **≗** *n* (–s;–) penderitaan, kesusahan; *Med.* penyakit lama; *die ~ u. Freuden des Lebens* suka duka kehidupan; **–d** ~ *sein* menderita (lama)

Leidenschaft *f* (–;–en) nafsu, gairah, keinginan besar, kegemaran; **≗lich** dng. nafsu/bernafsu/bergairah; sangat; **–lichkeit** *f* (–;–en) sikap bernafsu/bergairah/bersemangat; **≗slos** tenang, tdk. memihak, terkendali

Leidens|gefährte *m* teman sependeritaan/senasib; **–geschichte** *f* kisah sengsara; *Rel.* passio; **–woche** *f, Rel.* minggu sengsara (sebelum Paskah)

leid|er sayang; maaf; **–ig** yg. mengganggu/menjengkelkan; **–lich** lumayan, sedang, boleh juga; **≗tragende** *m, f* (–n;–n) orang yg. berduka-cita/berkabung, penderita; *der ~ sein* yg. terpaksa menanggung akibat buruk; **≗wesen** *n, zu meinem ~* dng. menyesal sekali

Leier *f* (–;–n) *fig.* yg. itu-itu saja; **–kasten** *m* orgel putar; **≗n** *itr. tr. fig.* bersuara/berbicara (secara) monoton

Leih|bibliothek *f* perpustakaan yg. bukunya dapat dipinjam; **≗en** *itr. tr.* meminjam(kan), menyewa(kan); **–gabe** *f* (–;–n) pinjaman; **–gebühr** *f* uang sewa; **–haus** *n* rumah gadai, penggadaian; **≗weise** sebagai pinjaman

Leim *m* (–⊄s;–e) perekat, lem; *aus dem ~ gehen, ugs.* pecah, menjadi rusak; *auf den ~ gehen, ugs.* tertipu, terperangkap; **≗en** *tr.* merekatkan, melekatkan, melem

Lein *m* (*-es;-e*) sm. rami (halus), batang lena, *linum*

Leine *f* (*-;-n*) tali (pengikat binatang); tali panjang

Leinen *n* (*-s;-*) (kain) linen; **≗** *Adj.* dari linen; **-band** *m* kulit buku dari linen; **-schuh** *m* sepatu kanvas; **-zeug** *n* linen

Lein|kuchen *m* lemak dari biji linen; **-öl** *n* minyak dari biji linen; **-pfad** *m* jalan sepanjang sungai tempat menarik kapal ke hulu; **-samen** *m* biji linen; **-wand** *f* kain linen; layar putih; **-weber** *m* penenun kain linen

leise perlahan(-lahan), lembut, tdk. keras, tdk. ribut; halus; tenang; **≗treter** *m* (*-s;-*) orang yg. mau menyenangkan siapa saja

Leiste *f* (*-;-n*) bingkai, lis; *Med.* daerah lipat paha

leisten *itr. tr.* menghasilkan, memproduksikan; *e-n Eid* ~ mengangkat sumpah; *Widerstand* ~ melawan; *ich kann es mir nicht* ~ saya tdk. sanggup (melakukan/membeli . . .) itu; *j-m Gesellschaft* ~ menemani sso.; *j-m Hilfe* ~ membantu sso.; **≗** *m* (*-s;-*) kelebut, acuan sepatu; *alles über e-n* ~ *schlagen* menyamaratakan semuanya; **≗bruch** *m, Med.* burut lipat-paha ke atas lipat-paha, *hernia inguinalis*

Leistung *f* (*-;-en*) (daya) kerja, usaha, prestasi; *Errungenschaft* hasil pekerjaan/usaha, prestasi; *Ergebnis* hasil, keberhasilan, produksi; *Dienstleistung* jasa; *Beitrag* iuran; *e-r Versicherung* tunjangan; *Maschine* kekuatan, tenaga, kapasitas, *output*; *glänzende* ~ karya istimewa, prestasi luar biasa

Leistungs|anreiz *m* insentif; **-druck** *m* tekanan akibat tuntutan utk. berhasil; **≗fähig** efisien, produktif, dapat berhasil banyak; **-fähigkeit** *f* kapasitas, kemampuan; efisiensi, produktivitas; tenaga; **-lohn** *m* upah/gaji menurut prestasi; upah borongan; **-prüfung** *f* ujian/tes efisiensi; **-zulage** *f* bonus prestasi

Leit|artikel *m* tajuk rencana; **-bild** *n* ideal, cita-cita

leiten *tr.* memimpin, menuntun, membimbing; *durchlassen* menyalurkan (cairan), menghantarkan (listrik); *Beamter in* ~*der Stellung* pegawai yg. berkedudukan tinggi, pegawai yg. memegang posisi yg. menentukan; (*nicht*) ~*d*, *Elek.* (tdk.) mengantar(kan) listrik

Leiter **1.** *m* (*-s;-*) pemimpin, pembimbing, kepala; *Elek.* peng(h)antar; **2.** *f* (*-;-n*) tangga; **-in** *f* (*-;-nen*) *s. Leiter 1*; **-sprosse** *f* anak tangga; **-wagen** *m* gerobak utk. membawa rumput kering.

Leit|faden *m* buku penuntun/pedoman; **-gedanke** *m* pokok pikiran; **-hammel** *m, ugs.* pemimpin yg. diikuti secara buta, jago(an); **-motiv** *n* nada/ide dsb. yg. selalu diulang; **-planke** *f* batang beton/besi di tepi jalan; **-satz** *m* kaidah, pokok, prinsip; **-spruch** *m* motto, semboyan

Leitung *f* (*-;-en*) pimpinan; *Tech.* saluran, ledeng; *die* ~ *ist besetzt*, *Tel.* sedang bicara; **-sdraht** *m* pengantar listrik, kawat listrik; **-srohr** *n* ledeng, pipa (saluran) air/gas; **-svermögen** *n* daya antar/konduksi; **-swasser** *n* air ledeng

Leitwerk *n, Flgw.* buritan

Lektion *f* (*-;-en*) pelajaran, bagian dl. buku pelajaran

Lektor *m* (*-s;-en*) lektor; *im Verlag* korektor naskah

Lektüre *f* (*-;O*) (bahan) bacaan, lektur; *Lesen* pembacaan

Lende *f* (*-;-n*) *Anat.* pinggang

Lenden|braten *m* bistik daging (bagian) pinggang; **≗lahm** lemah; sakit pinggang; **-schurz** *m* cawat; **-stück** *n* daging has

lenk|bar dapat dikemudikan/dituntun; **-en** *tr.* mengemudi(kan), memimpin; *j-s Blicke auf sich* ~ menarik perhatian/pandangan sso.; *gelenkte Wirtschaft* ekonomi terpimpin; **≗er** *m* (*-s;-*) pengemudi; *Mot.* kemudi, setang, setir; **≗rad** *n* (roda) setir; **-sam** menurut, dapat dibimbing; **≗stange** *f* setang (sepeda); **≗ung** *f* (*-;-en*) perbuatan mengemudi; *Mot.* sistem/mekanisme kemudi

Lenz *m* (*–es;–e*) musim semi; *sich e–n ~ machen* bermalas-malasan

Leopard *m* (*–en;–en*) sm. macan tutul, sm. harimau akar, *panthera pardus*

Lepra *f* (*–;O*) kusta

Lerche *f* (*–;–n*) sm. burung berkicau, *alaudidae*

Lern|begierde *f* keinginan (utk.) belajar; **≗en** *itr. tr.* belajar

Les|art *f* versi, ala; **≗bar** dpt. dibaca; terbaca; mudah dimengerti

lesbisch (bersifat) lesbian

Lese *f* (*–;–n*) (hasil) panen; **–buch** *n* buku bacaan; **–halle** *f* ruang baca; **–lampe** *f* lampu duduk/baca

lesen *unr. tr. itr.* membaca; *Univ.* memberi kuliah; *ernten* mengumpulkan, memanen; **–swert** pantas (utk.) dibaca

Lese|probe *f* kutipan dari buku yg. baru terbit; *Thea.* latihan drama yg. pertama; **–pult** *n* lesnar, rehal

Leser *m* (*–s;–*) pembaca

Leseratte *f* kutu buku

Leser|kreis *m* sidang/para pembaca; **≗lich** terbaca; **–zuschrift** *f* surat pembaca

Lese|stoff *m* bahan bacaan; **–zeichen** *n* penunjuk halaman buku; **–zimmer** *n* ruang/kamar baca; **–zirkel** *m* kelompok pembaca yg. menyewa kumpulan majalah atau buku-buku

Lesung *f* (*–;–en*) pembacaan Kitab Suci atau karya sastra; *Parl.* perundingan (bertahap) mengenai rancangan undang-undang

Lethargie *f* (*–;O*) ketagihan tidur, penyakit mengantuk; keadaan lesu

Letter *f* (*–;–n*) huruf cetak, leter

letzt yg. terakhir; belum lama berselang; *am ~en Sonntag* pd. hari minggu yg. lalu; *~en Endes* akhirnya; *der ≗e Wille* surat wasiat, testamen; *≗e Ölung, Rel.* Perminyakan Suci; *~e Dinge* yg. berh. dng. akhirat; *zu guter ≗* pd. akhirnya, sebagai penutup; **–ens** akhirnya; baru-baru ini; **–hin** baru-baru ini, belum lama berselang; **–lich** akhirnya, pd. dasarnya; **–willig** (sesuai) dng. surat wasiat, testamenter

Leucht|boje *f* rambu suar; **–e** *f* (*–;–n*) lampu; **≗en** *itr.* bersinar, menyala, bercahaya; **≗end** yg. bercahaya/bersinar, cerah; *fig.* gilang-gemilang; **–er** *m* (*–s;–*) kaki dian, tempat lilin

Leucht|farbe *f* cat pendar/fosforis/bercahaya; **–feuer** *n* suar, lentera laut, menara api, sinyal; **–gas** *n* gas lampu; **–geschoß** *n* granat-cahaya, peluru isyarat; **–käfer** *m* kunang-kunang, *lampyridae;* **–patrone** *f, s. Leuchtgeschoß;* **–pistole** *f* pistol yg. menembakkan peluru isyarat; **–rakete** *f* roket isyarat/cahaya; **–reklame** *f, s. Lichtreklame;* **–röhre** *f* lampu tabung/neon; **–schirm** *m* layar roentgen; **–turm** *m* mercusuar, menara api; **–zifferblatt** *n* pelat jam dng. angka-angka bercahaya

leugn|en *tr.* menyangkal, memungkiri; **≗er** *m* (*–s;–*) penyangkal

Leukoplast *n* (*–ẹs;–e*) plester

Leumund *m* (*–ẹs;O*) nama baik, reputasi

Leute *pl* orang-orang; *meine ~* kalangan saya; *et. unter die ~ bringen* menyebarluaskan sst.

Leutnant *m* (*–s;–s*) letnan dua; *~ zur See* letnan dua Angkatan Laut

leutselig ramah tamah; **≗keit** *f* (*–;O*) keramahtamahan

Levit *m* (*–en;–en*) anggota suku bangsa Israel; *Rel.* Diakon dan Subdiakon; *j–m die ~en lesen* menegur sso. dng. keras

lexikalisch sesuai/berh. dng. kamus

Lexikograph *m* (*–en;–en*) penyusun kamus

Lexikon *n* (*–s;. . .ka*) kamus

Liane *f* (*–;–n*) sm. tumbuh-tumbuhan yg. merambat/menyulur, liana, *viburnum*

Libelle *f* (*–;–n*) capung, *odonata*

liberal liberal; berpikiran bebas; **≗ismus** *m* (*–;O*) liberalisme; **–istisch** bersifat liberal

Licht *n* **1.** (*–ẹs;O*) cahaya, terang; **2.** (*–ẹs;–er*) lampu; *das ~ der Welt erblicken* dilahirkan; *j–m im ~(e) stehen* menutupi sumber cahaya bagi sso.; menghalang-halangi sinar/terang bagi sso.; *j–n hinters ~ führen* menipu sso.; *mir geht e ~ auf* saya mulai mengerti

licht *Adj.* terang; *spärlich* jarang, tdk. rapat; *~er Augenblick* saat waras; *~e Weite* ukuran lebar sebelah dalam (suatu pipa)
Licht|bild *n* potret; foto, gambar; *slide;* **–bildapparat** *m* kamera; **–bildervortrag** *m* ceramah dng. pertunjukan slide; **≗blau** biru muda; **–blick** *m* peristiwa yg. menggembirakan; **–bogen** *m* busur cahaya; **≗brechend** (bersifat) membiaskan cahaya; **–druck** *m* fotokopi; **≗durchlässig** transparan; **≗echt** tdk. berubah karena cahaya; **≗empfindlich** peka thd. cahaya; **–empfindlichkeit** *f* kepekaan thd. cahaya
lichten *tr* menebangi hutan spy. tdk. rapat; *das Dunkel lichtet sich* terlihat titik terang; *sich ~* menjadi (lebih) terang; *Haar* menipis; *den Anker ~* membongkar jangkar/sauh
Lichter *m* (–s;–) **1.** tongkang; **2.** s. *Licht;* **–baum** *m* pohon Natal; **≗loh** bernyala-nyala; **–meer** *n* lautan lampu-lampu
Licht|geschwindigkeit *f* kecepatan cahaya; **–hupe** *f, Mot.* lampu isyarat; **–kegel** *m* sorot(an) cahaya/lampu; **–leitung** *f* penghantar/saluran/kabel listrik utk. lampu-lampu; **–maschine** *f, Mot.* dinamo, pesawat pembangkit listrik; **–meß** *Rel.* Pesta Jesus dipersembahkan di Kenisah (2 Februari); **–messer** *m* alat pengukur cahaya; **–pause** *f* cetakan gambar dng. sinar; **–quelle** *f* sumber cahaya; **–reklame** *f* iklan (dng.) neon; **–schalter** *m* tombol/kenop/sakelar lampu; **–schein** *m* sinar cahaya; **≗scheu** takut akan cahaya; peka cahaya; *fig.* jahat; **–seite** *f* bagian yg. kena cahaya; *fig.* segi yg. menguntungkan; **–spielbühne** *f,* **–spieltheater** *n* bioskop; **–stärke** *f* kekuatan cahaya/lilin; **–strahl** *m* sinar; **≗undurchlässig** tak tembus cahaya; **–ung** *f* (–;–en) tempat yg. lapang/terbuka di hutan; **≗voll** terang, jelas
Lid *n* (–es;–er) kelopak mata
lieb manis, sayang, baik, lembut; ramah, tdk. nakal; *~er Gustav* Gustav yg. baik (dl. surat); *der ~e Gott* Tuhan yg. Mahabaik; *es ist mir ~er* saya lebih suka; *mein ≗er* sayangku, yg. tercinta; *meine ≗en* sahabat-sahabatku, sanak-saudaraku; *es wäre mir ~ wenn* saya suka kalau, saya akan senang jika; *sei so ~! ugs,* coba tolong! **–äugeln** *itr.* ingin mempunyai; main mata; **≗chen** *n* (–s;–) kekasih, pujaan hati
Liebe **1.** *f* (–;O) cinta, kasih, sayang; berahi; **2.** *m, f* (–n;–n) orang yg. disayang/dicinta; **≗dienern** *itr.* merayu, menjilat; **–lei** *f* (–;–en) cinta monyet, cinta-cintaan
liebeln *itr.* main cinta
lieben *tr.* mencintai, mengasihi, menyayangi; *~d gern* dng. senang hati; **≗de** *m, f* (–n;–n) kekasih; **–swert** pantas utk. disayangi, simpatik, amat menarik hati; bersifat membangkit kasih
liebenswürdig ramah, sopan, manis budi, simpatik; *danke, es ist sehr ~ von Ihnen* terimakasih, anda sangat baik hati; **≗keit** *f* (–;–en) kebaikan hati, keramahtamahan; pujian
lieber lebih manis/ramah; lebih suka/baik; *~ nicht* jangan
Liebes|abenteuer *n* petualangan cinta; **–brief** *m* surat cinta; **–dienst** *m* kebaikan, pertolongan (kecil), jasa persahabatan; **–erklärung** *f* pernyataan cinta; **–gabe** *f* derma; **–geschichte** *f* kisah cinta; **–göttin** *f* dewi asmara; **–heirat** *f* perkawinan atas dasar cinta; **–kummer** *m* kesedihan, susah-hati (karena kecewa dl. hal cinta); **–paar** *n* pasangan kekasih; **–spiel** *n* cumbu rayu, permainan cinta; **–trank** *m* minuman utk. memelet, pelet; **–verhältnis** *n* hubungan cinta/asmara; **–werk** *n* karya amal, pertolongan; **–zeichen** *n* tanda cinta
liebevoll penuh kasih sayang
lieb|gewinnen (–) *unr. tr.* (mulai) mencintai/menyayangi; **–haben** *unr. tr.* menyukai, menyayangi, senang akan; **≗haber** *m* (–s;–), **≗haberin** *f* (–;–nen) pacar, kekasih, pencinta; pengagum, penggemar; **≗haberei** *f* (–;–en) kesenangan, kegemaran, hobi; **≗haberpreis** *m* harga khusus para penggemar; **–kosen** *tr. itr.* membelai, mengelus-

elus, mengusap-usap; **≗kosung** *f* (*–;–en*) belaian, elusan, usapan
lieblich manis, lembut, merdu; **≗keit** *f* (*–;–en*) kelembutan
Liebling *m* (*–s;–e*) kekasih, sayang, biji mata, pujaan; **–s. . .** kesukaan, kesenangan
lieb|los kasar, tdk. ramah; kejam; **≗losigkeit** *f* (*–;–en*) kekejaman, perbuatan tak berperasaan; **–reich** penuh kasih sayang; **≗reiz** *m* daya tarik, kecantikan, keindahan; **–reizend** yg. menggairahkan, memikat hati, mempesonakan; **≗schaft** *f* (*–;–en*) pacar-pacaran, hubungan asmara (yg. singkat); **–st** *am ~en* lebih disukai, paling senang; **≗ste** *m, f* (*–;–n*) kekasih, pacar; *mein ~r, meine ~* sayangku
Lied *n* (*–ℯs;–er*) lagu, nyanyian, madah; *immer das alte ~* yg. itu-itu saja
Lieder|abend *m* malam nyanyian; **–buch** *n* buku nyanyian; **–dichter** *m* pencipta/penggubah lagu; **–kranz** *m* perkumpulan penyanyi
liederlich sembrono, sembarangan; *sittenlos* nakal, bejat; kurangajar; **≗keit** *f* (*–;–en*) kebejatan, keburukan, perbuatan kurangajar
Lieferant *m* (*–en;–en*) pengantar/penjual barang, leveransir
Liefer|auftrag *m* pesanan, order; **–auto** *n* mobil/truk angkutan; **≗bar** dapat disampaikan/dibeli, tersedia; **–frist** *f* batas waktu pengiriman/penyerahan; **≗n** *tr.* mengirim, melever; menyerahkan, menyampaikan; menjual; menghasilkan; *fig.* menyajikan; **–schein** *m* surat tanda terima, resi
Lieferung *f* (*–;–en*) pengiriman, penyerahan; bagian suatu buku yg. diterbitkan secara berkala; **–sbedingungen** *pl* syarat pengiriman
Liefer|wagen *m, s. Lieferauto;* **–weise** *f* cara pengiriman; **–zeit** *f* jangka waktu penyerahan/pengiriman
Liege *f* (*–;–n*) tempat berbaring, sm. dipan, balai-balai, amben; **–geld** *n* biaya kelebihan waktu berlabuh; **–kur** *f* cara penyembuhan dng. berbaring lama
liegen *unr. itr.* berbaring, tergeletak; *Münster liegt in Westfalen* Münster terletak di Westfalia; *im Schrank ~* terletak dl. lemari; *die Verantwortung liegt bei uns* tanggungjawab terletak pd. kita; *auf der Zunge ~* mengetahui tetapi tdk. dapat mengucapkan; *j-m liegt an et.* sst. penting bagi sso.; *das liegt an ihm* hal itu tergantung dari dia; *das liegt ihm nicht* tdk. cocok baginya; **≗** *n* (*–s; O*) berbaringnya, tidurnya; **–bleiben** *unr. itr.* tdk. bangun; tdk. maju; tdk. laku; tdk. diselesaikan; dilupakan; *der Schnee bleibt liegen* salju tdk. meleleh; **–lassen** (–) *u. mit 'ge', unr. itr.* lupa/tdk. membawa, ketinggalan; *j-n links ~* tdk. memperhatikan sso., membiarkan sso.; **≗schaften** *pl* barang tak bergerak
Liege|platz *f, Mar.* tempat berlabuh/merapat/tambatan; **–stuhl** *m* kursi malas; **–wagen** *m* gerbong yg. mempunyai kursi yg. dapat diubah menjadi tempat tidur; **–zeit** *f, Mar.* waktu berlabuh
Lift *m* (*–ℯs;–s/–e*) lift, pengangkat
Liga *f* (*–;Ligen*) liga
liieren (–) *sich ~ mit* bergabung dng.
Likör *m* (*–s;–e*) sopi manis
lila ungu muda
Lilië *f* (*–;–n*) bunga bakung, *lilium*
Liliputaner *m* (*–s;–*) orang kate/cebol
Limonade *f* (*–;–n*) limun
Limousine *f* (*–;–n*) mobil sedan lebar dng. empat pintu
lind lembut; *Luft* sejuk
Linde *f* (*–;–n*) pohon linden, *tilia*
linder|n *tr.* meringankan, mengurangi; **≗ung** *f* (*–;–en*) keringanan (rasa sakit. . .), peringanan (hukuman. . .)
Lindwurm *m, Myth.* naga
Lineal *n* (*–s;–e*) penggaris, mistar
Linguist *m* (*–en;–en*) ahli bahasa
Liniё *f* (*–;–n*) garis, lin; *Verkehr* trayek; *Abstammung* garis keturunan; *in erster ~* terutama, pertama-tama
Linien|blatt *n* kertas bergaris tebal yg. diletakkan di bawah kertas surat (yg. tipis); **–papier** *n* kertas bergaris; **–richter** *m, Sp.* hakim

garis; **°treu** ~ *sein* berpegang teguh pd. ideologi partai

link|e kiri; ~ *Seite* sebelah kiri; *Stoff* bagian dalam pd. kain; **°e** *f* (*–n;–n*) tangan kiri; *Boxen* pukulan tinju kiri; *Pol*. kelompok berhaluan kiri; **–isch** canggung, tdk. luwes, rikuh

links kiri; **°außen** *m* (*–;–*) *Sp*. pemain kiri luar; **°händer** *m* (*–s;–*) orang kidal; **–um!** *Mil*. putar kiri! **°verkehr** *m* lalulintas kiri

Linoleum *n* (*–s;O*) linolium

Linse *f* (*–;–n*) *Bo*. miju-miju, *lens esculenta; Fot*. lensa, kanta; *Auge* lensa mata

Lippe *f* (*–;–n*) bibir; **–nbekenntnis** *n* pengakuan di bibir saja; **–nlaut** *m* (bunyi) labial; **–nstift** *m* lipstik, gincu, pemerah bibir

Liquid|ation *f* (*–;–en*) pembubaran, likwidasi; **°ieren** (*–*) *tr*. membubarkan, melikwidasikan

lispeln *itr*. salah mengucapkan huruf S; berbisik-bisik

List *f* (*–;–en*) akal bulus, tipu muslihat, kelicikan

Liste *f* (*–;–n*) daftar; **–npreis** *m* harga menurut daftar/katalogus

listig cerdik, lihai, licik

Litanei *f* (*–;–en*) *Rel*. doa litani

Liter *n*, *m* (*–s;–*) liter

literarisch berh. dng. sastra

Literat *m* (*–en;–en*) pengarang, sastrawan

Literatur *f* (*–;–en*) kesusasteraan, sastra, literatur; *schöne* ~ puisi; **–angaben** *pl* kepustakaan; **–geschichte** *f* sejarah kesusasteraan

Litfaßsäule *f* pilar utk. memasang iklan

Liturgie *f* (*–;. . . iën*) upacara ibadat, liturgi

Litze *f* (*–;–n*) bis, pasmen

Live-Sendung *f* siaran langsung

Livree *f* (*–;–n*) pakaian dinas/seragam pegawai atau pelayan (hotel . . .)

Lizenz *f* (*–;–en*) lisensi, (surat) ijin; **–geber** *m* pemberi ijin; **–gebühr** *f* biaya utk. memperoleh ijin; **–inhaber** *m*, **–nehmer** *m*, **–träger** *m* pemegang lisensi

Lob *n* (*–ɇs;O*) puji(an), pemujaan

Lobby *f*, *m* (*–;–s*) lobi, ruang masuk gedung; *Interessengruppe* kelompok yg. memperjuangkan kepentingan tertentu (di gedung parlemen)

loben *tr*. memuji; **–nswert** patut dipuji, terpuji

Lob|gesang *m* nyanyian pujian; **–hudelei** *f* (*–;–en*) pujian yg. berlebih-lebihan, sanjungan; **°hudeln** *itr. tr*. menyanjung, menjilat, membujuk

löblich terpuji, terhormat

Lob|lied *n* (lagu) pujian; *e* ~ *auf j–n anstimmen* memuja-muja sso; **°preisen** *unr. tr*. memuji (Tuhan); **–rede** *f* pidato pujian; **–spruch** *m* syair pujian; pujian resmi

Loch *n* (*–ɇs;–er*) lubang, liang; legok; *ugs*. penjara; *auf dem letzten* ~ *pfeifen, ugs*. hampir tak berdaya lagi, habis tenaga/uang; **–eisen** *n* alat pembuat lubang; **°en** *tr*. melubangi, menggerek; **–er** *m* (*–s;–*) alat pembuat lubang kertas, perforator

löcherig berlubang-lubang, bergerek-gerek

Loch|karte *f* kartu pons; **–maschine** *f* mesin pelubang; **–streifen** *m* pita pons/berlubang; **–ung** *f* (*–;–en*) perbuatan melubangi; lubang; **–zange** *f* tang utk. melubangi karcis

Locke *f* (*–;–n*) ikalnya, keriting

locken *tr*. **1.** mengeriting(i), mengikalkan; **2.** *zu bewegen suchen* membujuk, memikat, menarik; *reizen* menggoda

Locken|kopf *m* orang yg. berambut keriting; si rambut keriting; **–wickler** *n* gulungan rambut

locker *Adj*. longgar, kendor, loncer; ~*e Sitten* kebiasaan yg. terlampau bebas; **–lassen** *unr. itr*., *nicht* ~ bertahan, tdk. menyerah/mundur; **–n** *tr*. mengendorkan, melonggarkan; **°ung** *f* (*–;–en*) kelonggaran, keleluasaan, keringanan

lockig ikal, keriting

Lock|mittel *n*, **–speise** *f* umpan, pemikat; **–spitzel** *m* pembujuk yg. memancing orang utk. berbuat kejahatan (spy. kemudian ditangkap); **–ung** *f* (*–;–en*) godaan, bujukan, rangsangan; **–vogel** *m* burung pikatan/pemikat; *fig.* umpan

Loden *m* (–*s*;–) sm. kain wol tebal (yg. tahan air)

lodern *itr.* bernyala-nyala, berkobar-kobar

Löffel *m* (–*s*;–) sendok; *pl* telinga kelinci; **≗n** *tr.* makan dng. sendok; **–voll** *m* (–;–) satu sendok penuh

Log *n* (–*s*;–*e*) ikan-ikan

Logarithmus *m* (–;. . .*men*) logaritma

Loge *f* (–;–*n*) *Thea.* lose; *Freimaurer* rumah berkumpulnya para vrijmetselar, *bp.* rumah setan; **–nbruder** *m* anggota vrijmetselar

logieren (–) *itr.* menginap, bertamu

Logik *f* (–;*O*) logika, ilmu mantik

Logis *n* (–;–) pondokan; *Kost u.* ~ indekos

logisch masuk akal

Logistik *f* (–;*O*) logistik; logika matematis

Lohe *f* (–;–*n*) **1.** lidah api besar; **2.** samak; **≗n** *itr.* **1.** bernyala-nyala, menyala; **2.** *gerben* menyamak

Lohgerber *m* penyamak kulit

Lohn *m* (–*es*;*¨e*) upah; imbalan; *fig.* pembalasan, ganjaran; **–abkommen** *n* perjanjian upah; **–abzug** *m* pemotongan upah; **–arbeiter** *m* buruh; **–ausfall** *m* kehilangan upah; **–buchhalter** *m* akuntan yg. mengurus gaji; **–diener** *m* tenaga pembantu yg. menerima upah jamjaman; **–empfänger** *m* orang upahan, buruh

lohnen *tr. itr.* membalas; *sich* ~ menguntungkan, berfaedah, berguna, bermanfaat; *das lohnt sich nicht* tdk. ada gunanya

löhnen *tr.* membayar upah

Lohn|erhöhung *f* kenaikan upah; **–forderung** *f* tuntutan kenaikan upah; **–fortzahlung** *f* pembayaran upah yg. terus (berlangsung); **–klasse** *f* golongan upah; **–kosten** *pl* pengeluaran utk. upah; **–liste** *f* daftar upah; **– –Preis-Spirale** *f* kenaikan harga dan gaji yg. saling meningkat; **–steuer** *f* pajak penghasilan; **–tag** *m* hari pembayaran upah; **–tarif** *m* tarip upah; **–tüte** *f* amplop yg. berisi upah

Löhnung *f* (–;–*en*) pembayaran upah; pembayaran gaji tentara; gaji tentara

Lok *f* (–;–*s*) *ugs., s. Lokomotive*

lokal setempat, lokal; **≗** *n* (–*es*;–*e*) restoran, rumah makan; ruang toko; **≗anzeiger** *m* suratkabar lokal; **–isieren** (–) *tr.* mengadakan lokalisasi; menentukan tempat dan membatasi sebagai tempat tertentu; **≗termin** *m, Jur.* kunjungan aparat pengadilan ke tempat kejadian kejahatan

Lokomotiv|e *f* (–;–*n*) lokomotif, *bp.* lok; **–führer** *m* masinis

Lokus *m* (–;–*se*) kakus, jamban, W.C., kamar kecil

Lorbeer *m* (–*s*;–*en*) pohon salam, *laurus; Gewürz* daun salam; *fig.* penghargaan; *~en ernten* mendapat penghargaan/pujian; *auf s-n ~en ausruhen* sesudah berhasil menjadi malas; **–kranz** *m, fig.* tanda kemenangan/penghargaan

Lore *f* (–;–*n*) lori

Los *n* (–*es*;–*e*) undian; nasib; *er hat das Große ~ gezogen* ia mendapat hadiah pertama, *ugs.* mendapat untung besar

los (ter)lepas, tak terikat, kendor, tdk. kuat; ~! ayo(h) cepat-cepat! *et. ~ haben, ugs.* pandai, cakap; *hier ist et. ~, ugs.* ada keramaian; *was ist ~ ?* ada apa? *es ist nichts ~* tdk. ada apa-apa, sepi; *sein Geld ~ sein* kehabisan/kehilangan uangnya

lösbar dpt. larut; dpt. dilepaskan, dpt. dipecahkan

los|binden *unr. tr.* melepaskan ikatan; **–brechen** *unr. tr., der Sturm bricht los* taufan mulai mengamuk; **–bröckeln** *itr.* menyerpih, merepih

Lösch|blatt *n* saf, kertas penetap; **–eimer** *m* ember utk. memadamkan kebakaran

löschen *tr.* **1.** memadamkan; menghapuskan; *Tonband* menghapuskan; *Durst ~* melepas dahaga; **2.** *Ladung* membongkar muatan

Löscher *m* (–*s*;–) alat pengering tinta; alat pemadam api/kebakaran

Lösch|papier *n, s. Löschblatt*; **–taste** *f* tombol utk. menghapus

lose longgar, terlepas, tdk. terikat/ terbungkus; *e ~s Mädchen* gadis nakal

Lösegeld *n* uang tebusan

losen *itr.* mengundi

lösen *tr. itr.* membuka, melepas (-kan), menguraikan, melarutkan; *e-e Verlobung* ~ membatalkan/memutuskan pertunangan; *e-e Aufgabe* ~ memecahkan persoalan; *e-e Fahrkarte* ~ membeli karcis; *sich* ~ *von* berpisah dari

los|gehen *unr. itr.* menjadi lepas/ longgar; *explodieren* meletus; *auf j-n* ~ menyerang sso.; *nun geht's los* sekarang mulai/berangkat; **–kaufen** *tr.* menebus; **–ketten** *tr.* membuka rantai/belenggu; **–knüpfen** *tr.* membuka simpul tali; **–kommen** *unr. itr.* menjadi lepas/bebas; **–lassen** *unr. tr.* melepaskan, tdk. memegang lagi; ~ *!* lepaskan! **–legen** *itr. ugs.* mulai bekerja dng. semangat; *schimpfen* mulai memaki (-maki)

löslich dapat larut/terurai

los|machen *tr. ugs.* melepaskan; **–reißen** *unr. tr.* melepaskan dng. paksa/keras; merenggut; *sich* ~ *von* melepaskan diri dari; **–sagen** *sich* ~ *von* memutuskan hubungan dng., melepaskan diri dari; **–schießen** *unr. tr.* tiba-tiba menembak; *itr.* sekonyong-konyong mulai sst. (dan mengerjakannya agak cepat, *mis.* berjalan, bekerja, bercerita. . .); **–schlagen** *unr. itr.* memukul/menggebuk (tanpa pikir dahulu); *fig.* memulai serangan; *Ware* ~ menjual barang dng. murah; **–schnallen** *tr.* melepaskan, membuka; **–schrauben** *tr.* membuka sekrup; **–sprechen** *unr. tr.* mengampuni (kesalahan/dosa); membebaskan; **$\stackrel{\circ}{-}$sprechung** *f (–;–en)* pengampunan, absolusi; **–trennen** *tr.* membuka jahitan

Losung *f (–;–en)* **1.** kata sandi, semboyan/mot(t)o dari Kitab Suci; **2.** *Wild* kotoran binatang liar

Lösung *f (–;–en)* pemecahan (soal); *Chem.* larutan

los|werden *unr. tr., j-n/et.* ~ menjadi bebas dari sso./sst.; *Waren* ~, *ugs.* menjual barang; **–ziehen** *unr. itr. ugs.* berangkat; bergerak maju; *gegen j-n* ~ mencaci-maki/mengecam sso.

Lot *n (–ẹs;–e)* batu/tali duga; *Math.* garis tegak lurus; *ins* ~ *bringen* mengatur; **$\stackrel{\circ}{-}$en** *tr.* menduga, mengukur garis tegak lurus

löten *tr* mematri(kan), menyolder

Löt|kolben *m* baut-pateri; **–lampe** *f* lampu-pateri; **–metall** *n* timah-pateri

Lotos *m (–;–)* bunga teratai/padma, *nelumbo*

lotrecht tegak lurus

Lotse *m (–n;–n)* pandu kapal, juru mudi; **$\stackrel{\circ}{-}$n** *tr.* memandu kapal; *fig.* membujuk dan membawa (sso.) ke tempat yg. buruk

Lotstelle *f* tempat (di)solder/(di) pateri

Lotterie *f (–;. . . iën)* lotere, undian

lotterig serampangan, sembrono, malas; berantakan

Lotterleben *n* kehidupan yg. sembrono/bejat, hidup tdk. karuan

Lotterwirtschaft *f* pengurusan asal (-asalan)/sembarangan

Lotto *n (–s;–s)* sm. lotere; lotto, sm. permainan anak-anak

Lötzinn *n* timah solder

Löwe *m (–n;–n)* singa, *panthera leo; Ast.* leo

Löwen|anteil *m* bagian terbesar; **–bändiger** *m* penjinak singa; **–grube** *f* liang singa; **–maul** *n* sm. bunga kebun, *antirrhinum;* **–zahn** *m* sm. bunga rumput yg. berwarna kuning, *taraxacum*

Löwin *f (–;–nen)* singa betina

loyal patuh, setia; **$\stackrel{\circ}{-}$ität** *f (–;O)* kesetiaan, loyalitas

Luchs *m (–es;–e) Zo.* sm. macan tutul kecil, *lynx; aufpassen wie e* ~ berjaga-jaga dng. cermat, mengawasi dng. teliti; **–augen** *pl* mata yg. sangat tajam

Lücke *f (–;–n)* tempat kosong, celah, renggang, kekosongan; **–nbüßer** *m* orang yg. terpaksa mewakili orang lain; **$\stackrel{\circ}{-}$nhaft** tak ada kekurangan, lengkap

Luder *n (–s;–)* bangkai (yg. dipakai sebagai umpan); *fig., grob* orang yg.

licik dan busuk; *e armes* ~ orang yg. pantas dikasihani; *e kleines* ~ gadis nakal

Luft *f* (–;–̈e) udara, hawa; *et. aus der* ~ *greifen* dibuat-buat; *et. liegt in der* ~ (dirasakan) akan terjadi sst., dirasakan adanya suatu ancaman; *sich* ~ *machen* membuka pakaian sedikit; *fig.* mengungkapkan perasaan; *j–n an die* ~ *setzen, ugs.* memecat/mengeluarkan sso.; *es ist dicke* ~ suasana tegang; *in die* ~ *gehen* meledak; *frische* ~ *schnappen* makan angin; (*tief*) ~ *holen* menarik nafas (panjang); *mir bleibt die* ~ *weg* saya kaget/terperanjat

Luft|abzug *m* pengeluaran/pembuangan udara pengap; **–alarm** *m* alarem serangan udara; **–angriff** *m* serangan udara; **–aufnahme** *f* foto yg. diambil dari pesawat terbang, foto udara; **–ballon** *m* balon (-balon); **–bild** *n, s. Luftaufnahme;* **–blase** *f* gelembung udara; **–bremse** *f* rem angin; **–brücke** *f* sistem pengangkutan (penumpang dan barang) yg. hanya melalui udara; **–büchse** *f* senapan angin

Lüftchen *n* (–s;–) angin sepoi-sepoi

luft|dicht tahan/kedap udara; **°druck** *m* tekanan udara; **–durchlässig** dpt. (di)tembus udara

lüft|en *itr. tr.* bertukar udara; menyegarkan udara, memasukkan udara segar; *fig.* membuka rahasia; *den Hut* ~ (memberi salam dng.) mengangkat topi; **°er** *m* (–s;–) alat utk. menukar udara, ventilator

Luftfahrt *f* (–;O) penerbangan; **–gesellschaft** *f* perusahaan penerbangan; **–ministerium** *n* departemen/kementerian perhubungan udara

Luft|fahrzeug *m* pesawat/kapal udara; **–feuchtigkeit** *f* kelembaban udara; **–filter** *m* penyaring udara; **–flotte** *f* angkatan udara; **°förmig** spt. udara; **–fracht** *f* pengangkutan udara, kiriman dng. pesawat terbang; **°gekühlt** *Mot.* didinginkan dng. udara; **–gewehr** *n* senapan angin; **–heizung** *f* pemanasan dng. udara hangat; **–herrschaft** *f, Mil.* dominasi/supremasi di angkasa; **–hoheit** *f* kedaulatan di angkasa; **–hülle** *f* atmosfir

luft|ig segar, sejuk; ringan; **°ikus** *m* (–/–ses;–se) *ugs.* orang dangkal, si kepala angin

Luft|kissen *n* bantal karet yg. dapat ditiup/dipompa; bantal udara; **–klappe** *f* katup/pentil angin; **–krankheit** *f* mabuk udara; **–krieg** *m* perang udara; **–kühlung** *f* pendinginan (dng.) udara; **–kurort** *m* tempat tetirah, tempat istirahat dng. udara sehat; **–landetruppen** *pl, Mil.* pasukan para/payung; **°leer** hampa udara, vakum; *fig.* abstrak; **–linie** *f* jarak terpendek di antara dua tempat di permukaan bumi; *Verkehrslinie* perusahaan penerbangan; **–loch** *n* lubang angin; kantong udara; **–matratze** *f* tilam angin; **–messer** *m* alat pengukur tekanan udara; **–pirat** *m* pembajak pesawat udara

Luftpost *f* pos udara; **–brief** *m* warkat pos udara; **–leichtbrief** *m* aerogram

Luft|pumpe *f* pompa angin; **–raum** *m* atmosfir, ruang angkasa; **–reifen** *m* ban angin; **–röhre** *f* batang tenggorok; **–schacht** *m* terowongan (penukaran) udara; **–schiffahrt** *f* penerbangan; **–schlacht** *f* pertempuran antara pesawat terbang; **–schlange** *f* ular-ular; **–schlösser** *pl,* ~ *bauen* berkhayal, menggantang asap; **–schraube** *f* baling-baling; **–schutz** *m* perlindungan thd. serangan udara; **–spiegelung** *f* fatamorgana; *fig.* khayalan belaka; **–sprung** *m* loncatan, lompatan (karena kegirangan); **–streitkräfte** *pl, Mil.* angkatan udara; **–strom** *m* arus udara, angin; **–stützpunkt** *m, Mil.* pangkalan angkatan udara; **–überlegenheit** *f* keunggulan angkatan udara

Lüftung *f* (–;–en) ventilasi, pertukaran/peredaran udara; ventilator

Luft|veränderung *f* pergantian udara; *fig.* perubahan (tempat dan) iklim; **–verdichter** *m* kompresor; **–verkehr** *m* lalulintas udara; **–verkehrsgesellschaft** *f* perusahaan penerbangan; **–verkehrslinie** *f* perusahaan/trayek penerbangan; **–ver-**

schmutzung *f* pencemaran udara; **–verteidigung** *f* pertahanan udara (nasional); **–waffe** *f* angkatan udara; **–waffenministerium** *n* departemen angkatan udara; **–wechsel** *m, s. Luftveränderung;* **–weg** *m, auf dem ~ befördern* mengirim dng. pesawat udara; **–wege** *pl* saluran pernafasan; **–zufuhr** *f* tempat/pipa masuknya udara segar, saluran udara; **–zug** *m* angin

Lug *m, ~ u. Trug* dusta belaka

Lüge *f* (*–;–n*) dusta, kebohongan

lugen *itr.* mengintai

lügen *unr. itr.* berbohong, berdusta; **≗** *n* (*–s;–*) pembohongan; **–haft** suka berbohong, penuh dusta, tdk. dapat dipercaya; **≗maul** *n* pembohong ulung

Lügner *m* (*–s;–*) pembohong, pendusta; **≗isch** tdk. benar, bersifat menipu

Luke *f* (*–;–n*) jendela kecil, tingkap; *Schiff* palka; *Boden* lobang pd. langit-langit; *Dach* jendela atap

lukrativ bersifat membawa keberuntungan

Lümmel *m* (*–s;–*) orang yg. kurangajar; **≗haft** nakal, kurangajar; **≗n** *sich ~* berdiri/duduk seenaknya, bermalas-malas(an)

Lump *m* (*–en;–en*) orang jahat, penjahat; **–en** *m* (*–s;–*) kain rombengan, lap; pakaian yg. compang-camping; **≗en** *ugs., sich nicht ~ lassen* bertindak royal, tdk. pelit

Lumpen|gesindel *n* kaum bajingan; **–händler** *m* tukang loak; **–hund** *m,* **–kerl** *m, ugs.* penjahat, bajingan; **–pack** *n, s. Lumpengesindel;* **–sammler(in** *f*) *m* pengumpul barang bekas

Lumperei *f* (*–;–en*) penipuan, kejahatan; barang tak berharga

lumpig *ugs.* jahat; kurang sekali

Lunge *f* (*–;–n*) paru-paru

Lungen|entzündung *f* radang paru-paru, *pneumonia;* **–flügel** *m* paru-paru sebelah; **–heilstätte** *f* sanatorium bagi penderita penyakit paru-paru/tebece; **≗krank** sakit paru-paru; **–krebs** *m* kanker paru-paru; **–schwindsucht** *f* penyakit tebece

lungern *itr.* berkeluyuran, bermalas-malasan

Lunte *f* (*–;–n*) tali sumbu/api; *~ riechen* mencium bahaya

Lupe *f* (*–;–n*) kaca pembesar, suryakanta; *unter die ~ nehmen* memeriksa dng. seksama/teliti; **≗nrein** sangat bersih

Lurch *m* (*–es;–e*) *Zo.* amfibi

Lust *f* (*–;⸚e*) kesenangan, kegembiraan; hasrat, keinginan; *~ haben* senang, suka, ingin; *Wollust* nafsu berahi, hawa nafsu; **–barkeit** *f* (*–;–en*) pesta, hiburan

Lüster *m* (*–s;–*) lampu gantung berlilin banyak

lüstern *Adj.* tergiur, terangsang, kepingin sekali, penuh hasrat; **≗heit** *f* (*–;O*) keberahian, gasangnya; *Gierigkeit* kelobaan

lust|erregend (bersifat) menimbulkan berahi; **≗fahrt** *f* darmawisata; **≗gefühl** *n* rasa enak; nafsu

lustig gembira, riang, lucu, ramai-ramai; *sich ~ machen über j–n/et.* memperolok/menertawakan sso./sst.; *das ist ~!* lucu! aneh! **≗keit** *f* (*–;O*) kegembiraan, kelucuan

Lüstling *m* (*–s;–e*) si hidung belang, orang gasang; *ugs.* orang yg. suka makan enak

lust|los bosan, membosankan, lesu, tak bergairah; **≗mord** *m* pembunuhan karena dorongan seks/berahi; **≗schloß** *n* istana pesiar; **≗seuche** *f* penyakit kotor, raja singa, sipilis; **≗spiel** *n* komedi; **–wandeln** *itr.* berjalan-jalan

Lutheraner *m* (*–s;–*) orang Protestan penganut aliran/Gereja Lutheran

lutsch|en *tr. itr.* mengemut, menghisap; **≗er** *m* (*–s;–*) kenyutan, dot; gula-gula dng. kayu tusuk, *lollipop*

Luv(seite) *f* (*–;O*) sisi (kapal) yg. kena angin

luxuriös mewah, luks

Luxus *m* (*–;O*) kemewahan; **–artikel** *m* barang mewah; **–ausführung** *f* edisi mewah; model luks; **–ausgabe** *f* edisi mewah/luks; **–waren** *pl* barang luks

Luzerne *f* (*–;–n*) *Bo.* sm. tumbuhan utk. makanan ternak, *medicago sativa*

Lymph|drüse *f* kelenjar getah bening, *glandula lymphatica;* **–e** *f* (–;–*n*) getah bening/cacar, *lympha*

lynchen *tr.* membunuh dng. main hakim sendiri, mengeroyok dan membunuh

Lyrik *f* (–;*O*) lirik, sajak yg. melukiskan perasaan

lyrisch berh. dng. lirik, halus, penuh perasaan

Lyzeum *n* (–*s;Lyzeen*) sekolah menengah (utk.) puteri

M

Maat *m* (–ẹs;–e/–en) sersan dua Angkatan Laut
Mach|art *f* cara pemotongan/jahitan pakaian; **–e** *f* (–;O) *ugs.* yg. dibuat-buat; *et. in der ~ haben* mengerjakan sst.; *j-n in die ~ nehmen* memukul sso., mencacimaki sso.; *das ist alles nur ~* semuanya tipuan saja
mach|en *tr.* membuat, *bp.* membikin; mengerjakan, menghasilkan; *ausführen* menyelenggarakan; *verursachen* menimbulkan, menyebabkan; *glücklich/gesund ~* membahagiakan/menyembuhkan; *das Zimmer/Bett ~* membenahi kamar/tempat tidur; *das Radio ~ lassen* mereparasikan radio; *j-n zum General ~* mengangkat sso. menjadi jenderal; *das Auto macht 140 km* mobil itu mampu berjalan dng. kecepatan 140 km; *was macht er?* (*tun*) ia sedang kerja apa? (*beruflich*) kerjanya apa? (*wie geht's ihm*) bagaimana kesehatannya? *mach nicht so lange! ugs.* jangan (kau lakukan) terlalu lama! *mach, daß du fortkommst!* pergilah! *mach's gut! ugs.* selamat berpisah/tinggal/jalan! *gut gemacht!* bagus! *was macht das?* berapa ini (harganya)? *das macht tausend Rupiah* harganya seribu rupiah; *das macht nichts* tdk. apa-apa; *es macht mir nichts* (*aus*) saya tak keberatan; *nichts zu ~* tdk. bisa berbuat apa-apa; *laß ihn nur ~ !* biarkan dia menyelesaikannya / mengurusnya! *sich ~, ugs.* berkembang baik; menjadi lebih baik; *das macht sich gut* ini kelihatannya bagus/cocok; *sich nichts daraus ~* tdk. mempedulikan, tdk. begitu suka; *sich e Kleid ~ lassen* mengupahkan baju kpd. tukang jahit; *sich auf dem Weg ~* (mulai) berangkat; *gemacht* dibuat(-buat), tiruan; *e gemachter Mann* orang yg. jadi, orang yg. kaya; *den Anfang ~* mulai; *e-n Versuch ~* mencoba; *es j-m recht ~* memuaskan sso.; *~ in et.* sedang sibuk dng. sst. atau bidang tertentu
Mach|enschaften *pl* tipu muslihat, intrik, akal bulus; **–er** *m* (–*s*;–) *pej.* dalang, otak, biang keladi; orang yg. dianggap dapat mengatur semuanya; **–erlohn** *m* upah/ongkos pembuatan, *bp.* maklun
Macht *f* (–;⸗e) kuasa, kekuasaan, wibawa; *Kraft* tenaga, kekuatan, daya; *mit aller ~* dng. sekuat tenaga; *keine ~ haben über* tdk. berkuasa atas; *an die ~ kommen* mulai berkuasa; *e-e fremde ~* kekuasaan/negara asing; **–befugnis** *f* wewenang; **–bereich** *m* daerah/bidang kekuasaan/wewenang; **–ergreifung** *f* (–;–*en*) perebutan kekuasaan; **–gefüge** *n* struktur kekuasaan; **⸗gierig** haus (akan) kekuasaan; **–haber** *m* (–*s*;–) penguasa, pemegang kekuasaan; **⸗haberisch** lalim
mächtig (bersifat ber)kuasa; *ugs.* kuat, besar, sangat; *der deutschen Sprache ~ sein* menguasai bahasa Jerman; *s-r Sinne nicht mehr ~ sein* tdk. dapat lagi menguasai diri; *~en Hunger habe, ugs.* sangat lapar
Macht|kampf *m* (pe)rebutan kekuasaan; **⸗los** tak berdaya, lemah; **–politik** *f* politik kekuasaan; **–probe** *f* adu kekuatan; **–stellung** *f* kedudukan yg. memberi kuasa; **–übernahme** *f* pengambilalihan kekuasaan; **⸗voll** sangat kuat; **–vollkommenheit** *f, aus eigener ~* atas

kekuasaan/wewenang sendiri; – **wort** *n* kata perintah yg. harus ditaati

Machwerk *n, elendes* ~ hasil pekerjaan yg. tak bermutu

Madam *f* (–;–s/–en) *ugs.* wanita yg. suka dilayani

Mädchen *n* (–s;–) anak perempuan, puteri, gadis, pemudi, *bp.* cewek; *Dienstmädchen* pelayan (wanita); **≗haft** spt. anak perempuan; segar, manis; **–handel** *m* perdagangan wanita; **–name** *m* nama kecil semasa gadis, nama keluarga wanita sebelum menikah; **–pensionat** *n* asrama puteri; **–schule** *f* sekolah puteri

Made *f* (–;–n) belatung; tempayak, jentik-jentik; *wie die* ~ *im Speck* spt. tikus jatuh di beras

Mädel *n* (–s;–/–s) nona, gadis, puteri

madig berulat; *j-n* ~ *machen, ugs.* menjelekkan nama orang

Madonna *f* (–;. . . *nen*) Bunda Maria, patung Bunda Maria

Magazin *n* (–s;–e) **1.** gudang (besar); depot; **2.** *Zeitschrift* majalah hiburan (dng. banyak gambar); **3.** *Mil.* tempat peluru/mesiu/pelor; **–verwalter** *m* pengurus gudang

Magd *f* (–;⸚e) pelayan wanita, babu

Mägd(e)lein *n* (–s;–) *Lit.* puteri

Magen *m* (–s;–/*Mägen*) lambung, perut, *ventriculus; sich den* ~ *verderben* merasa mual; *et. liegt mir im* ~ saya mempunyai masalah/uneg-uneg; **–beschwerden** *pl* sakit perut; **–bitter** *m* sm. jamu brotowali yg. mengandung alkohol; **–bluten** *n* pendarahan dl. lambung; **–drücken** *n* rasa sakit pd. perut; **–entzündung** *f* radang lambung, *gastritis;* **–geschwür** *n* bisul perut, *ulcus pepticum;* **–grube** *f* hulu hati; **–knurren** *n* bunyi perut, keroncongan; **–krampf** *m* kejang perut; **–krebs** *m* kanker perut; **–leiden** *n* penyakit perut; **–saft** *m* getah lambung; **–säure** *f* asam lambung; **–schmerzen** *pl* sakit perut; **–verstimmung** *f* gangguan pencernaan

mager kurus, ceking; *~es Fleisch* daging yg. tdk. berlemak; *~e Kost* makanan yg. kurang (bergizi); *~er Boden* tanah yg. tdk. subur; **≗keit** *f* (–;O) kekurusan, keadaan kurus; **≗milch** *f* susu yg. telah diambil kepala susunya

Magi|e *f* (–;O) ilmu sihir, guna-guna; kekuatan gaib, magi; **–ër** *m* (–s;–) penyulap; tukang sihir, dukun; *Rel.* orang Majus

magisch gaib; yg. berh. dng. ilmu sihir

Magister *m* (–s;–) gelar sarjana; *ugs.* guru

Magistrat *m* (–ęs;–e) hartawan, industriawan/usahawan besar

Magnesi|a *f* (–;O) oksid(a) magnesium; **–um** *n* (–s;O) magnesium (Mg)

Magnet *m* (–en;–en *od.* –ęs; –e) magnet, besi berani; **–feld** *n* medan magnet; **≗isch** magnetis, (ber-) magnet; **–iseur** *m* (–s;–e) orang yg. mengobati dng. tenaga magnetis; **≗isieren** (–) *tr.* memagnetisir; **–ismus** *m* (–;O) magnetisme; **–kompaß** *m* kompas magnet; **–nadel** *f* jarum magnet

Magnetophon *n* (–s;–e) alat perekam, *bp.* teprekorder

Magnet|spule *f* kumparan magnet; **–zündung** *f* penyalaan magnet(is)

Magnifizenz *f* (–;–en) (*gelar dan sapaan resmi rektor universitas di Jerman*)

Magnolië *f* (–;–n) bunga magnolia

Mahagoni *n* (–s;O) kayu mahoni, *swietania mahagoni*

Mahd *f* (–;–en) (hasil) penyabitan rumput

Mähdrescher *m* mesin pemotong dan penggiling padi-padian

mähen 1. *tr. itr.* menyabit, memotong; **2.** *itr. ugs., Schaf* mengembik

Mäher *m* (–s;–) tukang sabit

Mahl *n* (–ęs;–e/⸚er) perjamuan, santapan; makanan

mahlen *tr. itr.* menggiling (menjadi tepung)

Mahlzeit *f* makanan; (waktu) makan; *~!* selamat makan! selamat siang!

Mähmaschine *f* mesin penyabit

Mahnbrief *m* surat peringatan/tagihan

Mähne *f* (–;–n) surai, bulu tengkuk (kuda/singa); *fig.* rambut panjang

mahn|en *tr. itr.* memperingatkan, menegur; menagih; **≗mal** *n* tugu peringatan; **≗ung** *f (–;–en)* peringatan, teguran; *Schulden* tagihan; **≗zettel** *m, s. Mahnbrief*
Mähre *f (–;–n)* kuda tua yg. kurus kering
Mai *m (–ꞩ;O)* (bulan) Mei; **–baum** *m* pohon hiasan rumah pd. bulan Mei; pohon birke tinggi yg. dihias dan dipasang di tengah-tengah desa; **–blume** *f, s. Maiglöckchen*
Maid *f (–;–en) Lit.* gadis, puteri
Mai|feier *f* perayaan pd. tanggal 1 Mei; **–glöckchen** *n* sm. bunga leli yg. berbentuk lonceng kecil, *convallaria majalis;* **–käfer** *m* kumbang Mei, *melolontha vulgaris*
Mais *m (–es;O)* jagung; **–kolben** *m* tongkol jagung
Maische *f (–;–n)* sm. bahan baku untuk menghasilkan minuman keras
Majestät *f (–;–en)* Sri Baginda; *fig.* keagungan, kemuliaan; **≗isch** agung, luhur; **–sbeleidigung** *f* penghinaan thd. kepala negara; **–sverbrechen** *n* pengkhianatan thd. negara, *fig.* kejahatan besar
Majolika *f (–;. . . ken)* sm. keramik
Major *m (–s;–e)* mayor; **–an** *m (–s;–e)* sm. bumbu, mayorana
Majorat *n (–ꞩs;–e)* hak istimewa anak sulung (laki-laki) atas warisan
Majorität *f (–;–en)* mayoritas, kebanyakan
Majuskel *f (–;–n)* huruf besar
makaber *Adj.* bersifat mengerikan
Makel *m (–s;–)* noda, cacat, kekurangan; aib
Mäkelei *f (–;–en)* kecerewetan
makellos tanpa noda, sempurna
mäkeln *itr.* mengomel, mencela (hal-hal sepele)
Makkaroni *pl* makroni
Makler *m (–s;–)* perantara, makelar; **–gebühr** *f* komisi perantara
Makobaumwolle *f* katun dari Mesir
Makrele *f (–;–n)* temenung, *scomber*
Makrone *f (–;–n)* kue bulat kecil dari buah amandel
Makulatur *f (–;–en)* kertas buangan (akibat salah cetak); *~ reden* omong kosong

Mal *n* **1.** *(–ꞩs;–e/–̈er)* tanda, ciri; bintik; *Haut* tahi lalat, andang-andang; **2.** *(–ꞩs;–e)* kali; *dieses ~* kali ini; *e anderes ~* lain kali; *zum letzten ~(e)* terakhir kali(nya); *e paar ~* beberapa kali; *mit e-m ~(e)* tiba-tiba; sekaligus; *von ~ zu ~* makin lama makin lebih
mal *Adv.* **1.** *Abk. von einmal; schau ~!* lihatlah! *sagen Sie ~!* coba katakan(lah)! *schon ~* pernah; **2.** *beim Multiplizieren* kali
Malai|e *m (–n;–n),* **–in** *f (–;–nen)* orang Melayu
Malaise *f (–;–n)* rasa tdk. enak; *Pol.* keadaan resah; *Wirtschaft* keadaan sepi
Malaria *f (–;O)* penyakit malaria
malen *tr. itr.* melukis, menggambar; *schwarz ~, fig.* berpandangan pesimis
Maler *m (–s;–)* pelukis; **–akademie** *f* akademi seni lukis; **–ei** *f (–;–en)* seni lukis; *Bild* lukisan; **≗isch** indah, permai
Malheur *n (–s;–e)* kesalahan kecil (yg. tdk. penting tetapi memalukan)
maliziös jahat
Mal|kasten *m* kotak cat; **–kunst** *f* seni lukis
malnehmen *unr. tr.* mengalikan; **≗** *n (–s; O)* pengalian
malträtieren (–) *tr.* menyiksa; menggunakan secara salah
Malz *n (–es;O)* kecambah gandum yg. kemudian dikeringkan; **–bier** *n* sm. bir hitam; **–bonbon** *n* gula-gula/permen sebagai obat batuk
Malzeichen *n* tanda kali (×)
Malz|extrakt *m* pati/sari/ekstrak dari kecambah gandum; **–kaffee** *m* kopi tiruan; **–zucker** *m* sm. gula disakarid(a)
Mama *f (–;–s)* ibu, *bp.* (e)mak, mama
Mammon *n (–s;O) pej.* uang, kekayaan; *des schnöden ~s wegen* karena mata duitan
Mammut *n (–s;–e/–s)* sejenis gajah prasejarah, mamut, *mammuthus primigenius;* **–unternehmen** *n* perusahaan raksasa
Mamsell *f (–;–en/–s)* wanita pengurus dapur hotel; *humoristisch*

nona; *kalte* ~ wanita yg. menyiapkan makanan dingin di restoran

man 1. *Pron.* (sese)orang, ada yang; ~ *sagt* kata orang; ~ *hat gesagt* dikatakan; ~ *nehme!* hendaknya diambil! ~ *kann nicht wissen* orang/kita tdk. dapat tahu; ~ *trägt* sedang mode/in; 2. *Adv. ugs.* sekali(-sekali); *denn* ~ *los!* ayo! *aber* ~ *schnell!* ayo cepat-cepat!

Manag|ement *n* (*–s;O*) pengelolaan; pimpinan, menejemen; **–er** *m* (*–s;–*) pengelola/pemimpin perusahaan, menejer; **–erkranheit** *f* penyakit jantung dan peredaran darah akibat ketegangan

manch|(–er,–e,–es;–e) satu di antara banyak; beberapa; *in ~em hat er recht* dl. beberapa hal ia benar; *gar ~er* agak banyak orang; **–erlei** bermacam-macam; **–mal** kadang-kadang, sekali-sekali

Mandant *m* (*–en;–en*) pemberi tugas; klien, orang yg. dibela (oleh pengacara)

Mandarin *m* (*–s;–e*) *historisch* pejabat/pembesar di Tiongkok

Mandarine *f* (*–;–n*) jeruk keprok/kepruk, *citrus nobilis*

Mandat *n* (*–∉s;–e*) tugas, mandat, (ke)kuasa(an), wewenang; **–ar** *m* (*–s;–e*) mandataris

Mandel *f* (*–;–n*) buah amandel/badam, kenari belanda, *amygdala; Med.* amandel, tonsil; **–baum** *m* pohon amandel; **–entzündung** *f* radang tonsil, *angina tonsillaris;* **≗förmig** berbentuk amandel

Mandoline *f* (*–;–n*) *Mus.* mandolin

Manege *f* (*–;–n*) arena (dl.) sirkus

Mangan *n* (*–s;O*) mangan (Mn), sm. batu kawi; **–erz** *n* bijih mangan; **≗haltig** mengandung mangan

Mangel 1. *f* (*–;–n*) mesin setrika; 2. *m* (*–s;¨–*) kekurangan; *Fehler* cela, cacat; *aus* ~ *an* karena tdk. ada; **–beruf** *m* bidang pekerjaan yg. kekurangan tenaga; **≗haft** kurang, tdk. sempurna, bercacat; *Schule* angka kurang, angka lima ke bawah; **–krankheit** *f* penyakit yg. disebabkan kekurangan (salah satu) unsur makanan yg. penting

mangeln 1. *tr.* menyetrika dng. mesin; 2. *itr.*, *es mangelt an* kurang, tak ada

mangels karena kurang, karena tdk. ada

Mangelware *f* barang yg. kurang/langka atau tdk. tersedia

Mango *f* (*–;–nen*) buah mangga; **–baum** *m* pohon mangga, *mangifera indica*

Mangrove *f* (*–;–n*) pohon bakau, *rhizophora*

Manie *f* (*–;Manien*) penyakit jiwa suka naik darah, *mania; Leidenschaft* kegemaran gila-gilaan, keranjingan, ketagihan

Manier *f* (*–;–en*) cara, gaya; *Umgangsform* perilaku, adat, kebiasaan, basa-basi; *er hat keine ~en* orang yg. tdk. tahu adat, orang yg. kelakuannya tdk. pd. tempatnya; *das ist keine ~!* ini kurangajar!

manieriert yg. dibuat-buat/ditiru

manierlich sopan, tahu adat

Manifest *n* (*–∉s;–e*) maklumat, manifesto; **≗** jelas; **–ation** *f* (*–;–en*) manifestasi, perwujudan; **≗ieren** (*–*) *tr.* menjelaskan, menyatakan

Maniküre *f* 1. (*–;O*) perawatan tangan dan kuku; 2. (*–;–n*) orang yg. merawat tangan dan kuku (orang lain)

Manilahanf *m* serat/henep Manila, *musa textilis*

Maniokwurzel *f* singkong, *manihot utilissima*

Manipul|ation *f* (*–;–en*) manipulasi, pendalangan, perbuatan curang; **≗ieren** (*–*) *tr.* mendalangi, memanipulir, *bp.* memanfaatkan

manisch-depressiv *Psych.* manis-depresif

Manko *n* (*–s;–s*) *ugs.* kesalahan, kekurangan; defisit, *bp.* tekor

Mann *m* (*–∉s;¨–er*) orang laki-laki, pria; *Gatte* suami; *Mensch* orang; *der rechte* ~ orang yg. tepat; ~ *für* ~ orang demi orang; *wie e* ~ *ertragen* menahan dng. tabah; *an den* ~ *bringen* menjual, (*Mädchen*) menikahkan (puterinya); *s-n* ~ *stellen/stehen* melakukan tugas dng. baik; membuktikan kebolehannya; *Mannen, pl, Lit.* pengikut-pengikut setia

mannbar akil-balig; dapat menikah; **≗keit** *f* (–;–*en*) kematangan, perihal pantas utk. menikah

Männchen *n* (–*s*;–) orang laki-laki yg. berperawakan kecil; orang kerdil; *Koseform* suami; *kleines Tier* jantan; ~ *malen* menggambar orang-orangan; ~ *machen* (anjing/kelinci) berdiri di atas dua kaki belakang (-nya), *Mil*. memberi salut

Mannequin *n* (–*s*;–*s*) peragawati

Männer|gesangverein *m* paduan suara laki-laki; **–welt** *f* kalangan laki-laki

Mannes|alter *n* usia dewasa (seorang laki-laki); *im besten* ~ *sein* pd. usia yg. sedang jaya; **–kraft** *f* tenaga laki-laki; *geschlechtlich* kemampuan mengadakan keturunan; **–zucht** *f* disiplin ketat

mannhaft gagah, jantan, berani; **≗igkeit** *f* (–;*O*) sikap jantan/berani

Mannheit *f* (–;*O*) kejantanan, kemampuan laki-laki utk. mengadakan keturunan

mannig|fach, –faltig beraneka ragam; **≗faltigkeit** *f* (–;*O*) keanekaragaman

männlich jantan, maskulin; **≗keit** *f* (–;*O*) kejantanan; kelaki(–laki)an

Mannschaft *f* (–;–*en*) regu; awak kapal (laut/terbang); *Sp*. kesebelasan; **–en** *pl*, *Mil*. tentara biasa, prajurit

Mannschafts|dienstgrade *pl*, *Mil*. prajurit-prajurit (di bawah sersan); **–führer** *m* kapten/pemimpin regu; **–geist** *m* semangat kebersamaan (suatu regu)

manns|hoch setinggi orang; **≗leute** *pl* kaum laki-laki; **–toll** gila laki

Mannweib *n* perempuan yg. kelaki-lakian

Manometer *n* (–*s*;–) manometer

Manöver *n* (–*s*;–) gerak(–gerik) yg. lihai; muslihat, tipu-daya; *Mil*. latihan perang-perangan/militer

manövrier|en (–) *tr*. bertindak pandai dl. keadaan sulit; mengemudikan dng. baik; **–fähig** dapat digerakkan/dikemudikan (dng. mudah)

Mansarde *f* (–;–*n*) kamar atap/loteng; **–nwohnung** *f* tempat tinggal di tingkat yg. langsung di bawah atap

manschen *tr. itr. ugs*. mencampuradukkan sampai menjadi bubur; main-main dng. air

Manschette *f* (–;–*n*) manset, lipatan lengan baju; *Papier* kertas bungkus utk. menghias (pot bunga); ~*n haben vor j-m/et*., *ugs*. takut akan sso./sst.; **–nknopf** *m* (kancing) manset

Mantel *m* (–*s*;¨) mantel, jas; *Rad* ban luar; **–tarif** *m* perjanjian dasar/pokok mengenai persyaratan kerja

Mantille *f* (–;–*n*) tutup bahu dan/atau kepala wanita (dari kain yg. tipis)

Manu|al *n* (–*s*;–*e*) **1.** deretan tuts pd. orgel/cembalo; **2.** *Tagebuch* buku harian; **≗ell** dng. tangan

Manufaktur *f* (–;–*en*) kerajinan tangan; hasil pekerjaan tangan; industri/perusahaan kerajinan tangan; **–waren** *pl* barang-barang kerajinan tangan; gulungan tekstil (yg. dipotong per meter)

Manuskript *n* (–*s*;–*e*) manuskrip, naskah

Mappe *f* (–;–*n*) map; *ugs*. tas sekolah

Mär(e) *f* (–;–*en*) berita; desas-desus; cerita, dongeng

Märchen *n* (–*s*;–) dongeng, kisah; *wie im* ~ spt. dl. dongeng/mimpi; **–buch** *n* buku dongeng; **≗haft** indah/bagus (spt. dl. dongeng)

Marder *m* (–*s*;–) sebangsa musang, *mustelidae*

Margarine *f* (–;*O*) mentega buatan (dari minyak nabati/hewani), margarine

Marge *f* (–;–*n*) batas (keuntungan)

marginal pinggiran, yg. berh. dng. batas

Marien|bild *n* gambar/patung Bunda Maria; **–fest** *n* pesta Bunda Maria; **–käfer** *m* sm. kumbang kecil yg. berwarna merah dng. titik-titik hitam, *coccinellidae*; **–kult** *m* penghormatan thd. Bunda Maria

Marihuana *n* (–*s*;*O*) mariyuana

Marinade *f* (–;–*n*) sm. saus asin; daging/ikan dl. saus asin

Marine *f* (–;–*n*) armada kapal, angkatan laut; **–akademie** *f* akademi angkatan laut; **≗blau** biru tua; **–flieger** *m* penerbang dl. angkatan laut; **–infanterie** *f* marinir; Korps Komando Operasi (KKO) Angkatan Laut; **–minister** *m* menteri angkatan laut; **–offizier** *m* perwira angkatan laut; **–soldat** *m* tentara angkatan laut; **–truppen** *pl, s. Marineinfanterie;* **–wesen** *n* segala yg. berh. dng. pelayaran di laut

marinieren (–) *tr.* mengacar/mengasinkan (daging, ikan)

Marionette *f* (*–;–n*) sm. wayang golek, boneka yg. anggota badannya dapat digoyangkan dng. tali; *fig.* boneka

maritim bahari, maritim

Mark 1. *n* (*–e̸s;O*) sumsum; *fig.* inti; *bis ins* ~ sampai ke tulang sumsum; *j-m durch* ~ *u. Bein gehen* ngilu; **2.** *f* (*–;–en*) batas, (daerah) perbatasan, daerah yg. dibatasi; **3.** *f* (*–;–*) *satuan mata uang Jerman: Deutsche* ~ *(DM); hundert DM* seratus DM

markant bersifat menyolok/khas, sangat mengesankan; *e-e ~e Persönlichkeit* kepribadian yg. menonjol

Marke *f* (*–;–n*) tanda, merek; *Brief* perangko; *Steuer* meterai; peneng; **–n·artikel** *m* barang yg. bermerek dagang; **–nname** *m* nama merek dagang; **–nschutz** *m* perlindungan atas merek dagang; **–nware** *f, s. Markenartikel*

mark·erschütternd menyayat hati, mengerikan

Marketender *m* (*–s;–*), **–in** *f* (*–;–nen*) *früher* pedagang yg. menyediakan kebutuhan sehari-hari para tentara

Markgraf *m* bangsawan (daerah perbatasan)

markier|en (–) *tr.* menandai, mencap; *ugs.* berlagak spt., berpura-pura sebagai; **≗ung** *f* (*–;–en*) tanda

markig tegas, ringkas dan tajam

Markise *f* (*–;–n*) kerai, bidai

Mark|knochen *m* tulang sumsum; **≗los** tak bersumsum; lemah; **–stein** *m* batu perbatasan; *fig.* kejadian yg. bersejarah; **–stück** *n* satu keping DM

Markt *m* (*–e̸s;¨–e*) lapangan besar di tengah-tengah kota; *Handel* pasar, *Jahrmarkt* pekan raya; *fig.* pasaran; *den* ~ *beherrschen* menguasai pasar (-an); *auf den* ~ *bringen* memasarkan; **–analyse** *f* analisa pasar(an); **–bericht** *m* berita pasar(an)/ekonomi; **–bude** *f* kios dagang, stan (di pekan raya)

markten *itr.* tawar-menawar

markt|fähig dapat dipasarkan; **≗flecken** *m* kota kecil; **≗forschung** *f* penelitian pasaran; **–gängig** *s. marktfähig;* **≗halle** *f* bangsal tempat orang jual-beli; **≗kurs** *m* kurs pasaran; **≗lage** *f* situasi pasaran; **≗platz** *m* (tempat) pasar; lapangan di tengah-tengah kota; medan; **≗preis** *m* harga pasar; **–schreierisch** bersifat (ber)teriak-teriak spt. tukang jual obat; **≗schwankungen** *pl* turun-naiknya harga pasaran; **≗tag** *m* hari pasar; **≗weib** *n* wanita penjual di pasar; wanita yg. kasar; **≗wert** *m* nilai pasar(an); **–wirtschaft** *f* ekonomi pasar; *freie* ~ ekonomi (pasaran) bebas; **–wirtschaftler** *m* penganut pandangan ekonomi bebas

Marmelade *f* selai, jem

Marmor *m* (*–s;–e*) batu pualam, marmer; **–bruch** *m* tambang batu pualam; **≗ieren** (–) *tr., et.* ~ membuat sst. berbarik-barik (spt. pd. batu pualam); **≗n** *Adj.* terbuat dari marmer; **–platte** *f* lempeng batu pualam

marod|e *ugs.* sangat lelah, sakit, **–ieren** (–) *itr.* merampok, menjarah

Marone *f* (*–;–n*) kastanye, berangan

Marotte *f* (*–;–n*) kebiasaan aneh

Mars 1. *m* (*–;O*) (planet) Mars; *Myth., seorang dewa Romawi;* **2.** *f* (*–;–en*), *m* (*–es;–e*) tempat yg. rata pd. tiang kapal bagian atas, mercu tiang

marsch! ayo (majulah, geraklah. . .)! berangkatlah! *~, ~!* cepat, cepat! *im Gleichschritt ~!* maju, jalan!

Marsch 1. *m* (*–es;¨–e*) gerak jalan (bersama-sama); musik mars; *auf dem* ~ dl. perjalanan; **2.** *f* (*–;–en*) tanah dekat laut yg. rendah dan subur

Marschall *m* (*–s;¨–e*) marsekal; **–stab** *m* tongkat marsekal

Marsch|befehl *m, Mil.* perintah utk. berjalan/berangkat; **≗bereit, ≗fertig** siap bergerak/berangkat; **–geschwindigkeit** *f* kecepatan berjalan;

≗ieren (–) *itr.* berjalan jarak jauh; berjalan berbaris; **–kolonne** *f* barisan tentara yg. berjalan berbaris; **–land** *n. s. Marsch 2;* **–lied** *n* lagu mars; **–ordnung** *f* formasi pasukan yg./utk. bergerak; **–richtung** *f* arah perjalanan; **–tempo** *n* kecepatan geraknya barisan
Marssegel *n* layar pengapuh
Marstall *m* (–*ẹs*;–̈*e*) istal di istana
Marter *f* (–;–*n*) siksaan; penyiksaan **≗n** *tr.* menyiksa, menganiaya; **–pfahl** *m* tiang siksaan; **–tod** *m* mati s(y)ahid
martialisch yg. berh. dng. perang
Märtyr|er(in *f*) *m* (–*s*;–) saksi iman, martir; s(y)ahid; **–ium** *n* (–*s*;. . .*iën*) penderitaan/penganiayaan demi iman
Marx|ismus *m* (–;*O*) marxisme; **–ist** *m* (–*en*;–*en*) orang marxis, penganut marxisme; **≗istisch** marxis
März *m* (–;*O*) (bulan) Maret
Marzipan *n*, *m* (–*s*;–*e*) manisan dari buah amandel dan gula
Masche *f* (–;–*n*) mata jala; setik silang; *ugs. fig.* tipu-daya, siasat; **–ndraht** *m* anyaman kawat, kawat kandang ayam
Maschin|e *f* (–;–*n*) mesin; pesawat; **≗ell** dng. mesin, secara mekanis
Maschinen|antrieb *m* pergerakan dng. tenaga mesin; **–bau** *m* produksi/pembuatan mesin; **–bauer** *m* ahli/insinyur mesin; **–gewehr** *n* senapan mesin; **–kunde** *f* ilmu mekanika; **≗mäßig** secara mekanis, dng. mesin; **–park** *m* peralatan mesin, semua mesin suatu perusahaan; **–pistole** *f* bren; **–satz** *m* **1.** kelompok mesin yg. berh. satu dng. lainnya, unit mesin; **2.** seting dng. mesin; **–schaden** *m* kerusakan mesin; **–schlosser** *m* tukang mesin; **–schreiber** *m*, **–schreiberin** *f* juru tik, pengetik; **–schrift** *f* tulisan mesin tik; **–teil** *m*, *n* onderdil mesin; **–wechsel** *m* ganti mesin; **–werkstatt** *f* bengkel mesin
Maschinerie *f* (–;. . .*iën*) mekanisme; *Thea.* mekanisme panggung; *fig.* roda-roda; *in die ~ der Justiz geraten* terjerat dl. jaringan/roda-roda pengadilan
maschineschreiben *unr. itr.* mengetik
Maschinist *m* (–*en*;–*en*) masinis, juru mesin, insinyur
Maser *f* (–;–*n*) urat/kurai (pd.) kayu; **–n** *pl, Med.* penyakit campak, *morbilli;* **–ung** *f* (–;–*en*) (corak) kurai/urat kayu
Maske *f* (–;–*n*) topeng, kedok; masker; **–nball** *m* pesta (ber)topeng; **–nkostüm** *n* pakaian utk. pesta topeng; **–rade** *f* (–;–*n*) pakaian aneh-aneh; pesta bertopeng; *fig.* kemunafikan
maskieren (–) *sich ~* berkedok; berpakaian aneh-aneh; menyamar/menyaru sebagai
Maskottchen *n* (–*s*;–) sm. jimat, azimat
Maskulinum *n* (–*s*;. . .*na*) (jenis) jantan, maskulin
Masochismus *m* (–;*O*) masokisme
Maß *n* (–*es*;–*e*) satuan ukuran; ukuran, takaran; *e ~ Bier* satu (sampai dua) liter bir; *mit zweierlei ~ messen* pilih kasih, menilai dng. tdk. adil; *in dem ~e wie* sejauh; *in hohem ~e* sangat; *in reichem ~e* berlimpah-limpah; *über alle ~en* secara keterlaluan, amat sangat; *nach ~ anfertigen* menjahit sesuai dng. ukuran; *das ~ ist voll!* habis kesabaran!
Massage *f* (–;–*n*) pijat, urut
Massak|er *n* (–*s*;–) pembantaian; **≗rieren** (–) *tr.* membantai, menjagal; menyiksa dng. kejam
Maß|anzug *m* pakaian yg. dibuat oleh tukang jahit; **–arbeit** *f* pekerjaan persis menurut ukuran; *das ist ~, fig.* pekerjaan yg. sangat teliti
Masse *f* (–;–*n*) zat, bahan; massa; *Menge* jumlah besar, orang banyak; *Elek.* hubungan ke tanah, *bp.* arde; *Jur.* milik, harta benda; *e-e ~ Geld, ugs.* uang banyak sekali
Maßeinheit *f* satuan ukuran
Massen|andrang *m* desakan massa; **–anziehung** *f, Phys.* gravitasi; **–arbeitslosigkeit** *f* pengangguran massal; **–artikel** *m* barang kodian; **–aufgebot** *n* massa orang yg. disuruh berkumpul; **–aufmarsch** *m* rapat raksasa, demonstrasi massa; **–beschleunigung** *f, Phys.* per-

cepatan massa; **–demonstration** *f* demonstrasi massa; **–entlassung** *f* pemberhentian massal; **–erkrankung** *f* epidemi, wabah penyakit menular; **–flucht** *f* pengungsian/pelarian massal; **–grab** *n* kuburan massal; **–güter** *pl* **1.** barang yg. dikirim secara teratur dl. jumlah yg. besar: **2.** barang yg. diadakan secara massal; **²haft** sangat banyak; **–kommunikationsmittel** *n* alat mass media; **–kundgebung** *f* rapat raksasa; **–medien** *pl* media massa; **–mensch** *m* orang yg. tdk. berpendirian; **–mord** *m* pembunuhan massal; **–produktion** *f* produksi besar-besaran; **–psychose** *f* kegelisahan/kegilaan massal; **–streik** *m* pemogokan massal; **–versammlung** *f* rapat besar; **²weise** secara besar-besaran, dl. jumlah besar

Mas|seur *m* (*–s;–e*) tukang pijat; **–seuse** *f* (*–;–n*) tukang pijat wanita

Masseverwalter *m* pengurus harta benda dsb. orang yg. pailit; kurator

Maß|gabe *f, nach* ~ (*dieser Bestimmung*) sesuai dng. atau menurut (ketentuan ini); **²gebend, ²geblich** yg. menjadi ukuran/standar/baku; yg. menentukan, yg. berpengaruh; **²halten** *unr. itr.* bertindak dng. tdk. berlebih-lebihan

massieren (–) *tr.* **1.** memijat, mengurut; **2.** *Truppen* memusatkan pd.

massig sangat besar; *ugs.* sangat banyak

mäßig secukupnya, selayaknya, sedang, tdk. berlebihan, sekedarnya, lumayan; *fig.* moderat; *~e Leistungen* hasil kerja yg. kurang memuaskan; **–en** *tr.* melunakkan, mengurangi, meredakan; *sich* ~ menguasai diri, menahan diri, menjadi tenang; **²keit** *f* (*–;O*) sikap tdk. membuat yg. keterlaluan, sikap menahan diri; kesederhanaan, ugahari; **²ung** *f* (*–;O*) pengekangan diri, sikap menghindari yg. keterlaluan

massiv padat, kompak, kokoh; *fig.* kasar; **²** *n* (*–s;–e*) pegunungan; **²gold** *n* mas murni

Maß|krug *m* gelas bir yg. besar; **²los** tanpa batas, keterlaluan, tak terkendalikan; *sehr* sangat; **–losigkeit** *f* (*–;O*) keterlaluan, sifat ekstrem; **–nahme** *f* (*–;–n*), **–regel** *f* tindakan/perintah utk. mencapai sst.; *~n ergreifen/treffen* mengambil tindakan tegas (utk. mencegah); **²regeln** *tr.* menegur, menghukum; **–schneider** *m* penjahit ahli; **–stab** *m* ukuran; skala; norma, patokan; **²voll** moderat, sedang, masuk akal

Mast 1. *m* (*–es;–en/–e*) tiang (kapal, bendera); **2.** *f* (*–;–en*) makanan ternak yg. membuat gemuk; perbuatan menambunkan; **–baum** *m* tiang; **–darm** *m* poros-usus, *rectum*

mästen *tr.* menambunkan, menggemukkan

Mast|korb *m* mercu tiang; *j-m den ~ hoch hängen* memberi makanan yg. kurang kpd. sso.; **–ochse** *m* sapi tambun

Matador *m* (*–s;–e*) pembunuh banteng dl. arena, *bp.* matador; *fig.* jagoan

Masturbation *f* (*–;–en*) rancap, onani, masturbasi

Material *n* (*–s;–iën*) bahan, barang, material; ~ *sammeln* mengumpulkan informasi/bahan; **–fehler** *m* cacat pd. bahan/material; **–ismus** *m* (*–;O*) materialisme; **–ist** *m* (*–en;–en*) penganut materialisme; **²istisch** materialistis; **–prüfung** *f* tes barang; **–schaden** *m* kerugian/kerusakan material

Mater|ië *f* (*–;–n*) zat, bahan, materi; *fig.* pokok, bidang, bahan pembicaraan; *in dieser ~ kenne ich mich nicht aus* saya tdk. menguasai bidang itu; **²iëll** bersifat benda, bendawi, materiil; *geldlich* berh. dng. (keadaan) keuangan; *pej.* bersifat mementingkan kekayaan, *s. materialistisch*

Mathema|tik *f* (*–;O*) ilmu pasti, matematika; **–tiker** *m* (*–s;–*) ahli matematika

Matinee *f* (*–;. . .eën*) pertunjukan pagi hari

Matratze *f* (*–;–n*) tilam, kasur; kerangka pegas besi pd. tempat tidur

Mätresse *f* (*–;–n*) selir

Matriarchat *n* (*–es;–e*) pola kemasyarakatan dng. pucuk pimpinan dl.

tangan kaum wanita/ibu, matriarkat
Matrikel *f* (*–;–n*) daftar mahasiswa; (buku) daftar resmi penduduk
Matrize *f* (*–;–n*) lembaran stensil; pola/acuan huruf cetak
Matrone *f* (*–;–n*) ibu-ibu
Matrose *m* (*–n;–n*) kelasi, pelaut; **–n·anzug** *m* seragam pelaut
matsch *ugs.*, *erschöpft* sangat capai; *Obst* busuk; *Sp.* kalah; *s. matschig*
Matsch *m* (*–es;O*), **–e** *f* (*–;O*) lumpur, salju yg. setengah mencair; **≗ig** becek, berlumpur
matt capai, lesu, letih; *glanzlos* redup, buram, tdk. berkilap, *bp.* dof; *j-n ~ setzen* membuat sso. tdk. berkutik, mengemat
Matte *f* (*–;–n*) **1.** keset; tikar; **2.** *Wiese* padang rumput di pegunungan
Matt|glas *n* kaca susu/es; **–gold** *n* emas pudar; **–heit** *f* (*–;O*) keadaan lesu/capai; **≗ieren** (–) *tr.* membuat spy. tdk. berkilap, membuat kaca tdk. tembus mata; **–igkeit** *f* (*–;O*) kelesuan, keletihan; **–scheibe** *f, fig, e-e ~ haben, ugs.* tdk. bisa mengerti, linglung; **≗vergoldet** dilapisi mas pudar
Matura *f* (*–;O*) ujian penghabisan sekolah lanjutan atas
Mätzchen *pl, nur keine ~!* jangan main-main!
Mauer *f* (*–;–n*) tembok, dinding; **–blümchen** *n* gadis yg. tdk. diperhatikan; **≗n** *itr.* membangun dinding/tembok, memasang batu; *fig. ugs.* bermain secara defensif; **–werk** *n* hasil pekerjaan tukang batu; bangunan tembok, keseluruhan tembok
Maul *n* (*–es;¨–er*) moncong; mulut; *~ u. Nase aufsperren, ugs.* melongo; *halt's ~ ! derb* tutup mulut! **–affen** *pl, ~ feilhalten* menganggur dan melongo; **–beerbaum** *m* pohon murbai/(be)besaran, *morus;* **–beere** *f* buah murbai
maulen *itr. ugs.* bersungut-sungut, memberengut
Maul|esel *m* bagal; **≗faul** *ugs.* malas berbicara; **–fäule** *f* radang rongga mulut, *stomatitis;* **–held** *m* pembual; **–korb** *m* berangus, selongsong moncong; **–schelle** *f* tamparan; **–sperre** *f* kejang mulut; **–tier** *n* bagal
Maul– und Klauenseuche *f* penyakit mulut dan kuku (ternak)
Maul|werk *n, e gutes ~ haben, ugs.* pintar omong; **–wurf** *m* tikus mondok, *talpa europaea;* **–wurfshaufen** *m* onggokan tanah yg. dibuat tikus mondok
Maurer *m* (*–s;–*) tukang batu; **–kelle** *f* sendok semen, sekop/pencedok semen; **–meister** *m* mandor tukang batu; **–polier** *m* kepala tukang batu, tukang batu senior
maurisch berh. dng. bangsa Moor/ Berber (di Afrika Utara)
Maus *f* (*–;¨–e*) tikus, *muridae; Hand* jantung tangan
Mäus·chen *n* (*–s;–*) tikus kecil; *fig.* sayang; **≗still** sunyi-senyap, sangat hening
Mause|falle *f* perangkap/penjerat tikus; **–loch** *n* lobang tikus
mausen *tr. ugs.* mencuri, *bp.* mencolong; *Katze* menangkap tikus; *die Katze läßt das ≗ nicht* tdk. dapat merubah kebiasaan yg. sudah mendarah-daging
Mauser *f* (*–;O*) pergantian bulu; **≗n** *sich ~* meluruh; *fig.* berubah menjadi manusia yg. lebih baik
mausetot *ugs. bp.* mampus
mausig *sich ~ machen, ugs.* menjadi berani dan kurangajar
Mausoleum *n* (*–s;. . leën*) makam yg. mewah
Maut *f* (*–;–en*) pajak/iuran jalan
maxim|al maksimal, sebanyak-banyaknya; setinggi-tingginya; **≗betrag** *m* jumlah yg. terbesar; **≗e** *f* (*–;–n*) kaidah, prinsip; **≗um** *n* (*–s;. . ma*) maksimum, yg. setinggi-tingginya
Mayonnaise *f* (*–;–n*) sm. saus selada
Mechanik *f* **1.** (*–;O*) (ilmu) mekanika; **2.** (*–;–en*) mekanisme mesin, seluk-beluk mesin; **–er** *m* (*–s;–*) ahli mesin, montir, tehnisi
mechan|isch mekanis, otomatis, dng. sendirinya; spt. mesin; **–isieren** (–) *tr.* mengadakan mekanisasi, (mulai) bekerja dng. menggunakan mesin; **≗ismus** *m*

(–;. . . *men*) mekanisme; mekanik
meckern *itr.* mengembik; *fig. ugs.* menggerutu, mengomel
Medaill|e *f* (–;–*n*) medali, tanda jasa; **–on** *n* (–*s*;–*s*) liontin
Mediënverbund *m* sistem gabungan beberapa alat komunikasi
Medikament *n* (–*(e)s*;–*e*) obat(–obatan); **°ös** dng. menggunakan obat
Medit|ation *f* (–;–*en*) meditasi, renungan, tafakur; **°ieren** (–) *tr. itr.* merenung(kan), mengadakan meditasi, bersamadi
Medium *f* (–*s*;*Mediën*) alat/bahasa pengantara; *Phys.* zat-antara, bahan pelarut; *Kommunikation* media komunikasi/massa; *Okkultismus* medium, cenayang, dukun
Medizin *f* (–;–*en*) ilmu kedokteran; *ugs.* obat; *Doktor der* ~ (*Dr. med.*) doktor dl. bidang kedokteran; **–ball** *m* bola besar (berisi rambut); **–er** *m* (–*s*;–) dokter; mahasiswa kedokteran; **°isch** berh. dng. ilmu kedokteran, medis; *die ~e Fakultät* fakultas ilmu kedokteran; **–mann** *m* dukun, sin(g)se
Meer *n* (–*(e)s*;–*e*) laut; *fig.* jumlah yg. luar biasa besar; **–busen** *m* teluk; **–enge** *f* selat
Meeres|boden *m*, **–grund** *m* dasar laut; **–höhe** *f* permukaan laut; **–kunde** *f* oseanografi, ilmu laut; **–küste** *f* pantai laut; **–spiegel** *m*, *s. Meereshöhe;* **–stille** *f* ketenangan laut; **–strömung** *f* arus laut; **–tiefe** *f* dalamnya laut; lubuk laut
Meer|gott *m*, **–göttin** *f* dewa/dewi laut; **–gras** *n* rumput laut; **°grün** hijau kebiru-biruan spt. laut; **–katze** *f* sebangsa monyet makaka, *cercopithecus;* **–rettich** *m* sm. lobak, *armoracia lapathifolia;* **–schaum** *m* buih laut; *Mineral* batu magnesium silikat; **–schweinchen** *n* sm. marmot, *cavia porcella;* **–wasser** *n* air laut; **–weib** *n*, *Myth.* puteri duyung
Megaphon *n* (–*s*;–*e*) megafon, alat pengeras suara, corong
Mehl *n* (–*(e)s*;*O*) tepung; **–brei** *m* bubur tepung; **°ig** spt. tepung; *~es Obst* buah yg. tdk. segar; **–käfer** *m* kutu tepung, *tenebrio molitor;* **–kloß** *m* bakso dari tepung; **–sack** *m* kantong terigu; **–speise** *f* makanan dari tepung; **–tau** *m* sm. jamur, *erysiphaceae*
mehr *Komparativ von viel* lebih; ~ *als* lebih dari; *nicht* ~ *lange* tdk. lama lagi; ~ *u.* ~ semakin banyak; ~ *od. weniger* sedikit banyak; *nicht* ~ tdk. lagi; ~ *denn je* lebih dp. sebelumnya; *ich kann nicht* ~ saya tdk. mampu/bisa lagi; saya capai sekali; *kein Wort* ~ (*davon*)! jangan diungkit-ungkit lagi (tt. itu)! diam!
Mehr *n* (–*(s)*;*O*) kelebihan; **–arbeit** *f* kerja tambahan/lembur; **–aufwand** *m*, **–ausgabe** *f* pengeluaran tambahan/ekstra; **–bedarf** *m* keperluan/kebutuhan tak terduga; **–betrag** *m* jumlah yg. kelebihan; **°deutig** yg. mempunyai beberapa arti; tdk. jelas, membingungkan; **–einnahmen** *pl* pendapatan tambahan
mehr|en *tr.* melipatgandakan, memperbanyak; *sich* ~ berlipat-ganda, bertambah banyak; **–ere** beberapa; **–erlei** *Adj.* bermacam-macam, beraneka-ragam; **–fach** beberapa kali, berkali-kali, sering; *in ~er Ausfertigung* dng. beberapa salinan/kopi
Mehr|familiënhaus *n* rumah utk. beberapa keluarga; **–farbendruck** *m* cetakan berwarna; **°farbig** beraneka warna, warna-warni; **–gewicht** *n* beratnya yg. melebihi batas, kelebihan berat
Mehr|heit *f* (–;–*en*) mayoritas, sebagian besar, kebanyakan; **–heitsbeschluß** *m* keputusan mayoritas; **°jährig** beberapa tahun lamanya, bertahun-tahun; **–kampf** *m* perlombaan dl. berbagai bidang olahraga; **–kosten** *pl* biaya tambahan; **–lader** *m* (–*s*;–) senapan yg. dapat diisi dng. beberapa peluru; **°malig** sering, beberapa kali; **°mals** sering kali, berkali-kali; **–parteiensystem** *n* sistem/pola beberapa partai; **–phasenstrom** *m* arus listrik beberapa fasa; **–preis** *m* harga tambahan
mehr|silbig lebih dari dua suku kata; **–sprachig** menguasai lebih dari satu bahasa; dl. berbagai bahasa, poliglot; **–stellig** terdiri dari beberapa angka; **–stimmig** bersuara

banyak; **–stufig** mempunyai beberapa tahap/tingkat; **–teilig** terdiri dari beberapa bagian

Mehr|ung *f* (–;*O*) pertambahan, perbanyakan, kenaikan; **–verbrauch** *m* penggunaan/pemakaian tambahan; **–wert** *m* nilai tambah; **–wertsteuer** *f* pajak pertambahan nilai; **–zahl** *f* kebanyakan, mayoritas, sebagian besar; *Gr.* bentuk jamak; **–zweck** *m* serba guna

meiden *unr. tr.* menghindari, menjauhi

Meier *m* (–*s*;–) penyewa/pengurus pertanian; pemilik peternakan hewan perahan; **–ei** *f* (–;–*en*) pertanian (yg. disewakan); peternakan sapi perah

Meile *f* (–;–*n*) mil; **–nstein** *m* pal mil; *fig.* kejadian yg. penting; tonggak sejarah; **≗nweit** bermil-mil jauhnya, sangat jauh; ~ *davon entfernt das zu sagen* tak terpikirkan utk mengatakan hal itu

Meiler *m* (–*s*;–) pengarangan; *Atom* reaktor nuklir

mein *Possessivpron.* –ku, kepunyaanku, saya; ~*e Damen u. Herren* Ibu-ibu dan Bapak-bapak, *malaiisch* Puan-puan dan Tuan-tuan; ~ *u. dein verwechseln* mencuri; *das* ≗ *u. Dein* milikku dan milikmu

Meineid *m* sumpah palsu; *e–n* ~ *leisten* bersumpah palsu; **≗ig** bersumpah palsu

meinen *tr. itr.* mengira, menyangka, menganggap, berpendapat; memaksudkan; *wie* ~ *Sie das?* bagaimana/apa maksud anda? bagaimana? *was* ~ *Sie dazu?* bagaimana pendapat anda mengenai hal itu? ~ *Sie das ernst?* betulkah demikian (pendapat anda)? *wie du meinst!* terserah(lah)! *er meint uns* dia maksudkan kita; *es gut* ~ bermaksud baik

meiner *s. mein;* **–seits** dari pihak saya

meinesgleichen *Pron.* orang spt. saya

meinet|halben, –wegen, –willen menurut saya terserahlah, saya tdk. berkeberatan

meinige kepunyaanku; *die* ≗*n* sanak saudaraku, famili saya

Meinung *f* (–;–*en*) pendapat, pandangan, hemat; *Annahme* dugaan; *öffentliche* ~ pandangan umum; *e-e hohe* ~ *von j-m haben* sangat menghargai sso.; *meiner* ~ *nach* menurut pandangan saya; *der* ~ *sein, daß* berpendapat bahwa; *ich bin ganz Ihrer* ~ saya sependapat/sepaham dng. anda; *j-m die* ~ *sagen* menegur/memperingatkan sso.; **–s·äußerung** *f* pernyataan pendapat; **–s·austausch** *m* pertukaran pendapat; **–sforschung** *f* penyelidikan pendapat umum; **–sfreiheit** *f* kebebasan berpendapat; **–sverschiedenheit** *f* perbedaan pendapat, percekcokan, perselisihan paham

Meise *f* (–;–*n*) sm. burung kecil, *paridae; du hast wohl 'ne* ~ *! ugs. bp.* gila kau!

Meißel *m* (–*s*;–) pahat; **≗n** *tr. itr.* memahat

meist *Adv.* biasanya; **–(e)** *Adj.* kebanyakan; *am* ~*en* paling banyak, kebanyakan; **≗begünstigung** *f* perlakuan istimewa; **–bietend** ~ *verkaufen* menjual (sst.) kpd. yg. menawar paling tinggi; **–ens** hampir selalu, pd. umumnya

Meister *m* (–*s*;–) tukang terlatih; kepala, mandor; ahli; juara; guru; *s–n* ~ *finden* mendapat lawan/saingan yg. seimbang, *bp.* ketemu batunya; **–brief** *m* ijazah pertukangan; **≗haft** unggul, bagus sekali; mahir; **–in** *f* (–;–*nen*) isteri tukang yg. terlatih; wanita yg. berijazah pertukangan; juara wanita; **≗lich** *s. meisterhaft;* **≗n** *tr.* mengatasi, menguasai; **–prüfung** *f* ujian utk. menjadi tukang berijazah; **–schaft** *f* (–;–*en*) kepandaian, ketrampilan; *Sp.* kejuaraan; perlombaan merebutkan kejuaraan; **–schaftsspiel** *n* pertandingan kejuaraan; **–schuß** *m* tembakan jitu; **–stück** *n*, **–werk** *n* karya bermutu; *Kunst* karya agung

Meist|gebot *n* penawaran tertinggi; **≗gekauft, ≗verkauft** paling laris

Melanch|olie *f* (–;. . . *iën*) kemurungan; **≗olisch** murung, melankoli

Melasse *f* (–;–*n*) ampas tebu, ceng, tetes

Melde|amt *n* kantor cacah jiwa, kantor pencatatan penduduk; **–bogen** *m* formulir pendaftaran
melde|n *itr. tr.* melapor(kan), memberitahukan; *sich* ~ melaporkan diri; *es meldet sich niemand* tdk. ada yg. angkat (telepon); *sich* ~ *zu* bersedia utk.; *sich zu Wort* ~ minta bicara; **≗pflicht** *f* wajib lapor; **≗stelle** *f* kantor pendaftaran penduduk; tempat pendaftaran; **≗zettel** *m* surat pendaftaran
Meldung *f* (–;–*en*) laporan; kabar; pemberitahuan, pengumuman
Melk|eimer *m* ember susu; **≗en** *unr. tr.* memerah, memeras; **–er** *m* (–*s*;–) pemerah susu; **–kuh** *f* sapi perah (-an); **–maschine** *f* mesin pemerah susu
Melod|ie *f* (–; . . .*iën*) lagu, melodi; ragam; **≗isch** merdu; berh. dng. lagu
Melone *f* (–;–*n*) sm. semangka, *cucimis melo; ugs.* topi bulat
Membran(e) *f* (–;–*en*) logam/kertas/karet dsb. yg. tipis; *Med.* selaput, *membrana*
Memme *f* (–;–*n*) *ugs.* penakut, pengecut
Memoiren *pl* buku kenang-kenangan, riwayat hidup
Memorandum *n* (–*s*; . . .*den*) nota, surat peringatan
memorieren (–) *tr.* menghafal(kan)
Menagerie *f* (–; . . .*iën*) pertunjukan/kebun binatang (buas)
mendeln *itr., Bio.* mengikuti hukum Mendel
Menge *f* (–;–*n*) jumlah; tumpukan; kelompok, kerumunan orang, massa; *Math.* himpunan; *e–e* ~ *Arbeit* banyak pekerjaan; **≗n** *tr.* mencampurkan; *sich in et.* ~ (turut) campurtangan; **–nlehre** *f* teori himpunan; **≗nmäßig** kwantitatif, berdasarkan jumlah; **–nrabatt** *m* potongan harga (utk. pembelian dl. jumlah besar)
Mengsel *n* (–*s*;–) campuran
Meniskus *m* (–;. . .*ken*) *Med.* bundaran tulang rawan, *meniscus*
Mennige *f* (–;*O*) cat meni
Mensa *f* (–;–*s*/*Mensen*) kantin mahasiswa
Mensch *m* (–*en*;–*en*) manusia, insan, orang; *kein* ~ tak seorang pun; ~, *komm mit! ugs.* ayo ikut! ~, *ärgere dich nicht* sm. permainan Ludo
Menschen|affe *m* kera-manusia (spt. orang utan, gorila, simpanse), *pongidae;* **–alter** *n* masa hidup manusia; **–feind** *m* pembenci sesama manusia; **–fresser** *m* pemakan manusia, kanibal; **–freund** *m* pencinta sesama manusia, filantrop; **≗freundlich** ramah, suka menolong, human; **–freundlichkeit** *f* perikemanusiaan, filantropi; **–furcht** *f* rasa takut bergaul; **–gedenken** *n, seit* ~ sejauh orang-orang dapat ingat, sudah sejak lama; **–geschlecht** *n* umat manusia; **–gestalt** *f, in* ~ dl. wujud manusia; **–haß** *m* kebencian thd. sesama manusia; **–kenner** *m* orang yg. cepat mengetahui sifat orang lain; **–kind** *n* insan; *armes* ~ orang yg. bernasib malang; **–leben** *n* hidup manusia; hidup manusiawi; masa hidup; **≗leer** kosong, sepi; **–liebe** *f* cinta sesama manusia; **–material** *n* tenaga (kerja) manusia; **–menge** *f* massa (manusia); **≗möglich** sedapat-dapatnya; *das ist nicht* ~ mustahil; **–opfer** *n* korban manusia; **–raub** *m* penculikan; **–rechte** *pl* hak-hak azasi manusia; **≗scheu** tdk. suka/dapat bergaul, bersifat menyendiri; **–schinder** *m* penyiksa/penghisap manusia; **–schlag** *m* kelompok manusia dng. ciri-ciri tertentu; **–seele** *f* sukma/jiwa manusia; *keine* ~ tak seorangpun; **–skind!** *ugs.* masya Allah! ya ampun! **–sohn** *m, Rel.* Putera Manusia (Jesus Kristus); **≗unwürdig** tak pantas bagi manusia; **–verstand** *m* akal sehat; **–werk** *n* karya manusia, ciptaan manusia; **–würde** *f* martabat manusia
Menschheit *f* (–;*O*) kemanusiaan, umat manusia
menschlich manusiawi, berperikemanusiaan, human; ramah; **≗keit** *f* (–;–*en*) (peri)kemanusiaan; yg. bersifat manusiawi
Menschwerdung *f* (–;*O*) inkarnasi, penjelmaan, penitisan

Menstru|ation *f* (*–;–en*) haid, menstruasi, datang bulan; **≗ieren** (*–*) *itr.* mendapat haid
Mensur *f* (*–;–en*) anggar antar mahasiswa
Mentalität *f* (*–;–en*) mentalitas
Menthol *n* (*–s;O*) mentol
Mentor *m* (*–s;–en*) pembimbing, guru, mentor
Menü *n* (*–s;–s*) menu, makanan komplit
Menuett *n* (*–ẹs;–e*) menuet; dansa/tarian atas dasar lagu menuet
Mergel *m* (*–s;–*) campuran kapur/dolomit dng. tanah liat, tanah yg. mengandung kapur
Meridian *m* (*–s;–e*) garis bujur
merk|bar mudah/dapat diingat, kentara; **≗blatt** *n* pedoman, petunjuk; **≗buch** *n* buku catatan; **–en** *tr.* merasa(kan); *wahrnehmen* menyadari, melihat; *entdecken* menemukan, mengetahui; *sich et. ~* mencatat/mengingat sst.; *sich nichts ~ lassen* menyembunyikan perasaan, pura-pura tdk. mengetahui; *~ Sie sich das!* ingatlah! **–lich** dapat dirasakan, nyata, jelas; **≗mal** *n* tanda (pengenal), ciri-ciri khas; **–würdig** aneh, tdk. biasa, ganjil; **–würdigerweise** secara aneh; **≗würdigkeit** *f* (*–;–en*) keanehan, keganjilan, hal yg. luar biasa; **≗zeichen** *n* tanda (utk. mengingat kembali)
Mesner *m* (*–s;–*) koster
Meß|band *n* pita pengukur; **≗bar** dapat diukur; **–becher** *m* cangkir takaran; **–buch** *n*, *Rel.* buku Misa; **–diener** *m* putra altar, misdinar
Messe *f* (*–;–n*) **1.** *Rel.* Misa; *~ feiern* merayakan Misa kudus; **2.** *Mil.* ruang rekreasi dan makan para perwira, mess; **3.** *Ausstellung* pekan raya, pameran dagang; **–gelände** *n* arena pekan raya; **–halle** *f* ruang pameran
messen *unr. tr. itr.* mengukur; berukuran; *sich mit j-m ~* membanding-bandingkan diri dng. sso., menyaingi sso.; *er mißt 1,50m* tingginya 1,50m
Messer 1. *n* (*–s;–*) pisau; *Kampf bis aufs ~* pertempuran sampai titik darah terakhir; *auf des ~s Schneide* spt. telur di ujung tanduk; **2.** *m* (*–s;–*) pengukur
Messer|griff *m* gagang pisau; **–held** *m* jagoan belati; **–klinge** *f* mata pisau; **–rücken** *m* punggung pisau; **≗scharf** sangat tajam; **–schneide** *f*, *s. Messerklinge;* **–spitze** *f* ujung pisau; *man nehme e-e ~ Salz* ambillah sedikit garam; **–stecher** *m* penikam, penusuk; **–stecherei** *f* pertikaman, tikam-menikam; **–stich** *m* tikaman/tusukan pisau; **–stiel** *m* gagang pisau
Messestand *m* kios/stan di pekan raya
Meß|gerät *n* alat pengukur, meteran; **–gewand** *n* pakaian utk. Misa; **–glas** *n* gelas takaran
Messias *m* (*–;O*) Almasih
Messing *n* (*–s;O*) kuningan; **–blech** *n* lempeng kuningan; **–rohr** *n* pipa kuningan
Meß|instrument *n* alat pengukur; **–kelch** *m* piala Misa; **–kunde** *f* ilmu ukur; **–latte** *f* sm. kayu penggaris yg. panjangnya 3 sampai 5 meter; **–opfer** *n* (korban) Misa; **–rute** *f*, *s. Meßlatte;* **–tisch** *m* meja juru ukur tanah; **–tischblatt** *n* peta resmi (dinas pemetaan) dng. skala 1:25.000
Messung *f* (*–;–en*) pengukuran
Meß|wein *m* anggur Misa; **–wert** *m* angka hasil pengukuran
Mestize *m* (*–n;–n*) orang campuran kulit putih dan Indian
Met *m* (*–ẹs;O*) sm. minuman keras dari madu
Metall *n* (*–s;–e*) logam, metal; **–arbeiter** *m* buruh industri logam; **–gießerei** *f* penuangan logam; **–glanz** *m* kilauan logam; **≗haltig** mengandung logam; **–industrie** *f* industri logam; **≗isch** spt. logam; *Stimme* nyaring; **–kunde** *f* ilmu tt. logam, metalografi; **–säge** *f* gergaji (utk.) besi; **–urgie** *f* (*–;O*) metalurgi; **≗verarbeitend** yg. mengolah logam; **–waren** *pl* barang dari logam
Metamorphose *f* (*–;–n*) perubahan bentuk
Metapher *f* (*–;–n*) kiasan, perbandingan, metafora
Metaphysik *f* metafisika

Metastase *f* (–;–*n*) *Med.* tersebarnya zat jaringan ke dl. darah (sehingga timbul anak tumor), *metastasis*
Meteor *n*, *m* (–*s*;–*e*) bintang beralih/berpindah/jatuh, meteor; **–ologie** *f* (–;*O*) meteorologi, ilmu cuaca; **–stein** *m* batu meteor
Meter *n* (–*s*;–) meter; **°lang** panjang beberapa meter; **–maß** *n* alat ukur metrik, penggaris, pita ukuran; **–sekunde** *f* meter per detik; **–ware** *f* barang yg. dijual per meter
Method|e *f* (–;–*n*) cara, metode; **–ik** *f* (–;*O*) metodik, ilmu tt. pemakaian metode; **°isch** metodis, menurut metode, dng. cara yg. teratur; **–ist** *m* (-*en*;-*en*) anggota Gereja Metodis; **–ologie** *f* (–;*O*) ilmu tt. metode, metodologi
Methylalkohol *m* alkohol yg. beracun (CH3 OH)
Metier *n* (–*s*;–*s*) bidang pekerjaan/keahlian
Metrik *f* (–;*O*) (ilmu tt.) irama lagu/sajak
Metropole *f* (–;–*n*) ibukota, kota metropolitan
Mette *f* (–;–*n*) ibadat pd. dini hari
Mettwurst *f* sosis dibuat dari daging cincang
Metz|elei *f* (–;–*en*) penyembelihan, pembantaian (massal); pertumpahan darah; **°eln** *tr.* menyembelih, menjagal; **–ger** *m* (–*s*;–) tukang daging; **–gerei** *f* (–;–*en*) toko/kedai daging
Meuch|elmord *m* pembunuhan dng. cara berkhianat/tipu-daya; **°lerisch** spt. musuh dl. selimut, dng. berkhianat; **°lings** *Adv.* dng. cara berkhianat, diam-diam
Meute *f* (–;–*n*) gerombolan anjing (berburu); *fig.* gerombolan; **–rei** *f* (–;–*en*) pemberontakan (tentara, anak kapal); **–rer** *m* (–*s*;–) pemberontak; **°rn** *itr.* memberontak; *fig.* mengomel, menggerutu
miau meong; **–en** (–) *itr.* mengeong
mich *Akk. von ich* –ku, saya; *ich sehe ~* saya melihat diriku
Michel *m* (–*s*;–) *der deutsche ~*, *Spottname* (julukan) orang Jerman yg. baik hati, rajin, tdk. peduli tt. politik dan tdk. mau diganggu
mick(e)rig *ugs.* terlalu kecil; *Person* ceding, berpenyakitan dan agak kurus, lemah
Mieder *n* (–*s*;–) sm. blus ketat; korset
Mief *m* (–*s*;*O*) *ugs.* bau, udara apak
Miene *f* (–;–*n*) roman/paras/air muka; **–nspiel** *n* perubahan ekspresi wajah
mies jelek, buruk; *e ~er Kerl* orang yg. tdk. bisa dipercaya, orang jahat; **°macher** *m* (–*s*;–) orang rewel, pencomel, *bp.* tukang ngomel; **°muschel** *f* sm. kerang/kepah (yg. dapat dimakan), *mytilus edulis*
Miet|auto *n* mobil sewaan, taksi; **–e** *f* (–;–*n*) **1.** harga sewa(an); *zur ~ wohnen* menyewa rumah; *kalte ~* sewa rumah/ruang tanpa biaya utk. alat pemanas; **2.** *Rüben* ... penyimpanan hasil ladang yg. ditutupi dng. timbunan jerami dan tanah; **°en** *tr.* menyewa
Miet|er *m* (–*s*;–), **–erin** *f* (–;–*nen*) penyewa; **–erhöhung** *f* kenaikan uang sewa; **–ertrag** *m* hasil penyewaan; **–gebühr** *f* ongkos sewa; **–kauf** *m* sewa-beli; **–ling** *m* (–*s*;–*e*) tenaga sewaan/bayaran; **–(s)leute** *pl* penyewa; **–recht** *n* peraturan hukum sewa-menyewa; **–shaus** *n* rumah susun utk. disewakan; **–skaserne** *f*, *pej.* rumah susun yg. besar dan sederhana sekali; **–verhältnis** *n* (hubungan) sewa-menyewa; **–vertrag** *m* perjanjian sewa-menyewa; **–wagen** *m* mobil yg. disewakan; **°weise** secara menyewa; **–wert** *m* nilai barang yg. akan disewakan; **–wohnung** *f* tempat tinggal atau rumah yg. disewakan; **–wucher** *m* uang sewa yg. terlalu tinggi; **–zins** *m* uang sewa
Miez(ekatze) *f* (–;–*n*) kucing, *bp.* pus; *ugs.*, *bp.* cewek
Migräne *f* (–;–*n*) sakit kepala (sebelah), *bp.* migren
Mikro|be *f* (–;–*n*) *Bio.* mikrobe; **–biologie** *f* mikrobiologi; **–film** *m* film mikro, mikrofilm; **–meterschraube** *f* sekrup mikrometer; **–phon** *n* (–*s*;–*e*) mikrofon; **–skop** *n* (–*s*;–*e*) mikroskop; **°skopisch** yg.

berh. dng. mikro; *fig.* kecil sekali; **–waage** *f, Chem.* neraca renik
Milbe *f* (–;–*n*) tungau, tengu, *acari*
Milch *f* (–;O) susu; *kondensierte* ~ susu kental; **–bar** *f* kedai minum susu dsb.; **–brei** *m* bubur susu; **–bruder** *m* saudara susuan; **–drüse** *f* kelenjar susu; **≗en 1.** *Adj.* (terdiri) dari susu; **2.** *itr.* memberi susu; **–er** *m* (–*s*;–) **1.** pemerah susu; **2.** *Zo.* ikan jantan; **–erzeugnis** *n* produk dari susu; **–flasche** *f* botol susu; **–geschäft** *n* toko susu; **–glas** *n*, *Trinkglas* gelas susu; *Scheibe* kaca susu; **≗haltig** mengandung susu; **≗ig** (keruh) spt. susu; **–kaffee** *m* kopi susu; **–kanne** *f* kan susu, tempat utk. susu; **–kuh** *f* sapi perah(an); **–mädchen** *n* wanita muda penjual susu; **–mädchenrechnung** *f, ugs.* perhitungan/harapan yg. kurang berdasar; **–mann** *m* tukang/pengantar/penjual susu; **–mixgetränk** *n* minuman susu campur sari buah (dng. gula atau alkohol dsb.); **–ner** *m* (–*s*;–) *s. Milcher 2;* **–pan(t)scher** *m* penjual susu campur(an) air; **–pulver** *n* susu bubuk; **–reis** *m* nasi manis yg. dimasak dng. susu; **–säure** *f* asam susu/laktat; **–schorf** *m* sm. keropeng pd. kulit kepala bayi, *crusta lactes;* **–speise** *f* makanan dari susu; **–straße** *f* bimasakti; **–suppe** *f* sop manis yg. dimasak dng. susu; **–wirtschaft** *f* perusahaan susu; **–zahn** *m* gigi sulung
mild(e) lembut, berwatak halus; *Klima* sejuk; *Last* ringan; *~e gesagt* secara halus; *e-e ~e Gabe* sumbangsih
Milde *f* (–;O) kelembutan, kehalusan; keringanan; kebaikan hati, kedermawanan
milder|n *tr.* meringankan, melembutkan, meredakan; *~de Umstände* pertimbangan yg. meringankan (hukuman); **≗ung** *f* (–;O) keringanan, peringanan; **≗ungsgrund** *m* alasan utk. meringankan, alasan utk. memberi kelonggaran
mild|herzig, –reich, –tätig murah/baik hati; **≗herzigkeit** *f*, **≗tätigkeit** *f* kelembutan/kemurahan hati

Milieu *n* (–*s*;–*s*) lingkungan (pergaulan); **≗geschädigt** cacat akibat pengaruh lingkungan buruk
militant semangat berjuang, militan
Militär 1. *n* (–*s*;O) angkatan bersenjata, tentara, ketentaraan, militer; *zum ~ gehen* menjadi tentara; **2.** *m* (–*s*;–*s*) perwira tinggi; **–akademie** *f* akademi militer; **–arzt** *m* dokter tentara; **–attache** *m* atase militer; **–dienst** *m* dinas militer; **–diktatur** *f* diktatur militer; **–geistliche** *m* pastor/pendeta militer, *bp.* almosenir; **–gericht** *n* mahkamah/pengadilan militer; **≗isch** ketentaraan, yg. berh. dng. ketentaraan/militer
Militarismus *m* (–;O) militerisme
Militarist *m* (–*en*;–*en*) orang yg. terlalu percaya pd. organisasi dan kekuatan militer dl. bidang bukan militer
Militär|kapelle *f* barisan musik tentara; **–marsch** *m* mars (gaya) militer; **–musik** *f* musik tentara; **–pflicht** *f* wajib militer, milisi; **–polizei** *f* polisi militer; **–regierung** *f* pemerintahan militer; **–seelsorge** *f* pembinaan rohani dl. militer; **–wesen** *n* ketentaraan; **–zeit** *f* masa wajib militer
Miliz *f* (–;–*en*) tentara darurat, pertahanan rakyat
Milliar|där *m* (–*s*;–*e*) hartawan, orang kaya raya; **–de** *f* (–;–*n*) seribu juta, milyar
Millimeter *n, m* (–*s*;–) milimeter
Million *f* (–;–*en*) juta; **–är** *m* (–*s*;–*e*) jutawan, milyuner; **≗ste(r/s)** yg. kesejuta
Milz *f* (–;–*en*) *Med.* limpa kecil, anak limpa, *splen*
Mim|e *m* (–*n*;–*n*) pemain sandiwara; **≗en** *tr.* berperan sebagai, bersandiwara; *vortäuschen* berpura-pura dng. meniru; **–ik** *f* (–;O) ekspresi wajah, gerak muka, mimik; **–iker** *m* (–*s*;–) *s. Mime;* **–ikry** (–;O) cara menirunya, cara menyesuaikan diri, mimikri
Mimose *f* (–;–*n*) *Bo.* puteri malu, *mimosa; fig.* orang yg. terlalu peka perasaannya; **≗nhaft** cepat tersinggung

Minarett *n* (–*s*;–*e*) menara mesjid
minder kurang; *nicht* ~ tdk. kurang daripadanya; *mehr od.* ~ lebih-kurang; **–begabt** tdk. begitu pandai; **–bemittelt** kurang mampu, agak miskin; *geistig* ~ bodoh; **⁓betrag** *m* defisit; **⁓einnahme** *f* pendapatan yg. kurang; **⁓heit** *f* (–;–*en*) minoritas, golongan kecil; **–jährig** belum dewasa, di bawah umur; **⁓jährige** *m, f* (–*n*;–*n*) yg. masih di bawah umur; **⁓jährigkeit** *f* (–;*O*) umur belum dewasa; **–n** *tr.* mengurangi, membatasi; **⁓ung** *f* (–;–*en*) pengurangan; potongan; **–wertig** kurang bermutu/berharga, jelek; **⁓wertigkeitsgefühl** *n*, **⁓wertigkeitskomplex** *m* rasa diri kurang; kurang harga diri; perasaan rendah diri; **⁓zahl** *f*, *s. Minderheit*
mindest sama sekali kurang, paling sedikit; *nicht im ~en* sama sekali tdk.; *das ~e* sekurang-kurangnya; paling sedikit/tdk.; **⁓alter** *n* batas usia minimum; **⁓betrag** *m* jumlah minimal; **⁓einkommen** *n* pendapatan minimum; **–ens** sedikit-dikitnya, setidak-tidaknya; **⁓gebot** *n* tawaran minimal **⁓gehalt 1.** *n* gaji minimum; **2.** *m* kadar minimal; **⁓lohn** *m* upah minimum; **⁓maß** *n* minimum; **⁓preis** *m* harga minimal
Mine *f* (–;–*n*) **1.** isi bolpen/pensil dsb.; **2.** *Mil.* ranjau; **3.** *Bgb.* tambang, pertambangan; **–nleger** *m* kapal pemasang ranjau; **–nräumboot** *n* kapal penyapu ranjau; **–nsperre** *f* daerah ranjau
Mineral *n* (-*s*;-*e*/...*liën*) mineral, barang/hasil tambang, bahan galian, pelikan; **–bad** *m* mandi/permandian dl. air mineral; **–brunnen** *m* sumur yg. airnya mengandung mineral; **⁓isch** yg. berh. dng. mineral; **–ogie** *f* (–;*O*) mineralogi; **–quelle** *f* sumber air mineral; **–wasser** *n* air mineral/soda
Miniatur *f* (–;–*en*) miniatur, bentuk kecil; **–ausgabe** *f* terbitan (dl. bentuk) kecil; **–gemälde** *n* lukisan kecil, gambar miniatur
Minibus *m, bp.* minibis, mikrobis
minieren (–) *tr.* menggali terowongan; menyebar ranjau
minim|al minimal, kecil sekali, paling rendah; **⁓algewicht** *n* berat minimum; **⁓um** *n* (–*s*;. . *ma*) minimum, yg. sedikit-dikitnya; yg. sekecil-kecilnya
Minirock *m* rok mini
Minister *m* (–*s*;–) menteri; ~ *des Äußeren* menteri luar negeri; ~ *des Inneren* menteri dalam negeri; **⁓ial** yg. berh. dng. kementerian; **–ialbeamte** *m* pegawai kementerian; **–ialerlaß** *m* surat keputusan menteri; **⁓iëll** yg. menyangkut seorang menteri atau kementerian; **–ium** *n* (–*s*;. . . *riën*) kementerian, departemen; **–konferenz** *f* sidang para menteri; **–präsident** *m* perdana menteri; **–rat** *m* dewan menteri
Ministr|ant *m* (–*en*;–*en*) putera altar, misdinar; **⁓ieren** (–) *itr.* melayani Misa
Minne *f* (–;*O*) *Lit.* cinta; **–(ge)sang** *m* lagu cinta (pd. abad pertengahan)
minor|enn *Adj.* belum dewasa, di bawah umur; **⁓ität** *f* (–;–*en*) minoritas
minus kurang, dikurangi, minus, *tanda kurang* (–); **⁓** *n* (–;–), **⁓betrag** *m* kekurangan, defisit; kerugian; **⁓kel** *f* (–;–*n*) huruf kecil
Minute *f* (–;–*n*) menit; *auf die* ~ persis pd. waktunya; **⁓nlang** selama beberapa menti; **–nzeiger** *m* jarum penunjuk menit
minuziös sangat tepat/teliti
mir *Dat. von ich* saya, -ku; ~ *ist kalt* saya kedinginan; *von* ~ *aus* saya tdk. berkeberatan; ~ *nichts dir nichts* tanpa pikir panjang; *wie du* ~ *so ich dir* balas-membalas
Mirabelle *f* (–;–*n*) buah prem kuning
Misanthrop *m* (–*en*;–*en*) penghina sesama manusia
misch|bar dapat dicampur; **⁓ehe** *f* perkawinan campuran
misch|en *tr.* mencampurkan, membaurkan, mengocok; *Bio.* mengawinkan; *sich* ~ *unter* bercampur dng.; *sich* ~ *in* (ikut) campurtangan; **⁓er** *m* (–*s*;–) orang yg. mencampur; alat pencampur; **⁓ling** *m* (–*s*;–*e*) orang yg. berdarah campuran, peranakan; blasteran;

≗masch *m* (*–es;O*) *ugs.* campuraduk, gado-gado; **≗maschine** *f* alat/mesin pencampur, mesin aduk/mikser; **≗pult** *n* alat pencampur suara/musik; **≗rasse** *f* bangsa campuran

Mischung *f* (*–;–en*) campuran, adukan; kombinasi, paduan; **–verhältnis** *n* perbandingan bahan campuran

Misch|volk *n* bangsa campuran; **–wald** *m* hutan heterogen

miserabel jelek, malang, buruk

Misere *f* (*–;–n*) kesengsaran, kemalangan

miß|achten (–) *tr.* menghina, menganggap rendah; **≗achtung** *f* penghinaan, sikap yg. mengabaikan/merendahkan; **–behagen** (–) *itr.* tdk. menyenangi, tdk. menyukai, tdk. senang; **≗behagen** *n* rasa tdk. senang/puas **≗bildung** *f* bentuk (badan) yg. cacat; **–billigen** (–) *tr.* mencela, tdk. menyetujui, menyalahkan; **≗billigung** *f* celaan, perbuatan menyalahkan; **≗brauch** *m* penyalahgunaan; **–brauchen** (–) *tr.* menyalahgunakan; memperkosa; **–bräuchlich** salah guna; **–deuten** (–) *tr.* men(t)afsirkan secara salah, salah mengerti; **≗deutung** *f* tafsiran salah, pengertian salah

missen *tr., et. nicht ~ können* tdk. dapat berbuat apa-apa tanpa sst., sangat memerlukan sst.

Miß|erfolg *m* kegagalan; **–ernte** *f* panen yg. gagal

Misse|tat *f* kejahatan, tindakan kriminil; **–täter** *m* penjahat; pendosa

miß|fallen (–) *unr. itr.* mengesalkan, tdk. menyukai; **≗fallen** *n* (*–s;O*) kesan buruk, rasa tdk. menyukai, rasa muak; **–fällig** bersifat menghina/merendahkan, tdk. setuju; *sich ~ äußern über et./j-n* berbicara tdk. baik tt.sso./sst.

Miß|geburt *f, Med.* keguguran, keluron, *abortus;* lahir bercacat; *fig.* sst. yg. gagal; **≗gelaunt** murung, masygul; **–geschick** *n* kemalangan, kesialan; **–gestalt** *f* bentuk (tubuh) yg. buruk; **≗gestaltet** berbentuk buruk; **≗gestimmt** *s. mißgelaunt;* **≗glücken** (–) *itr.* gagal; **≗gönnen** (–) *tr., j–m et. ~* iri hati thd. sso. karena sst.; **–griff** *m* salah pilih/langkah; **–gunst** *f* rasa iri (hati), kecemburuan, kedengkian; **≗günstig** iri, cemburu; **–handeln** (–) *tr.* menyiksa, menganiaya; **–handlung** *f* penyiksaan, penganiayaan; **≗hellig** tdk. rukun, tdk. bersatu; **–helligkeit** *f* (*–;–en*) hal yg. tdk. menyenangkan; perselisihan/percekcokan ringan

Mission *f* (*–;–en*) misi, perutusan; **–ar** *m* (*–s;–e*) misionaris, utusan; **≗ieren** (–) *tr.* menyebarluaskan ajaran Kristen, bekerja sebagai seorang misionaris; **–sgesellschaft** *f, Rel.* serikat (yg. menjalankan) misi (Katolik); serikat sendeng (Protestan)

Miß|klang *m* bunyi sumbang; *fig.* gangguan, hal yg. tdk. enak; **–kredit** *m, j–n in ~ bringen* memfitnah/merusakkan nama baik sso.; *in ~ geraten/kommen* kehilangan nama baik, kehilangan kepercayaan, kurang disukai

miß|lich tdk. menyenangkan; **–liebig** tdk. disukai, tdk. populer; **–lingen** (–) *unr. itr.* tdk. berhasil, gagal; **≗lingen** *n* (*–s;O*) kegagalan; **≗mut** *m* sikap kesal/murung; **–mutig** murung, masygul, kesal; **–raten** *Adj.* gagal, tdk. berhasil spt. yg. diharapkan; *e ~er Sohn* anak laki-laki yg. kurangajar; **≗stand** *m* keadaan buruk; **≗stimmung** *f* ketidaksepakatan; *schlechte Laune* suasana hati yg. sedang jengkel, rasa kesal; *Verstimmung* suasana tdk. enak

Miß|ton *m* nada sumbang; *fig.* kejanggalan; **≗tönend** janggal, tdk. harmonis; **≗trauen** (–) *itr.* mencurigai; **–trauen** *n* (*–s;O*) kecurigaan; **–trauensvotum** *n* mosi tdk. percaya; **≗trauisch** yg. mencurigakan, dng. menaruh syak wasangka; **–vergnügen** *n* rasa tdk. puas, rasa jengkel/kesal; **≗vergnügt** jengkel, kesal hati, tdk. senang; **–verhältnis** *n* keadaan tdk. seimbang; **≗verständlich** yg. mudah/

dapat dimengerti salah; **–verständnis** *n* kesalahpahaman, perselisihan; **≗verstehen** (–) *unr. tr.* mengerti salah, salah paham; **–weisung** *f* penunjukan jarum magnet yg. kurang tepat; **–wirtschaft** *f* salah urus, pengelolaan yg. salah

Mist *m* (*–es;O*) rabuk, pupuk, kotoran; *fig. ugs.* omong kosong; sst. yg. tdk. berharga; *~ machen/bauen* membuat kesalahan besar, mengacau; *so e ~!* sialan! **–beet** *n* persemaian (yg. ditutup dng. kaca)

Mistel *f* (*–;–n*) sm. benalu, parasit, *viscum album*

misten *tr.* mengeluarkan kotoran dari kandang; memupuki dng. rabuk, merabuki

Mist|fink *m, ugs.* orang jorok; **–gabel** *f* garpu pupuk; **–grube** *f* liang rabuk; **–haufen** *m* timbunan/onggokan rabuk; **–käfer** *m* kumbang yg. hidup di rabuk, *coprophaginae;* **–stück** *n, ugs.* bangsat

mit 1. *Prp.* dengan, serta, bersama dengan; *~ e–m Wort* dng. satu kata; *was ist ~ ihm?* ada apa dgn. dia? *~ dem Alter* bila sudah tua; **2.** *Adv.* juga; *das gehört ~ dazu* itu termasuk juga; *~ ansehen* menyaksikan, melihat

Mitarbeit *f* kerjasama, bantuan; **≗en** *itr.* bekerjasama, ikut bekerja; **–er** *m,* **–erin** *f* pembantu, kawan sekerja; **–erstab** *m* staf tenaga pembantu

mitbekommen (–) *unr. tr.* mendapat bekal; mendapat (sebagai) bekal/hadiah perkawinan dari orangtua; *ugs.* dapat mengikuti/mengerti

mitbenutz|en (–) *tr.* menggunakan bersama-sama; **≗ung** *f* pemakaian bersama

Mit|besitz *m* milik bersama; **–besitzer(in** *f*) *m* orang yg. ikut memiliki; **≗bestimmen** (–) *itr.* ikut memutuskan; **–bestimmungsrecht** *n* hak utk. ikut menentukan; **≗beteiligen** (–) *itr.* ikut mengambilbagian, berpartisipasi; **–bewerber** *m* orang yg. ikut melamar, saingan

Mitbewohner(in *f*) *m* penghuni yg. mendiami rumah yg. sama

mitbring|en *unr. tr.* membawa serta; membawakan; **≗sel** *n* (*–s;–*) oleh-oleh (kecil)

Mitbruder *m* saudara seserikat keagamaan

Mitbürger(in *f*) *m* sesama warga negara/kota

Miteigentümer *m* orang yg. ikut memiliki

miteinander bersama-sama; saling, satu sama lain; *nichts ~ zu tun haben* tak ada hubungan/sangkut-paut sama sekali

mit·einbegriffen *Adj.* termasuk, mencakup, meliputi

mitempfinden (–) *unr. tr.* turut merasakan, bersimpati; **≗** *n* simpati

Miterb|e *m,* **–in** *f* orang yg. ikut mewarisi

miterleben (–) *tr.* ikut mengalami/menghayati

Mitesser *m* (*–s;–*) jerawat, *comedo*

mitfah|ren *unr. itr.* menumpang, (mem)bonceng; turut serta; **≗rer(in** *f*) *m* penumpang, pembonceng; orang yg. turut serta

mitfühlen *itr. tr.* ikut merasakan/menghayati; **–d** bersimpati

mit|führen *tr.* ikut mengangkut; membawa serta; **–geben** *unr. tr.* memberi, membekali

Mitgefangene *m, f* kawan dl. tawanan

Mitgefühl *n* rasa simpati, kasihan; *sein ~ ausdrücken* turut berdukacita/berbelasungkawa

mitgehen *unr. itr.* ikut (serta), menemani sso.; *ugs.* menjadi terpesona

Mitgift *f* (*–;O*) hadiah/bekal yg. diberi kpd. calon pengantin wanita oleh orangtuanya

Mitglied *n* (*–(e)s;–er*) anggota; **–erversammlung** *f* rapat (para) anggota; **–erzahl** *f* jumlah anggota; **–sbeitrag** *m* iuran keanggotaan; **–schaft** *f* (*–;O*) keanggotaan; **–skarte** *f* kartu anggota; **–s·staat** *m* negara anggota suatu persekutuan/organisasi

mit|halten *unr. tr.* ikut/turut serta; **–helfen** *unr. itr.* turut membantu

Mit|helfer(in *f*) *m* pembantu; **–herausgeber** *m* penerbit bersama,

bp. ko-penerbit; **–hilfe** *f* bantuan, pertolongan, dukungan
mithin (oleh) karenanya, maka, jadi
mithören *itr. tr.* ikut mendengarkan; *überwachen* menyadap
Mit·inhaber(in *f*) *m* salah seorang dari para pemilik
Mitkämpfer *m* kawan seperjuangan
mit|kommen *unr. itr.* ikut/turut serta; *ugs.* dapat mengikuti; *da komme ich nicht mehr mit* saya tdk. dapat lagi menangkapnya/mengertinya; **–können** *unr. itr.* dapat mengikuti
Mitläufer *m* orang yg. ikut-ikutan
Mitlaut *m* konsonan, huruf mati
Mitleid *n* (rasa) kasihan, iba hati; *aus ~* karena kasihan; **–enschaft** *f* (–;O) *j-n/et. in ~ ziehen* merusakkan/merugikan sso./sst.; **≗ig** penuh kasihan; **≗(s)los** tanpa belaskasihan; kejam; **≗(s)voll** penuh rasa kasihan
mitmachen *tr. itr.* ikut serta; mengikuti; *ugs.* menderita
Mitmensch *m* sesama (manusia)
mitnehmen *unr. tr.* membawa (serta); *j-n im Auto ~* mengajak sso. ikut dl. mobil; *erschöpfen* melelahkan; *das hat ihn sehr mitgenommen* hal/kejadian itu membuatnya sangat menderita; *lernen* belajar
mitnichten *Adv.* sama sekali tdk.
Mitra *f* (–;*Mitren*) sm. topi (seorang) uskup, mitra
mitrechnen *itr. tr.* ikut menghitung; (*nicht*) *mitgerechnet* (tdk.) termasuk perhitungan
mitreden *itr.* turut berbicara; ikut menentukan; *bei et. nicht ~ können* tdk. mengerti sst.
mitreisen *itr.* turut dl. perjalanan; **≗de** *m, f* penumpang lain, teman seperjalanan
mitreißen *unr. tr.* mengikutkan; menyeret; *fig* mengobarkan/membakar semangat
mitsamt bersama dng., beserta
mitschreiben *unr. tr.* mencatat yg. sedang didengarkan
Mitschuld *f* sebagian dari kesalahan; **≗ig** turut bersalah, tersangkut; **–ige** *m, f* orang yg. bersalah juga
Mitschüler(in *f*) *m* teman sekelas/sekolah
mitschwingen *unr. itr.* ikut berayun/bergetar/bergaung
mitsingen *unr. itr.* turut menyanyi
mitspiel|en *itr.* ikut bermain; ikut menyebabkan; *mitmachen* turut serta; *j-m übel ~* sangat merugikan sso.; **≗er** *m* orang yg. turut main
Mitspracherecht *n* hak utk. ikut (berbicara guna) menentukan keputusan
Mittag *m* siang hari, tengah hari; *~ machen* istirahat pd. siang hari; *zu ~ essen* makan siang; **–essen** *n* makan(an) siang
mittäg|ig pd. waktu siang hari; **–lich** setiap siang
mittags (pd.) waktu siang, setiap siang
Mittags|hitze *f* panas siang hari, panas terik; **–kreis** *m*, **–linie** *f* garis bujur; **–mahl** *n* makan siang; **–ruhe** *f* istirahat/tidur siang; **–schläfchen** *n* tidur siang; **–seite** *f* sebelah selatan; **–sonne** *f* matahari pd. siang hari; **–stunde** *f* waktu siang hari; **–tisch** *m* (meja) makan siang; **–zeit** *f* waktu siang; waktu makan siang
mit|tanzen *itr.* ikut berdansa; **≗täter** *m* kakitangan, anak buah penjahat
Mitte *f* (–;–*n*) pertengahan, titik tengah, yg. di tengah(-tengah); pusat; *in unserer ~* di tengah-tengah kita; *~ Mai* pertengahan Mei; *~ Dreißig* sekitar usia tiga puluhan; *er ist aus unserer ~ gegangen* ia meninggal
mitteil|bar yg. dapat diteruskan/disampaikan; **–en** *tr.* menyampaikan, memberitahukan; **–sam** suka bercakap-cakap; **≗ung** *f* (–;–*en*) pemberitahuan, berita, informasi; *~ machen* melaporkan
Mittel *n* (–*s*;–) **1.** sarana, alat; *Med.* obat-obatan; *Math.* nilai rata-rata; *~ u. Wege finden* berdaya upaya, mencari akal; *ihm ist jedes ~ recht* ia menganggap segala cara halal; *sich ins ~ legen* menengahi; **2.** *pl* kapital; *Reserven* cadangan; *die öffentlichen ~ sind erschöpft* keuangan pemerintahan (pusat, daerah dst.) menipis/habis
Mittel|alter *n* Abad Pertengahan; **≗alterlich** yg. berh. dng. Abad Per-

tengahan; **≗bar** tdk. langsung; **–ding** *n* sst. yg. berada di tengah dua hal/kemungkinan; **≗fein** setengah halus; **–feld** *n* yg. di tengah-tengah lapangan; **–finger** *m* jari tengah; **≗fristig** *~er Kredit* kredit utk. jangka waktu sedang; **–gang** *m* jalan pelaluan di tengah-tengah tempat duduk; **–gebirge** *n* pegunungan di bawah 2000 meter tingginya; **–gewicht** *n, Sp.* kelas ringan utama; **–größe** *f* ukuran sedang; **–hochdeutsch(e)** *n* bahasa Jerman Tinggi pd. Abad Pertengahan; **–ländische(s) Meer** *n* Laut Tengah; **–läufer** *m, Fußball* gelandang tengah; **–linie** *f* garis tengah; **≗los** tdk. punya uang; **≗mäßig** sedang saja; **–mäßigkeit** *f* keadaan sedang/cukupan/lumayan; **–meer** *n* Laut Tengah; **–ohr·entzündung** *f* radang telinga tengah, *otitis media;* **–punkt** *m* (titik) pusat

mittels dng., dng. perantaraan, melalui, dng. bantuan

Mittel|schule *f* sekolah menengah (pertama); **–smann** *m* perantara, *bp.* pencatut, makelar; **–sorte** *f* kwalitas sedang; **–sperson** *f, s. Mittelsmann;* **–stand** *m* kelas menengah, lapisan menengah; **≗ste(r)** yg. paling tengah; **–streckenlauf** *m* lomba lari jarak sedang (antara 400 m – 1500 m); **–streckenrakete** *f* roket jarak sedang; **–streifen** *m* jalur tengah; **–stück** *n* bagian tengah, bagian pusat; **–stufe** *f* tingkat/kelas menengah; **–stürmer** *m* penyerang tengah, senterpor; **–weg** *m, fig.* jalan tengah; **–welle** *f* gelombang tengah; **–wort** *n, Gr.* partisip

mitten *Adv.* di tengah-tengah; *~ unter uns* di tengah-tengah kami; di antara kita; *~ am Tage* pd. siang hari bolong; *~ in der Arbeit* waktu sedang bekerja; **–drin** *ugs.* persis di tengah-tengah; **–(hin)durch** melalui pusat, melalui bagian tengah

Mitter|nacht *f* tengah malam, jam 24.00; **≗nächtig, ≗nächtlich** pd. tengah malam; **≗nachts** pd. pertengahan malam

Mittfasten *pl* pertengahan masa puasa

Mittler *m* (*–s;–*) penengah, pengantara, pelerai, penghubung; **≗(e)** *Adj.* yg. di tengah-tengah; sedang, rata-rata; *~er Beamter* pegawai golongan menengah; *~es Einkommen* pendapatan sedang; *~es Management* staf menengah; *≗er Osten* Timur Tengah; *~e Reife* (hampir sama dng.) ijazah lulus sekolah lanjutan pertama; **–amt** *n* tugas sebagai penengah/pelerai; **≗weile** sementara itu, lama-kelamaan, lambat laun; sejak dari

mitt|schiffs di tengah kapal; di timba ruang; **≗sommer** *m* tengah musim panas

mittun *unr. itr.* turut/ikut serta (dng.)

Mittwoch *m* (*–(e)s;–e*) Rabu

mitunter kadang-kadang, sewaktu-waktu

mitunter|schreiben (–) *unr. itr. tr.* ikut menandatangani; **≗zeichner(in** *f) m* orang yg. ikut menandatangani

mit|verantwortlich ikut bertanggungjawab; **≗verschulden** *n, fahrlässiges ~* kesalahan yg. disebabkan juga oleh kelalaian; **≗verschworene** *m* teman sekongkol/kongkalikong; komplotan; **≗welt** *f* (semua) orang yg. sejaman

mitwirk|en *itr.* ikut bekerja (sama); ikut/turut berperan; **≗ende(r** *m) f* (*–n;–n*) orang yg. ikut berperan; aktor, pemain; **≗ung** *f* (*–;O*) kerjasama, bantuan; pengambilbagian, ikut-sertanya; *unter ~ von, Film* diperankan oleh

Mitwiss|en *n* sepengetahuan; **–er** *m* (*–s;–*) orang yg. ikut mengetahui; **–erschaft** *f* (*–;O*) *s. Mitwissen*

mit|zählen *tr.* ikut menghitung, memasukkan dl. perhitungan; *itr.* ikut dihitung, diperhatikan/diakui juga; **–ziehen** *unr. itr.* menarik serta; mengikut; ikut dl. perjalanan dng. orang lain

Mix|becher *m* pengocok; **≗en** *tr.* mengocok, mencampur, mengaduk; **–er** *m* (*–s;–*) orang yg. mengocok; pelayan bar; alat pengocok; **–tur** *f* (*–;–en*) campuran

Mob *m* (*–s;O*) gerombolan orang jahat

Möbel *n* (–*s*;–) mebel, perabot rumahtangga; **–händler** *m* pedagang mebel; **–politur** *f* pelitur; **–spediteur** *m* (perusahaan) pengangkut mebel; **–stoff** *m* kain jok; **–stück** *n*, *s. Möbel;* **–tischler** *m* tukang mebel; **–transport** *m* pengangkutan mebel; **–transportgeschäft** *n*, *s. Möbelspediteur;* **–wagen** *m* truk pengangkut mebel

mobil dapat bergerak/digerakkan; *ugs.* giat; *Mil.* mobil; **≗e** *n* (–*s*;–) sm. hiasan gantung (yg. bergerak bila bertiup angin); **≗iar** *n* (–*s;O*) keseluruhan barang bergerak; perabot (–an) rumahtangga; **≗iën** *pl* barang (-barang) bergerak; **–isieren** (–) *tr.* memobilisasi(kan), mengerahkan

Mobilmachung *f* (–;–*en*) pengerahan, mobilisasi; **–sbefehl** *m* perintah mobilisasi

möblier|en (–) *tr.* me(mper)lengkapi dng. mebel; **–t** lengkap dng. perabotan; *~er Herr* orang indekos

Modal|ität *f* (–;–*en*) cara pelaksanaan, cara bertindak; **–verb** *n* kata kerja modal

Mode *f* (–;–*n*) mode, gaya; kebiasaan; sst. yg. sedang digemari; *in ~ sein* menjadi mode; biasa, sudah umum; *aus der ~* ketinggalan jaman; **–artikel** *m* barang musiman; **–dame** *f* wanita berbusana modern; **–farbe** *f* warna yg. sedang digemari/top; **–geschäft** *n* butik, toko pakaian wanita; **–krankheit** *f* penyakit musiman/semu; *fig.* kegilaan mode

Modell *n* (–*s*;–*e*) contoh, pola, model; *Fot.* fotomodel, peragawati; **–baukasten** *m* mainan teknik utk. anak-anak; **–eisenbahn** *f* kereta api mainan; **≗ieren** (–) *tr. itr.* membentuk; **–kleid** *n* pakaian mode terbaru yg. hanya ada satu

Mode(n)|haus *n*, *s. Modegeschäft;* **–schau** *f* peragaan pakaian, pameran mode; **–zeichner(in** *f*) *m* perancang pakaian; **–zeitung** *f* majalah mode

Moder *m* (–*s;O*) pembusukan; *Schimmel* jamur; **–ator** *m* (–*s*;–*en*) pembawa acara teve; moderator, ketua; **–geruch** *m* bau busuk; **≗ig** berbau busuk/apak, bau tdk. sedap; *schimmelig* bulukan; **≗n** *itr.* membusuk

modern *Adj.* baru, mengikuti zaman, mutakhir, modern; **–isieren** (–) *tr.* memperbaharui, memodernisasikan

Mode|salon *m* toko pakaian wanita, butik; **–schmuck** *m* hiasan mode, perhiasan imitasi; **–schöpfer(in** *f*) *m* perancang/pencipta mode; **–schriftsteller(in** *f*) *m* pengarang yg. sedang top; **–welt** *f* dunia mode; **–wort** *n* kata yg. sedang digemari/top/in

Modifi|kation *f* (–;–*en*) perubahan kecil, modifikasi; **≗zieren** (–) *tr.* mengubah sedikit

modisch mutakhir, modern, menurut jaman

Modistin *f* (–;–*nen*) pembuat topi wanita; penjahit pakaian wanita, modiste

modulieren (–) *tr.* mengubah sedikit

Modus *m* (–;*Modi*) cara, aturan, modus; *~ vivendi* cara hidup bersama yg. disetujui

mogeln *itr. ugs.* menyontek; menipu sedikit, main curang

mögen *unr. tr.* menyukai, menginginkan; *was möchten Sie?* anda ingin(kan) apa? *ich mag ihn nicht* saya tdk. suka dng. dia; *er mag gehen* dia boleh pergi; *du magst sagen was du willst* kau boleh mengatakan apa saja yg. kau inginkan; *das mag (wohl) sein* mungkin saja, boleh jadi; *möge (er kommen . . .)!* semoga (ia datang . . .)!

möglich mungkin, dapat, bisa/boleh jadi; *alles ≗e* apa saja; *sein ~stes tun* berusaha sedapat-dapatnya; *nicht ~ !* mustahil! tdk. mungkin! *es ist mir nicht ~* saya tdk. bisa; *wenn ~* kalau dapat; **–erweise** mungkin, barangkali; **≗keit** *f* (–;–*en*) kemungkinan, kesempatan; *nach ~* sejauh mungkin; **–st** *~ bald* secepat(–cepat)-nya; *~ klein* sekecil-kecilnya

Mohair *n* (–*s*;–*s*/–*e*) bulu kambing angora

Mohammedan|er *m* (–*s*;–) (orang) Islam, muslimin; **≗isch** Islam

Mohn *m* (–*s*;–*e*) bunga apiun/madat, *papaver*

Mohr *m* (*–en;–en*) orang berkulit hitam
Möhre *f* (*–;–n*) wortel, *daucus carota*
Mohren|kopf *m* sm. kue coklat; **–wäsche** *f, fig.* usaha membenarkan orang yg. bersalah
Mohrrübe *f, s. Möhre*
mokieren (–) *sich ~ über* menertawakan sst./sso.
Mokka *m* (*–s;–s*) sm. kopi kental
Molch *m* (*–es;–e*) sm. kadal, *caudata*
Mole *f* (*–;–n*) dermaga
Molekül *n* (*–s;–e*) molekul
Molk|e *f* (*–;–n*) air dadih; **–erei** *f* (*–;–en*) perusahaan susu, tempat pengolahan susu; **–ereiprodukte** *pl* hasil pengolahan susu (spt. mentega, keju dsb.)
Moll *n* (*–;O*) nada minor, mol
mollig empuk; nyaman, enak; *ugs.* montok
Molluske *f* (*–;–n*) binatang lunak, moluska, *mollusca; Med.* bengkak lunak pd. kulit, *molluscum*
Moloch *m* (*–s;O*) (lambang/dewa) kekuasaan yg. mau menelan segalanya
Molton *m* (*–s;–s*) sm. kain flanel
Moment (*–e̸s;–e*) **1.** *m* sebentar, sejenak, sekejap mata, saat(nya); momen; *jeden ~* sebentar lagi; *im ~* sekarang ini; **2.** *n* segi, faktor, hal; **≗an** sekarang, sementara; **–aufnahme** *f* potret/foto yg. diambil dng. kecepatan 1/25 detik
Monarch *m* (*–en;–en*) kepala negara kerajaan, raja; **–ie** *f* (*–;. . .iën*) (negara) kerajaan; **≗isch** kerajaan
Monat *m* (*–e̸s;–e*) bulan; **≗elang** berbulan-bulan; **≗lich** setiap bulan, bulanan
Monats|abschluß *m* penutupan buku akhir bulan; **–binde** *f* kapas/kain pembalut (wanita); **–blutung** *f* haid, datang bulan, menstruasi; **–ende** *n* akhir/habis bulan; **–frist** *f* jangka/batas waktu satu bulan; **–gehalt** *n* gaji bulanan; **–geld** *n* uang belanja dapur atau uang saku bulanan; **–karte** *f* karcis abonemen (yg. berlaku) satu bulan; **–lohn** *m* upah bulanan; **–name** *m* nama bulan; **–rate** *f* cicilan bulanan; **–schrift** *f* majalah bulanan; **≗weise** bulan demi bulan
Mönch *m* (*–e̸s;–e*) rahib, biarawan; *buddhistisch* biksu; **≗isch** spt. rahib; **–skloster** *n* biara; **–skutte** *f* jubah biarawan/biksu; **–s·orden** *m* ordo/serikat religius; **–(s)tum** *n* (*–s;O*) hal yg. berh. dng. hidup biara
Mond *m* (*–e̸s;–e*) bulan; rembulan; *hinter dem ~ leben, ugs.* ketinggalan zaman, kolot; *in den ~ gucken, ugs.* dirugikan, tdk. memperoleh sst. (yg. diharapkan)
mondän *Adj.* mewah yg. berkelebihan; *elegant* sangat elegan
Mond|aufgang *m* timbulnya bulan; **–bahn** *f* peredaran bulan mengelilingi bumi; **–finsternis** *f* gerhana bulan; **≗hell** terang bulan; **–landung** *f* pendaratan di bulan; **–rakete** *f* roket ke bulan **–schein** *m* sinar bulan, terang bulan; **–sichel** *f* bulan sabit; **≗süchtig** suka berjalan dl. keadaan tidur, *somnambul*
monet|är *Adj.* moneter; **≗en** *pl. ugs., bp.* duit
monieren (–) *tr.* mencela; memberi peringatan
Monismus *m* (*–;O*) ajaran filsafat bahwa semua yg. berada mempunyai satu asal saja, monisme
Monitor *m* (*–s;–en*) monitor, alat yg. memonitor
monogam beristeri satu, monogami
Mono|gramm *n* (*–s;–e*) monogram; **–graphie** *f* (*–;. . . iën*) monografi; **–kultur** *f* perkebunan dng. satu jenis tanaman saja
Mono|log *m* (*–s;–e*) pembicaraan sendiri, monolog; **–pol** *n* (*–s;–e*) monopoli, (hak) berdagang sendiri; hak tunggal; **≗polisieren** (–) *tr.* memonopoli; **–theismus** *m* (*–s;O*) kepercayaan akan satu Tuhan saja, monoteisme; **≗ton** menjemukan, membosankan; **–tonie** *f* (*–;O*) keadaan/sifat yg. membosankan
Monstranz *f* (*–;–en*) *Rel.* alat utk. memperlihatkan Sakramen Mahakudus, monstrans
monströs dahsyat, besar sekali; *mißgestaltet* jelek sekali
Monstrum *n* (*–s;Monstren/Monstra*) monster, makhluk yg. mengerikan

Monsun *m* (*–s;–e*) angin musim
Montag *m* Senin; **≗s** pd. hari Senin
Montage *f* (*–;–n*) pemasangan dan pendirian mesin/pabrik/jembatan dsb.; *Fot.* gambar/foto hasil pemotongan dan penyusunan beberapa film/gambar; *auf* ~ *sein* (sedang bekerja) di tempat pemasangan mesin
Montan|industrie *f* industri batu bara, besi dan baja; **–union** *f* persatuan negara produsen batu bara dan baja (di Eropa), Masyarakat Batu-Bara dan Besi Eropa (MBBE)
Mont|eur *m* (*–s;–e*) montir; **–euranzug** *m* pakaian/baju kerja montir; **≗ieren** (–) *tr.* memasang; merakit; **–ierung** *f* (*–;–en*) pemasangan; perakitan; **–ur** *f* (*–;–en*) pakaian kerja/seragam
Monument *n* (*–e̸s;–e*) tugu peringatan, monumen; **≗al** besar-besaran
Moor *n* (*–e̸s;–e*) rawa, paya(–paya); **–bad** *n* mandi lumpur (yg. berkhasiat); **–boden** *m* tanah rawa; **≗ig** berawa, berpaya(–paya); **–land** *n* daerah rawa
Moos *n* (*–es;–e*) lumut; **≗bewachsen** *Adj.* berlumut; **≗grün** hijau lumut
Mop *m* (*–s;–s*) sm. alat pengepel atau penyapu lantai; **–ed** *n* (*–s;–s*) sepeda motor ringan, sepeda kumbang; **–s** *m* (*–es;–̈e*) sm. anjing kecil dng. bulu mulus; **≗sen** *tr. ugs.* mencuri barang kecil; *sich* ~ merasa bosan
Moral *f* (*–;O*) moral, etika, kesusilaan, akhlak; *Stimmung* semangat; *Nutzanwendung* ajaran, kesimpulan; **–in** *n* (*–s;O*) *ugs.* kesusilaan yg. semu; **≗isch** bermoral, bersusila; **≗isieren** (–) *itr.* terlalu menonjolkan kesusilaan; **–ist** *m* (*–en;–en*) pendukung ajaran moral; guru/dosen moral; *Moralprediger* orang yg. terlalu mudah mengecam orang lain tak bersusila; **–ität** *f* (*–;–en*) moralitas, kesusilaan
Morast *m* (*–es;–e/–̈e*) lumpur, tanah berbencah atau becek sekali; *fig.* kebusukan; **≗ig** berlumpur, berbencah-bencah
Moratorium *n* (*–s;. . .riën*) penundaan, pertangguhan
morbid tdk. sehat, rapuh; kurang kuat, lapuk
Mord *m* (*–es;–e*) pembunuhan; **–anschlag** *m* usaha pembunuhan; **–brenner** *m* pembakar dan pembunuh; **≗en** *itr.* membunuh
Mörder *m* (*–s;–*) pembunuh; **–grube** *f* sarang pembunuh; *aus s-m Herzen keine* ~ *machen* berbicara terus-terang/blak-blakan; **≗isch** sangat mengerikan; *fig.* sangat; *~es Rennen*/*~e Konkurrenz* perlombaan/persaingan yg. sangat seru; *~es Tempo* kecepatan sangat tinggi
Mord|gier *f* keinginan/nafsu utk. membunuh; **≗gierig** buas, kejam, suka membunuh
Mordio *Zeter u.* ~ *schreien* berteriak-teriak, menjerit-jerit
Mord|kommission *f* satuan polisi reserve yg. menyelidiki pembunuhan; **–lust** *f, s. Mordgier;* **–prozeß** *m* proses pembunuhan
Mords . . . sangat, kuat; **–angst** *f, e-e* ~ *haben* sangat takut; **–glück** *n* keuntungan besar (yg. tdk. disangka-sangka), *bp.* rejeki nomplok; **–hunger** *m* sangat lapar; **–kerl** *m* jagoan; **≗mäßig** sangat; **–spektakel** *m* kegaduhan, hiruk-pikuk
Mord|tat *f* pembunuhan; **–verdacht** *m* kecurigaan/persangkaan membunuh; **–versuch** *m* usaha/percobaan membunuh
Mores *pl, j-n* ~ *lehren* mengajar sso. bertingkah laku dng. sopan
Morgen *m* (*–s;–*) **1.** pagi hari; *in Zukunft* masa depan; *Guten ~!* selamat pagi! *gegen* ~ sekitar pagi hari; *heute* ≗ pagi ini; **2.** *Landmaß* ukuran luasnya tanah (25-34 are)
morgen esok, besok; ~ *früh* besok pagi; ~ *abend* besok malam
Morgen|andacht *f* renungan pagi (di radio/televisi); sembahyang/ibadat pagi; **–ausgabe** *f* edisi pagi; **–blatt** *n* harian pagi; **–dämmerung** *f* fajar pagi/sidik, dini hari, subuh, **≗dlich** pagi, dini; **–gebet** *n* doa pagi; **–grauen** *n* subuh, fajar; **–gymnastik** *f* senam pagi; **–land** *n* (negara) Timur; **–luft** *f* udara pagi; ~ *wittern* memperoleh harapan, mendapat kesempatan; **–rock** *n*

daster, sm. kamerjas; **–rot** *n*, **–röte** *f* fajar (menyingsing); **²s** setiap pagi; pagi-pagi; pagi hari; **–stern** *n* bintang kejora/Timur; **–stunde** *f* waktu pagi; **–zeitung** *f* harian pagi

morgig esok (hari), keesokan

Morphium *n* (*–s;O*) morfin

morsch lapuk, rapuh, hampir rusak, busuk

Morse|alphabet *n* kode/sandi morse; **²n** *itr*. mengirim kabar dng. kode morse

Mörser *m* (*–s;–*) **1.** lumpang; **2.** *Mil*. mortir; **–keule** *f* alu, penumbuk

Morsezeichen *n* kode morse

Mörtel *m* (*–s;O*) adukan semen; **–kelle** *f* sendok/cetok semen

Mosaik *n* (*–s;–en*) mosaik; **–fußboden** *m* lantai mosaik

Moschee *f* (*–;. . .eën*) mesjid

Moschus *m* (*–;O*) kesturi, jebat; **–ochse** *m* sm. bison dng. bulu-bulu panjang (di Amerika Utara), *ovibos moschatus;* **–tier** *n* sm. rusa di pegunungan Asia Tengah dan Tenggara, *moschus moschiferus*

Moskito *m* (*–s;–s*) nyamuk; **–netz** *n* kelambu

Moslem *m* (*–s;–s*) muslimin, orang Islam

Most *m* (*–es;–e*) sari buah yg. masih dl. proses peragian

Mostrich *m* (*–es;O*) mostar

Motel *n* (*–s;–s*) penginapan utk. para pelancong/turis yg. berkendaraan, motel

Motiv *n* (–s;–e) alasan, motif; *Kunst, Lit*. pokok/tema (cerita/gambar); pola; **²ieren** (–) *tr*. memberi alasan; mendorong, menyemangati; **–ierung** *f* (*–;O*) motivasi, alasan, dorongan

Motor *m* (*–s;–en*) mesin, motor; **–boot** *n* perahu motor; **–enlärm** *m* derum bising motor; **–geräusch** *n* suara/bunyinya motor; **–(en)haube** *f* kap mobil; **–isierung** *f* (*–;O*) motorisasi; perlengkapan dng. mesin/motor; **–leistung** *f* kekuatan/daya motor; **–öl** *n* minyak motor; **–pflug** *m* bajak yg. digerakkan/ditarik oleh traktor; **–rad** *n* sepeda motor; **–radfahrer** *m* pengemudi sepeda motor; **–roller** *m* sekuter, *scooter;* **–schaden** *m* kerusakan mesin; **–sport** *m* perlombaan mobil atau sepeda motor; **–störung** *f* gangguan mesin

Motte *f* (*–;–n*) ngengat; **–nkugel** *f* kapur barus; **–nschaden** *m* kerusakan yg. disebabkan ngengat; **–nschutzmittel** *n* obat anti-ngengat; **²nzerfressen** *Adj*. termakan ngengat

Motto *n* (*–s;–s*) semboyan, motto

Möwe *f* (*–;–n*) burung camar, *lariformes*

Mucke *f* (*–;–n*) tingkah; *s–e ~n haben* banyak gangguannya/tingkahnya

Mücke *f* (*–;–n*) nyamuk, *nematocera*

mucken *itr*. *refl*. bersungut, merajuk; *ohne zu ~* tanpa banyak tingkah/mulut

Mücken|larve *f* jentik-jentik; **–netz** *n* kelambu; **–stich** *m* gigitan nyamuk

Mucker *m* (*–s;–*) perajuk; orang munafik

Mucks *m* (*–es;–e*) *keinen ~ tun* tdk. bergerak dan diam; **²en** *itr*. *ugs*., *sich nicht ~* diam tak bergerak; **²mäuschenstill** *Adj*. *ugs*. sunyi-senyap; diam seribu bahasa

müd|e capai, lelah, letih, *e-r Sache ~ sein* merasa bosan thd. sst., tdk. menaruh minat lagi thd. sst.; **²igkeit** *f* (*–;O*) kelelahan, kecapaian

Muff *m* (*–s;–e*) **1.** sm. sarung tangan yg. hangat (berbentuk bantal); **2.** *Geruch* bau tdk. enak; **–e** *f* (*–;–n*) *Tech*. selosong, soket; **–el** *m* (*–s;–*) pemurung; orang yg. tdk. suka hal tertentu (dasi, televisi, seks . . .); **²elig** muram, murung; tdk. sopan, tdk. banyak bicara; **²eln** *tr*. *ugs*. bersungut(–sungut); bermuram durja; berbicara tdk. jelas; *stinken* berbau apek; **²ig** apek; *fig*. suram, bermuka asam; tdk. ramah

Mühe *f* (*–;–n*) susah-payah, jerih-payah, kesusahan; *Anstrengung* usaha; *mit ~ u. Not* dng. banyak usaha, dng. tenaga terakhir; *sich ~ geben* berusaha (keras); **²los** mudah, gampang, tanpa susah-payah; **²n** *sich ~* bersusah-payah, berusaha, bekerja keras

muhen *itr.* (kerbau) menguak; (sapi) melenguh

mühe|voll dng. susah payah; **≗waltung** *f* (–;O) usaha, bantuan; *für Ihre ~ dankend* berterimakasih atas jerihpayah anda

Mühle *f* (–;–n) penggilingan (gandum, kopi, kertas. . .); *Wasser, Wind* kincir

Mühl|rad *n* roda kincir air; **–stein** *m* batu giling; **–teich** *m* kolam/tebat dekat kincir air

Müh|sal *f* (–;–e) susah-payah, jerihpayah; **≗sam, ≗selig** sulit, berat, sukar, tdk. mudah; dng. susahpayah; **–seligkeit** *f* (–;O) *s. Mühsal*

Mulatt|e *m* (–n;–n), **–in** *f* (–;–nen) peranakan negro dan kulit putih

Mulde *f* (–;–n) lekuk/lekung tanah; tanah rendah; *Trog* palung

Mull *m* (–e̸s;–e) **1.** humus; **2.** *Textil* kain kasa; **–binde** *f* perban kasa pembalut luka

Müll *m* (–s;O) sampah, buangan; **–abfuhr** *f* pengangkutan sampah; **–eimer** *m* tong sampah

Müller *m* (–s;–) tukang giling; **–bursche** *m* pembantu dl. penggilingan

Müll|fahrer *m* tukang sampah; **–haufen** *m* tumpukan/timbunan sampah; **–kasten** *m* bak sampah; pelbak; **–platz** *m* tempat pembuangan sampah; **–tonne** *f* tong sampah; **–verbrennungsofen** *m* (tempat) pembakaran sampah; **–wagen** *m* truk sampah

mulmig *Holz* lapuk; *Lage* berbahaya

multilateral multilateral, antara beberapa pihak

Multimillionär *m* (–s;–e) orang kaya raya

Multipli|kand *m* (–en;–en) angka yg. dikalikan; **–kation** *f* (–;–en) perkalian; **–kator** *m* (–s;–en) pengali; *fig.* orang yg. menyebarluaskan sst.; **≗zieren** (–) *tr.* mengalikan, melipatgandakan

Mumië *f* (–;–n) mumi

Mumm *m* (–s;O) *ugs., keinen ~ haben* tdk. bertenaga/berdaya, lesu

Mummenschanz *m* (–es;O), **Mummerei** *f* (–;–en) pesta topeng

Mumps *m* (–;O) *Med.* sakit beguk, gondongan, *parotitis*

Mund *m* (–es;–̈er) mulut; *den ~ halten* tutup mulut, berdiam diri; *sich den ~ verbrennen* terlanjur mengatakan sst.; **–art** *f* logat, dialek; **≗artlich** *~er Ausdruck* istilah dialek

Mündel *m* (–s;–) orang yg. di bawah perwalian; **–gelder** *pl* uang yg. diurus oleh wali utk. anak yg. belum dewasa; **≗sicher** pasti aman; *~e Anlage* investasi yg. sangat aman

munden *itr.* terasa/rasanya enak

münden *itr.* bermuara, berkuala; *fig.* berakhir

mund|faul malas bicara, tdk. bicara jelas; **≗fäule** *f* radang rongga mulut memborok, *stomatitis ulcerosa;* **–gerecht** siap utk. dimakan; **≗geruch** *m* bau nafas/mulut; **≗harmonika** *f* harmonika tiup; **≗höhle** *f* rongga mulut

mündig dewasa; **≗keit** *f* (–;O) kedewasaan

mündlich lisan

Mund|pflege *f* perawatan/kebersihan mulut; **–raub** *m* pengambilan milik orang lain karena kelaparan; **–schenk** *m* pengurus minuman di istana; **–sperre** *f* kejang mulut, *trismus;* **–stück** *n* pipit; **≗tot** *j-n ~ machen* membungkamkan sso.; membuat orang lain tdk. berkutik; **–tuch** *n* serbet

Mündung *f* (–;–en) muara; mulut pipa; *Mil.* mulut senjata api; **–sfeuer** *n* api pd. mulut senjata

Mund|voll *m* (–;–) (se)suap; seteguk; **–vorrat** *m* bekal; **–wasser** *n* air kumur; **–werk** *n, e gutes ~ haben* pandai bersilat lidah; **–winkel** *m* sudut mulut

Munition *f* (–;O) munisi; **–sfabrik** *f* pabrik munisi; **–skolonne** *f* konvoi truk yg. mengangkut persediaan munisi; **–slager** *n* gudang munisi; **–swagen** *m* truk munisi

munkeln *itr.* berbisik-bisik; mendesas-desuskan

Münster *n* (–s;–) gereja besar, sm. katedral

munter bangkit, tdk. tidur; *gesund, lebhaft* segar(–bugar), giat, riang, penuh semangat; *gesund u. ~* sehat walafiat; **≗keit** *f* (–;O) kesegaran; semangat, keriangan

Münz|e *f* (–;–*n*) (mata) uang logam; *Münzstätte* tempat pencetakan uang logam, *mit gleicher* ~ *heimzahlen* membalas dng. setimpal; **–einheit** *f* satuan mata uang; **≗en** *itr.tr.* membuat/mencetak uang logam; *das ist auf ihn gemünzt* dimaksudkan utk. dia; **–fernsprecher** *m* telpon umum yg. harus dimasukkan uang logam; **–fuß** *m* perbandingan antara nilai uang dan nilai logamnya; **–recht** *n* hak mencetak uang; **–sammlung** *f* koleksi mata uang; **–wesen** *n* perihal uang logam

mürb(e) mudah rapuh/repih/hancur; lunak; *Gastronomie* dimasak sampai empuk; *fig.* capai, lemah

murksen *itr. ugs.* bekerja secara sembrono

Murmel *f* (–;–*n*) kelereng, gundu; **≗n** *itr.* bergumam, menggumam; **–tier** *n* sm. marmut, *marmota*

murren *itr.* bersungut-sungut, mencomel, menggerutu

mürrisch murung, merengus

Mus *n* (–*es*;*O*) bubur

Muschel *f* (–;–*n*) kerang, lokan; *Schale* kulit kerang; *Ohr* daun telinga; *Tel.* corong; **≗förmig** berbentuk kerang

Muse *f* (–;–*n*) *Myth.* salah satu dewi kesenian dan ilmu pengetahuan; *leichte* ~ musik/seni ringan

Musel|man *m* (–*en*;–*en*), **–mann** *m* (–*s*;–̈*er*) orang muslimin

Museum *n* (–;*Museën*) museum

Musik *f* (–;*O*) musik

Musikaliën *pl* buku-buku musik; **–handlung** *f* toko alat-alat musik

musik|alisch berh. dng. musik; berbakat musik; **≗ant** *m* (–*en*;–*en*) pemain musik, musikan

Musik|automat *m*, **–box** *f* kotak musik; **–begleitung** *f* iringan musik; **–er** *m* (–*s*;–) *s. Musikant*; **–hochschule** *f* perguruan tinggi musik; **–instrument** *n* alat musik; **–kapelle** *f*, **–korps** *n* barisan/korps musik, *bp.* ben; **–lehrer** *m* guru/pengajar musik **–stunde** *f* les musik; **–truhe** *f* lemari gramopon dng. radio

Musikus *m* (–;*Musizi*/–*se*) pemain musik

musisch tertarik/berbakat pd. kesenian; berh. dng. kesenian

musizieren (–) *itr.* bermain musik

Muskat|(nuß *f*) *m* (–*s*;*O*) (buah) pala, *muscatum*; **–blüte** *f* bunga pala

Muskateller *m* (–*s*;–) sm. anggur dng. rasa pala

Muskatnußbaum *m* pohon pala, *myristica fragrans*

Muskel *m* (–*s*;–*n*) otot, *musculus*; **–kater** *m* pegal otot; **–kraft** *f* tenaga otot; **–schwund** *m* susut otot; **–zerrung** *f* salah urat akibat otot yg. terlalu diregangkan

Musket|e *f* (–;–*n*) senapan api (gaya kuno); **–ier** *m* (–*s*;–*e*) tentara infanteri

Muskulatur *f* (–;*O*) jaringan otot

muskulös berotot

Muß *n* (–;*O*) keharusan

Muße *f* (–;*O*) waktu senggang/luang; *mit* ~ dng. tenang(-tenang)

Musselin *m* (–*s*;–*e*) kain muslin/kasa

müssen *unr. itr.* harus, mesti, berkewajiban; *müßte* seharusnya

Mußestunde *f* waktu senggang/luang

müßig tdk. bekerja, menganggur; *sinnlos* tdk. perlu/berguna; **≗gang** *m* kemalasan; ~ *ist aller Laster Anfang* kemalasan biang segala kejahatan; **≗gänger** *m* (–*s*;–) pemalas, penganggur

Muster *n* (–*s*;–) model, contoh, teladan; pola/susunan gambar dan/atau warna; **–beispiel** *n* contoh yg. tepat; **–betrieb** *m* perusahaan teladan; **–buch** *n* buku contoh; **–exemplar** *n* teladan; nomor contoh/perkenalan; **≗gültig, ≗haft** patut ditiru, suri teladan; **–knabe** *m, iron.* anak/orang teladan; **–koffer** *m* koper yg. berisi contoh barang-barang; **–kollektion** *f* koleksi contoh; **≗n** *tr.* mengamati dng. tajam; menyelidiki, memeriksa, mengadakan inspeksi; *Mil.* memeriksa apakah sehat utk. masuk tentara; **–schüler(in** *f*) *m* murid teladan; *pej.* murid yg. suka ambil muka; **–schutz** *m* perlindungan merek dagang, perlindungan paten; **–stück** *n* model, contoh; **–ung** *f* (–;–*en*) pemeriksaan medis sebelum masuk tentara; *e-s Stoffes* pola; **–zeichner(in** *f*) *m* perancang/pendesain pola

Mut *m* (–*e*s;*O*) keberanian; ~ *schöpfen* memberanikan diri; *guten ~es sein* bergembira, bersemangat; *nur ~!* ayo, jangan takut!

mutieren (–) *itr.* ganti suara; *Bio.* mengadakan mutasi

mut|ig berani, gagah; **–los** takut, putus-asa, kecut hati; **–losigkeit** *f* (–;*O*) keputusasaan, ketakutan; **–maßen** *itr.* menduga, mengira, menyangka; **–maßlich** mungkin, barangkali; **–maßung** *f* (–;–*en*) sangkaan, dugaan, kecurigaan

Mutter *f* (–;¨) ibu, (i)bunda, mak; *Zo.* induk (binatang), biang; *Tech.* mur; *werdende ~* wanita yg. sedang hamil atau berbadan dua; calon ibu; **–beratungsstelle** *f* kantor penasehat ibu dan anak; **–boden** *m* (tanah) humus; **–brust** *f* dada ibu

Mütter|chen *n* (–*s*;–) nenek-nenek; **–fürsorge** *f*, *s.*. *Mutterschutz*

Mutter|gottes *f* (–;*O*) Bunda Maria; **–gottesbild** *n* patung Bunda Maria; **–haus** *n* rumah induk; **–instinkt** *m* naluri keibuan; **–kuchen** *m* ari-ari, *placenta;* **–land** *n* ibu pertiwi; tanah air; **–leib** *m* rahim

mütterlich keibuan, lembut; **–erseits** dari pihak ibu; **–keit** *f* (–;*O*) sifat keibuan

Mutter|liebe *f* kasihsayang ibu, cinta ibu; **–los** yatim, tdk. beribu; **–mal** *n* tahi lalat; **–milch** *f* air susu ibu; **–pflicht** *f* kewajiban ibu; **–schaft** *f* (–;*O*) keadaan/kedudukan sebagai ibu; keibuan; **–schiff** *n* kapal induk; **–schoß** *m* pangkuan/haribaan ibu; **–schraube** *f* mur; **–schutz** *m* perlindungan ibu; **–seelenallein** *Adv.* sebatang kara; **–söhnchen** *n* anak manja; **–sprache** *f* bahasa ibu; **–stelle** *f*, ~ *vertreten* menggantikan (tempat/kedudukan) ibu; **–tag** *m* hari ibu; **–tier** *n* induk; biang; **–witz** *m* bakat utk. membuat lelucon

Mutti *f* (–;–*s*) *ugs.* bu, ma

Mut|wille *m* kesengajaan utk. membuat kenakalan/kejahatan; **–willig** sengaja nakal/jahat; nekat

Mütze *f* (–;–*n*) topi, pici

Myriade *f* (–;–*n*) keadaan sangat-banyak/beribu-ribu

Myrrhe *f* (–;–*n*) kemenyan, *commyphora myrrha*

myster|iös penuh rahasia, gaib, aneh, misterius; **–ium** *n* (–*s*;. . . *riën*) rahasia, misteri, kegaiban

Mystifi|kation *f* (–;–*en*) penyesatan, penipuan; **–zieren** (–) *tr.* melebih-lebihkan, membuat sst. tampak gaib; menyesatkan, menipu

Myst|ik *f* (–;*O*) mistik, tasawuf, kebatinan, suluk, ilmu gaib, *pej., bp.* klenik, ngelmu; **–iker** *m* (–*s*;–) orang yg. mengikuti mistik, penganut ilmu kebatinan, orang sufi; **–isch** yg. berh. dng. mistik, gaib; *dunkel* gelap

Myth|e *f* (–;–*n*) mitos, cerita tt. dewa-dewi zaman dulu; cerita penuh rahasia, dongeng; **–isch** yg. berh. dng. mitos; **–ologie** *f* (–;. . . *iën*) mitologi; **–os** *m* (–;*Mythen*) mitos, keseluruhan tradisi bangsa tt. asal-usul/pahlawan/adatnya; sst. yg. menimbulkan rasa kagum

N

na! lho! nah! ~ *und? ugs.* kenapa? bagaimana?

Nabe *f* (*–;–n*) naf, nap

Nabel *m* (*–s;–*) pusat, pusar; **–binde** *f* gurita; **–bruch** *m* burut pusat, *hernia umbilicalis;* **–schnur** *f* tali pusat

Naben|bremse *f* rem naf; **–kappe** *f* kap/tutup naf, dop (roda)

nach 1. *Prp. (Richtung)* ke; ~ *Bandung* ke Bandung; ~ *Hause* pulang; (*Zeit, Reihenfolge*) setelah, sesudah, lewat; ~ *Christus* (*n. Chr.*) tahun sesudah Masehi (M); *5 Minuten* ~ *4* jam 4 lewat 5 menit; ~ *Ankunft* sesudah tibanya; *e-r* ~ *dem andern* satu demi satu; ~ *u.* ~ lama-kelamaan; (*Art u. Weise*) menurut, sesuai dng.; ~ *dem Gesetz* sesuai dng. hukum/undang-undang; **2.** *Adv.*, *mir* ~ *!* ikut(ilah) saya! ~ *wie vor* spt. biasa

nachäffen *tr.* meniru-niru; menjiplak

nachahm|en *tr.* menirukan, mencontoh(kan); **–enswert** patut ditiru/diteladani; **≗ung** *f* (*–;–en*) tiruan, imitasi; *Nachahmen* peniruan; **≗ungstrieb** *m* naluri meniru, kecenderungan utk. meniru

nacharbeiten *tr.* menyempurnakan; *nachholen* mengejar pekerjaan yg. ketinggalan; *itr.* bekerja lembur

Nachbar *m* (*–s/–n;–n*) tetangga; **≗lich** spt. (dng./antara) tetangga; **–schaft** *f* (*–;–en*) lingkungan (para) tetangga; daerah di sekitar; *administrativ* Rukun Tetangga (R.T.)

Nachbehandlung *f, Med.* pengobatan lanjutan

nach|bestellen (–) *tr.* memesan lagi/ulang; **–beten** *tr.* membeo; **–bezahlen** (–) *tr., s. nachzahlen*

nachbild|en *tr.* meniru, menyalin; mereproduksikan; **≗ung** *f* (*–;–en*) (gambar) tiruan, salinan, kopi; imitasi, reproduksi; *das Nachbilden* peniruan, penyalinan

nach|bleiben *unr. itr.* tertinggal; **–blicken** *itr.* memandang terus (sso./sst. yg. menjauh); **≗blutung** *f* pendarahan sesudah operasi; **–datieren** (–) *tr.* mengundurkan tanggal

nachdem sesudah(nya), setelah (–nya); *je* ~ tergantung

nachdenk|en (*über*) *unr. itr.* berpikir (tt.), memikirkan, mempertimbangkan; *nachsinnen (über)* merenungkan; bermenung(–menung tt.); **–lich** termenung, tepekur; *e* ~*er Mensch* orang yg. berpikiran matang

nachdrängen *itr.* mendesak dari belakang, mendorong-dorong

Nachdruck *m* **1.** (*–e̸s;O*) tekanan; ~ *legen auf* menekankan; **2.** (*–e̸s;–e*) cetak ulang; ~ *verboten* dilarang memperbanyak (dl. bentuk apapun); **≗en** *tr.* mencetak ulang

nachdrücklich dng. tegas/menekankan, dng. sangat

nach|eifern *itr.* berusaha menyamai/meneladan; **–eilen** *itr.* mengikuti dng. cepat, mengejar

nacheinander berturut-turut, satu demi satu, bergilir

nachempfinden (–) *unr. tr.* turut merasakan, menghayati; *fig.* meniru

Nachen *m* (*–s;–*) biduk

nacherzähl|en (–) *tr.* menceritakan kembali; *mit eigenen Worten* menyadur secara bebas; **≗ung** *f* (*–;–en*)

ceritera ulang; penyaduran, adaptasi
Nachfahre *m* (*–n;–n*) (ke)turunan, anak-cucu; **≗n** *unr. itr.* menyusul, mengikuti (dng. kendaraan)
Nachfeier *f* pesta kecil sesudah perayaan besar
Nachfolg|e *f* penggantian; usaha meneladan/mengikuti; **≗en** *itr.* mengikuti, menyusul, mengikuti jejak; mengganti(kan); **–er** *m* (*–s;–*) pengganti; pengikut; *Rel.* penganut
nachfordern *tr.* menuntut lebihnya/sisanya
nachforsch|en *itr.* menyelidiki, mengusut, mencari keterangan; **≗ung** *f* (*–;–en*) penyelidikan, pengusutan
Nachfrage *f* pertanyaan; *danke für Ihre ~!* terimakasih atas perhatian anda! *Angebot u. ~* penawaran dan permintaan; **≗n** *itr.* menanyakan, menyelidiki
nachfühlen *tr.* turut merasakan
nachfüllen *itr.* (tambah) mengisi, melengkapi
nachgeben *unr. itr.* menerima (baik), tdk. berkeberatan, mengalah; *die Preise geben nach* harga merosot; *unter e-r Last ~* melengkung/melendut karena beban berat
nachgeboren *Adj.* (anak) yg. lahir sesudah ayah meninggal atau sesudah perkawinan bubar; *s. Nachkömmling*
Nachgebühr *f* denda pos/perangko
Nachgeburt *f* uri, tembuni, ari-ari, *placenta*
nachgehen *unr. itr.* mengikuti; *Vorfall, Sache* menyelidiki; *Arbeit, Pflicht* menjalankan, menunaikan; *Uhr* (ter)lambat; *das Erlebnis ging ihm noch lange nach* peristiwa itu masih lama membekas dl. hatinya
nachgemacht tiruan, buatan, palsu
nachgenannt (yg.) tersebut di bawah
nachgeordnet bawahan
nachgerade lambat laun, akhirnya; *das ist ~ e-e Gemeinheit* ini sungguh-sungguh jahat
Nachgeschmack *m* rasa yg. masih ketinggalan di mulut sesudah makan sst.; *~ haben* menekak

nachgewiesenermaßen *Adv.* spt. sudah terbukti
nachgiebig mudah mengalah; *Material* lentur, elastis; lunak, empuk; **≗keit** *f* (*–;O*) sikap lunak
nachgießen *unr. tr.* menambah lagi; menuangkan lagi
nachgrübeln *itr.* merenung-renung, berpikir-pikir
Nachhall *m* gema, kumandang; **≗en** *itr.* bergema, berkumandang
nachhaltig utk. waktu yg. lama, (bertahan/berbekas) lama
nachhängen *unr. itr.* memikirkan lama (yg. sudah lewat)
nachhelfen *unr. itr.* membantu; *antreiben* mendorong
nachher kemudian, nanti, setelah itu
Nachhilfe *f* **1.** dukungan, bantuan; **2.** les privat/tambahan, pelajaran tambahan; **–stunde** *f*, **–unterricht** *m, s. Nachhilfe 2*
nachholen *tr.* mengejar ketinggalan atau yg. belum dikerjakan
Nachhut *f* (*–;–en*) pasukan belakang
nachjagen *itr.* mengejar, memburu
Nachklang *m* gema, gaung; *fig.* akibat yg. masih dirasakan kemudian
nachklingen *unr. itr.* bergema, menggema, bergaung
Nachkomme *m* (*–n;–n*) (ke)turunan; anak pinak; **≗n** *unr. itr.* menyusul, mengikuti, datang kemudian; *Bitte* menuruti, mengabulkan; *Pflicht* memenuhi; **–nschaft** *f* (*–;O*) keturunan, anak-cucu
Nachkömmling *m* (*–s;–e*) adik dari bontot urung, anak corot, anak yg. lahir lama sesudah kakaknya; *fig.* orang yg. datang sangat terlambat
Nachkur *f* istirahat sesudah tetirah
nachladen *unr. tr.* mengisi lagi
Nachlaß *m* (*. . . sses;. . . ässe*) potongan, korting, rabat; *Erbschaft* warisan, pusaka
nachlassen *unr. itr.* berkurang, melemah, turun; *nicht ~ !* pantang mundur! *vom Preis ~* memberi potongan; *tr.* mewariskan; *Strafe, Zügel* melonggarkan; **≗** *n* (*–s;O*) turunnya, berkurangnya, melemahnya

nachlässig lalai, sembrono, acak-acakan, alpa; **≗keit** *f* (–;–*en*) kelalaian, tindakan sembrono
nachlaufen *unr. itr.* (lari) mengejar; *Nachlauf(en) spielen* main kejar-kejaran, main petak lari
Nachlese *f* panen kedua; *fig.* tambahan yg. menyusul, susulan; **≗n** *unr. tr.* membaca ulang; mencari keterangan dl. buku
nachliefer|n *tr.* menyerahkan/menyampaikan kemudian atau belakangan; **≗ung** *f* kiriman susulan
nachlösen *tr.* membeli karcis di dl. kereta api
nachmachen *tr.* meniru; *fälschen* memalsukan
nachmalig kemudian, yg. berikut (–nya)
nachmals sesudahnya
nachmessen *unr. tr.* mengukur (kembali)
Nachmittag *m* petang, sore hari; *heute* ~ sore ini; **≗s** pd. waktu sore; **–svorstellung** *f* pertunjukan sore
Nachnahme *f* (–;–*n*) *per* ~ pembayaran setelah penyerahan barang, remburs; *ugs.* kiriman yg. dibayar pd. waktu diserahkan
Nachname *m* nama keluarga
nachplappern *tr.* membeo
Nachporto *n* denda pos/perangko
nachprüf|en *tr.* memeriksa (lagi), menyelidiki; **≗ung** *f* pemeriksaan ulang
nachrechnen *tr.* menghitung (kembali)
Nachrede *f* epilog; *üble* ~ fitnahan; **≗n** *tr.* membeo; memfitnah
Nachricht *f* (–;–*en*) kabar, berita; ~*en, pl* warta berita; *j-m* ~ *geben* memberitahukan; **–enagentur** *f* kantor berita; **–endienst** *m, Mil.* dinas rahasia, badan intelijen; *Medien* kantor berita; **–enmagazin** *n* majalah berita; **–ennetz** *n* jaringan (alat) komunikasi; **–ensatellit** *m* satelit komunikasi; **–ensperre** *f* larangan menyiarkan berita; **–entechnik** *f* teknik komunikasi; **–enübermittlung** *f* transmisi/pengiriman berita; **–enwesen** *n* bidang komunikasi
nachrücken *itr.* mengganti(kan) tempat; *bitte* ~ ! tolong maju!
Nachruf *m* nekrolog; **≗en** *unr. tr.* meneriaki/menyerukan sst. kpd. orang yg. sudah jauh
Nachruhm *m* nama harum sso. yg. sudah meninggal
nachrühmen *tr.* memuji
nachsagen *tr.* mengulang; *j–m et.* ~ berbicara baik/buruk tt. sso.
Nachsaison *f* waktu sesudah musim
Nachsatz *m* keterangan/kalimat tambahan
nachschauen *tr. itr., s. nachsehen*
nachschicken *tr.* mengirim kemudian; *weiterleiten* meneruskan kiriman
Nachschlag *m* jatah (makanan) tambahan; *Mus.* (nada) hiasan; **–ebuch** *n* buku referensi; **≗en** *unr. tr.* mencari sst. dl. buku; *j-m* ~ mempunyai sifat spt. sso., mirip dng. sso.; **–ewerk** *n, s. Nachschlagebuch*
nachschleichen *unr. itr.* menguntiti, membuntuti
Nachschlüssel *m* kunci duplikat/palsu/maling
nachschreiben *unr. tr.* menyalin; mencatat (yg. didengar)
Nachschrift *f* keterangan/catatan tambahan; *Notizen* catatan ceramah/kuliah (yg. dibuat oleh pendengar); *Schule* imla, dikte
Nachschub *m* (–*s*;*O*) *Mil.* persediaan, perbekalan; penyediaan, logistik
nachsehen *unr. itr.* mengikuti dng. pandangan, menghantar dng. pandangan mata; *tr.* mencari (dl. buku); *prüfen* memeriksa; *j-m et.* ~ mengampuni/memaklumi sso.; **≗ n**, *das* ~ *haben* mengalami kerugian
nachsenden *unr. tr., s. nachschicken*
nachsetzen *tr.* menempatkan di belakang sst.; *itr.* mengejar
Nachsicht *f* kesabaran, pengertian; **≗ig, ≗svoll** murah hati, penuh pengertian
Nachsilbe *f* akhiran
nachsinnen *unr. itr.* merenungkan, memikirkan
nachsitzen *unr. itr.* (murid) tinggal di kelas sebagai hukuman

Nachsommer *m* hari dl. musim gugur yg. masih agak panas
nachspähen *itr.* mengintai, memata-matai
Nachspeise *f* (makanan) pencuci mulut, hidangan penutup
Nachspiel *n* epilog; *die Sache hat e ~* perkara ini ada buntutnya
nachsprechen *unr. itr. tr.* mengulangi
nachspüren *itr.* menyusuri, mengusut
nächst yg. paling dekat, yg. terdekat, yg. langsung berikut; *in den ~en Tagen* hari-hari berikut ini; *das ~e Mal* lain kali; *die ~en Angehörigen* keluarga terdekat; *am ~en* paling dekat (pd.); *fürs ~e* utk. sementara; **≗beste** *m, f, n* (si)apa saja yg. dekat, salah seorang/satu saja; **≗e** *m, f, n* sesama (manusia); *Reihenfolge* yg. berikutnya; *der ~ bitte!* silahkan yg. berikutnya!
nachstehen *unr. itr.* kalah dng./dari; *nicht ~* tdk. ketinggalan dari; **–d** yg. disebut di bawah; yg. berikut ini
nachstell|en *tr., Schraube* menyetel; *Uhr* memundurkan; *itr., j-m ~* mengejar / mengikuti / membuntuti sso.; **≗ung** *f* (–;–*en*) penggodaan, penguberan; *Tech.* pencocokan, penyetelan
Nächstenliebe *f* cintakasih akan sesama
nächst|ens segera, tdk. lama lagi, dl. waktu dekat; **–folgend** yg. berikut; **≗liegende** *n* (–*n;O*) hal yg. (paling) wajar/tepat
nach|streben *itr.* berusaha menyamai/menandingi; **–suchen** *tr.* mencari; *itr., um et. ~* mengajukan permohonan
Nacht *f* (–;*¨–e*) malam (hari); *heute ~* nanti malam, (= *letzte ~*) tadi malam; *bei ~* (waktu) malam; *die ganze ~* sepanjang malam, semalam suntuk; *über ~* bermalam; *gute ~ !* selamat tidur! *bis in die späte ~ hinein* hingga larut malam; **–arbeit** *f* kerja malam; **–blindheit** *f* buta ayam; **–dienst** *m* dinas/tugas (jaga) malam
Nach·teil *m* (–*s;–e*) kerugian, kekurangan; *fig.* rintangan; **≗ig** bersifat merugikan, tdk. menguntungkan, negatif
nächtelang *Adv.* bermalam-malam (lamanya)
Nacht|essen *n* makan malam; **–eule** *f, fig.* orang yg. suka sibuk pd. malam hari; **–falter** *m* kupu-kupu/ngengat yg. terbang pd. malam hari; **–frost** *m* jalad malam; **–gebet** *n* doa malam; **–gebühr** *f* tarif malam; **–geschirr** *n* pispot; **–hemd** *n* baju tidur
Nachtigall *f* (–;–*en*) sm. burung bulbul/kekapas; *luscinia megarhynchos*
nächtigen *itr.* bermalam, menginap
Nach·tisch *m, s. Nachspeise*
Nacht|klub *m* klab malam, *bp.* niteklub; **–lager** *n* tempat bermalam/tidur; **–leben** *n* hiburan malam
nächtlich (pd.) waktu malam
Nacht|lokal *n, s. Nachtklub;* **–musik** *f* serenade; **–portier** *m* resepsionis pd. waktu malam; **–quartier** *n* tempat bermalam
Nach·trag *m* (–*s;¨–e*) tambahan, suplemen, lampiran (pelengkap), susulan, **≗en** *unr. tr.* membawa menyusul; *schriftlich* menambah catatan, mengadakan pembukuan susulan; *j-m et. ~, fig.* menyimpan dendam pd. sso.; **≗end** suka menyimpan dendam
nachträglich kemudian, sebagai susulan; *~ meinen Glückwunsch* walaupun sudah terlambat saya ucapkan selamat
Nacht·ruhe *f* istirahat (pd.) malam hari
nachts (*des ≗*) pd. waktu malam, pd. malam hari
Nacht|schattengewächse *pl* tumbuhan terung-terungan, *solanaceae;* **–schicht** *f* (jam kerja) regu malam; **–schwester** *f* suster/perawat yg. berdinas malam; **–sichtigkeit** *f* (–;*O*) mata malam, buta siang, *nyctalopia;* **–tisch(chen** *n*) *m* meja di sisi tempat tidur; **–topf** *m, s. Nachtgeschirr*
nach·tun *unr. tr., j-m et. ~* meniru sso.
Nacht|wache *f* (pen)jaga(an) malam; **–wächter** *m* penjaga malam; **–wandeln** *n* (–*s;O*) (ber)jalan tidur,

somnambulismus; **–zeug** *n* baju malam/tidur; **–zug** *m* kereta api malam

Nach|untersuchung *f* pemeriksaan susulan; **–versicherung** *f* asuransi tambahan; **≗vollziehen** (–) *unr. itr.* menghayati (sendiri) pengalaman orang lain; **≗wachsen** *unr. itr.* tumbuh kembali; **–wahl** *f* pemilihan susulan; **–wehen** *pl* royan; *fig.* akibat buruk; **≗weinen** *itr.* berdukacita

Nachweis *m* (*–es;–e*) bukti, tanda bukti; *den ~ führen/erbringen, daß* membuktikan bahwa; **≗bar** dapat dibuktikan, terbukti, ada buktinya; **≗en** *unr. tr.* membuktikan, mengajukan bukti; **≗lich** *s. nachweisbar*

Nachwelt *f* generasi/angkatan yg. akan datang

nachwirk|en *itr.* mengakibatkan, berpengaruh, menyebabkan; **≗ung** *f* akibat

Nach|wort *n* kata penutup; **–wuchs** *m* (*–es;O*) generasi baru/penerus; staf yunior; *ugs.* anak(–anak)

nachzählen *tr.* menghitung kembali

nachzahl|en *tr.* membayar tambahan/kemudian; **≗ung** *f* pembayaran tambahan

nach|zeichnen *tr.* meniru/menyalin gambar, menjiplak; **–ziehen** *unr. tr., Fuß* menyeret-nyeret; *Linie* menebalkan; *Schraube* menyetel, mengencangkan; *Augenbrauen* menyipat; *itr.* mengikuti

Nach|zügler *m* (*–s;–*) orang yg. terlambat; **–zündung** *f* penyalaan susulan

Nackedei *m* (*–es;–e/–s*) anak yg. telanjang

Nacken *m* (*–s;–*) tengkuk

nackend *s. nackt*

nackt telanjang, bugil; *~e Tatsachen* fakta nyata; *das ~e Leben retten* menyelamatkan nyawa saja; **≗heit** *f* (*–;O*) ketelanjangan

Nadel *f* (*–;–n*) jarum; pin, peniti; *Haar* tusuk konde; **–arbeit** *f* pekerjaan jahit-menjahit; **–baum** *m* pohon jarum, *coniferae;* **–kissen** *n* bantal kecil tempat jarum; **–kopf** *m* kepala jarum; **–öhr** *n* lobang jarum; **–wald** *m* hutan pohon jarum

Nadir *m* (*–s;O*) nadir

Nagel *m* (*–s;¨–*) paku; *Holz* pasak; *Finger* kuku; *den ~ auf den Kopf treffen* mengena dng. tepat sekali; *die Arbeit an den ~ hängen* meninggalkan pekerjaan; **–bett** *n* palung kuku; **–feile** *f* kikir kuku; **–geschwür** *n* radang kuku, cagu(h), cantengan; **–lack** *m* cat kuku, kuteks; **–lack·entferner** *m* penghapus cat kuku; **≗n** *tr.* memaku; **≗neu** sama sekali baru; **–pflege** *f* perawatan kuku; **–schere** *f* gunting kuku

nagen *tr. itr.* mengerat, mengunggis, mengerikit(i)

Nager *m* (*–s;–*), **Nagetier** *n* binatang pengerat/kerikit, *rodentia*

nah *s. nahe*

Näharbeit *f* pekerjaan jahit-menjahit, penjahitan

Nahaufnahme *f, Fot.* potret dari dekat, *close-up*

nahe dekat; *j-m zu ~ treten* menyinggung/menyakiti perasaan sso.; *dem Weinen ~* hampir menangis; *es ist ~ daran* hampir (terjadi); *~ verwandt sein* masih keluarga dekat

Nähe *f* (*–;O*) jarak dekat; dekatnya, sekitarnya

nahe|bei dekat (sekali); **–gehen** *unr. itr.* mengharukan, menyedihkan

Nah·einstellung *f, Fot.* penyetelan kamera utk. memotret dari jarak dekat

nahe|kommen *unr. itr.* mendekati; **–legen** *tr., j-m et. ~* menganjurkan/menyarankan sst. kpd. sso.; **–liegen** *unr. itr.* tdk. jauh; *fig.* mudah dimengerti; dapat di simpulkan dng. mudah; **–liegend** dekat; *fig.* masuk akal; *das ist ~* (se)layak(nya), sangat tepat

nahen *itr.* mendekat(i)

nähen *tr. itr.* menjahit

näher makin/lebih dekat; lebih singkat; *~e Umstände* hal-ihwal, satu dan lain hal; *~ kennen* mengenal dng. lebih baik; *~ erläutern* memberikan keterangan terperinci; **≗e(s)** *n* (*–n;O*) keterangan/data yg. lebih terperinci

Näherin *f* (*–;–nen*) (wanita) tukang jahit, penjahit wanita

näherkommen *unr. itr.* mendekati; *sich (menschlich)* ~ saling mengerti dng. lebih baik
näher|n *tr., sich* ~ mendekati, menghampiri; **–treten** *unr. itr.* mendekati; mengadakan hubungan lebih dekat
nahestehend dekat, berh. erat
nahezu hampir, nyaris
Näh|faden *m*, **–garn** *n* benang jahit
Nahkampf *m* pertempuran berhadap-hadapan satu lawan satu
Näh|kästchen *n* kotak alat jahit; **–kissen** *n, s. Nadelkissen;* **–korb** *m* keranjang jahitan; **–maschine** *f* mesin jahit; **–nadel** *f* jarum jahit
Nährboden *m* tanah subur
nähren *tr.* memberi makan; *fig.* membesarkan, memelihara; *stillen* menyusui, meneteki; *sich* ~ mencari nafkah; makan; *itr.* mengandung gizi
nahrhaft bergizi
Nähr|kraft *f, s. Nährwert;* **–mittel** *pl* bahan makanan dari gandum; **–stoff** *m* zat yg. dibutuhkan oleh makhluk organis; gizi
Nahrung *f* (–;*O*) makanan, pangan, santapan; rezeki; **–smangel** *m* kekurangan makanan; **–smittel** *n* bahan makanan; **–smittelchemiker** *m* ahli kimia bahan makanan; **–smittelvergiftung** *f* keracunan makanan
Nährwert *m* kadar gizi
Nahschnellverkehr *m* (kereta api) ekspres antar kota
Nähseide *f* benang jahit dari sutera
Naht *f* (–;⁻̈*e*) jahitan; *Tech.* sambungan/kampuh las; *Med.* jahitan bedah; **⁼los** tanpa jahitan/sambungan
Nahverkehr *m* lalu-lintas/hubungan jarak dekat; **–szug** *m* kereta api jarak dekat
Nähzeug *n* alat jahit
Nahziel *n* tujuan langsung, tujuan jangka pendek
naiv sederhana, naif, lugu; **⁼ität** *f* (–;*O*) sikap lugu, kenaifan
Name *m* (–*ns*;–*n*) nama; *im* ~*n* atas nama; *im* ~*n Gottes* demi nama Tuhan; *in Gottes* ~*n!* terserah! *voller* ~ nama lengkap; *dem* ~*n nach kennen* mengenal tetapi tdk. secara pribadi
Namen|liste *f* daftar nama; **⁼los** tak bernama, tanpa nama, tak dikenal; ~*er Schmerz* rasa sakit/sedih tak terhingga
namens atas nama; *e Herr* ~ *Fischer* seorang bapak yg. bernama Fischer
Namens|aufruf *m* pemeriksaan daftar hadir; *Mil.* apél; **–schild** *n* papan nama; **–tag** *m* pesta nama; **–vetter** *m* orang yg. bernama sama; **–zug** *m* tandatangan; *verkürzt* parap; *Monogramm* monogram
namentlich dng. nama; khususnya; ~*e Abstimmung, Parl.* pemungutan suara dng. memanggil nama-nama pemberi suara
Namenverzeichnis *n, s. Namenliste*
namhaft ternama, termasyhur, terkenal; *beträchtlich* agak banyak/besar; *j-n* ~ *machen* menyebut nama sso. (tertentu)
nämlich *Adj.* yg. sama; *Adv.* yaitu, yakni; *denn* (*nachgestellt*) oleh karena
nanu! lho! kok begitu! wah!
Napf *m* (–*es*;⁻̈*e*) mangkuk; **–kuchen** *m* sm. kue besar bundar
Naphtha *n* (–*s*;*O*), **–lin** *n* (–*s*;*O*) naftalin
Narb|e *f* (–;–*n*) bekas luka; **⁼ig** penuh bekas luka
Narko|se *f* (–;–*n*) pembiusan; **⁼tisieren** (–) *tr.* membius(kan)
Narr *m* (–*en*;–*en*) pelawak, badut, orang lucu; *Tölpel* orang dungu, *bp.* orang gila; *dieser* ~ *!* si tolol ini! si gila ini! *zum* ~*en halten* mempermainkan; **⁼en** *tr.* mengganggu, menggoda; *täuschen* menyesatkan
Narren|haus *n, ugs.* rumah yg. penghuninya gila-gilaan; **–kappe** *f* topi badut; **–(s)posse** *f, s. Narrenstreich;* **⁼sicher** aman seratus persen; **–streich** *m* perbuatan tolol/gila-gilaan (yg. lucu)
Narretei *f* (–;–*en*), **Narrheit** *f* (–;–*en*) tindakan gila-gilaan; perbuatan lucu
Närrin *f* (–;–*nen*) wanita badut/tolol
närrisch tolol, gila-gilaan; ~ *sein auf et.* sangat suka/kepingin akan sst.

Narzisse *f* (–;–*n*) sm. bunga bakung, *narcissus*
Narzißmus *m* (–;O) narsisme
nasal sengau, bindeng; ≗ *m* (–*s*;–*e*), ≗**laut** *m* huruf/bunyi sengau
nasch|en *tr. itr.* jajan, mengudap; ≗**erei** *f* (–;–*en*) kudapan, penganan; –**haft** suka jajan; ≗**katze** *f* orang yg. suka jajan(an), pengudap
Nase *f* (–;–*n*) hidung; *auf der ~ liegen* sedang sakit; *e-e gute ~ haben* memiliki penciuman/naluri yg. tajam; *j-n an der ~ herumführen* menipu sso.; *die ~ voll haben* sudah muak/kenyang; *in die ~ stechen* (*Geruch*), *fig.* (bau) menusuk/merangsang hidung; *immer der ~ nach* lurus terus; *pro ~ 50 DM* 50 DM setiap orang
näseln *itr.* bicara melalui hidung, bicara sengau/bindeng
Nasen|bein *n* tulang hidung; –**bluten** *n* mimisan; –**flügel** *m* cuping hidung; ≗**lang** *alle ~* sering sekali; –**länge** *f*, *um e-e ~ voraus* sedikit lebih dulu, sedikit lebih di muka; –**laut** *m*, *s. Nasallaut*; –**ring** *m* keluan, cocok hidung; –**schleim** *m* ingus; –**spitze** *f* ujung hidung
naseweis sok tahu
nasführen *tr.* mengakali, menipu
Nashorn *n* badak, *rhinozeros*
naß basah; *e ~er Sommer* musim panas dng. banyak hujan; ≗ *n* (*Nasses;O*) air, minuman
Nässe *f* (–;O) keadaan basah/lembab, kebasahan; ≗**n** *tr.* membasahi
naßkalt dingin lembab
Nation *f* (–;–*en*) bangsa
national kebangsaan, nasional; ≗**charakter** *m* kepribadian nasional; ≗**denkmal** *n* monumen nasional; ≗**flagge** *f* bendera kebangsaan/nasional; ≗**hymne** *f* lagu kebangsaan; –**isieren** (–) *tr.* menasionalisasikan, mengambilalih dan menjadikan milik negara; ≗**ismus** *m* (–;O) nasionalisme; ≗**ität** *f* (–;–*en*) kebangsaan, kewarganegaraan; ≗**mannschaft** *f* regu/kesebelasan nasional; ≗**ökonomie** *f* ilmu sosial ekonomi; ≗**park** *m* cagar alam nasional; ≗**rat** *m*, *österreichisch/schweizerisch* (anggota) Dewan Perwakilan Rakyat; ≗**stolz** *m* kebanggaan nasional; ≗**tracht** *f* pakaian nasional; ≗**versammlung** *f* majelis/dewan konstituante
Natrium *n* (–*s*;O) natrium (Na)
Natron *n* (–*s*;O) natron; –**lauge** *f* soda api
Natter *f* (–;–*n*) (suatu keluarga) ular, *colubridae*
Natur *f* (–;O) alam; kodrat; *Veranlagung* watak, sikap; *von ~ aus* menurut kodratnya; ≗**a** *in ~* berupa barang
Naturalbezüge *pl* tunjangan dl. bentuk barang
Naturaliën *pl* hasil bumi
natural|isieren (–) *tr.* menaturalisasikan, menjadikan warganegara; ≗**isierung** *f* (–;–*en*) pewarganegaraan; ≗**ist** *m* (–*en*;–*en*) *Phil. Lit.* penganut aliran naturalisme; ≗**leistung** *f* pembayaran dng. barang/hasil-bumi
Natur|anlage *f* bakat; –**beschreibung** *f* penggambaran alam; –**bursche** *m* pemuda polos; –**denkmal** *n* sm. monumen alam
Naturell *n* (–*s*;–*e*) watak, kodrat, pembawaan
Natur|ereignis *n*, –**erscheinung** *f* gejala/peristiwa alam; –**erzeugnis** *n* hasil bumi; –**forscher** *m* penyelidik alam; –**gas** *n* gas alam; ≗**gemäß** sesuai dng. alam, alamiah; wajar; –**geschichte** *f* ilmu pengetahuan alam; –**gesetz** *n* hukum alam/kodrat; ≗**getreu** sesuai dng. aslinya, alamiah; –**heilkundige** *m* ahli pengobatan traditional/alamiah, sinse, dukun; –**katastrophe** *f* bencana alam; –**kraft** *f* kekuatan alam; –**kunde** *f*, –**lehre** *f* ilmu alam
natürlich alamiah, asli; *einfach, ungekünstelt* sederhana, tdk. dibuat-buat; *Adv.* memang, tentu saja; *~es Hindernis* rintangan alamiah; *~es Kind* anak di luar perkawinan; *e ~es Bedürfnis befriedigen* mau ke kamar kecil; *das ist ~* itu 'kan wajar; ≗**keit** *f* (–;O) kesederhanaan, sikap lugu/sahaja
Natur|mensch *m* manusia yg. belum dibentuk oleh peradaban; orang yg. suka akan alam terbuka; ≗**notwendig** tdk. dapat dielakkan; –**recht** *n*

hukum kodrat; **–reich** *n* alam; **≗rein** murni, tanpa tambahan; **–religion** *f* agama asli/suku; **–schätze** *pl* sumber alam; **–schutz** *m* perlindungan alam; **–schutzgebiet** *n* cagar alam; **–trieb** *m* naluri; **–volk** *n* suku bangsa primitif; **–wissenschaft** *f* ilmu pengetahuan alam; **–wissenschaftler** *m* sarjana/ahli ilmu pengetahuan alam

Naut|ik *f* (–;O) ilmu pelayaran, nautika; **≗isch** menurut ilmu pelayaran

Navigation *f* (–;O) navigasi, pelayaran; **–skarte** *f* peta pelayaran; **–s·offizier** *m* ahli navigasi

Nebel *m* (*–s;–*) kabut; **–bank** *f* dinding/tabir kabut; **≗haft** berkabut; **–horn** *n* peluit kabut; **≗ig** berkabut; **–lampe** *f*, **–scheinwerfer** *m* lampu kabut; **–wand** *f*, *s. Nebelbank; fig.* tabir kabut

neben di samping/sebelah/sisi; *außer* selain, di samping

Neben|absicht *f* maksud terselubung/sampingan/kedua; **≗amtlich** sebagai pekerjaan tambahan/sampingan; **≗an** di sebelah; **–anschluß** *m* (pesawat) telepon sambungan (tambahan); **–arbeit** *f* pekerjaan sambilan; **–ausgaben** *pl* pengeluaran tambahan; **–ausgang** *m* pintu samping; **–bedeutung** *f* arti kedua

nebenbei di samping itu; selain dari itu; sambil lalu

Neben|beruf *m*, **–beschäftigung** *f*, *s. Nebenarbeit;* **≗beruflich** *s. nebenamtlich;* **–buhler** *m*, **–buhlerin** *f* saingan; **≗einander** berdampingan, bersebelahan; pd. waktu yg. sama; **–einander** *n* (*–s;O*) *friedliches ~* hidup rukun; **≗einanderstellen** *tr.* menempatkan bersebelahan; membandingkan

Neben|eingang *m* pintu samping; **–einkommen** *n*, **–einkünfte** *pl*, **–einnahmen** *pl* penghasilan sampingan/tambahan; **–erscheinung** *f* gejala sampingan; **–fach** *n* mata pelajaran sampingan; **–fluß** *m* anak sungai; **–frau** *f* isteri muda, selir; **–gebäude** *n* pavilyun, rumah tambahan di samping rumah induk; **–geräusch** *n*, *Tel./Rundf.* suara berisik, kebisingan, gangguan; **–geschmack** *m* rasa kurang enak; **–gleis** *n* rel simpang; **–haus** *n* rumah sebelah/tetangga; pavilyun

neben|her sambil lalu; tambah lagi; **–hin** sambil lalu, tanpa sengaja

Neben|kosten *pl* pengeluaran tambahan; **–linie** *f* trayek sampingan; garis keturunan samping(an); **–mann** *m* orang yg. berdiri di samping; **–niere** *f* anak ginjal; **–produkt** *n* hasil/produk sampingan; **–punkt** *m* persoalan tambahan, persoalan di samping masalah pokok; **–raum** *m* ruang samping; kamar sebelah; **–rolle** *f* peran kecil/sampingan; **–sache** *f* hal yg. kurang penting, soal kecil; **≗sächlich** kurang penting/berarti, sepele, tdk. begitu penting

Neben|satz *m* anak kalimat; **–schaltung** *f*, **–schluß** *m*, *Elek.* hubungan paralel; **≗stehend** *Adv.* yg. di samping; *Adj.* yg. tercatat di pinggir; **–stehende** *m*, *f* (*–n;–n*) orang yg. berdiri di samping; **–stelle** *f* kantor cabang; **–straße** *f*, *kleinere Straße* jalan kecil; *Seitenstraße (Abzweigung)* jalan simpang, (*parallel*) jalan samping; **–tisch** *m* meja sebelah; **–tür** *f* pintu samping; **–verdienst** *m*, *s. Nebeneinkommen;* **–weg** *m*, *s. Nebenstraße, auf ~en* melalui jalan tdk. langsung, *bp.* dng. jalan putar; **–winkel** *m*, *Math.* sudut pelurus; **–wirkung** *f* akibat samping; **–zimmer** *n* kamar sebelah; **–zweck** *m* maksud/tujuan sampingan

neblig berkabut

nebst beserta, bersama dng.; termasuk

neck|en *tr.* mengganggu, menggoda; *sich ~* bercanda, bergurau; **≗erei** *f* (*–;–en*) gangguan, canda; **–isch** genit, nyentrik, lucu

Neffe *m* (*–n;–n*) keponakan/kemenakan laki-laki

Negation *f* (*–;–en*) peniadaan, kata ingkar

negativ negatif, ingkar; **≗** *n* (*–s;–e*) *Fot.* klise, gambar negatif

Neger *m* (*–s;–*) orang negro/hitam

negieren (–) *tr.* menyatakan tdk.; *ablehnen* tdk. mengakui, menolak

Negligé *n* (*–s;–s*) sm. daster

nehmen *unr. tr.* mengambil; memakai; menerima; *e Taxi* ~ menyewa taksi; *j–n zur Frau* ~ memperisteri sso.; *sich Zeit* ~ *für* menyediakan waktu utk.; *wörtlich* ~ menanggap secara harfiah; ~ *Sie unseren Dank!* terimakasih! *hart im* ≗ *sein* kuat bertahan; *Tabletten* ~ minum pil/tablet; *j-m die Hoffnung* ~ membuat orang putus asa; *j-n zu sich* ~ menerima sso. dl. keluarga; *et. zu sich* ~ makan; *e-e Stadt* ~ merebut kota

Neid *m* (*–ẹs;O*) rasa iri (hati), rasa dengki; **≗en** *tr.* mendengki; **–er** *m* (*–s;–*), **–hammel** *m* pengiri, pendengki; **≗isch** iri hati, dengki; **≗los** tdk. iri, tanpa rasa iri

Neige *f* (*–;–n*) lereng(an), landai(an); *Rest* sisa (cairan); *zur* ~ *gehen* hampir menjadi habis

neigen *tr.* menunduk(kan), memiringkan, mencondongkan, mencenderungkan; *sich* ~ membungkuk; condong, cenderung; *enden* hampir menjadi habis; ~ *zu et.* condong/cenderung pd. sst.

Neigung *f* (*–;–en*) landaian; penurunan; *fig.* kecenderungan, kecondongan; tendensi; minat; *Vorliebe* kegemaran; *Zuneigung* rasa sayang; **–swinkel** *m* sudut inklinasi

nein tidak, bukan; ~ *ist das schön!* bukan main indahnya! **≗stimme** *f* suara menolak

Nekrolog *m* (*–s;–e*) nekrolog, riwayat hidup orang yg. baru saja meninggal

Nektar *m* (*–s;O*) sari bunga, nektar; *Myth.* minuman para dewa

Nelke *f* (*–;–n*) bunga anyelir/teluki, *caryophyllaceae; Gewürz* cengkeh, *eugenia aromatica*

nennen *unr. tr.* menyebut, menamakan, memberi nama; *sich* ~ bernama, menyebut diri; **–swert** berarti, penting, patut disebut

Nenn|er *m* (*–s;–*) *Math.* penyebut; *gemeinsamer* ~ penyebut persekutuan; **–fall** *m, Gr.* kasus pertama, nominatif; **–form** *f, Gr.* infinitif; **–ung** *f* (*–;–en*) penyebutan; penerimaan dl. daftar peserta; **–wert** *m* nilai nominal; **–wort** *n, Gr.* kata benda, substantif

neo . . . baru, neo– . . .

Neokolonialismus *m* (*–;O*) neokolonialisme

Neologismus *m* (*–;O*) neologisme, pemakaian kata baru; kata-kata buatan yg. baru

Neon *n* (*–s;O*) (gas) neon (Ne); **–lampe** *f* lampu neon; **–röhre** *f* tabung neon

neppen *tr. ugs.* memasang harga yg. terlalu tinggi, menipu

Nerv *m* (*–s;–en*) (urat) saraf; *j–m auf die ~en fallen/gehen* sangat mengganggu sso.; *die ~en behalten* tetap bersikap tenang; *die* ~ *verlieren* menjadi gelisah, bertindak salah karena gugup, kehilangan kendali

Nerven|arzt *m* dokter penyakit saraf; **≗aufreibend** yg. menegangkan saraf, yg. menggelisahkan; **≗beruhigend** yg. menenangkan saraf; **–bündel** *n, Anat.* berkas saraf; *fig.* orang yg. senewen; **–entzündung** *f* radang urat saraf, *neuritis;* **–klinik** *f* rumahsakit saraf; **≗krank** menderita penyakit urat saraf; **–krankheit** *f* penyakit urat saraf; **–krieg** *m* perang urat saraf; **–leiden** *n, s. Nervenkrankheit;* **–säge** *f, fig.* pengganggu; **–schmerz** *m* nyeri urat saraf, *neuralgia;* **–schock** *m* goncangan jiwa; **–schwäche** *f* lemah saraf, *neurasthenia;* **≗stärkend** ~*es Mittel* obat yg. menguatkan saraf; **–system** *n* sistem urat saraf; **–zusammenbruch** *m* gangguan urat saraf yg. berat

nerv|ig penuh urat, alot, kuat; **–lich** yg. berh. dng. urat saraf; psikis; **–ös** gugup, gelisah, *bp.* senewen; **≗osität** *f* (*–;O*) kegelisahan, kegugupan

Nerz *m* (*–es;–e*) *Zo.* sm. cerpelai, *mustela lutreola; Pelz* bulu cerpelai

Nessel **1.** *f* (*–;–n*) jelatang, *urtica; sich in die ~n setzen* mengalami kesulitan; **2.** *m* (*–s;O*) sm. kain belacu; **–fieber** *n* gelegata, widuren, *urticaria;* **–qualle** *f* sm. ampai-ampai, ubur-ubur

Nest *n* (*–es;–er*) sarang; *fig. ugs.* dusun yg. terpencil

nesteln *itr.* buka-pasang tali/kancing
Nest|häkchen *n* (*–s;–*) anak bungsu; **–wärme** *f* kehangatan dl. keluarga/rumahtangga
nett ramah, manis; rapi(h); menyenangkan; *das ist nicht ~ von Ihnen* (sikap) anda kurang sopan
netto netto, yg. bersih, bersihnya; **≗einkommen** *n*, **≗einnahmen** *pl*, **≗ertrag** *m* pendapatan/hasil bersih; **≗gewicht** *n* berat bersih; **≗lohn** *m* gaji bersih
Netz *n* (*–es;–e*) jaring(an); pukat, jala; *Haar* rajut-rambut, sarung konde; *Sp.* net; **–anschluß** *m* hubungan listrik; **≗artig** berbentuk jaring(an); **≗en** *tr.* membasahi (sedikit); **–haut** *f* selaput-jala, retina; **–hemd** *n* kemeja/kaus dari bahan berbentuk jala; **–karte** *f* tiket yg. berlaku utk. semua kereta api di suatu wilayah (selama waktu tertentu); **–spannung** *f* tegangan jaringan listrik; **–teil** *m* alat utk. menghubungi (radio, tape . . .) dng. listrik
neu baru, baharu; *~ere Sprachen* bahasa modern; *~este Mode* mode mutakhir; *e ~es Leben beginnen* mulai hidup lebih baik (dp. sebelumnya)
Neu|ankömmling *m* orang yg. baru tiba, pendatang; **–anschaffung** *f* barang/perkakas yg. baru dibeli; **≗artig** modern, baru; **–auflage** *f*, **–ausgabe** *f* cetak ulang, edisi baru; **–bau** *m* (pem)bangunan baru; **–bearbeitung** *f* revisi; **–bildung** *f* pembentukan baru (kata/jaringan/kabinet); **–druck** *m* cetak ulang; **–e** *m, f, n* (*–n;–n*) orang/hal baru; *was gibt's ~s!* apa kabar? *nichts ~s?* tdk. ada hal baru? *aufs ≗* sekali lagi; *von ≗m* sekali lagi dari permulaan
neuer|dings akhir(–akhir) ini, baru-baru ini; **≗er** *m* (*–s;–*) pembaharu; **–lich** belakangan ini; sekali lagi
Neu·erscheinung *f* terbitan baru
Neuerung *f* (*–;–en*) pembaharuan; **≗ssüchtig** ketagihan akan perubahan
neuestens *s. neuerdings*
neu|gebacken *Adj.* yg. baru dipanggang; *fig* yg. baru lulus; *~er Ehemann* pengantin baru; **–geboren** *Adj.* yg. baru lahir; *sich wie ~ fühlen* merasa segar bugar; **–gestalten** (–) *tr.* membaharui, memberi bentuk baru, mengadakan reorganisasi; **≗gestaltung** *f* perombakan, pembaharuan, reorganisasi; **≗gier(de)** *f* (*–;O*) rasa ingin tahu; **–gierig** ingin tahu, melit; **≗gotik** *f* (gaya) neogotik; **≗gründung** *f* pendirian baru/ulang; **≗gruppierung** *f* pengelompokan kembali; **≗heidentum** *n* jatuhnya kembali ke dl. kekafiran modern, kemurtadan dari agama monoteis; **≗heit** *f* (*–;–en*) hal/barang/mode baru
Neuigkeit *f* (*–;–en*) kabar/barang yg. baru
Neu·inszenierung *f* pementasan baru
Neujahr *n* (hari) tahun baru, 1 Januari; *Prosit ~!* selamat tahun baru! **–snacht** *f* malam tahun baru; **-swunsch** *m* ucapan selamat tahun baru
Neu|land *n* tanah yg. baru dibuka/ditemukan; *fig.* bidang baru; **≗lich** baru-baru ini, belum (berapa) lama berselang; **–ling** *m* (*–s;–e*) orang baru; **≗modisch** yg. berh. dng. mode baru (dan tdk. disukai); **–mond** *m* bulan muda
neun sembilan; **≗auge** *n* ikan lamprete, *petromyzontidae;* **≗eck** *n* segi sembilan; **–erlei** sembilan macam; **–fach, –fältig** sembilan kali (lipat); **–hundert** sembilan ratus; **–jährig** berusia/selama sembilan tahun; **–mal** sembilan kali; **–malklug** sok tahu; **–te** yg. kesembilan; **≗tel** *n* (*–s;–*) sepersembilan; **–tens** kesembilan; **–zehn** sembilan belas; **–zig** sembilan puluh; **≗ziger** *m* (*–s;–*) orang yg. sudah berumur sembilan puluh tahun; **–zigste** yg. kesembilan puluh
Neu·ordnung *f* reorganisasi, pengelompokan kembali
Neuphilologe *m* ahli bahasa/sastra modern
Neur|algie *f* (*–;. . . iën*) nyeri urat saraf; **≗algisch** *der ~e Punkt* soal yg. sangat peka/kritis; **–asthenie** *f* (*–;O*) lemah saraf

Neu|regelung *f* pengaturan kembali; **–reiche** *m* orang kaya baru

Neuro|chirurgie *f* (ilmu) bedah saraf; **–loge** *m* (*–n;–n*) ahli urat saraf; **–pathologie** *f* ilmu penyakit saraf

Neurose *f* (*–;–n*) penyakit saraf, *neurosis*

neu|sprachlich berh. dng. bahasa modern; **°stadt** *f* kota baru; **–testamentlich** *Rel.* berh. dng. Perjanjian Baru

neutral tdk. berpihak, netral; **–isieren** (–) *tr.* menetralkan, menjadikan tdk. berpihak; mencegah terjadinya akibat; **°ität** *f* (–;*O*) sikap netral, kenetralan

Neutron *n* (*–s;–en*) netron, neutron

Neutrum *n* (*–s; Neutra/Neutren*) *Gr.* jenis netral/banci

neu|vermählt baru nikah; **°wahl** *f* pemilihan ulang; **–wertig** sama spt. baru; **°zeit** *f* jaman modern; **–zeitlich** modern

nicht tidak, bukan; (*ganz u.*) *gar ~* sama sekali tdk.; *~ doch! bp.* jangan ah/dong! *nur das ~* ! jangan sampai begitu! *~ daß ich wüßte* setahu saya tdk.; *~ wahr?* bukan(kah) begitu? *das ist ~ wahr* itu tdk. benar

Nicht|achtung *f* sikap tdk. mempedulikan (orang/peraturan); sikap mengabaikan, penghinaan; **°amtlich** tdk. resmi; **–angriffspakt** *m, Pol.* perjanjian tdk. saling menyerang; **–annahme** *f* penolakan (utk. menerima sst.); **–beachtung** *f*, **–befolgung** *f* sikap/tindakan tdk. mengindahkan/memperhatikan, sikap mengabaikan; **–bezahlung** *f* pembayaran yg. tdk. dilakukan

Nichte *f* (*–;–n*) keponakan/kemenakan wanita

Nicht|einhaltung *f, s. Nichtbefolgung;* **–einmischung** *f* sikap tdk. campurtangan, non-intervensi; **–eisenmetall** *n* logam bukan besi; **–erfüllung** *f* kelalaian; **–erscheinen** *n* tdk. hadirnya; *Buch* tdk. terbitnya

nichtig tdk. berlaku, tdk. berarti; *für ~ erklären* menyatakan batal

Nichtigkeit *f* (*–;–en*) hal yg. remeh, hal yg. tdk. berarti/bernilai; *Jur.* batalnya, tdk. berlakunya; **–sbeschwerde** *f, Jur.* permohonan spy. suatu keputusan dinyatakan batal; revisi; **–s·erklärung** *f* pernyataan pembatalan, pernyataan bahwa sst. tdk. pernah berlaku

nicht|leitend *Elek.* tdk. menghantar, mengisolir; **°mitglied** *n* yg. bukan anggota; **–öffentlich** tertutup utk. umum, prive

Nichtraucher *m* orang yg. tdk. merokok; **–abteil** *n* bagian gerbong kereta api tempat orang tdk. boleh merokok

nichtrostend tahan karat, tdk. berkarat

nichts tiada/tidak sesuatu apapun; *~ als* tdk. lain daripada, hanya; *~ mehr* tdk. lagi; *für ~ u. wieder ~* percuma; *mir ~ dir ~* tanpa banyak cincong; *um ~* tanpa alasan; bagaimanapun juga tdk.; *weiter ~ ?* tdk. ada lagi? itu saja? *~ da! ugs.* tdk. (boleh)! *~ dagegen haben* tdk. berkeberatan; *~ zu machen* tdk. ada jalan (keluar); *es macht ~* tdk. apa-apa; **°** *n* (–;*O*) ketiadaan, kekosongan; *aus dem ~ schaffen* menciptakan/mengadakan dari ketiadaan; *vor dem ~ stehen* menghadapi kehancuran total; **–ahnend** dng. tdk. menyangka/mengira/mencurigai

Nicht·schwimmer *m* orang yg. tdk. bisa berenang

nichts|destoweniger namun begitu/demikian **°könner** *m* orang yg. tdk. bisa apa-apa; **–nutzig** tak berguna, nakal; **–sagend** tak berarti/berisi, kosong; **°tuer** *m* (*–s;–*) pemalas; **°tun** *n* kemalasan, keadaan menganggur atau tdk. bekerja; **–würdig** hina, buruk

Nicht|vorhandensein *n* tdk. tersedianya/adanya/terdapatnya; **–wissen** *n* ketidaktahuan, kebodohan; **–zulassung** *f* tdk. diterimanya; **–zutreffende** *n*, *~s streichen!* coret yg. tdk. perlu/berlaku!

Nickel *n* (*–s;O*) nikel (Ni)

nick|en *itr.* mengangguk; **°erchen** *n* (*–s;–*) *e ~ machen* tidur sebentar

nie tidak/belum pernah; *~ wieder* tdk. pernah lagi

nieder 1. rendah, *von ~er Gesinnung* (ber)sikap buruk/jelek; *von ~er Abkunft* berasal dari rakyat jelata;

2. ke bawah; *auf u.* ~ naik turun; ~ *mit dem Verräter!* ganyang(lah) pengkhianat!

nieder|beugen *tr.* menundukkan, merunduk(kan); *sich* ~ merunduk, membungkuk; **–brechen** *unr. tr. itr.* mematahkan, memutuskan; patah, runtuh; **–brennen** *unr. tr.* membakar habis; membumihanguskan; **–brüllen** *tr.* berteriak keras sehingga orang lain tdk. dapat berbicara; **–deutsch** berh. dng. bahasa daerah-daerah Jerman Utara; **≗druck** *m, Tech.* tekanan rendah; **–drücken** *tr.* menekan (ke bawah); **–fahren** *unr. itr.* turun; **–fallen** *unr. itr.* jatuh; *vor j-m* ~ menyembah sso.; **≗frequenz** *f* frekwensi rendah; **≗gang** *m* kemerosotan, keruntuhan; *vom Aufgang bis zum* ~ *(der Sonne)* dari timur sampai ke barat; **–gedrückt** tertekan; **–gehen** *unr. itr.* turun; *Flugzeug* mendarat

neidergeschlagen *Adj.* murung, sedih, susah hati; **≗heit** *f* (–;O) rasa sedih, gundah-gulana

nieder|halten *unr. tr.* menekan terus, menindas; **–hauen** *unr. tr.* menebang; **–holen** *tr.* menurunkan (bendera); **–knien** *itr.* berlutut; **–knüppeln** *tr.* menggada habis-habisan, memukul dng. gada; **–kommen** *unr. itr.* melahirkan, bersalin; **≗kunft** *f* (–;⸗e) persalinan; **≗lage** *f* **1.** kekalahan; *j-m e-e* ~ *beibringen* mengalahkan sso.; **2.** *Lager* depot, gudang; *Zweigstelle* kantor cabang; **–lassen** *unr. tr.* menurunkan; *sich* ~ duduk; bertempat tinggal dan mulai aktif (di tempat itu juga), *Vögel* hinggap; **≗lassung** *f* (–;–*en*) pemukiman; kantor cabang, filial; *gewerbliche* ~ tempat usaha; **≗lassungsfreiheit** *f* kebebasan memilih tempat tinggal

nieder|legen *tr.* meletakkan, menaruh; *die Arbeit* ~ mogok; *schriftlich* ~ mencatat; *sich* ~ berbaring; **–machen** *tr.*, **–metzeln** *tr.* menjagal, membunuh besar-besaran; **–reißen** *unr. tr.* meruntuhkan, membongkar; **–schießen** *unr. tr.* menembak (sehingga) jatuh

Niederschlag *m* hujan; *Bodensatz* endapan; *Boxen* pukulan yg. merobohkan lawan; *s-n* ~ *finden in* memperoleh/mendapat perwujudan (dl. sst.); **≗en** *unr. itr.* memukul sampai roboh/jatuh; merebahkan, merobohkan; *Augen* melihat ke bawah; *Aufstand* menumpaskan; *Verfahren* membatalkan; *sich* ~ mengendap, *fig.* tercermin dl.; **–ung** *f* (–;O) penumpasan; *Jur.* pembatalan

nieder|schmettern *tr.* membuat putus asa; **–schreiben** *unr. tr.* mencatat; **≗schrift** *f* catatan, notulen; **–setzen** *tr.* meletakkan; *sich* ~ duduk; **≗spannung** *f* (–;O) *Elek.* tegangan rendah; **–stechen** *unr. tr.* menikam sampai jatuh/roboh; **–steigen** *unr. itr.* turun; **–stoßen** *unr. tr.* memukul/menendang/menikam hingga jatuh; *itr.* menukik; **–strecken** *tr.* memukul/menembak jatuh

Nieder|tracht *f* (–;O) kelicikan, sikap buruk; perbuatan keji, kekejian; **≗trächtig** licik, buruk, jahat, kotor; **–trächtigkeit** *f* (–;–*en*) *s. Niedertracht*

nieder|treten *unr. tr.* menginjak-injak; **≗ung** *f* (-;-*en*) daerah rendah; *fig.* lingkungan bejat; **–wärts** ke bawah; **–werfen** *unr. tr.* melempar ke bawah; menumpaskan, mengalahkan; *die Krankheit warf ihn nieder* dia terpaksa berbaring karena penyakitnya; *sich* ~ bersembah sujud; **–werfung** *f* (–;O) penumpasan; **≗wild** *n* binatang buruan yg. kecil

niedlich manis, mungil, lucu

niedrig rendah; *fig.* hina, buruk; **≗keit** *f* (–;O) keburukan; keadaan rendah; **≗wasser** *n* air surut/turun

niemals tdk. pernah

niemand tdk./tak seorangpun; ~ *anders* tak seorang pun selain; **≗sland** *n* tanah tak bertuan; wilayah antara dua garis pertempuran

Niere *f* (–;–*n*) ginjal, buah pinggang, *nephros;* **–nbecken** *n* piala-ginjal, *pelvis renalis;* **–nbecken·entzündung** *f* radang piala-ginjal, *pyelitis;* **–n·entzündung** *f* radang ginjal, *nephritis;* **–nkrankheit** *f*, **–nleiden** *n*

penyakit ginjal; **–nstein** *m* (penyakit) ginjal-berbatu, *nephrolithiasis;* **–nverpflanzung** *f* transplantasi/pencangkokan ginjal

Nieselregen *m* hujan rintik-rintik, gerimis

niesen *itr.* bersin

Nießbrauch *m* hak pakai

Niet *m* (–e̸s;–e) paku keling/buta; ≗– *u. nagelfest* kokoh, kuat sekali, **–e** *f* (–;–n) **1.** kupon kosong (tak berhadiah); *fig.* orang yg. gagal; **2.** *s. Niet;* **≗en** *tr.* mengeling, melekatkan besi dng. keling; **–enhose** *f* celana jean

Nihilismus *m* (–;O) nihilisme

Nikotin *n* (–s;O) nikotin; **≗frei** tdk. mengandung nikotin, bebas nikotin; **–vergiftung** *f* keracunan nikotin

Nilpferd *n* kuda nil

Nimbus *m* (–;–se) *Rel.* lingkaran cahaya (di atas kepala); *fig.* kemasyhuran

nimmer tak pernah; **–mehr** tak pernah lagi; **–satt** rakus; **≗wiedersehen** *n, auf* ~ utk. selama-lamanya

Nippel *m* (–s;–) pipa pendek yg. beralur

nippen *itr.* mencicipi (minuman)

Nippsachen *pl* barang hiasan yg. kecil-kecil

nirgend|(s), –wo di mana pun tdk.

Nirwana *n* (–s;O) *Rel.* nirwana, keadaan lenyap sama sekali

Nische *f* (–;–n) ceruk, relung; *Café* tempat duduk bersekat

Nisse *f* (–;–n) telur kutu

Nissenhütte *f* gubuk seng

nisten *itr.* bersarang

Nitrat *n* (–e̸s;–e) nitrat, garam asam sendawa

Nitroglyzerin *n* nitro-gliserin

Niveau *n* (–s;–s) taraf, tingkatan; *unter dem* ~ tdk. memadai; **≗los** tdk. bermutu

nivellier|en (–) *tr.* meratakan, mendatarkan, **≗ung** *f* (–;–en) pemerataan, penyamarataan

nix *ugs.* sama sekali tdk., sedikit pun tdk.

Nix *m* (–es;–e) jin air; **–e** *f* (–;–n) sm. puteri duyung, peri

nobel luhur budi, mulia, anggun; murah hati

Nobelpreis *m* hadiah Nobel

noch 1. masih; ~ *nicht* belum; ~ *nie* belum pernah; ~ *lange nicht* masih lama; **2.** lagi, tambah; ~ *besser* lebih baik lagi; ~ *u.* ~ banyak sekali; ~ *einer* tambah satu lagi; ~ *einmal* sekali lagi; ~ *et.?* masih mau tambah? *das ist ja* ~ *schöner* lebih celaka lagi; *das wäre ja* ~ *schöner!* tdk. bisa begitu! mustahil! *nur* ~ *5 Minuten* hanya 5 menit lagi; ~ *älter* lebih tua lagi; **3.** *weder . . .* ~ baik . . . maupun . . . tdk.. . . . maupun/dan . . . tdk.; **–mal** sekali lagi; **–malig** yg. diulangi, berulang; **–mals** sekali lagi

Nocken *m* (–s;–) *Mot.* bubungan, sisir; **–rad** *n* roda sisir; **–welle** *f* poros bubungan

Nomad|e *m* (–n;–n) orang kelana/badui; **≗isch** berkelana

Nomen *n* (–s;*Nomina*) kata benda; **–klatur** *f* (–;–en) peristilahan utk. bidang khusus

Nomin|alwert *m* nilai nominal; **–ativ** *m* (–s;–e) *Gr.* kasus pertama, nominatif; **≗ell** menurut nama saja; tdk. nyata; **≗ieren** (–) *tr.* menunjuk, mengangkat

nonchalant bersikap acuh tak acuh

Nonne *f* (–;–n) biarawati, suster, rubiah; *Zo.* sm. kupu-kupu, *lymantria monacha;* **–nkloster** *n* susteran, biara suster

Nord 1. *ohne Artikel* utara; **2.** *m* (–e̸s; O) *Lit.* angin utara; **–en** *m* (–s;O) utara; *im* ~ di (sebelah) utara; **≗en** *tr.* mengarahkan ke utara; **≗isch** yg. berh. dng. utara, berasal dari sebelah utara; **–länder** *m* (–s;–) orang yg. berasal dari Eropa Utara

nördlich (di sebelah) utara

Nord|licht *n* cahaya yg. khas di kawasan kutub utara; **–osten** *m* timur laut; **≗östlich** (di) sebelah timur laut; **–pol** *m* kutub utara; **–see** *f* Laut Utara; **≗wärts** ke utara; **–west 1.** *ohne Artikel* barat laut; **2.** *m, Lit.* angin barat laut; **–westen** *m* barat laut

Nörg|elei *f* (–;–en) gerutu(an); **≗eln** *itr.* menggerutu, mencomel, bersungut-sungut; **–ler** *m* (*–s;–*) penggerutu, pencomel

Norm *f* (*–;–en*) norma, kaidah, patokan; *die ~ erfüllen* menyelesaikan pekerjaan tertentu dl. waktu yg. ditentukan; *das ist die ~* ini yg. lazimnya

normal biasa, lazim, normal; *du bist wohl nicht ~, ugs.* kamu sinting lho; **≗ausrüstung** *f* perlengkapan standar; **≗fall** *m, im ~* lazimnya, biasanya, umumnya; **≗gewicht** *n* bobot standar; **–isieren** (–) *tr.* menormalisasikan, memulihkan keadaan, mengembalikan kpd. keadaan spt. biasa(nya); **≗isierung** *f* (*–;–en*) normalisasi; **≗maß** *n* ukuran/tera standar; **≗spur** *f* rel kereta api yg. lebarnya 1,435 m; **≗uhr** *f* jam induk; **≗verbraucher** *m* konsumen/pemakai yg. biasa; *fig.* orang dng. daya tangkap yg. biasa; **≗zeit** *f* waktu standar/tolok; **≗zustand** *m* keadaan biasa

norm|ativ yg. mengikat/dipandang sebagai norma; **–en** *tr.* menyesuaikan dng. standar atau ukuran baku, membakukan; **≗enkontrollklage** *f* tuntutan spy. pengadilan menguji sah-tidaknya suatu undang-undang / peraturan; **–gerecht** sesuai dng. ukuran/patokan/standar; **–ieren** (–) *tr., s. normen;* **≗ierung** *f* (*–;–en*) standardisasi, pembakuan

Not *f* (*–;O*) kesusahan, keadaan darurat, kemiskinan, kekurangan; *im Falle der ~, wenn ~ am Mann ist* dl. keadaan terpaksa; *zur ~* bila perlu/terpaksa; *mit knapper ~* nyaris; *s-e liebe ~ haben mit* mengalami kesusahan dng.; *es tut ≗* perlu sekali

Nota *f* (*–;–s*) catatan, memo; nota, bon

Notar *m* (*–s;–e*) notaris; **–iat** *n* (*–(e)s;–e*) kantor notaris; **≗iëll** dibuat oleh notaris; *~ beglaubigt* disahkan oleh notaris

Not|arzt *m* dokter yg. dapat dipanggil dl. keadaan darurat; **–ausgang** *m* pintu darurat; **–behelf** *m* pemecahan sementara/darurat, alat darurat; **–bremse** *f* rem bahaya; **–brücke** *f* jembatan sementara/darurat; **–durft** *f* (*–;O*) kebutuhan; hajat; *s–e ~ verrichten* membuang air; **≗dürftig** secara darurat, utk. sementara; *~ reparieren* memperbaiki utk. sementara

Note *f* (*–;–n*) catatan; *Geld* uang kertas; *Pol.* nota; *Schule* nilai/angka (rapor); *Mus.* not, titinada; *fig.* gaya; **–n·austausch** *m* pertukaran nota; **–nbank** *f* bank sentral; **–nblatt** *n* lembaran not; **–nlinie** *f* garis not; **–npapier** *n* kertas yg. bergaris not; **–npult** *n, Mus.* rehal partitur; **–nschlüssel** *m* kunci nada; **–nständer** *m, s. Notenpult;* **–nsystem** *n* sistem not balok; **–n·umlauf** *m* peredaran uang kertas; **–nwechsel** *m, s. Notenaustausch*

Not|fall *m* keadaan darurat; **≗falls** kalau perlu, terpaksa; **≗gedrungen** *Adj.* terpaksa; **–gemeinschaft** *f* perkumpulan gotong-royong utk. saling membantu dl. keadaan darurat/sulit **–groschen** *m* tabungan yg. diperuntukkan bagi keadaan darurat; **–hafen** *m* pelabuhan darurat; **–helfer(in** *f*) *m* penolong dl. keadaan darurat/susah; **–hilfe** *f* pertolongan pertama pd. kecelakaan (P3K)

notier|en (–) *tr.* mencatat; **≗ung** *f* (*–;–en*) pencatatan; penentuan harga bursa

nötig perlu, dibutuhkan; *nicht ~* tdk. usah/perlu; *dringend ~* sangat diperlukan; **–en** *tr.* mendesak(kan); *sich ~ lassen* suka dipersilakan; **–enfalls** kalau perlu; **≗ung** *f* (*–;–en*) (pen)desakan; ancaman, intimidasi

Notiz *f* catatan; *keine ~ nehmen von* tdk. memperhatikan; **–block** *m* bloknotes; **–buch** *n* buku catatan

Not|lage *f* keadaan susah/darurat; **–lager** *n* tempat penginapan darurat; **–landung** *f* pendaratan darurat; **≗leidend** yg. menderita, serba (ber-) kekurangan; **–lösung** *f* pemecahan darurat/sementara; **–lüge** *f* dusta utk. menghindari yg. tdk. enak; **–maßnahme** *f* tindakan dl. keadaan darurat

notorisch diketahui umum, sudah dikenal (karena buruknya)

Not|pfennig *m, s. Notgroschen;* **–ruf** *m* nomor-nomor telepon penting; **–schlachtung** *f* penyembelihan terpaksa; **–schrei** *m* teriakan minta tolong; **–signal** *n* tanda bahaya, tanda minta tolong; **–sitz** *m* tempat duduk tambahan; **–stand** *m* keadaan darurat/gawat; **–standsgebiet** *n* daerah yg. kena musibah; **–standsgesetz** *n* undang-undang (yg. menambah wewenang pemerintah) utk. keadaan darurat; **–standsmaßnahmen** *pl* tindakan utk. mengatasi keadaan darurat; **–stromaggregat** *n* generator pengganti aliran listrik umum dl. keadaan darurat; **–taufe** *f* pembaptisan (dl. keadaan) darurat; **–treppe** *f* tangga darurat; **–unterkunft** *f* tempat perlindungan; penginapan darurat sementara; **–verband** *m* perban/kain pembalut yg. dipasang utk. sementara; **–verordnung** *f* dekret utk. mengatasi keadaan darurat/sementara; **–verband** *m* karena keadaan darurat, terpaksa, utk. membela diri; **≗wendig** perlu, harus, mendesak, urgen; *unbedingt* ~ sangat penting; **≗wendigerweise** tdk. bisa dihindari; **–wendigkeit** *f* (*–;–en*) keharusan, keperluan, kemestian; **–zeichen** *n, s. Notsignal;* **–zucht** *f* perkosaan; **≗züchtigen** *tr.* memperkosa

Novelle *f* (*–;–n*) cerita singkat; *Jur.* amandemen, usul perubahan/tambahan

November *m* (*–ṡ;–*) (bulan) November

Novität *f* (*–;–en*) sst. yg. baru

Novize *m* (*–n;–n*) novis

Novum *n* (*–s;Nova*) yg. baru, yg. belum pernah ada

nu *s. nun:* ≗ *m, im* ~ dl. sekejap mata

Nuan|ce *f* (*–;–n*) perbedaan yg. sangat kecil, nuansa; **≗cieren** (–) *tr.* membedakan secara halus

nüchtern *Adj.* dng. perut kosong; tdk. mabuk; *besonnen* tanpa emosi/ilusi; *schmucklos* sederhana, ugahari; ~ *betrachtet* dipandang secara realistis; **≗heit** *f* (*–;O*) (dl.) keadaan belum makan dan minum; *fig.* kesadaran, ketenangan, keadaan jiwa yg. tenang dan mantap

Nucke *f,* **Nücke** *f* (*–;–n*) *s-e ~n haben* sedang terpengaruh emosi, *bp.* ngambek

Nudel *f* (*–;–n*) makroni, spageti; *chinesische* ~ *n* (bak)mi; **≗n** *tr.* memberi makanan terlalu banyak, menggemukkan; **–suppe** *f* sop makroni

Nudismus *m* (*–;O*) gerakan hidup (ber)telanjang

nukle|ar nuklir; **≗insäure** *f* asam nuklein; **≗us** *m* (*–;Nukleï*) inti

null nol; ~ *u. nichtig* sama sekali tdk. berlaku, batal; ≗ *f* (*–;–en*) (angka) nol; *fig.* orang tak berguna/berarti; *in* ~ *Komma nichts* dl. sekejap mata; **≗einstellung** *f* penyesuaian pd. titik nol; **≗punkt** *m* titik nol; **≗spannung** *f* tegangan nol

numerieren (–) *tr.* memberi nomor urut

numerisch menurut angka

Numerus clausus *m* (*––;O*) jumlah terbatas bagi orang yg. dapat diterima (di universitas)

Nummer *f* (*–;–n*) angka, nomor, bilangan; *Zeitschrift* terbitan; edisi; *Vorstellung* acara; *e-e gute* ~ *haben* disukai, disenangi; **–nscheibe** *f, Tel.* cakram angka; **–nschild** *n* pelat nomor mobil

nun sekarang; ~ *ja* boleh; (*was*) ~ *?* lalu (apa)? *von* ~ *an* mulai dari sekarang; ~ *sprich doch!* ayo bicara! **–mehr** sekarang ini, sejak sekarang

Nuntius *m* (*–;. . .iën*) duta besar Vatikan

nur hanya, saja; melulu; ~ *einer* cuma satu/seorang; *alle,* ~ *nicht er* semua kecuali/selain dia; *nicht* ~ *, sondern auch* bukan hanya, melainkan juga; *ohne auch* ~ *e Wort zu sagen* tanpa mengatakan sepatah kata pun; ~ *zu!* ayo! teruskan! *warum* ~ *?* mengapa?

nuscheln *itr.* bicara kurang jelas dan sengau

Nuß *f* (*–;Nüsse*) kacang(-kacangan), buah yg. berkulit keras, biji (–bijian); **–baum** *m* pohon kacang; **≗braun** sawo matang; **–kern** *m* biji kacang; **–knacker** *m* sm. tang utk.

memecahkan kacang-kacangan, sm. kacip; **–schale** *f* kulit kacang; *Boot* perahu kecil

Nüster *f* (–;–*n*) lobang hidung (kuda)

Nut(e) *f* (–;–*en*) alur, galur, lekuk yg. memanjang (tempat masuknya lidah bajang)

Nutte *f* (–;–*n*) *pej*. pelacur

nutz (nütze) berguna; *zu nichts ~ sein* tak berguna sedikitpun; *zu* ≗ *u. Frommen* demi kebaikan dan keuntungan; **≗anwendung** *f* penerapan praktis; *e-e ~ ziehen aus* menarik kesimpulan praktis

nutzbar dapat digunakan/dimanfaatkan; **≗machung** *f* (–;*O*) pengolahan sehingga dapat digunakan

nutz|bringend bermanfaat, menguntungkan; **≗effekt** *m* akibat praktis, akibat yg. berguna, dayaguna

Nutzen *m* (–*s*;*O*) kegunaan, faedah, untung, manfaat, hasil

nutzen *itr*., **nützen** *itr*. berguna, bermanfaat, menguntungkan; *was nützt das?* apa gunanya? *tr*. memanfaatkan, mengambil hasil dari, menarik untung dari

Nutz|garten *m* kebun dng. sayur dan buah-buahan; **–holz** *n* kayu yg. dapat diolah; **–last** *f* muatan; daya muat; **–leistung** *f* dayaguna, hasil, efek

nützlich berguna, bermanfaat, berfaedah, menguntungkan; **≗keit** *f* (–;*O*) kegunaan, manfaat

nutz|los tak berguna; **≗nießer** *m* (–*s*;–) orang yg. menikmati keuntungan

Nutzung *f* (–;–*en*) pemakaian, penggunaan; **–srecht** *n* hak guna/pakai

Nylon *n* (–*s*;*O*) nilon; **–strümpfe** *pl* kaus kaki nilon

Nymph|e (–;–*n*) peri; *Zo*. tempayak; **≗oman** *Adj*. gila laki-laki

O

o! o! ~ *nein!* jangan! sama sekali tdk.! ~ *weh!* sayang (sekali)! *bp.* (wah) celaka!

Oase *f* (–;–*n*) oase, wahah

ob 1. *Konj.* apakah; *als* ~ seolah-olah; *nicht als* ~ bukan (karena); (*na*) *und* ~! tentu saja! **2.** *Prp.* karena; *oberhalb* di atas(nya)

Obacht *f* (–;*O*) kewaspadaan, perhatian; (*gib*) ~! hati-hati! awas!

Obdach *n* (–*es*;*O*) tempat berlindung, tempat tinggal (sementara); **°los** tunawisma, bergelandangan; ~ *werden* menjadi tunawisma; kehilangan rumah tinggal; **–lose** *m, f* (–*n*;–*n*) orang tunawisma/gelandangan; orang yg. kehilangan tempat tinggal; *Asyl für* ~ tempat penampungan tunawisma

Obdu|ktion *f* (–;–*en*) pembedahan mayat, obduksi, otopsi; **°zieren** (–) *tr.* membedah mayat

O-Beine *pl* kaki pengkar dalam (yg. berbentuk O)

Obelisk *m* (–*en*;–*en*) tugu, lingga

oben atas; *nach* ~ ke atas; *von* ~ *herab* dari atas, *fig.* sombong, angkuh; *siehe* ~ lihat(lah) di atas; ~ *ohne* dng. dada terbuka; **–an** di tempat paling atas; **–auf** di atasnya, di atas permukaan; ~ *sein* merasa segar **–drein** tambah (lagi); **–erwähnt** yg. tersebut di atas; **–hin** sepintas lalu, dangkal; **–hinaus** ~ *wollen* sangat ambisius

ober di atasnya; *die* ~*en Zehntausend* golongan atas

Ober *m* (–*s*;–) pelayan (di restoran), *bp.* bung

Ober|arm *m* lengan atas; **–arzt** *m* wakil dan pembantu dokter kepala (di) rumahsakit; dokter kepala bagian; **–aufsicht** *f* inspeksi penilikan; **–bau** *m* bagian jembatan yg. ditopang tiang; rel dan bantalan kereta api; **–befehl** *m, s. Oberkommando;* **–befehlshaber** *m* panglima (tertinggi); **–begriff** *m* istilah yg. (lebih) luas; **–bekleidung** *f* busana, pakaian luar; **–bett** *n* sm. bantal besar dan ringan (sebagai pengganti selimut); **–bürgermeister** *m* walikota (dari kota madya); **–deck** *n* geladak (atas)

Obere *m* (–*n*;–) atasan, pembesar

oberfaul *ugs.* sangat busuk/buruk

Ober|feldwebel *m* sersan mayor; **–fläche** *f* permukaan; luasnya; *an die* ~ *kommen* muncul; **°flächlich** dangkal, tdk. (men)dalam; *fig.* sepintas lalu, sembrono; *j-n* ~ *kennen* mengenal sso. dng. sepintas lalu; **–gärung** *f* peragian pd. suhu tinggi; **–geschoß** *n* tingkat atas; *bp.* loteng; **°halb** di atas(nya), lebih atas dari; **–hand** *f, die* ~ *gewinnen* menang, menjadi unggul; ~ *haben* berkuasa; **–haupt** *n* kepala; **–haus** *n* Majelis Perwakilan Tinggi; **–hemd** *n* kemeja; **–herrschaft** *f* supremasi, kekuasaan tertinggi; **–hirte** *m* *Rel.*, *Bischof* uskup, *Papst* paus

Oberin *f* (–;–*nen*) kepala biarawati/perawat, *bp.* muder

oberirdisch di atas tanah

Ober|kellner *m, s. Ober;* **–kiefer** *m* geraham atas; **–kirchenrat** *m* pejabat tinggi Gereja Protestan; **–klasse** *f* golongan elite; *Schule* kelas tertinggi; **–kleidung** *f, s. Oberbekleidung;* **–kommando** *n* komando tertinggi; **–körper** *m* tubuh bagian atas; **–land** *n* daerah yg. letaknya (lebih) tinggi;

–landesgericht *n* pengadilan tertinggi di negara bagian; **°lastig** terlalu berat di bagian atas; **–lauf** *m* hulu; **–leder** *n* kulit sepatu bagian luar; **–leitung** *f* pimpinan; *Elek.* aliran listrik di atas rel trem atau bis listrik; **–leitungsomnibus** *m* bis listrik; **–leutnant** *m* letnan satu; ~ *zur See* letnan satu Angkatan Laut; **–licht** *n* cahaya dari jendela bagian atas; jendela bagian atas; jendela di langit-langit; **–lippe** *f* bibir atas; **–präsident** *m* pimpinan provinsi (di Prusia); **–priester** *m* imam kepala; **–prima** *f* kelas tertinggi di SMA; **–richter** *m* hakim kepala

Obers *n* (–;O) *österreichisch* kepala susu

Ober|schenkel *m* paha; **–schicht** *f* lapisan/golongan atas; **–schule** *f* sekolah lanjutan atas; **–schwester** *f* pimpinan jururawat; **–seite** *f* sisi/bagian atas

oberst paling atas/tinggi; *das* ≗*e zuunterst kehren* membuat kacau-balau

Oberst *m* (*–en/–s;–en*) kolonel, overste

Oberstimme *f* sopran(o)

Oberstleutnant *m* letnan kolonel (letkol)

Ober|stock *m* tingkat atas; **–stübchen** *n*, *nicht ganz richtig im* ~ *sein, ugs.* sinting; **–studiendirektor** *m* kepala/pimpiman sekolah lanjutan; **–stufe** *f* kelas-kelas di sekolah lanjutan atas; **–tasse** *f* cangkir; **–teil** *m, n* bagian atas; **–wasser** *n* air di bagian atas pintu air; ~ *haben* beruntung; **–weite** *f* (ukuran) lingkar dada

obgleich meskipun, walaupun

Obhut *f* (–;O) *j-n/et. in* ~ *nehmen/geben* menerima(kan) sso./sst. sebagai titipan (spy. dipelihara baik-baik)

obig yg. tersebut di atas

Objekt *n* (*–es;–e*) benda, barang; *Ziel* sasaran; *Gegenstand, fig.* obyek; pokok; *Gr.* pelengkap, obyek

objektiv obyektif; tdk. memihak; *real* nyata; **°** *n* (*–s;–e*) lensa, kaca obyektif; **°ität** *f* (–;O) sikap obyektif, obyektivitas

Oblate *f* (*–;–n*) biskuit tipis; *Rel.* hosti yg. belum dikonsekrasikan

obliegen *unr. itr.* menekuni; merupakan kewajiban; **°heit** *f* (*–;–en*) tugas, kewajiban

Obliga|tion *f* (*–;–en*) ikatan, kewajiban moril; *Wertpapier* obligasi, surat berharga; **°torisch** yg. mengikat, yg. menjadi kewajiban

Obmann *m* ketua, wakil

Oboe *f* (*–;–n*) (h)obo

Obolus *m* (*–;–/–se*) derma/sumbangan kecil

Obrigkeit *f* (*–;–en*) yg. berwajib, (instansi) pemerintah; pembesar, atasan; **°lich** dari pemerintah/atasan atau yg. berwenang; **–s·staat** *m* negara otoriter

obschon walaupun, kendati(pun), meskipun

Observatorium *n* (*–s; . . . riën*) observatorium

'obsiegen (–) *itr.*, **ob'siegen** (–) *itr.* menang atas

obskur kabur, tdk. jelas, gelap

Obst *n* (*–es;O*) buah-buahan; **–bau** *m* (*-s;O*) penanaman pohon buah-buahan; **–baum** *m* pohon buah; **–garten** *m* kebun buah; **–kern** *m* biji buah; **–konserven** *pl* buah kaleng; **–kuchen** *m* kue buah-buahan; **–markt** *m* pasar buah

Obstruktion *f* (*–;–en*) obstruksi, gangguan; perbuatan merintangi/menentang

Obst|saft *m* sari buah; **–salat** *m* selada buah-buahan; sm. rujak; **–züchter(in** *f*) *m* petani penghasil buah-buahan

obszön cabul, porno

Obus *m* (*–ses;–se*) *Abk. von Oberleitungsomnibus* bis listrik

obwalten *itr.*, *unter den ~den Umständen* dl. keadaan dan kondisi yg. dihadapi itu

obwohl *s. obschon*

Ochse *m* (*–n;–n*) lembu kebiri; *fig.* si bodoh/tolol

ochsen *itr. ugs.* belajar dng. sangat tekun

Ochsen|auge *m, Med.* bola-mata terlalu besar, *buphthalmos; Bo.* sm. bunga berwarna kuning, *buphthalmum; Zo.* sm. kupu-kupu, *epinephele* *jurtina; Fenster* jendela bulat di langit-langit; *ugs.* telur mata sapi; **–gespann** *n* sepasang sapi yg. menarik gerobak; **–schwanzsuppe** *f* sop buntut (sapi); **–ziemer** *m* cambuk

Ocker *m* (*–s;–*) oker; warna kuning tua; *Mineral* hartal

Ode *f* (*–;–n*) madah, lirik pujian, sanjak yg. melukiskan perasaan

öde sepi, sunyi; tandus; *fig.* bosan; **≗** *f* (*–;–n*) keadaan tandus, padang belantara; *fig.* kesunyian, kebosanan

Odem *m* (*–s;O*) *Lit.* nafas

Ödem *n* (*–s;–e*) *Med.* busung, *oedema*

oder atau

odios, odiös yg. dibenci

Ödipuskomplex *m* kompleks Odipus

Ödland *n* tanah tandus

Odyssee *f* (*–; . . . eën*) perjalanan lama dan sering tersesat, pengembaraan, petualangan

Ofen *m* (*–s;¨*) perapian, *bp.* open; **–heizung** *f* pemanasan dng. open; **–rohr** *n* (pipa) cerobong asap

offen terbuka, terus-terang; *unentschieden* belum diputuskan; *~e Handelsgesellschaft* firma (yg. semua partnernya bertanggungjawab penuh), kongsi; *~e Stelle* lowongan; *~es Geheimnis* rahasia umum; *e ~es Haus führen* suka menerima tamu

offenbar jelas, terang; *anscheinend* tampaknya, (rupa-)rupanya; **–en** (–) *tr.* mengemukakan, membuka; *Rel.* mewahyukan; **≗ung** *f* (*–;–en*) pernyataan; wahyu; *Geheime ~, Rel.* Kitab Wahyu; **≗ungs·eid** *m* sumpah orang berhutang (yg. memberitahukan seluruh harta miliknya)

Offenheit *f* (*–;O*) sikap terbuka/terus-terang/jujur

offen|herzig terus-terang, jujur; suka mengeluarkan isi hati; **≗herzigkeit** *f* (*–;O*) sikap terus-terang; **–kundig** terang, nyata, umum; terkenal; **–lassen** *unr. tr.* tdk. menutup/mengancingkan, *fig.* tak terputuskan; **–legen** *tr.* membuka (kartu); **–sichtlich** *s. offenkundig*

offensiv bersikap menyerang; **≗e** *f* (*–;–n*) serangan berencana; *die ~ ergreifen* mulai menyerang/menyerbu

offenstehen *unr. itr.* terbuka; *unbezahlt* belum dibayar/dilunasi

öffentlich umum, terbuka; resmi; *Angestellte/Beamte des ~en Dienstes* pegawai pemerintah; *~e Meinung* pandangan umum; **≗keit** *f* (*–;O*) masyarakat, khalayak ramai, umum; *an die ~ treten* tampil di muka umum; *in aller ~* di muka umum; **–rechtlich** *~e Körperschaft* badan hukum yg. (demi pelayanan kpd. masyarakat) diberi hak khusus

offerieren (–) *tr.* menawarkan

Offerte *f* (*–;–n*) penawaran, oferte

offiziëll resmi

Offizier *m* (*–s;–e*) perwira; *bp.* opsir; **–s·anwärter** *m* taruna; **–skorps** *n* korps perwira; **–smesse** *f* ruang kantin dan klub perwira

Offizin *f* (*–;–en*) laboratorium; apotek; *Druckerei* percetakan

offiziös setengah resmi

öffn|en *tr.* membuka; **≗er** *m*(*–s;–*) alat pembuka; **≗ung** *f* (*–;–en*) pembukaan; *Loch* lobang, tempat yg. terbuka; *Durchlaß* tempat keluar-masuk; **≗ungszeit** *f* jam buka

Offsetdruck *m* cetak(an) ofset

oft sering(kali), berulang-ulang, acapkali

öfter lebih/agak sering; *des ~en* tdk. jarang; **–s** berkali-kali, agak sering

oft|malig, –mals *s. oft*

oh! o! *~ weh!* aduh (celaka)!

Oh(ei)m *m* (*–s;–e*) paman, *bp.* om

ohne tanpa; tdk. termasuk, kecuali; *~ Frage* pasti; *~ weiteres* tanpa banyak cincong, dng. mudah; *~ Zweifel* pasti, tanpa ragu-ragu

ohne|dem, –dies bagaimanapun juga; **–gleichen** *Adv.* tdk. ada bandingannya; **–hin** *s. ohnedies*

Ohn|macht *f* (*–;–en*) pingsan; *fig.* keadaan tdk. sanggup; **≗mächtig** pingsan, tak sadar diri; *fig.* tak berdaya

Ohr *n* (*–(e)s;–en*) telinga, kuping; *übers ~ hauen, ugs.* menipu; *sich aufs ~ legen* tidur (sebentar); *bis über die*

~en verliebt mabuk kepayang; *die ~en steifhalten* tdk. tunduk; *sich e-e Nacht um die ~en schlagen* bergadang; *zu ~en kommen* mendengar(kan); *e offenes ~ haben für* bersedia memperhatikan

Öhr *n* (–*(e)s*;–*e*) lobang (jarum)

ohren|betäubend sangat ribut, berisik sekali, gaduh; **≗bläser** *m* pemfitnah; **≗entzündung** *f* radang telinga; **≗klappe** *f* pelindung telinga (thd. kedinginan); **≗leiden** *n* penyakit telinga; **≗sausen** *n* (–*s*;*O*) desing dl. telinga; **≗schmalz** *n* tahi telinga; **≗schmaus** *m* (musik) yg. enak didengar; **≗schmerzen** *pl* sakit telinga; **≗schützer** *m*, *s. Ohrenklappe;* **≗zeuge** *m* saksi yg. mendengar sendiri

Ohr|feige *f* (–;–*n*) tempeleng, tamparan; **≗feigen** *tr.* menempeleng, menampar; **–gehänge** *n* anting-anting; **–klipp** *m* (–*s*;–*s*) anting jepit; **–läppchen** *n* (–*s*;–) cuping telinga; **–löffel** *m*, *ugs.*, **–muschel** *f* daun telinga; **–ring** *m* anting-anting, subang, giwang

Okkultismus *m* (–;*O*) okultisme, ajaran tt. hal-hal yg. gaib/tersembunyi

Okkupation *f* (–;–*en*) pendudukan, okupasi

Ökologie *m* (–;*O*) (ilmu) ekologi

Ökonom *m* (–*en*;–*en*) ekonom, ahli ekonomi; pemilik/pengurus pertanian; **–ie** *f* (–;*O*) (ilmu) ekonomi; *Sparsamkeit* kehematan; **≗isch** ekonomis, hemat, tdk. boros, irit; yg. berh. dng. ekonomi

Oktanzahl *f* ukuran/nilai oktan

Oktav 1. *n* (–*s*;–*e*) oktavo, ukuran kertas (18,5x25cm); **2.** *f* (–;–*en*) *Rel.* perayaan pesta selama 8 hari; **3.** *s. Oktave;* **–band** *m* buku dl. format oktavo; **–e** *f* (–;–*n*) *Mus.* oktaf, nada kedelapan

Oktober *m* (–*(s)*;*O*) (bulan) Oktober

Okul|ar *n* (–*s*;–*e*) lensa mata (pd. mikroskop); **≗ieren** (–) *tr.* mengenten, mencabangkan, mengokulasi

Ökumene *f* (–;*O*) (gerakan) oikumene

Okzident *m* (–*s*;*O*) dunia Barat

Öl *n* (–*(e)s*;–*e*) minyak; *bp.*, *Mot.* oli; *~ zum Braten* minyak goreng; *in ~ gekocht* ditumis; *~ ins Feuer gießen* mengobarkan perselisihan; *~ auf die Wogen gießen* menenteramkan suasana/hati panas; **–baum** *m* pohon zaitun, *olea;* **–behälter** *m* tempat minyak, oliken; **–berg** *m*, *Rel.* Gunung Zaitun; **–druck** *m* tekanan minyak; **–druckanzeiger** *m* manometer minyak; **–druckbremse** *f* rem hidraulis

Oleander *m* (–*s*;–) suduayah, *nerium oleander*

ölen *tr.* meminyaki, mengoles, melumasi dng. minyak; *wie geölt* lancar

Öl|farbe *f* cat minyak; **–feld** *n* ladang (pertambangan) minyak; **–feuerung** *f* pemakaian minyak sebagai bahan bakar; **–gemälde** *n* lukisan cat minyak; **–götze** *m*, *wie e ~* bengong; **–hahn** *m* keran minyak; **–haut** *f* mantel kedap air; **–heizung** *f* alat pemanas yg. bahan bakarnya adalah minyak; **≗ig** berminyak, mengandung minyak; *~ sprechen* bicara bermanis-manis; **–industrie** *f* industri minyak

Oliv|e *f* (–;–*n*) buah zaitun; **–enbaum** *m*, *s. Ölbaum;* **–enöl** *n* minyak zaitun; **≗grün** hijau lumut/keabu-abuan

Öl|kanne *f* oliken; **–krise** *f* krisis minyak; **–kuchen** *m* bungkil, ampas bijan; **–lampe** *f* lampu minyak; *Wand* lampu tempel; **–leitung** *f* pipa minyak; **–malerei** *f* lukisan cat minyak; **–mühle** *f* perusahaan penghasil minyak nabati; **–ofen** *m* alat pemanas yg. memakai minyak; **–palme** *f* kelapa sawit, *elaeis guinensis;* **–papier** *n* kertas minyak; **–quelle** *f* sumber minyak; **–raffinerie** *f* kilang minyak; **–sardine** *f* sarden(cis) dng. minyak zaitun; **–schalter** *m*, *Elek.* sakelar minyak; **–stand** *m* permukaan/tingginya minyak; **–standanzeiger** *m* meteran/pengukur tingginya minyak; **–tanker** *m* kapal tangki minyak

Ölung *f* (–;–*en*) perminyakan; *Letzte ~*, *Rel.* sakramen perminyakan orang sakit

Olymp|iade *f* (*–;–n*) olimpiade; **–iamannschaft** *f* kontingen/regu olimpiade; **≗isch** yg. berh. dng. olimpiade

Öl|zeug *n* jas minyak; **–zweig** *m* ranting pohon zaitun

Oma *f* (*–;–s*) nenek, oma

Omelett *n* (*–s;–e*), **–e** *f* (*–;–n*) telur dadar

Omen *n* (*–s;–/Omina*) tanda, isyarat

ominös penuh bahaya/ancaman, mencurigakan

Omnibus *m* (*–ses;–se*) bis; **–bahnhof** *m* terminal bis; **–haltestelle** *f* halte/setopan bis; **–linie** *f* jurusan/trayek bis; **–verbindung** *f* hubungan (dng.) bis

Onanie *f* (*–;O*) rancap, onani

ondulieren (–) *tr.* mengombak rambut

Onkel *m* (*–s;–*) paman, *bp.* om

Opa *m* (*–s;–s*) kakek, opa, engkong

Opal *m* (*–s;–e*) batu baiduri, mata kucing, opal; **–glas** *n* kaca susu

Oper *f* (*–;–n*) (gedung) opera

Operateur *m* (*–s;–e*) pembedah, ahli bedah

Operation *f* (*–;–en*) pembedahan, operasi; tindakan/aksi militer; **–sbasis** *f, Mil.* basis operasi; **≗sfähig** dapat/boleh dioperasi; **–skittel** *m*, **–smantel** *m* baju operasi; **–snarbe** *f* bekas luka bedah; **–s·plan** *m, Mil.* rencana tindakan; **–s·saal** *m* ruang bedah; **–s·schwester** *f* jururawat ruang bedah, suster pembantu ahli bedah; **–s·tisch** *m* meja bedah

operativ dng. (jalan) pembedahan/operasi

Operette *f* (*–;–n*) operet, komedi musik

operieren (–) *tr.* membedah; *itr.* bertindak

Opern|glas *n* teropong kecil; **–haus** *n* gedung opera; **–sänger(in** *f*) *m* penyanyi/biduan opera

Opfer *n* (*–s;–*) kurban, persembahan; *Verzicht* pengorbanan; *Beute* mangsa; *zum ~ fallen* menjadi kurban; **–altar** *m* mezbah/altar persembahan; **≗bereit** bersedia berkurban; **–gabe** *f*, **–geld** *n* persembahan; (uang) sumbangan; **–kasten** *m* kotak sumbangan; **–lamm** *n* domba kurban, domba utk. dikurbankan; **–mut** *m* semangat berkurban; **≗n** *tr. itr.* mempersembahkan, mengurbankan; berkurban; *sich ~* mengurbankan diri/nyawa; **–priester** *m* pemuka agama yg. mempersembahkan kurban; **–stätte** *f* tempat persembahan; **–stock** *m, s. Opferkasten;* **–tier** *n* binatang/hewan yg. dikurbankan; **–tod** *m* pengurbanan nyawa; **–ung** *f* (*–;–en*) persembahan, pengurbanan; **≗willig** *s. opferbereit*

Opium *n* (*–s;O*) candu, madat; **–raucher** *m* pemadat

opponieren (–) *itr.* melawan, menentang; membantah

opportun *Adj.* bermanfaat, berguna, menguntungkan; **≗ist** *m* (*–en;–en*) orang yg. hanya mencari untung sendiri, oportunis

Opposition *f* (*–;O*) oposisi, penentangan; **≗ell** beroposisi; **–sführer** *m* pemimpin oposisi

optieren (–) *tr.* memilih

Optik *f* (*-; O*) (ilmu) optik; *Blickwinkel* sudut pandangan; **–er** *m* (*–s;–*) ahli kacamata/optik

optim|al yg. sebaik-baiknya; **≗ismus** *m* (*–;O*) optimisme; **≗ist** *m* (*–en;–en*) optimis; **–istisch** optimistis, selalu berharap(an)/berpandangan baik; **≗um** *n* (*–s; . . . ma*) (yg.) terbaik, (yg.) paling menguntungkan, optimum

Option *f* (*–;–en*) pilihan bebas; keinginan

optisch yg. berh. dng. optik/penglihatan

Opus *n* (*–;Opera*) karya

Orakel *n* (*–s;–*) (tempat memperoleh) petunjuk gaib, ramalan; jawaban yg. kurang jelas; *in ~n sprechen* berbicara dng. tdk. jelas maksudnya; **≗n** (–) *itr.* meramal; berbicara dng. kurang tegas maksudnya; menyindir; **–spruch** *m* petunjuk gaib; ramalan

oral yg. menyangkut/melalui mulut

Orange *f* (*–;–n*) jeruk manis/sunkis; **≗farben** *Adj.* berwarna jingga; **–nbaum** *m* sm. pohon jeruk; **–rie** *f* (*–; . . . iën*) rumah kaca utk. tumbuh-tumbuhan (sub)tropis

Orang-Utan *m* (*–s;–s*) orang hutan, *pongo*

Oratorium *n* (*–s; . . . riën*) sm. karya musik gerejani (utk. paduan suara dan orkes); *Raum* ruang utk. berdoa, oratorium

Orchester *n* (*–s;–*) orkes

Orchideë *f* (*–;–n*) anggrek, *orchidiaceae*

Orden *m* (*–s;–*) **1.** bintang, tanda jasa, medali, **2.** *Rel.* ordo, serikat religius

Ordens|band *n* pita bintang jasa; **–bruder** *m* bruder; **–geistliche** *m* pater; **–gelübde** *n* kaul, ikrar; **–kleid** *n* jubah serikat religius; **–ritter** *m* anggota ordo kesatria; tanda jasa tingkat mahaputra; **–schwester** *f* suster, biarawati; **–verleihung** *f* penganugerahan tanda jasa

ordentlich teratur, tertib, rapih; *genau* teliti, sungguh-sungguh; *sehr* amat; *~er Professor* guru besar tetap; *e-e ~e Leistung* prestasi yg. memuaskan; *~er Mensch* orang yg. baik dan jujur; **≗keit** *f* (*–;O*) sikap rapih/tertib

Order *f* (*–;–n*) pesanan, order; perintah

ordin|är biasa; kasar, kurangajar; **≗ariat** *n* (*–ęs;–e*) jabatan guru besar tetap; *Rel.* bagian administrasi keuskupan; **≗arius** *m* (*–; . . . riën*) guru besar tetap; wali kelas; *Rel.* uskup setempat; **≗ation** *f* (*–;–en*) pelantikan pendeta, pentahbisan imam Katolik; *Arzt* jam bicara dokter, ruang praktek dokter; **–ieren** (–) *tr.* melantik pendeta Protestan; mentahbiskan imam Katolik

ordn|en *tr.* mengatur, menyusun, merapihkan; *regeln* mengurus; *nach Gruppen ~* menggolongkan; *in geordneten Verhältnissen leben* berpendapatan cukup dan tetap; **≗er** *m* (*–s;–*) **1.** (map) ordner; **2.** *Person* petugas (ketertiban)

Ordnung *f* (*–;–en*) aturan, susunan, tata; *Regel* peraturan; *Satzung* tata tertib; *Sauberkeit* kerapihan; *Ordentlichkeit* ketertiban, keadaan teratur; *Reihenfolge* urutan; *Pol.* orde; *öffentliche ~* ketertiban umum; *~ halten* menjaga ketertiban; *in ~ bringen/halten* mengatur, merapihkan; *~ schaffen* membereskan, mengatur; *er ist in ~, ugs.* wataknya baik; *~ der Säugetiere* golongan mamalia; *nicht in ~ sein* merasa tdk. sehat, *Tech.* rusak; *zur ~ rufen* memberi peringatan; *in ~! ugs.* baik! beres! jadi! *bp.* oke!

Ordnungs|amt *n* kantor kotapraja; **≗gemäß** sesuai dng. peraturan, teratur; **≗liebend** senang (akan) kerapihan; **≗mäßig** teratur, menurut peraturan; **–ruf** *m* peringatan/seruan spy. tenang; **–sinn** *m* sikap tertib; **–strafe** *f* denda akibat melanggar peraturan; **≗widrig** tdk. sesuai dng. peraturan/ketertiban; **–zahl** *f* bilangan/nomor urutan

Ordonnanz *f* (*–;–en*) *Mil.*pesuruh, ordonans

Organ *n* (*–s;–e*) organ, alat tubuh; *Zeitschrift* majalah/suratkabar kepunyaan aliran tertentu; *Amt* lembaga pemerintahan

Organisation *f* (*–;–en*) organisasi; susunan; **–skomitee** *n* panitia persiapan; **–stalent** *n* bakat utk. mengorganisasi(kan)

Organ|isator *m* (*–s;–en*) penyusun, pengatur, penyelenggara, organisator; **≗isatorisch** yg. berh. dng. organisasi, organisatoris; **≗isch** organik, organis, berkenaan dng. organ; alamiah

organisieren (–) *tr.* mengorganisasi(-kan), mengorganisir, menyelenggarakan; *ugs.* memperoleh dng. cara lihai dan licik; *sich ~* bergabung, menggabungkan diri

Organ|ismus *m* (*–; . . . men*) organisme, badan; *fig.* susunan teratur; *Lebewesen* makhluk hidup; **–ist** *m* (*–en;–en*) pemain orgel

Orgasmus *m* (*–; . . . men*) puncak nafsu/syahwat

Orgel *f* (*–;–n*) orgel; *elektronische ~* orgen; **–bauer** *m* ahli membuat orgel; **≗n** *itr.* main orgel; *Wind* meraung; **–pfeife** *f* pipa orgel; **–spieler** *m* pemain orgel/orgen

Orgië *f* (*–;–n*) pesta pora (yg. gila-gilaan)

Orien|t *m* (–*s*;*O*) negeri/kawasan Timur, (*von Deutschland aus* seluruh wilayah mulai dari Turki dan Mesir ke Timur); **–tale** *m* (–*n*;–*n*), **–talin** *f* (–;–*nen*) orang Timur/Asia; **≗talisch** yg. berh. dng. negeri-negeri Timur, dari Timur; **–talistik** *f* (–;*O*) ilmu tt. sastra dan kebudayaan Timur

orientier|en (–) *tr.* memberi keterangan; *sich* ~ berusaha memperoleh informasi, berorientasi, melihat-lihat, mencari arah; *sich* ~ *an* menggunakan sebagai teladan/patokan; **≗ung** *f* (–;–*en*) orientasi; keterangan; *zu Ihrer* ~ demi informasi anda; *die* ~ *verlieren* tersesat; **≗ungspunkt** *m* sst. yg. mudah dilihat dan dikenal kembali; *fig.* (titik) referensi; **≗ungsvermögen** *n* kemampuan mudah mengetahui arah

Origin|al *n* (–*s*;–*e*) aslinya; *Person* orang nyentrik; **≗al** *Adj.* orisinil, asli, tulen; **–alität** *f* (–;*O*) kekhususan, sikap khas, keaslian, orisinalitas; **≗algetreu** sesuai dng. aslinya; **–al(ver)packung** *f* kemasan asli; **≗ell** khas, sendiri, tdk. umum, spesifik

Orion *m* (–*s*;*O*) *die drei Sterne des* ~ bintang belantik

Orkan *m* (–*s*;–*e*) angin taufan

Ornament *n* (–*es*;–*e*) ornamen, perhiasan

Ornat *m* (–*s*;–*e*) pakaian kebesaran/resmi

Ornithologe *m* (–*n*;–*n*) ahli ilmu burung

Ort *m* (–*es*;–*e*) tempat; *Dorf* desa; *Stadt* kota; *an* ~ *u. Stelle* di tempatnya; *am* ~ *wohnend* sebagai penduduk setempat; *höheren* ~*es* di kalangan atasan/pimpinan; *vor* ~ di tempat batubara diambil, *fig.* di tempat kejadiannya

Örtchen *n* (–*s*;–) desa kecil; *ugs.* kamar kecil

orten *tr.* menentukan tempat

ortho|dox beriman sesuai dng. ajaran agama, ortodoks; patuh kpd. ajaran/ideologi; *≗e Kirche* Gereja Ortodoks, Gereja Yunani/Timur; **≗doxie** *f* (–;*O*) iman yg. benar; **≗graphie** *f* (–;*O*) (ilmu) ejaan; **–graphisch** menurut ejaan yg. berlaku; **≗päde** *m* (–*n*;–*n*) dokter ahli bagian tulang; **≗pädie** *f* (–;*O*) ilmu pengobatan utk. meluruskan tulang; **–pädisch** tt. pengobatan tulang

örtlich setempat, lokal, mengenai tempat tertentu; **≗keit** *f* (–;–*en*) lokasi; *ugs.* kamar kecil, toilet

Orts|angabe *f* keterangan tempat, alamat; **–ansässige** *m, f* (–*n*;–*n*) penduduk setempat; **–behörde** *f* (instansi) pemerintah setempat; **–beschaffenheit** *f* keadaan (se)tempat; **–beschreibung** *f* informasi tt. tempat; topografi; **–bestimmung** *f* penentuan tempat/lokasi

Ortschaft *f* (–;–*en*) desa, kota kecil

orts|fremd asing (di daerah itu); **≗gespräch** *n* telepon lokal; **≗gruppe** *f* cabang/ranting organisasi; **≗kenntnis** *f* pengetahuan tt. keadaan setempat; **≗kommandant** *m* panglima/komandan setempat; **≗krankenkasse** *f* asuransi kesehatan umum; **–kundig** mengetahui keadaan setempat; **≗name** *m* nama desa/kota kecil; **≗netz** *n* jaringan telepon di suatu tempat; **≗sinn** *m* kepandaian/kemampuan berorientasi; **≗teil** *m* bagian desa/kota; **–üblich** lazim/biasa di tempat tertentu; **≗veränderung** *f* pergantian tempat; **≗verkehr** *m* lalu-lintas/hubungan/angkutan lokal; **≗vorsteher** *m* kepala kampung, lurah; **≗zeit** *f* waktu setempat; **≗zuschlag** *m* tunjangan (pd.) gaji yg. berh. dng. tempat tinggal

Ortung *f* (–;–*en*) penentuan tempat, lokalisasi

Öse *f* (–;–*n*) lubang tali (spt. pd. sepatu), sm. kokot betina; *Haken u.* ~*n* kancing cantel

Osmose *f* (–;*O*) osmosa

Ost 1. *ohne Artikel* timur; **2.** *m* (–*es*;–*e*) *Lit.* angin timur; **–block** *m* Blok Timur; **–en** *m* (–*s*;*O*) timur; kawasan timur

ostentativ dng. menonjol, terang-terangan

Oster|ei *n* telur Paskah; **–fest** *n* Hari Raya Paskah; **–hase** *m* kelinci

Paskah; **–lamm** *n* domba Paskah

Ostern *n u. pl* (Hari Raya) Paskah; *frohe ~!* Selamat (Hari) Paskah!

Ost|europa *n* Eropa Timur; **–flüchtling** *m, ugs.* pengungsi keturunan Jerman dari negara-negara Eropa Timur; **≗indisch** (*früher*) mengenai Hindia Muka, Hindia Belakang dan Indonesia

östlich di sebelah atau mengenai Timur, ketimuran

Ost|mark *f* **1.** Austria; **2.** provinsi-provinsi Jerman yg. dicaplok Polandia sesudah Perang Dunia I; **3.** *ugs., satuan mata uang Republik Demokrasi Jerman;* **–politik** *f* politik thd. Eropa Timur

Östrogen *n* (*–s;–e*) estrogen

Ost|see *f* Laut Baltik; **–vertriebene** *m, f, s. Ostflüchtling;* **≗wärts** ke (arah) timur; **–wind** *m* angin timur; **–zone** *f* (*–;O*) *früher, ugs.* Republik Demokrasi Jerman

Otter **1.** *f* (*–;–n*) sm. ular beludak/berbisa; **2.** *m* (*–s;–*) berang-berang

Ouvertüre *f* (*–;–n*) *Mus.* (lagu) pembukaan; *fig.* pengantar

oval, **≗** *n* (*–s;–e*) (bentuk) lonjong, bujur telur, jorong

Ovarium *n* (*–s; . . . iën*) indung telur

Ovation *f* (*–;–en*) sambutan dng. sorak-sorai

Ovulation *f* (*–;–en*) terlepasnya telur (dari folikel), ovulasi; **–s·hemmer** *m* penghambat ovulasi, *bp.* pil anti hamil

Oxyd *n* (*–ẹs;–e*) oksid; **–ation** *f* (*–;–en*) oksidasi; **≗ieren** (–) *itr.* mengoksid, berkarat

Oxygen *n* (*-s;O*) zat asam

Ozean *m* (*–s;–e*) samudera, lautan; *Großer/Stiller/Pazifischer ~* Lautan Teduh/Pasifik; **–dampfer** *m* kapal laut; **≗isch** yg. berh. dng. samudera/lautan

Ozon *n* (*–s;O*) zat asam, ozon

P

Paar *n* (–e̸s;–e) pasang(an), sepasang, selengkap dua; (*Liebes*)*paar* sejoli, sejodoh; ≗ beberapa, sejumlah; ≗**en** *tr.* menggabungkan; *Tier* mengawinkan; *refl.* kawin; **–hufer** *pl* binatang berkuku dua, *artiodactyla;* ≗**ig** berpasangan, berduaan; **–laufen** *n, Sp.* main sekat berpasangan; ≗**mal** *e* ~ beberapa kali; **–ung** *f* (–;–en) *Tier* perkawinan; **–ungszeit** *f* musim kawin; ≗**weise** berpasang-pasang(an), pasang demi pasang

Pacht *f* (–;–en) sewa; uang sewa; **–dauer** *f* jangka waktu (sewa)an; ≗**en** *tr.* menyewa

Pächter(in *f*) *m* (–s;–) penyewa

Pacht|ertrag *m* uang hasil sewaan; **–geld** *n* uang sewa; **–ung** *f* (–;–en) penyewaan; **–vertrag** *m* kontrak sewa-menyewa; ≗**weise** secara/dng. menyewa; **–wert** *m* harga/nilai sewa; **–zeit** *f* jangka/masa penyewaan

Pack 1. *m* (–e̸s;–e/–̈e) bungkus(an), berkas, pak, paket, bandela; *fig.* jumlah besar/banyak; *mit Sack u.* ~ dng. segala harta milik; **2.** *n* (–s;O) kaum pengacau/perusuh/peribut

Päckchen *n* (–s;–) paket kecil, bingkisan; *e* ~ *Zigaretten* sebungkus rokok

Packen *m* (–s;–) *s. Pack 1;* ≗ *tr.* mengepak; membungkus, mengemasi; *j-n* ~ memegang/menangkap sso. (dng. kekerasan); *das Fieber hat ihn gepackt* ia kena demam/panas; *Kleider in den Koffer* ~ memasukkan pakaian ke dl. koper; *fig., ugs., es* ~ menyelesaikan, mengurus; ≗**d** *fig.* menarik, menegangkan

Packer(in *f*) *m* (–s;–) tukang bungkus/pak

Pack|esel *m* keledai (yg. mengangkut) beban; *fig.* orang yg. selalu dibebani; **–material** *n* bahan pembungkus/kemasan; **–papier** *n* kertas pembungkus/pak/kemasan; **–raum** *m* ruang pengepakan; **–ung** *f* (–;–en) bungkus(an), kemasan; *Mot.* paking; *Med.* kompres; **–wagen** *m* gerbong barang/bagasi

Pädagog|e *m* (–n;–n), **–in** *f* (–;–nen) ahli ilmu pendidikan; pendidik, guru; **–ik** *f* (–;O) ilmu pendidikan; ≗**isch** yg. berh. dng. pendidikan; ≗*e Hochschule* Institut Keguruan dan Ilmu Pendidikan

Paddel *n* (–s;–) dayung; **–boot** *n* perahu dayung; ≗**n** *itr.* mendayung, mengayuh

paff! dor! dar!

paffen *tr. itr. ugs.* merokok; *bp.* mengepul(kan)

Page *m* (–n;–n) abdi dalem yg. masih muda; pesuruh/pelayan hotel; **–nkopf** *m, bp.* yongenskop

paginieren (–) *tr.* memberi nomor pd. halaman buku

Pagode *f* (–;–n) pagoda, menara kelenteng

Paket *n* (–e̸s;–e) paket, bungkusan; **–annahme** *f* (–;O) loket/kantor penerimaan paket; **–ausgabe** *f* tempat pengambilan paket; **–beförderung** *f* pengangkutan paket; **–karte** *f* kartu (alamat pd.) paketpos; **–post** *f* (dinas) pengangkutan/pengiriman pos-paket

Pakt *m* (–e̸s;–e) perjanjian, pakta; ≗**ieren** (–) *itr.* mengikat perjanjian; bersekutu; *pej.* berkongkalikong

Palais *n* (–;–), **Palast** *m* (–e̸s;*Paläste*) istana; ≗**artig** bagus spt. istana, mewah

Palaver *n* (–s;–) perembukan panjang lebar (tt. hal yg. tdk. penting)
Palette *f* (–;–*n*) palet pelukis, papan cat lukis; *fig.* pilihan banyak; *Tech.* alas barang (yg. diangkut truk forklif)
Palisadenzaun *m* pagar runcing
Palmbaum *m* pohon palem/kelapa
Palm|e *f* (–;–*n*) pohon palem, *palmae; die ~ erringen* menjadi pemenang; *j-n auf die ~ bringen* membuat sso. menjadi marah; **–fett** *n,* **–öl** *n* minyak (kelapa) sawit; **–sonntag** *m* hari Minggu Palem; **–wein** *m* tuak; **–zucker** *m* gula aren/jawa/merah
Pampelmuse *f* jeruk bali, *citrus aurantium decumana*
Pamphlet *n* (–*(e)s*;–*e*) pamflet, surat selebaran
Paneel *n* (–*s*;–*e*) lapisan kayu (yg. dipasang pd. dinding)
Panier *n* (–*s*;–*e*) panji(–panji); *fig.* motto, semboyan; **≗en** (–) *tr.* memasukkan daging/ikan ke dl. telur kocok dan tepung atau bubuk roti; **–mehl** *n* bubuk/tepung roti
Pan|ik *f* (–;O) keadaan panik/gugup, kegemparan; **≗isch** panik, gugup, sangat takut; *~e Angst* ketakutan yg. amat sangat
Panne *f* (–;–*n*) gangguan akibat kerusakan mesin; *Reifenpanne* kempesnya ban dsb; *Auto* mogoknya kendaraan; *ihm ist e-e ~ passiert* dia membuat kelalaian/kesalahan kecil
Panorama *n* (–*s*; . . . *men*) pemandangan yg. luas, panorama
panschen *tr.* **1.** *Wein, Milch . . .* mencampur(kan) dng. air; **2.** *s. planschen*
Pansen *m* (–*s*;–) perut besar (binatang memamah-biak)
Pantheismus *m* (–;O) panteisme
Panther *m* (–*s*;–) macan tutul, *panthera pardus; schwarzer ~* macan kumbang
Pantine *f* (–;–*n*) terompah/sepatu kayu, bakiak, kelom
Pantoffel *m* (–*s*;–*n*) selop, sandal rumah; *unter dem ~ stehen, ugs.* (suami yg.) dikuasai isteri; **–held** *m* laki-laki yg. dl. segala hal menuruti keinginan isteri
Pantomime **1.** *f* (–;–*n*) pantomim, pertunjukan sandiwara bisu; **2.** *m* (–*n*;–*n*) pemain pantomim
pantschen *tr., s. panschen 1.*
Panzer *m* (–*s*;–) tank, *bp.* panser; *Rüstung* baju zirah; **–abwehrgeschütz** *n* meriam anti tank; **–besatzung** *f* awak tank; **–division** *f* divisi tank; **–granate** *f* granat tank; **–grenadier** *m* infanteri yg. menggunakan kendaraan lapis baja; **–hemd** *n* baju zirah; **–kreuzer** *m* kapal perang berlapis baja; **≗n** *tr.* memberi lapis baja; *sich gegen et. ~* mengebalkan diri thd.; **–platte** *f* lapis baja; **–schrank** *m* lemari besi; **–spähwagen** *m* mobil lapis baja; **–sperre** *f* penghalang/rintangan thd. tank; **–truppe** *f* pasukan tank; **–ung** *f* (–;–*en*) pemasangan lapis baja; perlindungan kuat; **–wagen** *m* tank; **–weste** *f* baju tahan peluru
Papa *m* (–;–*s*) papa, ayah, bapa(k)
Papagei *m* (–*s*;–*en*) burung nuri/parkit, *psittaci;* **–enkrankheit** *f* penyakit kakatua, *psittakosis*
Papier *n* (–*s*;–*e*) kertas; *Aufsatz* naskah, makalah; *Wertpapier* surat berharga; *e Blatt ~* sehelai kertas; *~e, pl* surat-surat identitas (dan surat-surat lainnya yg. penting); *zu ~ bringen* menulis, mencatat; **–bogen** *m* (se)helai kertas; **≗en** *Adj.* spt./dari kertas; **–geld** *n* uang kertas; **–korb** *m* keranjang sampah; **–krieg** *m* urusan surat-surat yg. bertele-tele dng. instansi pemerintah; **–maché** *n* (–*s*;–*s*) campuran bubur kertas dan perekat; **–schnitzel** *n, m* sesobek kertas; **–serviette** *f* serbet kertas; **–taschentuch** *n* saputangan kertas, *tissue;* **–tüte** *f* contong kertas; **–währung** *f* mata uang kertas; **–waren** *pl* alat-alat tulis dan (kebutuhan) kantor
Papp *m* (–*(e)s*;–*e*) bubur; *Leim* lem; **–band** *m* buku berkulit tipis; **–deckel** *m, s. Pappe*
Pappe *f* (–;–*n*) kertas tebal/karton/kardus
Pappel *f* (–;–*n*) sm. pohon tinggi, *populus*
päppeln *tr.* menyuapi (anak kecil); *fig.* memanjakan

papp|en *tr. itr.* merekat(kan), melekat(kan), menempel (pd.); **²enstiel** *m, das ist kein ~* itu bukan hal enteng/gampang; **–erlapapp!** omong kosong! **–ig** lengket; **²karton** *m,* **²schachtel** *f* kotak dari kardus; **²teller** *m* piring kertas

Paprika *m (–s;–s)* sm. cabai, paprika, *capsicum annuum*

Papst *m (–es;–̈e)* (Sri) Paus

päpstlich kepausan; *²er Stuhl* Takhta Suci; *~er als der Papst* lebih tegas dp. yg. berwenang

Papsttum *n (–s;O)* (lembaga) kepausan; martabat kepausan

Parabel *f (–;–)* (cerita) perumpamaan, ibarat; *Math.* parabol(a)

parabolisch *Lit.* spt. dl. perumpamaan

Parade *f (–;–n)* pawai militer, parade; *Sp.* tangkisan, pertahanan; **–marsch** *m* berbaris dng. langkah tegap; **–platz** m *lapangan parade;* **–uniform** *f* seragam kebesaran militer

paradieren (–) *itr.* mengadakan parade, berpawai; *mit et. ~* memamerkan sst.

Paradies *n (–es;–e)* (taman) firdaus; *fig.* tempat indah sekali; **–apfel** *m* sm. apel kecil, *malus paradisiaca;* tomat; **²isch** sangat indah/bagus; spt. di firdaus; **–vogel** *m* burung cenderawasih, *paradiseidae*

Paradigma *n (–s; . . . men)* contoh; contoh tasrif; cerita pendek (dng. penerapan praktis)

paradox paradoks, lawan asas, mengandung pertentangan

Paraffin *n (–s;–e)* parafin, sm. lilin

Paragraph *m (–en;–en)* pasal, paragraf

parallel sejajar, paralel; *~ geschaltet, Elek.* mempunyai hubungan paralel; **²e** *f (–;–n)* garis sejajar; **²ität** *f (–;O)* keadaan sejajar; **²ogramm** *n (–s;–e)* jajaran genjang, paralelogram

Paraly|se *f (–;–n)* lumpuh badan, *paralysis;* kerusakan otak akibat sifilis; **²sieren** (–) *tr.* melumpuhkan; *fig.* melemahkan; **²tisch** yg. menderita lumpuh (badan)

paramilitärisch yg. mirip dng. kemiliteran

Paranoia *f (–;O) Med.* penyakit khayal

Paraphrase *f (–;–n)* parafrase, uraian dng. kata-kata lain

Parasit *m (–en;–en)* parasit, benalu, pasilan

parat siap

Paratyphus *m* penyakit tipus ringan, paratipus

Pärchen *n (–s;–)* sejoli muda-mudi; *Zo.* sepasang

Pardon *m (–s;O)* maaf, ampun, pengampunan; *²!* maaf!

Parenthese *f (–;–n)* tanda kurung; sisipan

Parfüm *n (–ẹs;–e/–s)* minyak wangi, wangi-wangian, parfum; **–erie** *f (–; . . . iën)* toko kosmetik(a); **–fläschchen** *n* buli-buli parfum; **²ieren** (–) *tr.* menggunakan minyak wangi, mewangikan

Pari *n (-s;O)* nilai sama; ² bernilai sama; *al/auf ~* sama harga/nilainya

Paria *m (–s;–s)* anggota kasta yg. terendah, paria

parieren (–) *itr.* taat mutlak, patuh; *e-n Schlag ~* menangkis pukulan

Parität *f (–;O)* kesamaan, keseimbangan; *Währung* perbandingan nilai antara dua mata uang; *Math.* persamaan; **²isch** sama (haknya), seimbang

Park *m (–s;–s/–e)* taman; **²en** *tr. itr.* memparkir; *~ verboten!* dilarang parkir!

Parkett *n (–ẹs;–e)* lantai kayu; *Thea.* tempat duduk di lantai bawah; **–fußboden** *m* lantai kayu

Park|gebühren *pl* uang parkir; **–(hoch)haus** *n* gedung (bertingkat) utk. parkir mobil; **–licht** *n* lampu parkir; **–lücke** *f* tempat parkir yg. masih kosong (antara dua mobil); **–platz** *m* lapangan/tempat parkir; **–uhr** *f* meteran parkir; **–verbot** *n* larangan parkir; **–wächter** *m* tukang/petugas parkir

Parlament *n (–ẹs;–e)* parlemen, dewan perwakilan rakyat; **–är** *m (–s;–e) Mil.* penengah, juru damai; **–ariër** *m (–s;–)* anggota parlemen; **²arisch** parlementer

Parodie *f (–; . . . iën)* tiruan karya sastra yg. mengejek, parodi

Parodontose *f* (*–;–n*) penyakit menahun di sekitar gigi, *paradentosis*
Parole *f* (*–;–n*) semboyan, slogan
Part *m* (*–e̸s;–e*) bagian; *Mus.* bagian yg. dimainkan; *Thea.* peranan
Partei *f* (*–;–en*) partai, pihak; ~ *nehmen/ergreifen für j-n* mendukung pandangan/kepentingan sso.; **–führer** *m* pemimpin partai; **–gänger** *m* pendukung, pengikut; **–geist** *m* semangat partai; *bp.* golonganisme; **–genosse** *m* anggota partai; **≗isch, ≗lich** yg. memihak, berat sebelah; **–linie** *f* garis kebijaksanaan partai; **≗los** tdk. berpartai; **–nahme** *f* (*–;O*) sifat memihak, sikap berat sebelah; **–politik** *f* politik partai/kepartaian; **–programm** *n* program partai; **–tag** *m* kongres partai; **–ung** *f* (*–;–en*) perpecahan; **–versammlung** *f* rapat partai; **–vorsitzende** *m, f* ketua/pemimpin partai; **–zugehörigkeit** *f* (*–;O*) keanggotaan (dl.) partai
Parterre *n* (*–s;O*) lantai satu, tingkat pertama; *Thea.* tempat duduk tengah di lantai bawah; ≗ *wohnen* tinggal di tingkat pertama
Partie *f* (*–; . . . iën*) bagian (dari keseluruhan); tamasya, piknik; *Mus.* peran dl. opera; *e-e ~ Schach spielen* main catur satu ronde/kali; *e-e gute ~ machen* kawin dng. orang kaya
partiëll sebagian
Partik|el *f* (*–;–n*) bagian yg. kecil, unsur; *Gr.* partikel; **–ularismus** *m* (*–;O*) usaha lebih mengutamakan kepentingan golongan dp. kepentingan bersama
Partisan *m* (*–s/–en;–en*) gerilya; **–enkrieg** *m* perang gerilya
Partitur *f* (*–;–en*) *Mus.* lembaran musik dng. not utk. segala suara dan instrumen, partitur
Partizip *n* (*–s;–iën*) *Gr.* partisip; **≗ieren** (–) *itr.* mengambilbagian dl., berpartisipasi (dl.)
Partner|(in *f*) *m* (*–s;–*) kawan, pasangan, sekutu, partner; **–schaft** *f* (*–;O*) persekutuan, kerjasama
Parzel|le *f* (*–;–n*) kapling, persil, petak tanah; **≗lieren** (–) *tr.* membagi-bagi menjadi persil/petak

paschen *itr.* main dadu; *tr. ugs.* menyelundupkan
Paspel *f* (*–;–n*), *m* (*–s;–*) sibar(–sibar), pasmen, *bp.* bis
Paß *m* (*Passes; Pässe*) paspor; *Gebirge* sela gunung; *e-n ~ schießen, Sp.* mengoperkan bola kpd. teman
passabel lumayan, boleh juga
Passage *f* (*–;–n*) gang beratap (di pertokoan); *Buch* bagian pidato/naskah; *Reise* perjalanan dng. kapal laut atau pesawat terbang (lewat laut); *Mar.* selat
Passagier *m* (*–s;–e*) penumpang; *blinder ~* penumpang gelap; **–gut** *n* bagasi penumpang
Passant(in *f*) *m* (*–en;–en*) orang yg. lalu-lalang; pejalan kaki yg. lewat
Passat *m* (*–e̸s;–e*), **–wind** *m* angin pasat
Paßbild *n* pasfoto
passé lewat, sudah lalu, habis
passen *itr.* (menjadi) sesuai, cocok, tepat, *bp.* pas; (*Kartenspiel*) *ich passe, bp.* lewat, pas; *das paßt sich nicht* itu tdk. pantas; **–d** pas, cocok, tepat
Passepartout *n* (*–s;–s*) bingkai pigura (dari karton); *Schlüssel* kunci pas/maling
Paßgang *m, Pferd* ligas
passier|bar dapat dilalui; **–en** (–) *tr.* melalui, melewati; *itr.* terjadi; *mir ist nichts passiert* saya selamat; *ist es dir schon passiert, daß . . . ?* pernahkah kamu mengalami bahwa . . . ? **≗schein** *m* surat pas/jalan.
Passion *f* (*–;–en*) hobi, kesenangan; penderitaan; *Rel.* Kisah Sengsara Kristus, Passio; **≗iert** bersemangat, bergairah; **–sblume** *f* bunga pasi; *passiflora; Frucht der ~* markisa, *passiflora edulis;* **–szeit** *f, Rel.* Pekan Suci sebelum Paskah
passiv pasif, tdk. giat, lesu, bersikap menerima; *~es Wahlrecht* berhak/boleh dipilih; *~er Wortschatz* perbendaharaan kata yg. dikenal secara pasif; **≗(um)** *n* (*–s;–e*) *Gr.* bentuk pasif; **≗a, ≗en** *pl* hutang, passiva; **≗geschäft** *n* pengambilan kredit spy. dapat memberi kredit; **–ieren** (–) *tr.* memasukkan ke dl. bagian hutang; **≗ität** *f* (*–;O*) sikap pasif; **≗saldo** *m* saldo negatif/defisit

Paß|kontrolle *f* pemeriksaan paspor; **–stelle** *f* kantor urusan paspor
Passus *m* (–;–) bagian dari suatu naskah
Paßzwang *m* kewajiban membawa paspor
Paste *f* (–;–*n*) pasta, tapal
Pastell|bild *n* lukisan pastel; **–farbe** *f*, **–ton** *m* warna pastel
Pastete *f* (–;–*n*) pastel
pasteurisieren (–) *tr.* memberantas kuman penyakit dng. memanaskan hingga 65-80° Celsius
Pastille *f* (–;–*n*) pastiles
Pastor *m* (–*s*;–*en*) pastor (paroki); *protestantisch* pendeta; **≗al** pastoral
Pate 1. *m* (-*n*;-*n*) *Rel.* bapa/wali Pembaptisan atau Penguatan; **2.** *f* (–; –*n*) *s. Patin;* **3.** *s. Patenkind;* **≗nkind** *n, das ist mein* ~ saya (menjadi) bapa/ibu pembaptisan anak ini; anak yg. dibaptis; **–nschaft** *f* (–;–*en*) perwalian; *Rel.* kewajiban membantu dl. pendidikan keagamaan anak; *e-e* ~ *übernehmen für, fig.* menjadi sponsor bagi
patent cekatan, trampil; **≗** *n* (–*(e)s*;–*e*) paten, oktroi; *Konzession* surat ijin/konsesi/lisensi; *Ernennungsurkunde* surat pengangkatan; **≗amt** *n* jawatan paten, biro urusan paten; **≗anmeldung** *f* pendaftaran paten; **–ieren** (–) *tr.* mendaftarkan sebagai barang paten; **≗inhaber** *m* pemegang hak paten; **≗lösung** *f* penyelesaian/pemecahan masalah yg. memuaskan semua pihak; **≗recht** *n* hukum paten; **≗schutz** *m* perlindungan hak paten; **≗verletzung** *f* pelanggaran hak paten
Pater *m* (–*s*;*Patres*) pater, imam dl. suatu serikat religius
Paternoster *n* (–*s*;–) *Rel.* doa Bapa Kami; **–(aufzug)** *m* sm. lift
pathetisch dng. ungkapan perasaan yg. berlebihan/dibuat-buat
Pathol|ogie *f* (–;*O*) ilmu penyakit; **≗ogisch** (bersifat) spt. penyakit; tt. ilmu penyakit
Pathos *n* (–;*O*) ungkapan perasaan yg. kuat/mengharukan, semangat besar
Patiënt(in *f*) *m* (–*en*;–*en*) pasien, penderita
Patin *f* (–;–*nen*) ibu pembaptisan
Patina *f* (–;*O*) lapisan karat tembaga; *fig.* sst. yg. dipandang mulia karena bersejarah/tua
Patriarch *m* (–*en*;–*en*) bapa bangsa; *Ostkirche* batrik; **≗alisch** patriarkal; (pola) yg. terlalu memuja bapa (–bapa)
Patriot|(in *f*) *m* (–*en*;–*en*) patriot, pencinta tanah air; **≗isch** secara patriotik; **–ismus** *m* (–;*O*) rasa cinta akan bangsa dan negara, patriotisme
Patriziër *m* (–*s*;–) pemuka masyarakat kota (pd. abad pertengahan)
Patron|(in *f*) *m* (–*s*;–*e*) pelindung; majikan; **–at** *n* (–*(e)s*;–*e*) perlindungan; **–e** *f* (–;–*n*) patrum, peluru, pelor; *Muster* contoh, patron, model; *Fot.* kotak film (yg. kedap cahaya); **–engurt** *m* ban peluru; **–enhülse** *f* selongsong peluru; **–entasche** *f* kerpai
Patrouill|e *f* (–;–*n*) patroli, perondaan; **≗ieren** (–) *itr.* berpatroli, meronda
Patsch|e *f* (–;–*n*) tangan anak; *in der* ~ *sitzen/stecken, fig.* dl. keadaan terjepit/sulit; **≗en** *itr.* mencepuk air; **–hand** *f*, **–händchen** *n* tangan anak; **≗naß** basah kuyup
patt *Schach* mutu
patzig nakal, kurangajar
Pauke *f* (–;–*n*) genderang, timpani; **≗n** *itr. tr.* memukul genderang; *ugs.* belajar dng. tekun; *fechten* beranggar; **–r** *m* (–*s*;–) pemukul genderang; *ugs.* guru
pausbäckig mempunyai pipi yg. mungkum/gemuk/tembam
pauschal termasuk semuanya, inklusif, global
Pauschal|e *f* (–;–*n*), *n* (–*s*; . . . *liën*) harga global/bulat; **–gebühr** *f* iuran rata-rata; **–preis** *m, s. Pauschale;* **–reise** *f* perjalanan berkelompok dng. biaya yg. mencakup angkutan, penginapan dsb.; **–satz** *m* harga (yg. berdasarkan perhitungan) global; **–summe** *f, s. Pauschale;* **–urteil** *n* penilaian (negatif) yg. terlalu umum
Pause *f* (–;–*n*) **1.** istirahat; **2.** *Kopie* salinan, tembusan, kopi; **≗n** *tr.* mengadakan salinan/tembusan/

kopi; ≗nlos dng. tak henti-hentinya, terus-menerus, tanpa mengaso; **–nzeichen** *n, Rundf.* tanda pengenal pemancar; *Mus.* tanda jeda

pausieren (–) *itr.* beristirahat, mengaso, melepaskan lelah

Pauspapier *n* kertas tipis, *bp.* kertas dorslah

Pavian *m* (*–s;–e*) *Zo.* sm. yakis, *papio*

Pavillon *m* (*–s;–s*) bangunan kecil yg. terbuka dan berdiri sendiri (dl. kebun); *Verkaufsstand* kios

Pazifik *m* (*–s;O*) Lautan Teduh/Pasifik

Pazifist *m* (*–en;–en*) orang yg. menolak (ber)perang

Pech *n* (*–es;O*) **1.** nasib jelek, kesialan, nahas; **2.** *Teer- u. Ölrückstand* aspal, tér; **–blende** *f* biji-biji uranium; **–fackel** *f* obor, suluh; **–kohle** *f* batubara bitumen; **≗schwarz** gelap gulita/pekat, hitam legam; **–strähne** *f* rentetan peristiwa nahas; **–vogel** *m* orang sial/malang, lebai malang

Pedal *n* (*–s;–e*) pedal, pijak-pijak, injakan

Pedant *m* (*–en;–en*) orang yg. terlampau teliti; **–erie** *f* (*–;O*) sifat teliti yg. keterlaluan; **≗isch** suka mementingkan hal sepele

Pedell *m* (*–s;–e*) pengurus gedung perguruan

Pediküre *f* **1.** (*–;O*) perawatan kaki; **2.** (*–;–n*) wanita yg. merawat kaki (orang lain)

Pegel *m* (*–s;–*) alat pengukur tingginya air; **–stand** *m* tinggi air

Peil|antenne *f* antene pencari arah; **≗en** *tr.* menentukan dalamnya air, menduga; menentukan arah; *die Lage ~, ugs.* mengamat-amati keadaan/suasana; **–gerät** *n, Rundf.* alat pencari arah; **–ung** *f* (*–;–en*) penentuan arah/tempat

Pein *f* (*–;O*) penderitaan, rasa sakit/nyeri

peinig|en *tr.* menyiksa, menyakiti; **≗er** *m* (*–s;–*) penyiksa; **≗ung** *f* (*–;–en*) penyiksaan

peinlich tdk. enak, yg. memalukan; *~e Ordnung* tertib yg. sangat sempurna; *~ sauber* bersih sekali; *~ berührt* diganggu perasaan tdk. enak

Peitsche *f* (*–;–n*) cambuk, cemeti; **≗n** *tr.* mencambuk; **–nhieb** *m* dera, pukulan cambuk

Pekinese *m* (*–n;–n*) penduduk Peking; *Hund* anjing pekines

pekuniär menyangkut keuangan, finansial

Pelerine *f* (*–;–n*) mantel pendek tanpa lengan

Pelikan *m* (*–s;–e*) (burung) undan, *pelicanus*

Pelle *f* (*–;–n*) kulit; *j-m auf die ~ rükken, ugs.* mendesak sso.; **≗n** *tr.* mengupas, menguliti, mengubak

Pellkartoffeln *pl* kentang (yg. di) rebus bersama kulitnya

Pelz *m* (*–es;–e*) bulu binatang (yg. tebal); bulu binatang yg. digunakan utk. membuat pakaian; **–besatz** *m* hiasan pakaian dari bulu binatang; **–futter** *n* vuring dari bulu binatang; **–händler** *m* pedagang (bahan-bahan) pakaian bulu; **≗ig** berbulu; dari bulu; *Zunge* sepat, kelat; **–mantel** *m* mantel dari bulu binatang; **–tiere** *pl* binatang yg. bulunya dapat dibuat menjadi pakaian

Pendant *n* (*–s;–s*) pasangan, padanan; **–s** *pl, Ohr* anting-anting

Pendel *n* (*–s;–*) bandul(an), buaian; **≗n** *itr.* membandul, membuai, mengayun; *fig.* pulang-pergi utk. bekerja; **–tür** *f* pintu ayun/kupu-kupu, *bp.* pintu goyang; **–uhr** *f* jam bandul; **–verkehr** *m* (hubungan) lalu-lintas pulang-pergi; **–zug** *m* kereta api jarak dekat

Pendler *m* (*–s;–*) pekerja yg. setiap hari pulang-pergi dng. kereta api atau bis

penetrant *Geruch* menusuk; *e ~er Kerl* orang yg. mengganggu terus

penibel sangat teliti; peka

Penicillin *n* (*–s;–e*) penisilin

Penis *m* (*–;–se/Penes*) zakar, alat kemaluan laki-laki, *penis*

Pennbruder *m, ugs.* (orang) gelandangan

Penne *f* (*–;–n*) *ugs.* penginapan jelek; sekolah; **≗n** *itr. ugs.* tidur

Pension *f* (*–;–en*) **1.** (uang) pensiun, uang sara; *in ~ gehen* memasuki masa pensiun, dipensiunkan; **2.** *Unterkunft* penginapan; asrama; *volle* ~ penginapan dan makanan; **–är** *m* (*–s;–e*) pensiunan, wredatama, *Mil.* purnawirawan; *Gast* tamu yg. menginap; **–at** *n* (*–e̸s;–e*) asrama (khususnya utk. puteri); **ºieren** (–) *tr.* memberhentikan dng. memberi uang sara/pensiun; **–ierung** *f* (*–;–en*) pemberhentian dng. memberi uang sara/pensiun; **ºsberechtigt** berhak menerima pensiun; **–sfonds** *m* dana pensiun atau hari tua; **–spreis** *m* biaya penginapan dan makanan

Pensum *n* (*–s;Pensen/Pensa*) jatah pekerjaan; bahan pelajaran yg. ditetapkan

per per, tiap-tiap; melalui, dng.; ~ *Bahn* dng. kereta api! ~ *Adresse* dng. alamat; ~ *Jahr* per/setiap tahun; ~ *Stück* tiap-tiap biji/buah

perfekt sempurna, sangat baik; *der Vertrag ist* ~ perjanjian itu sudah disetujui/disepakati; **º** *n* (*–e̸s;–e*) *Gr.* waktu yg. sudah selesai/lewat; **ºion** *f* (*–;–en*) kesempurnaan; penyelesaian; **ºionist** *m* (*–en;–en*) orang yg. ingin segalanya sempurna

Perfektum *n* (*–s; . . . ta*) *s. Perfekt*

perfid(e) *Adj.* licik, curang

perforieren (–) *tr.* melubangi

Pergament *n* (*–s;–e*) kertas dari kulit, perkamen; naskah kuno yg. ditulis pd. kulit binatang; **–papier** *n* kertas minyak/telur/perkamen

Period|e *f* (*–;–n*) jangka waktu, zaman, babak, periode; *Frau* haid, mens; *Gr.* rangkaian kalimat panjang, kalimat tersusun; **ºisch** berkala, (datang) berulang, secara teratur

Peripherie *f* (*–; . . . iën*) batas atau garis luar/pinggir/keliling; ~ *der Stadt* pinggir(an) kota

Periskop *n* (*–s;–e*) periskop

Perle *f* (*–;–n*) mutiara, manik(–manik); **ºn** *itr.* menetes, bermanik-manik, menyimbah; *Getränk* berbuih, berbusa; ~*des Lachen* tertawa gembira/riang; **–nfischer** *m* penyelam mutiara; **–nkette** *f* kalung mutiara; **–nschnur** *f* (se)untai mutiara

Perl|muschel *f* gewang, kerang mutiara; **–mutt** *n* (*–s;O*), **–mutter** *f* (*–;O*) indung/kulit mutiara

Perlon *n* (*–s;O*) perlon

permanen|t tetap, tdk. utk. sementara, permanen; **ºz** *f* (*–;O*) keadaan tetap

Perpendik|el *m, n* (*–s;–*) bandul(an); *Math.* garis tegak lurus; **ºulär** tegak lurus

perplex kaget, bingung, terpaku

Persenning *f* (*–;–en̸*) kain terpal, jerubung

Persianer *m* (*–s;–*) (mantel dari) bulu domba karakul

persiflieren (–) *tr.* memperolok (dng. meniru)

Person *f* (*–;–en*) pribadi, diri, oknum, orang; *Gr.* persona; *in eigener* ~ secara pribadi, sendiri

Personal *n* (*–s;O*) para pegawai, staf, personil, pembantu; *fliegendes* ~ awak pesawat terbang; **–abteilung** *f* bagian personalia; **–akte** *f* berkas catatan tt. seorang pegawai; *bp.* konduite; **–angaben** *pl, s. Personalien;* **–ausweis** *m* kartu tanda penduduk (KTP); **–büro** *n* kantor urusan pegawai; **–chef** *m* kepala bagian personalia; **–iën** *pl* keterangan tt. diri sso.; data pribadi; **–mangel** *m* kekurangan tenaga kerja; **–pronomen** *n* kata ganti orang

personell yg. menyangkut pegawai/staf

Personen|aufzug *m* lift utk. orang; **–beförderung** *f* pengangkutan orang; **–beschreibung** *f* penggambaran sso. dng. ciri-cirinya; **–kraftwagen** *m* mobil sedan; **–kult** *m* pendewaan sso., kultus individu; **–schaden** *m* kurban manusia; **–stand** *m* status keluarga; **–verkehr** *m* lalu-lintas pengangkutan penumpang; **–verzeichnis** *n* indeks orang (yg. disebut dl. buku); **–wagen** *m* mobil sedan; gerbong/wagon penumpang; **–zug** *m* kereta api penumpang (yg. berhenti di setiap stasiun); kereta langsam/bumel

personifizier|en (–) *tr.* menggambarkan/mewujudkan sebagai manusia, mempribadikan; **ºung** *f* (*–;–en*) pe-

ngejawantahan, penjelmaan, personifikasi
persönlich pribadi, sendiri, *bp.* prive; ~ *werden* menyinggung hal-hal pribadi (di luar tempatnya); **≗keit** *f* (–;–*en*) kepribadian, watak; tokoh
Perspektiv|e (–;–*n*) perspektif; *fig.* p(em)andangan ke masa depan; *Standpunkt* sudut; **≗isch** yg. berh. dng. perspektif, atas dasar perspektif
Perücke *f* (–;–*n*) rambut palsu
pervers yg. mempunyai kelainan (nafsu), yg. bersifat tdk. wajar/normal; busuk; jahat; **≗ion** *f* (–;–*en*) kelainan yg. tdk. wajar/normal; **≗ität** *f* (–;–*en*) sikap/perbuatan yg. tdk. normal/wajar
Pessar *n* (–*s*;–*e*) *Med.* gelang (mulut) rahim (utk. mencegah kehamilan), *pessarium occlusivum*
Pessi|mismus *m* (–;*O*) pesimisme; **–mist** *m* (–*en*;–*en*) orang yg. bersikap pesimis, pencemas; **≗mistisch** pesimis(tis)
Pest *f* (–;*O*) penyakit pes, sampar, *pestis;* **–beule** *f* bengkak pes; *fig.* pusat kebusukan; **–ilenz** *f* (–;–*en*) *s. Pest*
Peter *m* (-*s*;-) Petrus; *schwarzer* ~ , *fig.* kambing hitam
Petersilië *f* (–;*O*) peterseli, daun sop, *petroselinum vispum*
Petition *f* (–;–*en*) permintaan, surat permohonan, petisi
Petrochemie *f* (–;*O*) petrokimia
Petroleum *n* (–*s*;*O*) minyak tanah/bumi; **–kocher** *m* kompor minyak; **–lampe** *f* lampu minyak; *große* ~ petromaks; **–quelle** *f* sumber minyak
Petschaft *n* (–*s*;–*e*) cap, stempel lak
petzen *itr. ugs.* mengadu, melaporkan kesalahan teman
Pfad *m* (–*e*s;–*e*) jalan setapak; **–finder** *m* (–*s*;–) pramuka, pandu; **≗los** tdk. ada jalan, tanpa jalan
Pfaffe *m* (–*n*;–*n*) *pej.* pastor, pendeta
Pfahl *m* (–*e*s;⸚*e*) tiang, pancang, pal, tonggak; **–bau** *m* rumah panggung; **–brücke** *f* jembatan bertiang
pfählen *tr.* memasang tiang/sangga; *als Strafe* menyula(kan)
Pfahl|wurzel *f* akar tunggang, akar yg. lurus; **–zaun** *m* pagar runcing
Pfalz *f* (–;–*en*) benteng/puri kekaisaran; *Rheinland* — ~ (*negara bagian di Jerman)*
Pfand *n* (–*e*s;⸚*er*) (barang) jaminan, gadaian, *bp.* boreh
pfändbar yg. dapat disita
Pfandbrief *m* surat hipotek
pfänd|en *tr.* menyita, *bp.* membeslah; **≗erspiel** *n* sm. permainan dng. memberi barang yg. harus ditebus
Pfand|geber *m* orang yg. memberi jaminan; **–gläubiger** *m* orang yg. menerima jaminan; **–haus** *n*, **–leihe** *f* rumah gadai, pegadaian; **–leiher** *m* penerima barang gadaian; **–recht** *n* hukum pegadaian; hak gadai; **–schein** *m* surat gadai; **–schuldner** *m* orang yg. memberi barang gadai, penggadai
Pfändung *f* (–;–*en*) penyitaan; **–sbefehl** *m* surat perintah penyitaan
Pfann|e *f* (–;–*n*) panci, penggorengan, *bp.* pan; *Dachziegel* genteng; *Med.* mangkok sendi, *acetabulum;* **–enstiel** *m* gagang panci; **–kuchen** *m* kue dadar, panekuk
Pfarr|amt *n* (kantor) pastoran; jabatan pastor/pendeta; **–bezirk** *m* (wilayah) paroki; **–e** *f* (–;–*n*), **–ei** *f* (–;–*en*) paroki; pastoran; **–er** *m* (–*s*;–) pastor, pendeta; **–gemeinde** *f* umat paroki, jemaat; **–haus** *n* (rumah) pastoran; **–kind** *n* warga paroki/jemaat; **–kirche** *f* gereja paroki
Pfau *m* (–*e*s;–*en*) burung merak, *pavo;* **–enauge** *n*, *Zo.* sm. jenis kupu-kupu yg. besar, *saturnia;* kupu-kupu dng. bulatan kebiru-biruan pd. sayapnya, *vanessa io;* **–enfeder** *f* bulu merak
Pfeffer *m* (–*s*;*O*) lada, merica; *piper; Spanischer* ~ paprika, cili, cabai (rawit); *roter* ~ cabe merah; *j-n dahin wünschen, wo der* ~ *wächst* menginginkan spy. sso. pergi ke tempat yg. sangat jauh, tdk. mau melihat sso. lagi; *da liegt der Hase im* ~ itulah masalahnya/kesulitannya; **–büchse** *f, s. Pfefferstreuer;* **–korn** *n* biji merica; **–kuchen** *m* kue yg. dibumbui kayu manis, cengkeh dsb.; **–minzbonbon** *n* gula-gula pedas, permen;

–**minze** *f* sm. tumbuhan yg. bau dan rasanya merangsang, permen, *mentha piperita;* –**mühle** *f* gilingan merica; ≗**n** *tr.* membumbui dng. lada; *ugs.* membuang; *gepfefferte Preise* harga yg. terlampau tinggi; –**nuß** *f* kue kecil yg. dibumbui kayu manis, merica dsb.; –**strauch** *m* pohon lada; –**streuer** *m* tempat lada

Pfeife *f* (–;–*n*) 1. pipa, cangklong; **2.** *Mus.* suling, serunai; *Trillerpfeife* peluit, semprit; **3.** *ugs.* si tolol; ≗**n** *unr. itr.* bersuit, bersiul; meniup serunai; membunyikan peluit/semprit; *am Ohr vorbei* ~ mendesing melewati telinga; *auf et.* ~ membiarkan atau tdk. mempedulikan sst.; *auf dem letzten Loch* ~ kehabisan tenaga/uang; –**nkopf** *m* kepala pipa; si tolol

Pfeif|er *m* (–*s*;–) orang yg. bersiul; peniup serunai; pemain musik tiup; –**kessel** *m* cerek yg. berbunyi bila air mendidih; –**konzert** *n* suitan yg. menandakan kekecewaan

Pfeil *m* (–*e̸s*;–*e*) anak panah; tanda panah

Pfeiler *m* (–*s*;–) tiang, pilar

pfeil|gerade lurus tegak; –**schnell** sangat cepat, secepat panah; ≗**schütze** *m* pemanah; ≗**spitze** *f* kepala/mata/ujung panah

Pfennig *m* (–*e̸s*;–*e*) *satuan terkecil mata uang Jerman;* –**fuchser** *m* (–*s*;–) orang kikir

Pferch *m* (–*e̸s*;–*e*) sm. kandang di alam terbuka; ≗**en** *tr.* memaksa/menjejal(i) masuk ke dl. ruang yg. sempit

Pferd *n* (–*e̸s*;–*e*) kuda, *equidae; Sp.* kuda-kuda (lompat); *aufs* ~ *steigen* naik kuda; *sich aufs hohe* ~ *setzen* bersikap sombong; *das hält kein* ~ *aus, ugs.* tak seorang pun tahan, *bp.* mana tahan

Pferde|äpfel *pl* tahi kuda; –**bremse** *f*, –**fliege** *f* langau, lalat kuda; –**dieb** *m* pencuri kuda; –**fuhrwerk** *n* kereta kuda; –**fuß** *m* kaki kuda; *e-n* ~ *haben* ada udang di balik batu, ada maksud busuk di baliknya; –**geschirr** *n* pakaian kuda; –**händler** *m* pedagang kuda; –**huf** *m* kuku kuda; –**koppel** *f* kandang kuda di alam terbuka; –**kraft** *f, s. Pferdestärke;* –**kur** *f, ugs.* pengobatan/penyembuhan dng. cara keras; –**rennen** *n* pacuan kuda; –**schwanz** *m* buntut/ekor kuda; *Frisur* ekor kuda; –**stall** *m* kandang kuda; –**stärke** *f* tenaga kuda, *bp.* péka (PK); –**tränke** *f* tempat minum kuda; –**wagen** *m* kereta kuda; –**zucht** *f* peternakan kuda

Pfiff *m* (–*e̸s*;–*e*) siulan; bunyi peluit; suitan; *fig.* daya tarik; *Trick* akal; –**erling** *m* (–*s*;–*e*) sm. jamur, *cantharellus cibarius; keinen* ~ *wert* sama sekali tak berharga; ≗**ig** cerdik, mempunyai banyak akal; lihai; –**igkeit** *f* (–;*O*) kecerdikan, kelihaian; –**ikus** *m* (–;–*se*) orang yg. cerdik/praktis

Pfingst|en *n* (–;*O*) (hari raya) Pantekosta; –**rose** *f* sm. tumbuh-tumbuhan semak yg. berbunga bagus; *paeonia*

Pfirsich *m* (–*e̸s*;–*e*) (pohon) buah persik, *prunus persica*

Pflanze *f* (–;–*n*) tumbuh-tumbuhan, tanaman; ≗**n** *tr.* menanam

Pflanzen|erde *f* tanah subur, humus; –**faser** *f* serat dari tumbuh-tumbuhan; –**fett** *n* minyak nabati; ≗**fressend** yg. makan tumbuh-tumbuhan; –**kost** *f* makanan yg. terdiri dari sayur-mayur saja; –**kunde** *f* ilmu tumbuh-tumbuhan, botani; –**öl** *n* minyak nabati; –**reich** *n* dunia tumbuh-tumbuhan, flora; –**schutz** *m* perlindungan bagi tumbuh-tumbuhan; –**schutzmittel** *n* obat anti hama (utk. tumbuh-tumbuhan); –**welt** *f, s. Pflanzenreich*

Pflanzer *m* (–*s*;–) penanam; pengusaha/pemilik perkebunan

pflanzlich nabati

Pflänzling *m* (–*s*;–*e*) bibit, semaian

Pflanz|stätte *f, fig.* tempat pendidikan (khusus), seminari; –**ung** *f* (-;-*en*) perkebunan; penanaman

Pflaster *n* (–*s*;–) *Wunde* plester, perekat penampal luka; *Straße* permukaan jalan (yg. terdiri) dari batu-batu; *e teures* ~, *fig.* daerah mahal; ≗**n** *tr.* memasang batu-batu di permukaan jalan, membatui

Pflaume *f* (–;–*n*) buah prem, *prunus domestica; ugs.* si tolol; –**nmus** *n* selai prem; **ºnweich** *fig.* sangat lunak, lembek

Pflege *f* (–;–*n*) perawatan, pemeliharaan; asuhan; **ºbedürftig** perlu dirawat, memerlukan perawatan; **–befohlene** *m, f* (–*n*;–*n*) anak asuhan; **–eltern** *pl* orangtua angkat; **–heim** *n* panti/rumah jompo; **–kind** *n* anak angkat/asuhan; **ºleicht** *Textilien* mudah dirawat/dicuci

pflegen *tr.* merawat; memelihara, mengurus baik-baik; mengasuh; *er pflegte zu sagen* ia biasanya/suka mengatakan

Pfleger *m* (–*s*;–), **–in** *f* (–;–*nen*) perawat, pengasuh, pengurus

pfleg|lich ~ *behandeln* merawat dng. baik; **ºling** *m* (–*s*;–*e*) anak angkat/ asuhan; **ºschaft** *f* (–;*O*) perwalian; *Schule* persatuan orangtua murid (POM)

Pflicht *f* (–;–*en*) kewajiban; tugas; **ºbewußt** sadar akan kewajiban; **ºeifrig** rajin melakukan tugas; **–erfüllung** *f* pelaksanaan/pengamalan tugas; **–fach** *n* mata pelajaran wajib; **–gefühl** *n* rasa tanggungjawab; **ºgemäß, ºmäßig** sesuai dng. tugas/ kewajiban; **ºschuldigst** *Adv.* sebagaimana seharusnya, sepatutnya; **–teil** *m* bagian warisan yg. wajib diberikan kpd. ahliwaris; **ºtreu** dng. setia/teliti melakukan tugas; **–übung** *f, Sp.* latihan wajib; **ºvergessen** *Adv.* lupa/meninggalkan kewajiban, tdk. setia; **–verletzung** *f* pelanggaran thd. kewajiban; **–versäumnis** *n* kealpaan, kelalaian; **–versicherung** *f* asuransi wajib; **ºwidrig** bertentangan dng. kewajiban, tdk. bertanggungjawab

Pflock *m* (–ɇs;–̈e) pasak, pancang, penyemat

pflücken *tr.* memetik

Pflug *m* (–ɇs;–̈e) bajak, tenggala

pflüg|en *itr. tr.* membajak, menenggala; **ºer** *m* (–*s*;–) pembajak tanah

Pflugschar *f* (–;–*en*) mata bajak, lanjam

Pförtchen *n* (–*s*;–) pintu kecil

Pforte *f* (–;–*n*) pintu; pintu gerbang

Pförtner *m* (–*s*;–) penjaga pintu, portir; *Med.* pelepasan lambung ke usus-duabelas-jari, *pylorus;* **–haus** *n* rumah portir, pos penjaga

Pfosten *m* (–*s*;–) tiang yg. kuat; *Tür, Fenster* kosen

Pfote *f* (–;–*n*) kaki binatang; *ugs.* tangan; tulisan tangan yg. jelek

Pfriem *m* (–ɇs;–*e*) jarum penggerek, pusut

Pfropf *m* (–ɇs;–*e*), **–en** *m* (–*s*;–) sumbat, gabus, prop; *Blut* gumpalan darah; *Eiter* mata bisul; **ºen** *tr.* mengisi sampai penuh sekali, menjejal(i); *Bo.* mengenten, mengadakan okulasi/cangkokan; *gepfropft voll* penuh sesak; **–enzieher** *m* kotrek; **–reis** *n* ranting yg. dicangkok

Pfründe *f* (–;–*n*) jabatan gerejani dan penghasilannya; *fig., bp.* jabatan basah

Pfuhl *m* (–ɇs;–*e*) kolam berlumpur/ kotor; *fig.* tempat maksiat

Pfühl *n* (–ɇs;–*e*) *Lit.* bantal empuk

pfui! ih! idih! **ºruf** *m* teriakan tdk. setuju

Pfund *n* (–ɇs;–*e*) setengah kilo, pon, 500 gram; *satuan mata uang Inggris;* **ºig** bagus, hebat

. . . **–pfündig** berbobot satu pon

Pfund|skerl *m, ugs.* orang yg. disegani; **ºweise** per pon, pon demi pon

Pfusch|arbeit *f* pekerjaan yg. ceroboh, pekerjaan yg. tak bermutu; **ºen** *itr. ugs.* bekerja dng. jelek/sembrono; *Schule* menyontek; *j-m ins Handwerk* ~ mencampuri bidang/ pekerjaan orang lain; **–er** *m* (–*s*;–) orang yg. melaksanakan pekerjaan dng. tdk. baik, orang yg. bukan ahli; **–erei** *f* (–;–*en*) *s. Pfuscharbeit*

Pfütze *f* (–;–*n*) kobakan, paluh

Phänomen *n* (–*s*;–*e*) gejala, fenomen; **ºal** luar biasa, istimewa

Phantasie *f* (–; . . . *iën*) daya khayal, angan-angan, fantasi; *Mus.* gubahan bebas, fantasia; **ºlos** tdk. punya ide, membosankan; yg. itu-itu saja; **–preis** *m* harga tinggi sekali, *bp.* harga gila; **ºreich** penuh daya khayal; **ºren** (–) *itr.* melamun, mengkhayal, berfantasi; *im Schlaf* mengigau; *Mus.* berimprovisasi; **ºvoll** *s. phantasiereich*

Phantast|(in *f*) *m* (*–en;–en*) pelamun, pengkhayal; **–erei** *f* (*–;–en*) lamunan, khayalan belaka; **≗isch** ajaib, luar biasa, hebat, gila, fantastis

Phantom *n* (*–s;–e*) khayalan; *Med.* alat peraga anatomis

Pharisä|er *m* (*–s;–*) farisi; *fig.* orang munafik; **≗isch** munafik

Pharmaz|eut *m* (*–en;–en*) ahli/mahasiswa farmasi, apoteker; **≗eutisch** yg. berh. dng. farmasi; **–ie** *f* (*–;O*) farmasi, ilmu obat-obatan

Phase *f* (*–;–n*) tahap, fase; *Elek.* fasa; **≗ngleich** sejalan, sejajar; **–nverschiebung** *f* pergeseran fasa

Philanthrop *m* (*–en;–en*) pencinta sesama manusia; **–ie** *f* (*–;O*) cintakasih kpd. manusia, filantropi

Philatelist *m* (*–en;–en*) pengumpul/penggemar perangko

Philharmon|ie *f* (*–; . . . iën*) perkumpulan pencinta musik; *nama orkes/gedung konser;* **–iker** *m* (*–s;–*) pemain orkes; *pl* orkes besar

Philolog|e *m* (*–en;–en*), **–in** *f* (*–;–nen*) filolog, ahli/mahasiswa filologi; **–ie** *f* (*–;O*) filologi, ilmu sastera dan bahasa

Philosoph *m* (*–en;–en*) ahli filsafat, filsuf, ahli pikir; **–ie** *f* (*–; . . . iën*) filsafat; **≗ieren** (–) *itr.* berfilsafat, berpikir mendalam, menimbang-nimbang; bertukar pikiran; **≗isch** yg. berh. dng. filsafat, yg. berdasarkan filsafat, falsafi

Phiole *f* (*–;–n*) botol kecil

Phlegma *n* (*–s;O*) sifat lamban/enggan bergerak; **–tiker** *m* (*–s;–*) orang yg. bersifat flegmatik; **≗tisch** sukar dirangsang, lamban, tdk. lekas naik darah, flegmatik

Phobie *f* (*–; . . . iën*) fobi, rasa takut (akan)

Phon *n* (*–s;–*) satuan ukuran volume suara, fon

Phone|tik *f* (*–;O*) fonetik, ilmu bunyi; **≗tisch** yg. berh. dng. bunyi/lafal bahasa

Phosphat *n* (*–ɇs;–e*) fosfat

Phosphor *m* (*–s;O*) fosfor (P); **≗eszieren** (–) *itr.* berpendar(–pendar), berkunang-kunang; **≗haltig** mengandung fosfor

Photo *s. Foto*

Phrase *f* (*–;–n*) ungkapan; *fig.* ungkapan yg. kosong, cakap angin; *~n dreschen* menggunakan kata yg. muluk-muluk; **≗nhaft** bersifat tinggi cakap, bombastis, muluk; **–ologie** *f* (*–; . . . iën*) ilmu/kumpulan tt. ungkapan khas suatu bahasa

Physik *f* (*–;O*) ilmu alam, fisika; **≗alisch** yg. berh. dng. ilmu alam, yg. menurut ilmu alam; **–er** *m* (*–s;–*) ahli fisika; **–um** *n* (*–s; . . . ka*) ujian praklinis sesudah ujian semester keempat; **–unterricht** *m* pelajaran ilmu alam

Physiognomie *f* (*–; . . . iën*) penampilan roman-muka/wajah orang (dan binatang)

Physiolog|e *m* (*–n;–n*) ahli fisiologi; **–ie** *f* (*–;O*) fisiologi, ilmu faal alat tubuh

physisch badaniah, jasmaniah; secara fisik, alamiah

Pian|ino *n* (*–s;–s*) piano kecil; **–ist(in** *f*) *m* (*–en;–en*) pemain piano, pianis

Piano *n*, **–forte** *n* (*–s;–s*) piano

picheln *itr. ugs.* minum minuman keras

Picke *f* (*–;–n*) beliung yg. runcing di satu sisinya, pencongkel

Pickel *m* (*–s;–*) **1.** *s. Picke;* **2.** jerawat, bintik-bintik, bintil; **–haube** *f* topi baja yg. lancip di ujungnya; **–hering** *m* ikan hering asin

pick(e)lig berbintil-bintil, berjerawat

picken *tr. itr.* memagut, mematuk (–matuk), memaruh

Picknick *n* (*–s;–s/–e*) (acara) makan di alam terbuka selama piknik/tamasya

pieken *tr. ugs.* menusuk; *Mücke* menggigit

piep|(s)en *itr.* menciak, ciak-miak; mencicit; *bei dir piept's wohl! ugs., bp.* gila kamu! **≗matz** *m* (*–es;–e/ . . . mätze*) burung kecil

Pier *m* (*–s;–e*), *f* (*–;–s*) dermaga

piesacken *tr. ugs.* menyiksa, mengganggu

Piëta *f* (*–;–s*) lukisan/patung Maria dng. jenazah Jesus di pangkuannya

Piëtät *f* (*–;O*) rasa hormat/segan; **≗los** kurang sopan; **≗voll** (bersikap) hormat, takzim

Piëtismus *m* (–;O) aliran Gereja Protestan (abad ke-17/18), pietisme

Pigment *n* (–ɇs;–e) pigmen, sm. zat warna

Pik 1. *m* (–s;–e/–s) puncak gunung; **2.** *n* (–s;–s) *Karten* sekop; **3.** *m* (–s;O) rasa benci yg. tersembunyi

pikant gurih; *fig.* condong kpd. yg. tdk. senonoh, *bp.* nyrempet; **≗erie** *f* (–; . . . *iën*) ungkapan yg. condong kpd. yg. tdk. senonoh

Pike *f* (–;–n) tombak; *von der ~ auf dienen* memulai kariernya dari pangkat yg. paling rendah

pikfein *Adj. ugs.* sangat necis

piken *tr., s. pieken*

pikiert tersinggung

Pikkolo *m* (–s;–s) magang pelayan di restoran; **–flöte** *f* sm. suling kecil, pikolo

Pilger|(in *f*) *m* (–s;–) peziarah; **–fahrt** *f* ziarah; *~ nach Mekka* haj, naik haji; **≗n** *itr.* berziarah; **–schaft** *f* (–;–*en*) ziarah

Pille *f* (–;–n) pil, tablet, butir; *~n drehen* menguntal

Pilot *m* (–en;–en) pilot, juru terbang, pengemudi pesawat terbang

Pils *n* (–;–) bir berwarna muda dan agak pahit

Pilz *m* (–es;–e) jamur, cendawan; **–vergiftung** *f* keracunan jamur

pimp(e)lig *ugs.* cengeng

Pinasse *f* (–;–n) kapal pinis/penes

pingelig *ugs.* bersifat mementingkan hal-hal sepele, cerewet

Pinguin *m* (–s;–e) sm. angsa di kutub selatan, penguin, *sphenisciformes*

Pingpong *n* (–s;O) pingpong, tenis meja

Pinie *f* (–;*Piniën*) sm. pohon cemara, *pinus pinea*

Pinke|(pinke) *f* (–;O) *ugs., bp.* duit; **≗ln** *itr. ugs.* kencing, buang air kecil

Pinne *f* (–;–n) paku kecil, pasak; *Mar.* celaga, pasak kemudi

Pinscher *m* (–s;–) sm. anjing kecil berekor kutung; *fig.* orang tak berarti

Pinsel *m* (–s;–) kuas; **–ei** *f* (–;–en) lukisan yg. kurang bermutu; **≗n** *itr. tr.* mencat kasar, mencoret-coret; *Med.* mengolesi obat; *fig.* menulis lama dan teliti

Pinzette *f* (–;–n) penyepit, sepit, pinset

Pionier *m* (–s;–e) perintis; anggota organisasi pemuda komunis; *Mil.* anggota korps zeni; **–arbeit** *f, ~ leisten* melakukan pekerjaan sebagai perintis; **–truppe** *f* pasukan zeni

Pipi *n* (–s;O) *ugs. bp.* pipis

Pirat *m* (–en;–en) bajak laut, perompak; **–erie** *f* (–;O) pembajakan

Pirsch *f* (–;O) pemburuan; **≗en** *itr.* berburu, mengejar

Pisse *f* (–;O) *ugs.* kencing; **≗n** *itr. ugs.* (ber)kencing

Pissoir *n* (–s;–e/–s) WC umum utk. laki-laki

Piste *f* (–;–n) *Sp.* jalur balap sepeda atau ski; *Flgw.* landasan pacu

Pistole *f* (–;–n) pistol; **–ntasche** *f* sarung pistol

placieren *s. plazieren*

plack|en *ugs., sich ~* bersusah-payah, bekerja keras; **≗erei** *f* (–;O) jerih-payah, kerja keras

plä|dieren (–) *itr.* mendukung, membela; *für (schuldig) ~* berupaya spy. (dinyatakan salah); **≗doyer** *n* (-s;-s) pledoi, pembelaan

Plafond *m* (–s;–s) langit-langit, *bp.* plafon

Plage *f* (–;–n) pekerjaan berat; *Last, Qual* kesusahan, cobaan, siksaan; *Übel* hama; **–geist** *m* pengganggu; **≗n** *tr.* mengganggu, mengusik; *sich ~* bekerja berat, membanting tulang

Plagiat *n* (–s;–e) jiplakan, plagiat; **–or** *m* (–s;–en) penjiplak, plagiator

Plaid *n* (–s;–s) sm. selimut wol kecil yg. bercorak kotak-kotak

Plakat *n* (–ɇs;–e) plakat, poster, surat tempel(an); **≗ieren** (–) *tr.* memasang poster; mengumumkan dng. menempelkan; **–säule** *f* tiang poster

Plakette *f* (–;–n) lencana

Plan *m* (–ɇs;–̈e) **1.** rencana, maksud, rancangan; bagan; *Zeitplan* jadwal; *Landkarte* peta; *Grundriß* denah; **2.** *Ebene* daratan, bidang; *Kampfplatz* lapangan, medan, arena; *auf den ~ treten* muncul; **≗** datar; **–e** *f* (–;–n) kain terpal/plastik

Plänemacher *m* (*–s;–*) orang yg. suka membuat rencana

plan|en *tr. itr.* merancang(kan), merencanakan, membuat rencana/ jadwal; bermaksud; **≗er** *m* (*–s;–*) perencana

Pläneschmied *m, s. Plänemacher*

Planet *m* (*–en;–en*) planet, bintang siarah; **–arium** *n* (*–s; . . . iën*) planetarium; **–enbahn** *f* orbit

plangemäß *s. planmäßig*

planier|en (–) *tr.* membuat datar, meratakan; **≗raupe** *f* buldoser

Planimetrie *f* (*–;O*) ilmu ukur bidang, planimetri

Planke *f* (*–;–n*) papan yg. kuat/tebal

Plänk|elei *f* (*–;–en*) pertempuran/ debat kecil; **≗eln** *itr.* berkelahi, bertempur kecil-kecilan

Plankton *n* (*–s;O*) plankton

plan|los tanpa rencana, tdk. teratur, *bp.* asal-asalan; **–mäßig** menurut rencana/jadwal, secara terencana, pd. waktunya

Plansch|becken *n* kolam utk. anak-anak; **≗en** *itr.* main (dng. atau di dl.) air, berketimbung

Plansoll *n, in der DDR* pekerjaan yg. harus dilaksanakan menurut rencana; barang yg. harus diproduksikan menurut rencana

Plan|spiel *n* latihan militer (di atas peta); **–stelle** *f* jabatan (pegawai negeri) tetap (yg. menurut anggaran)

Plantage *f* (*–;–n*) perkebunan, kebun budidaya

plantschen *s. planschen*

Planung *f* (*–;–en*) perencanaan; **–s·amt** *n* badan/lembaga perencanaan

planvoll berdasarkan rencana, secara teratur, sistematis

Plan|wagen *m* kereta kuda yg. ditutup kain terpal; **–wirtschaft** *f* ekonomi terencana/terpimpin

Plapper|ei *f* (*–;O*) ocehan, obrolan; **–maul** *n* tukang (ng)obrol, pengoceh; **≗n** *itr.* mengobrol, mengoceh

plärren *itr.* menangis, berteriak (–teriak)

Pläsier *n* (*–s;–e*) pelesir(an)

Plasma *n* (*–s; . . . men*) plasma

Plastik 1. *f* (*–;–en*) plastik, seni pahat/ukir; *Figur* patung; **2.** *n* (*–s;–s*), *f* (*–;–en*) (bahan) plastik; **–folie** *f* (kertas) plastik; **–tüte** *f* kantong plastik

plastisch nyata, berwujud jelas; plastis; *~ e Operation* bedah plastik/ kecantikan

Platane *f* (*–;–n*) sm. pohon, *platanus*

Plateau *n* (*–s;–s*) dataran tinggi

Platin *n* (*–s;O*) platina (Pt), mas putih

platonisch *~ e Liebe* cinta rohani

plätschern *itr, Bach* meriak dng. gemercik; *Regen* gemerencik; *an der Oberfläche ~, fig.* berbicara/ mengarang dangkal

platt datar, gepeng, pipih; *fig.* dangkal, kosong; *ich bin ~, ugs.* saya kaget; *~ e Nase* hidung pesek; *~ er Reifen* ban kempes

Plätt|brett *n* meja/papan setrika; **–chen** *n* (*–s;–*) ubin/tegel kecil, pelat kecil/tipis

plattdeutsch berh. dng. bahasa daerah di Jerman Utara

Platte *f* (*–;–n*) pelat, lempeng; *Teller* piring ceper yg. besar; *Fliese* batu ubin; *Plateau* dataran; *Mus.* piringan hitam; *kalte ~* hidangan makanan dingin; *(kahle) ~* kepala botak; *immer dieselbe ~* selalu itu-itu saja

Plätt|eisen *n* (alat) setrika; **≗en** *tr. itr.* menyetrika

Platten|leger *m* tukang pasang ubin/ porselen; **–spieler** *m* gramopon; **–teller** *m* piring putar (pd. gramopon); **–wechsler** *m* alat pengganti piringan hitam secara otomatis

platterdings sama sekali, sungguh-sungguh

Plätt|erei *f* (*–;–en*) tempat menyetrika utk. umum; **–erin** *f* (*–;–nen*) tukang setrika, dobi

Platt|form *f* tempat terbuka pd. bagian paling depan dan belakang gerbong kereta api atau trem; *geschütze Fläche* tempat terbuka di puncak gedung/menara yg. dikelilingi pagar; *fig.* basis, pangkal tolak; **–fuß** *m* kaki bertapak rata, *pes planus; e-n ~ haben, ugs., Mot.* ban kempes; **–heit** *f* (*–;–en*) keadaan datar; *fig.* ucapan kosong/dangkal; **–nase** *f* hidung pesek

Plättwäsche *f* (pakaian) setrikaan

Platz *m* (*–es;¨–e*) lapangan, halaman, alun-alun; *Sitzplatz* tempat (duduk); *freie Stelle* ruang (kosong); *~ belegen* memesan tempat; menempati; *~ bitte!* tolong geser/minggir! *~ machen* minggir; *~ nehmen* duduk; *~ schaffen* mengusahakan tempat kosong; *fehl am ~e sein* tdk. pd. tempatnya, tdk. wajar; **–angst** *f* takut akan tanah lapang, agorafobi; **–anweiser** *m* petugas penunjuk tempat

Plätzchen *n* (*–s;–*) kue kecil, biskuit; *hier ist noch e ~ frei* di sini masih ada tempat (duduk) kosong

platzen *itr.* pecah, meledak, meretak; *fig.* tdk. tahan lagi; *der Wechsel ist geplatzt* cek ditolak (karena kosong)

Platz|karte *f* karcis utk. tempat duduk; **–kommandant** *m* kepala komando setempat, komandan garnisun; **–mangel** *m* kekurangan tempat; **–patrone** *f* peluru kosong; **–regen** *m* hujan lebat yg. sekonyong-konyong; **–reservierung** *f* pemesanan tempat; **≗sparend** yg. menghemat tempat; **–verweis** *m, Sp.* pengusiran dari lapangan; **–wart** *m, Sp.* pengurus lapangan; **–wechsel** *m* pergantian tempat; *Bank* cek yg. tdk. dapat diuangkan di tempat lain

Plauderei *f* (*–;–en*) percakapan

Plauder|er *m* (*–s;–*), **–in** *f* orang yg. pandai bercakap-cakap; **≗n** *itr.* bercakap-cakap, beromong-omong, berbincang-bincang; **–stündchen** *n* pembicaraan akrab; **–tasche** *f* tukang obrol

plauschen *itr., ugs., s. plaudern*

plausibel masuk akal, dapat diterima, wajar

Plazenta *f* (*–;–s/ . . . ten*) uri, tembuni, *placenta*

Plazet *n* (*-s;-s*) ijin, persetujuan; *sein ~ geben* mengizinkan

plazieren (–) *tr.* menempatkan (di tempat tertentu); *Sp.* mengenai dng. tepat; *sich ~* meraih tempat (dl. urutan)

Plebejer(in *f*) *m* (*–s;–*) orang kampungan

Plebiszit *n* (*–ts;–e*) pemungutan suara umum, plebisit

Plebs 1. *f* (*–;O*) rakyat jelata; **2.** *m* (*–es;O*) *pej.* rakyat bodoh

Pleite *f* (*–;–n*) kepailitan, kebangkrutan; *fig.* kegagalan; *ich bin ≗, ugs. bp.* saya bokek

Plenar|saal *m* ruang sidang pleno; **–sitzung** *f* rapat pleno, sidang paripurna

Plenum *n* (*–s;O*) (rapat/sidang) pleno

Pleuelstange *f, Tech.* batang penggerak/torak

Plexiglas *n* sm. plastik bening, kaca pengaman

Pliss|eerock *m* rok berlipit/plisket; **≗ieren** (–) *tr.* melipit(–lipit)

Plomb|e *f* (*–;–n*) segel; *Med.* tambalan (gigi), plombir; **≗ieren** (–) *tr.* menyegel; *Zahn ~* menambal gigi; *plombierte Zähne* gigi yg. diplombir

plötzlich tiba-tiba, sekonyong-konyong, mendadak

plump tdk. berbentuk (baik); *fig.* kasar, kurang sopan; tdk. cekatan, tolol; *~ vertraulich* keakraban yg. merisaukan; **–s!** cebur! cemplung! celepuk! **–sen** *itr.* mencemplung, mencebur, mencempung

Plunder *m* (*–s;O*) barang tak berharga, rongsokan

Plünder|er *m* (*–s;–*) penjarah; perampok; **≗n** *tr. itr.* menjarah(i); **–ung** *f* (*–;–en*) penjarahan

Plural *m* (*–s;–e*) bentuk jamak/majemuk, pluralis; **≗istisch** pluralistis, majemuk

plus tambah, lebih, plus, *tanda tambah* (+); **≗** *n* (*–;–*) kelebihan, plusnya; *fig.* keuntungan

Plüsch *m* (*–es;–e*) sm. kain beludru

Plus|leitung *f, Elek.* kawat positif; **–pol** *m, Elek.* kutub positif; **–punkt** *m* hal yg. menguntungkan

Plusquamperfekt(um) *n* (*–s;–e*) *Gr.* waktu lampau yg. sempurna, pluskuamperfek

Pneumat|ik(reifen) *m* (*-s;-s*) *österreichisch* ban angin/dalam; **≗isch** berh. dng. tekanan angin; berisi angin; *Rel.* berh. dng. roh/jiwa

Pöbel *m* (–*s;O*) s. *Plebs;* **≗haft** kasar, kurangajar; **–herrschaft** *f* pemerintahan gerombolan orang kasar

poch|en *itr.* mengetuk, mengetok; *Herz* berdebar; *Bgb.* menumbuk sampai hancur; *auf et.* ~ menuntut sst. dng. sangat; **≗mühle** *f*, **≗werk** *n* penghancur bijih besi

Pocke *f* (–*;–n*) bintil; **–n** *pl* penyakit cacar, *variola;* **–n·erreger** *m* kuman cacar; **–n·impfung** *f* vaksinasi/penyuntikan cacar; **≗n·narbig** bopeng

Podest *n*, *m* (–*es;–e*) s. *Podium;* bagian datar di antara dua bagian anak tangga

Podium *n* (–*s;Podiën*) panggung, podium; **–sdiskussion** *f*, **–sgespräch** *n* panel diskusi

Poesie *f* (–*; . . . iën*) puisi, poesi; persajakan

Poet|(in *f*) *m* (–*en;–en*) penyair, pujangga; **≗isch** berbentuk/bersifat puisi; puitis

Pogrom *m*, *n* (–*s;–e*) kerusuhan (yg. disebabkan pertentangan) antara golongan agama atau ras

Point|e *f* (–*;–n*) pokok lelucon; bagian pokok/utama **≗iert** tajam, tepat sekali

Pokal *m* (–*s;–e*) piala; **–spiel** *n*, *Sp.* pertandingan perebutan piala

Pökel|fleisch *n* daging yg. diawetkan dl. larutan garam; **≗n** *tr.* mengawetkan dl. larutan garam, memeda

Poker *m* (–*s;O*) sm. permainan judi dng. kartu, poker; **–gesicht** *n* muka yg. menyembunyikan perasaan, wajah dingin

Pol *m* (–*s;–e*) kutub

polar yg. berh. dng. kutub; yg. sangat bertentangan; *im ~em Gegensatz* sama sekali berlawanan

Polar|achse *f* poros bumi; **–isation** *f* (–*;–en*) *Optik, Tech., fig.* polarisasi; **≗isieren** (–) *tr.* mengadakan polarisasi, mempertentangkan; **–ität** *f* (–*;–en*) sifat (saling) berlawanan; **–kreis** *m* lingkaran kutub; **–stern** *m* bintang kutub/utara (dl. rasi beruang kecil)

Polder *m* (–*s;–*) tanah rawa-rawa yg. ditambak

Polem|ik *f* (–*;–en*) polemik, perang pena; **≗isch** berpolemik; agresif (tetapi tdk. obyektif); **≗isieren** (–) *itr.* berbantah dl. tulisan, berpolemik

polen *tr.*, *Elek.* menghubungi dng. kutub

Police *f* (–*;–n*) polis/surat asuransı

Polier *m* (–*s;–*) mandor (dl. pem–) bangunan; **≗en** (–) *tr.* mengkilapkan dng. menggosok, memoles, mengupam; **–er** *m* (–*s;–*) ahli penggosok

Poliklinik *f* poliklinik, balai pengobatan

Politbüro *n* politbiro

Politesse *f* (–*;–n*) polisi (wanita) urusan parkir; *fig.* sopan-santun

Polit|ik *f* (–*;O*) politik, kebijaksanaan; **–iker** *m* (–*s;–*) politikus, negarawan, orang yg. berpolitik; **–ikum** *n* (–*s; . . . ka*) isyu politik, hal/peristiwa (penting dl. dunia) politik; **≗isch** (bersifat) politik, politis; *~e Wissenschaften* ilmu politik/kenegaraan; **≗isieren** (–) *itr.* berbicara tt. politik; *tr.* memperpolitikkan; **–ologe** *m* (–*n;–n*) ahli ilmu politik

Politur *f* (–*;–en*) pelitur, upaman

Polizei *f* (–*;O*) polisi, angkatan kepolisian; **–aufgebot** *n* detasemen/pengerahan polisi; **–aufsicht** *f* (di bawah) pengawasan polisi; **–beamte** *m*, **–beamtin** *f* anggota angkatan kepolisian, petugas polisi; **–behörde** *f*, **–büro** *n*, **–dienststelle** *f* kantor polisi; **–direktion** *f* komando daerah kepolisian; **–gewalt** *f* kekuasaan kepolisian; **–hund** *m* anjing polisi/pelacak; **–knüppel** *m* pentung(an) polisi; **–kommissar** *m* komisaris polisi; **≗lich** kepolisian, polisionil

Polizei|posten *m* pos polisi; **–präsidium** *n*, s. *Polizeidirektion;* **–revier** *n*, s. *Polizeibüro;* sektor/resort kepolisian; **–schutz** *m*, *unter ~ stehen* berada di bawah perlindungan polisi; **–spitzel** *m* informan polisi; **–staat** *m* negara (ke)polisi(an); **–streife** *f* patroli polisi; **–streifenwagen** *m* mobil patroli (polisi); **–stunde** *f* jam tutup restoran dan tempat hiburan di malam hari; **–truppe** *f* angkatan/pasukan kepolisian; **–verordnung** *f* peraturan (yg. dikeluarkan oleh) polisi; **–wache** *f* pos polisi; **–wesen** *n* kepolisian; **≗widrig** bertentangan dng. peraturan polisi

Polizist *m* (*–en;–en*) (petugas) polisi; **–in** *f* (*–;–nen*) polisi wanita (polwan)

Pollen *m* (*–s;–*) serbuk/tepung sari

Polo *n* (*–s;–s*) *Sp*. polo; **–hemd** *n* baju kaos (dng. lengan pendek)

Polster *n* (*–s;–*), *m* (*–s; Pölster*) jok, bantal, alas duduk; *Wattierung* bahan pengisi yg. empuk; **–er** *m* (*–s;–*) tukang jok; **–möbel** *pl* mebel yg. berjok; **≗n** *tr*. memasang jok, memberi lapisan empuk; **–sessel** *m* kursi malas yg. empuk; **–sitz** *m* tempat duduk yg. berjok; **–stuhl** *m* kursi berjok; **–ung** *f* (*–;–en*) jok, bantal; pemasangan jok, *bp*. bekleding

Polter|abend *m* malam perayaan menjelang perkawinan; **–er** *m* (*–s;–*) orang yg. membuat gaduh; **–geist** *m* hantu/jin yg. membuat gaduh; **≗n** *itr*. membuat gaduh/ribut; bergerak dng. suara gaduh; *fig*. mengumpat dng. suara keras

Polygamie *f* (*–;O*) poligami, perihal beristeri lebih dari satu

polynesisch dari Polinesia; berh. dng. Polinesia

Polyp *m* (*–en;–en*) *Med*. polip, sm. penyakit hidung, *polypus; Zo* binatang laut yg. hidup di karang-karang; *ugs*. polisi

Polytechnikum *n* (*–s; . . . ken*) sekolah/perguruan teknik

Polytheismus *m* pemujaan berhala

Pomad|e *f* (*–;–n*) minyak/krem rambut, pomade; **≗ig** *Haar* berkilap/mengkilat karena berminyak; *fig*. lamban

Pomeranze *f* (*–;–n*) sm. jeruk kecut, *citrus aurantium amara*

Pommes frites *pl* kentang goreng yg. diiris panjang-panjang

Pomp *m* (*–e̸s;O*) kemewahan/kemegahan (yg. berkelebihan); **≗haft, ≗ös** mewah, megah

Poncho *m* (*–s;–s*) mantel kurung

Pönitent *m* (*–en;–en*) *Rel*. pengaku dosa, orang yg. bertobat

Ponti|fikalamt *n*, *Rel*. misa yg. dirayakan oleh seorang uskup; **–fikat** *n* (*–e̸s;–e*) masa jabatan paus

Ponton *n* (*–s;–s*) sampan rendah dan lebar, ponton; **–brücke** *f* jembatan ponton

Pony (*–s;–s*) **1.** *n* sm. kuda kecil; *bp*. kuda poni; **2.** *m*, *Haar* poni

Popanz *m* (*–es;–e*) sm. kelontang, orang-orangan; *fig*. boneka

Popel *m* (*–s;–*) *ugs*. ingus yg. kental

Popelin *m* (*–s;O*), **–e** *f* (*–;O*) poplin

Popmusik *f* musik pop

Po(po) *m* (*–s;–s*) *ugs*. pantat

populär populer, digemari umum

Popularität *f* (*–;O*) popularitas

Pore *f* (*–;–n*) pori(–pori), liang renik

Pornographie *f* (*–;O*) pornografi, bacaan cabul

por|ös berliang renik, berongga kecil, mampung; **≗osität** *f* (*–;O*) sifat merembes/menyerap; keadaan berongga-rongga

Porphyr *m* (*–s;–e*) sm. batu merah-lembayung, *porphyreum*

Porree *m* (*–s;–s*) (daun) bawang perai, *allium porrum*

Portal *n* (*–s;–e*) pintu gerbang

Porte|feuille *n* (*–s;–s*) bidang tugas menteri; *Minister ohne ~* menteri negara; **–monnaie** *n* (*–s;–s*) dompet

Portier *m* (*–s;–s*) portir, penjaga pintu gedung

Portion *f* (*–;–en*) porsi, jatah, bagian; jatah makanan utk. satu orang, ransum; *zwei ~en Kaffee, bitte!* minta kopi utk. dua orang

Porto *n* (*–s;–s/Porti*) porto, bea perangko; **≗frei** bebas porto; **–gebühren** *pl* bea perangko; **–kasse** *f* kas kecil; **≗pflichtig** dikenakan bea perangko

Porträt *n* (*–s;–s*) lukisan orang (biasanya kepala dan dada saja); **≗ieren** (*–*) *tr*. melukis/menggambar orang; **–maler** *m* pelukis orang

Portwein *m* sm. anggur merah (dari Portugal)

Porzellan *n* (*–s;–e*) porselen, tembikar putih; **–erde** *f* tanah liat yg. dipakai utk. membuat porselen; **–laden** *m* toko barang pecah-belah; *wie der Elefant im ~* membabi-buta; **–service** *n* stelan/seperangkat alat makan dari porselen; **–warengeschäft** *n, s. Porzellanladen*

Posamenten *pl* hiasan baju, pasmen

Posaun|e *f* (–;–*n*) trombon, nafiri; **≗en** (–) *itr.* meniup trombon; *fig.* mengungkapkan sst. dng. suara keras; **–enbläser** *m*, **–ist** *m* (–*en*;–*en*) peniup/pemain trombon

Pose *f* (–;–*n*) lagak, sikap badan (yg. dibuat-buat)

posieren (–) *itr.* berpose; *fig.* berlagak, pasang aksi; berpura-pura

Position *f* (–;–*en*) posisi; kedudukan; keadaan; *Standort* letak, lokasi, tempat; ~ *beziehen* menyatakan sikap; **–slicht** *n, Mar.* lampu navigasi; *Flgw.* lampu posisi

positiv positif; bersifat mengiakan/menyetujui; *günstig* yg. menguntungkan; berhasil baik; ~ *es Recht* hukum tertulis/positif; ~ *es Wissen* pengetahuan pasti; **≗** (–*s*;–*e*) **1.** *m, Gr.* bentuk positif (tingkat perbandingan); **2.** *n, Fot.* gambar positif

Positur *f* (–;–*en*) lagak, (pengambilan) sikap badan, *bp.* pose

Posse *f* (–;–*n*) *iron.* sandiwara lawakan

Possen *m* (–*s*;–) (olok-)olokan; lelucon, lawakan; gangguan; ~ *reißen* melawak, melucu; **≗haft** lucu, menggelikan; **–macher** *m* (–*s*;–) badut, pelawak

Possessiv|pronomen *n*, **–um** *n* (–*s*; . . . *va*) *Gr.* kata ganti kepunyaan

possierlich (kecil dan) lucu

Post *f* (–;*O*) pos, kantor pos; *mit gleicher* ~ dikirim dng. pos yg. sama; *mit getrennter* ~ dikirim secara terpisah; *ist* ~ *für mich da?* ada surat utk. saya? **≗alisch** yg. berh. dng. pos, dari pos

Postament *n* (–*(e)s*;–*e*) kaki, dasar, alas

Post|amt *n* kantor pos; **–anschrift** *f* alamat; **–anweisung** *f* poswesel, wesel pos; **–auftrag** *m* tagihan uang melalui pos; **–beamte** *m*, **–beamtin** *f* pegawai pos; **–bezug** *m* langganan melalui pos; **–bote** *m* pengantar pos, tukang pos

Posten *m* (–*s*;–) jabatan, kedudukan; *Wache* piket; tempat penjagaan, pos; *Buchhaltung* bagian rekening anggaran belanja, pos, sejumlah uang/barang (yg. tersedia); *auf dem* ~ *sein, fig.* bersiap-siaga; *gesundheitlich* segar-bugar; *auf verlorenem* ~ *stehen/kämpfen* memperjuangkan/membela hal yg. tdk. memberi harapan lagi; ~ *stehen* berjaga (–jaga); **–jäger** *m* orang yg. sangat ambisius (utk. naik pangkat); **–kette** *f* deretan (pos) penjagaan; **≗weise** barang demi barang

Poster *n* (–*s*;–) gambar poster

Post|fach *n* kotak/teromol pos; **≗frisch** (perangko) yg. belum dicap dan masih utuh; **–gebühr** *f* bea porto; **–geheimnis** *n* rahasia pos; **–horn** *n* sm. terompet (sebagai simbol lembaga pos Jerman)

posthum *Adj.* anumerta, sesudah kematian

postieren (–) *tr.* menempatkan; *sich* ~ menempatkan diri

Postillion *m* (–*s*;–*e*) kusir kereta pos

Post|karte *f* kartu pos; **–kutsche** *f* kereta pos; **≗lagernd** poste restante, (surat kiriman) yg. disimpan di kantor pos sampai diambil; **–leitzahl** *f* nomor kode wilayah pos; **–minister** *m* menteri urusan pos; **–nachnahme** *f* kiriman remburs, kiriman yg. dibayar waktu diantarkan; **–paket** *n* paket pos; **–sack** *m* karung pos; **–schalter** *m* loket di kantor pos; **–scheck** *m* cek giro pos; **–scheckamt** *n* kantor giro pos; **–scheckkonto** *n* rekening giro pos; **–schließfach** *n* kotak pos; **–sparkasse** *f* bank tabungan pos

Post|skript *n* (–*(e)s*;–*e*), **–skriptum** *n* (–*s*; . . . *ta*) catatan tambahan di bawah surat; **–stempel** *m* stempel pos; **–tarif** *m* tarif pos; **–ulat** *n* (–*(e)s*;–*e*) tuntutan; *Rel.* (masa) postulat; **≗ulieren** (–) *tr.* menuntut; **–versandhaus** *n* perusahaan yg. hanya melayani melalui pos; **≗wendend** segera, langsung (setelah menerima kiriman pos); **–wertzeichen** *n* benda pos, perangko, meterai; **–wurfsendung** *f* reklame yg. dikirim oleh pos (kpd. semua orang di satu wilayah atau kpd. golongan tertentu); **–zustellung** *f* pengiriman melalui pos

potent berdaya, berpengaruh, kuat; *Med.* mampu bersetubuh, mampu mengadakan anak

Potentat *m* (*–en;–en*) *pej.* penguasa

Poten|tial *n* (*–s;–e*) kesanggupan, kemampuan, sumber daya; **⌐tiëll** yg. dapat dibayangkan, mungkin, potensial

Potenz *f* (*–;–en*) **1.** *Math.* pangkat; *Blödsinn in* ~ omong kosong besar; **2.** *Sex* kemampuan bersetubuh atau mengadakan anak; **3.** *Leistungsfähigkeit* kemampuan utk. melakukan sst., potensi; **⌐ieren** (–) *tr.* melipatgandakan; *fig.* membuat jauh lebih besar/banyak; *Math.* memangkatkan

Potpourri *n* (*–s;–s*) pusparagam, bunga rampai karya musik, lagu campuran

Pott *m* (*–ęs;⌐e*) panci; **–asche** *f* kalium karbonat, potas

potztausend! astaga!

Poularde *f* (*; n*) ayam yg. dikebiri dan digemukkan

poussieren (–) *itr. tr. ugs.* berpacaran; *schmeicheln* menjilat

Präambel *f* (*–;–n*) pembukaan, mukadimah

Pracht *f* (*–;O*) kemegahan, keanggunan, kemewahan, kecemerlangan; **–ausgabe** *f* edisi luks; **–exemplar** *n* barang/binatang istimewa/indah; *ugs., s. Prachtkerl*

prächtig megah, mewah, anggun, sangat indah, istimewa; *fig.* bermutu, cakap

Pracht|kerl *m* orang yg. sangat baik; orang hebat/menyenangkan; **⌐liebend** suka kemewahan/luks; **–stück** *n, s. Prachtexemplar;* **⌐voll** sangat indah/bagus sekali

Prädestination *f* (*–;O*) *Rel.* takdir, predestinasi

prädestinieren (–) *tr.* mentakdirkan

Prädikat *n* (*–ęs;–e*) sebutan; gelar; *Bewertung* angka, nilai; *Gr.* predikat, sebutan; **–snomen** *n, Gr.* kata benda yg. menjadi predikat, predikat nominal

Präfix *n* (*–ęs;–e*) awalan, *s. Vorsilbe*

Präge|anstalt *f* percetakan uang logam; **⌐n** *tr.* mencetak, menempa; *fig.* membina, membentuk; *formulieren* merumuskan; **–stempel** *m* stempel logam; cap timbul

pragmatisch sesuai dng. pengalaman/praktek, pragmatis

prägnant singkat-padat, tepat-kena, persis

Prägung *f* (*–;–en*) pekerjaan mencetak logam; *fig.* cetakan, gambar timbul; *fig.* watak, ciri

prähistorisch prasejarah

prahlen *itr.* membual, bermulut besar, menyombong (dng.)

Prahler|(in *f*) *m* (*–s;–*) pembual; **–ei** *f* (*–;–en*) (pem)bualan, cakap besar; **⌐isch** bersifat membual, sombong

Prahlhans *m* (*–es; . . . hänse*) *s. Prahler*

Prahm *m* (*–ęs;–e*) sm. sampan besar yg. datar

präjudizieren (–) *tr., Jur.* menilai/menghukum sebelum ada keputusan (dari lembaga yg. berwenang)

Praktik *f* (*–;–en*) praktek, pelaksanaan, cara melakukan; *~en, pl, pej.* akal bulus, muslihat; **⌐abel** dapat dilaksanakan, berguna

Prakt|ikant *m* (*–en;–en*) (maha)siswa yg. menjalankan kerja praktek, peserta latihan kerja; **–iker** *m* (*–s;–*) orang yg. berpengalaman luas (dl. praktek); orang praktis, praktikus; **–ikum** *n* (*–s; . . . ka*) praktikum, masa kerja praktek, latihan kerja; **–ikus** *m* (*–;–se*) orang yg. serba bisa; **⌐isch** praktis, berh. dng. kenyataan; *zweckmäßig* mudah memakainya/menjalankannya; *geschickt* cekatan; *~er Arzt* dokter umum; *Adv.* hampir(-hampir), dl. kenyataannya, boleh dikatakan; **⌐izieren** (–) *tr. itr.* menggunakan, menjalakan, mempraktekkan; *Arzt/Anwalt* (membuka) praktek; *~der Katholik* orang Katolik yg. menjalankan kewajibannya

Prälat *m* (*–en;–en*) imam Katolik yg. berpangkat tinggi, monsinyur

Praline *f* (*–;–n*), **Praliné** *n* (*–s;–s*) gula-gula coklat

prall berisi penuh, padat; kokoh, kekar; *~e Sonne* terik matahari; **⌐** *m* (*–ęs;–e*) benturan keras; **–en** *itr* membayar sejumlah uang tertentu; tertumbuk

Prämiё *f* (*–;–n*) premi, uang hadiah, bonus; **–ngeschäft** *n*, *Börse* transaksi yg. memberi hak kpd. kedua belah pihak utk. mundur dng. membayar sejumlah uang tertentu; **–nsparen** *n* tabungan dng. subsidi pemerintah

prämi(i)eren (–) *tr.* memberi hadiah/premi; menyatakan sebagai pemenang

pränatal pranatal

prang|en *itr.* tampak (elok), mempesona; bergemerlap; ~ *an* menghiasi; *mit et.* ~ memegahkan diri dng. sst., *bp.* memamerkan sst.; **≗er** *m* (*–s;–*) tiang tempat mengikat orang terhukum (spy. dijadikan tontonan masyarakat); *an den ~ stellen*, *fig* membuka kedok di muka umum

Pranke *f* (*–;–n*) cakar/kaki binatang buas; *fig.* tangan besar

pränumerando dng. uang muka, harus dibayar di muka

Präpa|rat *n* (*–(e)s;–e*) sst. yg. disiapkan dulu dng. baik; *Bio.* contoh tumbuh-tumbuhan/binatang (yg. diawetkan); *Med.* obat kimiawi; **≗rieren** (–) *tr.* mempersiapkan; mengawetkan; *sich* ~ menyiapkan diri

Präposition *f* (*–;–en*) kata depan/perangkai, preposisi

Prärie *f* (*–; . . . iën*) padang rumput yg. luas, stepa

Prärogativ *n* (*–s;–e*), **–e** *f* (*–;–n*) hak istimewa, prerogatif

Präsens *n* (*–;O*) *Gr.* bentuk sekarang

Präsent *n* (*–s;–e*) hadiah kecil, kado; **≗** hadir; *et.* ~ *haben* ada dl. persediaan; mengingat sst.; **≗ieren** (–) *tr.* menawarkan, menghidangkan, menyodorkan; *sich* ~ menampakkan diri (spy. dilihat), tampil; *Mil.*, *präsentiert das Gewehr!* hormat senjata! **–ierteller** *m*, *fig.*, *auf dem ~ sitzen* dapat dilihat dari manamana, menjadi pusat perhatian

Präsenz *f* (*–;O*) kehadiran; **–bibliothek** *f* perpustakaan yg. bukunya hanya boleh dipakai di tempat; **–liste** *f* daftar hadir/absen

Präservativ *n* (*–s;–e*), **–mittel** *n* kondom

Präses *m* (*–;Präsides/Präsiden*) *Rel.* ketua (perkumpulan Katolik); pejabat tinggi (dl. Gereja Protestan)

Präs|ident *m* (*–en;–en*) presiden, ketua; **–identschaft** *f* (*–;–en*) jabatan presiden/ketua, kepresidenan; **–identschaftskandidat** *m* calon presiden; **≗idieren** (–) *itr.* mengetuai; **–idium** *n* (*–s; . . . diën*) presidium, (dewan) pimpinan; gedung instansi (yg. pimpinannya berpangkat presiden); *Polizei* markas besar polisi

prasseln *itr.* gemerencik; berderai(–derai); *Feuer* meretih; *Fragen* menghujani

prass|en *itr.* berfoya-foya, berpestapora; makan sekenyang-kenyangnya; **≗er** *m* (*–s;–*) orang gembul; orang yg. hidup mewah dan menghamburkan uangnya

Präten|dent *m* (*–en;–en*) orang yg. menuntut haknya (atas takhta); **≗tiös** sok, sombong, yg. banyak tingkah/tuntutan

Präteritum *n* (*–;O*) *Gr.* bentuk masa lampau

präventiv bersifat mencegah/menghalangi, preventif

Praxis *f* (*–;Praxen*) tempat/ruang praktek; *Tätigkeit* praktek; *Erfahrung* pengalaman; *in der* ~ dl. kenyataan

Präzedenzfall *m* hal/kasus yg. biasa dijadikan contoh

präzis tepat, persis; **–ieren** (–) *tr.* menyatakan/menentukan dng. (lebih) tepat/pasti/persis; **≗ion** *f* (*–;O*) ketepatan, ketelitian, keseksamaan, presisi; **≗ionswaage** *f* timbangan presisi, neraca renik

predig|en *itr. tr.* berkhotbah; *fig.* sangat menganjurkan; **≗er** *m* (*–s;–*) pengkhotbah; **≗t** *f* (*–;–en*) khotbah

Preis *m* (*–es;–e*) harga, ongkos; *im Wettbewerb* hadiah, penghargaan; pujian; *um jeden* ~ bagaimanapun juga; *um keinen* ~ sama sekali tdk.; *fest ~e* harga pasti/mati

Preis|angabe *f* (catatan) harga; **–angebot** *n* tawaran harga, oferte; **–anstieg** *m* kenaikan harga; **–aufgabe** *f* persoalan sayembara; **–aufschlag** *m* biaya tambahan; **–ausschreiben** *n* sayembara;

–bildung *f* penentuan harga; **–bindung** *f* penentuan harga eceran (oleh produsen); **–drückerei** *f* penekanan harga

Preiselbeere *f* sm. buah kecil yg. berwarna merah, *vaccinium vitis idaea*

Preisempfehlung *f* harga yg. dianjurkan

preisen *unr. tr.* memuji, menyanjung; *sich glücklich* ~ bersyukur

Preis|erhöhung *f* kenaikan harga, penyesuaian harga; **–ermäßigung** *f* potongan harga, korting; **–festsetzung** *f* penetapan harga; **–frage** *f* persoalan yg. diajukan dl. sayembara; *fig.* persoalan penting; *ugs.* soal harga; **–gabe** *f* (–;O) penyerahan, perlepasan; **≗geben** *unr. tr.* menyerahkan, melepaskan, mengorbankan; *e Geheimnis* ~ membuka rahasia; *dem Gelächter* ~ membiarkan ditertawakan orang; **≗gebunden** *Adj.* yg. hargaecerannya (sudah) ditentukan; **≗gekrönt** yg. memenangkan hadiah

Preis|gericht *n* juri; **–gestaltung** *f* (kebijaksanaan dl.) penentuan harga; **–grenze** *f* batas harga; *untere* ~ harga minimum; *obere* ~ harga maksimum; **≗günstig** *s. preiswert;* **–kontrolle** *f* pengawasan harga; **–lage** *f* taraf/tingkat harga; *in dieser* ~ yg. semahal ini; **–liste** *f* daftar harga; **–nachlaß** *m* korting, potongan harga, rabat, *bp.* persen; **–politik** *f, s Preisgestaltung;* **–richter** *m* anggota juri

Preis|schießen *n* perlombaan menembak; **–schild** *n* label/etiket harga; **–schwankung** *f* naik-turunnya harga; **–senkung** *f* penurunan/pemotongan harga; **–steigerung** *f* penaikan harga; **–stopp** *m* pembekuan harga; **–sturz** *m* kemerosotan harga yg. sekonyong-konyong; **–träger** *m* pemenang hadiah; **–treiberei** *f* penaikan harga di luar proporsi (sehubungan suatu barang sedang langka); **–überwachungsstelle** *f* (instansi) pengawasan harga; **–unterbietung** *f* dumping; **–verleihung** *f,* **–verteilung** *f* penyerahan hadiah (perlombaan);**–verzeichnis** *n, s. Preisliste;* **≗wert, ≗würdig** yg. harganya pantas/layak, murah

prekär peka, sulit

Prell|bock *m* balok penyangga/penahan; **≗en** *refl.* terbentur/tertumbuk (dng. mendapat luka memar); *tr. fig.* menipu; **–erei** *f* (–;–*en*) tipuan; **–ung** *f* (–;–*en*) luka memar, biru lebam

Premiër|e *f* (–;–*n*) pertunjukan perdana, premiere; **–minister** *m* perdana menteri

preschen *itr.* lari cepat-cepat

Presse *f* (–;–*n*) pers; *Tech.* alat pres, mesin cetak/pres/kempa; **–agentur** *f* kantor berita; **–amt** *n* jawatan penerangan; kantor humas (hubungan masyaratkat); **–bericht** *m* berita/warta pers; **–büro** *n, s. Presseagentur;* **–fotograf** *m* wartawan foto; **–freiheit** *f* kebebasan pers; **–gesetz** *n* undang-undang pers; **–konferenz** *f* konperensi pers, jumpa pers; **–meldung** *f, s. Pressebericht*

pressen *tr.* mengapit, mengempa, mengepres, menekan(kan), memeras; *an sich* ~ memeluk erat-erat

Presse|referent *m* kepala kantor hubungan masyarakat; atase pers, jurubicara; **–stelle** *f* kantor humas; **–stimmen** *pl* pandangan/kritik dl. suratkabar; **–tribüne** *f* ruangan wartawan; **–vergehen** *n* pelanggaran undang-undang pers; **–verlautbarung** *f* pemberitahuan (kpd.) pers

Preß|form *f* acuan, cetakan; **–glas** *n* gelas/kaca tuangan, gelas coran; **–holzplatte** *f* lempengan hartbor

pressieren (–) *es pressiert* (*nicht*) (tdk.) mendesak

Preß|kohle *f, s. Brikett;* **–luft** *f* udara kompresi; **–luftbohrer** *m* mesin bor (angin); **–luftflasche** *f* tabung udara kompresi; **–stoff** *m* bahan yg. dapat diberi bentuk dng. dikempa

Pressung *f* (–;–*en*) penekanan, perbuatan mengempa

Preßwehen *pl* his beranak, gering bersalin

Prestige *n* (–*s;O*) gengsi, prestise; **–frage** *f* soal gengsi; **–verlust** *m* kehilangan muka, kedapatan malu

prickeln *itr.*, *Haut* menggelenyar, berasa spt. semutan; *Getränke* berbuih; *fig.* merangsang, menegangkan

Priel *m* (*–es;–e*) sm. kali pd. waktu air surut

Priem *m* (*–e̸s;–e*) tembakau susur/sugi

Priester *m* (*–s;–*) *katholisch* imam, *Hindu* pedanda; **–amt** *n* jabatan imam(at); **–in** *f* (*–;–nen*) pedanda wanita, wanita pemuka agama yg. membawa kurban; **≗lich** yg. berh. dng. imam(at); **–schaft** *f* (*–;O*), **–tum** *n* (*–s;O*) imamat, keimaman; **–weihe** *f* pentahbisan imam

prima prima, yg. nomor satu, yg. kelas wahid; *ugs.* hebat, *bp.* paling jempol(an); **≗** *f* (*–; Primen*) (dua) kelas terakhir di sekolah lanjutan atas; **≗ballerina** *f* penari wanita yg. utama dan ulung; **≗donna** *f* (*–; . . . donnen*) biduanita opera yg. ulung; **≗ner** *m* (*–s;–*), **≗nerin** *f* (*–;–nen*) siswa kelas terakhir di sekolah lanjutan atas

prim|är yg. pertama, yg. terutama, primer; **≗ärfeld** *n* medan primer; **≗ärstrahlung** *f* radiasi primer; **≗as** *m* (*–;–se*) *Rel.* uskup ketua, primas; **≗at** *m* (*–e̸s;–e*) keunggulan; kedudukan tertinggi; **≗aten** *pl*, *Zo.* binatang menyusui tingkat utama, *primatus;* **≗awechsel** *m* cek asli (bukan tembusan)

Primel *f* (*–;–n*) sm. bunga kecil, *primula*

primitiv primitif; sederhana, sangat bersahaja; kasar, tak terpelajar

Primiz *f* (*–;–en*) *Rel.* misa pertama

Primus *m* (*–;–se/Primi*) yg. pertama, bintang/juara kelas

Primzahl *f*, *Math.* bilangan pokok

Printe *f* (*–;–n*) sm. kue keras (yg. kecil)

Prinz *m* (*–en;–en*) pangeran, putera raja; **–essin** *f* (*–;–nen*) puteri raja; *gelar bangsawan;* **–gemahl** *m* suami ratu

Prinzip *n* (*–s;–iën*) prinsip, kaidah, dasar, asas, pokok; *aus* ~ karena keyakinan(nya); *im* ~ *sind wir einig* pd. dasarnya kita sepakat; **≗iëll** pd. pokoknya, karena keyakinan(nya), prinsipial; **–ienfrage** *f* soal prinsip; **–ienreiter** *m* orang yg. tdk. mengenal kompromi, *bp.* tukang ngotot

Prior(in *f*) *m* (*–s;–en*) kepala biara, prior

Priorität *f* (*–;–en*) prioritas, hak dahulu; ~ *einräumen* memberi prioritas; **–s·anspruch** *m* tuntutan hak prioritas

Prise *f* (*–;–n*) sejemput (garam . . .); *Mar.* hasil rampasan

Prism|a *n* (*–s; . . . men*) prisma; **≗atisch** berbentuk prisma; **–englas** *n* teropong yg. menggunakan prisma

Pritsche *f* (*–;–n*) balai-balai; *Mot.* bak truk; *Narrenpritsche* sm. lembaran-lembaran kayu pipih (utk. bikin suara ribut)

privat pribadi, swasta, perorangan, kepunyaan sendiri, partikelir, prive, privat, preman; *vertraulich* di bawah empat mata, tdk. di muka umum

Privat|adresse *f* alamat rumah; **–angelegenheit** *f* urusan pribadi; **–besitz** *m* milik pribadi/perorangan; **–dozent** *m* dosen yg. bukan pegawai tetap, dosen honorer; **–eigentum** *n*, *s. Privatbesitz;* **–gebrauch** *m*, *zum* ~ utk. keperluan/pemakaian sendiri; **–gespräch** *n* penggunaan telepon utk. kepentingan sendiri (bukan kantor); **–ier** *m* (*–s;–s*) orang yg. hidup dari modalnya/bunganya (tanpa bekerja); **≗im** *Adv.* secara pribadi, di bawah empat mata, tdk. resmi

Privat|industrie *f* industri swasta; **–interesse** *n* kepentingan pribadi; **–issimum** *n* (*–s; . . . ima*) kuliah/latihan utk. kelompok kecil; teguran/pembicaraan pribadi; **–klage** *f*, *Jur.* tuntutan dari pihak yg. dirugikan; **–klinik** *f* rumahsakit swasta; **–leben** *n* kehidupan pribadi; **–lehrer** *m* guru privat; **–mann** *m* (*–e̸s; . . . leute*) orang sipil, partikelir; **–patient** *m* pasien yg. bukan anggota asuransi kesehatan; **–recht** *n* hukum perdata

Privat|sache *f* urusan pribadi; **–schule** *f* sekolah swasta; **–sekre-**

tär(in *f*) *m* sekretaris pribadi; **–sphäre** *f* lingkungan pribadi; **–station** *f* bagian rumahsakit utk. pasien yg. bukan anggota asuransi kesehatan; **–stunde** *f*, **–unterricht** *m* les privat; **–vermögen** *n* kekayaan milik pribadi; **–weg** *m* jalan yg. tertutup utk. umum; **–wirtschaft** *f* usaha/industri/bisnis swasta

Privileg *n* (–*ẹs*;–*iën*) hak istimewa, privilese; **≗ieren** (–) *tr*. memberi hak istimewa; **≗iert** yg. sangat beruntung, mendapat hak istimewa

pro untuk, per; ~ *Jahr* per tahun; ~ *Kopf* per kapita; *das* ≗ *u. Kontra* untung–ruginya, baik-buruknya

probat teruji/terbukti khasiatnya

Probe *f* (–;–*n*) percobaan, ujian, tes, uji coba, latihan; *Muster* contoh; *auf* ~ utk./dl. masa percobaan; *auf die* ~ *stellen* menguji; ~(*n*) *abhalten* mengadakan latihan; **–abdruck** *m*, **–abzug** *m* pruf, cetakan percobaan; **–bestellung** *f* pesanan contoh; **–entnahme** *f* pengambilan contoh; **–fahrt** *f*, *e-e* ~ *machen* mengadakan uji-coba di jalan, menjalankan sebagai percobaan; **–fall** *m* batu ujian; **–flug** *m* penerbangan percobaan; **–jahr** *n* tahun percobaan

proben *tr. itr.* mengadakan latihan, berlatih

Probe|nummer *f* nomor contoh; **–sendung** *f* kiriman contoh; **–stück** *n* contoh; **≗weise** utk. percobaan, sebagai contoh; **–zeit** *f* masa percobaan

probier|en (–) *tr*. mencicipi, mencoba; *prüfen* mengadakan tes; **≗glas** *n* tabung percobaan; **≗stein** *m* batu uji

Problem *n* (–*s*;–*e*) masalah, persoalan, soal; *kein* ~ ! tiada masalah(nya)! gampang saja! **–atik** *f* (–;*O*) permasalahan, kesulitan; keadaan yg. meragukan; **≗atisch** sulit (utk. dipecahkan), yg. meragukan

Produkt *n* (–*ẹs*;–*e*) hasil (produksi), produk; **–enhandel** *m* perdagangan hasil bumi

Produktion *f* (–;–*en*) produksi, penghasilan; hasil (produksi); **–s·anlage** *f* pabrik; **–s·ausfall** *m* kerugian (karena berhentinya) produksi; **–sgenossenschft** *f* koperasi produsen; **–skosten** *pl* biaya/ongkos produksi; **–sleistung** *f* kapasitas produksi; **–smittel** *n* alat/sarana produksi; **–sstand** *m* tingkat produksi; **–sstätte** *f* pabrik; **–sziffer** *f* angka produksi; **–szweig** *m* cabang/bidang produksi

produktiv produktif; **≗ität** *f* (–;*O*) daya produksi, produktivitas

Produz|ent *m* (–*en*;–*en*) produsen, penghasil; **≗ieren** (–) *tr*. menghasilkan; *sich* ~ berlagak

profan duniawi, profan; *alltäglich* biasa (tdk. bermutu); **–ieren** (–) *tr*. mencemarkan, menghina, menodai

Profeß *Rel*. **1.** *f* (–; . . . *sse*) pengucapan kaul; **2** *m* (. . . *ssen*; . . . *ssen*) anggota ordo yg. sudah berkaul

Profession *f* (–;–*en*) profesi, pekerjaan; **–al** *m* (–*s*;–*s*) *Sp*. pemain profesional/bayaran; **≗ell** yg. berh. dng. keahlian, profesional

Profess|or(in *f*) *m* (–*s*;–*en*) profesor, mahaguru, guru besar; *Ehrentitel für Forscher u. Künstler* profesor; *außerordentlicher* ~ guru besar luar biasa; **≗oral** yg. (mau) menciptakan kesan pandai/terpelajar; **–ur** *f* (–;–*en*) jabatan profesor

Profi *m* (–*s*;–*s*) *ugs. Abk. von Professional*

Profil *n* (–*s*;–*e*) penampang-lintang, gambar profil; *Seitenansicht* bentuk badan/muka dari samping, tampan muka; *fig*. profil; *Reifen* telapak(an); **–eisen** *n* besi profil; **≗ieren** (–) *tr*. menggambar dari samping; *fig*. menggambarkan/menggariskan dng. jelas/tegas; *sich* ~ menonjolkan diri; **≗iert** tegas; yg. menonjol, berbobot; **–neurose** *f* gangguan rasa harga-diri

Profit *m* (–*ẹs*;–*e*) untung, laba, keuntungan; **≗gierig** rakus, loba; **≗ieren** (–) *itr*. menarik/memperoleh untung; **–macherei** *f* (–;*O*) pengambilan untung yg. berlebihan

pro forma sebagai tata cara saja, secara proforma; *nur zum Schein* pura-pura

profund mendalam, yg. berdasar kuat

Progno|se *f* (–;–*n*) ramalan; **≗stizieren** (–) *tr.* meramalkan
Programm *n* (–*s*;–*e*) program, acara, rencana; *Blatt, Heft* daftar/buku acara; *Computer* kode; **≗atisch** sesuai dng. program, yg. bersifat mengarahkan; **–direktor** *m, Rundf.* direktur urusan acara siaran; **≗gemäß** sesuai dng. acara/rencana; **≗ieren** (–) *tr.* menyusun (dl.) kode utk. komputer; **–ierer** *m* (–*s*;–) ahli kode komputer; **–ierung** *f* (–;–*en*) penyusunan kode komputer; **–(m)usik** *f* karya musik instrumental yg. tdk. musikalis; **–punkt** *m* (mata) acara; pokok program; **–vorschau** *f* potongan film yg. memperkenalkan film yg. akan datang, *bp.* trailer; *Rundf.* pemberitahuan susunan acara yg. akan datang
Progress|ion *f* (–;–*en*) kenaikan, peningkatan, langkah maju; *geometrische* ~ deret ukur; **≗iv** progresif, maju; ~*e Steuern* pajak yg. meningkat secara progresif
Prohibition *f* (–;–*en*) larangan memperjual-belikan minuman keras
Projekt *n* (–ɇs;–*e*) proyek; *Plan* rancangan, rencana; **≗ieren** (–) *tr.* merencanakan, merancangkan; **–il** *n* (–*s*;–*e*) proyektil
Projektion *f* (–;–*en*) proyeksi, penyorotan; **–s·apparat** *m* proyektor; **–slampe** *f* lampu proyektor; **–sröhre** *f* tabung sinar katoda; **–sschirm** *m* layar proyeksi
Projektleiter *m* kepala/pimpinan proyek
Projektor *m* (–*s*;–*en*) proyektor
projizieren (–) *tr.* memproyeksikan, mengadakan proyeksi
Proklam|ation *f* (–;–*en*) proklamasi; **≗ieren** (–) *tr.* memproklamasikan, mempermaklumkan
Prokur|a *f* (–; . . . *ren*) wewenang khusus dl. perusahaan; **–ist** *m* (–*en*;–*en*) pegawai yg. diberi wewenang khusus (utk. bertindak atas nama pimpinan perusahaan)
Prolet *m* (–*en*;–*en*) *pej.* orang yg. tdk. tahu adat; **–ariat** *n* (–*s*;*O*) proletariat, kaum buruh; **–ariër** *m* (–*s*;–) proletar; **≗arisch** yg. berh. dng. proletariat/proletar
Prolog *m* (–ɇs;–*e*) prolog, prakata, kata pendahuluan/pengantar
Prolong|ation *f* (–;–*en*) perpanjangan, penundaan; **≗ieren** (–) *tr.* memperpanjang; menunda
Promenade *f* (–;–*n*) tempat berjalan-jalan; **–ndeck** *n* geladak tempat berjalan-jalan; **–nkonzert** *n* konser di taman (umum); **–nmischung** *f, ugs., bp.* anjing kampung
promenieren (–) *itr.* berjalan-jalan, berpelesiran
Promille *n* (–ɇ;–) perseribu, permil; *ugs.* konsentrasi/kadar alkohol dl. darah
prominent terkemuka, terkenal, termasyhur; menonjol; **≗e** *m, f* (–*n*;–*n*) orang terkenal/termasyhur, tokoh
Prominenz *f* (–;*O*) orang-orang terkenal
Promiskuität *f* (–;*O*) sanggama dng. pasangan yg. berganti-ganti
Promo|tion *f* (–;–*en*) promosi gelar doktor; perayaan promosi; **≗vieren** (–) *itr.* meraih gelar doktor; *tr.* memberi gelar doktor
prompt segera, cepat, langsung, tanpa pikir panjang
Pronom|en *n* (–*s*;–/ . . . *mina*) kata ganti; **≗inal** yg. berh. dng. kata ganti
prononciert jelas, tegas
Propa|ganda *f* (–;*O*) propaganda; *für j-n/et.* ~ *machen* mencari dukungan utk. sso./sst.; **–gandafeldzug** *m* kampanye; **–gandist** *m* (–*en*;–*en*) orang yg. berpropaganda, propagandis; **≗gandistisch** secara/bersifat propaganda; **≗gieren** (–) *tr.* mempropagandakan, menyiarkan pendapat/faham politik
Propan *n* (–*s*;*O*) propana
Propeller *m* (–*s*;–) baling-baling; **–blatt** *n*, **–flügel** *m* daun/sayap baling-baling
proper *ugs.* bersih, rapih, necis
Prophet *m* (–*en*;–*en*) nabi; **–in** *f* (–;–*nen*) nabiah; **≗isch** bersifat meramalkan, yg. menyangkut masa depan; (bersifat) kenabian

prophezei|en (–) *tr.* bernubuat, meramalkan; **²ung** *f* (–;–*en*) nubuat, ramalan

prophylaktisch bersifat mencegah, preventif

Proportion *f* (–;–*en*) keseimbangan, perbandingan, proporsi; **²al** sebanding, sepadan, menurut perbandingan, seimbang; **²iert** seimbang, yg. baik proporsinya; *Körper* mempunyai potongan

Proporz *m* (–*es*;–*e*) *Pol.* perwakilan menurut perbandingan (tertentu)

Propst *m* (–*es*;⁻*e*) *pejabat tinggi gerejani*

Prosa *f* (–;*O*) prosa

Prosa|iker *m* (–*s*;–) orang yg. berpandangan sakelik/praktis; **²isch** ditulis dl. prosa; *fig.* biasa, kering; *bp.* sakelik; **–ist** *m* (–*en*;–*en*) pengarang prosa

Proselyt(in *f*) *m* (–*en*;–*en*) pengikut baru, pemeluk agama yg. baru

pros(i)t! selamat! ~ *Neujahr!* selamat Tahun Baru! *e* ~² *ausbringen auf* mengangkat gelas minuman utk. menghormati

Prospekt *m* (–*ês*;–*e*) lembaran, selebaran, prospektus; *Ansicht* pemandangan; **–material** *n* bahan promosi

Prosperität *f* (–;*O*) kemakmuran

prost *s. prosit;* ~ *Mahlzeit! ugs.* apa boleh buat!

Prostata *f* (–;*O*) *Med.* kelenjar prostata

prostitu|ieren (–) *tr. refl.* melacurkan (diri); **²ierte** *f* (–*n*;–*n*) pelacur; **²tion** *f* (–;*O*) pelacuran

protegieren (–) *tr.* melindungi/ memajukan/mendukung karena hubungan pribadi

Protein *n* (–*s*;–*e*) (zat) putih telur, protein

Protektion *f* (–;*O*) proteksi, perlindungan; **–ismus** *m* (–;*O*) proteksionisme

Protektor *m* (–*s*;–*en*) pelindung; **–at** *n* (–*ês*;–*e*) protektorat, daerah perlindungan; *unter dem* ~ *von* di bawah naungan dari

Protest *m* (–*es*;–*e*) protes, pernyataan tak setuju, sanggahan, bantahan; *unter* ~ dng./sambil memprotes; ~ *erheben* memprotes

Protestant|(in *f*) *m* (–*en*;–*en*) orang Protestan; **²isch** protestan; *²e Kirche* Gereja Protestan; **–ismus** *m* (–;*O*) Protestantisme

protest|ieren (–) *itr.* memprotes, membantah, menyanggah; **²versammlung** *f* rapat (utk. mengajukan) protes

Prothese *f* (–;–*n*) anggota badan buatan; *Zähne* gigi palsu

Protokoll *n* (–*s*;–*e*) **1.** berita acara; notulen; *zu* ~ *geben* menyatakan spy. dicatat; *zu* ~ *nehmen* mencatat; **2.** *diplomatisch* protokol; **3.** *Strafzettel, ugs.* surat denda (utk. pelanggaran lalulintas), *bp.* surat tilang; **²arisch** yg. berh. dng. protokol, yg. sesuai dng. tata cara resmi; sesuai dng. notulen; **–führer** *m* notulis, penulis, pencatat; **²ieren** (–) *tr.* mencatat secara resmi, membuat berita acara

Proton *n* (–*s*;–*en*) proton

Proto|plasma *n* zat hidup dl. sel, protoplasma; **–typ** *m* tipe ideal/ asli; mobil tipe baru yg. masih dites; prototip(e); **–zoon** *n* (–*s*; . . . *zoën*) *Zo.* binatang yg. bersel satu, protozoa

Protz *m* (–*en*;–*en od.* –*es*;–*e*) penyombong, pelagak; **²en** *itr.* menyombong; **²enhaft** *s. protzig;* **–entum** *n* (–*s*;*O*) sikap menyombongkan diri; **²ig** sombong; (barang) menyolok, menyolok mata

Proviant *m* (–*ês*;*O*) bekal, perbekalan; **–mangel** *m* kekurangan bekal

Provinz *f* (–;–*en*) propinsi; *fig.* daerah udik; **²ial** yg. berh. dng. propinsi; **–ial** *m* (–*s*;–*e*) *Rel.* pemimpin provinsi sarekat rohani, provinsial; **²iell** kedaerahan; terbelakang, picik; **–ler** *m* (–*s*;–) orang udik

Provis|ion *f* (–;–*en*) (uang) komisi, persenan; **²orisch** utk. sementara, darurat; **–orium** *n* (–*s*; . . . *riën*) pemecahan utk. sementara, pengganti sementara, keadaan tambalsulam

Provo|kation *f* (–;–*en*) provokasi, pancingan; **²zieren** (–) *tr.* mengadakan provokasi, memancing, menantang

Prozedur *f* (*–;–en*) tata cara, prosedur
Prozent *n* (*–ẹs;–e*) perseratus, peratus, prosen, persen; **–satz** *m* persentase, perseratus, kadar; **≗ual** (dihitung) dl. prosen
Prozeß *m* (*. . . sses; . . . sse*) proses; acara, perkara (pengadilan); *Vorgang, Verlauf* cara kerja, jalannya peristiwa, runtunan, perkembangan; *kurzen ~ mit j-m/et. machen* membereskan sso./sst. tanpa banyak cincong; *~ führen/anstrengen* mengajukan perkara, menuntut secara hukum; **–akten** *pl* berkas (perkara); **–gegenstand** *m* pokok perkara; **–gegner** *m* lawan dl. perkara
prozessieren (–) *itr.* mengajukan perkara, menuntut secara hukum
Prozession *f* (*–;–en*) prosesi, arak-arakan
Prozeß|kosten *pl* ongkos perkara; **–ordnung** *f* tata cara proses pengadilan; **–vollmacht** *f* surat kuasa utk. mewakili dl. perkara di pengadilan
prüde sok alim; malu-malu; **≗rie** *f* (*–;O*) sikap terlalu malu
prüf|en *tr.* menguji, memeriksa, mengadakan tes, menyelidiki, mencoba; *staatlich geprüfte(r) Krankenpfleger(in)* perawat yg. lulus ujian negara, perawat berijazah (negeri); *der schwergeprüfte Vater* ayah yg. tertimpa (per)cobaan/kemalangan berat; **≗er** *m* (*–s;–*) penguji; **≗gerät** *n, Tech.* alat utk. mengadakan testing; **≗ling** *m* (*–s;–e*) orang yg. diuji, peserta ujian; **≗stand** *m* tempat percobaan (utk. mengadakan testing); **≗stein** *m* batu ujian; *e ~ für s-e Fähigkeiten* kesempatan utk. membuktikan kebolehannya
Prüfung *f* (*–;–en*) ujian, testing; *Untersuchung* pemeriksaan, penyelidikan; *fig.* percobaan, penderitaan, kemalangan; **–s·anstalt** *f, Tech.* lembaga pemeriksaan/percobaan; **–s·arbeit** *f* bahan (karangan, persoalan) ujian; **–s·ausschuß** *m* panitia/komisi ujian; panitia penyelidikan; **–sbericht** *m* laporan penyelidikan/percobaan; **–s·ergebnis** *n* hasil ujian; hasil pemeriksaan; **–skommission** *f, s. Prüfungsausschuß*
Prügel *m* (*–s;–*) gada, pentung(an); *pl, fig.* pukulan, hajaran; **–ei** *f* (*–;–en*) perkelahian; **–knabe** *m* kambing hitam; **≗n** *tr.* memukuli; *sich ~* berkelahi, saling memukul; **–strafe** *f* hukuman badani
Prunk *m* (*–ẹs;O*) kemegahan, kemewahan, kebesaran; **≗en** *itr.* bermegah-megah, bermewah-mewah, menyombongkan (diri); **≗haft** megah, menyolok; **≗los** sederhana; **–stück** *n* barang yg. patut dipamerkan; **–sucht** *f* nafsu akan kemewahan/kebesaran; **≗süchtig** suka pamer; **≗voll** indah, luar biasa bagus, megah
prusten *itr.* mendengkus, bersin; *vor Lachen ~* tdk. dapat menahan ketawa
Psalm *m* (*–s;–en*) mazmur; **–ist** *m* (*–en;–en*) pencipta mazmur
Psalter *m* (*–s;–*) Kitab Mazmur
Pseudonym *n* (*–s;–e*) nama samaran; **≗** (yg. berh.) dng. nama samaran
pst! sst!
Psyche *f* (*–;–n*) jiwa, batin, sukma; **≗delisch** psikedelik, yg. berh. dng. jiwa dl. keadaan spt. akibat obat bius
Psychiat|er *m* (*–s;–*) dokter penyakit jiwa, psikiater; **–rie** *f* (*–;O*) ilmu penyakit jiwa, psikiatri
psychisch psikis, yg. berh. dng. (keadaan) jiwa, batiniah
Psychoanaly|se *f* (*–;O*) psikoanalisa, analisa jiwa; **–tiker** *m* (*–s;–*) ahli analisa jiwa, pengurai jiwa
Psycholog|e *m* (*–n;–n*) ahli ilmu jiwa, psikolog; **–ie** *f* (*–;O*) ilmu jiwa, psikologi; **≗isch** psikologis, kejiwaan, menurut/secara ilmu jiwa
Psycho|path *m* (*–en;–en*) penderita sakit jiwa; **–se** *f* (*–;–n*) penyakit (ke)jiwa(an), kegilaan; **–somatik** *f* (*–;O*) ilmu tt. hubungan antara badan dan jiwa; **–therapie** *f* psikoterapi; **≗tisch** sakit jiwa, gila
Puber|tät *f* (*–;O*) masa remaja, pubertas; **≗tieren** (–) *itr.* mengalami masa remaja
publik umum; *et. ~ machen* mengumumkan; **≗ation** *f* (*–;–en*)

publikasi, terbitan; *Publizierung* penerbitan
Publikum *n* (*–s;O*) publik, orang banyak, khalayak ramai; penonton
publiz|ieren (–) *tr.* menerbitkan, mengadakan publikasi; **°ist** *m* (*–en;–en*) wartawan, pengarang; **°istik** *f* (*–;O*) kewartawanan, publisistik
Puddeleisen *n* batang besi-aduk
Pudding *m* (*–s;–e/–s*) poding, puding
Pudel *m* (*–s;–*) anjing pudel; *das ist des ~s Kern* itulah intisari/pokoknya; **°nackt** telanjang bulat, bugil; **°naß** basah kuyup; **°wohl** segar bugar
Puder *m* (*–s;–*) bedak, pupur, serbuk, puyer, bubuk; **–dose** *f* tempat bedak; **°n** *tr.* membedaki; *sich ~* berpupur; **–zucker** *m* gula tepung
Puff 1. *m* (*–ẹs;¨–e*) sodokan, tolakan, dorongan; *e-n ~ vertragen können* tdk. gampang tersinggung; **2.** *m* (*–ẹs;–e*) tempat duduk yg. empuk (tanpa kaki dan sandaran); bantalan keras alas duduk; **3.** *m, n* (*–s;–s*) *derb* tempat pelacuran; **–ärmel** *m* lengan gembung; **°en** *tr.* menyodok, meninju (dng. lemah); *mit dem Ellbogen ~* menyikut; *itr., Lokomotive* berbunyi dng. letusan kecil
Puff|er *m* (*–s;–*) *Eisenbahn* penahan, penyangga, boper; *Kartoffel* panekuk kentang; **–erstaat** *m* negara penyangga; **–mais** *m* jagung kembang/berondong, *bp.* popkorn
Pulle *f* (*–;–n*) *ugs.* botol
Pulli *m* (*–s;–s*), **Pullover** *m* (*–s;–*) baju hangat, pullover, *bp.* switer
Puls *m* (*–es;–e*) (urat) nadi; **–ader** *f* pembuluh nadi; **°en** *itr.*, **°ieren** (–) *itr.* berdenyut; *fig., Verkehr* bergerak secara lancar dan ramai; *Schmerz* muncul terus secara berkala; **–schlag** *m* denyut nadi
Pult *n* (*–ẹs;–e*) rehal; meja tulis atau mimbar (guru)
Pulver *n* (*–s;–*) serbuk, bubuk, puyer; *Schießen* (obat) mesiu; *ugs.* uang; *keinen Schuß ~ wert* tdk. berguna/berharga sedikit pun; *sein ~ verschossen haben* habis akal; **°artig** *s. pulverförmig;* **–dampf** *m* asap mesiu; **–faß** *n* tong/tahang mesiu; *fig.* sst. yg. dapat meledak sewaktu-waktu; **°förmig, °ig** spt. serbuk/bubuk; **°isieren** (–) *tr.* menghancurkan menjadi bubuk, menyerbuk(kan); **–magazin** *n* gudang mesiu; **–schnee** *m* salju halus
pummelig pendek gemuk
Pump *m* (*–s;O*) *auf ~ kaufen, ugs.* membeli dng. kredit
Pumpe *f* (*–;–n*) pompa; **°n** *tr.* **1.** memompa; **2.** *ugs.* meminjam(kan); **–nhaus** *n* gardu pompa; **–nkolben** *m* torak pompa; **–nschwengel** *m* engkol/batang pompa
Pump|ernickel *m* (*–s;–*) roti hitam; **–hose** *f* celana tanggung; **–s** *m* (*–;–*) sepatu wanita tanpa tali; **–werk** *n* instalasi pompa
Punkt *m* (*–ẹs;–e*) titik, noktah; *Thema* hal/pokok pembicaraan, topik; *Abschnitt* pasal; *Bewertung* nilai, angka; *um ~ drei Uhr* persis jam tiga, pukul tiga tepat; *den toten ~ überwinden, fig.* mengatasi puncak kecapaian; *das ist e dunkler ~* lembaran hitam; *~ für ~* pokok demi pokok, hal demi hal; *der springende ~* inti masalahnya; *das ist mein wunder ~* itu kelemahan saya
Pünktchen *n* (*–s;–*) titik kecil
Punkt|gleichheit *f, Sp.* seri; **°ieren** (–) *tr.* menandai dng. titik-titik; *punktierte Linie* garis titik-titik; *Med.* menusuk utk. mengeluarkan zat cair
pünktlich tepat (pd. waktunya); *~ sein* menepati waktu; *~ um zehn Uhr* tepat jam sepuluh; **°keit** *f* (*–;O*) ketepatan waktu
Punkt|muster *n* motif titik; **–sieg** *m* kemenangan angka; **–system** *n* sistem angka; **°uell** menyangkut pokok-pokok/hal-hal tertentu saja; **–um!** habis! **–zahl** *f, Sp.* (angka) skor
Punsch *m* (*–es;–e*) sm. minuman campuran yg. panas dan mengandung alkohol
Punze *f* (*–;–n*) alat utk. mencetak tanda merek atau angka pd. logam
pupen *itr. ugs.* (ber)kentut
Pupille *f* (*–;–n*) anak/manik mata

Püppchen *n* (*–s;–*) boneka/popi kecil; *Mädchen* gadis cantik

Puppe *f* (*–;–n*) boneka; *bis in die ~n schlafen* tidur sampai siang hari; *Zo.* kepompong, sarung ulat

Puppen|gesicht *n* muka cantik tetapi kurang menampakkan kepribadian; **–haus** *n* rumah-rumahan, rumah boneka; **–spiel** *n, s. Puppentheater;* **–spieler** *m* dalang; **–stube** *f, s. Puppenhaus;* **–theater** *n* sandiwara boneka, sm. wayang golek; **–wagen** *m* kereta boneka

pur murni; *~er Unsinn* omong kosong belaka; *aus ~er Neugierde* semata-mata karena ingin tahu

Püree *n* (*–s;–s*) bubur, *bp.* puré

purgier|en (–) *tr. itr.* mencuci perut, mencahar; membersihkan; **≗mittel** *n* obat (pen)cuci perut, obat urus-urus

Puritan|er *m* (*–s;–*) *fig.* orang yg. amat berpegang teguh pd. tata susila; **≗isch** berpegang teguh pd. norma-norma susila, saleh

Purpur *m* (*–s;O*) zat/kain warna merah bungur/lembayung; *den ~ erhalten* diangkat menjadi kardinal; **≗farben, ≗n** *Adj.*, **≗rot** berwarna merah bungur/lembayung

Purzel|baum *m* jungkir-balik; *e-n ~ schlagen* berjempalitan, berguling berbalik-balik; **≗n** *itr.* jatuh terguling-guling/jungkir-balik

Puste *f* (*–;O*) *ugs.* nafas

Pustel *f* (*–;–n*) bisul, gelembung kulit berisi nanah, *pustula*

pust|en *itr.* meniup; bernafas dng. berat; **≗e·rohr** sumpitan

Put|e *f* (*–;–n*) ayam kalkun betina; **–er** *m* (*–s;–*) ayam kalkun jantan; **≗errot** merah padam; **–hahn** *m, s. Puter;* **–henne** *f, s. Pute*

Putsch *m* (*–es;–e*) kudeta; **≗en** *itr.* mengadakan kudeta

Putz *m* (*–es;O*) *Mauer* plester(an); *Kleidung* dandanan, hiasan; **≗en** *tr.* membersihkan; menggosok; *sich ~* merias, mengenakan pakaian bagus dan menata rambut, bersolek; *die Nase ~* membuang ingus dng. saputangan; *sich die Zähne ~* menggosok/menyikat gigi

Putz|er *m* (*–s;–*) orang yg. membersihkan; penggosok (sepatu); *Mil.* prajurit yg. melayani perwira; **–erei** *f* (*–;–en*) *österreichisch* binatu yg. memakai obat kimia; **–frau** *f* wanita yg. membersihkan ruangan; **≗ig** lucu; aneh; **–lappen** *m* kain pel, lap; **–macherin** *f* (*–;–nen*) wanita pembuat topi; **–mittel** *n* obat pembersih; **≗süchtig** gemar berdandan/(ber)solek; **–teufel** *m* wanita yg. keranjingan akan kebersihan; **–tuch** *n, s. Putzlappen;* **–waren** *pl* hiasan pakaian; **–wolle** *f* serat utk. membersihkan (mesin dan alat-alat), majong, majun; **–zeug** *n* perlengkapan utk. membersihkan

Puzzle(spiel) *n* sm. permainan menyambung kembali bagian-bagian dari suatu gambar

Pygmäe *m* (*–n;–n*) orang kerdil (di Afrika); **≗nhaft** spt. orang kerdil

Pyjama *m* (*–s;–s*) piyama, pakaian tidur

Pyramide *f* (*–;–n*) piramide; *Math.* limas; **≗nförmig** berbentuk limas, piramidal

Pyrotechnik *f* pembuatan petasan/mercon

pythagoreisch *~er Lehrsatz* dalil/rumus Pythagoras

Python(schlange) *f* (*–s;–s*) ular sanca/piton, *pythonidae*

Q

quabbelig lembek dan licin (spt. agar-agar atau kodok); kendur
Quackelei *f* (–;–*en*) *ugs.* omongan tak berguna, obrolan, omong-kosong; *Nörgelei* ocehan
Quacksalber *m* (–*s*;–) dokter gadungan/bodoh, tukang obat, dukun; **–ei** *f* (–;–*en*) pengobatan asal saja
Quader *m* (–*s*;–), *f* (–;–*n*) balok; **–stein** *m* batu (alam) empat persegi; *Math.* bidang empat persegi panjang
Quadrant *m* (–*en*;–*en*) seperempat (dari) lingkaran; alat pengukur tingginya bintang, kwadran
Quadrat *n* (–*e*s;–*e*) bujur sangkar, segi-empat sama sisi; *Potenz* pangkat dua, kwadrat; **⁓isch** berbentuk segi-empat; **–meter** *m*, *n* meter persegi; **–ur** *f* (–;–*en*) perubahan suatu bidang yg. melengkung menjadi segi-empat yg. sama luasnya; cara menghitung luas dan isi suatu bidang yg. sisinya tdk. lurus; perhitungan integral; ~ *des Kreises, fig.* pekerjaan mustahil/sia-sia; **–wurzel** *f, Math.* akar pangkat dua; **–zahl** *f* bilangan pangkat dua, angka kwadrat
Quadrille *f* (–;–*n*) sm. dansa kuno (dari empat pasangan)
quaken *itr.* berbunyi kuak, menguak; meleter
quäken *itr.* merengek
Qual *f* (–;–*en*) derita, sengsara, kesusahan
quäl|en *tr.* menyiksa, menyakiti; *fig.* mengusik; *sich* ~ bersusah-payah, berusaha keras; **⁓er** *m* (–*s*;–) penyiksa; **⁓erei** *f* (–;–*en*) penyiksaan; *Mühsal* usaha keras
Qualifikation *f* (–;–*en*) kecakapan, kepandaian; kwalifikasi, penilaian; kelayakan; **–srunde** *f, Sp.* babak penyisihan
qualifizier|en (–) *tr.* menilai; *befähigen* memenuhi syarat utk.; *sich* ~ membuktikan diri mampu utk.; **–t** cakap/mampu/pandai/berwenang utk. melakukan sst.; ~*es Vergehen* kesalahan yg. berat; ~*e Mehrheit* mayoritas dua pertiga
Qualität *f* (–;–*en*) sifat, keadaan, macam; *Güte* mutu, kwalitas; **–en** *pl* kemampuan, kepandaian; sifat; **–s·arbeit** *f* karya yg. sangat bermutu; **–sfehler** *m*, **–smangel** *m* cacat, kekurangan, kerusakan; **–szeichen** *n* cap mutu, tanda kwalitas tinggi
Qualle *f* (–;–*n*) ubur-ubur
Qualm *m* (–*e*s;*O*) uap/asap tebal, sulang; **⁓en** *itr.* berasap; *ugs. tr.* merokok
qualvoll yg. menyiksa
Quant *n* (–*s*;–*en*) *Phys.* kwantum; **–entheorie** *f* teori kwantum
Quantität *f* (–;–*en*) banyaknya, kwantitas, jumlah
quantitativ menurut jumlahnya/banyaknya, kwantitatif
Quantum *n* (–*s*; . . . *ten*) sebagian dari jumlah yg. lebih besar, bagian; *s. Quant*
Quappe *f* (–;–*n*) cebong, berudu
Quarantäne *f* (–;–*n*) karantina
Quark *m* (–*e*s;*O*) sm. keju yg. putih dan lembek; sm. dadih pekat; *ugs.* omong kosong, hal sepele
Quart 1. *n* (–*s*;*O*) (ukuran) kwarto; **2.** *f* (–;–*en*) *Mus.* kwart
Quarta *f* (–; . . . *ten*) kelas tiga di sekolah lanjutan menengah

Quartal *n* (*–s;–e*) seperempat tahun, triwulan, kwartal; **≗(s)weise** setiap triwulan

Quartett *n* (*–ẽs;–e*) musik utk. empat suara/instrumen; kelompok empat penyanyi atau pemain musik; empat-serangkai; *Kartenspiel* sm. permainan kartu, kwartet

Quartformat *n*, *s. Quart 1.*

Quartier *n* (*–s;–e*) tempat tinggal (sementara); *Distrikt* daerah (di kota)

Quarz *m* (*–es;–e*) kwarsa; *Rundf.* kristal(–kwarsa); **–uhr** *f* jam kwarsa

quasi seakan-akan, seolah-olah, seperti

quasseln *itr. ugs.* mengobrol, mengoceh

Quast *m* (*–ẽs;–e*) kwas; **–e** *f* (*–n;–n*) rumbai-rumbai

Quatsch *m* (*–es;O*) hal yg. tdk. ada gunanya, omong kosong; ~ *machen* berbuat nakal, mengganggu; *laß den ~ !* jangan! **≗en** *itr. ugs.* membual, beromong(–omong) kosong; **–kopf** *m* pembual, tukang obrol

Quecksilber *n* (*–s;O*) air raksa; **≗ig** sangat giat, tdk. pernah tenang; **–säule** *f* kolom air raksa

Quell *m* (*–ẽs;–e*), **–e** *f* (*–;–n*) sumber, mata air, perigi; *fig.* asal(–usul); *an der ~ sitzen* berada dekat tempat informasi/pembagian; **≗en 1.** *unr. itr.* timbul, mengalir ke luar (dari); *anschwellen* melembung, membengkak; **2.** *tr.* merendam sampai lunak

Quellen|angabe *f* penunjuk sumber; **–forschung** *f* studi naskah-naskah asli, penyelidikan dokumen

Quellgebiet *n* daerah hulu; **–wasser** *n* air segar (yg. langsung dari sumber)

Quengel|ei *f* (*–;–en*) rengekan, keluhan (tanpa alasan); **≗n** *itr.* merengek, mengeluh saja, merajuk

Quentchen *n* (*–s;–*) sedikit saja

quer bersilang; melintang; *schräg* tdk. lurus; *kreuz u. ~* silang-menyilang, palang-memalang

Quer|achse *f* poros-lintang; **–balken** *m* balok-lintang, beremban, rasuk; **≗durch** melintang; **–e** *f* (*–;O*) *j-m in die ~ kommen* merintangi jalan sso., *fig.* mengganggu (rencana) sso.; **≗feld·ein** ~ *gehen* berjalan lintas alam; **–format** *n* format malang/melintang, *bp.* oblong

Quer|kopf *m* pengganggu, penghalang, orang yg. keras kepala; **–lage** *f*, *Med.* posisi melintang (dl. rahim); **≗legen** *sich ~* berusaha menghalangi, tdk. menyetujui; **–ruder** *n* kemudi guling; **≗schießen** *unr. itr. ugs.* mengganggu, merintangi; **–schnitt** *m* penampang lintang; *fig.* kumpulan intisari atau contoh representatif; **–straße** *f* jalan lintang; **–summe** *f*, *Math.* hasil penjumlahan angka-angka suatu bilangan (*mis.* 432 = 9); **–treiber** *m* pengganggu, perintang, pengacau

Querulant *m* (*–en;–en*) pengeluh, pencela, pengecam

Quetsch|e *f* (*-;-n*) alat utk. menumbuk / meremaskan / melenyehkan; *ugs.* perusahaan kecil dan tdk. terurus baik; **≗en** *tr*, *zerquetschen* menumbuk, meremas, melenyehkan; *heftig drücken* menghimpit; *sich durch die Menge ~* menyelusup melalui orang banyak; *sich den Finger ~* jarinya terjepit; **–ung** *f* (*–;–en*), **–wunde** *f*, *Med.* luka memar, *contusio*

quick lincah, giat, cepat; **≗born** *m* sumber utk. awet muda; **–lebendig** giat, sibuk, banyak/suka bergerak

quieken *itr.* mencicit, menjerit

quietschen *itr.* berciut-cuit; berderit; *fig.* memekik karena gembira/kaget

Quinta *f* (*–; . . . ten*) kelas dua di sekolah lanjutan menengah

Quint·essenz *f* hakekat, pokok, saripati; *ugs.* hasil, kesimpulan

Quintett *n* (*–ẽs;–e*) musik utk. lima instrumen/suara; kelompok lima penyanyi atau pemain musik

Quirl *m* (*–ẽs;–e*) sm. alat pengaduk; *fig.* anak/orang yg. sangat banyak bergerak; **≗en** *tr.* mengaduk, mengarun, mengarau dng. cepat

quitt ~ *sein* tak ada hutang/tuntutan/ikatan lagi; *fig.* terlepas dari, tak ada masalah lagi (antara dua orang)

quitt|ieren (–) *tr.* menyatakan lunas, memberikan kwitansi tanda sudah menerima uang; *den Dienst ~*

meletakkan jabatan; **≗ung** *f* (–;–*en*) kwitansi

Quiz *n* (–;–) kwis; **–sendung** *f* acara/siaran cerdas-tangkas, acara kwis

Quote *f* (–;–*n*) bagian, jatah, kwota

Quotiënt *m* (–*en*;–*en*) hasil-bagi

R

Rabatt *m* (*–ɇs;–e*) potongan, korting, rabat; **–e** *f* (*–;–n*) petak tanah (dl. kebun)

Rabauke *m* (*–n;–n*) pengacau, orang kasar dan kurangajar

Rabbiner *m* (*–s;–*) pendeta Yahudi

Rabe *m* (*–n;–n*) burung gagak, *corvus;* **–n·eltern** *pl* orangtua yg mengabaikan anak; **≗nschwarz** hitam lebam/legam

rabiat kasar; *wütend* sangat marah

rabulistisch pokrol-pokrolan

Rache *f* (*–;O*) (pembalasan) dendam; *~ nehmen* membalas dendam; **–durst** *m* dendam kesumat, nafsu membalas dendam

Rachen *m* (*–s;–*) hulu kerongkongan, *fauces; Tier* moncong; *fig.* jurang; *j-m et. in den ~ werfen* mengasih sst. kpd. sso. spy. ia tdk. mengganggu lagi

rächen *tr.* membalas/melepaskan dendam

Rachen|höhle *f* (rongga) kerongkongan; **–katarrh** *m* radang hulu kerongkongan, *pharyngitis*

Rächer(in *f*) *m* (*–s;–*) pembalas dendam

Rach|gier *f* (*–;O*) *s. Rachedurst;* **≗gierig** bernafsu membalas dendam

Rachitis *f* (*–;O*) penyakit Inggris, *rachitis*

Rach|sucht *f, s. Rachedurst;* **≗süchtig** bersifat ingin membalas dendam

Racker *m* (*–s;–*) anak nakal; **≗n** *itr.* bekerja keras, membanting tulang

Rad *n* (*–ɇs;–̈er*) roda, jentera; *Fahrrad* sepeda; *unter die Räder kommen, fig.* menjadi rusak/tersesat/bejat; **–achse** *f* poros/sumbu roda

Radar *n, m* (*–s;O*) radar; **–anlage** *f* instalasi radar; **–kontrolle** *f* pengawasan kecepatan kendaraan (dng. menggunakan radar); **–schirm** *m* layar radar

Radau *m* (*–s;O*) keributan, riuhrendah, kegaduhan, hiruk-pikuk; **–bruder** *m*, **–macher** *m* (*–s;–*) pengacau, bajingan

Rad|aufhängung *f* (sistem) penggantungan roda; **–bremse** *f* rem roda; **–dampfer** *m* kapal-kincir uap

radebrechen *itr. tr.* berbahasa asing dng. susah-payah

radeln *itr.* bersepeda, naik/mengendarai sepeda

Rädelsführer *m* biang keladi

räder|n *tr.* melaksanakan hukuman mati dng. mengikatkan pd. roda; *wie gerädert sein* (merasa) sangat capek/lemas; **≗werk** *n* mekanisme rodagigi; *Mot.* transmisi, perlengkapan rodagigi

rad|fahren *unr. itr., s. radeln;* **≗fahrer** (**–in** *f*) *m* pengendara/penunggang sepeda; *fig. ugs.* penjilat; **≗fahrweg** *m, s. Radweg;* **≗felge** *f* pelek, gading-gading roda; **–förmig** berbentuk roda; **≗gabel** *f* garpu sepeda; **≗gestell** *n* rangka sepeda; **–ial** radial, yg. berbangun spt. jari-jari lingkaran

radier|en (*–*) *itr. tr.* menghapus, menyetip; *Kunst* mengetsa, menggores; **≗er** *m* (*–s;–*) **1.** pengetsa; **2.** *s. Radiergummi;* **≗gummi** *m* setip, karet penghapus; **≗messer** *n* pisau etsa; **≗nadel** *f* jarum etsa; **≗ung** *f* (*–;–en*) etsa, pengetsaan

Radies·chen *n* (*–s;–*) rades, *raphanus sativus radicula*

radikal radikal; sampai pd. akar-akarnya, tuntas; drastis **≗e** *m* (*–n;–n*) orang radikal; **≗ismus** *m* (*–;O*) radikalisme; **≗kur** *f* penyembuhan secara drastis/radikal

Radio *n* (*–s;–s*) radio; *s. Rundfunk;* pesawat radio; *im* ~ dl. (siaran) radio; **≗aktiv** radioaktif; **–aktivität** *f* penyiaran radio-aktif, radioaktivitas; **–ansager** *m* (*–s;–*) penyiar (radio); **–apparat** *m*, **–empfänger** *m* (pesawat) radio; **–gramm** *n* radiogram, berita radio; **–loge** *m* (*–n;–n*) ahli sinar Röntgen; **–logie** *f* (*–;O*) ilmu sinar Röntgen; **–mechaniker** *m* montir/teknisi radio; **–navigation** *f* pelayaran/navigasi dng. menggunakan peralatan radio; **–röhre** *f* tabung/lampu radio

Radio|sender *m* pemancar radio; **–sendung** *f* penyiaran radio; acara radio; **–skopie** *f* (*–;O*) pemeriksaan badan dng. sinar Röntgen tanpa mengadakan foto; **–station** *f* pemancar/stasiun radio; **–technik** *f* teknik radio; **–übertragung** *f* siaran (langsung) radio

Radium *n* (*–s;O*) radium; **–behandlung** *f*, **–therapie** *f* pengobatan dng. sinar radium

Radius *m* (*–;Radiën*) jari-jari, radius

Rad|kappe *f* dop roda, tutup naf; **–kranz** *m* bingkai roda (bagian dalam); kasut roda; **–ler(in** *f*) *m* (*–s; –*) *ugs. s. Radfahrer;* **–nabe** *f* naf/nap roda; **–reifen** *m* ban roda; **–rennbahn** *f* tempat balapan sepeda; **–rennen** *n* balapan sepeda; **–schaufel** *f* sudu (pd. roda kincir air); **≗schlagen** *unr. itr.* menjengkelit; **–speiche** *f* jari-jari roda, ruji-ruji; **–sport** *m* olahraga sepeda; **–stand** *m* jarak gandar, lebar-sepur; **–tour** *f*, **–wanderung** *f* piknik bersepeda; **–weg** *m* jalan (khusus utk.) sepeda

raff|en *tr.* melipat-lipat; *fig.* mengambil dng. serakah; **≗gier** *f* sifat serakah/tamak/loba; **–gierig** loba, tamak, serakah

Raffi|nade *f* (*–;–n*) gula pasir yg. sangat halus; **–nerie** *f* (*–; . . .iën*) *Öl* kilang minyak; *Zucker* (pabrik) penyaringan gula; **–nesse** *f* (*–;–n*) **1.** selera/kehalusan yg. tinggi; **2.** *Schlauheit* kelicikan; **3.** *Überfeinerung* perlengkapan luks/mewah; **≗nieren** (*–*) *tr.* menyaring, membersihkan (gula, minyak); **≗niert** licik; *verfeinert* terlalu/sangat halus

Rage *f* (*–;O*) kemarahan, keberangan; *j-n in* ~ *bringen* membuat sso. naik pitam

ragen *itr.* menjulang, menonjol

Ragout *n* (*–s;–s*) daging cincang dng. saus yg. gurih

Rahe *f* (*–;–n*) andang-andang (kapal)

Rahm *m* (*–(e)s;O*) kepala susu; *den* ~ *abschöpfen, fig.* mengambil yg. paling baik guna dirinya sendiri

Rahmen *m* (*–s;–*) (ke)rangka, bingkai, lis; *Fenster/Tür* kosen; *aus dem* ~ *fallen* tdk. pantas, luar biasa, tdk. biasa; *im* ~ (*Genitiv/von*) dl. rangka; ≗ *tr.* memberi bingkai; **–abkommen** *n* perjanjian dasar; **–antenne** *f* antena bingkai; **–erzählung** *f* cerita berbingkai; **–gesetz** *n* undang-undang pokok; **–tarif** *m* peraturan umum mengenai syarat-syarat pekerjaan

rahm|ig spt. krem; mengandung kepala susu; **≗käse** *m* keju yg. banyak mengandung lemak

Rahsegel *n* layar yg. dipasang pd. andang-andang

Rain *m* (*–(e)s;–e*) pematang, pinggir/batas ladang yg. berumput

Rakete *f* (*–;–n*) roket; panah api; **–n·abschußrampe** *f* tempat peluncuran roket; **–n·antrieb** *m*, *mit* ~ digerakkan oleh roket; **–nflugzeug** *n* pesawat (terbang) roket; **–ngeschoß** *n* peluru roket; **–nstufe** *f* tingkat roket; **–ntreibstoff** *m* bahan bakar roket; **–nwesen** *n* peroketan

Rakett *n* (*–(e)s;–s/–e*) raket

Rallye *f* (*–;–s*) reli, *rally*

Ramifaser *f* (serat) rami, *boehmeria nivea*

Ramm|bär *m*, **–bock** *m*, **–e** *f* (*–;–n*) alat pelantak; alat/mesin tumbuk jalan; **≗eln** *tr.itr.*, *Tier* menjantani; *gerammelt voll* penuh sesak; **≗en** *tr.* melantak(kan); *Auto* menabrak dari samping

Rampe *f* (*–;–n*) peron tempat bongkar-muat barang; lerengan; *Thea.* bagian muka dari panggung; **–nlicht** *n* lampu panggung (yg.

menyoroti dari bawah); *im ~ der Öffentlichkeit* menjadi pusat perhatian umum
ramponieren (–) *tr.* (sangat) merusakkan
Ramsch *m* (–ẹs;O) barang murahan/sisa/loakan; **°en** *itr.* memborong/membeli dng. harga sangat murah; **–verkauf** *m* obral; **–ware** *f, s. Ramsch*
ran *s. heran; ugs.* ayo!
Rand *m* (–ẹs;¨er) pinggir(an), tepi, pembatasan, bibir; *steil abfallender ~* tabir; *am rechten ~* di sisi kanan; *am ~ der Verzweiflung* hampir putus asa; *et. am ~e erwähnen* menyebut sambil lalu; *außer ~ u. Band* ribut tak terkendali
randalieren (–) *itr.* membuat ribut (–ribut)
Rand|auslöser *m, an der Schreibmaschine* pembebas penekan sisi; **–bemerkung** *f* catatan (pd.) pinggir, takarir; *fig.* komentar; **–gebiet** *n* daerah pinggir/perbatasan; **–glosse** *f, s. Randbemerkung;* **–gruppe** *f* golongan pinggir, kelompok yg. kurang diperhatikan; **–schärfe** *f, Fot.* ketajaman gambar di pinggir potret; **–stein** *m* batu pinggiran trotoar; **–steller** *m, an der Schreibmaschine* penekan sisi; **–verzierung** *f* hiasan pinggir, renda; **°voll** sepenuh-penuhnya
Rang *m* (–es;¨e) **1.** pangkat, tingkat, kedudukan; kelas; *e Ereignis ersten ~es* peristiwa yg. sangat penting; *j-m den ~ ablaufen* (mencoba) mengalahkan/mendahului sso.; **2.** *Thea.* balkon; **–abzeichen** *n* tanda pangkat; **–älteste** *m* perwira yg. paling tinggi pangkatnya
Range *m* (–n;–n), *f* (–;–n) anak nakal
Rangfolge *f* urutan menurut pangkat
Rangier|bahnhof *m* stasiun langsir; **°en** (–) *tr. itr.* melan(g)sir; *fig.* mempunyai kedudukan; *~ unter* termasuk golongan; *~ vor* berkedudukan lebih tinggi; **–er** *m* (–s;–) petugas langsir; **–gleis** *n* rel langsir; **–maschine** *f* lokomotif langsir
Rang|liste *f* daftar urutan pangkat/kedudukan; **–ordnung** *f, s. Rangfolge;* **–stufe** *f* tingkatan
rank ramping, lampai; **°e** *f* (–;–n) julai, carang, sulur
Ränke *pl* intrik, akal bulus; *~ schmieden* merencanakan dng. diam-diam; bersekongkol
ranken *itr.* merambat, berjulai-julai, bersulur, menyulur; **°gewächs** *n* tumbuhan merambat/berjulai, sulur-suluran
Rankünе *f* (-;-n) (rasa) benci/dendam
Ranzen *m* (–s;–) tas sekolah (yg. digendong di punggung), ransel; *ugs.* perut gendut
ranzig tengik
rapid(e) cepat sekali
Rapier *m* (–s;–e) sm. pedang (utk. main anggar)
Rappe *m* (–n;–n) kuda hitam
Rappel *m* (–s;–) *e-n ~ haben, ugs.* bertingkah ganjil/aneh; **°ig** *ugs. bp.* senewen, gila; **°n** *itr.* berderak-derak, berkertak-kertak; berderik-derik; *bei dir rappelt's wohl?* kamu aneh/gila?
Rappen *n, m* (–s;–) *satuan mata uang Swiss yg. terkecil*
Rapport *m* (–ẹs;–e) laporan, rapor; **°ieren** (–) *tr.* melaporkan
Raps *m* (–es;O) rap kol, sm. lobak yg. menghasilkan minyak, *brassica napus var. oleifera*
Rapunzel *m, f* (–;–n) sm. selada, *valerianella locusta*
rar langka, jarang; *sich ~ machen* jarang berkunjung
Rarität *f* (–;–en) barang yg. langka dan berharga
rasan|t datar; *fig.* sangat/amat cepat; **°z** *f* (–;O) jalan peluru yg. datar; *fig.* keadaan cepat sekali
rasch cepat; *wer ~ gibt, gibt doppelt* siapa segera membantu, membantu paling baik; **–eln** *itr.* berbunyi gersak, berdesir(–desir), gemersik, bergerosok
rasen *itr.* berjalan sangat cepat, *bp.* ngebut; *vor Zorn/Wut ~* menjadi sangat marah, naik darah, mata gelap, mengamuk
Rasen *m* (–s;–) rumput; **°d** marah sekali, yg. mengamuk; *~e Schmerzen* rasa sakit yg. amat sangat; *~ gern haben, ugs.* sangat mencintai; **–mäher** *m* mesin pemotong rum-

put; **–platz** *m* lapangan rumput; **–sprenger** *m* alat penyiram rumput

Raserei *f* (–;O) kebut-kebutan; *fig.* kemarahan, kegilaan, pengamukan

Rasier|apparat *m* alat cukur; **°en** (–) *tr.* mencukur; *sich* ~ bercukur; **–er** *m* (–s;–) *s. Rasierapparat;* **–klinge** *f* (pisau) silet; **–krem** *f* sabun cukur (berupa krem); **–messer** *n* pisau cukur; **–pinsel** *m* kwas cukur; **–seife** *f* sabun cukur; **–wasser** *n* wangi-wangian utk. cukur; **–zeug** *n* alat-alat cukur

Räson *f* (–;O) akal sehat; *j-n zur* ~ *bringen* membuat sso. menurut (dng. mengambil tindakan tegas); ~ *annehmen* mulai mengerti dan bertindak wajar; **°ieren** (–) *itr.* bersungut, mengomel, menggerutu

Raspel 1. *f* (–;–n) kikir kasar; *Küche* parut (an); *Kinder* sm. giring-giring; **2.** *m* (–s;O) (hasil) parutan; **°n** *tr.* memarut

Rasse *f* (–;–n) ras, bangsa; **–hund** *m* anjing yg. bersilsilah, anjing trah

Rassel *f* (–;–n) alat permainan yg. berbunyi kertak-kertuk, sm. giring-giring; kelontong; **–bande** *f* (–;–n) kelompok anak ribut; **°n** *itr.* bergemerincing

Rassen|diskriminierung *f* diskriminasi rasial; **–frage** *f* masalah rasial; **–haß** *m* rasisme; **–kampf** *m* pertentangan antara ras; **–kreuzung** *f,* ~ *vornehmen, Zo.* mengadakan hibrida; **–merkmal** *n* ciri khas suatu ras/bangsa; **–politik** *f* kebijaksanaan dl. bidang hubungan antara sukubangsa; **–vorurteil** *n* prasangka rasial

rasse·rein *Zo.* berketurunan murni

rass|ig *Tiere* yg. berbadan tegap, yg. bersilsilah murni; *fig.* penuh gairah dan cakap; **–isch** yg. berh. dng. ras; rasial

Rast *f* (–;O) istirahat; ~ *machen, s. rasten;* **°en** *itr.* beristirahat, berhenti

Raster *m* (–s;–) jaringan/kaca raster; **–druck** *m* cetakan raster; **°n** *tr.* mengurai gambar sehingga terdiri dari titik-titik

Rast|haus *n* restoran di pinggir jalan raya/tol; **°los** tdk. kenal lelah, terus-menerus; **–platz** *m* tempat perhentian utk. beristirahat; **–stätte** *f, s. Rasthaus;* **–tag** *m* hari istirahat

Rasur *f* (–;–en) cukur; *ausradierte Stelle* bagian yg. dihapus

Rat *m* (–es;¨–e) dewan, majelis; *Person* anggota dewan; *Empfehlung* nasehat, saran; ~ *halten/pflegen* berunding; *keinen* ~ *mehr wissen* kehilangan akal, tdk. tahu jalan keluar; *mit* ~ *u. Tat* dng. saran dan perbuatan

Rate *f* (–;–n) cicilan, angsuran

raten *unr. itr.* **1.** menasehati, memberi nasehat, menganjurkan; **2.** *tr. itr.* menerka, menebak (teka-teki); *vermuten* mengira-ngira

Raten|kauf *m* pembelian secara cicilan; **°weise** secara mencicil/mengangsur; **–zahlung** *f* (pembayaran dng.) angsuran, cicilan

Räteregierung *f, Pol.* pemerintahan Sovyet

Rat|geber *m* (–s;–) penasehat; **–haus** *n* balai kota, gedung walikota

Ratifi|kation *f* (–;–en) ratifikasi, pengesahan; **°zieren** (–) *tr.* meratifikasikan, mensahkan; **–zierung** *f* (–;–en) *s. Ratifikation*

Ration *f* (–;–en) jatah, bagian, porsi, ransum, catu

rational rasional, masuk akal; **–isieren** (–) *tr.* merasionalisasikan; **°isierung** *f* (–;O) rasionalisasi; **°ismus** *m* (–;O) rasionalisme

ration|ell efisien, menghemat, rasional; **–ieren** (–) *tr.* menjatahkan, meransum; **°ierung** *f* (–;–en) pencatuan, pemberian ransum, pembagian jatah

rat|los kehilangan akal, bingung; **°losigkeit** *f* (–;O) kebingungan, keputus-asaan; **–sam** bijaksana; pantas dianjurkan, sebaiknya

Rat|schlag *m* petunjuk, nasehat, usul; **°schlagen** *unr. itr.* berunding; **–schluß** *m* keputusan; *Gottes* ~ takdir

Rätsel *n* (–s;–) teka-teki, tebakan; *fig.* hal yg. tdk./sukar dimengerti; *vor e-m* ~ *stehen* menghadapi masalah yg. menimbulkan tanda tanya; **°haft** tak dapat dimengerti, merupakan teka-teki, misterius

Rats|herr *m* anggota dewan; **–keller** *m* restoran di balai kota; **–sitzung** *f*, **–versammlung** *f* sidang majelis/ dewan

Ratte *f* (–;–*n*) tikus (besar), *rattus;* **–nfalle** *f* perangkap tikus; **–nfänger** *m* penangkap tikus; **–ngift** *n* racun tikus; **–nschwanz** *m* ekor tikus; *fig. ugs.* hal yg. berkepanjangan/berlarut-larut

rattern *itr.* bergemuruh, berbunyi gerabak-gerabuk, menderu, bising

Raub *m* (–*e*s;*O*) perampokan; *Beute* hasil rampokan, mangsa; **–bau** *m* eksploitasi yg. merusakkan dasar ekonomi; eksploitasi sumber alam tanpa menghiraukan kelestarian; *mit s-r Gesundheit ~ treiben* bekerja dng. mengabaikan kesehatan; **–druck** *m* terbitan yg. dibajak

rauben *tr.* merampok, menggarong, merampas; *den Schlaf/Verstand ~* menyebabkan tdk. bisa tidur atau berpikir tenang

Räuber *m* (–*s*;–) perampok, penyamun, garong, bandit; *See* perompak, bajak laut; **–bande** *f* gerombolan perampok; **–ei** *f* (–;–*en*) perampokan; **–geschichte** *f* cerita tt. perampok; *fig.* cerita isapan jempol; **–hauptmann** *m* kepala perampok; **–höhle** *f* gua/sarang perampok; *fig.* tempat dl. keadaan porak-poranda; **≗isch** rakus, buas; bersikap spt. perampok

Raub|fisch *m* ikan buas; **–gier** *f* nafsu merampok; *Tier* kebuasan; **≗gierig** suka merampok/ menggarong; serakah; buas; **–mord** *m* pembunuhan dng. merampok; **–mörder** *m* perampok yg. membunuh; **–tier** *n* binatang buas; **–überfall** *m* penodongan, penghadangan; **–vogel** *m* burung buas; **–zug** *m* aksi merampok, perampokan

Rauch *m* (–*e*s;*O*) asap; **≗en** *itr. tr.* berasap; merokok; *~ verboten!* dilarang merokok!

Raucher|(in *f*) *m* (–*s*;–) perokok, penghisap rokok; *s. Raucherabteil;* **–abteil** *n* bagian gerbong (kereta api) utk. perokok

Räucher|aal *m* belut yg. diasap; **–kammer** *f* ruang utk. mengasapi daging; **≗n** *tr.* mengasapi (utk. diawetkan); **–n** *n* (–*s*;*O*) pengawetan dng. mengasapi, pengasapan; **–stäbchen** *n* hio, dupa Tionghoa; **–ung** *f* (–;*O*) *s. Räuchern*

Rauch|fahne *f* (–;–*n*) gumpalan asap; **–fang** *m* corong asap; **–faß** *n* pedupaan; **–fleisch** *n* daging asap; **≗ig** penuh asap; spt. asap; **≗los** tdk. berasap; **–säule** *f* gumpalan asap yg. membubung tinggi; **–tabak** *m* tembakau; **–verbot** *n* larangan merokok; **–vergiftung** *f* keracunan karena asap; **–vorhang** *m* tabir asap; **–waren** *pl* **1.** rokok, tembakau dsb.; **2.** *Pelze* barang (yg. terbuat) dari bulu binatang halus; **–wolke** *f* gumpalan asap; **–zeichen** *n* isyarat dng. asap

Räud|e *f* (–;*O*) penyakit kudis binatang; **≗ig** berkudis; *~es Schaf, fig.* orang busuk

Rauf|bold *m* jago berkelahi; **–e** *f* (–;–*n*) palungan; **≗en** *itr.* berkelahi; *sich die Haare ~, fig.* menjadi jengkel/ kesal; **–erei** *f* (–;–*en*) perkelahian; **≗lustig** suka berkelahi

rauh kasar, kasap; *Stimme* serak, parau; *Klima* dingin dan banyak angin; *in ~en Mengen* dl. jumlah besar; **≗bein** *n* orang yg. kasar sikapnya tetapi baik hati; **≗eit** *f* (–;–*en*) sifat kasar/kasap; **–en** *tr.* membuat (kain, kulit . . .) menjadi kasar; **–haarig** berbulu kusut/kasar; **≗reif** *m* embun yg. membeku

Raum *m* (–*e*s;–̈*e*) ruang, ruangan, kamar; *Inhalt* volume; *Platz* tempat; *Gebiet* kawasan; *fig.* kesempatan, peluang; *~ geben* memberi kesempatan; *im ~ stehen* belum teratasi/ diselesaikan; *im ~ Münster* di sekitar Münster; *~ beanspruchen* makan tempat

Räum|boot *n* kapal penyapu ranjau; **≗en** *tr.* memindahkan, mengosongkan; *verlassen* meninggalkan; *et. aus dem Wege ~* menyingkirkan halangan; *j-n aus dem Wege ~* menyingkirkan/membunuh sso.; *das Feld ~* mengundurkan diri

Raum|ersparnis *f* penghematan ruang; **–fahrer** *m* antariksawan, astronaut; **–fahrt** *f* penerbangan ruang angkasa; **–fahrzeug** *n* kendaraan/pesawat ruang angkasa; **–forschung** *f* riset ruang angkasa; **–gestalter** *m* penata ruangan; **–inhalt** *m* isi/volume kubik; **–kapsel** *f* kapsul ruang angkasa; **–lehre** *f* geometri

räumlich yg. berh. dng. ruang/tempat; *Math.* berdimensi tiga; **≗keit** *f* (-;-*en*) tempat, ruangan; **≗keiten** *pl* persediaan dan keadaan ruang/kamar

Raum|mangel *m* kekurangan tempat/kamar; **–maß** *n* ukuran isi; **–meter** *n* meter kubik, meter pangkat tiga (m^3); **–pflegerin** *f* wanita yg. membersihkan ruangan; **–schiff** *n* pesawat ruang angkasa, pesawat antariksa; **–station** *f* stasiun angkasa

Räum|ung *f* (–;–*en*) pengosongan; **–ungs(aus)verkauf** *m* obral besar/tahunan; **–ungsbefehl** *m* perintah mengosongkan ruang/gedung

raunen *itr.* berbisik-bisik

Raupe *f* (–;–*n*) ulat

Raupen|fahrzeug *n* kendaraan yg. beroda/berban ulat; **–kette** *f* rantai berban ulat; **–schlepper** *m* traktor berban ulat

raus *s. heraus; ugs.* keluar!

Rausch *m* (–*es*;–*e*) keadaan mabuk; kegila-gilaan; **≗en** *itr.* mendesau, menderu(-deru), bergemuruh; *Rundf.* bunyi berisik; *~des Fest* pesta pora; **–gift** *n* narkotik(a); **–gifthandel** *m* perdagangan narkotik(a)/candu; **–gifthändler** *m* pedagang narkotik(a); **–giftschieber** *m*, **–giftschmuggler** *m* penyelundup narkotik(a); **–giftsucht** *f* ketagihan narkotik(a); **–giftsüchtige** *m, f* pecandu (narkotika); **–gold** *n* emas kerajang; **≗haft** mabuk kepayang, gila-gilaan

räuspern *sich ~* mendeham, berdeham

rausschmeißen *unr. tr. ugs.* membuang (ke luar); *fig.* mengusir

Raute *f* (–;–*n*) belah ketupat; **≗nförmig** berbentuk/spt. belah ketupat

Razzia *f* (–;. . .*iën*) razia, penggerebekan

Reagenz|glas *n, Chem.* tabung percobaan/kimia/reaksi; **–papier** *n* kertas lakmus/testa

reagieren (–) *itr.* mereaksi, bereaksi, mengadakan reaksi, memberi tanggapan

Reaktion *f* (–;–*en*) reaksi; tanggapan; **≗är** reaksioner, kolot; **–är** *m* (–*s*;–*e*) (orang) reaksioner; **–sfähigkeit** *f* daya (memberi) reaksi; **–sgeschwindigkeit** *f* kecepatan bereaksi

Reaktor *m* (-*s*;–*en*) reaktor

real nyata, riil, sungguh; *konkret* berwujud; **≗iën** *pl* kenyataan, hal nyata, fakta; *Pädagogik* pengetahuan/ilmu tt. eksakta dan bahasa modern; **–isieren** (–) *tr.* merealisasikan, melaksanakan, mewujudkan; *zu Geld machen* menjual dng. maksud menjadikan uang; *sich ~ daß* menyadari bahwa **≗isierung** *f* (–;*O*) realisasi; **≗ismus** *m* (–;*O*) sikap realistis; realisme; **≗ist** *m* (–*en*;–*en*) realis, orang realistis; *Phil.* penganut realisme; **–istisch** realistis, menurut keadaan sesungguhnya; **≗ität** *f* (–;–*en*) realitas, kenyataan; *~en, pl* fakta; **≗lohn** *m* daya beli upah/gaji; **≗politik** *f* politik yg. dijalankan berdasarkan keadaan nyata, realpolitik; **≗schule** *f* sm. sekolah lanjutan (yg. mencakup kelas 5 sampai 10); **≗wissenschaften** *pl. s. Realien*

Rebe *f* (–;–*n*) ranting pohon anggur

Rebell *m* (–*en*;–*en*) pemberontak, pendurhaka; **≗ieren** (–) *itr.* memberontak, mendurhaka; **–ion** *f* (–;–*en*) pemberontakan; **≗isch** suka memberontak, bersifat melawan/menentang

Rebensaft *m* (minuman) anggur

Reb|huhn *n* ayam hutan, *perdix perdix;* **–laus** *f* kutu pd. pohon anggur, *viteus vitifolii;* **–stock** *m* pohon/pokok anggur

Rechen *m* (–*s*;–) penggaruk (tanah), garu

Rechen|anlage *f* komputer; **–aufgabe** *f* soal hitungan; **–buch** *n* buku matematika; **–exempel** *n, s. Rechenaufgabe;* **–fehler** *m* salah hitung; **–kunst** *f* ilmu hitung; **–lehrer** *m* guru matematika atau ilmu hitung;

–maschine *f* mesin hitung; **–schaft** *f* (–;O) (laporan) pertanggungjawaban; *j-n zur ~ ziehen* menuntut pertanggungjawaban sso.; *~ ablegen* memberi pertanggungjawaban; **–schaftsbericht** *m* laporan tanggungjawab; **–schieber** *m*, **–stab** *m* mistar hitung; **–tabelle** *f* tabel hitung; **–zentrum** *n* pusat pengolahan data

Recherch|e *f* (–;–*n*) penyelidikan, penelitian,. pengusutan; **²ieren** (–) *itr. tr.* mengusut, menyelidiki, meneliti

rechn|en *itr. tr.* berhitung, menghitung; *mit/auf et. ~* memperhitungkan/mempertimbangkan sst.; *erwarten* mengharapkan; *wir ~ ihn zu uns* kita menganggapnya termasuk golongan kita; *~ auf j-n* mengharapkan/mengandalkan (sst. dari) sso.; *~ unter* dianggap masuk golongan; *im Kopf ~* menghitung luar kepala; **²en** *n* (–*s*;O) (ilmu) hitung, matematika; **²er** *m* (–*s*;–) penghitung; mesin hitung, kalkulator; **–erisch** dilihat dari segi perhitungan; dng. menghitung

Rechnung *f* (–;–*en*) perhitungan; *Kostenforderung* rekening, bon; *auf deine ~* atas biayamu/ongkosmu; *j-m e-n Strich durch die ~ machen* menggagalkan rencana sso.; *e-r Sache ~ tragen* memperhatikan sst., memasukkan sst. dl. perhitungan; *et. in ~ stellen* memperhitungkan sst.

Rechnungs|abschluß *m* tutup buku; **–amt** *n* instansi pemeriksa keuangan; **–art** *f* cara perhitungan; **–ausschuß** *m* panitia pemeriksaan keuangan; **–betrag** *m* jumlah yg. harus dibayar; **–führer** *m* akuntan, pemegang buku; **–führung** *f* akuntansi, tata buku; **–hof** *m* badan pemeriksa keuangan; **–jahr** *n* tahun buku; **–kammer** *f*, *s. Rechnungshof*

Rechnungs|legung *f* pemberian laporan keuangan; **–prüfer** *m* pejabat yg. memeriksa dan mensahkan laporan keuangan, auditor; **–prüfung** *f* audit(ing); **–revisor** *m*, *s. Rechnungsprüfer*; **–wesen** *n* akuntansi, pembukuan

recht (*richtig*) **1.** *Adj.* betul, benar, tepat; sah; *das ist nicht ~* itu tdk. adil/benar; *so ist's ~!* baik! *~er Winkel* sudut siku-siku; *mir ist's ~!* terserah! *das ist ~ u. billig* pantas dan wajar; **2.** *Adv.* sangat, agak; tepat; *~ gut* cukup baik; *ganz ~* memang betul! *schon ~* tdk. apa-apa; *jetzt/nun erst ~* lebih lagi (sekarang), (sekarang) dng. sengaja; *es geschieht dir ganz ~* kau rasakan akibatnya, itulah padahanmu, *bp.* rasain lu! *wenn ich Sie ~ verstehe* kalau saya mengerti anda dng. tepat; *du kommst mir gerade ~, iron., bp.* ah, sialan kamu datang; *es j-m ~ machen* memuaskan sso.; *~ bekommen* diakui bahwa benar; *j-m ~ geben* membenarkan pendapat sso.

recht *Adj.* kanan; *s. rechts; der ~e Fuß* kaki kanan

Recht *n* (–*(e)s*;–*e*) hak, hukum; wewenang; keadilan; *die ~e studieren* belajar (ilmu) hukum; *alle ~e vorbehalten* semua hak tetap dipegang; *im ~ sein* benar, berhak; *mit ~* dng. alasan kuat/benar/tepat; *von ~s wegen* menurut hukum; *das ~ haben* berhak, berwenang; *zu ~ bestehen* (tetap) sah

Rechte 1. *f* (–*n*;–*n*) tangan kanan; *Pol.* golongan kanan; *zur ~n* di sebelah kanan; **2.** *m*, *f* (–*n*;–*n*) orang yg. tepat; **3.** *n* (–*n*;O) yg. tepat/pantas; *nach dem ~n sehen* memeriksa, menyelidiki; *nichts ~s werden* tdk. berhasil; tdk. menjadi orang

Recht|eck *n* (empat) persegi panjang; bujur sangkar; **²eckig** merupakan persegi panjang

rechten *itr.* berdebat, mengadu argumen; **–s** sesuai dng. hukum, adil, sah (menurut hukum); wajar

recht|fertigen *tr.* membenarkan; **²fertigung** *f* pembenaran; **–gläubig** yg. patuh/taat pd. ajaran agama; **²haber** *m* (–*s*;–) orang yg. keraskepala/mengotot; **–haberisch** bertegang, mengotot, berkeras-kepala

rechtlich sah, menurut hukum, yuridis, legal, berlaku; *~ denkend* jujur, adil; *~ unerheblich* tdk. berarti menurut hukum; **²keit** *f* (–;O) sahnya,

legalitas; kejujuran, kelurusan, ketulusan
recht|linig lurus; **–los** tdk. dilindungi oleh hukum; *e-e ~e Zeit* zaman pd. waktu hukum tdk. diindahkan; **≗losigkeit** *f* (–;O) keadaan pd. waktu hukum tdk. dilaksanakan, zaman kelaliman; **–mäßig** sah, menurut hukum/undang-undang; pantas, adil; **≗mäßigkeit** *f* (–;O) sahnya, keabsahan, berlakunya, legalitas
rechts (sebelah) kanan; **≗abbieger** *m* (kendaraan) yg. membelok ke kanan
Rechts|abteilung *f* bagian hukum; **–anspruch** *m* hak, tuntutan sah; **–anwalt** *m*, **–anwältin** *f* advokat, pengacara; **–anwaltschaft** *f* (–;–*en*) para pengacara setempat
Rechtsaußen(stürmer) *m* (–;–) *Sp.* (penyerang sayap) kanan luar
Rechts|befugnis *f* kompetensi/wewenang yuridis; **–beistand** *m* pembantu hukum, pengacara; **–belehrung** *f* informasi tt. peraturan hukum; *s. Rechtsmittelbelehrung;* **–berater** *m* penasehat hukum; **–beratungsstelle** *f* lembaga bantuan hukum; **–beugung** *f* perkosaan hukum; **–brecher** *m* pelanggar hukum; **–brechung** *f*, **–bruch** *m* pelanggaran hukum
recht|schaffen *Adj.* jujur, lurus hati, baik; **≗schaffenheit** (–;O) kelurusan hati, kebaikan, kejujuran; **≗schreibung** *f* ejaan, ortografi
Rechts|drall *m* putaran bola/peluru menurut jalan jarum jam; *Pol.* kecondongan ke kanan; **–drehung** *f* putaran/rotasi menurut jalan jarum jam
Rechts|empfinden *n* kesadaran hukum; rasa keadilan; **≗fähig** yg. memiliki status hukum; **–fähigkeit** *f* (–;O) status hukum; **–fall** *m* kasus hukum; **–folge** *f* akibat hukum; **–frage** *f* masalah hukum; **–gefühl** *n*, *s. Rechtsempfinden;* **–gelehrsamkeit** *f* ilmu hukum, yurisprudensi; **–gelehrte** *m* ahli/sarjana hukum; **–geschäft** *n* transaksi legal; **–grundsatz** *m* kaidah/prinsip hukum; **≗gültig** sah; ~ *machen* mensahkan; **–gültigkeit** *f* (–;O) sahnya, legalitas; **–gut** *n* kepentingan dan hak (yg. dilindungi hukum)
Rechtshänder *m* orang yg. memakai tangan kanan (bukan kidal)
Rechts|handlung *f* tindakan yg. mempunyai arti hukum; **≗herum** mengitari dari sebelah kanan; ke kanan; **–hilfe** *f* bantuan hukum; **–irrtum** *m* kekeliruan/kekhilafan apakah suatu tindakan dilarang atau tidak; **–kraft** *f* (–;O) kekuatan hukum; ~ *haben* berkekuatan hukum, sah, berlaku di hadapan hukum; **≗kräftig** sah, berlaku di muka hukum; mempunyai kekuatan hukum yg. pasti; **–lage** *f* keadaan/situasi (menurut) hukum; **–mittel** *n* sarana hukum; **–mittelbelehrung** *f* pemberitahuan tt. hak naik banding; **–nachfolger** *m* pengganti yg. sah; **–ordnung** *f* tata hukum; **–partei** *f* partai konservatif, partai yg. berhaluan kanan; **–person** *f*, **–persönlichkeit** *f* (lembaga) yg. mempunyai kedudukan hukum; **–pflege** *f* penegakan/pelaksanaan hukum
Rechtsprechung *f* (–;O) keputusan pengadilan; yurisdiksi
Rechts|radikalismus *m* radikalisme kanan; **–sache** *f* perkara hukum; **–schutz** *m* perlindungan hukum; **–sicherheit** *f* kepastian hukum; penegakan hukum tanpa pandang bulu; **–spruch** *m* keputusan pengadilan; **–staat** *m* negara hukum; **–stellung** *f* kedudukan hukum; **–steuerung** *f* setir kanan; **–streit** *m* perkara hukum, sengketa; **–titel** *m* hak
rechtsum! balik kanan!
rechts|unfähig tdk. mempunyai kedudukan hukum; **–ungültig** tdk. sah; **–unwirksam** tdk. mempunyai kekuatan hukum; **–verbindlich** terikat atas dasar hukum; **≗verdreher** *m* pokrol bambu; **≗verfahren** *n* perkara hukum; **≗verkehr** *m* lalulintas di sebelah kanan; **≗verletzung** *f* pelanggaran hukum; **≗verordnung** *f* aturan hukum; **≗vertreter** *m* wakil yg. diberi kuasa hukum; *s. Rechtsanwalt*

Rechts|weg *m, auf dem ~e* melalui instansi hukum/pengadilan; **≗widrig** bertentangan dng. hukum; **≗wirksam** *s. rechtskräftig;* **–wissenschaft** *f* ilmu hukum, yurisprudensi
recht|wink(e)lig bersudut siku-siku; **–zeitig** (tepat) pd. waktunya
Reck *n (–s;–e) Sp.* rekstok, palang tunggal
Recke *m (–n;–n)* pahlawan, orang perkasa, pendekar; **≗n** *tr.* merentangkan, meregangkan, merenggangkan; *den Kopf ~* menjulurkan kepala (utk. melihat lebih baik); *sich ~* menggeliat
Redakt|eur *m (–s;–e)* redaktur, editor; **–ion** *f (–;–en)* redaksi; *Tätigkeit* editing, penyuntingan; **≗ionell** redaksionil, berh. dng. pekerjaan redaksi; **–ionsschluß** *m* batas waktu penerimaan naskah, *deadline*
Rede *f (–;–n)* pidato, (kata) sambutan; *Reden* pembicaraan; *direkte (indirekte) ~* kalimat (tdk.) langsung; *e-e ~ halten* berpidato; *j-m ~ u. Antwort stehen* memberi pertanggungjawaban/laporan kpd. sso.; *j-n zur ~ stellen* menuntut tanggungjawab dari sso.; *davon kann keine ~ sein* tdk. mungkin; *nicht der ~ wert* tdk. berarti/penting, (*nach Dankesbezeugung*) kembali, sama-sama, tdk. apa-apa; **–fluß** *m* bicara terus-menerus, kepanjangan lidah; **–freiheit** *f* kebebasan berbicara, kebebasan mengeluarkan pendapat; **–gabe** *f* kepandaian berbicara/berpidato; **≗gewandt** pandai/fasih berbicara; **–gewandtheit** *f,* **–kunst** *f, s. Redegabe*
reden *itr. tr.* berbicara, bercakap (-cakap), (ber)omong-omong; berpidato; *mit sich ~ lassen* bersedia utk. mendengarkan alasan; *~ über* membicarakan/membahas sst., berbicara tt.; *von sich ~ machen* menjadi buah bibir
Redensart *f* ungkapan; *bloße ~en* basa-basi; *feststehende ~* ungkapan yg. lazim
Rede|rei *f (–;–en)* omongan, omong kosong; **–schwall** *m* semburan kata-kata; **–schwulst** *m* omongan bombastis; **–weise** *f* langgam bahasa, cara berbicara; **–wendung** *f* ungkapan khas/idiomatis
redigieren (–) *tr.* menyunting, menyusun, membaca dan memperbaiki (naskah), mengedit
redlich jujur, lurus; *sich ~ bemühen* berusaha dng. sungguh-sungguh; **≗keit** *f (–;O)* kejujuran, kelurusan hati
Redner|(in *f) m (–s;–)* orang yg. berpidato, pembicara, penceramah; **–gabe** *f* bakat berpidato; **≗isch** spt. ahli berpidato; pandai berpidato; **–pult** *n* mimbar pembicara
redselig suka bercakap-cakap
Reduktion *f (–;–en)* reduksi, potongan, pengurangan, penyusutan
reduzier|en (–) *tr.* mengurangi, menurunkan; mereduksikan; *Math.* menjabarkan; **≗ung** *f (–;–en)* penjabaran; *s. Reduktion*
Reede *f (–;–n)* tempat berlabuh di depan pelabuhan (yg. dangkal); **–r** *m (–s;–)* pemilik kapal; **–rei** *f (–;–en)* perusahaan perkapalan
reell dapat diandalkan, jujur, boleh dipercaya; *Preis* pantas
Reep *n (–(e)s;–e)* tali, tambang
Refektorium *n (–s;. . .riën)* ruang makan di biara
Refer|at *n (–(e)s;–e)* ceramah, kuliah; makalah, laporan; *Dienststelle* bagian/bidang tertentu dl. suatu instansi; **–endar** *m (–s;–e)* calon pegawai tingkat atas; **–endum** *n (–s;. . .den/. . .da)* referendum; **–ent** *m (–en;–en)* penceramah, pelapor; kepala bagian (dl. instansi); **–enz** *f (–;–en)* referensi, surat rekomendasi; yg. (dapat) memberi surat rekomendasi; **≗ieren** (–) *tr.* memberi ceramah; memberi laporan singkat
reffen *tr.* menggulung/mengandak (-kan) layar sebagian
reflekt|ieren (–) *tr. itr.* memantulkan, membiaskan; *~ über et.* memikir-mikirkan / mempertimbangkan sst.; *~ auf et.* berkeinginan utk. mendapat sst.; **≗or** *m (–s;–en)* reflektor, pemantul
Reflex *m (–es;–e)* pantulan, refleks; **–bewegung** *f* gerakan yg. refleks; **–ion** *f (–;–en)* cerminan, bayangan,

pembiasan; *fig.* pemikiran kembali, pertimbangan, refleksi; ≗**iv** *Gr.* refleksif; **–ivpronomen** *n,* **–ivum** *n* (*–s;. . .va*) kata ganti refleksif

Reform *f* (*–;–en*) perbaikan, pembaharuan; **–ation** *f* (*–;–en*) pembaharuan, reformasi; **–ator** *m* (*–s;–en*) *Rel.* pembaharu; ≗**bedürftig** perlu diperbaiki/diperbaharui; **–bestrebungen** *pl* usaha perbaikan; **–er** *m* (*–s;–*) pembaharu; **–haus** *n* toko penjual makanan nabati yg. sehat

Refrain *m* (*–s;–s*) bagian ulangan, refren

Regal *n* (*–s;–e*) rak

Regatta *f* (*–;. . .ten*) perlombaan perahu, regata

rege giat, sibuk, ramai; *flink* lincah; ~ *Beteiligung* partisipasi aktif

Regel *f* (*–;–n*) **1.** aturan, hukum; kebiasaan; *in der* ~ biasanya, umumnya; *es sich zur* ~ *machen* menjadikan kebiasaan; **2.** *Frau* haid, menstruasi; **–ausführung** *f* model standar; **–blutung** *f, s. Regel 2;* **–fall** *m* keadaan biasa; **–kreis** *m* sistem umpan-balik/sibernetika; ≗**los** tdk. teratur; **–losigkeit** *f* (*–;O*) keadaan tdk. teratur, ketidakteraturan; ≗**mäßig** teratur, biasa; *zeitlich* berkala; **–mäßigkeit** *f* (*–;O*) sifat beraturan; ≗**n** *tr.* mengatur(kan), mengurus; menyetel; *das regelt sich von selbst* hal itu akan menjadi beres dng. sendirinya; ≗**recht** betul-betul, sejati; **–technik** *f* teknik pengaturan sendiri secara otomatis; **–ung** *f* (*–;–en*) pengaturan, penyelesaian, (peng)urusan; aturan; ≗**widrig** bertentangan dng. aturan/hukum

regen *sich* ~ bergerak; *fig.* muncul, timbul; *keinen Finger* ~ tdk. membantu dl. pekerjaan

Regen *m* (*–s;O*) hujan; ≗**arm** kurang mendapat hujan; **–bogen** *m* pelangi, bianglala; **–bogenhaut** *f* selaput pelangi, iris; ≗**dicht** tdk. bocor

regenerier|en (*–*) *tr.* memperbaharui, mengadakan regenerasi; ≗**ung** *f* (*–;O*) pembaharuan, regenerasi

Regen|guß *m* hujan tdk. lama tetapi deras; **–haut** *f* jas hujan dari plastik; **–mantel** *m* mantel/jas hujan; **–menge** *f* banyaknya hujan; **–messer** *m* alat pengukur hujan, pluviometer; ≗**reich** banyak turun hujan; **–schauer** *m* hujan yg. tdk. lama; **–schirm** *m* payung

Regent *m* (*–en;–en*) *in der Monarchie* kepala negara, raja; *Vertreter* wakil/wali raja

Regen·tropfen *m* titik/tetes hujan

Regent·schaft *f* (*–;O*) (masa) jabatan seorang (wakil) kepala negara dl. monarki

Regen|wald *m* hutan rimba tropis; **–wasser** *n* air hujan; **–wetter** *n* cuaca banyak hujan; **–wolke** *f* awan hujan; **–wurm** *m* cacing tanah, *lumbricidae;* **–zeit** *f* musim hujan

Regie *f* (*–;O*) pengelolaan, pimpinan; *österreichisch* monopoli negara; *Thea.,* ~ *führen* menyutradarai, memimpin; *in eigener* ~ mengurus sendiri; **–assistent** *m* asisten sutradara; **–fehler** *m* kesalahan dl. pengelolaan; **–pult** *n, Rundf.* meja kontrol

regieren (*–*) *itr. tr.* memerintah, menguasai

Regierung *f* (*–;–en*) pemerintah; pemerintahan; *e-e* ~ *bilden* membentuk kabinet

Regierungs|antritt *m* naik-tahta; permulaan pemerintahan; **–beamte** *m* pegawai negeri; **–bezirk** *m, in Deutschland* daerah administrasi dl. negara bagian, (*kurang-lebih sama dng.*) kabupaten; **–bildung** *f* pembentukan kabinet; **–blatt** *n* organ pemerintah; **–form** *f* bentuk pemerintahan; **–gewalt** *f* kekuasaan/wewenang pemerintah(an); **–kreise** *pl* kalangan pemerintah; **–partei** *f* partai pemerintah; **–präsident** *m* kepala daerah tingkat dua; **–rat** *m* pegawai negeri tingkat atas; **–sitz** *m* kota/tempat kedudukan pemerintahan; **–sprecher** *m* jurubicara pemerintah; **–stelle** *f* instansi pemerintah(an); **–umbildung** *f* perubahan susunan kabinet; **–vorlage** *f* rancangan undang-undang yg. diajukan oleh pemerintah; **–wechsel** *m* penggantian kabinet/pemerintahan; **–zuschuß** *m* bantuan/subsidi pemerintah

Regime *n* (*–s;–*) rezim, resim

Regiment *n* (–*ẹs*;–*er*) **1.** *Mil.* resimen; **2.** *fig.* pemerintahan, penguasaan
Region *f* (–;–*en*) daerah, kawasan; **≗al** kedaerahan, yg. berh. dng. daerah, regional
Regisseur *m* (–*s*;–*e*) sutradara, regisir
Regist|er *n* (–*s*;–) daftar, indeks, register; *Mus.* kenop orgel/orgen; *alle ~ ziehen* mengerahkan segala dana dan tenaga, berusaha sekuat tenaga; **–rator** *m* (–;–*en*) petugas arsip kantor; **–ratur** *f* (–;–*en*) arsip kantor
registrier|en (–) *tr.* mendaftarkan, memasukkan dl. daftar, mencatat secara otomatis; *fig.* menyadari, menangkap; **≗gerät** *n* alat pencatat/registrasi otomatis; **≗kasse** *f* mesin kas; **≗ung** *f* (–;–*en*) registrasi, pendaftaran, pencatatan
Reglement *n* (–*s*;–*s*) aturan, peraturan, reglemen; **≗ieren** (–) *tr.* mengatur dng. ketat
Regler *m* (–*s*;–) alat pengatur, kenop kontrol, regulator
reglos *s. regungslos*
regne|n *itr.* hujan; *es regnet* (turun) hujan; **–risch** banyak hujan
Regreß *m* (. . .*sses*;. . .*sse*) (tuntutan) ganti-rugi; *Phil.* tindakan menyelusuri jalan kembali dari akibat ke sebab; **≗pflichtig** wajib ganti-rugi
regsam sibuk, giat; **≗keit** *f* (–;*O*) kesibukan, kegiatan
regulär teratur, biasa, sesuai dng. peraturan; *~e Truppen* tentara resmi yg. berpakaian seragam (bukan gerilyawan)
regulier|bar dapat diatur/disetel; **–en** (–) *tr.* mengatur, menyetel; *Fluß* meluruskan aliran sungai; **≗ung** *f* (–;–*en*) pengaturan; *Einstellung* penyetelan, pencocokan; *von Angelegenheiten* penyelesaian (tuntutan ganti-rugi. . .)
Regung *f* (–;–*en*) gerak; *fig.* gerak hati, perasaan, emosi; **≗slos** tak bergerak, diam
Reh *n* (–*s*;–*e*) rusa kecil, *capreolus*
Rehabili|tation *f* (–;–*en*) pemulihan keadaan, rehabilitasi, penempatan kembali; **≗tieren** (–) *tr.* merehabilitasikan, memulihkan nama-baik/kehormatan; **–tierung** *f* (–;–*en*) *s. Rehabilitation*
Reh|bock *m* rusa/kijang jantan; **–kitz** *n* anak rusa/kijang; **–rücken** *m* daging punggung rusa
Reibe *f* (–;–*n*), **Reib·eisen** *n* parut(an)
reib|en *unr. tr. itr.* menggosok (–gosok); memarut; bergesek; *sich die Augen ~* mengucek-ucek mata; **≗erei** *f* (–;–*en*) perselisihan, percekcokan; **≗ung** *f* (–;–*en*) pergesekan, penggosokan, friksi; *fig.* perselisihan; **≗ungs·elektrizität** *f* listrik gesekan; **≗ungsfläche** *f* bidang gesekan; *fig.* kesempatan utk. perselisihan; **≗ungskupplung** *f* kop(e)ling gesekan/friksi; **–ungslos** lancar, tanpa kesulitan/hambatan; **≗ungswiderstand** *m* hambat gesekan
reich kaya, berada, berharta; *~es Mahl* makanan mewah; *~e Auswahl* banyak pilihan; *~ an Erfahrung* banyak pengalaman; *~e Ernte* panen berlimpah; *~ illustriert* banyak/penuh gambar/ilustrasi; *~ sein an* kaya akan, mempunyai banyak
Reich *n* (–*ẹs*;–*e*) kerajaan, negara; *fig.* alam, dunia, bidang; *~ Gottes* Kerajaan Allah; surga; *das Deutsche ~* Kekaisaran Jerman (962 — 1806, 1871 — 1918), *Drittes ~* (1933 — 1945) masa kekuasaan Hitler
Reiche *m, f* (–*n*;–*n*) orang kaya/berada, hartawan
reichen *tr.* menyampaikan, memberikan, mengulurkan, menghidangkan; *itr.* mencukupi; *sich erstrecken* luasnya sampai, mencapai; *es reicht* cukuplah; *jetzt reicht's mir!* saya sudah muak!
reich|haltig mencakup banyak macam, berlimpah-limpah, kaya akan; **–lich** banyak; *Adv.* agak, secukupnya
Reichs|adler *m* burung rajawali lambang kekaisaran Jerman; **–bahn** *f* perusahaan kereta api negara; **–deutsche** *m, f* warganegara Jerman (dl. perbatasannya sebelum tahun 1938); **–kanzler** *m* kanselir; **–stadt** *f, Freie ~* kota yg. langsung di bawah wewenang kaisar; **–tag** *m, im Mittelalter* dewan kekaisaran; *1871-1945* Dewan Perwakilan Rakyat Jerman; **≗unmittelbar** langsung di bawah kaisar Jerman

Reichtum *m* (–ɇs;¨–er) kekayaan, harta benda, perbendaharaan; *fig.* khazanah

Reichweite *f* jangkauan, radius; *Rundf.* daya pancar, daerah jangkauan

reif matang, masak; *fig.* dewasa, mantap; *~ sein für et.* sudah cukup dewasa utk., sudah pd. waktunya utk., *in ~eren Jahren* setengah umur

Reif *m* **1.** (–ɇs;–*e*) *Arm* gelang; *Finger* cincin; *Stirn* hiasan kepala dari logam berbentuk lingkaran; **2.** (–ɇs;*O*) embun yg. membeku

Reife *f* (–;*O*) kematangan, kedewasaan; *mittlere ~ (kurang-lebih sama dng.)* ijazah lulus/tamat sekolah menengah pertama (SMP)

reifen *itr.* **1.** menjadi matang/masak/dewasa; **2.** *es hat gereift* embun telah membeku

Reifen *m* (–*s*;–) lingkaran besi, simpai; mainan anak berbentuk lingkaran; *Rad* ban; *s. Reif 1;* **–decke** *f* ban luar; **–druck** *m* tekanan ban; **–druckprüfer** *m* pengukur tekanan ban; **–heber** *m* pendongkel/pencukil ban; **–panne** *f*, **–schaden** *m* ban kempes; **–wechsel** *m* penggantian ban

Reife|prüfung *f* ujian penghabisan sekolah menengah atas; **–zeit** *f* masa remaja, masa akil balig, pubertas; **–zeugnis** *n* ijazah lulus sekolah menengah atas

reif|lich semasak-masaknya, dng. seksama, secara mendalam; **≗rock** *m* rok gembung

Reigen *m* (–*s*;–) tarian dl. lingkaran; *den ~ eröffnen/beschließen, fig.* memulai/mengakhiri sst.

Reihe *f* (–;–*n*) deret(an), baris(an), jajaran, leretan; *in e-r ~* berderet-deret; *der ~ nach* bergiliran; *e-e ~ von Tagen* beberapa hari berturut-turut; *e-e ganze ~ von* banyak, sejumlah; *an die ~ kommen* mendapat giliran; *immer der ~ nach* satu per satu; *aus der ~ tanzen* berbuat lain dp. yg. lain

reihen *tr.* merangkaikan; *nähen* menjelujur

Reihen|fertigung *f* produksi dl. seri; **–folge** *f* urutan; **–haus** *n* rumah kopel/petak; **–herstellung** *f*, *s. Reihenfertigung;* **–motor** *m* motor seri; **–schaltung** *f, Elek.* hubungan seri; **–untersuchung** *f* pemeriksaan massal; **≗weise** berderet-deret, berturut-turut; *fig.* dl. jumlah besar

Reiher *m* (–*s*;–) burung ranggung, sm. burung bangau, *ardeidae*

Reim *m* (–ɇs;–*e*) sajak; **≗en** *tr.* membuat sajak; *sich ~* bersajak, *fig.* cocok; **–eschmied** *m* tukang sajak

rein 1. *Adj.* bersih, murni, tdk. bernoda/kotor; *fig.* suci, asli; *et. ins ~e bringen* menyelesaikan/membereskan sst.; *mit j-m ins ~e kommen* bersepakat dng. sso.; *ins ~e schreiben* menyalin (dng.) bersih; *~en Tisch machen* menyelesaikan urusan/persoalan; *e-e ~e Formalität* formalitas belaka; *~er Wahnsinn* benar-benar gila; *~en Wein einschenken* bicara dng. terus-terang; **2.** *Adv., ~ gar nichts* tdk. sesuatupun/sedikitpun; *~ zufällig* kebetulan saja; **3.** *s. herein*

Rein|erlös *m*, **–ertrag** *m* penghasilan/pendapatan bersih; **–fall** *m* tipuan; *Enttäuschung* kekecewaan; **–gewicht** *n* berat bersih/netto; **–gewinn** *m* keuntungan bersih; **–heit** *f* (–;*O*) kemurnian, kebersihan; *sittlich* kesucian

reinig|en *tr.* membersihkan, memurnikan, mencuci bersih; *chemisch ~* mencuci dng. bahan kimia; **≗ung** *f* (–;–*en*) pembersihan, pencucian; *chemische ~* (perusahaan) binatu yg. memakai bahan kimia; **≗ungsmittel** *n* obat/bahan pembersih, deterjen; *Abführmittel* obat urus-urus

Re·inkarnation *f* (–;–*en*) penjelmaan kembali, reinkarnasi

Reinkultur *f* pembiakan satu macam bakteri; *in ~* secara murni, seratus persen

reinlich bersih; senang akan kebersihan; *~e Trennung* pemisahan tegas; **≗keit** *f* (–;*O*) kebersihan

Rein|machefrau *f* wanita yg. membersihkan rumah/gedung; **≗rassig** berdarah asli/murni, biang; **–schrift** *f* naskah rapih; **≗seiden** *Adj.* dari sutera asli; **≗waschen** *unr. tr.* mencuci bersih; *fig.* memulihkan nama; **≗(e)weg** sama sekali

Reis 1. *m* (*–es;O*) *Pflanze* padi, *oryza; Korn mit Hülse* gabah; *enthülst* beras; *gekocht* nasi; *klebriger* ~ beras ketan; ~ *kochen* menanak nasi; *gebratener* ~ nasi goreng; **2.** *n* (*-es;-er*) ranting muda; *s. Pfropfreis;* **–brei** *m* bubur nasi

Reise *f* (*–;–n*) perjalanan, tamasya, (darma)wisata; *See* pelayaran; *gute/glückliche* ~ *!* selamat jalan! **–andenken** *n* oleh-oleh, kenang-kenangan; **–(auto)bus** *m* bis turis; **–beschreibung** *f* buku/artikel/kisah tt. perjalanan jauh; **–büro** *n* biro pariwisata/perjalanan, kantor wisata; **–decke** *f* selimut utk. di perjalanan; **–eindrücke** *pl,* **–erinnerungen** *pl* kesan (–kesan) perjalanan; **≗fertig** siap utk. berangkat; **–fieber** *n* rasa gelisah sebelum perjalanan, keinginan utk. bepergian; **–führer** *m* **1.** buku petunjuk perjalanan; **2.** pemimpin rombongan turis; **–gefährte** *m* teman seperjalanan; **–genehmigung** *f* surat jalan; **–gepäck** *n* bagasi; **–gesellschaft** *f* rombongan wisatawan/turis; **–handbuch** *n, s. Reiseführer 1;* **–koffer** *m* kopor; **–kosten** *pl* biaya perjalanan; **–leiter** *m* pemandu wisata, kepala rombongan wisatawan; **≗lustig** suka melancong

reisen *itr.* mengadakan perjalanan, bepergian; ~ *in Textilien* berkeliling menjual barang tekstil; **≗de** *m, f* (*–n;–n*) wisatawan, pelancong, turis, orang yg. pesiar; *Passagier* penumpang; *s. Handlungsreisende*

Reise|necessaire *n* tas berisi keperluan pribadi; **–paß** *m* paspor; **–prospekt** *m* brosur pariwisata; **–route** *f* rute perjalanan; **–scheck** *m* cek utk. perjalanan/turis; **–schreibmaschine** *f* mesin tik kecil; **–spesen** *pl* pengeluaran utk. perjalanan (yg. dibayar oleh kantor); **–tasche** *f* tas perjalanan; **–verkehr** *m* lalulintas (ke) pariwisata(an)/turisme; **–weg** *m, s. Reiseroute;* **–zeit** *f* musim turis; **–ziel** *n* tujuan perjalanan

Reis|feld *n* sawah; **–fink** *m* sm. gelatik, *munia oryzivora*

Reisig *n* (*–s;O*) ranting-ranting kering; **–besen** *m* sm. sapu lidi; **–bündel** *n* seikat kayu bakar; **–er** *m* (*–n;–n*) *im Mittelalter* pengawal raja dl. perjalanan perang

Reis|kocher *m* dandang; *elektrisch* dandang listrik, *rice cooker;* **–mehl** *n* tepung beras; **–mühle** *f* penggilingan padi; **–nudel** *f* mihun, bihun; **–scheune** *f* lumbung padi; **–schnaps** *m* beram

Reiß|aus *m,* ~ *nehmen* melarikan diri; **–brett** *n* papan gambar; **–brettstift** *m* paku payung, pines

reiß|en *unr. tr.* merobek, menyobek; *an sich reißen, zerren* merampas, merenggut; *itr.* sobek, putus; *sich* ~ terluka; *sich* ~ *um et.* sangat menginginkan sst.; *der Löwe reißt e Tier* singa menerkam seekor binatang; *die Geduld reißt* tdk. sabar lagi; *Possen* ~ melawak; **≗en** *n* (*–s;O*) rematik, encok; **–end** dahsyat; *Tier* buas; *Absatz* laris sekali; *Wasser* deras; **≗er** *m* (*–s;–*) barang laris; buku/sandiwara/film kurang bermutu tetapi laku sekali; **–erisch** ~*e Werbung* reklame yg. menggembar-gemborkan

Reiß|feder *f* pena tarik (tinta Cina); **–festigkeit** *f* (*–;O*) daya rentang; **–kohle** *f* krayon arang; **–nagel** *m, s. Reißbrettstift*

Reis|stampfer *m* alu, antan; **–stroh** *n* jerami

Reiß|verschluß *m* ritsleting, rits; **–wolf** *m* mesin penghancur kertas; **–zahn** *m* (gigi) taring; **–zeug** *n* jangka/paser bersama dng. pena tarik, kotak paser; **–zwecke** *f, s. Reißbrettstift*

Reis|tafel *f, rijstafel;* **–wein** *m* brem, air tape beras

Reit|bahn *f* gelanggang kuda; **≗en** *unr. itr. tr.* naik/menunggangi kuda, berkuda; **≗end** yg. berkuda

Reiter *m* (*–s;–*) penunggang kuda; *Kartei* tanda yg. dipasang pd. kartu dl. kartotek; **–ei** *f* (*–;–en*) pasukan berkuda, kavaleri; **–in** *f* (*–;–nen*) wanita penunggang kuda; **–standbild** *n* patung penunggang kuda

Reit|gerte *f* pecut, cambuk; **–hose** *f* celana penunggang kuda; **–peitsche** *f, s. Reitgerte;* **–pferd** *n* kuda tunggang; **–schule** *f* sekolah menunggang kuda; **–sport** *m* olahraga berkuda; **–turnier** *n* perlombaan menunggang kuda atau mengendarai kereta kuda; **–weg** *m* jalan khusus utk. kuda; **–zeug** *n* perlengkapan penunggang kuda

Reiz *m* (*–es;–e*) daya tarik, pesona, daya pikat; getaran hati; *Verlockung* rangsangan, perangsang; *das hat s-n* ~ hal ini menarik; **≗bar** mudah tersinggung, peka, sensitif; **≗en** *tr.* merangsang, menarik perhatian, menggiurkan; *ärgern* mengganggu, mengadakan provokasi; *Med.* merangsang; **≗end** manis, ramah, jelita, mempesonakan; *wie* ~ *von Ihnen!* sungguh baik hati anda! **–klima** *n* iklim yg. merangsang dan sehat; **≗los** tdk. menarik, membosankan; **–mittel** *n*, **–stoff** *m* obat perangsang; stimulans; **–ung** *f* (*–;–en*) perangsangan; provokasi; *Med.* gangguan, perangsangan, *irritatio;* **≗voll** (sangat) menarik, penuh pesona, menawan hati, bersifat menggoda; *~e Aufgabe* tugas yg. menarik

rekapitulieren (–) *tr.* mengulangi dng. meringkas

rekeln *sich* ~ menggeliat

Reklamation *f* (*–;–en*) pengaduan, keberatan

Reklame *f* (*–;–n*) iklan, reklame, adpertensi

reklamieren (–) *tr.* mengajukan keberatan, mengadukan, menuntut

rekognoszieren (–) *tr. Mil.* mengintai

rekonstruieren (–) *tr.* menyusun kembali, mengadakan rekonstruksi

Rekonvaleszen|t *m* (*–en;–en*) orang yg. sedang memulihkan kekuatan/kesehatan; **–z** *f* (*–;O*) pemulihan kesehatan

Rekord *m* (*–ɇs;–e*) rekor, hasil terbaik; **–ernte** *f* panen(an) yg. luar biasa; **–halter** *m* pemegang rekor; **–zeit** *f* waktu yg. sesingkat-singkatnya

Rekrut *m* (*–en;–en*) prajurit (baru); **≗ieren** (–) *tr.* menerima tenaga baru; memanggil utk. melaksanakan wajib militer, merekrut; *sich* ~ *aus* terdiri dari, diperlengkapi dng.; **–ierung** *f* (*–;–en*) penerimaan tenaga baru

rektal *Adj., Med.* mengenai/melalui poros-usus

Rektor *m* (*–s;–en*) *Univ.* rektor; *Schule* kepala sekolah; *Kirche* pimpinan biara atau lembaga gerejani; **–at** *n* (*–ɇs;–e*) jabatan rektor; rektorat

Rekurs *m* (*–es;–e*) *Jur.* (naik-)banding, keberatan

Relais *n* (*–;–*) relai, pesawat penyambung; **–sender** *m, Rundf.* pemancar/stasiun relai, pemancar penyambung

Relation *f* (*–;–en*) hubungan, pertalian, relasi

relativ relatif, tdk. mutlak, nisbi; **–ieren** (–) *tr.* memperlihatkan sst. dl. aspek lain; menghilangkan sifat mutlak; **≗ität** *f* (*–;O*) *Gr.* kerelatifan, kenisbian; *Phys.* relativitas; **≗pronomen** *n, Gr.* kata ganti penghubung; **≗satz** *m, Gr.* anak kalimat (yg. dimulai) dng. kata ganti penghubung

relegieren (–) *tr.* menskors

relevant relevan, berarti dl. hal itu, yg. ada sangkut-pautnya

Reliëf *n* (*–s;–s/–e*) gambar timbul

Religion *f* (*–;–en*) agama, kepercayaan, din; **–s·ausübung** *f* ibadat; *freie* ~ kebebasan beragama/beribadat; **–sbekenntnis** *n* agama; **–sfreiheit** *f* kebebasan (ber)agama; **–sgemeinschaft** *f* (umat ber)agama, kelompok keagamaan; *Sekte* mazhab/aliran agama, sekte; **–skrieg** *m* perang atas alasan/dalih keagamaan; **≗slos** tdk. beragama, tanpa agama; **–sstreit** *m* perselisihan keagamaan; **–s·unterricht** *m* pelajaran agama; **–swissenschaft** *f* ilmu agama, teologi

religi|ös yg. berh. dng. agama; beragama, beriman, saleh, *Islam* alim; **≗osität** *f* (*–;O*) kesalehan, keimanan, keyakinan beragama, takwa

Relikt *n* (*–ɇs;–e*) barang peninggalan, sisa

Reling *f* (*–;–s*) pagar geladak

Reliquië *f* (*–;–n*) relikwi, benda kramat; **–nschrein** *m* tempat relikwi

Rembours *m* (*–;–*) pembayaran kembali biaya, rembours

Reminiszenz *f* (–;–*en*) kenangan
Remis *n* (–;–) seri, remis, balui
Remittenden *pl* buku yg. dikembalikan ke penerbit
Remoulade(nsoße) *f* (–;–*n*) sm. saus selada
rempeln *tr. itr. ugs.* menyenggol, mendorong (dng. sengaja)
Renaissance *f* (–;*O*) masa Kelahiran Kembali, Renaissance; *fig.* munculnya kembali
Rendant *m* (–*en*;–*en*) pengurus keuangan, bendahara
Rendezvous *n* (–;–) pertemuan antara kekasih yg. direncanakan, randevu; *Raumfahrt* pertemuan di ruang angkasa
Rendite *f* (–;–*n*) laba/bunga bersih
Renegat *m* (–*en*;–*en*) orang murtad, pengkhianat
renitent suka membangkang, keras kepala
Renn|bahn *f, Pferde* gelanggang pacuan kuda; *Mot.* sirkuit, gelanggang balapan mobil; **–boot** *n* perahu motor cepat; **≗en** *unr. itr.* (ber)lari cepat; membalap; *j-n über den Haufen ~* menabrak sso. sampai dia jatuh; **–en** *n* (–*s*;–) perlombaan, balapan; *Pferde* pacuan; *das ~ machen* menang, memenangkan; **–fahrer** *m* pembalap; **–leiter** *m* pengurus perlombaan; **–mannschaft** *f* regu balap; **–pferd** *n* kuda pacuan; **–rad** *n* sepeda balap; **–sport** *m* olahraga balapan/ pacuan; **–stall** *m* peternakan/kandang kuda pacuan; *Mot.* regu pembalap yg. disponsori suatu perusahaan; **–strecke** *f* lintasan utk. balapan mobil; **–wagen** *m* mobil balap
Renom|mee *n* (–*s*;*O*) nama baik, reputasi; **≗mieren** (–) *itr.* menyombong, bermulut besar; **≗miert** termasyhur, terkenal; **–mist** *m* (–*en*; –*en*) pembual, orang yg. berbesar mulut
renovier|en (–) *tr.* memugari, memperbaharui, memperbaiki; **≗ung** *f* (–;–*en*) pemugaran, perbaikan (kembali)
rentab|el membawa untung/hasil, menguntungkan; **≗ilität** *f* (–;*O*) keuntungan, laba; **≗ilitätsgrenze** *f* batas keuntungan, batas pulang pokok, seri; **≗ilitätsrechnung** *f* perkiraan/kalkulasi keuntungan
Rent|e *f* (–;–*n*) pendapatan teratur dari asuransi/harta; uang sara; *Zins* bunga; *Pacht* uang sewa; **–enbasis** *f, et. auf ~ verkaufen* menjual sst. dng. menerima uang sara (secara teratur dan sepanjang hidup); **–enbrief** *m* sm. surat berharga; **–en·empfänger** *m, s. Rentner;* **–enpapiere** *pl.* surat obligasi; **–enversicherung** *f* asuransi yg. membayar sejumlah uang secara teratur berkenaan dng. kejadian tertentu; **–ier** *m* (–*s*;–*s*) *s. Rentner*
Ren·tier *n* rusa kutub, *rangifer tarandus*
rent|ieren (–) *sich ~* membawa hasil/ untung, berguna; **≗ner(in** *f*) orang yg. memperoleh uang pensiun dari asuransi
Reorganis|ation *f* (–;–*en*) penyusunan kembali, reorganisasi; **≗ieren** (–) *tr.* menyusun kembali, mengadakan reorganisasi
Reparation *f* (–;–*en*) pampasan perang; **–szahlungen** *pl* pembayaran pampasan perang
Reparatur *f* (–;–*en*) reparasi, perbaikan; **≗bedürftig** perlu diperbaiki; **–kosten** *pl* biaya/ongkos reparasi; **–werkstatt** *f* bengkel
reparieren (–) *tr.* memperbaiki, *bp.* bikin betul
repatriieren (–) *tr.* memulangkan
Repertoire *n* (–*s*;–*s*) kumpulan judul sandiwara/opera/lagu-lagu yg. dipertunjukkan; kumpulan lagu/ karya/peran seorang seniman yg. disiapkan
repetier|en (–) *tr.* mengulang(i); **≗gewehr** *n* senapan mauser
Repetitor *m* (–*s*;–*en*) dosen yg. mempersiapkan mahasiswa utk. ujian
Replik *f* (–;–*en*) *Entgegnung* jawaban, bantahan; *Kunst* karya seni yg. dibuat berkali-kali persis sama oleh seniman sendiri
Report *m* (–*s*;–*e*) laporan
Reportage *f* (–;–*n*) laporan wartawan, *bp.* reportase
Reporter *m* (–*s*;–) wartawan, reporter

Repräsent|ant(in *f*) *m* (*–en;–en*) wakil; **–ation** *f* (*–;O*) perwakilan, tugas mewakili; penampilan suatu lembaga/kelompok di dl. masyarakat; **–ationsfigur** *f* pemimpin nonaktif; **–ationskosten** *pl* biaya utk. tindakan menampilan suatu lembaga/kelompok di dl. masyarakat; **≗ativ** pantas, wajar; bersifat mewakili; representatif; **≗ieren** (–) *tr. itr.* mewakili

Repress|alië *f* (*–;–n*) tindakan (pem)balasan/penekanan; (alat) pemerasan; **≗iv** bersifat menekankan

Reprodu|ktion *f* (*–;–en*) reproduksi, tiruan; **≗zieren** (–) *tr.* membuat reproduksi

Reptil *n* (*–s;–iën/–e*) binatang melata, *reptilia*

Republik *f* (*–;–en*) republik; **–aner** *m* (*–s;–*) republiken, pendukung sistem republik; *Partei* anggota partai republik; **≗anisch** berh. dng. republik; **–flucht** *f* pelarian dari Republik Demokrasi Jerman

Reputation *f* (*–;O*) reputasi, nama baik

Requiëm *n* (*–s;–s*) *Rel.* misa arwah/rekwiem

requirieren (–) *tr.* menyita utk. maksud kemiliteran

Requisit *n* (*–¢s;–en*) perlengkapan; *Thea.* perlengkapan panggung

Reserv|at *n* (*–¢s;–e*), **–ation** *f* (*–;–en*) syarat; kekecualian, sst. yg. dikecualikan; *für Indianer* daerah penampungan

Reserve *f* (*–;–n*) cadangan, serep; *fig.* sikap menahan diri; **–fonds** *m* dana cadangan; **–offizier** *m* perwira yg. sudah dilatih lalu didemobilisasikan tetapi sewaktu-waktu dapat dimobilisasikan lagi; **–rad** *n* roda serep; **–reifen** *m* ban serep; **–truppen** *pl* pasukan/tentara cadangan

reserv|ieren (–) *tr.* menyediakan, mencadangkan; ~ *lassen* memesan; **–iert** sudah dipesan; *zurückhaltend* menahan diri; bersikap dingin, tdk. ramah; **≗ist** *m* (*–en;–en*) tentara yg. setelah terlatih di demobilisasikan dan sewaktu-waktu dapat dimobilisasikan lagi; **≗oir** *n* (*–s;–e*) waduk air; *fig.* persediaan, cadangan

Resid|enz *f* (*–;–en*) kota/tempat kediaman seorang pemimpin politik/agama, residensi; **≗ieren** (–) *itr.* bertempat tinggal

Resign|ation *f* (*–;O*) pengunduran diri, permintaan berhenti; sikap pasrah; **≗ieren** (–) *itr.* minta berhenti; menyerah (dng. putus asa), pasrah

resistent *Med.* kebal

resolut tegas, pasti; **≗ion** *f* (*–;–en*) keputusan, resolusi

Resonanz *f* (*–;O*) gema, gaung; ~ *finden, fig.* mendapat sambutan/tanggapan

resorbieren (–) *tr.* menyerap

resozialisieren (–) *tr.* mengadakan rehabilitasi

Respekt *m* (*–¢s;O*) rasa hormat, segan, penghormatan; **≗abel** pantas dihormati, terhormat; cukup baik; *respektable Summe* jumlah yg. lumayan besarnya; **≗ieren** (–) *tr.* menghormati, menyegani; mematuhi; **≗ive** atau; **≗los** kurangajar; **–losigkeit** *f* (*–;O*) sikap tdk. menghormati; **–sperson** *f* orang yg. disegani; **≗voll** penuh hormat; **≗widrig** kasar, tdk. sopan, tdk. tahu adat

Ressentiment *n* (*–s;–s*) sentimen

Ressort *n* (*–s;–s*) bidang tugas/administrasi/kerja; **–minister** *m* menteri yg. mengepalai suatu departemen

Rest *m* (*–es;–e*) sisa, kelebihan; *j-m den ~ geben* memberi pukulan penghabisan kpd. sso., menghabisi sso.; **–ant** *m* (*–en;–en*) orang yg. menunggak hutangnya; *~en, pl* barang sisa, barang tdk. laku

Restaur|ant *n* (*–s;–s*) restoran, rumah makan; **–ateur** *m* (*–s;–e*) pemilik restoran; **–ation** *f* (*–;–en*) **1.** pemugaran; *Pol.* restorasi; **2.** *österreichisch* restoran; **–ator** *m* (*–s;–en*) ahli pemugaran karya seni; **≗ieren** (–) *tr.* memugar

Rest|bestand *m*, **–betrag** *m* sisa; **≗lich** yg. tersisa; **≗los** tanpa sisa, semuanya, habis-habisan; ~ *glücklich* bahagia sekali

Restriktion *f* (*–;–en*) pembatasan, restriksi

Restzahlung *f* pembayaran terakhir/sisanya

Resul|tat *n* (-*(e)s*;-*e*) hasil; akibat; **²tatlos** tanpa hasil; sia-sia; **²tieren** (-) *itr.*, ~ *aus* diakibatkan oleh

Resümee *n* (-*s*;-*s*) ikhtisar, ringkasan, resume

Retorte *f* (-;-*n*) tabung kimia, labu distilasi

retour *Adv.* kembali, retur

rett|en *tr.* menyelamatkan; *aus Gefahr* meluputkan dari bahaya; *sich nicht mehr ~ können vor* menjadi kewalahan karena; **²er** *m* (-*s*;-) penyelamat; *Rel.* Sang Penyelamat, Juruselamat

Rettich *m* (-*s*;-*e*) lobak Cina, *raphanus sativus*

Rettung *f* (-;-*en*) penyelamatan; **-s·aktion** *f* aksi penyelamatan; **-s·anker** *m* jangkar darurat; *fig.* bantuan utama; **-sboje** *f* pelampung penyelamat; **-sboot** *n* sekoci penolong; **-sgerät** *n* alat-alat penyelamat/penolong; **-sleine** *f* tali penolong; **²slos** tdk. dapat ditolong (lagi); **-smannschaft** *f* regu penolong; **-sring** *m* ban penyelamat; **-s·schwimmer** *m* penolong orang yg. sedang dl. bahaya tenggelam; **-sstation** *f* pos pertolongan pertama; **-sversuch** *m* usaha menyelamatkan/menolong; **-swagen** *m* mobil ambulans

retuschieren (-) *tr.* mengubah sedikit (utk. diperbaiki), *bp.* meretus

Reu|e *f* (-;*O*) tobat, rasa sesal, penyesalan; **²en** *tr.*, *es reut mich* saya menyesal(i); **²evoll** *s. reuig*; **-geld** *n* sm. denda (penebusan); **²(müt)ig** penuh rasa penyesalan, yg. menyesal sekali

Reuse *f* (-;-*n*) bubu, lukah, tengkalak

Revanche *f* (-;-*n*) pembalasan dendam; **-spiel** *n* pertandingan balasan

revanchieren (-) *sich* ~ membalas (dendam); membalas budi

Reverenz *f* (-;-*en*) rasa hormat/takzim, penghormatan

Revers 1. *m*, *n* (-;-) kelepak baju, kerah jas/mantel; **2.** *m* (-*es*;-*e*) *Erklärung* pernyataan kewajiban hukum secara tertulis; *Rückseite* bagian lambang pd. uang logam; **²ibel** dapat dibalik

revidieren (-) *tr.* meninjau kembali, mengadakan revisi

Revier *n* (-*s*;-*e*) daerah; *Bgb.* daerah pertambangan; *Jagd* daerah perburuan; *Polizei* (kantor) sektor/resort kepolisian

Revirement *n* (-*s*;-*s*) mutasi, perubahan susunan

Revision *f* (-;-*en*) pemeriksaan; revisi, peninjauan kembali; *Änderung* perubahan (berdasarkan peninjauan); *Jur.*, ~ *einlegen* naik banding (tahap kedua); *e-r ~ unterziehen* memeriksa, menyelidiki; **-ismus** *m* (-;*O*) *Pol.* revisionisme

Revisor *m* (-*s*;-*en*) **1.** korektor pruf terakhir; **2.** pemeriksa pembukuan, auditor

Revol|te *f* (-;-*n*) pemberontakan; **²tieren** (-) *itr.* memberontak

Revolution *f* (-;-*en*) revolusi; ~ *machen* berevolusi; **-är(in** *f*) *m* (-*s*;-*e*) orang yg. melancarkan revolusi; orang yg. revolusioner; **²är** *Adj.* revolusioner, bersifat revolusi; **²ieren** (-) *tr.* melakukan pembaharuan (sampai ke dasarnya), merombak; merintis revolusi

Revolver *m* (-*s*;-) repolper

Revue *f* (-;*Revuën*) majalah bergambar; *Thea.* pertunjukan tari dan musik yg. bersifat hiburan; *Mil.* parade; *et. ~ passieren lassen* membayangkan kembali

Rezen|sent *m* (-*en*;-*en*) pengarang resensi; **²sieren** (-) *tr.* menulis resensi, melakukan timbangan buku; **-sion** *f* (-;-*en*) (per)timbangan buku, resensi; **-sions·exemplar** *n* buku contoh bagi penulis resensi

Rezept *n* (-*(e)s*;-*e*) resep; **-ion** *f* (-;-*en*) penyambutan; *im Hotel* bagian penerimaan tamu, resepsi; **²iv** *Adj.* bersifat menerima; **²pflichtig** hanya dng. resep dokter

Rezession *f* (-;-*en*) kemunduran, resesi

reziprok berbanding timbal-balik, saling

Rezi|tator *m* (-*s*;-*en*) deklamator; **²tieren** (-) *tr. itr.* berdeklamasi

Rhabarber *m* (-*s*;*O*) sm. kelembak, *rheum rhabarbarum*

Rhapsodie *f* (–;. . .*iën*) *Mus.* komposisi lagu berisikan bagian dari lagu-lagu rakyat, rapsodi
Rhesusfaktor *m* faktor rhesus
Rhetor|ik *f* (–;*O*) kepandaian berbicara/berpidato, retorika; **²isch** berh. dng. gaya berpidato yg. lancar atau enak didengar; retoris; *e-e ~e Frage* pertanyaan yg. tdk. membutuhkan jawaban
Rheuma *n* (–*s*;*O*) encok, sengal, rematik; **²tisch** berh. dng. encok/sengal/rematik; **–tismus** *m* (–;*O*) *s. Rheuma*
Rhinozeros *n* (–/–*ses*;–*se*) badak
Rhombus *m* (–;. . .*ben*) belah ketupat
rhythm|isch berirama, ritmis; **²us** *m* (–;. . .*men*) irama, ritme
Richt|antenne *f* antena terarah; **–beil** *n* kapak algojo; **–blei** *n* bandulan pengukur tegaklurus, batu-duga
richten *tr.* mengarahkan ke; menyetel dng. tepat; *vorbereiten* menyiapkan; *Jur.* mengadili, menjatuhkan hukuman; *~ über* menghakimi/menilai (sso./sst.); *sich ~ nach* menyesuaikan diri dng., mencontoh, mengikuti; *den Brief ~ an* mengalamatkan surat kpd.; *~ gegen* mengarahkan dng. maksud melawan; *~ Sie sich danach!* turutilah! patuhilah!
Richter|(in *f*) *m* (–*s*;–) hakim; *vor den ~ bringen* membawa/menyeret ke pengadilan; **–amt** *n* jabatan hakim; **²lich** dari/sebagai hakim; **–spruch** *m* keputusan hakim, vonis; **–stuhl** *m, vor Gottes ~* di hadapan Yg. Mahaadil
Richt|fest *n* pesta selamatan pd. kesempatan selesainya rangka atap bangunan; **–funk** *m* telegrafi terarah
richtig benar, tanpa salah; betul (-betul), sungguh(-sungguh); *passend* tepat, cocok; *echt* tulen, sejati; *sein ~er Name* namanya yg. sebenarnya; *sehr ~!* betul! **²e** *m, f, n* yg. benar/tepat; *an den ~n geraten, iron.* ketemu batunya; **–gehend** *Uhr* tepat jalannya; *~ böse* sungguh marah; **²keit** *f* (–;*O*) tepatnya, benarnya; *damit hat es s-e ~* ini memang benar; **–stellen** *tr.* mengadakan koreksi, mengoreksi; **²stellung** *f* (–;–*en*) koreksi, pembetulan
Richt|linien *pl* petunjuk umum; pedoman, patokan; garis haluan; **–maß** *n* ukuran baku; **–platz** *m* tempat pelaksanaan hukuman mati; **–preis** *m* harga yg. dianjurkan (oleh produsen); **–scheit** *n* sm. mistar dng. waterpas; **–schnur** *f* tali sipat; *fig.* pedoman, pegangan, norma; **–schwert** *n* pedang algojo; **–statt** *f*, **–stätte** *f, s. Richtplatz;* **–strahler** *m, Rundf.* antena terarah (utk. gelombang pendek)
Richtung *f* (–;–*en*) arah, jurus(an), haluan; *fig.* aliran, kecenderungan, tendensi; *in dieser ~ et. tun* melakukan sst. dl. mengejar tujuan tertentu; *in diese ~ gehen* pergi/menuju ke arah itu; **²gebend** bersifat mengarahkan; **–s·anzeiger** *m, Mot.* penunjuk arah, *bp.* lampu sen; **–sweiser** *m* tanda/rambu penunjuk arah
Richt|waage *f* waterpas; **–wert** *m* angka/data utk. perkiraan kasar, nilai standar
Ricke *f* (–;–*n*) induk rusa/kijang (sesudah pertama kali beranak)
riechen *unr. itr.* berbau; *nach Fisch ~* berbau ikan; *übel ~* berbau busuk; *tr.* mencium bau(nya); *j-n nicht ~ können, ugs.* tdk. menyukai sso.; *et. nicht ~ können, fig.* tdk. dapat mengetahui sebelumnya
Riech|er *m* (–*s*;–) *ugs.* hidung; *e-n guten ~ haben ugs.* tajam penciumannya, *bp.* tajam hidungnya; **–werkzeuge** *pl* alat pencium, hidung
Ried *n* (–*e̸s*;–*e*) alang-alang (di rawa), buluh; rawa-rawa
Riege *f* (–;–*n*) *Sp.* regu senam; **–l** *m* (–*s*;–) gerendel, pengancing, palang; *Schokolade/Seife* batang; *e-r Sache e-n ~ vorschieben* menghalangi sst.
Riemen *m* (–*s*;–) **1.** sabuk, ikat pinggang, ban; **2.** *Ruder* dayung, kayuh; **–antrieb** *m* transmisi pita mesin; **–scheibe** *f* cak(e)ra sabuk mesin
Ries *n* (–*es*;–*e*/–) dua rim (1000 helai);
Riese *m* (–*n*;–*n*) raksasa
Riesel|feld *n* ladang pembuangan tinja/kotoran; **²n** *itr.* merintik-rintik, menetes

Riesen|arbeit *f* pekerjaan raksasa; **–erfolg** *m* sukses luar biasa; **≗groß, ≗haft** besar sekali, bukan main besar, raksasa; **–hunger** *m* kelaparan yg. sangat; **–rad** *n* kincir ria; **–schlange** *f* ular raksasa, *boidae;* **–schritt** *m, mit ~en* dng. langkah besar, cepat sekali

riesig *Adj.* besar sekali, raksasa; *Adv.* sangat luar biasa

Riesin *f* (–;*–nen*) raksasa wanita

Riesling *m* (*–s;–e*) (jenis tumbuhan) anggur

Riff *n* (*–e̸s;–e*) batu karang (dl. air)

rigoros keras, tanpa ampun, drastis

Rikscha *f* (*–;–s*) langc(i)a, angkong

Rille *f* (*–;–n*) alur, galur; lekuk

Rind *n* (*–e̸s;–er*) lembu, sapi, *bovidae*

Rinde *f* (*–;–n*) kulit pohon; *Brot* kerak/kulit roti

Rinder|braten *m* gorengan daging sapi; **–filet** *n* daging has sapi; **–herde** *f* kawanan sapi; **–pest** *f,* **–seuche** *f* wabah sapi; **–zucht** *f* peternakan sapi

Rind|fleisch *n* daging sapi; **–(s)leder** *n* kulit sapi; **–vieh** *n* sapi, lembu, kerbau dan sebangsanya; *derb* orang goblok

Ring *m* (*–e̸s;–e*) cincin, lingkaran; *Boxen* gelanggang, arena; *Firma* ikatan, gabungan; *Spionage/Verbrecher* komplotan; *~e um die Augen haben* mempunyai lingkaran hitam di sekitar mata (akibat kurang tidur); **–bahn** *f* lin kereta-api/trem yg. mengelilingi (pusat) kota; **–buch** *n* buku tulis yg. dijilid dng. sm. ring (yg. dapat dibuka)

Ringel *m* (*–s;–*) lingkaran/bulatan kecil; *Locke* ikal; **–locke** *f* ikal rambut; keriting; **≗n** *tr. refl.* mengeriting, melengkung(kan); mengikal; melingkar(-lingkar), bergelung, melilit; **–natter** *f* sm. ular tdk. berbisa, *natrix natrix;* **–reihen** *m* tarian berputar-putar (dari anak-anak)

ring|en *unr. itr.* bergulat, bergumul; *fig.* bergumul dng.; *die Hände ~* meremas-remas tangan; *nach Worten ~* bergumul dng. kata; *mit e-m Problem ~, um et. ~* berusaha dng. susah-payah memecahkan sst.; *mit dem Tode ~* berada dl. keadaan sakratulmaut **≗en** *n* (*–s;O*) pergulatan, (adu) gulat; **≗er** *m* (*–s;–*) pegulat

Ring|finger *m* jari manis; **≗förmig** berbentuk/spt. lingkaran/cincin; **–kampf** *m* adu gulat, pergulatan; **–kämpfer** *m* pegulat, jago gulat; **–mauer** *f* tembok keliling; **–richter** *m* wasit tinju

rings di sekeliling; **–herum** (di) sekelilingnya, di mana-mana

Ringstraße *f* jalan raya yg. mengitari (pusat) kota

rings|um, –umher (di) sekelilingnya/sekitarnya

Rinn|e *f* (*–;–n*) alur, galur; *Dach* talang; **≗en** *unr. itr.* mengalir pelan-pelan; menetes, bercucuran; *der Topf rinnt* panci bocor; **–sal** *n* (*–e̸s;–e*) sungai kecil; **–stein** *m* selokan, got; *Küche* bak cuci

Rippchen *n* (*–s;–*) daging rusuk

Rippe *f* (*–;–n*) tulang rusuk, iga; *Blatt* tulang daun, lidi; *Tech.* gading-gading, kasau-kasau

Rippen|fell *n* selaput dada, *pleura;* **–fellentzündung** *f* birsam, radang selaput dada, *pleuritis;* **–stoß** *m, j-m e-n ~ geben* menyikut rusuk sso., *fig.* mendesak sso.

Rippe(n)speer *m* (*–e̸s;O*) daging rusuk babi yg. diasinkan

Rips *m* (*–es;–e*) sm. kain reps

Risiko *n* (*–s;–s/. . .ken*) risiko, kemungkinan bahaya

risk|ant mengandung risiko, (yg.) berbahaya; **–ieren** (–) *tr.* (berani) mengambil risiko

Riß *m* (*Risses; Risse*) *Stoff* robekan, sobekan; *Mauer* retakan, celah; *fig.* perpecahan; *s. Aufriß, Grundriß*

rissig yg. mempunyai retakan, pecah-pecah

Rist *m* (*–es;–e*) *Hand* punggung tangan; *Fuß* kura-kura kaki; *Pferd* lemusir kuda

Ritt *m* (*–es;–e*) perjalanan dng. naik kuda

Ritter *m* (*–s;–*) k(e)satria; **–burg** *f* puri; **–gut** *n* tanah milik bangsawan; **–kreuz** *n, bintang jasa kemiliteran* (*Jerman*); **≗lich** yg. berh. dng. ksatria; jujur, sangat sopan, sebagai jentelmen; **–lichkeit** *f* (*–;O*) kesopanan, sikap ksatria; **–orden** *m*

ordo ksatria dan biarawan; **–schaft** *f* (–;O) kaum ksatria; **–schlag** *m* pelantikan seorang ksatria
rittlings mengangkang spt. naik kuda/sepeda, celapak
Rittmeister *m, veraltet, Mil.* kapten kavaleri
Ritual *n* (*–s;–e/. . .liën*) tata upacara
rituell yg. berh. dng. upacara
Ritus *m* (*–;Riten*) tata cara, cara upacara, seremoni
Ritz *m* (*–es;–e*) goresan, gurat(an) yg. kecil; **–e** *f* (*–;–n*) celah sempit; **≗en** *tr.* menggurat, menggores; *ich habe mir die Haut geritzt* kulit saya tergores
Rival|e *m* (*–n;–n*), **–in** *f* (*–;–nen*) saingan, rival; **≗isieren** (–) *itr.* bersaing; **–ität** *f* (*–;–en*) persaingan, konkurensi
Rizinusöl *n* kastroli, minyak jarak/benggala
Robbe *f* (*–;–n*) anjing laut, *pinnipedia;* **≗n** *itr.* merayap, merangkak
Robe *f* (*–;–n*) gaun panjang; jubah (hakim/pendeta dsb.)
Roboter *m* (*–s;–*) robot
robust kokoh, kuat; *Mensch* kekar, tegap
röcheln *itr.* bernafas tersendat-sendat
Rochen *m* (*–s;–*) ikan pari, *batoidei*
Rock *m* (*–ẹs;–̈e*) *Damen* rok bawah; *Herren* jas; **–er** *m* (*–s;–*) anak berandal, *bp.* anak jalanan; **–schöße** *pl, sich an j-s ~ hängen* ikut-ikutan, bertindak kurang dewasa
Rodel *m* (*–s;–*) *s. Rodelschlitten;* **–bahn** *f* jalan utk. kereta peluncur; **≗n** *itr.* main kereta peluncur; **–schlitten** *m* sm. kereta peluncur
rod|en *tr.* membuka/merambah hutan; *Kartoffeln ~* menggali kentang; **≗ung** *f* (*–;–en*) pekerjaan membuka hutan; tanah yg. baru dibuka
Rogen *m* (*–s;–*) telur ikan terubuk
Roggen *m* (*–s;O*) gandum hitam, *secale cereale*
roh mentah, asli; belum dikerjakan; *grob* (secara) kasar; *fig.* kejam; **≗bau** *m* bangunan yg. baru selesai bagian dinding, lantai dan atapnya; *fig.* rangka kasar; **≗eisen** *n* gubal besi
Roheit *f* (*–;O*) sikap kasar/ kejam, kekejaman
Roh|ertrag *m* pendapatan kotor; **–erzeugnis** *n* barang setengah jadi; **–gewicht** *n* berat bruto; **–gummi** *m* karet mentah; **–kost** *f* hidangan sayuran dan buah-buahan yg. tdk. dimasak, lalap mentah; **–ling** *m* (*–s;–e*) orang kasar/kejam; *Metall* bongkah logam kasar; **–material** *n* bahan mentah; **–öl** *n* minyak mentah; **–produkt** *n* barang setengah jadi
Rohr *n* (*–ẹs;–e*) pipa, tabung; *Bo.* buluh, batang bambu/rotan/ilalang; **–bruch** *m* kebocoran pipa; **–dach** *n* atap ilalang/alang-alang
Röhre *f* (*–;–n*) pipa, pembuluh, tabung; *Rundf.* lampu radio; *in die ~ gucken, ugs.* tdk. memperoleh apa-apa; **≗n** *itr. Hirsch* melenguh, menguak; **≗nförmig** berbentuk/spt. tabung; **–nwalzwerk** *n* pabrik pipa besi
Rohr|fernleitung *f* pipa saluran jarak jauh; **–flöte** *f* sm. suling yg. terdiri dari beberapa tabung tiup
Röhricht *n* (*–ẹs;–e*) alang-alang
Rohr|leger *m* tukang pasang pipa, tukang patri/leding; **–leitung** *f* leding, saluran pipa; **–möbel** *n* perabot rumah yg. dibuat dari rotan dsb.; **–muffe** *f* penyambung pipa; **–post** *f* sistem pengiriman surat melalui pipa; **–spatz** *m, fig. schimpfen wie e ~* mencaci-maki; **–stock** *m* (batang kayu) rotan; **–stuhl** *m* kursi rotan; **–zange** *f* kunci tabung/pipa; **–zucker** *m* gula tebu
Roh|seide *f* sutera yg. belum diolah; **–stahl** *m* baja mentah; **–stoff** *m* bahan baku; **–stoffmangel** *m* kekurangan bahan baku; **–zucker** *m* gula yg. belum dibersihkan
Rolladen *m* (*–s;–̈*) sm. kerai/bidai (yg. dapat digulung)
Rollbahn *f, Flgw.* landasan kapal terbang, landasan pacu; *taxi way,* jalan dari/ke landasan
Rolle *f* (*–;–n*) **1.** gulung(an), rol; *Spule* gelendong; *unter Möbeln* roda kecil, gelinding(an); *Sp.* koprol, bekrol; **2.** *fig., Thea.* peranan, lakon; *e-e ~ spielen* menjadi penting, merupakan suatu faktor, main peranan; *das spielt keine ~* tdk. apa-apa/

penting/berarti; *aus der ~ fallen* berbuat sst. yg. tdk. pd. tempatnya, bertingkahlaku salah

rollen *tr.* menggulung, menggelindingkan, menggulingkan; *itr.* bergelindingan, menggelinding, berguling; *Donner* bergemuruh; *Wellen* bergulung-gulung; *Schiff* berolengoleng; *sich ~* bergulung(-gulung); melingkar; *mit den Augen ~* jelalatan; *et. ins* *~ bringen* memulai sst.

Rollen|besetzung *f* pembagian peran; **–lager** *n* bantalan-gulung; **–verteilung** *f* pembagian peran

Roller *m* (-*s*;-) *Mot.* sekuter

Roll|feld *n, s. Rollbahn;* **–film** *m* film gulung; **–geld** *n* biaya utk. mengantar barang; **–kommando** *n* komando gerak cepat; **–kragen** *m* kerah gulung; **–mops** *m* gulungan ikan hering yg. diawetkan dl. cuka; **–schrank** *m* lemari kantor dng. pintu yg. dapat digulung; **–schuh** *m* sepatu roda; **–stuhl** *m* kursi roda; **–treppe** *f* tangga jalan, eskalator; **–wagen** *m* lori

Roman *m* (–*s*;–*e*) novel, (buku) roman; *erzähl keinen ~ ! ugs.* bercerita pendek saja! (*lüg' nicht*) jangan mendongeng/berbohong! **–en** *pl* bangsa-bangsa Eropa yg. bahasanya berdasarkan bahasa Latin; **≗haft** spt. di dl. novel; **–held** *m* tokoh novel/roman; **–ik** *f* (–;*O*) gaya seni-budaya abad ke-11 sampai ke-13 di Eropa, romanik; **≗isch** berh. dng. bangsa Eropa yg. bahasanya berdasarkan bahasa Latin; termasuk gaya seni abad ke-11 sampai ke-13 di Eropa; **–ist** *m* (–*en*;–*en*) ahli bahasa dan kesusasteraan Eropa Selatan; **–leser(in** *f*) *m* pembaca novel/roman; **–literatur** *f* (karya) fiksi; **–schriftsteller(in** *f*) *m* penulis/pengarang novel atau fiksi

Romant|ik *f* (–;*O*) *Lit., Kunst* romantik; *fig.* kecenderungan kpd. hal yg. romantis; **–iker** *m* (–*s*;–) tokoh romantik; orang yg. berwatak romantis; **≗isch** romantis

Romanze *f* (–;–*n*) ceritera sajak; sm, karya musik, romanse; *fig.* cerita/pertualangan cinta

Röm|er *m* (–*s*;–) orang Roma/Romawi; sm. gelas anggur; **≗isch** romawi; dari Roma; *~-katholisch* Katolik (Roma)

Rommé *n* (–*s*;–*s*) sm. permainan kartu

Rondell *n* (–*s*;–*e*) petak bunga yg. bundar; *Turm* menara bundar (sebagai benteng); *Straße* bunderan

röntgen *tr.* menyinari dng. sinar Röntgen/X, membuat gambar Röntgen; **≗apparat** *m* alat Röntgen; **≗aufname** *f* foto Röntgen; **≗bestrahlung** *f* penyinaran dng. sinar Röntgen; **≗foto** *n, s. Röntgenaufnahme;* **≗fotografie** *f* pembuatan foto Röntgen; **≗ologe** *m* (–*n*;–*n*) ahli sinar Röntgen, radiolog; **≗ologie** *f* (–;*O*) ilmu sinar radiologi; **≗strahlen** *pl* sinar Röntgen/X; **≗therapie** *f* radioterapi, pengobatan dng. sinar Röntgen; **≗untersuchung** *f* pemeriksaan dng. sinar Röntgen

rosa merah muda/jambu, dadu; *~ rot* merah muda; *fig.* optimistis

Rose *f* (–;–*n*) bunga mawar/ros, *rosa; Ornament* (hiasan) roset

Rosen|holz *n* kayu mawar; **–kohl** *m* kubis Brussel, *brassica oleracea var. gummifera;* **–kranz** *m* rosario; **–montag** *m* hari Senen menjelang masa puasa umat Katolik; **–öl** *n* minyak ros, air mawar; **≗rot** *s. rosa;* **–stock** *m,* **–strauch** *m* pohon mawar; **–strauß** *m* karangan bunga mawar

Rosette *f* (–;–*n*) roset

rosig agak merah; *fig.* menyenangkan, penuh harapan

Rosine *f* (–;–*n*) kismis; *große ~n im Kopf haben* nafsu besar tenaga kurang, tdk. realistis

Roß *n* (*Rosses;Rosse/Rösser*) kuda yg. bagus; *ugs.* si tolol; *sich aufs hohe ~ setzen* bersifat sombong/angkuh

Rösselsprung *m.* **1.** *Schach* langkah kuda; **2.** sm. teka-teki

Roß|haar *n* bulu kuda; **–kastanie** *f, Bo.* kastanye, berangan; **–kur** *f, ugs.* cara penyembuhan yg. drastis

Rost *m* **1.** (–*ẹs*;*O*) karat, tahi besi; **2.** (–*ẹs*;–*e*) kisi-kisi besi; pemanggangan; **≗beständig** tahan/anti karat; **–braten** *m* daging panggang

Röstbrot *n* roti panggang/bakar

rosten *itr.* berkarat
röst|en *tr.* memanggang; **≗er** *m* (*–s;–*) (alat) pemanggangan
Rost|fleck *m* noda karat; **≗frei** bebas karat, anti karat, tak berkarat; **≗ig** berkarat, penuh karat; **–(schutz)-mittel** *n* obat anti karat
rot merah; *≗es Kreuz* Palang Merah; **≗** *n* (*–s;–*) warna merah
Rotation *f* (*–;–en*) rotasi, (per)putaran; **–s(druck)maschine** *f* mesin-cetak silinder/rotasi
rot|bäckig berpipi merah; **≗bart** *m* (*–ɇs;O*) si Janggut Merah (*sebutan utk. Kaisar Friedrich I*); **–braun** coklat kemerah-merahan; **≗buche** *f* sm. pohon besar dng. kayu yg. agak merah, *fagus silvatica*
Rote *m, f* (*–n;–n*) *Pol.* orang yg. berhaluan kiri; *die ~n* kaum merah
Röte *f* (*–;O*) warna merah, kemerahan; **–l** *m* (*–s;–*) kapur merah; **–ln** *pl* biang-keringat, biring-peluh, *rubeolae;* **≗n** *tr.* memerahkan, memerahi, membuat merah; *sich ~* memerah, menjadi merah
rot|gelb merah kekuningan-kuningan, jingga, biring; **–glühend** merah membara; **–haarig** berambut pirang kemerah-merahan; **≗haut** *f, ugs.* orang Indian
rotieren (–) *itr.* berputar-putar, berkisar
Rot|käppchen *n* si Topi Merah; **–kehlchen** *n* sm. burung murai, *erithacus rubecula;* **–kohl** *m*, **–kraut** *n* kubis/kol merah, *brassica oleracea var. capitata*
rötlich kemerah-merahan
Rotstift *m* pensil merah
Rotte *f* (*–;–n*) regu buruh kereta api; *Bande* gerombolan
Rotunde *f* (*–;–n*) gedung/bangsal bundar
Rot|wein *m* anggur merah; **–wild** *n* sm. rusa/menjangan
Rotz *m* (*–es;O*) **1.** *derb* ingus; **2.** sm. penyakit binatang (khususnya pd. kuda dan domba); **–bengel** *m*, **–junge** *m* anak laki-laki yg. nakal dan kotor; **–nase** *f, derb* hidung yg. beringus; *fig.* anak nakal dan kotor
Rouge *n* (*–s;–s*) bedak merah
Roulade *f* (*–;–n*) gulungan daging yg. digoreng, *bp.* rolade
Rouleau *n* (*–s;–s*) sm. kerai yg. dapat digulung
Roulett *n* (*–ɇs;–s/–e*), **–e** *f* (*–;–n*) permainan rulet/rolet
Route *f* (*–;–n*) rute, trayek, lin
Routin|e *f* (*–;O*) rutin, kebiasaan sehari-hari, pengalaman; **≗emäßig** secara rutin; **≗iert** (sudah) berpengalaman
Rowdy *m* (*–s;–s/Rowdies*) perusuh, pembuat gaduh
Rübe *f* (*–;–n*) (akar) umbi; *derb* kepala; *gelbe ~* wortel; *rote ~/Beete* bit (merah)
Rübenzucker *m* gula bit
rüber *s. herüber*
Rubin *m* (*–s;–e*) batu delima; **≗rot** merah delima
Rüböl *n* minyak lobak
Rubrik *f* (*–;–en*) rubrik, ruangan karangan, kolom
ruch|bar *~ werden* menjadi ketahuan; **–los** jahat, busuk; **≗losigkeit** *f* (*–;–en*) kejahatan, kebusukan
Ruck *m* (*–ɇs;–e*) tarikan/dorongan yg. mendadak, sentakan; *~ nach links, Pol.* pergeseran ke kiri yg. mendadak; *sich e–n ~ geben* mengatasi rasa segan (utk. mengerjakan sst.)
Rück|ansicht *f* pandangan/tampang dari belakang; **–antwort** *f* jawaban tertulis; **–berufung** *f* penarikan kembali; **≗bezüglich** *Gr.* refleksif; **≗blenden** *itr.* mengadakan sorot balik/kembali, *bp.* mengadakan *flash back;* **–blick** *m* kenangan kembali, retrospeksi; *im ~* dl. mengenangkan yg. sudah lewat, dl. tinjauan kembali; **≗datieren** (–) *tr.* mengundurkan tanggal
rücken *tr.* mendorong, menggeserkan; *itr.* bergeser; *an j–s Stelle ~* menggantikan kedudukan sso.; *nicht von der Pelle/Seite ~* menyertai terus-menerus, *bp.* lengket
Rücken *m* (*–s;–*) punggung; *auf dem ~ liegen* menelentang; *j–m den ~ kehren* memalingkan muka atau melengos dari sso.; *j–m in den ~ fallen* membokong/menyerang sso. dari belakang; *et. hinter j–s ~ tun* berbuat sst. secara diam-diam

Rücken|deckung *f* perlindungan thd. serangan dari belakang; *fig.* dukungan, sokongan, restu, *bp.* beking; **˜frei** (gaun) punggung terbuka; **–lage** *f* posisi telentang; **–lehne** *f* sandaran (kursi); **–mark** *n* sumsum tulang punggung; **–schmerzen** *pl* sakit punggung; **–schwimmen** *n* renang gaya punggung; **–wind** *m* angin dari belakang; ~ *bekommen, fig.* mendapat dukungan yg. tak terduga; **–wirbel** *m* ruas tulang punggung/belakang

Rück|erstattung *f* retribusi, penggantian kerugian; **–fahrkarte** *f,* **–fahrschein** *m* karcis pulang-pergi; **–fahrt** *f* perjalanan pulang; **–fall** *m* kambuh (lagi); *Delikt* pengulangan; **˜fällig** ~ *werden* mengulangi kejahatan; **–fällige** *m, f* (*–n;–n*) residivis; *Med.* pasien yg. kambuh lagi; **–fenster** *n, Mot.* jendela belakang; **–fluß** *m* mengalirnya kembali, aliran balik; **–forderung** *f* tuntutan pengembalian; **–frage** *f* pertanyaan utk. meminta penegasan lebih lanjut/jelas; **–führung** *f* pemulangan

Rück|gabe *f* pengembalian; *Fußball* pengoperan bola ke pemain di belakang, *pass back;* **–gang** *m* perjalanan pulang; *fig.* kemunduran, kemerosotan; **˜gängig** ~ *machen* membatalkan; **–gewinnung** *f* usaha memperoleh kembali (apa yg. sudah dipakai, *mis.* bahan kimia, panas, listrik); **–gliederung** *f* reintegrasi; **–grat** *n* tulang punggung; *kein* ~ *haben* tdk. berpendirian; ~ *zeigen* berpendirian; **–griff** *m, Jur.* tuntutan gantirugi; *im* ~ *auf* dng. menunjuk kpd. (yg. sudah dikatakan/dicatat/diberi)

Rück|halt *m* dukungan, pegangan; **˜haltlos** tanpa syarat/reserve; tanpa ragu-ragu; **–handschlag** *m, Sp.* bekhen, pukulan dng. punggung tangan menuju ke depan; **–kaufsrecht** *n* hak membeli kembali; **–kehr** *f* datangnya kembali, pulangnya; **–kopplung** *f, Radio usw.* kop(e)ling balik; *fig.* pengaruh arus balik; **–kunft** *f, s. Rückkehr;* **–lagen** *pl* cadangan, tabungan; **–lauf** *m* gerakan mundur/balik; *Film* putar kembali; *Kanone* rekoil; **˜läufig** mundur, merosot, berkurang

Rück|licht *n, Mot.* lampu belakang; **˜lings** dari belakang; ke belakang; terbalik; ~ *fallen* terjengkang; **–marsch** *m* gerakan mundur/pulang; mundurnya; **–nahme** *f* (–;*O*) penarikan kembali; *Ware* penerimaan kembali; **–porto** *n* biaya pengiriman kembali; **–prall** *m* pantulan; **–reise** *f* perjalanan pulang/kembali; **–ruf** *m* panggilan spy. kembali; *Tel.* telepon kembali

Rucksack *m* ransel

Rück|schau *f* pemandangan kembali, retrospeksi; **–schlag** *m* pantulan; reaksi; *fig.* kemunduran, pukulan; *Med.* kambuh/kumat (lagi); *Kanone* rekoil; **–schluß** *m* kesimpulan, konklusi; **–schreiben** *n* surat jawaban; **–schritt** *m* kemunduran, langkah mundur; **˜schrittlich** kolot, reaksioner; **–seite** *f* sisi/bagian belakang; *siehe* ~ *!* lihat di baliknya! **–sendung** *f* pengiriman kembali

Rücksicht *f* sikap menghormati orang lain, tenggang rasa, perhatian; *mit* ~ *auf* dng. mengingat bahwa; *auf j–n* ~ *nehmen* memperhatikan kepentingan/perasaan orang lain; *ohne* ~ *auf Verluste, ugs.* dng. tak peduli; *keine* ~ *nehmen auf et./j–n* tdk. mempedulikan sst./sso.; **–nahme** *f* (–;*O*) *s. Rücksicht;* **˜slos** kasar, tanpa memperhatikan orang lain; *~er Fahrer* pengemudi yg. nekat; **–slosigkeit** *f* (–;*O*) sikap tdk. memperhatikan kepentingan/perasaan orang lain; kekasaran; *das ist e–e* ~ *von dir!* kurangajar kau! **˜svoll** sopan, baik budi, penuh perhatian, timbang rasa

Rück|sitz *m* (tempat) boncengan; **–sitze** *pl, Auto* tempat duduk di belakang; **–spiegel** *m* kaca spion; **–spiel** *n* pertandingan ulangan/balasan; **–sprache** *f* konsultasi; *nach* ~ *(mit)* setelah mengadakan pembicaraan (dng.); **–stand** *m* tunggakan; *Bodensatz* endapan; *Abfall* ampas; *im* ~ *sein* (*Schulden*) mempunyai hutang, (*Arbeit*) belum mengerjakan/memenuhi (sst.); **–stände** *pl* hutang; **°–ständig** terbelakang, kolot; *~e Miete* uang sewa yg. belum dibayar; **–ständigkeit** *f* (*–;O*) keterbelakangan, sikap kolot

Rück|stau *m* kemacetan lalu-lintas; **–(stell)taste** *f, Schreibmaschine* tuts kembali/balik; **–stoß** *m* pukulan balik; rekoil, gaya tolak; **–strahler** *m* reflektor, pemantul cahaya; **–strom** *m* arus balik; **–tritt** *m* **1.** pengunduran diri, perletakan jabatan; **2.** = **–tritt(bremse** *f*) *m Fahrrad* rem torpedo

rück|vergüten (–) *tr.* membayar kembali, mengganti (kerugian, pengeluaran); **–versichern** (–) *sich ~* bertanya lagi utk. mendapat kepastian; *Pol.* mencari kawan dl. kalangan lawan; **°–versicherung** *f* asuransi thd. risiko asuransi; **–wärtig** di (bagian) belakang; *~es Gebiet* daerah di belakang garis pertempuran; **–wärts** ke belakang; *~ gehen/fahren* mundur; **°–wärtsgang** *m* persneling mundur; **–wärtsgehen** *unr. itr. fig., unpersönlich* merosot; **°–weg** *m* perjalanan pulang; jalan utk. kembali

ruckweise tersendat-sendat

rück|wirkend berlaku surut/mundur; **°–wirkung** *f* akibat, reaksi; *mit ~ vom, s. rückwirkend;* **–zahlen** *tr.* membayar kembali; **°–zahlung** *f* pembayaran kembali; **°–zieher** *m, e–n ~ machen, ugs.* mundur; **°–zug** *m* gerak mundur; **°–zugsgefecht** *n* pertempuran waktu mundur; *fig.* usaha mundur teratur

Rüde *m* (*–n;–n*) *Zo.* anjing jantan; **°–** *Adj.* kasar, kurangajar

Rudel *n* (*–s;–*) kawanan; *fig.* rombongan

Ruder *n* (*–s;–*) **1.** kemudi; *am ~ sein* memegang kekuasaan; *ans ~ kommen* mengambil kekuasaan; **2.** *ugs., Riemen* dayung, kayuh, pengayuh; **–bank** *f* tempat duduk pendayung; **–boot** *n* perahu/sampan dayung; **–er** *m* (*–s;–*), **–in** *f* (*–;–nen*) pendayung, pengayuh; **–klub** *m* klub olahraga dayung; **°–n** *tr. itr.* mendayung, mengayuh; berkayuh; **–pinne** *f* pasak kemudi, celaga; **–regatta** *f* perlombaan/regata perahu dayung; **–sport** *m* olahraga mendayung

Rudiment *n* (*–ℯs;–e*) sisa, yg. tertinggal; *Bio.* organ yg. bantut tumbuhnya

Ruf *m* (*–ℯs;–e*) teriakan, pekik, jeritan; *fig.* panggilan; *s. Rufnummer; e–n guten/schlechten ~ haben* mempunyai nama baik/buruk; *dem ~ des Herzens folgen* mengikuti bisikan hati; *im ~e stehen von* dipandang sebagai; **–anlage** *f* interkom; **°–en** *unr. tr. itr.* memanggil, menyeru, berteriak; *die Pflicht ruft* ada tugas, tugas memanggil; *ins Gedächtnis ~* berusaha mengingatkan kembali

Rüffel *m* (*–s;–*) teguran, peringatan; **°–n** *tr.* menegur, memperingatkan

Ruf|mord *m* fitnah; **–name** *m* nama panggilan; **–nummer** *f* nomor telepon/tilpon; **–weite** *f, in ~* dl. jangkauan pendengaran; **–zeichen** *n* tanda seru

Rüge *f* (*–;–n*) teguran, peringatan, celaan; **°–n** *tr.* menegur, memperingatkan, mencela, mengritik

Ruhe *f* (*–;O*) ketenangan; keadaan tenang/sepi/sunyi/diam; *Ausruhen* istirahat; *~ !* diam! *~ u. Ordnung* ketertiban dan keamanan; *zur letzten ~ betten* menguburkan; *in aller ~* dng. tenang-tenang saja; *~ haben vor* tdk. diganggu oleh; *sich zur ~ begeben* masuk kamar tidur; *sich zur ~ setzen* memasuki masa pensiun; *laß mich in ~ !* jangan mengganggu saya! *nur die ~ ! immer mit der ~ !* tenang-tenang saja! **°–bedürftig** memerlukan istirahat; **–bett** *n* dipan; **–gehalt** *n*, **–geld** *n* uang pensiun

Ruhe|lage *f* keadaan berbaring; *Tech.* keadaan tdk. bergerak/bekerja **°–los** gelisah, tdk. tenang, cemas, kuatir, resah; **–masse** *f, Phys.* massa dl. keadaan tenang

ruhen *itr.* beristirahat, mengaso; *stillstehen* tdk. bergerak; *hier ruht* di sini dikuburkan; *die Arbeit ruht* pekerjaan berhenti; *~ auf* bersandar pd.; *die Verantwortung ruht auf ihm* tanggungjawab terletak padanya; *der Vertrag ruht* perjanjian ditangguhkan/dibekukan; *wünsche wohl zu ~ !* selamat tidur! *die Brücke ruht auf* *drei Pfeilern* jembatan bertumpu pd. tiga tiang

Ruhe|pause *f* istirahat; **–platz** *m* tempat beristirahat; **–posten** *m* pekerjaan/jabatan yg. amat enteng; **–punkt** *m* tempat tenang di tengah hiruk-pikuk; *Phys.* titik pikul/tupang; **–stand** *m* masa pensiun; **–stätte** *f* makam, kuburan

Ruhe|stellung *f, s. Ruhelage; Mil.* steling yg. tenang; **≗störend** *~er Lärm, Jur.* kegaduhan yg. mengganggu; **–störer(in** *f*) *m* pengacau, perusuh; **–störung** *f, Jur.* gangguan akibat kegaduhan; **–strom** *m, Elek.* arus sirkuit tertutup, arus diam; **–tag** *m* hari libur; **–zeit** *f* waktu istirahat; musim sepi

ruhig tenang, sunyi, sepi, diam, tenteram; *~ !* diam! *du kannst ~ (he)reinkommen* kamu (boleh) masuk saja; *von mir aus ~* boleh saja

Ruhm *m* (–*ẹs*;*O*) ketenaran, kemasyhuran, popularitas; *zum ~e Gottes* demi kemuliaan Tuhan; **≗begierig** gila hormat

rühmen *tr.* memuji; *Gott* memuja; *sich ~* memuji diri; **–swert** patut dipuji/dihargai

Ruhmesblatt *n* hal yg. patut dipuji, peristiwa yg. mulia

rühmlich patut dipuji, baik

ruhm|los biasa; **–redig** bersifat membual; **–reich** terpuji, mulia; **≗sucht** *f* gila hormat; **–voll** *s. ruhmreich*

Ruhr *f* (–;*O*) mejan, disentri, *dysentria*

Rühr·ei *n* telur kocok goreng

rühren *tr.* mengaduk, mengocok; *bewegen* menggerakkan, *fig.* menggerakkan hati; *itr.* bergerak; *fig.* mengharukan; *die Trommel ~* memukul genderang, *fig.* mempropagandakan; *vom Schlag gerührt werden* kena serangan otak, *apoplexia; keinen Finger ~* tdk. membantu sedikitpun; *das rührt von der Hitze her* disebabkan • oleh kepanasan; *rühr nicht dran!* jangan menyinggungnya! *e menschliches ≗ verspüren* merasa mesti ke belakang; *sich ~* bergerak; **–d** mengharukan

Rührgerät *n* alat pengaduk/pengocok, *bp.* mikser

rührig sibuk, giat, tekun; **≗keit** *f* (–;*O*) kesibukan, sikap aktif/rajin

Rühr|löffel *m* sendok pengaduk; **≗selig** sentimental, mudah terpengaruh oleh perasaan; **–stück** *n* melodrama

Rührung *f* (–;*O*) rasa haru, emosi

Ruin *m* (–*s*;*O*) keambrukan, kepailitan, kebangkrutan; **–e** *f* (–;–*n*) puing, reruntuhan; **≗ieren** (–) *tr.* merusakkan, menjatuhkan, menghancurkan, membuat pailit; **≗iert** pailit, bangkrut, *bp.* boke; **≗ös** yg. menyebabkan kehancuran

rülpsen *itr.* beserdawa

rum *s. herum*

Rum *m* (–*s*;*O*) rum

Rumba *m* (–*s*;–*s*), *f* (–;–*s*) sm. dansa yg. berasal dari Kuba

Rummel *m* (–*s*;*O*) keramaian, hiruk-pikuk; barang rombengan, barang tdk. berharga; *s. Rummelplatz;* **–platz** *m, ugs.* tempat hiburan rakyat; sm. pasar malam

rumoren (–) *itr.* bergemuruh, berderu, menderum; *Magen* keroncongan

Rumpel|kammer *f* gudang utk. barang usang; **≗n** *itr., s. rumoren; Karren* bergerak dng. gerabak-gerubuk/menggerodak

Rumpf *m* (–*ẹs*;*¨–e*) batang tubuh; *Flugzeug* badan; *Schiff* lambung

rümpfen *tr., die Nase ~ über et., fig.* meremehkan sst.

Rumpsteak *n* (–*s*;–*s*) sm. bistik (daging has), *bp.* sirloin

rund bundar, bulat, berbentuk lingkaran; *ungefähr* kira-kira, kurang-lebih; *du bist ~ geworden* kamu menjadi gemuk; *~ um die Welt* keliling dunia; *es kostet ~ 5 Mark* harganya sekitar lima Mark; *~ um die Uhr* sepanjang hari tanpa berhenti; *es geht ~* suasana sibuk/riuh; **≗bau** *m* bangunan bundar; **≗blick** *m* pemandangan yg. luas (di sekelilingnya), panorama; **≗bogen** *m* lengkungan bundar

Rund|e *f* (–;–*n*) kumpulan/kelompok orang (yg. tdk. begitu besar); *Sp.* ronde, babak; *e-e ~ geben* mentraktir minum semua yg. hadir; *die ~ machen* meronda, berjalan keliling, diteruskan kpd., diketahui umum; bergilir; *in fröhlicher ~ sitzen* duduk berkumpul dl. suasana riang-gembira; **–eisen** *n* besi bulat; **≗en** *tr.* membulatkan, membundarkan; *sich* ~ menjadi bulat/lengkap/jelas

Rund|erlaß *m* surat edaran resmi, sirkuler; **–fahrt** *f* perjalanan keliling; **–frage** *f* angket

Rundfunk *m* (*–s;O*) radio; *s. Radio;* gedung radio; stasiun pemancar radio; **–ansager** *m* penyiar, pembawa acara; **–empfänger** *m* pesawat radio; **–gebühr** *f* iuran radio; **–gerät** *n, s. Rundfunkempfänger;* **–gesellschaft** *f* perusahaan pemancar radio; **–hörer(in** *f*) *m* pendengar radio; **–sender** *m* pemancar radio; **–sendung** *f* siaran/acara radio; **–sprecher** *m* pembawa acara radio; **–übertragung** *f* penyiaran radio

Rund|gang *m* perjalanan keliling; *Prüfgang* ronda, perondaan; **≗heraus** terusterang, blak-blakan; **≗herum** di sekelilingnya; **≗lich** hampir bulat, *Mensch* bulat-gendut, montok, sintal, *bp.* molig; **–reise** *f* perjalanan keliling; **–reisebillet** *n*, **–reisekarte** *f* tiket (utk. perjalanan) keliling; **–schau** *f, s. Rundblick; Titel für Zeitungen* (*nama*) majalah/koran; **–schreiben** *n* surat edaran; **≗um** di sekelilingnya; **≗weg** *~ ablehnen* menolak mentah-mentah; **–zange** *f* tang pembengkok yg. bulat

Rune *f* (*–;–n*) aksara kuno tulisan suku Germania

Runkel *f* (*–;–n*), **–rübe** *f* umbi utk. makanan ternak

runter *s. herunter*

Runz|el *f* (*–;–n*) kerutan; **≗(e)lig** berkerut; **≗eln** *tr., die Stirn ~* mengerutkan dahi

Rüpel *m* (*–s;–*) orang yg. kurangajar, **≗haft** kurangajar, kasar

rupfen *tr.* mencabut; *Huhn* membului; *Gras* menyiang(i)

Rupiah *f* (*–;–*) rupiah (Rp)

Rupië *f* (*–;–n*) rupee (*satuan mata uang India*)

ruppig tdk. ramah, kasar

Rüsche *f* (*–;–n*) rimpel; **–nkragen** *m* kerah rimpel

Ruß *m* (*–es;O*) jelaga, sulang asap

Rüssel *m* (*–s;–*) belalai, jungur, cungur

ruß|en *itr.* mengeluarkan jelaga; **–ig** penuh jelaga

rüsten *tr.* mempersiapkan; *sich ~ auf* mempersiapkan diri utk.; *itr., Mil,* menambah/meningkatkan persenjataan

rüstig segar(-bugar), giat

Rüstkammer *f* ruang/gudang persenjataan (kuno)

Rüstung *f* (*–;–en*) alat perang, persenjataan; *Ritter* baju besi/zirah; **–s·auftrag** *m* pesanan senjata; **–sfabrik** *f* pabrik senjata; **–s·industrie** *f* industri persenjataan; **–skontrolle** *f* pengawasan thd. persenjataan; **–smaterial** *n* alat-alat perang; **–swettlauf** *m* perlombaan persenjataan

Rüstzeug *n* perlengkapan; *fig.* kepandaian yg. memadai

Rute *f* (*–;–n*) tangkai kecil (sm. buluh muda), rotan pemukul; alat pemukul spt. sapu lidi; *Maß, ukuran panjang kuno* (*3,8 m*); *Zo.* ekor; *Anat.* zakar

Rutsch *m* (*–ẹs;–e*) meluncurnya, tergelincirnya; *Erde* longsornya; *fig.* perjalanan pendek; *auf e-n ~, ugs.* utk. sebentar; *guten ~ ! ugs.* selamat Tahun Baru! (*ucapan pd. tanggal 31 Desember*); **–bahn** *f* peluncuran; papan peluncur; **≗en** *itr.* berseluncur; meluncur; tergelincir; *ugs.* bergeser/bergerak (sambil duduk); *Hose* merosot; **≗ig** licin; **–partịe** *f* permainan berseluncur; tergelincirnya; terselipnya; piknik sebentar saja

rütteln *tr.* menggoyangkan, menggoncangkan, menggerak-gerakkan ke kanan-kiri atau turun-naik, menggetarkan; *itr.* berguncang, bergetar-getar; *an et. ~, fig.* menggoncangkan sst. utk. mengubahnya; *e gerüttelt(es) Maß* takaran yg. sangat penuh, *fig.* sangat banyak

S

Saal *m* (*–es; Säle*) bangsal, balairung, ruangan luas

Saat *f* (*–;–en*), **–gut** *n* benih, bibit, semaian; *das Säen* penyemaian; **–korn** *n* bibit gandum (utk. ditabur); **–krähe** *f* sm. burung gagak, *corvus frugilegus*

Sabbat *m* (*–s;–e*) hari Sabtu (Yahudi); **–schändung** *f* perbuatan yg. tdk. mengindahkan istirahat pd. hari Minggu

Sabber|lätzchen *n* (*–s;–*) oto, tatakan iler, cukin; **°n** *itr. ugs.* mengiler, melelehkan air liur; *fig.* mengoceh tdk. keruan

Säbel *m* (*–s;–*) pedang; **–beine** *pl* kaki pengkor ke dl., *genua vara;* **–hieb** *m* tetak(an) pedang; **–klinge** *f* mata pedang; **°n** *tr. itr.* memarang, menetak; **–rasseln** *n, fig.* pameran kekuatan senjata, ancaman menyerang; **–scheide** *f* sarung pedang

Sabot|age *f* (*–;–n*) sabotase, sabot; **–eur** *m* (*–s;–e*) penyabot; **°ieren** (*–*) *tr.* menyabot(ir), merusakkan

Saccharin *n* (*–s;O*) sakarin, pemanis buatan

Sach|bearbeiter *m* pegawai/karyawan yg. mengerjakan bidang tertentu; **–beschädigung** *f* perusakan/kerusakan barang; **°bezogen** *Adj.* berdasarkan fakta, relevan; **–bezüge** *pl* bagian gaji yg. diberikan dl. bentuk barang; **–buch** *n* buku nonfiksi; **°dienlich** relevan, bersangkut-paut; *nützlich* bermanfaat

Sache *f* (*–;–n*) (peri)hal; soal; *Gegenstand* barang; *das tut nichts zur ~* hal yg. tdk. ada artinya, yg. tdk. penting; *bei der ~ sein* penuh perhatian; *mit j-m gemeinsame ~ machen* bersekutu/berkongkalikong dng. sso.; *meine ~n* barang/milik saya; *das ist e-e ~ für sich* itu (adalah) masalah tersendiri; *in eigener ~* menyangkut kepentingan sendiri; *zur ~!* jangan menyimpang! *zur ~ gehörig* relevan, berhubungan/bersangkutan dng.; *es ist ~ des Vertrauens* itu masalah kepercayaan; *die ~ ist die, daß . . .* masalahnya (adalah) bahwa . . .; *mach keine ~n! ugs.* jangan banyak tingkah!

Sach|gebiet *n* bidang keahlian/pekerjaan; **°gemäß** sesuai dng.; serasi, cocok; **–katalog** *m* katalogus buku berdasarkan isi; **–kenner** *m* ahli, eksper; **–kenntnis** *f* keahlian dl. bidang tertentu; **°kundig** kompeten / berpengalaman / mahir / ahli dl. bidang tertentu; **–kundige** *m, s. Sachkenner;* **–lage** *f* keadaan, situasi; **–leistung** *f* upah dl. bentuk barang

sach|lich obyektif, riil, realistis; relevan; *~ einwandfrei* tdk. ada kekeliruan, betul berdasarkan fakta

sächlich *Gr.* netral, banci

Sachlichkeit *f* (*–;O*) obyektivitas; sifat tdk. memihak

Sachregister *n* indeks topik

Sachschaden *m* kerusakan barang/material

sacht(e) lembut, hati-hati, perlahan-lahan; *mit ~en Schritten* dng. berjingkat-jingkat

Sach|verhalt *m* keadaan, fakta; **°verständig** ahli/mahir/kompeten dl. bidang tertentu; **–verständige** *m, f* ahli, eksper, spesialis; **–walter** *m* pengurus, orang yg. mendapat kuasa, wali; *fig.* pembela, pengacara; **–wert** *m* nilai (barang) yg. sebenarnya; *~e, pl* harta benda

Sack *m* (–(e)s;–̈e) karung, kantong; *fauler ~, ugs.* pemalas; *mit ~ u. Pack* dng. segala harta bendanya
Säckel *m* (–*s*;–) dompet
sacken 1. *tr.* memasukkan barang ke dl. kantong; **2.** *itr.* merosot, turun
Sack|gasse *f* jalan buntu; **–hüpfen** *n* lomba lompat karung; **–kleid** *n* baju wanita berbentuk karung; **–laufen** *n*, *s. Sackhüpfen;* **–leinen** *n*, **–leinwand** *f* kain karung (goni); **–pfeife** *f* sm. alat musik tiup; **–tuch** *n* saputangan; *s. Sackleinen*
Sadis|mus *m* (–;O) sadisme, kekejaman; **–t** *m* (*–en;–en*) orang sadis
säen *tr. itr.* menabur, menebar
Sä(e)mann *m*, *s. Sämann*
Säer *m* (–*s*;–) penabur
Safari *f* (–;–*s*) ekspedisi berburu/memotret (foto)
Safe *m* (–*s*;–*s*) lemari besi, *bp.* brankas
Saffian *m* (–*s*;*O*) kulit kambing halus
Safran *m* (–*s*;–*e*) sm. kunyit, *crocus sativus;* **°gelb** kuning kunyit
Saft *m* (–(e)s;–̈e) air/getah tumbuh-tumbuhan; *Obst* sari buah; **°ig** mengandung air/sari; *e-e ~e Rechnung* rekening yg. mahal di luar dugaan; *e-e ~e Ohrfeige* tamparan keras; **°los** tdk. mengandung air/sari; *fig.* tak. berdaya, loyo; **–presse** *f* mesin pemeras buah
Sage *f* (–;–*n*) cerita kuno, dongeng, sage
Säge *f* (–;–*n*) gergaji; **–blatt** *n* mata gergaji; **–bock** *m* kuda-kuda; **–fisch** *m* ikan (hiu) todak, *pristidae;* **–mehl** *n* serbuk/tahi gergaji; **–mühle** *f* penggergajian
sagen *tr. itr.* mengatakan, menyampaikan, mengucapkan; berkata, bertutur; *bp.* bilang; *erklären* menyatakan; *mitteilen* memberitahukan; *sich nichts ~ lassen* tdk. mau mendengarkan nasehat, berkeras-kepala; *j-m ~ lassen daß* memberitahukan sso. bahwa, menyampaikan pesan; *das sagt mir nichts* tdk. ada artinya bagiku; *wer hat es hier zu ~ ?* siapa yg. berkuasa di sini? *was willst du damit ~ ?* apa maksudmu? *wie sagt man das auf Indonesisch?* bagimana dikatakan dl. bahasa Indonesia? *das hat nichts zu ~* tdk. apa-apa; *sag mal!* katakanlah! *offen gesagt* dng. terus-terang; *man sagt* katanya; *das ≗ haben* menentukan
sägen *tr. itr.* menggergaji; *im Schlaf, ugs.* mendengkur
sagen|haft spt. dl. cerita/dongeng; *fig., ugs.* bukan main, luar biasa; **°kreis** *m* kelompok (beberapa) sage tt. pokok/orang yg. sama; **°welt** *f* alam/dunia dongeng
Säger *m* (–*s*;–) penggergaji
Säge|späne *pl* serbuk/tahi gergaji; **–werk** *n* penggergajian
Sago *m* (–*s*;*O*) sagu; **–palme** *f* rumbia, pohon sagu, *metroxylon rumphii*
Sahne *f* (–;*O*) kepala susu, rum, krem; *geschlagene ~* kepala susu yg. sudah dikocok; **–bonbon** *n* sm. gula-gula; **–eis** *n* es krim; **–torte** *f* tar berlapis
Saison *f* (–;–*s*) musim; **–ausverkauf** *m* obral musiman; **°bedingt, °mäßig** musiman
Saite *f* (–;–*n*) dawai, senar; **–n·instrument** *n* alat musik petik/gesek; **–nspiel** *n* musik gesek/petik
Sakko *m*, *n* (–*s*;–*s*) sm. jaket utk. pria; **–anzug** *m* stelan jaket dan celana yg. berbeda
sakral keramat, suci
Sakrament *n* (–(e)s;–*e*) sakramen; **°al** berh. dng. sakramen
Sakrileg *n* (–*s*;–*e*) pencemaran hal-hal yg. keramat, penghojatan
Sakrist|an *m* (–*s*;–*e*) koster; **–ei** *f* (–;–*en*) sakristi
säkular yg. terjadi seabad sekali; *weltlich* duniawi; **°isation** *f* (–;–*en*) pengambilalihan milik Gereja; *fig.* penduniawian, sekularisasi; **–isieren** (–) *tr.* mengambil alih milik Gereja; *fig.* menduniawikan
Salamander *m* (–*s*;–) sm. kadal, salamander, *salamandridae*
Salami|(wurst) *f* (–;–) sm. sosis babi yg. kering/keras; **–taktik** *f*, *fig.* siasat politik yg. mencapai tujuannya dng. langkah-langkah kecil
Salat *m* (–(e)s;–*e*) selada; sla; **–kopf** *m* bongkah selada; **–öl** *n* minyak selada
salbadern (–) *itr.* bicara muluk-muluk dan membosankan
Salbe *f* (–;–*n*) salep, krem (kosmetik)

Salbei *f* (*–;O*), *m* (*–s;O*) sm. tumbuh-tumbuhan yg. berkhasiat, *salvia*

salb|en *tr.* mengurapi, mengoles, memberi salep; *zum König* ~ menobatkan sebagai raja; **≗ung** *f* (*–;–en*) pengurapan; **–ungsvoll** terlalu dibuat-buat

saldieren (–) *tr.* memperhitungkan saldo dari, mengimbangkan neraca; *österreichisch* menandatangani kwitansi

Saldo *m* (*–s;–s/Salden/Saldi*) saldo, baki, selisih antara uang masuk dan keluar; **–übertrag** *m*, **–vortrag** *m* pemindahan saldo/baki

Saline *f* (*–;–n*) pegaraman (dng. menguapkan air yg. bergaram)

Salizylsäure *f* asam salisil

Salm *m* (*–e̸s;–e*) **1.** sm. ikan salem, *salmo*; **2.** *ugs.* obrolan

Salmiak *m* (*–s;O*) campuran amoniak dan asam garam; **–geist** *m* cairan amoniak

Salmonellen *pl* sm. bakteri (para–) tifus, *salmonella*

salomonisch arif bijaksana (spt. raja Salomo/Sulaiman)

Salon *m* (*–s;–s*) ruang yg. mewah/indah utk. perayaan atau penerimaan tamu, salon; *Kosmetiksalon* salon kecantikan; **≗fähig** pantas bagi pergaulan kalangan atas; **–held** *m*, **–löwe** *m* pria perlente yg. genit dan dangkal; **–wagen** *m* gerbong kereta api yg. mewah

salopp santai, sembarangan, tdk. rapi

Salpeter *m* (*–s;O*) sendawa, kalium nitrat (KNO_3); **–grube** *f* tambang sendawa; **≗ig** mengandung sendawa; **–säure** *f* asam sendawa (HNO3), sm. air keras

Salto *m* (*–s;–s/Salti*) lompatan jungkir balik, salto

Salut *m* (*–e̸s;–e*) pemberian hormat dng. salvo atau tembakan meriam; **≗ieren** (–) *itr.* memberi hormat/salut, bersaluir

Salve *f* (*–;–n*) tembakan serentak, salvo

Salz *n* (*–es;–e*) garam; **–bergwerk** *n* tambang garam; **≗en** *tr.* menggarami, mengasinkan dng. garam; **–fäßchen** *n* tempat kecil utk. garam; **–fleisch** *n* daging yg. diawetkan dng. diasinkan; **≗frei** ~*e Diät* makanan pantangan tanpa garam; **–gehalt** *m* kadar garam; **–gurke** *f* asinan ketimun; **–hering** *m* ikan hering yg. diawetkan dng. diasinkan; **≗ig** asin, bergaram; mengandung garam; **–lake** *f* air garam; **–säure** *f* asam garam; **–see** *m* telaga garam; **–sieder** *m* tukang masak garam; **–sole** *f* air yg. mengandung banyak garam; **–streuer** *m* tempat garam; **–wasser** *n* air asin/laut; **–werk** *n* pegaraman

Sämann *m* (*–e̸s;Säleute*) penabur

Samariter *m* (*–s;–*) penolong; *Bibel* orang Samaria

Sämaschine *f* mesin penabur

Same *m* (*–ns;–n*), **–n** *m* (*–s;–*) bibit, benih, biji; *Tier, Mensch* sperma, mani; **–nbildung** *f* pembentukan bibit/benih; **–ndrüse** *f* kelenjar sperma; **–n·erguß** *m* pancaran mani; **–ngehäuse** *n*, **–nkapsel** *f* pangsa; **–nkorn** *n* biji bibit; **–nzelle** *f* sel mani

Sämereien *pl* biji tumbuh-tumbuhan, bibit

sämig agak kental

sämisch yg. disamak dng. minyak; **≗leder** *n* kulit yg. lembut

Sämling *m* (*–s;–e*) bibit, semaian

Sammel|aktion *f* aksi pengumpulan derma; **–band** *m* buku kumpulan karangan; bunga rampai; **–becken** *n* waduk, bak utk. menampung (air, . . .); *fig.* wadah; **–bestellung** *f* pesanan bersama/kolektif; **–lager** *n* kamp penampungan; **–mappe** *f* map, tempat berkas; **≗n** *tr.* mengumpulkan, menghimpunkan; *sich* ~ berkumpul, *fig.* memusatkan perhatian, berkonsentrasi; *gesammelte Werke* kumpulan karya

Sammel|name *m*, *Gr.* kata benda kolektif; **–nummer** *f*, *Tel.* satu nomor bersama utk. beberapa saluran; **–paß** *m* paspor bersama; **–platz** *m*, **–punkt** *m* tempat berkumpul/randevu; **–stelle** *f* tempat penerimaan barang yg. terkumpul; **–surium** *n* (*–s; . . . iën*) campuraduk macam-macam orang/barang/gagasan; **–werk** *n* kumpulan karangan

Sammler|(in *f*) *m* (*–s;–*) pengumpul; **–batterie** *f* baterai-akumulator
Sammlung *f* (*–;–en*) pengumpulan; kumpulan, koleksi; *fig*. ketenangan hati, konsentrasi
Samstag *m* Sabtu
samt termasuk, bersama dng.; ~ *u. sonders* tanpa perkecualian, semuanya
Samt *m* (*–ẹs;–e*) beledu; **≗artig** spt. beledu; **–band** *n* pita beledu; **≗en** *Adj*. dari beledu; **–handschuh** *m* sarung tangan dari beledu; *j-n mit ~en anfassen* memperlakukan sso. dng. sangat hati-hati/lemah-lembut
sämtlich semua, seluruh, lengkap, segenap
Sanatorium *n* (*–s; . . . iën*) sanatorium
Sand *m* (*–ẹs;O*) pasir; *j-m ~ in die Augen streuen* menipu sso.; *den Kopf in den ~ stecken, fig*. tdk. mau menghadapi kenyataan/bahaya; *im ~e verlaufen, fig*. tdk. menghasilkan apa-apa
Sandale *f* (*–;–n*) (sepatu) sandal
Sand|bank *f* gosong, beting; **–blatt** *n* sm. daun tembakau yg. dipakai utk. membungkus cerutu; **–boden** *m* tanah (ber)pasir
Sandel|baum *m* pohon cendana, *santalum album*; **–holz** *n* kayu cendana
Sandfloh *m* sm. kutu kecil, *sarcopsylla penetrans*
Sand|grube *f* tempat pengambilan pasir; **≗ig** berpasir, terdiri dari pasir; spt. pasir; **–kasten** *m* bak pasir; **–korn** *n* butir pasir; **–mann** *m* tokoh dl. dongeng yg. menaburkan pasir ke dl. mata anak-anak spy. mereka tidur; **–papier** *n* kertas ampelas, amril; **–sack** *m* karung yg. berisi pasir; **–stein** *m* batu pasir; **–strahl** *m* pancaran/semburan pasir; **–strahlgebläse** *n* alat/pesawat penyemprot pasir; **–sturm** *m* badai pasir; **–uhr** *f* jam pasir; **–wüste** *f* gurun/padang pasir
sanft lemah lembut, halus; *weich* empuk, lunak; *zärtlich* ramah; *~er Wind* angin sepoi-sepoi; *~er Regen* hujan rintik-rintik
Sänfte *f* (*–;–n*) tandu, pelangkin
Sanft|heit *f* (*–;O*) sifat lemah-lembut, kelembutan, kehalusan; **–mut** *f* (*–;O*) sifat manis/rendah-hati/lemah-lembut; **≗mütig** lemah-lembut, manis budi, sabar
Sang *m* (*–ẹs;⸚e*) nyanyi(an); *mit ~ u. Klang* dng. bernyanyi dan bermain musik; *≗– u. klanglos* tanpa diperhatikan
Sänger|(in *f*) *m* (*–s;–*) penyanyi, biduan/biduanita; **–fest** *n* pesta/festival himpunan penyanyi
Sanguin|iker *m* (*–s;–*) orang sanguinis, periang; **≗isch** bersifat riang, optimistis
sanier|en (*–*) *tr*. menyembuhkan, mengobati; *Firma, Slums* memperbaiki; *sich ~* mengatasi kesulitan finansial, *iron*. mendapat untung besar; **≗ung** *f* (*–;–en*) sanitasi, penyehatan, perbaikan, pengadaan rehabilitasi; *Gebäude* pemugaran
sanitär yg. berh. dng. kesehatan, sehat, *bp*. higienis; *~e Einrichtungen* sarana/perlengkapan saniter/sanitasi
Sanitäter *m* (*–s;–*) orang yg. terlatih utk. memberikan pertolongan pertama; *Mil*. tentara palang merah, jururawat militer
Sanitäts|behörde *f* jawatan kesehatan; **–dienst** *m* dinas kesehatan; **–korps** *n*, **–truppe** *f* korps kesehatan angkatan bersenjata; **–wache** *f* pos kesehatan P3K (pertolongan pertama pd. kecelakaan); **–wagen** *m* (mobil) ambulans; **–wesen** *n* dinas kesehatan, pelayanan kesehatan
Sankt (*vor Eigennamen, abgekürzt: St.*) Santa, Santo (S.)
Sanktion *f* (*–;–en*) peneguhan, penegasan; *Strafmaßnahme* sanksi, ancaman hukuman; **≗ieren** (*–*) *tr*. menyetujui, mendukung
Sanskrit *n* (*–s;O*) Sansekerta
Saphir *m* (*–s;–e*) batu nilam
sapperlot! sapperment! astaga! *bp*. sialan!
Sard|elle *f* (*–;–n*) ikan kecil (sm. hering), *engraudilae*; **–ine** *f* (*–;–n*) sarden(cis), *clupea pilchardus*
Sarg *m* (*–ẹs;⸚e*) peti mayat; **–deckel** *m* penutup peti mayat

Sari *m* (*–s;–s*) sari (pakaian wanita India)
Sark|asmus *m* (*–; . . . men*) sindiran tajam, ejekan, sarkasme; **≗astisch** bersifat mengejek/mencela
Sarkom *n* (*–s;–e*), **Sarkoma** *n* (*–s;–ta*) *Med.* tumor ganas, *sarcoma*
Sarkophag *m* (*–s;–e*) peti mayat dari batu, sarkofagus
Satan *m* (*–s;–e*) setan, iblis, siluman; **≗isch** jahat sekali, spt. setan
Satellit *m* (*–en;–en*) satelit; **–enstaat** *m* negara satelit/boneka; **–enstadt** *f* kota satelit
Satin *m* (*–s;–s*) kain satin, antelas; **≗ieren** (–) *tr.* menghaluskan dan mengkilatkan, melicinkan
Satir|e *f* (*–;–n*) (karangan) sindiran/ejekan; **–iker** *m* (*–s;–*) pengarang cerita sindiran; penyindir; **≗isch** bersifat/secara menyindir
Satisfaktion *f* (*–;–en*) kepuasan hati, pemulihan nama baik atau kehormatan
satt kenyang, tdk. lapar lagi; *überdrüssig* jenuh; *e ~es Grün* warna hijau yg. kuat; *ich habe es ~* saya muak/bosan; *sich an et. nicht ~ sehen können* melihat sst. dng. tdk. jemu-jemunya
Sattel *m* (*–s;–̈*) pelana, sadel; *Fahrrad* sadel; *Gebirge* celah antara gunung; *fest im ~ sitzen, fig.* tdk. dapat digeserkan; **–dach** *n* atap yg. berbentuk prisma; **–decke** *f* alas pelana; **≗fest** *Adj.*, *~ sein, fig.* menguasai bidangnya; **–gurt** *m* tali pelana; **≗n** *tr.* memasang pelana, memelanai; *sich ~ für, fig.* mempersiapkan diri utk.; **–pferd** *n* kuda tunggangan; **–schlepper** *m* truk semi trailer; **–tasche** *f* kantong pelana; **–zeug** *n* pelana beserta perlengkapannya
Sattheit *f* (*–;O*) kekenyangan; *fig.* kejenuhan; *Farben* kekuatan
sättig|en *tr. itr.* mengenyangkan; *fig.* memuaskan; **≗ung** *f* (*–;O*) kekenyangan; *fig.* pemuasan; *Chem.* kejenuhan, penjenuhan; **–ungspunkt** *m* titik jenuh
Sattler *m* (*–s;–*) pembuat pelana/jok
sattsam cukup; lebih dari cukup; *~ bekannt* diketahui umum
saturieren (–) *tr.* memuaskan
Satz *m* (*–es;–̈e*) kalimat, rumus, dalil; *Druck* naskah yg. sudah disusun/diset; *zusammengehörende Dinge* set, perangkat; *Sprung* lompatan; *Tarif* tarip tetap; *Sp.* set; *Mus.* irama (bagian) komposisi; *am Boden* endapan, ampas; **–aussage** *f, Gr.* sebutan, predikat; **–bau** *m, Gr.* susunan kalimat; **–ergänzung** *f, Gr.* pelengkap, obyek; **–gefüge** *n* tata/susunan kalimat; kalimat majemuk; **–gegenstand** *m, Gr.* pokok kalimat, subyek; **–lehre** *f, Gr.* sintaksis, ilmu nahu; **–spiegel** *m* bagian halaman yg. dicetak; **–teil** *m, Gr.* bagian kalimat
Satzung *f* (*–;–en*) peraturan/anggaran dasar; **≗smäßig** sesuai dng. peraturan
Satzzeichen *n* tanda baca
Sau *f* (*–;–̈e*) induk babi; *~en, pl* celeng, babi hutan
sauber bersih, rapi(h); *fig.* jujur; murni; *du bist mir e ~er Bursche, ugs. iron.* kamu orang yg. tdk. dapat dipercaya; **≗keit** *f* (*–;O*) kebersihan, kerapian
säuberlich bersih, teratur dan rapi, teliti
saubermachen *tr.* membersihkan
säuber|n *tr.* membersihkan; **≗ung** *f* (*–;–en*) pembersihan; *fig.* razia; **≗ungs·aktion** *f* aksi pembersihan, razia
Saubohne *f* sm. kacang yg. besar
Sauce *f* (*–;–n*) saus
saudumm *ugs.* dungu, tolol, bodoh
sauer asam, masam, kecut; *j-m Saures geben* memukuli sso.; *ich bin ~* saya jengkel; *sich et. ~ erarbeiten* memperoleh sst. dng. susah payah
Sauer|ampfer *m* (*–s;–*) *Bo.* sm. tanaman bertangkai merah setinggi satu meter, *rumex acetosa*; **–braten** *m* daging panggang yg. diasamkan; **–brunnen** *m* sumber air mineral; **–ei** *f* (*–;–en*) *derb* hal yg. menjengkelkan; kekacaubalauan, keadaan kotor; *fig.* omongan jorok; *~ !* brengsek! **–kirsche** *f* buah ceri asam, *prunus cerasus*; **–kohl** *m*, **–kraut** *n* sirkol, kol asam, asinan kubis

säuer|lich agak (m)asam; **–n** *tr.* membuat asam/kecut, memasamkan; *Teig* memberi ragi, meragikan
Sauer|stoff *m* zat asam, oksigen; **–teig** *m* ragi, biang roti; **²töpfisch** masam, murung
saufen *unr. tr. itr.* minum alkohol terlampau banyak; *Tier* minum; *Mensch, derb* minum (banyak)
Säufer *m* (–s;–) *ugs.* pemabuk
Sauf|erei *f* (–;–*en*) *ugs.* kebiasaan minum alkohol terlalu banyak; mabuk-mabukan; **–gelage** *n* pesta mabuk-mabukan
saugen *unr. tr. itr.* menghisap, menyedot, menghirup
säugen *tr.* menyusui
Sauger *m* (–s;–) dot; *Tech.* alat penghisap/penyedot
Säuger *m* (–*s*;–), **Säugetier** *n* binatang menyusui
saug|fähig dapat/mampu menyerap; **²flasche** *f* botol susu (bayi); **²heber** *m* pipa pindah; **²hub** *m, Mot.* langkah hisap
Säugling *m* (–*s*;–*e*) bayi, orok; **–s·ausstattung** *f* perlengkapan bayi; **–sfürsorge** *f* badan kesejahteraan ibu dan anak; **–sheim** *n* tempat penitipan bayi; **–s·sterblichkeit** *f* angka kematian bayi
Saug|napf *m* alat penghisap pd. kaki binatang tertentu (*mis.* cicak); alat penghisap pd. kepala cacing pita; **–papier** *n* kertas tetap; **–pumpe** *f* pompa (h)isap; **–rohr** *n* pipa (h)isap; pipet; **–ventil** *n* katup (h)isap; **–wirkung** *f* daya (h)isapan; hasil (h)isapan
Sau|hirt *m* gembala babi; **–igel** *m*, **–kerl** *m, ugs.* orang (ber)mulut kotor, bajingan, bangsat
Säule *f* (–;–*n*) pilar, tiang (besar); *zur Erinnerung* tugu
Säulen|fuß *m* alas/kaki pilar; **–gang** *m* gang di antara dua deretan pilar; **–halle** *f* ruang/bangsal/serambi yg. bertiang-tiang atau ditopang pilar-pilar; **–knauf** *m*, **–knopf** *m* kepala pilar; **–schaft** *m* batang pilar
Saum *m* (–*s*;–*e*) kelim, pelipit, som; *Lit.* tepi, pinggir, sisi
saumäßig sangat buruk, kotor sekali
säum|en **1.** *tr.* mengelim, mengesom; *die Straße* ~ (*Menschen*) membentuk pagar betis, (*Bäume*) bertumbuh berderet-deret di kanan kiri jalan; **2.** *itr. zögern* berlambat-lambat, membuang-buang waktu; ragu-ragu, bimbang; **–ig** (ter–) lambat, lamban, pelan-pelan; lalai
Saum|pfad *m* jalan setapak; **–pferd** *n* kuda beban; **²selig** lamban, malas; lalai, sembrono; **–seligkeit** *f* kelambanan; **–tier** *n* binatang yg. mengangkut beban
Sauna *f* (–;–*s*) mandi sauna
Säure *f* (–;–*n*) rasa asam; *Chem.* zat asam; **²beständig** tahan asam, tdk. dimakan asam; **²empfindlich** mudah rusak kalau kena asam; **²fest** *s. säurebeständig;* **²frei** tdk. mengandung asam, bebas dari asam; **–gehalt** *m*, **–grad** *m* kadar asam, kemasaman
Saure·gurkenzeit *f, Pol., Handel* waktu/masa sepi
säurelöslich dapat larut dl. asam
Saurier *m* (–*s*;–) binatang raksasa zaman purba
Saus *m, in* ~ *u. Braus leben* hidup berfoya-foya
säuseln *itr.* berbisik dng. lembut dan manis; *Wind* silir-semilir, bersilir-silir; *Blätter* berdesir, menggerisik; **²** *n* (–*s*;–) semilirnya, desiran; *iron* bisikan yg. manis(–manis)
sausen *itr.* menderu, mendesing, berdesing, berdesau; *ugs.* bergegas, bergerak cepat, *bp.* (me)ngebut
Sau|stall *m* kandang babi; *fig.* keadaan berantakan, *bp.* (kotor spt.) kandang babi; **–wirtschaft** *f, ugs.* keadaan kacau-balau; **²wohl** *ugs., mir ist* ~ saya merasa enak sekali
Savanne *f* (–;–*n*) sabana
Saxophon *n* (–*s*;–*e*) saksofon
S-Bahn *f* (*Abk. von Schnellbahn*) kereta api cepat
Schabe *f* (–;–*n*) coro, kacoa, lipas, *blattodea*
Schab|eisen *n* alat pengerik; **²en** *tr.* mengikis, mengerik; menyayat; memarut; **–er** *m* (–*s*;–) (pisau) pengikis, pengerik
Schabernack *m* (–*s*;–*e*) perbuatan senda gurau, gangguan iseng-

iseng; *j-m e-n ~ spielen* berbuat iseng kpd. sso.
schäbig butut, lusuh, tak terawat; *fig.* kikir; jahat; *~er Lohn* gaji yg. terlampau rendah
Schablone *f* (–;–*n*) sablon, patrun, model, contoh, pola; **≗nhaft, ≗nmäßig** stereotip, spt. klise
Schach *n* (–*s*;–*s*) catur, sekak; *s. schachmatt; j-n in/im ~ halten* mengekang/mengendalikan/mengawasi sso.; **–brett** *n* papan catur; **≗brettartig** berkotak-kotak, berpetak-petak
Schacher *m* (–*s*;*O*) tawar-menawar yg. bertele-tele; *fig.* perdagangan sapi
Schächer *m* (–*s*;–) perampok, penyamun, pembunuh
schachern *itr.* tawar-menawar lama
Schach|feld *n* tapak catur; **–figur** *f* biji/buah/anak catur; **≗matt** emat! mat! *fig.* sangat lelah, lemas; *j-n ~ setzen* mengalahkan sso. dl. permainan catur, *fig.* membuat sso. tak dapat berkutik lagi; **–spiel** *n* permainan catur; **–spieler** *m* pemain catur
Schacht *m* (–*e*s;–̈*e*) tambang; terowongan; *zum Einstieg* lubang utk. masuk ke selokan tertutup; **–arbeiter** *m* buruh/pekerja tambang
Schachtel *f* (–;–*n*) kotak kardus
schächten *tr.* menyembelih binatang menurut adat kebiasaan Yahudi
Schach|turnier *n* pertandingan catur; **–zug** *m* langkah buah catur; *fig.* langkah cerdik/pandai
schade *Adj.*, *es ist (sehr) ~ !* sayang (sekali)! *es ist ~ um j-n/et.* kasihan dia/itu; *für et. zu ~ sein* terlalu berharga utk. sst.
Schädel *m* (–*s*;–) tengkorak, batok kepala, *cranium; ugs.* kepala; **–basisbruch** *m* retaknya tulang tengkorak bagian dasar; **–bruch** *m* retaknya batok kepala; **–decke** *f* tulang kepala bagian atas
schaden *itr.* merugikan, merusak (–kan); **≗** *m* (–*s*;–̈) kerugian, kerusakan; *Gebrechen* cacat; *zu ~ kommen, ~ nehmen* menderita kerugian, mendapat luka-luka
Schadenersatz *m* ganti-rugi; **–anspruch** *m*, **–forderung** *f*, **–klage** *f* tuntutan ganti-rugi; **≗pflichtig** wajib ganti-rugi
Schaden|feststellung *f* perkiraan perhitungan ganti-rugi; **–freude** *f* rasa senang atas kerugian orang lain; **≗froh** bergendang paha, senang atas kerugian orang lain
schadhaft bercacat, ada yg. rusak; **≗igkeit** *f* (–;*O*) cacatnya, kerusakan
schädig|en *tr.* merugikan; **≗ung** *f* (–;–*en*) kerugian; perusakan
schädlich bersifat merugikan/merusakkan, berbahaya
Schädling *m* (–*s*;–*e*) tanaman/binatang/manusia yg. merugikan, parasit, pasilan; **–sbekämpfung** *f* pemberantasan hama; **–sbekämpfungsmittel** *n* obat pemberantas hama
schadlos *sich ~ halten an j–m* melakukan sst. thd. sso. sebagai imbalan ganti-rugi; **≗haltung** *f* tindakan penggantian rugi
Schaf *n* (–*e*s;–*e*) biri-biri, domba, *ovis; das schwarze ~ sein* menjadi kambing hitam; **–bock** *m* domba jantan
Schäfchen *n* (–*s*;–) anak domba, domba kecil; *Wolke* awan sirus, *bp.* tahi angin; *ugs.* orang yg. dungu; *sein ~ ins trockene bringen* mengamankan keuntungannya sendiri
Schäfer *m* (–*s*;–) gembala domba; **–ei** *f* (–;–*en*) peternakan domba; **–hund** *m* anjing gembala; *deutscher ~* anjing herder; **–stab** *m* tongkat gembala; **–stündchen** *n* waktu berdua-duaan, kesempatan utk. berkencan/randevu
Schaffell *n* kulit/bulu domba
schaffen 1. *unr. tr., hervorbringen* menciptakan, mengadakan; *gründen* mendirikan; *(Ärger . . .) bereiten* menyebabkan menjadi (marah . . .); *er ist zum Lehrer wie geschaffen* ia sangat berbakat/cocok utk. menjadi guru; **2.** *tr., weg-/herbringen* membawa/mengirim/mengantar ke; **3.** *itr., tun, arbeiten* bekerja, berbuat; *damit habe ich nichts zu ~* itu bukan urusan saya, saya tidak terlibat di dalamnya; *mit dir will ich nichts*

zu ~ haben saya sama sekali tidak mau berurusan dengan engkau; *geschafft sein, ugs.* menjadi capai sekali; **4.** *bewältigen* mengatasi, mengerjakan, menghasilkan; *es ~ (zeitlich)* menyelesaikan/mencapai pada waktunya, (*arbeitsmäßig*) berhasil menyelesaikan, (*erfolgreich*) berhasil; *viel ~* mengerjakan/menghasilkan banyak, berprestasi; *100 Kilometer in der Stunde ~ , Mot.* berjalan/lari 100 kilometer sejam; **5.** *sich zu ~ machen* menyibukkan diri; *j-m viel zu ~ machen* sangat menyusahkan sso.

Schaffen *n (–s;O)* karya, hasil pekerjaan; *künstlerisch* ciptaan, kreasi

Schaffens|drang *m* semangat berkarya, gairah kerja; **–kraft** *f* daya cipta, kemampuan bekerja; **–lust** *f, s. Schaffensdrang*

Schaf·fleisch *n* daging domba

Schaff|ner *m (–s;–)* kondektur; **–nerin** *f (–;–nen)* kondektris; **–ung** *f (–;O)* penciptaan, pengadaan

Schaf|herde *f* kawanan biri-biri/domba; **–hirt** *m* gembala domba; **–hürde** *f* kandang (terbuka utk.) domba; **–(s)kopf** *m, fig.* orang bodoh/tolol; *Spiel* sm. permainan kartu; **–leder** *n* kulit domba

Schafott *n (–ɇs;–e)* panggung tempat pelaksanaan hukuman mati

Schaf|pelz *m* bulu domba; *Wolf im ~* serigala berbulu domba; **–schur** *f* pencukuran domba/biri-biri; **–stall** *m* kandang domba

Schaft *m (–ɇs;–̈e)* tangkai, batang; bagian atas sepatu lars; *Griff* gagang, pegangan

schäften *tr.* memberi gagang/pegangan

Schaftstiefel *pl* sepatu lars yg. tinggi

Schaf|weide *f* padang rumput utk. domba; **–wolle** *f* bulu domba; **–zucht** *f* peternakan domba

Schah *m (–s;–s)* syah, shah

Schakal *m (–s;–e)* sm. serigala, *canis aureus*

Schäker|(in *f*) *m (–s;–)* orang yg. senang berkelakar; **≗n** *itr.* berkelakar, menggoda-goda

schal hambar, tawar; *fig.* membosankan; **≗** *m (–s;–s/–e)* syal, ikat leher

Schalbrett *n* papan (yg. digunakan utk.) coran beton

Schale *f (–;–n)* **1.** kulit (telur/buah/kacang-kacangan/kentang dsb.); **2.** *Gefäß* pinggan, sm. mangkuk; piring timbangan; **3.** *fig.* penampilan, pakaian luar

schälen *tr.* mengupas, menguliti; *sich ~* mengelupas, terkupas

Schalenobst *n* buah yg. kulitnya agak keras

Schalk *m (–ɇs;–e/–̈e)* orang yg. lucu/iseng; tukang goda; **≗haft** lucu, yg. bersifat kelakar/iseng-iseng

Schall *m (–ɇs;O)* bunyi (yg. terdengar), gaung, gema; **≗dämpfend** bersifat meredam suara/bunyi; **–dämpfer** *m* peredam bunyi; **≗dicht** kedap suara; **≗en** *itr.* berbunyi (agak keras), menggema; *~des Gelächter* tawa terbahak-bahak; *~der Beifall* tepuk tangan yg. riuh rendah; *~de Ohrfeige* tempeleng yg. keras; **–erreger** *m* sumber bunyi; **–geschwindigkeit** *f* kecepatan suara; **–grenze** *f, s. Schallmauer;* **–(l)ehre** *f* ilmu bunyi, akustik; **–mauer** *f* tembok suara; **–messung** *f* pengukuran suara/bunyi; **–platte** *f* piringan hitam; **–plattenaufnahme** *f* rekaman piringan hitam; **–plattenmusik** *f* musik rekaman piringan hitam; **–quelle** *f* sumber bunyi; **–stärke** *f* kekuatan bunyi; **–trichter** *m* corong suara; **–welle** *f* gelombang bunyi/suara

Schalotte *f (–;–n)* bawang merah, brambang, *allium ascalonicum*

Schalt|anlage *f* instalasi listrik (tempat memasang dan mematikan listrik), papan hubung (arus listrik); **–bild** *n* bagan/diagram hubungan listrik; **–brett** *n* papan instrumen/pengawasan, dasbor; **≗en** *tr. itr.* memutar sakelar; menekan tombol; *Mot.* memasukkan/memasang persneling; *~ u. walten* mengurus (dng. leluasa/bebas); *er schaltet langsam, ugs.* ia mengerti dng. lamban

Schalter *m (–s;–)* **1.** sakelar, tombol, kenop; **2.** *Raum* loket; **–beamte** *m* pegawai yg. melayani di loket; **–dienst** *m* tugas di loket; **–halle** *f* ruang pembelian karcis di stasiun

Schalt|hebel *m* sakelar; *Mot.* tongkat/batang persneling; *an den ~n der Macht sitzen* menguasai posisi kunci; **–jahr** *n* tahun kabisat; **–knopf** *m* tombol, kenop; **–plan** *m*, **–schema** *n*, *s. Schaltbild;* **–tafel** *f*, *s. Schaltbrett;* **–tag** *m* tanggal 29 Februari; **–ung** *f* (–;–*en*) hubungan instalasi listrik (antara sumber listrik dan alat-alatnya); bagan aliran arus listrik, sirkuit; *Mot.* persneling

Schaluppe *f* (–;–*n*) sekoci; sm. kapal layar utk. mengangkut barang, sampan, joli

Scham *f* (–;*O*) rasa malu/salah; *Geschlechtsteile* alat kelamin, kemaluan; **–bein** *n*, *Med.* tulang kemaluan, *os pubis*

schämen *sich ~* merasa malu; *schäm dich!* tak tahu malu kamu! sungguh memalukan!

Scham|gefühl *n* (pe)rasa(an) malu; **≗haft** sopan, suci(–murni); *verschämt* bersifat pemalu, malu-malu, sungkan **–haftigkeit** *f* (–;*O*) sikap yg. sopan/suci/malu/sungkan; **≗los** tak tahu malu, kurangajar; **–losigkeit** *f* (–;*O*) sifat yg. tak tahu malu, sifat kurangajar

Schamotte *f* (–;*O*) lempung yg. dibakar dan tahan api; **–stein** *m* batu tahan api

Schampun *n* (–*s*;*O*) obat pencuci rambut, *bp.* syampo

scham|rot merah karena malu; **≗röte** *f* (–;*O*) merah muka; **≗teile** *pl* (alat) kemaluan

schandbar bersifat memalukan; *ugs. pej.* sangat, luar biasa

Schande *f* (–;*O*) aib, noda, cemar; sst. yg. menghinakan/memalukan; *j-m ~ bereiten* membuat sso. menjadi malu/terhina; *zu meiner ~ muß ich gestehen*, *ugs.* dng. terpaksa saya harus mengakui

schänden *tr.* menghina, mencemarkan; *besudeln* menodai, menajiskan, menistakan; *vergewaltigen* memperkosa

Schand|fleck *m* noda, cemar, aib; sso./sst. yg. membawa aib atau memalukan; **–geld** *n* harga yg. terlalu rendah utk. barang yg. ditawar(kan)

schändlich bersifat memalukan/menghina; *gemein* jahat, busuk, keji, *ugs.*, *pej.*, *ungemein* sangat (jelek)

Schand|mal *n* noda/cap sebagai tanda perbuatan memalukan; **–maul** *n* mulut gatal, orang yg. suka menghina/mengumpat; **–pfahl** *m*, *Jur.* (*früher*) tiang tempat mempermalukan orang di muka umum; **–tat** *f* perbuatan busuk/jahat; *zu jeder ~ bereit*, *ugs.* suka berkelakar, senang mengganggu

Schändung *f* (–;–*en*) perbuatan menajiskan/menodai/mengotori; *Entweihung* penghinaan, pencemaran, penistaan; *Vergewaltigung* pemerkosaan

Schank|bier *n* bir dari tong, fatbir; **–er** *m* (–*s*;–) *Med.* koci, *chancre;* **–erlaubnis** *f* ijin menjual minuman keras; **–wirt** *m* pemilik kedai minuman keras; **–wirtschaft** *f* kedai minuman keras

Schanz|e *f* (–;–*en*) *Mil.* kubu, benteng; *Sp.* tempat pemain ski meluncur dan melompat; *sein Leben für j-n in die ~ schlagen* mempertaruhkan nyawanya utk. sso.; **≗en** *tr.* mendirikan/membangun benteng, menggali parit (dl. benteng); *itr.* bekerja keras; **–werk** *n* perbentengan, perkubuan

Schar *f* (–;–*en*) **1.** *Menschen* kelompok, rombongan; *Tier* kawanan; *in ~en* dl. jumlah besar; **2.** *Pflug* mata bajak, sungkal; **≗en** *um sich ~* mengumpulkan (sst.) di sekelilingnya; *sich ~ um* berkumpul/berkerumun mengelilingi; **≗enweise** berbondong-bondong, berduyun-duyun

scharf tajam, jelas; *fig.* pedas; *Kampf* seru; *Wind* kencang; *auf et. ~ sein* sangat mendambakan/kepingin sst.; *~ anfassen* memperlakukan dng. tegas dan ketat; *~er Hund* anjing galak; *~e Maßnahme* tindakan tegas; *~e Munition* amunisi sungguhan; **≗blick** *m*, *fig.* ketajaman pandangan, kecerdasan

Schärfe *f* (–;–*n*) ketajaman, *fig.* ketegasan; kejelasan; *Stimme* nada

keras; *Speise* pedasnya; *mit alle* ~ dng. jelas dan tegas
Scharf·einstellung *f, Fot.* penyetelan lensa dng. tajam
schärfen *tr.* menajamkan, mempertajam
scharf|kantig berpinggir tajam; **–machen** *tr. ugs.* menghasut; *Messer* mempertajam; **≗macher** *m* (*–s;–*) penghasut; **–randig** berpinggir tajam; **≗richter** *m* algojo; **≗schießen** *n* tembakan dng. amunisi sungguhan; **≗schütze** *m* penembak ulung; **–sichtig** dapat melihat dng. tajam; *fig.* memiliki ketajaman pandangan; **≗sinn** *m* kecerdasan; **–sinnig** cerdas/pandai sekali; tajam (pemikiran)
Scharlach *m* **1.** (*–s;–e*) *s. scharlachrot;* **2.** *m* (*–s;O*) = **–fieber** *n* penyakit kulit berbintil-bintil merah dan bergelembung-gelembung yg. keruh isinya, *febris scarlatinosa;* **≗rot** merah merang/padam, kirmizi
Scharlatan *m* (*–s;–e*) penipu, dukun klenik
Scharm *m* (*–s;O*) *s. Charme;* **≗ant** *Adj.* menarik, cakap
Scharmützel *n* (*–s;–*) pertempuran kecil, tembak-menembak, kontak senjata
Scharnier *n* (*–es;–e*), **–gelenk** *n* engsel, sekeri
Schärpe *f* (*–;–n*) *Mann* selempang; *Frau* ikat pinggang, setagen
scharren *itr.* mengais(–ngais), bergaruk(–garuk)
Scharte *f* (*–;–n*) lubang tempat menembak dari benteng/perkubuan; *Messer* tempat rompeng/sompek; *e-e* ~ *auswetzen* memperbaiki kesalahan
Scharteke *f* (*–;–n*) buku tua; *ugs.* wanita tua
schartig bergerigi, sompek, sumbing
scharwenzeln (–) *itr.* berlaku repot/sibuk (di hadapan orang lain) dng. maksud menarik perhatian
Schaschlik *m* (*–s;–s*) sm. sate domba
schassen *tr. ugs.* memecat
Schatten *m* (*–s;–*) bayangan, bayang-bayang; naungan; *j-n in den ~ stellen* mendahului sso.; *j-m wie e ~ folgen* membayangi sso.; **–bild** *n* gambar/bentuk bayangan; **–dasein** *n* kehidupan yg. tersembunyi atau tdk. diperhatikan; **≗haft** spt. bayangan, samar-samar, kabur; **–kabinett** *n* kabinet bayangan; tokoh-tokoh oposisi yg. dicalonkan sebagai anggota kabinet; **≗los** tanpa bayangan; **–reich** *n* alam baka; **≗reich** teduh, rindang; **–riß** *m* gambar/profil bayangan; **–seite** *f* bagian yg. terlindung dari matahari, tempat teduh; *fig.* segi yg. tdk. menguntungkan, kerugian; **–spiel** *n* wayang
schattier|en (–) *tr.* membuat bayangan (hitam); **≗ung** *f* (*–;–en*) nuansa warna tua; *Parteien aller ~en* segala macam partai
schattig rindang, teduh, rimbun
Schatulle *f* (*–;–n*) peti kecil tempat uang/perhiasan, benian
Schatz *m* (*–es;¨–e*) **1.** perbendaharaan, khazanah; harta, kekayaan; *der ~ des Wissens* kekayaan ilmu pengetahuan; **2.** *mein ~ !* sayangku! kekasihku! **–amt** *n* departemen keuangan; **–anweisung** *f* sm. surat berharga yg. berjangka pendek
schätz|bar dapat dinilai/dihargai; **≗chen** *n* (*–s;–*) kekasih, sayang
schatzen *tr.* mengenakan pajak, mendenda
schätzen *tr.* menaksir, menilai, memperkirakan; *würdigen* menghargai tinggi, menghormat(i); *itr.* mengira, menduga; *sich glücklich ~* merasa bahagia; **–swert** patut dihargai/dipuji
Schatz|gräber *m* penggali harta karun; **–kammer** *f* perbendaharaan; **–meister** *m* bendahara
Schätzung *f* (*–;–en*) perkiraan, taksiran, kalkulasi; *Hochachtung* penghargaan, penghormatan; *Volkszählung* sensus; **≗sweise** kira-kira, lebih kurang; **–swert** *m* nilai/harga yg. diperkirakan/ditaksir
Schau *f* (*–;O*) segi pemandangan; *Ausstellung* pertunjukan, pameran; *Vorführung* tontonan; *aus s-r ~ (heraus)* dari (sudut) pandangannya; *zur ~ stellen* mengadakan pameran; *zur ~ tragen* memamerkan; *j-m die ~ stehlen, ugs.* meng-

alihkan perhatian dari sso. yg. semestinya diperhatikan; **–bild** *n* diagram, sketsa, grafik; **–bude** *f* tempat pertunjukan/atraksi di pasar malam, *bp.* stan; **–bühne** *f* gedung pertunjukan, panggung

Schauder *m* (–*s*;–) rasa ngeri/jijik; keadaan menggigil; **≗haft** ngeri; *ugs.* jelek; *sehr* sangat; **≗n** *itr.* merasa ngeri; *es schaudert mich* saya menggigil

schauen *tr.* memandang, melihat; menonton; *nach j-m/et.* ~ mengurusi sso./sst.

Schauer *m* (–*s*;–) **1.** *s. Schauder;* **2.** hujan lebat tetapi sebentar; **–geschichte** *f* cerita khayalan yg. menakutkan; **≗lich** bersifat mengerikan/menyeramkan; **–mann** *m* buruh pelabuhan, kuli; **≗n** *itr.* merasa ngeri, menggigil; **–roman** *m, s. Schauergeschichte*

Schaufel *f* (–;–*n*) sekop, penyodok; **–bagger** *m* mesin keruk; **≗n** *tr. itr.* menyodok, menggali, menyudu; **–rad** *n* roda bersodok/bersudu

Schaufenster *n* etalase, perkedaian; **–auslage** *f* barang yg. dipajang di etalase; **–bummel** *m, e-n ~ machen* melihat-lihat etalase toko; **–dekoration** *f,* **–gestaltung** *f* dekorasi etalase; **–reklame** *f* reklame yg. dipajang di etalase

Schau|gerüst *n* tribune; **–geschäft** *n* dunia pertunjukan, *showbiz;* **–kampf** *m* pertunjukan tinju; **–kasten** *m* lemari kaca utk. memamerkan sst.

Schaukel *f* (–;–*n*) ayunan, buaian; **≗n** *tr. itr.* mengayun, membuaikan; berayun(–ayun); *Schiff* terombang-ambing, beroleng-oleng; *e-e Sache ~, ugs.* mengurus/menyelesaikan sst.; **–pferd** *n* kuda-kudaan (dari kayu); **–politik** *f* politik plin-plan; **–stuhl** *m* kursi goyang

schaulustig melit, ingin sekali melihat

Schaum *m* (–*\s;O*) busa, buih;, *zu ~ schlagen* mengocok (putih telur) sampai berbusa; *~ schlagen, fig.* berbual, bermulut besar; **–blase** *f* gelembung busa

schäumen *itr.* berbusa, berbuih

Schaumfeuerlöscher *m* alat pemadam api/kebakaran yg. mengeluarkan busa

Schaum|gummi *m* karet busa; **≗ig** spt. busa, yg. berbusa; **–kelle** *f,* **–löffel** *m* sendok berlubang utk. mengambil buih; **–schläger** *m* alat pengocok putih telur; *fig.* pembual; **–schlägerei** *f* bualan, omong kosong; **–stoff** *m* plastik busa; **–wäsche** *f, Mot.* cuci-mobil dng. syampo; **–wein** *m* anggur berbusa

Schau|platz *m* tempat kejadian/terjadinya; **–prozeß** *m* (proses) pengadilan sandiwara belaka

schaurig yg. mengerikan/menyeramkan

Schauspiel *n* sandiwara, tonil; *fig.* pemandangan yg. menarik; **–er** *m* pemain sandiwara, aktor; *fig.* orang yg. pandai bersandiwara; **–erei** *f* permainan sandiwara; **–erin** *f* aktris; **≗erisch** berh. dng. main/dunia sandiwara; **≗ern** *itr. tr.* bermain sandiwara secara amatir; *fig.* pandai bersandiwara, menipu; **–haus** *n* gedung pertunjukan/teater; **–kunst** *f* seni drama/panggung

Schau|steller *m* penyelenggara atraksi/pertunjukan di pasar malam; **–stellung** *f* pameran, pertunjukan; **–stück** *n* barang yg. dipamerkan; **–turnen** *n* pertunjukan senam

Scheck *m* (–*s*;–*s*) cek; *e-n ~ ausstellen* mengisi cek; **–buch** *n* buku cek

Scheck|e *m* (–*n*;–*n*) kuda belang; **–fälschung** *f* pemalsuan cek; **–heft** *n, s. Scheckbuch;* **≗ig** berbelang-belang, bertutul-tutul; **–konto** *n* rekening koran; **–verkehr** *m* (lalulintas) pembayaran dng. cek

scheel juling; *fig.* iri, sirik, dengki; *j-n ~ ansehen* mencurigai sso.

Scheffel *m* (–*s*;–) takaran, sm. gantang; *sein Licht unter den ~ stellen* menyembunyikan kepandaiannya; **≗weise** dl. jumlah besar, sangat banyak

Scheibe *f* (–;–*n*) piring(an); *Wurst, Schinken, Brot* irisan; *Fenster* kaca; *Schießen* bulan-bulanan, sasaran; *Sp.* cakram, cakra; *~! ugs., bp.* sialan! persetan!

Scheiben|bremse *f, Mot.* rem cakra; **≗förmig** bundar spt. piring; **–gardine** *f* tirai kasa, *bp.* vitrase; **–honig** *m* lempengan sarang madu dng. madunya; *ugs. bp.* sialan! brengsek! **–kupplung** *f* kopling cakra; **–schießen** *n* latihan/perlombaan tembak (–menembak) pd. bulan-bulanan; **–wischer** *m, Mot.* kipas kaca (mobil), *bp.* wiper

Scheich *m* (*–s;–e/–s*) kepala suku Beduin, sye(i)kh

Scheide *f* (*–;–n*) **1.** perbatasan; **2.** *Futteral* sarung; *Anat.* liang sanggama, *vagina;* **–anstalt** *f* instalasi pemurnian logam mulia; **–brief** *m* surat cerai; **–münze** *f* uang receh

scheiden *unr. tr.* memisahkan, menceraikan; *Chem.* menguraikan; *itr.* bercerai, berpisah; *aus dem Leben ~* meninggal (dunia); *aus dem Dienst ~* berhenti bekerja; *sich ~* berpisah (satu sama lain)

Scheide|wand *f* sekat ruangan, dinding pemisah; **–wasser** *n, Chem.* asam sendawa; **–weg** *m* persimpangan jalan

Scheidung *f* (*–;–en*) perceraian; **–sgesuch** *n* permohonan perceraian; **–sgrund** *m* alasan/sebab perceraian; **–sklage** *f* tuntutan perceraian

Schein *m* (*–ẹs;–e*) **1.** sinar, kilau(an); **2.** *Aussehen, Anschein* tampaknya, kesan; *den ~ wahren* menyembunyikan keadaan yg. sebenarnya; *nach dem ~ urteilen* menilai dng. memandang bulu; *der ~ trügt* yg. tampak tdk. selalu dapat dipercaya; *dem ~ nach* tampaknya, kelihatannya; *et. zum ~ tun* berpura-pura; **3.** *Bescheinigung* surat (pernyataan) resmi; *Geld* uang kertas; *Quittung* kwitansi; **–angriff** *m* penyerangan pura-pura; **≗bar** rupanya, kelihatannya, seolah-olah; **–blüte** *f* kemakmuran yg. semu; **–ehe** *f* perkawinan di atas kertas

scheinen *unr. itr.* bersinar, bercahaya; *den Anschein haben* memberi kesan; *es scheint mir, du hast recht* agaknya/nampaknya (bagi saya) kamu betul; *er scheint krank zu sein* rupanya ia sakit

Schein|gefecht *n* pertempuran sandiwara/buatan; **–grund** *m* alasan yg. dicari-cari atau dibuat-buat, dalih; **≗heilig** pura-pura saleh, munafik; **–heilige** *m* orang munafik; **≗tot** mati suri; **–werfer** *m* lampu sorot; *Mot.* lampu besar; **–werferlicht** *n* sinar dari lampu sorot/besar

Scheiße *f* (*–;O*) *derb* kotoran binatang/manusia, tahi; *~ ! ugs., bk.* tai (kucing)! **≗n** *unr. itr. ugs.* buang air besar, *bk.* berak; **–r** *m* (*–s;–*) orang jahat, bangsat, bajingan

Scheißhaus *n, derb* kakus, jamban

Scheit *n* (*–ẹs;–e/–er*) sepotong kayu

Scheitel *m* (*–s;–*) *Haar* sibak/belah rambut; *Kopf* ubun-ubun, mercu kepala; *höchster Punkt* puncak; *Math.* titik sudut, puncak busur; *vom ~ bis zur Sohle* dari atas sampai ke bawah, seluruhnya; **–kreis** *m, Ast.* lingkaran besar melalui zenit dan nadir; **≗n** *tr.* menyibak rambut; **–punkt** *m* (titik) puncak; *Ast.* zenit; **–winkel** *m* sudut bertolak belakang

Scheiterhaufen *m* sm. kayu sula; tumpukan kayu tempat hukuman bakar; *Tote* tempat pembakaran mayat

scheitern *itr.* gagal, tdk. berhasil

Schelf *m, n* (*–s;–e*) *Geo.* beting, dataran kontinental

Schellack *m* (*–ẹs;–e*) embalau, sm. damar

Schelle *f* (*–;–n*) bel, giring-giring; **≗n** *itr.* membunyikan bel, membel

Schellen|geläut *n* bunyi/gemerincingnya bel atau giring-giring; **–kappe** *f* sm. topi badut

Schellfisch *m* sm. ikan di Atlantik Utara, *gadus aeglefinus*

Schelm *m* (*–ẹs;–e*) orang lucu/nakal/iseng; *bp.* bajingan **–enstreich** *m,* **–erei** *f* (*–;–en*) kenakalan yg. lucu; **≗isch** bersifat lucu/nakal, yg. mengganggu

Schelt|e *f* (*–;–n*) teguran, peringatan; **≗en** *unr. tr. itr.* menegur, memperingatkan; memarahi, mengatai, mencela; **–wort** *n* kata makian

Schema *n* (*–s;–s/–ta/ . . . men*) skema, pola, bagan; pedoman; *nach ~ F behandeln* memperlakukan secara rutin, menyamaratakan; **≗tisch** skematis, sesuai dng. bagan; **≗tisieren** (–) *tr*. menerangkan secara skematis, memperlakukan menurut suatu skema; **–tismus** *m* (–;O) perbuatan/hal yg. terlalu memegang pola tertentu; pekerjaan rutin menurut pola; *Rel*. buku statistik keuskupan

Schemel *m* (–*s*;–) bangku tanpa sandaran, bangku kecil utk. kaki, dingklik

Schemen *m* (–*s*;–) bayangan, hantu; **≗haft** berbayang (kabur), samar-samar

Schenke *f* (–;–*n*) kedai/warung minum, tempat penjualan bir

Schenkel *m* (–*s*;–) paha; *Math*. sisi/kaki sudut; **–bruch** *m* burut paha ke bawah lipat paha, *hernia femoralis*

schenken *tr*. menghadiahkan; *eingießen* menuang(kan); *e-m Kind das Leben* ~ melahirkan seorang anak; *das kannst du dir* ~ *!* tdk. perlu (kamu lakukan hal itu)! *Aufmerksamkeit* ~ memperhatikan; *Glauben* ~ mempercayai, *Rel*. mengimani; *das ist (fast) geschenkt* itu murah sekali

Schenk|stube *f* ruang duduk tamu di kedai minum; **–wirt** *m* pemilik kedai minum

Schenkung *f* (–;–*en*) hadiah, pemberian; **–s·urkunde** *f* surat pemberian

Scherbe *f* (–;–*n*), **–n** *m* (–*s*;–) beling, pecahan

Schere *f* (–;–*n*) gunting; *Krebs* capit; *Sp*. lompat(an) gaya gunting; **≗n 1.** *unr. tr*. memangkas, mencukur; *über e-n Kamm* ~ menyamaratakan; **2.** *sich* ~ mempedulikan, memperhatikan, *fortgehen* menjauhi, meninggalkan; *schert euch/dich! ugs*. pergilah! enyahlah!

Scheren|schleifer *m* tukang gerinda/canai; **–schnitt** *m* gambar guntingan

Schererei *f* (–;–*en*) kesulitan, kesusahan

Scherflein *n* (–*s*;–) *sein* ~ *beitragen* memberi sumbangan

Scherge *m* (–*n*;–*n*) kaki tangan, pelapor pd. polisi; pembantu algojo

Schermesser *n* pisau cukur

Scherz *m* (–*es*;–*e*) senda gurau, lelucon, kelakar; *aus/im/zum* ~ sebagai main-main, tdk. serius; *mit j-m s-n* ~ *treiben* mengganggu/mempermainkan sso.; *er versteht keinen* ~ ia terlalu serius; **–artikel** *m* alat(–alat utk. membuat) lelucon; **≗en** *itr*. membuat lelucon, berkelakar; *Sie* ~ *wohl!* anda tak serius, bukan/toh! *er scherzte mit ihr* ia bercanda dng. wanita itu; **≗haft** secara bergurau/berkelakar/bercanda, bukan serius; **≗weise** sebagai kelakar (saja); **–wort** *n* kata lucu/main-main

scheu malu(–malu), canggung, segan, takut-takut; *Tiere* takut; *e* ~*es Mädchen* gadis (bersifat) pemalu; **≗** *f* (–;O) sifat/rasa malu/takut

Scheuche *f* (–;–*n*) orang-orangan, kelontang; **≗n** *tr*. menghalau, mengusir

scheuen *tr*. merasa malu/takut akan; *zurückschrecken vor* menghindari, menjauhi; *sich* ~ *vor* merasa takut/segan thd.; *keine Mühe* ~ berusaha keras; *das Pferd scheut* kuda takut dan lari

Scheuer *f* (–;–*n*) lumbung; **–bürste** *f* sikat lantai; **–frau** *f* wanita pembantu utk. membersihkan rumah; **–lappen** *m* kain pel; **–mittel** *n* obat gosok; **≗n** *tr. itr*. menggosok, menyikat; *Haut* lecet akibat kena gosok; **–tuch** *n* kain pel

Scheu|klappe *f* sm. penutup mata kuda, *bp*. kacamata kuda; *mit* ~ *herum laufen, fig*. berpandangan sempit

Scheune *f* (–;–*n*) lumbung

Scheusal *n* (–*e̸s*;–*e*) makhluk ganjil, monster; *Person* penjahat

scheußlich *Adj*. ngeri, seram, menakutkan; jelek; *grausam* jahat sekali, biadab; *Adv*., *ugs*. sangat; *es ist* ~ *kalt* dingin sekali; **≗keit** *f* (–;–*en*) perbuatan jahat, sifat menakutkan, kengerian, kebusukan

Schi *m* (–*s*;–*er*) *s. Ski*

Schicht *f* (–;–*en*) lapis(an); *Arbeit* (–*szeit*) golongan/regu kerja (yg. bekerja secara bergilir); **–arbeit** *f* kerja dl. regu yg. bergilir; **≗en** *tr*. menyusun berlapis-lapis, menumpukkan; **–gesteine** *pl* batuan yg. berlapis; **–meister** *m* mandor; **–seite** *f, Fot.* lapisan (kertas yg. ber)emulsi; **–ung** *f* (*–;–en*) susunan yg. berlapis-lapis; *soziale* ~ lapisan sosial; **–wechsel** *m* pergantian regu yg. bekerja bergilir; **≗weise** berlapis-lapis, bersusun-susun; bergilir

schick bagus sekali dan modern, indah dan serasi, istimewa, bergaya

schicken *tr.* mengirim(kan); menyuruh ke; *sich in et.* ~ menyesuaikan diri, menerima keadaan; *das schickt sich* hal itu pantas/cocok

schicklich pantas, sopan

Schicksal *n* (*–s;–e*) nasib, takdir; *vom* ~ *bestimmt* ditakdirkan; **–sgefährte** *m*, **–sgefährtin** *f* teman senasib; **–sgemeinschaft** *f* kelompok orang yg. senasib; **–sgenosse** *m, s. Schicksalsgefährte;* **–sglaube** *m* fatalisme; **–slinie** *f* suratan tangan; **–sschlag** *m* musibah

Schickung *f* (*–;–en*) takdir, nasib

Schiebe|dach *n* kap/tenda (mobil) yg. dapat digerakkan; **–fenster** *n* jendela sorong/geser

schieben *unr.* **1.** *tr.* mendorong, menyorong(kan), menggeser(kan); *et. auf j-n* ~ , *fig.* menggeserkan/mengalihkan sst. kpd. sso.; menyalahkan sso. karena sst. (yg. bukan kesalahannya); *j-m et. in die Schuhe* ~ menyalahkan sso.; **2.** *ugs. itr. tr.* menyelundup(kan); melakukan manipulasi dl. perdagangan, menjual-belikan di pasaran gelap, mencatut

Schieber *m* (*–s;–*) **1.** pembuka/penutup yg. dapat digeserkan; grendel; palang; **2.** orang yg. melakukan perdagangan gelap

Schiebe|schalter *m, Elek.* kontak geser/seret; **–tür** *f* pintu sorong/geser

Schiebung *f* (*–;–en*) manipulasi, penipuan, permainan kotor

Schieds|gericht *n* panitia penengah/arbitrasi/pelerai; **–mann** *m* penengah, pendamai; **–richter** *m* wasit; **≗richterlich** dng. perantaraan wasit/pendamai; **–spruch** *m* keputusan wasit; **–verfahren** *n* perkara arbitrasi/peleraian; **–vertrag** *m* perjanjian utk. mengangkat panitia pelerai

schief miring, tdk. datar, condong (ke sisi), serong, landai; *in e* ~*es Licht kommen* dapat dinilai salah/keliru; *auf die* ~*e Bahn kommen, fig.* salah jalan, menjadi bejat; *das geht* ~ itu akan gagal; **≗e** *f* (*–;O*) keadaan miring, kecondongan

Schiefer *m* (*–s;–*) batu tulis; **–bruch** *m* tambang batu tulis; **–decker** *m* (*–s;–*) tukang pasang genteng batu tulis; **–platte** *f* lempengan batu tulis; **–tafel** *f* batu tulis

schief|gehen *unr. itr. ugs.* gagal; **–liegen** *unr. itr. ugs.* berpandangan aneh; **–wink(e)lig** bersudut miring

schielen *itr.* bermata juling; *nach/auf et.* ~ melirik pd., menjulingi, mengerlingi; **≗** *n* (*–s;O*) juling, *strabismus*

Schienbein *n* tulang kering, *tibia*

Schiene *f* (*–;–n*) rel; *aus den* ~*n springen* anjlok; *Med.* belat, bidai; **≗n** *tr.* membelat

Schienen|fahrzeug *n* kendaraan yg. berjalan di atas rel; **≗gleich** ~*er Bahnübergang* persimpangan jalan kereta api; **–netz** *n* jaringan (rel) kereta api; **–strang** *m* rel kereta api

schier murni; *Adv.* sungguh; ~*es Fleisch* daging tanpa lemak dan tulang; ~ *unmöglich* sama sekali tdk. mungkin

Schierling *m* (*–s;–e*) sm. tumbuhan yg. beracun, *conium maculatum*

Schieß|bahn *f* lapangan (latihan) menembak; **–befehl** *m* perintah utk. menembak; **–bude** *f* kios/stan tempat menembak (bila bayar) di pekan raya; **–budenfigur** *f, ugs.* orang yg. kelihatan sinting/lucu

schießen *unr. itr. tr.* menembak, menembakkan; *Wasser* memancur ke luar; *Fot.* memotret, membuat film; *e Tor* ~ mencetak gol; *e Gedanke schießt mir durch den Kopf* saya mendapat ilham; *das Blut schießt ihr ins Gesicht* ia menjadi merah padam; *die Pflanzen* ~ *aus dem Boden* tanaman mulai (ber-) tumbuh dng. cepat; *schieß los! ugs.* mulailah!

Schießerei *f* (–;–*en*) tembak-menembak, baku-tembak
Schieß|gewehr *n* senapan, bedil; **–hund** *m*, *aufpassen wie e* ~ sangat waspada, mendengar dng. penuh perhatian; **–lehre** *f* ilmu balistik; **–platz** *m* lapangan (latihan) menembak; **–pulver** *n* mesiu, obat bedil; **–scharte** *f* celah utk. menembak dl. tembok puri; **–scheibe** *f* sasaran tembak, bulan-bulanan; **–stand** *m*, *s. Schießbahn; s. Schießbude;* **–übung** *f* latihan menembak
Schifahren *n*, *s. Skifahren*
Schiff *n* (–*(e)s*;–*e*) kapal, perahu, sampan, tongkang, bahtera; *Kirche* ruang umat (dl. gereja)
Schiffahrt *f* pelayaran; **–sgesellschaft** *f* maskapai/perusahaan pelayaran; **–skunde** *f* ilmu pelayaran; **–slinie** *f* jalur pelayaran; maskapai pelayaran; **–sweg** *m* perairan yg. dapat dilayari kapal; rute pelayaran di laut; **≗treibend** yg. mengusahakan pelayaran
schiff|bar dapat dilayari; **≗bau** *m* pembuatan kapal, perkapalan; **≗bauer** *m* ahli perkapalan; **≗bruch** *m* kecelakaan kapal; ~ *erleiden*, *fig.* gagal; **–brüchig** terdampar, (ter-) kandas; **≗brücke** *f* jembatan ponton; **≗chen** *n* (–*s*;–) kapal kecil; *Nähmaschine* sekoci; *Mil.* pet; **–en** *itr.* berlayar, melayari; *ugs.* (ber-) kencing; *es schifft* turun hujun
Schiffer *m* (–*s*;–) nakhoda/anakbuah kapal sungai; **–klavier** *n* akordeon
Schiff|s·artillerie *f* meriam kapal (perang); **–sbau** *m*, *s. Schiffbau;* **–sbesatzung** *f* awak kapal; **–sbrücke** *f* anjungan (kapal); **–schaukel** *f* ayunan besar (berbentuk/spt. kapal); **–s·eigner** *m* pemilik kapal
Schiffs|fracht *f* muatan kapal; **–frachtbrief** *m* konosemen, surat muatan; **–hebewerk** *n* pintu air pengangkat kapal; **–ingenieur** *m* insinyur kapal; **–journal** *n* buku harian kapal; **–junge** *m* calon kelasi; **–kapitän** *m* nakhoda; **–kompaß** *m* kompas gasing/giro; **–kreisel** *m* stabilisator giro
Schiffs|ladung *f* muatan kapal; **–makler** *m* broker kapal; **–mannschaft** *f* anak buah kapal; awak kapal; **–reeder** *m* pemilik kapal; **–rumpf** *m* lambung kapal; **–schraube** *f* baling-baling kapal; **–verkehr** *m* lalu-lintas kapal/pelayaran; **–wache** *f* petugas jaga di kapal; **–werft** *f* galangan (kapal)
Schikan|e *f* (–;–*n*) kesulitan yg. disengaja (oleh atasan); **≗ieren** (–) *tr.* menyulitkan sso. dng. sengaja
Schild *m* (–*(e)s*;–*e*) perisai, tameng; *Wappen* lambang negara/kebangsawanan; *et.* (*Böses*) *im* ~*e führen* diam-diam mau berbuat jahat
Schild *n* (–*(e)s*;–*er*) etiket, label; papan (nama); *Verkehr* rambu lalu-lintas; **–bürgerstreich** *m* kebodohan yg. keterlaluan; **–drüse** *f* kelenjar gondok, *glandula thyreoidea*
Schilder|haus *n* gardu jaga, rumah jaga monyet; **≗n** *tr.* menggambarkan, melukiskan; **–ung** *f* (–;–*en*) (cerita) gambaran, deskripsi
Schild|knappe *m* pembawa perisai; **–kröte** *f* kura-kura, penyu, *testudines;* **–laus** *f* sm. kutu tumbuh-tumbuhan, *coccidae;* **–patt** *n* (–*(e)s*;*O*) kulit kura-kura; **–wache** *f* penjaga(an), sekilwak
Schilf *n* (–*(e)s*;–*e*) alang-alang, buluh, *phragmites communis;* **–matte** *f* tikar anyaman; **–rohr** *n* (batang) alang-alang
schillern *itr.* berkilauan dl. beraneka warna; **–d** berwarna-warni; *e* ~*es Wesen* watak yg. bermuka dua, orang yg. tdk. berpendirian
Schilling *m* (–*s*;–*e*) *satuan mata uang Austria*
Schimmel *m* (–*s*;–) **1.** *Zo.* kuda putih; **2.** *Bo.* jamur, cendawan
schimm(e)lig bulukan, berjamur
schimmeln *itr.* menjadi bulukan/ jamuran
Schimmelpilz *n* bulukan, cendawan (lapuk), *aspergillus*
Schimmer *m* (–*s*;*O*) cahaya yg. samar-samar/redup; *e* ~ *Hoffnung* harapan tipis; *keinen blassen* ~ *haben von* tdk. mengerti apa-apa, tdk. tahu apa-apa tt.; **≗n** *itr.* berkelip redup/suram; bersinar dof, ber-

cahaya lemah; *Seide, Perle* berlinang-linang
Schimpanse *m* (*–n;–n*) simpanse, *pantroglodytes*
Schimpf *m* (*–e̸s;O*) penghinaan, keadaan yg. memalukan; *mit ~ u. Schande* dng. cara yg. sangat menghina; **≗en** *itr.* mencaci-maki, mengatai, mengumpat; **≗lich** terhina; yg. memalukan; **–name** *m* sebutan yg. menghina; **–wort** *n* kata makian
Schindel *f* (*–;–n*) sirap; **–dach** *n* atap sirap
schinden *unr. tr.* memaksa orang bekerja terlampau keras; menganiaya; *sich ~* membanting tulang; *Eindruck ~, ugs.* mencari muka
Schinder *m* (*–s;–*) penganiaya; orang yg. memaksa bawahannya utk. bekerja terlampau keras; **–ei** *f* (*–;O*) kerja terlampau berat
Schindluder *n, ~ treiben mit* memperlakukan dng. tdk. pantas
Schinken *m* (*–s;–*) ham, daging (paha) babi yg. diasinkan dan diasap; *ugs.* lukisan/buku yg. tdk. bermutu; **–wurst** *f* ham(m)enwors
Schippe *f* (*–;–n*) sekop; *j-n auf die ~ nehmen* mengganggu sso. (secara lucu); **≗n** *tr.* menyodok, menyekop
Schirm *m* (*–e̸s;–e*) payung; *Fernsehen, Röntgen* layar; *Mütze* kelep peci; *Lampe* kap; **≗en** *tr.* melindungi
Schirm|futteral *n* sarung payung; **–gestell** *n* kerangka payung; **–gitter** *n, Rundf.* kisi tirai; **–herr(in** *f*) *m* pelindung; **–herrschaft** *f* perlindungan; **–ständer** *m* tempat menyimpan payung
Schisma *n* (*–s; . . . men/–ta*) *Rel.* perpecahan, skisma; **≗tisch** yg. bersifat bidaah
Schiß *m, derb, ~ haben* takut setengah mati
schizophren *Adj.* menderita skizofreni(a), skizofren
schlabbern *tr. itr. ugs.* makan/minum dng. cara menyedot/menghirup (spt. anjing); *fig.* mengobrol
Schlacht *f* (*–;–en*) pertempuran; **–bank** *f, j-n zur ~ führen* membawa sso. ke tempat hukuman (mati); **–beil** *n* sm. kapak tukang jagal
schlachten *tr.* memotong binatang, menyembelih, menjagal; **≗bummler** *m* (*–s;–*) *Sp.* pendukung suatu perkumpulan olahraga yg. menyertai regunya ke pertandingan di tempat lain
Schlachter *m* (*–s;–*) pemotong ternak; pemilik toko atau tukang daging
Schlächter *m* (*–s;–*) jagal, pemotong ternak; *fig.* pembunuh massal
Schlachterei *f* (*–;–en*) toko daging
Schlächterei *f* (*–;–en*) *s. Schlachterei; fig.* pembantaian
Schlacht|feld *n* medan pertempuran; **–fest** *n* penyembelihan/pemotongan ternak di rumah sendiri; hidangan lezat dari daging binatang yg. baru dipotong; **–geschrei** *n* pekik peperangan, teriakan waktu menyerbu; **–getümmel** *n*, **–gewühl** *n* hiruk-pikuk pertempuran; *mitten im ~* di tengah-tengah pertempuran; **–haus** *n*, **–hof** *m* penjagalan; pejagalan; **–opfer** *n* kurban; **–ordnung** *f* susunan (pasukan) tempur; slagorde; **–plan** *m* rencana pertempuran; *fig.* rencana operasional; **≗reif** matang utk. disembelih/dipotong; **–roß** *n* kuda yg. dipakai dl. pertempuran; **–ruf** *m, s. Schlachtgeschrei;* **–schiff** *n* kapal tempur/perang; **–ung** *f* (*–;–en*) penjagalan, pemotongan (ternak); **–vieh** *n* ternak potong
Schlack|e *f* (*–;–n*) terak, kerak bara, sintel; *Vulkan* lahar; *pl, Med.* bekas-bekas; **–endiät** *f* makanan yg. banyak mengandung selulosa; **≗ern** *itr.* mengelepak; *mit den Ohren ~, ugs.* tercengang, sangat terkejut
Schlaf *m* (*–e̸s;O*) tidur; *et. im ~ können* dapat mengerjakan sst. tanpa memberikan perhatian; **–abteil** *n* bilik tidur di dl. gerbong kereta api; **–anzug** *m* piyama
Schläfchen *n* (*–s;–*) tidur sejenak/sebentar
Schlafdecke *f* selimut
Schläfe *f* (*–;–n*) pelipis(an)
schlafen *unr. itr.* tidur; *fig.* tdk. memberi perhatian, melamun; *~ Sie wohl!* selamat tidur! **≗szeit** *f* waktu tidur/mengaso/istirahat

Schläfer *m* (–*s*;–) orang yg. sedang tidur; penidur

schlaff yg. (ber)kelepai, terkelepek; kendur; lemah, lemas; ~ *herunterhängen* terkelepai; **≗heit** *f* (–;*O*) sifat kendur/lendut; *fig.* kelemahan

Schlaf|gast *m* tamu yg. menginap/bermalam; **–gefährte** *m*, **–gefährtin** *f* orang yg. tidur sekamar; *pej.* teman seranjang; **–gelegenheit** *f* tempat utk. tidur/menginap; **–gemach** *n*, *Lit.* peraduan

Schlafittchen *n*, *j-n beim* ~ *nehmen*, *ugs.* menangkap (dan memegang tengkuk) sso., menahan sso. utk. menegurnya

Schlaf|krankheit *f* penyakit mengantuk, *lethargia;* **–lied** *n* ninabobok; **–losigkeit** *f* (–;*O*) suhad, arik, *insomnia;* **–mittel** *n* obat tidur/penidur; **–mütze** *f* penidur, pelamun; orang yg. lamban/bermalas-malasan; **–pulver** *n* obat tidur

schläfrig (me)ngantuk; **≗keit** *f* (–;*O*) kantuk

Schlaf|rock *m* kamarjas, sm. kimono; **–saal** *m* ruang (dng. banyak tempat) tidur; **–sack** *m* kantung utk. tidur; **–stätte** *f*, **–stelle** *f* tempat tidur; **–stube** *f* kamar tidur; **–sucht** *f* penyakit kantuk yg. tak tertahan-tahan, *narcolepsia;* **–tablette** *f* pil tidur; **≗trunken** *Adj.* (masih) mengantuk; **–wagen** *m* gerbong dng. tempat tidur; **–zimmer** *n* kamar tidur

Schlag *m* (–*es*;–̈*e*) pukulan, tamparan; *Elek.* sentakan listrik, *bp.* kesetrom; *Fahrzeug* pintu; *Herz* denyutan; *ugs.* porsi makan; *s. Schlaganfall;* ~ *auf* ~ tanpa berhenti, berlangsung dng. cepat; *auf e-n* ~ (sekaligus) dng. sekonyong-konyong; ~ *12 Uhr* tepat pukul dua belas; *Menschen s-s* ~*es* orang spt. dia

Schlag|ader *f*, *Anat.* pembuluh nadi, *arteria;* **–anfall** *m* penyakit pitam, *apoplexia;* **≗artig** tiba-tiba, sekonyong-konyong, mendadak; **–ball** *m* sm. permainan kasti; **–baum** *m* palang penutup jalan di perbatasan

schlagen *unr. tr. itr.* memukul; mengalahkan; *Baum* menebang; *Eier* mengocok; *Puls* berdenyut; *Herz* berdebar; *Uhr* berdentang; *Wellen* menghempas; *Flammen* berkobar-kobar; *Saiten* memetik; *e-n Nagel in die Wand* ~ menancapkan paku ke dinding; *j-n zu Boden* ~ memukul sso. sampai jatuh; *sich den Kopf* ~ *an* kepala terbentur pd.; *e-e geschlagene Stunde warten* menunggu satu jam penuh; *geschlagen sein* capai, capek; putus asa; *mit den Flügeln* ~ mengepak-ngepakkan sayap; *er schlägt nach s-m Vater* ia menyerupai ayahnya; *das ist mir auf den Magen geschlagen* karena itu saya merasa mual; *sich* ~ saling memukul, berjuang; *sich gut* ~ membela diri dng. baik; *sich auf die Seite von j-m* ~ memihak kpd. sso.

schlagend tepat, kena, meyakinkan, tak dapat dibantah; ~*e Wetter*, *s. Schlagwetter*

Schlager *m* (–*s*;–) lagu pop; *Geschäft* sst. yg. sangat laris

Schläger *m* (–*s*;–) tukang pukul; *Sp.* raket; pemukul; **–ei** *f* (–;–*en*) perkelahian

Schlagermelodie *f* melodi/lagu pop

schlag|fertig pandai bersilat lidah; **≗fluß** *m*, *s. Schlaganfall;* **≗instrument** *n*, *Mus.* instrumen perkusi, alat tabuh-tabuhan; **≗kraft** *f* kekuatan pukulan; *Mil.* daya tempur; *fig.* kekuatan yg. meyakinkan; **–kräftig** memiliki daya tempur kuat; *fig.* yg. meyakinkan **≗licht** *n*, *e* ~ *werfen auf* menyoroti; **≗loch** *n* lobang jalan

Schlag|obers *n* (–;*O*), **–rahm** *m*, *s. Schlagsahne;* **–ring** *m* kerakeling; **–sahne** *f* kepala susu yg. dikocok, slahrom; **–schatten** *m*, *Fot.* bayangan; **–seite** *f*, ~ *haben*, *Mar.* miring, condong; *fig.* mabuk; **–stock** *m* pentung(an); **–wetter** *n* campuran gas dan udara dl. tambang; **–wort** *n* slogan; **–wortregister** *n* daftar/katalog topik atau pokok; **–zeile** *f* kepala berita; ~*n machen* membuat heboh; **–zeug** *n*, *s. Schlaginstrument;* **–zeuger** *m* pemain instrumen perkusi

schlaksig *e* ~*er Junge* pemuda jangkung dan kaku geraknya

Schlamassel *m, n* (*–s;O*) *ugs.* keadaan kacau-balau; *Mißgeschick* nasib buruk

Schlamm *m* (*–ɇs;O*) lumpur; **–bad** *n* mandi lumpur

schlämmen *tr.* membersihkan dari lumpur dsb.

schlammig berlumpur, becek

Schlämmkreide *f* bubuk kapur utk. membersihkan

Schlamp|e *f* (*–;–n*) *ugs.* perempuan sembrono/malas; **≗en** *itr. ugs.* bekerja sembrono; bersifat jorok; **–erei** *f* (*–;–en*) perbuatan/tingkahlaku sembrono/ceroboh; **≗ig** sembrono, ceroboh, jorok, lalai

Schlange *f* (*–;–n*) ular, *serpens; Figur* naga; *Menschen* orang antri; *Auto* deretan mobil; ~ *stehen* berantri

schlängeln *refl.* berkelok-kelok; berbelok-belok, berliku-liku

schlangen|artig spt. ular; berkelok-kelok; **≗beschwörer** *m* pawang/penjinak ular; **≗biß** *m* gigitan ular; **≗gift** *n* racun/bisa ular; **≗linie** *f* garis berkelok-kelok

schlank langsing, ramping, lampai; **≗heit** *f* (*–;O*) kelangsingan; **≗heitskur** *f* diet utk. melangsingkan badan; **–weg** *Adv.* terus-terang, blak-blakan

schlapp capai, capek, lelah, lemas; **≗e** *f* (*–;–n*) kekalahan; **–en** *itr.* kedodoran; *schlürfen* berjalan dng. langkah diseret; *tr., Tier* minum dng. menghirup; **≗en** *pl, ugs.* selop, sandal; **≗hut** *m* topi (dari bahan yg. lunak) dng. pinggir lebar; **–machen** *itr. ugs.* berhenti karena kehabisan/kehilangan tenaga; menjadi lesu; **≗schwanz** *m, ugs.* pengecut, orang yg. lembek

Schlaraffenland *n* dunia impian orang yg. malas dan suka makan

schlau pandai, cerdik, pintar; *listig* lihai, licik; **≗berger** *m* (*–s;–*) orang yg. lihai/cerdik

Schlauch *m* (*–ɇs;¨e*) slang; *Raum* ruang yg. panjang dan sempit; *Rad* ban dalam; *fig. ugs.* kelelahan yg. sangat; **–boot** *n* perahu karet; **≗en** *tr. ugs., die Arbeit schlaucht mich* pekerjaan itu melelahkan saya

Schläue *f* (*–;O*) *s. Schlauheit*

schlau·erweise dng. cerdik/pandai

Schlaufe *f* (*–;–n*) simpul; sm. tuli-tuli; *Hose* tempat ban pinggang; *im Bus* sm. tali pegangan

Schlau|heit *f* (*–;O*) kecerdikan, kelihaian; kepintaran, akal; **–kopf** *m,* **–meier** *m* (*–s;–*) *s. Schlauberger*

schlecht jelek, buruk, busuk; jahat; ~ *u. recht* mendingin, lumayan, biasa; *nicht* ~ baik-baik saja; *mir ist* ~ saya (merasa) mual; saya mau pingsan; ~ *zu sprechen sein auf* tdk. suka pd.; *das steht dir* ~ *(an)* tdk. pantas bagimu; *das kann ich* ~ *annehmen* sukar bagi saya utk. menerima itu

Schlecht|e *n* (*–n;O*) hal yg. jahat; segi/yg. negatif; **≗erdings** sama sekali; **≗gelaunt** murung; **≗hin** sungguh, sama sekali; *überhaupt* pd. umumnya; (*nachgestellt*) pd. hakekatnya, sejati; **–igkeit** *f* (*–;–en*) kejahatan, kejelekan, keburukan; **≗machen** *tr.* menjelekkan sso., memfitnah; **≗weg** *s. schlankweg;* **–wetterperiode** *f* cuaca buruk yg. lama

schlecken *tr.* menjilat; mengudap makanan yg. manis-manis

Schlegel *m* (*–s;–*) alat/tongkat pemukul; *Bgb.* palu

schleich|en *unr. itr.* menyelinap, menyuruk, menyusup; bergerak/maju pelan-pelan; berjingkat-jingkat; *fig.* merangkak; *der Verkehr schleicht* lalu-lintas merayap; **–end** ~*e Krankheit* penyakit menahun/kronis, (*tückisch*) tersembunyi; **≗er** *m* (*–s;–*) orang munafik; penjilat; **≗handel** *m* penyelundupan, perdagangan gelap; **≗weg** *m* jalan rahasia; *fig.* jalan belakang

Schleier *m* (*–s;–*) selubung, kain tudung, kerudung, cadar, *sluier; den* ~ *nehmen* masuk biara, menjadi biarawati; *e-n* ~ *über et. ziehen* menutup-nutupi sst.; **≗haft** *fig.* kabur, tdk. jelas, misterius

Schleif|e *f* (*–;–n*) simpul; *Haar* pita rambut; *Straße* liku, belokan, tikungan; **≗en** **1.** *unr. tr., glätten* menggosok; *schärfen* mengasah; *ugs. fig.* melatih dng. keras; **2.** *tr., schleppen* menyeret, menghela;

Mauer menyamaratakan dng. tanah; **–er** *m* (*–s;–*) tukang asah; **–erei** *f* (*–;–en*) bengkel asah; **–kontakt** *m, Elek.* kontak gesek; **–lack** *m* minyak rengas, pernis; **–maschine** *f* mesin asah; **–rad** *n* cak(e)ra asah; **–stein** *m* batu asah/canai, gerinda; **–ung** *f* (*–;–en*) pembongkaran

Schleim *m* (*–ẹs;O*) lendir; *Kehle* dahak, riak; *Nase* ingus; **–beutelentzündung** *f, Med.* radang kandung lendir di depan tempurung lutut, *bursitis praepatellaris;* **–drüse** *f* kelenjar lendir; **≗en** *itr.* mengeluarkan lendir; *ugs.* menjilat; **–er** *m* (*–s;–*) penjilat; **–haut** *f* selaput lendir; **≗ig** berlendir; *fig.* licin, licik; **≗lösend** *~es Mittel* obat peluruh dahak/riak

schleißen *unr. tr.* membelah; *itr.* menjadi tipis/usang

schlemm|en *itr.* makan banyak dan enak; **≗er** *m* (*–s;–*) penggemar makanan lezat dan mewah; **≗erei** *f* (*–;–en*) pesta pora

schlen|dern *itr.* berjalan-jalan, pergi makan angin; **≗drian** *m* (*–ẹs;O*) kesembronoan, sifat serampangan; cara yg. rutin

schlenkern *tr. itr.* menjuntaikan, melenggangkan; berjuntai, berlenggang

Schlepp|dampfer *m* kapal tarik/tunda; **–e** *f* (*–;–n*) pancung; **≗en** *tr.* menghela/menyeret barang-barang berat, menunda; *fig.* membujuk-bujuk, *bp.* menyeret; *sich ~* berjalan dng. susah-payah/tertatih-tatih; **≗end** tdk. lancar, tersendat-sendat; **–er** *m* (*–s;–*) kapal penunda; *Mot.* traktor; *fig.* sm. calo; **–kahn** *m* tongkang, perahu seret; **–netz** *n* pukat tarik; **–seil** *n,* **–tau** *n* tambang/tali tunda; *j-n ins ~ nehmen* mengikutsertakan sso.; **–zug** *m* kapal tarik berikut perahu-perahu seret

Schleuder *f* (*–;–n*) (peng)ali-ali, katapel, jepretan; *Wäsche* mesin peras cucian; **–artikel** *m* barang obralan; **–kraft** *f* gaya sentrifugal/melanting (dari pusat); **–maschine** *f* mesin pemisah cairan (dng. putaran), separator; **≗n** *tr.* melempar sekuat tenaga, melantingkan, melontarkan; memisahkan cairan dng. putaran; *itr.* menggelincir, selip; **–preis** *m* harga murah/obral; **–sitz** *m, Flgw.* tempat duduk pilot yg. dapat dilontarkan secara otomatis; *fig.* posisi yg. penuh risiko; **–ware** *f* barang obralan

schleunig cepat; **–st** secepat mungkin, langsung

Schleuse *f* (*–;–n*) pintu air; **≗n** *tr.* melewatkan (kapal) melalui pintu air; *fig.* menyelundupkan; **–ntor** *n* pintu air

Schliche *pl* akal bulus, muslihat, tipu muslihat

schlicht sederhana, bersahaja; **–en** *tr.* menengahi, mendamaikan, menjadi perantara; **≗er** *m* (*–s;–*) pengantara, pendamai; **≗feile** *f* kikir halus; **≗heit** *f* (*–;O*) kesederhanaan, kesahajaan; **≗hobel** *m* ketam panjang/perata; **≗ung** *f* (*–;O*) peleraian, usaha penyelesaian sengketa; **≗ungs·ausschuß** *m* panitia penengah

Schlick *m* (*–ẹs;–e*) lumpur bercampur minyak

Schließ|e *f* (*–;–n*) jepitan, gesper; **≗en** *unr. tr.* menutup, mengunci; *fig.* menyudahi; *Freundschaft/Vertrag ~* mengikat atau mengadakan persahabatan/perjanjian; *e-n Brief ~* mengakhiri surat; *der Brief schließt mit* surat berakhir dng.; *die Tür schließt sich* pintu menutup sendiri; *in sich ~* mencakup; *daraus läßt sich ~* dari hal ini dapat disimpulkan

Schließ|er *m* (*–s;–*) penjaga pintu, juru kunci; **–fach** *n* kotak pos; kotak penyimpanan yg. dapat dikunci (di bank, stasiun, lapangan terbang dsb.); **≗lich** akhirnya, betapapun; **–muskel** *m, Anat.* otot lingkar, *sphincter;* **–ung** *f* (*–;–en*) penutupan, pengakhiran

Schliff *m* (*–ẹs;O*) asahan, pengasahan; serudinya, licinnya; *e-r Sache den letzten ~ geben* memberi bentuk yg. pasti/sempurna; *er hat ~* ia tahu sopan santun

schlimm payah, susah, berat, tdk. enak; buruk; *e-e ~e Wunde* luka berat; *e-e ~e Sache* perkara serius; *e ~es Ende nehmen* tdk. (akan) berakhir dng. baik; *das ist ~ !* aduh, payah! *das ist halb so ~* tdk. apa-apa; *um so ~er* aduh, lebih jelek lagi; **–sten·falls** paling-paling

Schling|e *f* (–;–*n*) jerat, simpul; *den Arm in der ~ tragen* menggendong lengan dng. kain ambin; *sich aus der ~ ziehen* meluputkan diri dari kesulitan; **–el** *m* (–*s*;–) anak nakal; **≗en** *unr tr.* melilit(kan), mengikatkan, melingkari; *Essen* menelan dng. cepat; *die Arme um j-n ~* memeluk/merangkul sso.; **≗ern** *itr.* beroleng-oleng; **–gewächs** *n*, **–pflanze** *f* tanaman menjalar/merambat, sm. lembayung

Schlips *m* (–*es*;–*e*) dasi; *j-m auf den ~ treten* menyinggung perasaan sso.

Schlitten *m* (–*s*;–) bangku/kereta peluncur; *Schreibmaschine* gandaran; *mit j-m ~ fahren* menegur sso.

schlittern *itr.* berseluncur, meluncur di atas es

Schlittschuh *m* sepatu es/luncur, skats; **≗laufen** *unr. itr.* bermain meluncur di atas es (dng. skats), berselaju

Schlitz *m* (–*es*;–*e*) belahan; lubang memanjang, celah, belah; **–augen** *pl* mata sipit; **≗en** *tr.* membelah; **–ohr** *n*, *fig.* orang yg. banyak akal bulus, orang licik

schlohweiß putih spt. salju

Schloß *n* (*Schlosses;Schlösser*) **1.** (induk) kunci, selot; gembok; *hinter ~ u. Riegel* dl. penjara; **2.** *Palast* istana, kraton, puri

Schlosser *m* (–*s*;–) sm. ahli mesin, tukang besi; *Auto* montir; **–ei** *f* (–;–*en*), **–werkstatt** *f* bengkel besi

Schloß|garten *m* taman istana; **–hof** *m* halaman istana; **–park** *m*, *s. Schloßgarten;* **–wache** *f* penjaga (–an) istana

Schlot *m* (–*¢s*;–*e*) cerobong asap

schlotter|ig gemetar; *Kleidung* (bersifat) kedodoran; **–n** *itr.* gemetar; menggigil; *Kleider* kedodoran

Schlucht *f* (–;–*en*) ngarai, jurang

schluchzen *itr.* menangis tersedu-sedu/terisak-isak

Schluchzer *m* (–*s*;–) isak-tangis, sedu-sedan

Schluck *m* (–*¢s*;–*e*) (se)teguk; **–auf** *m* (–*s*;*O*) kesedakan, *bp.* cikutan; **–beschwerden** *pl* kesusahan dl. menelan; **≗en** *tr. itr.* menelan, meneguk; **–en** *m* (–*s*;*O*) *s. Schluckauf;* **–er** *m*, *e armer ~* orang (yg.) malang; **–impfung** *f* vaksinasi oral

schluder|ig sembrono, serampangan, teledor, dangkal; **–n** *itr.* bekerja cepat tetapi sembrono

Schlummer *m* (–*s*;*O*) tidur(–tiduran); **≗n** *itr.* tidur-tiduran, tidur ayam; tidur sejenak; **≗nd** *~e Fähigkeiten* kemampuan yg. tersembunyi; **–rolle** *f* (bantal) guling

Schlund *m* (–*¢s*;*¨e*) hulu kerongkongan, *pharynx; fig.* jurang

schlüpf|en *itr.* menyelinap, menyelip; *Kücken* menetas; *in den Mantel ~* mengenakan/memakai mantel (dng. cepat); **≗er** *m* (–*s*;–) celana dalam (wanita)

Schlupfloch *n* lobang/tempat persembunyian; jalan utk. lolos

schlüpfrig licin, becek; *fig.* bersifat agak cabul; **≗keit** *f* (–;*O*) kelicinan; *fig.* kecabulan

Schlupfwinkel *m* tempat persembunyian

schlürfen *tr.* menyesap, menghirup, mencucup

Schluß *m* (*Schlusses;Schlüsse*) **1.** akhir, tamat, penutup(an); *~ folgt* bagian terakhir akan menyusul; *~ !* habis (perkara)! sudahlah! *am ~* pd. akhirnya; *~ machen* mengakhiri; *zum ~* (pd) akhirnya; **2.** *Folgerung* kesimpulan; **–akt** *m* babak terakhir; **–bemerkung** *f* catatan terakhir; **–bilanz** *f* neraca akhir tahun

Schlüssel *m* (–*s*;–) (anak) kunci; *fig.* penjelasan; **–bart** *m* lidah kunci; **–bein** *n* tulang selangka, *clavicula;* **–bund** *m*, *n* gelang kunci; **–erlebnis** *n*, *Psych.* pengalaman yg. menentukan; **≗fertig** (rumah yg.) siap dihuni; **–figur** *f*, *Lit.* tokoh utama; **–industrie** *f* industri induk/pokok; **–kind** *n* anak yg. tinggal sendiri di rumah karena ibu bekerja; **–loch** *n* lobang kunci; **–position** *f*, *s. Schlüsselstellung;* **–ring** *m*, *s. Schlüsselbund;* **–stellung** *f* kedudukan penting, posisi kunci; **–wort** *n* kode, *bp.* kata kunci

Schluß|ergebnis *n* hasil terakhir; **–feier** *f* pesta/perayaan penutupan; **–folgerung** *f* kesimpulan; **–formel** *f* kalimat penutup (surat)

schlüssig logis, meyakinkan; *sich ~ werden* mengambil keputusan

Schluß|licht *n* lampu belakang; *fig.* orang yg. terakhir; **–notierung** *f* penentuan harga terakhir (di bursa); **–punkt** *m* titik akhir; *e-n ~ hinter et. setzen* mengakhiri/menyelesaikan masalah secara tuntas; **–rechnung** *f* perhitungan final; **–runde** *f, Sp.* ronde terakhir, babak final; **–satz** *m* kalimat penutup; (kalimat) kesimpulan; *Tennis* set terakhir; **–stein** *m* batu terakhir; *fig.* penyelesaian suatu karya; **–strich** *m* garis penjumlah; *e-n ~ ziehen* menyelesaikan perkara; **–szene** *f* babak penutup; **–verkauf** *m* obral musiman; **–wort** *n* kata penutup, wasana kata

Schmach *f* (–;*O*) (peng)hinaan, sst. yg. memalukan, aib; *s. Schimpf*

schmacht|en *itr.* menderita kelaparan dan kehausan; *fig.* sangat merindukan; **≗fetzen** *m* lagu/buku/film yg. sentimental

schmächtig kerempeng, kurus-kering

Schmacht|lappen *m* orang sentimental; pacar (laki-laki) yg. mabuk cinta/kepayang; **–locke** *f* andam surai; **–riemen** *m, ugs.* ikat pinggang; *den ~ enger ziehen* mengencangkan ikat pinggang

schmachvoll hina, tercela

schmackhaft enak, sedap, lezat; *j-m et. ~ machen, ugs.* membuat sst. menjadi disenangi sso.; **≗igkeit** *f* (–;*O*) rasa enak/sedap

schmäh|en *tr.* mencemarkan nama baik, memfitnah; menghina; **–lich** bersifat memalukan/mencemarkan; *fig.* keterlaluan; **≗rede** *f* fitnahan, kata makian/cercaan; **≗schrift** *f* tulisan yg. memfitnah; **–süchtig** suka memfitnah/menjujat; **≗ung** *f* (–;–*en*) (pem)fitnahan, pengumpatan, penghinaan, pencemaran

schmal sempit; *dünn* kurus; *~es Einkommen* pendapatan yg. kecil; *auf ~e Kost setzen* mengurangi jatah uang/makanan

schmäl|en *tr. itr.* mengumpat, memaki; **–ern** *tr.* mengurangi, memperkecil; membatasi; **≗erung** *f* (–;*O*) pengurangan, pembatasan

Schmal|film *m* film enam belas mili (-meter); **–spur** *f* rel kereta api yg. lebarnya 1,435 meter; **–spur . . .** *fig.* kurang sempurna, tanggung

Schmalz *n* (–*es*;–*e*) gemuk/lemak ternak; *fig. ugs.* perasaan yg. berlebihan; **≗ig** berlemak; *fig.* sentimental

schmarotzen (–) *itr.* (suka) hidup dari biaya/ongkos orang lain

Schmarotzer *m* (–*s*;–) *Bio. fig.* parasit, benalu, pasilan; *fig. bp.* tukang bonceng; **≗haft, ≗isch** hidup spt. benalu; **–pflanze** *f* parasit, benalu

Schmarre *f* (–;–*n*) luka goresan; bekas luka; **–n** *m* (–*s*;–) panekuk yg. dipotong-potong; *fig.* omong-kosong

Schmatz *m* (–*es*;–*e*/–̈*e*) *ugs.* kecup dng. bunyi, *bp.* cipok; **≗en** *ugs. itr.* (makan secara) berkecap-kecap, berdecap-decap; *küssen* mengecup/mencipok (sehingga terdengar)

schmauchen *itr. tr.* mengisap rokok dng. nikmat

Schmaus *m* (–*es*;–̈*e*) makanan banyak dan lezat; **≗en** *itr.* makan dan minum banyak dng. enak dan nikmat

schmecken *tr.* mencicipi; merasai; *itr.* berasa; *das Essen schmeckt gut* makanan berasa lezat; *der Tee schmeckt bitter* teh berasa pahit; *bitte lassen Sie sich's gut ~ !* selamat makan! *diese Arbeit schmeckt mir nicht* saya tdk. menyukai pekerjaan itu

Schmeichelei *f* (–;–*en*) puji-pujian yg. bersifat menjilat; sanjungan/rayuan yg. berlebihan

schmeichel|haft yg. bersifat memuji-muji, menyanjung-nyanjung; **≗kätzchen** *n*, **≗katze** *f* gadis/anak yg. pintar merayu; **–n** *itr. tr.* membujuk, merayu, memuji-muji; *liebkosen* mengusap-usap; *ich fühle mich geschmeichelt* terimakasih atas pujian (itu); ²rede *f* kata pujian, rayuan, sanjungan

Schmeichler|(in *f*) *m* (–*s*;–) penjilat; perayu; **²isch** bersifat terlalu memuji/menyanjung

schmeiß|en *unr. ugs. tr. itr.* melempar(kan); *den Laden schon ~ werden* akan berhasil menyelesaikan sst., mampu mengerjakan/mengurus sst.; *mit Geld um sich ~* menghamburkan uang; **²fliege** *f* lalat hijau, *calliphora*

Schmelz *m* (–*es*;–*e*) (lapisan) email pd. gigi; email; *der ~ der Stimme* merdunya suara; **–arbeit** *f* proses peleburan; (pembuatan) email

schmelzbar dapat dilebur

Schmelz|e *f* (–;–*n*) leburan; (tempat) peleburan; *Metall* leburnya; *Schnee* lelehnya; **²en** *unr. tr. itr.* melebur (–kan), mencair(kan); meleleh(kan); **–er** *m* (–*s*;–) tukang/ahli lebur; **–erei** *f* (–;–*en*) *s. Schmelzhütte*

Schmelz|farbe *f* warna email; **–hütte** *f* tempat peleburan; **–käse** *m* keju yg. dapat dioleskan; **–ofen** *m* dapur lebur, peleburan; **–punkt** *m* titik lebur/leleh; **–sicherung** *f, Elek.* sekering dng. kawat (lumer); **–tiegel** *m* cawan/kui pelumer; *fig.* tempat bercampur-baur

Schmerbauch *m, ugs.* perut gendut

Schmerz *m* (–*es*;–*en*) rasa sakit/nyeri; *seelisch* rasa sedih, dukacita; *den ~ betäuben* memberikan obat penghilang rasa sakit/nyeri; **²empfindlich** peka akan rasa nyeri/sakit; **²en** *itr. tr.* merasa sakit/sedih, menyakitkan, menyedihkan

Schmerzens|geld *n* uang sebagai ganti-rugi penderitaan; **–lager** *n* tempat (tidur) orang yg. menderita sakit; **–schrei** *m* teriakan rasa sakit/nyeri

schmerz|haft sakit, yg. bersifat menyakitkan/menyedihkan; **–lich** *seelisch* bersifat menyakitkan/menyedihkan, pahit; **–lindernd** bersifat mengurangi rasa sakit/nyeri; **–los** tanpa rasa sakit; *kurz u. ~* lancar dan cepat; **–stillend** yg. menghilangkan rasa sakit; *~e Arznei* obat lali; **–voll** sakit/nyeri sekali

Schmetterling *m* (–*s*;–*e*) kupu-kupu, *lepidopteren; großer ~* rama-rama; **–sblütler** *m* sm. tanaman yg. bunganya berbentuk/spt. kupu-kupu, *papilionaceae;* **–sstil** *m, Sp.* (renang) gaya kupu-kupu

schmetter|n *tr.* membanting; *Sp.* memukul dng. keras; *itr., Vogel* bersiul nyaring; *Trompete* berbunyi nyaring; *e-n ~, ugs.* minum (minuman keras); **²schlag** *m, Sp.* pukulan yg. mematikan

Schmied *m* (–*e̸s*;–*e*) pandai besi; **²bar** dapat ditempa

Schmiede *f* (–;–*n*) dapur/bengkel/api tempa besi; **–eisen** *n* besi yg. ditempa (bagus) oleh pandai besi; **–hammer** *m* godam, palu tempa/besar

schmieden *tr.* menempa, menggodam; *fig.* menggembleng; *Pläne ~* membuat/menyusun rencana utk. masa depan

schmieg|en *tr.* melekatkan, menyandarkan; *sich ~ an* bersandar/menempel/merapat erat pd., *Kleid* pas/ketat pd.; **–sam** lemas, lunak, lentur, fleksibel

Schmier|büchse *f* kaleng minyak, lubrikator; **–e** *f* (–;–*n*) semir; *Mot.* gemuk; *Thea.* teater murahan; *~ stehen, ugs.* menjaga spy. orang lain dapat berbuat jahat dng. aman; **²en** *tr. itr.* mengoles(kan), menyemir, melumas(kan), meminyaki; *ugs.* mencoret-coret, menulis dng. tdk. jelas; *fig.* menyogok; **–er(in** *f*) *m* (–*s*;–) tukang semir/pelumas; *schlechter Autor/Maler* penulis buku picisan, pelukis murahan; **–erei** *f* (–;–*en*) perbuatan melumuri; lukisan/tulisan buruk/jelek; **–fett** *n* minyak pelumas; **–fink** *m* (–*en*;–*en*) anak kotor; *Schreiber* penulis jorok; *fig.* orang (yg. beromong) kotor; **–geld** *n* uang sogok/suap; **–heft** *n* buku tulis utk. catatan sementara

schmierig berlumur, lengket, kotor; *fig.* berwatak bejat

Schmier|käse *m* keju yg. dapat dioleskan; **–mittel** *n* bahan pelumas; **–öl** *n* oli pelumas; **–papier** *n* kertas buram/kelat; **–presse** *f*, **–pistole** *f* alat semprot/pelumas; **–seife** *f*

sabun colek; **–stoff** *m* bahan pelumas; **–ung** *f* (*–;–en*) pelumasan
Schmink|e *f* (*–;–n*) alat kosmetik, kosmetika; *Lippen* gincu; **≗en** *tr. refl.* mendandani muka; *Bericht* memalsukan spy. disenangi; **–mittel** *n* alat kosmetik; **–tisch** *m* meja rias
Schmirgel *m* (*–s;O*) amplas, amril; **–leinwand** *f* kain amplas/amril; **≗n** *itr. tr.* mengamplas(i), menggosok; **–papier** *n* kertas amplas
Schmiß *m* (*. . . sses; . . . sse*) luka, bekas luka (karena main anggar); *fig.* semangat
schmissig bersemangat, bergairah
Schmöker *m* (*–s;–*) perokok; *ugs.* buku tua; **≗n** *itr.* merokok; *ugs.* membaca buku ringan
schmoll|en *itr.* mendongkol, mencibirkan bibir; **≗winkel** *m*, *im ~ sitzen, ugs.* sedang mendongkol
Schmor|braten *m* daging semur (dl. panci tertutup); **≗en** *tr. itr.* menggoreng lalu menyemur/merebus lama; *refl.* menjemur diri; mandi keringat, *Kabel* menjadi hangus/terbakar; **–pfanne** *f* panci semur
Schmu *m* (*–s;O*) *ugs.* tipuan; *~ machen* menipu
schmuck bagus, indah, cantik, cakep; **≗** *m* (*–es;O*) (per)hiasan, dandanan; dekorasi
schmücken *tr.* menghias(i), mendandani; *refl.* berhias (diri)
Schmuck|kästchen *n* benian; **≗los** sederhana, bersahaja; **–sachen** *pl* perhiasan; **–stück** *n* (per)hiasan; *fig.* kebanggaan; **–waren** *pl* perhiasan
Schmuggel *m* (*–s;O*) penyelundupan; **≗n** *itr. tr.* menyelundup (-kan); **–ware** *f* barang selundupan
Schmuggler *m* (*–s;–*) penyelundup
schmunzeln *itr.* tersenyum simpul; **≗** *n* (*–s;O*) senyuman
Schmus *m* (*–es;O*) *ugs.* rayuan; omong kosong; *fig.* jilatan; **≗en** *itr. ugs.* merayu, bercumbu-rayu; *fig.* membujuk-bujuk
Schmutz *m* (*–es;O*) kotoran, sampah; *in den ~ ziehen* mencemarkan; **–bürste** *f* sikat pembersih; **≗en** *itr.* menjadi kotor; **–fink** *m* (*–en;–en*) *ugs.* orang kotor/jorok, pengotor; **–fleck** *m* noda (kotor); **≗ig** kotor, jorok; bejat, busuk; *~e Fantasie* khayalan cabul; **–literatur** *f* tulisan porno/jorok; **–presse** *f* pers cabul/porno; **–titel** *m* titel perancis; **–zulage** *f* tambahan gaji utk. pekerjaan yg. sangat kotor
Schnabel *m* (*–s;¨–e*) paruh; *Kanne* cerat, mulut teko; *fig. derb* mulut (manusia); *reden wie e-m der ~ gewachsen ist* berbicara blak-blakan/terus-terang; **≗förmig** berbentuk/spt. paruh
schnäbeln *itr. Vögel* bersulang-sulangan; *Menschen* berciumciuman
Schnabel|tasse *f* cawan yg. bercerat; **–tier** *n* sm. binatang kloaka di Australia, *ornithorhynchus anatinus*
Schnake *f* (*–;–n*) sm. nyamuk besar, *tipulidae*
Schnalle *f* (*–;–n*) gesper, timang; **–nschuh** *m* sepatu bergesper
schnalzen *itr., mit der Zunge ~* mendepakkan/mendetakkan lidah; *mit den Fingern ~* memetik jari
schnappen *itr., die Tür schnappt ins Schloß* pintu terkatup dng. bunyi jeklek; *mit den Fingern ~* memetik jari; *tr. ugs.* menangkap, mengambil dng. cepat; *frische Luft ~* menghirup udara segar
Schnäpper *m* (*–s;–*) kancing (pintu), kunci pegas
Schnapp|hahn *m* penyamun; **–messer** *n* pisau lipat; **–sack** *m* ransel; **–schloß** *n* kunci pegas; **–schuß** *m*, *e-n ~ machen, Fot.* menjepret
Schnaps *m* (*–es;¨–e*) sopi, jenewer; **–brennerei** *f* penyulingan sopi/jenewer; **–flasche** *f* botol sopi; **–glas** *n* gelas seloki; **–idee** *f* ide/gagasan gila
schnarchen *itr.* mendengkur, *bp.* mengorok
Schnarre *f* kelontong, kelentungan
schnattern *itr.* menggericau, meleter, mengoceh, berceloteh; *vor Kälte ~* menggigil
schnauben *itr.* mendengus, mengembus nafas
schnauf|en *itr.* bernafas terengah-engah; **≗er** *m* (*–s;–*) tarikan dan

hembusan nafas yg. dalam; *den letzten ~ tun, ugs.* mati

Schnauz|bart *m* kumis lebat; **–e** *f* (*–;–n*) moncong; *fig., derb* bacot; *die ~ voll haben* sudah bosan, muak, jenuh; **≗en** *itr. derb* mencaci-maki (dng. keras)

Schnecke *f* (*–;–n*) siput, keong, *cochlea*

schnecken|förmig berbentuk spiral; **≗gang** *m, fig.* jalan lambat-lambat; **≗getriebe** *n* transmisi ulir; **≗haus** *n* rumah siput; **≗linie** *f* spiral; **≗tempo** *n* gerakan yg. sangat pelan/lamban

Schnee *m* (*–s;O*) salju; *vom Ei* putih telur yg. dikocok sampai berbusa; **–ball** *m* bola salju; **–ballsystem** *n* cara penjualan dng. memberi potongan kpd. pembeli kalau ia mendatangkan pembeli baru; surat berantai; **≗bedeckt** tertutup salju; **–besen** *m* pengocok telur; **≗blind** buta/silau karena pantulan sinar matahari pd. salju; **–fall** *m* turunnya salju; **–flocke** *f* jonjot/serpih(an) salju; **–gestöber** *n* turunnya salju yg. deras disertai angin kencang; **–glöckchen** *n* sm. bunga amarilis, *galanthus nivalis;* **–grenze** *f* batas salju abadi; **–hütte** *f* iglo; **≗ig** putih spt. salju; tertutup salju

Schnee|kette *f* jaring rantai yg. dipasang pd. ban mobil; **–lawine** *f* longsoran salju; **–mann** *m* orang-orangan dari salju; **–matsch** *m* lumpur salju, salju yg. mulai melumer; **–pflug** *m* mobil bajak yg. menyisihkan salju di jalan; **–regen** *m* hujan bercampur salju; **–schläger** *m, s. Schneebesen;* **–schmelze** *f* mencairnya salju; **–schuh** *m, s. Ski;* **–sturm** *m* badai salju; **–treiben** *n, s. Schneegestöber;* **–verwehung** *f,* **–wehe** *f* timbunan/tumpukan salju karena tiupan angin; **≗weiß** seputih salju; *fig.* sangat pucat; **–wetter** *n* cuaca bersalju; **–wittchen** *n* (*–s;O*) Putri Salju

Schneid *m* (*–s;O*) keberanian, kegagahan; **–brenner** *m* alat pemotong besi dng. kepanasan tinggi; pipa hembus

Schneide *f* (*–;–n*) mata pisau; **–brett** *n* talenan

schneiden *unr. tr. itr.* memotong, mengiris; *Haar* memangkas; *Gras* membabat; *Schere* menggunting; *Math.* silang-menyilang; *j-n ~, fig.* tdk. menghiraukan sso.; *sich ins eigene Fleisch ~* merugikan diri sendiri; *die Straßen ~ sich* jalan bersilang; **–d** tajam, menusuk

Schneider *m* (*–s;–*) penjahit, tukang jahit; **–ei** *f* (*–;–en*) tempat penjahit; keahlian jahit-menjahit; **–in** *f* (*–;–nen*) penjahit wanita, modiste; **–kostüm** *n* pakaian buatan penjahit; **–meister** *m* ahli jahit; **≗n** *itr. tr.* menjahit; **–puppe** *f* sm. boneka utk. mengepas pakaian; **–sitz** *m* duduk bersila; **–werkstatt** *f* tempat kerja tukang jahit

Schneidezahn *m* gigi seri/manis/pengiris

schneidig gagah, berani; tegas

schneien *itr.* turun salju

Schneise *f* (*–;–n*) jalur pemisah antara dua bagian pepohonan di tengah hutan

schnell cepat, lekas; segera; **≗bahn** *f* sm. (jaringan) kereta listrik cepat (dl. kota besar dan sekitarnya); **≗boot** *n* perahu motor cepat; kapal perang kecil yg. cepat; **≗dienst** *n* sistem pelayanan cepat; **≗e** *f* **1.** (*–;O*) kecepatan; *auf die ~! ugs.* ayo cepat-cepat! **2.** (*–;–n*) *Fluß* riam; **–en** *tr.* melambungkan; *itr.* sekonyong-konyong meloncat/melambung (ke atas); *mit dem Finger ~* memetik jari; **≗feuer** *n, Mil.* sm. tembakan mitraliur; **–füßig** dapat bergerak dng. cepat, dapat berlari cepat; **≗gang** *m* persneling empat; **≗gericht** *n* pengadilan kilat; *Gastronomie* makanan yg. dapat dihidangkan dng. cepat; **≗hefter** *m* snelhechter

Schnelligkeit *f* (*–;O*) kecepatan; **–smesser** *m* alat pengukur kecepatan; **–srekord** *m* rekor (ter-) cepat

Schnell|imbiß *m* makanan kecil; **–imbißstube** *f* warung makanan kecil; **–kocher** *m* panci pemasak cepat; **–kraft** *f* daya pegas; **–kurs** *m* kursus kilat; **–(l)auf** *m* lari cepat; **–(l)äufer(in** *f*) *m* pelari cepat; **–presse** *f* mesin cetak cepat; **–rech-**

ner *m* kalkulator; **–reinigung** *f* binatu (secara) kimiawi yg. cepat; **–schrift** *f* tulisan steno; **≗stens** secepat-cepatnya; langsung; **–straße** *f* jalan raya utk. lalu-lintas cepat, jalur cepat; **–triebwagen** *m* kereta diesel cepat; **–verband** *m* pembalut cepat, perban khusus P3K; **–verfahren** *n* pengadilan kilat; *Tech.* cara/sistem singkat; **–verkehrsstraße** *f* jalan raya utk. lalu-lintas cepat; **–waage** *f* timbangan dng. jarum-jarum (yg. tdk. memakai batu timbangan); **–zug** *m* kereta api ekspres, *bp.* sepur senel

Schnepfe *f* (–;–*n*) sm. burung berkik/celutuk/kedidi/terinil; *ugs.* pelacur

schneuzen *tr. refl.* membuang ingus, mengesang

Schnickschnack *m* (–*s;O*) *ugs.* omong kosong; *Dinge* barang kecil yg. tdk. berharga

schniegeln *sich* ~ bersolek secara berlebihan, berpakaian perlente

Schnipp|chen *n* (–*s;*–) *j-m e* ~ *schlagen* memperdayakan/mengakali sso.; **–el** *m, n* (–*s;*–) *s. Schnipsel;* **≗en** *itr.* memetik jari; **≗isch** ketus

Schnipsel *m, n* (–*s;*–) sobekan/cabikan/potongan (kertas); **≗n** *itr. ugs.* merobek-robek, menggunting-gunting

schnipsen *itr. ugs.* menjentik, menyentil; *s. schnippen*

Schnitt *m* (–*(e)s;*–*e*) p(em)otongan; goresan; *Wunde* luka goresan; *Zeichnung* penampang, belahan; *Kleid* gaya; *Buch* tepi buku; *Math.* titik potong; *Getreide* panen; *im* ~ *100 km* dng. kecepatan rata-rata seratus kilometer; *e-n guten* ~ *machen* mendapat keuntungan; **–blumen** *pl* bunga (yg. sudah dipotong dari pohonnya); **–bohnen** *pl* sm. buncis; **–e** *f* (–;–*n*) irisan, potongan, keratan (roti, sosis, keju . . .); **–er** *m* (–s;–), **–erin** *f* (–;–*nen*) tukang potong/sabit; **–fläche** *f* permukaan benda yg. dibelah, penampang; **–holz** *n* kayu batangan yg. dapat dibelah-belah; **≗ig** bergaya, menarik, apik, elegan; **–lauch** *m* lokio, *allium schoenoprasum; bp.* daun bawang; **–muster** *n* pola baju; **–punkt** *m* titik potong; **–waren** *pl* (bahan) tekstil; **–winkel** *m* sudut bertolak belakang; **–wunde** *f* luka goresan

Schnitzarbeit *f, s. Schnitzerei*

Schnitzel *n* (–*s;*–) cabikan kertas; *Fleisch* sayatan daging (sapi . . .) panggang, *bp.* snisel; **–jagd** *f* sm. permainan kejar-kejaran

schnitz|en *tr.* mengukir, memahat; **≗er** *m* (–*s;*–) pengukir, pemahat; *fig.* kesalahan yg. tak disengaja, kekhilafan; **≗erei** *f* (–;–*en*) ukiran; seni ukir/pahat; **≗kunst** *f* seni pahat/ukir; **≗messer** *n* pisau pahat; **≗werk** *n* ukiran

schnodd(e)rig *ugs.* kurang sopan/ajar, terlalu bebas

schnöde bersifat menghina/memalukan; *j-n* ~ *behandeln* memperlakukan sso. dng. kasar; ~*r Undank* sangat tdk. berterimakasih

Schnorchel *m* (–*s;*–) alat penggantian udara pd. kapal selam; alat pernafasan utk. penyelam, snorkel

Schnörkel *m* (–*s;*–) garis/hiasan berlekuk-lekuk, garis ikal; **≗n** *itr.* membuat garis yg. berkelok-kelok

schnorren *tr. itr. ugs. bp.* nebeng terus, minta-minta

schnüff|eln *itr.* mengendus; memeriksa dng. mencium-cium; *fig.* suka memeriksa barang orang lain; **≗ler** *m* (–*s;*–) pengintip urusan orang lain

Schnuller *m* (–*s;*–) dot

Schnulze *f* (–;–*n*) lagu/sandiwara/film yg. sentimental

Schnupf|en *m* (–*s;*–) pilek, selesma, *coryza;* **≗en** *itr.* menarik nafas dng. tersendat-sendat; *Tabak* memakai tembakau sedotan; **–tabak** *m* tembakau sedotan, senggeruk; **–tabaksdose** *f* kotak tembakau sedotan; **–tuch** *n, s. Taschentuch*

Schnuppe *f* (–;–*n*) *s. Sternschnuppe;* **≗** *Adj. ugs. bp.* peduli amat; **≗rn** *itr., s. schnüffeln*

Schnur *f* (–;*¨*–*e*) tali

Schnür|band *n* tali utk. mengikat (sst.); **–boden** *m, Thea.* tempat utk. menggantungkan dekorasi panggung; *Mar.* ruangan tempat menggambarkan bagian-bagian kapal;

–**chen** *n, wie am* ~ sangat lancar, cepat; **⁼en** *tr.* mengikat dng. tali
schnurgerade lurus sekali
Schnürloch *n* lobang tali
Schnurr|bart *m* kumis; **–e** *f* (–;–*n*) lelucon, ceritera lucu; **⁼en** *itr., Katze* mengeruh; *Räder* berdengung, mendengung
Schnürriemen *m* tali sepatu
Schnür|schuh *m* sepatu bertali; **–senkel** *m* tali sepatu; **–stiefel** *m* sepatu lars yg. pakai tali
schnurstracks langsung, segera
schnurz *Adj. ugs.* masa bodoh
Schnute *f* (–;–*n*) *ugs.* mulut; *e-e* ~ *ziehen* mencebik, mencibirkan bibir
Schober *m* (–*s*;–) timbunan jerami; tempat bertutup utk. menumpuk jerami
Schock 1. *n* (–*ѕ*;–*e*) enam puluh buah, tiga kodi; **2.** *m* (–*ѕ*;–*s*) kejutan, goncangan; *Elek.* kejutan/sentakan listrik, *bp.* keset(e)rom; **⁼en** *tr.* mengejutkan; *Med.* melakukan terapi dng. kejutan listrik; **⁼ieren** (–) *tr.* mengejutkan, menyinggung perasaan; **–therapie** *f* terapi yg. menggunakan kejutan listrik
schofel(ig) *ugs.* pelit, kikir; licik, busuk
Schöffe *m* (–;–*n*) anggota awam dl. dewan hakim; **–ngericht** *n* pengadilan yg. beranggotakan orang awam
Schokolade *f* (–;–*n*) coklat; **–ntafel** *f* batang coklat
Scholastik *f* (–;*O*) aliran filsafat/teologi abad pertengahan; **–er** *m* (–*s*;–) penganut aliran filsafat scholastik; frater Jesuit; *pej.* orang yg. pandai teori saja, orang yg. terlalu memperhatikan hal kecil-kecil
Scholle *f* (–;–*n*) **1.** gumpalan tanah/es; *Heimat* tanah-air; **2.** sm. ikan lidah-lidah, ikan sebelah, *pleuronectes platesse*
schon sudah, telah; ~ *mal,* ~ *früher* sudah pernah; *wie lange sind Sie* ~ *hier?* sudah berapa lama anda di sini? *ich komme* ~ saya segera datang; *er wird* ~ *kommen* dia pasti akan datang; *das wird* ~ *gehen* bisa diatur, pasti beres; *es ist* ~ *so* memang demikian; begitulah; ~ *gut!* baiklah! oke! sudah! ~ *der Höflichkeit wegen* karena sopan santun pun; *wenn* ~ *denn* ~ kalau sudah begitu harus betul-betul begitu; *na, wenn* ~, *ugs.* tdk apa-apa, *bp.* biarin, tak apalah
schön bagus, indah, cantik, cakap, elok, ayu, rupawan; *angenehm* enak; *beträchtlich* agak, sangat; ~*e Literatur* sastra; *e-e* ~*e Summe* jumlah yg. agak besar; *e-s* ~*en Tages* pd. suatu hari; kelak; ~*en Dank* terimakasih banyak; *das ist nicht* ~ *von Ihnen* tdk. patut bahwa anda . . . ; ~*e Feiertage!* selamat hari raya! *das wäre ja noch* ~*er* pasti tdk. demikian; ~ *dumm* bodoh betul; *ich habe mich* ~ *erschreckt* saya sangat kaget; *sei(d)* ~ *brav!* baik-baik saja ya! *du bist mir ja e* ~*er Fahrer! iron.* kau pengemudi buruk/jelek! ~ *ruhig bleiben* tenang saja, sabar
Schonbezug *m* kain tutup tempat duduk; *Möbel* kain tutup perabot
Schön|druck *m* halaman muka kertas yg. dicetak lebih dulu; **–e** *f* (–*n*;–*n*) wanita rupawan
schonen *tr.* memelihara/merawat dng. hati-hati; *sich* ~ beristirahat; **–d** dng. hati-hati
Schoner *m* (–*s*;–) kain penutup/sarung; *Mar.* sekunar; sekonyar
schönfärben *tr. fig.* menggambarkan lebih baik dp. sebenarnya
Schonfrist *f* kelonggaran/tenggang waktu
schöngeistig yg. berh. dng. seni (sastra, musik, senirupa); ~*e Literatur* sastra
Schönheit *f* (–;–*en*) **1.** keindahan, kecantikan, keelokan; **2.** *Frau* wanita cantik; **–sfehler** *m* cacat kecil; **–skönigin** *f* ratu kecantikan; **–skonkurrenz** *f* kontes kecantikan; **–smittel** *n* alat kecantikan, kosmetika; **–spflege** *f* perawatan kecantikan; **–ssalon** *m* salon kecantikan; **–ssinn** *m* rasa (akan) keindahan; **–swettbewerb** *m, s. Schönheitskonkurrenz*
Schonkost *f* diet
schön|machen *sich* ~ merias/mempercantik diri, berdandan; **⁼redner** *m* penjilat; **⁼schreibekunst** *f* kali-

grafi; **–tun** *unr. itr.* menjilat, membujuk

Schonung *f* **1.** (–;*O*) pemeliharaan, perawatan, perlindungan; tetirah; *Mäßigung* keringanan; ~ *der Augen* perlindungan mata; **2.** (–;–*en*) hutan lindung muda; **≗sbedürftig** memerlukan istirahat; **≗slos** tanpa ampun/maaf, kejam

Schonzeit *f* musim tertutup bagi pemburuan

Schopf *m* (–*es*;–̈*e*) rambut; *Vögel* jambul; *die Gelegenheit beim ~ fassen* menggunakan kesempatan

Schöpf|brunnen *m* sumur yg. airnya diambil dng. menimba; **≗en** *tr.*, *Wasser* menimba; *Essen* mencedok; *Atem* menarik nafas; *neue Hoffnung ~* memperoleh harapan baru; *aus dem Vollen ~* tersedia berlimpah-ruah

Schöpfer *m* (–*s*;–) **1.** timba; pencedok; **2.** pencipta; *Gott* Sang Pencipta, Khalik; **≗isch** kreatif, berdaya cipta, produktif; **–kraft** *f* daya cipta

Schöpf|gefäß *n* gayung; **–kelle** *f*, **–löffel** *m* pencedok; **–ung** *f* (–;–*en*) penciptaan; karya cipta; (alam) ciptaan; **–werk** *n* mesin utk. menimba air, kincir air

Schoppen *m* (–*s*;–) segelas anggur/bir (1/4 liter); setengah liter susu

Schorf *m* (–*ɇs*;–*e*) *Wunde* keropeng; *Kopf* ketombe; *Pflanze* sm. penyakit berjamur

Schorle *f* (–;–*n*) campuran anggur dan air soda

Schornstein *m* (–*ɇs*;–*e*) cerobong asap; **–feger** *m* penyapu cerobong asap

Schoß *m* **1.** (*Schosses; Schosse*) *Bo.* tunas, lembaga; **2.** (–*es*; –̈*e*) pangkuan, haribaan; *Anat.* rahim; *im ~ der Familie* di tengah keluarga; *es ist ihm in den ~ gefallen* dia dapat rezeki nomplok; **–hund** *m* anjing manja

Schößling *m* (–*s*;–*e*) *s. Schoß 1.*

Schote *f* (–;–*n*) **1.** kulit ercis/buncis; (buah) kacang polong; **2.** *Mar.* tali kelat

Schott *n* (–*ɇs*;–*e*) *Mar.* dinding pemisah kedap-air (dl. kapal), sekat; **–er** *m* (–*s*;–) batu kerikil; **≗ern** *tr.* mengkerikil(i) jalan

schraffieren (–) *tr.* membuat garis-garis sejajar (dng. halus dan rapat)

schräg miring, serong, diagonal; ~ *gegenüber* seberang sebelah kanan/kiri; ~*e Musik, ugs.* musik jazz; **≗e** *f* (–;–*n*) miringnya, condongnya; **–laufend** diagonal; **≗schrift** *f* huruf miring/kursif; **≗strich** *m* garis/strip miring

Schramm|e *f* (–;–*n*) goresan; *Haut* luka kecil/garukan; **≗en** *tr.* menggores, melukai sedikit

Schrank *m* (–*ɇs*;–̈*e*) lemari, almari

Schranke *f* (–;–*n*) palang, batas; *Eisenbahn* pintu kereta api; *j-n in die ~n weisen* menegur/memperingatkan sso. (spy. menahan diri)

schranken|los tak terbatas, tak terkendalikan; **≗wärter** *m* penjaga pintu kereta api

Schrank|fach *n* bagian dl. lemari; **–koffer** *m* koper besar

Schranze *m* (–*n*;–*n*) penjilat

Schrapnell *n* (–*s*;–*e*/–*s*) pecahan peluru meriam

Schraubdeckel *m* tutup (botol) yg. dapat diputar

Schraube *f* (–;–*n*) sekrup; *Flgw.*, *Mar.* baling-baling; ~ *u. Mutter* sekrup dan mur; *bei ihm ist e-e ~ locker, fig. ugs.* dia sinting; **≗n** *tr.* menyekrup(kan), mengencangkan (dng.) sekrup; memutarkan

Schrauben|bohrer *m* gerek/bor spiral; **–dampfer** *m* kapal uap baling-baling; **–gewinde** *n* ulir sekrup; **–lehre** *f* mikrometer; **–mutter** *f* mur; **–schlüssel** *m* kunci sekrup/mur; **–windung** *f* (satu) putaran ulir sekrup; **–zieher** *m* obeng

Schraub|stock *m* ragum, *bp.* catok; **–verschluß** *m*, *s. Schraubdeckel*

Schrebergarten *m* kebun bunga/sayur dl. kompleks (yg. dikhususkan utk. kebun saja)

Schreck *m* (–*ɇs*;–*e*) sentakan kaget/kejut; *in ~en versetzen* mengagetkan; *ach du ~ !* aduh, ya ampun! **–bild** *n*, *fig.* gambaran yg. menakutkan; hantu, bayangan yg. mengerikan; **≗en** *tr.* menakutkan, mengagetkan, mengejutkan; **–en** *m* (–*s*;–) *s. Schreck*

Schreckens|botschaft *f* kabar tt. bahaya/ancaman/musibah; **–herrschaft** *f* pemerintahan teror; **–nachricht** *f, s. Schreckensbotschaft*
Schreck|gespenst *n* hantu; bayangan yg. mengerikan; *fig.* momok; **≗haft** mudah terkejut/kaget; **≗lich** *Adj.* yg. mengerikan, mengejutkan, dahsyat; *e ~er Mensch* tukang ganggu; *Adv., ugs., es tut mir ~ leid* saya sangat menyesal; *~ teuer* mahal sekali
Schreck|mittel *m* sst. yg. digunakan utk. menakutkan; **–schuß** *m* tembakan peringatan; **–schußpistole** *f* pistol utk. peluru kosong; **–sekunde** *f* saat tegang (seakan lumpuh) pd. waktu sso. kaget; *Jur.* waktu yg. diperlukan sebelum dapat bereaksi
Schrei *m* (–*e*s;–*e*) teriakan, jeritan, pekik; *der letzte ~* mode(l) mutakhir
Schreib|art *f* gaya menulis; **–artikel** *m*, **–bedarf** *m* alat keperluan tulis-menulis; **–block** *m* bloknotes
schreiben *unr. tr. itr.* menulis(i); *Brief* menyurat; *verfassen* mengarang; *j-n krank ~* menyatakan bahwa sso. sakit (oleh dokter); *sich mit j-m ~* surat-menyurat dng. sso.; **≗** *n* (–*s*;–) surat, dokumen; *Ihr ~ vom* surat Anda bertanggal
Schreiber *m* (–*s*;–) penulis; *Verfasser* pengarang; *Abschreiber* penyalin, juru tulis; *Tech.* alat pencatat; **–ei** *f* (–;–*en*) pekerjaan tulis-menulis; **–ling** *m* (–*s*;–*e*) kulit tinta; pengarang yg. karyanya banyak tetapi tdk. bermutu; **–seele** *f* orang yg. picik
schreib|faul malas menyurat; **≗feder** *f* mata pena; **≗fehler** *m* salah-tulis; **≗gerät** *n* alat tulis; *Tech.* alat pencatat; **≗heft** *n* buku tulis; **≗hilfe** *f* juru tik; **≗kraft** *f* juru tik; pembantu sekretariat, penulis steno; **≗mappe** *f* map surat; **≗maschine** *f* mesin tik/tulis; **≗maschinenpapier** *n* kertas tik; **≗material** *n* alat tulis-menulis; **≗papier** *n* kertas tulis; **≗pult** *n* rehal tulis; **≗schrift** *f* tulisan tangan; **≗stube** *f, Mil.* kantor; **≗tafel** *f* papan tulis; **≗tisch** *m* meja tulis; **≗ung** *f* (–;–*en*) ejaan; **–unkundig** tdk. mampu/dapat menulis; **≗unterlage** *f* alas tulis; **≗verbot** *n* larangan mengarang; **≗waren** *pl* perlengkapan tulis-menulis; **≗warenhändler** *m* penjual/pedagang perlengkapan/alat tulis-menulis; **≗weise** *f* cara menulis, ejaan; **≗zeug** *n* alat tulis
schreien *unr. itr. tr.* berteriak, menjerit, meneriakkan; *das Baby schreit* bayi menangis; **–d** *~e Farben* warna menyala/menyolok; *~es Unrecht* ketidakadilan yg. sangat menyolok
Schrei|er *m* (–*s*;–), **–hals** *m, ugs. bp.* tukang teriak; *Kind* anak yg. sering berteriak
Schrein *m* (–*e*s;–*e*) sm. peti/lemari utk. relikwi; *fig.* lubuk hati; **–er** *m* (–*s*;–) tukang kayu; **≗ern** *itr.* bekerja sebagai tukang kayu
schreiten *unr. itr.* melangkah; *zur Wahl ~* memungut suara; *zur Tat ~* (me)mulai bertindak
Schrift *f* (–;–*en*) tulisan; (jenis) huruf; *s. Schriftstück; Veröffentlichung* terbitan, tulisan, karangan; *Heilige ~* Kitab Suci, Alkitab; **–art** *f* jenis huruf; **–auslegung** *f* eksegese, pen(t)afsiran; **–deutsch** *n* bahasa Jerman baku; **–führer(in** *f*) *m* panitera, pencatat, penulis notulen; **–gelehrte** *m* ahli Taurat/Alkitab; **–leiter** *m, Zeitung* redaktur, editor; **–leitung** *f* redaksi; **≗lich** (secara) tertulis
Schrift|rolle *f* gulungan naskah Alkitab; **–satz** *m* (hasil) penyusunan huruf; *Jur.* pernyataan/permintaan tertulis; **–setzer** *m* (tukang) seter, penyusun huruf; **–sprache** *f* bahasa tinggi/baku; **–steller** *m* (–*s*;–) pengarang; **≗stellerisch** yg. berh. dng. karang-mengarang; **≗stellern** *itr.* mengarang; **–stück** *n* surat pernyataan, tulisan, dokumen; **–tum** *n* (–*s*;*O*) kepustakaan, literatur; **–verkehr** *m*, **–wechsel** *m* surat-menyurat, korespondensi; **–zeichen** *n* huruf; (huruf) kanji; **–zug** *m* (ciri khas) tulisan tangan
schrill melengking, nyaring
Schritt *m* (–*e*s;–*e*) langkah; gaya berjalan; *fig.* tindakan; *Hose* kangkang; *~ halten mit* sama cepat dng.,

menyamai; *auf ~ u. Tritt* selalu; (*im*) *~ fahren* berjalan pelan-pelan; *~ für ~* langkah demi langkah, tahap demi tahap; **-macher** *m* (*-s;-*) perintis, pembuka jalan; *Herz, Med.* pemacu jantung; **-wechsel** *m* perubahan langkah; **≗weise** langkah demi langkah, tahap demi tahap, pelan-pelan

schroff terjal, curam; *fig.* kasar; *e ~er Gegensatz* pertentangan tajam; **≗heit** *f* (*-;O*) kecuraman; *fig.* kekasaran

schröpfen *tr. Med.* mengambil darah dng. penghisap; *j-n ~* menguras dompet sso.

Schrot *m, n* (*-ẹs;O*) biji padi-padian yg. digiling secara kasar, sm. bulgur; *Gewehr* peluru gotri/mimis; **≗en** *tr.* menggiling secara kasar; **-flinte** *f* sm. senapang berburu

Schrott *m* (*-ẹs;O*) besi tua/ro(ng)sokan; **-händler** *m* pedagang besi tua; **-platz** *m* tempat penimbunan besi tua

schrubb|en *tr.* menyikat/menggosok lantai; **≗er** *m* (*-s;-*) sikat lantai yg. bergagang

Schrull|e *f* (*-;-n*) tingkah; keanehan; **≗enhaft, ≗ig** aneh, sedikit sinting

schrump(e)lig berkerut, (ber)keriput, kisut

schrumpf|en *itr.* menciut, mengerut, menyusut; **≗kopf** *m* tengkorak musuh yg. dikeringkan sampai menyusut; **≗niere** *f* ginjal yg. mengeras dan melisut; **≗ung** *f* (*-;-en*) penyusutan, penciutan

Schrunde *f* (*-;-n*) celah, retak(an); *Haut* rekah, belah

schrupp|en *tr.* mengikir dng. kasar; *s. schrubben*; **≗feile** *f* kikir kasar

Schub *m* (*-ẹs;-̈e*) dorongan; *fig.* (se)kelompok; *Tech.* gaya tolak/dorong; *Med.* serangan; **-fach** *n* laci; **-fenster** *n* jendela sorong; **-karre(n** *m*) *f* gerobak dorong; **-kasten** *m* laci; **-kraft** *f* gaya dorong; **-lade** *f* laci; **-riegel** *m* grendel; **-s** *m* (*-es;-e*) *ugs.* dorongan; *j-m e-n ~ geben, fig.* menyemangati sso.; **≗sen** *tr.* mendorong sedikit, menyenggol; **≗weise** *Adv.* kelompok demi kelompok

schüchtern *Adj.* malu-malu, tersipu-sipu; **≗heit** *f* (*-;O*) rasa malu, keseganan

Schuft *m* (*-ẹs;-e*) orang jahat, bajingan; **≗en** *itr. ugs.* bekerja keras; **-erei** *f* (*-;O*) *ugs.* pekerjaan berat/membosankan; **≗ig** jahat, buruk

Schuh *m* (*-ẹs;-e*) sepatu; *Tech.* kasut; *j-m et. in die ~e schieben* menjadikan sso. kambing hitam; **-anzieher** *m* sendok sepatu, pengiah kasut (sepatu); **-band** *n* tali sepatu; **-bürste** *f* sikat sepatu; **-creme** *f* semir sepatu; **-geschäft** *n* toko sepatu; **-größe** *f* ukuran sepatu; **-krem** *m, s. Schuhcreme;* **-löffel** *m, s. Schuhanzieher;* **-macher** *m* (*-s;-*) tukang sepatu; **-plattler** *m* (*-s;-*) tarian rakyat daerah Bavaria; **-putzer** *m* tukang semir sepatu; **-riemen** *n*, **-senkel** *m* tali sepatu; **-sohle** *f* sol sepatu; **-werk** *n* sepatu; **-wichse** *f* semir sepatu; **-zeug** *n* sepatu

Schukostecker *m* stop kontak dng. pengaman

Schul|alter *n* usia wajib sekolah; **-amt** *n* jawatan penilik sekolah; **-anfänger** *m* anak kelas satu; **-arbeit** *f* pekerjaan rumah; *österreichisch* ulangan; **-ausgabe** *f* edisi utk. sekolah; **-bank** *f* bangku sekolah; **-behörde** *f, s. Schulamt;* **-beispiel** *n* contoh yg. sangat cocok; **-besuch** *m* kehadiran dl. pelajaran; **-bildung** *f* pendidikan (formal); **-buch** *n* buku sekolah pelajaran; **-bus** *m* bis sekolah

Schuld *f* **1.** (*-;O*) kesalahan; *≗ haben* bersalah; *j-m ≗ geben* menyalahkan sso.; *≗ sein* bersalah; **2.** (*-;-en*) hutang; *~en haben* berhutang; **≗bewußt** sadar akan kesalahan, tertekan oleh kesalahan; **-buch** *n* catatan hutang (negara)

schulden *tr.* berhutang; *Dank ~* berhutang budi; **-frei** bebas hutang; **≗last** *f* beban hutang

Schuld|erlaß *m* penghapusan hutang; **-forderung** *f* penagihan hutang; **-frage** *f* masalah kesalahan; **-gefühle** *pl* perasaan bersalah; **-geständnis** *n* pengakuan kesalahan; **≗haft** bersalah

Schul·dienst *m* pekerjaan guru sekolah

schuldig (ber)salah; *j-m et. ~ sein* berhutang kpd. sso.; *ich bin ihm Respekt ~* saya wajib menghormatinya; *j-m keine Antwort ~ bleiben* menjawab serangan/tuduhan/pertanyaan/tantangan sso.; *sich et. ~ sein* patut/wajar melalukan sst.; *was bin ich (Ihnen/dir) ~?* saya harus bayar berapa (kpd. anda/kamu)? **$\stackrel{\circ}{-}$e** *m, f (-n;-n)* pihak (yg.) bersalah; **$\stackrel{\circ}{-}$keit** *f (;-O)* kewajiban, keharusan

Schul·direktor(in *f*) *m* kepala sekolah

Schuld|komplex *m, Psych.* kompleks rasa bersalah; **$\stackrel{\circ}{-}$los** tak bersalah/berdosa

Schuldner *m* (*-s;-*) orang yg. berutang, debitur

Schuld|schein *m* surat pinjaman/hutang, promes; **–spruch** *m* vonis; **–verschreibung** *f (-;-en) s. Schuldschein;* surat obligasi

Schule *f (-;-n)* sekolah; *Unterricht* pelajaran, pendidikan; *Lehrmeinung* aliran; *~ machen* menjadi contoh, ditiru; *in die ~ schicken* menyekolahkan; **$\stackrel{\circ}{-}$n** *tr.* mendidik, melatih, membina

Schul·entlassene *m, f (-n;-n)* lulusan sekolah

Schüler|(in *f*) murid, pelajar, siswa; **–austausch** *m* pertukaran pelajar; **$\stackrel{\circ}{-}$haft** spt. murid, belum matang

Schul|erziehung *f* pendidikan sekolah/formal; **–feriën** *pl* liburan sekolah; **–film** *m* film pendidikan; **–flugzeug** *n, Flgw.* pesawat latihan; **$\stackrel{\circ}{-}$frei** tdk. ada pelajaran, libur; **–freund(in** *f*) *m* teman sekolah; **–funk** *m, Rundf.* siaran pendidikan; **–gelände** *n* pekarangan sekolah; kampus; **–geld** *n* uang sekolah; **–haus** *n* gedung sekolah; **–hof** *m* halaman sekolah; **–inspektor** *m* penilik sekolah; **$\stackrel{\circ}{-}$isch** yg. berh. dng. sekolah; **–jahr** *n* tahun (pel–) ajaran; **–jugend** *f* anak sekolah; **–junge** *m* murid laki-laki

Schul|kamerad(in *f*) *m* teman/kawan sekolah; **–kenntnisse** *pl* pengetahuan yg. diperoleh di sekolah; **–kind** *n* anak sekolah; **–landheim** *n* asrama di luar kota utk. kegiatan ekstra kurikuler; **–lehrer(in** *f*) *m* guru sekolah; **–leiter** *m* kepala sekolah; **–mädchen** *n* murid perempuan; **–mann** *m* ahli pendidikan; **–mappe** *f* tas sekolah; **–meister** *m* guru sekolah; *fig.* orang yg. suka menggurui; **$\stackrel{\circ}{-}$meistern** *itr. tr.* suka menggurui; **–ordnung** *f* tata tertib sekolah

Schul|pflicht *f* wajib-sekolah; **$\stackrel{\circ}{-}$pflichtig** wajib (ber)sekolah; **–ranzen** *m* ransel (sekolah); **–rat** *m* pegawai tinggi penilik sekolah; **–raum** *m* ruang sekolah/kelas; **–schiff** *n* kapal latihan; **–schluß** *m* selesainya sekolah; **–schwänzer** *m, ugs.* pembolos; **–stunde** *f* jam pelajaran; **–tasche** *f* tas sekolah

Schulter *f (-;-n)* bahu, pundak; *~ an ~* bahu-membahu; *et. auf die leichte ~ nehmen* menganggap sepele; *j-m die kalte ~ zeigen* menganggap sepi sso., tdk. melayani sso.; *auf beiden ~n tragen* plin-plan, tdk. berpendirian; *mit den ~n zucken* mengangkat bahu; **–blatt** *n* tulang belikat, *scapula;* **$\stackrel{\circ}{-}$frei** *bp.* streples; **–klappe** *f* epolet; **$\stackrel{\circ}{-}$n** *tr.* memikul, memanggul, menyandang; **–stück** *n, Mil.* epolet; *Fleisch* daging tengkuk

Schulung *f (-;-en)* latihan, pendidikan, khusus, penataran

Schul|unterricht *m* pelajaran di sekolah; **–versäumnis** *n* absen atau tdk. hadir dl. pelajaran; **–verwaltung** *f* administrasi sekolah; dinas urusan sekolah; **–wanderung** *f* ekskursi kelas; **–weg** *m* jalan ke sekolah; **–weisheit** *f* pengetahuan teoretis; **–wesen** *n* (bidang) persekolahan, sistem pendidikan; **–zeit** *f* jam pelajaran; masa menuntut pelajaran di sekolah; **–zeugnis** *n* rapor; **–zimmer** *n* ruang kelas; **–zucht** *f* tata tertib di sekolah; **–zwang** *m* keharusan bersekolah

schummeln *itr. ugs.* menipu, *bp.* menyontek

schumm(e)rig remang-remang

Schund *m (-es;O)* barang rombengan/rosokan; *~ u. Schmutz* publikasi murahan dan jelek isinya

Schund|literatur *f* bacaan picisan; **–roman** *m* roman picisan
Schupo *m* (*–s;–s*) *ugs.* petugas polisi
Schuppe *f* (*–;–n*) *Fisch* sisik; *Kopf* ketombe; *wie ~n von den Augen fallen* sekonyong-konyong menyadari
Schüppe *f* (*–;–n*) sekop, sodok
Schupp|en *m* (*–s;–*) gudang (sederhana), pondok, gubuk, teratak; **≗en** *tr.* menyisik(i); **–entier** *n* binatang mamalia darat yg. bersisik (sm. tenggiling), *pholidota;* **≗ig** bersisik, berketombe
Schur *f* (*–;–en*) pencukuran (domba)
Schür|eisen *n* besi opak; **≗en** *tr.* mengopak, memperbesar (api); *fig.* membakar, menghasut
schürf|en *itr. tr.* menambang, menggali barang tambang, mengeksploitasi; *tief ~, fig.* memikirkan sst. secara mendalam; *sich die Haut ~* kulit lecet (*mis.* karena digaruk); **≗ung** *f* (*–;–en*) luka lecet; *Bgb.* eksploitasi
schurigeln *tr.* mengganggu, mengusik
Schurk|e *m* (*–n;–n*) bajingan, jahanam, durjana; **–enstreich** *m*, **–erei** *f* (*–;–en*) perbuatan jahat, kejahatan; **≗isch** jahat, buruk
Schurz *m* (*–es;–e*) cawat; *s. Schürze*
Schürze *f* (*–;–n*) celemek, sm. baju kerja, *bp.* sekor; **≗n** *tr.* menyingsingkan; *die Lippen ~* mengerutkan bibir; **–njäger** *m* mata keranjang
Schurzfell *n* cawat (dari bahan kulit)
Schuß *m* (*Schusses;Schüsse*) tembakan; *Sp.* tendangan; *Weben* pakan; *e ~ Wein* seteguk anggur; *et. (gut) in ~ halten* merawat baik; *keinen ~ Pulver wert sein* sama sekali tdk. berharga; *weit vom ~* jauh dari bahaya; **≗bereit** siap menembak; *Fot.* siap memotret
Schüssel *f* (*–;–n*) mangkok, pinggan
Schuß|feld *n* daerah/bidang tembak (yg. dijangkau peluru); **≗fertig** *s. schußbereit;* **≗fest** tahan peluru; **–linie** *f* garis/arah tembak; *in die ~ geraten, fig.* menjadi sasaran kritik; **–richtung** *f* arah tembakan; *Sp.* arah tendangan; **–waffe** *f* senjata api; **–weite** *f* jarak tembak; *außer ~ sein* tdk. bisa kena; **–wunde** *f* luka tembakan
Schuster *m* (*–s;–*) tukang sepatu; *auf ~s Rappen* berjalan kaki; **≗n** *itr.* membuat/memperbaiki sepatu; *ugs. fig.* bekerja sembrono
Schute *f* (*–;–n*) sm. tongkang
Schutt *m* (*–es;O*) reruntuhan, puing; **–abladeplatz** *m* tempat (penimbunan) sampah
Schüttel|frost *m* sakit panas-dingin, demam menggigil; **≗n** *tr.* menggoyang-goyangkan, mengocok; *den Kopf ~* menggeleng(-geleng)kan kepala; **–reim** *m* sm. sajak yg. terbentuk oleh pertukaran konsonan-konsonan; **–sieb** *n* ayakan, pengayak
schütt|en *tr.* menuangkan; *es schüttet* hujan lebat; **–er** *Adj.* jarang
Schutt|halde *f*, **–haufen** *m* tumpukan/timbunan sampah atau puing-puing
Schutz *m* (*–es;O*) perlindungan; *fig.* pengayoman; *j-n in ~ nehmen* melindungi/membela sso.; **–anstrich** *m* pengecatan anti karat, pengecatan yg. melindungi thd. kerusakan; *Mil.* pengecatan kamuflase; **–anzug** *m* baju/pakaian kerja; **≗bedürftig** yg. membutuhkan perlindungan; **–befohlene** *m, f* (*–n;–n*) anak asuhan; **–blech** *n* sepatbor; **–brille** *f* kacamata debu/pengaman/pelindung; **–bündnis** *n* perjanjian saling membela; **–dach** *n* tempat perlindungan/penaungan (*mis.* di halte bis)
Schütze *m* (*–n;–n*) penembak, pemburu; *Bogen* pemanah; *Mil.* prajurit infanteri; *Sternzeichen* sagitarius
schützen *tr.* melindungi, membela
Schützenfest *n* sm. pesta rakyat dng. perlombaan tembak
Schutz·engel *m* malaikat pelindung
Schützen|graben *m, Mil.* parit perlindungan; **–hilfe** *f, j-m ~ geben* memberi dukungan kpd. sso.; **–panzerwagen** *m, Mil.* mobil berlapis baja utk. mengangkut tentara
Schutz|färbung *f, Bio.* pewarnaan pelindungan, warna mimikri; **–geist** *m* sm. roh pelindung; **–geleit** *n* pengawalan; **–gott** *m*, **–göttin** *f* dewa/dewi pelindung; **–haft** *f* penahanan preventif, **–heilige** *m, f*

santo/santa pelindung; **–helm** *m* topi pengaman; **–herr** *m* pelindung; **–herrschaft** *f* perlindungan, protektorat; **–hülle** *f* sampul luar/pelindung; selubung, seludang; **–hütte** *f* pondok/penginapan sederhana di pegunungan, jerumun; **–impfung** *f* suntikan preventif

Schützling *m* (*–s;–e*) orang yg. dibantu secara istimewa; *Günstling* anak mas

schutz|los tak terlindung, tanpa perlindungan; **≗mann** *m* (*–s; . . . leute*) (agen) polisi; **≗marke** *f* merek dagang; **≗maske** *f* kedok/topeng gas; **≗maßnahme** *f*, **≗maßregel** *f* tindakan pencegahan; **≗mittel** *n* obat/alat pencegah; **≗patron(in** *f*) *m, s. Schutzheilige;* **≗polizei** *f* polisi; **≗rechte** *pl* hak paten; **≗überzug** *m* kain/lapisan pelindung; **≗umschlag** *m, Buch* sampul luar; **≗verband** *m* **1.** *Med.* perban, pembalut; **2.** asosiasi/gabungan yg. didirikan utk. melindungi kepentingan para anggotanya; **≗vorrichtung** *f* alat pengaman; **≗wache** *f* penjaga, pengawal; **≗waffen** *pl* senjata pembelaan; **≗zoll** *m* bea proteksi, bea impor utk. melindungi produksi dl. negeri

schwabbel|ig lembek, goyah; **–n** *itr. ugs.* (mudah) menggoyah/bergoyang; *Bauch* bergelambir; *s. schwappen*

Schwabe **1.** *f* (*–;–n*) kacoak, coro, lipas; **2.** *m* (*–n;–n*) penduduk daerah Schwaben; **–nstreich** *m* perbuatan tolol

schwach lemah, tak berdaya, tdk. kuat; *minderwertig* kurang; *Kaffee* ringan; *das ~e Geschlecht* kaum wanita; *in e-r ~en Stunde* pd. saat tdk. waspada; *~ werden* menyerah; *mir wird ~* saya mau pingsan; *mach mich nicht ~!* tak mungkin!

Schwäche *f* (*–;–n*) kelemahan; *~ für* kecenderungan akan; **≗n** *tr.* melemahkan, memperlemah

Schwach|heit *f* (*–;O*) kelemahan; **–kopf** *m* orang dungu, *bp.* otak udang

schwäch|lich lemah, sakit-sakitan; **≗ling** *m* (*–s;–e*) orang lemah/lembek

schwach|sichtig kabur penglihatan; **≗sinn** *m* kepandiran; **–sinnig** dungu, pandir; **≗sinnige** *m, f* (*–n;–n*) orang dungu/pandir; **≗strom** *m, Elek.* arus lemah

Schwächung *f* (*–;–en*) pelemahan, pemburukan

Schwaden *m* (*–s;–*) **1.** gumpalan uap dan asap; **2.** *Gras* rumput yg. baru dipotong

Schwadron *f* (*–;–en*) skwadron, eskader; **≗ieren** (*–*) *itr.* membual

schwafeln *itr., ugs.* mengoceh

Schwager *m* (*–s;⸚*) ipar (laki-laki)

Schwägerin *f* (*–;–nen*) ipar (perempuan)

Schwalbe *f* (*–;–n*) burung layang-layang; *hirundinidae;* **–nschwanz** *m* sm. kupu-kupu, *papilio machaon; Tech.* lidah/kuku bajang

Schwall *m* (*–ẹs;O*) gelombang (besar); *e ~ von Worten* semburan kata

Schwamm *m* (*–ẹs;⸚e*) **1.** sepon, bunga karang; *~ drüber!* sudahlah! **2.** *Bo.* jamur, cendawan; **≗ig** spt. sepon, lembek

Schwan *m* (*–ẹs;⸚e*) sm. gangsa, *cygnus;* **≗en** *itr., es schwant mir* saya mendapat firasat (buruk); **–engesang** *m, fig.* karya seni terakhir sso.

Schwang *m, im ~ sein* lazim, biasa

schwanger *Adj.* hamil, mengandung; *derb* bunting

schwängern *tr.* menghamili; *fig.* memenuhi (dng.)

Schwangerschaft *f* (*–;–en*) masa hamil, kehamilan; **–s·test** *m* tes kehamilan; **–s·unterbrechung** *f* pengguguran, aborsi; **–sverhütung** *f* kontrasepsi

Schwängerung *f* (*–;–en*) penghamilan

Schwank *m* (*–ẹs;⸚e*) cerita/lakon lucu; **≗** *Adj.* yg. melentur, melampai; mudah goyah, lemah-gemulai; **≗en** *itr.* bergoyang-goyang; naik turun, berubah-ubah; terhuyung-huyung; *fig.* bersikap ragu-ragu; **–ung** *f* (*–;–en*) perubahan (yg. berulang-ulang), perasaan tdk. stabil

Schwanz *m* (*–es;⸚e*) ekor, buntut, kotek

schwänz|eln *itr.* mengibas-ngibaskan ekor; *gehen* ber(jalan) lenggak-lenggok; *fig.* menjilat; **–en** *tr.* membolos (dari); *Noten* memberi ekor
Schwanz|feder *f* bulu ekor, lawi (-lawi); **–flosse** *f* sirip ekor
schwapp! *bunyi keras bila air tumpah;* **–en** *itr.* (terguncang) hingga tumpah; meluap; berkocak
schwaps! *s. schwapp*
Schwäre *f* (–;–*n*) benjol bernanah; tukak, borok; **≗n** *itr.* membarah, bernanah; *fig.* meradang, membara
Schwarm *m* (–*ẹs*;–̈*e*) **1.** kawanan, puak; kelompok; **2.** *ugs.* pujaan; *Vorliebe* kegemaran, keinginan
schwärm|en *itr.* **1.** berkerumun, berkeriapan; berkeliaran; *Bienen* bersialang; *Gedanken* menerawang; **2.** *für j-n/et.* ~ sangat tertarik pd. sso./sst., mengagumi sso./sst.; **≗er** *m* (–*s*;–) pemuja, penggemar; *Träumer* pengkhayal; *Feuerwerk* sm. petasan; *Zo.* kupu-kupu malam, *sphingidae;* **≗erei** *f* (–;–*en*) antusiasme yg. meluap-luap; pemujaan; mimpi di siang hari; **–erisch** bersemangat, antusias, terhanyut dl. perasaan
Schwarte *f* (–;–*n*) kulit tebal dan keras; *ugs.* buku tua
schwarz hitam; ~*es Brett* papan pengumuman; *e* ~*er Tag* hari naas; ~*es Schaf* kambing hitam; *j-n* ~ *machen* memfitnah sso.; *sich* ~ *ärgern* menjadi sangat jengkel; ~ *von Menschen* penuh sesak dng. orang; ~ *auf weiß* hitam atas putih, secara tertulis; **≗** *n* (–;*O*) warna hitam; *ins* ~*e treffen* mengenai sasaran; ~ *tragen* mengenakan pakaian hitam (sebagai tanda berkabung)
Schwarz|arbeit *f* kerja gelap; **≗blau** biru tua; **–blech** *n* lempengan besi tipis; **–brot** *n* roti hitam; **–drossel** *f* sm. burung hitam; **–e** *m, f* (–*n*;–*n*) orang (berkulit) hitam, orang negro; orang yg. berambut hitam
Schwärze *f* (–;*O*) hitamnya, kehitaman; tinta cetak; cat hitam; **≗n** *tr.* menghitamkan
schwarz|fahren *unr. itr.* naik kendaraan umum tanpa membayar; *ohne Führerschein* mengemudi tanpa SIM; **≗fahrer** *m* penumpang gelap; **–haarig** berambut hitam; **≗handel** *m* perdagangan gelap; **≗hörer** *m* pendengar radio yg. tdk. membayar iuran
schwärzlich kehitam-hitaman
Schwarz|markt *m* pasar(an) gelap; **–pulver** *n* obat mesiu; **≗rotgold(en)** hitam-merah-emas (*warna bendera Jerman*); **–seher(in** *f*) *m* orang pesimis; *Fernsehen* pirsawan yg. tdk. membayar iuran; **–sender** *m* pemancar gelap; **≗weiß** hitam-putih; **–weißzeichnung** *f* gambar hitam-putih; **–wild** *n* celeng, babi hutan
Schwätzchen *n* (–*s*;–) percakapan; *e* ~ *machen* bercakap-cakap
schwatzen *itr.*, **schwätzen** *itr.* mengobrol, bercakap-cakap
Schwätzer(in *f*) *m* (–*s*;–) tukang obrol
schwatzhaft suka mengobrol
Schwebe *f, in der* ~ mengambang, terkatung-katung; **–bahn** *f* kereta gantung; **–balken** *m, Turnen* balok titian; **≗n** *itr.* melayang; *fig.* mengambang; *mir schwebt vor* terbayang olehku
schwedisch dari Swedia; *hinter* ~*en Gardinen* dl. penjara
Schwefel *m* (–*s*;*O*) belerang; **–äther** *m* eter belerang; **–bad** *n* tempat mandi air belerang; **–blumen** *pl,* **–blüte** *f* belerang halus; **–hölzchen** *n* korek api
schwef(e)lig mengandung/spt. belerang
Schwefel|kies *m* pirit; **–kohlenstoff** *m* karbon disulfida; **≗n** *tr.* menyemprot dng. belerang; membuat sucihama atau mengawetkan dng. belerang; **–säure** *f* asam belerang; **–wasserstoff** *m* zat air belerang
Schweif *m* (–*ẹs*;–*e*) ekor berbulu banyak; **≗en** *itr.* mengembara, berkelana; *s-e Blicke* ~ *lassen* melayangkan pandangnya
Schweige|geld *n* uang tutup mulut; **–marsch** *m* demonstrasi secara bungkam; **–minute** *f, e-e* ~ *einlegen* mengheningkan cipta
schweigen *unr. itr.* berdiam, bungkam, tdk. menjawab; tdk. bersuara; *er kann* ~ ia dapat menyimpan

rahasia; *die Waffen* ~ tdk. bertempur; *ganz zu* ~ *von* apalagi, jangankan; ≗ *n* (–*s;O*) ~ *ist Gold* diam itu emas; **–d** dng. diam/bungkam

Schweigepflicht *f* (–;*O*) rahasia jabatan

schweigsam diam, tdk. banyak bicara

Schwein *n* (–*(e)s;–e*) babi, *suidae; derb* orang kotor/jorok; ~ *haben, ugs.* beruntung; *e armes* ~ orang yg. patut dikasihani; *kein* ~ , *ugs.* tak seorang pun

Schweine|braten *m* gorengan daging babi; **–fleisch** *n* daging babi; **–fraß** *m*, **–futter** *n* makanan babi; *ugs.* makanan jelek; **–hirt** *m* gembala babi; **–hund** *m, ugs.* orang jahat; *den inneren* ~ *überwinden* mengalahkan rasa takut/kecut/segan; **–mästerei** *f* peternakan babi; **–rei** *f* (–;–*en*) keadaan jorok/kotor; main kotor; *Zote* omongan jorok; ~ ! kurangajar! **–rippchen** *pl* daging rusuk babi; **–schmalz** *n* lemak babi; **–stall** *m* kandang babi; **–zucht** *f* peternakan babi; **–züchter** *m* peternak babi

Schwein|igel *m* orang jorok; **≗igeln** *itr.* suka mengomong jorok; **≗isch** tak senonoh, cabul, jorok

Schweins|borste *f* bulu babi; **–haxe** *f* (daging) kaki babi; **–leder** *n* kulit babi

Schweiß *m* (–*es;O*) keringat, peluh; **–apparat** *m* pesawat las; **–brenner** *m* alat las, api pengelas; **–drüse** *f* kelenjar keringat; **≗en** *tr.* melas; **–er** *m* (–*s*;–) tukang las; **–fuß** *m* kaki yg. berkeringat banyak atau yg. bau keringat; **≗gebadet** mandi keringat; **–hund** *m* anjing pemburu; **≗ig** yg. berkeringat; **–naht** *f* sambungan/kampuh las; **–perlen** *pl* manik-manik keringat; **–stelle** *f* tempat sambungan las; **≗treiben** yg. mengeluarkan keringat; **≗triefend** bersimbah peluh, mandi keringat; **–tropfen** *m* tetes(an) keringat

Schweizer *m* (–*s*;–) **1.** orang Swiss; **2.** tukang perah sapi; **3.** petugas tata tertib dl. gereja; **–garde** *f* Pasukan Swiss (di Vatikan)

schwelen *itr.* membara, menyala kecil, berunggun

schwelg|en *itr.* berfoya-foya, hidup mewah, berpesta pora; ~ *in* sangat gemar akan, tenggelam dl.; **≗erei** *f* (–;–*en*) pesta pora, pesta makan-minum berlebihan; **–erisch** berlimpah-limpah, berlimpah-mewah; *fig.* berlebih-lebihan

Schwell|e *f* (–;–*n*) ambang; *Eisenbahn* bantalan; **≗en 1.** *unr. itr.* membengkak, menggelembung, bertambah besar; *Wasser* naik; *Segel* mengepuh; **2.** *tr.* membusungkan, melembungkan; **–er** *m* (–*s*;–) *Mus.* pengatur nada; **–körper** *m, Med.* jaringan berongga yg. mengembung pd. kelentit/zakar, *corpus cavernosum;* **–ung** *f* (–;–*en*) *Med.* bengkak, *tumefactio*

Schwelung *f* (–;*O*) karbonisasi pd. suhu rendah

Schwemme *f* (–;–*n*) **1.** *für Tiere* kubangan; **2.** *ugs.* kedai minum; **3.** persediaan yg. berlimpah-limpah; **≗n** *tr.* mengapungkan, membiarkan terbawa arus, menghanyutkan; *Pferd* memandikan

Schwemmland *n* tanah endapan

Schwengel *m* (–*s*;–) ayunan, bandulan; *Glocke* anak genta/lonceng; *Pumpe* ayunan, handel

schwenk|bar dapat diputar; **–en** *tr.* melambai-lambaikan; mengayunkan, memutarkan; *Glas* mencuci; *itr.* membelok; *rechts schwenkt, marsch!* putar kanan, jalan! **≗ung** *f* (–;–*en*) (pem)belokan

schwer berat; *schwierig* sukar, sulit, susah; *(ge)wichtig* penting; *er hat es* ~ ia mengalami masa yg. sulit; ~ *von Begriff* sukar menangkap; ~ *zu sagen* sukar utk. dikatakan/dipastikan; *hier muß man* ~ *aufpassen* di sini orang harus sangat hati-hati; *es fällt ihm* ~ sangat sukar baginya; ~*e Stunde, fig.* saat melahirkan; ~*er Grund/Boden* tanah padat/subur; ~*en Herzens* dng. berat hati; ~*er Kopf* kepala yg. pusing/berat; ~*e Krankheit* penyakit keras; ~*es Essen* makanan yg. sukar dicernakan, ~*es Wasser* air berat (D_2O)

Schwer|arbeit *f* kerja berat; **–athletik** *f* olahraga spt. tinju, gulat, yudo, angkat besi; **≗beladen** *Adj.* bermuatan berat; yg. memikul beban berat; **–beschädigte** *m* (*–n;–n*) orang yg. cacat berat; **–e** *f* (*–;O*) daya tarik bumi; beratnya, bobot; **–elosigkeit** *f* (*–;O*) keadaan tak berbobot; **–enöter** *m* (*–s;–*) tukang merayu; **≗erziehbar** *~es Kind* anak yg. menyusahkan, anak yg. sukar dididik; **≗fällig** lamban; bersifat tdk. gesit/cekatan; **≗flüssig** kental

Schwer|gewicht *n* kelas berat; **≗halten** *unr. itr., es wird ~* akan menjadi sulit/sukar; **≗hörig** pekak labang, agak tuli; **–industrie** *f* industri berat; **–kraft** *f* gaya berat, gravitasi; **≗krank** sakit keras; **–kriegsbeschädigte** *m* (*–n;–n*) tentara yg. cacat berat; **≗lich** hampir tdk.; **–metall** *n* logam berat; **–mut** *f* (*–;O*) kemurungan jiwa, depresi; **≗mütig** suram, murung; **–öl** *n* minyak berat (yg. mempunyai titik didih 230° sampai 350° C); **–punkt** *m* titik berat; pusat

Schwert *n* (*–es;–er*) pedang; **–ertanz** *m* tarian pedang; **≗fisch** *m* ikan todak, *xiphias gladius;* **≗förmig** berbentuk/spt. pedang; **–lilie** *f* bunga iris, *irisdaceae;* **–streich** *m* ayunan pedang

schwertun *unr., sich ~* bersusah-payah

Schwer|verbrecher *m* penjahat kelas berat; **≗verdaulich** sukar dicerna; *fig.* sukar diterima; **–verletzte** *m, f* orang yg. terluka berat; **≗verständlich** sukar dimengerti; **≗verträglich** sukar dicerna; **≗verwundet** terluka berat; **≗wiegend** berat, serius

Schwester *f* (*–;–n*) saudara perempuan, saudari; *ältere/jüngere ~* kakak/adik perempuan; *Ordensfrau* biarawati, suster; *Krankenpflege* juru-rawat, suster; **–firma** *f* perusahaan yg. mempunyai induk sama; **–lich** spt. saudara, akrab; **–n·orden** *m, Rel.* serikat biarawati, kongregasi suster; *s. Schwesternorden;* **–ntracht** *f* pakaian (seragam) suster

Schwieger|eltern *pl* mertua, mentua; **–mutter** *f* ibu mertua; **–sohn** *m* menantu laki-laki; **–tochter** *f* menantu perempuan; **–vater** *m* ayah mertua

Schwiel|e *f* (*–;–n*) kapal(an); **≗ig** berkapalan

schwierig susah, sulit, sukar; *e-e ~e Situation* situasi yg. peka/sulit; **≗keit** *f* (*–;–en*) kesulitan, kesukaran; hambatan

Schwimm|bad *n,* **–becken** *n* kolam renang; **–blase** *f* lupa-lupa, sm. gelembung (dl. ikan); **–dock** *n* dok terapung; **≗en** *unr. itr.* berenang, terapung; *fig.* tdk. menguasai masalahnya; *im Geld ~* bermandi uang; *mir schwimmt es vor den Augen* semuanya menjadi kabur bagiku; **–er** *m* (*–s;–*), **–erin** *f* (*–;–nen*) perenang; *Gerät* pelampung, apung-apung; **–flosse** *f* sirip; *Sp.* sirip perenang/penyelam; **–gürtel** *m* pelampung, ban renang; **–haut** *f* selaput di antara jari-jari kaki unggas air; **–hose** *f* celana renang; **–lehrer** *m* guru renang; **–stadion** *n* gelanggang renang; **–stil** *m* gaya renang; **–vogel** *m* unggas air; **–weste** *f* (baju) pelampung

Schwindel *m* (*–s;O*) serangan (rasa) pusing, *vertigo; fig.* tipuan; **–anfall** *m* serangan pusing/pening dng. sekonyong-konyong; **–ei** *f* (*–;–en*) tipu daya, kebohongan; **≗erregend** yg. membuat pusing/gamang, yg. memusingkan kepala; *~e Preise* harga yg. mengagetkan; **–firma** *f* perusahaan aktentas; **≗frei** tdk. kenal rasa gamang; **≗ig** pusing, gamang; **≗n** *itr.* menipu, berbohong; *mir schwindelt* saya merasa pusing

schwinden *unr. itr.* menghilang, berkurang, menyusut, menurun

Schwind|ler(in *f*) *m* (*–s;–*) penipu, pembohong; **–sucht** *f* (*–;O*) tebese, penyakit paru-paru yg. disebabkan basil tuberkel

Schwing|achse *f, Mot.* poros gantung; **–e** *f* (*–;–n*) **1.** sayap; **2.** *Getreide* tampah, penampi; **≗en** *unr. itr.* berayun-ayun, membandul; *Saite* bergetar; *tr.* mengayunkan-ayunkan, melambaikan; *e-e Rede ~, ugs.* berpindato, **–er** *m* (*–s;–*) *Sp.* pukulan/ayunan swing; **–kreis** *m, Rundf.* sirkuit getaran

Schwingung *f* (*–;–en*) ayunan; *Saite* getaran; *Elek.* osilasi; *in* ~ *kommen* mulai bergetar; **–sdämpfer** *m* peredam getaran; **≗sfrei** bebas getaran; **–sweite** *f* amplitudo/lebar getaran; **–szahl** *f* frekwensi (bilangan) gelombang/getaran

Schwips *m* (*–es;O*) mabuk sedikit

schwirren *itr.* mengiang, terbang sambil berdesing/mengumbang; *Gerüchte* ~ desas-desus tersiar; *mir schwirrt der Kopf* kepala saya pusing

Schwitz|bad *m* mandi uap; **≗en** *itr. tr.* berkeringat, berpeluh; menjadi lembab; *Blut* ~, *fig.* sangat kuatir/cemas; **–mittel** *n* obat utk. berkeringat; **–wasser** *n, Tech.* air kondensasi

schwören *unr. itr. tr.* bersumpah, berikrar; *e-n Eid* ~ mengangkat sumpah; *auf et./j-n* ~ sangat percaya pd. sst./sso.

schwul *ugs.* homoseksual, banci

schwül panas dan lembab, pengap; *fig.* penuh hawa nafsu, erotis yg. berlebihan; **≗e** *f* (*–;O*) cuaca panas dan lembab; *fig.* suasana tertekan

Schwulität *f* (*–;–en*) *ugs.*, *in* ~*en kommen* mendapat kesulitan

Schwulst *m* (*–es;O*) sifat berlebih-lebihan

schwülstig bombastis

Schwund *m* (*–e̸s;O*) kemerosotan, menciutnya; susutnya; *Med.* lisut/susut badan, *atrophia*

Schwung *m* (*–e̸s;¨–e*) ayunan; kepesatan; *Antrieb* dorongan, gaya tolak; *fig.* gelora, semangat; *Menge* kelompok/jumlah yg. agak besar; *in* ~ *bringen* membuat sst. bergerak; memberi semangat, menggiatkan; *in* ~ *kommen* mulai bersemangat/bergerak; ~ *haben* penuh semangat; **–feder** *f* bulu pd. ujung sayap; **≗haft** ~*er Handel* perdagangan sedang ramai; **–kraft** *f* momentum, gaya sentrifugal; **≗los** *fig.* loyo, layu, lesu; **–rad** *n* rodagaya, roda gila/gendeng; **≗voll** bersemangat, penuh semangat

Schwur *m* (*–e̸s;¨–e*) sumpah; **–gericht** *n* dewan juri pengadilan

sechs enam; **≗** *f* (*–;–en*) (angka) enam; **≗eck** *n* segi enam; **–eckig** bersegi enam; **–fach, –fältig** enam kali (lipat); **–jährig** berusia enam tahun; **–kantig** bersanding enam; **–malig** enam kali; **–monatig** selama enam bulan; **–monatlich** setiap enam bulan sekali; **–motorig** bermesin enam; **–seitig** bersisi enam; berhalaman enam; **–spännig** yg. ditarik oleh enam kuda; **–stellig** (bilangan) yg. terdiri enam angka; **–stöckig** bertingkat enam; **–stündig** selama enam jam; **≗tagerennen** *n* balap sepeda selama enam hari terus-menerus

sechs|te (yg.) keenam; *e-n* ~*n Sinn haben* mempunyai indera keenam; **≗te** *m, f* (*–n;–n*), *n* (*–n;O*) yg. keenam; **≗tel** *n* (*–s;–*) seperenam; **–tens** keenam

sechzehn enam belas; **–te** yg. keenam belas; **≗tel** *n* (*–s;–*) seperenam belas

sechzig enam puluh; **≗er**(**in** *f*) *m* (*–s;–*) orang yg. berusia enam puluhan; *die* ≗ *Jahre* tahun enam puluhan

Sediment *n* (*–e̸s;–e*) endapan; **–gestein** *n* batu endapan

See 1. *m* (*–s;–n*) danau, tasik, telaga; **2.** *f* (*–;–n*) laut; *an der* ~ di pantai; *auf hoher* ~ di tengah laut, di laut lepas; *e-e schwere* ~ gelombang besar

See|amt *n* mahkamah pelayaran; **–bad** *n* tempat istirahat/tetirah di pantai (laut); **–bär** *m* sm. singa laut, *callorhinus ursinus; alter* ~, *ugs.* pelaut kawakan; **≗fahrend** berh. dng. pelayaran; **–fahrer** *m* pelaut; penumpang kapal laut; **–fahrt** *f* pelayaran (laut); **≗fest** laik laut; *fig.* tdk. mabok laut; **–fisch** *m* ikan laut; **–fischerei** *f* perikanan laut; **–fracht** *f* (barang) kiriman lewat laut; **–gang** *m* gelombang laut; *hoher* ~ gelombang laut yg. besar; **–gefecht** *n* pertempuran di laut; **–gras** *n* lumut/ganggang laut, *zostera;* **–gurke** *f* teripang, gamat, *holothusia edulis;* **–hafen** *m* pelabuhan, bandar; **–herrschaft** *f* kekuasaan maritim; **–hund** *m* anjing laut, *phocidae;* **–igel** *m* bulu babi, janik, *echinoidea;* **–jungfer** *f, Myth.* putri duyung; **–kadett** *m* taruna angkatan laut; **-karte** *f* peta laut; **≗klar** siap berlayar/bertolak; **≗krank** mabok laut; **-krieg** *m* perang di laut; **-küste** *f* pantai laut, pesisir

Seele *f* (*-;-n*) jiwa, sukma, nyawa, roh; *e-s Verstorbenen* arwah; *Herz* hati, budi; *keine* ~ tak seorangpun; *er ist die* ~ *der Gruppe* dialah jiwa/inti kelompok; *aus tiefster* ~ dari dl. lubuk hati; *j-m et. auf die* ~ *binden* sangat menekankan sst. spy. jangan dilupakan, berpesan sst. kpd. sso. dng. wanti-wanti; *e Herz u. e-e* ~ *sein* sehati sejiwa

Seelen|adel *m* keluhuran budi; **-amt** *n*, *Rel.* misa arwah; **-friede** *m* ketenangan jiwa/batin; **≗froh** senang sekali; **-größe** *f* keluhuran budi; **-heil** *n* keselamatan (jiwa); **-kunde** *f* ilmu jiwa, psikologi; **-leben** *n* keadaan batin, kebatinan; **-leiden** *n* penderitaan batin; **≗los** bersifat dingin, acuh tak acuh; tak berperasaan; **-messe** *f* misa arwah; **-not** *f*, **-pein** *f*, **-qual** *f* penderitaan jiwa/batin; **-ruhe** *f* ketenangan batin/jiwa; **≗ruhig** tenang sekali; **≗(s)gut** sangat baik hati; **-stärke** *f* kekuatan jiwa/batin; **≗vergnügt** tenang dan gembira; **≗verwandt** serasi, sehaluan, cocok; **≗voll** penuh perasaan; **-wanderung** *f* penjelmaan, penitisan, reinkarnasi; **-zustand** *m* keadaan jiwa

Seeleute *pl* kelasi, pelaut

seelisch kejiwaan, yg. mengenai jiwa/perasaan, mental, rohani, batin; psikis; *~es Gleichgewicht* keseimbangan batin

Seelöwe *m* singa laut, *euliametops jubatus*

Seelsorge *f*, *Rel.* pemeliharaan rohani, karya pastoral; **-r** *m* (*-s;-*) pastor, pendeta, imam

See|luft *f* udara laut; **-macht** *f* angkatan laut; negara maritim yg. kuat; **-mann** *m* (*-es;-leute*) pelaut, kelasi, awak kapal, anak-buah kapal; **≗männisch** yg. berh. dng. pelaut/pelayaran; **-meile** *f* mil laut; *deutsche* ~ 1852 meter; **-mine** *f* ranjau laut; **-möwe** *f* burung camar, *laridae;* **-not** *f*, *in* ~ *geraten* berada dl. bahaya di laut; **-offizier** *m* perwira angkatan laut; **-pferdchen** *n* kuda laut, unduk-unduk, tangkur kuda, *hippocampus antiquorum;* **-räuber** *m* bajak laut, perompak; **-räuberei** *f* pembajakan (di laut), perompakan; **-recht** *n* hukum laut; **-reise** *f* perjalanan laut

See|rose *f* bunga teratai, *nymphaea;* **-route** *f* jalur/rute pelayaran; **-schaden** *m* kerugian yg. dialami di laut; **-schiff** *n* kapal laut; **-schlange** *f* ular laut, *hydrophilidae;* **-sieg** *m* kemenangan di laut; **-stern** *m* bintang laut, *asteroidea;* **-streitkräfte** *pl* angkatan laut; **-sturm** *m* badai/topan laut; **-stützpunkt** *m* pangkalan (angkatan) laut; **-tang** *m*, *s. Seegras;* **≗tüchtig** laik laut; **-verkehr** *m* lalu-lintas laut; **-versicherung** *f* asuransi pelayaran; **≗wärts** menuju/mengarah ke laut; **-wasser** *n* air laut; **-weg** *m* rute/trayek pelayaran; *auf dem* ~ melalui (kapal) laut; **-wesen** *n* pelayaran; **-wind** *m* angin laut

Segel *n* (*-s;-*) layar; **-boot** *n* perahu layar; **-fliegen** *n* penerbangan dng. kapal layang; **-flieger** *m* pilot kapal layang; **-flug** *m* terbang-layang; **-flugmodell** *n* model pesawat terbang-layang; **≗klar** siap berlayar; **-klasse** *f* golongan/jenis kapal layar; **-klub** *m* klub olahraga layar; **≗n** *itr.*, *See* berlayar; *Luft* meluncur, melayang; **-regatta** *f* perlombaan perahu layar, regata; **-schiff** *n* kapal/perahu layar; **-schlitten** *m* sm. peluncur es yg. menggunakan layar; **-sport** *m* olahraga layar; **-stange** *f*, *Mar.* andang-andang; **-tuch** *n* kain layar; **-werk** *n* peralatan layar

Segen *m* (*-s;-*) berkat, karunia, berkah; restu; *j-m/et. s-n* ~ *geben* menyetujui/merestui sso./sst.; *das bringt keinen* ~ itu tdk. menguntungkan; **-spendung** *f* pemberkatan; **≗sreich** (bersifat) membawa untung/hasil; **-swunsch** *m* (ucapan) doa restu

Segler *m* (*-s;-*) pengemudi perahu layar; *Segelschiff* perahu layar; *Flgw.* pesawat terbang layang

Segment *n* (–*(e)s*;–*e*) tembereng

segn|en *tr.* memberkati, merestui; *das Zeitliche* ~ meninggal dunia; *mit et. gesegnet sein* dilimpahi sst., memiliki sst. dl. jumlah besar; *in gesegneten Umstände sein* hamil; *e gesegnetes Alter* umur panjang; **≗ung** *f* (–;–*en*) pemberkatan; ~*en der Zivilisation* hasil peradaban

sehen *unr.* **1.** *tr.* melihat, memandang; *bemerken* menyadari; *et. kommen* ~ menduga, menyangka; *j-n/et. nicht mehr* ~ *können, fig.* muak akan sso./sst.; *j-n nicht* ~ *mögen, fig.* tdk. menyukai sso.; *et. nicht* ~ *wollen, fig.* tdk. mau menyadari/mengakui sst.; *das werden wir (bald)* ~ kita akan mengetahuinya/menemukannya (dng. segera); *zu* ~ *sein* dapat dilihat; (*un*)*gern* ~ (tdk.) suka akan sst.; *et.* ~ *lassen* menunjukkan/memperlihatkan sst.; ~ *daß* mencoba, berusaha; (*nur*) *vom* ≗ *her kennen* (sering melihat tetapi) kurang kenal; **2.** *sich* ~ *als* memandang/menganggap diri sebagai; *sich gezwungen* ~ *zu* (merasa) terpaksa utk.; *sich betrogen* ~ menyadari bahwa ditipu; *sich häufig* ~ sering bertemu; *sich (bei j-m)* ~ *lassen* mengunjungi (sso.); *sie kann sich* ~ *lassen* dia wanita yg. cantik; **3.** *itr., gut* ~ melihat baik; *ich sehe Sie sehen gerade fern* saya menyadari (bahwa) anda sedang menonton televisi; *sehe ich recht?* benarkah itu? ~ *wie man es macht* belajar/mengerti bagaimana hal itu dilakukan; ~ *auf* memperhatikan; *nach j-m* ~ menengok / memelihara / mengurus sso.; *nach et.* ~ memeriksa/menyelidiki/menyelesaikan sst.; *nach dem Rechten* ~ menjaga spy. semuanya berlangsung spt. semestinya, mengawasi apakah semuanya spt. semestinya; *bessere Tage gesehen haben* pernah mengalami masa yg. lebih baik/beruntung; *ich will* ~ *was sich machen läßt* saya akan pikir apa yg. dapat dilakukan

sehens|wert, –würdig patut utk. dilihat; **≗würdigkeit** *f* (–;–*en*) sst. yg. patut dilihat, sst. yg. bagus; obyek wisata

Seher|(in *f*) *m* (–*s*;–) peramal; **–blick** *m*, **–gabe** *f* bakat meramalkan/melihat masa depan

Seh|fehler *m* cacat penglihatan; **–feld** *n* jangkauan pandangan; **–kraft** *f* daya penglihatan; **–kreis** *m* horison; *fig.* luasnya cakrawala/pandangan

Sehne *f* (–;–*n*) *Med.* urat daging; *Bogen* tali busur; *Mus.* senar; *Math.* garis penghubung antara dua titik di lingkaran/lengkungan

sehnen *sich* ~ merindukan, mengidam-idamkan

Sehnen *m* (–*s*;*O*) kerinduan; **–entzündung** *f*, *Med.* radang urat, *tendinitis*

sehnig berurat; langsing dan berotot

sehn|lich dng. penuh rindu, ingin sekali; yg. didambakan; **≗sucht** *f* (–;*¨e*) kerinduan; **–süchtig, –suchtsvoll** sangat mendambakan/menginginkan

sehr sangat, amat, sekali; ~ *gern* dng. senang hati

Seh|schärfe *f* (ukuran) ketajaman penglihatan; **–schwäche** *f*, *Med.* lemah penglihatan, pemandangan kabur, *asthenopia;* **–störung** *f* gangguan pd. penglihatan; **–test** *m* pemeriksaan (daya penglihatan) mata; **–vermögen** *n* kemampuan melihat; **–weite** *f* jauhnya obyek pandangan dng. mata telanjang, seyojana mata; **–winkel** *m* sudut pandang

seicht dangkal, tdk. dalam, cetek, tohor; **≗heit** *f* (–;*O*) kedangkalan

Seide *f* (–;–*n*) sutera

Seidel *n* (–*s*;–) gelas bir (0,5 liter)

seiden *Adj.* dari sutera; *et. hängt an e-m* ~*en Faden* spt. telur di ujung tanduk; **–artig** spt. sutera; **≗band** *n* pita sutera; **≗faden** *m*, **≗garn** *n* benang sutera; **≗gewebe** *n* kain sutera; **≗glanz** *m* kilauan spt. sutera; **≗händler** *m* pedagang sutera; **≗kleid** *n* gaun sutera; **≗papier** *n* kertas tipis; **≗raupe** *f* ulat sutera; **≗raupenzucht** *f* peternakan ulat sutera; **≗spinnerei** *f* perusahaan (pemintalan) sutera; **≗stoff** *m* kain sutera; **≗strümpfe** *pl* kaos (kaki) sutera; **–weich** sangat lembut

seidig spt./dari sutera
Seife *f* (–;–*n*) sabun
Seifen|blase *f* gelembung (air) sabun; *nur* ~ *n. fig.* hangat-hangat tahi ayam; **–flocken** *pl* serpihan sabun; **–kistenrennen** *f* perlombaan mobil-mobilan dari peti kayu/ sabun; **–lauge** *f* air sabun; **–pulver** *n* bubuk sabun, deterjen; **–schaum** *m* buih/busa sabun; **–siederei** *f* perusahaan/pabrik sabun; **–wasser** *n* air sabun
seifig spt. sabun; mengandung sabun
seih|en *tr.* mengayak, menyaring; **≗tuch** *n* kain (utk.) saringan
Seil *n* (–*ẹs*;–*e*) tali, tambang; **–bahn** *f* kereta kabel
Seiler *m* (–*s*;–) pembuat tali; **–ei** *f* (–;–*en*) perusahaan tali
Seil|schaft *f* (–;–*en*) regu pendaki gunung yg. menggunakan tambang; **–springen** *n* lompat tali; **–tänzer(in** *f*) *m* penari di atas tali; **–winde** *f* gelendong tambang; **≗ziehen** *unr. itr.* tarik tambang
Seim *m* (–*ẹs*;–*e*) cairan kental, sirop; **≗ig** kental
sein 1. *unr. itr.* ada, berada; adalah; *bestehen* terdiri; *stattfinden* terjadi; *et.* ~ *lassen* tak berbuat sst. (lagi); *muß das* ~ *?* apa itu perlu? *was soll das* ~ *?* apa artinya/maksudnya itu? *das mag* ~ mungkin; *mir ist kalt* saya merasa dingin; **2.** ≗ *n* (–;*O*) adanya, eksistensi, keberadaan; ~ *od. Nichtsein* hidup atau mati
sein 3. *Possessivpron.* –nya, kepunyaan(nya); *es ist* ~ ini(lah) kepunyaannya; ~*er nicht mächtig sein* tak dapat menguasai dirinya; *≗e Majestät* Sri Baginda; *das ≗e* miliknya; *jedem das ≗e!* setiap orang harus mendapat haknya!
seiner|seits *Adv.* dari pihak dia; **–zeit** *Adv.* pd waktu itu, dahulu
seinesgleichen *Pron.* orang spt. dia; *nicht* ~ *haben* tdk. ada bandingnya/ duanya
seinet|halben, –wegen, (um) –willen karenanya, karena dia
Seinige *m, f, n* kepunyaannya; *die* ~*n* keluarganya
Seismograph *m* (–*en*;–*en*) seismograf
seit sejak, (se)dari, bermula dari; **–dem** sejak (dari) itu
Seite *f* (–;–*n*) sisi; segi; *Blatt* halaman; *auf der rechten* ~ di sebelah/sisi kanan; *auf beiden* ~*n* di kedua belah pihak; *von der* ~ dari samping; *von der* ~ *(her)kommen* mendekat dari samping, merusuk; *von allen* ~*n* dari segala penjuru; ~ *an* ~ bahu-membahu, sebelah-menyebelah, berdampingan; *auf die* ~ *gehen* menepi, minggir; *auf der e-n* ~ . . . , *auf der anderen* ~ . . . di satu segi/ pihak . . . , di segi/pihak lain . . . ; *j-n auf s-e* ~ *ziehen* menarik sso. ke pihaknya; *j-n auf die* ~ *bringen/schaffen* membunuh/menyingkirkan sso.; *et. auf die* ~ *schaffen* memindahkan/menyembunyikan/mencuri sst.; *von gut unterrichteter* ~ dari sumber yg. kompeten; *j-n von der* ~ *ansehen, fig.* meremehkan/menyepelekan sso.; *j-m zur* ~ *stehen* mendukung/menolong sso.; *et. auf die* ~ *legen* menyisihkan, menabung; *sein Charakter hat viele* ~*n* kepribadiannya banyak seginya
seiten *auf* ~ pd./di pihak; *von* ~ dari pihak; *auf* ~ *der Opposition* di pihak oposisi
Seiten|ansicht *f* pandangan dari samping; **–ausgang** *m* jalan keluar (lewat) samping; **–blick** *m* kerling; lirikan (iri dan meremehkan); **–eingang** *m* pintu masuk (lewat) samping; **–fläche** *f* sisi kanan/kiri; **–flügel** *m* sayap, gedung; **–gasse** *f* lorong sempit; **–gewehr** *n* sangkur, bayonet; **–hieb** *m, Fechten* tetak/ pukulan dari samping; *fig.* sindiran tajam; **≗lang** halaman demi halaman; panjang sekali; **–länge** *f* panjangnya sisi; **–lehne** *f* sandaran tangan; **–linie** *f, Math.* sisi; *Bahn* trayek cabang; *Abstammung* keturunan garis samping; *Sp.* garis samping; **–rand** *m* pinggir; **–riß** *m* gambar penampang lintang, profil; **–ruder** *n, Flgw.* daun kemudi
seitens dari (pihak)
Seiten|schiff *n* bagian samping dari suatu ruangan besar (gereja); **–sprung** *m* lompatan ke samping;

fig. penyelewengan; **–stechen** *n* (*–s;O*), **–stiche** *pl*, *~ haben* nyeri dl. limpa (terutama bila lari cepat), *splenalgia;* **–straße** *f* jalan kecil/samping; **–stück** *n* bagian sisi/samping; sst. yg. mirip/cocok dng. yg. lain; **–tasche** *f* saku jaket/baju (sebelah kanan/kiri); kantung tambahan pd. aktentas; **–tür** *f* pintu samping; **²verkehrt** terbalik sisinya; **–verwandte** *m, f* sanak saudara yg. sama-sama dari generasi ketiga; **–weg** *m* jalan kecil/samping; *~e gehen* menyeleweng; **–winkel** *m* sudut asimut; **–zahl** *f* angka halaman

seit|her sejak itu; **–lich** dari/di/ke samping; **–wärts** ke/di samping

Sekante *f* (*–;–n*) *Math.* garis potong

Sekret *n* (*–ẹs;–e*) getah-pakai

Sekret|är(in *f*) *m* (*–s;–*) sekretaris, panitera; *Schrank* sm. lemari (peralatan tulis-menulis) dng. pintu yg. dapat dipakai sebagai meja; **–ariat** *n* (*–ẹs;–e*) sekretariat

Sekretion *f* (*–;–en*) *Med. Bio.* pengeluaran getah-pakai; getah-pakai

Sekt *m* (*–ẹs;–e*) anggur (ber)busa

Sekt|e *f* (*–;–n*) kelompok yg. memisahkan diri dari umat agama besar, mazhab, sekte; **–ierer** *m* (*–s;–*) penganut sekte; orang yg. picik/sempit pandangan

Sektion *f* (*–;–en*) bagian, seksi; *Med.* pembedahan (mayat), autopsi

Sektor *m* (*–s;–en*) sektor; bagian, wilayah; *Math.* tembereng

Sekun|dant *m* (*–en;–en*) pembantu, pendukung; saksi dl. duel atau perang tanding; **²där** (yg.) kedua, sekunder; tdk. begitu penting; **–därliteratur** *f* literatur sekunder

Sekund|e *f* (*–;–n*) detik; **–enzeiger** *m* jarum detik; **²ieren** (*–*) *itr.* membantu; mendukung; menjadi saksi dl. duel atau pertandingan tinju

selb|er *s. selbst;* **–ig** (yg.) sama

selbst sendiri, pribadi; *~ mit Geld nicht* bahkan dng. uang pun tdk; *von ~* dng sendirinya; *~ ist der Mann!* kerja(kan) sendiri!

Selbst *n* (*–;O*) diri, aku, pribadi sendiri; **–achtung** *f* (rasa) harga diri; **–analyse** *f* analisa diri sendiri

selb·ständig berdiri sendiri, mandiri, tdk. terikat, bebas; *sich ~ machen* membuka usaha sendiri; *~ handeln* bertindak atas inisiatif sendiri; **²keit** *f* (*–;O*) kemampuan utk. berdiri dan bertindak sendiri, kemandirian

Selbst|anlasser *m* starter otomatis; **–anschluß** *m, Tel.* hubungan langsung; **–auslöser** *m, Fot.* engkol swadaya, *self-timer;* **–ausschaltung** *f* sakelar pemutus otomatis; **–bedienung(sladen** *m*) *f* (toko) swalayan, pengambilan sendiri; **–befriedigung** *f* masturbasi, rancap; **–beherrschung** *f* penguasaan/pengendalian diri; *die ~ verlieren* tdk. menguasai diri, kehilangan kendali; **–beköstigung** *f* (indekos dng.) pengurusan makanan sendiri; **–besinnung** *f* mawas diri; **–bestätigung** *f* peneguhan hargadiri

Selbstbestimmung *f* penentuan nasib sendiri; **–srecht** *n, Pol.* hak atas penentuan nasib sendiri

Selbstbetrug *m* penipuan diri sendiri

selbstbewußt yakin akan diri sendiri, percaya pd. diri sendiri; **²sein** *n* keyakinan/kepercayaan pd. diri sendiri; *übertrieben* kesombongan

Selbst|bildnis *f* potret/lukisan diri (sendiri); **–binder** *m* dasi (biasa); **–biographie** *f* otobiografi; **–disziplin** *f* disiplin diri, hal menguasai diri; **–einschätzung** *f, Steuer* perkiraan kekayaan/pendapatan sendiri; **–entzündung** *f* hal dapat menyala sendiri

Selbst·erhaltung *f* pertahanan/penyelamatan diri sendiri; **–s·trieb** *m* naluri/dorongan utk. bertahan

Selbst|erkenntnis *f* pengenalan diri (sendiri); **–erniedrigung** *f* perbuatan merendahkan diri sendiri; **–erziehung** *f* pendidikan diri (sendiri), otodidaktik; **–fahrer** *m* kursi roda tanpa sso. pendorong; pengemudi mobil (milik) sendiri; **–fahrerwagen** *m* mobil sewa(an) yg. dikemudikan sendiri; **²gebacken** *Adj., Kuchen* dibuat sendiri

selbstgefällig puas atas diri sendiri, agak sombong; **²keit** *f* (*–;O*) rasa

puas dng. diri sendiri, kesombongan
Selbst|gefühl *n* kepercayaan pd. diri sendiri; *Eitelkeit* kesombongan; **≗gemacht** dibuat sendiri; **≗genügsam** puas dng. prestasi sendiri; sanggup mencukupi keperluan sendiri; *ungesellig* tdk. suka bergaul; **≗gerecht** tinggi hati, congkak; **–gespräch** *n* bicara sendiri, monolog; **≗gezogen** *Adj.*, *Gemüse* hasil kebun sendiri; *Kerze* buatan (tangan) sendiri; **≗herrlich** sewenang-wenang; angkuh, congkak; **–herrscher** *m* penguasa yg. bertindak sewenang-wenang, otokrat; **–hilfe** *f* pertolongan/bantuan diri sendiri
selbstisch egois
Selbst|kontrolle *f, s. Selbstbeherrschung;* **–kostenpreis** *m* harga produksi; **–kritik** *f* kritik thd. diri sendiri; **–ladepistole** *f* pistol otomatis; **–lader** *m* senjata otomatis; **–laut** *m* huruf hidup, vokal; **≗los** tanpa pamrih, dng. tdk. mementingkan diri sendiri; **–mörder(in** *f*) *m* orang yg. bunuh diri (sendiri); **≗mörderisch** yg. mengenai bunuh diri; *fig.* sangat berbahaya; **–porträt** *n* potret diri (sendiri); **≗quälerisch** yg. menyiksa diri sendiri; **≗redend** dng. sendirinya; memang, tentu saja; **–regierung** *f* pemerintahan sendiri, swapraja, otonomi; **≗schließend** yg. menutup sendiri (dng. otomatis); **≗schreibend** yg. mencatat sendiri; **–schuß** *m* tembakan otomatis; **–schutz** *m* perlindungan diri sendiri
selbstsicher yakin pd. diri sendiri, berani, tegas; **≗heit** *f* kepercayaan pd. diri sendiri, keyakinan diri
Selbst|studium *n* belajar sendiri (tanpa guru); **–sucht** *f* egoisme; **≗süchtig** mementingkan diri sendiri, egoistis; **≗tätig** (secara) otomatis; **–täuschung** *f* penipuan diri sendiri; **–tor** *n, Sp.* pemasukan bola ke gawang sendiri; **–überhebung** *f* sikap tinggi hati, kesombongan, keangkuhan; **–überwindung** *f* tindakan mengatasi kelemahan sendiri; **–unterricht** *m* belajar sendiri (tanpa guru); **–verbrennung** *f* pembakaran diri (sendiri); **≗vergessen** *Adj.* lupa akan dunia sekitarnya (karena melamun/berpikir-pikir); **–verlag** *m, im* ~ diterbitkan oleh pengarang sendiri; **–verleugnung** *f* penyangkalan diri; **–vernichtung** *f* perusakan diri sendiri; **≗verschuldet** karena kesalahan sendiri; **–versorger** *m* orang yg. menghasilkan sendiri kebutuhan sehari-hari (terutama makanan); **–versorgung** *f* penyediaan kebutuhan sendiri
selbstverständ|lich *Adj.* jelas dari sendirinya; *Adv.* tentu saja, memang, sudah barang tentu; *das ist doch* ~ **1.** sudah semestinya, memang demikian, **2.** (ah) tdk. apa-apa, sudahlah; **≗lichkeit** *f* (–;*O*) hal yg. pasti, kebenaran yg. tdk. dapat disangkal lagi (dan tak perlu dipertanyakan); **≗nis** *n* (*–ses;O*) pengertian (mengenai) diri sendiri
Selbst|verteidigung *f* pembelaan diri; **–vertrauen** *n* kepercayaan pd. diri sendiri; **–verwaltung** *f* swapraja; **–verwirklichung** *f* realisasi kemampuan/cita-cita tt. diri sendiri; **–wertgefühl** *n* rasa harga diri; **–zucht** *f* disiplin diri
selbstzufrieden *Adj.* puas dng. diri sendiri; **≗heit** *f* rasa puas thd. diri sendiri
selbst|zündend (me)nyala sendiri; **≗zündung** *f, Mot.* kontak otomatis; **≗zweck** *m* tujuan/maksud yg. tersirat di dl. hal itu sendiri (tanpa pengaruh dari luar)
selchen *tr.* mengasapi; mengeringkan; *itr.* menjadi kering
Selen *n* (*–s;O*) selenium (Se)
selig bahagia, puas, senang, *ugs.* mabuk sedikit; *verstorben* mendiang, yg. sudah almarhum; **≗keit** *f* (*–;–en*) kebahagiaan, rasa puas; *die ewige* ~ keselamatan/kebahagiaan abadi; **≗preisung** *f* sabda kebahagiaan; **–sprechen** *unr. tr., Rel.* menyatakan sso. yg. sudah meninggal hampir setaraf dng. orang kudus; **≗sprechung** *f* (*–;–en*) *Rel.* beatifikasi
Sellerie *m* (*–s;–$*), *f* (*–;. . . iën*) seledri, *apium graveolens*

selten jarang, langka; *e ~ schönes Tier* binatang yg. luar biasa bagus; **≗heit** *f* (–;*O*) jarangnya; hal yg. langka
Selterswasser *n* air mineral/soda
seltsam ganjil, aneh, ajaib; **–erweise** *Adv.* yg. tdk. biasa(nya); aneh; **≗keit** *f* (–;*O*) keganjilan, keanehan
Semantik *f* (–;*O*) ilmu arti kata, semantik
Semester *n* (–*s*;–) tengah tahun(an), semester; *er ist schon e älteres ~, ugs.* ia sudah lama belajar, *bp.* ia mahasiswa abadi, *pej.* ia orang yg. sudah agak tua; **–prüfung** *f* ujian akhir semester
Semifinale *n* semi final
Semikolon *n* (–*s*;–*s*/ . . . *la*) (tanda) titik koma
Seminar *n* (–*s*;–*e*) seminar, lokakarya; *Institut* lembaga khusus dl. lingkungan universitas; *Rel.* seminari, perguruan tinggi calon pastor; **–arbeit** *f* kertas kerja utk. dibahas dl. seminar; **–ist** *m* (–*en*;–*en*) mahasiswa seminari, seminaris
Semit(in *f*) *m* (–*en*;–*en*) anggota rumpun bangsa/bahasa Semit
Semmel *f* (–;–*n*) roti kadet; *et. geht (weg) wie warme ~n* laris spt. kacang goreng
Senat *m* (–*e̸s*;–*e*) majelis tinggi (di beberapa negara); pemerintahan kota (di Berlin, Bremen, Hamburg); *Gericht* dewan hakim; *Univ.* dewan pengurus; **–or** *m* (–*s*;–*en*) anggota senat
Send|bote *m* utusan; **–brief** *m* surat edaran
Sende|anlage *f* (stasiun) pemancar radio; **–antenne** *f* antena pemancar; **–bereich** *m* jarak jangkauan pemancar; **–folge** *f* program, acara; **–leiter** *m* kepala penyusun acara, direktur produksi
senden *tr.* **1.** *unr.* mengirim(kan), mengutus; *von Gott gesandt* diutus (oleh) Tuhan; **2.** *Radio, Fernsehen* memancarkan, menyiarkan
Sende|plan *m*, **–program** *n* acara penyiaran; **–r** *m* (–*s*;–) stasiun pemancar radio; (pesawat) pemancar; **–raum** *m* studio; **–reihe** *f* acara tetap/seri
Sender|gruppe *f*, **–netz** *n* jaringan pemancar
Sende|röhre *f* tabung pemancar; **–station** *f*, **–stelle** *f* stasiun pemancar; **–turm** *m* menara pemancar; **–zeichen** *n* sinyal (adanya) pemancar
Sendschreiben *n*, *s. Sendbrief*
Sendung *f* (–;–*en*) kiriman, pengiriman; *Radio* siaran; *Auftrag* tugas, (per)utusan; *Rel.* panggilan, misi
Senf *m* (–*e̸s*;–*e*) (se)sawi, *brassica;* moster; **–korn** *n* biji sesawi; **–pflaster** *n* sm. obat luar utk. kompres
sengen *tr.* menghanguskan, membakar; *itr.* merampok dan membakar
senil pikun
senior senior, yg. lebih tua atau tinggi pangkatnya; **≗** *m* (–*s*;–*en*) *s. senior;* yg. tua-tua; ketua; *Sp.* olahragawan yg. sudah lewat umur(nya)
Senkblei *n* batu duga
Senke *f* (–;–*n*) tanah lekuk/cekung
Senkel *m* (–*s*;–) tali sepatu
senken *tr.* menurunkan, merendahkan; *Kopf, Blick* menundukkan; *sich ~* turun; *die Nacht senkt sich über das Meer* malam semakin larut di atas laut
Senk|fuß *m* kaki leper atau bertapak rata; **–grube** *f* tengki septik, septikteng; **–lot** *n*, *s. Senkblei;* **≗recht** tegak lurus; **–rechte** *f* garis tegak lurus; **–rechtstarter** *m* pesawat terbang yg. lepas landas secara tegak lurus; *ugs.* orang yg. karirnya menjulang; **–schnur** *f* tali batu duga; **–ung** *f* (–;–*en*) *Preis, Gebäude* turunnya, merosotnya; *im Vers* suku kata yg. tdk. dapat tekanan (suara); *s. Senke;* **–waage** *f* aerometer, pengukur berat/padat gas
Senn *m* (–*e̸s*;–*e*), **–e** *m* (–*n*;–*n*), **–er** *m* (–*s*;–) gembala di daerah pegunungan; **–erei** *f* (–;–*en*) peternakan di pegunungan; **–erin** *f* (–;–*nen*) wanita yg. mengurus peternakan atau kedai makan di pegunungan; **–hütte** *f* pondok peternak (di pegunungan)
Sensation *f* (–;–*en*) kehebohan, sensasi; **≗ell** heboh, yg. menggempar-

kan, sensasionil; **–sblatt** *m* suratkabar penuh sensasi/gosip; **–slust** *f* gila/haus sensasi; **–smeldung** *f* berita sensasi; **–s·presse** *f* media sensasi

Sense *f* (*–;–n*) sm. sabit besar; ~ *! ugs.* habis! **–nmann** *m, fig.* malaikatulmaut

sensi|bel peka, sensitif; **°–bilität** *f* (*–;O*) kepekaan

Sensorium *n* (*–; . . . iën*) *Med.* kesadaran

Sentenz *f* (*–;–en*) kalimat pendek yg. berarti dalam, sm. pepatah

sentimental mudah terbawa oleh perasaan, mengharukan, sentimental; **°–ität** *f* (*–;–en*) luapan perasaan, perasaan yg. berlebih-lebihan

separat terpisah, tersendiri; **°–ismus** *m* (*–;O*) aliran yg. memisahkan diri; *Pol.* separatisme

Sepia *f* (*–;Sepiën*) warna coklat tua; *Fisch* sm. ikan cumi-cumi, *sepia*

Sepsis *f* (*–;Sepsen*) *Med.* ketularan benih penyakit atau nanah, keracunan darah, *sepsis*

September *m* (*–s̸;O*) (bulan) September

sequestrieren (–) *tr.* menguasai dng. cara memaksa, menyita

Serenade *f* (*–;–n*) alunan musik malam, serenade

Sergeant *m* (*–en;–en*) sersan

Serië *f* (*–;–n*) seri, rangkaian, rentetan; **–nhaus** *n* rumah menurut satu model standar; rumah cetakan (dari pabrik); **–nherstellung** *f* produksi dl. rangkaian/seri; **°–nmäßig** yg. dibuat sama dl. jumlah besar, menurut standar; **–nschaltung** *f, Elek,* hubungan seri

seriös sungguh-sungguh, dapat dipercaya; serius

Serpentine *f* (*–;–n*) jalan naik/turun yg. berkelok-kelok dng. tajam; belokan tajam pd. jalan yg. naik/turun

Serum *n* (*–s;Seren/Sera*) *Med.* air darah, dadih darah; serum

Service 1. *n* (*–s;–*) seperangkat atau satu set piring-cangkir; **2.** *m* (*–;–s*) pelayanan; servis langganan

servier|en (–) *tr. itr.* melayani, menghidangkan; *ugs.* menyampaikan; **°–erin** *f* (*–;–nen*), **°–mädchen** *n* (wanita) pelayan restoran; **°–tisch** *m* sm. meja hidangan yg. kecil (di samping meja utama); **°–tochter** *f, schweizerisch, s. Serviermädchen*

Serviette *f* (*–;–n*) serbet

servil bersikap merendahkan diri, berwatak budak

Servobremse *f* rem servo

Servus! *österreichisch* salam! selamat! sampai jumpa lagi!

Sesam *m* (*–s;–s*) bijan, wijen, *sesamum indicum*

Sessel *m* (*–s;–*) kursi (malas) yg. besar dan empuk; kursi bersandaran dan berlengan; **–lift** *m* lift dng. banyak kursi gandulan utk. mengangkut orang ke atas gunung

seßhaft berkedudukan, berdomisili, bertempat tinggal tetap; ~ *werden* memilih tempat tinggal tetap, menetap; **°–igkeit** *f* (*–;O*) kedudukan/domisili tetap, menetapnya

Session *f* (*–;–en*) masa bersidang

Set *m, n* (*–s̸;–s*) seperangkat, setelan, sesetel

Setz·ei *n* telur mata sapi

setzen *tr.* meletakkan, menaruh; memasang; *Buchstaben* menyusun huruf, *bp.* (men)set; *e Denkmal* ~ mendirikan/membangun tugu (peringatan); *ans Land* ~ mendaratkan; *et. aufs Spiel* ~ mengambil risiko; *in Gang* ~ menggerakkan, menghidupkan; *et. ins Werk* ~ memulai pekerjaan; *s-n Namen unter et.* ~ mencantumkan namanya pd. sst.; *sich* ~ duduk; *bitte* ~ *Sie sich!* silahkan duduk! *der Kaffee setzt sich* kopi mengendap; *j-n an die Luft* ~ , *ugs.* mengusir sso.; *sich zu Tische* ~ duduk (utk.) makan; *sich zur Ruhe* ~ (menerima) pensiun

Setzer *m* (*–s;–*) penyusun huruf, (tukang) seter, leterseter; **–ei** *f* (*–;–en*) tempat penyusunan huruf

Setz|fehler *m* salah cetak/seting; **–ling** *m* (*–s;–e*) tanaman ipukan, semaian; *Fisch* bibit/benih ikan; **–maschine** *f* mesin set, mesin penyusunan huruf; **–reis** *n* semaian; **–waage** *f* waterpas

Seuche *f* (*–;–n*) penyakit menular, wabah, epidemi; **–nbekämpfung** *f*

pemberantasan penyakit menular; **–nherd** *m* pusat epidemi/wabah

seufz|en *itr.* mengeluh, berkeluh-kesah; **ºer** *m* (*–s;–*) keluhan

Sex *m* (*–es;O*) seks, perkelaminan; seksualitas; *ugs.* daya tarik seksuil; **–bombe** *f, ugs., bp.* bom seks

Sexta *f* (*–;Sexten*) kelas pertama sekolah menengah

Sextant *m* (*–en;–en*) sekstan, alat pengukur sudut

Sextett *n* (*–(e)s;–e*) paduan suara atau pemain musik yg. terdiri dari enam orang; karya musik utk. enam suara/alat

sexual yg. berh. dng. kelamin/seks, seksual; **ºität** *f* (*–;O*) seksualitas

sex|uell *s. sexual; ~er Verkehr* hubungan kelamin/seks/intim; **ºus** *m* (*–;O*) dorongan/napsu seks; **–y** *ugs.* seksi, erotis, menarik

sezier|en (–) *tr.* membedah (mayat); **ºmesser** *n* pisau bedah

Shampoo(n) *n* (*–s;–s*) obat cuci rambut, *bp.* syampo

Shorts *pl* celana pendek

sich (diri) sendiri; *an (u. für) ~* sebenarnya; *jeder für ~* sendiri-sendiri; *sie lieben ~* mereka saling mencintai; *nicht bei ~ sein* tdk. sadar (–kan) diri, pingsan; *nichts auf ~ haben* tdk. berarti apa-apa; *aus ~ heraus* atas inisiatif/kemauan sendiri; *für ~ sein* menyendiri, sendirian; *zu ~ bitten* mengundang/meminta datang

Sichel *f* (*–;–n*) sabit, arit; *Reis* ani-ani; **ºförmig** berbentuk sabit

sicher aman; pasti, tentu, meyakinkan; *~ ist ~!* (spy. aman/pasti) lebih baik berhati-hati! siapa (yg.) tahu! *~er Fahrer* pengemudi yg. baik / meyakinkan / berpengalaman; *s-r Sache ~ sein* yakin akan dirinya sendiri

Sicherheit *f* (*–;O*) kepastian; keamanan; *Bürgschaft* jaminan; *im Auftreten* sikap yg. meyakinkan; *in ~ bringen* membawa ke tempat yg. aman, menyelamatkan; *soziale ~* jaminan sosial; *~ stellen* memberi jaminan; *zur ~* demi pastinya; demi keselamatan(nya); *~ leisten* menjamin; *mit tödlicher ~* dng. sangat pasti

Sicherheits|beamte *m* agen/petugas keamanan; **–bestimmungen** *pl* peraturan keamanan; **–dienst** *m* dinas rahasia; **–faktor** *m* faktor keamanan; **–glas** *n* kaca yg. pecah dl. bentuk butiran (kecil); **–gurt** *m* sabuk pengaman; **ºhalber** spy. aman/pasti; **–kette** *f* rantai pengaman; **–klausel** *f* syarat perlindungan (thd.); **–konferenz** *f* konperensi pertahanan dan keamanan; **–lampe** *f, Bgb.* lampu tambang; **–maßnahme** *f*, **–maßregel** *f* tindakan pengamanan; **–nadel** *f* peniti cantel; **–pakt** *m* pakta keamanan; **–polizei** *f* polisi keamanan; **–rat** *m* Dewan Keamanan; **–schloß** *n* gembok pengaman; **–ventil** *n* katup pengaman; **–zone** *f* daerah aman

sicher|lich tentu (saja), niscaya; agaknya; **–n** *tr.* membuat aman, melindungi (thd.); menjamin; *sich et. ~* berusaha spy. memperoleh sst. (utk. diri sendiri); *Tier* mencium bahaya; **–stellen** *tr.* mengamankan; *beschlagnahmen* menyita; *gewährleisten* menjamin; **ºung** *f* (*–;–en*) pengamanan, perlindungan; *Elek.* sekering; *am Gewehr* pasak pengaman; **ºungsverwahrung** *f, Recht* penahanan preventif

Sicht *f* (*–;O*) penglihatan, pemandangan; *in ~ kommen* tampak; *auf lange ~* utk. jangka panjang; **ºbar** dapat dilihat, tampak; **ºen** *tr.* melihat (dari jauh); *durchsehen* memeriksa; *fig.* menyaring, mengatur; **–feld** *n* bidang pandangan; **–geschäft** *n* bisnis dng. batas waktu tertentu; **–kartei** *f* sm. susunan kartu; **ºlich** kelihatannya, rupanya; ternyata; nyata, jelas; **–verhältnisse** *pl* keadaan utk. melihat jauh; **–vermerk** *m* visa; **–weite** *f* kejauhan pandangan; jarak jangkauan pandangan; *außer ~* tdk. kelihatan

Sicker|grube *f* lubang tempat air meresap/merembes ke dl. tanah; **ºn** *itr.* merembes, menyerap, meresap; bocor; **–wasser** *n* air yg. merembes ke tanah; air rembesan yg. bocor sedikit-sedikit

sie *Personalpron.* **1.** *Singular, f* (d)ia (*wanita*); **2.** *pl* (*m, f, n*) mereka

Sie *Personalpron., für Anrede* **1.** *Singular, allgemein* Anda, Saudara; *Dame* Nyonya, *Herr* Tuan; **2.** *pl* Anda, Saudara-Saudara; Nyonya-Nyonya, Tuan-Tuan

Sieb *n* (–*(e)s;–e*) saringan, ayakan

sieben 1. *tr.* mengayak, menyaring; *unter den Bewerbern* ~ menyaring calon-calon; **2.** tujuh; **≗** *f* (–;–) (angka) tujuh

Sieben|eck *n* segi tujuh; **≗fach, ≗fältig** tujuh kali (lipat); **–gestirn** *n* bintang kartika/tujuh/puyuh; *pleiades;* **≗hundert** tujuh ratus; **≗jährig** berusia tujuh tahun; selama tujuh tahun; **≗mal** tujuh kali; **–meilenstiefel** *pl, Märchen* sepatu yg. dapat dipakai sekali melangkah tujuh mil; **–sachen** *pl, s-e ~ beisammen haben* mempunyai segala yg. diperlukan; *s–e ~ packen, fig.* berkemas-kemas, (bertekad) pergi; **–schläfer** *pl, Bauernregel* hari peringatan tujuh orang tidur (27 Juni); *Zo.* sm. binatang mengerat yg. tidur selama tujuh minggu terus-menerus pd. musim dingin, *glis glis;* **≗tägig** selama tujuh hari; **≗tausend** tujuh ribu

sieb(en)t|e ketujuh; **≗el** *n* (–*s;–*) sepertujuh; **–ens** ketujuh

siebzehn tujuh belas

siebzig tujuh puluh; **≗er** *m* (–*s;–*), **≗erin** *f* (–*;–nen*) orang yg. berusia sekitar tujuh puluh tahun; **–ste** yg. ketujuh puluh

siech *Adj.* (ber)penyakitan, sakit-sakitan; **–en** *itr.* mengidap penyakit berat dan lama; merana; **≗tum** *n* (–*s;O*) penyakit lama dan berat yg. tak ada harapan lagi utk. sembuh

Siede|grad *m* titik didih; **–hitze** *f* panas titik didih; **–kessel** *m* ketel uap

siedeln *itr.* menetap, menduduki, bertempat tinggal

siede|n *unr. itr. tr.* mendidih(kan); memasak; **≗punkt** *m* titik didih; **≗r** *m* (–*s;–*) pengawas ketel uap

Siedler *m* (–*s;–*) orang/penduduk yg. menetap pd. atau yg. membuka tanah baru; **–stelle** *f* rumah dan pekarangan baru, pemukiman baru

Siedlung *f* (–*;–en*) pemukiman; daerah perumahan yg. model rumahnya seragam; **–sbau** *m* pembangunan perumahan (murah/sedang); **–sgelände** *n* tanah perumahan; **–sgesellschaft** *f* perusahaan pembangunan perumahan; **–shaus** *n* rumah/tempat tinggal dl. kompleks rumah seragam

Sieg *m* (–*(e)s;–e*) kemenangan

Siegel *n* (–*s;–*) segel, tera, cap; s(e)tempel; **–lack** *m* lak segel; **≗n** *tr.* menyegel, memasang segel; **–ring** *m* cincin segel/mohor

sieg|en *itr. tr.* (menjadi) menang; ~ *über* memenangi, mengalahkan; **≗er** *m* (–*s;–*), **≗erin** *f* (–*;–nen*) pemenang; **≗er·ehrung** *f, Sp.* sm. upacara penghargaan pemenang/juara; **≗er·urkunde** *f* piagam penghargaan (utk. pemenang/juara)

sieges|bewußt merasa (pasti) menang; **≗denkmal** *n* tugu peringatan (akan) kemenangan; **–gewiß** *s. siegesbewußt;* **≗göttin** *f* dewi kemenangan; **≗lauf** *m* kemenangan demi kemenangan; **≗pokal** *m* piala kemenangan; **–sicher** *s. siegesbewußt;* **–trunken** *Adj.* mabuk kemenangan; **≗zeichen** *n* tanda kemenangan; **≗zug** *m* pawai/arak-arakan kemenangan; *fig., s. Siegeslauf*

sieg|haft *s. siegesbewußt;* jaya, gemilang; yakin akan diri sendiri; **–reich** menang, menjadi juara

Siel *m, n* (–*(e)s;–e*) pintu air di tanggul; *Kanal* sm. parit/selokan saluran air

siezen *tr.* menyapa dng. 'Sie'

Sigel *m* (–*s;–*) singkatan kata

Signal *n* (–*s;–e*) sinyal, tanda isyarat; **–ement** *n* (–*s;–s*) ciri-ciri sso.; **–flagge** *f, Mar.* bendera (tanda) isyarat; **–horn** *n, Mar.* trompet (tanda) isyarat; **≗isieren** (–) *tr.* memberi isyarat; **–lampe** *f,* **–leuchte** *f, Mar.* lampu penunjuk/isyarat

Signatarmächte *pl* negara-negara yg. menandatangi perjanjian

Sign|atur *f* (–*;–en*) paraf, tandatangan; *Zeichen* tanda; **≗ieren** (–) tr. menandatangani, membubuh paraf; *Kunst, Literatur* mencantumkan nama, (*Anfangsbuchstabe*) memaraf

Silbe *f* (–*;–n*) suku kata; **–nrätsel** *n* sm. teka-teki yg. menggunakan suku kata; **-ntrennung** *f* pemisahan kata menurut suku-katanya; **≗nweise** suku-kata demi suku-kata

Silber *n* (*-s;O*) perak; **≗artig** spt. perak; **-barren** *m* batangan perak; **-blick** *m* penglihatan juling; **-brokat** *m* brokat dng. tenunan benang perak; **-draht** *m* kawat perak; **-erz** *n* bijih perak; **-fisch** *m* ikan emas yg. bersisik keperak-perakan; **-fisch·chen** *n* gegat, *lepisma saccharina*; **-gehalt** *m* kadar perak; **-geld** *n* uang perak; **-gerät** *n*, **-geschirr** *n* alat-alat makan dari perak; **≗haltig** mengandung perak; **-hochzeit** *f* pesta kawin perak; **≗ig** spt. perak; keperak-perakan; **-münze** *f*, *s. Silbergeld;* **≗n** *Adj.* dari perak; **-papier** *n* kertas perak; **-schmied** *m* pandai perak; **-stikkerei** *f* bordir dng. benang perak; **-streifen** *m*, *~ am Horizont* secercah sinar harapan; **-währung** *f* mata uang perak; **-waren** *pl* barang-barang dari perak; **-zeug** *n* barang kerajinan perak

Silentium! diam!

Silhouette *f* (*-;-n*) bayangan hitam; *~ e-r Stadt* siluet kota

Silikat *n* (*-es;-e*) silikat

Silo *m* (*-s;-s*) tempat penyimpanan dan fermentasi makanan ternak; *Getreide* sm. lumbung utk. padi-padian; silo; **-futter** *n* makanan ternak (yg. difermentasikan dl. silo)

Silvester *n* (*-s;O*), **-abend** *m* malam (menjelang) Tahun Baru

simpel (sangat) sederhana, bersahaja

Sim|pel *m* (*-s;-*) *ugs.* orang dungu/tolol; **≗plifizieren** (-) *tr.* (sangat) menyederhanakan; menerangkan secara gampang-gampangan

Sims *n*, *m* (*-es;-e*) ambang jendela (yg. lebar); *Gebäude* tonjolan (mendatar) sebagai hiasan tembok; *Kamin* jalur hiasan di pendiangan

Simu|lant *m* (*-en;-en*), **-lantin** *f* (*-;-nen*) orang yg. berpura-pura sakit; **-lator** *m* (*-s;-en*) *Tech.* alat peniru keadaan yg. sebenarnya, simulator; **≗lieren** (-) *itr. tr.* berpura-pura; *Tech.* meniru keadaan sebenarnya; *ugs.* melamun

simultan bersamaan waktu/dng.; **≗schule** *f* sekolah umum (yg. tdk. mengutamakan agama tertentu)

Sinfonie *f* (*-; . . . iën*) simfoni; **-orchester** *n* orkes simfoni

sing|en *unr. itr. tr.* bernyanyi; menyanyikan; *Vogel* bersiul, berkicau; **≗sang** *m* (*-es;O*) cara berbicara dng. nada aneh dan monoton; *Lied* nyanyian/lagu picisan; **≗spiel** *n* karya panggung yg. dimainkan dng. musik (spt. operet, komedi musik); **≗stimme** *f* suara nyanyian (manusia)

Singu|lar *m* (*-s;-e*) tunggal; **≗lär** langka, jarang; unik

Singvogel *m* burung yg. dapat bersiul, *oscines*

sinken *unr. itr.* tenggelam, terbenam; *absinken* turun; *in Schlaf ~* jatuh (ter)tidur

Sinn *m* (*-es;-e*) *Wahrnehmungsfähigkeit* indera; *fünf ~e* pancaindera; *Bedeutung/Zweck* arti; *es hat keinen ~* tak ada artinya/gunanya; *im streng(st)en ~e* dl. arti yg. sebenarnya/sesungguhnya; *dem ~e nach*, *s. sinngemäß; Absicht* maksud; *in diesem ~e* dl. arti/maksud ini; *et. im ~ haben* bermaksud/merencanakan sst.; *Bewußtsein* kesadaran; *Gedanken, Kopf* pikiran, otak; (*nicht*) *von ~en sein* sedang (tdk.) kacau pikirannya, *bp.* (tdk.) gila; *laß es dir ja nicht in den ~ kommen, allein zu gehen!* jangan mau pergi sendirian! *Verständnis für* pengertian akan, apresiasi thd.; *er hat ~ für Musik* ia senang dan dapat menghayati karya musik; *Meinung* pandangan; *das ist ganz in meinem ~* ini sungguh sesuai dng. keinginan saya; **-e** *pl* nafsu

Sinnbild *n* lambang, simbol; **≗lich** dl. arti kiasan, simbolis

sinnen *unr. itr.* berpikir-pikir; *auf et. ~* sangat memikirkan sst.; *tr.* merencanakan; (*all*) *sein ≗ u. Trachten* seluruh keinginannya; **-d** dng. termenung(-menung), dng. melamun

sinnen|freudig, -froh yg. berh. dng. kenikmatan jasmani; **≗genuß** *m* kenikmatan hawa napsu

Sinnen|lust *f, s. Sinnengenuß;* **–mensch** *m* orang yg. mengutamakan/menuruti napsunya; **–rausch** *m* napsu yg. besar; napsu berahi; **–reiz** *m* daya pesona, rangsangan; **–taumel** *m, s. Sinnenrausch*
sinn·entstellend yg. mengubah/merusak arti
Sinnenwelt *f* dunia material
Sinnes|änderung *f* perubahan sikap/pandangan; **–art** *f* sikap/cara berpikir; **–organ** *n* organ pancaindera; **–täuschung** *f* (peng)khayalan, ilusi
sinn|fällig jelas, nyata, masuk akal; **≗gebung** *f* pengertian; *Erklärung* pentafsiran, interpretasi; **≗gedicht** *n* epigram; **≗gehalt** *m* makna, arti, pokok; **–gemäß** menurut artinya/maksudnya, tdk. har(a)fiah; **–getreu** *Adj.* berpegang teguh pd. artinya, tdk. menyimpang dari maksudnya, konsisten; **–ig** (yg.) penuh arti, mendalam, terpikir baik; *iron.* tdk. cocok (walaupun dng. maksud baik)
sinnlich yg. berh. dng. pancaindera; *körperlich* material, jasmani; *geschlechtlich* berhawa napsu, bersifat menggiurkan, seksual, erotis; **≗keit** *f* (–;O) daya perangsang berahi, rasa tertarik pd. kenikmatan seksual
sinnlos tak berarti, tak masuk akal; *unnütz* tak berguna, percuma; *maßlos* melampaui batas; **≗igkeit** *f* (–;O) kesia-siaan, kemustahilan, keadaan tdk. berarti
sinn|reich penuh arti, masuk akal, pandai; *zweckentsprechend* sangat cocok; **≗spruch** *m* motto, semboyan; **–verwandt** sama arti/maksudnya, sinonim; **–voll** kaya arti; sangat berarti; masuk akal; **–widrig** sia-sia; mustahil
Sintflut *f* (–;O) air bah; *nach uns die ~ !* masa bodoh (thd. masa yg. akan datang)!
Sinus *m* (–;–/–se) *Math.* sinus; *Med.* rongga
Sipp|e *f* (–;–n), **–schaft** *f* (–;–en) sanak-saudara, kerabat, famili, marga
Sirene *f* (–;–n) sirene
Sirup *m* (–s;–e) sirop, setrup
Sisal *m* (–s;O) serat sisal
sistieren (–) *tr.* menghentikan, memutuskan; *festhalten* menangkap
Sitte *f* (–;–n) adat istiadat, kebiasaan, tata cara; *Sittlichkeit* susila, moral, akhlak; *es ist ~ , daß* biasa/lazim bahwa
Sitten|bild *n*, **–gemälde** *n, Lit* (peng)gambaran keadaan tingkah laku; **–gesetz** *n* hukum kesusilaan; **–lehre** *f* etika, moral, ajaran budi pekerti; **≗los** asusila, tak bermoral, jahat; **–losigkeit** *f* (–;O) amoralitas, kebejatan, tuna susila; **–polizei** *f* polisi susila; **–prediger** *m* orang yg. menggembar-gemborkan akhlak (di muka umum); **–richter** *m* anggota badan sensor; **≗streng** yg. berpegang teguh pd. tata susila; **–strolch** *m, ugs.* penjahat thd. wanita dan anak-anak kecil; **–verderbnis** *f*, **–verfall** *m* kemerosotan akhlak/moral, demoralisasi; **–zeugnis** *n* surat keterangan berkelakuan baik
Sittich *m* (–s;–e) sm. burung nuri kecil berekor panjang, *psittacinae*
sittlich bermoral, bersusila; **≗keit** *f* (–;O) moralitas, kesusilaan; **≗keitsverbrechen** *n* kejahatan (yg. menyangkut) seks
sittsam alim, sopan; **≗keit** *f* (–;O) kesopanan, tingkah laku yg. alim
Situation *f* (–;–en) keadaan, situasi
situiert *gut ~ , fig.* cukup berada
Sitz *m* (–es;–e) tempat duduk; *Haltung* sikap duduk; *Ort* tempat kediaman, kedudukan; *Kleidung* potongan
sitzen *unr. itr.* duduk; *e-e Sitzung halten* berapat; *sich befinden aufhalten* (sedang) berada/hidup di, bertempat tinggal di; *Vogel* bertengger; *im Gefängnis ~* masuk penjara; *der Anzug sitzt gut* setelan itu bagus potongannya, *bp.* pas benar pakaian itu; *die Schraube sitzt* mur terpasang kuat; *über den Büchern ~* menekuni buku-buku; *das hat gesessen (Bemerkung, Hieb)* sungguh kena; *~ bleiben* tetap duduk (tdk. bangun); **–bleiben** *unr. itr.* tdk. naik kelas; *beim Tanz* tdk. dapat pasangan; *nicht geheiratet*

werden tdk. dapat pasangan hidup; **–lassen** *unr. tr.* tdk. menepati janji; *e Mädchen* ~ tdk. bertanggungjawab thd. wanita yg. dihamili; *das lasse ich nicht auf mir sitzen* saya tdk. akan tinggal diam

Sitz|fleisch *n,* ~ *haben* orang yg. dapat belajar dng. tekun; **–gelegenheit** *f* tempat/kesempatan (utk.) duduk; **–ordnung** *f* penentuan/aturan tempat duduk; **–platz** *m* tempat duduk; **–streik** *m* mogok dng. duduk (saja)

Sitzung *f* (*–;–en*) rapat, sidang; **–sbericht** *m* laporan/notulen (tt.) sidang/rapat; **–speriode** *f* masa sidang; **–s·saal** *m,* **–szimmer** *n* ruang sidang/rapat

Skala *f* (*–;Skalen/Skalas*) skala; tingkatan (perasaan, warna . . .)

Skalp *m* (*–s;–e*) *Indianer* kulit kepala (berambut) yg. dikelupaskan

Skalpell *m* (*–s;–e*) pisau bedah

Skandal *m* (*–s;–e*) skandal, heboh; **˚lös** bersifat menimbulkan kehebohan/amarah, yg. mengejutkan; **–presse** *f* pers gossip

skandieren (–) *tr. itr.* membaca sajak dng. menekankan tinggi-rendahnya irama

Skat *m* (*–ẹs;–e/–s*) sm. permainan kartu utk. tiga orang

Skelett *n* (*–ẹs;–e*) kerangka tubuh

Skep|sis *f* (*–;O*) sifat skeptis, syak; **–tiker** *m* (*–s;–*) orang yg. bersifat ragu-ragu; **˚tisch** kurang percaya, skeptis

Sketsch *m* (*–es;–e*) *Thea.* karya panggung yg. adegan-adegannya lucu/jenaka; *Malerei* sketsa

Ski *m* (*–s;–er/–*) papan peluncur, ski; **–fahrer(in** *f*) *m* pemain ski; **–gelände** *n* tempat/daerah main ski; **–lauf** *m,* **–laufen** *n* permainan ski; **–läufer(in** *f*) *m* pemain ski; **–lift** *n* lift dng. banyak kursi gandulan utk. mengangkut pemain ski; **–springen** *n* (*–s;O*) loncatan ski

Skizze *f* (*–;–n*) sketsa, bagan, gambar rancangan; kerangka (dasar); *in Stichworten* catatan; **–nblock** *m* buku kecil utk. catatan sementara; **–nbuch** *n* buku sketsa; **˚nhaft** secara garis besar saja

skizzieren (–) *tr.* membuat sketsa; memberi garis besar saja, merancangkan

Sklav|e *m* (*–n;–n*) budak belian; **–enaufseher** *m* pengawas budak belian; *fig.* mandor kejam; **–enhandel** *m* perdagangan budak; **–enschiff** *n* kapal pengangkut budak; **–enseele** *f* orang yg. berwatak spt. budak; **–erei** *f* (*–;O*) perbudakan; **˚isch** spt. budak, terlalu patuh; *~e Nachahmung* peniruan tanpa daya cipta sendiri

Skonto *m, n* (*–s;–s/Skonti*) potongan harga bila bayar kontan

Skorbut *m* (*–ẹs;O*) *Med.* penyakit akibat kekurangan vitamin C, *scorbutus*

Skorpion *m* (*–s;–e*) kalajengking, *scorpio*

Skript *n* **1.** (*–ẹs;–e*) naskah (film . . .); **2.** (*–ẹs;–en*) catatan kuliah; *Abschrift* salinan, transkripsi

Skrofulose *f* (*–;O*) sm. penyakit kelenjar, *scrofula*

Skrup|el *m* (*–s;–*) keragu-raguan, kebingungan, kebimbangan; **˚ellos** tak berprikemanusiaan, kejam, jahat; **˚ulös** terlampau takut bersalah, takut-takutan; terlalu teliti

Skulptur *f* (*–;–en*) patung, arca

skurril aneh, ganjil

Slalom *m, n* (*–s;–s*) *Sp.* hal meluncur dng. ski/kano pd. jalur yg. berbelok-belok

Slip *m* (*–s;–s*) celana dalam yg. pendek dan kecil; **–per** *m* (*–s;–*) sepatu rendah tanpa tali

Slogan *m* (*–s;–s*) slogan, semboyan

Smaragd *m* (*–ẹs;–e*) zamrud; **˚grün** hijau zamrud

Smoking *m* (*–s;–s/–e*) sm. pakaian pria utk. pesta

Snob *m* (*–s;–s*) snob, orang sok, orang yg. suka membanggakan diri

so *Adv* begitu; demikian; ~ *!* akhirnya; ayo! nah! baiklah! ~ *ist es* demikianlah; ~ *geht das nicht!* tdk. bisa begitu! ~ *ist das Leben* begitulah kehidupan; *der e-e* ~ *, der andere* ~ yg. satu begini, yg. lain begitu; ~ *(groß), wie . . .* sama (besarnya) dng. . . . , se(besar) . . .; ~ *ist es nicht gewesen* tdk. terjadi demikian; ~ *od.*

~ bagaimanapun juga, mau tdk. mau; ~ *gut wie möglich* sebaik-baiknya; *e ~ großer Mann* orang yg. begitu besar; *er schrieb ~ , daß man es leicht lesen kann* ia menulis sedemikian (rupa), sehingga mudah dibaca; ~ *alle drei Tage* kira-kira setiap tiga hari; *Konj., ach ~ ! (mit langem o)* o begitu! (*dng. u yg. panjang*); *um ~ besser* (se)makin baik; *um ~ mehr* lebih banyak lagi; apalagi; ~ *daß* sehingga, maka

sobald *Konj.* segera (sesudahnya), secepatnya

Socke *f* (–;–*n*) kaos kaki (yg. pendek); *sich auf die ~n machen, ugs.* berangkat/pergi dng. cepat; **–l** *m* (–*s*;–) tumpuan, alas, pondamen; **–n** *m* (–*s*;–) *s. Socke*

Soda *f* (–;*O*), *n* (–*s*;*O*) soda

sodann *Adv.* kemudian, lalu

Sodawasser *n* air soda

Sodbrennen *n* (–*s*;*O*) rasa perih dl. perut

Sodomie *f* (–;*O*) liwat, persetubuhan dng. binatang

soeben *Adv.* baru saja, barusan, tadi

Sofa *n* (–*s*;–*s*) kursi panjang yg. empuk, sofa; **–kissen** *n* bantal kursi

sofern *Konj.* kalau, dng. syarat, asalkan

Soffitten *pl, Thea.* (bagian atas dari) dekorasi panggung

sofort (dng.) segera, sekarang juga, lekas-lekas, seketika; *er war ~ tot* ia meninggal seketika; **°hilfe** *f* pertolongan pertama/langsung; **–ig** dng. segera; **°maßnahme** *f* tindakan urgen/langsung

Sog *m* (–*es*;–*e*) (peng)isapan, sedotan; *Meer* arus bawah; *fig.* daya tarik

so|gar bahkan; **–genannt** yg. dinamakan/disebut; yg. menamakan diri; **–gleich** *s. sofort*

Sohl|e *f* (–;–*n*) telapak kaki; *Schuh* sol sepatu; *Tal* dasar; *Bgb.* korok; **–(en)leder** *n* kulit sol

Sohn *m* (–*es*;⸚*e*) putra, anak laki-laki

Sojabohne *f* sebiji (kacang) kedelai, *glycine soja; fermentierte ~n* tempe; *Soße aus gepreßten ~n* taoco; **–npudding** *m* tahu; **–nsoße** *f* kecap; **–nsprossen** *pl* taoge

solange selama

solar yg. berh. dng. matahari

Solawechsel *m* surat promes

Solbad *n* mandi air asin; kota/tempat pemandian air asin

solch(–er, –e, –es;–e) semacam, sedemikian, begitu; *als ~er* (dl. fungsi) sebagai; ~ *e Tag, e ~er Tag* hari spt. itu.

solcher|art, –lei sedemikian rupa, semacam itu; **–gestalt** *Adv.* (bentuk) semacam itu; **–maßen, –weise** dng. cara spt. itu

Sold *m* (–*es*;–*e*) gaji tentara

Soldat *m* (–*en*;–*en*) tentara, prajurit, serdadu; **–eska** *f* (–; . . . *ken*) kelompok tentara liar; **°isch** spt. tentara

Soldbuch *n, Mil.* kartu pengenal

Söldner *m* (–*s*;–) tentara bayaran/sewaan

Sol|e *f* (–;–*n*) air asin (yg. mengandung garam); **–ei** *n* telur asin

solid kokoh, kuat; *zuverlässig* dapat dipercaya/diandalkan; *maßvoll* sederhana; *haltbar* awet, tahan lama

solidar|isch solider, setiakawan; **°ität** *f* (–;*O*) rasa setiakawan, solidaritas

solid|e *s. solid*; **°ität** *f* (–;*O*) kekokohan; sifat pantas dipercayai

Solist(in *f*) *m* (–*en*;–*en*) penyanyi/pemain tunggal

Soll *n* (–*s*;–*s*) debet, hutang; *Leistung* target, sasaran yg. harus dicapai; ~ *u Haben* debet dan kredit; – **–Bestand** *m, Handel* persediaan nominal; *Mil., s. Soll-Stärke*

sollen *unr. itr.* seharusnya, hendaknya, wajib; *sollte es regnen bleiben wir zu Hause* **kalau hujan kita tinggal** di rumah; *sollte das wahr sein?* mungkinkah hal itu benar? *laut Wetterbericht soll es (heute) regnen* menurut ramalan cuaca semestinya (hari ini) hujan; *du sollst nicht stehlen!* jangan (kamu) mencuri! *er soll sofort kommen* ia harus segera datang; *was soll ich tun?* apa yg. harus saya lakukan? *er soll reich sein* katanya ia kaya; *was soll das Weinen?* apa gunanya menangis?

Söller *m* (–*s*;–) balkon

Soll|–Leistung *f* hasil nominal; **– –Stärke** *f, Mil.* kekuatan kesatuan yg. semestinya

Solo *n* (*–s;–s/Soli*) nyanyian tunggal, solo; *Sp.* permainan sendiri/tunggal; *Kartenspiel* permainan sendiri lawan semua; **≗** *Adj.* sendiri; **–stimme** *f* suara tunggal; **–tänzer** (**–in** *f*) *m* penari tunggal

Solquelle *f* mata air asin

solvent dapat/mampu membayar

somit *Adv.* dng. demikian, jadi

Sommer *m* (*–s;–*) musim panas; **–aufenthalt** *m* rumah/peristirahatan selama musim panas; **–feriën** *pl* liburan musim panas; **–frische** *f* libur/cuti musim panas di suatu tempat yg. lain; tempat yg. cocok utk. liburan musim panas; **–getreide** *n* padi-padian yg. ditabur pd. musim semi; **–kleidung** *f* pakaian musim panas; **≗lich** spt. di musim panas; **–sachen** *pl, s. Sommerkleidung;* **–schlußverkauf** *m* obral musim panas; **–sprosse** *f* tahi lalat; **–weg** *m* jalur jalan yg. tdk. beraspal; **–wohnung** *f* tempat kediaman pd. waktu musim panas; **–zeit** *f* waktu/jam yg. berlaku pd./selama musim panas

sonach *Adv.* dng. demikian, maka

Sonate *f* (*–;–n*) sonata

Sonde *f* (*–;–n*) *Med.* jarum penduga; *Raumfahrt* pesawat ruang angkasa tak berawak (utk. penyelidikan)

Sonder|abdruck *m* cetakan khusus; **–angebot** *n* penawaran khusus; **–auftrag** *m* tugas/order khusus; **–ausbildung** *f* pendidikan khusus; **–ausgabe** *f* edisi khusus; *Geld* pengeluaran/biaya khusus; **–ausschuß** *m* panitia khusus; **≗bar** aneh, ganjil; luar biasa; **–barkeit** *f* (*–;O*) keanehan; **–beauftragte** *m* utusan khusus/istimewa; **–beilage** *f* lampiran khusus, suplemen; **–berichterstatter** *m* wartawan/reporter khusus

Sonder|druck *m* cetakan khusus; **–ermäßigung** *f* potongan khusus; **–fall** *m* kasus luar biasa; **–flug** *m* penerbangan khusus/tambahan; **–frieden** *m* perdamaian hanya dng. satu pihak saja; **–genehmigung** *f* ijin khusus/istimewa; **–gericht** *n* pengadilan khusus/istimewa; **≗gleichen** *Adv.* luar biasa, tak ada bandingnya; **–interesse** *n* kepentingan khusus/sendiri; **–klasse** *f* kelas khusus; **≗lich** luar biasa; khusus; **–ling** *m* (*–s;–e*) orang aneh/eksentrik; **–marke** *f* perangko khusus

sondern 1. *Konj.* melainkan, tetapi; *nicht nur . . . , ~ auch* bukan hanya . . . , melainkan juga; **2.** *tr.* memisahkan, menyisihkan, menyendirikan

Sonder|nummer *f* nomor/edisi khusus; **–recht** *n* hak istimewa; **–regelung** *f* kebijaksanaan khusus/sendiri; **≗s** *samt u.* ~ seluruhnya, semuanya; **–schule** *f* sekolah luar biasa; **–stellung** *f* kedudukan khusus/istimewa; **–steuer** *f* pajak tambahan/khusus; **–ung** *f* (*–;–en*) pemisahan; **–zug** *m* kereta tambahan/khusus

sondieren (*–*) *tr. itr.* menyelidiki dng. seksama, mengamat-amati (utk. mendapat informasi)

Sonett *m* (*–(e)s;–e*) soneta

Sonnabend *m* Sabtu

Sonne *f* (*–;–n*) matahari, *Lit.* surya; **≗n** *sich* ~ berjemur diri; *fig.* menikmati

Sonnen|aufgang *m* terbitnya matahari; **–bad** *n* mandi matahari, (ber–) jemur diri; **–bahn** *f* orbit matahari; **–blende** *f, Fot.* tingkap lensa; **–blume** *f* kanigara, bunga matahari, *helianthus annuus;* **–brand** *m* terbakarnya kulit karena sinar matahari; **–brille** *f* kacamata hitam; **–dach** *n* kerai, bidai; **–energie** *f* tenaga matahari; **–finsternis** *f* gerhana matahari; **–fleck** *m* noda bintik pd. matahari; **≗gebräunt** *Adj.* berwarna sawo matang karena berjemur di panas matahari; **–hitze** *f* panas terik matahari; **–hut** *m* topi pandan; **–jahr** *n* tahun matahari; **≗klar** *fig.* terang-benderang; **–licht** *n* cahaya matahari; **–öl** *n* minyak gosok utk. berjemur diri

Sonnen|schein *m* sinar matahari; *Kind* anak yg. selalu gembira (dan menyenangkan); **–schirm** *m* payung; **–segel** *n* sm. kerai dari kain, tirai; **–seite** *f* bagian/sisi yg. kena sinar matahari; *fig.* perihal yg. menguntungkan; **–stich** *m, Med.* kelengar matahari, *ictus solis;* **–strahl** *m* sinar matahari; **–system** *n* tata surya; **–uhr** *f* alat penunjuk waktu dng. bantuan bayangan sinar matahari; **–untergang** *m* senja, terbenamnya matahari; **≗verbrannt** terbakar karena sinar matahari; **–wende** *f* titik balik matahari; **–zeit** *f* waktu menurut matahari; **–zelle** *f* sel baterai yg. diisi oleh tenaga matahari

sonnig cerah, yg. banyak kena matahari; *~er Mensch* orang yg. gembira/riang

Sonntag *m* Minggu

sonntäglich spt. pd. hari Minggu; yg. berh. dng. hari Minggu

Sonntags|anzug *m* setelan pakaian (yg. dipakai pd.) hari Minggu; **–ausflug** *m* piknik pd. hari Minggu; **–ausgabe** *f* edisi hari Minggu; **–fahrer** *m* pengemudi mobil yg. kurang berpengalaman; **–fahrkarte** *f* karcis akhir pekan; **–jäger** *m* pemburu yg. kurang berpengalaman; **–kind** *n* anak yg. lahir pd. hari Minggu; *fig.* orang yg. beruntung; **–kleid** *n* rok/gaun (yg. dipakai pd.) hari Minggu; **–ruhe** *f* istirahat/ketenangan di hari Minggu; **–schule** *f* sekolah Minggu

sonor *Adj.* sonor, merdu dan nyaring

sonst *Adv.* kalau tdk.; *außerdem* lagi, lain; *im allgemeinen* biasanya; *ehemals* dahulu; *~ nirgends* di mana pun tdk.; **–ig** (yg.) lain (lagi); **–wo** di tempat lain

so·oft sesering-seringnya, kapanpun, setiap kali

Sophist(in *f*) *m* (*–en;–en*) pokrol bambu; sofis

Sopran *m* (*–s;–e*) suara/penyanyi sopran(o)

Sorge *f* (*–;–n*) **1.** kekuatiran, kesusahan; *sich ~(n) machen um* kuatir tt.; **2.** urusan, pemeliharaan; *für et. ~ tragen* mengurus sst.

sorgen *itr.* berusaha; mengusahakan, mengurus; *sich ~* merasa kuatir; **–frei, –los** tanpa kesulitan/kekuatiran/kesusahan, *bp.* tdk. (ambil) pusing; **≗kind** *n* anak/orang yg. selalu menjadi masalah; *fig.* masalah; **–voll** yg. tertekan/dibebankan kesulitan; *e ~es Gesicht* muka yg. cemas

Sorgerecht *n* hak (atas) pemeliharaan anak

Sorg|falt *f* (*–;O*) ketelitian, kecermatan; perhatian; *Gewissenhaftigkeit* sikap hati-hati; **≗fältig** teliti, cermat, seksama, dng. hati-hati; **≗lich** dng. penuh perhatian; dng. ramah; **≗los** tanpa sst. yg. memusingkan, tanpa masalah, riang, bersenang-senang; *leichtfertig* lalai, tdk. hati-hati; **–losigkeit** *f* (*–;–n*) kelalaian, kesembronoan, sikap mengabaikan atau tdk. peduli; **≗sam** *s. sorgfältig*

Sor|te *f* (*–;–n*) macam, jenis, ragam; *Qualität* kualitas; *Marke* merek; **–ten** *pl* mata uang asing; **≗tieren** (*–*) *tr.* menggolong-golongkan, mengatur; menyortir; **–tierer** *m* (*–s;–*) tukang sortir

Sortiment *n* (*–s;–e*) persediaan barang (dl. toko); **–er** *m* (*–s;–*), **–sbuchhändler** *m* pemilik toko buku; **–sbuchhandlung** *f* toko buku

sosehr bagaimanapun juga

soso *~ !* o begitu (maksudnya)! *ihm geht es ~* keadaannya biasa/lumayan saja

Soße *f* (*–;–n*) saus; **–nschüssel** *f* tempat saus

Souf|fleur *m* (*–s;–e*), **–fleuse** *f* (*–;–n*) *Thea.* juru/tukang bisik

so·und·so *Adv. ugs., Herr/Frau ≗* si anu; *~ viel* kira-kira sebanyak itu

Souper *n* (*–s;–s*) perjamuan/makan malam

Soutane *f* (*–;–n*) jubah pastor

Souterrain *n* (*–s;–s*) ruangan yg. setengah di bawah tanah

Souvenir *n* (*–s;–s*) oleh-oleh, buah tangan

souve|rän *Adj.* yg. berdaulat; *überlegen* unggul; (yg./dng.) gemilang, cemerlang; **≗rän** *m* (*–s;–e*) yg. berdaulat; **≗ränität** *f* (*–;O*) kedaulatan

so·viel *Adv., ~ wie möglich* sedapat-dapatnya; sebanyak-banyaknya; *~ ich weiß* sejauh yg. saya ketahui; *~ wie* sama banyak(nya); *iß ~ du* *willst!* makanlah sebanyak kamu suka! ~ *für heute* sekian (utk. hari ini)

soweit *Konj.* sejauh; ~ *ich unterrichtet bin* sejauh saya diberitahu; *es geht ihm* ~ *ganz gut* keadaannya lumayan/mendingan; *wir sind* ~ kita sudah siap

sowenig ~ *wie möglich* sedikit-dikitnya

sowie termasuk juga, spt. juga, dan juga; seketika (itu juga); **-so** bagaimanapun juga; memang (demikian)

Sowjet *m* (*-s;-s*) Sovyet; **-s** *pl* para warganegara Uni Sovyet

sowohl ~ ... *als auch* ... baik ... maupun ...

sozial sosial, kemasyarakatan; *~e Unruhen* keresahan sosial; *~e Sicherheit* jaminan sosial; **≗amt** *n* badan/jawatan sosial; **≗arbeiter** *m* pekerja sosial; **≗beitrag** *m* iuran asuransi tenaga kerja; **≗demokrat** (**-in** *f*) *m* (orang) sosial-demokrat; anggota partai sosial-demokrat; **≗einrichtungen** *pl* lembaga pelayanan sosial; **≗fürsorge** *f* pelayanan sosial; **≗hilfe** *f* bantuan sosial

sozial|isieren (-) *tr.* menasionalisasikan; **≗isierung** *f* (*-;-en*) sosialisasi, pengambilalihan oleh negara, nasionalisasi; **≗ismus** *m* (*-s;O*) sosialisme; **≗ist(in** *f*) *m* (*-en;-en*) (orang) sosialis; **-istisch** sosialis; **≗kritik** *f* kritik sosial/kemasyarakatan; **≗lasten** *pl* beban sosial; **≗ökonomie** *f* ekonomi sosial; **≗politik** *f* politik/kebijaksanaan sosial; **-politisch** yg. berh. dng. politik sosial; **≗produkt** *n* pendapatan nasional; **≗psychologie** *f* ilmu jiwa sosial; **≗rentner** *m* orang yg. menerima pensiun dari asuransi negara; **≗unterstützung** *f* tunjangan/jaminan sosial; **≗versicherung** *f* asuransi wajib utk. sakit/hari-tua/pengangguran; **≗wissenschaft** *f* ilmu pengetahuan sosial/kemasyarakatan, sosiologi; **≗wissenschaftler** *m* sosiolog; **≗zulage** *f* tunjangan sosial

Soziolog|ie *f* (*-;O*) sosiologi; **≗isch** sosiologis, kemasyarakatan

Sozius *m* (*-;-se*) sekutu, *partner; Motorrad* orang yg. membonceng, *bp.* boncengan; **-fahrer(in** *f*) *m* orang yg. membonceng; **-sitz** *m* tempat membonceng, boncengan

sozusagen *Adv.* boleh dikatakan

Spachtel *m* (*-s;-*) sm. pisau dempul/pengerik, kapé; *Med.* sudip, *spatula;* **≗n** *tr.* menghaluskan/melicinkan (permukaan benda)

Spagat *m, n* (*-ɇs;-e*) *Sp.* kangkangan kaki, *bp.* split

Spaghetti *pl* mi

späh|en *itr.* mengamati, memata-matai; mengintip; **≗er** *m* (*-s;-*) pengintai; **≗trupp** *m* (regu) patroli

Spalier *n* (*-s;-e*) dua barisan orang (yg. di tengahnya akan dilalui orang yg. hendak dihormati/dilihat); *Garten* punjung; **-baum** *m* pohon buah-buahan yg. dahannya disanggah punjung

Spalt *m* (*-ɇs;-e*) celah, sela; **≗bar** dapat dipecah/dibelah; **-e** *f* (*-;-n*) kolom, lajur; *s. Spalt;* **≗en** *tr.* membelah; membagi, memisahkan; *gespaltene Persönlichkeit* kepribadian skizofren; **-pilz** *m* bakteri, kuman; **-ung** *f* (*-;-en*) pemecahan, pembelahan; perpecahan, keretakan

Span *m* (*-ɇs;≗e*) serpih(an) kayu, serutan, tatal; **-ferkel** *n* anak babi

Spange *f* (*-;-n*) gesper, jepitan; **-nschuh** *m* sepatu (ber)gesper

spanisch berh. dng. Spanyol; *~er Pfeffer* paprika; *~es Rohr* buluh/batang rotan; *~e Wand* dinding sekat; *das kommt mir* ~ *vor* ini menimbulkan kecurigaan pd. saya

Spann *m* (*-ɇs;-e*) kura-kura kaki; **-beton** *m* beton bertulang pratekan; **-e** *f* (*-;-n*) jengkal; *Zeit* jangka/perbedaan waktu yg. pendek; *Gewinn* untung; **≗en** *tr.* meregangkan, menegangkan, mengencangkan; *Pferde* memasang; *itr.* ketat; *sich* ~ terbentang, terentang; *ich bin gespannt, was du mir erzählst* saya sudah kepingin sekali mendengar ceritamu; **≗end** menarik, tegang; **-er** *m* (*-s;-*) *Zo.* sm. kupu-kupu, *geometridae; Gerät* alat peregang; **-feder** *f* pegas peregang; **-kraft** *f* gaya melenting, gaya pegas/regang, elastisitas; kekenyalan; **≗kräftig** *fig.* bersemangat, penuh tenaga; **–rahmen** *m* bingkai peregang

Spann|ung *f* (–;–*en*) ketegangan; kegelisahan; *Elek.* tegangan; *mit* ~ *erwarten* menantikan dng. penuh harapan / kegelisahan / ketegangan, sangat menginginkan; *j-n in* ~ *versetzen* membuat hati sso. berdebar-debar; **≗ungsgeladen** *Adj.* tegang, gelisah; **–ungsmesser** *m, Elek.* alat pengukur tegangan; **–weite** *f* lebar rentangan; lebar sayap; *fig.* jangkauan

Spant *n* (–*ẹs*;–*en*) *Mar., Flgw.* gading-gading

Spar|buch *n* buku tabungan; **–büchse** *f* celengan, kotak tabungan; **–einlagen** *pl* tabungan di bank; **≗en** *itr. tr.* menabung, menyimpan; *sparsam sein* menghemat; *spar dir deine Bemerkungen!* jangan omong begitu! *Mühe* ~ menghemat tenaga; **–er** *m* (–*s*;–) penabung; **–flamme** *f* api kecil

Spargel *m* (–*s*;–) akar parsi, sapersi, asparagus, *asparagus officinalis*

Spar|gelder *pl* uang tabungan; **–guthaben** *n* uang tabungan di bank; **–kasse** *f* bank tabungan; **–konto** *n* rekening/konto di bank

spärlich sedikit/kurang sekali; jarang

Spar|maßnahme *f* tindakan penghematan; **–pfennig** *m* tabungan cadangan; **–prämie** *f* premi, uang hadiah bagi penabung

Sparren *m* (–*s*;–) kasau, kuda-kuda, penyangga balok bubungan; *e-n* ~ *haben, ugs.* agak sinting

Sparring *n* (–*s*;*O*) latihan tinju

sparsam hemat; **≗keit** *f* (–;*O*) hematnya, penghematan; kesederhanaan

Sparschwein *n* celengan

spartanisch berh. dng. Sparta; *fig.* sederhana; bersahaja; keras

Sparte *f* (–;–*n*) bidang, seksi, sektor

Spaß *m* (–*es*;–̈*e*) kelakar, lelucon, sendagurau, lawakan; hiburan kesenangan, *bp.* pelesiran; *das macht mir (keinen)* ~ saya (tdk.) senang/suka akan hal itu; *et. im* ~ *sagen* tdk. bermaksud (dng.) serius; *keinen* ~ *verstehen* mudah tersinggung; *viel* ~*! ugs.* bersenang-senanglah! *zum* ~ utk. main-main saja; **≗en** *itr.* berkelakar, bersendagurau; *damit ist nicht zu* ~ ini harus dianggap serius, ini bukan sst. yg. sembarangan; **≗haft, ≗ig** lucu; **–macher** *m* (–*s*;–) badut; **–verderber** *m* perusak acara/suasana gembira; **–vogel** *m* badut

spastisch *Med.* kejang

Spat *m* **1.** (–*ẹs*;–*e*/–̈*e*) mineral yg. mudah dibelah; **2.** (–*ẹs*;*O*) radang pd. pergelangan kaki kuda

spät lambat; *zu* ~ terlambat, *bp.* telat; ~*e Geburt* kelahiran terlambat; *die* ~*en Werke e-s Dichters* karya-karya terakhir seorang pengarang; *im* ~*en Sommer* menjelang akhir musim panas; ~ *abends* larut malam; *von früh bis* ~ dari pagi sampai malam, sehari suntuk; *wie* ~ *ist es?* jam berapa? *besser* ~ *als nie* lebih baik terlambat dp. tdk. (sama sekali)

Spätausgabe *f* (–;–*n*) koran sore

Spatel *m* (–*s*;–) *Med.* sudip, alat pengoles salep, *spatula*

Spaten *m* (–*s*;–) sekop

spät|er kemudian, kelak, yg. akan datang; nanti; **–erhin** sesudahnya, setelah itu; **–estens** selambat-lambatnya; **≗gotik** *f* masa menjelang akhir zaman Gotik; **≗herbst** *m* waktu menjelang akhir musim gugur; **≗jahr** *n* musim gugur; **≗lese** *f* panen anggur pd. akhir musim gugur (setelah masa panen yg. seharusnya); **≗ling** *m* (–*s*;–*e*) anak yg. lahir bertahun-tahun sesudah kakaknya (waktu ibunya sudah tua); **≗obst** *n* buah-buahan yg. dipanen agak lambat; **≗reife** *f* kematangan jiwa yg. terlambat; **≗sommer** *m* waktu menjelang akhir musim panas

Spatz *m* (–*en*/–*es*;–*en*) *s. Sperling; Kosewort* sayang; *die* ~*en pfeifen es von den Dächern* sudah diketahui umum; *mit Kanonen nach* ~*en schießen* membesar-besarkan masalah kecil

Spätzchen *n* (–*s*;–) burung gereja yg. masih muda; *fig.* anak kecil yg. kurus

Spät|zünder *m, ugs. fig.* orang yg. lamban (mengerti); **–zündung** *f, Mot.* penyalaan susulan

spazier|en (–) *itr.* berjalan-jalan; **–engehen** *unr. itr.* berjalan-jalan (makan angin); **≗fahrt** *f* jalan-jalan (dng. kendaraan); **≗gang** *m* jalan-jalan (dng. kaki); **≗gänger** *m* pejalan kaki; **≗stock** *m* tongkat utk. berjalan-jalan; **≗weg** *m* jalan utk. pejalan kaki

Specht *m* (–*es;–e*) burung pelatuk, *picidae*

Speck *m* (–*es;O*) lemak; **≗ig** berlemak; **–schwarte** *f* kulit babi; **–seite** *f* sepotong besar lemak babi; *mit der Wurst nach der ~ werfen* mau memperoleh keuntungan besar dng. pengorbanan kecil; **–stein** *m* batu sabun, talkum

sped|ieren (–) *tr.* mengirimkan; **≗iteur** *m* (–*s;–e*) pengusaha ekspedisi

Spedition *f* (–*;–en*) ekspedisi; perusahaan pengiriman; **–sgeschäft** *n* perusahaan pengiriman

Speer *m* (–*es;–e*) lembing, tombak kayu; **–werfen** *n* lempar lembing

Speiche *f* (–*;–n*) jari-jari, jeruji, anak jentera; *Anat.* tulang hasta, *radius*

Speichel *m* (–*s;O*) air liur, ludah, *saliva;* **–drüse** *f* kelenjar ludah; **–fluß** *m, Med.* beser ludah; **–lecker** *m* (–*s;–*) penjilat

Speicher *m* (–*s;–*) gudang; *Korn* lumbung; *Wasser* waduk; tangki penyimpanan air; *Dachboden* ruang di bawah atap rumah; loteng; *Computer* memori; **≗n** *tr.* menyimpan, menimbun; memasukkan dl. memori; **–ung** *f* (–*;–en*) penyimpanan, penimbunan

speien *unr. itr. tr.* meludah(kan), menyembur(kan), memuntahkan; muntah

Speis *m* (–*es;O*) adukan semen

Speise *f* (–*;–n*) **1.** makanan, hidangan; **2.** *Metall* campuran logam tuang (utk. membuat lonceng); *s. Speis;* **–brei** *m, Med.* makanan dl. lambung yg. sudah berupa bubur; **–eis** *n* eskrim; **–fett** *n* lemak yg. dapat dimakan; **–kammer** *f* gudang (tempat) makanan, *bp.* sepén; **–karte** *f* kartu menu, daftar makanan; **–leitung** *f* saluran yg. mendatangkan atau mengalirkan listrik/gas/cairan-cairan

speisen *itr. tr.* bersantap; memberi makan(an); *füllen* mengisi, menyediakan; **≗folge** *f* menu

Speise|öl *n* minyak goreng, minyak selada; **–röhre** *f, Med.* kerongkongan, *desophagus;* **–saal** *m* ruang makan; **–schrank** *m* lemari makan; **–wagen** *m* gerbong restorasi; **–zettel** *m* daftar makanan; **–zimmer** *n* kamar makan

Speisung *f* (–*;–en*) penyediaan/pemberian makanan; makanan

Spekta|kel *m* (–*s;O*) *ugs.* kegaduhan, keributan; kehebohan; **≗kulär** (yg.) hebat, sensasional

Spektr|alanalyse *f* analisa spektral; **–um** *n* (–*s; . . . tren/ . . . tra*) spektrum, bayangan berwarna

Speku|lant(in *f*) *m* (–*en;–en*) spekulan; **–lation** *f* (–*;–en*) spekulasi; dugaan; **–lationsgeschäft** *n* bisnis untung-untungan; **–lationskauf** *m* pembelian atas dasar spekulasi; **–lationsobjekt** *n* barang yg. (mau) dibeli berdasarkan spekulasi; **–latius** *m* (–*;–*) sm. kue kecil pd. waktu Natal, *bp.* spekulas; **≗lativ** teoretis melulu; spekulatif; **≗lieren** (–) *itr.* berspekulasi, mengadu untung, mengadakan spekulasi; *~ auf, fig.* memperhitungkan, *erhoffen* sangat mengharapkan; *~ über et.* menimbang-nimbang tt. sst.

Spelunke *f* (–*;–n*) rumah makan yg. namanya jelek

Spelz *m* (–*es;–e*) sm. gandum, *triticum spelta;* **–e** *f* (–*;–n*) gabah, kulit padi-padian

Spend|e *f* (–*;–n*) sumbangan, persembahan, pemberian; derma, dana; **≗en** *tr.* menyumbang(kan), mendermakan, memberi(kan); *Trost ~* menghibur; **–en·aktion** *f* aksi pengumpulan derma/dana; **–er(in** *f*) *m* (–*s;–*) penyumbang, penderma, dermawan; *Blut* donor

spend|ieren (–) *tr.* menyumbang; mentraktir; **≗ung** *f* (–*;–en*) *~ der Sakramente, Rel.* pemberian sakramen-sakramen

Sperber *m* (*–s;–*) sm. burung elang kecil, *accipiter nisus*

Sperling *m* (*–s;–e*) burung gereja/pipit, *passerinae*

Sperma *n* (*–s; . . . men/–ta*) *Med.* air mani, sperma

sperr|angelweit *Adj.*, ~ *offen* terbuka lebar-lebar; **≗baum** *m* palang

Sperr|e *f* (*–;–n*) palang, penghalang, rintangan; *Kontrollstelle* tempat pemeriksaan karcis masuk; *Verbot* larangan, embargo, blokade; **≗en** *tr.* menghalangi, melarang (masuk), menutup; *Elek.*, *Tel.* mencabut, menyegel; *Konto* membekukan; *sich* ~ menutup diri (thd. sst.), menolak; *die Tür sperrt* pintu tdk. dapat ditutup; *die Straße ist gesperrt* jalan tertutup; *gesperrt drucken* mencetak dng. menspasikan huruf; *in et.* ~ menjebloskan ke dl. sst.

Sperr|feuer *n*, *Mil.* tembakan ramai; **–gebiet** *n* daerah tertutup/terlarang; **–gut** *n* barang yg. besar sekali atau yg. makan banyak tempat; **–hahn** *m* keran tutup; **–holz** *n* kayu lapis/triplek; **≗ig** besar sekali, mengambil banyak tempat; **–kette** *f* rantai penghalang/penutup; **–konto** *n* konto yg. pemakaiannya terbatas; **–minorität** *f*, *Pol.* minoritas yg. mempunyai hak veto; **–rad** *n* roda palang; **–sitz** *m* tempat yg. paling baik dan mahal; *Thea.* tempat duduk di bagian depan; *Kino* tempat duduk di bagian belakang; **–stunde** *f* jam malam; **–ung** *f* (*–;–en*) *s. Sperre;* ~ *des Kontos* pembekuan konto; ~ *der Straße* penutupan jalan; **–vermerk** *m* catatan tdk. boleh diperdagangkan; **–vorrichtung** *f* alat pengaman (pd. senapan, mesin tik . . .); **–zoll** *m* bea masuk tambahan; **–zone** *f* daerah tertutup/terlarang

Spesen *pl* ongkos-ongkos tambahan, pengeluaran sampingan; **≗frei** bebas ongkos tambahan; **–konto** *n* rekening pengeluaran; **–reiterei** *f* manipulasi pengeluaran (uang dl. urusan dinas)

Spezereien *pl* rempah-rempah

Spezi *m* (*–s;–s̸*) *ugs.* sobat

spezial khusus, spesial; **≗arzt** *m* dokter ahli/spesialis; **≗ausbildung** *f* pendidikan khusus; **≗gebiet** *n* bidang khusus; **≗geschäft** *n* toko yg. hanya menjual barang sejenis; **–isieren** (–) *tr.* menggolongkan; *sich* ~ mengadakan spesialisasi, mengkhususkan diri utk.; **≗isierung** *f* (*–;–en*) spesialisasi; **≗ist(in** *f*) *m* (*–en;–en*) spesialis; **≗ität** *f* (*–;–en*) kekhususan, keistimewaan; bidang keahlian; *Essen* makanan istimewa/khas

speziell khusus, tersendiri

Spezies *f* (*–;–*) *Bio.* jenis, macam, spesies

spezi|fisch spesifik, yg. bersifat khusus; *~es Gewicht* berat jenis; **–fizieren** (–) *tr.* menggolong-golongkan, memperinci; mencatat satu per satu; **≗fizierung** *f* (*–;–en*) perincian

Sphär|e *f* (*–;–n*) bidang; lingkungan; **≗isch** berbentuk bola

Sphinx *f* (*–;–e*), *m* (*–;–e/Sphingen*) *Myth.* patung berbadan singa berkepala manusia (di Mesir)

Spick|aal *m* belut yg. diasap; **≗en** *tr.* memasukkan lemak ke dl. daging; *fig.* menyuap; *itr. ugs.* menyontek; **–nadel** *f* jarum besar utk. memasukkan lemak ke dl. daging

Spiegel *m* (*–s;–*) cermin, kaca; permukaan; *fig.* (*z.B. Alkohol*) kadar, tingkat; **–bild** *m* bayangan pd. cermin, santiran; **≗blank** berkilap-kilap, bersih sekali; **–ei** *n* telur mata sapi; **–fechterei** *f* perbuatan pura-pura, tipuan; **–glas** *n* kaca cermin; **≗glatt** sangat licin; datar (dan tenang); **≗gleich** simetris; **≗n** *tr. fig.* memantulkan, mencerminkan; *itr.* berkilap-kilap; *sich* ~ becermin; terpantul; **–reflexkamera** *f*, *Fot.* kamera refleks; **–scheibe** *f* kaca cermin; **–schrift** *f* tulisan terbalik; **–ung** *f* (*–;–en*) bayangan, pemantulan; khayalan belaka

Spiel *n* (*–e̸s;–e*) main, permainan; *Glückspiel* perjudian; *Sp.* perlombaan, pertandingan; *Thea.* pertunjukan, sandiwara; *Tech.* ruang main; *das ~ ist aus* permainan sudah selesai, *fig.* tdk. bisa berkutik lagi; *auf dem ~ stehen* menjadi taruhan; *alles aufs ~ setzen* berani mengambil risiko besar, berani mempertaruhkan segala-galanya; *e leichtes ~ haben mit* dng. mudah mencapai hasil/maksud; dng. mudah mengalahkan; *s-e Hände im ~ haben* turut main, ikut campurtangan; *e falsches/doppeltes ~ treiben mit j-m* mempermainkan/menipu/menyesatkan sso.; *das ~ verderben* mengacaukan/merusakkan permainan; *laß mich aus dem ~!* jangan melibatkan/membawa-bawa saya (dl. persoalan itu)!

Spiel|anzug *m* pakaian utk. bermain; **–art** *f* jenis/bentuk khusus; *Bio.* jenis/macam/spesies yg. sedikit berbeda dari yg. lain; **–automat** *m* otomat permainan judi; **–ball** *m* bola permainan; **–bank** *f* kasino; **–dauer** *f* lamanya perlombaan/pertandingan/pertunjukan; **–dose** *f* kotak musik

spiel|en *itr. tr.* main, bermain (–main); *Glückspiel* main judi; *Sp.*, *~ gegen* bermain lawan, bertanding dng.; *Thea. Film* berperan, memerankan, main; *nicht wissen was hier gespielt wird* tdk. tahu apa yg. terjadi di sini; *den reichen Mann ~* berlagak kaya; *der Roman spielt in Bonn* roman ini berlangsung di Bonn; *falsch ~* main curang; *s-e Beziehungen ~ lassen* memanfaatkan relasinya; **°end** dng. mudah/gampang

Spieler|(in *f*) *m* (*–s;–*) pemain; penjudi; **–ei** *f* (*–;–en*) *Zeitvertreib, Spaß* main-main, iseng-iseng; *Kleinigkeit* pekerjaan mudah, hal sepele

Spiel|ergebnis *n* hasil pertandingan; **°erisch** dng. mudah, dng. tdk. sungguh-sungguh; *Sp.* berh. dng. teknik bermain; **–feld** *n* lapangan olahraga; **–film** *m* film utama/cerita (fiksi); **–folge** *f* acara, program; **–führer** *m* kapten/pemimpin regu; **–gefährte** *m* (*–n;–n*), **–gefährtin** *f* (*–;–nen*) kawan bermain/sepermainan; **–geld** *n* uang taruhan; **–gewinn** *m* hasil taruhan; **–hölle** *f* kasino yg. buruk namanya; **–kamerad** *m*, *s. Spielgefährte;* **–karte** *f* kartu permainan; **–kasino** *n* kasino; **–leidenschaft** *f* ketagihan berjudi; **–leiter** *m* sutradara; *Sp.* pemimpin pertandingan, wasit

Spielmann *m* (*–(e)s;...leute*) pemain musik keliling; **–szug** *m* barisan pemain musik militer

Spiel|marke *f* keping penghitung (dl. judi, taruhan...); **–plan** *m* program, daftar acara; **–platz** *m* tempat bermain/pertandingan; **–raum** *m*, *Tech.* ruang main, kelonggaran; *fig.* ruang gerak, keleluasaan; **–regel** *f* (per)aturan permainan; **–sache** *f* (alat) permainan, mainan; **–schuld** *f* hutang judi; **–schule** *f* taman kanak-kanak; **–tisch** *m* meja judi; **–trieb** *m* dorongan utk. bermain; **–uhr** *f* kotak musik; **–verbot** *n*, *Sp.* larangan bermain utk. sementara, skorsing; **–verderber(in** *f*) *m* orang yg. suka merusak kesenangan orang lain

Spielwaren *pl* alat-alat permainan; **–geschäft** *n*, **–handlung** *f* toko mainan

Spiel|wut *f* kecanduan/keranjingan berjudi; **–zeit** *f*, *Thea.* masa pertunjukan; *Film* masa putar; *Sp.* lamanya pertandingan; **–zeug** *n* alat permainan, mainan; **–zimmer** *n* kamar main anak-anak

Spiere *f* (*–;–n*) *Mar.* batang kayu bulat; tiang (kapal)

Spieß *m* (*–es;–e*) tombak, lembing; *Braten* pacak, tusuk daging (utk. memanggang); *ugs. Mil.* sersan kepala/mayor; *den ~ umdrehen* membalas serangan dng. cara yg. sama; **–bürger** *m* orang (yg. berpandangan) sempit; orang udik, pasak kampung; **–bürgertum** *n* kepicikan/kesempitan pandangan; **°en** *tr.* menusuk; memacak; memaku dng. paku payung atau jarum; **–er** *m* (*–s;–*) *s. Spießbürger; Zo.* rusa jantan yg. muda; **–geselle** *m* teman sekongkol; **–rute** *f*, *~n laufen, fig.* merasa sangat malu karena dipandang oleh orang secara sinis dan mengejek

Spill *n* (*–(e)s;–e*) *Mar.* paksi jangkar

spinal *Med.* yg. berh. dng. tulang belakang; *~e Kinderlähmung* layuh pd. tulang sumsum belakang anak-

anak, lumpuh pd. kanak-kanak, *poliomyelitis*
Spinat *m* (–*e*s;*O*) bayam, *spinacia oleracea*
Spind *n, m* (–*e*s;–*e*) sm. lemari tinggi dan sempit
Spindel *f* (–;–*n*) gelendong; *Tech.* poros, paksi, kumparan; **≗dürr** kurus kering
Spinne *f* (–;–*n*) labah-labah, *araneidae;* **≗feind** *Adj.*, ~ *sein* menjadi musuh bebuyutan; sangat bermusuhan
spinnen *unr. tr. itr.* memintal, menenun; mengantih; *du spinnst wohl? ugs. bp.* gila kau! **≗netz** *n* jaring labah-labah
Spinn|er(in *f*) *m* (–*s*;–) pemintal, penenun; *ugs. bp.* orang gila/sinting; **–erei** *f* (–;–*en*) perusahaan pemintalan, pengantihan; *ugs.* pikiran gila/aneh; **–(enge)webe** *n* sarang labah-labah, sawang; **–maschine** *f* mesin tenun; **–rad** *n* alat pemintal
spintisieren (–) *itr. ugs.* memikir-mikirkan; mengkhayal
Spion|(in *f*) *m* (–*s*;–*e*) mata-mata, pengintai; spion; *Auto* sm. kaca spion; **–age** *f* (–;*O*) spionase; **–age-abwehr** *f* kontra spionase; **≗ieren** (–) *itr.* mematai-matai, mengintai
Spiral|e *f* (–;–*n*) spiral, pilin, ulir(an); lilit(an); **–feder** *f* pegas ulir; **≗förmig** berbentuk spiral/pilin
Spirit|ismus *m* (–;*O*) spiritisme; **–ual** *m* (–*s*/–*en*;–*en*) penasehat rohani; **≗uell** rohani, non-material; **–uosen** *pl* minuman keras
Spiritus *m* (–;*O*) spiritus; **–kocher** *m* kompor spiritus
Spital *n* (–*s*;*¨–er*), **Spittel** *n, m* (–*s*;–) *ugs.* rumahsakit
Spitz *m* (–*es*;–*e*) sm. anjing kecil bermoncong runcing; **≗** lancip, runcing, tajam; *fig.* tajam, pedas; ~ *aussehen* kelihatan sakit/kurus; **–bart** *m* janggut kambing; **–bauch** *m* perut buncit; **–bogen** *n* lengkungan yg. melancip; **–bube** *m* bajingan, bangsat; pencuri, penipu; **≗bübisch** nakal
Spitze *f* (–;–*n*) **1.** ujung, pucuk, puncak; bagian yg. paling depan; maksimum; *fig.* sindiran yg. tajam/pedas; *Elite* kalangan terkemuka; *et. auf die* ~ *treiben* meruncingkan perbedaan (sampai menimbulkan perselisihan); *an der* ~ *stehen* berada di tempat yg. paling atas, *bp.* sedang top; **2.** *Textil* rajutan renda
Spitz|el *m* (–*s*;–) mata-mata, informan, spion; **≗en** *tr.* meruncingkan, menajamkan; *Mund* ~ memoncongkan/meluncungkan bibir; *Ohren* ~ memasang telinga, mendengarkan dng. seksama
Spitzen|belastung *f, Elek.* beban maksimum; **–besatz** *m* renda (yg. sudah dipasang); **–erzeugnis** *n*, **–fabrikat** *n* produk bermutu tinggi; **–form** *m, Sp.* kondisi paling baik; **–geschwindigkeit** *f* kecepatan maksimum/tertinggi; **–gruppe** *f* kelompok yg. top; **–klasse** *f* kelas wahid; **–kleid** *n* pakaian berenda; **–klöppler(in** *f*) *m* orang yg. membuat renda; **–kraft** *f* tenaga terbaik; *Thea., Film* bintang top; **–leistung** *f, Sp.* rekor paling tinggi; (hasil) karya terbaik; *Maschine* kekuatan/kapasitas maksimum; **–lohn** *m* gaji tertinggi; **–reiter** *m, Sp.* penunggang kuda terbaik; **–sportler** *m* olahragawan top; **–tanz** *m* tari balet dng. gaya bertumpu pd. ujung jari kaki; **–verband** *m* asosiasi/ikatan/organisasi pd. tingkat pusat; **–verkehr** *m* lalu-lintas paling padat, jam (ter–) sibuk
spitz|findig amat/terlampau cerdik; yg. dicari-cari/berbelit-belit; **≗findigkeit** *f* (–;–*en*) sifat suka mencari-cari; ketelitian yg. berlebihan; **≗hacke** *f*, **≗haue** *f* sm. pangkur yg. salah satu ujungnya runcing; **–ig** *s. spitz;* **≗kehre** *f* tikungan tajam; **≗maus** *f* sm. tikus celurut, *soricidae;* **≗name** *m* (nama) julukan; **–wink(e)lig** *Math.* bersudut tajam
Spleen *m* (–*s*;–*e*/–*s*) sifat aneh/ganjil/keterlaluan
spleißen *unr. tr.* membelah, membaji; *Tech., Mar.* menyambung dua ujung kabel/tambang
Splint *m* (–*e*s;–*e*) *Tech.* sm. pasak
Splitter *m* (–*s*;–) pecahan; *Holz* serpih kayu, suban, selumbar; *Glas* beling; *Metall* pecahan logam; **≗frei**

Glas yg. pecah menjadi butir-butir; **–gruppe** *f, Pol.* kelompok kecil (yg. memisahkan diri dari mayoritas); **≗ig** penuh beling/suban; mudah pecah; **≗n** *itr.* pecah berkeping-keping; menyerpih; **≗nackt** telanjang bulat; **≗sicher** aman thd. pecahan (bom, granat); *s. splitterfrei*

spontan spontan, serta-merta, serentak

sporadisch sporadis, hanya terjadi di sana-sini atau kadang-kadang

Spore *f (–;–n) Bio.* spora

Sporn *m (–ℯs;Sporen)* pacu; *Hahn* susuh, taji; **≗en** *tr.* memacu, mendorong; memasang pacu pd. sepatu; *gestiefelt u. gespornt* (berpakaian) lengkap dan rapi, *fig.* siap berangkat; **≗streichs** *Adv.* segera, secepat-cepatnya, langsung

Sport *m (–ℯs;O)* olahraga, gerak badan, sport; *fig.* hobi, kesenangan; *zum ~* karena senang, utk. kesenangan/hobi; *~ treiben* berolahraga; **–anlage** *f* gelanggang olahraga; **–anzug** *m* pakaian olahraga; **–artikel** *m,* **–ausrüstung** *f* perlengkapan olahraga; **–bericht** *m* berita olahraga; **≗eln** *itr. ugs.* gerak badan ringan; **–feld** *n* lapangan olahraga, stadion; **–fest** *n* pesta olahraga; **–flugzeug** *n* pesawat terbang sport; **–freund(in** *f) m* orang yg. senang olahraga; anggota perkumpulan olahraga; kawan (ber)main olahraga; **–gerät** *n, s. Sportartikel;* **–geschäft** *n* toko perlengkapan olahraga; **–hemd** *n* kemeja silir/sport; **–herz** *n, Med.* jantung membesar; **–jacke** *f* jaket ringan dan agak tipis; **–kleidung** *f, s. Sportanzug;* **–klub** *m* klub olahraga; **–lehrer(in** *f) m* guru olahraga, pelatih

Sportler *m (–s;–)* olahragawan; **–in** *f (–;–nen)* olahragawati

sport|lich yg. berh. dng. olahraga; ramping, kuat dan gesit; *e-e ~e Kleidung* pakaian yg. sederhana, longgar dan bergaya muda

Sport|nachrichten *pl* berita olahraga; **–platz** *m, s. Sportfeld;* **–redakteur** *m* redaktur olahraga; **–schuh** *m* sepatu olahraga; **–sendung** *f* siaran olahraga; **–skanone** *f, ugs.* olahragawan ulung, bintang sport; **–smann** *m* olahragawan; **– –Toto** *m* sm. judi yg. berdasarkan hasil pertandingan olahraga; **≗treibend** yg. berolahraga; **–veranstaltung** *f* pertandingan olahraga; **–verein** *m* perkumpulan olahraga; **–wagen** *m* mobil sport; *Kinderwagen* sm. kereta bayi utk. anak yg. sudah dapat duduk; **–warenhändler** *m* pedagang alat-alat olahraga; **–zeitung** *f* koran olahraga

Spot *m (–s;–s)* slogan iklan, siaran niaga yg. pendek

Spott *m (–ℯs;O)* ejekan, olok-olok; olokan; **–bild** *n* karikatur; **≗billig** sangat murah

Spöttel|ei *f (–;–en)* sindiran yg. mengandung olok-olokan; **≗n** *itr.* menyindir, memperolok dng. halus

spotten *itr.* mengejek, mengolok-olok, menertawakan, menghina, mencemooh; *jeder Beschreibung ~* begitu buruk sehingga tak tergambarkan

Spötter|(in *f) m (–s;–)* pengejek, penyindir, pengolok; **–ei** *f (–;–en) s. Spott*

Spott|gedicht *n* sajak satire/sindiran; **–gelächter** *n* (ter)tawa yg. mengejek; **–geld** *n, für e ~, ugs.* dng. sangat murah

spöttisch bersifat mengejek/memperolokkan; satiris

Spott|lied *n* lagu bernada ejekan; **≗lustig** gemar/suka mengejek; **–name** *m* nama ejekan; **–preis** *m* harga murah sekali; **–schrift** *f* karangan sindiran atau yg. mengejek; **–vogel** *m, fig.* pengejek

Sprach|barriere *f* rintangan dl. pergaulan akibat tdk. dapat berbahasa dng. baik; **–begabung** *f* bakat berbahasa asing

Sprache *f (–;–n)* bahasa, bicara, wacana; *das raubt mir die ~* hal itu membuat saya terkejut sehingga bengong; *et. zur ~ bringen* mengemukakan sst.; *e-e deutliche ~ sprechen* berbicara terus-terang, menegaskan; *heraus mit der ~!* terus-terang saja! *tote ~* bahasa mati

Sprach|eigenschaft *f,* **–eigentümlichkeit** *f* ungkapan, idiom

Sprach|familië *f* rumpun bahasa; **–fehler** *m* pelat, telor, salah ucap/lafal; **–forscher** *m* ahli bahasa, linguis; **–führer** *m* buku penuntun bahasa; **–gebrauch** *m* kebiasaan (ber)bahasa tertentu; *im gewöhnlichen* ~ dl. bahasa percakapan; **–gefühl** *n* perasaan bahasa; **°gewandt** mahir berbahasa asing; pandai berbicara; **–gruppe** *f* rumpun bahasa

Sprach|gut *n* kosakata, perbendaharaan kata; **–kenner** *m* linguis; **–kenntnisse** *pl* pengetahuan bahasa asing; **–labor** *n* laboratorium bahasa; **–lehre** *f* tata bahasa, gramatika; **–lehrer(in** *f*) *m* guru bahasa asing; **°lich** yg. berh. dng. bahasa (tertentu); menurut tata bahasa; *der Aufsatz ist* ~ *gut* bahasa karangan itu baik dan lancar; **°los** tercengang, bengong; **–melodie** *f* lagu/nada bahasa; **–regel** *f* aturan bahasa; **–rohr** *n* corong, megafon; *fig.* suara; **–schatz** *m* kosakata; **–schule** *f* sekolah bahasa asing; **–störung** *f* gangguan berbicara; **studium** *n*, **–unterricht** *m* pelajaran bahasa; **–werkzeug** *n* alat bunyi/bahasa/ujar; **–wissenschaft** *f* ilmu bahasa, filologi

Sprech|anlage *f* interkom; **–art** *f* cara berbicara; **–chor** *m*, *im* ~ *rufen* berteriak bersama-sama

sprechen *unr. itr.* berbicara, berkata; bercakap(-cakap), *bp.* omong-omong; *über et.* ~ **membicarakan** sst; *tr.* mengucapkan; *Deutsch* ~ berbicara bahasa Jerman; *Gott spricht* Tuhan bersabda; *et. spricht für sich (selbst)* sudah tercakup di dalamnya (tdk. memerlukan keterangan lebih lanjut); *das spricht für dich* hal ini menguntungkan kamu; *vieles spricht dafür/dagegen* ada banyak alasan pro/kontra; *er ist nicht zu* ~ ia tdk. dapat ditemui; *ich möchte Herrn A* ~ saya ingin bertemu (dng.) Tuan A; *A ist nicht gut zu* ~ *auf B* si A tdk. suka pd. si B; ~ *über et.* berbicara tt./mengenai sst.; ~ *wir nicht davon!* sudahlah! *das Gericht hat gesprochen* pengadilan telah memutuskan

Sprech|en *n* (*–s;O*) pembicaraan, perkataan; **°end** penuh arti/ekspresi, yg. sangat berkesan; *j-m* ~ *ähnlich sehen* tampak sangat mirip dng. sso.; **–er(in** *f*) *m* (*–s;–*) pembicara, juru bicara (jubir), kepala hubungan masyarakat; *Fernsehen* pembawa/penyiar berita atau acara

Sprech|erziehung *f* latihan bicara; **–fehler** *m* salah ucap; **–funk** *m* radio-telefoni; **–probe** *f*, *Lautsprecher* tes pengeras suara; *Thea.* percobaan dialog; **–stunde** *f* jam bicara; **–stundenhilfe** *f* perawat pembantu dokter pd. waktu praktek; **–übung** *f* latihan bicara; **–weise** *f* cara bicara, artikulasi; **–zimmer** *f* kamar/ruang bicara; *Arzt* ruang praktek

Spreiz|e *f* (*–;–n*) topang, penyangga; *Sp.* kangkang; **°en** *itr.* mengangkangkan; merentangkan (jari tangan); *sich* ~ sulit diajak, pura-pura tdk. mau; membusungkan dada, berlagak; *sich* ~ *gegen* tdk. mau menerima, menolak dng. angkuh; **–fuß** *m*, *Med.* kaki bertapak rata, *bp.* kaki bebek, *pes planus*

Spreng|bombe *f* bom perusak; **–el** *m* (*–s;–*) wilayah kegerejaan; **°en** *tr.* **1.** meledakkan; mematahkan; memutuskan; membuka dng. paksa, membongkar; *Versammlung* membubarkan dng. paksa; *den Rahmen* ~ melampaui batas; **2.** *Rasen* menyiram, mereciki; **3.** *itr.*, *Reiter* mencongklang

Spreng|kapsel *f* detonator, alat peledak; **–kommando** *n*, *Mil.* satuan tentara yg. meledakkan (jembatan, gedung…); regu penjinak bom; **–kopf** *m* kepala bom; **–körper** *m*, **–ladung** *f* alat/bahan perledakan, bom; **–pulver** *n*, **–stoff** *m* bahan peledak; **–stück** *n* kepingan bom/granat; **–ung** *f* (*–;–en*) perledakan; *Versammlung* pembubaran; **–wagen** *m* mobil penyiram; **–wolke** *f* asap ledakan

Sprenkel *m* (*–s;–*) noda (kecil), bintik; **°n** *tr.* memerciki; menodai dng. bercak-bercak

Spreu *f* (*–;O*) sekam; *die* ~ *von Weizen trennen* memisahkan yg. baik dari yg. buruk

Sprich|wort *n* peribahasa; **≗wörtlich** yg. dijadikan peribahasa; *fig.* yg. sudah terkenal

sprießen *unr. itr.* bertunas, berkecambah; muncul

Spring|brunnen *m* air mancur; **≗en** *unr. itr.* melompat, meloncat; *das Glas ist gesprungen* gelas retak/pecah; *der ~de Punkt* pokok persoalan; *et. ~ lassen, ugs.* mentraktir; **–er** *m* (*–s;–*) peloncat; *Schach* kuda; **–feder** *f* per, pegas; **–flut** *f* pasang purnama; **–insfeld** *m* anak yg. riang gembira; **–kraft** *f* elastisitas, daya pegas, kekenyalan; **≗lebendig** segar-bugar, riang-gembira; **–seil** *n* tali utk. lompat

sprinten *itr.* (lomba) lari jarak pendek; *ugs.* lari cepat

Sprit *m* (*–ꞩs;–e*) spiritus; *ugs.* bahan bakar, bensin

Spritz|brett *n* spatbor; **–düse** *f* (lubang pd.) moncong semprotan; **–e** *f* (*–;–n*) semprotan, alat penyemprot; *Med.* alat suntik; *fig.* bantuan, suntikan; **≗en** *itr. tr.* menyemprot(kan), menyembur(kan); menyiram(i), memercik(–mercik); *ugs.* bergegas-gegas; *Med.* memberi injeksi/suntikan, menyuntik

Spritz|enhaus *n* (gedung) jawatan pemadam kebakaran, pos pemadam kebakaran; **–er** *m* (*–s;–*) percikan (noda), noda karena percikan; *Gastronomie* tambahan (sedikit); *ugs.* morfinis; *e junger ~* anak muda yg. lancang mulut; **–fahrt** *f, ugs.* piknik tdk. jauh; **–gebäck** *n* kue kecil yg. disemprit; **–guß** *m, Tech.* cairan logam/plastik yg. disemprotkan ke dl. cetakan; **≗ig** jenaka, lucu; pintar; menggairahkan; *Wein* berbusa; *e ~es Auto* mobil yg. cepat dan gesit; **≗lackieren** (–) *itr.* memberi lak dng. cara menyemprot; **–pistole** *f* pistol semprot; **–tour** *f* piknik (jarak dekat)

spröd|e *Adj.* kaku dan keras (tetapi mudah patah/pecah); *Haut* pecah-pecah; *Stimme* serak; *Mädchen* tdk. ramah/luwes, dingin; **≗igkeit** *f* (*–;O*) sifat keras dan kaku (yg. mudah pecah); *fig.* sikap kaku dan canggung

Sproß *m* (*...sses;...sse*) tunas, kecambah; pucuk baru; *fig.* anak, keturunan

Sprosse *f* (*–;–n*) anak tangga; **≗n** *itr., s. sprießen*

Sprößling *m* (*–s;–e*) anak, keturunan

Sprotte *f* (*–;–n*) sm. ikan hering yg. kecil, *clupea sprattus*

Spruch *m* (*–ꞩs;¨–e*) pepatah; *Motto* semboyan; *Sinnspruch* aforisme; *Merkspruch* kata/ayat wejangan; *Gericht* keputusan; *große Sprüche machen* membual, omong besar; *Sprüche Salomo's, Rel.* (Kitab) Amsal; **–band** *n* spanduk; **≗reif** bersifat matang utk. mengambil keputusan

Sprudel *m* (*–s;–*) *Quelle* mata air; *Sauerbrunnen* air berkhasiat (yg. memancar dari tanah/batu); *Wirbel* olakan air; *s. Sodawasser;* **≗n** *itr.* memancar, memancur; *fig.* membual; **–wasser** *n* air soda

sprüh|en *tr.* menyemprotkan ke luar; *itr.* memancar; *ihre Augen ~* matanya bersinar-sinar cerah; **≗regen** *m* hujan gerimis

Sprung *m* (*–ꞩs;¨–e*) **1.** lompatan, loncatan; *j-m auf die Sprünge kommen* mengetahui belangnya sso.; *auf e-n ~ vorbeikommen, ugs.* mampir, singgah sebentar; *auf dem ~e sein* siap berangkat; *nur e kurzer ~ entfernt* dekat sekali; **2.** *Riß* retakan

Sprung|bein *n, Med.* tulang-loncat, *talus;* **≗bereit** siap melompat/menyerang/pergi/berangkat; (sangat) waspada; **–brett** *n, Sp.* papan loncat; **–feder** *f* per, pegas; **–federmatratze** *f* kasur pegas; **–gelenk** *n, Med.* sendi-loncat; **≗haft** bersifat meloncat-loncat; *fig.* bersifat berubah-ubah (dng. tiba-tiba); **–lauf** *m, Sp.* loncat ski; **–schanze** *f, Sp.* tempat loncatan ski; **–tuch** *n* sm. terpal utk. menyelamatkan orang yg. loncat dari gedung (terbakar); **–turm** *m* menara terjun; **≗weise** *Adv.* melonjak(–lonjak); *fig.* berkembang cepat/pesat (tdk. teratur)

Spuck|e *f* (*–;O*) ludah, air liur; *da bleibt mir die ~ weg* saya (menjadi) bengong (tdk. dapat berkata-kata lagi); **≗en** *tr. itr.* meludah(kan); **–napf** *m* tempolong, peludahan

Spuk *m* (-ẹs;*O*) (gangguan) hantu; *fig.* momok, *ugs.* keributan; **≗en** *itr.* ada hantu(nya), gentayangan; **–geschichte** *f* cerita horor/hantu

Spülbecken *n* tempat/bak cucian piring

Spule *f* (–;–*n*) kumparan, koil; *Garn* kelos, gelendong; **≗n** *tr.* menggulung(kan)

spülen *tr. itr.* membilas, mencuci; *Mund* berkumur

Spulen·wicklung *f* lilitan koil

Spül|icht *n* (-ẹs;–*e*) air bekas cucian piring; **–küche** *f* dapur (kecil); **–lappen** *m* lap utk. cuci piring; **–maschine** *f* mesin cuci (piring); **–mittel** *n* deterjen utk. mencuci piring; **–ung** *f* (–;–*en*) (pem)bilasan; *Mund* kumur; **–wasser** *n* air cucian (piring)

Spulwurm *m* cacing gelang-gelang, *ascaridae*

Spund *m* (-ẹs;*¨e*) sumbat; *e junger* ~ anak muda yg. belum berpengalaman; **–loch** *n* lubang sumbat

Spur *f* (–;–*en*) jejak, bekas(–bekas); *Fahrspur* jalur; *Überreste* sisa, bekas; *s. Spurweite; j-n auf die richtige* ~ *bringen/helfen* memberi petunjuk kpd. sso. spy. dapat melanjutkan pekerjaan/perjalanan; *keine* ~ *(von ihm)* tiada bekas(nya); *in der Suppe ist keine* ~ *Salz* dl. sup tak ada garam sedikitpun; *in j-s* ~*en wandeln* mengikuti jejak sso.

spürbar dapat dirasa

spuren *itr.* membuat jejak (dng. ski) dl. salju; *ugs. fig.* menurut

spüren *tr.* merasa(kan); ~ *nach et.* melacaki/mencari sst.

Spurenelemente *pl* unsur-unsur yg. dibutuhkan makhluk hidup dl. jumlah kecil

Spürhund *m* anjing pelacak

spurlos tak berbekas, tanpa jejak

Spür|nase *f, fig.* orang/anjing dng. penciuman yg. tajam; **–sinn** *m* penciuman; *fig.* intuisi/perasaan yg. tajam

Spurt *m* (-ẹs;–*s*/–*e*) percepatan; **≗en** *itr.* mempercepat waktu (dl. jangka pendek)

Spurweite *f* lebarnya jalan rel

sputen *refl.* bergegas-gegas

Sputum *n* (–*s;Sputa*) *Med.* dahak, riak, lendir dari jalan pernafasan

Staat *m* (-ẹs;–*en*) **1.** negara; *ugs.* pemerintah(an); *Zo.* masyarakat; *von* ~*s wegen* demi negara; atas nama negara; **2.** *Prunk* kemegahan, kebesaran, kemewahan; *mit j-m/et* ~ *machen* memamerkan sso./sst. utk. menimbulkan kesan tertentu (kpd. orang lain); **–enbund** *m* persekutuan negara, konfederasi; **≗enlos** tanpa kewarganegaraan; **≗lich** kenegaraan, negeri; ~ *anerkannt* diakui negara; ~ *geprüft* berijazah negeri; ~*es Museum* museum (milik) negara

Staats|affäre *f* peristiwa/kehebohan yg. dibesar-besarkan; **–akt** *m* upacara kenegaraan; **–aktion** *f, s. Staatsaffäre;* **–amt** *n* jabatan/jawatan pemerintah(an); **–angehörige** *m, f* warganegara; **–angehörigkeit** *f* kewarganegaraan; **–angestellter** *m* pegawai negeri; **–anleihe** *f* pinjaman negara, (surat) obligasi pemerintah; **–anwalt** *m* jaksa/penuntut umum; **–anwaltschaft** *f* kejaksaan; **–anzeiger** *m* berita/lembaran negara; **–archiv** *n* arsip negara/nasional; **–auftrag** *m* pesanan/order (dari) pemerintah; **–ausgaben** *pl* biaya/pengeluaran negara; **–bank** *f* bank negara; **–beamte** *m* pegawai negeri; **–begräbnis** *n* upacara pemakaman kenegaraan; **–besitz** *m* milik negara; **–besuch** *m* kunjungan kenegaraan; **–betrieb** *m* perusahaan negara

Staatsbürger|(in *f*) *m* warganegara; **–kunde** *f* ilmu kewarganegaraan; **–schaft** *f* (–;*O*) kewarganegaraan

Staats|chef *m* kepala negara; **–dienst** *m* dinas pemerintah(an); **≗eigen** *Adj.,* **–eigentum** *n* milik negara; **–einkünfte** *pl* pendapatan negara; **–examen** *n* ujian negara; **–feind** *m* musuh negara/bangsa; **≗feindlich** subversif; **–flagge** *f* bendera nasional; **–form** *f* bentuk negara; **–gebäude** *n* gedung pemerintahan; **–gebiet** *n* wilayah negara; **≗gefährdend** yg. mengancam (keselamatan) negara, subversif; **–gefangene** *m* tahanan/tawanan politik;

–geheimnis *n* rahasia negara; **–gelder** *pl* uang (milik) negara; **–geschäfte** *pl* urusan negara; **–gesetz** *n* undang-undang (negara); **–gewalt** *f* kekuasaan negara; **–grenze** *f* batas negara; **–grundgesetz** *n* undang-undang dasar; **–haushalt** *m* anggaran pendapatan dan pembelanjaan negara, budget negara; **–hoheit** *f* kedaulatan negara; **–kasse** *f* kas negara; **–kirche** *f* gereja negara

staatsklug pandai berdiplomasi dan berpolitik; **°heit** *f* (–;*O*) kecakapan sebagai negarawan

Staats|kosten *pl, auf* ~ atas biaya negara/pemerintah; **–kunst** *f* politik; **–mann** *m* negarawan; **°männisch** berh. dng. negarawan; **–minister** *m* menteri negara; **–notstand** *m* keadaan darurat dl. negara; **–oberhaupt** *n* kepala negara; **–papiere** *pl* surat obligasi pemerintah; **°politisch** berh. dng. politik nasional; **–polizei** *f* polisi rahasia; **–präsident** *m* presiden; **–prüfung** *f* ujian utk. (menjadi) pegawai negeri; *s. Staatsexamen;* **–räson** *f* kepentingan negara; **–rat** *m* dewan nasional; anggota dewan nasional; *Beamter* pejabat tinggi dl. pemerintah(an)

Staatsrecht *n* hukum negara; **°lich** berdasarkan atau berh. dng. hukum negara

Staats|regierung *f* pemerintahan negara; **–religion** *f* agama negara; **–ruder** *n, fig.* pimpinan negara; **–schatz** *m* kekayaan negara; **–schuld** *f* hutang negara; **–sekretär** *m* direktor jenderal (dirjen); **–sicherheitsdienst** *m* dinas keamanan negara; **–sozialismus** *m* ekonomi terpimpin; **–streich** *m* kudeta; **–unternehmen** *n* perusahaan negara; **–verbrechen** *n* kejahatan thd. negara; **–verfassung** *f* konstitusi, undang-undang dasar; **–vertrag** *m* perjanjian (antar) negara; **–verwaltung** *f* (aparatur) administrasi negara; **–wesen** *n* kenegaraan; negara; **–wirtschaft** *f* ekonomi nasional; **–wissenschaft** *f* ilmu politik / kenegaraan / tata-negara; **–wohl** *n* kepentingan negara; **–zuschuß** *m* subsidi (dari) pemerintah

Stab *m* (–*es*;*¨e*) **1.** tongkat, batang; kisi; *Sp.* galah; **2.** *Mitarbeiter* staf; **–batterie** *f* baterai berbentuk batang

Stäbchen *n* (–*s*;–) batang kecil; *Med.* sel berbentuk batang pd. retina; *Essen* sumpit; *ugs.* (se)batang rokok

Stab|eisen *n* besi batangan; **–hochsprung** *m, Sp.* lompat galah

stabil kukuh, tdk. goyah, mantap, tdk. berubah-ubah, stabil; **°isator** *f* (–;–*en*) stabilisator; **–isieren** (–) *tr.* membuat stabil, memantapkan; **°isierung** *f* (–;–*en*) stabilisasi; **°ität** *f* (–;*O*) stabilitas, kemantapan, kestabilan

Stab|lampe *f* senter yg. panjang; **–reim** *m, Lit.* sajak aliterasi

Stabs|arzt *m* dokter militer; **–chef** *m* kepala staf; **–offizier** *m* perwira menengah (antara mayor dan kolonel); **–quartier** *n* markas besar

Stachel *m* (–*s*;–*n*) sengat; duri; *fig.* dorongan perasaan (amarah, ambisi...); **–beere** *f* sm. buah kecil pd. tanaman yg. berduri, *ribes uvacripsa;* **–draht** *m* kawat (ber)duri

stach(e)lig berduri, banyak durinya

stacheln *tr. fig.* memberi dorongan/ semangat

Stachelschwein *n* sm. landak, *hystricomorpha*

Stadi|on *n* (–*s*;*Stadiën*) stadion, gelanggang olahraga; **–um** *n* (–*s*;*Stadiën*) tingkatan masa, stadium

Stadt *f* (–;*¨e*) kota; **–bahn** *f* kereta api/listrik di dl. kota dan sekitarnya; **–behörde** *f* kotapraja, pemerintah kota; **°bekannt** terkenal di seluruh kota; **–bewohner** *m, s. Städter;* **–bummel** *m* jalan-jalan di kota; **–direktor** *m* walikota

Städt|chen *n* (–*s*;–) kota kecil; **–ebau** *m* perencanaan dan pembangunan kota; **–er(in** *f*) *m* (–*s*;–) penduduk/ orang kota; **°isch** yg. berh. dng. kota, (yg. dimiliki) kotapraja; kekotaan; *die ~en Behörden* instansi kota(praja)

Stadt|kreis *m* daerah kotamadya; **–mauer** *f* tembok kota; **–mitte** *f* pusat kota; **–park** *m* taman (di dl.)

kota; **–parlament** *n*, *s. Stadtrat 1;* **–plan** *m* peta kota; **–planung** *f* perencanaan tata kota, planologi kota; **–rand** *m* pinggir(an) kota; **–randsiedlung** *f* perumahan di pinggir kota; **–rat** *m* **1.** dewan perwakilan rakyat daerah tingkat dua (utk. kota); **2.** anggota dewan perwakilan rakyat; **–recht** *n* hak-hak kedaulatan kota

Stadt|schreiber *m* carik, pegawai kotapraja; **–staat** *m* negara kota; **–teil** *m* bagian/wilayah kota; **–tor** *n* pintu gerbang kota; **–verkehr** *m* lalu lintas dl. kota; **–verordnete** *m, f* (*–n;–n*) *s. Stadtrat 2;* **–verordnetenversammlung** *f, s. Stadtrat 1;* **–verwaltung** *f* pemerintah kota, kotapraja; **–viertel** *n, s. Stadtteil;* **–wappen** *n* lambang kota; **–wohnung** *f* tempat tinggal di kota

Stafette *f* (*–;–n*) barisan (kendaraan...); *früher* kurir; **–nlauf** *m* estafet, lari beranting

Staffage *f* (*–;–n*) hiasan, embel-embel; *fig.* pamer

Staffel *f* (*–;–n*) *Flgw.* skwadron; *Sp.* regu; **–ei** *f* (*–;–en*) kuda-kuda utk. melukis

Staffel|lauf *m, s. Stafettenlauf;* **≗n** *tr.* mengatur / menyusun / membagi-bagi secara bertingkat(–tingkat); **–ung** *f* (*–;O*) penyusunan secara bertingkat; susunan menurut tingkatan

Stagn|ation *f* (*–;O*) stagnasi; **≗ieren** (*–*) *itr.* berhenti, tdk. bergerak; tdk. berkembang, macet

Stahl *m* (*–ɇs;¨–e*) baja; **–band** *n* pita baja; **–bau** *m* konstruksi baja; **–beton** *m* beton bertulang/baja; **≗blau** biru keabuabuan; **–blech** *n* lempengan/pelat baja

stähl|en *tr.* membajai; menguatkan, mengeraskan; **–ern** *Adj.* membaja, kuat, kokoh; dari baja

Stahl|feder *f* per baja; mata pena dari baja; **–gerüst** *n* kerangka baja; **≗hart** keras spt. baja; **–helm** *m* topi baja; **–hütte** *f, s. Stahlwerk;* **–industrie** *f* industri baja; **–(rohr)möbel** *pl* mebel dari pipa baja; **–platte** *f* pelat baja; **–rohr** *n* pipa baja; **–seil** *n* kabel baja; **–stich** *m* pembuatan gambar etsa pd. lempengan baja; **–träger** *m* balok baja; **–werk** *n* pabrik baja; **–wolle** *f* serutan/kikiran baja

Staken *m* (*–s;–*) galah, tiang pancang; **≗** *itr. tr.* menggalah(kan)

Staket *n* (*–ɇs;–e*) sogang, pagar kayu/bambu

Stall *m* (*–ɇs;¨–e*) kandang; *Pferde* istal; **–dünger** *m* kotoran hewan; pupuk kandang; **–knecht** *m* tukang kuda; **–(l)aterne** *f* lentera; **–ung** *f* (*–;–en*) kandang

Stamm *m* (*–ɇs;¨–e*) pokok, batang kayu; *Volksstamm* suku (bangsa); *Mitarbeiter* (staf) inti; **–baum** *m* silsilah, asal usul, keturunan; **–buch** *n* buku tamu keluarga, buku kenang-kenangan; *Zo.* buku asal-usul seekor binatang; **≗eln** *itr. tr.* menggagap; **–eltern** *pl* cakal-bakal; nenek-moyang; **≗en** *itr.* berasal (dari); **–esgenosse** *m* orang sesuku; **–esgeschichte** *f* sejarah suku bangsa; *Bio.* sejarah perkembangan jenis binatang/tumbuh-tumbuhan, filogeni; **–eshäuptling** *m* kepala suku; **–form** *f, Gr.* bentuk kata kerja tanpa kata kerja bantu; **–gast** *m* tamu langganan; **–gericht** *n* hidangan sederhana (yg. lazim di rumah makan tertentu); **–halter** *m* anak laki-laki pertama; **–haus** *n* perusahaan induk; rumah tempat asal usul keluarga; **–holz** *n* batang kayu

stämmig kuat, kokoh, kekar

Stamm|kapital *n* modal pokok; **–kneipe** *f* bar langganan; **–kunde** *m*, **–kundin** *f* langganan (tetap); **–lokal** *n* rumah makan yg. sering dikunjungi, bar langganan; **–(m)utter** *f* nenek-moyang; **–personal** *n* staf inti; **–platz** *m* tempat yg. biasa dipakai; **–rolle** *f, Mil.* daftar induk wajib militer; **–silbe** *f* akar kata; **–sitz** *m* tempat kediaman asal keluarga; *s. Stammplatz;* **–tafel** *f* daftar keturunan, susur galur; **–tisch** *m, im Lokal* meja langganan kelompok orang tertentu; kelompok orang yg. secara berkala berkumpul pd. meja langganannya; **–vater** *m* nenek-moyang; **≗verwandt** sebangsa, seasal, sesuku; **–wort** *n* asal kata, kata dasar

Stampf|e *f* (*–;–n*) (alat) penumbuk, antan, alu; **≗en** *tr. itr.* menumbuk, menepung; mengentak(–entak)-kan, menginjak-injak; *Schiff* menganggul; *Kartoffeln* ~ membuat kentang pure; *mit dem Fuß* ~ menghentakkan kaki; **–er** *m* (*–s;–*) *s. Stampfe*

Stand *m* **1.** (*–ɇs;¨–e*) *a) sozialer* ~ kedudukan, status dl. masyarakat; *Berufsgruppe* kelompok seprofesi/sepekerjaan; *aus allen Ständen* dari segala lapisan masyarakat; *b) Markt* tempat penjualan, kios, kedai, *bp.* stan(d); **2.** (*–es;O*) posisi berdiri; *s. Standort; Zustand* keadaan; *Wasser* tinggi-rendahnya air; *et. auf den neuesten* ~ *bringen* memperbaharui/merevisi sesuai dng. keadaan sekarang, *bp.* membikin *up to date; nach dem* ~ *der Dinge* menurut keadaan; *e-n schweren* ~ *haben* menghadapi tantangan berat

Standard *m* (*–s;–s*) standar, patokan, (ukuran) baku; **≗isieren** (*–*) *tr.* mengadakan standardisasi/pembakuan; **–isierung** *f* (*–;–en*) standardisasi, penstandaran, pembakuan; **–lösung** *f, Chem.* larutan standar, larutan yg. ditetapkan kekuatannya; **–werk** *n* buku standar

Standarte *f* (*–;–n*) panji-panji, standar

Standbild *n* patung, arca

Ständchen *n* (*–s;–*) *j-m e* ~ *bringen* main musik utk. menyenangkan/menghormati sso.

Stander *m* (*–s;–*) panji(–panji) segitiga atau segiempat (utk. memberi isyarat/perintah atau sebagai tanda instansi/pejabat)

Ständer *m* (*–s;–*) standar, alat penopang yg. berkaki; *aus Bambus* parapara

Ständerat *m, Schweiz* (anggota) majelis perwakilan negara bagian

Standes|amt *n* (kantor) catatan sipil; **≗amtlich** yg. berh. dng. catatan sipil; yg. dilaksanakan di kantor catatan sipil; **–beamte** *m* pegawai catatan sipil; **–bewußtsein** *n* kesadaran akan kedudukan dl. masyarakat; **–dünkel** *m* rasa tinggi hati (karena kedudukan sosial); **≗gemäß, ≗mäßig** sesuai dng. kedudukan dl. masyarakat; **–unterschied** *m* perbedaan tingkat sosial

stand|fest tdk. goyang; kokoh; **≗geld** *n* ongkos sewa memakai kios/stand; **≗gericht** *n, Mil.* pengadilan darurat (waktu perang); **–haft** berpendirian teguh, berani, teguh hati; **≗haftigkeit** *f* (*–;O*) keteguhan, sikap berpendirian/berani; **–halten** *unr. itr.* bertahan, tdk. mundur

ständig senantiasa, selalu, tetap; *~es Einkommen* pendapatan tetap

Stand|licht *n, Mot.* lampu kecil; **–ort** *m* posisi, lokasi, tempat; *Mil.* garnisun; **–ortmeldung** *f, Mar.* laporan tt. posisi; **–pauke** *f, ugs.* teguran, peringatan; **–platz** *m* pangkalan, terminal, *bp.* stanplat; **–punkt** *m* tempat berpijak utk. mengamati/menilai; *fig.* pendirian, segi pandangan; *s-n* ~ *vertreten* mengemukakan pendiriannya; **–recht** *n* hukum darurat dl. keadaan perang; **–uhr** *f* jam besar berbandul

Stange *f* (*–;–n*) tiang, galah, tongkat panjang; *Kleidung von der* ~ pakaian jadi, konfeksi; *bei der* ~ *bleiben* bertahan, tdk. menyerah/mengalah; *j-m die* ~ *halten* tetap mendukung sso., tdk. meninggalkan sso., membela sso.; **–nbohne** *f* sm. buncis yg. merambat

Stänker|(er) *m* (*–s;–*) *ugs.* pencomel, perajuk, orang bawel; **≗n** *itr. ugs. fig.* mengecam, merajuk, membuat suasana keruh, mengomel

Stanniol *n* (*–s;O*) kertas perak, timah daun

Stanz|e *f* (*–;–n*) **1.** mesin pelubang; mesin pres; **2.** *Lit.* bait; **≗en** *tr.* membentuk dng. mengapit, mencetak, melobangi; **–maschine** *f, s. Stanze 1.*

Stapel *m* (*–s;–*) tumpukan, timbunan; *Mar.* galangan; *vom* ~ *lassen, ugs.* mengucapkan, melontarkan; *vom* ~ *laufen* meluncurkan; **–lauf** *m, Mar.* peluncuran; **≗n** *tr.* menumpuk, menyusun, menyimpan; *sich* ~ bertumpuk(–tumpuk)

stapfen *itr.* berjalan pelan-pelan dng. langkah berat

Star *m* **1.** (*–ɇs;–e*) *Zo.* sm. burung jalak hitam, *sturnidae;* **2.** *Med.* penyakit mata; *grauer* ~ bular mata, *cataracta; grüner* ~ mata bular hijau, *glaucoma; schwarzer* ~ kebutaan, *amaurosis;* **3.** (–*s*;–*s*) *Film* bintang; **–allüren** *pl* tingkah, sikap congkak/sombong

stark kuat, bertenaga; *fig.* berkuasa; *~er Einfluß* pengaruh kuat/besar; *~er Kaffee* kopi kental; *~es Fieber* demam tinggi; *~er Raucher* pecandu rokok; *~er Regen* hujan deras; *~er Verkehr* lalu-lintas ramai/padat; *~es Verb, Gr.* kata kerja kuat, kata kerja dng. pertukaran bunyi; *sich ~ machen für* siap membela/mempertahankan; *sie ist ziemlich ~ geworden* dia tambah gemuk; *das ist e ~es Stück! ugs.* itu keterlaluan! *~ erkältet* pilek berat

Stärke *f* (–;*O*) **1.** kekuatan, tenaga, daya; *~ der Mauer* tebalnya tembok; *das ist s-e ~* inilah kekuatannya/keunggulannya; **2.** *Chem.* kanji, tajin; **–mehl** *n* tepung kanji; **≗n** *tr.* menguatkan, memperkuat; memberi kanji, menganji; *sich ~* makan

Starkstrom *m, Elek.* arus kuat; **–kabel** *n* kabel arus kuat

Stärkung *f* (–;–*en*) penguatan; *Imbiß* makanan ringan; **–smittel** *n* obat penguat, tonikum

starr kaku, keras; *~ blicken* menatap terus, terbeliak; **–en** *itr.* menatap/memandang terus (ke arah tertentu); *vor Schmutz ~* sangat kotor; *vor Kälte ~* menjadi kaku karena kedinginan; **≗heit** *f* (–;*O*) kekakuan; **≗kopf** *m* si keras kepala; si kepala batu; **–köpfig** keras kepala; **≗krampf** *m, Med.* tetanus; **≗sinn** *m* sikap keras kepala; **≗sucht** *f* (–;*O*) *Med.* sm. ayan, *catalepsia*

Start *m* (–*s*;–*s*) awal, mulai, permulaan; *Sp.* start; *Flgw.* lepas landas; *am ~ sein* turut serta; **–bahn** *f, Flgw.* landasan pacu; **≗bereit** siap berangkat/lepas-landas; **≗en** *itr.* berangkat, start; *Sp.* turut serta, mengambil-bagian; *tr.* memulai meluncurkan; *Mot.* menghidupkan mesin; **–er** *m* (–*s*;–) *Mot.* starter; *Sp.* petugas start; **–erlaubnis** *f, Flgw.* izin lepas landas; *Sp.* izin ikut serta berlomba; **–hilfe** *f* kredit utk. mulai usaha; **≗klar** siap berangkat; **–loch** *n, Sp.* lobang start; **–platz** *m* tempat start; **–schuß** *m* tembakan tanda start; *fig.* isyarat utk. memulai sst.; **–verbot** *n, Sp.* larangan ikut perlombaan; *Flgw.* larangan terbang

Statik *f* (–;*O*) ilmu statika; **–er** *m* (–*s*;–) ahli ilmu statika

Station *f* (–;–*en*) perhentian, stasiun; *fig.* tahap; *Krankenhaus* bagian; *~ machen* berhenti sebentar; **≗är** tetap di tempat, stasioner; **≗ieren** (–) *tr.* menempatkan (tentara); **–s·arzt** *m* dokter pd. salah satu bagian di rumahsakit; **–svorsteher** *m* kepala stasiun

statisch tetap, tdk. berubah keadaannya, statis; *~e Berechnung* perhitungan statika

Statist|(in *f*) *m* (–*en*;–*en*) figuran; **–ik** *f* (–;–*en*) statistik; **–iker** *m* (–*s*;–) ahli statistik; **≗isch** yg. berh. dng. statistik, menurut statistik

Stativ *n* (–*s*;–*e*) *Fot.* (tumpuan) kaki tiga, tripod

Statt *f* (–;*O*) *an Eides ~* sebagai ganti sumpah; *an deiner ~* sebagai gantimu; *an Kindes ~ annehmen* mengangkat anak, mengadopsikan

statt *Prp.* sebagai ganti; *Konj.* daripada; *~ zu arbeiten* daripada bekerja

Stätte *f* (–;–*n*) tempat

statt|finden *unr. itr.* berlangsung, terjadi; diadakan, diselenggarakan; *nicht ~* tdk. jadi, dibatalkan; **–geben** *unr. itr.* mengizinkan, mengabulkan; **–haft** boleh, diizinkan, legal; **≗halter** *m* (–*s*;–) gubernur, wali negeri; **–lich** megah, agung, mulia, gagah; *e-e ~e Summe* jumlah yg. agak besar; *e ~er Herr* seorang pria yg. tegap

Statuë *f* (–;–*n*) patung, arca; **≗nhaft** spt. patung, kaku

statuieren (–) *tr., e Exempel ~* menjadikan (perbuatan/sst.) sebagai contoh/peringatan

Statur *f* (–;–*en*) perawakan, bangun/sosok tubuh

Status *m* (–;*O*) status, keadaan, kedudukan; **– quo** *m* (– –;*O*) keadaan tetap pd. saat itu, *status quo;* **–symbol** *n* lambang status (sosial)

Statut *n* (*–e̸s;–en)* anggaran dasar, peraturan; **≗enmäßig** yg. menurut anggaran/peraturan

Stau *m* (*–s;–s*) keadaan tdk. mengalir (karena terhambat); *Verkehr* kemacetan lalu-lintas; *Psych.* perasaan yg. terpendam

Staub *m* (*–e̸s;O*) debu; *~ aufwirbeln, fig.* membuat heboh; *sich aus dem ~e machen* mengangkat kaki dng. diam-diam; **–besen** *m* kemoceng, bulu ayam; **–beutel** *m, Bo.* benang sari/serbuk; *im Staubsauger* kantong debu; **≗dicht** tahan/kedap debu

Stau·becken *n* waduk

stauben *itr.* berdebu

stäuben *itr.* bertebaran; *s. stauben; tr., sprühen* menyemprotkan; *Zucker ~ auf* menaburi gula di atas

Staub|faden *m, Bo.* benang sari; **–fänger** *m* benda yg. mudah kena debu; **–flocke** *f* gumpalan debu; **≗frei** bebas debu; **–gefäß** *n, s. Staubfaden;* **≗ig** berdebu, kotor; **–korn** *n* butir debu; **–lappen** *m* lap; **–lunge** *f* paru(–paru) berdebu, *pneumoconiosis;* **–sauger** *m* (alat) penghisap debu; **–schicht** *f* lapisan debu; **–tuch** *n* lap; **–wedel** *m, s. Staubbesen;* **–wolke** *f* awan debu; **–zucker** *m* gula tepung

stauchen *tr.* mengepres, memadatkan; melantak (spy. padat/pendek)

Staudamm *m* tanggul waduk

Staude *f* (*–;–n*) sm. perdu; semak(–semak)

Stau|druck *m, Tech.* tekanan lawan; **≗en** *tr., Wasser* membendung; *Waren* menyimpan; *sich ~ (Verkehr)* macet, *(Wasser)* terhenti, tergenang; **–er** *m* (*–s;–*) buruh pelabuhan

staunen *itr.* merasa heran/takjub, terpesona; **≗** *n* (*–s;O*) rasa heran/kagum; **–swert** pantas dipuji/dikagumi

Staupe *f* (*–;–n*) distemper

Stau|see *m* waduk; **–ung** *f* (*–;–en*) kemacetan, kongesti; *Wasser* pembendungan; **–wasser** *n* air yg. tertahan, air bendungan

Stearin *n* (*–s;–e*) bahan pembuat lilin/kosmetik, stearin

Stech|becken *n* pispot ceper yg. disorong; **–eisen** *n* besi pahat

stechen *unr. tr.* menusuk, menikam; *Insekt* menyengat, menggigit; *die Sonne sticht* matahari menyengat; *ins Auge ~* menarik perhatian; *in See ~* bertolak (dng. kapal); **–d** tajam, yg. menusuk

Stech|heber *m* pipet; **–palme** *f* sm. pohon timah-timah, *ilex;* **–schritt** *m* langkah panjang dan tegap; **–uhr** *f* jam pencatat datang dan pulang

Steck|brief *m* surat buronan; **–dose** *f* stopkontak; **–en** *m* (*–s;–*) tongkat

stecken *tr. itr.* memasang, memasukkan; *in Brand ~* membakar; *sich hinter j-n ~, fig.* memperalat sso.; *in Schulden ~* terjerat hutang; *wo er wohl ~ mag?* di mana dia? *was steckt dahinter?* ada apa di baliknya? *im Dreck ~* terjerumus dl. lumpur, *fig.* terjepit; **–bleiben** *unr. itr.* terhenti, macet; **–lassen** *unr. tr.* membiarkan di tempat; **≗pferd** *n* sm. kuda lumping; *fig.* kesukaan, hobi, kegemaran

Steck|er *m* (*–s;–*) steker, pencocok; **–kontakt** *m* kontak-tusuk, stopkontak; **–ling** *m* (*–s;–e*) bibit; **–nadel** *f* jarum penyemat, peniti; **–reis** *n, s. Steckling;* **–rübe** *f, s. Kohlrübe;* **–schlüssel** *m, Tech.* kunci sok; **–schuß** *m* luka tembak dng. peluru tertinggal

Steg *m* (*–s;–e*) jalan/jembatan sempit, titian; *Brille* sambungan; *Tech.* benda lintang; *Mus.* kuda-kuda (biola), sisir biola, *bp.* kam; **–reif** *m, aus dem ~* tanpa persiapan

Steh·aufmännchen *n* sm. boneka yg. kakinya diganti dng. setengah bulatan logam; *fig.* orang yg. dng. lihai mengatasi segala keadaan buruk

stehen *unr. itr.* berdiri; *sich nicht bewegen* tdk. bergerak; *sich befinden* ada, terletak; *~ in* tertera/tertulis di dl.; *j-n ~ lassen* tdk. memberi tempat duduk pd. sso.; *fig., s. stehenlassen; sich gut ~* (ber)kecukupan; *zu j-m/et. ~* setia pd. sso., mempunyai anggapan baik thd. sst.; *er steht links, fig.* ia berhaluan kiri; *auf Diebstahl steht Gefängnis* pencurian dikenakan hukuman penjara; *was in meinen Kräften steht* sejauh kesanggupan saya; *wie steht das Spiel?* bagaimana kedudukan/skor/angka pertandingan? *bp.* skornya berapa? *das Kleid steht dir gut* gaun itu cocok untukmu; *s-n Mann* ~ membuktikan kesanggupan; *wie steht's damit?* bagaimana dng. itu?

stehen|bleiben *unr. itr.* berhenti; *wo sind wir stehengeblieben?* sampai di mana kita tadi? *dieser Satz muß* ~ kalimat ini tdk. boleh dihapus; **–d** tegak, tdk. bergerak; *~er Ausdruck, ~e Redensart* idiom; *~en Fußes* dng. segera, langsung, seketika itu; **–lassen** *unr. tr.* tdk. menggerakkan/menyentuh; *et.* ~ meninggalkan di tempat; *das Essen* ~ tdk. menyentuh makanan; *den Fehler* ~ tdk. memperbaiki kesalahan; *den Schirm* ~ payung tertinggal; *j-n* ~, *fig.* tdk. menghiraukan sso.

Steher·rennen *n* perlombaan sepeda (jarak sedang)

Steh|kragen *m* kerah tegak/berdiri; **–lampe** *f* lampu berdiri; **–leiter** *f* tangga lipat

stehl|en *unr. tr.* mencuri; *sich aus dem Hause* ~ meninggalkan rumah dng. diam-diam; **≗er** *m* (–s;–) pencuri, maling

Steh|platz *m* tempat berdiri; **–vermögen** *n* daya tahan, stamina

steif kaku; *fig.* canggung, formil; ~ *u. fest behaupten* bersikeras menyatakan; **–en** *tr.* menganji; membuat kaku; **≗heit** *f* (–;O) kekakuan; formil-formilan; **≗leinen** *n* kain keras

Steig *m* (–(e)s;–e) jalan setapak; **–bügel** *m* sanggurdi; **–eisen** *n* besi panjat, pating besi; alat yg. dipasang di bawah sepatu utk. mendaki gunung es; **≗en** *unr. itr.* naik, mendaki; menanjak, meningkat; *aus dem Bett* ~ turun dari tempat tidur; **–er** *m* (–s;–) mandor tambang

steiger|n *tr.* meninggikan, menaikkan, meningkatkan; *Adjektive* ~, *Gr.* memberi bentuk perbandingan dari kata sifat; *sich* ~ meningkat, menjadi lebih (baik, kuat, jelek...); **≗ung** *f* (–;–en) kenaikan, tambahan, peningkatan, intensifikasi; *Gr.* perbandingan; **≗ungsstufe** *f* tingkat perbandingan

Steigung *f* (–;–en) tanjakan

steil *nach oben* menanjak dng. tajam; *nach unten* curam, terjal dalam; **≗hang** *m* tebing terjal, tubir; **≗heit** *f* (–;O) **kecuraman, keterjalan**

Stein *m* (–(e)s;–e) batu; *Obst* biji buah; ~ *des Anstoßes, fig.* batu sandungan; *den* ~ *ins Rollen bringen* memulai sst.; *bei j-m e-n* ~ *im Brett haben* menjadi kesayangan sso.; **≗alt** tua renta; **–bau** *m* gedung batu; **–bock** *m* sm. kambing gunung/liar, *capra ibex; Astrologie* capricorn; **–bruch** *m* tambang batu; **–druck** *m* litografi; **≗ern** *Adj.* dari batu; *~er Gesichtsausdruck* muka yg. tdk. memperlihatkan perasaan, (ber)wajah dingin

Stein|erweichen *n, zum* ~ menimbulkan belas-kasihan; **–frucht** *f* buah berbiji; **–gut** *n* tembikar; **≗hart** keras sekali; **≗ig** penuh batu, berbatu-batu; **≗igen** *tr.* merajam; **–kohle** *f* batu bara; **–kohlenbergwerk** *n* tambang batu bara; **–metz** *m* (–en;–en) pemahat batu; **–obst** *n* buah-buahan berbiji; **≗reich** *fig.* kaya raya

Stein|salz *n* garam batu (dari pertambangan); **–schicht** *f* lapisan batu; **–schlag** *m* jatuhnya batu-batu di pegunungan; *Schotter* kerikil; **–schleifer** *m* penggosok batu; **–schleuder** *f* ketepel; **–schnitt** *m, Med.* pembedahan kandung kemih utk. mengeluarkan batu, *lithotomia;* **–wurf** *m, e-n* ~ *weit* sepelempar jauhnya; **–zeit** *f* zaman batu

Steiß *m* (–es;–e), **–bein** *n, Anat.* tulang tungging/sulbi, *coccyx*

Stellage *f* (–;–n) rak

Stelldichein *n* (–(s);–(s)) randevu

Stelle *f* (–;–n) tempat; *fig.* kedudukan, posisi; *Arbeit* tempat kerja; *Dienststelle* instansi; *Math.* angka; *an erster* ~ **pertama-tama**; *freie* ~ lowongan; *an* ~ *von* sebagai wakil/ganti; *auf der* ~ langsung, segera; *zur* ~ *sein* berada di tempat, hadir; *nicht von der* ~ *kommen* tdk. maju

stellen *tr.* menempatkan/menaruh (dl. posisi berdiri); *Tech* menyetel; *j-n* ~, *fig.* menuntut tanggungjawab dari sso., memojokkan sso.; *zur Schau* ~ mempertontonkan; *e-e For-*

derung ~ mengajukan tuntutan; *Arbeiter* ~ menyediakan buruh; *sich* ~ berdiri; menghadapi; menyerahkan diri, *Mil.* masuk dinas tentara; *sich hinter j-n/et.* ~ mendukung sso./sst.; *sich den Journalisten* ~ bersedia diwawancarai; ~ *Sie sich hierher!* berdirilah di sini! *die Probleme, die sich uns* ~ persoalan yg. kita hadapi; *wie stellst du dich dazu?* bagaimana pendapatmu? *sich dumm* ~ berlagak bodoh; *es stellt sich heraus* terbukti, ternyata

Stellen|angebot *n* (iklan) lowongan; **–gesuch** *n* iklan cari kerja; **–jäger** *m* orang ambisius; **–vermittlung** (**–sbüro** *n*) *f* kantor penempatan tenaga kerja; **≗weise** di sana sini; **–wert** *m*, *Math.* nilai angka (dl. sistem desimal); *fig.* nilai, pentingnya

Stell|macher *m* (*–s;–*) tukang/pembuat kereta; **–schraube** *f* sekrup penyetel

Stellung *f* (*–;–en*) posisi, kedudukan, jabatan, pekerjaan; *Mil.* steling; ~ *nehmen zu et.* mengutarakan pendapat tt. sst.; mengambil sikap mengenai sst.; **–nahme** *f* (*–;–n*) pernyataan; **–sbefehl** *m* panggilan masuk tentara; **≗slos** menganggur; **–s·suche** *f* usaha mencari pekerjaan; **–s·suchende** *m, f* (*–n;–n*) orang yg. mencari pekerjaan, pelamar; **–swechsel** *m* pergantian posisi/tempat

stell|vertretend bersifat mewakili; **≗vertreter(in** *f*) *m* wakil, pejabat; **≗vertretung** *f* tindakan mewakili, perwakilan; *in* ~ *von* sebagai wakil; **≗vorrichtung** *f* alat penyetel/pengatur, regulator; **≗werk** *n* rumah sinyal

Stelz|bein *n* kaki palsu; **–e** *f* (*–;–n*) jangkungan; **–fuß** *m* kaki (bagian bawah yg.) palsu

Stemm|eisen *n* pahat tusuk/perapat; **≗en** *tr.* mendorong/menekan sekuat tenaga; *nach oben* ~ mengangkat (ke atas); *sich gegen das Gefühl der Einsamkeit* ~ berjuang melawan rasa kesepian

Stempel *m* (*–s;–*) cap, stempel, tera; *Bo.* **putik**; *j-m/et. s-n* ~ *aufdrücken* sangat mempengaruhi sso./sst.; **–farbe** *f* tinta cap; **–gebühr** *f* bea meterai; **–geld** *n*, *ugs.* tunjangan selama menganggur; **–kissen** *n* bantalan stempel; **–marke** *f* meterai; **≗n** *tr.* mencap, menyetempel; menyegel, memberi meterai; ~ *gehen, ugs.* memperoleh tunjangan selama menganggur; **–schneider** *m* tukang/pembuat stempel; **–steuer** *f* bea meterai;. **–uhr** *f, s. Stechuhr*

Stengel *m* (*–s;–*) tangkai

Steno|gramm *n* (*–s;–e*) catatan yg. ditulis dng. huruf steno, stenogram; **–graph(in** *f*) *m* (*–en;–en*) penulis steno; **–graphie** *f* (*–;–n*) stenografi, tulisan cepat; **≗graphieren** (–) *tr. itr.* menulis cepat dng. huruf steno; **≗graphisch** dng. tulisan cepat, dng. steno

Stenotypist(in *f*) *m* (*–en;–en*) penulis steno merangkap juru tik

Stentorstimme *f* suara keras sekali

Stepp|decke *f* sm. selimut kapas; **–e** *f* (*–;–n*) stepa, padang rumput yg. luas; **≗en 1.** *tr.* menjahit dng. setik rapat; **2.** *itr.* berdansa tep

Sterbe|bett *n*, *auf dem* ~ menjelang wafat; **–fall** *m* (peristiwa) kematian; **–hilfe** *f* bantuan pd. sso. yg. meninggal; *pej.* tindakan mempercepat meninggalnya sso.; **–kasse** *f* asuransi atau perkumpulan utk. dana/biaya pemakaman; **≗n** *unr. itr.* meninggal, mati, wafat;. ~ *durch/an* mati karena; **–n** *n* (*–s;O*) kematian

sterbens|krank sakit payah, sakratulmaut; **≗wort** *n*, **≗wörtchen** *n*, *kein* ~ *sagen, ugs.* menutup mulut rapat-rapat

Sterbe|register *n* akte kematian; **–sakramente** *pl* sakramen-sakramen utk. orang yg. dl. sakratulmaut; **–stunde** *f* saat menjelang wafat; **–tag** *m* hari kematian; **–urkunde** *f* surat kematian; **–zimmer** *n* kamar kematian

sterblich dapat mati, fana; **≗keit** *f* (*–;O*), **≗keitsziffer** *f* angka kematian, mortalitas

Stereo|anlage *f*, *Rundf.* set stereo; **–aufnahme** *f* rekaman stereo; **–metrie** *f* (*–;O*) stereometri, ilmu ukur ruang; **–skop** *n* (*–s;–e*) stereoskop; **≗typ** yg. berulang-ulang, yg.

tdk. berubah, yg. itu-itu saja, stereotip

steril *keimfrei* suci hama, steril; *Mensch, fig.* mandul; **≗isation** *f* (*–;–en*) sterilisasi, pemandulan; tindakan menjadikan steril; **–isieren** (–) *tr.* menyucihamakan; *unfruchtbar machen* membuat mandul

Stern *m* (*–ẹs;–e*) bintang; **–bild** *n* rasi/gugusan bintang dl. mintakuluruj/zodiak; **–chen** *n* (*–s;–*) tanda bintang, asteriks; **–deuter** *m* (*–s;–*) ahli nujum, peramal; **–fahrt** *f, Sp.* reli; **≗förmig** berbentuk bintang; **≗hagelvoll** *ugs.* sangat mabuk; **≗hell, ≗klar** *~er Himmel* langit bersih berbintang-bintang; **–kunde** *f* astronomi, ilmu falak; **–motor** *m* mesin radial; **–schnuppe** *f* (*–;–n*) bintang beralih, cirit bintang; **–stunde** *f* saat baik yg. (dapat) menentukan masa depan; **–warte** *f* (*–;–n*) observatorium

Sterz *m* (*–es;–e*) ekor

stet tetap, tdk. goyang/goyah; *dauernd* tdk henti-hentinya, berulang-ulang terus; **≗igkeit** *f* (*–;O*) keadaan tetap; *Beharrlichkeit* ketekunan

stets selalu, senantiasa

Steuer *n* (*–s;–*) setir, kemudi

Steuer *f* (*–;–n*) pajak; **–abzug** *m* potongan pajak; **–aufkommen** *f* (*–s;–*) hasil/pendapatan (dari) pajak; **–aufschlag** *m* pajak tambahan

steuerbar **1.** dapat dikemudikan/dikendalikan; **2.** yg. wajib bayar pajak

Steuer|beamte *m* pegawai pajak; **–befreiung** *f* dispensasi/pembebasan dari pembayaran pajak; **≗begünstigt** yg. berh. dng. penurunan pajak; **–behörde** *f* kantor pajak; **–belastung** *f* beban pajak; **–berater** *m* konsultan/penasehat pajak; **–bescheid** *m* surat penetapan pajak

Steuerbord *n* (*–ẹs;–e*), **≗s** *Mar.* sebelah kanan kapal

Steuer|einnehmer *m* (*–s;–*) pegawai pengumpul pajak, tukang pajak; **–erhebung** *f* penarikan/pemungutan pajak; **–erklärung** *f* surat pernyataan bayar pajak; **–erlaß** *m* (surat) pembebasan pajak; **–ermäßigung** *f* keringanan pajak; **–fahndung** *f* kantor pengusut pelanggaran peraturan pajak; **–flucht** *f* pemindahan domisili ke luar negeri utk. menghindari pajak; **≗frei** bebas pajak, bebas bea cukai; **–freiheit** *f, ~ gewähren* membebaskan dari pajak; **–gesetz** *n* undang-undang pajak; **–hinterziehung** *f* penggelapan pembayaran pajak; **–karte** *f* kartu wajib pajak; **–klasse** *f* golongan pajak

Steuer|knüppel *m* (tongkat) kemudi pesawat terbang; **–mann** *m* jurumudi, mualim

Steuer|marke *f* meterai; peneng; **≗n** *tr.* mengemudi(kan), menyetir; *fig.* memimpin; *dem Hunger ~* menanggulangi kelaparan; **–nachlaß** *m, s. Steuerermäßigung;* **≗pflichtig** yg. wajib bayar pajak; **–prüfer** *m* pegawai yg. memeriksa pembayaran pajak

Steuerrad *n* (roda) kemudi

steuer|rechtlich yg. berh. dng. peraturan perpajakan; **≗rückerstattung** *f* restitusi pajak

Steuerruder *n* (daun) kemudi kapal

Steuersatz *m* persentase pajak yg. dikenakan pd. objek pajak tertentu

Steu(e)rung *f* (*–;–en*) alat kemudi/setir; cara mengemudikan; *~ der Kriminalität* penanggulangan/pengendalian kejahatan

Steuer|veranlagung *f* perhitungan/taksiran pajak; **–zahler** *m* pembayar pajak; **–zuschlag** *m* pajak tambahan

Steven *m* (*–s;–*) *Vorder≗* haluan; *Achter≗* buritan

Stewardeß *f* (*–;...dessen*) pramugari

Stich *m* (*–ẹs;–e*) tusukan, tikaman; *Insekten* gigitan; *Nähen* setik; *Grafik* etsa; *Kartenspiel* pangkah(an); *j-n im ~ lassen* tdk. mempedulikan/membantu sso., membiarkan sso.; *et. im ~ lassen* meninggalkan sst.; *das gab ihm e-n ~* hal itu sangat menusuk hatinya; *e-n ~ ins Grüne* sedikit kehijau-hijauan

Stichel *m* (*–s;–*) pahat etsa/ukir; **–ei** *f* (*–;–en*) sindiran, kata-kata yg. menusuk hati; **≗n** *tr. itr.* menyindir dng. kata-kata yg. menusuk hati

stich|fest *hieb– u. ~* tepat dan benar; **≗flamme** *f* pancaran api; **–haltig**

tahan uji; **≗probe** *f* pemeriksaan/penyelidikan sst. dng. mengambil contoh obyeknya secara kebetulan; **≗tag** *m* (batas) tanggal yg. ditentukan; **≗waffe** *f* senjata tikam/tusuk; **≗wahl** *f* pemilihan ulang antara dua orang yg. mendapat suara paling banyak; **≗wort** *n*, *Wörterbuch* kata kepala, entri; *Thea.* (kata) isyarat; *Notiz* catatan pokok bahasan; **≗wortverzeichnis** *n* indeks; **≗wunde** *f* luka tusukan

sticken *tr. itr.* menyulam, membordir, menyuji, menekat

Sticker|(in *f*) *m* (*–s;–*) penyulam; **–ei** *f* (*–;–en*) sulaman, bordir

Stick|garn *n* benang sulam; **–husten** *m*, *s. Keuchhusten;* **≗ig** pengap, menyesakkan; **–muster** *n* pola sulaman; **–nadel** *f* jarum bordir/suji; **–rahmen** *m* bingkai sulaman; **–stoff** *m* zat lemas, nitrogen (N); **≗stoffhaltig** mengandung zat lemas

stieben *unr. itr.* terpencar-pencar, berpencaran

Stiefbruder *m* saudara tiri

Stiefel *m* (*–s;–*) sepatu bot, lars; **–hose** *f* celana utk. naik kuda; **–schaft** *m* bagian atas lars

Stief|eltern *pl* orangtua tiri; **–kind** *n* anak tiri; *~ sein, fig.* dianaktirikan; **–mutter** *f* ibu tiri; **–mütterchen** *n* sm. bunga, *viola tricolor;* **≗mütterlich** spt. ibu tiri, tanpa perasaan; *~ behandeln* menganaktirikan; **–schwester** *f* saudari tiri; **–sohn** *m*, **–tochter** *f* anak tiri; **–vater** *m* ayah tiri

Stiege *f* tangga sempit dan curam

Stieglitz *m* (*–es;–e*) sm. burung, *carduelis carduelis*

Stiel *m* (*–e̸s;–e*) tangkai; gagang, pegangan; **–augen** *pl*, *~ machen* melotot

Stier *m* (*–e̸s;–e*) sapi jantan; *Sternbild* taurus; **≗en** *itr.* memandang sambil melamun; **–kampf** *m* adu banteng

Stift *m* (*–e̸s;–e*) **1.** pasak, semat, tusuk; **2.** *Bleistift* pinsil, potlot; **3.** *Lehrling, ugs.* magang

Stift *n* (*–s;–e*) biara (dng. milik besar utk. melakukan karya amal/pendidikan); *für Waisen* panti asuhan; **≗en** *tr.* mendirikan; *schenken* menyumbangkan, menghibahkan; *fig.* menyebabkan; *Ordnung/Frieden ~* menegakkan ketertiban/kedamaian; *Verwirrung ~* membuat kacau

stiftengehen *unr. itr. ugs.* pergi/meninggalkan dng. diam-diam

Stifter(in *f*) *m* (*–s;–*) pendiri; *Spender* penderma

Stifts|dame *f*, **–fräulein** *n*, **–herr** *m* penghuni/anggota biara (yg. didirikan utk. karya amal/pendidikan)

Stiftung *f* (*–;–en*) yayasan; *Spende* derma, hibah; *Gründung* pendirian; **–sfest** *n* pesta/perayaan peringatan pendirian

Stiftzahn *m* sm. gigi palsu

Stil *m* (*–e̸s;–e*) gaya, corak, *bp.* stil; *im großen ~* mewah; **–blüte** *f* pemakaian bahasa yg. salah dan lucu; **≗echt** sesuai dng. gaya (seni) tertentu; **–ett** *n* (*–s;–e*) belati; **–gefühl** *n* rasa keindahan; **≗gerecht** *s. stilecht;* **≗isieren** (*–*) *tr.* menyederhanakan bentuk alamiah; memberikan suatu bentuk gaya; **–istik** *f* (*–;O*) ilmu gaya bahasa; **≗istisch** yg. berh. dng. gaya bahasa

still diam, tenang, sunyi, sepi; *unbewegt* tdk. bergerak; *im ~en* (dng.) diam-diam, dl. hati; *e ~er Mensch* pendiam; *~er Teilhaber* sekutu diam, partner bisnis yg. menanam modal saja; *~es Örtchen* kamar kecil; *≗er Ozean* Lautan Teduh

Stille *f* (*–;O*) kesunyian, ketenangan; *in aller ~* tanpa mengikutsertakan khalayak ramai, dng. mengikutsertakan keluarga saja

Stilleben *n* (*–s;–*) sm. lukisan benda mati

stilleg|en *tr.* menghentikan, menutup; **≗ung** *f* (*–;–en*) penghentian, penutupan

stillen *tr.*, *Kind* menyusui; *Blut* menghentikan, menasak; *Schmerz* meredakan; *Hunger, Durst* memuaskan, melepaskan

Stillhalte|abkommen *n* persetujuan antara yg. berpiutang dan berhutang; **≗n** *unr. itr.* tdk. bergerak, (ber)diam

stilliegen *unr. itr.* tdk. berfungsi/bekerja/berjalan

stil·los kasar, tanpa rasa seni

still|schweigen *unr. itr.* berdiam diri, tdk. bicara; **≗schweigen** *n* keadaan diam, kesunyian; ~ *bewahren* menjaga rahasia; **–schweigend** diam-diam, tanpa dibicarakan; **≗stand** *m* keadaan tdk. bergerak, keberhentian, stagnasi, kemacetan; *zum ~ bringen* menghentikan; *zum ~ kommen* berhenti; **–stehen** *unr. itr.* berhenti, setop, *bp.* mati; *stillgestanden!* siap! **–vergnügt** puas hati, senang; **≗zeit** *f* masa menyusui/meneteki

Stil|übung *f* latihan mengarang; **≗voll** indah, serasi

Stimm|abgabe *f* pemberian/pemungutan suara; **–aufwand** *m* kerasnya suara; **–band** *n* pita suara; **≗berechtigt** berhak memilih, mempunyai hak suara; **–bruch** *m* perubahan suara

Stimme *f* (–;–*n*) suara; ~ *des Gewissens* suara hati, hati nurani; **≗n** *itr.* cocok, sesuai, betul; *das stimmt* betul; ~ *für* memberi suara utk.; *tr., Mus.* mencocokkan (nada), menyetem, menala; *j-n fröhlich ~* membuat sso. bergembira; *j-n günstig ~* menawan hati sso.

Stimmen|gleichheit *f* suara sama banyak, seri; **–mehrheit** *f* mayoritas suara

Stimm·enthaltung *f* suara blangko; ~ *üben* tdk. memberi suara

Stimmer *m* (–*s*;–) penyetem, tukang setem

Stimm|gabel *f* garpu tala/setem, penala; **≗haft** *Gr.* diletuskan, bersuara; **–lage** *f* jenis suara (manusia); tingkat nada; **≗lich** yg. berh. dng. suara; **≗los** *Gr.* tdk. diletuskan/bersuara; **–recht** *n* hak suara/pilih; **–ritze** *f, Anat.* celah suara, *glottis*

Stimmung *f* (–;–*en*) *Gemütslage* suasana/perasaan/keadaan hati; *in guter* (*schlechter*) ~ *sein* sedang (tdk.) senang/suka; (*nicht*) *in der ~ sein zu* sedang (tdk.) suka/mau utk.; *fröhliche Laune* suasana/keadaan riang-gembira; *für ~ sorgen*, ~ *machen* menciptakan suasana rianggembira; *heute bin ich in (guter) ~* hari ini saya bersemangat/rianggembira; *Atmosphäre* suasana, kesan; *die allgemeine ~* (*der Bevölkerung*) perasaan/pendapat umum; *feindliche ~* perasaan/suasana permusuhan; *Mus.*, ~ *des Klaviers* penyeteman piano; ~ *machen für* berpropaganda utk.

Stimmungs|mache *f* (–;*O*) propaganda; **–mensch** *m* orang yg. sangat tergantung dari perasaan; **–umschwung** *m* perubahan suasana/sikap; **≗voll** yg. menggugah perasaan, syahdu; *fröhlich* riang gembira, yg. menyenangkan

Stimm|wechsel *m, s. Stimmbruch;* **–zettel** *m* kertas suara

stimulieren (–) *tr.* merangsang, menggairahkan

Stink|bombe *f* bom bau busuk; **≗en** *unr. itr.* berbau busuk; *das stinkt mir* saya sudah muak; *er stinkt vor Geld, ugs.* ia bermandi uang; **≗end** berbau busuk; **≗faul** *ugs.* sangat malas; **≗ig** berbau busuk; **–tier** *n, Zo.* sm. sigung, *mephitis mephitis*

Stipend|iat(in *f*) *m* (–*en*;–*en*) orang yg. menerima beasiswa; **–ium** *n* (–*s*;…*iën*) beasiswa

stipp|en *tr.* memasukkan/mencelupkan sebentar; **≗visite** *f* kunjungan singkat, mampir sebentar

Stirn *f* (–;–*en*) dahi, *bp.* jidat; *j-m die ~ bieten* melawan sso.; *die ~ haben (zu)* bertingkah kurangajar; **–band** *n*, **–binde** *f* ikat kepala; **–höhle** *f* rongga dahi, *sinus frontalis;* **–höhlenentzündung** *f*, **–höhlen·vereiterung** *f* radang rongga dahi, *sinusitis;* **–locke** *f* jambul, gombak; **–runzeln** *n* kerut dahi; **–seite** *f* bagian muka

stöbern *itr.* mencari-cari; *es stöbert* (hujan) salju dibawa angin ribut

stochern *itr., in den Zähnen ~* mencukil gigi; *in der Glut ~* menyalakan api dng. mengorek/mengopak

Stock *m* (–*e*s;–̈*e*) **1.** tongkat, batang; **2.** *Haus* tingkat, lantai; **≗blind** *ugs.* buta sama sekali; **≗dumm** *ugs.* sangat bodoh; **≗dunkel** *ugs.* gelap gulita

Stöckelschuh *m* sepatu bertumit/hak tinggi, sepatu jinggring

stocken *itr.* terhenti (sebentar); bergerak pelan-pelan; *Sprechen* terbata-bata; *Verkehr* macet, terhenti-henti;

Blut/Milch mengental, membeku; *ohne* ≗ dng. lancar
stock|finster *ugs.* gelap gulita; **≗fisch** *m* sm. ikan kering; *fig.* orang yg. membosankan; **≗fleck** *m* noda jamur
. . .stöckig bertingkat; *drei~* bertingkat tiga
stock|konservativ sangat konservatif, kolot; **≗schnupfen** *m* pilek yg. menahun; **–steif** kaku; ~ *behaupten* bersikeras; **–still** sunyi senyap, diam seribu bahasa; **–taub** *ugs.* tuli sama sekali; **≗ung** *f* (–;–*en*) kemacetan, kongesti; **≗werk** *n* tingkat gedung, lantai; **≗zahn** *m* geraham
Stoff *m* (–ɇs;–*e*) **1.** bahan, materi, material; zat; **2.** *Textil* kain, cita, bahan; **3.** *Thema* bahan, pokok; **–ballen** *m* gulungan kain; **–el** *m* (–*s*;–) *ugs.* orang canggung; **≗lich** materiil, jasmani; **–muster** *n* corak kain; contoh kain; **–wechsel** *m* pertukaran zat, pencernaan, metabolisme
stöhnen *itr.* mengeluh, mengerang
Stoiker *m* (–*s*;–) penganut aliran filsafat Stoa; orang yg. tenang/kalem
stoisch tdk. mudah goyah, bersikap tenang
Stola *f* (–;*Stolen*) sm. seledang; *Rel.* stola
Stollen *m* (–*s*;–) **1.** *Bgb.* terowongan; **2.** *Kuchen* kue Natal khas Jerman
stolpern *itr.*, ~ *über* tersandung pd.
stolz bangga; *hochmütig* sombong, angkuh, congkak; *e ~es Gebäude* sebuah gedung yg. megah; ≗ *m* (–*es*;*O*) rasa bangga, kebanggaan; *falscher* ~ kesombongan, ketinggian hati; **–ieren** (–) *itr.* berjalan dng. angkuh
stopf|en *tr.*, *nähen* menjerumat, menisik; *in et.* ~ menjejali (secara memaksa); *zustopfen* menyumbat; *itr.*, *Schokolade stopft* coklat menyebabkan sembelit; **≗nadel** *f* (jarum) penjerumat
stopp s(e)top, berhenti; ≗ *m* (–*s*;*O*) berhentinya, penghentian
Stoppel *f* (–;–*n*) tunggul (padi); *Bart* pangkal jenggot; **–bart** *m* jenggot yg. baru tumbuh; **–feld** *n* ladang sehabis panen
stopp|en *tr. itr.* menghentikan, berhenti; *Zeit* mengukur waktu; **≗licht** *n*, *Mot.* lampu rem; **≗schild** *n* rambu stop; **≗uhr** *f* jam yg. jarumnya dapat dijalankan dan dihentikan, *stopwatch*
Stöpsel *m* (–*s*;–) penutup, sumbat botol, prop, gabus; *Elek.* steker; **≗n** *tr.* menyumbat; *Elek.* menyambung steker
Stör *m* (–ɇs;–*e*) sm. ikan terubuk, *chondrostei*
Storch *m* (–ɇs;*¨e*) burung bangau, *ciconiidae*
Store *m* (–*s*;–*s*) gorden dari kain kasa
stören *tr. itr.* mengganggu, menggodai, mengusik; **≗fried** *m* (–*s*;–*e*) tukang ganggu
Störer(in *f*) *m* (–*s*;–) tukang ganggu
stornieren (–) *tr.*, *Buchhaltung* memperbaiki kesalahan; *Auftrag* membatalkan order
störrig, störrisch keras kepala, bandel
Störsender *m*, *Rundf.* pemancar pengganggu
Störung *f* (–;–*en*) gangguan; *Tech.* storing; *geistige* ~ gangguan jiwa; **≗s·anfällig** mudah kena gangguan; **–sdienst** *m* dinas gangguan; **≗sfrei** tanpa gangguan, tak terganggu; **–sstelle** *f* (kantor) dinas gangguan
Story *f* (–;*Stories*) cerita pendek, cerpen; jalan cerita
Stoß *m* (–*es*;*¨e*) **1.** benturan yg. keras; dorongan, desakan, tolakan, sorongan; *Erdbeben* getaran, goncangan; *Fußball* tendangan; *der Gesundheit e–n ~ versetzen* merugikan kesehatan; **2.** *Stapel* tumpukan; **≗artig** dng. mendadak/tiba-tiba; **–dämpfer** *m*, *Mot.* alat penahan goncangan, peredam bantingan, sokbreker
Stößel *m* (–*s*;–) alu, muntu
stoßen *unr. tr.* mendorong, mendesak; *im Mörser* menumbuk(kan); *j-n vor den Kopf* ~ menyakiti hati sso.; *auf et.* ~ menemukan sst. (secara kebetulan); *sich* ~ *an et.* terbentur (pd. sst.); merasa terganggu oleh sst.; *unser Haus stößt an die Kirche*

rumah kami berbatasan dng. gereja; *zu j-m* ~ bergabung dng. sso.
stoß|fest tahan bantingan/goncangan; **≗gebet** *n* doa pendek dl. keadaan terdesak; **≗kraft** *f* kekuatan dorongan, daya tolak; *fig.* kekuatan, daya; *Mil.* kekuatan tempur; **≗seufzer** *m* keluhan; **≗stange** *f, Mot.* bemper; **≗trupp** *m* pasukan penggempur/komando, patroli; **≗verkehr** *m* lalu-lintas ramai/sibuk, *bp.* jam sibuk; **–weise** kelompok demi kelompok; tersentak-sentak; **≗zahn** *m* taring
Stotter|er(in *f*) *m* (*–s;–*) orang gagap; **≗n** *itr. tr.* menggagap; *auf ≗ kaufen, ugs.* membeli dng. mencicil
stracks langsung, segera
Straf|anstalt *f* lembaga pemasyarakatan, penjara; **–antrag** *m* pengaduan/penggugatan ke pengadilan; **–anzeige** *f*, ~ *erstatten* melapor pelanggaran kpd. pengadilan; **–arbeit** *f, Schule* pekerjaan setrap; **–aussetzung** *f* penundaan pelaksanaan hukuman; *bedingte* ~ penetapan masa percobaan; **≗bar** dapat dihukum/dituntut; *sich* ~ *machen* melanggar hukum
Strafe *f* (*–;–n*) hukuman, denda; **≗n** *tr.* menghukum, mendenda; *Schule* menyetrap; *j-n/et. Lügen* ~ membuktikan bahwa sso./sst. tdk. benar
Straf|entlassene *m, f* (*–n;–n*) bekas tahanan; **–erlaß** *m* penghapusan (sebagian dari) hukuman, grasi
straff tegang; kencang; ketat; *Haltung* tegak
straf·fällig yg. dapat dihukum/dituntut/didenda
straffen *tr.* mengencangkan, menegangkan; mengetatkan; *sich* ~ (*Haut, Büste*) menjadi kencang atau (rata) tak kendur
straf|frei bebas hukuman; **≗freiheit** *f* pembebasan dari hukuman (walaupun melanggar hukum); **≗gebühr** *f* (uang) denda; **≗gefangene** *m, f* tahanan, tawanan; **≗gericht** *n* pengadilan pidana; *fig.* hukuman balasan; **≗gesetz** *n* undang-undang hukum pidana; **≗gesetzbuch** *n* kitab undang-undang hukum pidana (KUHP); **≗lager** *n* kamp konsentrasi
sträf|lich patut dihukum, tercela; **≗ling** *m* (*–s;–e*) tawanan, tahanan, narapidana, *bp.* napi
straf|los *s. straffrei;* **≗mandat** *n* hukuman atau denda administratif/kepolisian (tanpa perkara pengadilan); **≗maß** *n* besarnya hukuman; **–mildernd** yg. meringankan hukuman; **–mündig** cukup umur utk. dituntut di pengadilan; **≗porto** *n* denda kekurangan perangko; **≗predigt** *f* peringatan, celaan keras; **≗prozeß** *m, Jur.* acara/perkara pidana; **≗punkt** *m, Sp.* titik penalti; **≗raum** *m, Sp.* daerah penalti
Straf|recht *n* hukum pidana; **≗rechtlich** yg. menyangkut hukum pidana; ~ *verfolgen* menuntut secara hukum; **–register** *n* daftar napi; *ugs.* daftar kesalahan; **–sache** *f* perkara pidana; **–stoß** *m, Sp.* tendangan penalti; **–tat** *f* kejahatan, tindak pidana; **–urteil** *n* hukuman (dl. perkara pidana)
Straf|verfahren *n* perkara pidana; **–verfolgung** *f* pengusutan/penuntutan tindak pidana; **≗verschärfend** yg. memberatkan (hukuman); **–versetzung** *f* mutasi/pemindahan karena kesalahan; **–verteidiger** *m* pembela (dl. perkara pidana); **–vollstreckung** *f*, **–vollzug** *m* (*–s;O*) pelaksanaan hukuman; **≗würdig** *s. sträflich;* **–zuschlag** *m* denda tambahan
Strahl *m* (*–es;–en*) sinar; *Wasser* pancaran, pancuran; **–antrieb** *m, Flgw.* propulsi pancar (gas); **≗en** *itr.* bersinar; *fig.* berseri-seri, bercahaya
Strahlen|behandlung *f* pengobatan dng. sinar Röntgen, radioterapi; **–brechung** *f* pembiasan sinar, pembelokan cahaya; **≗d** bersinar-sinar; *fig.* berseri-seri; **≗förmig** radial, spt. jari-jari lingkaran, berbentuk pancaran; **–forschung** *f* ilmu tt. sinar Röntgen, radiologi; **–heilkunde** *f, s. Strahlenbehandlung;* **–kranz** *m* lingkaran cahaya; **–schädigung** *f* kerusakan/gangguan akibat penyinaran
Strahl|triebwerk *n* mesin jet; **–turbine** *f* turbo jet, tabung pancar-gas turbin; **–ung** *f* (*–;–en*) penyinaran, radiasi; **≗ungs·aktiv** radioaktif;

–ungs·energie *f* tenaga memancar; **–ungsschäden** *pl* kerusakan akibat radiasi

Strähn|e *f* (*–;–n*) seunting/seberkas (rambut dsb.); **≗ig** (rambut) terjurai kaku dan lurus

Stramin *m* (*–s;–e*) sm. kain linen utk. menyulam, *bp.* strimin

stramm ketat, sempit; *e ~er Bursche* pemuda yg. kekar; *~e Haltung* sikap tegap; *~ arbeiten* bekerja keras; **–stehen** *unr. itr. Mil.* berdiri tegak, bersikap siap

Strampel|höschen *n* sm. baju terusan utk. bayi, sm. baju monyet; **≗n** *itr., Kind* menggeragau, menggerak-gerakkan kaki; *ugs.* bersepeda

Strand *m* (*–es;⸗e*) pantai, pesisir; *auf ~ laufen* kandas; **–anzug** *m* pakaian pantai; **–bad** *n* pemandian di pantai atau di alam terbuka; **≗en** *itr.* kandas, terdampar; *fig.* gagal; **–gut** *n* barang terdampar di pantai, kaparan; **–korb** *m* kursi beratap di pantai laut; **–promenade** *f* jalan khusus utk. pejalan kaki di pantai; **–räuber** *m* perampok barang terdampar; **–wächter** *m* penjaga pantai, penyelamat (yg. bertugas) di pantai

Strang *m* (*–es;⸗e*) tambang, tali kuat; *Eisenbahn* trayek, lin; *Garn* gulung, unting; *zum Tod durch den ~ verurteilen* menghukum gantung; *über die Stränge schlagen* keterlaluan, melampaui batas; **≗ulieren** (*–*) *tr.* mencekik

Strapaz|e *f* (*–;–n*) jerih payah; **≗ieren** (*–*) *tr.* memakai tanpa mempedulikan kekuatan/dayanya; *sich ~* bersusah payah tanpa mengindahkan tenaga; **≗ierfähig** kuat, tahan lama; **≗iös** yg. melelahkan

Straße *f* (*–;–n*) jalan; *im Meer* selat; *auf die ~ gehen, fig.* berdemonstrasi; *auf offener ~* di muka umum; *auf die ~ setzen/werfen* memecat

Straßen|anzug *m* stelan jas (utk. sehari-hari); **–arbeiten** *pl* perbaikan jalan; **–bahn** *f* trem; **–bahner** *m* (*–s;–*) pegawai/petugas trem; **–bahnhaltestelle** *f* halte trem; **–bahnlinie** *f* lin/trayek trem; **–bahnschaffner** *m* kondektur trem; **–bahnwagen** *f* gerbong trem; **–bau** *m* konstruksi/pembangunan jalan, perbaikan jalan

Straßen|beleuchtung *f* penerangan jalan; **–benutzungsgebühr** *f* tol; **–bett** *n* alas jalan; **–decke** *f* permukaan jalan; **–dirne** *f, s. Straßenmädchen;* **–ecke** *f* pojok jalan; **–feger** *m* penyapu jalan; **–graben** *m* got, selokan; **–händler** *m* pedagang kakilima; **–junge** *m* anak jalanan/berandal; **–karte** *f* peta jalan; **–kehrer** *m* (*–s;–*) *s. Straßenfeger;* **–kehrmaschine** *f* mesin penyapu jalan

Straßen|kreuzer *m* mobil luks; **–kreuzung** *f* persilangan jalan; **–lage** *f* kemantapan mobil di jalan; **–mädchen** *n* pelacur, kupu-kupu malam; **–musikant** *m* tukang ngamen; **–netz** *n* jaringan jalan; **–rand** *m* pinggir jalan; **–raub** *m* perampokan di jalan; **–reinigung** *f* (dinas) pembersihan jalan; **–rennen** *n* balapan sepeda di jalan umum; **–sammlung** *f* pengumpulan dana di tempat umum; **–schild** *n* papan nama jalan; **–sperre** *f* penghadang/rintangan jalan

Straßen|überführung *f* jembatan layang; **–übergang** *m* penyeberangan utk. pejalan kaki; **–unterführung** *f* terowongan di bawah jalan; **–verhältnisse** *pl* keadaan jalan; **–verkehr** *m* lalulintas; **–verkehrsordnung** *f* peraturan lalulintas; **–walze** *f* mesin giling jalan, stomwals; **–zug** *m* jalan yg. dibatasi oleh deretan rumah; **–zustand** *m* keadaan jalan

Strateg|e *m* (*–n;–n*) ahli siasat; **–ie** *f* (*–;O*) siasat, strategi; **≗isch** strategis, yg. mengenai siasat

Stratosphäre *f* (*–;O*) stratosfer

sträuben *tr.* menegakkan bulu; *sich ~* berdiri tegak; *sich ~ gegen* menolak, menentang, tdk. menerima

Strauch *m* (*–es;⸗er*) semak(–semak), perdu; **–dieb** *m* perampok di jalan; *wie e ~ aussehen* tampak spt. orang gelandangan

straucheln *itr.* tersandung

Strauchwerk *n* (*–s;O*) semak-semak belukar

Strauß *m* **1.** (*–es;–e*) *Zo.* burung unta, *struthio camelus;* **2.** (*–es;⸗e*) *Blumen* karangan bunga; *mit j-m e-n ~ ausfechten* berkelahi dng. sso.; **–enfeder** *f* bulu burung unta

Strebe *f* (*–;–n*) sokong, balok penunjang, topangan; **–balken** *m* balok penunjang; **–bogen** *m* penopang melengkung

streben *itr.* berupaya, berusaha keras, mengejar; *~ nach, fig.* mencita-citakan; *eilig ~ nach* menuju dng. cepat-cepat

Strebepfeiler *m* tiang penopang, sokong

Streb|er *m* (*–s;–*) orang ambisius, orang gila pangkat; **≗sam** rajin, tekun; **–samkeit** *f* (*–;O*) ketekunan

streckbar dapat direnggangkan

Strecke *f* (*–;–n*) jarak; *Route* trayek, lin; *auf der ~ bleiben* tdk. dapat (bergerak) terus; *j-n zur ~ bringen* menangkap/mengalahkan sso.

strecken *tr.* merentangkan, menjulurkan, mengulurkan; *Flüssigkeit* mengencerkan; *zu Boden ~* mengalahkan; *die Waffen ~* menyerah; *sich ~* menggeliat

Strecken|arbeiter *m* buruh rel kereta api; **–führung** *f* (penetapan arah) trayek rel kereta api atau jalan; **–karte** *f* peta jalan jarak jauh; **–wärter** *m* (pegawai) pengawas rel kereta api; **≗weise** pd. jarak tertentu, sebagian

Streck|muskel *m, Anat.* otot pengedang anggota-gerak, *extensor;* **–verband** *m, Med.* bebat peregang, *extensio*

Streich *m* (*–(e)s;–e*) tetakan, pukulan; *fig.* perbuatan iseng/usil; *auf e–n ~* sekali pukul

streicheln *tr.* mengelus-elus, membelai

streich|en *unr. tr.* mengoles; mencat, mencet; *tilgen* mencoret, menghapuskan; *die Segel ~, fig.* menyerah; *mit der Hand über et. ~* mengusap dng. tangan; *frisch gestrichen!* awas, cat baru! **≗er** *m* (*–s;–*) *Mus.* pemain alat musik gesek

Streich|holz *n,* **–hölzchen** *n* korek api; **–holzschachtel** *f* kotak korek api; **–instrument** *n, Mus.* instrumen gesek; **–quartett** *n* kwartet utk. instrumen gesek; **–ung** *f* (*–;–en*) (pen–) coretan, penghapusan

Streif *m* (*–(e)s;–e*) *s. Streifen;* **–e** *f* (*–;–n*) patroli (kecil); **–en** *m* (*–s;–*) garis, set(e)rip; *Papier/Stoff* secarik kertas/kain yg. panjang; *e ~ Landes* sebidang tanah yg. memanjang

streifen *tr.* menyentuh/menyinggung sedikit, menyenggol; *den Ring vom Finger ~* menarik cincin dari jari; *itr.* berkeluyuran, mengembara; *gestreifter Stoff* kain bergaris-garis; **≗dienst** *m* dinas patroli; **≗wagen** *m* mobil patroli

Streif|licht *n, e ~ werfen auf* menyoroti utk. sejenak; **–schuß** *m* tembakan sipi; **–zug** *m* pelancongan/ekskursi utk. memperoleh kesan/informasi

Streik *m* (*–s;–s*) pemogokan; **–aufruf** *m* seruan utk. mogok kerja; **–ausschuß** *m* panitia pemogokan; **–brecher** *m* buruh yg. tdk. ikut mogok; **≗en** *itr.* mogok (kerja); tdk. ikut; *fig. bp.* ngadat; **–ende** *m* (*–n;–n*) pemogok; **–geld** *n* uang yg. dibagi waktu mogok; **–posten** *m* piket di muka pabrik utk. menghadang buruh yg. tdk. ikut mogok; **–recht** *n* hak utk. mogok kerja

Streit *m* (*–(e)s;O*) pertengkaran, perselisihan, percekcokan, konflik; **–axt** *f, die ~ begraben, fig.* berdamai; **≗bar** suka berkelahi; berani; **≗en** *unr. itr. refl.* bertengkar, berselisih; *Lit.* berjuang; *darüber läßt sich ~* boleh diperdebatkan; **–er(in** *f*) *m* (*–s;–*) pejuang; **–frage** *f* pokok perselisihan, masalah; **–gespräch** *n* perdebatan; **≗ig** yg. menimbulkan/menjadi pokok pertengkaran; *j-m et. ~ machen* menentang hak sso. atas sst.

Streit|igkeiten *pl* percekcokan; **–kräfte** *pl* angkatan bersenjata; **≗lustig** suka berkelahi/berperang; **–objekt** *n,* **–punkt** *m,* **–sache** *f* pokok perselisihan, bahan rebutan; **–schrift** *f* pamflet; **–sucht** *f* sikap suka berkelahi; **≗süchtig** suka berkelahi; **–wert** *m, Jur.* nilai/harga sst. yg. menjadi pokok perselisihan

streng tegas, yg. menekankan disiplin; *e ~er Winter* musim dingin yg.

sangat dingin; *~e Sitten* adat istiadat yg. **ketat**; *~ vertraulich* sangat rahasia; *~ verboten* dilarang keras; *sich ~ an et. halten* patuh/taat sekali pd. sst.; **≗e** *f* (–;O) sikap tegas; disiplin; **–genommen** *Adv.* tepat; *eigentlich* sebenarnya; **–gläubig** sangat taat/patuh pd. agama

Streß *m* (*...sses;...sse*) ketegangan, keadaan tertekan

Streu *f* (–;O) jerami (yg. ditaburkan di kandang hewan); **≗en** *tr.* menabur(kan), menyebarkan; *Sand in die Augen ~* mengelabui; **–er** *m* (*–s;–*) botol kecil utk. garam, merica dsb.; **–gut** *n* pasir atau kerikil halus utk. ditaburkan (di jalan yg. licin)

streunen *itr.* berkeliaran

Streu|sand *m, s. Streugut;* **–sel** *pl* sm. gentel; *Schokolade, bp.* mesyes; **–selkuchen** *m* sm. kue kering dng. gentel manis; **–zucker** *m* gula halus

Strich *m* (*–ẹs;–e*) garis, set(e)rip; coretan; *Gegend* daerah; *j-m e–n ~ durch die Rechnung machen* menggagalkan rencana sso.; *das geht mir gegen den ~* saya segan akan sst., saya tdk. suka akan sst.; *e–n dicken ~ unter et. machen* menganggap perkara sudah beres/selesai; *nach ~ u. Faden belügen* sungguh-sungguh membohongi; *auf den ~ gehen* melacur

stricheln *tr. itr.* membuat garis yg. terputus-putus/titik-titik; membuat arsir, membuat garis-garis halus yg. sejajar

Strich|junge *m* pemuda yg. melacurkan diri; **–mädchen** *n* pelacur; **–punkt** *m* titik koma; **–regen** *m* hujan lokal; **–vogel** *m* burung yg. pindah ke tempat yg. tdk. begitu dingin (selama musim dingin); **≗weise** *~ Hagel* hujan es lokal

Strick *m* (*–ẹs;–e*) tali (pendek dan tebal); *j-m e-n ~ aus et. drehen* menggunakan sst. utk. menjerat sso.; **≗en** *itr. tr.* merajut, *bp.* breyen; **–er (–in** *f*) *m* (*–s;–*) orang yg. merajut; **–erei** *f* (*–;–en*) perajutan, rajutan; **–garn** *n* benang rajut; **–jacke** *f* baju hangat; **–leiter** *f* tangga tambang/tali; **–maschine** *f* mesin rajut

Strick|muster *n* pola rajutan; **–nadel** *f* jarum rajut; **–strumpf** *m* kaos kaki hasil perajutan; **–waren** *pl* pakaian hasil perajutan; **–weste** *f, s. Strickjacke;* **–wolle** *f* benang rajut; **–zeug** *n* peralatan utk. merajut

Striegel *m* (*–s;–*) sikat kuda, roskam; **≗n** *tr.* menggaruk/menyikat kuda; *ugs., hart hernehmen* menggembleng

Striem|e *f* (*–;–n*), **–en** *m* (*–s;–*) bilur

strikt tegas

Strippe *f* (*–;–n*) *ugs.* tali; *sie hängt dauernd an der ~, ugs.* dia pakai telpon terus-menerus

strittig yg. masih diperselisihkan; *sich gegenseitig et. ~ machen* berebut(–rebut)an sst.

Stroh *n* (*–s;O*) jerami, merang; **–dach** *n* atap jerami, atap lalang/rumbia; **≗ern** *Adj.* dari jerami; *s. strohig;* **–feuer** *n, fig.* gairah/semangat/antusiasme besar tetapi sebentar saja; **–geflecht** *n* anyaman jerami; **–halm** *m* tangkai jerami; sedotan; **–hut** *m* topi jerami/pandan; **≗ig** kaku, kurus dan kering; **–kopf** *m* orang tolol; **–mann** *m* orang-orangan; *fig.* kayu-kayu

Stroh|matte *f* tikar pandan; **–sack** *m* kasur (yg. isinya jerami); **–witwer** *m* suami yg. isterinya utk. agak lama tdk. di rumah

Strolch *m* (*–ẹs;–e*) bajingan; **≗en** *itr.* berkeluyuran

Strom *m* (*–ẹs;¨–e*) sungai yg. lebar; aliran, arus; *Elek.* (arus) listrik, set(e)rum; *unter ~ stehen* beraliran listrik, *bp.* ada setrumnya; **–abnehmer** *m, Elek.* pengambil/kolektor arus; pemakai listrik; **≗ab(wärts)** ke hilir, milir; **≗auf(wärts)** ke hulu/udik; **–ausfall** *m* matinya listrik, listrik mati; **–bett** *n* palung sungai

strömen *itr.* mengalir deras; *Menschen* berbondong-bondong; *bei ~ dem Regen* pd. waktu hujan deras

Stromer *m* (*–s;–*) gelandangan; *ugs.* anak yg. suka keluyuran

Strom|erzeuger *m* pembangkit listrik, generator, agregat; **–kreis** *m* sirkuit; **–leiter** *m* pengantar listrik; **≗linienförmig** berbentuk agak lancip (sehingga tdk. merupakan hambatan bagi aliran udara), *streamlined;* **–messer** *m* alat pengukur ampere/arus; **–netz** *n* jaringan

listrik; **–richter** *m, Elek.* alat pengubah arus bolak-balik menjadi arus searah atau sebaliknya
Strom|schnelle *f* (*–;–n*) jeram, riam; **–spannung** *f* tegangan listrik; **–sperre** *f* pemutusan aliran listrik; **–stärke** *f* kekuatan arus listrik
Strömung *f* (*–;–en*) arus, aliran; *fig.* aliran
Strom|unterbrecher *m* pemutus arus; **–verbrauch** *m* pemakaian listrik; **–versorgung** *f* penyediaan listrik; **–zähler** *m* meteran (listrik)
Strophe *f* (*–;–n*) bait, untaian
strotzen *itr.* (berisi) penuh sekali (dng.); *vor Dreck* ~ sangat kotor; **–d** ~ *vor Gesundheit* segar-bugar
strubb(e)lig kusut
Strudel *m* (*–s;–*) pusaran/olak(an) air; **≗n** *itr.* berputar, berpusar
Struktur *f* (*–;–en*) susunan, tatanan, struktur; pola; **≗ell** struktural; **≗ieren** (*–*) *tr.* menyusun, mengadakan susunan; **–wandel** *m* perubahan struktur/susunan
Strumpf *m* (*–e̸s;¨–e*) kaus kaki; *Lampe* kaus lampu; **–band** *n* karet penahan kaus kaki; **–halter** *m* penahan kaus kaki; **–hose** *f* kaus kaki sampai ke pinggang (utk. wanita dan anak-anak); **–waren** *pl* pelbagai jenis kaus kaki; **–wirker** *m* pembuat kaus kaki
Strunk *m* (*–e̸s;¨–e*) tunggul, bongkot, punggur; tangkai tanpa daun
struppig kusut, tdk. terpelihara
Stübchen *n* (*–s;–*) bilik
Stube *f* (*–;–n*) kamar
Stuben|arrest *m* larangan keluar kamar; **–gelehrte** *m* orang yg. berilmu pd. buku saja; **–hocker** *m* orang yg. tdk. suka keluar rumah; **–kamerad** *m* teman sekamar; **≗rein** *Tier* terlatih tdk. membuang air di dl. rumah; *nicht ~er Witz* lelucon yg. jorok
Stuck *m* (*–e̸s;O*) turap/plester hiasan
Stück *n* (*–e̸s;–e*) (se)bagian; (*als Mengenbezeichnung*) sepotong, sebiji, sebatang, sebidang, sebuah; *Thea.* sandiwara, karya, drama; *Mus.* karya, lagu; *e schweres ~ Arbeit* pekerjaan berat; *e-e Mark das* ~ satu DM per biji/buah; *aus e-m* ~ satu tanpa sambungan; *aus freien ~en* dng. sukarela; *in ~e gehen/springen* pecah-belah, berkeping-keping; ~ *für* ~ satu demi satu; *das ist e starkes ~!* keterlaluan! *am* ~ tdk. terpotong
Stück|arbeit *f* kerja borongan; **–chen** *n* (*–s;–*) sepotong kecil; **≗eln** *tr.*, **≗en** *tr.* **1.** *zerteilen* memotong-motong, membagi-bagi; **2.** *zusammensetzen* membuat dari potongan-potongan; **–gut** *n* barang yg. dijual/diangkut dl. paket, peti dsb.; **–lohn** *m* upah borongan; **–preis** *m* harga satuan/eceran; **≗weise** satu per satu, bagian demi bagian; **–werk** *n* sst. yg. tdk. sempurna/lengkap/selesai; **–zahl** *f, Handel* jumlah buah/barang
Student *m* (*–en;–en*) mahasiswa; **–enaustausch** *m* pertukaran mahasiswa/pelajar; **–enheim** *n* asrama mahasiswa; **–enschaft** *f* (*–;–en*) para mahasiswa; **–enverbindung** *f* himpunan mahasiswa; **–enwohnheim** *n, s. Studentenheim;* **–in** *f* (*–;–nen*) mahasiswi; **≗isch** yg. berh. dng. mahasiswa
Studië *f* (*–;–n*) studi, penyelidikan; *Lit., Kunst* sketsa, gambaran
Studien|aufenthalt *m* masa tinggal (di tempat asing) utk. studi/penyelidikan; **–direktor(in** *f*) *m* wakil kepala sekolah lanjutan; kepala sekolah kejuruan; **–fach** *n* jurusan; **–fahrt** *f* karya wisata, ekskursi; **–gang** *m* urutan tahap pelajaran di perguruan tinggi; **≗halber** karena/demi pelajaran
Studien|jahr *n* tahun pelajaran; **–kommission** *f* komisi pendidikan/penelitian; **–rat** *m,* **–rätin** *f* guru sekolah lanjutan; **–reise** *f, s. Studienfahrt;* **–zeit** *f* masa studi
studier|en (*–*) *itr. tr.* belajar (di perguruan tinggi); mempelajari; **≗te** *m, f* (*–n;–n*) tamatan perguruan tinggi; **≗zimmer** *n* kamar belajar/kerja
Studio *n* (*–s;–s*) sanggar; *Rundf.* studio
Studium *n* (*–s;...iën*) studi, pelajaran, penyelidikan
Stufe *f* (*–;–n*) anak tangga; *fig.* tahap, tingkat(an); *auf e-e ~ stellen* menempatkan pd. tingkat yg. sama
stufen|artig, –förmig bertingkat-tingkat, bersusun; **≗leiter** *f, fig.*

tingkatan, tahap, skala; **≗rakete** *f* roket bertingkat; **–weise** bertahap, bertingkat, tahap demi tahap, berjenjang
Stuhl *m* **1.** (*–ĕs;–̈e*) kursi; *j-m den ~ vor die Tür setzen* memecat/mengusir sso.; *Rel.*, *~ Petri, Heiliger ~* Tahta Suci; **2.** (*–ĕs;O*) *Stuhlgang* hajat besar; *haben Sie ~?* anda bisa membuang air besar? **≗fördernd** yg. memperlancar pencernaan; **–gang** *m* (*–s;O*) buang air besar, hajat besar, *bp.* berak; **–lehne** *f* sandaran kursi; **–zwang** *m* kejang berulang-ulang pd. otot lingkar dubur disertai hajat, *tenesmus*
Stukkateur *m* (*–s;–e*) tukang yg. membuat hiasan dari turap
Stulle *f* (*–;–n*) *ugs.* irisan roti dng. mentega/keju/daging
Stulpe *f* (*–;–n*) manset
stülpen *tr.* membalik(kan); *~ über* menyungkupkan pd.
stumm bisu, tunawicara; *schweigsam* diam, tanpa kata; **≗e** *m, f* (*–n;–n*) orang bisu/tunawicara; **≗el** *m* (*–s;–*) sisa; *Zigarette* puntung; **≗film** *m* film bisu
Stumpen *m* (*–s;–*) sm. cerutu pendek
Stümper|(in *f***)** *m* (*–s;–*) orang yg. bekerja dng. ceroboh; **–ei** *f* (*–;–en*) pekerjaan jelek/asal-asalan; **≗haft** yg. dikerjakan tanpa keahlian, yg. dikerjakan dng. sembrono
stumpf tumpul, majal; *glanzlos* tdk. berkilap, *bp.* dof; *fig.* apatis
Stumpf *m* (*–ĕs;–̈e*) tunggul, bongkot, bonggol; *Arm* lengan buntung; *mit ~ u. Stiel ausrotten* memusnahkan/menghancurkan sampai ke akar-akarnya; **–heit** *f* (*–;O*) ketumpulan; sikap apatis; **–nase** *f* hidung pesek; **–sinn** *m* kekebalan, kedunguan; keadaan imbesil; apati, sikap tak peduli, *ugs.* pekerjaan yg. membosankan; **≗sinnig** bebal, dungu, tumpul otaknya; apatis; yg. menjemukan; **≗wink(e)lig** bersudut tumpul
Stunde *f* (*–;–n*) jam; *Unterricht* (jam) pelajaran, *bp.* les; *~ nehmen* mengambil les; *schwache ~* saat kelemahan; *bis zur ~* sampai sekarang; *zu jeder ~* pd. setiap saat; *zur ~* sekarang; **≗n** *tr.* menunda penagihan, mengizinkan utk. menunda pembayaran, memberi kelonggaran
Stunden|geschwindigkeit *f* kecepatan rata-rata per jam; **–kilometer** *pl* kilometer per jam; **≗lang** berjam-jam lamanya, beberapa jam lamanya; **–lohn** *m* upah per jam; **–plan** *m* jadwal pelajaran; **–satz** *m* tarif per jam; **–schlag** *m* pukul; **≗weise** beberapa jam, berjam-jam; kadang-kadang satu jam; *~ bezahlen* menggaji menurut jam kerja
Stünd|lein *n* (*–s;–*) *sein letztes ~ hat geschlagen* dia sudah di ambang pintu kematian; **≗lich** setiap jam; *ich warte ~ auf ihn* saya menunggu kedatangannya tdk. lama lagi
Stundung *f* (*–;–en*) penundaan pembayaran (hutang, uang sewa . . .); **–sgesuch** *n* permintaan utk. menunda pembayaran
Stunk *m* (*–s;O*) *ugs.* percekcokan, keributan, pertengkaran
stupid(e) bodoh; membosankan
stups|en *tr. ugs.* menyentuh, menyenggol, mencolek; **≗nase** *f* hidung conet
stur *ugs.* keras kepala, mau menang sendiri; *langweilig* membosankan; **≗heit** *f* (*–;O*) sikap keras kepala
Sturm *m* (*–ĕs;–̈e*) angin ribut, badai, taufan; keributan; *Angriff* serangan; *Sp.* seluruh penyerang depan; *~ der Begeisterung* sorak-sorai yg. riuh; *~ laufen gegen* menentang dng. gigih; **–angriff** *m* serangan gencar; **–boot** *n, Mil.* perahu utk. menyeberang sungai dng. cepat
stürm|en *itr.* membadai, bertiup angin ribut; bergegas ke; *Sp.* menyerang; *tr.* merebut dng. serangan; **≗er** *m* (*–s;–*) penyerang; **≗erreihe** *f, Sp.* seluruh penyerang
Sturm|flut *f* pasang naik yg. besar; **–geschütz** *n* meriam yg. dapat berpindah-pindah
stürmisch banyak angin ribut; *See* bergelora; *fig.* ribut, ramai; *~ begrüßen* menyambut dng. meriah/ramai; *~e Entwicklung* kemajuan pesat
sturm|reif siap utk. direbut; **≗schaden** *m* kerugian akibat angin ribut; **≗schritt** *m, im ~* dng. (berlari)

cepat; **≗segel** *n* layar padau; **≗trupp** *m, Mil.* regu penyerang; **≗wind** *m* angin ribut, badai

Sturz *m* (*–es;¨–e*) **1.** jatuhnya, runtuhnya, kejatuhan; ~ *der Regierung* jatuhnya/penggulingan pemerintah; **2.** *Tür/Fenster* bagian kosen di atas pintu/jendela; **–bach** *m* sungai deras di pegunungan; *fig.* semburan kata-kata; **–bad** *n* mandi siram; **–bomber** *m* pesawat pembom penyelusup/penukik

stürzen *itr.* jatuh, runtuh; *rennen* berlari cepat (ke/dari); *tr.* menjatuhkan; *Regierung* menggulingkan, menumbangkan; *j-n ins Elend/Verderben* ~ menjerumuskan sso. ke dl. kemelaratan/kehancurannya; *nicht* ~*!* jangan menjungkir-balikkan! *sich* ~ (*in*) menceburkan diri; *sich* ~ *von/aus* menjatuhkan diri dari; *sich* ~ *auf* menyerang, merebut; *sich in Schulden* ~ membuat banyak hutang

Sturz|flug *m, e-n* ~ *machen* menukik: **–helm** *m* (topi) helm; **–regen** *m* hujan deras yg. singkat; **–see** *f* gelombang sangat tinggi

Stute *f* (*–;–n*) kuda betina

Stütz|balken *m* tiang/balok penopang; **–e** *f* (*–;–n*) sokong, penyangga, tiang penopang/penunjang; sandaran; *fig.* pembantu

stutzen *tr.* memotong (spy. menjadi) pendek; *itr.* terhenti tiba-tiba karena tercengang/terperanjat; *fig., Text, Rede* memperpendek; **≗** *m* (*–s;–*) senapan angin yg. pendek; pipa yg. pendek; *Strümpfe* kaus kaki sampai lutut

stützen *tr.* menopang, menyokong, menyangga, menumpu; ~ *auf, fig.* berdasarkan; *j-n* ~ memapah sso.; *sich* ~ *auf* bersandar pd., berpapah atas

Stutz|er *m* (*–s;–*) pelagak, laki-laki pesolek; mantel pendek; **≗ig** kaget, terperanjat, heran; *argwöhnisch* waswas, curiga

Stütz|pfeiler *m* tiang penyokong; **–punkt** *m* titik tumpu/putar; *Mil.* pangkalan

Stützverband *m, e-n* ~ *anlegen* membalut dng. belat, membelat

subaltern *Adj.* bawahan; *sich* ~ *verhalten* bersikap tunduk; **≗e** *m* (*–n;–n*) pegawai rendah

Subjekt *n* (*–(e)s;–e*) pokok, subyek; *Person* oknum; *Gr.* pokok kalimat; **≗iv** subyektif; **–ivität** *f* (*–;O*) subyektivitas

Sub|kontinent *m* anak benua; **–kultur** *f* lingkungan (kebudayaan) yg. tdk. diterima mayoritas; **≗kutan** *Med.* di bawah kulit

sublim halus sekali; **≗at** *n* (*–(e)s;–e*) *Chem.* sublimat; **–ieren** (*–*) *tr.* mengangkat ke taraf yg. lebih tinggi, menghaluskan; *Chem.* membersihkan dng. jalan sublimasi

Submission *f* (*–;–en*) sikap tunduk; *Handel* permintaan utk. membuka/ mengajukan penawaran

subordinieren (*–*) *tr.* menempatkan lebih rendah, mengebawahkan

Subsidiën *pl* subsidi, bantuan, tunjangan

subskribieren (*–*) *tr.* memesan sebelum terbit (dng. harga khusus)

Subskription *f* (*–;–en*) pesanan sebelum terbit

Substantiv *n* (*–s;–e*) kata benda, substantif

Substanz *f* (*–;–en*) bahan, zat; isi pokok, hakikat; kapital/modal pokok; *an die* ~ *gehen (Widerstandskraft)* makan daya tahan, (*Kapital*) makan modal pokok

subtil (sangat) halus; *schwierig* banyak seluk-beluknya, rumit

subtra|hieren (*–*) *itr. tr.* mengurangi; **≗ktion** *f* (*–;–en*) pengurangan

Subtropen *pl* daerah subtropis

Subvention *f* (*–;–en*) subsidi, bantuan, tunjangan; **≗ieren** (*–*) *tr.* memberi subsidi

subversiv subversif

Such|aktion *f* aksi pencarian (secara besar-besaran); **–anzeige** *f* iklan utk. mencari sst.; **–e** *f* (*–;O*) pencarian; *auf der* ~ *nach* sedang mencari; **≗en** *tr. itr.* mencari, berusaha menemui; *das Weite* ~ melarikan diri; *was suchst du hier? ugs.* apa yg. kamu cari di sini? mau apa di sini? **–er** *m* (*–s;–*) pencari; *Fot.* jendela bidik; **–gerät** *n* detektor; **–licht** *n* lampu sorot

Sucht *f* (*–;¨e*) *krankhaft* ketagihan, keranjingan; *Verlangen* napsu, keinginan yg. kuat
süchtig kecanduan, ketagihan; **≗e** *m, f* (*–n;–n*) pecandu
Sud *m* (*–ẹs;–e*) rebusan; (air) kaldu daging
Süd 1. *ohne Artikel* selatan, kidul; **2.** *m* (*–ẹs;–e*) *Lit.* angin selatan
sudeln *itr.* membuat kotor; bermain (–main) dng. kotoran; *fig.* bekerja dng. serampangan
Süden *m* (*–s;O*) selatan; *Kreuz des ~s* bintang pari
Süd|früchte *pl* buah-buahan dari daerah subtropis; **–länder(in** *f*) *m* (*–s;–*) orang dari Eropa Selatan
süd|lich (di) selatan; ~ *von* di sebelah selatan dari; *in ~e Richtung* ke arah selatan; **≗osten** *m* daerah tenggara; **–östlich** di sebelah tenggara; **≗pol** *m* kutub selatan; **≗seite** *f* sisi yg. menghadap ke selatan; **–wärts** ke arah selatan; **≗west 1.** *ohne Artikel* barat daya; **2.** *m, Lit.* angin barat daya; **≗westen 1.** *ohne Artikel* barat daya; **2.** *m* (*–s;O*) daerah barat daya; **≗wester** *m* (*–s;–*) sm. topi hujan yg. tahan air; **–westlich** di sebelah barat daya
Suff *m* (*–ẹs;O*) *ugs., sich dem ~ ergeben* minum alkohol terlalu banyak; *im* ~ dl. keadaan mabuk
süff|eln *tr. ugs.* minum dng. nikmat; **–ig** enak (utk.) diminum; **–isant** puas dng. diri sendiri; agak sombong
Suffix *n* (*–es;–e*) akhiran, sufiks
suggerieren (*–*) *tr.* mempengaruhi, menimbulkan pikiran/gagasan kpd. sso., memberi sugesti; *empfehlen* menganjurkan
Suggest|ion *f* (*–;–en*) sugesti, pengaruh; saran, anjuran; **≗iv** bersifat mempengaruhi; **–ivfrage** *f* pertanyaan yg. menyarankan jawaban tertentu
Suhle *f* (*–;–n*) kubangan; **≗n** *sich* ~ berkubang
Sühn|e *f* (*–;–n*) penebusan kesalahan/dosa; *Strafe* denda, tebusan, silihan; **–egeld** *n* uang tebusan; **≗en** *tr.* memperbaiki kesalahan, mengganti kerugian, menyilih; **–e·opfer** *n* kurban silihan; **–etermin** *m* pertemuan antara dua pihak yg. bertengkar utk. berdamai (sebelum dilaksanakan proses pengadilan)
Suite *f* (*–;–n*) deretan kamar; *Gefolge* para pengiring; *Mus.* suita
sukzessiv berangsur-angsur, langkah demi langkah, lama kelamaan
Sulfonamid *n* (*–ẹs;–e*) *Med.* sulfonamida, obat-obat sulfa
Sultan *m* (*–s;–e*) sultan; **–at** *n* (*–ẹs;–e*) kesultanan; **–in** *f* (*–;–nen*) ratu, wanita kepala kesultanan; isteri sultan; **–ine** *f* (*–;–n*) kismis besar tanpa biji
Sülze *f* (*–;–n*) sm. petis yg. dibuat dari potongan kulit, daging dan kaldu
summarisch secara singkat dan padat; secara global/menyeluruh
Summe *f* (*–;–n*) jumlah, total; sejumlah uang
summ|en *itr.* berdengung(–dengung), mengumbang; *Lied* bersenandung; **≗er** *m* (*–s;–*) sm. bel yg. berdengung
summieren (*–*) *tr.* menjumlahkan; meringkaskan; *sich* ~ bertambah banyak
Sumpf *m* (*–ẹs;¨e*) rawa-rawa, payapaya; *fig.* kebejatan moral; **–boden** *m* tanah rawa; **–fieber** *n* malaria; **≗ig** berpaya-paya; **–land** *n* tanah rawa, rawa(–rawa); **–palme** *f* nipah, *nipa fruticans;* **–pflanze** *f* tanaman yg. tumbuh di rawa-rawa
Sund *m* (*–ẹs;–e*) selat
Sünde *f* (*–;–n*) dosa; pelanggaran; **–nbekenntnis** *n* pengakuan dosa; **–nbock** *m* kambing hitam; **–n·erlaß** *m* pengampunan dosa; **–nfall** *m* jatuhnya dl. dosa; dosa awal; **–ngeld** *n* uang haram; harga yg. terlampau tinggi; **–nlast** *f* beban dosa
Sünd|er(in *f*) *m* (*–s;–*) orang berdosa, pendosa, pelanggar; **–flut** *f* air bah; **≗haft** berdosa; ~ *teuer* sangat mahal
sündig berdosa, bersalah; **–en** *itr.* berbuat dosa/salah; ~ *gegen Gottes Gebote* melanggar perintah Allah/ Tuhan
Super *n* (*–s;O*) (bensin) super; **≗(b)!** *ugs.* bukan main!

Super|intendent *m* (*–en;–en*) pendeta Protestan yg. memegang jabatan tinggi; **–ior** *m* (*–s;–en*) pemimpin biara; pembesar ordo; **≗klug** sangat/ terlalu pintar

Superlativ *m* (*–s;–e*) superlatif, tingkat perbandingan yg. paling atas/ tinggi; **≗isch** berbentuk superlatif; berlebih(–lebih)an

Super|macht *f* negara adikuasa; **–markt** *m* toko serba ada, *supermarket*

Suppe *f* (*–;–n*) sup, sop; *j-m die ~ versalzen* merusak kegembiraan sso.; *die ~ auslöffeln müssen, die man sich eingebrockt hat, ugs.* terpaksa menanggung akibat perbuatan sendiri

Suppen|fleisch *n* daging sop; **–grün** *n* tumbuh-tumbuhan utk. bumbu sop; **–kelle** *f* irus/pencedok sop; **–kraut** *n, s. Suppengrün;* **–löffel** *m* sendok makan/sop; **–schüssel** *f* pinggan sop; **–teller** *m* piring sop; **–terrine** *f, s. Suppenschüssel;* **–würfel** *m* dadu ekstrak sop (yg. dikeringkan)

Supplement *n* (*–e̸s;–e*) tambahan, lampiran, pelengkap, suplemen

Support *m* (*–es;–e*) *Tech.* sandaran (–perkakas), gagang pahat, eretan lintang

Supremat *m, n* (*–e̸s;–e*) kekuasaan tertinggi, supremasi

Sure *f* (*–;–n*) *Rel.* surah

Surrealismus *m* (*–;O*) surrealisme

surren *itr.* berdengung-dengung

Surrogat *n* (*–e̸s;–e*) tiruan, pengganti yg. kurang memadai

suspekt bersifat mencurigakan

suspen|dieren (–) *tr.* memberhentikan (sementara waktu), mengadakan skorsing; menangguhkan; **≗sion** *f* (*–;–en*) suspensi; *Chem.* zat cair yg. mengandung remukan zat padat; **≗sorium** *n* (*–s;. . .rien*) *Med.* perban/balut penahan

süß manis; *angenehm* menyenangkan; *Stimme* merdu; **≗e** *f* (*–;O*) kemanisan, manisnya; **–en** *tr.* memaniskan, membuat manis; **≗holz** *n* kayu manis, *glycyrrhiza glabra; ~ raspeln* merayu, membujuk; **≗igkeiten** *pl* gula-gula, permen, bonbon; **≗kartoffel** *f* ubi jalar/jawa, *ipomaea batatas;* **–lich** bersifat/berbau manis (tetapi kurang enak); *fig.* sentimental, *überfreundlich* yg. bersifat dibuat-buat, terlalu ramah; **–sauer** asam manis; *~ lächeln* tersenyum kecut/terpaksa; **≗speise** *f* makanan pencuci mulut (spt. buah-buahan, poding, kue-kue...); **≗stoff** *m* sakarin; **≗waren** *pl* manisan; **≗warengeschäft** *n* toko khusus yg. menjual coklat, permen, manisan; **≗wasser** *n* air tawar; **≗wein** *m* anggur manis

Symbiose *f* (*–;–n*) *Bio.* simbiosa

Symbol *n* (*–s;–e*) lambang, simbol; **≗haft** secara kiasan, simbolis; **–ik** *f* (*–;O*) simbolik; **≗isch** sebagai lambang, simbolis; **≗isieren** (–) *tr.* melambangkan

Symmetr|ie *f* (*–;...ïen*) simetri; **≗isch** simetris, sebanding, setangkup

Sympathie *f* (*–;...ïen*) simpati, rasa setuju/kasih, kecenderungan hati yg. tulus; **–streik** *m* pemogokan utk. mendukung pemogokan golongan lain

sympath|isch simpatik, amat menarik hati; **–isieren** (–) *itr.* bersimpati, menunjukkan simpati; *~ mit* sependapat dng., menjadi simpatisan

Symphonie *f* (*–;...ïen*) simponi

Symposium *n* (*–s;...sïen*) simposium

Symptom *n* (*–s;–e*) gejala, tanda, simtom; **≗atisch** *~ sein* menjadi ciri khas, dianggap sebagai ciri khas

Synagoge *f* (*–;–n*) kenisah, sinagoga

synchron terjadi pd. waktu yg. sama, serentak, sinkron; **≗getriebe** *n* roda gigi yg. sinkron; **≗isation** *f* (*–;–en*) sinkronisasi, perbuatan serentak; penyesuaian; **–isieren** (–) *tr.* mengadakan sinkronisasi

Syndikat *n* (*–e̸s;–e*) sindikat, kongsi, gabungan beberapa perusahaan; *Verbrecher* organisasi penjahat

Syndikus *m* (*–;Sindizi/...ken*) penasehat dan wakil dl. bidang hukum

Syndrom *n* (*–s;–e*) *Med.* sindrom, himpunan gejala penyakit

Synkope *f* (*–;–n*) *Gr.* penyingkatan ucapan kata, sinkope; *Med.* pingsan, mati suri

Synode *f* (*–;–n*) *Rel.* rapat besar, sidang raya gereja

synonym searti dng.; **≗** *n* (*–s;–e*) sinonim; *die Wörter sind* ~ kata-kata ini sama/mirip artinya

Synopse *f* (*–;–n*), **Synopsis** *f* (*–;...sen*) ringkasan (cerita); *Rel.* buku yg. memuat tiga Kitab Injil pertama yg. dicetak dl. kolom-kolom berdampingan

syntaktisch yg. berh. dng. tata kalimat

Syntax *f* (*–;O*) siktaksis, (ilmu) tata kalimat

Synthe|se *f* (*–;–n*) perpaduan berbagai bagian/hal, sintese; **≗tisch** sintetis, buatan, tiruan

Syphilis *f* (*–;O*) sifilis, penyakit raja singa

System *n* (*–s;–e*) sistem; *Verfahrensweise* cara, metode; *Ordnung* orde, susunan; **–atik** *n* (*–;–en*) sistematik; **≗atisch** sistematis, secara teratur; **≗atisieren** (–) *tr*. mengadakan suatu sistem; menggolong-golongkan menurut suatu sistem

Szen|e *f* (*–;–n*) *Thea.* adegan, babak; *Vorgang* peristiwa khusus; *ugs.* perkelahian; *auf offener* ~ selama waktu pertunjukan; *et. in* ~ *setzen* mulai dan melaksanakan sst.; *~n machen* membuat ribut/heboh; *in der (Terroristen–,Drogen–)* ~ dl. kalangan/ kaum teroris atau narkotik dan simpatisannya; **–erie** *f* (*–;...iën*) dekorasi panggung; *Landschaft(bild)* (gambar) pemandangan alam

T

Tabak *m* (*–s;–e*) tembakau, *nicotiana;* **–bau** *m* perkebunan/penanaman tembakau; **–händler** *m* pedagang tembakau; **–pflanzer** *m* penanam/petani tembakau; **–qualm** *m* asap rokok; **–sbeutel** *m,* **–sdose** *f* kantung/kotak utk. tembakau; **–steuer** *f* pajak rokok; **–waren** *pl* macam-macam rokok dan tembakau

tabellarisch dl. bentuk tabel

Tabelle *f* (*–;–n*) tabel, daftar; **–nführer** *m, Sp.* atlet/regu pemimpin/pemenang

Tabernakel *m* (*–s;–*) *Rel.* tabernakel

Tablett *n* (*–ȼs;–e/–s*) baki, dulang, nampan, talam; **–e** *f* (*–;–n*) pil, tablet

tabu tabu, bersifat terlarang, dianggap keramat; **≗** *n* (*–s;–s*) tabu, sst. yg. tdk. boleh dibicarakan/dilanggar

Tabulator *m* (*–s;–en*) tabulator

Tacho *m* (*–s;–s*), **–meter** *m* (*–s;–*) *Mot.* alat penunjuk kecepatan, takhometer

Tadel *m* (*–s;–*) teguran, peringatan, cela(an); *Makel* cacat, noda; **≗frei, ≗los** tak tercela, baik sekali; **≗n** *tr.* menegur, memperingatkan, mencela; **≗nswert** pantas dicela, tercela; **–sucht** *f* kesukaan mencela; **≗süchtig** suka mencela/mengecam; cerewet

Tafel *f* (*–;–n*) papan, lembaran kayu yg. tipis; *an der Wand* papan pengumuman/tulis; *Schiefer* batu tulis; *Buch* halaman bergambar; *Tisch* meja makan (yg. sudah disiapkan); *e-e ~ Schokolade* sebatang coklat; *die ~ aufheben* mengakhiri (waktu) makan; **–besteck** *n* alat-alat makan (spt. sendok, garpu, pisau) yg. agak mahal; **≗fertig** siap utk. dimakan; **≗förmig** berbentuk/spt. meja; **–geschirr** *n* seperangkat alat makan (yg. bagus dan mahal); **–land** *n* dataran tinggi; **≗n** *itr.* bersantap

täfeln *tr.* melapisi dinding/langit-langit dng. papan kayu

Tafel|obst *n* buah-buahan pilihan/terpilih; **–öl** *n* minyak selada; **–runde** *f* semua orang yg. duduk di meja makan; **–silber** *n* alat-alat makan dari perak; **–tuch** *n* taplak meja

Täfelung *f* (*–;–en*) pelapisan kayu yg. dipasang pd. dinding/langit-langit

Tafel|wasser *n* air soda; **–wein** *m* anggur murah(an)

Taf(fe)t *m* (*–ȼs;–e*) kain taf, tafeta

Tag *m* (*–es;–e*) hari; *Tageszeit* siang (hari); *am/bei ~e* pd. siang hari; *dieser ~e* (*kürzlich*) baru-baru ini, dl. waktu belakangan ini, (*demnächst*) dl. beberapa hari ini; *e–s ~es* pd. suatu waktu/ketika; *den ganzen ~ (über/lang)* sepanjang hari; *e freier ~* (satu) hari libur; *unter ~e, Bgb.* di bawah tanah; *vor acht ~en* seminggu yg. lalu; *guten ~ !* selamat siang/sore! *am hell(icht)en ~e* di siang hari bolong; *es wird ~* fajar menyingsing; *et. an dem ~ bringen* membuka rahasia; *der Jüngste ~* hari kiamat; *sie hat ihre ~e* ia sedang haid; **≗aus** *~ tagein* setiap hari (terus-menerus)

Tage|bau *m, Bgb.* pertambangan pd. permukaan bumi; **–blatt** *n* harian; **–buch** *n* buku harian; **–dieb** *m* pemalas; **–gelder** *pl* uang harian; **≗lang** berhari-hari (lamanya); **–lohn** *m* upah harian; **–löhner** *m* buruh harian; **–(s)marsch** *m* perjalanan sehari

tagen *itr.* **1.** bersidang, mengadakan sidang; mengikuti sidang/rapat; **2.** *Morgen* fajar menyingsing

Tagereise *f* perjalanan/kepergian sehari

Tages|anbruch *m* dinihari; **–ausflug** *m* piknik seharian; **–befehl** *m* perintah harian; **–bericht** *m* laporan harian, berita tt. peristiwa yg. terjadi sehari; **–ereignisse** *pl* peristiwa-peristiwa penting; **–gespräch** *n* berita hangat/aktual; buah bibir/mulut; **–grauen** *n* (*–s;O*) *s. Tagesanbruch;* **–karte** *f* menu hari ini; *Verkehrsmittel* karcis yg. berlaku satu hari; **–kasse** *f* loket (penjualan) karcis teater yg. dibuka pd. siang hari; **–kurs** *m* kurs hari ini; **–leistung** *f* hasil per hari, kapasitas sehari; **–licht** *n* cahaya siang hari; *ans ~ kommen* (menjadi) ketahuan; *das ~ scheuen* tdk. suka bertindak terang-terangan; **–meldung** *f*, **–nachrichten** *pl*, **–neuigkeit** *f* berita harian, berita hari ini; **–ordnung** *f* acara harian, acara hari ini; *an der ~ sein* menjadi biasa/lumrah; *zur ~ übergehen, ugs.* tdk. mempedulikan; **–raum** *m* ruang santai/duduk, ruang(an) utk. bertemu; **–satz** *m* kurs hari ini; *Verpflegungssatz* jatah harian; **–schau** *f* warta-berita di televisi; **–umsatz** *m* jual-beli dl./selama satu hari; **–zeit** *f*, *zu jeder ~* setiap saat/waktu; **–zeitung** *f* harian, koran

tage|weise *Adv.* utk. hari-hari tertentu; **≗werk** *n* pekerjaan sehari

Tag|falter *m* kupu-kupu (siang hari), *rhopalocera;* **≗hell** terang spt. pd. siang hari

. . . tägig *drei~* selama tiga hari; *mehr ~* selama beberapa hari

täglich (se)tiap hari; *das ~e Brot* makanan sehari-hari; *fig.* pekerjaan sehari-hari; *zweimal ~* dua kali sehari

tags *Adv., ~ darauf* hari berikutnya; (b)esok; *~ zuvor* pd. hari sebelumnya, kemarin

Tagschicht *f* (giliran) kerja pd. siang hari; kelompok pekerja siang hari

tagsüber pd. siang hari, sepanjang hari

tagtäglich setiap hari, hari demi hari, *bp.* saban hari

Tag·und·nachtgleiche *f* (*–;–n*) hari yg. mana waktu siang dan malam sama panjangnya/lamanya

Tagung *f* (*–;–en*) rapat, pertemuan, sidang; **–s·teilnehmer** *m* peserta/pengikut rapat

Taifun *m* (*–s;–e*) angin ribut/topan

Taille *f* (*–;–n*) pinggang

Takel|age *f* (*–;–n*), **–ung** *f* (*–;–en*), **–werk** *n* perlengkapan/peralatan utk. kapal layar; temberang

Takt *m* (*–(e)s;–e*) *Mus.* ketukan, irama; *fig.* kesopanan, kebijaksanaan; *den ~ schlagen* mengikuti/memukul irama; *aus dem ~ kommen, den ~ verlieren* salah irama, *fig.* salah langkah, keliru; **–gefühl** *n*, *Mus.* bakat mengikuti/mengatur irama; *fig.* sikap pandai membawa diri; rasa sopan; **≗ieren** (*–*) *itr. Mus.* mengetuk/memukul irama; *fig.* bersiasat; **–ik** *f* (*–;–en*) taktik, muslihat, siasat; **≗isch** dng. siasat, pandai, cerdik, taktis; **≗los** canggung, kasar; **–stock** *m* tongkat dirigen; **–strich** *m* garis birama; **≗voll** sopan, halus, lembut

Tal *n* (*–(e)s;¨–er*) lembah; ngarai

Talar *m* (*–s;–e*) jubah

tal|aufwärts ke hulu; **≗enge** *f* bagian lembah yg. sempit

Talent *n* (*–(e)s;–e*) bakat, pembawaan; **≗iert, ≗voll** berbakat, pandai

Talfahrt *f* perjalanan ke hilir

Talg *m* (*–(e)s;–e*) lemak binatang (yg. telah dibersihkan); *Med.* urap/lemak yg. keluar dari kulit, sebum; **–drüse** *f*, *Med.* kelenjar sebum; **≗ig** berlemak, penuh lemak; **–licht** *n* lilin (dari lemak binatang)

Talisman *m* (*–s;–e*) (a)jimat

Talk *m* (*–(e)s;O*) (bedak) talek, urap; talkum

Tal·kessel *m* lembah yg. dikelilingi gunung-gunung

Talkum *n* (*–s;O*) talkum

Talmi *n* (*–s;O*) sm. campuran logam yg. berwarna spt. emas (utk. perhiasan); *fig.* yg. tdk. asli, tiruan

Tal|sohle *f* dasar lembah; *fig.* depresi; **–sperre** *f* bendungan air

Tamarinde *f* (*–;–n*), **–nbaum** *m* asam jawa, *tamarindus indica*

Tambour *m* (*–s;–e*) pemukul genderang/tambur; **–major** *m*, **–majorin** *f* mayoret, pemimpin/pelatih drumband, penata rama
Tamburin *n* (*–s;–e*) rebana; *Strickrahmen* sm. simpai utk. menyulam
Tampon *m* (*–s;–s*) *Med.* sumbat (dari gasa/kapas/kain), *bp.* tampon
Tamtam *n* (*–s;–s*) gong, canang besar; *fig.* kegaduhan; kehebatan yg. dibuat-buat/berlebih-lebihan
Tand *m* (*–ɇs;O*) barang-barang kecil/sepele yg. indah dan murah; keropas-keropis
Tändel|ei *f* (*–;–en*) pacaran (yg.) iseng, asyik-masyuk yg. iseng; **≗n** *itr.* menyibukkan diri tanpa guna; berpacaran iseng
Tang *m* (*–ɇs;–e*) ganggang laut
Tang|ente *f* (*–;–n*) *Math.* tangen, garis singgung; **≗ieren** (–) *tr.* menyentuh, menyinggung; *fig. betreffen* mengenai
Tango *m* (*–s;–s*) dansa tanggo
Tank *m* (*–ɇs;–s/–e*) tangki; *Mil.* tank, teng; **≗en** *itr. tr.* mengisi (dng.) bahan bakar; **–er** *m* (*–s;–*), **–schiff** *n* kapal tangki/minyak; **–stelle** *f* pompa bensin; **–wagen** *m* mobil tangki; **–wart** *m* petugas pompa bensin
Tanne *f* (*–;–n*) sm. pohon cemara, *abies*
Tannen|baum *m* pohon cemara/Natal; **–holz** *n* kayu pohon cemara; **–nadel** *f* paku pohon cemara; **–zapfen** *m* buah pohon cemara
Tante *f* (*–;–n*) bibi, tante
Tantieme *f* (*–;–n*) honor (pengarang, penemu); bagian dari keuntungan
Tanz *m* (*–es;–̈e*) (tari–)tarian; *westlich* dansa; **–abend** *m* (acara) malam dansa; **–bär** *m* beruang yg. pandai berdansa; *fig.* jago dansa; orang yg. gemar dansa; **–boden** *m*, **–diele** *f* ruangan/tempat dansa
tänzeln *itr.* menari-nari
tanzen *itr. tr.* menari(kan), menandak; *modern* berdansa
Tänzer(in *f*) *m* (*–s;–*) penari; *Berufstänzerin* ronggeng, penandak
Tanz|fläche *f* lantai tempat dansa; **–kapelle** *f* kelompok pemain musik utk. dansa; **–kunst** *f* seni tari; **–kurs** *m* kursus tari-menari/dansa; **–lehrer** *m* guru tari/dansa; **≗lustig** suka dansa; **–musik** *f* musik dansa; **–saal** *m* ruang dansa; **–schritt** *m* langkah dansa/menari; **–schule** *f* sekolah dansa; **–stunde** *f* pelajaran tari-menari/dansa; **–turnier** *n* perlombaan/pertandingan dansa; **–wut** *f* keranjingan dansa
Tapet *n*, *aufs ~ bringen* mengemukakan sst. (spy. dibicarakan)
Tapete *f* (*–;–n*) kertas dinding; **–nmuster** *m* motif/corak kertas tembok/dinding; **–nwechsel** *m* pergantian/pertukaran lingkungan/suasana
tapezier|en (–) *tr.* memasang kertas-dinding; **≗er** *m* (*–s;–*) tukang pasang kertas-dinding; *Polsterer* tukang jok/bekleiding
tapfer berani, gagah; **≗keit** *f* (*–;O*) keberanian
Tapioka *f* (*–;O*) tapioka, tepung pati ubi kayu
Tapir *m* (*–s;–e*) tenuk, babi alu, *tapirus*
Tapisserie *f* (*–; . . . iën*) pembuatan permadani dinding; permadani dinding
tappen *itr.* (berjalan) bertatih-tatih, berjalan setapak demi setapak sambil meraba-raba; *im dunkeln ~* meraba-raba dl. kegelapan
täppisch canggung, kikuk, kagok
tapsen *itr. ugs., s. tappen*
Tara *f* (*–;Taren*) *Handel* tara, berat bungkus
Tarantel *f* (*–;–n*) sm. laba-laba besar, *lycosa tarantula; wie von der ~ gestochen* tiba-tiba bertindak spt. kerasukan setan
Tarif *m* (*–s;–e*) tarif; **–abkommen** *n* persetujuan kolektif mengenai penggajian; **–autonomie** *f* hak menentukan gaji/tarif; **≗lich, ≗mäßig** sesuai/berh. dng. gaji; *~e Arbeitszeit* waktu kerja sesuai dng. perjanjian kerja; **–lohn** *m* upah sesuai dng. tarif; **–partner** *m* (wakil) majikan/buruh yg. mengadakan persetujuan gaji kolektif; **–verhandlungen** *pl* tawar-menawar antara serikat buruh dan persatuan majikan mengenai gaji; **–vertrag** *m*, *s. Tarifabkommen*

tarn|en *tr.* mengadakan kamuflase, menyelubungi, menyaru, menyamar; **²ung** *f* (–;–*en*) kamuflase, penyamaran
Tartar *m* (–*en*;–*en*) *s. Tatar*
Tasche *f* (–;–*n*) kantong, saku; *Handtasche* tas; (*tief*) *in die* ~ *greifen, ugs.* membayar mahal, menyumbang banyak; *j-n in die* ~ *stecken, ugs.* mudah mengalahkan sso.; *j-m auf der* ~ *liegen, ugs.* masih dibiayai orang lain, numpang, *bp.* nebeng; *in die eigene* ~ *arbeiten* melakukan korupsi, menggelapkan uang
Taschen|ausgabe *f* edisi saku; **–buch** *n* buku saku; **–dieb** *m* pencopet, maling; **–format** *n* ukuran saku; **–geld** *n* uang saku; **–kalender** *m* kalender/penanggalan saku; **–lampe** *f* (lampu) senter; **–messer** *n* pisau lipat; **–rechner** *m* kalkulator (ukuran) saku/kantong; **–spieler** *m* tukang sulap; **–spielerei** *f* permainan sulap; **–tuch** *n* saputangan; **–uhr** *f* arloji saku, jam kantong; **–wörterbuch** *n* kamus saku
Tasse *f* (–;–*n*) cangkir
Tast|atur *f* (–;–*en*) *Klavier* papan tuts; *Schreibmaschine* papan tombol jari; **²bar** dapat diraba; **–brett** *n, s. Tastatur*
Tast|e *f* (–;–*n*) tuts, tombol, kenop; *Klavier* mata piano; **²en** *itr. refl.* meraba-raba, menggerapai; **–eninstrument** *n* alat musik pencet; **–sinn** *m* indera peraba
Tat *f* (–;–*en*) perbuatan, tindakan; *in der* ~ memang demikian, nyatanya, dl. kenyataannya; *auf frischer* ~ *ertappen* menangkap basah
Tatar 1. *m* (–*en*;–*en*) anggota suku bangsa Mongolia; **2.** *n* (–*s*;*O*), **–beefsteak** *n* (makanan) daging mentah yg. dibumbui
Tat|bestand *m* keseluruhan unsur/data (suatu) perbuatan kriminil; **–einheit** *f, in* ~ *mit* pelanggaran hukum yg. berbeda-beda dng. perbuatan yg. satu dan sama
Taten|drang *m* semangat/dorongan utk. berbuat/melakukan sst.; **–durst** *m* hasrat berbuat sst.; **²los** tdk. melakukan sst. pun
Täter|(in *f*) *m* (–*s*;–) pelaku perbuatan jahat; **–schaft** *f* (–;*O*) tanggungjawab atas kesalahan/perbuatan (kriminal)
tätig giat, sibuk, aktif; ~ *sein* (*als*) sedang sibuk/bekerja (sebagai . . .); **–en** *tr.* melakukan, berbuat; **²keit** *f* (–;–*en*) kegiatan, kesibukan; pekerjaan; **²keitsbericht** *m* laporan kegiatan; **²keitsfeld** *n* bidang kegiatan; **²keitsform** *f, Gr.* bentuk aktif; **²keitswort** *n, Gr.* kata kerja
Tat|kraft *f* semangat, energi, enersi; **²kräftig** giat, penuh semangat/energi
tätlich ~ *werden* memukul/menyerang sso.; **²keiten** *pl, es kommt zu* ~ mulai baku hantam; *zu* ~ *übergehen* mulai berkelahi
Tat·ort *m* tempat kejadian kejahatan, tempat terjadinya perbuatan kriminal
tätowier|en (–) *tr.* merajah, mencacah; **²ung** *f* (–;–*en*) cacahan, tanda rajah, tato
Tat|sache *f* kenyataan, fakta; ~*!* benar! **–sachenbericht** *m* laporan peristiwa; **²sächlich** sebenarnya, dl. kenyataannya
tätscheln *tr.* menepuk-nepuk, mengusap-usap
Tatterich *m* (–*s*;*O*) getaran, gemetarnya; *Greis* orang tua yg. renta
Tatverdacht *m* kecurigaan bahwa sudah bertindak kriminal
Tatze *f* (–;–*n*) cakar
Tau 1. *n* (–*e*s;–*e*) (tali) tambang; **2.** *m* (–*e*s; *O*) embun
taub tuli, tunarungu, pekak; *Ähre, Nuß* kopong; *Gestein* tdk. mengandung logam
Taube 1. *f* (–;–*n*) burung merpati, *columbae*; **2.** *m, f* (–*n*;–*n*) orang tuli/tunarungu
Tauben|post *f* pengiriman surat dng. merpati pos; **–schießen** *n* pemburuan burung-burung merpati liar; *Sp.* penembakan burung-burungan; **–schlag** *m* kandang burung merpati; *wie in e-m* ~, *ugs. bp.* ramai spt. di pasar; **–zucht** *f* perkembangbiakan burung merpati
Täuber *m* (–*s*;–), **Täuberich** *m* (–*e*s;–*e*) merpati jantan

Taubheit *f* (–;O) keadaan tuli; *Leere* kopongnya
taubstumm bisu-tuli; **⁓e** *m*, *f* (–*n*;–*n*) orang bisu-tuli
Tauch|boot *n* kapal selam; **⁓en** *itr.* menyelam; *tr.* mencelupkan
Taucher *m* (–*s*;–) penyelam; **–anzug** *m* pakaian selam; **–brille** *f* kacamata (utk.) penyelam; **–glocke** *f* sungkup urung-urung; **–maske** *f* penutup muka utk. penyelam
Tauchsieder *m*, *Elek.* alat pemanas air (yg. dicelupkan dl. air)
tauen *itr.* berembun; *auf*~ mencair, menjadi cair; *Schnee* meleleh; *es taut* (salju mulai) mencair
Tauf|becken *n* bejana (utk.) pembaptisan; **–buch** *n* buku/daftar pembaptisan; **–e** *f* (–;–*n*) *Rel.* pembaptisan, sakramen permandian; *fig.* peresmian; **⁓en** *tr.* membaptis(kan), mempermandikan; *fig.* meresmikan
Täufer *m* (–*s*;–) pembaptis; *Johannes der* ~ Yoanes Pembaptis
Tauf|kapelle *f* kapel tempat membaptis; **–kleid** *n* pakaian putih utk. orang yg. dibaptis
Täufling *m* (–*s*;–*e*) orang yg. dibaptis
Tauf|name *m* nama permandian/ baptis; nama kecil; **–pate** *m* bapa permandian; **–patin** *f* (–;–*nen*) ibu permandian
tau·frisch segar (sekali), sejuk; *fig.* segar dan muda
Tauf|schein *m* surat pembaptisan/ permandian; **–stein** *m* bejana pembaptisan; **–wasser** *n* air permandian/serani; **–zeuge** *m*, *s. Taufpate*
taugen *itr.* berguna, dapat digunakan, berfaedah; *taugt er für diese Arbeit?* apakah ia cocok utk. pekerjaan ini?
Taugenichts *m* (–;–*e*) orang tak berguna, pemalas yg. nakal
tauglich berguna, dapat dipakai, mampu; cocok; **⁓keit** *f* (–;O) kegunaan, manfaatnya; kecocokan; **⁓keitsprüfung** *f* tes kelayakan, uji coba
Taum|el *m* (–*s*;O) rasa pusing; *fig.* keadaan mabuk riang gembira; **⁓elig** pusing, spt. berputar-putar; **⁓eln** *itr.* berjalan terhuyung-huyung
Taupunkt *m* titik cair/leleh
Tausch *m* (–*es*;–*e*) pertukaran; *Handel* barter; **⁓en** *tr. itr.* menukar(kan), mengganti(kan); bertukar, berganti
täuschen *tr. itr.* menyesatkan, menipu, memperdaya(kan); *sich* ~ khilaf, keliru; **–d** mirip sekali (sehingga mudah keliru)
Tausch|handel *m* (perdagangan) barter; **–objekt** *n* barang yg. dibarter
Täuschung *f* (–;–*en*) kekeliruan; *Betrug* penipuan, penyesatan, tipudaya; **–smanöver** *n* siasat utk. menipu/menyesatkan; **–sversuch** *m* percobaan utk. menipu
Tauschwert *m* nilai tukar
tausend (se)ribu; *fig.* banyak sekali; ~ *u. aber* ~ beriburibu; ~ *Dank* beribu-ribu/banyak-banyak terimakasih; **⁓er** *m* (–*s*;–) ribuan; selembar uang ribuan; **–erlei** *Adj. fig.* bermacam-macam, beranekaragam hal; **–fach, –fältig** seribu kali (lipat); **⁓fuß** *m*, *Zo.* kelabang, lipan, si kaki seribu, *myriapoda*; **–jährig** seribu tahun; **⁓künstler** *m* pemain/tukang sulap; *fig.* orang yg. banyak akal; **–mal** seribu kali; **⁓sas(s)a** *m* (–*s*;–*$*) orang yg. serba bisa; *s. Teufelskerl*; **⁓schön** *n* (–*s*;–*e*), **⁓schönchen** *n* (–*s*;–) sm. bunga aster kecil, *bellis perennis*
tausend|st *Adj.*, **⁓ste** *m*, *f* (–*n*;–*n*), *n* (–*n*;O) keseribu; **–stel, ⁓stel** *n* (–*s*;–) seperseribu; **⁓ster, ⁓stes** *ohne Artikel* keseribu
Tautologie *f* (–; . . . *iën*) pengulangan kata yg. tdk. menambah artinya (*mis.* darah merah), pleonasme
Tau|tropfen *m* tetes embun; **–werk** *n*, *Mar.* tali-temali, laberang; **–wetter** *n* udara sejuk pd. waktu salju mencair; *Pol.* hubungan diplomatik yg. mulai membaik; **–ziehen** *n* (–*s*;O) *Sp.* (perlombaan) tarik tambang; *fig.* persaingan
Taxameter *m* (–*s*;–) taksimeter, argometer
Taxator *m* (–*s*;–*en*) penilai, juru taksir
Taxe *f* (–;–*n*) **1.** penilaian/taksiran; harga; **2.** *Gebühr* harga yg. sudah ditetapkan; iuran; **3.** *Auto* taksi; **–nhaltestelle** *f* pangkalan taksi
Taxi *n* (–*$*;–*$*) taksi
taxieren (–) *tr.* menilai, menaksir

Taxifahrer *m* supir taksi
Taxus *m* (–;–) sm. pohon cemara
Taxwert *m* harga taksiran
Teakholz *n* kayu jati
Technik *f* (–;–*en*) teknik; **–er** *m* (–*s*;–) ahli teknik, teknikus; **–um** *n* (–*s*; . . . *ken*/. . . *ka*) sekolah teknik
tech|nisch (secara) teknis; mekanis; ~*e Hochschule* sekolah tinggi teknik; **≗nisierung** *f* (–;*O*) mekanisasi
Technologie *f* (–;*O*) teknologi
Techtelmechtel *n* (–*s*;–) pacaran gelap
Teckel *m* (–*s*;–) anjing tekel/daks
Teddybär *m* beruang-beruangan
Tee *m* (–*s*;–*s*) (air) teh; **–beutel** *m* kantong teh celup; ––Ei *n* saringan teh berbentuk telur; **–gebäck** *n* biskuit, kue-kue kecil (dan kering); **–kanne** *f* teko teh; **–kessel** *m* cerek teh; **–löffel** *m* sendok teh; *e–n* ~ *voll* sesendok teh (penuh); **–mütze** *f* tutup/bantal(an) teko teh
Teer *m* (–*s*;–*e*) ter, belangkin, *bp*. pek, aspal; **≗en** *tr*. mengaspal, melapisi dng. ter; **≗ig** dilapisi dng. ter/aspal
Tee·rose *f* bunga mawar kuning, *rosa indica*
Teerpappe *f* kertas ter (yg. keras dan kaku)
Tee|service *n* setelan alat utk. minum teh; **–sieb** *n* saringan teh; **–strauch** *m* pohon teh, *camellia sinensis;* **–tasse** *f* cangkir teh; **–wagen** *m* meja dorong, meja kecil beroda
Teich *m* (–*ẹs*;–*e*) kolam, telaga
Teig *m* (–*ẹs*;–*e*) adonan; **≗ig** liat; *Obst* tdk. segar lagi; **–waren** *pl* macam-macam mi dan makaroni
Teil *m, n* (–*ẹs*;–*e*) bagian; *Bestandteil* unsur; *der größere* ~ sebagian besar; *ich für meinen* ~ bagi saya, sejauh menyangkut diri saya; *zum* ~ sebagian; *zum* ~ *hat er recht* dia (sebagian) benar juga; **≗bar** dapat dibagi; **–betrag** *m* sebagian dari jumlah seluruhnya; cicilan; **–chen** *n* bagian kecil, partikel, unsur; *Kuchen* roti manis kecil; **≗en** *tr*. membagi (–bagi), membelah-belah; *sich* ~ terbelah, pecah; *die Straße* ~ *sich* jalan bercabang; **–er** *m* (–*s*;–) pembagi; *Math*. penyebut; **–gebiet** *n* bagian suatu bidang; **≗haben** *unr. itr*. mengambilbagian dl., ikutserta; **–haber(in** *f*) *m* (–*s*;–) pesero, kompanyon/sekutu dagang; *stiller* ~ komanditer, sekutu diam; **–haberschaft** *f* (–;*O*) perkongsian; **≗haftig** *e–r Sache* ~ *werden* ikut menikmati, ikut mengambilbagian
. . . **teilig** (terdiri dari) . . . bagian
Teil|nahme *f* (–;*O*) pengambilbagian, pengikutsertaan, partisipasi; *Anwesenheit* kehadiran; *Interesse* minat, perhatian; *Anteilnahme* simpati; *Beileid* belasungkawa
teilnahms|los apatis, acuh tak acuh, tak berminat; bersikap pasif/masabodoh; **≗losigkeit** *f* (–;*O*) sikap acuh tak acuh, sikap pasif atau tak peduli, apati; **–voll** penuh perhatian/simpati
teil|nehmen *unr. itr*. (ikut) mengambilbagian, turut/ikut serta, mengikuti; *mitfühlend* menaruh perhatian/şimpati; **–nehmend** yg. turut menghayati/merasakan; **≗nehmer** (**-in** *f*) *m* (–*s*;–) peserta, pengikut; **≗nehmerliste** *f* daftar peserta (seminar, rapat); **≗nehmerverzeichnis** *n* daftar penunjuk telepon; **≗pension** *f* biaya penginapan dan makan pagi saja
teils sebagian(–sebagian)
Teil|schaden *m*, ~ *haben* rusak sebagian; **–staat** *m* negara bagian; **–strecke** *f* (se)bagian trayek/lin; **–strich** *m* garis pd. skala
Teilung *f* (–;–*en*) pembagian, penggolongan; pembelahan; **–szeichen** *n* tanda bagi
teil|weise (se)bagian; **≗zahlung** *f* cicilan, angsuran; **≗zeitbeschäftigung** *f* pekerjaan sambilan
Teint *m* (–*s*;–*s*) warna (kulit) muka/paras
Telefon *n* (–*s*;–*e*) s. *Telephon*
telegen *Adj*. yg. kelihatan baik di televisi
Telegramm *n* (–*s*;–*e*) telegram, (surat) kawat; **–formular** *n* formulir telegram; **–stil** *m* gaya singkat dan padat
Telegraph *m* (–*en*;–*en*) telegraf; **–en·amt** *n* kantor telegraf; **–enlei-**

tung *f* hubungan telegraf; **–enstange** *f* tiang kawat; **–ie** *f* (–;*O*) telegrafi; **²ieren** (–) *tr.* mengirim kawat/telegram; **²isch** dng. telegram
Teleobjektiv *f, Fot.* lensa tele
Telepathie *f* (–;*O*) telepati
Telephon *n* (*–s;–e*) (pesawat) telepon, tilpon; **–anruf** *m* (panggilan) telepon; **–anschluß** *m* hubungan/ sambungan telepon; **–apparat** *m* pesawat telepon; **–at** *n* (*–(e)s;–e*) *s. Telephongespräch*; **–buch** *n* (buku) petunjuk telepon; **–gebühren** *pl* biaya pemakaian telepon; **–gespräch** *n* percakapan lewat telepon; **–hörer** *m* gagang telepon; **²ieren** (–) *itr.* menelpon; **²isch** berh. dng. telepon; **–ist** *m* (*–en;–en*) operator, penjaga telepon; **–nummer** *f* nomor telepon; **–verbindung** *f* hubungan telepon; **–zelle** *f* (tempat) telepon umum, kios telepon
Teleskop *n* (*–s;–e*) teleskop
Television *f* (–;*O*) *s. Fernsehen*
Telex *n* (–;*O*) teleks
Teller *m* (*–s;–*) piring, pinggan; *flacher* ~ piring ceper; **–tuch** *n* serbet pembersih piring
Tempel *m* (*–s;–*) *Juden, Griechen* kanisah; *Hindu* candi, kuil; *Bali* pura; *chinesisch* kelenteng; *j–n zum ~ hinausjagen* mengusir sso.; **–raub** *m* perampokan benda-benda (keramat) dari kuil/candi; **–schändung** *f* pencemaran kuil/candi
Temperament *n* (*–(e)s;–e*) perangai, tabiat, temperamen; *Leidenschaft* gelora hati; *Schwung* semangat; **²los** loyo, membosankan; **²voll** lincah, penuh semangat, bergairah
Temperatur *f* (*–;–en*) suhu, temperatur; **–ausgleich** *m* penyesuaian suhu; **–regler** *m* termostat; **–schwankung** *f* turun naiknya temperatur, perubahan temperatur/ suhu; **–sturz** *m* turunnya temperatur dng. mendadak
temperieren (–) *tr.* mengatur suhu, menghangatkan; *das Wasser* ~ memanaskan air sampai hangat-hangat kuku
Tempo *n* (*–s;Tempi/–s*) kecepatan; *Mus.* tempo, waktu; *das ~ steigern* mempercepat tempo; **²rär** sementara
Tempus *n* (*–;Tempora*) *Gr.* bentuk waktu kata kerja
Tendenz *f* (*–;–en*) kecenderungan, maksud, tendensi; **²iös** bersifat memihak, yg. mempunyai maksud tertentu; tdk. obyektif; **–roman** *m* roman bertendens(i); **–stück** *n* sandiwara yg. mempunyai tendens(i)
Tend|er *m* (*–s;–*) kereta yg. bersambung dng. lokomotif, tender; **–ieren** (–) *itr.* cenderung/mengarah ke
Tenne *f* (*–;–n*) tempat menebah hasil padi-padian dl. lumbung atau rumah petani
Tennis *n* (*–s;O*) tenis; **–ball** *m* bola tenis; **–platz** *m* lapangan tenis; **–schläger** *m* raket tenis; **–spieler(in** *f*) *m* pemain tenis; **–turnier** *n* perlombaan tenis
Tenor *m* **1.** (*–s;⁻e*) *Mus.* tenor; penyanyi tenor; **2.** (*–s;O*) pesan, maksud; *Jur.* pokok, keputusan; **–ist** *m* (*–en;–en*) penyanyi tenor
Teppich *m* (*–s;–e*) permadani, karpet; **–boden** *m* karpet yg. menutup seluruh lantai; **–klopfer** *m* alat pemukul karpet, *bp.* gebukan kasur; **–stange** *f* batang besi melintang tempat memukul karpet
Termin *m* (*–s;–e*) *Verabredung* janji, *bp.* afsprak; *Zeitpunkt* ketentuan waktu; batas waktu akhir; *Gericht* sidang pengadilan; *e–n ~ festlegen* mengadakan janji (utk. bertemu); *~ festsetzen/anberaumen* menentukan/menetapkan waktu; **²gemäß, ²gerecht** sesuai dng. janji, tepat; **–geschäfte** *pl, Handel* transaksi yg. ditentukan sekarang tetapi dilaksanakan kemudian; **–kalender** *m* agenda; **²mäßig** sesuai dng. janji; **–ologie** *f* (*–; . . iën*) terminologi, peristilahan; **–us** *m* (*–; . . . ni*) istilah
Termite *f* (*–;–n*) anai-anai, rayap, *isoptera*
Terpentin *n* (*–s;O*) terpentin, minyak tusam
Terrain *n* (*–s;–s*) lapangan, daerah; *fig.* bidang; *~ gewinnen* memperkuat pengaruh

Terrasse *f* (–;–*n*) teras; **≗nförmig** bertingkat-tingkat, berjenjang
Terrazzo *m* (–*ş*; . . . *zzi*) teraso
Terrier *m* (–*s*;–) sm. anjing kecil
Terrine *f* (–;–*n*) basi yg. dalam, mangkuk besar
terri|torial teritorial; **≗torium** *n* (–*s*; . . . *iën*) wilayah
Terror *m* (–*s*;*O*) teror, kekejaman, kebengisan; kekerasan; **–bande** *f* kelompok teroris; **≗isieren** (–) *tr*. menakut-nakuti dng. menggunakan kekerasan, menteror; **–ismus** *m* (–;*O*) terorisme; **–ist** *m* (–*en*;–*en*) teroris
Tertial *n* (–*s*;–*e*) sepertiga dari satu tahun
Terz *f* (–;–*en*) *Mus*. terts; **–ett** *n* (–*ęs*;–*e*) *Mus*. trio
Tesching *n* (–*s*;–*s*/–*e*) sm. senapan berkaliber kecil
Test *m* (–*ęs*;–*s*/–*e*) percobaan, tes; ujian
Testament *n* (–*ęs*;–*e*) (surat) wasiat, testamen; *Altes*/*Neues* ~, *Rel*. Perjanjian Lama/Baru; **≗arisch** dng. surat wasiat; **–s·eröffnung** *f* pembukaan/pemberitahuan isi surat wasiat; **–svollstrecker** *m*, *Jur*. pelaksanaan ketentuan dl. surat wasiat
testen *tr*. menguji, mengadakan tes
testieren (–) *tr*. membuat testamen; menguatkan secara tertulis
Testpilot *m* pilot penguji pesawat baru, penerbang pencoba pesawat
Tetanus·serum *n*, *Med*. serum anti tetanus
teuer mahal, berharga, bernilai; *wie* ~ *ist es?* berapa (harganya)? ~ *zu stehen kommen* (akhirnya) akan menjadi mahal sekali, harus mengganti rugi setimpal dng.; *teurer Vater* ayah tersayang; **≗ung** *f* (–;–*en*) kenaikan/peningkatan harga; kemahalan; **≗ungszulage** *f* tunjangan kemahalan; **≗ungszuschlag** *m* biaya tambahan kemahalan
Teufe *f* (–;–*n*) *Bgb*. kedalaman
Teufel *m* (–*s*;–) setan, syaitan, iblis; *fig*. si jahat; *armer* ~ orang sial; *pfui* ~ ! uh, kotor/memuakkan/brengsek! (*scher dich*) *zum* ~ ! *ugs*. (per)setan (kamu)! jahanam! *hier ist der* ~ *los! fig*. di sini semuanya kacau-balau, di sini semua bertengkar/berkelahi; *bist du des* ~*s?* gila kamu? *mal nicht den* ~ *an die Wand!* jangan bicarakan yg. bukan-bukan (karena takut akan terjadi); *vom* ~ *besessen sein* kerasukan setan; **–ei** *f* (–;–*en*) kejahatan
Teufels|beschwörung *f* pengusiran setan; **–kerl** *m* pemberani; orang nekat; **–kreis** *m* lingkaran setan
teuflisch jahat, busuk
Text *m* (–*es*;–*e*) teks, naskah; *weiter im* ~ ! *ugs*. terus saja! **–buch** *n*, *Mus*. buku teks lagu; *Thea*. (buku) naskah; **–er** *m* (–*s*;–) pengarang naskah iklan atau lagu pop
Textil|fabrik *f* pabrik tekstil/sandang; **–iën** *pl*, **–waren** *pl* tekstil, barang-barang tenunan, sandang
Text|kritik *f* telaah naskah sastra/sejarah (utk. merekonstruksikan bentuk aslinya); **≗lich** yg. berh. dng. naskah
Tezett *n*, *bis ins*/*zum* ~ sampai sedalam-dalamnya/seteliti-telitinya
Theater *n* (–*s*;–) *Aufführung* pertunjukan sandiwara/opera/tarian, tonil; *Gebäude* teater, panggung/gedung sandiwara; *Filmtheater* (gedung) bioskop; *Publikum* para penonton; *fig*. kepura-puraan; *es gab viel* ~ *um diese Sache*, *ugs*. banyak ribut karena hal itu; ~ *spielen* main sandiwara, *fig*. berpura-pura
Theater|besucher(in *f*) *m* pengunjung/penonton teater; **–dichter** *m* pengarang (naskah) sandiwara; **–programm** *n* jadwal acara sandiwara; **–stück** *n* sandiwara, tonil; **–vorstellung** *f* pertunjukan/pementasan sandiwara
theatralisch bersifat dibuat-buat
Theke *f* (–;–*n*) bar; meja pajangan
Thema *n* (–*s*;*Themen*/–*ta*) pokok, tema, topik; **–tik** *f* (–;*O*) isi pokok pembicaraan/uraian/karangan
Theolog|e *m* (–*n*;–*n*) teolog, orang yg. telah lulus pendidikan teologi; *Student* mahasiswa teologi; **–ie** *f* (–; . . . *iën*) ilmu ketuhanan/keagamaan, teologi; **≗isch** yg. berh. dng. teologi

Theoret|iker *m* (–*s*;–) teoretikus, ahli dl. hal teori; **≗isch** teoretis, berdasarkan/menurut teori; **≗isieren** (–) *itr*. berpikir secara teoretis saja
Theorie *f* (–; . . . *iën*) teori
Therap|eut *m* (–*en*;–*en*) ahli dl. penerapan (psiko)terapi; **–ie** *f* (–; . . . *iën*) pengobatan, terapi
Thermal|bad *n* (kota dng.) permandian air panas (alamiah); **–quelle** *f* mata air panas
thermisch yg. berh. dng. udara panas, termis
Thermo|dynamik *f* termo-dinamika; **≗elektrisch** termo-elektris; **–element** *n* termo-elemen; **–meter** *n* termometer, (alat) pengukur suhu; *was zeigt das* ~ ? berapa derajat panas(nya) pd. termometer? **–sflasche** *f* (botol) termos; **–stat** *m* (–*ẹs*;–*e od.* –*en*;–*en*) termostat, (alat) pengatur panas
These *f* (–;–*n*) tesis; pernyataan
Thrombose *f* (–;–*n*) *Med*. buluh darah tersumbat, *thrombosis*
Thron *m* (–*ẹs*;–*e*) tahta, singgasana; **–besteigung** *f* kenaikan tahta; **≗en** *itr*. duduk secara formil/anggun; **–erbe** *f* pewaris tahta; **–folge** *f* (cara) pewarisan/pergantian tahta; **–folger** *m* putra mahkota, pewaris tahta; **–räuber** *m* perebut tahta; **–rede** *f* pidato kerajaan
Thunfisch *m* ikan tongkol, *thunnus thynnus*
Thymian *m* (–*s*;–*e*) sm. tumbuhan utk. pengharum makanan, *thymus*
Tiara *f* (–;*Tiaren*) mahkota (ke)Paus (–an), tiara
Tick *m* (–*s*;–*s*) **1.** *Med*. gerenyet otot, *tic*; **2.** *fig*. kebiasaan yg. aneh; **≗en** *itr*. berbunyi tik tik, berdetik; *du tickst nicht richtig! ugs*. kamu sedikit sinting!
tief dalam; *aus ~stem Herz* dari lubuk hati; *im ~sten Winter* di tengah-tengah musim dingin; *~er Schlaf* tidur nyenyak; *~ enttäuscht* sangat kecewa; *~e Stimme* suara rendah; *e Stock ~er* setingkat di bawah; **≗** *n* (–*s*;–*s*) daerah bertekanan udara rendah
Tief|bau *m* pekerjaan bangunan yg. dilaksanakan di bawah dan di permukaan tanah; **≗betrübt** sedih sekali; **≗bewegt** sangat tergugah/tergerak (hatinya); **≗blau** biru tua; **–druck** *m* cetak benam, rotogravure; *Meteorologie* tekanan udara rendah; **–druckgebiet** *n* daerah yg. bertekanan udara rendah; **–e** *f* (–;–*n*) dalamnya, rendahnya; kedalaman; **–ebene** *f* dataran rendah; **≗empfunden** *Adj*. dng. sepenuh hati, dng. sedalam-dalamnya
Tiefen|psychologie *f* ilmu jiwa dalam; **–rausch** *m* sm. keadaan mabuk bila menyelam pd. kedalaman melebihi empatpuluh meter; **–schärfe** *f*, *Fot*. ruang ketajaman (lensa pd. obyek yg. diambil); **–wirkung** *f* pengaruh yg. (men–) dalam
tief|ernst sangat serius; **≗flug** *m* penerbangan (yg.) rendah; **≗gang** *m* **1.** *Mar*. bagian kapal yg. masuk dl. air; **2.** *fig*. bobot; **–gebeugt** *fig*. sangat menderita/susah; **–gekühlt** beku karena dingin sekali; **–greifend** sangat (men)dalam, berakibat besar, radikal; **–gründig** mendalam, mempunyai arti yg. (men)dalam; **≗kühlfach** *n* tempat pembekuan (dl. lemari es); **≗kühltruhe** *f* kotak pendinginan barang (sampai menjadi beku), *bp*. friser; **≗land** *n* dataran rendah; **–liegend** terletak rendah; *Augen* cekung; **≗punkt** *m*, *fig*. titik terendah, keadaan yg. paling buruk; **≗schlag** *m*, *Sp*. pukulan di bawah perut; *fig*. tindakan menjatuhkan sso. (dng. curang); **–schürfend** *fig*. yg. mendalam; **≗see** *f* laut dalam; **≗seeforschung** *f* penyelidikan laut dalam; **–sinnig** mendalam, mengandung pikiran yg. mendalam, penuh isi/bobot/arti; *trübsinnig*, *ugs*. muram, sedih sekali; **≗stand** *m* keadaan (ter-) rendah/buruk
Tiegel *m* (–*s*;–) penggorengan datar; *Metall* cawan/pot pelumer, kui
Tiekholz *n* (kayu) jati
Tier *n* (–*ẹs*;–*e*) binatang, hewan; *hohes ~*, *fig*. *ugs*. *bp*. orang gede(an); **–arzt** *m* dokter hewan; **–bändiger** *m*

penjinak binatang; **–experiment** *n* percobaan dng. binatang; **–fabel** *f* fabel, cerita binatang; **–freund** *m* pencinta/penyayang binatang; **–garten** *m* kebun binatang; **–heilkunde** *f* ilmu kedokteran hewan; **°isch** hewani, kebinatangan, buas, kejam; *~er Ernst, ugs.* sangat serius; **–kreis** *m, Ast.* rasi mintakulburuj; **–kunde** *f* ilmu hewan; **–medizin** *f* kedokteran hewan; **–park** *m* kebun binatang; **–quäler** *m* penyiksa binatang; **–reich** *n* alam binatang, fauna; **°reich** penuh/banyak binatang; **–schutz** *m* perlindungan thd. binatang; **–schutzgebiet** *n* cagar alam; **–versuch** *m, s. Tierexperiment;* **–welt** *f* dunia/alam binatang; **–zucht** *f* peternakan

Tiger *m (–s;–)* macan, harimau, *panthera tigris;* **–fell** *n* kulit harimau; **°n** *tr.* membuat loreng; *itr. ugs.* berjalan(–jalan) tanpa tujuan

Tilde *f (–;–n)* tanda (~), tilde

tilg|bar dapat dihapus/dicoret; *Schuld* dapat dibayar (kembali); **–en** *tr.* meniadakan, menghapus, mencoret; *Schuld* melunasi (pembayaran); menebus; **°ung** *f (–;–en)* penghapusan, pembatalan; pelunasan; **°ungsplan** *m* rencana pembayaran (kembali)

Tinktur *f (–;–en) Med.* obat larutan (sari tumbuh-tumbuhan dl. alkohol), *tinctura*

Tinte *f (–;–n)* tinta; *in der ~ sitzen, ugs.* berada dl. kesulitan

Tinten|faß *n* botol/tempat tinta; **–fisch** *m* ikan mangsi (spt. cumi-cumi, gurita), *cephalopoda;* **–fleck** *m,* **–klecks** *m* noda/bintik tinta; **–stift** *m* pinsil tinta

Tip *m (–s;–s)* petunjuk, nasehat yg. berguna; *j–m e–n ~ geben, ugs.* memberi petunjuk yg. baik kpd. sso.

tippeln *itr. ugs.* berjalan kaki

tipp|en *itr.* mencolek (dng. lembut); *wetten* bertaruh, main toto; *ugs.* menyangka, menduga; *tr. ugs.* mengetik; **°fehler** *m* salah tik; **°fräulein** *n* tukang/juru tik, pengetik; **°topp** *ugs.* necis, apik, *bp.* rapi jali

Tirade *f (–;–n)* semburan kata

Tisch *m (–es;–e)* meja; *bei ~* waktu makan; *nach ~* sesudah makan; *zu ~ gehen* pergi makan; *am grünen ~* di meja konferensi; *vom grünen ~* secara teoretis; *Trennung von ~ u. Bett* perpisahan meja dan ranjang; *reinen ~ machen* membereskan masalah (sampai tuntas); *unter den ~ fallen lassen* menutupi (sst.) dan menganggap(nya) tdk. ada; *zum ~ des Herrn gehen, Rel.* menerima Perjamuan Suci, menyambut komuni

Tisch|dame *f* wanita teman semeja; **–decke** *f* taplak meja; **–ende** *n* ujung meja; **–gast** *m* tamu yg. dijamu; **–gebet** *n* doa sebelum/sesudah makan; **–gespräch** *n* percakapan pd. waktu makan; **–herr** *m* pria teman semeja; **–karte** *f* kartu (nama) penunjuk tempat duduk tamu; **–kasten** *m,* **–lade** *f* laci meja; **–lampe** *f* lampu duduk; **–leindeckdich** *n (–;O)* meja ajaib

Tischler *m (–s;–)* tukang mebel/kayu; **–ei** *f (–;–en)* bengkel mebel; **–leim** *m* lem kayu; **°n** *itr.* bekerja sebagai tukang mebel

Tisch|nachbar(in *f*) *m* teman semeja; **–platte** *f* daun meja; **–rede** *f* sambutan pd. waktu makan; **–rücken** *n* sm. permainan memanggil hantu (–hantu); **–telephon** *n* telepon meja; **–tennis** *n* tenis meja, pingpong; **–tuch** *n* taplak/kain meja; **–wein** *m* anggur ringan; **–zeit** *f* waktu makan

Titan 1. *m (–en;–en)* sm. raksasa; **2.** *n (–s;O) Chem.* titanium; **°isch** spt. raksasa, besar sekali

Titel *m (–s;–)* titel; gelar; *Bezeichnung* judul/kepala (karangan, buku, bab . . .); *Jur.* hak; *Haushaltsplan* pos; **–bewerber** *m, Sp.* calon juara; **–bild** *n* gambar sampul (muka) buku; **–blatt** *n* halaman judul; **–halter** *m, Sp.* juara (yg. memegang rekor); **–kampf** *m, Sp.* pertandingan memperebutkan juara; **–kopf** *m* kepala judul; **–rolle** *f* peran utama; **–seite** *f* halaman muka

Titul|ar *m (–s;–e)* pejabat tituler; **–atur** *f (–;–en)* sapaan dng. segala gelar dan nama kehormatan; **°ieren**

(–) *tr.* menyapa dng. menyebut gelar, menyebut sebagai
Toast *m* (*–es;–e/–s*) **1.** angkat gelas utk. menghormati atau memberi selamat; **2.** *Brot* roti bakar; **²en** **1.** *itr.* mengangkat gelas utk. mengucapkan selamat; **2.** *tr.* membakar roti; **–er** *m* (*–s;–*) alat pemanggang/ pembakar roti
toben *itr.* mengamuk, marah (–marah); *Kinder* membuat gaduh; *Wind* membadai
Tob|sucht *f* penyakit jiwa suka naik darah yg. amat sangat, *mania; fig.* keadaan sangat marah; **²süchtig** suka marah/mengamuk
Tochter *f* (*–;⸚*) anak perempuan, putri; **–firma** *f*, **–gesellschaft** *f* anak perusahaan
Tod *m* (*–es; O/Todesfälle*) (ke)mati (-an), maut, wafat, meninggalnya; *auf Leben u. ~ kämpfen* berjuang mati-matian; *zu ~e erschrocken* terkejut setengah mati; **²bringend** fatal, yg. mematikan; **²ernst** sangat serius; gawat
Todes|ahnung *f* firasat kematian; **–angst** *f* takut akan/pd. kematian; perasaan sangat takut; **–anzeige** *f* berita kematian; **–art** *f* cara kematian; **–engel** *m* malaikatulmaut; **–erklärung** *f* pernyataan kematian (tt. sso. yg. menghilang); **–fall** *m* (peristiwa) kematian; **–gefahr** *f* bahaya maut; *der Patient schwebt in ~* pasien dl. keadaan gawat; **–jahr** *n* tahun kematian; **–kampf** *m* sakratulmaut; **–kandidat** *m* orang yg. hampir menemui ajal; orang yg. dihukum mati; **²mutig** berani mati; **–nachricht** *f* berita kematian; **–opfer** *n* korban yg. tewas; **–röcheln** *n* (*–s;O*) suara orang yg. sekarat; **–stoß** *m* pukulan maut; **–strafe** *f* hukuman mati; **–stunde** *f* saat kematian; **–tag** *m* hari kematian; **–ursache** *f* sebab kematian; **–urteil** *n* (keputusan) hukuman mati; **–verachtung** *f* kenekatan, keberanian yg. besar; *mit ~* nekat; **–wunde** *f* luka yg. menyebabkan kematian; **²würdig** pantas dihukum mati
Tod|feind *m* musuh bebuyutan; **²krank** sakit keras/parah/fatal
tödlich yg. membawa maut, yg. mematikan; parah sekali; *mit ~er Sicherheit* dng. amat sangat pasti; *~ beleidigt* sangat tersinggung/terhina
tod|müde sangat lelah/penat; **–schick** apik, sangat bagus; **–sicher** sangat pasti, tak ada keraguan; **²sünde** *f* dosa berat
Tohuwabohu *n* (*–s;–s*) keadaan kacau-balau
Toilette *f* (*–;–n*) toilet; **1.** dandanan; *Kleid* gaun pesta; *Tisch* meja rias; **2.** *WC* kamar kecil, (kamar) belakang, kloset; **–n·artikel** *m* alat rias; **–npapier** *n* kertas kloset; **–nseife** *f* sabun muka/mandi; **–ntisch** *m* meja rias
toler|ant toleran; **²anz** *f* (*–;O*) toleransi; *Tech.* kelonggaran, toleransi; **–ieren** (–) *tr.* mengijinkan, membiarkan, menerima dng. sabar
toll dahsyat, seru; gila; *ugs.* hebat, bukan main; *e ~er Kerl* orang hebat; **–en** *itr.* bermain(–main) dng. gaduh
Toll|haus *n*, *hier geht es ja zu wie im ~* di sini ramai spt. di pasar; **–heit** *f* (*–;–en*) kegilaan; **–kirsche** *f* (sm. tanaman ber)buah kecil yg. sangat beracun, *atropa belladonna;* **–kopf** *m* orang sinting; **²kühn** berani sekali/ mati, nekat; **–wut** *f* penyakit anjing gila, *rabies*
Tolpatsch *m* (*–es;–e*) orang canggung
Tölpel *m* (*–s;–*) **1.** *s. Tolpatsch*; **2.** sm. burung camar, *sulidae*; **–ei** *f* (*–;–en*) ketololan; **²haft** canggung, kaku
Tomate *f* (*–;–n*) (buah) tomat, *lycopersicum esculentum*; **–nmark** *n* sm. sari tomat; **–nsauce** *f* saus tomat
Tombola *f* (*–;–s/. . .len*) undian/ lotere barang
Ton *m* **1.** (*–es;–e*) tanah liat; **2.** (*–es;⸚e*) bunyi, nada; tekanan; *fig.* suasana; *zum guten ~ gehören* menurut sopan-santun; *den ~ angeben* mengambil suara, *fig.* menentukan suasana/mode; *der ~ liegt auf* tekanan terletak pd.; *in den höchsten ⸚en loben* memuja-muja; *Ihr/dieser ~ gefällt mir nicht!* cara berbicara anda/itu keterlaluan! *kein ~ mehr!* diam! *große ⸚e reden* omong besar,

membual; *e Gemälde in blauen ~̈en* lukisan dl. warna biru

Ton|abnehmer *m* pikap; **≗angebend** *fig.* yg. menentukan suasana/standar/mode; **–art** *f, Mus.* kunci; **–assistent** *m, Film* ahli teknik suara, penata suara; **–aufnahme** *f* rekaman suara; **–band** *n* pita rekaman; **–bandgerät** *n* alat perekam, *bp.* tape recorder; **–dichtung** *f* karya musik.

tönen 1. *itr.* berbunyi; bergema; *~de Worte* perkataan muluk-muluk; **2.** *tr.* mewarnai, mencat

Tonerde *f, Min.* aluminium oksida; *Med., essigsaure ~* larutan aluminium asetat, *liquor aluminii subacetii*

tönern *Adj.* dari tanah liat; *auf ~en Füssen* tdk. kokoh, kurang berdasar kuat

Ton|fall *m* lagu/irama bicara; **–film** *m* film bicara; **–frequenz** *f* frekwensi yg. dapat didengar; **–gefäß** *n* bejana dari tanah liat; **–geschirr** *n*, **–gut** *n* (barang) tembikar; **–halle** *f* ruang konser; **≗(halt)ig** mengandung tanah liat; **–höhe** *f* tinggi nada

Tonikum *n (–s; . . ka) Med.* tonikum, obat penguat

Ton·ingenieur *m* ahli teknik suara

Ton|kamera *f, Film* kamera utk. merekam suara; **–kopf** *m, Tech.* kepala perekam, *recording head;* **–künstler(in** *f*) *m* musikus, komponis; **–lage** *f, Mus.* tingkat nada/suara, pola titinada; **–leiter** *f* tangga nada; **≗los** datar, tanpa nada; **–meister** *m* penata suara; **–mischpult** *n* meja/papan pengatur suara

Tonnage *f (–;–n)* kapasitas ruang muatan dl. kapal, tonase

Tonne *f (–;–n)* tahang, tong; *Gewicht* ton; *Mar.* pelampung, sm. rambu laut, *bp.* bui

Tonnen|gehalt *m* tonase; **–gewölbe** *n* langit-langit yg. melengkung (setengah lingkaran); **–reif(en)** *m* simpai tong

Ton|regler *m* alat pengatur suara; **–silbe** *f* suku kata yg. mendapat tekanan

Tonsille *f (–;–n) Med.* amandel

Ton|spur *f*, **–streifen** *m* pita/jalur (rekaman) suara

Tonsur *f (–;–en) Rel.* (tempat) kepala yg. digunduli (waktu tahbisan)

Tontaube *f* burung-burungan (dari tanah liat); **–nschießen** *n, Sp.* perlombaan tembak burung-burungan

Tontechnik *f* teknik suara

Tönung *f (–;–en)* pewarnaan, nuansa warna

Ton|verstärker *m* pengeras suara, *bp.* amplifaier; **–waren** *pl* barang-barang tembikar atau tanah liat

Topas *m (–es;–e)* batu topas, ratna cempaka

Topf *m (–es;~̈e)* panci, periuk, belanga; *Blumentopf* pot; *alles in e-n ~ werfen* mencampuradukkan/menyamaratakan semuanya

Töpfchen *n (–s;–)* bejana kecil (utk. bedak salep . . .), buli-buli, guci kecil; *(e Kind) aufs ~ setzen* mendudukkan (anak) di pispot

Töpfer *m (–s;–)* pembuat tembikar, panjunan; **–arbeit** *f* pembuatan/karya tembikar; **–ei** *f (–;–en)* bengkel barang-barang tembikar; kerajinan barang-barang tembikar; **–scheibe** *f* jentera pembuat tembikar, pelarikan; **–ware** *f* tembikar, barang pecah-belah dari tanah liat

Topf|lappen *m* sm. kain (lap) utk. memegang panci panas; **–pflanze** *f* tanaman pot

Topograph|ie *f (–; . . . iën)* perpetaan, topografi; **≗isch** yg. berh. dng. topografi

topp setuju! jadi(lah)!

Topp *m (–s;–e/–s) Mar.* puncak tiang; **–laterna** *f*, **–licht** *n* lampu (putih) di puncak tiang kapal; **–segel** *n* layar pengapuh

Tor 1. *m (–en;–en)* si tolol; **2.** *n (–~~e~~s;–e)* pintu gerbang, gapura; *Sp.* gawang, (cetakan) gol

Torf *m (–~~e~~s;O)* lapuk tumbuh-tumbuhan, turf, sm. humus (yg. dipakai sebagai pupuk maupun bahan pembakar); **–erde** *f* tanah yg. mengandung lapuk tumbuhan; **–kohle** *f* batu-bara muda/coklat; **–mull** *m* lapuk tumbuhan yg. dikeringkan

Torheit *f (–;–en)* ketololan, kegilaan

Torhüter *m* penjaga pintu gerbang; *Sp.* kiper

tör|icht bodoh, tolol; **≗in** *f (–;–nen)* wanita bodoh/tolol
torkeln *itr.* (berjalan) terhuyung-huyung
Tor|latte *f, Sp.* tiang gawang; **–linie** *f, Sp.* garis gawang
Tornister *m (–s;–)* ransel
torpedieren (–) *tr.* mentorpedir; *ugs.* menggagalkan
Torpedo *m (–s;–s)* torpedo; **–boot** *n* kapal torpedo
Tor|schluß *m, kurz vor ~ kommen* datang pd. menit terakhir; **–schluß-panik** *f* kegelisahan, keresahan; kekhawatiran akan ketinggalan; **–schütze** *m, Sp.* pencetak gol, *bp.* skorer
Torso *m (–s;–s)* patung yg. tdk. diselesaikan atau tdk. lengkap (lagi); *fig.* karya tak terselesaikan
Torstoß *m, Sp.* tendangan yg. mencetak gol
Torte *f (–;–n)* (kue) tar; **–nheber** *m* sm. sendok tar
Tortur *f (–;–en)* siksaan, penganiayaan
Tor|wart *m, Sp.* kiper; **–weg** *m* jalan/ pintu masuk
tosen *itr.* menderu, bergemuruh; *~der Beifall* sorak-sorai; *Sturm* mengamuk
tot *Adj.* mati, meninggal; *~er Punkt* saat/keadaan sangat lelah; *Tech.* titik mati
total seluruhnya, total; *~er Ausverkauf* obral besar(–besaran); *~ kaputt* rusak sama sekali; **≗isator** *m (–s;–en)* totalisator; **–itär** totaliter; **≗ität** *f (–;O)* keseluruhan, totalitas; **≗schaden** *m* kerusakan total/besar
tot|arbeiten *sich ~, ugs.* membanting tulang, bekerja mati-matian; **–ärgern** *sich ~, ugs.* menjadi sangat jengkel/dongkol
Tote *m, f (–n;–n)* orang (yg. sudah) mati; mendiang, almarhum(ah, *f*); *Verunglückter* korban yg. tewas
Totemismus *m (–;O)* totemisme
töten *tr.* mematikan, membunuh
Toten|amt *n, Rel.* misa arwah; **–bahre** *f* usungan/tandu jenasah; **–beschwörung** *f* pemanggilan arwah; **≗blaß** pucat pasi/lesi, pucat spt. mayat; **–feier** *f* upacara peringatan kematian; upacara pemakaman; **–glocke** *f* lonceng kematian; **–gräber** *m* penggali kubur(an); *fig.* perusak; **–hemd** *n* pakaian mayat; **–kopf** *m* (tanda) tengkorak; **–liste** *f* daftar orang yg. tewas/mati; **–maske** *f* masker/ cetakan wajah orang yg. baru meninggal dari gips/lilin; **–messe** *f* misa arwah; **–reich** *n* alam baka; **–schädel** *m, s. Totenkopf*; **–schau** *f* pemeriksaan mayat; **–schein** *m* surat (keterangan) kematian; **≗stille** *f* keadaan sunyi-senyap; **–tanz** *m* tarian manusia dng. sang maut; **–wache** *f* penjaga mayat
tot|fahren *unr. tr.* menabrak mati; **–geboren** *Adj.* lahir (dl. keadaan) mati; *fig.* tdk. pernah (di)mulai, gagal; **–lachen** *sich ~* tertawa terbahak-bahak/terpingkal-pingkal; **–laufen** *unr., sich ~* berakhir dng. sia-sia; berakhir dng. sendirinya, mati sendiri
Toto *m (–s;–s)* toto, lotre; **–gewinn** *m* menang toto
tot|sagen *tr.* menyatakan sso. sudah meninggal (walaupun belum); **–schießen** *unr. tr.* menembak mati; **≗schlag** *m* pembunuhan; **–schlagen** *unr. tr.* membunuh dng. memukul; *die Zeit ~* membuang-buang waktu; **≗schläger** *m* pembunuh; *Knüppel* tongkat dng. timah di ujungnya; **–schweigen** *unr. tr.* mendiamkan; **–stechen** *unr. tr.* menikam sampai mati; **–stellen** *sich ~* pura-pura mati; **–treten** *unr. tr.* menginjak(–injak) sampai mati
Tötung *f (–;–en)* perbuatan mematikan, pembunuhan; *fahrlässige ~* pembunuhan yg. tdk. direncanakan
Toupet *n (–s;–s)* rambut palsu
Tour *f (–;–en)* perjalanan, tamasya, piknik, *bp.* tur; *Strecke* jalan yg. dilalui; *Tech.* putaran, kisaran; *auf ~ sein* dl. perjalanan; *auf die sanfte ~* dng. cara lembut; *auf vollen ~en laufen, Mot.* berputar dng. kecepatan tinggi; **–enzahl** *f, s. Drehzahl*; angka perputaran (per menit); **–enzähler** *m* (alat) penghitung putaran

Touris|mus *m* (–;*O*) turisme, pariwisata; **–t(in** *f*) *m* (–*en*;–*en*) turis, wisatawan, pelancong; **–tenklasse** *f* kelas ekonomi; **⁻tisch** yg. berh. dng. pariwisata
Tournee *f* (–;–*s*/–*n*) *Thea*. perjalanan keliling dng. memberikan pertunjukan
Toxin *n* (–*s*;–*e*) racun
Trab *m* (–*ℯs*;*O*) (lari) derap; *j–n auf ~ bringen, ugs*. mendesak sso. spy. bekerja lebih cepat
Trabant *m* (–*en*;–*en*) satelit; *fig*. antek, orang yg. membebek; **–enstadt** *f* kota satelit
trab|en *itr*. (lari) berderap; **⁻er** *m* (–*s*;–) kuda pacuan/teji; **⁻rennen** *n* pacuan kuda
Tracht *f* (–;–*en*) **1.** pakaian adat; pakaian suster dsb.; **2.** *e–e ~ Prügel bekommen* mendapat pukulan; **⁻en** *itr*. berusaha, berikhtiar, menginginkan; *j–m nach dem Leben ~* mau membunuh sso.; *Sinnen u. ⁻* daya upaya; **–enfest** *n* pesta dng. berpakaian adat
trächtig *Zo*. bunting
tradieren (–) *tr*. menurunkan/meneruskan (secara lisan)
Tradition *f* (–;–*en*) tradisi; *nach der ~* menurut adat; **⁻ell** tradisional
Trafik *m*, *f* (–;–*en*) *österreichisch* (tempat) jual-beli tembakau
Trafo *m* (–*$*;–*s*) *s. Transformator*
Trag|bahre *f* tandu, usungan; **⁻bar** dapat dibawa(–bawa)/diangkat/dijinjing; *fig*. dapat diterima, tdk. terlalu berat, masuk akal; *Kleid* dapat dipakai
Trage *f* (–;–*n*) *s. Tragbahre; Korb* keranjang belanja
träg(e) *Adj*. malas, lamban
tragen *unr. tr*. mengangkat, membawa, memikul, mengusung; *stützen* menopang; *auf dem Rücken, auf der Hüfte* mendukung belakang/kelek; *in e–m Tuch ~* menggendong, mengambin; *auf dem Kopf ~* menjunjung; *zu mehreren ~* menggotong; *unter dem Arm ~* mengempit; *auf der Schulter ~* menyandang; *Kleider ~* memakai pakaian; *Verantwortung ~* memikul tanggungjawab; *sich mit dem Gedanken ~* memikir-mikir, menimbang-nimbang; *sein Schicksal tapfer ~* menerima nasibnya dng. tabah; *der Baum trägt (Frucht)* pohon berbuah; *zum ⁻ kommen* berpengaruh, (mulai) berakibat; *den Namen Ratna ~* bernama Ratna; *das Datum vom 17.7.1929 ~* bertanggal 17-7-1929; *das Geschäft trägt sich nicht* toko/usaha ini (sedang) mengalami rugi
Träger *m* (–*s*;–) kuli (pengangkut) barang, tukang pikul; pembawa; *Architektur* penyangga, penopang; *Kleid* tali bahu; *~ der Verantwortung* penanggungjawab; **–lohn** *m* upah/tip utk. kuli pengangkut barang; **⁻los** (pakaian) tanpa tali bahu, *bp*. streples; **–rakete** *f* roket pengangkut
tragfähig sanggup menopang/menahan/memikul beban; **⁻keit** *f* (–;*O*) daya dukung/bopong; kapasitas, daya muat; *Mar*. tonase
Trag|fläche *f*, **–flügel** *m*, *Flgw*. sayap
Trägheit *f* (–;*O*) kemalasan; kelambanan; **–smoment** *n*, *Phys*. momen-lamban
Tragik *f* (–;*O*) penderitaan berat yg. tdk. terelakkan; *fig*. nasib sial; **–er** *m* (–*s*;–) pengarang tragedi
tragikomisch sedih dan sekaligus lucu
tragisch tragis, sedih; *et. ~ nehmen, ugs*. menganggap sst. terlalu serius
Trag|korb *m* keranjang belanja(an); **–kraft** *f*, *s. Tragfähigkeit*; **–last** *f* beban, muatan
Tragödië *f* (–;–*n*) sandiwara/lakon sedih, tragedi; *fig*. kemalangan
Trag|riemen *m* sm. ban kulit (utk. mengangkat barang), sawat sandang; **–tier** *n* hewan beban; **–weite** *f* akibat, pengaruh, konsekwensi; *von großer ~* berakibat luas; **–werk** *n*, *Flgw*. sayap
Train|er *m* (–*s*;–) pelatih; **⁻ieren** (–) *tr. itr*. melatih; berlatih; **–ing** *n* (–*s*;–*s*) latihan; **–ings·anzug** *m* trainings pak
Trakt *m* (–*ℯs*;–*e*) (bagian) sayap dari gedung besar
Trakt|at *m* (–*ℯs*;–*e*) karangan pendek yg. sok saleh; selebaran keagamaan; **⁻ieren** (–) *tr*. mengganggu, mengusik; menyiksa, menganiaya

Traktor *m* (*–s;–s*) traktor
trällern *tr. itr.* bernyanyi-nyanyi riang gembira (tanpa kata), bersenandung
Tram *f* (*–;–s*), *n* (*–s;–s*), **–bahn** *f* trem
trampel|n *itr.* menghentak-hentakkan kaki; menginjak-injak; *schwerfällig gehen* berjalan/melangkah dng. berat; **≗pfad** *m* jalan setapak; **≗tier** *n* onta berpunuk dua, *camelus baktrianus*; *fig. ugs. bp.* orang bego
Tramper *m* (*–s;–*) orang yg. membonceng
Trampolin *n* (*–s;–e*) *Sp.* sm. kain elastis utk. melompat-lompat (di atasnya), trampolin
Tran *m* (*–e̸s;–e*) minyak ikan; *et. im ~ tun, ugs.* berbuat sst. tanpa pikir; *im ~, ugs.* mabuk, *schläfrig* masih mengantuk
Trance *f* (*–;O*) keadaan tak sadarkan diri, mabuk
Tranchier|besteck *n* seperangkat pisau dan garpu yg. besar; **≗en** (–) *tr.* mengiris-iris/memotong-motong daging
Träne *f* (*–;–n*) (tetes) air mata; **≗n** *itr.* mengeluarkan air mata, menangis; **–ndrüse** *f* kelenjar air mata; *auf die ~n drücken, ugs.* bersifat sentimental; **–ngas** *n* gas air mata
tranig mengandung minyak (ikan); anyir; *fig. ugs.* lamban
Trank *m* (*–e̸s;O*) minuman
Tränke *f* (*–;–n*) tempat minum binatang, palung(an); *Vögel* sesapan; **≗n** *tr.* menyuruh minum, memberi minum (binatang); *naß machen* membasahi
Transaktion *f* (*–;–en*) transaksi
Trans|fer *m* (*–s;O*) pemindahan, transfer; **≗ferieren** (–) *tr.* mengadakan transfer, memindahkan; **–formator** *m* (*–s;–en*) transformator; **–formatorenhaus** *n* gardu listrik, rumah transformator
Transfusion *f* (*–;–en*) transfusi, pemindahan darah
Transistor *m* (*–s;–en*) transistor
Transit *m* (*–s;–e*) transito; **–güter** *pl* barang-barang (dagang) transito; **–handel** *m* perdagangan transito
transitiv *Gr.* transitif, berpelengkap penderita
Transitverkehr *m* perdagangan dan lalu-lintas transito
Transkription *f* (*–;O*) penyalinan, transkripsi
Transmission *f* (*–;–en*) transmisi, pemindahan tenaga; **–swelle** *f* poros transmisi
transparent tembus mata/cahaya, transparan; *fig.* mudah dimengerti; **≗** *n* (*–e̸s;–e*) spanduk; gambar yg. disinari dari belakang
Transpi|ration *f* (*–;–en*) keluarnya keringat/peluh; **≗rieren** (–) *itr.* berkeringat, berpeluh
transplantieren (–) *tr.* mengadakan transplantasi, memindahkan jaringan
Transport *m* (*–e̸s;–e*) (peng)angkutan, transpor; (sejumlah) barang/binatang/tentara yg. diangkut; *während des ~es* pd. waktu atau selama pengangkutan; **≗abel** mudah/dapat dipindah; **–arbeiter** *m* buruh angkutan; **–er** *m* (*–s;–*) kendaraan pengangkut (besar); **–eur** *m* (*–s;–e*) pengusaha angkutan; *Math.* pengukur sudut, busur derajat; **≗fähig** dapat/boleh dipindahkan; **–firma** *f* perusahaan angkutan; **–flugzeug** *n* pesawat terbang barang; **–gelegenheit** *f* fasilitas transpor; **≗ieren** (–) *tr.* mengangkut, memindahkan; **–kosten** *pl* ongkos/biaya transpor; **–mittel** *n* alat angkutan; **–schiff** *n* kapal pengangkut (barang, pasukan); **–unternehmen** *n* perusahaan pengangkutan; **–versicherung** *f* asuransi jasa angkutan; **–wesen** *n* (perihal) transpor, pengangkutan
transzendent, –al *Adj.* yg. melampaui pengalaman indrawi, transendental
Trapez *n* (*–es;–e*) trapesium; *für Akrobaten* rekstok ayunan
trappeln *itr.* berderap/menderap dng. langkah-langkah kecil
trappen *itr.*, **trapsen** *itr. ugs.* berjalan dng. langkah-langkah yg. ribut
Trara *n* (*–s;O*) *ugs.* ribut, keributan, kehebohan
Tras|sant *m* (*–en;–en*) penarik wesel, orang yg. mengisi wesel; **–sat** *m* (*–en;–en*) pembayar wesel, pihak yg. disuruh membayar wesel (kpd.

pihak ketiga); **–se** *f* (–;–*n*), **–see** *n* (–*s*;–*s*) patokan garis utk. jalan yg. akan dibangun

tratschen *itr. ugs.* mempergunjingkan (orang lain)

Tratte *f* (–;–*n*) wesel yg. sudah diisi nama penerima

Traualtar *m*, *Rel.* altar tempat melangsungkan sakramen pernikahan

Traube *f* (–;–*n*) renteng/tandan buah anggur; *fig.* kelompok orang yg. berkerumun/bergelantungan; **–nlese** *f* panen anggur; **–nsaft** *m* sari buah anggur; **–nzucker** *m* sakar anggur, glukosa

trauen *tr.* menikahkan; *itr.* percaya, mempercayai; *sich* ~ berani; *sich* ~ *lassen* menikah

Trauer *f* (–;*O*) dukacita, kesedihan; pakaian berkabung; **–botschaft** *f* kabar/berita duka; **–fahne** *f* bendera berkabung; **–fall** *m* kematian; **–feier** *f* upacara pemakaman; peringatan orang yg. baru meninggal; **–flor** *m* tanda berkabung; **–kleid** *n*, **kleidung** *f* pakaian berkabung; **–kloß** *m*, *fig. ugs.* orang murung, orang yg. suka mengeluh; **–marsch** *m* lagu mars utk. mengiringi prosesi pemakaman; **≗n** *itr.* berkabung, berdukacita, bersedih hati; **–nachricht** *f* berita duka; **–rand** *m*, *Briefpapier mit* ~ kertas/surat berpinggir hitam (utk. mengucapkan belasungkawa); *fig. ugs.* kuku kotor; **–rede** *f* sambutan utk. menghormati orang yg. baru meninggal; **–schleier** *m* sm. cadar halus dan hitam; **–spiel** *n* tragedi; *es ist e* ~, *daß* sayang/menyedihkan, bahwa; **–weide** *f* sm. pohon yg. dahan-dahannya terjuntai ke bawah, *salis babylonica*; **–zeit** *f* waktu/masa berkabung; **–zug** *m* prosesi pemakaman, iring-iringan jenazah

Traufe *f* (–;–*n*) air cucuran (atap); *vom Regen in die* ~ *geraten* keluar dari lubang buaya masuk kandang singa

träufeln *tr. itr.* menetes(kan)

traulich ramah, akrab, yg. menyenangkan; **≗keit** *f* (–;*O*) keakraban

Traum *m* (–*es*;¨–*e*) mimpi, impian; *nicht im* ~, *ugs.* sama sekali tdk. terbayangkan/terpikirkan; **–a** *n* (–*s*; . . . *men*/–*ta*) luka sukma/jiwa, trauma; **–bild** *n* bayangan (dl.) mimpi; khayalan; **–deuter(in** *f*) *m* (–*s*;–) orang yg. pintar menafsirkan mimpi

träum|en *itr. tr.* bermimpi, melamun; mengkhayal; **≗er(in** *f*) *m* (–*s*;–) si pemimpi, *fig.* orang yg. hidup dl. dunia khayal(an); **≗erei** *f* (–;–*en*) impian, lamunan; **–erisch** bersifat mengkhayal/melamun

traum|haft spt. dl. mimpi; **≗land** *n* tempat impian; **–wandlerisch** *mit* ~*er Sicherheit* sangat aman; **≗welt** *f* dunia impian

Traurede *f* sambutan pd. upacara pernikahan

traurig sedih, (ber)duka, menyedihkan; *es ist* ~, *daß* menyedihkan bahwa; **≗keit** *f* (–;*O*) kesedihan

Trau|ring *m* cincin kawin; **–schein** *m* surat perkawinan

traut akrab; *gemütlich* menyenangkan, nyaman

Trau|ung *f* (–;–*en*) perkawinan, pernikahan; **–zeuge** *m* saksi perkawinan

Travestie *f* (–; . . . *iën*) *Lit.* sm. karangan yg. mengejek karya literatur dng. mengubah bentuknya saja

Treck *m* (–*s*;–*s*) rombongan orang yg. sedang pindah (dng. membawaserta harta milik mereka)

Trecker *m* (–*s*;–) traktor

Treff *m* (–*s*;–*s*) (tempat) pertemuan

treffen *unr. tr.* mencapai, mengena(i); *e–e Anordnung* ~ memberi perintah; *itr. refl.* bertemu, berjumpa, bersua; *es trifft sich gut, daß* untung bahwa; *sich getroffen fühlen* merasa tersinggung; *du bist gut getroffen* kamu dipotret dng. tepat; ≗ *n* (–*s*;–) pertemuan; *Sp.* perlombaan; *Mil.* bentrokan, pertempuran kecil; **–d** tepat, mengena

Treffer *m* (–*s*;–) tembakan yg. mengena; *Lotterie* hadiah; *Sp.* gol

trefflich baik sekali; **≗keit** *f* (–;*O*) kesempurnaan

Treff|punkt *m* tempat pertemuan, *bp.* randevu; **≗sicher** pasti kena; *fig.* sangat tepat

Treib·eis *n* kepingan es terapung

treiben *unr. tr. itr.* menghalau(kan), menggiring; *antreiben* menggerak(–kan); *machen* mengerjakan, menjalankan; *Metall* ~ membentuk logam dng. memalu; *j–n zur Verzweiflung* ~ membuat sso. putus asa; *Blüten* ~ mulai berkuncup; *Handel* ~ berdagang; *auf dem Wasser* ~ terapung di atas air; *es toll* ~ banyak tingkah; (*sich*) ~ *lassen* membiarkan (diri) terbawa arus/perasaan . . . ; ≗ *n* (–*s*;*O*) kesibukan, lalulalang; *s. Treibjagd*

Treiber *m* (–*s*;–) *Vieh* orang yg. menggiring; *Jagd* penghalau; *Antreiber* orang yg. mendorong orang lain spy. bekerja lebih

Treib|gas *n* gas utk. menggerakkan motor; **–haus** *n* rumah kaca (tempat perlindungan tanaman); **–holz** *n* kapar, kayu hanyut; kayu apung; **–jagd** *f* perburuan dng. cara menggiring binatang ke arah para penembak; **–kraft** *f* tenaga pendorong/penggerak; **–rad** *n* roda penggerak; **–riemen** *m* tali/sabuk penggerak mesin; **–sand** *m* pasir hanyut; **–stoff** *m* bahan bakar

treideln *tr. Mar.* menunda (kapal), mencemat

Tremolo *n* (–*s*;–*s*/. . .*li*) *Mus.* tremolo

Trend *m* (–*s*;–*s*) kecenderungan, (arah) gejala

trenn|bar dapat dipisahkan; **–en** *tr.* memisahkan, menceraikan; meleraikan; *Naht* meretas; *sich* ~ berpisah; *getrennt leben* hidup terpisah; **–scharf** *Radio* dapat terpisah dari pemancar yg. gelombangnya berdekatan; **≗ung** *f* (–;–*en*) pemisahan, pemutusan; *Ehe* perceraian; **≗ungslinie** *f* garis pemisah/batas; **≗ungsschmerz** *m* kesedihan karena perpisahan; **≗ungsstrich** *m* garis pemisah; **≗ungswand** *f* dinding pemisah; **≗ungszeichen** *n*, *s. Trennungsstrich*; **≗ungszulage** *f* tunjangan karena tempat kerja jauh dari tempat tinggal keluarga

Trense *f* (–;–*n*) kekang, (tali) kendali

treppauf, treppab *Adv.* naik turun tangga

Treppe *f* (–;–*n*) tangga, jenjang; **–n·absatz** *m* bagian datar di antara dua bagian suatu tangga, *s. Podest*; **–ngeländer** *n* susuran/langkan tangga; **–nhaus** *n* ruang tangga dl. gedung bertingkat; **–nstufe** *f* anak tangga; **–nwitz** *m* (balasan) jawaban tepat yg. dipikir terlambat; lelucon yg. tdk. pd. tempatnya

Tresen *m* (–*s*;–) (meja) bar

Tresor *m* (–*s*;–*e*) lemari besi

Tresse *f* (–;–*n*) pasmen, tres

Tret·anlasser *m* stater injak/kaki

treten *unr. itr.* menginjak, terinjak; *schreiten* melangkah; *tr.* menyepak, menendang; *ins Haus* ~ masuk (ke) rumah; *j–m in den Weg* ~ menghadang sso. di jalan; *über die Ufer* ~ (sungai) meluap

treu setia, loyal, dapat dipercaya

Treu|bruch *m* pengkhianatan; **≗brüchig** tdk. setia, berkhianat; **–e** *f* (–;*O*) kesetiaan; *j–m die* ~ *halten* tetap setia pd. sso.; *auf Treu u. Glauben* berdasarkan kepercayaan; **–eid** *m* sumpah setia; **–händer** *m* (–*s*;–) wali, komisaris; **≗händerisch** *et.* ~ *verwalten* mengurus milik orang lain atas dasar kepercayaan; **–handgesellschaft** *f* perusahaan yg. mengurus milik orang/perusahaan lain; **≗herzig** jujur, terus terang, mudah percaya, polos; **≗lich** dng. setia/jujur, dapat dipercaya; **≗los** tdk. setia, tdk. bertanggungjawab; bersifat berkhianat; **–losigkeit** *f* (–;–*en*) ketidaksetiaan, penyelewengan

Triangel *m* (–*s*;–) *Math.* segitiga; *Mus.* kerincing

Tribunal *n* (–*s*;–*e*) pengadilan

Tribüne *f* (–;–*n*) tribune, panggung

Tribut *m* (–*ţs*;–*e*) upeti; *fig.* penghargaan; *e–r Sache* ~ *zollen* berkorban demi sst., (*anerkennen*) mengakui dan menghargai sst.; **≗pflichtig** wajib membayar upeti

Trichine *f* (–;–*n*) cacing pita babi, *trichinella spiralis*

Trichter *m* (–*s*;–) corong; *Granate* lubang di tanah yg. berbentuk kawah; **≗förmig** berbentuk corong

Trick *m* (–*s*;–*s*) akal, cerdik, cara, muslihat; tipu-muslihat; **–film** *m* film yg. menggunakan akal utk. mencapai efek yg. luar biasa

Trieb *m* (–e̸s;–e) **1.** dorongan, desakan; napsu; **2.** *Bio.* tunas, lembaga; **–feder** *f* per arloji; *fig.* dorongan, motif; **≗haft** menuruti hawa napsu, naluriah, mengikuti dorongan jasmani; **–kraft** *f* gaya (peng)gerak, tenaga (pen)dorong; *fig.* motif; **–leben** *n* tindakan yg. berdasarkan (hawa) napsu; **≗mäßig** *s. triebhaft*; **–rad** *n* roda penggerak; **–verbrecher** *m* penjahat yg. terdorong napsu seks; **–wagen** *m* gerbong kereta-api dng. mesin sendiri (tanpa lokomotif); *Straßenbahn* trem yg. bermotor sendiri (dan dapat menarik gerbong lain); **–werk** *n* mekanik penggerak, transmisi; mesin (pesawat terbang, roket)

Trief|auge *n* mata bilis; **≗en** *unr. itr.* menetes; ~ *von* basah kena; **≗naß** basah kuyup

triezen *tr. ugs.* mengganggu, mengusik

Trift *f* (–;–en) **1.** padang rumput; perbuatan menggiring ternak ke padang rumput; **2.** *Flößerei* pengapungan kapu-kapu; **≗ig** penting, yg. menentukan, beralasan kuat

Trigonometr|ie *f* (–;O) *Math.* trigonometri; **≗isch** *~e Punkt* titik triangulasi

Trikot *m, n* (–s;–s) sm. kain elastis; pakaian ketat; kaos olahraga; **–agen** *pl* pakaian dalam/olahraga dari bahan rajutan mesin

Triller *m* (–s;–) bunyi dua atau lebih nada yg. bergetar secara bergantian, triler; **≗n** *itr.* menyanyi dng. suara bergetar; **–pfeife** *f* peluit

Trillion *f* (–;–en) sepuluh pangkat delapan belas (10^{18}), semilyar-milyar

Trimm-dich-Pfad *m* jalan dng. sarana-sarana khusus utk. gerakbadan

trimmen *tr.* mengimbangkan, mengadakan keseimbangan; *Hund* ~ menggunting bulu anjing; *sich* ~ berolahraga spy. segar

trink|bar dapat/boleh diminum; **≗becher** *m* gelas minum; **–en** *unr. itr. tr.* minum; ~ *auf j–n/et.* minum utk. menghormati/memperingati sso./sst.; *sich das* ≗ *angewöhnen* mulai minum alkohol (terlalu banyak); **≗er(in** *f*) *m* (–s;–) peminum, pemabuk; **≗erheilanstalt** *f* lembaga penyembuhan pemabuk; **≗gelage** *n* pesta minum-minum; **≗geld** *n* uang kopi/rokok; *e ~ geben* memberi (uang) persen; **≗glas** *n* gelas minum; **≗halle** *f* ruang tempat minum (air mineral yg. berkhasiat); *Kiosk* kedai/warung minum; **≗halm** *m* sedotan; **≗spruch** *m* sambutan singkat sebelum minum utk. menghormati sso.; **≗stube** *f* restoran kecil atau ruang khusus utk. minum (minuman keras); **≗wasser** *n* air minum

Trio *n* (–s;–s) trio, tiga serangkai

Triode *f* (–;–n) *Elek.* trioda, tabung tiga elektroda

Triole *f* (–;–n) *Mus.* triplet, tiga not yg. bernilai dua not

Trip *m* (–s;–s) sm. piknik; *ugs.* keadaan tak sadarkan diri akibat narkotika, *bp.* keadaan melayang

trippeln *itr.* berjingkat-jingkat, berjalan/berlari dng. langkah-langkah kecil

Tripper *m* (–s;–) *Med.* penyakit sabun, kencing nanah, *gonorrhoea*

Triptyk *n* (–s;–s) surat kendaraan utk. melalui perbatasan

trist yg. menyedihkan

Tritt *m* (–e̸s;–e) langkah; *Fuß*≗ sepak, tendangan; *Spur* jejak; *Treppe* tangga kecil; *im ~ marschieren* berjalan berbaris; *auf Schritt u.* ~ selalu, di mana-mana; **–brett** *n* (injak-)injakan (bis, kereta-api, trem . . .); **–leiter** *f* tangga lipat yg. pendek

Triumph *m* (–e̸s;–e) kegemilangan, keberhasilan; kegembiraan atas kemenangan; **–bogen** *m* gapura; **≗al** gilang-gemilang, dng. jaya; **≗ieren** (–) *itr.* menang, berhasil; gembira atas keberhasilan; **–zug** *m* arak-arakan kemenangan

trivial biasa, tdk. berharga; **≗literatur** *f* tulisan picisan

trocken kering; *fig.* membosankan; *~es Brot* roti tanpa mentega atau selai; *auf dem ~en sitzen, ugs.* tdk. bisa berbuat sst. pun (karena tdk. punya uang), *bp.* sedang boke; *~e*

Bemerkung sindiran pendek tetapi tepat; *sich* ~ *rasieren* bercukur dng. listrik; *noch nicht* ~ *hinter den Ohren sein, ugs.* masih hijau, belum dewasa

Trocken|batterie *f* batu baterai; **–boden** *m* loteng utk. mengeringkan cucian; **–dock** *n, Mar.* dok kering/darat; **–ei** *n* bubuk telur; **–eis** *n* batu karbon dioksida; **–futter** *n* makanan ternak yg. dikeringkan; **–gemüse** *n* sayuran yg. dikeringkan; **–gestell** *n* tempat jemuran (pakaian), sampaian; **–gewicht** *n* berat kering; **–haube** *f* (alat) pengering rambut; **–heit** *f* (–;*O*) kekeringan; musim kering; **≗legen** *tr., e Kind* ~ mengganti popok bayi; *e–n Sumpf* ~ mengeringkan (rawa-rawa); **–legung** *f* (–;*O*) pengeringan, drainase; **–maß** *n* takaran utk. bahan kering; **–milch** *f* susu bubuk; **–mittel** *n* obat/bahan pengering; **–platz** *m* tempat pengelantangan; **–rasierer** *m* alat cukur listrik; **–reinigung** *f* binatu kimia; **–substanz** *f* barang yg. zat cairnya sudah dihilangkan; **–zeit** *f* musim kemarau

trocknen *itr. tr.* mengering(kan)

Trockner *m* (*–s;–*) (alat) pengering

Troddel *f* (*–;–n*) rumbai-rumbai, jumbai

Trödel *m* (*–s;O*) barang rosokan/rombengan; **–ei** *f* (*–;O*) perbuatan berlengah-lengah/bersantai-santai; **–fritz** *m* (*–en;–en*) orang yg. suka membuang-buang waktu; **–kram** *m, s. Trödel*; **–markt** *m* pasar loak; **≗n** *itr.* bekerja lamban, berlengah-lengah, membuang-buang waktu

Trödler *m* (*–s;–*) tukang loak; *fig.* orang yg. suka berlengah-lengah

Trog *m* (*–e̸s;¨–e*) palungan

trollen *sich* ~, *ugs.* pergi dng. beringsut dan malu; *troll dich*! pergi (–lah)!

Trolleybus *m* bis listrik

Trommel *f* (*–;–n*) genderang; *kleine* ~ gendang; **–fell** *n* kulit gendang/genderang; *Anat.* gendang telinga/pendengar, *membrana tympani*; **–feuer** *n* rentetan tembakan; **≗n** *itr.* memukul genderang; *mit den Fingern* ~ mengetuk-ngetukkan jari (di meja); **–schlag** *m* (bunyi) pukulan genderang, dam; **–schlegel** *m*, **–stock** *m* tongkat pemukul genderang; **–wirbel** *m* gemuruh bunyi genderang

Trommler *m* (*–s;–*) orang yg. memukul genderang

Trompete *f* (*–;–n*) terompet; **≗n** (–) *itr.* meniup terompet; berbunyi keras (mirip suara terompet); *Elefant* menggeru; **–r** *m* (*–s;–*) peniup terompet

Tropen *pl* daerah tropis; **–ausrüstung** *f* perlengkapan khusus utk. daerah tropis; **≗beständig, ≗fest** tahan panas di daerah tropis; **–helm** *m* sm. topi pandan/gabus; **–kleidung** *f* pakaian utk. daerah tropis; **–koller** *m* keadaan gila-gilaan pd. orang yg. tdk. tahan thd. iklim tropis; **–krankheit** *f* penyakit khas daerah tropis; **≗tauglich** (dinyatakan cukup) sehat utk. hidup/bekerja di iklim tropis; **–verpackung** *f* kemasan pembungkus utk. daerah tropis

Tropf *m* (*–e̸s;¨–e*) si tolol/dungu/sial

Tröpfchen *n* (*–s;–*) setetes

tröpfeln *itr.* menetes sedikit, berderai(–derai)

tropfen *itr. tr.* menetes(kan), bertitik, menitis, berderai; *Kerze* meleleh; **≗** *m* (*–s;–*) tetes(an), titik; *e guter* ~ anggur yg. baik; **–weise** (se)tetes demi (se)tetes, bertetes-tetes

tropf|naß basah kuyup; **≗stein** *m* stalaktit dan stalagmit; **≗steinhöhle** *f* gua stalaktit dan stalagmit

Trophäe *f* (*–;–n*) piala kemenangan

tropisch tropis

Troß *m* (*Trosses;Trosse*) *Mil.* bagian perlengkapan; *fig.* pendukung, pengikut

Trosse *f* (*–;–n*) tambang/kabel kuat, tali tambat

Trost *m* (*–e̸s;O*) pelipur lara, hiburan; *j-m* ~ *spenden* menghibur sso.; *du bist nicht ganz bei* ~ ! *ugs., bp. gila* lo!

tröst|en *tr.* menghibur, melipur; *sich* ~ menghibur diri, menyenang-nyenangkan hati; **≗er** *m* (*–s;–*) pelipur, penghibur; **–lich** yg. menyenangkan, yg. menghibur hati

trost|los yg. menyedihkan/memilukan; *verzweifelt* putus asa; *Gegend, Wetter* yg. membosankan; **°losigkeit** *f* (–;O) keadaan yg. menyedihkan/membosankan/memilukan; **°preis** *m* hadiah hiburan; **–reich** yg. (dapat) menyenangkan/menghibur hati

Tröstung *f* (–;–*en*) penghiburan, pelipur

Trott *m* (–*ẹs*;–*e*) lari derap (perlahan-lahan); *fig.* rutin

Trottel *m* (–*s*;–) si goblok/tolol/dungu; **°haft, °ig** bodoh, tolol, dungu

trott|eln *itr.*, **–en** *itr.* berjalan pelan-pelan (dng. serampangan); *Pferd* berderap perlahan

Trottoir *n* (–*s*;–*e*/–*s*) kakilima, trotoar

trotz walaupun, meskipun, kendatipun; **°** *m* (–*es*;*O*) sifat kepala batu; **°alter** *n, Psych.* masa/fase membangkang; **–dem** meskipun demikian, namun; **–en** *itr.* menentang, membangkang; tdk. menurut; *den Gefahren* ~ menantang bahaya; **–ig** keras kepala, bandel, suka membangkang; ~*e Antwort* jawaban yg. menantang; **°kopf** *m* anak keras kepala; **°reaktion** *f, Psych.* reaksi menentang/melawan

trüb(e) keruh, tdk. jernih, butek; ~*es Wetter* cuaca mendung; ~*e Gedanken* pikiran suram; *im* ~*en fischen, fig.* memancing di air keruh

Trubel *m* (–*s*;*O*) keramaian, hiruk-pikuk

trüben *tr.* mengeruhkan, membuat butek/sedih; *das Verhältnis hat sich getrübt* hubungan menjadi renggang; *der Himmel trübt sich* langit mulai mendung/berawan

Trüb|sal *f* (–;*O*) suasana hati yg. suram, kemurungan, kesedihan, kesusahan; ~ *blasen* bermuram durja; **°selig** sedih, tertekan, putusasa, murung, yg. membosankan; **–seligkeit** *f* (–;*O*) keadaan yg. menyedihkan/murung; **–sinn** *m* gundah-gulana, kemurungan; **°sinnig** gundah-gulana, bermuram durja; **–ung** *f* (–;–*en*) perbuatan mengeruhkan, kekeruhan, kekusaman; *fig.* gangguan

trudeln *itr.* jatuh dng. berputar-putar

Trüffel *f* (–;–*n*) **1.** *Bo.* sm. jamur, *tuberaceae;* **2.** sm. gentel atau gula-gula bulat dari coklat dan gula

Trug *m* (–*ẹs*;*O*) tipuan; ilusi; *alles ist Lug u.* ~ bohong dan tipuan belaka; **–bild** *n* ilusi, khayalan, halusinasi

trüg|en *unr. tr. itr.* menyesatkan; tersesat, keliru; **–erisch** bersifat menyesatkan/menipu, palsu; spt. ilusi, khayali

Trugschluß *m* kesimpulan salah

Truhe *f* (–;–*n*) peti utk. menyimpan barang

Trümmer *pl* puing-puing, reruntuhan, peninggalan; *in* ~ *gehen* berpecah-belah, menjadi rusak; **–feld** *n* daerah puing-puing/reruntuhan; **–haufen** *m* timbunan puing-puing

Trumpf *m* (–*ẹs*;⁻*e*) kartu truf/terup, pangkah; *fig.* senjata ampuh; *alle Trümpfe in der Hand haben* berada dl. posisi yg. paling menguntungkan; ~ *sein* sedang (menjadi) mode; **°en** *tr.* main kartu truf

Trunk *m* (–*ẹs*;*O*) *das Trinken* minum; *Trank* minuman; *s. Trunksucht; er ist dem* ~ *ergeben* ia suka minum sampai mabuk; **°en** *Adj.* mabuk; ~ *vor Begeisterung* sangat bergairah, penuh semangat; **–enbold** *m* (–*ẹs*;–*e*) pemabuk; **–enheit** *f* (–;*O*) keadaan mabuk; **–sucht** *f* kecanduan alkohol; **°süchtig** ketagihan alkohol

Trupp *m* (–*s*;–*s*) kelompok, grup; **–e** *f* (–;–*n*) pasukan, (satuan) tentara; *Thea.* rombongan, regu

Truppen|aushebung *f* panggilan utk. masuk tentara; **–bewegung** *f* gerakan pasukan; **–führer** *m* komandan/pemimpin pasukan; **–gattung** *f* jenis pasukan; **–schau** *f* defile militer, pertunjukan persenjataan; **–teil** *m* pasukan, kesatuan militer; **–transporter** *m* kapal laut/terbang pengangkut pasukan; **–übung** *f* latihan tentara/militer; **–verbandsplatz** *m* tempat pertolongan pertama (utk. pasukan tempur)

truppweise kelompok demi kelompok

Trust *m* (–*s*;–*s*) gabungan perusahaan-perusahaan, trust

Trut|hahn *m* kalkun jantan; **–henne** *f* kalkun betina
Trutz *m* (*–es;O*) *s. Trotz*
Tuba *f* (*–;Tuben*) *Mus.* tuba
Tube *f* (*–;–n*) **1.** tube, tempat tapal gigi, salep, dsb. **2.** *Anat.* saluran telur, *tuba Falopii*
Tuber|kel *m* (*–s;–*), *f* (*–;–n*), **–kel-bakterium** *n* bakteri/kuman/basil tuberkel, *mycrobacterium tuberculosis;* **≗kulös** *Med.* menderita tebese, berh. dng. tebese; **–kulose** *f* (*–;–n*) tuberkulose, tebese
Tuberose *f* (*–;–n*) bunga sedap malam, sundal malam, *polyanthes tuberosa*
Tuch *n* **1.** (*–ɇs;–e*) kain laken; (bahan) tenunan; **2.** (*–ɇs;–̈er*) kain segi tiga/empat (*mis.* saputangan, syal . . .); *das wirkt auf ihn wie e rotes ~* hal itu membuatnya sangat marah; **–fabrik** *f* pabrik tenun/tekstil; **–fühlung** *f, ~ haben, in ~ stehen* saling bersentuhan/berhubungan; **–handel** *m* toko kain/tekstil; **–händler** *m* pedagang kain/tekstil
tüchtig cekatan, cakap, trampil; pandai, pintar; *~ arbeiten* bekerja sungguh-sungguh/keras; **≗keit** *f* (*–;O*) kecekatan, kepandaian, ketrampilan, kecakapan
Tuchwaren *pl* tekstil, tenunan, sandang
Tück|e *f* (*–;–n*) akal bulus, tipu muslihat; *mit List u. ~* dng. rayuan/bujukan yg. manis; **≗isch** licik, culas, curang, jahat
Tuff *m* (*–s;–e*), **–stein** *m* batu sedimen dari letusan gunung api, padas, tuf
tüft(e)lig *ugs.* sangat teliti/berbelit-belit
tüfteln *itr.* bekerja sangat teliti; *grübeln* berpikir-pikir (terus) utk. memecahkan hal yg. rumit
Tugend *f* (*–;–en*) kebajikan, keutamaan; **–bold** *m* (*–ɇs;–e*) orang yg. suka menyombongkan kebaikan diri sendiri; **≗haft, ≗sam** bajik, bijak, alim, saleh
Tüll *m* (*–s;–e*) kain tule/tile; **–e** *f* (*–;–n*) mulut teko, cerat; *Tech.* pipa pendek
Tulpe *f* (*–;–n*) bunga tulip, *tulipa*
tummel|n *sich ~* bermain-main dng. riang-gembira, berkejar-kejaran kian-kemari; *eilen* bergegas-gegas; **≗platz** *m* taman bermain (utk.) anak-anak, lapangan bermain
Tumor *m* (*–s;–en*) *Med.* tumor, bengkak
Tümpel *m* (*–s;–*) lopak, kobakan, kolam
Tumult *m* (*–ɇs;–e*) hiruk-pikuk, kegaduhan; kerusuhan, huru-hara; **≗uarisch** gaduh, ribut, rusuh, risau
tun *unr. tr.* membuat, melakukan, mengerjakan; menyebabkan; *itr.* berbuat, bekerja; *so ~ als ob* berpura-pura; *freundlich ~* pura-pura ramah; *es tut mir leid* saya menyesal; *es tut sich (et)was* ada sst. yg. terjadi/bergerak; *das tut man nicht!* tdk. pantas/sopan; *zu ~ haben* sibuk; *zu ~ haben mit* tersangkut/terlibat dl.; *das hat damit nichts zu ~* (hal itu) tdk. ada hubungannya; *weh ~* merasa sakit; *j-m weh ~* menyakiti sso.; **≗** *n* (*–s;O*) *~ u. Lassen* tindak-tanduk; *~ u. Treiben* tingkahlaku, kegiatan
Tünche *f* (*–;O*) kapur tembok; *fig.* kedok, topeng; **≗n** *tr.* mengapur
Tunichtgut *m* (*–s̸;–e*) orang nakal, pengacau
Tunke *f* (*–;–n*) saus
tunlich dianjurkan, mungkin; **–st** sedapat-dapatnya
Tunnel *m* (*–s;–s̸*) terowongan
Tüpfel *m, n* (*–s;–*) titik/bintik/noktah kecil; **≗n** *tr.* memberi titik/bintik
tupfen *tr.* menyentuh dng. perlahan-lahan; *s. tüpfeln; Salbe auf die Wunde ~* mengoleskan salep pd. luka; **≗** *m* (*–s;–*) totol, titik
Tupfer *m* (*–s;–*) gumpalan kapas
Tür *f* (*–;–en*) pintu; *j-n vor die ~ setzen* mengusir sso.; **–angel** *f* engsel pintu
Turban *m* (*–s;–e*) sorban
Turbine *f* (*–;–n*) turbin; **–n·antrieb** *m* tenaga turbin; **–nflugzeug** *n* pesawat jet; **–nstrahltriebwerk** *n* mesin jet
turbulen|t bergoyang; bergolak; riuh-rendah; **≗z** *f* (*–;–en*) keadaan tdk. tenang atau goyang-goyang; *fig.* kekacauan, pergolakan

Tür|eingang *m* jalan/pintu masuk; **–flügel** *m* daun pintu; **–füllung** *f* papan/panel pintu; **–griff** *m* gagang/tombol pintu; **–hüter** *m* penjaga pintu, portir

Türkis *m* (*–es;–e*) pirus

Turm *m* (*–ẹs;¨–e*) menara, mercu; *Schach* benteng, tir

türm|en *tr.* menumpuk; *sich* ~ bertumpuk-tumpuk, (*sich erheben*) menjulang; *itr. ugs.* melarikan diri; **≗er** *m* (*–s;–*) penjaga menara

turm|hoch sangat tinggi; *fig.* sangat, jauh lebih; **≗spitze** *f* puncak menara; **≗springen** *n* (*–s;O*) *Sp.* loncat indah

Turn|anzug *m* pakaian senam; **≗en** *itr.* bersenam, berlatih gerak badan; **–en** *n* (*–s;O*) gerak-badan, senam, gimnastik; **–er(in** *f*) *m* (*–s;–*) pesenam

Turn|gerät *n* alat senam; **–halle** *f* ruang/aula utk. senam; **–hose** *f* celana pendek utk. senam

Turnier *n* (*–s;–e*) perlombaan, pertandingan, turnamen

Turn|lehrer(in *f*) *m* pelatih/guru senam; **–riege** *f* regu senam; **–schuh** *m* sepatu olahraga; **–stunde** *f, s. Turnunterricht;* **–übung** *f* latihan senam; **–unterricht** *m* (pelajaran) olahraga senam

Turnus *m* (*–;–se*) giliran; **≗mäßig** secara bergilir

Turnverein *m* perkumpulan olahraga senam

Tür|pfosten *m* tiang pintu; **–rahmen** *m* bingkai/kosen pintu; **–schild** *n* papan nama; **–schließer** *m* penutup pintu secara otomatis; *Person* penjaga pintu; **–schwelle** *f* ambang pintu

Turteltaube *f* burung tekukur, *streptopelis turtur*

Tusch *m* (*–es;–e*) musik orkes/ben yg. singkat sebagai tanda penghormatan; **–e** *f* (*–;–n*) tinta cina, bak; **≗eln** *tr. itr.* berbisik(–bisik); **≗en** *tr.* menggambar dng. tinta cina; **–pinsel** *m* kuas tinta; **–zeichnung** *f* gambar tinta cina

Tüte *f* (*–;–n*) kantong kertas/plastik; *das kommt nicht in die ~! ugs.* bagaimanapun tdk. bisa!

tuten *itr.* meniup terompet sebagai tanda; membunyikan klakson

Tutiorismus *m* (*–;O*) ajaran yg. selalu memilih kemungkinan yg. lebih aman

Tutor *m* (*–s;–en*) pembimbing studi mahasiswa, sm. mentor

Tweed *m* (*–s;–s*/*–e*) sm. tenunan wol

Twen *m* (*–ṣ;–s*) orang yg. berumur dua puluhan

Twist *m* **1.** (*–ẹs;–e*) benang katun yg. banyak seratnya; **2.** (*–s;–s*) sm. dansa, *twist*

Typ *m* (*–s;–s*) *Grundform* pola, model; tipe; *Art* macam, corak, jenis; *Kerl, ugs.* orang; **–e** *f* (*–;–n*) (macam) huruf cetak; *fig. ugs.* orang aneh; *nach ~n einteilen* menggolong(–golong)kan menurut tipe; **–enbezeichnung** *f, Tech.* nama model/tipe

Typhus *m* (*–;O*) *Med.* tifus; **–erreger** *m* kuman/basil tifus; **≗verdächtig** diduga berpenyakit tifus

typ|isch khas; **–isieren** (–) *tr.* menggambarkan menurut ciri umum (bukan menurut ciri individual); menggolong-golongkan menurut tipe

Typograph|ie *f* (*–;O*) seni cetak huruf; **≗isch** yg. berh. dng. seni cetak

Typologie *f* (*–;–n*) ajaran tt. membeda-bedakan manusia menurut tipe-tipe psikis

Typus *m* (*–;Typen*) *s. Typ*

Tyrann *m* (*–en;–en*) tiran, rajalela; orang yg. bertindak sewenang-wenang; **–ei** *f* (*–;–en*) kelaliman, tirani; **≗isch** lalim, zalim; **≗isieren** (–) *tr.* memperbudak, memperlakukan sewenang-wenang

U

U-Bahn *f* kereta/trem bawah tanah
übel *Adj.* buruk, jelek; *niederträchtig* jahat; *Adv.* tdk. baik; *mir ist* ~ saya merasa mual/(se)nak; *nicht* ~ lumayan, cukup baik; *wohl od.* ~ mau tak mau; **≗** *n* (–s;–) yg. tdk. baik, keburukan, kejahatan; *Unglück* kemalangan; *Krankheit* penyakit; **–gelaunt** *Adj.* muram; kesal, bersifat pemarah; **–gesinnt** *j-m* ~ *sein* tdk. suka pd. sso., bersikap bermusuhan thd. sso.; **≗keit** *f* (–;O) rasa mual/muak; **–launig** *s. übelgelaunt*
übel|nehmen *unr. tr.* merasa tersinggung; *nehmen Sie es bitte nicht übel!* maaf! **–riechend** berbau busuk; **≗stand** *m* keburukan, keadaan tdk. beres/wajar; *Mangel* kekurangan; *s. Übel;* **≗tat** *f* perbuatan jahat, kejahatan; **≗täter(in** *f*) *m* penjahat; **–wollen** *unr. itr., j-m* ~ berkehendak jahat thd. sso., mendengki sso.
üben *itr. tr.* berlatih, melatih; *Geduld* ~ bersabar; *geübt* terlatih, trampil
über *Prp.* di atas; *reisen/gehen* ~ melalui; ~ *Münster* lewat Münster; *sprechen* ~ berbicara tt./mengenai; *sich freuen* ~ senang karena/akan; ~*s Jahr* tahun depan; ~ *Nacht* (pd.) waktu malam; ~ *Nacht bleiben* bermalam, menginap; ~ *meine Kräfte* melewati kekuatan saya; *zehn Minuten* ~ *zwölf* jam duabelas lewat sepuluh menit; ~ *hundert* lebih dari seratus; *Adv.*, ~ *kurz od. lang* lambat laun, akhirnya; ~ *u.* ~ sama sekali, sepenuhnya; *ich habe es* ~ saya merasa kenyang/muak
über... terlalu, berlebihan
überall di mana-mana; **–her** dari mana-mana; **–hin** ke mana-mana
überaltert ketuaan; ~ *sein* (*Bevölkerung*) kebanyakan orang tua-tua
Über|angebot *n* penawaran/persediaan yg. berlebihan; **≗ängstlich** terlalu takut
überanstreng|en (–) *tr. refl.* memforsir, memaksakan diri; **≗ung** *f* (–;O) usaha yg. melampaui batas kekuatan/kemampuan
über|antworten (–) *tr.* mempercayakan; *j-n dem Gericht* ~ menyerahkan sso. ke pengadilan; **–arbeiten** (–) *tr.* mengerjakan ulang, memperbaiki, mengoreksi; *sich* ~ bekerja terlalu keras, bekerja melampaui batas
überaus sangat, luar biasa
überbacken *Adj.* yg. dipanggang sebentar
Überbau *m* bagian atas suatu bangunan; *fig.* struktur atas; *Phil.* Ueberbau (kebudayaan yg. berdasarkan keadaan ekonomi tertentu)
über|beanspruchen (–) *tr.* menggunakan/menuntut di luar batas yg. wajar; **–behalten** (–) *unr. tr. ugs.* ada sisa; **–bekommen** (–) *unr. tr. ugs., j-n/et.* ~ menjadi jemu thd. sso./sst.; **–belasten** (–) *tr.* terlalu membebani; **–belichtet** *Fot.* kena terlalu banyak cahaya; **–bewerten** (–) *tr.* menilai terlalu tinggi; **–bieten** (–) *unr. tr.* menawarkan lebih tinggi dp. orang lain; *e-n Rekord* ~ memecahkan rekor; *j-n* ~ mengalahkan sso.; *kaum zu* ~ tak terkalahkan; *sich* ~ berlomba-lomba
Über|bleibsel *n* (–s;–) sisa; peninggalan; **≗blenden** (–) *tr., Film/Rundf.* mengatur pergantian dua acara/adegan dng. perlahan-lahan; **–blick** *m* pemandangan yg. menyeluruh; *Zusammenfassung* ikhtisar; *fig.* gamba-

ran/pandangan menyeluruh; *den ~ verlieren* kehilangan kontrol; menjadi bingung; **≗blicken** (–) *tr.* memandang/melihat seluruhnya; *die Lage ~, fig.* (benar-benar) mengerti keadaan; **≗bringen** (–) *unr. tr.* menyampaikan, membawa, mengantar; **–bringer** *m* (*–s;–*) pembawa, orang yg. menyampaikan; **–bringung** *f* (*–;O*) penyampaian

über|brücken (–) *tr.* menjembatani, mengatasi; **≗brückungs(bei)hilfe** *f* bantuan/subsidi utk. mengatasi keadaan sulit; **–bürden** (–) *tr.* terlalu membebani; **–dachen** (–) *tr.* memasang atap di atas sst.; **–dauern** (–) *tr.* bertahan lebih lama dp., bertahan selama; **–decken** (–) *tr.* meliputi/menutup/menyelubungi (dng.); **–denken** (–) *unr. tr.* memikirkan, mempertimbangkan

überdies *Adv.* selain dari itu, tambah lagi

über|dimensional terlalu besar; **≗dosis** *f* dosis yg. melampaui batas; **–drehen** (–) *tr.* memutar terlalu keras; *Mot.* menjalankan mesin terlampau cepat; *überdreht sein, fig.* menjadi senewen/gelisah; **≗druck** *m* tekanan terlampau tinggi; *Druckwesen* cetakan di atas cetakan asli; **≗druckkabine** *f, Flgw.* kabin yg. diberi tekanan udara; **≗druß** *m* (*...usses;O*) rasa jemu/muak; **–drüssig** bosan/jemu akan

über|durchschnittlich di atas rata-rata, sangat baik; **–eifrig** terlalu bersemangat/rajin; **–eignen** (–) *tr.* mengalihkan hak milik; **–eilen** (–) *tr.* bertindak atau melakukan (sst. dng.) tergesa-gesa; *sich ~* terburu-buru nafsu; **≗eilung** *f* (*–;O*) tindakan yg. tergesa-gesa; *nur keine ~!* jangan terburu-buru! tenang-tenang saja!

übereinander *Adv.* satu di atas yg. lain; **–schlagen** *unr. tr.* menyilangkan

überein|kommen *unr. itr.* mencapai persetujuan, menyetujui, bersepakat; **–kommen** *n* (*–s;–*), **≗kunft** *f* (*–;⸚e*) persetujuan, perjanjian, mufakat; **–stimmen** *itr.* bersependapat; sesuai/cocok satu sama lain; **–stimmend** sesuai, cocok; **≗stimmung** *f* kesamaan, kecocokan, kesepakatan

über|empfindlich terlalu peka, perasa; **–erfüllen** (–) *tr.* melampaui target; **–essen** *unr. refl.* makan terlalu banyak

über'fahren (–) *unr. tr.* menggilas (sehingga mati); *Signal* melewati sinyal dng. tdk. memperhatikannya; *sich ~ fühlen* merasa diakali; **'überfahren** *unr. tr. itr.* menyeberang(kan) dng. kendaraan

Überfahrt *f* penyeberangan

Überfall *m* serangan mendadak; *Raub* perampokan; *fig. ugs.* kunjungan tak diduga; **≗en** (–) *unr. tr.* merampok, menyamun(i), menyerang; *mit Fragen ~* menghujani dng. pertanyaan; *Schlaf überfällt ihn* ia jatuh tertidur

überfällig terlambat; *Wechsel* kedaluwarsa

Überfallkommando *n* pasukan polisi siap-siaga

über|feinert terlalu halus, dibuat-buat; **–fliegen** (–) *unr. tr.* menyeberangi dng. pesawat terbang; *fig.* membaca sepintas lalu, membaca dng. cepat

'überfließen *unr. itr.* meluap, meluber; **über'fließen** (–) *unr. tr.* membasahi

über|flügeln (–) *tr.* melebihi, mengalahkan; **≗fluß** *m* milik/jumlah yg. berlimpah, kelimpahmewahan; **–flüssig** yg. bersifat berlebihan, yg. tdk. perlu, mubazir

'überfluten *itr.* meluap; **über'fluten** (–) *tr.* membanjiri

über|fordern (–) *tr.* menuntut terlampau banyak; **≗fracht** *f* muatan/bagasi yg. terlalu berat/banyak; **–fragt** *~ sein* tdk. mengetahui; **–fremdet** *~ sein* terlalu dipengaruhi oleh unsur-unsur asing; **≗fremdung** *f* (*–;O*) pengaruh asing yg. terlalu besar

'überführen *tr.* membawa/mengangkut ke; **über'führen** (–) *tr.* membuktikan kesalahan/kejahatan

Überführung *f* (*–;–en*) *Brücke* jembatan di atas rel kereta api atau jalan; *Transport* pengangkutan, transpor; *Schuldbeweis* pembuktian kesalahan

Überfüll|e *f* (*–;O*) kelimpahan; **≗en** (–) *tr.* mengisi terlalu banyak; **≗t** penuh-sesak; **-ung** *f* (-;O) *wegen ~ geschlossen* ditutup karena sudah penuh

Über|funktion *f, Med.* faal berlebihan; **≗füttern** (-) *tr.* memberi makanan terlalu banyak; **-gabe** *f* (-;O) penyerahan, penyampaian, pengoperan; *Amt* serah-terima

Übergang *m* peralihan; *Weg* penyeberangan; **-sbestimmungen** *pl* peraturan peralihan; **-skleidung** *f* pakaian utk. musim semi/gugur; **≗slos** langsung; mendadak; **-sstadium** *n*, **-szeit** *f* masa peralihan

Übergardine *f* gorden

übergeben (-) *unr. tr.* menyampaikan, menyerahkan; *fig.* mempercayakan pd.; *sich ~* muntah

'übergehen *unr. itr.* beralih; *zum Angriff ~* menyerang; *zur Tagesordnung ~* berpindah pd. hal rutin; *in andere Hände ~* berpindah tangan; *zum Feind ~* membelot ke pihak musuh; **über'gehen** (-) *unr. tr.* tdk. memperhatikan, mengabaikan, melalaikan

über|genug lebih dari cukup; **-geordnet** yg. lebih tinggi tingkat(an)nya; yg. lebih penting; **≗gewicht** *n* berat/bobot yg. berlebihan; *fig.* kekuatan yg. lebih besar; *~ bekommen* kehilangan keseimbangan

übergießen (-) *unr. tr.* menyiram; *mit Zucker übergossen* dilapisi gula es

überglücklich sangat bahagia

über|greifen *unr. itr.* menjalar/merembes ke; **≗griff** *m* pelanggaran

Über|größe *f* nomor/ukuran (pakaian atau sepatu) yg. melebihi ukuran biasa, *bp.* ukuran XL; **≗haben** *unr. tr.* memakai (di atas pakaian lain); *Reste* mempunyai sisa; *itr.* merasa bosan; **≗handnehmen** *unr. itr.* bertambah/meningkat di luar batas; **-hang** *m* sst. yg. menjorok ke luar; sst. yg. bergantung di atas yg. lain; *Überschuß* yg. berlebihan; **≗hängen 1.** *tr., sich/j-m et. ~* meletakkan di atas bahu sendiri/sso.; **2.** *unr. itr.* menjorok ke luar; **≗hängend** *Adj.* menjorok ke luar; *Tuch* kelebet

über|hastet *Adj.* tergesa-gesa, terburu-buru; **-häufen** (-) *tr.* terlampau membebani; *mit Geschenken ~* melimpahi/memberi terlalu banyak hadiah

überhaupt *Adv.* pd. umumnya; memang; *außerdem* selain dp. itu; *~ nicht* sama sekali tdk.; *eigentlich* sebenarnya; *wie war das ~ möglich?* bagaimana mungkin hal ini dapat terjadi? *gibt es das ~ ?* apakah benar itu ada? *und ~, warum...* terlepas dari segalanya, mengapa...; *was willst du ~ ?* mau apa kamu (sebenarnya)?

überheb|en (-) *unr. tr., j-n e-r Sache ~* membebaskan sso. dari sst.; *sich ~* sakit karena mengangkat terlalu berat, salah angkat, *fig.* menjadi sombong; **-lich** sombong; **≗lichkeit** *f* (-;O) kesombongan, keangkuhan

überhitz|en (-) *tr.* memanaskan terlalu; **≗ung** *f* (-;O) pemanasan yg. terlalu; *fig.* perkembangan yg. terlampau pesat

überhöht terlalu tinggi

'überholen *tr.* menyeberangkan dng. perahu; **über'holen** (-) *tr.* melewati, mendahului, melampaui; *das Auto ~ lassen* memeriksakan mobil secara menyeluruh, *bp.* mobil diservis; *≗ verboten* dilarang mendahului

Überhol|spur *f* jalur khusus utk. mendahului; **≗t** kuno, tdk. berlaku lagi

überhören (-) *tr.* tdk. mendengar; tdk. mau mendengarkan

Über-Ich *n* (-s;O) *Psych.* superego

überirdisch bukan dari dunia ini, gaib

über|kippen *itr.* jatuh/terjungkir (karena kehilangan keseimbangan); *Stimme* melengking pecah; **-kleben** (-) *tr.* menempelkan sst. di atas sst.

überkleid|en (-) *tr.* menutupi dng. kain; melapisi sst. dng. sst.; **≗ung** *f* pakaian luar

über|klug sok tahu; **-kochen** *itr.* melembak, meluap (waktu dimasak); *vor Wut ~* marah sekali, naik pitam; **-kommen** (-) *unr. itr.* menguasai, mencekam, meliputi; *Adj.* turun-temurun; **-kompensieren** (-) *tr., Psych.* melakukan kompensasi yg. berlebihan; **-konfessionell** tdk. terikat pd. (aliran) agama tertentu, antar mazhab/sekte

überladen (-) *unr. tr.* memuati terlalu berat; *Batterie* mengisi terlalu banyak; *sich den Magen ~* makan terlalu banyak; *Adj.* terlalu dibebani;

terlalu penuh; ~*er Stil* gaya yg. berlebih-lebihan
überlager|n (–) *tr.* saling meliputi/mempengaruhi; **≗ung** *f* (–;–*en*) hal/keadaan saling meliputi; *Rundf.* interferensi
Überlandleitung *f, Elek.* saluran listrik jarak jauh, saluran bertegangan tinggi
überlassen (–) *unr. tr.* memberi, menyerahkan; *anvertrauen* mempercayakan; *refl.* membiarkan diri terbawa oleh; *j-n sich selbst* ~ membiarkan sso., tdk. mempedulikan sso. lagi; *das überlasse ich Ihnen* terserah kpd. anda; ~ *Sie das bitte mir!* itu urusan saya!
Überlast *f* beban/muatan terlalu berat; **≗en** (–) *tr.* membebani terlampau berat
'überlaufen *unr. itr., Flüssigkeit* meluap, meluber; *zum Gegner* ~ membelot; **über'laufen 1.** (–) *unr. itr.* menghinggapi; **2.** *Adj.* terlalu ramai; terlampau banyak dikunjungi
Überläufer *m* pembelot
überlaut terlampau bising, ramai
überleb|en (–) *itr. tr.* hidup terus, bertahan; *länger leben als* hidup lebih lama dp.; *sich überlebt haben, überlebt sein* sudah ketinggalan zaman, usang; **≗ende** *f, m* (–*n*;–*n*) orang yg. selamat; **–ensgroß** lebih besar dp. aslinya/sebenarnya; **–t** *s. überholt*
'überlegen *tr.* meletakkan di atas sst.; *Kind* memukuli; **über'legen 1.** (–) *itr.* memikirkan, mempertimbangkan; *ohne zu* ~ tanpa pikir panjang; **2.** *Adj.* (jauh) lebih kuat, unggul (dp.); *herablassend* sombong; *er siegte* ~ ia menang dng. gemilang
Überleg|enheit *f* (–;*O*) keunggulan, kelebihan, superioritas; **≗t** yg. dipikirkan secara matang; bijaksana; **–ung** *f* (–;–*en*) pertimbangan
über|leiten *itr.* beralih, berpindah; **–lesen** (–) *unr. tr.* tdk. memperhatikan ketika membaca; *flüchtig* membaca dng. cepat; **–liefern** (–) *tr.* menyerahkan; *der Nachwelt* meneruskan, menurunkan; **–liefert** tradisional, bersifat turun-temurun, menurut adat; ~ *sein* diturunkan; **≗lieferung** *f* (–;–*en*) tradisi, kebiasaan, adat istiadat
über|listen (–) *tr.* menipu, memperdaya; **≗macht** *f* kekuatan yg. terlalu besar; **–mächtig** terlalu kuat; **–malen** (–) *tr.* menutupi dng. cat/gambar baru; **–mangansauer** permangan; **–mannen** (–) *tr.* mengalahkan, menguasai; **≗maß** *n* kelebihan, ekses, keterlaluan; **–mäßig** terlalu banyak; terlalu
Übermensch *m* (–*en*;–*en*) manusia unggul/sempurna; **≗lich** melebihi kekuatan manusia, luar biasa, ajaib
übermitt|eln (–) *tr.* menyampaikan, mengirim; **≗(e)lung** *f* (–;*O*) penyampaian, penyerahan
über|modern terlalu modern; **–morgen** (besok) lusa; **–müdet** terlalu capek/lelah; **≗müdung** *f* (–;*O*) kelelahan yg. sangat; **≗mut** *m* kesombongan; *Ausgelassenheit* riang gembira (yg. melampaui batas); **–mütig** (terlalu) riang gembira, nakal; **–nächst** ~*e Woche* dua minggu lagi; *der/die/das* ~*e* yg. kedua
über|nachten (–) *itr.* menginap, bermalam; **–nächtig(t)** kurang tidur, capek; **≗nachtung** *f* (–;–*en*) penginapan; **≗nachtungsgeld** *n* biaya penginapan; **≗nachtungsmöglichkeit** *f* akomodasi
Über|nahme *f* (–;–*n*) penerimaan, pengambilalihan; *Amt* serah-terima; **≗natürlich** adikodrati, melebihi yg. kodrati
übernehm|en (–) *unr. tr.* menerima, mengambilalih, mengambiloper; *Rundf.* merelai; *die Firma übernimmt die Kosten* perusahaan menanggung biaya; *sich* ~ menerima tugas yg. melampaui kekuatan; **≗er** *m* (–*s*;–) pengambilalih
über|ordnen *tr., j-n j-m* ~ menempatkan sso. lebih tinggi dp. orang lain; **–parteilich** (berdiri) di atas partai-partai, tdk. tergantung dari suatu partai; **≗produktion** *f* produksi berlebihan, hasil kelebihan
überprüf|en (–) *tr.* memikirkan kembali; *untersuchen* memeriksa (ulang), menguji; **≗ung** *f* pemeriksaan
über|queren (–) *tr.* menyeberang, melintasi; **–ragen** (–) *tr.* menjulang di

atas, lebih tinggi/besar/pandai dp., *fig.* melebihi; **–ragend** unggul, menonjol
überrasch|en (–) *tr.* membuat kejutan, mengejutkan; *freudig* menggembirakan dng. tdk. disangka-sangka; *beim Stehlen* ~ menangkap basah waktu mencuri, memergoki/menyergap waktu mencuri; **–end** (dng.) tdk. disangka-sangka, sama sekali tak terduga; **≗ung** *f* (–;–*en*) kejutan; **≗ungs·angriff** *m* serangan mendadak; **≗ungssieg** *m, Sp.* kemenangan yg. tdk. diduga
überred|en (–) *tr.* membujuk, merayu dng. kata; **≗ung** *f* (–;*O*) bujukan; **≗ungskunst** *f* kepandaian merayu/membujuk
überreich|(lich) berlimpah-limpah; **–en** (–) *tr.* menyerahkan secara resmi; *Orden* menyematkan; **≗ung** *f* (–;–*en*) penyerahan
über|reif ranum, terlalu matang; **–reizt** sangat gelisah; **–rennen** (–) *unr. tr.* menyerang dng. cepat dan maju terus; *Person* melanggar orang lain sampai ia jatuh; **≗rest** *m* sisa; *Ruinen* puing; *die sterblichen ~e* jenazah; **–rieseln** (–) *tr.* mengairi; *es überrieselt mich* saya merinding; **≗rock** *m* sm. mantel
überrumpel|n (–) *tr.* menyergap, menggerebek; **≗ung** *f* (–;–*en*) penggerebekan
über|runden (–) *tr.* melewati, mendahului; **–sät** yg. bertaburan; **–satt** kenyang sekali
übersättig|t jenuh akan; *fig.* bosan; *~e Lösung, Chem.* larutan lewat jenuh; **≗ung** *f* (–;*O*) kekenyangan, kejenuhan; *Chem.* keadaan lewat jenuh
Überschall *m* bunyi supersonik; **–geschwindigkeit** *f* kecepatan yg. melebihi kecepatan bunyi, kecepatan ultrasonik
über|schatten (–) *tr.* menaungi/menutupi seluruhnya; *fig.* membayangi, menyelimuti; **–schätzen** (–) *tr.* menilai terlalu tinggi; **≗schätzung** *f* penilaian yg. terlampau tinggi
Überschau *f* (–;*O*) ringkasan, ikhtisar; **≗en** (–) *tr.* melayangkan pandangan ke; *fig.* mendapat gambaran menyeluruh
über|schäumen *itr.* meluap dng. berbusa/berbuih; *vor Freude ~, fig.* meluap kegirangan; **–schlafen** (–) *unr. tr.* menunda keputusan (sehari)
Überschlag *m* (–*s*;⸚*e*) perkiraan, kalkulasi; *Sp.* salto
'überschlagen *unr. tr., Beine* menyilangkan; *Stimme* pecah melengking; *Funke* melompat; **über'schlagen 1.** (–) *unr. tr.* melewati; *abschätzen* mengadakan perkiraan/kalkulasi kasar; *refl.* jungkir balik, *Stimme* tiba-tiba meninggi dan melengking, *Ereignisse* beruntun; **2.** *Adj.* hangat-hangat kuku
überschnappen *itr. ugs.* menjadi sinting/miring; *du bist wohl übergeschnappt! bp.* gila kamu!
überschneid|en (–) *unr. refl.* saling memotong; saling meliputi; *zeitlich* terjadi bersamaan waktunya; **≗ung** *f* (–;–*en*) persilangan, persimpangan; *Linien* titik potong/temu
überschreiben (–) *unr. tr.* memberi judul; *Eigentum* mengalihkan; *Konto* memindahkan
überschreiten (–) *unr. tr.* menyeberangi; *Vorschrift* melanggar; *die Sechziger ~* melewati usia enam puluhan; *Höchstgeschwindigkeit ~* melampaui batas kecepatan; *Zeit ~* melampaui batas waktu
Über|schrift *f* judul; **–schuh** *m* sepatu karet; **≗schuldet** dibebani terlalu banyak hutang; **–schuß** *m* surplus, kelebihan; laba; **–schußgebiet** *n* daerah surplus; **≗schüssig** yg. berlebihan; *~e Kräfte* tenaga berlebihan; **≗schütten** (–) *tr., fig.* melimpahi, menghujani dng.
Über|schwang *m* (–*s*;*O*) luapan (perasaan); **≗schwemmen** (–) *tr.* membanjiri; **–schwemmung** *f* (–;–*en*) banjir, kebanjiran; **≗schwenglich** yg./dng. berlebihan, penuh emosi
Übersee *f, in ~* di seberang lautan; **–dampfer** *f* kapal laut; **–handel** *m* perniagaan dng. negara seberang lautan; **≗isch** berh. dng. negara seberang lautan; **–verkehr** *m* lalulintas antar negara seberang lautan

übersehbar *fig.* dapat diketahui/ditaksir (akibat...)
'übersehen *unr. itr. refl.* merasa muak (karena sering melihat); **über'sehen** (–) *unr. tr.* melihat/memandangi (dari tempat yg. tinggi); *Fehler* tdk. memperhatikan; *wir ~ die Lage* kita mengerti keadaan
übersein *unr. itr. ugs.* melebihi, ada lebihnya/sisanya
übersend|en (–) *unr. tr.* mengirimkan, menyampaikan; **≗ung** *f* (–;O) pengiriman, kiriman
übersetzbar dapat diterjemahkan
'übersetzen *tr. itr.* menyeberang (–i/kan); **über'setzen** (–) *tr.* men(t)erjemahkan, mengalihba(ha)sakan, menyalin
Übersetz|er(in *f) m* (–s;–) pen(t)erjemah, alihba(ha)sa; **–ung** *f* (–;–*en*) terjemahan; penterjemahan; *Tech.* transmisi, gir; *~ aus dem Deutschen ins Indonesische* (pen)terjemahan dari bahasa Jerman ke dl. bahasa Indonesia; *freie ~* terjemahan bebas, saduran; **–ungsrecht** *n* hak atas (pen)terjemahan
Übersicht *f* (–;–*en*) kemampuan mengerti/menguasai (sst. yg. luas); *die ~ verlieren* kehilangan kontrol/pegangan; *Zusammenfassung* ikhtisar, daftar; **–igkeit** *f* (–;O) *Med.* mata pandang lampau jauh, *hyperopia;* **≗lich** teratur dan jelas; *Gelände* terbuka; **–lichkeit** *f* (–;O) kejelasan, jelasnya, terangnya; **–skarte** *f* peta bagan; **–s·tabelle** *f* tabel (yg. memberi) ikhtisar
'übersiedeln *itr.*, **über'siedeln** (–) *itr.* (ber)pindah tempat, beralih ke
Übersiedlung *f* (–;–*en*) pindah tempat
übersinnlich gaib, adikodrati, yg. melampaui pancaindera
überspann|en (–) *tr.* terlalu merentangkan; *Tal, Fluss* membentangkan; *mit e-m Segeltuchdach ~* memayungi dng. terpal; *Forderungen ~* menuntut terlalu banyak; **–t** nyentrik, aneh, ekstrem
Über'spannung *f* (–;O) *fig.* keterlaluan, keanehan; **'Überspannung** *f, Elek.* tegangan terlalu tinggi

überspielen (–) *tr.* merekam kembali/lagi; *fig.* menutupi
überspitz|en (–) *tr.* terlalu meruncingkan; melebih-lebihkan; **–t** yg. dicari-cari, ekstrem
'überspringen *unr. itr.* meloncat, beralih; *Feuer* menjalar; **über'springen** (–) *unr. tr.* melompati, meloncati
über|sprudeln *itr., s. überschäumen;* **–staatlich** supranasional
'überstehen *unr. itr.* menjorok ke luar, menonjol; **über'stehen** (–) *unr. tr.* mengatasi, bertahan
über'steigen (–) *unr. tr. itr.* melampaui; menaiki, memanjati; *fig.* melebihi
übersteiger|n (–) *tr.* terlalu menaikkan; *Forderungen ~* menuntut terlalu banyak; **–t** *~es Selbstbewußtsein* rasa percaya diri yg. terlalu besar
über|stimmen (–) *tr.* mengalahkan dl. pemungutan suara; **–strahlen** (–) *tr.* menyinari (seluruhnya); *fig.* jauh melebihi, menyebabkan kurang penting; **–streichen** (–) *unr. tr.* mencat (lagi); **–streifen** *tr.* mengenakan
über'strömen (–) *tr.* membanjiri; *von Schweiß überströmt* mandi keringat; **'überströmen** *itr.* meluap; **–d** meluap-luap
Überstunde *f* lembur; *~n machen* bekerja lembur
überstürz|en (–) *tr.* bertindak tergesa-gesa, berbuat tanpa pikir panjang; *refl., Personen* bertindak terlalu tergesa-gesa; *Ereignisse* beruntun; **–t** tergesa-gesa, tergopoh(–gopoh); **≗ung** *f* (–;O) tindakan yg. tergesa-gesa; *nur keine ~ !* pelan-pelan!
Übertagearbeiter *m* buruh pertambangan yg. tdk. bekerja di bawah tanah
über|tölpeln (–) *tr.* mengakali, menipu; **–tönen** (–) *tr., der Lautsprecher übertönt die Musik* kerasnya bunyi pengeras suara menyebabkan musik tdk. terdengar
Übertrag *m* (–*es*;⸗*e*) jumlah pindahan, transfer, saldo; **≗bar** dapat dipindahkan/dialihkan; *Krankheit* yg. menular; **≗en** (–) *unr. tr.* memindahkan, mengalihkan, mengoper; *Geschriebenes* menyalin; *übersetzen* men(t)erjemahkan; *Tonband* merekam; *Rundf.*

menyiarkan langsung; *Aufgabe* melimpahkan, mempercayakan; *Blut* ~ mengadakan transfusi darah; *Malaria wird durch Mücken* ~ malaria disebarkan oleh nyamuk; *~e Bedeutung* arti kiasan

Übertragung *f* (*–;–en*) pemindahan, pengalihan; *Med.* transfusi; *Rundf.* siaran langsung; *Krankheit* penularan; *Amt* pelimpahan; **–swagen (Ü-Wagen)** *m, Fernsehen/Radio* kendaraan utk. mengadakan siaran langsung

übertreffen (–) *unr. tr.* melebihi, melampaui

übertreib|en (–) *unr. tr.* membesar-besarkan, melebih-lebihkan; **°ung** *f* (*–;–en*) pernyataan/ungkapan yg. berlebih-lebihan

'übertreten *unr. itr.* melampaui (garis batas, tepi…); *fig.* (ber)pindah/beralih ke; **über'treten** (–) *unr. tr.* melanggar

Übertret|er *m* (–s;–) pelanggar; **–ung** *f* (*–;–en*) pelanggaran

übertrieben *Adj.* bersifat dibesar-besarkan, yg. berlebihan; ~ *kritisch* terlalu kritis

Über|tritt *m* (*–(e)s;–e*) (per)pindahan, peralihan; **°trumpfen** (–) *tr.* mengungguli, mengalahkan; **°tünchen** (–) *tr.* mengapuri, melabur; *fig.* menutup-nutupi

übervölker|t terlalu padat penduduk; **°ung** *f* (*–;O*) kepadatan penduduk yg. terlampau tinggi

übervoll terlalu penuh

übervorteil|en (–) *tr.* menipu, memperdayakan, merugikan; **°ung** *f* (*–;O*) penipuan, tipu daya

überwach|en (–) *tr.* mengawasi, mengontrol; **°ung** *f* (*–;O*) pengawasan, kontrol

überwältigen (–) *tr.* mengalahkan, menundukkan, membuat tdk. berdaya; *Angst…* mencekam; **–d** *~e Mehrheit* mayoritas yg. sangat besar; *~e Schönheit* keindahan yg. sangat mempesonakan / mengesankan; *nicht* ~ biasa saja

überweis|en (–) *unr. tr.* memindahkan; *Geld* mentransfer; *Med.* membuatkan surat pengantar ke dokter lain; **°ung** *f* (*–;–en*) *Geld* transfer, pemindahan uang; *Med.* (pembuatan) surat pengantar ke dokter lain; **°ungs·auftrag** *m* order pemindahan uang; **°ungsscheck** *m* cek giro

überweltlich adikodrati

'überwerfen *unr. tr.* mengenakan dng. cepat; **über'werfen** (–) *unr. refl.* bertengkar/berselisih dan (karenanya) berpisah

über'wiegen (–) *unr. itr.* lebih menonjol; melebihi; **–d** sebagian besar

überwind|en (–) *unr. tr.* mengalahkan, mengatasi; *sich* ~ memaksakan diri; *e überwundener Standpunkt* pandangan yg. sudah usang; **°ung** *f* (*–;O*) penaklukan; kemenangan atas; *das kostet mich* ~ dng. memaksa diri, dng. mengorbankan perasaan saya

über|wintern (–) *itr.* melewati musim dingin; **–wölben** (–) *tr.* memasang kubah; **–wuchert** ditumbuhi/ditutupi tanaman liar

Überwurf *m* sm. mantel tanpa lengan; **–mutter** *f, Tech.* mur sungkup

Über|zahl *f* sebagian besar; kebanyakan, mayoritas; **°zählig** kelebihan; yg. berlebihan; **°zeichnen** (–) *tr., Börse* memesan saham lebih banyak dp. jumlah yg. dikeluarkan

überzeug|en (–) *tr. itr.* meyakinkan; ~ *Sie sich selbst!* coba periksa sendiri! *überzeugt sein von* yakin akan, percaya sungguh-sungguh; **–end** yg. meyakinkan; **°ung** *f* (*–;–en*) keyakinan, iman; pendirian; **°ungs·täter** *m* orang yg. berbuat pelanggaran terdorong oleh keyakinannya.

'überziehen *unr. tr.* mengenakan, memakai; *j-m eins* ~, *ugs.* memukul sso.; **über'ziehen** (–) *unr. tr.* melapisi; menyarungi; *Bett* mengganti seprai; *Konto* mengambil uang terlalu banyak (dari rekening di bank)

Überzieh|er *m* (*–s;–*) sm. mantel utk. laki-laki; **–ung** *f* (*–;–en*) penarikan uang yg. melebihi simpanan

über|zuckern (–) *tr.* melapisi dng. gula; **°zug** *m* lapisan; *Kissen/Bett* sarung bantal, seprai

üblich lazim, biasa; *nicht mehr* ~ kuno, kedaluwarsa

U-Boot *n, Abk. von Unterseeboot* kapal selam

übrig bersisa, lebih(nya); *im ~en, s. übrigens; et. ~ haben für* senang/berminat akan; *et. ~ haben für j-n* menyenangi sso., menaruh simpati pd. sso.; **–behalten** (–) *unr. tr.* ada sisanya; **–bleiben** *unr. itr.* ada sisanya; *es blieb mir nichts anderes übrig* tdk. ada pilihan lain bagi saya; **–ens** selain dari itu, lagi pula, di samping itu; **–lassen** *unr. tr.* menyisihkan, menyisakan, meninggalkan; *nichts zu wünschen ~* sempurna, tanpa cela
Übung *f* (*–;–en*) latihan; *in (der) ~ bleiben* berlatih terus; *Univ.* seminar
Übungs|aufgabe *f* (tugas) latihan; **–lager** *n* perkemahan/tempat latihan; **–platz** *m* lapangan latihan; *Mil.* tempat latihan (militer)
Ufer *n* (*–s;–*) *Binnengewässer* tepi; *Meer* pantai; **–damm** *m* tanggul, bendungan; **≗los** *Adj., fig.* tak ada batasnya/akhirnya
Uhr *f* (*–;–en*) jam, arloji; *an der Wand* lonceng; *wieviel ~ ist es?* jam berapa, pukul berapa? *es ist vier ~* jam/pukul empat; *rund um die ~* sepanjang hari, selama 24 jam; **–armband** *n* ban arloji, gelang jam; **–feder** *f* pegas arloji; **–gehäuse** *n* kotak/rumah arloji; **–kette** *f* rantai/kalung arloji
Uhr|macher *m* (*–s;–*) tukang arloji; **–werk** *n* mekanisme arloji/jam; **–zeiger** *m* jarum jam; **–zeigersinn** *m, im ~(e)* menurut arah jarum jam; **–zeit** *f* waktu, jam
Uhu *m* (*–s;–s*) sm. burung hantu besar, *bubo bubo*
Ukas *m* (*–ses;–se*) (surat) perintah
Ulk *m* (*–s;O*) kelakar, senda gurau, lelucon; **≗en** *itr.* berkelakar, bersendagurau; **≗ig** lucu
Ulme *f* (*–;–n*) sm. pohon besar, *ulmus*
ultima|tiv dng. cara ultimatum; **≗tum** *n* (*–s; . . . ten/–s*) ultimatum, peringatan terakhir disertai batas waktu
Ultimo *m* (*–s;–s*) hari terakhir dl. bulan, ultimo
Ultra *m* (*–s;–s*) *Pol.* penganut aliran ekstrem; **–kurzwelle** *f* gelombang ultra pendek; **–linke** *m, f* (*–n;–n*) *Pol.* ekstremis kiri; **≗marin** biru lazuardi; **≗modern** sangat modern; **≗rot** merah infra; **–schall** *m* supersonik; **–strahlen** *pl* sinar ultra/kosmis; **≗violett** ungu ultra
um 1. *Prp.* sekeliling, sekitar; *~ zwölf Uhr* pd. jam dua belas; *~ Ostern* sekitar hari Paskah; *sich Sorge(n) machen ~* cemas tt.; *~ Hilfe rufen* minta bantuan; *e-n ~ den anderen Tag* setiap dua hari sekali, setiap selang sehari; *e-r ~ den andern* setiap dua orang sekali, *ugs.* satu demi satu; *~ zwei Zentimeter kürzen* memotong/mengurangi dua senti; *~ des lieben Friedens willen* demi kedamaian; **2.** *Adv.* kira-kira, sekitar; **3.** *je . . . ~ so* semakin . . . semakin; *~ zu* (*Konj. beim Infinitiv*) untuk; *~ so mehr* lebih-lebih, tambah lagi; *~ u. ~* seluruhnya, di mana-mana; *die Zeit ist ~, ugs.* habis waktunya
um|ackern *tr.* membajak; **–adressieren** (–) *tr.* mengubah alamat; **–ändern** *tr.* mengubah; **–arbeiten** *tr.* mengubah (secara menyeluruh), merombak; *noch einmal bearbeiten* mengerjakan kembali
Umarbeitung *f* (*–;–en*) perubahan, pengerjaan kembali, revisi
umarm|en (–) *tr. refl.* memeluk, merangkul; **≗ung** *f* (*–;–en*) pelukan, rangkulan
Umbau *m* (*–es;–ten*) perombakan, perubahan bangunan; *fig.* reorganisasi
'umbauen *tr.* mengubah bangunan; *fig.* mengadakan reorganisasi; **um'bauen** (–) *tr., der Kreisel am Hotel Indonesia ist jetzt völlig umbaut* bunderan HI kini seluruhnya dikelilingi gedung; *umbauter Raum* volume ruangan (per kubik)
um|behalten (–) *unr. tr.* tetap memakai; **–benennen** (–) *unr. tr.* mengganti nama; **–besetzen** (–) *tr.* mengganti peran/pemain; **–betten** *tr.* memindahkan ke tempat tidur lain; *Leiche ~* memindahkan mayat ke kuburan lain; **–biegen** *unr. tr.* membengkokkan, melengkungkan; *itr.* membelok; **–bilden** *tr.* merombak, mengubah bentuk; **–binden** *unr. tr.* memasang dng. mengikatkan
um|blättern *tr. itr.* membalik halaman; **–blicken** *refl., s. umsehen;* **–bringen** *unr. tr. refl.* membunuh; **≗bruch** *m* perubahan total; *Pol.* re-

volusi; *Schriftsatz* penataan cetak-coba menurut halaman buku/koran
umbuch|en *tr.* memindahkan ke konto lain; mengubah pesanan tempat; **≗ung** *f* perubahan pesanan tiket/karcis; *Geld* transfer
um|denken *unr. itr.* mengubah pikiran/pandangan; **–deuten** *tr.* mentafsirkan lain/salah; **–disponieren** (–) *tr. itr.* mengubah rencana, mengatur kembali; **–drängen** (–) *tr.* mengerumuni
umdreh|en *tr. itr.* membalik(kan); memutarkan; *sich* ~ berbalik, berpaling; **≗ung** *f* (per)putaran, rotasi; **≗ungsgeschwindigkeit** *f* kecepatan perputaran; **≗ungszahl** *f* jumlah perputaran
umeinander satu sama lain, saling
Umerziehung *f* reedukasi
'umfahren *unr. tr.* menabrak (hingga) jatuh/roboh; **um'fahren** (–) *unr. tr.* mengitari, mengelilingi (dng. kendaraan/kapal); *itr.* menghindari dng. mengambil jalan lain
umfallen *unr. itr.* jatuh, roboh, tumbang; *fig.* mengubah pendirian (karena pengaruh tertentu)
Umfang *m* (*–s;O*) volume, luasnya; *Kreis* lingkar, keliling; *Buch* tebalnya, besarnya; *in großem* ~ secara besar-besaran; **≗en** (–) *unr. tr.* memeluk, merangkul; *fig.* meliputi
um|fänglich agak luas/ekstensif; **–fangreich** luas sekali; besar sekali; besar jumlahnya, ekstensif
umfass|en (–) *tr.* menggenggam; memegang erat; merangkul; *fig.* mencakup; *Mil.* mengepung; **–end** termasuk semuanya, lengkap; *fig.* luas; **≗ung** *f* pagar; pinggiran; *Mil.* pengepungan
um'fliegen (–) *unr. tr.* mengelilingi dng. pesawat terbang; *ausweichen* menghindari dl. penerbangan; **'umfliegen** *unr. itr. ugs.*, *s. umfallen*
umform|en *tr.* membentuk kembali, mengubah bentuk; *Elek.* mengubah (jenis) arus; **≗er** *m* (*–s;–e*) *Elek.* transformator
Umfrage *f* angket
umfried(ig)|en *tr.* memagari; **≗ung** *f* (*–;–en*) pagar
um|füllen *tr.* memindahkan/mengisi ke tempat lain; **–funktionieren** (–) *tr.* mengubah fungsi
Umgang *m* pergaulan, hubungan; ~ *pflegen/haben mit* bergaul dng.; *Galerie* sm. serambi yg. mengelilingi bangunan; *Prozession* arak-arakan
umgänglich ramah, pandai bergaul
Umgangs|formen *pl* sopan-santun, tata krama, tata pergaulan; **–sprache** *f* bahasa pergaulan/percakapan
umgarnen (–) *tr. fig.* merayu
umgeb|en (–) *unr. tr.* mengelilingi; **≗ung** *f* (*–;–en*) (daerah) sekitarnya/sekelilingnya; lingkungan; *fig.* kalangan
Umgegend *f* (daerah) sekitarnya/sekelilingnya
'umgehen *unr. itr.* tersiar, tersebar; *mit j-m (grob)* ~ memperlakukan/menangani sso. (secara kasar); *mit et.* ~ memakai sst.; *verkehren mit* bergaul dng.; *mit e-m Plan* ~ mempertimbangkan/memikirkan rencana; *e Gespenst geht um* hantu gentayangan; **um'gehen** (–) *unr. tr.* menghindari, mengelakkan, melanggar
umgeh|end dng. segera; **≗ung** *f* (*–;O*) pelanggaran; penghindaran; **≗ungsstraße** *f* jalan yg. menghindari (pusat) kota
umgekehrt terbalik, sebaliknya
um|gestalten (–) *tr.* menata/membentuk kembali, mengubah; **–gießen** *unr. tr.* menuangkan ke tempat lain; *Metall* mencetak kembali; **–graben** *unr. tr.* menggemburkan tanah (dng. sekop)
umgrenz|en (–) *tr.* memagari, membatasi; **≗ung** *f* (*–;–en*) batas, pagar
umgruppier|en (–) *tr.* mengelompokkan kembali; **≗ung** *f* (*–;–en*) pengelompokan kembali
umgucken *sich* ~ menoleh; *du wirst dich noch* ~ *!* kamu akan tahu sendiri (akibatnya)!
um|haben *unr. itr. ugs.* mengenakan, memakai; **–hacken** *tr.* memacul; *fällen* menebang; **–halsen** (–) *tr.* memeluk
Umhang *m* (*–es;⸚e*) sm. baju/mantel/jas tanpa lengan

umhänge|n *unr. tr.* menyandang/menggantungkan di bahu; *Bild* menggantungkan ke tempat lain; **≗tasche** *f* tas bahu/gantung

umhauen **1.** *unr. tr.* menebang; **2.** *itr. ugs.* membuat lemah/pusing; *das haut mich um* astaga, saya tidak tahan (itu)

umher ke sana ke mari, ke segala penjuru, kian ke mari; **–blicken** *itr.* melihat sekelilingnya; **–irren** *itr.*, **–schweifen** *itr.*, **–streichen** *unr. itr.*, **–streifen** *itr.*, **–ziehen** *unr. itr.* berkeluyuran, bergelandangan, berkelana, berkeliling

umhin *nicht ~ können* tdk. bisa dihindari/dielakkan

umhüll|en (–) *tr.* menyelubungi, membungkus, menyelimuti; **≗ung** *f* (–;–*en*) pembungkus, sampul

Umkehr *f* (–;*O*) pembalikan, kembalinya; *fig.* pertobatan; **≗en** *itr.* berbalik, membalik; *fig.* bertobat; *tr.* membalikkan, memutarbalikkan; *sich ~* berpaling; **–ung** *f* (–;*O*) pemutar-balikan, pembalikan

umkippen *tr.* menjatuhkan, menjungkirkan; *itr.* jatuh, roboh; terjungkir; *Ökologie* melewati titik gawat

umklammer|n (–) *tr.* menggenggam, mendekap, memegang erat-erat; **≗ung** *f* (–;*O*) rangkulan, dekapan, genggaman

umklappen *tr.* membalikkan; *itr.*, *ohnmächtig werden* jatuh pingsan

'umkleiden *tr. refl.* mengganti pakaian, bertukar baju; **um'kleiden** (–) *tr.* menutupi/melapisi (dng. kain)

Umkleideraum *m* tempat ganti pakaian, ruang bersalin

um|knicken *tr.* menekuk; *sich den Fuß ~* kaki keseleo; **–kommen** *unr. itr.* tewas/mati dl. kecelakaan; *verderben* membusuk

Umkreis *m* (–*es*;*O*) sekelilingnya, seputarnya; lingkungan; *im ~ von hundert Kilometern* dl. radius seratus kilometer; **≗en** (–) *tr.* mengitari, mengedari, mengelilingi

umkrempeln *tr.* menggulung(kan); membalikkan; *ugs. fig.* mengubah secara total

umlad|en *unr. tr.* memindahkan muatan; **≗ung** *f* (–;–*en*) pemindahan muatan

Umlage *f* (–;–*n*) ongkos/iuran yg. harus dibayar setiap peserta

'umlagern *tr.* memindahkan; **um'lagern** (–) *tr.* mengerumuni, mengelilingi, mengerubuti

Umlauf *m* perputaran, peredaran; rotasi; *Geld* sirkulasi; *Rundschreiben* surat edaran, sirkuler; *Med.* radang ruas jari yg. berkuku, *panaritium; in ~ sein* beredar; **–bahn** *f* orbit

'umlaufen *unr. itr.* beredar; tersebar; **um'laufen** (–) *unr. tr.* mengitari, mengelilingi, mengorbit

Umlauf(s)zeit *f*, *Ast.* jangka waktu peredaran, masa mengitari/mengorbit

Umlaut *m* (–*es*;–*e*) *Gr.* umlaut

umlegen *tr.* **1.** meratakan, merobohkan; **2.** *Mantel* meletakkan di atas bahu; *Kette* melingkarkan di leher; *Verband* membalut; **3.** *Verkehr, s. umleiten; Termin* memindahkan; *Patient* memindahkan ke tempat tidur lain; **4.** *ugs.*, *j-n ~* membunuh sso.; **5.** *aufteilen* membagi (iuran) menurut jumlah peserta

umleit|en *tr.*, *Verkehr* mengalihkan ke jalan lain; **≗ung** *f* pengalihan lalu-lintas

um|lenken *tr. itr.* membalikkan arah kendaraan; berbalik; **–lernen** *itr.* belajar kembali (utk. menyesuaikan diri pd. perkembangan); belajar keahlian baru; **–liegend** di sekeliling, yg. berdekatan; **–mauern** (–) *tr.* mengelilingi dng. tembok; **–melden** *refl. tr.* melaporkan perpindahan; **–nachtet** sakit jiwa; **–nebelt** kabur (karena mabuk)

um|organisieren (–) *tr.* mengadakan reorganisasi; **–packen** *tr.* membungkus kembali

'umpflanzen *tr.* memindahkan (tanaman); **um'pflanzen** (–) *tr.* mengelilingi dng. tanaman

umpflügen *tr.* membajak (tanah)

umpol|en *tr.*, *Elek.* menukarkan kutub; **≗ung** *f* (–;–*en*) penukaran kutub

um|prägen *tr.*, *Münzen* melebur dan mencetak kembali; **–programmieren**

(–) *tr.* mengubah rencana/susunan; **–quartieren** (–) *tr.* memindahkan ke tempat lain; **–rahmen** (–) *tr.* membingkai(kan); *die Feier musikalisch* ~ membuka dan menutup perayaan dng. acara musik

umrand|en (–) *tr.* memberi pinggiran, melingkari; **≗ung** *f* (–;–*en*) pinggir (–an)

um|ranken (–) *tr.* membelit; menjalari; **–räumen** *tr.* memindahkan ke tempat lain; *e Zimmer* ~ menata ruangan kembali

umrechn|en *tr.* menghitung kembali dl. satuan lain (mata uang, jarak, berat); **≗ung** *f* penghitungan dl. satuan lain; **≗ungskurs** *m* kurs penukaran (uang)

'umreißen *unr. tr.* merobohkan; menjatuhkan; **um'reißen** (–) *unr. tr.* meringkaskan, menguraikan secara singkat dan tepat

'umreiten *unr. tr.* menubruk dng. kuda; **um'reiten** (–) *unr. tr.* mengelilingi dng. naik kuda

um|rennen *unr. tr.* menubruk jatuh; **–ringen** (–) *tr.* mengerumuni

Umriß *m* (...*sses*;...*sse*) garis bentuk; sketsa; sosok; *in Umrissen* dl. garis besar saja; **–zeichnung** *f* sketsa

umrühren *tr.* mengaduk

ums = *um das*

umsatteln *tr.* mengganti pelana; *itr. ugs.* mengganti pekerjaan atau bidang studi

Umsatz *m* (–*es*;–̈*e*) jumlah penjualan, omset; **–steuer** *f* pajak penjualan

'umsäumen *tr.* mengesom, mengelim; **um'säumen** (–) *tr.* mengelilingi, melingkari

umschalt|en *tr., Tech.* memindahkan hubungan/arus; *Mot.* mengganti persneling; *Rundf.* mengganti pemancar/gelombang; *auf e-n anderen Sender* ~ memilih/menyetel pemancar lain; **≗er** *m, Elek.* sakelar, tombol; **≗taste** *f, Schreibmaschine* tuts pengubah; **≗ung** *f, Tech.* perlengkapan penukaran gigi, sakelar balik

Umschau *f* (–;*O*) pandangan sekeliling; (judul/nama) koran/majalah; ~ *halten* mencari-cari (sekeliling); **≗en** *refl.* menoleh ke

umschicht|en *tr.* menyusun kembali, mengubah susunan; **–ig** gantigantian; **≗ung** *f* (–;–*en*) penyusunan kembali, perubahan susunan; *gesellschaftliche* ~ perombakan sosial

umschiff|en (–) *tr.* mengelilingi/melewati dng. kapal; *fig.* menghindari (kesulitan); **≗ung** *f* (–;–*en*) pelayaran lewat

Umschlag *m* (–*s*;–̈*e*) pergantian, perubahan; *Brief* amplop; *Hülle* sampul, kulit (buku); *Med.* kompres; *Kleidung* lipatan; *Waren* pemindahan muatan; **≗en** *unr. tr.* menebang, merobohkan; *falten* melipat; *Waren* memindahkan dari kapal ke kendaraan; *Buch* membalik halaman; *itr.* membalik, menelungkup; *wechseln* berubah; **–hafen** *m* pelabuhan tempat bongkar-muat barang; **–platz** *m* tempat bongkar-muat barang; tempat perniagaan; **–tuch** *n* syal, sm. selendang, mafela

um|schließen (–) *unr. tr.* melingkari, mengelilingi, melingkungi; **–schlingen** (–) *unr. tr.* meliliti; merangkul erat-erat; *sich* ~ berangkulan; **–schmeißen** *unr. tr., ugs.* menjatuhkan; **–schmelzen** *unr. tr.* melebur dan membentuk kembali; **–schnallen** *tr., Gürtel* ~ memasang ikat pinggang

'umschreiben *unr. tr.* menuliskan kembali; *Eigentum* mengalihkan kpd.; **um'schreiben** (–) *unr. tr.* menguraikan; menggambarkan

'Umschreibung *f* (–;–*en*) penulisan/penyusunan kembali; transkripsi; **Um'schreibung** *f* (–;*O*) penggambaran; pelembutan kata

Umschrift *f* transkripsi; *Münze* tulisan pd. pinggir (uang logam), inskripsi

umschulden *tr.* mengubah kredit jangka pendek menjadi kredit jangka panjang

umschul|en *tr.* memindahkan ke sekolah lain; *Berufstätige* mendidik kembali (spy. mampu menjalankan pekerjaan lain); **≗ungskurs** *m* kursus latihan utk. belajar ketrampilan baru

um|schütten *tr.* menumpahkan; *umgießen* menuangkan ke tempat lain; **–schwärmen** (–) *tr.* mengerumuni; *sie wird von vielen Jungen umschwärmt* ia dikagumi banyak pemuda; **≗schweife** *pl, ohne* ~ dng. terus-terang; **–schwenken** *itr.* mengubah pandangan/sikap; **–schwirren** (–) *tr.* mengerumuni; **≗schwung** *m, fig.* perubahan secara mendalam; *Pol.* perubahan total, revolusi; *Sp.* putaran

um|segeln (–) *tr.* mengelilingi dng. kapal layar; **–sehen** *unr. refl.* menoleh ke; melihat-lihat; *sich* ~ *nach et.* mencari sst. (yg. cocok); **–sein** *unr. itr. ugs.* sudah habis/berlalu; **–seitig** di sebelahnya, di halaman berikut

umsetz|bar dapat dijual; dapat dilaksanakan/diterapkan; **–en** *tr., Handel* menjual; *in die Tat* ~ melaksanakan, merealisasikan

Umsichgreifen *n* (*–s;O*) penjalaran, penjangkitan

Umsicht *f* (*–;O*) kebijaksanaan; **≗ig** bijaksana, teliti

umsied|eln *tr. itr.* memindahkan ke pemukiman baru; berpindah, bertransmigrasi; **≗ler** *m* (*–s;–*) transmigran; **≗lung** *f* (*–;–en*) transmigrasi, perpindahan tempat tinggal

um|sinken *unr. tr.* jatuh pingsan; **–sonst** *Adv.* sia-sia; cuma-cuma, gratis; *nicht* ~ tdk. tanpa alasan; **–sorgen** (–) *tr.* memelihara, memperhatikan secara khusus

'umspannen *tr. itr.* mengganti/menukar kuda; *Elek.* mengubah voltase; **um'spannen** (–) *tr.* mendekap; *fig.* mencakup

Umspanner *m* (*–s;–*) transformator

'umspringen *unr. itr.* berganti, berubah; *fig.* dolak-dalik; *mit j-m* ~, *ugs.* memperlakukan sso. dng. sewenang-wenang; **um'springen** (–) *unr. tr.* melompat-lompat mengelilingi

umspulen *tr.* menggulungkan kembali

Umstand *m* (*–s;¨–e*) faktor, hal; keadaan

Umstände *pl, unter ~n* mungkin; *unter allen ~n* bagaimanapun juga; *unter keinen ~n* bagaimanapun juga tdk.; *in anderen ~n sein* sedang hamil; *keine ~ machen wegen* jangan repot-repot karena, *bp.* tdk. usah pusing karena

umständlich lamban; *weitschweifig* bertele-tele, panjang-lebar; *pedantisch* terlalu teliti; kaku

Umstands|bestimmung *f, Gr.* kata keterangan kerja; **–kleid** *n* pakaian hamil; **–krämer** *m* orang yg. bertele-tele; **–wort** *n, Gr.* kata keterangan/tambahan, adverbia

umstehen (–) *unr. tr.* (berdiri) mengelilingi; **–d** di baliknya; *die ≗en* orang yg. berdiri mengelilingi, penonton

Umsteige|fahrschein *m,* **–karte** *f* karcis yg. berlaku utk. ganti trem/bis/kereta-api; **≗n** *unr. itr.* mengganti/berpindah kendaraan

'umstellen *tr.* menempatkan ke tempat lain; mengubah; *sich* ~ menyesuaikan diri; **um'stellen** (–) *tr.* mengepung

Umstellung *f* (*–;–en*) perubahan, penyesuaian

umstimmen *tr.* mengubah pendapat orang lain; *Mus.* mengubah nada

umstoßen *unr. tr.* menjatuhkan, merobohkan; *fig.* mengubah total

umstritten *Adj.* yg. masih dipersoalkan, tdk. pasti

umstülpen *tr.* membalikkan; menjungkir-balikkan; *fig.* memutarbalikkan

Umsturz *m* penggulingan, revolusi

umstürz|en *tr.* merobohkan, menjatuhkan; menggulingkan; *fig.* mengubah secara total; *itr.* roboh, jatuh, runtuh; **≗ler** *m* (*–s;–*) revolusioner

umtaufen *tr.* mengubah nama

Umtausch *m* penukaran, pertukaran; **≗en** *tr.* menukar(kan)

Umtriebe *pl, fig.* kegiatan subversif, intrik

umtun *unr. tr. ugs.* mengenakan; *sich* ~ berusaha

umwälz|en *tr.* menggelindingkan; **–end** radikal; **≗pumpe** *f* pompa sirkulasi; **≗ung** *f* (*–;–en*) penggulingan, revolusi

umwand|en *tr.* mengubah; *er ist wie umgewandelt* ia berubah sama sekali; **≗lung** *f* (*–;–en*) perubahan, transformasi

umwechseln *tr.* menukar(kan)
Umweg *m, e-n ~ machen* mengambil jalan putar; *et. auf ~en erfahren* mengetahui secara tdk. langsung
Umwelt *f* lingkungan; **≗feindlich** yg. mencemarkan lingkungan; **≗freundlich** yg. tdk. membahayakan lingkungan; **≗schädlich** *s. umweltfeindlich;* **–schutz** *m* pelestarian lingkungan; **–verschmutzung** *f* pencemaran lingkungan
umwenden *unr. tr.* membalik(kan); *sich ~* berpaling, berbalik
umwerben (–) *unr. tr.* memikat, merayu
umwerfen *unr. tr.* menjatuhkan, merobohkan; *fig.* mengubah sama sekali; *die Nachricht wirft ihn um, ugs.* berita itu membuatnya kewalahan
Umwertung *f* (*–;–en*) perombakan (segala) nilai
um'wickeln (–) *tr.*, **um'winden** (–) *unr. tr.* membebat, melilitkan
umwühlen *tr., fig.* menjungkir-balikkan, mengacaubalaukan
umziehen *unr. itr.* pindah (rumah, tempat); *sich ~* berganti pakaian
umzingeln (–) *tr.* mengepung
Umzug *m* **1.** *Wohnungswechsel* perpindahan; **2.** *Festzug* arak-arakan, demonstrasi, pawai
unab|änderlich tdk. dapat diubah lagi; pasti; **–dingbar** tdk. dapat ditawar lagi, mutlak; **–hängig** bebas, tdk. tergantung; *Pol.* independen, merdeka; *~ von* tdk. tergantung dari; **≗hängige** *m, f (–n;–n) Pol.* orang independen; **≗hängigkeit** *f* (*–;O*) kemerdekaan, keadaan tdk. terikat; **–kömmlich** tdk. dapat diganti, sangat diperlukan; **–lässig** terus-menerus, tak ada henti-hentinya; **–sehbar** luas/besar sekali; *fig.* tdk. dapat diduga; **–setzbar** tdk. dapat diberhentikan; *Betrag* tdk. dapat dipotong; **–sichtlich** tdk. sengaja; **–weisbar, –weislich** tdk. dapat ditolak/disangkal, mutlak; **–wendbar** pasti akan terjadi, tak terelakkan
unachtsam lalai, lengah, tdk. hati-hati; **≗keit** *f* (*–;O*) kelalaian, kecerobohan
unähnlich tdk. mirip, berbeda
unan|fechtbar pasti, tdk. dapat diganggu-gugat; **–gebracht** tdk. cocok, tdk. pd. tempatnya; **–gefochten** *Adj.* tdk. diganggu-gugat; tanpa kesulitan/gangguan; **–gemeldet** tanpa perjanjian/pemberitahuan lebih dahulu; **–gemessen** *Adj.* tdk. sesuai/wajar; **–genehm** tdk. enak/menyenangkan; **–getastet** tanpa disentuh; tanpa diganggu; **–greifbar** tdk. dapat diserang/dikalahkan
unan|nehmbar tdk. dapat diterima; **≗nehmlichkeit** *f* (*–;–en*) gangguan, hal yg. tdk. enak; *~en bekommen* mendapat kesulitan; **–sehnlich** tdk. terpelihara, kurang rapi; lusuh; **–ständig** kurang ajar/sopan/hormat; *~er Witz* lelucon yg. tak senonoh; **≗ständigkeit** *f* ketidaksopanan; tingkahlaku/perkataan tdk. senonoh; **–tastbar** tdk. dapat diganggu-gugat; tabu; *Gesinnung* tdk. bisa disangsikan
unappetitlich tdk. membangkitkan selera; *ekelig* kotor, yg. menjijikkan
Unart *f* (*–;–en*) kebiasaan yg. buruk; **≗ig** nakal, kurangajar
un|artikuliert tdk. jelas diucapkan; **–ästhetisch** tdk. enak dipandang, jelek rupa, jijik
unauf|dringlich sopan, halus; bijaksana; **–fällig** tdk. menonjol(kan); *~ weggehen* pergi dng. diam-diam; **–findbar** tdk. dapat diketemukan; **–gefordert** dng. tdk. diundang/diminta, sukarela; **–haltsam** tdk. dapat dicegah/dibendung/dihalangi; **–hörlich** terus-menerus, tak ada hentinya; **–lösbar** tdk. dapat diceraikan/diuraikan; **≗löslichkeit** *f* (*–;O*) keadaan tak terceraikan
unauf|merksam lalai, lengah, tdk. memperhatikan; **≗merksamkeit** *f* (*–;–en*) kelalaian, kurang perhatian; **–richtig** tdk. jujur; **–schiebbar** tdk. dapat ditunda/ditangguhkan, mendesak
unaus|bleiblich tak terelakkan; **–führbar** tdk. dapat dilaksanakan; **–gefüllt** kosong; luang; **–geglichen** *Adj.* tak seimbang, labil, mudah berubah-ubah; **≗geglichenheit** *f* (*–;O*) keadaan tak seimbang, sifat labil; **–gesetzt** terus-menerus, dng.

tiada hentinya; **–löschlich** tdk. dapat dihapus, tdk. dapat dilupakan
unaus|rottbar berakar kuat, tdk. dapat dihilangkan/diubah; **–sprechbar** tdk. dapat diucapkan; **–sprechlich** tak terkatakan, luar biasa; **–stehlich** yg. memuakkan/menyebalkan; **–weichlich** tdk. terelakkan, yg. tdk. dapat dihindari
unbändig besar sekali; *~e Freude/Wut* kegembiraan/amarah yg. meluap-luap; *~e Kinder* anak nakal
unbarmherzig kejam, tak berperikemanusiaan, tdk. kenal ampun; **°keit** *f* (–;*O*) kekejaman; sikap/sifat keras hati
unbe|absichtigt dng./secara tdk. sengaja, kebetulan; **–achtet** yg. tdk. diperhatikan; *~ lassen* tdk. mempedulikan; **–anstandet** tanpa keberatan/halangan; **–antwortet** tak terjawab; tanpa jawaban; **–arbeitet** mentah, belum digarap/ditangani; **–baut** *Boden* belum/tdk. digarap; *Grundstück* masih kosong; **–dacht(sam)** ceroboh, sembrono; *voreilig* gegabah; **–darft** *ugs.* lugu, naif
unbe|denklich tanpa ragu-ragu, tdk. perlu disangsikan; *Person* baik, polos; **°denklichkeitsbescheinigung** *f* surat lulus penyaringan; **–deutend** tak ada arti(nya)/pengaruh, kecil; **–dingt** *Adj.* mutlak; *Adv.* bagaimanapun juga, mau tak mau, harus; *nicht ~* tdk. harus; **–fahrbar** tdk. dapat dilalui
unbe|fangen *Adj.* tdk. berat sebelah, tanpa prasangka; *nicht verlegen* tanpa malu-malu; **°fangenheit** *f* (–;*O*) sikap tdk. memihak; sifat tdk. malu-malu; **–fleckt** yg. tak bernoda, tak tercela, bersih; **–friedigend** tdk. memuaskan; **–friedigt** tdk. puas, kecewa; **–fristet** tak terbatas waktunya
unbefugt tdk. berwenang; **°e** *m, f* (*–n;–n*) orang yg. tak berwenang/berhak; *~n ist der Zutritt verboten* dilarang bagi yg. tdk. berkepentingan
unbe|gabt tdk. berbakat, bodoh; **–greiflich** tak dapat dimengerti; **–grenzt** tak terbatas; **–gründet** tak beralasan
Unbe|hagen *n* (*–s;O*) rasa tdk. enak, rasa kurang senang, keresahan; **°haglich** tdk. enak/menyenangkan; **°helligt** tanpa gangguan/rintangan; tdk. terganggu; **°herrscht** tak terkendali; *beim Essen* rakus, tamak; **–herrschtheit** *f* (–;*O*) sifat tdk. menguasai diri; **°hindert** tak terganggu/terhalang, leluasa; **°holfen** *Adj.* kaku, canggung; **–holfenheit** *f* (–;*O*) sifat kaku/canggung
unbe|irrt dng. tdk. terpengaruh, teguh, tak tergoyahkan; **–kannt** tak dikenal; *ich bin hier ~* saya orang asing di sini; *Klage gegen* °, *Jur.* tuntuan thd. pelaku yg. tak dikenal; **–kümmert** dng. tdk. mempedulikan, tdk. ambil pusing, *bp.* masa bodoh; **–lastet** tanpa muatan; *fig.* tdk. tertekan; *~ von* bebas dari; **–lebt** sepi; *~e Natur* alam benda tak bernyawa, benda mati
unbe|lehrbar tdk. dapat dinasihati; tdk. mau belajar dari pengalaman (buruk); **–lichtet** *Fot.* tdk. kena cahaya; **–liebt** tdk. disukai; **–mannt** tanpa awak; **–merkbar** tdk. dapat diketahui; **–merkt** tdk./tanpa diketahui, diam-diam; **–mittelt** miskin; **–nommen** *Adv., das bleibt/ist j-m ~* terserah kpd. sso.; **–nutzbar** tdk. dapat dipakai; **–nutzt** belum dipakai, masih baru
unbe|obachtet tdk. diawasi, tanpa diketahui/diperhatikan; **–quem** tdk. enak, bersifat mengganggu; *~e Frage* pertanyaan/masalah yg. peka; **–rechenbar** tak dapat diperhitungkan; tak dapat diduga, berbahaya; **–rechtigt** tdk. berhak/berwenang/tepat; **–rücksichtigt** tdk. diperhatikan/dihiraukan/digubris; **–rufen** *Adj.* tanpa wewenang/hak, tanpa diminta; *~, ~! bp.* amit-amit
unbe|rührt tak tersentuh/terjamah; *fig.* tak terpengaruh; *~e Natur* alam yg. masih perawan; *Mädchen* perawan tingting; **–schadet** dng. tdk. mengurangi; **–schädigt** tdk. rusak, utuh, tdk. cacat; **–schäftigt** tdk. bekerja, menganggur; **–scheiden** *Adj.* tdk. sopan, tak tahu adat, lancang;

–schnitten *Adj.* tdk. disunat; **–scholten** *Adj.* yg. mempunyai nama baik; **–schrankt** *~er Bahnübergang* lintasan rel kereta api yg. tdk. berpalang

unbe|schränkt tak terbatas, tak terhingga; **–schreiblich** tak terlukiskan/tergambarkan; *fig.* luar biasa, sangat; **–schrieben** *Adj.* kosong; *~es Blatt, fig.* belum dikenal; **–schwert** dng. hati ringan, tanpa (perasaan) kuatir; **–seelt** tak bernyawa; **–sehen** *Adj.* tanpa memeriksa/melihat dahulu; tanpa pikir panjang; **–setzt** kosong, lowong; **–siegbar** tak terkalahkan; **–siegt** tdk. dikalahkan

unbe|soldet tanpa imbalan jasa, tak digaji; **–sonnen** *Adj.* ceroboh, tergesa-gesa; **–sorgt** dng. tdk. usah kuatir; **–ständig** berubah-ubah, tdk. tetap; **°ständigkeit** *f* (–;*O*) keadaan berubah-ubah; **–stätigt** tdk./belum resmi; **–stechlich** tdk. dapat disogok/disuap, jujur; **°stechlichkeit** *f* (–;*O*) sikap jujur, kelurusan

unbe|stimmt tak tentu, tdk. pasti/jelas, samar(–samar); *auf ~e Zeit* utk. jangka waktu yg. tdk. tentu; **°stimmtheit** *f* (–;*O*) kesamaran, ketidakpastian; **–streitbar** tdk. dapat disangkal; **–stritten** *Adj.* diakui/diterima umum; tdk. perlu dipersoalkan; **–teiligt** tdk. terlibat; acuh tak acuh; **–tont** tanpa tekanan; **–trächtlich** tdk. berarti

unbeugsam tdk. mau tunduk, keras hati

unbe|wacht tdk. dijaga/diawasi; **–waffnet** tanpa senjata, tdk. bersenjata; **–wältigt** tak terselesaikan, belum beres; **–weglich** tdk. bergerak, kaku; *~e Güter* barang tak bergerak; **°weglichkeit** *f* (–;*O*) *fig.* sikap kaku; **–weibt** *ugs.* bujangan; **–weisbar** tdk. dapat dibuktikan; **–wiesen** *Adj.* tdk. terbukti; **–wohnbar** tdk. dapat dihuni; **–wohnt** kosong, tdk. dihuni, tak berpenghuni

unbe|wußt secara tdk. sadar, tdk. sengaja; **–zahlbar** tdk. dapat dibayar, terlampau mahal; *du bist ~ ! ugs.* kamu hebat/lucu! **–zahlt** belum dilunasi/dibayar; **–zähmbar** tdk. dapat dijinakkan; *fig.* sukar dikekang, sangat kuat; **–zwingbar** tdk. dapat direbut/dikalahkan/ditaklukkan; **–zwungen** *Adj. Berg* belum ditaklukkan

un|biegsam tdk. dapat dibengkokkan/dilekukkan; **°bilden** *pl, ~ des Winters* kesusahan musim dingin; **°bill** *f* (–;*O*) perlakuan yg. menyakiti hati, ketidakadilan yg. menyakitkan; **–billig** tdk. adil/layak/wajar; **–blutig** tdk. berdarah

unbotmäßig yg. membangkang, tdk. menurut; **°keit** *f* (–;*O*) sikap menentang/membangkang

un|brauchbar tdk. dapat dipakai, tak berguna; **–christlich** tdk. kristiani

und dan; *na ~ ? ugs.* apa lagi? *4 und 4 ist 8* 4 tambah 4 sama dng. 8; *~ so weiter* (*usw.*) dan seterusnya (dst.), dan sebagainya (dsb.); *nach ~ nach* tahap demi tahap, lambat laun; *ich ~ Angst haben!* masa saya takut! *man muß es versuchen, ~ wäre es noch so schwer* orang harus mengusahakannya bagaimanapun sulitnya; *~ zwar* yakni

Undank *m* rasa tdk. berterimakasih; **°bar** tdk. berterimakasih; *~e Aufgabe* tugas yg. tdk. menguntungkan; **–barkeit** *f* sifat tdk. tahu berterima/kasih

un|datiert tdk. bertanggal; **–definierbar** tdk. dapat diterangkan/didefinisikan; **–denkbar** tdk. dapat dibayangkan/dipikirkan, tdk. mungkin; **–denklich** *seit/vor ~en Zeiten* dari zaman baheula; **–deutlich** tdk. jelas, kabur, samar-samar; **–dicht** bocor, tdk. (tertutup) rapat; **°ding** *n, es ist e ~* tdk. masuk akal; **–diszipliniert** tdk. tertib/berdisiplin

unduldsam bersifat tdk. menenggang pendirian lain, tdk. toleran; **°keit** *f* (–;*O*) sifat/sikap tdk. menenggang pendirian lain, intoleransi

undurch|dringlich tdk. dapat ditembus, kedap; tdk. dapat diterka; **–führbar** tdk. dapat dilaksanakan; **–lässig** kedap air/cahaya; **–sichtig** tak tembus pandangan, tdk. transparan; *fig.* penuh teka-teki; *~e Lage* keadaan yg. kurang jelas

uneben tdk. rata/licin; *der Gedanke ist nicht ~* pikiran itu cukup baik;

–bürtig tdk. setaraf/setingkat; **≗bürtigkeit** *f* (–;O) keadaan tdk. setaraf

un|echt tdk. asli, tiruan, palsu; **–ehelich** tdk. sah, di luar perkawinan; *~e Mutter* ibu yg. tdk. menikah

Unehr|e *f* cela, nista, noda; **≗enhaft** tdk. dng. hormat; **–erbietigkeit** *f* (–;O) sikap kurang hormat; sikap tdk. sopan; **≗lich** tdk. jujur, curang; **–lichkeit** *f* ketidakjujuran, kecurangan

uneigen|nützig tanpa pamrih; **–tlich** *im ~en Sinne* dl. arti kiasan

unein|geschränkt tak terbatas, leluasa; tanpa syarat; *~es Vertrauen* kepercayaan penuh; **≗geweihte** *m, f* (*–n;–n*) orang luar, orang yg. belum tahu; **–heitlich** tdk. seragam/sama; **–ig** tdk. sepakat/sepaham/sependapat; **≗igkeit** *f* ketidaksepakatan, pertengkaran; **–nehmbar** tdk. dapat direbut

uneins *~ sein* berselisih, tdk. sepakat

un|empfänglich tdk. peka thd.; tdk. mudah kena/terpengaruh; **–empfindlich** tdk. merasakan, tdk. peka; *fig.* kebal, berkulit badak, tebal kulit

unendlich tak terbatas/terhingga; *auf ~ einstellen, Fot.* menyetel pd. jarak tak terhingga; *das geht ins ≗e, ugs.* tdk. ada habisnya; *~ klein* sangat kecil; **≗keit** *f* (–;O) keadaan/sifat tak terbatas, ketidakterbatasan

unent|behrlich sangat diperlukan, mutlak perlu; **–geltlich** cuma-cuma, gratis, prodeo; **–haltsam** tdk. bertarak, bersifat tdk. menahani hawa nafsu; **–rinnbar** tdk. dapat dielakkan

unentschieden *Adj.* belum ditentukan/diputuskan; ragu-ragu; *Sp.* seri; **≗** *n* (*–s;–*) keadaan/hasil seri; **≗heit** *f* (–;O) sifat ragu-ragu/bimbang

unentschlossen *Adj.* bimbang, ragu-ragu; *~ sein* belum (dapat) mengambil keputusan; **≗heit** *f* (–;O) keraguraguan, kebimbangan

unentschuld|bar tdk. dapat diampuni; **–igt** *~ fehlen* tdk. hadir tanpa alasan sah

unent|wegt *Adv.* terus-menerus, tak ada hentinya; *Person* ulet, teguh; **–wickelt** terbelakang; *Fot.* belum dicuci; **–wirrbar** kusut-masai

uner|bittlich keras hati, bertekad bulat; *fig.* tak dapat ditawar-tawar; **≗bittlichkeit** *f* (–;O) sikap keras hati; **–fahren** *Adj.* tdk./kurang berpengalaman, masih hijau; **–findlich** tdk. dapat dimengerti/diterangkan; **–forschlich** tak dapat diduga; **–forscht** yg. belum diselidiki; **–freulich** tdk. menyenangkan/enak; **–füllbar** tdk. dapat dipenuhi

uner|giebig tdk./kurang membawa hasil, tdk. berguna/bermanfaat; **–gründlich** tdk. dapat diduga, tak terduga; **–heblich** tdk. berarti/penting; **–hört** *~ !* keterlaluan! terlalu! *großartig* luar biasa; *~e Frechheit* sangat kurangajar; *~ billig* sangat murah; *s-e Bitte blieb ~* permintaannya tdk. dikabulkan; **–kannt** tdk. dikenal(i); **–kennbar** tdk. dapat dikenali/diketahui; **–klärlich** tdk. dapat diterangkan, tdk. masuk akal

uner|läßlich mutlak perlu, merupakan syarat; **–laubt** tdk. boleh/diizinkan, dilarang, terlarang; **–laubterweise** tanpa izin; **–ledigt** belum selesai; **–löst** tdk./belum ditebus; **–meßlich** tdk. dapat diukur, sangat banyak/besar, amat sangat; **–müdlich** tanpa mengenal lelah, terus-menerus, teguh; **–örtert** tdk. disinggung/dibicarakan; **–quicklich** tdk. menyenangkan/enak

uner|reichbar tdk. dapat dijangkau/dicapai; **–reicht** tak tertandingi/terjangkau/tercapai; **–sättlich** rakus; **–schlossen** *Adj.* belum dibuka/diselidiki/dieksploatasi; **–schöpflich** sangat luas, tak terbatas, tak ada habis-habisnya; **–schrocken** *Adj.* gagah berani, tdk. gentar; **–schütterlich** tabah, tak tergoyahkan; **–schwinglich** tak terjangkau, terlampau mahal

uner|setzlich tak dapat diganti; *Schaden* tdk. dapat diperbaiki lagi; **–sprießlich** tak berguna, tdk. menyenangkan; **–träglich** yg. tak tertahankan; *e ~er Kerl* orang yg. memuakkan; *Adv.* terlalu; **–wähnt** tdk. disebut; **–wartet** tak terduga, tak disangka-sangka, tiba-tiba, dng. mendadak; **–widert** tdk. dijawab; *Liebe* tdk. disambut;

–wünscht tdk. diinginkan; *~er Ausländer* persona non grata; **–zogen** *Adj.* tak terdidik, kurangajar

unfähig tdk. mampu/sanggup; tdk. becus; **≗keit** *f* (–;O) ketidakmampuan, ketidaksanggupan

unfair tdk. adil/wajar; *Sp.* kasar

Unfall *m* (–s;–̈e) kecelakaan; **–entschädigung** *f* ganti-rugi berh. dng. kecelakaan; **–flucht** *f* tabrak lari; **≗frei** tanpa kecelakaan; **–station** *f* bagian utk. korban kecelakaan; **–stelle** *f* tempat kecelakaan; **–verhütung** *f* pencegahan kecelakaan; **–versicherung** *f* asuransi kecelakaan; **–wagen** *m* mobil ambulans; *geschädigter Wagen* mobil yg. pernah mengalami kecelakaan

unfaß|bar, –lich tak dapat dimengerti/dibayangkan/digambarkan

unfehlbar *Adj.* tdk. bisa salah, pasti benar; *Adv.* pasti; **≗keit** *f* (–;O) *Rel.* sifat pasti tdk. salah dl. hal iman dan moral; sifat kebal thd. kesalahan

un|fein kasar; **–fern** dekat, tdk. jauh; **–fertig** belum selesai-sempurna/matang; **≗flat** *m* (–ɇs;O) kotoran; *fig.* cacimaki; **–flätig** kasar, kotor, jorok; **–folgsam** tdk. menurut

unförm|ig jelek rupa, tak berbentuk, terlalu lebar dan besar; **–lich** tdk. kaku/resmi

un|frankiert tdk. berperangko; **–frei** tdk. bebas, tergantung, terikat; *s. unfrankiert;* **≗freiheit** *f* ketidakbebasan, keterikatan; **–freiwillig** tdk. rela, terpaksa

unfreundlich tdk. ramah, kasar; *Wetter* buruk; **≗keit** *f* (–;–en) tingkahlaku/sikap tdk. ramah, sikap kasar

Unfriede(n) *m* perselisihan, keadaan tdk. damai, ketegangan

unfruchtbar tdk. subur, mandul, steril; *Boden* tandus; *fig.* tanpa hasil; **≗keit** *f* kemandulan, ketidaksuburan

Unfug *m* (–s;O) gangguan, usikan, kenakalan; *Mißstand* keadaan tdk. beres/wajar; *~ reden* (ber)omong-kosong

un|fügsam tdk. mau menurut, keras kepala; **–fühlbar** tdk. terasa; **–gastlich** tdk. senang menjamu; tdk. ramah

unge|achtet *Prp.* dng. tdk. mempedulikan, tanpa mengindahkan; meskipun; **–ahnt** tak terduga, tdk. disangka; **–bärdig** liar, bandel; **–beten** *Adj.* (dng.) tdk. diundang; **–bildet** tdk. terdidik/beradab, kasar; **–bleicht** *~es Leinen* kain yg. tdk. dikelantang; **–bräuchlich** tdk. biasa/lazim; **–braucht** belum dipakai, masih baru; **–brochen** *Adj.* tak terpatahkan; *Strahlen* tak terbias; *fig.* tabah; *mit ~er Energie* dng. keuletan besar

ungebührlich tdk. pantas; *~ lange* terlalu lama; *~e Beeinflussung* pengaruh yg. tdk. wajar

ungebunden *Adj.* tdk. diikat/dijilid; *fig.* leluasa; **≗heit** *f* (–;O) kebebasan; keadaan tak terikat

ungedeckt tdk. terlindung; *Dach* belum dipasang genteng; *Scheck* kosong; *Kredit* tak terjamin; *Tisch* belum ditutup/disiapkan

Ungeduld *f* ketidaksabaran; **≗ig** tdk. sabar

unge|eignet tdk. cocok/tepat; **–erdet** *Elek.* tanpa hubungan dng. tanah, tanpa arde

ungefähr kira-kira, kurang lebih, hampir; *nicht von ~* tdk. kebetulan; **–det** tdk. terancam bahaya, aman; **–lich** tdk. berbahaya

unge|fällig kurang ramah, tdk. bersedia membantu; **–färbt** tdk. diwarnai, tdk. diberi warna; **–fragt** tanpa diminta/ditanya; **–füge** besar sekali; **–fügig** bandel, tdk. mau menurut; **–halten** *Adj.* marah, jengkel; **–heilt** belum sembuh; **–heißen** *Adj., s. ungefragt;* **–hemmt** tak terkendalikan, leluasa; **–heuchelt** tulus, ikhlas

ungeheuer sangat besar, luar biasa; *sehr* sangat; *ungeheurer Fehler* kesalahan fatal; **≗** *n* (–s;–) makhluk sangat besar dan menakutkan; *Mensch* orang jahat/biadab; **–lich** tak terbayangkan; sangat, bukan main; **≗lichkeit** *f* (–;–en) kejahatan; hal yg. tak terbayangkan, kejadian yg. luar biasa (buruk, jahat . . .)

unge|hindert tanpa halangan/dihalangi, leluasa; **–hobelt** kasar, kurang sopan

ungehörig tdk. sopan, kurangajar; **≗keit** *f* (–;–*en*) perbuatan/tingkahlaku yg. tdk sopan
ungehorsam tdk. menurut/patuh, bandel; **≗** *m* (–*s;O*) sikap tdk. menurut, ketidakpatuhan, ketidaktaatan, insubordinasi
unge|hört tdk. terdengar; **–klärt** belum jelas; **–künstelt** tdk. dibuat-buat, polos; **–kürzt** tdk. disingkat; **–laden** *Adj.* tdk. diundang; *Waffe* kosong; *Batterie* belum diisi, kosong
ungelegen *Adj.* kurang cocok; *et. kommt j-m ~* hal itu mengganggu sso.; **≗heiten** *pl, ~ machen* mengganggu, menyusahkan
unge|lehrig sukar menerima pelajaran; **–lenk** kaku, canggung, tdk. lancar; **–lernt** tdk. terlatih/trampil; **–logen** *Adv.* sungguh-sungguh; **–löscht** tak terpadamkan; *~er Kalk* kapur tohor/hidup; **–löst** tak terpecahkan; *Chem.* tdk. larut; **≗mach** *n* (–*s;O*) kemalangan, kesusahan, kesukaran; **–mein** luar biasa, sangat; **–mischt** tak tercampur, murni; **–mütlich** kurang enak; *Situation* tdk. mengenakkan, (*gefährlich*) berbahaya; *~ werden* berlaku kasar karena jengkel; *Wetter* buruk; **–nannt** tak dikenal, anonim
ungenau kurang tepat; *~ arbeiten* bekerja ceroboh; **≗igkeit** *f* (–;–*en*) ketidaktelitian, kurang tepatnya
ungeniert tanpa malu-malu/basa-basi
un|genießbar tdk. dapat dimakan, sudah busuk; *fig.* tdk. menyenangkan, kasar; **–genügend** tdk. mencukupi/memadai; **–genutzt** tdk. terpakai/digunakan
unge|ordnet tdk. teratur, kacau; **–pflegt** tdk. terawat, kurang terpelihara, kurang rapih; **–rade** tdk. lurus; *Zahl* ganjil; **–raten** *Adj.* kurangajar, nakal; **–rechnet** tdk. terhitung/termasuk
ungerecht tdk. adil; **–fertigt** tdk. dapat dibenarkan; **≗igkeit** *f* (–;–*en*) ketidakadilan
unge|regelt tdk. teratur; **–reimt** *~er Vers* syair yg. tdk. bersajak; *fig.* tdk. masuk akal; tdk. ada artinya, absurd
ungern segan, tdk. suka
un|gerüht masa bodoh, dingin hati; **–geschehen** *Adj., et. ~ machen* membatalkan
Ungeschick *n* (–*es;O*), **–lichkeit** *f* (–;*O*) kekakuan, kecanggungan, sifat kurang trampil; *Fehler* kesalahan kecil; **≗t** kurang trampil/cekatan/cakap, kaku, canggung
unge|schlacht berbentuk kasar; tak tahu adat; **–schliffen** *Adj.* belum diasah/digosok; *fig.* kasar; **–schmälert** utuh, tdk. dikurangi; **–schminkt** tanpa rias muka; *fig.* blak-blakan, terus-terang; **–schoren** *Adj., j-n ~ lassen* tdk. mengganggu sso.; *~ davonkommen* tdk. kena akibatnya; **–schrieben** *Adj., ~es Recht* hukum adat tak tertulis; *~es Gesetz* kelaziman; **–schützt** tak terlindung
unge|sehen *Adj.* diam-diam, tanpa diketahui; **–sellig** tdk. pandai/suka bergaul; **–setzlich** ilegal, terlarang, tdk. sah; **–sittet** tdk. sopan, kasar, kurangajar; **–stört** tak terganggu, tenang; **–straft** tanpa hukuman/akibat, tanpa akibat buruk
ungestüm sangat tdk. sabar, terlalu terburu-buru; *~e Entwicklung* kemajuan terlalu pesat
ungesund tdk. sehat
unge|teilt tak terbagi, utuh; **–trübt** murni, tak tercemar; **≗tüm** *n* (–*s;–e*) barang yg. besar sekali; *s. Ungeheuer;* **–übt** tdk. terlatih, tdk. berpengalaman; **–wandt** canggung, kaku; **–waschen** *Adj.* belum dicuci, kotor
ungewiß tdk. pasti/tentu, meragukan; *j-n im ungewissen lassen* tdk. memberi keterangan kpd. sso., membiarkan orang bingung; **≗heit** *f* (–;*O*) ketidakpastian, keragu-raguan
Ungewitter *n, s. Unwetter*
ungewöhnlich tdk. biasa/lazim; luar biasa; *sehr* sangat
un|gewohnt tdk. biasa; **–gewollt** tdk. dng. sengaja, tdk. diinginkan; **–gezählt** tak terhitung banyaknya; tdk. dng. dihitung; **–gezähmt** liar, tak terkendalikan
Ungeziefer *f* (–*s;O*) binatang kecil yg. mengganggu (spt. serangga, tikus); **–vernichtungsmittel** *n* obat pembasmi hama, insektisida

ungeziemend tdk. pantas/layak
ungezogen *Adj.* kurangajar, kasar; **≗heit** *f* (*–;–en*) tingkah laku yg. kurangajar, kenakalan
ungezügelt tak terkendalikan
ungezwungen *Adj.* bebas, luwes; **≗heit** *f* (*–;O*) keluwesan
Unglaub|e *m* ketidakpercayaan, iman yg. kurang; **≗haft** tdk. masuk akal
ungläubig yg. tdk./kurang percaya; *heidnisch* kafir; *zweifelnd* ragu-ragu; **≗e** *m, f* (*–n;–n*) orang yg. tdk. percaya/beriman, orang kafir
unglaub|lich luar biasa, tak terbayangkan; sangat terlalu; **–würdig** tdk. dapat dipercaya(i)
ungleich tdk. sama, berbeda; ~ *besser* jauh lebih baik; **–artig** tdk. sejenis; **≗heit** *f* ketidaksamaan, perbedaan; **–mäßig** tdk. teratur, tdk. merata
Unglimpf *m* (*–s;O*) penghinaan; kerugian
Unglück *n* (*–s;–e*) malapetaka, kemalangan, kecelakaan, musibah; *zu allem* ~ tambah lagi, di samping itu; **≗lich** susah, malang, sedih, tdk. bahagia; *~er Zufall* kebetulan yg. malang; **≗licherweise** malangnya, celakanya; **≗selig** malang, bernasib buruk/sial
Unglücks|fall *m* malapetaka; **–rabe** *m* orang sial; **–tag** *m* hari sial
Un|gnade *f, in ~ fallen* tdk. disukai lagi; **≗gnädig** tdk. ramah, tdk. sabar
ungültig tdk. sah/berlaku (lagi); **≗keit** *f* (*–;O*) tdk. sahnya/berlakunya
Un|gunst *f* keadaan yg. tdk. menyenangkan/menguntungkan; *zu j-s ~en* yg. menyebabkan kerugian sso.; **≗günstig** tdk. menguntungkan, negatif, tdk. baik
ungut tdk. baik, jahat; *nichts für ~ !* maaf jangan salah mengerti!
un|haltbar tdk. dapat dipertahankan/ditolerir; *Behauptung* tdk. dapat dibuktikan; *Versprechen* tdk. dapat ditepati; **–handlich** tdk. praktis; **–harmonisch** tdk. serasi/seimbang
Unheil *n* malapetaka, bencana, musibah; **≗bar** tdk. dapat disembuhkan; **≗voll** yg. membawa celaka/sial/malang
unheimlich yg. mengerikan/menakutkan; *Adv. ugs.* sangat, banyak
unhöflich tdk. sopan, kasar; **≗keit** *f* ketidaksopanan
Unhold *m* (*–s;–e*) orang jahat/kejam; *Märchen* raksasa yg. mengerikan, makhluk jahat, gergasi
unhörbar tdk. dapat didengar, tdk. kedengaran
Uni *f* (*–;–s*) *ugs., s. Universität;* **≗** polos
Uniform *f* (*–;–en*) pakaian seragam/dinas, uniform; **≗** seragam; **≗iert** yg. berpakaian seragam; **–ität** *f* (*–;O*) keseragaman
Unikum *n* (*–s;–s*) orang unik/aneh
uninteress|ant tdk. menarik, membosankan; **–iert** tdk. berminat (pd.)
uni|lateral sepihak, unilateral; **≗on** *f* (*–;–en*) (per)serikat(an), uni, ikatan, persatuan; **–sono** *Mus.* bersuara satu/tunggal
universal umum, meliputi seluruhnya, universal **≗erbe** *m*, **≗erbin** *f* ahli waris tunggal; **≗genie** *n* orang jeni(us), seni universal; orang serba bisa; **≗mittel** *n* obat serba guna, obat mujarab; **≗motor** *m, Elek.* motor utk. arus bolak-balik dan searah
universell universal
Universität *f* (*–;–en*) universitas; **–sprofessor** *m* mahaguru
Universum *n* (*–s;O*) alam semesta, jagat raya
Unke *f* (*–;–n*) sm. katak/kodok, *bombina;* **≗n** *itr. ugs.* menilai secara negatif saja
unkennt|lich tdk. dapat dikenali; **≗nis** *f* ketidaktahuan; pengetahuan yg. kurang; *aus* ~ karena tdk. tahu; *j-n über et. in ~ lassen* tdk. memberi keterangan yg. semestinya kpd. sso.
unkeusch tdk. senonoh, cabul; **≗heit** *f* percabulan
unkindlich terlalu cepat matang, tdk. spt. anak
unklar tdk. jelas, kabur, keruh; **≗heit** *f* kekaburan, kekeruhan
un|klug tdk. bijaksana; **–kollegial** tdk. solider dng. rekan sekerja; **–kompliziert** sahaja, sederhana; **–kontrollierbar** tdk. dapat diawasi/dikendalikan; **–körperlich** tdk. materiil
Unkosten *pl* biaya, pengeluaran, ongkos; *sich in ~ stürzen, ugs.* menge-

luarkan banyak uang; **–beteiligung** *f* pembagian biaya, tanggungan pengeluaran yg. harus dipikul
Unkraut *n* rumput-rumputan, rumput liar, gulma
un|kritisch tdk. kritis; **–kultiviert** tdk. ditanami; *Mensch* tdk. tahu adat; **–kündbar** tdk. dapat dipecat; tdk. dapat dibatalkan; **–kundig** tdk. mengetahui/menguasai; *des Deutschen ~* tdk. mampu berbahasa Jerman
un|längst belum lama berselang, baru-baru ini, *bp.* barusan saja; **–lauter** curang, tdk. jujur; *~er Wettbewerb* persaingan secara tdk. wajar; **–leidlich** tdk. ramah; cemberut; **–leserlich** tdk. dapat dibaca, tak terbaca; **–leugbar** tdk. dapat disangkal; **–lieb** *es ist mir nicht ~* cocok bagi saya; **–liebsam** tdk. enak/menyenangkan
un|limitiert tak terbatas; **–liniert** tak bergaris; **–logisch** tdk. masuk akal, tdk. logis, tdk. wajar; **–lösbar** tdk. dapat dipecahkan, sangat sulit; **–löslich** tdk. larut
Unlust *f* rasa segan; **~ig** tdk. berselera/bersemangat, rengsa, merasa lesu
un|manierlich tdk. sopan, tak tahu aturan; **–männlich** kurang jantan
Un|maß *n, im ~* berlebihan, terlalu banyak; **–masse** *f* jumlah yg. sangat besar; **~maßgeblich** tdk. kompeten/berwenang; *nach meiner ~en Meinung* menurut pendapat saya yg. bersahaja ini
unmäßig berlebihan, terlalu, sangat; *~ im Essen u. Trinken sein* makan/minum terlalu banyak, rakus; **~keit** *f* keterlaluan, hal yg. melebihi batas; kelebihan minum (minuman keras)
Unmenge *f* jumlah sangat besar
Unmensch *m* orang kejam/biadab; *sei kein ~ ! ugs. bp.* jangan kejam dong! **~lich** tdk. berperikemanusiaan, kejam, biadab; *ugs.* sangat hebat/dahsyat; **–lichkeit** *f* kekejaman, kebiadaban
un|merklich diam-diam, tanpa terasa; **–mißverständlich** dng. jelas tegas; **–mittelbar** langsung; **–möbliert** tanpa perabot; **–modern** tdk. modern, kolot, kuno
unmöglich mustahil, tdk. mungkin; *e-e ~e Farbe* warna janggal, *bp.* warna norak; *j-n ~ machen* mempermalukan sso.; *sich ~ machen* berbuat yg. memalukan; **~keit** *f* kemustahilan
un|moralisch asusila, tak bermoral; **–motiviert** tak beralasan, tanpa alasan; **–mündig** di bawah umur, belum dewasa; **–musikalisch** tak berbakat musik
Unmut *m* (*–s;O*) rasa kesal, kemasygulan, kejengkelan, kemarahan; **~ig** kesal, jengkel, muram
unnach|ahmlich unggul, unik, tdk. dapat ditiru; **–giebig** keras hati, tdk. mau mengalah; *~ sein* bersitegang, mengotot; **–sichtig** tanpa ampun, keras, *bp.* streng
un|nahbar tdk. dapat dihampiri, dingin, sombong; **–natürlich** tdk. biasa/wajar, dibuat-buat; **–nennbar** tak terkatakan; **–nötig** tdk. perlu; **–nütz** tdk. berguna, sia-sia; **–ordentlich** tdk. teratur, semrawut, berantakan; **~ordnung** *f* keadaan tdk. teratur, kacau-balau; **–paar(ig)** tdk. sepasang, ganjil
unpartei|isch tdk. memihak, tdk. pandang bulu, netral; **~ische** *m* (*–n;–n*) *Sp.* wasit; **~lichkeit** *f* (*–;O*) sifat tdk. memihak, sikap netral
un|passend tdk. cocok, tdk. pantas; **–passierbar** tdk. dapat dilewati; **–päßlich** tdk. enak badan; **–patriotisch** tdk. cinta kpd. tanah air, tdk. patriotik; **–persönlich** tdk. memperlihatkan ciri pribadi sso.; *fig.* tanpa perasaan, tanpa gaya khas; *Gr.* (*bentuk kata kerja dng. 'es'; mis. 'es regnet'*); **–pfändbar** tdk. dapat disita; **–politisch** apolitis, tdk. berminat pd. politik; **–populär** tdk. populer, tak disukai
un|praktisch tdk. praktis; **–produktiv** tdk. produktif; **–pünktlich** tdk. pd. waktunya, terlambat; **–qualifiziert** tdk. kompeten; tdk. cocok; **–rasiert** tak/belum dicukur; **~rast** *f* (*–;O*) kegelisahan; **~rat** *m* (*–s;O*) kotoran, sampah; *~ wittern* merasa curiga/waswas; **–rationell** *~ arbeiten* bekerja tdk. rasional; **–ratsam** tdk. dianjurkan

unrecht salah, tdk. tepat, tdk. cocok; *s. ungerecht; ~ haben* keliru; *j-m ~ tun* memperlakukan sso. dng. tdk. adil; *≗ n (-s;O)* perbuatan tdk. adil; ketidakadilan; *im ~ sein* keliru; *zu ~* tanpa alasan yg. sah

unrechtmäßig tdk. sah/halal, berlawanan dng. hukum, tdk. wajar; **≗keit** *f* hal yg. berlawanan dng. hukum, ketidakabsahan

unredlich tdk. jujur, curang; **≗keit** *f* kecurangan

unreell curang, tdk. dapat dipercayai

unregelmäßig tdk. teratur, tdk. rata; **≗keit** *f (-;-en)* keadaan tdk. rata; *fig.* pelanggaran (kecil)

unreif belum matang, mentah; belum dewasa

unrein tdk. bersih/murni, kotor, najis; *et. ins ~e schreiben, bp.* menulis di atas klat; **≗heit** *f* ketidakbersihan, ketidakmurnian, keadaan kotor; **-lich** kotor, jorok, tdk. dibersihkan

un|rentabel yg. tdk. menguntungkan; **-rettbar** tdk. dapat ditolong/diselamatkan

unrichtig salah, keliru; **≗keit** *f* kekeliruan

unritterlich bersifat tdk. satria

Unruh *f (-;-en)* roda balans; **-e** *f* kegelisahan, ketidaktenteraman, keresahan, keributan; *in ~ sein* kuatir (pd./akan); *~n, pl* kerusuhan, huruhara, demonstrasi; **-eherd** *m* pusat kerusuhan; **≗ig** gelisah, tdk. tenang, senewen; ribut

unrühmlich tak terpuji, tercela

Unruh(e)stifter *m* perusuh, pengacau

uns *Dat. u. Akk. von wir* kepada kita/kami; kita, kami; *unter ~* (di)antar(a) kita

un|sachgemäß tdk. sesuai dng. aturan pakai; **-sachlich** tdk. obyektif, berprasangka; **-sagbar, -säglich** sangat, luar biasa, tak terkatakan; **-sanft** kasar; **-sauber** kotor, jorok; tdk. rapi/bersih; *fig.* tdk. jujur; **≗sauberkeit** *f* keadaan kotor/jorok; **-schädlich** tdk. berbahaya; *j-n ~ machen* menghalangi sso. spy. jangan merugikan orang lain; **-scharf** kabur, tdk. jelas/tajam, kurang tepat; **-schätzbar** tak ternilai (harganya/besarnya)

un|scheinbar tdk. menarik perhatian, kurang menonjol, kecil dan bersahaja; **-schicklich** tdk. sopan/pantas; **-schlüssig** ragu-ragu, bimbang, bingung; **-schön** tdk. cakap, buruk rupa; kurang sopan, tdk. baik

Unschuld *f* keadaan tdk. bersalah; *Reinheit* kemurnian; **≗ig** tdk. bersalah; murni, polos; suci; *an et. ~ sein* tdk. bersalah, tdk. ikut bertanggungjawab atas sst.

Un|segen *m* kutukan; **≗selbständig** tdk. (bisa) berdiri sendiri; *Einkommen aus ~er Arbeit* pendapatan yg. berupa upah/gaji; **≗selig** malang, sial, celaka

unser *(unsre) Gen. von wir, Possessivpron. (mit/ohne Einschluß des/der Angeredeten)* kita/kami

unserige (milik) kita/kami; *die ≗n* pihak/kaum kami; *das ≗* kepunyaan kita

unser|einer, -eins orang spt. kami; **-erseits** dari pihak kami; **-esgleichen** *s. unsereiner*

unsert|halben, -wegen karena kami/kita

unsicher tdk. aman, berbahaya; *ungewiß* tdk. pasti/tentu; *~ sein* kurang percaya pd. diri sendiri, menjadi ragu-ragu; *j-n ~ machen* membingungkan sso.; **≗heit** *f* keadaan tdk. aman; ketidakpastian; *fig.* keraguan

unsichtbar tdk. kelihatan, halimunan

Unsinn *m (-s;O)* omong kosong, nonsen(s); *~ machen* berbuat yg. bukan-bukan **≗ig** tdk. masuk akal, gila, siasia; *ugs.* sangat; **≗lich** yg. melampaui pancaindera

Unsitt|e *f* kebiasaan buruk/jelek; **≗lich** tdk. senonoh, asusila, bejat, cabul; **-lichkeit** *f (-;-en)* ketidaksusilaan, kecabulan; percabulan

un|solid(e) *Firma* kurang bonafid(e); *~ leben* hidup berfoya-foya; **-sozial** tdk. sosial, kurang solider; **-sportlich** tdk. suka berolahraga; tdk. sportif

unsr(ig)e *s. unser/unserige*

unstatthaft terlarang, tdk. diijinkan

unsterblich tdk. dapat mati, abadi; *ugs.* sangat; **≗keit** *f* keabadian

Unstern *m* bintang(nya) gelap, nasib buruk
unstet|(ig) tdk. tetap/tenang, berubah-ubah, plin-plan; *nicht seßhaft* bergelandangan, liar; **≗igkeit** *f* ketidaktenangan
un|stillbar tak terpenuhi; sangat besar; **≗stimmigkeit** *f* (–;–*en*) ketidakcocokan; kesalahan; *Streit* pertentangan, perselisihan; **–sträflich** bersih; **–streitig** tak dapat disangkal, pasti; **≗summe** *f* jumlah yg. sangat besar; **–symmetrisch** tdk. simetris; **–sympathisch** kurang simpatik, tdk. disukai
untadel|haft, –ig tak tercela, sempurna
Untat *f* perbuatan jahat, kejahatan
un|tätig tdk. bekerja, menganggur; **–tauglich** tdk. cocok/berguna; **–teilbar** tak terbagi, tdk. dapat/utk. dibagi
unten *Adv.* (di bagian) bawah; *von ~ kommen* datang dari bawah; *nach ~ gehen* turun; *von oben bis ~* dari atas sampai ke bawah; *siehe ~* lihat di bawah; **–erwähnt, –genannt, –stehend** spt. disebut di bawah ini
unter di/ke bawah; *zwischen* di antara; *~ Alkohol stehen* mabuk; *~ falschem Namen* dng. nama palsu; *~ der Bedingung* dng. syarat; *~ Brüdern* di antara kawan-kawan; *~ uns gesagt* awak sama awak, di antara kita saja; *~ anderem* antara lain; *~ der Kälte leiden* menderita (karena) kedinginan; *~ zehn Mark* kurang dari sepuluh DM; *~ dem Essen* pada waktu makan; *~ dem Datum vom* bertanggal; *~ sich haben* membawahkan; *was versteht man ~* apa yg. dimaksudkan dng.; *~ Umständen* mungkin
Unter|abteilung *f* sub-seksi; **–arm** *m* lengan bagian bawah; **–ausschuß** *m* sub-komisi; **–bau** *m* pondamen, dasar; **≗bauen** (–) *tr.* memperkuat, menopang; **≗belichten** (–) *tr., Fot.* kurang menyingkapkan thd. cahaya; **–belichtung** *f, Fot.* kurang pencahayaan; **≗besetzt** kurang tenaga kerja; kurang pengunjung/penonton; **–bett** *n* sm. selimut di antara kasur dan seprai
unter|bewerten (–) *tr.* menilai terlalu rendah, kurang menghargai, meremehkan; **≗bewußtsein** *n* bawahsadar, sadar-benam; **–bieten** (–) *unr. tr.* membuat tawaran yg. lebih rendah; *Sp.* memecahkan rekor; **≗bilanz** *f* neraca defisit, saldo kurang; **–binden** (–) *unr. tr.* mengikat sehingga tdk. mengalir lagi; *fig.* melarang, mencegah; **–bleiben** (–) *unr. itr.* tdk. terjadi; *das muß ~* itu tdk. boleh terjadi
unterbrech|en (–) *unr. tr.* memutuskan, menghentikan sebentar; *j-n ~* menyela pembicaraan sso.; **≗er** *m* (–*s*;–) *Elek.* sakelar pemutus arus; **≗ung** *f* (–;–*en*) pemutusan, gangguan; *Reise* persinggahan; *ohne ~* terus-menerus, tanpa berhenti
unter|breiten (–) *tr.* menyodorkan, menyampaikan; mengajukan; **–bringen** *unr. tr.* memasukkan, menempatkan; *Gäste* menumpangkan; *j-n in der Schule/Firma ~* menyediakan tempat belajar/kerja utk. orang lain; **≗bringung** *f* (–;*O*) akomodasi; penempatan
unterderhand *Adv.* dng. diam-diam
unter|des(sen) sementara itu, selama itu; **≗druck** *m, Phys.* tekanan terlalu rendah
unterdrück|en (–) *tr.* menindas, menekan; *Aufstand* menumpas; *Lachen* menahan; **≗er** *m* (–*s*;–) penindas; **≗ung** *f* (–;*O*) penindasan
untere yg. di bawah, yg. lebih rendah
untereinander satu sama lain, saling; *örtlich* satu di bawah yg. lain
unterentwickelt *Psych.* kurang normal (perkembangannya); *Wirtschaft* kurang/belum berkembang
unter|ernährt kurang (diberi) makan/gizi; **≗ernährung** *f* kekurangan gizi; **–fangen** (–) *unr. refl.* memberanikan diri; **≗fangen** *n* (–*s*;*O*) usaha/ikhtiar yg. berani; **–fassen** *tr.* memapah; *untergefaßt gehen* berjalan berkepit tangan; **–fertigen** (–) *tr.* menandatangi; **≗führung** *f* (–;–*en*) jalur lalu-lintas di bawah jembatan; **–füttern** (–) *tr.* memberi vuring
Unter|gang *m* (–*s*;*O*) keruntuhan; tenggelamnya; *das ist sein ~, fig.*

itulah sebab kehancurannya; **–gebene** *m, f* (*–n;–n*) bawahan; **≗gehen** *unr. itr.* tenggelam; *fig.* runtuh, binasa; *Sonne* terbenam; **≗geordnet** kurang/tdk. penting; **–geschoß** *n* lantai bawah; **–gestell** *n* kaki, penopang; **–gewicht** *n* beratnya kurang; **≗gliedern** (–) *tr.* membagi-bagi lagi
'untergraben *unr. tr.* memasukkan ke dl. tanah; **unter'graben** (–) *unr. tr.* menggangsir; *fig.* melemahkan, meruntuhkan, merongrong
Untergrund *m* (–e̸s;O) lapisan di bawah permukaan tanah; alas, dasar; *Gemälde* cat/lapisan dasar; *Pol.* bawah-tanah; **–bahn** *f* kereta/trem di bawah tanah; **–bewegung** *f* gerakan (di) bawah-tanah
unterhalb di bawah; ke hilir
Unterhalt *m* (–e̸s;O) keperluan/kebutuhan sehari-hari, nafkah, rezeki; *Instandhaltung* pemeliharaan, perawatan; **≗en** (–) *unr. tr.* memberi nafkah; memelihara, mengurus; *zerstreuen* menghibur; *sich* ~ melewati waktu dng. menyenangkan, bersenang-senang, *reden* bercakap-cakap; **≗end, ≗sam** yg. atau dng. menarik/menyenangkan/menghibur
Unterhalts|anspruch *m* hak atas tunjangan; **–beitrag** *m* tunjangan; **≗berechtigt** berhak utk. menerima tunjangan; **–pflicht** *f* wajib memberi tunjangan
Unterhaltung *f* (*–;–en*) hiburan; *Gespräch* percakapan; *Instandhaltung* pemeliharaan, perawatan; **–sfilm** *m* film hiburan; **–skosten** *pl* biaya pemeliharaan/perawatan; **–slektüre** *f*, **–sliteratur** *f* bacaan ringan; **–sprogramm** *n* acara hiburan
unter|handeln (–) *itr.* berunding, berembuk; **≗händler** *m* perantara; **≗handlung** *f* perundingan, permusyawaratan; **≗haus** *n* dewan perwakilan rakyat; **≗hemd** *n* kaus dalam, singlet; **–höhlen** (–) *tr.* menggangsir, membuat berongga; *fig.* menggerogoti; **≗holz** *n* semak-semak; **≗hose(n)** *f* celana dalam
unter|irdisch di bawah tanah; **≗jacke** *f* kaus dalam yg. tebal; **–jochen** (–) *tr.* memperbudak, menaklukkan; **–kellert** yg. mempunyai ruang (gudang) di bawah tanah; **≗kiefer** *m* rahang bawah; **≗kleid** *n* rok dalam; **≗kleidung** *f* pakaian dalam; **≗kommen** *n* (*–s;O*) tempat berteduh; akomodasi; *Anstellung* tempat kerja; **–kommen** *unr. itr.* ditampung, mendapat perumahan/pekerjaan
unter|kriegen *tr. ugs.* menundukkan; menaklukkan; *laß dich nicht ~ !* jangan putus asa! **≗kunft** *f* (*–;⸗e*) akomodasi, pemondokan, penampungan; ~ *u. Verpflegung* penginapan dan makan(an); **≗lage** *f* alas; *~n, pl* surat-surat penting (spt. ijazah, surat keterangan); **≗laß** *m, ohne* ~ terus-menerus
unterlass|en (–) *unr. tr.* tdk. berbuat; mengabaikan; **≗ung** *f* (*–;–en*) kelalaian; **≗ungssünde** *f* kelalaian; kesalahan yg. dibuat karena lalai
Unterlauf *m* hilir; **≗en** (–) *unr. itr.* terjadi/berbuat dng. tdk. sengaja; *tr., e-e Anordnung* ~ mengelakkan peraturan; *mit Blut* ~ merah karena sakit
'unterlegen *tr.* meletakkan di bawah; *fig.* mentafsirkan secara salah; **unter'legen 1.** (–) *tr.* mengalas(i), memberi lapisan di bawah; **2.** *Adj.* kalah
Unterlegen|e *m, f* (*–n;–n*) orang yg. kalah; **≗heit** *f* (*–;O*) kelemahan
Unterleib *m* perut sebelah bawah, ari-ari
unter|liegen (–) *unr. itr.* **1.** kalah, dikalahkan; **2.** *fig.* tergantung, dipengaruhi; *dem Zoll* ~ dikenakan bea cukai; **–malen** (–) *tr.* mengiringi dng. musik; **–mauern** (–) *tr.* menopang dng. tembok; *fig.* menguatkan dng. argumen/bukti; **–mengen** *tr.* mencampurkan (dng.)
Untermensch *m* orang kejam dan kasar
Untermiete *f* (*–;O*) *zur ~ wohnen* menyewa kamar dari penyewa pertama; **–r(in** *f*) *m* penyewa ruang dari penyewa pertama
unter|minieren (–) *tr. fig.* melemahkan; **–mischen** *tr., s. untermengen*
unternehm|en (–) *unr. tr.* melaksanakan, melakukan, mengusahakan, membuat; **≗en** *n* (*–s;–*) per-

buatan, tindakan, usaha; *Firma* perusahaan; **–end** giat, aktif, sibuk; **≗er** *m* (*–s;–*) pengusaha, usahawan, wiraswasta; **–erisch** berh. dng. (kaum) pengusaha; **≗ertum** *n* (*–s;O*) kewiraswastaan; kaum pengusaha/wiraswasta; **≗ung** *f* (*–;–en*) usaha, kegiatan, tindakan, perbuatan; **≗ungsgeist** *m* semangat wiraswasta/usaha; **–ungslustig** giat, tdk. bisa diam

Unter|offizier *m* sersan; bintara; **≗ordnen** *tr.* menomorduakan, mengebawahkan, menempatkan lebih rendah; *j-m untergeordnet sein* menjadi bawahan sso.; *sich* ~ tunduk, menyesuaikan diri; **–ordnung** *f* penempatan lebih rendah; kepatuhan thd. atasan; *Bio.* sub-suku, sub-ordo

Unter|pfand *n* jaminan; **–pflasterbahn** *f* trem di bawah jalan; **≗privilegiert** tersisihkan; **–putzleitung** *f, Elek.* kawat di dl. tembok

unterred|en (–) *refl.* berunding; **≗ung** *f* (*–;–en*) perundingan, pembicaraan

Unterricht *m* (*–s;O*) pelajaran; **≗en** (–) *tr.* mengajar; *informieren* memberi informasi

Unterrichts|fach *n* mata pelajaran; **–gegenstand** *m* obyek pelajaran; ajaran; **–ministerium** *n* kementerian/departemen pendidikan (*in Indonesien* . . . dan kebudayaan); **–stoff** *m* bahan pelajaran; **–stunde** *f* jam pelajaran; **–wesen** *n* (*–s;O*) bidang pengajaran dan pendidikan

Unter|richtung *f* (*–;O*) pengajaran; pemberitahuan, informasi, instruksi; **–rock** *m* rok/baju dalam; **≗sagen** (–) *tr.* melarang; **–satz** *m* alas, tatakan; *fahrbarer* ~, *ugs.* kendaraan bermotor

unterschätz|en (–) *tr.* menilai terlalu rendah, menganggap enteng; meremehkan; **≗ung** *f* penilaian terlalu rendah

unterscheid|bar dapat dibedakan; **–en** (–) *unr. tr.* mem(per)bedakan; *sich* ~ berbeda; **≗ung** *f* (*–;–en*) pembedaan; perbedaan, beda; **≗ungsmerkmal** *n* ciri, tanda perbedaan; **≗ungsvermögen** *n* kemampuan utk. membeda-bedakan

Unter|schenkel *m* betis; **–schicht** *f* lapisan bawah/rendah

'unterschieben *unr. tr.* menyelipkan di bawah; **unter'schieben** (–) *unr. tr.*, *j-m e Äußerung* ~ menyatakan bahwa sso. mengatakan sst. (padahal sebenarnya tidak); *e Testament* ~ membuat surat wasiat fiktif

Unterschied *m* (*–ẹs;–e*) perbedaan, beda; *im* ~ *zu, zum* ~ *von* berbeda dng.; **≗lich** berbeda; **≗slos** tanpa pandang bulu, sama (rata)

'unterschlagen *unr. tr., Beine/Arme* menyilangkan; **unter'schlagen** (–) *unr. tr., Geld* menggelapkan; *Nachricht* merahasiakan

Unterschlagung *f* (*–;–en*) penggelapan, korupsi

Unter|schlupf *m* (*–ẹs;–e*) tempat berlindung; *Versteck* persembunyian; **≗schlupfen** *itr.*, **≗schlüpfen** *itr.* bersembunyi, menyuruk(–nyuruk)

unter|schreiben (–) *unr. tr. itr.* menandatangani; **–schreiten** (–) *unr. tr.* tdk. mencapai batas/garis (yg. diperkirakan)

Unterschrift *f* tandatangan; **–enmappe** *f* map utk. surat yg. harus ditandatangani; **≗sberechtigt** berhak/berwenang memberi tandatangan

unterschwellig (yg. ada) tanpa disadari

Untersee|boot *n* kapal selam; **≗isch** di bawah (permukaan) laut; **–kabel** *n* kabel yg. diletakkan di dasar laut

Unter|seite *f* sisi bawah; **≗setzen** *tr.* menempatkan di bawah; **≗setzt** pendek kekar, bayak; **≗sinken** *unr. itr.* tenggelam; **≗spülen** (–) *tr.* membawa hanyut, mengikis

unterst yg. paling bawah/rendah, yg. terbawah/terendah

Unter|stand *m* tempat perlindungan; **≗stehen** (–) *unr. itr.* berada di bawah; menjadi bawahan; *refl.* berani; *untersteh dich!* awas, jangan begitu!

'unterstellen *tr.* menitipkan; menaruh (ke dl., di bawah); *sich* ~ berlindung; **unter'stellen** (–) *tr.* **1.** *j-m e-e Abteilung* ~ menjadikan sso. kepala bagian; *j-n Herrn X* ~ menempatkan sso. di bawah pimpinan Tuan X; **2.** *fig.* mengandaikan; *fälschlich* memfitnah

Unterstellung *f* (–;–*en*) tuduhan yg. salah
unter|streichen (–) *unr. tr.* menggarisbawahi; **~stufe** *f, Schule* tingkat dasar/bawah
unterstütz|en (–) *tr.* menyokong, mendukung, membantu; **~ung** *f* (–;*O*) sokongan, dukungan, bantuan, tunjangan; *von ~ leben* membiayai hidup dari tunjangan sosial saja; **–ungsbedürftig** yg. membutuhkan bantuan, kurang mampu; **~ungs·empfänger** *m* penerima tunjangan sosial; **~ungsfonds** *m* dana sosial
untersuch|en (–) *tr.* menyelidiki, memeriksa, meneliti; **~ung** *f* (–;–*en*) pemeriksaan, penyelidikan, riset
Untersuchungs|ausschuß *m* panitia penyelidikan; *Parl.* komisi pencari fakta; **–gefangene** *m, f* tahanan yg. berstatus tersangka; **–haft** *f* penahanan sso. yg. berstatus tersangka; **–richter** *m* hakim yg. memimpin pemeriksaan
Unter|tagearbeiter *m* buruh tambang (yg. bekerja di bawah tanah); **~tags** pd. siang hari; **–tan** *m* (–*s*/–*en*;–*en*) warganegara monarki; *Vassal* bawahan; *Höriger* abdi, hamba; *~ sein* menjadi bawahan, dikuasai oleh; **~tänig** bersikap tunduk/patuh; **–tasse** *f* alas/tatakan cangkir; **~tauchen** *itr.* menyelam; *fig.* bersembunyi, menghilang; *tr.* menyelamkan
Unterteil *m, n* bagian (di) bawah; **~en** (–) *tr.* membagi, menggolong-golongkan; **–ung** *f* pembagian, penggolongan
Unter|titel *m* subjudul; *Film* tulisan/teks pd. film (yg. berbahasa asing); **–ton** *m, fig.* nada sindiran; **~treiben** (–) *unr. tr., fig.* mengecilkan, mengatakan kurang dari sebenarnya; **~tunneln** (–) *tr.* membuat terowongan di bawah sst.
unter|vermieten (–) *tr.* menyewakan lagi; **–wandern** (–) *tr.* merembes ke dl., menyusup, mengadakan infiltrasi; **~wanderung** *f* penyusupan, infiltrasi; **–wärts** di/ke bawah(nya); **~wäsche** *f* pakaian dalam; **~wassermassage** *f* fisioterapi di dl. air
unterwegs di/dl. perjalanan
unterweis|en (–) *unr. tr.* mengajar; **~ung** *f* (–;–*en*) pengajaran, pelajaran, instruksi
Unterwelt *f* alam arwah/baka; *Verbrecher* dunia penjahat
unterwerf|en (–) *unr. tr.* menaklukkan, menundukkan; *sich ~* tunduk; *sich e-r Entscheidung ~* menerima/tunduk pd. keputusan; **~ung** *f* (–;*O*) penundukan, penaklukan
unter|wühlen (–) *tr.* menggangsir, menggali; **–würfig** bersikap terlalu tunduk/patuh; bersifat membudak
unterzeich|nen (–) *tr.* menandatangani; **~ner** *m* (–*s*;–), **~nete** *m* (–*n*;–*n*) penandatangan; **~nung** *f* (–;–*en*) penandatanganan
Unterzeug *n* pakaian dalam
'unterziehen *unr. tr.* mengenakan di bawah; *Kochen* mencampurkan pd.; **unter'ziehen** (–) *unr. refl.* menjalani; *sich nicht der Mühe ~* tdk. bersusah-payah
untief dangkal; **~e** *f* tempat yg. dangkal; *ugs.* perairan yg. sangat dalam
Untier *n* binatang yg. sangat menakutkan, makhluk jahat
un|tilgbar tdk. dapat dihapuskan/dilunasi; **–tragbar** tdk. dapat dipertahankan, tak tertahankan; **–trennbar** tdk. dapat dipisah
untreu tdk./kurang setia, bersifat menyeleweng; **~e** *f* ketidaksetiaan; penyelewengan, pengkhianatan
un|tröstlich sedih sekali; *~ sein* menyesal sekali; **–trüglich** sangat pasti; **~tugend** *f* kebiasaan jelek; **–tunlich** tdk. layak/pantas; tdk. berguna
unüber|brückbar tdk. dapat dijembatani, sangat (men)dalam; **–legt** tanpa pikir panjang, sembrono; **–sehbar** luas sekali, sangat besar/banyak; *herausragend* tampak sekali, menonjol; **–setzbar** tdk. dapat diterjemahkan
unübersichtlich tdk. memberikan gambaran/pandangan jelas; rumit, kompleks, tdk. beraturan; *~e Kreuzung* perempatan yg. berbahaya (karena rumit); *~ angeordnet* diatur dng. kurang jelas

unüber|steigbar tdk. dapat dipanjati/diatasi; **–trefflich** istimewa, tak terbandingkan; **–windlich** tak terkalahkan; ~ *e Schwierigkeiten* kesulitan yg. tdk. dapat diatasi
unum|gänglich tak dapat dihindarkan, sangat perlu; **–schränkt** tak terbatas, mutlak; **–stößlich** tak dapat diubah, pasti; **–wunden** *Adj.* terus-terang
ununterbrochen *Adj.* terus-menerus, tak henti-hentinya
unver|änderlich tetap, tak berubah; **–antwortlich** yg. tdk. dapat dipertanggungjawabkan; tdk. bertanggungjawab, sembrono; **–äußerlich** tdk. dapat/boleh dilepaskan/dijual; **–besserlich** tdk. mau memperbaiki diri, bandel; tdk. dapat berubah; **–bindlich** tdk. mengikat; *unfreundlich* kurang ramah; **–blümt** terus-terang, tanpa tedeng aling-aling; **–braucht** masih segar, belum terpakai
unver|brüchlich tak tergoyangkan, teguh, setia; **–bürgt** belum pasti, belum ada konfirmasi; **–dächtig** tdk. menimbulkan syak-wasangka; **–daulich** yg. sulit dicerna; **–daut** yg. belum dicerna; **–derblich** yg. tdk. dapat menjadi busuk; **–derbt** *s. unverdorben;* **–dient** *~es Lob* pujian yg. tdk. berdasarkan pd. prestasi; *~es Glück* keuntungan tak terduga, *bp.* rezeki nomplok
unver|dorben *Adj.* belum busuk; *Charakter* baik, murni, belum rusak; **–drossen** *Adj.* tak jemu-jemu, selalu gembira dan bersemangat; **–einbar** tdk. dapat di(per)satukan/diperdamaikan, bertentangan satu sama lain; **–fälscht** asli, murni; **–fänglich** tdk. mencurigakan; **–froren** *Adj.* kurangajar; **^–frorenheit** *f(–;O)* kelancangkan, kekurangajaran; **–gänglich** abadi, tetap
unver|geßlich tak terlupakan; **–gleichlich** tak ada bandingannya, luar biasa; sangat; **–hältnismäßig** tak sepadan/sebanding, terlalu; **–heiratet** bujang, tdk./belum kawin; **–hofft** tak terduga, sekonyong-konyong; **–hohlen** *Adj.* dng. terang-terangan; **–hüllt** *fig.* terbuka, tdk. ditutup-tutupi; **–jährbar** yg. tdk. menjadi kedaluwarsa; **–käuflich** yg. tdk. boleh diperjual-belikan; **–kauft** yg. belum terjual
unver|kennbar yg. nyata/terang/jelas; **–kürzt** yg. tdk. disingkat; **–langt** yg. tdk. diminta/dipesan; **–letzbar** kebal; **–letzlich** yg. tdk. dapat diganggu-gugat; **–lierbar** *~e Werte* nilai yg. tdk. dapat dirampas; **–mählt** *s. unverheiratet;* **–meidlich** tak terelakkan; **–mindert** yg./dng. tdk. berkurang/dikurangi, tetap; **–mischt** yg. tdk. dicampur/tercampur, murni; **–mittelt** tiba-tiba, sekonyong-konyong
Unvermögen *n* ketidakmampuan; **^–d** yg. tdk. mampu; yg. tdk. kaya, miskin
unvermutet tak terduga, tiba-tiba
Unver|nunft *f* ketololan, kebodohan; **^–nünftig** tdk. bijaksana; tdk. masuk akal; **^–öffentlicht** belum diterbitkan
unverrichteter|dinge, –sache, *Adv.* dng. tdk. berhasil, dng. tdk. menyelesaikan apa-apa
unver|rückbar tdk. dapat diubah, tak tergoyahkan, teguh, pasti; **–schämt** tak tahu malu, selamba, kurangajar; **^–schämtheit** *f(–;–en)* kekurangajaran, tingkah-laku yg. tdk. tahu malu, keterlaluan; **–schuldet** tanpa salah; tdk berhutang; **–sehens** tiba-tiba, tdk. disangka-sangka; **–sehrt** utuh, selamat, tdk. rusak; **–siegbar** tdk. pernah habis; **–siegelt** tdk. disegel; **–söhnlich** tdk. dapat didamaikan/dirujukkan
unversorgt *~e Kinder* anak-anak terlantar
Unver|stand *m (–es;O)* ketololan; **^–standen** *Adj.* tdk. dapat dimengerti; **^–ständig** tdk. bijaksana, tolol; **^–ständlich** tdk. dapat didengar dng. jelas; *fig.* tdk. dapat dimengerti; tdk. masuk akal; **–ständnis** *n* kurangnya pengertian; *auf ~ stoßen bei* tdk. diterima/dimengerti oleh
unversteuert tdk./belum dikenakan pajak
unversucht *nichts ~ lassen* berusaha sekuat tenaga
unver|träglich suka ribut; *unvereinbar* bersifat bertentangan; *Speisen*

sukar dicerna; **≗träglichkeit** *f* (–;O) sikap suka ribut; *Unvereinbarkeit* ketidakcocokan; **–wandt** *~ anblicken* menatap; **–wechselbar** khas, khusus, unik; **–wehrt** boleh, tdk. ada keberatan; **–welklich** tdk. bisa layu; *fig.* abadi; **–wendbar** tdk. dapat dipakai/dipergunakan; **–weslich** tdk. dapat menjadi busuk

unver|wundbar kebal; **–wüstlich** kuat sekali, kokoh, tahan lama; *~er Optimist* (orang) optimis yg. tabah; **–zagt** tak gentar; **–zeihlich** tak dapat dimaafkan/diampuni; **–zinslich** tdk. membawa bunga; **–zollt** tdk. dikenakan bea cukai; **–züglich** dng. segera, seketika, saat ini juga

unvollendet belum selesai/terselesaikan, terbengkalai

unvollkommen *Adj.* kurang sempurna; **≗heit** *f* (–;–en) kekurangan, cacat

unvoll|ständig tdk. lengkap/utuh; **–zählig** tdk. lengkap, ada yg. kurang

unvorbereitet tanpa persiapan, tdk. dipersiapkan; *Rede* spontan

unvor|denklich *seit ~en Zeiten* sejak zaman baheula; **–eingenommen** *Adj.* tdk. berprasangka, obyektif; **–hergesehen** *Adj.* (dng.) tdk. tersangka/terduga, di luar perhitungan; **–sätzlich** tdk. dng. sengaja; *Jur.* tdk. terencana; **–schriftsmäßig** yg. menyimpang dari peraturan

unvorsichtig tdk. hati-hati/waspada, sembrono; **≗keit** *f* (–;O) ketidakwaspadaan, kesembronoan, kelengahan

unvorteilhaft tdk. menguntungkan; *~es Kleid* baju yg. membuat orang kurang menarik

unwägbar tdk. dapat diperhitungkan

unwahr tdk. benar, bohong; **–haftig** kurang jujur, tdk. terus-terang; **≗haftigkeit** *f* ketidakjujuran, kebusukan hati, kemunafikan; **≗heit** *f* dusta, kebohongan

unwahrscheinlich *Adj.* kecil kemungkinannya, di luar dugaan; *Adv. ugs.* sangat; **≗keit** *f* (–;O) kemungkinan kecil

un|wandelbar tetap, kokoh, tdk. berubah; **–wegsam** sukar dilalui; **–weiblich** kurang feminin; **–weigerlich** (dng.) pasti, tentu; bagaimanapun juga; **–weit** tdk. jauh, dekat; **–wert** kurang layak

Unwesen *n* (–s;O) gangguan; *sein ~ treiben* merajalela; **≗tlich** tdk. berarti/penting, kurang relevan

Unwetter *n* cuaca buruk; *fig.* teguran keras

unwichtig kurang penting/berarti

unwider|legbar, –leglich tdk. dapat dibantah; **–ruflich** tdk. dapat ditarik kembali, final, pasti; **–stehlich** sangat menarik/menawan hati

unwiederbringlich yg. tdk. dapat diperoleh kembali, yg. tdk. dapat ditebus/dikembalikan

Unwill|e *m* kegusaran, kemarahan, ketidaksukaan; **≗ig** geram, tdk. senang, tdk. sabar; **≗kommen** *Adj.* yg. tdk. diundang, tdk. disukai; **≗kürlich** dng. tdk. disengaja

unwirk|lich tdk. realistis, tdk. menurut kenyataan, khayali; **–sam** tdk. membawa hasil, tdk. efektif; *Medikament* tdk. mempan; **≗samkeit** *f* keadaan/sifat tdk. membawa hasil

unwirsch tdk. ramah, perus, rengus

unwirt|lich gersang; kurang menarik; **–schaftlich** tdk. ekonomis/efisien

unwissen|d yg. tdk. tahu-menahu/berpengalaman; *sich ~ stellen* berlagak bodoh; **≗heit** *f* (–;O) kurangnya pengetahuan/informasi, kebodohan, ketidaktahuan; **–schaftlich** tdk. ilmiah; **–tlich** tdk. sengaja, tanpa mengetahui sebelumnya

unwohl tdk. enak badannya; *e ~es Gefühl haben* mempunyai firasat tdk. baik; **≗sein** *n* (–s;O) tdk. enak badan; *Frau* datang bulan, mens

un|wohnlich tdk. membuat betah, tdk. menyenangkan; **–würdig** tdk. pantas/layak

Unzahl *f* (–;O) jumlah yg. sangat besar

un|zählbar, –zählig tak terbilang jumlahnya/banyaknya, tdk. dapat dihitung, banyak sekali

Unze *f* (–;–n) sm. satuan berat (28–100 gr.); ons (=100 gr)

Unzeit *f*, *zur ~* pd. waktu yg. tdk. cocok; **≗gemäß** ketinggalan zaman,

kuno; **≗ig** terlalu pagi, pd. waktu yg. tdk. cocok; *unreif* belum matang
unzer|brechlich tdk. dapat pecah; **–reißbar** tdk. dapat sobek/putus; **–störbar** tdk. dapat rusak, kuat; **–trennlich** tak terpisahkan, erat/akrab sekali
un|ziemend, –ziemlich tdk. pantas; **–zivilisiert** tdk. beradab
Unzucht *f* (–;O) kecabulan, percabulan, perbuatan cabul; *gewerbsmäßige* ~ pelacuran
unzüchtig tdk. senonoh, cabul, asusila, porno
unzufrieden *Adj*. tdk. puas; **≗heit** *f* (–;O) rasa kurang puas
unzugänglich tdk. dapat dicapai/dihampiri; *Mensch* sukar didekati, bersifat dingin; ~ *sein für* tertutup thd.
unzulänglich tdk. memadai, kurang; **≗keit** *f* (–;–*en*) kekurangan
unzu|lässig tdk. diizinkan, terlarang; **–mutbar** tdk. dapat diterima/dituntut; *für j-n* ~ tak bisa diharapkan dari sso.
unzurechnungsfähig tdk. (mampu) bertanggungjawab, sakit jiwa, *ontoerekenbaar;* **≗keit** *f* (–;O) kedunguan, keadaan tdk. dapat bertanggungjawab
unzureichend tdk. memadai/mencukupi, kurang
unzu|sammenhängend terputus-putus, lepas-lepas, tdk. berhubungan satu sama lain, tdk. ada artinya; **–ständig** tdk. berkompeten/berwenang; **–stellbar** tdk. dapat disampaikan; **–träglich** tdk. cocok, tdk. sehat, kurang baik; **–treffend** tdk. tepat, salah; *≗es streichen* coret yg. tdk. perlu
unzuverlässig tdk. dapat dipercaya(i), sembrono; *unsicher* kurang tepat; mudah berubah-ubah; **≗keit** *f* sikap/sifat tdk. dapat dipercayai, ketidaksetiaan; sifat mudah berubah
un|zweckmäßig kurang praktis; **–zweideutig** jelas, terang; **–zweifelhaft** tdk. ragu-ragu, tentu, pasti
üppig mewah, luks; subur; *~e Figur* potongan montok, *bp*. mollig; **≗keit** *f* (–;O) kemewahan; *Körper* kemontokan

Ur *m* (–*(e)s;–e*) sm. banteng (yg. sudah punah), *bas primigenius*
Ur|abstimmung *f* pemungutan suara anggota serikat buruh mengenai mogok tidaknya; **–ahn** *m* (–*(e)s/–en; –en*), **–ahne** *f* (–;–*n*) kakek/nenek dari bapak atau ibu; nenek-moyang; **≗alt** yg. sangat tua
Uran *n* (–*s*;O) uranium (U); **–brenner** *m* reaktor nuklir yg. menggunakan uranium
Ur|anfang *m* awal mula; **≗anfänglich** pd. awal mula
uran·haltig mengandung uranium
Uraufführung *f* pertunjukan perdana
urban sopan, terdidik, beradab; **–isieren** (–) *tr*. memperadabkan, menyopankan; **≗ität** *f* (–;O) keadaban, perikesopanan
urbar ~ *machen* memperhumai
Ur|bedeutung *f* arti aslinya; **–bevölkerung** *f*, **–bewohner** *m* penduduk asli; **–bild** *n* gambar asli; *Vorbild* teladan; ideal; **≗eigen** *Adj*. khas sekali, khas diri sendiri; *im ~sten Interesse* demi kepentingan sendiri, **–einwohner** *m* penduduk asli
Ur|enkel(in *f*) *m* cicit; **–großeltern** *pl* moyang, orangtua kakek/nenek; **–großmutter** *f* ibu kakek/nenek; **–großvater** *f* ayah kakek/nenek
Urheber *m* (–*s*;–) pencetus; pemrakarsa; *Verfasser* pencipta, pengarang, *Mus*. penggubah; **–recht** *n* hak cipta; **–schaft** *f* (–;O) kepengarangan; **–schutz** *m* perlindungan hak cipta
urig *s. urwüchsig*
Urin *m* (–*s*;O) air seni/kencing/kemih, urine; **–flasche** *f* botol kencing; **≗ieren** (–) *itr*. buang air kecil, (ber-) kencing; **–untersuchung** *f* pemeriksaan air kencing
Urkirche *f* gereja purba
urkomisch lucu sekali
Urkund|e *f* (–;–*n*) piagam, dokumen, surat resmi, akte; **–enfälschung** *f* pemalsuan surat resmi, pemalsuan tandatangan; **≗lich** (berh.) dng. surat resmi
Urlaub *m* (–*(e)s;–e*) cuti, libur, vakansi; **–er(in** *f*) *m* (–*s*;–) orang yg. sedang bercuti/berlibur; **–s·anspruch** *m* hak cuti; **–sreise** *f* perjalanan waktu liburan/cuti

Urmensch *m* manusia purba
Urne *f* (–;–*n*) perabuan, sm. guci tempat menyimpan abu mayat; *Wahl* kotak suara
Ur|ochs *m, s. Ur;* **–ologie** *f* (–;*O*) ilmu pengetahuan tt. penyakit kandung kemih; **≗plötzlich** sekonyong-konyong, sangat tiba-tiba; **–sache** *f* sebab; *ich habe alle ~ zu* saya punya alasan yg. kuat utk.; *keine ~ !* tdk. apa-apa! kembali! **≗sächlich** bersifat sebab-menyebab, berh. dng. sebab-akibat; **–sächlichkeit** *f* (–;*O*) hubungan sebab-akibat
Ur|schrift *f* naskah asli; **–sprache** *f* bahasa induk, bahasa asli; **–sprung** *m* asal(-usul), awal-mula; **≗sprünglich** (yg.) semula; asli, tulen; **–sprünglichkeit** *f* (–;*O*) keaslian, ketulenan, sifat orisinil; **–sprungsland** *n* negara asal; **–sprungszeugnis** *n* surat bukti asal barang
Urständ *f, fröhliche ~ feiern* mulai menjadi populer lagi
Urstoff *m* bahan dasar
Urteil *n* (–*s*;–*e*) keputusan; *Jur.* keputusan hakim, vonis; *Meinung* pendapat; *sich e ~ bilden* membentuk pandangan sendiri; **≗en** *itr.* menyatakan pendapat, berpendapat, menilai
Urteils|eröffnung *f* pembacaan/pengumuman vonis; **≗fähig** mampu menilai dng. tepat; **–kraft** *f* kemampuan menilai; **–spruch** *m* keputusan hakim; **–verkündung** *f, Jur.* pernyataan keputusan/vonis; **–vermögen** *n, s. Urteilskraft;* **–vollstreckung** *f, Jur.* pelaksanaan keputusan
Ur|text *m* naskah/teks asli; **≗tümlich** *s. urwüchsig;* **–vater** *m* cakal bakal, bapak bangsa; **–volk** *n* suku bangsa asli, induk bangsa; **–wald** *m* rimba belantara; **≗weltlich** yg. berh. dng. zaman purba; **≗wüchsig** alamiah, yg. tdk. dibuat-buat, bersahaja; *derb* agak kasar; **–zeit** *f* zaman purba; **–zelle** *f* sel primitif; **–zustand** *m* keadaan yg. asli/semula
Usance *f* (–;–*n*), **Uso** *m* (–*s*;*O*) *Handel* kebiasaan
Usur|pator *m* (–*s*;–*en*) perampas/perebut kekuasaan; **≗pieren** (–) *tr.* merampas/merebut kekuasaan/tahta
Usus *m* (–;*O*) kebiasaan, adat
Utensiliën *pl* alat-alat yg. diperlukan, keperluan, perkakas
Uterus *m* (–;*Uteri*) rahim
Utilitarismus *m* (–;*O*) pandangan hidup yg. mengutamakan apa yg. berfaedah
Utop|ie *f* (–; . . . *iën*) cita-cita muluk, khayalan, utopi; **≗isch** yg. bersifat impian, yg. tak mungkin terlaksana, utopis
uzen *tr. ugs.* mengganggu, berbuat usil/iseng

V

va banque ~ *spielen* mengambil risiko besar, mengadu untung
Vademekum *n* (*–s;–s*) buku pedoman/petunjuk
vag *s. vage*
Vagabund *m* (*–en;–en*) (orang) gelandangan, orang yg. berkeliaran; *rastloser Mensch* pengembara; **≗ieren** (–) *itr*. berkeliaran, bergelandangan; berkelana
vage tdk. pasti/jelas, kabur
Vagina *f* (*–; . . . nen*) liang sanggama, *vagina*
vakant kosong; lowong
Vakuum *n* (*–s;Vakua/Vakuen*) kekosongan, vakum; *Phys*. hampa udara; **–bremse** *f*, *Tech*. rem hampa udara; **–pumpe** *f* pompa hampa udara; **–röhre** *f* tabung hampa udara; **≗verpackt** terbungkus vakum, dikemas hampa udara
Vakzination *f* (*–;–en*) vaksinasi, suntikan kekebalan
Valuta *f* (*–; . . . ten*) valuta, nilai uang; mata uang asing
Vampir *m* (*–s;–e*) sm. kelelawar yg. tdk. mengisap darah, *vampyrus spectrum;* sm. kelelawar penghisap darah, *desmodus; fig*. (orang halus) penghisap darah
Vandal|e *m* (*–n;–n*) anggota suku bangsa Vandal; *fig*. orang yg. suka merusak; **≗isch** bersifat merusak dng. kejam; **–ismus** *m* (*–;O*) nafsu merusak, vandalisme
Vanille *f* (*–;O*) *Bo*. panili, *vanilla planifolia; Gastronomie* sari panili
Varia *pl* aneka warna, varia
varia|bel dapat berubah/diubah, bervariasi, variabel; **≗ble** *f* (*–;–n*) *Math*. faktor tak tetap; **≗nte** *f* (*–;–n*) hal yg. sedikit berbeda, cara/sistem yg. agak menyimpang, varian; **≗tion** *f* (*–;–en*) perubahan (rupa), variasi
Varieté *n* (*–s;–s*), **–theater** *n* teater utk. pertunjukan akrobat, musik dan tarian secara berganti-ganti; **–vorstellung** *f* pertunjukan dng. macam-macam acara
variieren (–) *itr*. berbeda-beda, berubah-ubah, bervariasi; *tr*. mengubah-ubah, menyelang-nyelingkan, mengadakan variasi
Vasall *m* (*–en;–en*) bangsawan bawahan; pengikut; **–enstaat** *m* negara satelit/boneka
Vase *f* (*–;–n*) jambangan, vas
Vaselin *n* (*–s;O*), **–e** *f* (*–;O*) vaselin
Vater *m* (*–s;¨*) ayah, bapa(k), *bp*. pak; **–haus** *n* rumah orangtua; **–land** *n* (*–ẹs;O*) tanah-air, ibu pertiwi; **≗ländisch** nasional, patriotis; yg. berh. dng. tanah-air; **–landsliebe** *f* cinta tanah-air, patriotisme; **–landsverräter** *m* pengkhianat negara
väterlich yg. berh. dng. ayah, berasal dari ayah; spt. ayah, kebapaan; **–erseits** dari pihak (keluarga) ayah/bapa
Vater|liebe *f* kasih-sayang seorang ayah/bapak; **≗los** tak berayah (lagi); **–mord** *m* pembunuhan ayah; **–mörder** *m* pembunuh ayah; *ugs*. kerah yg. tinggi dan kaku
Vaterschaft *f* (*–;O*) hal menjadi ayah, kedudukan sebagai ayah; kebapaan; **–sklage** *f*, *Gericht* tuntutan/perkara utk. menentukan ayah sso.
Vater|stadt *f* kota kelahiran, kampung halaman; **–stelle** *f*, ~ *vertreten* menjadi wali; **–unser** *n* (*–s;–*) (doa) Bapa Kami
Vati *m* (*–s;–s*) *ugs*. bapa, papa, papi
Vegetabiliën *pl* sayur-mayur

Veget|ariër *m* (*–s;–*) pemantang daging; **≗arisch** vegetaris, tanpa daging; **–ation** *f* (*–;–en*) (dunia) tumbuh-tumbuhan, flora; **≗ativ** *Med.* (sistem syaraf) yg. tdk. tergantung pd. kemauan; **≗ieren** (–) *itr.* hidup pas-pasan/Senen-Kemis

vehemen|t penuh semangat, berapi-api, dng. suara keras; **≗z** *f* (*–;O*) semangat (berapi-api), energi, daya

Vehikel *n* (*–s;–*) kendaraan (tua) utk. angkutan; *fig.* pengantara

Veilchen *n* (*–s;–*) bunga violet, *viola; blau wie e* ~ , *ugs.* sangat mabuk

Veits·tanz *m* sm. penyakit syaraf, *chorea*

Velo(ziped) *n* (*–s;–s*) *schweizerisch* sepeda

Vene *f* (*–;–n*) pembuluh darah balik, *vena;* **–n·entzündung** *f* radang pembuluh darah balik, *phlebitis*

venerisch yg. berh. dng. penyakit kelamin

venös ~*es Blut* darah yg. kekurangan zat asam

Ventil *n* (*–s;–e*) pentil; **–ation** *f*(*–;–en*) pertukaran udara, ventilasi; **–ator** *m* (*–s;–en*) ventilator, kipas angin; **≗ieren** (–) *tr.* menukar udara; *fig.* mempertimbangkan; memancing reaksi; **–klappe** *f* katup pentil

Venus *f* (*–;O*) *Ast.* bintang kejora; *Myth., dewi cinta Yunani*

ver·abfolgen (–) *tr.* menyerahkan, menyampaikan, memberikan

ver·abred|en (–) *tr.* menyepakati; *sich* ~ membuat janji; *ich bin verabredet* saya ada janji; *wie verabredet* spt. telah disetujui/dijanjikan, tepat pd. waktunya; **≗ung** *f* (*–;–en*) persetujuan, perjanjian; janji; pertemuan

ver·abreichen (–) *tr., s. verabfolgen*

ver·absäumen (–) *tr.* melalaikan, mengabaikan

ver·abscheu|en (–) *tr.* membenci, tdk. menyukai; *sich ekeln* merasa jijik akan; **–enswert, –ungswürdig** pantas dibenci, yg. menjijikkan

ver·abschied|en (–) *tr.* membebaskan/melepaskan dari jabatan dng. hormat; *e Gesetz* ~ mensahkan undang-undang; *sich* ~ mohon diri, pamit, permisi pulang; **≗ung** *f* (*–;O*) pemberhentian dari jabatan; *Gesetz* pengesahan; *Abschied* perpisahan, minta-diri

ver·achten (–) *tr.* meremehkan, merendahkan; *nicht zu* ~ , *ugs.* (dinilai) cukup baik; **–swert** pantas diremehkan, tdk. pantas dihargai, hina

Verächt|er *m* (*–s;–*) orang yg. menganggap remeh/hina/rendah kpd. sso./sst.; **≗lich** yg. (bersifat) menghina; *et.* ~ *machen* menghina/menertawakan sst.; *s. verachtenswert*

Ver·achtung *f* (*–;O*) sikap menghina/merendahkan; *mit* ~ *strafen* mengabaikan, *bp.* menganggap angin

ver·allgemein|ern (–) *tr.* menyamaratakan, mengadakan generalisasi; **≗ung** *f* (*–;–en*) penyamarataan, generalisasi

ver·alte|n (–) *itr.* menjadi kuno/usang; **–t** sudah kuno, tdk. modern, kolot

Veranda *f* (*–; . . . den*) beranda

ver·änder|lich dapat berubah, variabel; **–n** (–) *tr.* mengubah; *sich* ~ berubah, *Arbeitsplatz* (ber–) pindah; **≗ung** *f* (*–;–en*) perubahan

ver·ängstigt ketakutan

ver·anker|n (–) *tr.* memasang kuat-kuat; *Schiff* melempar sauh; *fig.* mengukuhkan; **≗ung** *f* (*–;–en*) pemasangan kuat-kuat; pengukuhan

ver·anlag|en (–) *tr.* menentukan pajak dng. menaksir kekayaan; **–t** berbakat, cenderung; **≗ung** *f* (*–;–en*) **1.** penentuan pajak; **2.** *Neigung* bakat, pembawaan; kecenderungan

ver·anlass|en (–) *tr.* menimbulkan, menyebabkan; menyuruh spy.; *sich veranlaßt fühlen* merasa berkewajiban utk.; **≗ung** *f* (*–;–en*) alasan, sebab; *auf* ~ *von* atas anjuran/usul dari; *ohne jede* ~ tanpa alasan apa pun

ver·anschaulich|en (–) *tr.* menerangkan, menjelaskan; **≗ung** *f* (*–;O*) ilustrasi, penggambaran

ver·anschlag|en (–) *tr.* menaksir, menganggar; **≗ung** *f* (*–;O*) perhitungan, penaksiran, anggaran, kalkulasi

ver·anstalt|en (–) *tr.* menyelenggarakan, mengadakan; **≗er(in** *f*) *m* (*–s;–*)

penyelenggara; **≗ung** *f* (–;–*en*) penyelenggaraan; *Vorstellung* pertunjukan; *Sp.* perlombaan; *Festlichkeit* acara, upacara; **≗ungskalender** *m* buku acara

ver·antwort|en (–) *tr.* mempertanggungjawabkan; *sich* ~ bertanggungjawab, membela diri; **–lich** yg. bertanggungjawab; *j-n für et.* ~ *machen* menyatakan bahwa sso. bertanggungjawab atas sst.; *für et.* ~ *zeichnen* bertanggungjawab utk. sst.; **≗lichkeit** *f* (–;*O*) pertanggungjawaban; **≗ung** *f* (–;*O*) tanggungjawab; *auf eigene* ~ atas risiko sendiri; *zur* ~ *ziehen* menuntut tanggungjawab; **≗ungsbewußtsein** *n* rasa (kesadaran akan) tanggungjawab; **–ungslos** tak bertanggungjawab; **–ungsvoll** bertanggungjawab

ver·äppeln (–) *tr. ugs.* mengolokolokkan

ver·arbeit|en (–) *tr.* menggunakan (utk. membuat sst.), mengolah (spy. menjadi); *fig.* mencerna(kan); **≗ung** *f* (–;*O*) pengerjaan, pengolahan; *Ausführung* hasil pekerjaan, kwalitas; *Behandlung* cara pengelolaan; *fig.* pencernaan

ver·argen (–) *tr., j-m et.* ~ merasa kurang senang karena sso. berbuat sst.

ver·ärgern (–) *tr.* membuat menjadi jengkel/marah

ver·arm|en (–) *itr.* jatuh/menjadi miskin; **≗ung** *f* (–;*O*) proses menjadi miskin, pemiskinan

ver·arzten (–) *tr. ugs.* mengobati, menolong

ver·ästeln (–) *sich* ~ bercabangcabang

ver·ausgaben (–) *tr.* mengeluarkan (uang); *sich* ~ kehabisan uang; *fig.* kehabisan tenaga

ver·äußer|lich dapat dijual; **–lichen** (–) *itr.* menjadi dangkal; **–n** (–) *tr.* menjual; *Recht* mengalihkan, memberikan; **≗ung** *f* (–;*O*) penjualan

Verb *n* (–*s*;–*en*) kata kerja; **≗al** berh. dng. kata kerja; lisan, verbal; **–al·injurie** *f, Jur.* penghinaan dng. kata-kata

verballhornen (–) *tr. ugs.* memutarbalikkan nama/kata sebagai lelucon

Verbalnote *f, Diplomatie* nota dinas

Verband *m* (–*e*s;–̈*e*) *Med.* kain pembalut, perban; *Vereinigung* perkumpulan, perhimpunan; *Mil.* (ke-)satuan; **–(s)kasten** *m* kotak Pertolongan Pertama Pada Kecelakaan (P3K); **–mull** *m* kasa pembalut, perban kasa; **–päckchen** *n* (sebungkus) perban/pembalut (cepat); **–platz** *m, Mil.* tempat pertolongan pertama; **–stoff** *m, s. Verbandmull;* **–(s)watte** *f* kapas pembalut; **–(s)zeug** *n* bahan pembalut

verbann|en (–) *tr.* mengasingkan, mengucilkan, menyingkirkan, membuang; **≗te** *m* (–*n*;–*n*) orang (pem)buangan; **≗ung** *f* (–;–*en*) pengasingan, pengucilan, pembuangan

verbarrikadieren (–) *tr.* memasang perintang/barikade

verbauen (–) *tr.* menggunakan (bahan, uang) utk. membangun; *falsch bauen* membangun secara salah; *sich die Zukunft* ~ menutup masa depan

verbeißen (–) *unr., sich* ~ menahan (tawa/sakit); *sich* ~ *in et.* menggigit keras dan tdk. melepaskan lagi, *fig.* mengotot pd. sst.

verbergen (–) *unr. tr.* menyembunyikan, merahasiakan; *sich* ~ bersembunyi

verbesser|n (–) *tr.* memperbaiki, membetulkan, mengoreksi; *sich* ~ memperbaiki diri; maju; **≗ung** *f* (–;–*en*) perbaikan, pembetulan; *beruflich* kemajuan

verbeug|en (–) *sich* ~ membungkuk, menundukkan kepala; *sich* ~ *vor* menghormati; **≗ung** *f* (–;–*en*) perbuatan membungkuk, penundukan

verbeulen (–) *tr.* membuat penyok

verbiegen (–) *unr. tr.* membelokkan/membengkokkan sehingga menjadi salah/rusak; *sich* ~ melengkung, membengkok

verbieten (–) *unr. tr.* melarang

verbilden (–) *tr.* membentuk salah; *Erziehung* salah mendidik/mengasuh

verbilligen (–) *tr.* memurahkan, menurunkan harga

verbinden (–) *unr. tr.* menghubungkan, menyambungkan; menggabungkan; *Med.* membalut; *Chem.* mengadakan senyawa; *j-m die Augen* ~ menutup mata sso.; *sich* ~ bergabung, bersekutu; *sich ehelich* ~ menikah; *eng verbunden sein mit* berh. erat dng.; *sich j-m verbunden fühlen* berhutang budi pd. sso.; *falsch verbunden, Tel.* salah sambung; *~de Worte/Sätze* kata-kata/kalimat yg. menghubungkan pokok satu dng. yg. lain
verbind|lich bersifat mengikat; ramah; *~(st)en Dank* terimakasih banyak/sebesar-besarnya; **≗lichkeit** *f* (–;–*en*) kewajiban; *Schulden* hutang; *Höflichkeit* keramahan, kesopanan
Verbindung *f* (–;–*en*) hubungan, perhubungan; *fig.* koneksi, relasi; *Chem.* persenyawaan; *Studenten* (per)himpunan, ikatan; *Tel.* sambungan; *in ~ mit* sehubungan/berhubungan dng.; *sich in ~ setzen mit* menghubungi; *die ~ verlieren* putus hubungan; **–sgang** *m* gang/lorong penghubung; **–slinie** *f* garis penghubung; **–s·offizier** *m* perwira penghubung; **–s·stelle** *f* tempat pertemuan; titik temu; *Tech.* sambungan
verbissen *Adj.* keras hati, mengotot
verbitten (–) *unr. tr., sich* ~ tdk. mengizinkan, menolak; *das verbitte ich mir* saya tdk. menerima hal itu
verbitter|n (–) *tr.* memedihkan hati, membuat (sso.) merasa getir; **–t** pedih, pahit, getir; **≗ung** *f* (–;*O*) kepedihan, kegetiran, kepahitan
verblassen (–) *itr.* menjadi pucat, memudar (warnanya); *fig.* lama-kelamaan menghilang, menjadi kabur
Verbleib *m* (–*ẹs*;*O*) tempat berada/tinggal; **≗en** (–) *unr. itr.* tinggal (sebagai sisa); *im Amt* ~ bertahan pd. jabatan; *am Ort* ~ tetap di tempat; *mit freundlichen Grüßen verbleibe ich Ihr . . . (Briefschluß)* salam dan hormat kami . . .
verbleichen (–) *unr. itr., s. verblassen*
verblend|en (–) *tr. fig.* menyilaukan, membutakan; *Architektur* melapisi; **≗ung** *f* (–;–*en*) kebutaan, lupa daratan; *Mauerwerk* lapisan luar
verbleuen (–) *tr. ugs.* memukuli
verblichen *Adj.* pucat, pudar; **≗e** *m, f* (–*n*;–*n*) mendiang, almarhum(ah)
verblöden (–) *tr.* menjadi dungu/pandir; *ugs.* pikiran menjadi buntu
verblüff|en (–) *tr.* mengagetkan, mengejutkan, mengherankan; **–end** ~ *e Ähnlichkeit* sangat mirip; **–t** tercengang, terperanjat, *bp.* bengong; **≗ung** *f* (–;*O*) rasa kaget, kekejutan
verblühen (–) *itr.* menjadi layu
verblümt *fig.* terselubung halus, samar-samar
verbluten (–) *itr.* mati karena kehabisan darah; *sich in nutzlosen Angriffen* ~ banyak tentara gugur dl. serangan yg. sia-sia
verbohrt berkepala batu, sempit, picik, *bp.* kopig
verborgen 1. (–) *tr.* meminjamkan; **2.** *Adj.* tersembunyi, tdk. kentara; *sich ~ halten* menyembunyikan diri; **≗heit** *f* (–;*O*) keadaan/tempat tersembunyi; *Heimlichkeit* (ke)rahasia(an)
Verbot *n* (–*ẹs*;–*e*) larangan; **≗en** *Adj.* terlarang
verbrämen (–) *tr.* menghias tepi baju (dng. bulu binatang); *fig.* mengatakan dng. kata-kata halus/lembut/manis
Verbrauch *m* (–*ẹs*;*O*) pemakaian, penggunaan; **≗en** (–) *tr.* memakai, menggunakan, menghabiskan; *verbrauchte Luft* udara pengap; **–er** *m* (–*s*;–) konsumen, si pemakai; **–ergenossenschaft** *f* koperasi konsumen; **–erwaren** *f*, **–sgüter** *f* barang konsumsi; **–ssteuer** *f* pajak atas barang konsumsi
verbrech|en (–) *unr. tr.* melakukan (kejahatan); *was hast du verbrochen?* kamu berbuat apa? *wer hat dieses Buch verbrochen?* siapa yg. menulis buku (yg. jelek) itu? **≗en** *n* (–*s*;–) kejahatan; perbuatan jahat; **≗er** *m* (–*s*;–) penjahat; **≗er·album** *n* album potret para penjahat; **–erisch** jahat, kriminil; **≗erkolonie** *f* tempat pembuangan para penjahat; **≗ertum** *n* (–*s*;*O*) kriminalitas, kejahatan;

die Verbrecher kaum penjahat; **≗erviertel** *n* daerah/kampung penjahat; **≗erwelt** *f* dunia penjahat
verbreiten (–) *tr.* menyebarkan; menyebarluaskan; *sich* ~ tersebar luas; *Krankheit* menjangkit, menjalar; *sich* ~ *über et.* membicarakan sst. secara panjang lebar
verbreit|ern (–) *tr.* melebarkan, memperlebar; *sich* ~ menjadi (semakin) lebar; **≗erung** *f* (–;–*en*) pelebaran, perluasan
Verbreitung *f* (–;*O*) penyebaran, tersebarnya; *Krankheit* penularan, penjangkitan
verbrenn|bar dapat dibakar; **–en** (–) *unr. tr.* membakar; *itr.* terbakar; hangus; *sich* ~ membakar diri; *sich die Finger* ~ jari kena api/panas, *fig.* turut campurtangan dan mendapat kerugian sendiri
Verbrennung *f* (–;–*en*) pembakaran, terbakarnya; *Wunde* luka bakar; *Chem.* oksidasi; **–smotor** *m* motor bakar; **–s·ofen** *m* dapur pembakaran; open pembakaran (sampah)
verbriefen (–) *tr.* menyatakan/menjamin secara tertulis
verbringen (–) *unr. tr.* menghabiskan/melewatkan waktu
verbrüdern (–) *sich* ~ mengikat tali persaudaraan, bergaul spt. saudara sendiri
verbrüh|en (–) *tr. refl.* mendapat luka terkena air mendidih, terseduh; **≗ung** *f* (–;–*en*) terseduhnya; lepuh
verbuchen (–) *tr.* membukukan, memasukkan dl. buku; mencatat
Verbum *n* (–*s*;*Verba*/*Verben*) kata kerja
verbummeln (–) *itr. ugs.* membuang-buang waktu; *tr.* melalaikan, melupakan
Verbund *m* (–*e*s;*O*) jaringan, sistem terintegrasi
verbünden (–) *sich* ~ bersekutu, bersekongkol
Verbundenheit *f* (–;*O*) rasa persaudaraan, solidaritas
Verbündete *m* (–*n*;–*n*) sekutu; teman
Verbund|glas *n* kaca lapis; **–maschine** *f* mesin yg. menggunakan sumber tenaganya berkali-kali, mesin kompon; **–netz** *n*, *Elek.* jaringan listrik yg. diisi beberapa pembangkit tenaga listrik; **–wirtschaft** *f* kerjasama teknis/organisatoris antara beberapa perusahaan
verbürgen (–) *tr. refl.* menjamin, menanggung
verbüßen (–) *tr.* menjalani hukuman
verchromt disepuh khrom
Verdacht *m* (–*e*s;*O*) kecurigaan, syak wasangka; *im*/*in* ~ *stehen* dicurigai
verdächtig yg. mencurigakan; **–en** (–) *tr.* mencurigai; **≗ung** *f* (–;–*en*) kecurigaan
Verdachtsmoment *m* faktor yg. menimbulkan kecurigaan
verdamm|en (–) *tr.* menghukum; *verfluchen* mengutuk; **–enswert** pantas dikutuk; **≗nis** *f* (–;*O*) hukuman; *ewige* ~ neraka; **–t** terkutuk; *e* ~*er Kerl*, *ugs.* orang kurangajar; ~ *!* sialan! persetan! ~ *kalt*, *ugs.* dingin sekali; **≗ung** *f* (–;*O*) hukuman; kutukan, laknat
verdampf|en (–) *itr. tr.* menguap (–kan); **≗ung** *f* (–;*O*) penguapan
verdanken (–) *tr.*, *den Erfolg verdanke ich meinem Vater* saya berhasil karena/berkat ayah saya
verdattert *ugs.* bingung, *bp.* bengong
verdau|en (–) *tr.* mencerna(kan); **–lich** dapat dicerna(kan); **≗ung** *f* (–;*O*) pencernaan
Verdauungs|beschwerden *pl*, **–störung** *f* gangguan pencernaan
Verdeck *n* (–*e*s;–*e*) kain penutup; *Schiff* geladak paling atas; *Auto* kap, atap; **≗en** (–) *tr.* menutupi, menyembunyikan
verdenken (–) *unr. tr.*, *j-m et.* ~ merasa kesal/jengkel pd. sso. karena sst.; *man kann es dir nicht* ~ *daß* kamu tdk. dapat dipersalahkan bahwa
Verderb *m*, *auf Gedeih u.* ~ dl. suka dan duka; **≗en** (–) *unr. itr.* menjadi busuk; *tr.* merusakkan, menghancurkan; *es mit j-m* ~ memusuhi sso.; *sich den Magen* ~ menjadi sakit perut; *e verdorbener Mensch* orang jahat; **–en** *n* (–*s*;*O*) kehancuran, kemusnahan; kebusukan, kerusakan; *j-n ins* ~ *stürzen* menghancur-

kan sso.; **≗lich** mudah menjadi busuk; *fig*. yg. merusakkan; **–lichkeit** *f* (–;O) sifat dapat membusuk; **–nis** *f* (–;O) kebusukan; kejahatan; kebobrokan; **–theit** *f* (–;O) kebejatan; kejahatan

verdeutlichen (–) *tr*. memperjelas

verdeutschen (–) *tr*. mengalihkan ke dl. bahasa Jerman, *bp*. menjermankan

verdicht|en (–) *tr*. memadatkan; mengonsentrasikan; *sich* ~ menjadi semakin padat; *fig*. terjadi semakin sering; *Verdacht* menjadi semakin kentara/kuat; **≗ung** *f* (–;O) pemadatan, kondensasi

verdicken (–) *tr*. mempertebal; *Flüssigkeit* mengentalkan; *sich* ~ menjadi tebal/lebar, *Med*. membengkak

verdienen (–) *tr*. memperoleh atau menerima upah/gaji/honor; *Vertrauen, Strafe* sepantasnya mendapat; *Geld* ~ mencari uang; *sein Studium selbst* ~ membiayai sendiri studinya; *sich um et. verdient machen* berjasa pd. sst.; *Lob* ~ patut dipuji

Verdienst **1.** *m* (–es;O) pendapatan, upah, gaji, honor, keuntungan; **2.** *n* (–es;–e) jasa; *sich ~e erwerben* berjasa; **–ausfall** *m* kehilangan pendapatan; **–kreuz** *n* sm. tanda jasa; **≗lich** berjasa; **–spanne** *f* laba, keuntungan, profit; **≗voll** berjasa

verdienter·maßen wajar, (se)pantas(nya)

Verdikt *n* (–ẹs;–e) keputusan hakim; penilaian negatif

verdingen (–) *unr. tr*. memberikan pekerjaan; *sich* ~ menerima pekerjaan; *sich* ~ *als* bekerja sebagai

verdolmetschen (–) *tr*. menterjemahkan

verdonnern (–) *tr. ugs*. menghukum, mendenda

verdoppeln (–) *tr*. melipatkan dua, mendobelkan; *fig*. meningkatkan; *sich* ~ berlipat dua/ganda

verdorben *Adj*. buruk, busuk, jahat; *Magen* sakit; **≗heit** *f* (–;O) kebobrokan akhlak

verdorren (–) *itr*. menjadi kering/layu

verdräng|en (–) *tr*. menyingkirkan, menggeserkan; *Psych*. menggeserkan ke bawah sadar; **≗ung** *f* (–;–en) penyingkiran, penggeseran; *Psych*. penggeseran ke bawah sadar

verdreh|en (–) *tr*. memutarkan secara salah; memuntir; *fig*. memutarbalikkan, menyalahtafsirkan; *j-m den Kopf* ~ , *ugs*. membuat orang jatuh cinta; **–t** *ugs. bp*. gila, sinting; **≗ung** *f* (–;–en) pemutarbalikan, distorsi

verdreifachen (–) *tr*. melipatkan tiga

verdreschen (–) *unr. tr. ugs*. memukuli

verdrieß|en (–) *unr. tr*. menyebalkan, menjengkelkan, merisaukan; *laß dich's nicht* ~ *!* jangan kecil hati! **–lich** jengkel, dongkol; sedikit menjengkelkan; **≗lichkeit** *f* (–;–en) rasa jengkel/dongkol

verdrossen *Adj*. muram, murung, suram

verdrücken (–) *tr*., *Kleid* mengusutkan; *ugs*. melahap dng. cepat; *sich* ~ pergi/pulang dng. diam-diam

Verdruß *m* (. . . *sses;O*) rasa kesal/kecewa/jengkel

verduften (–) *itr*. hilang baunya/harumnya; *ugs*. pergi dng. diam-diam

verdummen (–) *tr*. membodohkan, memperbodoh

verdunkel|n (–) *tr*. menjadikan gelap, menggelapkan; *fig*. mengaburkan; **≗ung** *f* (–;O) tindakan/perbuatan menjadikan gelap; penggelapan; *Jur*. penyelubungan

verdünn|en (–) *tr*. mengencerkan; *sich* ~ menipis; **≗ung** *f* (–;O) pengenceran; **≗ungsmittel** *n* obat pengencer

verdunst|en (–) *itr*. menguap; **≗ung** *f* (–;O) penguapan

verdursten (–) *itr*. mati kehausan; *ugs*. merasa sangat haus

verdutzt *ugs*. terkejut, kaget, bingung, *bp*. bengong

verebben (–) *itr*. menjadi semakin lemah/mereda

veredel|n (–) *tr*. menjadikan lebih baik/produktif/subur; *Bo*. mengenten; **≗ung** *f* (–;O) perbaikan, pemurnian; *Bo*. okulasi

verehelichen (–) *refl*. menikah, kawin

verehr|en (–) *tr.* menghormati, memuja; *schenken* menghadiahkan; *verehrte Gäste!* hadirin yg. terhormat! *sehr verehrte (gnädige) Frau* Ibu/Nyonya yg. terhormat/mulia; **≗er** *m* (*–s;–*), **≗erin** *f* (*–;–en*) pemuja; **≗ung** *f* (*–;O*) pemujaan, penghormatan; **–ungswert, –ungswürdig** patut dipuja/dihormati

vereidig|en (–) *tr.* mengambil sumpah, menyumpah; **–t** disumpah, diakui secara resmi

Verein *m* (*–¢s;–e*) perkumpulan, persatuan, perhimpunan; *im ~ mit* bersama dng.

vereinbar cocok/sesuai dng.; tdk. bertentangan (satu sama lain); **–en** (–) *tr.* menyepakati, memufakati; mengadakan persetujuan; **–t** sudah disepakati; **≗ung** *f* (*–;–en*) persetujuan bersama, perjanjian; *laut/nach ~* menurut persetujuan/perjanjian; **–ungsgemäß** sesuai dng. janji, spt. yg. dijanjikan

vereinen (–) *tr.* mempersatukan, menyatukan; *harmonisch ~* menyelaraskan; *mit vereinten Kräften* dng. seluruh tenaga; *Vereinte Nationen* Perserikatan Bangsa-Bangsa

vereinfach|en (–) *tr.* menyederhanakan, mempermudah; **≗ung** *f* (*–;O*) penyederhanaan; *zur ~* spy. lebih sederhana/mudah

vereinheitlich|en (–) *tr.* menyeragamkan; **≗ung** *f* (*–;–en*) penyeragaman, standardisasi

vereinig|en (–) *tr.* menyatukan, menggabungkan; *sich ~* bergabung, bersatu; **≗ung** *f* (*–;–en*) penyatuan, penggabungan, gabungan; *Verein* persatuan, perkumpulan

vereinnahmen (–) *tr.* mengambil, mencaplok; *j-n ~, bp.* memonopoli sso.

vereinsamen (–) *itr.* menjadi sepi

Vereins|freiheit *f* kebebasan berserikat; **–haus** *n* rumah perkumpulan; **–kasse** *f* kas perkumpulan; **–lokal** *n* kedai pertemuan; **–meier** *m* orang yg. gemar akan kegiatan organisasi; **–mitglied** *n* anggota perkumpulan; **–wesen** *n* perihal perkumpulan/organisasi

vereinzelt jarang, langka, sekali-sekali

ver·eis|en (–) *itr. tr.* tertutup es; membeku(kan); **≗ung** *f* (*–;O*) pembekuan; tertutupnya oleh es; *Med.* pembekuan lokal

vereiteln (–) *tr.* menggagalkan, menghalangi

vereiter|n (–) *itr.* bernanah, menanah; **≗ung** *f* (*–;–en*) timbulnya nanah, *suppuratio*

verekeln (–) *tr., j-m et. ~* membuat sso. merasa jijik thd. sst.

verelend|en (–) *itr.* menjadi semakin melarat; **≗ung** *f* (*–;O*) proses pemiskinan, kemelaratan

verenden (–) *itr., Tier* mati

verenge(r)n (–) *tr.* menyempitkan

vererb|en (–) *tr.* mewariskan, menurunkan; *ugs.* menghadiahkan; **–lich** dapat/boleh diturunkan/diwariskan; **≗ung** *f* (*;–O*) *Bio.* pewarisan/keturunan sifat-sifat; *das ist bei ihm ~* itulah (pem)bawaannya; **≗ungsgesetz** *n* hukum keturunan; **≗ungslehre** *f* ilmu keturunan, genetika

verewig|en (–) *tr., refl.* mengabadikan; **–t** almarhum

verfahren (–) *unr. itr.* bertindak (dng./menurut); *mit j-m ~* memperlakukan sso.; *Geld/Zeit ~* menghamburkan waktu/uang dng. berjalan-jalan; *die Angelegenheit ist völlig ~* masalah itu menemui jalan buntu; *sich ~* tersesat, salah jalan; **≗** *n* (*–s;–*) cara (bertindak/bekerja), metode; *Gericht* perkara, proses; **–srechtlich** sesuai dng. tata cara hukum; **≗svorschrift** *f* aturan bertindak, prosedur

Verfall *m* (*–¢s;O*) kemunduran, keruntuhan, kemerosotan; *Fristablauf* keadaan kedaluwarsa; **–datum** *n* batas tanggal berlakunya; *Wechsel* tanggal kedaluwarsa; **≗en** (–) *unr. itr.* merosot, mundur, memburuk, meruntuh; *ablaufen* menjadi kedaluwarsa, tdk. berlaku lagi; *in Schweigen ~* membisu; *auf et. ~* (sekonyong-konyong) mendapat ide aneh; *j-m ~ sein, Psych.* menjadi takluk pd. sso., menjadi budak sso.; **–s·erscheinung** *f* gejala keme-

rosotan/kemunduran; **–(s)tag** *m* hari/tanggal batas pembayaran; *Wechsel* hari kedaluwarsa
verfälsch|en (–) *tr.* memalsukan; **²ung** *f* (–;*O*) pemalsuan
verfangen (–) *unr., sich* ~ terjerat, terlilit; tersangkut, terlibat; *solche Mittel ~ bei mir nicht* cara-cara spt. itu tak berhasil terhadapku
verfänglich *e-e ~e Frage* pertanyaan utk. memancing/menjerat
verfärben (–) *sich* ~ luntur, berubah warna(nya); *Gesicht* menjadi pucat
verfass|en (–) *tr.* mengarang, menyusun; **²er(in** *f*) *m* (–*s*;–) pengarang, penulis
Verfassung *f* (–;–*en*) undang-undang dasar, konstitusi; *Zustand* keadaan (jasmani dan rohani), suasana hati; **²gebend** *~e Versammlung* dewan konstituante; **–s·änderung** *f* perubahan konstitusi; **–sgericht** *n* pengadilan yg. menyelidiki apakah undang-undang sesuai dng. undang-undang dasar; **²smäßig** sesuai dng. undang-undang dasar; **–srecht** *n* hukum tata-negara; **–sschutz** *m* perlindungan tata kenegaraan yg. berdasarkan konstitusi; **–s·urkunde** *f* naskah asli undang-undang dasar; **²swidrig** yg. bertentangan dng. atau melanggar undang-undang dasar
verfaulen (–) *itr.* membusuk, menjadi lapuk
verfechten (–) *unr. tr.* memperjuangkan, membela
verfehl|en (–) *tr.* tdk. bertemu dng., tdk. menemui; *Ziel* tdk. berhasil, gagal mencapai (sasaran), meleset; *den Weg* ~ salah jalan, tersesat; *den Zug* ~ ketinggalan kereta api; **–t** salah, keliru, gagal; **²ung** *f* (–;–*en*) kesalahan, pelanggaran; *Sünde* dosa
verfeinden (–) *sich* ~ bermusuhan (dng.), berseteru
verfeiner|n (–) *tr.* memperhalus; **²ung** *f* (–;–*en*) penghalusan, peningkatan mutu
verfemen (–) *tr.* mencabut perlindungan hukum, mengucilkan
verfertig|en (–) *tr.* membuat, memproduksikan, menghasilkan; **²er** *m* (–*s*;–) produsen; **²ung** *f* (–;*O*) produksi, pembuatan
Verfettung *f* (–;*O*) *Med.* kegemukan, *adipositas*
verfeuern (–) *tr.* membakari; *Munition* menghabiskan
verfilmen (–) *tr.* memfilmkan; *e-n Roman* ~ membuat film berdasarkan (cerita) roman
verfilzt kusut, kepang-kepot
verfinstern (–) *sich* ~ menjadi gelap; *fig.* menjadi muram
verflachen (–) *tr. itr.* mendatar(kan), menjadi datar/dangkal
verflecht|en (–) *unr. tr.* menjalin (–kan), menyambungkan satu sama lain; *sich* ~ saling mengait/ meresapi, berjalin-jalin (dng.); **²ung** *f* (–;–*en*) jalinan, keadaan saling mengait; penggabungan (perusahaan)
verfliegen (–) *unr. itr.* berlalu, lewat; *Aroma, Alkohol* . . . menghilang, menguap, menjadi gas; *sich* ~ menyasar, salah terbang
verfließen (–) *unr. itr.* berlalu, lewat; *Farben, Begriffe* menjadi tdk. jelas (batasnya), bercampur
verflixt *ugs. bp.* sialan
verfluch|en (–) *tr.* mengutuk; menyumpahi; **–t** *ugs.* sangat; *es ist mir ~ unangenehm* saya merasa sangat malu; *er ist e ~ gerissener Mensch* ia orang yg. sangat licik; *s. verdammt*
verflüchtigen (–) *tr.* menguapkan; *sich* ~ menguap, menghilang
verflüssig|en (–) *tr.* mencairkan; *sich* ~ menjadi cair/encer; **²ung** *f* (–;*O*) pencairan
Verfolg *m* (–*es*;*O*) *im* ~ dlm perkembangan; *im ~ unseres Schreibens vom* sesuai dng. surat kami tanggal . . . ; **²en** (–) *tr.* mengejar, membuntuti, mengikuti; menghantui; *grausam* ~ menganiaya; *e Ziel* ~ mengejar tujuan; *die Entwicklung* ~ mengamati perkembangan; *gerichtlich* ~ mendakwa, mengusut; **–er(in** *f*) *m* (–*s*;–) pengejar, pemburu; orang yg. membuntuti; **–te** *m, f* (–*n*;–*n*) orang yg. dianiaya/dikejar; **–ung** *f* (–;–*en*) pengejaran; penganiayaan; *Anspruch* penuntutan; *Gericht*

pengusutan; **–ungswahn** *m, Psych.* penyakit ketakutan seolah-olah dikejar-kejar

verformen (–) *tr.* mengubah bentuk (menjadi jelek)

verfrachten (–) *tr.* mengangkut, mengirim(kan)

verfranzen (–) *sich* ~ , *ugs.* tersesat, *bp.* nyasar

verfremd|en (–) *tr.* mengubah menjadi sangat tdk. biasa; **≗ungs·effekt** *m, Thea.* efek keterasingan

verfroren *Adj.* cepat kedinginan, merasa dingin sekali

verfrüht terlalu pagi/dini

verfüg|bar tersedia, dapat dipakai; **–en** (–) *tr.* menentukan; *anordnen* menyuruh; ~ *über* mempunyai dan berkuasa atas; *sich* ~ *nach* berpindah ke; **≗ung** *f* (–;–*en*) ketentuan, ketetapan, dekrit, instruksi, keputusan; *zur* ~ *haben* memiliki (dan dapat dipakai); *ich stehe Ihnen zur* ~ saya menyediakan waktu utk. anda, saya bersedia menolong anda; *j-m et. zur* ~ *stellen* menyediakan sst. utk. sso.; *sich zur* ~ *stellen* menawarkan bantuan; *einstweilige* ~, *Jur.* keputusan pengadilan yg. sementara (utk. melindungi hak yg. dianggap terancam oleh pihak lawan)

verfügungs|berechtigt berhak mengambil keputusan (atas sso./ sst.); **≗freiheit** *f* hak utk. menentukan sst. dengan bebas; **≗gewalt** *f* wewenang mengambil keputusan; **≗recht** *n* hak utk. menggunakan (sst.)

verführ|en (–) *tr.* membujuk, menggoda, merayu; *e Mädchen* ~ menggoda(i) gadis (utk. bersanggama); **≗er(in** *f*) *m* (–*s*;–) pembujuk, penggoda; **–erisch** yg. memikat/menarik; **≗ung** *f* (–;–*en*) godaan, bujukan

verfünffachen (–) *tr.* melipatkan lima

Vergabe *f* (–;–*n*) pemberian (order, dana . . .); *Mittel* alokasi

vergaffen (–) *sich* ~ *in j-n, ugs.* tergila-gila pd. sso.

vergällen (–) *tr.* membuat pahit sehingga tdk. enak; *fig.* merusak, mengacaukan

vergaloppieren (–) *refl. ugs.* membuat/mengatakan hal yg. salah dan memalukan

vergammeln (–) *itr.* membusuk; *fig.* menjadi rusak

vergangen *Adj.* berlalu, lewat; **≗heit** *f* (–;*O*) masa lalu/lampau; *s-e* ~ latarbelakangnya

vergänglich fana; **≗keit** *f* (–;*O*) kefanaan

vergas|en (–) *tr.* mengubah menjadi gas; *töten* membunuh dng. gas beracun; **≗er** *m* (–;–) *Mot.* karburator; **≗ung** *f* (–;–*en*) proses menjadi gas; pembunuhan dng. gas; *bis zur* ~, *ugs.* sampai jenuh/muak

vergeb|en (–) *unr. tr.* memaafkan, mengampuni; *verteilen* membagi, memberi; *die Stelle ist noch nicht* ~ lowongan belum terisi; *sich et. (/nichts)* ~ (tdk.) merugikan nama baik; **–ens** *Adv.*, **–lich** *Adj.* sia-sia, percuma; **≗lichkeit** *f* (–;*O*) kesiasiaan; **≗ung** *f* (–;*O*) pengampunan; *um* ~ *bitten* minta/mohon ampun

vergegenwärtigen (–) *tr.* membayangkan, mengingat akan; *vertreten* mewakili

vergehen (–) *unr. itr.* berlalu; (meng)hilang; *vor Scham* ~ merasa malu setengah mati; *vor Angst* ~ (hampir) mati ketakutan; *sich gegen das Gesetz* ~ melanggar undang-undang; *sich an j-m* ~ memperlakukan sso. dng. kekerasan atau tdk. senonoh; ≗ *n* (–*s*;–) pelanggaran

vergeistigt bersifat rohani

vergelt|en (–) *unr. tr.* (*belohnen/ rächen*) membalas (budi/dendam), mengganjar; **≗ung** *f* (–;*O*) ganjaran, pembalasan, balasan; ~ *üben* membalas dendam; **≗ungsmaßnahme** *f* tindakan pembalasan; **≗ungswaffe** *f* senjata utk. membalas dendam

vergesellschaft|en (–) *tr.* menasionalisasikan, mengambilalih utk. negara; **≗ung** *f* (–;*O*) nasionalisasi, sosialisasi

vergessen (–) *unr. tr.* melupakan, lupa (akan), tdk. ingat (lagi); *sich (im Zorn)* ~ lupa daratan (karena marah); *wie konntest du dich so* ~ *?* bagaimana mungkin sampai kamu bertindak sedemikian rupa? **≗heit** *f*

(–;O) kelupaan; *in* ~ *geraten* semakin dilupakan
vergeßlich kerap/sering lupa, pelupa; **≗keit** *f* (–;O) sifat (pe)lupa
vergeud|en (–) *tr.* menghambur (–kan); **≗ung** *f* (–;O) penghamburan, pemborosan
vergewaltig|en (–) *tr.* memperkosa; *fig.* menindas; *die Wahrheit* ~ memalsukan kebenaran; **≗ung** *f* (–;–*en*) perkosaan; *fig.* penindasan
vergewissern (–) *sich* ~ memeriksa utk. mendapat kepastian
vergießen (–) *unr. tr.* menumpahkan; *Tränen* mencucurkan; *Blut* membunuh; *sein Blut für j-n/et.* ~ mengorbankan nyawanya demi sso./sst.
vergift|en (–) *tr.* mencampuri dng. racun, meracuni; *sich* ~ keracunan; meracuni diri; **≗ung** *f* (–;–*en*) keracunan
vergilbt menjadi kuning, menguning
Vergißmeinnicht *n* (–*ę*s;–*e*) sm. bunga berwarna biru, *myosotis*
vergitter|n (–) *tr.* memasang terali (pd.); **–t** berkisi-kisi
verglasen (–) *tr.* memasang kaca (pd.); *verglaster Blick* pandangan yg. kosong/kabur
Vergleich *m* (–*ę*s;–*e*) perbandingan; *gütlicher* ~ kompromi, persetujuan, kata sepakat; *im* ~ *zu* dibandingkan dng.; **≗bar** yg. dapat dibandingkan; **≗en** (–) *unr. tr.* membandingkan; mengumpamakan; *sich* ~ mencapai kompromi/persetujuan; **–spunkt** *m* titik perbandingan; **≗sweise** dibandingkan dng.
verglimmen (–) *unr. itr.* lama-kelamaan padam
verglühen (–) *itr.* membara; terbakar habis
vergnüg|en (–) *sich* ~ bersenang-senang, bersuka-ria; **≗en** *n* (–*s*;*O*) kesenangan, kegembiraan; *Unterhaltung* (peng)hiburan; *viel* ~ ! selamat bersenang-senang! *mit (dem größten)* ~ dng. senang hati; *nur aus/zum* ~ karena senang saja; **–lich** nyaman, enak, yg. menyenangkan; **–t** senang, gembira, puas
Vergnügung|en *pl* hiburan, kepelesiran; **–s·park** *m* taman hiburan; **–sreise** *f* tamasya, darmawisata, pesiar; **–sstätte** *f* tempat hiburan; **–ssteuer** *f* pajak pertunjukan; **–ssucht** *f* keranjingan berfoya-foya/bersenang-senang; **≗ssüchtig** sangat suka pelesiran; ~*e Frau* cacing gila
vergolden (–) *tr.* menyepuh dng. emas; *fig.* memperbagus, memperindah
vergönnen (–) *tr.* mengijinkan
vergötter|n (–) *tr.* mendewa(–dewa)kan, memuja-muja; **≗ung** *f* (–;*O*) pemujaan, pendewaan
vergraben (–) *unr. tr.* memasukkan (ke dl. tanah), mengubur(kan); *fig.* menyembunyikan; *sich* ~ *in* mendalami, menekuni
vergrämt muram, murung
vergreifen (–) *unr., sich* ~ berbuat salah; *sich in et.* ~ salah pilih/ucap sst.; *sich an et.* ~ mencuri sst.; *sich an j-m* ~ menghajar/memukuli sso.
vergreisen (–) *itr.* menjadi pikun/renta, menjadi cepat tua
vergriffen *Adj.* habis terjual
vergröbern (–) *tr.* memperkasar, membuat spy. lebih kasar
vergrößer|n (–) *tr.* memperbesar, memperluas, memperbanyak; *sich* ~ bertambah besar/banyak; **≗ung** *f* (–;–*en*) perbesaran, pertambahan, ekspansi; **≗ungs·apparat** *m*, *Fot.* alat pembesaran; **≗ungsglas** *n* kaca pembesar
Vergünstigung *f* (–;–*en*) keuntungan, potongan harga; *Vorrecht* hak istimewa, privilese; *bevorzugte Behandlung* perlakuan istimewa; *Zuwendung* tunjangan ekstra
vergüt|en (–) *tr.* mengganti kerugian, memberi kompensasi; memberi imbalan; *Metall* memperbaiki mutu (dng. mengeraskan); **≗ung** *f* (–;–*en*) imbalan, honor; *Entschädigung* kompensasi, ganti-rugi, pampasan; *Stahl* perbaikan mutu
verhaft|en (–) *tr.* menangkap; menahan, menawan; **≗ung** *f* (–;–*en*) penangkapan
verhallen (–) *itr.* menjadi semakin lemah/hilang (suaranya)

verhalten (–) *unr. tr.* menahan (tawa, marah); *Stimme* mengecilkan (suara); *sich* ~ bertingkah-laku, bersikap; *die Sache verhält sich so/anders* masalahnya demikian/lain; *a verhält sich zu b wie c zu d* a banding b sama dng. c banding d; ≗ *n* (–*s;O*) tingkah laku, sikap; ≗**sforschung** *f* penyelidikan tingkah-laku binatang, etologi; **–sgestört** sukar berhubungan dng. orang lain secara wajar, tdk. seimbang; ≗**smuster** *n* pola tingkah-laku

Verhältnis *n* (–*ses;–se*) perbandingan; *Beziehung* hubungan; *Liebesverhältnis* jalinan asmara/cinta; *im ~ zu* sebanding dng.; ≗**mäßig** sebanding/dibandingkan dng., menurut perbandingan; relatif; *ziemlich* agak; **–se** *pl* keadaan; kemampuan finansiil; *aus bäuerlichen ~n stammen* berasal dari kalangan petani; *das geht über meine ~* itu di luar kemampuan (finansiil) saya; **–wahlrecht** *n, Pol.* sistem perwakilan berimbang/sebanding, sistem proporsional; **–wort** *n* kata depan, preposisi

Verhaltungsmaßregeln *pl* peraturan tata tertib, instruksi; tata cara, sopan-santun

verhand|eln (–) *itr. tr.* berunding, merundingkan, membicarakan; ≗**lung** *f* (–;–*en*) perundingan, pembicaraan; *Jur.* acara, perkara; ≗**lungsbasis** *f* dasar perundingan; *Handel* dasar penawaran; ≗**lungssaal** *m* ruang sidang; ≗**lungsweg** *m, auf dem ~e* dng. (jalan) berunding

verhäng|en (–) *tr.* menutupi (dng.); *e-e Strafe ~* menjatuhkan hukuman; ≗**nis** *n* (–*ses;–se*) nasib sial; malapetaka; **–nisvoll** yg. dapat membawa malapetaka, yg. berakibat buruk

verhärmt *Adj.* lemah dan kurus kering (karena banyak penderitaan/kekuatiran)

verharren (–) *itr.* bertahan, ber(si)-keras

verhärt|en (–) *tr.* mengeraskan (hati); *sich ~* menjadi keras/kaku, mengeras; ≗**ung** *f* (–;*O*) pengerasan

verhaspeln (–) *sich ~, ugs.* berbicara tdk. keruan

verhaßt yg. dibenci; *es ist mir ~* saya sama sekali tdk. suka hal itu

verhätscheln (–) *tr.* memanjakan

Verhau *m, n* (–*(e)s;–e*) rintangan, halangan; ≗**en** (–) *unr. tr. ugs.* memukuli; *sich ~* berbuat kesalahan

verheben (–) *unr., sich ~* sakit punggung (karena salah angkat), ngilu waktu mengangkat

verheddern (–) *sich ~* terbelit, terlilit; *fig., s. verhaspeln*

verheerend yg. berakibat sangat buruk

verhehlen (–) *tr.* menyembunyikan; tdk. memberitahukan

verheilen (–) *itr.* (menjadi) sembuh

verheimlich|en (–) *tr.* merahasiakan, menyembunyikan; ≗**ung** *f* (–;*O*) perbuatan merahasiakan

verheirat|en (–) *sich ~* (me)nikah, kawin; *tr.* menikahkan, mengawinkan; ≗**ung** *f* (–;*O*) pernikahan, perkawinan

verheiß|en (–) *unr. tr.* menjanjikan; meramalkan; ≗**ung** *f* (–;–*en*) janji; *Land der ~, Rel.* Negeri yg. dijanjikan, Israel; **–ungsvoll** penuh harapan

verhelfen (–) *unr. itr.* membantu spy. memperoleh

verherrlich|en (–) *tr.* memuliakan, memuji; ≗**ung** *f* (–;*O*) pujian, pemujaan

verhetz|en (–) *tr.* menghasut; ≗**ung** *f* (–;*O*) (peng)hasutan

verhexen (–) *tr.* menyihir(i/kan); *wie verhext! ugs.* sial, naas

verhimmeln (–) *tr. ugs.* memuja, mendewakan

verhinder|n (–) *tr.* menghindari, mencegah, merintangi, menghalangi; *verhindert sein* berhalangan, tdk. ada waktu, tdk. bisa ikutserta; ≗**ung** *f* (–;*O*) halangan; penghindaran; *im Falle der ~* bila berhalangan

verhöhn|en (–) *tr.* memperolok, menertawakan; ≗**ung** *f* (–;*O*) olok-olokan

Verhör *n* (–*(e)s;–e*) pemeriksaan, interogasi; *j-n e-m ~ unterziehen* menginterogasi sso.; ≗**en** (–) *tr.* memeriksa, menginterogasi, menanyakan; *sich ~* salah dengar

verhüll|en (–) *tr.* menyelubungi, menyelimuti; menutupi; **≗ung** *f* (–;–*en*) perbuatan menyelubungi, penutupan
verhundertfachen (–) *tr.* melipatkan seratus
verhungern (–) *itr.* mati kelaparan; *ugs.* merasa lapar sekali
verhunzen (–) *tr. ugs.* mengacaukan, menjelekkan, merusakkan
verhüten (–) *tr.* menghalangi, mencegah, menghindari
verhütt|en (–) *tr.* melebur bijih menjadi logam; **≗ung** *f* (–;*O*) peleburan
Verhütung *f* (–;*O*) pencegahan; **–smaßnahme** *f* tindakan pencegahan; **–smittel** *n* obat/alat kontrasepsi, obat pencegah kehamilan
verhutzelt keriput, kisut, berkerut
verifizieren (–) *tr.* membuktikan/menetapkan kebenaran, mengadakan verifikasi
verinnerlichen (–) *tr.* membatinkan, merohanikan
verirr|en (–) *sich* ~ tersesat, kesasar; **≗ung** *f* (–;–*en*) kesesatan
verjagen (–) *tr.* mengusir, menghalau
verjähr|en (–) *itr.* menjadi kedaluwarsa, tdk. berlaku lagi, menjadi usang; **–t** sudah lewat/kedaluwarsa; **≗ung** *f* (–;*O*) keadaan kedaluwarsa
verjubeln (–) *tr. ugs.* menghambur (-kan), memboroskan
verjüng|en (–) *tr.* mempermuda; membuat spy. (kelihatan) lebih muda; *sich* ~ merasa muda lagi; *Maßstab* menjadi (semakin) sempit/kecil; **≗ung** *f* (–;*O*) peremajaan; penyempitan; **≗ungskur** *f* perawatan/pengobatan utk. mempermuda
verkalk|t tua dan pikun; **≗ung** *f* (–;*O*) proses menjadi pikun; *Med.* penyakit nadi mengeras, *arteriosclerosis*
verkalkulieren (–) *sich* ~ salah hitung, *fig.* keliru
verkappt yg. menyamar/terselubung
Verkauf *m* (–*(e)s*;*–̈e*) penjualan; *zum* ~ utk. dijual; **≗en** (–) *tr.* menjual
Verkäuf|er(in *f*) *m* (–*s*;–) penjual, pramuniaga; **≗lich** dapat dijual
Verkaufs|abteilung *f* bagian penjualan; **–auftrag** *m* order/pesanan penjualan; **–bedingungen** *pl* syarat penjualan; **–büro** *n* kantor pemasaran; **–leiter** *m* kepala bagian penjualan/pemasaran; **–personal** *n* staf penjualan/pemasaran; **–preis** *m* harga penjualan/eceran; **–raum** *m* ruang penjualan, toko; **–schlager** *m* barang yg. laku keras; **–stand** *m* kios/stan/kedai penjualan; **–vertretung** *f* agen penjualan; **–werbung** *f* promosi barang dagangan; **–wert** *m* harga pasaran
Verkehr *m* (–*s*;*O*) lalu-lintas; *persönlich* hubungan, pergaulan; *Sex* sanggama; *et. aus dem* ~ *ziehen* menarik (kembali) dari peredaran; **≗en** (–) *tr.* memutarbalikkan; *itr.*, *Fahrzeug* berjalan, lewat; ~ *mit* berhubungan/bergaul dng.; *häufig* ~ berkunjung, bertamu; ~ *zwischen* hilir-mudik; *dieser Zug verkehrt nicht an Sonn- u. Feiertagen* kereta api ini tdk. jalan pd. hari Minggu dan hari libur
Verkehrs|ader *f* jalan raya utama, pusat lalu-lintas; **–ampel** *f* lampu lalu-lintas, *bp.* lampu merah; **–amt** *n* jawatan urusan lalu-lintas; **–büro** *n, s. Verkehrsverein;* **–chaos** *n* kekacauan lalu-lintas; **–dichte** *f* kepadatan lalu-lintas; **–disziplin** *f* tata tertib lalu-lintas; **–flugzeug** *n* pesawat terbang penumpang; **≗frei** ~*e Zone* daerah pejalan kaki; **≗günstig** ~ *gelegen* terletak strategis; **–hindernis** *n* halangan/penghalang lalu-lintas; **–insel** *f* trotoar di (tengah) persimpangan jalan
Verkehrs|knotenpunkt *m* pertemuan/persimpangan jalan lalu-lintas yg. sibuk; kota tempat pertemuan banyak jalan penting; **–kontrolle** *f* razia lalu-lintas/kendaraan; **–minister** *m* menteri perhubungan; **–mittel** *n* alat (peng)angkutan; **–netz** *n* jaringan lalu-lintas; **–ordnung** *f* peraturan lalu-lintas; **–polizist** *m* polisi lalu-lintas; **–regelung** *f* pengaturan lalu-lintas (oleh polisi atau lampu lalu-lintas); **≗reich** dng. lalu-lintas ramai; **–schild** *n* rambu lalu-lintas; **–schlange** *f* deretan mobil; **≗schwach** dng. lalu-lintas sepi; **≗sicher** aman; **–sicherheit** *f*

keamanan lalu-lintas; **-sprache** *f* bahasa pengantar; **≗stark** dng. lalu-lintas sibuk; **-stauung** *f*, **-stockung** *f* kemacetan lalu-lintas; **-straße** *f* jalan lalu-lintas; **-streife** *f* patroli jalan; **-sünder** *m* pelanggar peraturan lalu-lintas

Verkehrs|tafel *f* papan/tanda lalu-lintas; **-teilnehmer** *m* pemakai jalan; **-unfall** *m* kecelakaan lalu-lintas; **-unternehmen** *n* perusahaan (peng)angkutan; **-verein** *m* kantor penerangan utk. turis; **-verhältnisse** *pl* keadaan lalu-lintas; **-vorschrift** *f* peraturan lalu-lintas; **-wert** *m* harga pasaran; **-wesen** *n* sistem angkutan/lalu-lintas; **≗widrig** bertentangan dng. peraturan lalu-lintas; **-zeichen** *n* tanda/rambu lalu-lintas

verkehrt salah, terbalik; **≗heit** *f* (-;*O*) kesalahan, kekeliruan

verkennen (-) *unr. tr.* salah mengerti/menilai/mengartikan; *et. nicht* ~ mengakui; *es ist nicht zu* ~ jelas sekali

verkett|en (-) *tr.* merantai(kan), mengikat dng. rantai; *fig.* menjalin (-kan) erat; **≗ung** *f* (-;*O*)(pe)rangkaian; *fig.* rentetan; *Tech.* sambungan

verketzern (-) *tr.* mencap sebagai bidaah

verkitten (-) *tr.* memberi dempul, mendempul

verklagen (-) *tr.* mendakwa, menuduh; melaporkan

verklär|en (-) *tr.* membuat cerah/bersinar/berseri-seri; mempermanis, memperindah (masa lalu); **≗ung** *f* (-;*O*) perbuatan mengagungkan/memuliakan; *Rel.* perubahan rupa dan bentuk

verklatschen (-) *tr. ugs.* mengadu-ngadu, mempergunjingkan

verklausulieren (-) *tr.* membatasi dng. banyak syarat/kekecualian, merumuskan secara berbelit-belit

verkleben (-) *tr.* menutup dan melekatkan (dng. lem); *itr.* melekat, melengket

verkleid|en (-) *tr. refl.* mengenakan kostum; menyamar; *verschalen* menyelubungi/menutupi dng., melapisi; **≗ung** *f* (-;-*en*) kostum/pakaian samaran; *Holz* pelapis dinding

verkleiner|n (-) *tr.* memperkecil, mengecilkan, mengurangi; *sich* ~ mengecil, berkurang; **≗ung** *f* (-;-*en*) pengecilan, pengurangan; **≗ungssilbe** *f*, *Gr.* akhiran pengecil, sufiks diminutif

verklingen (-) *unr. itr.* (bunyi/suara) menjadi semakin lemah dan berhenti

verknapp|en (-) *tr.* mengurangi, menyedikitkan, mengecilkan; *sich* ~ menjadi langka; **≗ung** *f* (-;O) kekurangan, kelangkaan

verkneifen (-) *unr.*, *sich* ~, *ugs.* tdk. melakukan; *sich das Lachen* ~ menahan tawa

verknöchert keras dan kaku; *fig.* pikun, tdk. mampu lagi menyesuaikan diri

verknoten (-) *tr.* menyimpul(kan), mengikatkan hingga menjadi simpul

verknüpf|en (-) *tr.* menyimpul(kan); menyambung(kan); *fig.* menghubungkan; **≗ung** *f* (-;-*en*) (peng-) hubungan, pertalian

verkohlen (-) *tr.* menjadikan arang; *fig. ugs.* mempermainkan

verkoken (-) *tr. itr.* menjadi(kan) kokas

verkommen 1. (-) *unr. itr.* menjadi buruk/bejat; *Lebensmittel* menjadi busuk/rusak; **2.** *Adj.* busuk; jahat; **≗heit** *f* (-;*O*) kebejatan, kejahatan; *Verwahrlosung* terlantarnya, terbengkalainya

verkorken (-) *tr.* menyumbat dng. gabus

verkorksen (-) *tr. ugs.* mengacaukan, merusakkan; *sich den Magen* ~ sakit perut

verkörper|n (-) *tr.*, *Thea.* memerankan; *als Typ* melambangkan, merepresentasikan; **≗ung** *f* (-;-*en*) penjelmaan, perwujudan, personifikasi

verköstigen (-) *tr.* menerima indekos

verkrach|en (-) *sich* ~, *ugs.* bertengkar; **-t** ~*e Existenz* orang yg. selalu gagal

verkraften (-) *tr. ugs.* menanggulangi, menanggung, mengatasi

verkrampfen (–) *sich* ~ menjadi kejang/ganjat; *Psych.* menjadi tegang
verkriechen (–) *unr., sich* ~ *, ugs., Tier* menyuruk, menyusup (ke); *fig.* bersembunyi, berlindung
verkrümeln (–) *tr.* menyerakkan/menyebarkan remah-remah; *sich* ~, *ugs.* pergi dng. diam-diam
verkrümmen (–) *tr.* membengkokkan; *sich* ~ menjadi bengkok
verkrüppel|n (–) *itr.* (menjadi) cacat, menderita cacat; **≗ung** *f* (–;–*en*) keadaan cacat badan
verkühl|en (–) *österreichisch, sich* ~ masuk angin, menjadi pilek; **≗ung** *f* (–;*O*) pilek, masuk-angin
verkümmer|n (–) *itr.* mengecil, menjadi layu; tdk. berkembang; **–t** bantat, ceding; cacat
verkünd|en (–) *tr.* mengumumkan, mempermaklumkan; menyatakan; **–igen** (–) *tr., Rel.* mewartakan Kabar Gembira atau Injil; **≗igung** *f* (–;–*en*) maklumat, pengumuman; *Rel.* pewartaan Injil, penginjilan; *Mariä* ~ Pesta Santa Maria Menerima Kabar Gembira (25 Maret)
verkuppeln (–) *tr.* menggandengkan; *fig., Mädchen* menjadikan pelacur; *ugs.* menjodohkan (dng. maksud tertentu)
verkürz|en (–) *tr.* memperpendek, mempersingkat; **≗ung** *f* (–;–*en*) perpendekan, penyingkatan
verlachen (–) *tr.* menertawakan
Verlade|brücke *f* sm. jembatan dng. peralatan utk. turun-naik barang muatan; **–hafen** *m* pelabuhan utk. bongkar-muat barang
verladen (–) *unr. tr.* memuatkan, memuati; mengeluarkan dan memasukkan (barang)
Verlade|papier *n* surat muatan; **–stelle** *f* tempat pembongkaran dan pemuatan barang
Verladung *f* (–;–*en*) pemuatan, penurunan/pemindahan (barang); pengapalan barang
Verlag *m* (–*(e)s*;–*e*) penerbit(an)
verlager|n (–) *tr.* memindahkan (ke tempat lain), mengalihkan; **≗ung** *f* (–;–*en*) pemindahan; *fig.* pengalihan, penggeseran
Verlags|anstalt *f* penerbitan; **–buchhandel** *m* urusan penerbitan buku; **–buchhändler** *m* penerbit buku; **–buchhandlung** *f*, **–firma** *f*, *s. Verlag;* **–katalog** *m* daftar terbitan; **–recht** *n* hukum penerbitan; **–werk** *n* terbitan
verlangen (–) *tr.* menuntut, meminta dng. sangat; *itr.* ingin akan, rindu pd.; *Sie werden verlangt* anda dipanggil, ada yg. mau bicara dng. anda; **≗** *n* (–*s*;*O*) keinginan, kerinduan; *Forderung* tuntutan; *auf* ~ *von* atas permintaan dari; *kein* ~ *haben zu* tdk. berminat/ingin akan
verlänger|n (–) *tr.* memperpanjang, memanjangkan; **≗ung** *f* (–;–*en*) perpanjangan; **≗ungsschnur** *f*, *Tech.* kabel penyambung
verlangsamen (–) *tr.* memperlambat, mengurangi kecepatan
Verlaß *m, es ist kein* ~ *auf dich* saudara/kamu tdk. dapat dipercaya/diandalkan
verlassen 1. (–) *unr. tr.* meninggalkan; membiarkan; *sich* ~ *(auf)* percaya (pd.); **2.** *Adj.* yg. ditinggalkan; kosong; sunyi, sepi; **≗** *n* (–*s*;*O*) perginya, larinya; *beim* ~ *von* waktu keluar/meninggalkan; **≗heit** *f* (–;*O*) kesepian, kesunyian
verläßlich dapat dipercaya/diandalkan
verlästern (–) *tr.* memfitnah; memperolok
Verlaub *m, mit* ~ dng. ijin, seijin
Verlauf *m* (–*(e)s*;*¨e*) jalannya; *Ablauf* perkembangan, berlangsungnya; *Richtung* arah; *im* ~ *von* selama, dalam (berlangsungnya); **≗en** (–) *unr. itr.* berlalu, lewat; *ablaufen* berkembang, berlangsung; *Fluß* mengalir; *Weg* mengarah, melalui; *im Sand* ~, *fig.* terlantar, tdk. terurus; *die Farben sind* ~ warna-warna itu (saling) bercampur; *sich* ~ tersesat; *sich zerstreuen* bubar
verlaust banyak kutu busuk, berkutu
verlautbar|en (–) *tr.* mengumumkan (secara resmi); **≗ung** *f* (–;–*en*) pengumuman
verlauten (–) *itr., es verlautet* dikatakan; *nichts davon* ~ *lassen* tdk.

mengatakan sepatah kata pun tt. hal itu; ~ *lassen* memberitahukan

verleb|en (–) *tr.* menghabiskan, menikmati; **–t** yg. kelihatan rusak dan tua (karena hidup bejat)

verleg|en 1. (–) *tr.* memindahkan; *zeitlich* mengundurkan, menunda; *Tech.* memasang; *et.* ~ lupa menaruh (di mana); *den Weg* ~ menghalangi jalan; *e Buch* ~ menerbitkan buku; *sich* ~ *auf et.* menekuni sst.; *sich* ~ *auf* mengambil jalan dng. (kekerasan, minta-minta . . .); **2.** *Adj.* malu-malu, canggung; **≗enheit** *f* (–;O) kemalu-maluan, kecanggungan, keadaan tdk. enak/menyenangkan; *j-n in* ~ *bringen* mempermalukan sso.; *in* ~ *sein, bp.* sedang susah uang; **≗er** *m* (–s;–) penerbit; **≗ung** *f* (–;–en) pemindahan, pengungsian; *zeitlich* penundaan, pengunduran; *Tech.* pemasangan, instalasi

verleiden (–) *tr.* membuat (sso.) tdk. merasa senang, mengganggu, menjengkelkan

Verleih *m* (–es;–e) (perusahaan) penyewaan/peminjaman; ~ *von Autos* penyewaan mobil; **≗en** (–) *unr. tr.* menyewakan, meminjamkan; *fig.* memberikan, menyerahkan; *Orden, Titel* menganugerahkan, menghadiahkan; **–er(in** *f*) *m* (–s;–) orang yg. meminjamkan, agen penyewa; *Film* distributor; **–ung** *f* (–;–en) pemberian; *Orden* penganugerahan

verleit|en (–) *tr.* menggoda, menyesatkan; **≗ung** *f* (–;–en) (peng-) godaan, penyesatan

verlernen (–) *tr.* melupakan

verlesen (–) *unr. tr.* **1.** membacakan; *sich* ~ membaca secara salah; **2.** *Gemüse* menyisihkan/memilih (kacang polong . . .) yg. rusak/busuk

verletz|bar mudah terluka; *fig.* mudah tersinggung; **–en** (–) *tr.* melukai; *fig.* menyakiti, menghina; *übertreten* melanggar; **–end** yg. bersifat menyakiti; **–lich** *s. verletzbar;* **≗te** *m, f* (–n;–n) orang yg. luka-luka; **≗ung** *f* (–;–en) luka; ~ *e-s Gesetzes* pelanggaran hukum

verleugn|en (–) *tr.* menyangkal, memungkiri; *sich* ~ *lassen* menyuruh sso. memberitahukan bahwa tdk. ada atau sedang sakit (walaupun tdk. demikian); **≗ung** *f* (–;O) penyangkalan, sangkalan, pemungkiran

verleumd|en (–) *tr.* memfitnah, mengumpat; **≗er** *m* (–s;–), **≗erin** *f* (–;–nen) pemfitnah, *bp.* tukang fitnah; **–erisch** yg. bersifat memfitnah/menjujat; **≗ung** *f* (–;–en) (pem)fitnahan

verlieb|en (–) *sich* ~ *in* jatuh cinta pd.; **–t** (yg. sedang) jatuh cinta; **≗theit** *f* (–;O) keadaan jatuh cinta

verlier|en (–) *unr. tr. itr.* kehilangan; *im Spiel* kalah; *die Nerven* ~ tdk. dapat mengendalikan diri, marah, senewen; *sich* ~ menghilang, lenyap, memudar; *an Gewicht/Schönheit* ~ menjadi kurus/jelek; **≗er** *m* (–s;–) orang yg. kehilangan (sst.); *im Spiel/Kampf* yg. kalah

Verlies *n* (–es;–e) penjara/bui di bawah tanah

verloben (–) *sich* ~ bertunangan

Verlöbnis *n* (–ses;–se) pertunangan

Verlobte *m, f* (–n;–n) tunangan

Verlobung *f* (–;–en) pertunangan; **–s·anzeige** *f* pemberitahuan/berita pertunangan; **–sring** *m* cincin pertunangan

verlock|en (–) *tr.* memikat, membujuk; **–end** yg. memikat/menarik; **≗ung** *f* (–;–en) bujukan, godaan

verlogen *Adj.* yg. suka membohong, penuh dusta; **≗heit** *f* (–;O) sifat pendusta/pembohong

verloren *Adj.* sia-sia, percuma; ~*e Hoffnung* harapan kosong; ~*es Spiel* (hal) percuma; *der* ~*e Sohn* anak hilang (yg. kembali ke rumah); *das Spiel* ~ *geben* menyerah kalah; *was hast du hier* ~ *? ugs. bp.* kamu ngapain di sini? **–gehen** *unr. itr.* menghilang; *ugs., an ihm ist e Arzt verlorengegangen* sebenarnya ia dapat menjadi dokter yg. baik

verlöschen (–) *unr. itr.* padam, mati

verlos|en (–) *tr.* mengundi(kan); **≗ung** *f* (–;–en) pengundian, lotre

verlöten (–) *tr.* menyolder, mematerikan

verlotter|n (–) *itr.* melalaikan, menelantarkan; **–t** kumal, lusuh, renyuk

Verlust *m* (*–es;–e*) kehilangan, kerugian; *Tod* kematian; *pl, Mil.* korban jiwa; **–anzeige** *f* berita kehilangan; **≗bringend** bersifat membawa kerugian; **–geschäft** *n* perdagangan yg. merugikan; **≗ig** *e-r Sache ~ gehen* kehilangan sst.; **–liste** *f, Mil.* daftar tentara yg. gugur; **≗reich** sangat merugikan

vermachen (–) *tr.* mewariskan

Vermächtnis *n* (*–ses;–se*) warisan; *fig.* pesan terakhir (sebelum meninggal)

vermähl|en (–) *tr.* menikahkan; *sich ~* nikah, kawin; **≗ung** *f* (*–;–en*) pernikahan, perkawinan

vermahn|en (–) *tr.* mengingatkan, menegur; **≗ung** *f* (*–;–en*) peringatan, teguran

vermännlicht bersifat kelaki-lakian

vermasseln (–) *tr. ugs.* mengacaukan, memburukkan, menggagalkan

Vermassung *f* (*–;O*) tenggelamnya dl. massa; hilangnya kepribadian

vermauern (–) *tr.* menutupi dng. tembok

vermehr|en (–) *tr.* memperbanyak, menambah; *sich ~* bertambah; *Bio.* berkembang biak; **≗ung** *f* (*–;O*) penambahan; *Bio.* perkembangbiakan

vermeid|en (–) *unr. tr.* menghindari, mengelak; *es läßt sich nicht ~* hal itu tdk. dapat dihindari; **–lich** dapat dihindari/dicegah; **≗ung** *f, zur ~* utk. menghindari

vermein|en (–) *itr.* salah menduga/mengira; **–tlich** *e ~er Doktor/Verbrecher* yg. diduga dokter/penjahat (padahal bukan)

vermelden (–) *tr.* menyampaikan, memberitahukan

vermengen (–) *tr.* mencampuradukkan

vermenschlich|en (–) *tr.* memanusiawikan; menggambarkan sebagai manusia; **≗ung** *f* (*–;O*) humanisasi

Vermerk *m* (*–es;–e*) catatan; **≗en** (–) *tr.* mencatat; mengetahui; *j-m et. übel ~* tdk. menyukai sso. karena sst.

vermess|en 1. (–) *unr. tr.* mengukur; *sich ~* salah ukur, *fig.* memberanikan diri; **2.** *Adj.* nekat; lancang, sombong; **≗enheit** *f* (*–;O*) kenekatan; sifat kurangajar, kelancangan; **≗er** *m* (*–s;–*) ahli ukur (tanah); **≗ung** *f* (*–;–en*) pengukuran tanah; **≗ungs·amt** *n* dinas/jawatan pengukuran tanah

vermiet|en (–) *tr.* menyewakan; **≗er** (**–in** *f*) *m* (*–s;–*) orang yg. menyewakan; **≗ung** *f* (*–;–en*) penyewaan

verminder|n (–) *tr.* mengurangi; *sich ~* berkurang; **≗ung** *f* (*–;O*) pengurangan

verminen (–) *tr.* memasang ranjau

vermisch|en (–) *tr.* mencampurkan, mengaduk; **–t** bercampur; **≗ung** *f* (*–;–en*) (pen)campuran

vermissen (–) *tr.* merasa(kan) kehilangan

Vermißte *m, f* (*–n;–n*) orang yg. (dirasakan) hilang

vermitt|eln (–) *itr. tr.* menjadi penengah/perantara, menengah(i); *beschaffen* berusaha mendapatkan (utk. pihak lain); *Eindruck ~* memberi kesan; **–els(t)** dng. bantuan/cara, melalui, dng. perantara(an); **≗ler(in** *f*) *m* (*–s;–*) perantara; makelar; penengah; **≗lerprovision** *f* komisi, persen; **≗lung** *f* (*–;–en*) perantaraan; *s. Vermittlungsamt;* **≗lungs·amt** *n, Tel.* sentral telepon; **≗lungs·ausschuß** *m* panitia perantara; **≗lungsvorschlag** *m* usul perdamaian

vermodern (–) *itr.* membusuk

vermöge *Prp. mit. Gen.* melalui, karena, berkat, berdasarkan

vermögen(–) *unr. tr. itr.* sanggup, mampu; **≗** *n* (*–s;–*) kemampuan, kesanggupan; *Besitz* kekayaan, harta benda; **–d** kaya, berada; **≗s·abgabe** *f* pajak kekayaan; **≗s·anlage** *f* investasi, penanaman modal; **≗sbestand** *m* seluruh kekayaan; **≗sbildung** *f* usaha pembinaan milik pribadi (dng. bantuan pemerintah); **–srechtlich** yg. berh. dng. hukum pemilikan; **≗ssteuer** *f* pajak kekayaan; **≗sverhältnisse** *pl* (keadaan) keuangan

vermummen (–) *sich* ~ menyamar, berkedok
vermut|en (–) *tr.* menduga, menyangka, mengira; **–lich** barangkali; boleh jadi, kiranya, agaknya; **≗ung** *f* (–;–*en*) dugaan, sangkaan, pengandaian, spekulasi, terkaan
vernachlässig|en (–) *tr.* melalaikan, mengabaikan; **≗ung** *f* (–;O) pelalaian, pengabaian
vernagel|n (–) *tr.* memakukan; **–t** *ugs.* picik, sempit
vernarben (–) *itr.*, *die Wunde vernarbt* luka mulai membentuk parut
vernarren (–) *sich* ~ *in* tergila-gila pd.; terlalu sayang pd.
vernaschen (–) *tr.* menghambur (-kan) uang utk. jajan; *e Mädchen* ~, *ugs.* mempermainkan seorang gadis
vernebeln (–) *tr.* menutupi dng. kabut (buatan); *fig.* menggelapkan/mengaburkan (kenyataan)
vernehm|bar dapat didengar; **–en** (–) *unr. tr.* mendengar; *Gericht* memeriksa, menyelidiki; *dem* ≗ *nach* katanya, kata orang; **–lich** kedengaran, terdengar; **≗ung** *f* (–;–*en*) *Jur.* pemeriksaan, penyelidikan; **≗ungsbeamte** *m* petugas pemeriksa; **–ungsfähig** dapat/mampu diperiksa
verneigen (–) *sich* ~ , *s. verbeugen*
vernein|en (–) *tr.* mengatakan tdk., mengingkari, menyangkal; **–end** yg. bersifat negatif; **≗ung** *f* (–;–*en*) penyangkalan, sangkalan; *Gr.* bentuk negatif
vernicht|en (–) *tr.* menghancurkan, memusnahkan; **–end** yg. bersifat menghancurkan, destruktif; ~*e Kritik* kritik yg. tajam dan negatif; **≗ung** *f* (–;O) penghancuran, pemusnahan, pembinasaan; **≗ungskrieg** *m* perang pemusnahan; **≗ungsmittel** *n* obat pembasmi
vernickeln (–) *tr.* melapisi dng. nikel
verniedlichen (–) *tr.* mengecilkan, meremehkan
vernieten (–) *tr.*, *Tech.* mengeling
Vernunft *f* (–;O) akal budi, daya pikir; ~ *annehmen* berpikir secara tenang dan sehat (tanpa emosi); **–ehe** *f* pernikahan atas dasar perhitungan akal; **≗gemäß** sesuai dng. akal, masuk akal; **–glaube** *m* iman yg. sejalan dng. akal; rasionalisme
vernünftig bijaksana, berakal, masuk akal, rasional; **–erweise** dng. layak, pantas, secara bijaksana
vernunft|los tak punya akal, tak berakal; **–mäßig** sesuai dng. akal; **–widrig** tdk. masuk akal, irasional
veröd|en (–) *itr. tr.* menjadi(kan) tandus/kosong/hancur; *Med.* membekukan (pembuluh darah); **≗ung** *f* (–;O) proses menjadi tandus
veröffentlich|en (–) *tr.* menerbitkan; mengumumkan; **≗ung** *f* (–;–*en*) penerbitan, terbitan; *Bekanntmachung* pengumuman, pernyataan
verordn|en (–) *tr.* menentukan, memerintahkan; *Arzt* menetapkan pengobatan, menulis resep; **≗ung** *f* (–;–*en*) peraturan, dekret, perintah; resep
verpachten (–) *tr.* menyewakan, mengontrakkan
Verpächter *m* (–*s*;–) orang yg. menyewakan
Verpachtung *f* (–;O) penyewaan
verpack|en (–) *tr.* mempak, membungkus; **≗ung** *f* (–;–*en*) pengepakan, pembungkusan; bungkusan; kemasan; bahan pembungkus
verpassen (–) *tr. ugs.* ketinggalan (kereta/bis/kesempatan); *e-e Ohrfeige* ~ menempeleng
verpatzen (–) *tr. ugs.* mengacaukan, merusakkan
verpesten (–) *tr.* mencemarkan (udara)
verpfänd|en (–) *tr.* menggadaikan; *sein Wort* ~ menjamin; **≗ung** *f* (–;–*en*) penggadaian
verpflanz|en (–) *tr.* menanamkan ke tempat lain, menganjak; **≗ung** *f* (–;–*en*) pemindahan tanaman; *Med.* transplantasi
verpfleg|en (–) *tr.* memelihara, memberi makan(an), mengurus(i); **≗ung** *f* (–;O) makanan; **≗ungsgeld** *n* biaya/uang makan; **≗ungskosten** *pl* ongkos makan
verpflicht|en (–) *tr.* mewajibkan, mengikat dng. perjanjian; *gesetzlich verpflichtet sein* terikat/diwajibkan

oleh hukum; *sich* ~ mengikat diri; *sich verpflichtet fühlen* merasa berkewajiban; **-ung** *f* (–;–*en*) kewajiban, ikatan hutang budi
verpfuschen (–) *tr.* membuat rusak/jelek/kacau
ver|plappern (–) *sich* ~ , *ugs. bp.* keceplosan; **–plaudern** (–) *tr.* menghabiskan waktu dng. mengobrol
verplempern (–) *tr. ugs.* menghamburkan (uang, waktu . . .)
verpönt tdk. pantas, tabu
verprassen (–) *tr.* beroyal-royal
verproviantieren (–) *tr.* menyediakan makanan
verprügeln (–) *tr.* memukul
verpuffen (–) *itr. fig.* tdk. berhasil
verpupp|en (–) *sich* ~ menjadi kepompong; **-ung** *f* (–;*O*) proses menjadi kepompong
verpusten (–) *sich* , *ugs.* beristirahat sebentar, *bp.* ambil napas
Verputz *m* (–*es*;*O*) plester, lepa, turap; **-en** (–) *tr.* memplester, melepa, menurap; *ugs.* makan habis
verquicken (–) *tr.* mencampuraduk-kan, menghubungkan secara salah
verquollen *Adj.* yg. membengkak/membesar
verrammeln (–) *tr.* menutup dng. rintangan, memalang
verrannt ~ *sein* masuk jalan buntu
Verrat *m* (–*(e)s*;*O*) pengkhianatan, pembocoran rahasia; **-en** (–) *unr. tr.* mengkhianati, membocorkan rahasia; *fig.* memperlihatkan, menunjukkan
Verräter|(in *f*) *m* (–*s*;–) pengkhianat; **-isch** tdk. setia, (bersifat) berkhianat; *fig.* yg. memberikan petunjuk
verrauchen (–) *tr.* mengeluarkan uang utk. rokok; *sein Zorn ist verraucht* marahnya sudah mereda
verrechn|en (–) *tr.* memperhitungkan, menyelesaikan perhitungan, membuat seimbang; *sich* ~ salah (meng)hitung, *fig.* keliru; *e-n Scheck* ~ memasukkan sejumlah uang cek pd. rekening lain; **-ung** *f* (–;*O*) pengimbangan perhitungan keuangan (tanpa uang tunai); *nur zur* ~ *!* hanya dibayar lewat rekening bank;
-ungsscheck *m* bukan cek tunai; **-ungsverkehr** *m* sistem kliring
verrecken (–) *itr. derb* mati sengsara
verregnet rusak oleh karena hujan
verreis|en (–) *itr.* bepergian, mengadakan perjalanan; **–t** bepergian, sedang di luar kota
verreißen (–) *unr. tr. ugs.* mengecam dng. pedas; mengritik dng. tajam
verrenk|en (–) *itr.* keseleo, terkilir; **-ung** *f* (–;–*en*) keadaan terkilir, *distortio*
verrennen (–) *unr.*, *sich in e-e Idee* ~ bersikeras/mengotot pd. ide tertentu
verricht|en (–) *tr.* melaksanakan, mengerjakan, menjalankan; **-ung** *f* (–;–*en*) pelaksanaan, pengerjaan; *Arbeit* tugas sehari-hari
verriegeln (–) *tr.* menggerendel, mengancing(kan), memalangi
verringer|n (–) *tr.* mengurangi, memperkecil; *das Tempo* ~ menurunkan kecepatan; *sich* ~ mengecil, menurun; **-ung** *f* (–;–*en*) penurunan, keringanan, pengurangan
verrinnen (–) *unr. itr.* tdk. mengalir lagi karena merembes; *fig.* berlalu
Verriß *m* (. . . *sses*; . . . *sse*) kritik pedas
verroh|en (–) *itr.* menjadi kasar, kejam; **-ung** *f* (–;*O*) kekejaman
verrosten (–) *itr.* berkarat
verrotten (–) *itr.* membusuk
verrucht jahat, busuk, terkutuk
verrück|en (–) *tr.* menggeserkan, memindahkan; **–t** gila, sakit jiwa, aneh; *auf j-n/et.* ~ *sein* tergila-gila atau amat sangat suka pd. sso./sst.; *j-n* ~ *machen* membuat/mengganggu sso. sampai menjadi gila/senewen; *ich werd'* ~ *!* saya bisa gila! **-te** *m*, *f* (–*n*;–*n*) orang sakit jiwa, orang gila; **-theit** *f* (–;*O*) kegilaan, keanehan
Verruf *m* (–*(e)s*;*O*) *in* ~ *kommen* mendapat nama buruk; **-en** *Adj.* yg. mempunyai nama buruk/jelek
verrutschen (–) *itr.* meleset; merosot
Vers *m* (–*es*;–*e*) bait, ayat; *sich keinen* ~ *auf et. machen können* tdk. dapat mengerti sst.
versag|en (–) *tr.* tdk. mengijinkan/memberi, menolak; *itr.* gagal; tdk. berfungsi, *bp.* macet; *sich das Rauchen*

~ tdk. merokok lagi; **≗en** *n* (*–s;O*) kegagalan; tdk. berfungsinya; **≗er** *m* (*–s;–*) orang yg. gagal/mengecewakan; alat yg. tdk. berfungsi; *ugs.*, *das Buch/Film ist e* ~ buku/film itu mengecewakan
versalzen (–) *tr.* menggarami terlalu banyak; *fig.* merusakkan
versamm|eln (–) *tr. refl.* mengumpulkan, berkumpul; **≗lung** *f* (*–;–en*) pertemuan, rapat, sidang
Versand *m* (*–*~~*e*~~*s;O*) pengiriman (barang); **–abteilung** *f* bagian pengiriman/ekspedisi; **–artikel** *m* barang kiriman; **≗bereit** siap dikirim; **–buchhandel** *m* tempat penjualan buku lewat pesanan/kiriman
versanden (–) *itr.* menjadi dangkal karena tertimbun pasir; *fig.* perlahan-lahan berhenti
Versand|geschäft *n* **1.** perusahaan yg. menjual atas dasar pesanan melalui pos; **2.** jual-beli atas dasar pesanan melalui pos; **–handel** *m, s. Versandgeschäft 2*; **–haus** *n, s. Versandgeschäft 1*; **–kosten** *pl* ongkos kirim; **–papiere** *pl* surat-surat ekspedisi
Versatz *m* (*–es;O*) penggadaian
versauern (–) *itr.* menjadi masam; *fig. ugs.* tdk. berkembang, kehilangan gairah
versaufen(–) *itr. tr.* tenggelam; *Geld* ~ menghabiskan uang dng. minum-minum
versäum|en (–) *tr.* melewatkan, membiarkan, melalaikan, tdk. menggunakan; ketinggalan; *das Versäumte nachholen* mengejar ketinggalan; **≗nis** *f* (*–ses;–se*) kelalaian; kesalahan
Versbau *m* susunan bait
verschachern (–) *tr. ugs.* menjual dng. tawar-menawar
verschachtelt yg. rumit susunannya
verschaffen (–) *tr., j-m et.* ~ mengusahakan/menyediakan sst. utk. sso.; *sich Geld* ~ mengusahakan/mencari uang; *sich Respekt* ~ membuat diri spy. dihormati/disegani
verschal|en (–) *tr.* melapisi dng. kayu; *Beton* memasang papan utk. tempat coran beton; **≗ung** *f* (*–;–en*) papan kayu tempat coran beton; (pe)lapisan kayu
verschämt dng. malu-malu, tersipu-sipu; **≗heit** *f* (*–;O*) sikap malu-malu
verschandeln (–) *tr. ugs.* merusak (-kan) pemandangan
verschanz|en (–) *tr., Mil.* memperkuat dng. kubu, mengubui; *sich* ~ *hinter* mencari perlindungan di belakang/balik; **≗ung** *f* (*–;–en*) kubu
verschärf|en (–) *tr.* menajamkan, mempertajam; *verstärken* mengintensifkan, memperhebat; *Strafe* memperbesar; *sich* ~, *fig.* meruncing, menjadi genting; **≗ung** *f* (*–;O*) meruncingnya, menggentingnya; *Verschlimmerung* memburuknya; *Zunahme* peningkatan
verscharren (–) *tr.* mengubur (binatang); *Menschen* mengubur tergesa-gesa dan tdk. dalam
verschätzen (–) *sich* ~ salah menaksir/mengira
verscheiden (–) *unr. itr., Lit.* wafat, tutup usia
verschenken (–) *tr.* menghadiahkan
verscherzen (–) *tr.* kehilangan/membuang (kesempatan, simpati)
verscheuchen (–) *tr.* mengusir, menghalau, mengenyahkan
verschick|en (–) *tr.* mengirim(kan); **≗ung** *f* (*–; O*) pengiriman; deportasi
Verschieb|ebahnhof *m* stasiun/tempat langsir; **≗en** (–) *unr. tr.* menggeser(kan), memindahkan; *aufschieben* menangguhkan, menunda; *Handel, ugs.* menjual-belikan secara gelap; *sich* ~ bergeser, berpindah; **–ung** *f* (*–;–en*) pergeseran, pemindahan; penundaan; *Handel* jual-beli secara gelap
verschieden *Adj.* berbeda(–beda), beraneka - ragam, bermacam - macam; ~*e (Leute)* ada (beberapa) yang; **–artig** tdk. sama, berlainan, berbeda; **–erlei** *Adj.* beranekaragam, bermacam-macam; **≗e** *n* (*O;O*), **≗es** serba-serbi, aneka ragam, varia; **–farbig** beranekawarna; **≗heit** *f* (*–;–en*) perbedaan, ketidaksamaan; **–tlich** berulang-ulang, kerapkali
verschießen (–) *unr. tr.* menembak sampai munisi habis; *itr.* menjadi pudar warnanya, memucat
verschiff|en (–) *tr.* mengapalkan, mengirim(kan) dng. kapal; **≗ung** *f*

(–; *O*) pengapalan, pengiriman dng. kapal

verschimmeln (–) *itr*. berjamur, menjadi bulukan

verschlafen 1. (–) *unr. tr*. menghabiskan waktu dng. tidur; *versäumen* melewatkan/melalaikan (sst. karena tertidur); *itr*., *sich* ~ tidur terlampau lama, ketiduran; **2.** *Adj*. mengantuk; malas; **≗heit** *f* (–;*O*) rasa kantuk

Verschlag *m* (–ẹs;¨–e) gudang (sederhana), ruang terpisah; gubuk; **≗en 1.** (–) *unr. tr*. menutup dng. papan lalu dipaku; *Sturm* mendamparkan, menghempaskan; *et. verschlägt mir den Atem/die Sprache* saya tercengang/terkejut, patah lidahku; *e-e Seite im Buch* ~ halaman terlompat karena membalik (tdk. sengaja); *itr*. bermanfaat; *es verschlägt nichts* tdk. apa-apa, (*unnütz*) tdk. berguna; **2.** *Adj*. licik; **≗enheit** *f* (–;*O*) kelicikan, kelihaian, keculasan

verschlamp|en (–) *tr. ugs*. kehilangan, melupakan; *itr*. tdk. terurus; **–t** terlantar, tak terurus

verschlechter|n (–) *tr*. memperburuk; *sich* ~ memburuk; **≗ung** *f* (–;*O*) kemunduran, kemerosotan

verschleier|n (–) *tr*. mengenakan/memasang cadar; *fig*. menyelubungi, menutupi, menyamarkan; **–t** tertutup, terselubung; bercadar; **≗ung** *f* (–;–*en*) pengenaan/pemasangan cadar; *fig*. penyamaran, kamuflase

Verschleiß *m* (–*es*;–*e*) proses menjadi aus/lapuk/tipis/rusak; **≗en** (–) *unr. tr*. mengauskan, membuat usang/lapuk/tipis/rusak karena dipakai terus; *itr*. mengusang, menjadi aus

verschlepp|en (–) *tr*. membawa dng. paksa, menyeret; *in die Länge ziehen* menunda-nunda, mengulur-ulurkan; *e-e verschleppte Grippe* flu yg. berlarut-larut; **≗te** *m, f* (–*n*;–*n*) orang yg. dibawa ke pembuangan; **≗ungstaktik** *f* siasat/taktik penguluran/pemunduran

verschleudern (–) *tr*. menghambur (-kan); menjual di bawah harga

verschließen (–) *unr. tr*. mengunci (-kan); menyimpan (dan menguncinya); *e-n Brief* ~ melem surat; *sich der Meinung e-s anderen* ~ menutup diri thd. pandangan orang lain

verschlimmer|n (–) *tr*. memperburuk; *sich* ~ bertambah buruk; **≗ung** *f* (–;*O*) pemburukan

verschlingen (–) *unr. tr. refl*. menjadi kusut, simpul-menyimpul tak keruan; *Essen* makan dng. rakus dan cepat; *fig*. menelan

verschlossen *Adj*. tertutup, terkunci; *fig*. tdk. banyak bicara; **≗heit** *f* (–;*O*) sikap menutup diri, sikap pendiam

verschlucken (–) *tr*. menelan; *sich* ~ tersedak

Verschluß *m* (. . . *usses*; . . . *üsse*) penutup, tutupan, katup; sumbat; *unter* ~ *halten* menyimpan dng. aman

verschlüssel|n (–) *tr*. menulis dng. menggunakan sandi/kode; **≗ung** *f* (–;–*en*) penggunaan sandi/kode

Verschluß|laut *m, Gr*. bunyi letus; **–sache** *f* surat/dokumen rahasia

verschmachten (–) *itr*. sangat menderita kelaparan/kehausan

verschmäh|en (–) *tr*. menolak, menampik dng. congkak; **≗ung** *f* (–;*O*) penolakan, penampikan

verschmelz|en (–) *unr. tr*. meleburkan dan mempersatukan; *fig*. menghubungkan erat-erat; *itr*. mencair dan menjadi satu; melebur; *fig*. bergabung, berfusi; **≗ung** *f* (–;–*en*) fusi, gabungan; pencampuran logam

verschmerzen (–) *tr*. mengatasi (kehilangan, kesakitan)

verschmieren (–) *tr*. mengotori, melumuri; *verstopfen* mendempul

verschmitzt cerdik, licik

verschmort hangus

verschmutz|en (–) *tr*. mengotori, mencemarkan; **≗ung** *f* (–;*O*) pencemaran, pengotoran, polusi

verschnauf|en (–) *sich* ~ melepaskan lelah, *bp*. ambil napas; **≗pause** *f* istirahat sebentar

verschneiden (–) *unr. tr*. memangkas, memotong; memotong/menggunting (secara) salah; *kastrieren* mengebiri; *Branntwein* mencampurkan

verschneit tertutup salju

Verschnitt *m* (–*ẹs;O*) campuran (minuman keras); *Schneider* sisa-sisa guntingan; **–ene** *m* (–*n*;–*n*) orang kasim
verschnörkelt berlengkung-lengkung
verschnupfen (–) *tr. ugs.* membuat jengkel, menyakiti; *verschnupft sein* pilek, *fig.* menjadi jengkel
verschnüren (–) *tr.* mengikat dng. tali
verschollen *Adj.* (dianggap) hilang tak berbekas
verschonen (–) *tr.* tdk. mengganggu; *verschont bleiben von* tdk. diganggu oleh; *verschone mich, bitte!* jangan ganggu saya!
verschöne|(r)n (–) *tr.* memperindah, membuat lebih bagus; **≗r·ung** *f* (–;–*en*) perbuatan memperindah, penghiasan
verschossen *Adj.* lusuh, pudar warnanya
verschränken (–) *tr.* menyilangkan (tangan, kaki)
verschrauben (–) *tr.* menyekrup, memasang sekrup (pd.)
verschreib|en (–) *unr. tr.* menulis resep; *voll schreiben* menulisi (seluruhnya); *sich* ∼ menulis salah, *fig.* mengabdikan diri; **≗ung** *f, Med.* resep dokter; *Jur.* balik nama, penyerahan hak milik; **–ungspflichtig** hanya dng. resep dokter
verschreien (–) *unr., er ist verschrie(e)n* namanya buruk/cemar
verschroben *Adj.* aneh; **≗heit** *f* (–;–*en*) keanehan, keganjilan
verschrotten (–) *tr.* menjadikan besi tua dan menggunakan lagi sebagai logam bekas
verschrumpeln (–) *itr.* mengerut, menjadi kisut
verschüchtern (–) *tr.* menakut-nakuti
verschuld|en (–) *tr.* menyebabkan/mengakibatkan (sst. karena berbuat salah); *ohne mein* ≗ bukan salah saya; *fremdes* ≗ kesalahan orang lain; **–et** berhutang; **≗ung** *f* (–;*O*) kesalahan; *geldlich* (beban) hutang
verschütten (–) *tr.* **1.** menumpahkan; **2.** menutupi
verschwägert bersaudara ipar
verschweigen (–) *unr. tr.* merahasiakan, tdk. mengatakan
verschwend|en (–) *tr.* menghambur (-kan), memboroskan; **≗er** *m* (–*s*;–) pemboros; **–erisch** royal, boros, mewah, berlebih-lebihan; **≗ung** *f* (–;*O*) pemborosan, penghamburan; **–ungssüchtig** yg. suka memboroskan
verschwiegen *Adj.* yg. dapat menyimpan rahasia; *Ort* terpencil, tenang; *ugs., e-n* ∼*en Ort aufsuchen* pergi ke kamar kecil; **≗heit** *f* (–;*O*) sikap dapat menyimpan/menutup rahasia
verschwimmen (–) *unr. itr.* menjadi kabur
verschwinden (–) *unr. itr.* menghilang, lenyap; (*mal*) ∼ *müssen, ugs.* perlu ke kamar kecil; *et.* ∼ *lassen* mencuri sst.
verschwistert bersaudara (sekandung)
verschwitzen (–) *tr.* membasahi dng. keringat; *fig. ugs.* melupakan
verschwollen *Adj.* bengkak; *Augen* balut, bengul
verschwommen *Adj.* kabur, tdk. jelas, samar(-samar); **≗heit** *f* (–;*O*) kekaburan, keadaan tdk. jelas
verschwör|en (–) *unr., sich* ∼ bersekongkol, berkomplot; *e-e verschworene Gemeinschaft* kelompok yg. sangat kompak; **≗er** *m* (–*s*;–) anggota komplotan, orang yg. berkomplot; **≗ung** *f* (–;–*en*) persekongkolan, komplotan
versehen 1. (–) *unr. itr. tr.* melaksanakan, melakukan; *Geschäfte* mengurus; *j-n* ∼ *mit et.* membekali sso. dng. sst.; ∼ *sein mit et.* dilengkapi dng. sst.; *j-n* ∼, *Rel.* memberi sso. sakramen pengurapan suci; *sich* ∼ berbuat salah, keliru; *ehe man sich's versieht* tahu-tahu, dng. cepat sekali; **2.** *Adj.*, ∼ *mit* dilengkapi/dibekali dng.; ≗ *n* (–*s*;–) kekhilafan, kekeliruan; *aus* ∼ tdk. (dng. di-) sengaja; **–tlich** tdk. sengaja, khilaf
verselbständigen (–) *sich* ∼ mulai berusaha/berdiri sendiri
versend|en (–) *unr. tr.* mengirim (-kan); **≗ung** *f* (–;*O*) pengiriman, kiriman

versengen (–) *tr.* menghanguskan
versenk|bar dapat ditenggelamkan, dapat dimasukkan; **–en** (–) *tr.* menenggelamkan, membenamkan; *sich ~ in et.* terbenam/tenggelam dl. sst.; **^ung** *f* (–;*O*) penenggelaman; terbenamnya; *Meditation* renungan yg. dalam, tafakur; *Thea,* pintu kolong/jebak; *in der ~ verschwinden* menghilang, dilupakan
versessen *Adj.*, *~ sein auf* ingin sekali, amat suka, *bp.* kepingin
versetz|en (–) *tr.* memindahkan; *vermischen* mencampurkan; *ugs.* menggadaikan; *sich in die Lage e-s anderen ~* membayangkan diri dl. posisi orang lain; *j-n in Angst ~* menakuti sso.; *et. in Bewegung ~* menggerakkan sst.; *j-n e-n Schlag ~* memukuli sso.; *der Junge ist nicht versetzt worden* anak itu tdk. naik kelas; *itr.* menangkis, menjawab; **^ung** *f* (–;–*en*) pemindahan; *Schule* penaikan kelas; *Verpfändung* penggadaian
verseuchen (–) *tr.* mencemarkan (sehingga menimbulkan penyakit), meracuni
Versicher|er *m* (–*s*;–) penanggung/penjamin asuransi; **^n** (–) *tr.* memastikan, menjamin; *Eigentum* mengasuransikan; *sich ~ gegen (Unfall . . .)* masuk asuransi (kecelakaan . . .); *sich ~* masuk asuransi, (*sich überzeugen*) ingin mengetahui dng. pasti, mau memastikan; *ich versichere mich s-s Beistandes* saya berusaha spy. dia memihak saya; **–te** *m* (–*n*;–*n*) orang yg. diasuransi (-kan), orang yg. masuk asuransi
Versicherung *f* (–;–*en*) asuransi; *Garantie* jaminan; **–s·anspruch** *m* tuntutan asuransi; **–sbeitrag** *m* iuran asuransi; **–sgesellschaft** *f* perseroan/perusahaan asuransi; **–snehmer** *m* orang yg. diasuransi; **–spolice** *f* polis asuransi; **–sprämie** *f* iuran asuransi; **–swesen** *n* perihal asuransi; **–szwang** *m* kewajiban masuk asuransi
versickern (–) *itr.* meresap ke dl., merembes; *fig.* menghilang pelan-pelan
versieg|eln (–) *tr.* menyegel; **^(e)lung** *f* (–;*O*) penyegelan
versiegen (–) *itr.* berhenti (mengalir), menjadi kering
versiert yg. berpengalaman
versilbern (–) *tr.* menyepuh/melapisi dng. perak; *ugs.* menjual
versinken (–) *unr. itr.* tenggelam, terbenam
versinnbildlichen (–) *tr.* melambangkan
Version *f* (–;–*en*) versi
versippt berhubungan keluarga
versklaven (–) *tr.* membudakkan
Vers|kunst *f* seni menyusun/mengarang sajak; **–macher** *m* tukang sajak; **–maß** *n, Lit.* matra, irama, sajak
versoffen *Adj.* mabuk
versohlen (–) *tr. ugs.* memukuli
versöhn|en (–) *tr.* mendamaikan, merukunkan; *sich ~* berdamai (kembali); **–lich** suka damai, tentram; **^ung** *f* (–;–*en*) perdamaian, kerukunan
versonnen *Adj.* (bersifat) berangan-angan, bermimpi, melamun
versorg|en (–) *tr.* menyediakan; *sorgen für* memelihara, mengurus; *unterhalten* membiayai; *Wunde ~* merawat luka; **^ung** *f* (–;*O*) penyediaan; pemeliharaan, perawatan; *ärztliche ~* pelayanan medis; **^ungs·anspruch** *m* hak atas biaya hidup, hak atas pensiun; **^ungsbetrieb** *m* perusahaan yg. menguasai hajat hidup orang banyak; **^ungsschwierigkeiten** *pl* kesulitan penyediaan bahan pokok; **^ungstruppen** *pl, Mil.* unit/satuan perbekalan
verspannen (–) *tr.* menahan/menguatkan/menopang dng. kawat atau tambang
verspät|en (–) *sich ~* terlambat (datang); **–et** terlambat; **^ung** *f* (–;–*en*) kelambatan; *das Flugzeug hat 2 Stunden ~* pesawat terbang dua jam terlambat
verspeisen (–) *tr.* makan sampai habis
verspekulieren (–) *sich ~* mengalami kerugian (uang) akibat berspekulasi
versperren (–) *tr.* menutup, merintangi, merebat (jalan)

verspiel|en (–) *tr. Geld* kehilangan (uang) karena berjudi; *Recht* kehilangan hak karena sembrono; *Zeit* menghabiskan waktu dng. bermain; **–t** hanya suka bermain saja; *bei j-m ~ haben* kehilangan simpati/kepercayaan dari sso.

verspott|en (–) *tr.* mengejek, memperolokkan; **≗ung** *f* (–;O) ejekan, olok(-olok)an

versprech|en (–) *unr. tr. itr.* menjanjikan, berjanji; *er verspricht e guter Lehrer zu werden* ia memberi harapan akan menjadi seorang guru yg. baik; *sich nichts ~ von* tdk. banyak mengharapkan dari; *sich ~* salah bicara; **≗en** *n* (–s;–) janji; perjanjian; **≗ung** *f* (–;–en) janji

Versprengte *m* (–n;–n) orang yg. tersesat (jalan)

verspritzen (–) *tr.* memercikkan, merenjiskan

versprühen (–) *tr.* menyemprotkan

verspüren (–) *tr.* merasakan; *Lust ~* ingin, berkehendak, berminat

verstaatlich|en (–) *tr.* menjadikan milik negara, menasionalisasikan; **≗ung** *f* (–;–en) nasionalisasi, sosialisasi

verstädter|n (–) *tr. itr.* menjadikan (spt.) kota; menjadi orang kota; **≗ung** *f* (–;O) urbanisasi

Verstand *m* (–es;O) akal budi, daya pikir, nalar, *bp.* otak; *scharfer ~* otak tajam; *den ~ verlieren* menjadi gila; *bei klarem ~* dng. pikiran tenang, dng. kepala dingin

Verstandes|kraft *f* daya pikir; **≗mäßig** rasional, menurut pikiran sehat; **–mensch** *m* orang rasional; **–schärfe** *f* ketajaman pikiran

verständ|ig bijaksana; bersifat ikut merasakan, dapat memaklumi/mengerti; **–igen** (–) *tr.* memberitahukan; *sich ~* saling mengerti, (dapat) berkomunikasi; bersepakat; **≗igung** *f* (–;O) pemberitahuan; persetujuan; komunikasi; **≗igungspolitik** *f* politik saling mendekati; **≗igungsschwierigkeiten** *pl* kesulitan berkomunikasi; **–lich** mudah didengar/dimengerti; jelas; *es ist ~ daß er böse ist* masuk akal bahwa ia marah

Verständnis *n* (–ses;O) pengertian, simpati; **≗los** tiada pengertian, tdk. dapat mengerti; **≗voll** penuh pengertian, simpatik

verstärk|en (–) *tr., Tech.* memperkuat, mengokohkan; *Zweifel, Mil.* menambah, memperbesar; *steigern* meningkatkan; **≗er** *m* (–s;–) *Fot.* obat pengembang/penguat; *Elek.* alat penguat gelombang listrik; *Radio* pengeras suara, *amplifier*; **≗erröhre** *f* lampu-tabung penguat gelombang elektromagnetis; **≗ung** *f* (–;O) penguatan; *Mil.* bala bantuan

verstauben (–) *itr.* berdebu

verstauch|en (–) *sich ~* terkilir, keseleo, terpelecok; **≗ung** *f* (–;–en) salah urat, *distortio*

verstauen (–) *tr.* memasukkan (di tempat yg. sempit)

Versteck *n* (–es;–e) (tempat) persembunyian; **≗en** (–) *tr.* menyembunyikan; *sich ~* bersembunyi; **–spiel** *n* main petak umpet; **≗t** tersembunyi; *fig.* mengandung sindiran

verstehen (–) *unr. tr.* mendengar; mengerti, memahami, menangkap; *j-m et. zu ~ geben* menekankan/mengisyaratkan sst. kpd. sso.; *es versteht sich von selbst* dng. sendirinya, tentu saja; *s-n Beruf ~* menguasai bidang pekerjaannya; *sich ~* saling mengerti, bersahabat; sependapat; *sie versteht es, mit Kindern umzugehen* ia pandai mengurus anak-anak

versteifen (–) *tr.* menegakkan, membuat kaku; *sich auf et. ~* bersikeras pd. sst.

versteigen (–) *unr., sich ~* tersesat dl. pendakian; *sich zu et. ~* berani (mengatakan/menuntut)

versteiger|n (–) *tr.* melelang; **≗ung** *f* (–;–en) pelelangan

versteiner|n (–) *itr.* membatu; *fig.* termangu-mangu; kaku; **≗ung** *f* (–;–en) proses membatu; fosil

verstell|bar dapat diubah(-ubah)/digerakkan/dipindah; **–en** (–) *tr.* memindahkan; *falsch (ein)stellen* menyetel salah; *fig.* mengubah (utk. menyembunyikan yg. sebenarnya); *Tech.* menyesuaikan, menyetel; *versperren* menutup, menghalangi; *sich*

~ menyaru, berpura-pura; **≗ung** *f* (–;*O*) kamuflase, samaran, pura-pura; tipuan; **≗ungskunst** *f* kepandaian utk. berpura-pura

versteuer|n (–) *tr.* membayar pajak (utk.); **≗ung** *f* (–;*O*) pembayaran pajak

verstiegen *Adj.* keterlaluan, aneh, *bp.* nyentrik; **≗heit** *f* (–;*O*) keanehan

verstimm|en (–) *tr.* merusak(kan) suasana, menjengkelkan; *sich den Magen* ~ merasa mual/(se)nak; **–t** (dng.) jengkel/marah; *Mus.* sumbang; **≗ung** *f* (–;–*en*) kejengkelan

verstockt berkepala batu; *e ~er Sünder* pendosa yg. tak mau bertobat; **≗heit** *f* (–;*O*) sifat berkeras kepala

verstohlen *Adj.* secara diam-diam

verstopf|en (–) *tr.* menyumbat, menyumpal; **–t** tersumbat, mampet; **≗ung** *f* (–;–*en*) penyumbatan; *Med.* sembelit, *obstipatio*

Verstorbene *m, f* (–*n*;–*n*) orang yg. meninggal, mendiang, almarhum(ah, *f*)

verstört goncang (hati), bingung, terganggu; *bp.* kacau pikirannya; **≗heit** *f* (–;*O*) kegoncangan jiwa, kebingungan

Verstoß *m* (–*es*;*¨*–*e*) pelanggaran; **≗en** (–) *unr. tr.* mengucilkan, mengusir; ~ *gegen* melanggar; **–ung** *f* (–;*O*) pengusiran, pengucilan

verstreb|en (–) *tr.* menopang, menunjang; **≗ung** *f* (–;–*en*) penopangan; tiang-tiang dan balok-balok penyangga/penunjang

verstreichen (–) *unr. tr.* mengoleskan; *Mauerriß* menambal dan meratakan; *itr.* berlalu, lewat

verstreuen (–) *tr.* mencecerkan, menyerakkan, menghamburkan; *weit verstreut liegen(d)* bertebaran

verstricken (–) *tr.* melibatkan, menjerat; *sich* ~ terlibat, terjerat

verstümmel|n (–) *tr.* memotong-motong; memuntungkan, mengudungkan; **≗ung** *f* (–;–*en*) *Med.* kudung, rompong, *mutilatio*

verstummen (–) *itr.* membisu, (tiba-tiba) berhenti/diam

Versuch *m* (–*es*;–*e*) percobaan, eksperimen; *Anstrengung* usaha; *Tech.* tes(ting); **≗en** (–) *tr.* mencoba; berusaha; *kosten* mencicipi; *verlocken* menggodai; *sich ~ an et.* mencoba (berbuat) sst.; *versucht sein* tergoda, terpikat; **–er(in** *f*) *m* (–*s*;–) penggoda; *Rel.* setan, iblis

Versuchs|anlage *f* bagian pengujian/testing, instalasi percobaan; **–anstalt** *f* lembaga eksperimen/riset; **–ballon** *m* balon percobaan; *e-n ~ steigen lassen* memancing reaksi (sso.); **–bedingungen** *pl* syarat-syarat pengujian; **–kaninchen** *n*, **–karnickel** *n*, *ugs.* kelinci percobaan; **–modell** *n*, *Tech.* model percobaan; **–reihe** *f* rentetan percobaan; **–stadium** *n* tahap percobaan; **≗weise** *Adv.* sebagai percobaan/eksperimen

Versuchung *f* (–;–*en*) godaan; *in ~ führen* membujuk, menggodai

versumpfen (–) *itr.* menjadi rawa; *fig. ugs.* bermalas-malasan

versündig|en (–) *sich ~ (an)* bersalah, berdosa (thd.); **≗ung** *f* (–;*O*) dosa

versunken *Adj.* tenggelam, terbenam

versüßen (–) *tr.* memaniskan; *fig.* membuat spy. menyenangkan

vertag|en (–) *tr.* menunda(kan), menangguhkan; **≗ung** *f* (–;*O*) penundaan, penangguhan

vertändeln (–) *tr.* membuang (waktu, uang)

vertäuen (–) *tr.* menambat(kan) kapal

vertausch|en (–) *tr.* menukar(kan), mengganti dng.; **–t** tertukar; **≗ung** *f* (–;*O*) penukaran; pertukaran

verteidig|en (–) *tr.* membela, mempertahankan; *schützen* melindungi; **≗er** *m* (–*s*;–) pembela; *Jur.* pengacara; *Sp.* bek, gelandang belakang; **≗ung** *f* (–;*O*) pembelaan, defensi; perlindungan; **≗ungsbündnis** *n* persekutuan pertahanan; **≗ungskrieg** *m* perang defensif; **≗ungsminister** *m* menteri pertahanan; **≗ungsrede** *f* pidato pembelaan, pledoi; **≗ungswaffe** *f* senjata defensif

verteil|en (–) *tr.* membagi(-bagi)kan, mendistribusikan; *sich ~* tersebar; **≗er** *m* (–*s*;–) penyalur; *Tech.* distributor, pembagi arus; *Büro* daftar langganan; **≗ung** *f* (–;*O*) pembagian, distribusi

verteuer|n (–) *tr.* memahalkan; **≗ung** *f* (–;O) kemahalan, kenaikan harga
verteufel|n (–) *tr.* mengkambinghitamkan, meletakkan kesalahan pd. orang lain; **–t** *ugs.* jahanam, terkutuk; *e-e ~e Geschichte* masalah yg. peka/memusingkan/berbelit-belit; *~ schwer* sangat sulit/berat
vertief|en (–) *tr.* mendalamkan, memperdalam; *sich in et. ~* mendalami sst.; **≗ung** *f* (–;–*en*) lekukan, ceruk, lubang; pendalaman
vertiert spt. binatang
vertikal tegak lurus, vertikal
vertilg|en (–) *tr.* membasmi, memusnahkan; *ugs.* makan habis; **≗ung** *f* (–;O) pembasmian, pemusnahan, pemberantasan
vertippen (–) *sich ~* mengetik salah
vertonen (–) *tr., Mus.* menggubah menjadi lagu/musik
vertrackt *ugs.* berbelit-belit, sukar
Vertrag *m* (–ℯs;≃e) perjanjian, kontrak; **≗en** (–) *unr. tr.* menahan, tahan; *Hitze gut ~* bisa tahan panas; *keinen Alkohol ~* tdk. dapat minum alkohol; *keinen Spaß ~* terlalu serius; *sich ~* cocok, hidup rukun; *sich nicht ~ mit* bertentangan dng.; *sich wieder ~* rujuk; **≗lich** yg. ditentukan oleh kontrak; berdasarkan kontrak
verträglich tdk. suka ribut, baik hati, suka damai; *Speise* mudah dicerna; **–keit** *f* (–;O) sikap baik hati; sifat mudah dicerna
Vertragsbruch *m* pelanggaran perjanjian
vertragschließend *~e Parteien* pihak yg. mengadakan perjanjian
Vertrags|dauer *f* masa berlakunya perjanjian; **–entwurf** *m* konsep perjanjian/kontrak; **≗fähig** mampu/sanggup mengadakan perjanjian; **≗gemäß, ≗mäßig** menurut/sesuai perjanjian; **–partei** *f,* **–partner** *m* pihak yg. mengadakan perjanjian; **–pflicht** *f* kewajiban yg. berdasarkan kontrak; **–spieler** *m, Sp.* pemain sewaan/bayaran; **–verhältnis** *n* hubungan yg. berdasarkan perjanjian; **≗widrig** bertentangan dng. perjanjian
vertrauen (–) *itr. tr.* percaya pd., mempercayai; **≗** *n* (–*s*;O) kepercayaan; *im ~* tdk. utk. umum, di bawah empat mata; *im ~ auf* atas dasar; **–erweckend** dapat dipercaya
Vertrauens|arzt *m* dokter penasehat asuransi kesehatan; **–bruch** *m* penyalahgunaan kepercayaan; **–frage** *f, Parl.* mosi kepercayaan; **–mann** *m,* **–person** *f* orang kepercayaan; **–sache** *f* soal kepercayaan; **–schüler(in** *f*) *m* ketua kelas; **≗selig** mudah/cepat percaya; **–stellung** *f* posisi/kedudukan/jabatan yg. menuntut kepercayaan; **≗voll** penuh kepercayaan; **–votum** *n, Parl.* votum kepercayaan; **≗würdig** pantas dipercayai
vertraulich tdk. utk. umum, antar kita sama kita; berdasarkan kepercayaan; *intim* akrab, intim; *streng ~* bersifat sangat rahasia; **≗keit** *f* (–;–*en*) keakraban, keramahan; kekeluargaan, keintiman; *plumpe ~* sikap akrab yg. keterlaluan; *~en, pl* kekurangajaran
verträum|en (–) *tr.* melewatkan waktu dng. melamun; **–t** yg. suka bermimpi, yg. berangan-angan; *still* nyaman
vertraut yg. erat hubungannya, bersahabat kental; yg. dikenal baik; *sich mit et. ~ machen* mendalami sst.; **≗e** *m, f* (–*n*;–*n*) teman akrab, orang yg. dipercayai
vertreib|en (–) *unr. tr.* mengusir, menghalau; *Handel* menjual secara besar-besaran; *sich die Zeit mit et. ~* mengisi waktu luang dng. sst.; **≗ung** *f* (–;O) pengusiran
vertret|bar dapat diterima/dibenarkan; **–en 1.** (–) *unr. tr.* mewakili, mengganti(kan); *Interessen* membela; *Firma* bekerja sebagai agen; *rechtfertigen* mempertanggungjawabkan; *sich den Fuß ~* kaki terkilir; *sich die Füße/Beine ~* melemaskan urat/otot, beristirahat (sebentar) sambil berjalan-jalan sedikit; *s-n Standpunkt ~* mengungkapkan pendiriannya; *j-m den Weg ~* menghadang jalan sso. **2.** *Adj., ~ sein* hadir; diwakili
Vertret|er(in *f*) *m* (–*s*;–) wakil, pengganti; agen; *Jur.* pembela; *~ e-r Ideologie* penganut/pendukung ideo-

logi; **–erprovision** *f* komisi agen; **–ung** *f* (*–;–en*) perwakilan; keagenan; *in* ~ atas nama; **–ungsvollmacht** *f* kuasa substitusi; *Jur.* kuasa pengacara; **≗ungsweise** sebagai wakil/pengganti

Vertrieb *m* (*–ẹs;–e*) penjualan, distribusi, pemasaran; **–ene** *m, f* (*–n;–n*) orang yg. diusir, pengungsi

Vertriebs|abteilung *f* bagian penjualan/pemasaran; **–gemeinschaft** *f* pemasaran bersama; **–kosten** *pl* biaya distribusi/penjualan; **–leiter** *m* kepala bagian penjualan; **–recht** *n* hak/ijin penjualan

vertrinken (–) *unr. tr.* menghamburkan uang utk. minum-minum

vertrocknen (–) *itr.* mengering, menjadi kering dan keriput

vertrödeln (–) *tr. ugs.* menyia-nyiakan

vertröst|en (–) *tr.* menunda dng. memberi harapan; **≗ung** *f* harapan/janji kosong

vertun (–) *unr. tr. ugs.* menghabiskan/memboroskan (uang, waktu); *sich* ~ (bertindak) khilaf/keliru

vertuschen (–) *tr.* menutup-nutupi, menyembunyikan

ver·übeln (–) *tr., j-m et.* ~ menjadi jengkel karena perbuatan/sikap sso.; *ich kann es Ihnen nicht* ~ saya tdk. dapat menyalahkan anda

ver·üben (–) *tr.* melaksanakan, melakukan, membuat

ver·ulken (–) *tr. ugs.* mengejek, menertawakan, *bp.* meledek

ver·unglimpfen (–) *tr.* menghina, memperolokkan

ver·unglück|en (–) *itr.* mendapat/mengalami kecelakaan; *et. ist verunglückt, fig.* sst. tdk. menjadi seperti semestinya; **≗te** *m, f* (*–n;–n*) korban kecelakaan

ver·unreinig|en (–) *tr.* mengotori; **≗ung** *f* (*–;–en*) pencemaran, pengotoran

ver·unsichern (–) *tr.* membuat tdk. pasti, membingungkan

ver·unstalten (–) *tr.* membuat (tampak) jelek, merusak pemandangan

ver·untreu|en (–) *tr.* menggelapkan (uang); **≗ung** *f* (*–;–en*) penggelapan

ver·unzieren (–) *tr., s. verunstalten*

ver·ursachen (–) *tr.* menyebabkan, mengakibatkan, menimbulkan

ver·urteil|en (–) *tr,* menghukum, menghakimi; *fig.* mengecam; **≗te** *m, f* (*–n;–n*) orang yg. dihukum, si terhukum; **≗ung** *f* (*–;–en*) penghukuman, hukuman; *fig.* kecaman

vervielfachen (–) *tr.* melipatgandakan, memperbanyakkan; *Math.* mengalikan

vervielfältig|en (–) *tr.* memperbanyak; **≗ung** *f* (*–;–en*) perbanyakan; **≗ungs·apparat** *m* mesin stensil/fotokopi

vervollkommn|en (–) *tr.* menyempurnakan; memperbaiki; **≗ung** *f* (*–;O*) penyempurnaan, penyelesaian

vervollständig|en (–) *tr.* melengkapi; **≗ung** *f* (*–;O*) pelengkapan

verwachsen 1. (–) *unr. itr.* tumbuh dan bersambung; bersatu dng.; *Med.* sembuh dan (berangsur-angsur) hilang; **2.** *Adj.* tertutup (oleh) tumbuhan; *Med.* cacat

verwackeln (–) *tr. Fot.* mengaburkan karena goyang

verwahren (–) *tr.* menyimpan; *sich* ~ *gegen* memprotes thd.

verwahrlos|en (–) *itr.* menjadi tdk. terurus, menjadi terlantar; ~ *lassen* menelantarkan; **–t** terlantar, tdk. terurus/terpelihara, terbengkalai; **≗ung** *f* (*–;O*) keadaan terlantar/terbengkalai, keadaan tdk. terpelihara

Verwahrung *f* (*–;O*) **1.** penyimpanan, perlindungan (yg. aman); *et. in* ~ *nehmen/geben* menerima/menerimakan sebagai titipan/simpanan yg. aman; **2.** *Protest* keberatan, protes

verwais|en (–) *itr.* menjadi yatim-piatu; **–t** *e* ~*es Haus* rumah kosong (tak berpenghuni)

verwalt|en (–) *tr.* mengurus; *e Amt* ~ memegang jabatan; **≗er** *m* (*–s;–*) pengurus; **≗ung** *f* (*–;–en*) pengurusan; administrasi, tata usaha; badan pengurus (pemerintah, swasta . . .); *städtische* ~ (administrasi) kotapraja

Verwaltungs|apparat *m* aparatur administrasi/pemerintahan; **–be-**

amte *m* pegawai administrasi; **–bezirk** *m* wilayah pemerintahan; **–gebühr** *f*, **–kosten** *pl* biaya administrasi; **–rat** *m* dewan/badan administrasi; **–weg** *m*, *auf dem ~e* melalui jalur resmi; **–wesen** *n* kepengurusan, administrasi

verwand|eln (–) *tr.* mengubah(kan); *sich ~* berubah; mengubah diri; **≗lung** *f* (–;–*en*) perubahan, pengubahan

verwandt berhubungan keluarga/famili; *Sprache* serumpun; *fig.* mirip, agak sama; **≗e** *m*, *f* (–*n*;–*n*) anggota keluarga, sanak saudara, kerabat; **≗schaft** *f* (–;–*en*) keluarga, famili; ikatan kekeluargaan; *fig.* kemiripan, kesamaan; hubungan; **≗schaftlich** (bersifat) kekeluargaan; **≗schaftsgrad** *m* tingkat hubungan darah/kekeluargaan

verwanzt penuh kutu busuk

verwarn|en (–) *tr.* memperingatkan, menegur; **≗ung** *f* (–;–*en*) teguran, peringatan

verwaschen *Adj.*, *Kleider* lusuh/luntur (karena sering dicuci); *Farbe* tdk. cemerlang (lagi), pucat; *fig.* tdk. jelas, samar-samar

verwässern (–) *tr.* mencampurkan dng. air terlalu banyak; *fig.* memperlemah (bobot)

verwechs|eln (–) *tr.* menukar dng. tdk. sengaja; *fig.* keliru atau salah menganggap/mengira/melihat ...; *mein u. dein ~, ugs.* mencuri; *sich zum ≗ ähnlich sehen* spt. pinang dibelah dua; **≗lung** *f* (–;–*en*) kekeliruan, tertukarnya

verwegen *Adj.* berani, gagah; *frech* lancang, kurangajar; **≗heit** *f* (–;*O*) keberanian

verweh|en (–) *tr.*, *Wind* membawa, menghilangkan; *itr.* terbawa/tertiup angin; (meng)hilang; **≗ung** *f* (–;–*en*) timbunan salju/pasir yg. dibawa angin; **–ren** (–) *tr.* melarang, menghalangi

verweichlich|en (–) *tr.* memanjakan; **–t** manja, lembek

verweiger|n (–) *tr.* menolak, menampik; **≗ung** *f* (–;*O*) penolakan, penampikan; **≗ungsfall** *m*, *im ~* kalau ditolak

verweilen (–) *itr. refl.* (bertempat) tinggal, berdiam; *ihr Blick verweilt lange auf ihrem Kind* lama ia memandang anaknya

verweint balut, bengul

Verweis *m* (–*es*;–*e*) celaan, teguran, peringatan; *Hinweis* petunjuk; **≗en** (–) *unr. tr.* menegur, mencela; *~ auf* menunjukkan, menunjuk pd.; *ausweisen* mengusir, membuang; **–ung** *f* (–;–*en*) pengusiran; *Hinweis* petunjuk, referensi

verwelken (–) *itr.* menjadi layu

verweltlich|en (–) *tr.* mengambil alih milik Gereja, mensekularisasikan; *itr., fig.* berpikir/bersikap duniawi; **≗ung** *f* (–;*O*) sekularisasi, keduniawian

verwend|bar dapat digunakan/diterapkan; **≗barkeit** *f* (–;*O*) sifat dapat digunakan/diterapkan; **–en** (–) *unr. tr.* menggunakan, memakai; mencurahkan; *sich bei j-m für j-n ~* membela/mendukung sso. pd. sso.; **≗ung** *f* (–;*O*) pemakaian; kegunaan, manfaat; perantaraan; **–ungsfähig** dapat digunakan/dipakai; **≗ungszweck** *m* maksud pemakaian

verwerf|en (–) *unr. tr.* tdk. menerima, menolak mentah-mentah; **–lich** jahat, busuk; **≗ung** *f* (–;–*en*) penolakan; *Geo.* dislokasi

verwert|en (–) *tr.* menggunakan, memanfaatkan, memakai; *wieder verwenden* mengolah kembali; **≗ung** *f* (–;–*en*) penggunaan, pemakaian; pengolahan

verwesen (–) *itr.* membusuk

Verweser *m* (–*s*;–) wakil, pengurus, penjabat

verwes|lich mudah/cepat membusuk; **≗ung** *f* (–;*O*) pembusukan

verwetten (–) *tr.* kehilangan (sst.) karena bertaruh

verwick|eln (–) *tr.* melibatkan, mengikutsertakan; *Garn* mengusutkan; *sich in et. ~* terlilit dl. sst., *fig.* terlibat dl. sst.; *sich in Widersprüche ~* mengatakan hal yg. bertentangan satu sama lain; **–elt** rumit, kompleks, *bp.* kacau; **≗lung** *f* (–;–*en*) keterlibatan; kerumitan, kesulitan, komplikasi

verwildern (–) *itr.* menjadi liar dan kasar
verwinden (–) *unr. tr.* mengatasi
verwirken (–) *tr.* kehilangan (karena kesalahan sendiri)
verwirklich|en (–) *tr.* melaksanakan, merealisasikan; *sich* ~ menjadi nyata/kenyataan; **≗ung** *f* (–;*O*) pelaksanaan, realisasi
verwirr|en (–) *tr.* mengusutkan; *fig.* mengacau(kan), membingungkan, menyesatkan; *sich* ~ menjadi bingung/tersesat; **–t** kacau, tersesat, bingung; kusut; **≗ung** *f* (–;–*en*) kekacauan, kebingungan; kekusutan; *in* ~ *geraten* menjadi bingung
verwirtschaften (–) *tr.* memboroskan, menghamburkan
verwischen (–) *tr.* membuat kabur dng. menghapus, mengaburkan; *sich* ~ menjadi kabur
verwitter|n (–) *itr.* menjadi lapuk/rapuh dimakan cuaca; **–t** lapuk
verwitwet yg. menjadi janda/duda
verwöhn|en (–) *tr.* memanjakan; **–t** manja; *Geschmack* yg. pilih-pilih; **≗ung** *f* (–;*O*) pemanjaan
verworfen *Adj.* jahat, busuk, bejat
verworren *Adj.* kacau, tdk. jelas; yg. membingungkan; **≗heit** *f* (–;*O*) kekacauan, kebingungan
verwund|bar dapat/mudah dilukai; *fig.* mudah tersinggung; **–en** (–) *tr.* melukai; *fig.* menyakiti
verwunder|lich aneh, yg. mengherankan; **–n** (–) *tr.* mengejutkan, mengherankan; *sich* ~ menjadi heran/takjub; **≗ung** *f* (–;*O*) keheranan, ketakjuban
Verwund|ete *m, f* (–*n*;–*n*) orang yg. (ter)luka; **–ung** *f* (–;–*en*) keadaan dilukai; luka
verwunschen *Adj.* yg. mempesonakan
verwünsch|en (–) *tr.* mengutuk(i), melaknatkan; *verhexen* menyihir; **≗ung** *f* (–;–*en*) kutukan; sihir
verwurzelt berakar; *fig.* mendarah daging
verwüst|en (–) *tr.* menghancurkan, memusnahkan; **≗ung** *f* (–;–*en*) penghancuran, pemusnahan
verzag|en (–) *itr.* berputus asa, kehilangan semangat; **–t** putus asa, kecil hati; **≗theit** *f* (–;*O*) keputusasaan
verzählen (–) *sich* ~ salah (meng-) hitung
verzahnen (–) *tr.* mengaitkan satu sama lain, mempertautkan; *Bretter/Balken* ~ menyambung papan/balok dng. lidah-bajang
verzapfen (–) *tr. ugs.* beromong-kosong, membual
verzärtel|n (–) *tr.* memanjakan; **≗ung** *f* (–;*O*) pemanjaan
verzaubern (–) *tr.* menyihir, menyulap; *fig.* mempesonakan
verzehnfach|en (–) *tr.* melipatkan sepuluh; **–t** sepuluh kali lipat
Verzehr *m* (–;*O*) konsumsi, makanan; **≗en** (–) *tr.* makan (dan minum); memakan, menghabiskan; *sich* ~ *nach, fig.* termakan rindu akan
verzeich|nen (–) *tr.* menggambar (-kan)/melukis(kan) secara salah; *notieren* mencatat; **≗nis** *n* (–*ses*;–*se*) daftar, isi
verzeih|en (–) *unr. tr.* mengampuni, memaafkan; ~ *Sie, bitte!* maaf (tuan/nyonya)! **–lich** yg. dapat dimaafkan, tdk. begitu berat; **≗ung** *f* (–;*O*) pengampunan, permaafan; *um* ~ *bitten* minta maaf/ampun
verzerr|en (–) *tr.* mengerotkan; memalsukan; *sich den Knöchel* ~ matakaki terkilir; **≗ung** *f* (–;–*en*) perubahan bentuk menjadi jelek (kelihatannya); *Gesicht* gerising; *Ton* perubahan suara menjadi sumbang/aneh
verzetteln (–) *itr. refl.* menghambur (-kan), memboroskan; *tr.* mencatat pd. kartu-kartu katalog
Verzicht *m* (–*ɇs*;–*e*) pengorbanan; penyerahan; *Jur.* pernyataan melepaskan (tuntutan/hak); **≗en** (–) *itr.* melepaskan, merelakan, menyerahkan
verziehen (–) *unr. tr.* mengubah bentuk (dng. menarik); *Kind* memanjakan; *Gesicht* menyeringai; *itr.* (ber)pindah tempat/rumah; *sich* ~, *Holz* berubah bentuk, memuai, mengerut, menggeleding, *Nebel* menyingsing, berlalu
verzier|en (–) *tr.* menghias(i); **≗ung** *f* (–;–*en*) hiasan

verzinken (–) *tr.* menyepuh/melapisi dng. seng/timah-sari
verzinnen (–) *tr.* menyepuh/melapisi dng. timah
verzins|en (–) *tr.* membayar bunga uang; *sich* ~ berbunga; **≗lich** yg. menghasilkan bunga, yg. berbunga; **≗ung** *f* (–;O) suku bunga
verzöger|n (–) *tr.* memperlambat, menunda-nunda; **≗ung** *f* (–;–*en*) kelambatan, penundaan
verzoll|en (–) *tr.* membayar bea masuk; *haben Sie et. zu* ~? apakah anda membawa barang yg. dikenakan bea? **≗ung** *f* (–;O) pembayaran bea
verzück|en (–) *tr.* menggembirakan secara luar biasa; **≗ung** *f* (–;O) kegembiraan yg. meluap-luap; *in* ~ *geraten* bergembira ria, riang gembira
verzuckern (–) *tr.* melapisi dng. gula
Verzug *m* (–*ẹs*;O) penundaan; *ohne* ~ langsung, segera; *im* ~ *sein* terlambat (membayar); *es ist Gefahr im* ~ bahaya mengancam; **–s·tage** *pl* kelonggaran waktu; **–szinsen** *pl* denda bunga
verzweif|eln (–) *itr.* berputusasa, hilang harapan; *ugs.* hilang kesabaran; **–elt** putus asa, hilang akal; ~*e Anstrengungen machen* berusaha keras tetapi sia-sia; *die Situation ist* ~ *ernst* situasi sangat gawat; **≗lung** *f* (–;O) (keadaan) putus asa; *mit dem Mut der* ~ dng. nekat
verzweig|en (–) *sich* ~ bercabang (–cabang); **≗ung** *f* (–;–*en*) hal mempercabangkan; percabangan
verzwickt *ugs.* rumit sekali
Vesper *f* (–;–*n*) doa pujian pd. petang hari, sm. ibadah sore; *s. Vesperbrot;* **–bild** *n*, *Rel.* gambar Bunda Maria dng. Jenazah Jesus di pangkuan (ketika Ia diturunkan dari salib); **–brot** *n* makanan kecil sore hari; **≗n** (–) *itr.* makan sedikit pd. petang hari; **–zeit** *f* sore hari
Vestibül *n* (–*s*;–*e*) ruang depan
Veteran *m* (–*en*;–*en*) veteran; bekas pejuang; *Mot.* model kuno
Veterinär *m* (–*s*;–*e*) dokter hewan
Veto *n* (–*s*;–*s*) veto, pernyataan menolak; *sein* ~ *einlegen* memveto
Vetter *m* (–*s*;–*n*) saudara sepupu (laki-laki), misan (laki-laki); **–nwirtschaft** *f*, ~ *treiben* melakukan nepotisme
Vexier|bild *n* teka-teki bergambar; **≗en** (–) *tr.* mengganggu, menggoda
Viadukt *m* (–*ẹs*;–*e*) jembatan di atas lembah
Vibration *f* (–;–*en*) getaran
vibrieren (–) *itr.* bergetar
Video... video
Vieh *n* (–*ẹs*;O) ternak, hewan; *ugs.* binatang; **–ausstellung** *f* pameran ternak; **–bestand** *m* jumlah ternak; **–futter** *n* makanan ternak; **–händler** *m* pedagang ternak; **–hof** *m* peternakan; **≗isch** brutal, kebinatangan; **–markt** *m* pasar ternak; **–seuche** *f* wabah (penyakit) ternak; **–stand** *m* jumlah ternak; **–wagen** *m* gerbong/mobil ternak; **–zählung** *f* sensus ternak; **–zucht** *f* peternakan; **–züchter** *m* peternak
viel banyak, tdk. sedikit; ~ *besser* jauh lebih baik; ~ *zu* ~ terlalu banyak, kelebihan; *in* ~*em* dl. banyak hal; *es hätte nicht* ~ *gefehlt, dann wäre es gefallen* hampir jatuh
viel|beschäftigt sibuk sekali; **–deutig** bermacam-macam arti; *unklar* tdk. jelas; **≗eck** *n* (per)segi banyak, poligon; **–erlei** *Adj.* beranekaragam, banyak macam; **–fach** *Adj.* berkalikali, seringkali; **≗fache** *n* (–*n*;O) kelipatan; *kleinstes gemeinsames* ~ kelipatan persekutuan terkecil; **≗falt** *f* (–;O) keanekaragaman, keserbaragaman; pusparagam; **–fältig** bermacam-macam, beranekaragam; **≗fältigkeit** *f* (–;O) *s. Vielfalt;* **–farbig** berwarnawarni, puspawarna; **≗fraß** *m* (–*es*;–*e*) *ugs.* pelahap, tukang makan
viel|geliebt sangat dicintai; **–geprüft** sering ditimpa penderitaan; **–gereist** sudah sering bepergian; **–gestaltig** bervariasi, beranekarangam, beraneka bentuk; **≗götterei** *f* (–;O) politeisme, keberhalaan; **≗heit** *f* (–;O) keanekaragaman, keserbaragaman; *Vielzahl* jumlah besar; **–jährig** bertahun-tahun lamanya; **–leicht** mungkin, kurang lebih, boleh jadi, tdk. mustahil; **–malig**

berkali-kali, sangat sering; **–mals** berkali-kali, kerap/acap kali; *ich danke Ihnen* ~ saya sangat berterimakasih pd. anda; **–mehr** sebaliknya, melainkan

viel|rassig bersuku(–bangsa) banyak; **–sagend** penuh arti; **–seitig** serba bisa; *auf ~en Wunsch* atas permintaan banyak pihak; ~ *verwendbar* serba guna; **–sprachig** poliglot, mahir berbahasa banyak; **–stellig** terdiri dari banyak angka; **–stimmig** polifon(i), bersuara banyak; **–verheißend, –versprechend** yg. mengandung/memberi harapan besar; **ºweiberei** *f* (–;O) poligami

vier empat; *in alle ~ Winde* ke segala penjuru, ke mana-mana; *auf allen ~en* (dng.) merangkak; *unter ~ Augen* di bawah empat mata, secara rahasia; *zu ~en* berempat; **ºbeiner** *m* (–*s*;–) binatang berkaki empat; **–blätterig** berhelai/berdaun empat; **ºeck** *n* (per)segi empat; **–eckig** bersegi empat

Vierer *m* (–*s*;–) *Lotto* sasaran yg. kena empat angka yg. benar; *Sp.* perahu dng. empat pendayung; **ºlei** *Adj.* empat macam

vier|fach, –fältig empat kali lipat, rangkap empat; **ºfarbendruck** *m* cetak empat warna; **ºfüß(l)er** *m* (–*s*;–) *Zo.* binatang berkaki empat; **ºgespann** *n* kereta yg. ditarik oleh empat ekor kuda; **–hundert** empat ratus; **–jahresplan** *m* rencana empat tahun; **–jährig** berumur empat tahun; empat tahun lamanya; **–kantig** bersanding empat; **–mal** empat kali; **–motorig** *Flgw.* bermesin empat; **ºrad·antrieb** *m, Mot.* penggerakan empat roda, dupel kardan, kardan ganda; **ºradbremse** *f, Mot.* rem pd. empat roda; **–rädrig** beroda empat

vier|schrötig berdada bidang, kekar; **–seitig** bersisi empat; **–silbig** bersuku kata empat; **ºsitzer** *m* (–*s*;–) mobil utk. empat orang; **–spurig** berjalur empat; **–stellig** *~e Zahl* bilangan berangka empat; **–stimmig** dng. empat suara; **–stöckig** bertingkat empat; **ºtaktmotor** *m, Mot.* mesin empat tak; **–tausend** empat ribu; **–te** keempat; **–teilen** (–) *tr.* membagi empat; *Strafe* membunuh/menghukum dng. menarik kaki dan tangan keempat penjuru

Viertel *n* (–*s*;–) seperempat; *Stadtteil* kampung/wilayah kota; *e ~ fünf* jam empat lewat seperempat; *drei ~* tiga perempat; **–jahr** *n* triwulan; **ºjährig** berumur tiga bulan; selama tiga bulan; **ºjährlich** setiap tiga bulan (sekali); *~e Kündigung* pembatalan tiga bulan sebelumnya; *~e Miete* uang sewa yg. dibayar tiga bulan sekali; **–note** *f, Mus.* not/titinada seperempat; **–pfund** *n* seperempat pon, 125 gram; **–stunde** *f* seperempat jam

vier|tens keempat; **–zehn** empatbelas; ~ *Tage* dua minggu; **–zig** empat puluh; *in den ~er Jahren* pd. tahun empat puluhan; **ºziger** *m* (–*s*;–) orang yg. berumur empat puluhan; **ºzylinder** *m* motor empat torak/silinder

Vignette *f* (–;–*n*) sketsa hiasan, vinyet

Vikar *m* (–*s*;–*e*) pastor pembantu; **–iat** *n* (–*ẹs*;–*e*) vikariat

Viktualiën *pl* bahan makanan

Villa *f* (–;*Villen*) villa; rumah peristirahatan; rumah yg. agak besar dan bagus

Villenviertel *m* daerah perumahan bagus

Viola *f* (–;*Violen*) *Mus.* biola alto; sm. bunga kecil yg. berwarna-warni

violett (warna) ungu lembayung, violet

Violin|e *f* (–;–*n*) biola; **–ist** *m* (–*en*;–*en*) violis, ahli main biola; **–schlüssel** *m, Mus.* kunci G

Violoncello *n, Mus.* selo

Viper *f* (–;–*n*) sm. ular berbisa, *viperidae*

virtuos mahir, pandai; **ºe** *m* (–*n*;–*n*) seniman yg. mahir

virulent yg. dapat menularkan/menimbulkan penyakit; *giftig* beracun

Virus *n, m* (–;*Viren*) virus; **–krankheit** *f* penyakit yg. disebabkan oleh virus

Visage *f* (–;–*n*) *ugs. pej.* muka

vis-a-vis *Adv.* berhadapan, berseberangan; **Visavis** *n* (–;–) orang yg. duduk di hadapan

Visier *n* (–*s*;–*e*) **1.** kelep helm; *mit offenem ~ kämpfen* berjuang secara jujur/terbuka; **2.** *am Gewehr* pembidik, (~*korn*) mata bedil; **≗en** (–) **1.** *itr. tr.* membidik(kan); **2.** *tr.* memberi visum

Vision *f* (–;–*en*) penglihatan, visiun; maya; **≗är** *Adj.* yg. berh. dng. penglihatan

Visit|ation *f* (–;–*en*) kunjungan resmi; *Inspektion* pemeriksaan; **–e** *f* (–;–*n*) *Med.* kunjungan/pemeriksaan pasien; **–enkarte** *f* kartu nama; **≗ieren** (–) *tr.* memeriksa, menyelidiki

vis|kos, –kös kental, pekat

visuell berdasarkan penglihatan, kelihatan, visuil

Visum *n* (–*s*;*Visa*/*Visen*) visum, visa

vital yg. sangat perlu utk. hidup, vital; *lebensvoll* bersemangat; **≗ität** *f* (–;*O*) daya hidup, vitalitas

Vitamin *n* (–*s*;–*e*) vitamin; **≗arm** kurang vitamin; **≗haltig** mengandung vitamin; **–mangel** *m* kekurangan vitamin; **≗reich** kaya akan vitamin

Vitrine *f* (–;–*n*) etalase, lemari (ber-) kaca

Vitriol *n* (–*s*;–*e*) *Chem.* vitriol, asam belerang

Vize|admiral *m* laksamana madya; **–kanzler** *m* wakil kanselir; **–konsul** *m* konsul muda; **–präsident** *m* wakil presiden; wakil ketua

Vlies *n* (–*es*;–*e*) gumpalan bulu domba

Vogel *m* (–*s*;–̈) burung, unggas, *aves*; *e-n ~ haben* sinting; *komischer ~* orang aneh; **–bauer** *n* sangkar burung; **–fang** *m* penangkapan burung; **–fänger** *m* penangkap burung; **≗frei** tdk. dilindungi (lagi) oleh hukum; **–futter** *n* makanan burung; **–händler** *m* pedagang burung; **–haus** *n* kandang burung; **–kunde** *f* ilmu tt. burung, ornitologi; **–liebhaber(in** *f*) *m* penyayang burung; **–mist** *m* ta(h)i burung

vög(e)ln *tr. itr. derb, bk.* mengancuk, mengamput

Vogel|netz *n* sarang burung; **–perspektive** *f*, **–schau** *f*, *ugs.* pemandangan dari atas; **–scheuche** *f* orang-orangan (di sawah), kelontang; *ugs.* wanita yg. berpakaian aneh-aneh; **–schutz** *m* perlindungan burung; **–Strauß-Politik** *f* politik/taktik burung onta; **–warte** *f* lembaga ornitologi, tempat pengamatan burung; **–zug** *m* perpindahan kawanan burung secara masal

Vogt *m* (–*ts*;–̈*e*) wali, pelindung; *früher* pegawai administrasi/kehakiman

Vokabel *f* (–;–*n*) kata bahasa asing

Vokabular *n* (–*s*;–*e*) kosakata, perbendaharaan/daftar kata, vokabuler

Vokal *m* (–*ts*;–*e*) (bunyi) huruf hidup, vokal; **–musik** *f* musik vokal, vokalia

Volant *m* (–*s*;–*s*) pinggiran baju yg. berlipat-lipat; *Mot.* kemudi, setir

Volk *n* (–*ts*;–̈*er*) bangsa; *Bevölkerung* rakyat; khalayak ramai; *Bienen* kerumun(an)

Völker|ball *m* sm. permainan bola; **–bund** *m* liga bangsa-bangsa; **–friede** *m* perdamaian antar bangsa-bangsa; **–kunde** *f* ilmu tt. bangsa-bangsa, etnologi; **–mord** *m* pemusnahan suatu (golongan) bangsa; **–recht** *n* hukum internasional; **≗rechtlich** berh. dng. hukum internasional; **–schaft** *f* (–;–*en*) suku bangsa; **–verständigung** *f* pengertian antar bangsa; **–wanderung** *f* perpindahan bangsa-bangsa; *fig. ugs.* turisme massal

völkisch nasional; rasial

volkreich padat penduduknya

Volks|abstimmung *f* plebisit; **–armee** *f* tentara nasional (Republik Demokrasi Jerman); **–aufstand** *m* pemberontakan rakyat; **–ausgabe** *f* terbitan/edisi (yg. dijual) murah; **–bank** *f* bank koperasi/rakyat; **–begehren** *n* referendum; **–belustigung** *f* hiburan rakyat; **–bildung** *f* pendidikan nasional; **–charakter** *m* watak bangsa, kepribadian nasional; **–demokratie** *f* demokrasi rakyat; **–deutsche** *m* orang keturunan bangsa Jerman yg. menetap di luar negeri; **≗eigen** *Adj.* yg. dimiliki negara; **–einkommen** *n* pendapatan nasional; **-entscheid** *m* referendum, plebisit

Volks|feind *m* musuh rakyat/bangsa **-fest** *n* pesta rakyat; **-front** *f* persekutuan antara komunis dan partai-partai kiri lain; **-glaube(n)** *m* kepercayaan rakyat biasa; **-gruppe** *f* suku-bangsa minoritas; **-gunst** *f* popularitas; **-haufe(n)** *m* massa rakyat, khalayak ramai; **-herrschaft** *f* demokrasi; **-hochschule** *f* lembaga pendidikan non-formal utk. orang dewasa; **-justiz** *f* keroyokan, main hakim sendiri; **-kammer** *f* dewan perwakilan rakyat (Republik Demokrasi Jerman); **-küche** *f* dapur umum, tempat pembagian makanan; **-kunde** *f* ilmu tt. kebudayaan/kebiasaan rakyat; **-kunst** *f* kesenian rakyat

Volks|lied *n* lagu rakyat; **-meinung** *f* pendapat umum, pandangan masyarakat; **-menge** *f* massa rakyat, kumpulan orang banyak; **-mund** *m*, *im* ~ dl. bahasa sehari-hari; **-polizei** *f* polisi (Republik Demokrasi Jerman); **-redner** *m* ahli pidato yg. memikat rakyat banyak; **-republik** *f* republik rakyat; **-sage** *f* cerita rakyat, sage; **-schicht** *f* lapisan masyarakat; **-schule** *f* sekolah dasar; **-schullehrer** *m* guru sekolah dasar; **-seele** *f*, *die empörte* ~ rakyat yg. mengamuk; **-sprache** *f* bahasa percakapan/pergaulan; **-stamm** *m* suku-bangsa; **-stimme** *f* suara rakyat; **-stück** *n*, *Thea.* sandiwara rakyat

Volks|tanz *m* tarian rakyat; **-tracht** *f* pakaian daerah; **-tum** *n* (*-s;O*) sifat/kepribadian nasional; lagu, musik dan tarian rakyat, folklor; **≗tümlich** mudah dipahami rakyat; *im Benehmen* suka bergaul dng. orang banyak; *beliebt* populer; **-tümlichkeit** *f* (*-;O*) kepopuleran, popularitas; **-vermögen** *n* kekayaan nasional; **-versammlung** *f* rapat raksasa; *Pol.* permusyawaratan rakyat; **-vertreter** *m* wakil rakyat; **-vertretung** *f* perwakilan rakyat; **-wagen** *m*, *Mot.* vewe (VW); **-wirt** *m* ekonom; **-wirtschaft** *f* ekonomi; **-wirtschaftler** *m* ekonom; **-wirtschaftslehre** *f* ilmu ekonomi; **-wohlstand** *m* kemakmuran rakyat; **-zählung** *f* cacah jiwa, sensus

voll penuh, sudah terisi/berisi, *bp.* pol; *~er Angst* takut sekali; ~ *sein*, *ugs.* mabuk; *den ~en Betrag bezahlen* membayar seluruh jumlah; *e ~es Gesicht* muka bulat/tembam; *~e 10 Jahre* genap sepuluh tahun; *alle Hände ~ haben* sangat sibuk; *~e Wahrheit* seluruh kebenaran; *im ~en leben* hidup mewah; *in ~er Fahrt* dng. kecepatan tinggi; *in ~em Gange (sein)* sedang berjalan/beraksi; *j-n nicht für ~ nehmen* meremehkan sso.; ~ *u. ganz* (dng.) seluruhnya; *die Nase ~ haben* sudah jenuh, muak

voll|auf cukup, memadai, sepenuhnya; **-automatisch** seluruhnya otomatis; **≗bad** *n*, *e ~ nehmen* mandi di dl. badkuip; **≗bart** *m* cambang bauk, janggut panjang; **-berechtigt** yg. berhak (secara) penuh; **-beschäftigt** tiada pengangguran; bekerja penuh; **-besetzt** (sudah) penuh; **≗besitz** *m*, *noch im ~ s-r Kräfte* masih kuat sekali; **≗blutpferd** *n*, **≗blüter** *m* (*-s;-*) kuda dari keturunan murni; **-blütig** penuh semangat hidup; *Pferd* yg. berasal dari keturunan murni; **-bringen** (-) *unr. tr.* menyelesaikan, melaksanakan; **≗bringung** *f* (*-;O*) penyelesaian, pelaksanaan; **-busig** yg. berpayudara besar; **≗dampf** *m*, *mit ~* dng. sekuat tenaga; dng. secepat mungkin

voll|enden (-) *tr.* menyelesaikan, membereskan, menyempurnakan; **-endet** sempurna; selesai; *j-n vor ~e Tatsachen stellen* tdk. memberitahukan sebelumnya sehingga tdk. dapat diubah/ditolak lagi; **-ends** sama sekali, seluruh(nya); **≗endung** *f* (*-;O*) penyelesaian; *Vollkommenheit* (puncak) kesempurnaan; *bei ~ des 21. Lebensjahr* pd. umur genap 21 tahun

Völlerei *f* (*-;O*) kerakusan (dl. makan)

Volleyball *m* (permainan) bola volley/voli

voll|führen (-) *tr.* melaksanakan, melakukan, menyelesaikan; **≗gas** *n*, *~ geben* tancap gas penuh; *mit ~* dng.

kecepatan tinggi; **ºgefühl** *n, im* ∼ dng. kesadaran penuh akan; **–gepackt, –gepfropft, –gestopft** padat sekali, penuh sesak, berjejal-jejal; **–gießen** *unr. tr.* mengisi sampai penuh; **–gültig** yg. berlaku sepenuhnya

völlig sama sekali, sepenuhnya; ∼ *richtig* tepat sekali; ∼ *unmöglich* mustahil

volljährig dewasa; **ºkeit** *f* (–;O) kedewasaan; **ºkeits·erklärung** *f* pernyataan kedewasaan sso.

Vollkasko(versicherung) *n* asuransi kendaraan utk. segala kerusakan/kerugian

vollkommen *Adj.* sempurna; *das genügt* ∼ sama sekali cukup, memadai sepenuhnya; **ºheit** *f* (–;O) kesempurnaan

Voll|kornbrot *n* sm. roti kasar kecoklat-coklatan (yg. dibuat dari terigu yg. tdk. dipisahkan bekatulnya); **ºkörnig** dari terigu yg. tdk. dipisahkan bekatulnya; **–kraft** *f* tenaga sepenuhnya; **º(l)aufen** *unr. tr.,* ∼ *lassen* mengisi sepenuhnya; **ºmachen** *tr.* mengisi penuh; *die Hose* ∼*, ugs. bp.* berak di celana

Vollmacht *f* (–;–*en*) wewenang, ijin, kuasa penuh; *Brief* surat kuasa

Vollmilch *f* susu murni; **–pulver** *n* susu bubuk murni/*full-cream*

Vollmond *m* bulan purnama

voll|packen *tr.* memuati sampai penuh, memadatkan; menjejal(i); **ºpension** *f* penginapan dng. tiga kali makan (sehari); **–saugen** *unr., sich* ∼ mengisap/menyedot (cairan) sampai penuh; **–schenken** *tr.* mengisi sampai penuh; **–schlank** *Adj.* tdk. kurus tdk. gemuk; **ºsitzung** *f* rapat paripurna; **–ständig** lengkap, komplet; utuh; *ugs.* seluruhnya; sama sekali; **ºständigkeit** *f* (–;O) kelengkapan, keutuhan; **–stopfen** *tr., s. vollpacken*

vollstreck|bar dapat dilaksanakan/dijalankan; **–en** (–) *tr.* melaksanakan (dng. paksaan), menjalankan; **ºer(in** *f*) *m* (–*s*;–) pelaksana; **ºung** *f* (–;–*en*) pelaksanaan; **ºungsbeamter** *m* pegawai yg. melaksanakan keputusan hakim, juru sita

Voll|treffer *m* lemparan/tembakan yg. persis kena sasarannya; *fig.* sukses besar; **–versammlung** *f* sidang paripurna; **–waise** *f* anak yatim-piatu; **ºwertig** yg. sama nilainya; tdk. ada yg. cacat dan masih mulus; *Mensch* yg. berhak sama; **ºzählig** lengkap, genap, komplet

voll|ziehen (–) *unr. tr.* melaksanakan, menjalankan; *sich* ∼ terjadi; ∼*de Gewalt* kekuasaan eksekutif; **ºziehung** *f* (–;O), **ºzug** *m* (–#s;O) pelaksanaan; **ºzugsanstalt** *f* penjara; **ºzugsmeldung** *f* laporan pelaksanaan

Volontär *m* (–*s*;–*e*) karyawan yg. tdk. dibayar penuh karena masih belajar/dilatih

Volt *n* (–*s*/–;–) *Elek.* volt, *bp.* pol; **–ampere** *n* watt

Volum|en *n* (–*s*;–/*...mina*) isi/besarnya benda di ruang, volume; **ºinös** besar sekali

vom = *von dem*

von *Prp.* **1.** dari; dengan; *e-e Frau* ∼ *30 Jahren* seorang wanita berumur tiga puluh tahun; *e-e Stadt* ∼ *100.000 Einwohner* suatu kota dng seratus ribu penduduk; ∼ *alters her* sejak dahulu kala; ∼ *morgen an* mulai besok; *e Freund* ∼ *mir* seorang teman saya; ∼ *mir aus* saya tdk. (ber)keberatan; ∼ *Vorteil sein* menguntungkan; *ich weiß* ∼ *der Sache* saya tahu mengenai hal itu; ∼ *München kommen* datang dari München; **2.** *im Passiv* oleh

von|einander satu dari yg. lain; **–nöten** *Adv.* perlu, mendesak; **–statten** *Adv.,* ∼ *gehen* berlangsung, terjadi, diselenggarakan

vor *Prp.* di depan/muka; *zeitlich* sebelum(nya); *kausal* karena; *gegen(über)* terhadap, akan, (ke)pada; ∼ *vielen Jahren* bertahun-tahun yg. lalu; ∼ *allem* terutama; ∼ *allen Dingen* yg. pertama-tama; ∼ *kurzem* tadi, barusan; *schützen* ∼ melindungi thd.; *nach wie* ∼ spt. dulu; ∼ *sich gehen* terjadi, berlangsung

vor·ab *Adv.* sebelumnya

Vor·abend *m, am* ∼ pd. malam hari menjelang, *fig.* menjelang

Vorahnung *f* firasat

vor·an *Adv.* di muka/depan; ~ ! maju(lah)! **–gehen** *unr. itr.* berjalan di muka; maju, berkembang; **–kommen** *unr. itr.* berhasil, maju
Vor·anschlag *m* perkiraan/taksiran/kalkulasi biaya, anggaran belanja
vor·an|stellen *tr.* menempatkan pd. awal/permulaan; *fig.* mengatakan/mengetengahkan sebelumnya; **–treiben** *unr. tr.* mendorong/mendesak spy. maju, melajukan
Vor·anzeige *f* iklan/pemberitahuan tt. sst. yg. akan datang/diputarkan/diterbitkan
Vor·arbeit *f* persiapan (dl. memulai) pekerjaan; **≗en** *tr. itr.* mempersiapkan pekerjaan; *im voraus arbeiten* mengerjakan dahulu (spy. ada waktu luang lebih banyak); *j-m* ~ mempersiapkan pekerjaan sso.; *sich* ~ berhasil (maju dl. karier); **–er** *m* (*–s;–*) mandor, kepala kelompok pekerja
vorauf *Adv., s. voran, voraus*
voraus *Adv.* di muka/depan, sebelumnya; *im/zum* ~ sebelumnya; *s-m Alter* ~ *sein* menonjol di antara orang-orang sebaya; **≗abteilung** *f, Mil.* pasukan depan; **–ahnen** *tr.* mempunyai firasat; **–bedenken** (–) *unr. itr.* mempertimbangkan terlebih dahulu; **–berechnen** (–) *tr.* mengadakan perhitungan/kalkulasi, memperkirakan; **–bestellen** (–) *tr.* memesan di muka; **–bestimmen** (–) *tr.* menentukan lebih dahulu, mentakdirkan; **–bezahlen** (–) *tr.* membayar di muka, membayar terlebih dahulu; **≗bezahlung** *f* uang muka, panjar, pembayaran di muka; **–eilen** *itr.* mendahului, berlari di muka; **–gehen** *unr. itr.* pergi/berangkat lebih dahulu; terjadi lebih dahulu; **–gehend** yg. sebelumnya/terdahulu; **–gesetzt** *Konj.* andaikata, seandainya, seumpama
voraus|haben *unr. tr.* mempunyai keuntungan/kelebihan; **–nehmen** *unr. tr.* mengetahui dan mengemukakan sebelum orang lain; **≗sage** *f* ramalan; nubuat; *Med.* prognose; **–sagen** *tr.* meramalkan; **–schauend** yg. berpandangan maju/luas, secara bijaksana; **–schicken** *tr.* mengirim terlebih dahulu; *fig.* mengatakan/mengetengahkan sebelumnya; **–sehen** *unr. tr.* meramalkan, menduga; **–setzen** *tr.* mengandaikan, memisalkan, menganggap, beranggapan; mensyaratkan; **≗setzung** *f* anggapan, pengandaian; *Bedingung* prasyarat, persyaratan; *unter der* ~, *daß* dng. syarat bahwa; **≗sicht** *f, aller* ~ *nach* sangat mungkin, agaknya; *in weiser* ~ dng. bijaksana; **–sichtlich** yg. (sudah) diduga; agaknya, rupanya, barangkali; **≗zahlung** *f, s. Vorausbezahlung*
Vorbau *m* bagian muka (gedung) yg. menonjol; **≗en** *tr.* menambah bangunan di muka; *itr., s. vorbeugen*
Vorbedacht *m* (*–s;O*) pertimbangan; *mit* ~ dng. sengaja/sadar; *ohne* ~ tanpa direncanakan; **≗** *Adj., Jur.* yg. direncanakan
Vorbedeutung *f* pertanda, alamat, padah
Vorbedingung *f* prasyarat
Vorbehalt *m* (*–ɇs;–e*) keberatan, (per)syarat(an); *stiller* ~ maksud tersembunyi; *ohne* ~ tanpa syarat; **≗en** (–) *unr. tr.* menentukan sebagai syarat, mereservir; *das bleibt ihm* ~ dia yg. menentukan, menjadi haknya utk.; *es blieb den Amerikanern* ~ *den Mond zu betreten* hanya orang Amerikalah yg. pernah dapat menginjak bulan; *Änderungen* ~ dapat diubah; *sich et.* ~ tdk. melepaskan sst., mempertahankan sst.; **≗lich** dng. syarat, kecuali jika; **≗los** tanpa syarat
vorbei *Adv.* lewat, lalu; *zeitlich* selesai; **–fahren** *unr. itr.* melewati, melalui; **–gehen** *unr. itr.* melewati; *danebentreffen* tdk. kena, meleset; ~ *bei, ugs.* mampir/singgah pd.; *der Tag geht schnell vorbei* hari cepat berlalu; **–kommen** *unr. itr.* melewati, melalui; *ugs.* mampir; **–lassen** *unr. tr.* membiarkan lewat; **–marschieren** (–) *itr.* berdefile; **–müssen** *unr. itr., an j-m* ~ terpaksa melewati sso.; **–reden** *itr.* berbicara ngawur; *aneinander* ~ berbicara simpang siur; **–schießen** *unr. itr.* meleset, tdk. mengenai sasaran

vorbelastet kena cacat turunan; *Jur.* pernah dihukum
Vorbemerkung *f* catatan pendahuluan
vorbereit|en (–) *tr.* menyiapkan, mempersiapkan; *auf et. vorbereitet sein* siap utk. menghadapi sst.; **–end** sebagai persiapan/pendahuluan; **≗ung** *f* (–;–*en*) persiapan, penyiapan
Vorbericht *m* laporan pendahuluan
Vorbesprechung *f* pembicaraan pendahuluan
vorbestell|en (–) *tr.* memesan tempat lebih dahulu; **≗ung** *f* pesanan sebelum waktunya
vorbestraft yg. pernah dihukum
vorbeten *itr.* memimpin doa; *tr., j-m et.* ~ berulang-ulang kali mengatakan sst. kpd. sso.
vorbeug|en *itr.* mencegah; *sich* ~ membungkuk ke depan; **–end** preventif; **≗ung** *f* (–;–*en*) pencegahan; **≗ungsmaßnahme** *f* tindakan pencegahan; **≗ungsmittel** *n* obat pencegah/preventif
Vorbild *n* teladan, contoh yg. baik; **≗lich** patut diteladani/dicontoh; sangat baik, sempurna; **–ung** *f* pengetahuan yg. memadai (utk. mengikuti pelajaran tertentu); latarbelakang pendidikan
vorbinden *unr. tr.* memasang sst. di depan (dng. mengikatnya)
Vorbote *m* pertanda, isyarat; pelopor, orang yg. membawa kabar berupa pertanda
vorbringen *unr. tr.* mengajukan, mengemukakan
vorbuchstabieren (–) *tr.* mengeja
vorchristlich sebelum Masehi
vordatieren (–) *tr.* membubuhkan tanggal yg. akan datang
vordem dahulu kala
vorder (**–e, –er, –es**) *Adj.* yg. di depan/muka
Vorder|achse *f* poros/as depan; **–ansicht** *f* pandangan dari depan; **–arm** *m* lengan bawah; **–bein** *n* kaki depan (binatang); **–deck** *n, Mar.* geladak depan (dan anjungan di atasnya); **–fuß** *m* bagian depan kaki (binatang); **–grund** *m* latar depan; *im ~ stehen* menjadi sangat penting, menarik perhatian; *j-n/et. in den ~ stellen* mengarahkan perhatian pd. sso./sst., menonjolkan sso./sst.; **≗gründig** dangkal, tdk. mendalam; **≗hand** *Adv.* utk. sementara; **–haus** *n* bagian depan rumah; **≗lastig** *Flgw. Mar.* berat di muka; **–lauf** *m, s. Vorderbein*; **–mann** *m* orang yg. berdiri di depan sso.; *auf ~ bringen, ugs.* (*Mannschaft*) menggembleng, (*zurechtweisen*) memperingatkan, (*Presse* . . .) menyeragamkan
Vorder|rad *n* roda depan; **–rad·antrieb** *m* penggerakan (melalui) roda depan; **–reihe** *f* baris depan; **–satz** *m* kalimat pendahuluan; **–seite** *f* sisi atau bagian muka/depan; **–sitz** *m* tempat duduk di muka
vorderst paling depan, terdepan
Vorder|steven *m, Mar.* haluan; **–teil** *m, n* bagian muka; **–tür** *f* pintu depan; **–zimmer** *n* kamar depan
vordrängen *sich* ~ menerobos/mendesak ke depan; *fig.* mencari perhatian, menonjolkan diri
vordring|en *unr. itr.* maju, mendesak ke depan; *fig.* meluas, menyebar; **–lich** sangat penting, yg. mendesak
Vordruck *m* formulir
vorehelich sebelum nikah
voreilig gegabah, tak dipikirkan, te(r)lanjur
voreinander satu sama lain; ~ *Achtung haben* saling menghormati
voreingenommen *Adj.* yg. berprasangka; **≗heit** *f* (–;*O*) prasangka
Voreltern *pl* nenek moyang, leluhur
vorenthalten (–) *unr. tr.* menahan, tdk. memberikan; *verschweigen* menyembunyikan, tdk. mengatakan
Vorentscheidung *f* keputusan sementara/pendahuluan
vorerst *Adv.* (utk.) sementara; sebelumnya
vorerwähnt yg. disebut sebelumnya/di atasnya
Vorfahren *pl* nenek moyang, leluhur
vorfahr|en *unr. itr.* maju; *vorausfahren* mendahului; *das Auto ist vorgefahren* mobil sudah datang (utk. menjemput); **≗t(srecht)** *n* hak

jalan; **≗tsstraße** *f* jalan utama; **≗tszeichen** *n* tanda lalu-lintas jalan utama

Vorfall *m* kejadian, peristiwa; *Med.* tersembulnya sebagian/seluruhnya tt. dalaman, *prolapsus;* **≗en** *unr. itr.* terjadi (hal yg. buruk); *Med.* menumbung, menyembul

Vor|feier *f* perayaan pendahuluan; **–feld** *n, Mil.* daerah (di muka) garis depan; **–fertigung** *f* pembuatan/produksi bagian-bagian (yg. kemudian dirakit); **–film** *m* film yg. diputar sebelum film utama, film pendamping

vorfinanzieren (–) *tr.* menyediakan/memberi kredit (jangka pendek)

vorfinden *unr. tr.* mendapati, menemukan

Vorfreude *f* kegembiraan sebelumnya

vorfühlen *itr.* meraba-raba keadaan, memancing reaksi

Vorführ|dame *f* peragawati; **≗en** *tr., Arzt* membawa ke; *Gericht* menghadapkan ke, mengajukan; *zur Schau stellen* mempertunjukkan, memperagakan; **–raum** *m* ruang/kamar proyektor; **–ung** *f* (–;–*en*) demonstrasi, pertunjukan

Vorgabe *f, Sp.* peluang baik utk. lawan yg. lemah

Vorgang *m* (jalannya) kejadian, (terjadinya) peristiwa; *Akten* berkas surat-surat/catatan tt. hal tertentu

Vorgänger(in *f*) *m* (–*s*;–) pendahulu

Vorgarten *m* kebun di muka rumah

vorgaukeln *tr.* memberi harapan kosong, mengiming-imingi

vorgeben *unr. itr.* membohongi, berpura-pura

vorgebildet terpelajar, terdidik

Vorgebirge *n* bukit di kaki gunung; *Kap* tanjung

vorgeblich pura-pura, tdk. bersungguh-sungguh

vorgefaßt yg. bersifat praduga/prasangka

Vorgefühl *n* firasat, dugaan; kecurigaan, prasangka

vorgehen *unr. itr.* pergi duluan, mendahului; maju; *sich ereignen* terjadi, berlangsung; *handeln* bertindak, mengatasi; *diese Arbeit geht jetzt vor* pekerjaan ini harus didahulukan; *die Uhr geht vor* jam itu kecepatan; **≗** *n* (–*s*;–) tindakan, aksi; *Verfahren* tatacara, prosedur

Vorgericht *n* makanan/hidangan pendahuluan

vorgerückt *in ~em Alter* pd. usia lanjut

Vorgeschichte *f* prasejarah; *Jur.* kejadian-kejadian sebelumnya; *e-r Person* latar-belakang; *Med.* riwayat penyakit, *anamnesis*

vorgeschritten *s. vorschreiten*

Vorgeschmack *m* rasa sebelumnya/pendahuluan

Vorgesetzte *m, f* (–*n*;–*n*) atasan, pembesar

vorgest|ern kemarin dulu; *Ansichten von ~* pandangan kuno; **–rig** dari kemarin dulu; *ugs.* kuno

vor|greifen *unr. itr.* mengatakan/melakukan lebih dahulu, mendahului; **≗griff** *m, im ~ auf* dng. mendahului

vorhaben *unr. tr.* mempunyai rencana/acara, bermaksud; *haben Sie heute abend et. vor?* apakah anda malam ini sudah (mem)punya(i) acara? **≗** *n* (–*s*;–) maksud, rencana; acara

Vorhalle *f* ruang depan

vorhalt|en *unr. itr.* menutup; *j-m et. ~* menegur/mencela sso.; *mit vorgehaltener Pistole* dng. pistol yg. ditodongkan; **≗ung** *f* (–;–*en*) teguran, celaan

Vorhand *f, Kartenspiel* main duluan; *Sp.* pukulan dari sebelah kanan tubuh, *bp.* forhen; *Pferd* bagian badan di depan pelana

vorhanden *Adj.* ada, tersedia

Vorhang *m* (–*e*s;⸗*e*) tirai, gorden; tabir; *der Eiserne ~* tirai besi

Vorhängeschloß *n* gembok, repuh-repuh

Vorhangstoff *m* kain tirai/gorden

Vorhaut *f, Med.* kulup, *praeputium*

vorher *Adv.* sebelumnya, dahulu; **–bestimmen** (–) *tr.* mentakdirkan, menentukan sebelumnya; **≗bestimmung** *f* takdir, nasib; **–gehend** yg. terjadi sebelumnya; *schon gesagt* yg. disebut sebelumnya, yg. sudah ditulis di atas; **–ig** yg. sebelumnya

Vorherr|schaft *f* keunggulan, supremasi, dominasi; **≗schen** *itr.* berkuasa; menonjol, banyak terdapat; **≗schend** yg. berkuasa, dominan
Vorher|sage *f* (–;–*n*) ramalan; **≗sagen** *tr.* meramal(kan); **≗sehen** *unr. tr.* mengetahui/menduga sebelumnya; **≗wissen** *unr. tr.* sudah mengetahui sebelumnya
vorhin *Adv.* baru saja, tadi
Vorhof *m* halaman muka/depan; *Anat.* serambi jantung, *atrium*
Vorhölle *f* api penyucian
Vorhut *f, Mil.* pasukan baris depan
vorig yg. lalu/lewat
Vor|jahr *n* tahun lalu; **≗jährig** dl./dari tahun lalu
vorjammern *tr.* mengeluh(kan)
Vorkämpfer(in *f*) *m* perintis, pelopor
vorkauen *tr.* mengunyahkan (bagi); *fig.* menerangkan terus sampai hal yg. sekecil-kecilnya
Vorkaufsrecht *n* hak pertama utk. membeli/menolak sst.
Vorkehrung *f* (–;–*en*) tindakan pencegahan/pengamanan
Vorkenntnisse *pl* pengetahuan dasar
vorkomm|en *unr. itr.* terjadi; *vorhanden sein* ada, terdapat; *scheinen* tampak(nya); *es kommt mir vor* saya mempunyai kesan, saya mengira; *das ist mir noch nie vorgekommen* hal itu belum pernah saya alami; **≗en** *n* (–*s*;*O*) terdapatnya, adanya; **≗nis** *n* (–*ses*;–*se*) kejadian, peristiwa
vorlad|en *unr. tr., Jur.* memanggil; **≗ung** *f* (–;–*en*) panggilan
Vorlage *f* pola, contoh; *Parl.* rancangan, konsep; *Fußball* pas ke depan; *zur* ~ utk. diperlihatkan
Vorlauf *m, Sp.* pemanasan
Vorläuf|er *m*, **–erin** *f* pelopor, perintis; **≗ig** sementara, belum pasti
vorlaut *Adj.* cepat/lancang mulut
Vorleben *n* riwayat hidup
Vorlegebesteck *n* sendok, garpu dan pisau besar (utk. mengambil makanan dari pinggan besar)
vorlegen *tr.* menempatkan/meletakkan di muka; menyodorkan; *fig.* mengajukan; *Speise* menghidangkan; *ugs.* meminjamkan, menalang(i); *e-e Frage* ~ mengajukan pertanyaan
Vorleger *m* (–*s*;–) permadani kecil (di muka tempat tidur; sm. keset
vorles|en *unr. tr. itr.* membacakan; **≗er** *m* pembaca; **≗ung** *f* (–;–*en*) kuliah; **≗ungsverzeichnis** *n* daftar mata kuliah
vorletzt (**–e, –er, –es**) satu sebelum akhir
Vorliebe *f* kecenderungan, kegemaran; *mit* ~ dng. senang hati, dng. gemar sekali
vorliebnehmen *unr. itr.* menerima seadanya, harus merasa puas dng.
vorliegen *unr. itr.* tersedia, (ber)ada, terdapat (bukti ....); *es liegen Gründe vor* ada alasan-alasannya; *was liegt gegen mich vor?* ada keberatan apa thd. saya?
Vorlizenz *f* ijin sementara
vorlügen *tr.* membohongi, mendustai
vormachen *tr.* memberi contoh; *täuschen* menipu; *ugs.* menutupi/memasang (sst. di depan sst.); *mir macht keiner et. vor* saya tdk. dapat ditipu, saya kenal baik hal itu
Vormacht(stellung) *f* kekuasaan politik yg. menonjol, supremasi
vormal|ig *Adj.* bekas, yg. sebelumnya; **–s** *Adv.* dahulu (kala); sebelumnya
Vormarsch *m, Mil.* gerak maju; *fig.* kemajuan
vormerk|en *tr.* mencatat (utk. diingat); *reservieren* memesan; **≗kalender** *m* agenda; **≗ung** *f* (–;–*en*) catatan; pemesanan, reservasi
vormilitärisch ~*e Ausbildung* latihan persiapan ketentaraan
Vormittag *m* pagi hari, sebelum tengah hari
Vormund *m* wali; **–schaft** *f* (–;*O*) perwalian; **–schaftsgericht** *n* Balai Harta Peninggalan
vorn(e) *Adv.* di muka/depan; *ganz* ~ tepat di muka, paling depan; *von* ~ *beginnen/anfangen* mulai dari awal; *noch einmal von* ~ seluruhnya sekali lagi; *nach* ~ ke muka/depan
Vornahme *f* (–;*O*) pelaksanaan, perbuatan
Vorname *m* nama baptis/kecil

vornehm terhormat, terkemuka; *edel* mulia; *anständig* sopan; *elegant* anggun, indah; eksklusif; *~e Aufgabe/Pflicht* tugas mulia; **–en** *unr. itr. tr.* berniat, bermaksud; *Änderung/Prüfung/Untersuchung ~* mengadakan perubahan/ujian/penyelidikan; *sich et. ~* bertekad berbuat sst.; **ºen** *n* (*–s;O*) niat, maksud, rencana; **ºheit** *f* (*–;O*) sopan-santun, rasa hormat, kemuliaan; **–lich** terutama, lebih-lebih; **ºtuerei** *f* (*–;O*) keangkuhan, *bp.* sok

vorn|herein *von ~* dari permulaannya, langsung; **–über** *~ fallen* jatuh tertelungkup, jatuh kepala duluan

Vorort *m* kampung/daerah pinggiran kota; **–bahn** *f*, **–zug** *m* kereta api yg. menghubungkan pusat kota dng. daerah sekitarnya

Vorposten *m, Mil.* pos di garis depan

Vorprüfung *f* ujian pendahuluan

Vorrang *m* (*–e̸s;O*) prioritas, hak mendahului; *j-m/et. den ~ geben* mengutamakan sso./sst.; **–stellung** *f* kedudukan yg. lebih tinggi

Vor|rat *m* (*–e̸s;⸚e*) persediaan, simpanan; *Reserve* cadangan; **ºrätig** yg. tersedia; **–ratskammer** *f*, **–ratsraum** *m* gudang (penyimpanan)

Vorraum *m* ruang muka

vorrechnen *tr.* menerangkan perhitungan/persoalan; *j-m s-e Fehler ~* memperingatkan sso. akan kesalahan-kesalahannya

Vorrecht *n* hak istimewa, privilese, keuntungan

Vorred|e *f* kata pendahuluan/pengantar; **ºen** *tr.* berusaha meyakinkan (perihal yg. tdk. benar); **–ner** *m* pembicara pendahulu

vorricht|en *tr.* menyediakan, mempersiapkan; **ºung** *f* (*–;–en*) peralatan, perlengkapan

vorrücken *tr.* menyorong(kan)/mendorong ke depan; *itr.* maju; *in vorgerücktem Alter* setengah baya; *zu vorgerückter Stunde* agak larut malam

Vorrunde *f, Sp.* babak penyisihan

vors = *vor das*

Vorsaal *m* ruang masuk/muka yg. luas

vorsagen *tr.* mengatakan sst. spy. diulangi; *Schule* membisikkan; *itr.* berbisik-bisik

Vorsaison *f* waktu menjelang musim

Vorsänger(in *f*) *m* penyanyi solo yg. diiringi paduan suara

Vorsatz *m* niat, maksud, tekad; *e-n ~ fassen* berniat, bertekad; **–blatt** *n* lembaran dl. buku yg. dilekatkan pd. sampul bagian dl.; **–gerät** *n, Tech.* adaptor

vorsätzlich disengaja, dng. sengaja

Vorsatzlinse *f, Fot.* lensa tambahan

Vorschaltwiderstand *m, Elek.* resistor-seri, alat hambat-seri

Vorschau *f* ramalan; trailer film (yg. akan datang); *Fernsehen* acara perkenalan (program yg. akan datang)

Vorschein *m, zum ~ kommen/bringen* tampak, muncul

vorschieben *unr. tr.* menyorong (–kan); *Kopf* menjulurkan; *fig.* berdalih, mendalihkan; *e-r Sache e-n Riegel ~* menghalangi sst.; *j-n ~* menyuruh/mendorong sso. maju ke depan

vorschießen *unr. tr.* memberi uang muka; meminjamkan dahulu; *itr.* maju dng. tiba-tiba

Vorschlag *m* usul, saran, anjuran; *Anerbieten* tawaran; *auf ~ von* atas usul dari; **ºen** *unr. tr.* mengusul (–kan), menyarankan, menganjurkan; **–srecht** *n* hak usul/tunjuk; hak pencalonan

Vorschlußrunde *f, Sp.* babak semi final

vorschmecken *itr.* terasa sekali; *tr.* mencicipi

vorschneiden *unr. tr.* memotong (–kan) lebih dahulu

vorschnell terburu-buru, tergesa-gesa; tanpa pikir panjang

vorschreiben *unr. tr.* menyuruh, memerintahkan; mengatur; menentukan

vorschreiten *unr. itr. fig.* berkembang, maju; *im vorgeschrittenen Alter* pd. usia setengah baya; *zu vorgeschrittener Stunde* pd. waktu yg. sudah larut malam

Vorschrift *f* peraturan, aturan, perintah; *Anweisung* petunjuk; **ºsmäßig** yg. menurut peraturan;

≗swidrig bertentangan dng. peraturan
Vorschub *m, j-m/et.* ~ *leisten* memberi dukungan/bantuan pd. sso./sst.
Vorschule *f* pra-sekolah
Vorschuß *m* uang muka, persekot; sebagian gaji (yg. dibayarkan lebih dahulu); *e-n* ~ *an Vertrauen geben* memberi kepercayaan dng. menanggung risiko
vorschützen *tr.* mencari-cari alasan; berpura-pura
vorschweben *itr.* terbayang; *mir schwebt et. vor* saya membayangkan sst.
vorschwindeln *tr.* menipu, mendustai
vorseh|en *unr. tr.* memperuntukkan, menentukan (utk.), menetapkan; *sich* ~ berhati-hati, waspada; *der vorgesehene Urlaub* liburan yg. direncanakan; **≗ung** *f* (–;O) *Rel.* penyelenggaraan ilahi, *ugs.* nasib
vorsetzen *tr.* menempatkan di muka/depan, memindahkan ke depan; menaruh (sst.) di depan (–nya); *Speise* menghidangkan
Vorsicht *f* (–;O) kewaspadaan, sikap hati-hati; ~*!* hati-hati! awas! **≗ig** bersikap hati-hati, waspada; **≗shalber** *Adv.* spy. waspada/siap-sedia, dng. hati-hati; **–smaßnahme** *f,* **–smaßregel** *f* tindakan pencegahan/penjagaan
Vorsilbe *f, Gr.* awalan, prefiks
vorsingen *unr. tr. itr.* menyanyi(kan) di hadapan orang lain, menyanyikan spy. diulangi
vorsintflutlich *ugs.* sangat kolot, sudah ketinggalan jaman
Vorsitz *m* (–ẹs;O) pimpinan; *den* ~ *führen* mengetuai; **–ende** *m, f* (–*n*;–*n*) ketua, pemimpin
Vorsorg|e *f* (tindakan) persiapan utk. masa depan; tindakan pencegahan/penjagaan; **≗en** *itr.* berjaga-jaga/bersiap-siap utk. masa depan; **≗lich** *Adv.* utk. berjaga-jaga, dng. bersiap-siap
Vorspann *m* (–ẹs;–*e*) *Film* bagian pembukaan (yg. memuat judul, nama pemain, sutradara, produser dsb.)
Vorspeise *f* makanan/hidangan pembuka
vorspieg|eln *tr.* menipu, berpura-pura; **≗(e)lung** *f* (–;–*en*) penipuan, kamuflase; *unter* ~ *falscher Tatsachen* dng. menipu dan berdusta
Vorspiel *n* musik pengantar; pertunjukan (pendek) sebelum acara pokok; *fig.* pembukaan; *Wajang* karawitan; *Sex* cumbu-cumbuan; **≗en** *itr. tr.* bermain di hadapan orang lain; mempertunjukkan; *fig.* menipu
vorsprechen *unr. tr. itr.* mengucapkan lebih dahulu spy. diulangi; *bei j-m* ~ menghadap/mengunjungi sso.
vorspringen *unr. itr.* (tiba-tiba) melompat ke luar/depan; **–d** yg. menjorok/condong ke depan, menonjol
Vorsprung *m* keadaan jauh di depan; *Überhang* tonjolan
Vorstadt *f* daerah/wilayah pinggiran kota
Vorstädter(in *f*) *m* penduduk wilayah pinggiran kota
Vorstand *m* dewan direksi/pimpinan, badan pengurus; *s. Vorstandsmitglied;* **–smitglied** *n* anggota dewan/badan pengurus; **–ssitzung** *f* rapat pimpinan; **–swahl** *f* pemilihan badan pengurus
vorsteh|en *unr. itr.* menonjol, menjorok ke depan; *Unterrock, bp.* balapan; ~*de Zähne* gigi jongkang; *fig., leiten* memimpin, mengepalai; **≗er(in** *f*) *m* (–*s*;–) kepala, pemimpin, *bp.* sep, boss; **≗erdrüse** *f, Med.* kelenjar prostat, *prostata;* **≗hund** *m* sm. anjing pemburu
vorstell|bar dapat dibayangkan; **–en** *tr.* memperkenalkan; *vorschlagen* mengemukakan, mengusulkan; *sich* ~ memperkenalkan diri; *sich et.* ~ membayangkan sst.; *was soll das* ~? apa artinya? *die Uhr* ~ memajukan jam; **–ig** ~ *werden* mengajukan keberatan, mengadu; **≗ung** *f* (–;–*en*) pertunjukan; *Bekanntmachung* perkenalan (diri); *Vorhaltung* keberatan; *Begriff, Gedanke* gagasan, gambaran, angan-angan; **≗ungsvermögen** *n* daya khayal/imaginasi
Vorstoß *m* serangan; **≗en** *unr. tr.* menyerang

Vorstrafe *f* hukuman yg. pernah dijatuhi
vorstrecken *tr.* menjulurkan ke muka/depan; *Geld* meminjamkan
Vorstufe *f* tahap pendahuluan/persiapan, pembukaan
vor|stürmen *itr.*, **–stürzen** *itr.* sekonyong-konyong maju/melompat ke depan
Vortag *m* hari sebelumnya
vor|tanzen *tr. itr.* menari(kan) di muka orang; memimpin tarian; **≗tänzer(in** *f*) *m* pemimpin tarian
vortäusch|en *tr.* menipu, mengelabui; **≗ung** *f* penipuan, kepura-puraan, kamuflase
Vorteil *m* (–e̸s;–e) keuntungan, untung; *im ~ sein* berada dl. keadaan yg. menguntungkan; *zu j-s ~* utk./demi keuntungan sso.; **≗haft** yg. menguntungkan
Vortrag *m* (–e̸s;–̈e) ceramah; *Art* (cara) pembawaan; *Saldo* pemindahan; *Mus.* pertunjukan; **≗en** *unr. tr.* membawakan; memberikan ceramah; *Mus.* memainkan; memindahkan (saldo); **–ende** *m, f* (*–n;–n*) penceramah
Vortrags|abend *m* malam ceramah; pembacaan puisi; **–kunst** *f* seni berpidato
vortrefflich istimewa, baik sekali, sempurna; **≗keit** *f* (*–;O*) kesempurnaan, keadaan yg. baik/bagus/enak sekali
vor|treten *unr. itr.* maju ke depan, *herausragen* menonjol; **≗tritt** *m* (–e̸s;O) hak mendahului; *j-m den ~ lassen* mempersilakan sso. berjalan/bertindak lebih dahulu
vorturnen *itr. tr.* mengadakan pertunjukan senam
vorüber *Adv.* berlalu, lewat; *zeitlich* silam, lampau; **–gehen** *unr. itr.* berlalu, menghilang; *~ an* melewati; **–gehend** sementara, tdk. lama, sepintas lalu; **–ziehen** *unr. itr.* lewat, berlalu
Vorübung *f* latihan persiapan
Voruntersuchung *f* penyelidikan/pemeriksaan pendahuluan
Vorurteil *n* prasangka, praduga; **≗sfrei, ≗slos** tanpa (ber)prasangka
Vorväter *pl* nenek moyang
Vorvergangenheit *f, Gr.* bentuk waktu lampau yg. sempurna, pluskuamperfek
Vorverkauf *m* penjualan sebelumnya
vorverlegen (–) *tr.* memajukan (waktu)
vorvorgestern *Adv.* tiga hari yg. lalu
Vorwahl *f* pemilihan calon; *Tel., s. Vorwählnummer*
Vorwählnummer *f, Tel.* (nomor) kode wilayah
Vorwand *m* (–e̸s;–̈e) dalih, alasan (yg. dicari-cari); *unter dem ~ daß* dng. dalih bahwa
vorwärmen *tr.* menghangatkan/memanaskan lebih dahulu
vorwärts *Adv.* maju, ke muka; **–bringen** *unr. tr.* memajukan; **–drängen** *tr.* mendesak ke depan; **≗gang** *m, Mot.* persneling maju; **–gehen** *unr. itr.* maju, menjadi lebih baik; **–kommen** *unr. itr.* berhasil, maju
vorweg *Adv.* terlebih dahulu, sebelumnya; **≗nahme** *f* (*–;O*) pelaksanaan sebelum waktunya; **–nehmen** *unr. tr.* melakukan/mengatakan sebelum waktunya; mendahului, mengetahui lebih dahulu (dp. yg. dipublikasikan)
vorweisen *unr. tr.* menunjukkan, memperlihatkan
vorwerfen *unr. tr.* menyalahkan; mengecam, mengritik; *sich et. ~* menyalahkan diri karena sst.
vorwiegend (ter)utama, sebagian besar, kebanyakan
Vorwissen *n* pengetahuan sebelumnya; *ohne mein ~* tanpa sepengetahuan saya, dng. tdk. setahu saya
vorwitzig yg. bersifat ingin tahu
Vorwort *n* (–e̸s;–e) kata pengantar/pendahuluan
Vorwurf *m* (–e̸s;–̈e) celaan, dakwaan; *Thema* pokok, tema; **≗sfrei** tanpa cela; **≗svoll** yg. bersifat mencela
vorzählen *tr.* menerangkan perhitungan
Vorzeichen *n* pe(r)tanda, isyarat, alamat, gelagat; *Med.* gejala; *Math.* tanda tambah (+) dan tanda kurang (–); *Mus.* tanda kres (#) dan tanda mol (b)

vorzeichnen *tr.* menggambarkan sebagai contoh; *fig.* menentukan garis besar, menetapkan haluan, menentukan arah
vorzeigen *tr.* menunjukkan, memperlihatkan
Vorzeit *f* (zaman) purbakala; **≗en** *Adv.* pd. zaman dahulu; **≗ig** sebelum waktunya
vorziehen *unr. tr.* lebih suka/senang pd.; mendahulukan, menganakemaskan; *die Gardine* ~ menutup gorden
Vorzimmer *n* ruang/kamar tunggu; *österreichisch* ruang muka
Vor|zug *m* kelebihan, prioritas, preferensi; *Eigenschaft* sifat-sifat baik; *Eisenbahn* kereta api khusus yg. berangkat lebih dahulu; *j-m/et. den* ~ *geben* mendahulukan/memprioritaskan sso./sst.; **≗züglich** sangat baik, istimewa; ~ *schmecken* berasa lezat
Vorzugs|aktiën *pl* saham yg. pemiliknya mempunyai hak istimewa; **–preis** *m* harga khusus/istimewa; **≗weise** *Adv.* terutama, lebih disukai; **–zoll** *m* bea/tarif istimewa
Vorzündung *f, Mot.* penyalaan sebelumnya/pendahuluan
votieren (–) *itr.* memberi suara; ~ *für* mendukung
Votiv|bild *n*, **–tafel** *f, Rel.* gambar sebagai ucapan syukur (atas terkabulnya permohonan)
Votum *n* (*–s;Voten/Vota*) votum (kepercayaan), suara pro (dl. pemilihan); *Gutachten* keterangan; *Meinungsäußerung* pernyataan pendirian; *Gelübde* ikrar
vulgär kasar, kampungan
vulgo *Adv.* lazimnya dikenal (sebagai)
Vulkan *m* (*–s;–e*) gunung api, vulkan; **–ausbruch** *m* letusan gunung api; **–fiber** *f, Tech.* bahan sintetis dari selulosa; **≗isch** berh. dng. gunung api, vulkanis; **≗isieren** (–) *tr.* mempulkanisir, mengadakan vulkanisasi; **–ologie** *f* (*–;O*) ilmu tt. gunung berapi, vulkanologi

W

Waage *f* (*–;–n*) timbangan, neraca, dacing; *sich die ~ halten* seimbang; **–balken** *m* lengan timbangan/neraca, tangan-tangan

waag(e)recht mendatar, horisontal

Waagschale *f* piring timbangan; *auf die ~ legen, fig.* mempertimbangkan dng. seksama; *s-e Autorität in die ~ werfen* menggunakan/memanfaatkan wewenangnya utk.

wabb(e)lig lembek dan goyang (spt. agar-agar)

Wabe *f* (*–;–n*) induk madu

wach *Adj.* bangun, terjaga, melek; *e ~er Geist* (si) otak encer/cerdas; **≗dienst** *m* tugas menjaga, dinas penjagaan

Wache *f* (*–;–n*) penjaga, tukang jaga; piket; *Dienst* penjagaan; *Posten* pos penjagaan, pos polisi; **≗n** *itr.* tdk. tidur, berjaga(–jaga); *~ bei* menjaga(i), menunggui; *~ über* melindungi, mengawasi

Wach|feuer *n* api yg. dinyalakan penjaga; **≗habend** yg. sedang bertugas; **≗halten** *unr. tr.* mengingatkan/menghidupkan terus; **–häuschen** *n* rumah jaga monyet; **–hund** *m* anjing jaga; **–mannschaft** *f, Mil.* satuan penjaga

Wacholder *m* (*–s;–*) sm. kayu kesturi, *juniperus; Branntwein* jenewer; **–branntwein** *m* jenewer, sopi pahit

Wach|posten *m* (pos) penjaga; **≗rufen** *unr. tr. fig.* mengingatkan kembali; **≗rütteln** *tr.* membangkitkan dng. keras; *fig.* menyadarkan pd. realitas, menginsyafkan

Wachs *n* (*–es;–e*) malam, lilin

wach|sam berjaga(–jaga), waspada; *e ~es Auge haben* mengamat-amati; **≗samkeit** *f* (*–;O*) kewaspadaan; **≗schiff** *n* kapal patroli

wachsen 1. *unr. itr.* (ber)tumbuh, bertambah, berkembang; *j-m nicht gewachsen sein* kalah thd. sso.; *j-m ans Herz ~* menjadi kesayangan sso.; **2.** *tr.* menggosok dng. malam/lilin

wächsern *Adj.* dari lilin, spt. lilin; *fig.* pucat

Wachs|figur *f* orang-orangan terbuat dari lilin, boneka dari lilin; **–kerze** *f* lilin; **–leinwand** *f* (kain) taplak yg. dilapisi minyak/cat; **–papier** *n* kertas lilin; **–puppe** *f* boneka lilin; **–tuch** *n, s. Wachsleinwand*

Wachstum *n* (*–s;O*) **1.** pertumbuhan, perkembangan, pertambahan; **2.** *Wein* anggur yg. tumbuh di kebun (milik) sendiri; **–sbeschleunigung** *f Med.* hal bertumbuh cepat, akselerasi; **≗shemmend** yg. menghambat perkembangan; **–s·rate** *f* tingkat perkembangan; **–s·störung** *f* gangguan perkembangan

Wächte *f* (*–;–n*) salju yg. menganjur di punggung gunung

Wachtel *f* (*–;–n*) sm. burung puyuh, *coturnix coturnix;* **–hund** *m* anjing spanil (utk. berburu)

Wächter *m* (*–s;–*) penjaga, tukang jaga/ronda; *Parkplatz* tukang parkir

Wacht|meister *m* anggota/sersan polisi; *österreichisch, schweizerisch* sersan satu; **–posten** *m, s. Wachposten*

Wach|traum *m* mimpi di siang hari bolong, lamunan; **–turm** *m* menara jaga

wack(e)lig goyah, goyang

Wackelkontakt *m, Elek.* kontak longgar

wackeln *itr.* bergoyang, goyah, tdk. teguh; *Mensch* terhuyung-huyung, bertatih-tatih; *s-e Stellung wackelt* kedudukannya terancam
wacker *Adj.* berani; lurus, polos; *Adv.* dng. kuat/keras
Wade *f* (–;–*n*) buah betis, *sura;* **–nkrampf** *m* kejang di betis
Waffe *f* (–;–*n*) senjata
Waffel *f* (–;–*n*) kue wafel/sepit; **–eisen** *n* cetakan kue wafel
Waffen|bruder *m* teman/kawan seperjuangan; **–brüderschaft** *f* (–;*O*) persahabatan atau persekutuan dl. perjuangan/perang; **–dienst** *m* dinas ketentaraan; **–fabrik** *f* pabrik senjata; **≗fähig** yg. dapat masuk dinas ketentaraan; **–gang** *m* pertempuran; **–gattung** *f* kesatuan tentara (dng. tugas dan persenjataan sama); **–gewalt** *f, mit ~* dng. kekerasan, dng. menggunakan senjata; **–kammer** *f,* **–lager** *n* gudang senjata; **–lieferung** *f* pengiriman/penyediaan senjata; **≗los** tdk. bersenjata; **–rock** *m* seragam tentara/militer; **–ruhe** *f* gencatan senjata (sementara); **–schein** *m* surat ijin boleh memiliki senjata api; **–schmuggel** *m* penyelundupan senjata; **–stillstand** *m* gencatan senjata; **–übung** *f* latihan perang-perangan
waffnen *tr.* mempersenjatai
wägbar yg. dapat dipertimbangkan
Wag|(e)hals *m* pemberani; **≗(e)halsig** nekat, terlalu berani; **–halsigkeit** *f* (–;*O*) keberanian, kenekatan; **–emut** *m* keberanian; **≗emutig** berani
wagen *tr.* berani bertindak/melakukan, mengambil/menghadapi risiko; *sein Leben ~* mempertaruhkan nyawanya; *sich ~* memberanikan diri
Wagen *m* (–*s*;–) kereta, kendaraan; *Auto* mobil; *Eisenbahn* gerbong; *Karren* gerobak; *zweirädiger ~* pedati; *Schreibmaschine* gandaran; *der Große ~* bintang biduk, bintang Beruang Besar; *j-m an den ~ fahren, ugs.* menghina sso., menyapa sso. dng. kasar
Wagen|abteil *n* kompartemen; **–führer** *m* pengemudi trem; **–heber** *m* dongkrak; **–ladung** *f* muatan, beban; **–park** *m* jumlah/keseluruhan kendaraan (suatu jawatan/perusahaan); **–pflege** *f* pemeliharaan/perawatan mobil; **–schlag** *m* pintu mobil; **–schmiere** *f* gemuk, minyak pelumas; **–schuppen** *m* sm. garasi; **–spur** *f* jejak roda kereta/mobil; **–wäsche** *f* cuci-mobil; tempat pencucian mobil
Wag(e)stück *n* perbuatan yg. berani dan hebat
Waggon *m* (–*s*;–*s*) gerbong, wagon
waghalsig *s. wagehalsig*
Wagnis *n* (–*ses*;–*se*) tindakan berani, perbuatan penuh bahaya/risiko
Wahl *f* (–;–*en*) pemilihan, pilihan; *die ~ haben* dapat memilih; *keine andere ~ haben* tak bisa lain; *zweite ~* barang/bahan cacat sedikit; **–akt** *m* pemilihan, pemungutan suara; **–alter** *n* umur dapat memilih/dipilih
wählbar dapat dipilih; **≗keit** *f* (–;*O*) sifat memenuhi syarat utk. dipilih
wahl|berechtigt *Adj.* yg. berhak memilih; **≗beteiligung** *f* partisipasi dl. pemilihan; **≗bezirk** *m* distrik pemilihan
wähl|en *tr.* memilih, memberikan suara; *Tel.* memutar nomor; **≗er(in** *f*) *m* (–*s*;–) pemilih
Wahl·ergebnis *n* hasil pemilihan
wähler|isch suka pilih-pilih; agak cerewet; *nicht gerade ~* tdk. segan-segan (main curang); **≗liste** *f* daftar pemilih; **≗schaft** *f* (–;*O*) para pemilih
Wahl|fach *n* mata pelajaran/kuliah pilihan; **≗fähig** dapat memilih, dapat dipilih; **–feldzug** *m* kampanye pemilihan; **≗frei** bebas memilih; **–gang** *m* (tahap) pemilihan; pemungutan suara; **–geheimnis** *n* rahasia pemilihan; **–gesetz** *n* undang-undung pemilihan; **–handlung** *f, s. Wahlakt;* **–heimat** *f* negara/negeri pilihan; **–kampf** *m* kampanye pemilihan; **–kreis** *m* distrik pemilihan; **–liste** *f* daftar calon (yg. dapat dipilih); **–lokal** *n* tempat pemungutan suara; **–lokomotive** *f* tokoh yg. digunakan sebagai pemikat para pemilih; **≗los** tanpa pilih-pilih, se-

rampangan; **–mann** *m* anggota dewan yg. berhak memilih; **–programm** *n* program kontestan dl. kampanye; **–propaganda** *f* propaganda selama kampanye pemilihan; **–recht** *n* hak pilih, hak dipilih; **–rede** *f* pidato kampanye

Wählscheibe *f* cakram telepon

Wahl|spruch *m* semboyan, slogan; **–stimme** *f* suara; **–tag** *m* hari pemilihan; **–urne** *f* kotak suara; **–verwandschaft** *f* persaudaraan atas dasar ikatan batin; **≗weise** *Adj.* bebas memilih (antara ini atau itu), alternatif; **–zelle** *f* bilik suara; **–zettel** *m* kertas/kartu pemilihan

Wahn *m* (–*ẹs;O*) khayalan, angan-angan, ilusi; *Besessenheit* kegilaan, kerasukan, mani(a); **–bild** *n* silap indera, halusinasi

wähnen *tr.* mengira, menduga, menyangka(-nyangka)

Wahn|sinn *m* kegilaan; *Med. insania;* **≗sinnig 1.** *Adj.* gila, sinting, edan; **2.** *Adv. ugs.* sangat; **–sinnige** *m* (*–n;–n*) orang gila; **–vorstellung** *f* khayalan, halusinasi;**–witz** *m* kegilaan, penyakit gila; **≗witzig** gila, edan

wahr benar, betul, tepat; yg. sesungguhnya; *et. ~ machen* melaksanakan, melakukan; *~e Liebe* cinta sejati; *so ~ mir Gott helfe!* demi Allah! *das ist nicht das ≗e, ugs.* itu bukan yg. sesungguhnya/dimaksudkan; *nicht ~ ?* bukan?

wahren *tr.* membela, menjaga, melindungi; mengindahkan

währen *itr.* berlangsung; **–d 1.** *Prp.* selama, waktu; **2.** *Konj.* sedangkan, sementara (itu); ketika, waktu

wahrhaben *unr. tr., et. nicht ~ wollen* menyangkal/menolak sst.

wahrhaft sejati, nyata; **–ig** lurus, tulus, jujur; *wirklich* sungguh-sungguh, benar-benar; sesungguhnya, sebenarnya; **≗igkeit** *f* (*–;O*) kejujuran

Wahrheit *f* (*–;–en*) yg. benar, kebenaran; kenyataan; *j-m die ~ sagen* menegur sso.; **–sbeweis** *m* bukti kebenaran; **≗sgemäß, ≗sgetreu** sebenarnya, sesungguhnya; **–sliebe** *f,* **–ssinn** *m* ketulusan hati, kejujuran; **≗swidrig** bertentangan dng. kebenaran

wahrlich sungguh-sungguh, dng. sesungguhnya

wahrnehm|bar dapat diterima/ditangkap oleh indera; **–en** *unr. tr.* menangkap dng. pancaindera; *benützen* memanfaatkan; *j-s Interessen ~* mewakili kepentingan sso.; **≗ung** *f* (*–;–en*) tanggapan, cerapan, persepsi; *mit der ~ der Interessen beauftragen* menugaskan spy. mewakili kepentingan; **≗ungsvermögen** *n* daya tanggap dng. pancaindera

wahrsag|en *tr. itr.* meramal(kan); **≗er(in** *f*) *m* (*–s;–*) peramal, dukun; **≗erei** *f* (*–;O*) peramalan, penenungan

wahrscheinlich ada kemungkinan besar, mungkin sekali, barangkali; **≗keit** *f* (*–;O*) kemungkinan besar; **≗keitsrechnung** *f* kalkulasi kemungkinan, perhitungan kemungkinan kejadian-kejadian (dng. membandingkan kejadian dan kegagalan dl. percobaan-percobaan)

Wahrspruch *m* keputusan hukuman

Wahrung *f* (*–;O*) perlindungan; *unter ~ des Anstandes* dng. mengindahkan sopan-santun; *unter ~ von* dng. memegang teguh pd.

Währung *f* (*–;–en*) mata uang; **–s·einheit** *f* satuan mata uang (yg. baku); **–skrise** *f* krisis moneter; **–sreform** *f* penyehatan (ke)uang(an), *bp.* saniring

Wahrzeichen *n* bangunan khas yg. dianggap sebagai lambang kota tertentu; *Emblem* emblem, lambang, tanda merek

Waise *f* (*–;–n*) anak yatim-piatu; **–nhaus** *n* rumah yatim-piatu; **–nkind** *n* anak yatim-piatu; **–nknabe** *m* anak laki-laki yg. yatim-piatu; *du bist e ~ gegen ihn* kamu bukan tandingannya

Wal *m* (*–ẹs;–e*) ikan paus, *cetacea*

Wald *m* (*–es;¨er*) hutan; **–brand** *m* kebakaran hutan; **–frevel** *m* pelanggaran thd. peraturan perhutanan; perusakan hutan; **–horn** *n, Mus.* sangkakala, korno; **–hüter** *m* pengawas kehutanan; **≗ig** yg.

merupakan hutan, yg. rapat pepohonannya; **–lauf** *m, Sp.* lari lintas hutan; **–meister** *m* sm. tumbuh-tumbuhan pengharum, *asperula odorata;* **–nymphe** *f, Myth.* dewi hutan; **–rand** *m* pinggir/tepi tahun; **≗reich** yg. banyak hutannya; **–ung** *f (–;–en)* hutan; **–wirtschaft** *f* kehutanan

Wal|fänger *m* kapal penangkap ikan paus; penangkap ikan paus; **–fisch** *m* ikan paus

walken *tr.* mengempa (bulu)

Walküre *f (–;–n) Myth.* dewi pertempuran yg. mengantar mereka yg. gugur ke alam baka; *ugs.* wanita pirang yg. tinggi besar

Wall *m (–ɇs;¨–e)* tanggul, kubu dari tanah

Wallach *m (–ɇs;–e)* kuda yg. dikebirikan

wallen *itr.* berbual-bual, bergelembung-gelembung, mendidih; *~des Haar* rambut yg. bergelombang

wallfahr|en *itr.* berziarah; **≗er** *m (–s;–)* peziarah; **≗t** *f* ziarah; **≗ts·ort** *m* tempat ziarah

Wallung *f (–;–en)* keadaan mendidih/bergelembung; *Med.* berlebihnya darah ke kulit, *congestio; in ~ kommen/geraten (Person)* naik darah

Walmdach *n* atap berbentuk limas

Walnußbaum *m* sm. pohon (kacang) kenari, *juglans*

Walroß *m (. . . sses; . . . sse)* beruang laut, *odobenus vosmarus*

Walstatt *f (–;Walstätten)* medan/arena pertempuran

walten *itr.* berkuasa; *überall waltet Vernunft* di mana-mana akal berperan/berkuasa; *Gnade ~ lassen* memperlihatkan rasa belaskasihan, mengampuni; *s-s Amtes ~* melaksanakan tugasnya; *j-n schalten u. ~ lassen* memberikan sso. kebebasan bertindak/berbuat dng. leluasa

Walz|blech *n* lempengan seng/logam; besi lantai; **–e** *f (–;–n)* (barang) bulat-torak, silinder, rol, pelindis; *Straße* giling-giling; **–eisen** *n* besi yg. dilindis; **≗en** *tr.* melindis, menggiling, mengimpit; *itr. ugs.* berdansa wals(a)

wälzen *tr.* menggelindingkan, menggulingkan; *Probleme ~* membicarakan/memikirkan masalah; *sich ~* berguling, menggelinding; *sich vor Lachen ~* terpingkal-pingkal; *sich im Bett ~* berguling-guling di tempat tidur

walzenförmig berbentuk/spt. silinder

Walzer *m (–s;–)* dansa wals(a)

Walzwerk *n* pabrik penggilingan logam

Wamme *f (–;–n) Tier* gelambir; *ugs.* perut gendut

Wams *n (–es;¨–er)* sm. baju luar tak berlengan

Wand *f (–;¨–e)* dinding, tembok; *j-n an die ~ stellen* menembak mati sso.; *an die ~ gedrückt werden, fig.* dipojokkan; *mit dem Kopf durch die ~ wollen* bersikeras, mengotot; **–bekleidung** *f* pelapisan dinding (dari kertas, kain, kayu)

Wandel *m (–;O)* perubahan; *Lebenswandel* tingkahlaku; **≗bar** dapat berubah; **–barkeit** *f (–;O)* sifat dapat berubah; **–gang** *m*, **–halle** *f* selasar lebar, ruang yg. luas utk. berjalan-jalan, *bp.* lobi; **≗n** *itr.* berjalan-jalan; *sich ~* berubah(-ubah); *e ~des Lexikon* kamus jalan/hidup; **–stern** *m* planet

Wander|arbeiter *m* buruh musiman; **–ausstellung** *f* pertunjukan keliling; **–bursche** *m* tukang yg. merantau; **–düne** *f* bukit pasir yg. berpindah-pindah; **–er(in** *f) m (–s;–)* kelana yg. berjalan kaki; orang yg. berjalan kaki (sebagai rekreasi, olahraga); **–leben** *n* hidup mengembara; **≗n** *itr.* berjalan-jalan (dng. kaki); *fig.* mengembara ke mana-mana; *die Gedanken ~* pikiran melayang; *ins Gefängnis ~, ugs.* masuk penjara

Wander|pokal *m* piala bergilir; **–prediger** *m* pengkhotbah keliling; **–preis** *m* penghargaan (*mis.* piala) bergilir; **–ratte** *f* sm. tikus besar, *rattus norvegicus;* **–schaft** *f (–;O)* pengembaraan, pertualangan; **–smann** *m (–ɇs; . . . leute) s. Wanderer;* **–stab** *m* tongkat utk. berjalan-jalan; **–trieb** *m* keinginan/napsu utk. mengembara/berkelana; *Zo.* naluri berpindah tempat; **–truppe** *f* teater keliling; **–ung** *f* (*–;–en*) perjalanan (kaki), ekskursi; *Völker, Tiere* perpindahan, migrasi; **–vogel** *m* **1.** burung yg. pindah pd. musim tertentu; **2.** *(nama) organisasi pemuda;* **3.** *unsteter Mensch* orang yg. sering berpindah tempat tinggal; **–weg** *m* jalan-kaki

Wand|gemälde *n* lukisan (pd.) dinding; **–kalender** *m* kalender dinding; **–karte** *f* peta dinding; **–leuchter** *m* lampu dinding/tempel

Wandlung *f* (*–;–en*) perubahan; *Messe* konsekrasi

Wand|malerei *f* lukisan dinding; **–schirm** *m* sekesel, sekat (dinding); **–schrank** *m* lemari dinding; **–stekker** *m* stopkontak pd. dinding; **–tafel** *f* papan tulis; **–teppich** *m* permadani dinding; **–uhr** *f* jam dinding; **–zeitung** *f* majalah/koran dinding

Wange *f* (*–;–n*) pipi

Wankel|motor *m* mesin Wankel, mesin torak berputar; **–mut** *m* sikap/pandangan yg. berubah-ubah, sikap plin-plan; **°mütig** plin-plan

wanken *itr.* terhuyung-huyung, berjalan tertatih-tatih; *Boden, Haus* goyah, bergoyang; *fig.* bimbang; *ins ° bringen* menggoyahkan, mempermasalahkan; *nicht ~ u. weichen* tdk. mundur setapak pun

wann *Interrogativadv.* kapan, bilamana; *dann u. ~* kadang-kadang

Wanne *f* (*–;–n*) bak (utk. mandi) rendam, badkuip; *zum Schöpfen* bak mandi; *Trog* palungan; *Mot.* bak minyak

Wannenbad *n* mandi berendam

Wanst *m* (*–es;–̈e*) babat; *ugs.* perut gendut; *sich den ~ vollschlagen* makan banyak sekali

Wanze *f* (*–;–n*) kepinding, *heteroptera; ugs.* mikrofon kecil utk. menyadap

Wappen *n* (*–s;–*) lambang; **–bild** *n* gambar lambang; **–kunde** *f* ilmu lambang; **–schild** *m* perisai yg. dilukisi gambar lambang; **–spruch** *m* mot(t)o, semboyan

wappnen *sich ~* mempersiapkan diri

Waran *m* (*–s;–e*) biawak, *varanus*

Ware *f* (*–;–n*) barang

Waren|aufzug *m* lift barang; **–ausfuhr** *f* ekspor barang; **–bestand** *m* persediaan/stok barang; **–haus** *n* toko serba ada (toserba); **–kredit** *m* kredit barang; **–lager** *n* gudang; **–niederlage** *f* gudang, depot (barang); **–probe** *f* contoh barang; **–rechnung** *f* faktur; **–umsatz** *m* omset barang; **–verkehr** *m* lalu-lintas barang; **–vorrat** *m* persediaan barang; **–zeichen** *n* merek dagang, cap barang

warm hangat; *heiß* panas; *mit j-m nicht ~ werden* menjadi tdk. akrab dng. sso.; *~ empfehlen* sangat menganjurkan; **–blütig** berdarah panas

Wärme *f* (*–;O*) panasnya, kepanasan, hangatnya, kehangatan; *fig.* kelembutan; *Phys.* kalor(i); **–bedarf** *m* keperluan/kebutuhan akan panas; **°beständig** tahan panas; **–einheit** *f* kesatuan panas, kalori; **–grad** *m* suhu di atas nol derajat; **–isolierung** *f* isolasi thd. panas; **–kraftmaschine** *f* mesin yg. menggunakan energi panas; **–lehre** *f* teori kalor/panas; **–leiter** *m* penghantar panas; **–messer** *m* termometer; **°n** *tr. itr.* memanaskan, menghangatkan; *sich ~* berdiang; **–speicher** *m* alat penyimpan panas; **–technik** *f* termodinamika

Wärmflasche *f* botol berisi air panas (penghangat tempat tidur)

warm|halten *unr., sich j-n ~* menjaga hubungan baik dng. sso.; **–herzig** hangat, ramah-tamah; **–laufen** *unr. itr. Mot.* menjadi panas; **°luft** *f* udara hangat/panas; **°luftheizung** *f* pemanasan (rumah) dng. udara panas

Warmwasser|bereiter *m* alat pemanas air; **–heizung** *f* pemanasan (rumah) dng. air panas; **–speicher** *m* tangki air panas; **–versorgung** *f* penyediaan saluran air panas

Warn|anlage *f* (kotak) alarem; **°en** *tr.* memperingatkan, memberi peringatan; menegur dng. keras; **–lampe** *f*, **–licht** *n* lampu bahaya; **–schuß** *m* tembakan peringatan; **–signal** *n* isyarat peringatan; **–streik** *m* pemogokan (singkat) sebagai peringatan; **–tafel** *f* papan bahaya; **–ung** *f* (*–;–en*) teguran, peringatan; **–zeichen** *n* tanda peringatan/bahaya

Warte *f* (*–;–n*) menara pengintai/jaga; *von meiner ~ aus* menurut pandangan saya; **–frau** *f, s. Wärterin;* **–halle** *f* ruang tunggu; **–liste** *f* daftar orang-orang yg. menunggu; daftar cadangan; **ᵒn** *itr.* menunggu, menanti (-nanti)kan; *tr.* merawat, memelihara; *warte mal! ugs.* tunggu sebentar!

Wärter(in *f*) *m* (*–s;–*) penjaga, pengurus (di kebun binatang, pintu kereta-api . . .)

Warte|raum *m*, **–saal** *m* ruang tunggu; **–zeit** *f* waktu tunggu; **–zimmer** *n* kamar tunggu

Wartung *f* (*–;O*) pemeliharaan, perawatan

warum *Interrogativadv.* mengapa, apa sebabnya, *bp.* kenapa

Warze *f* (*–;–n*) kutil, *verruca; Brust* puting (susu)

was 1. *Interrogativpron.* apa, bagaimana, *bp.* kenapa, gimana; *~ für e Unsinn! ugs. bp.* omong kosong macam apa itu! *~ kostet das?* berapa (harganya)? *ach ~! ugs.* ah, masa! *bp.* apaan! **2.** *Relat.* yang; **3.** *Indefinitpron., ugs.* sesuatu; *ich will dir ~ sagen* saya mau mengatakan sst. padamu

Wasch|becken *n* wastafel; **–brett** *n* papan cuci

Wäsche *f* (*–;O*) pakaian dalam; pakaian; *was gewaschen wird* (barang) cucian; *Waschen* pencucian; *die ~ wechseln* mengganti pakaian dalam

wasch·echt tdk. luntur; *fig.* sejati

Wäsche|geschäft *n* toko pakaian; **–klammer** *f* jepitan baju; **–korb** *m* keranjang cucian; **–leine** *f* tali jemuran

waschen *unr. tr.* mencuci; *Haar, bp.* keramas; *sich ~* cuci tangan/muka; mandi

Wäscher|(in *f*) *m* (*–s;–*) tukang cuci; **–ei** *f* (*–;–en*) binatu

Wäsche|schleuder *f* mesin pengering cucian; **–schrank** *m* lemari pakaian; **–tinte** *f* tinta tahan air; **–zeichen** *n* tanda pemilik pakaian

Wasch|frau *f* babu cuci, tukang cuci; **–gelegenheit** *f* tempat/kesempatan utk. cuci/mandi; **–korb** *m* keranjang cucian; **–küche** *f* tempat/ruang cuci(an); *ugs.* kabut tebal; **–lappen** *m* lap pembasuh muka; *fig.* orang laki-laki yg. pengecut; **–lauge** *f* air sabun; **ᵒledern** *Adj.* dari kulit yg. dapat dicuci; **–maschine** *f* mesin cuci; **–mittel** *n* sabun cuci, deterjen; **–pulver** *n* bubuk cuci, deterjen; **–raum** *m* tempat cuci tangan dan wese, toilet; **–schüssel** *f* sm. baskom utk. cuci tangan/muka; **–tag** *m* hari utk. mencuci pakaian; **–tisch** *m* meja toilet; **–ung** *f* (*–;–en*) mandi, cuci badan; *Islam* wudu; **–wasser** *n* air mandi; **–weib** *n, ugs.* wanita nyinyir, wanita banyak mulut; **–zettel** *m* pujian/ringkasan isi buku pd. kulit sampul sebelah dalam; **–zeug** *n* alat-alat kebersihan dan perawatan badan (spt. odol, sabun, sikat gigi)

Wasser *n* (*–s;O*) air; *Gewässer* perairan; *Kölnisch ~* air kelonyo(r); *et. fällt ins ~, ugs.* sst. dibatalkan/batal; *das ~ steht j-m bis zum Hals* sso. berada dl. kesulitan (keuangan) yg. mencekik; *mit allen ~n gewaschen sein* lihai/licik sekali; *~ lassen* buang air kecil, kencing

Wasser|abfuhr *f* saluran/penyaluran air; **ᵒabstoßend** yg. menolak air, tak basah kena air; **ᵒarm** kurang air; **–ball(spiel)** *m, Sp.* polo air; **–bau** *m* instalasi (yg. didirikan di) dl. air; **–behälter** *m* tempat penyimpanan air, tangki air; **–bombe** *f* bom (yg. meledak di bawah) air; **–büffel** *m* kerbau, *bos bubalus*

Wässerchen *n* (*–s;–*) *ugs.* kosmetika (kulit); *er sieht so aus, als ob er kein ~ trüben könnte* ia pura-pura alim

Wasser|dampf *m* uap air; **ᵒdicht** tahan/kedap air; **–druck** *m* tekanan air; **–eimer** *m* ember (air); **–fahrzeug** *n* kendaraan sungai/laut; **–fall** *m* air terjun; **–farbe** *f* cat air; **–fläche** *f* permukaan air; **–flasche** *f* botol air; **–flugzeug** *n* pesawat terbang (yg. mendarat di atas) air; **–flut** *f* air bah; **–fracht** *f* pengangkutan melalui air; **–glas** *n* gelas minum/air; **–graben** *m* selokan, parit; **–hahn** *m* keran; **ᵒhaltig** mengandung air; **–heilkunde** *f* terapi dng. air

wäss(e)rig yg. mengandung banyak air; spt. air; encer; *den Mund ~*

machen membuat gatal gusi, menimbulkan air liur, *bp.* membuat ngiler; *~e Suppe* sup yg. encer dan hambar

Wasser|jungfer *f, Zo.* capung, *odonata;* **–jungfrau** *f, Myth.* puteri duyung; **–kanne** *f* tempat/kan air; **–kessel** *m* cerek; **–klosett** *n* kloset (dng. pembilasan air otomatis), wese, WC; **–kopf** *m* kepala busung, *hydrocephalus; Jakarta ist e ~* Jakarta terlalu luas dan besar (dibandingkan dng. wilayah sekitarnya); **–kraft** *f* tenaga air; **–kraftwerk** *n* pembangkit listrik tenaga air; **–krug** *m* kendi; **–kühlung** *f* pendinginan dng. air; **–kunde** *f* ilmu tt. air, hidrologi; **–kunst** *f* penyaluran air melalui air mancur atau air terjun buatan; **–kur** *f* terapi (dng. memakai) air; **–lauf** *m* kali/sungai kecil; **–leitung** *f* saluran (pipa) air; **–leitungsrohr** *n* pipa (saluran) air; **–lilie** *f* bunga teratai; **–linie** *f, Mar.* garis (tinggi) air pd. lambung kapal; **≗löslich** dapat larut dl. air; **–mangel** *m* kekurangan air; **–mann** *m, Ast.* akuarius; *Myth.* jin air; **–melone** *f* semangka, *citrullus vulgaris;* **–messer** *m, s. Wasserzähler;* **–mühle** *f* kincir air

wassern *itr.* mendarat di atas air

wässern *tr.* merendam dl. air; *bewässern* menyiram, mengairi, memberi air

Wasser|nixe *f,* **–nymphe** *f, Myth.* putri duyung; **–pfeife** *f* hokah; sm. pipa rokok bermulut banyak (dng. tempat air di tengahnya); **–pflanze** *f* tumbuh-tumbuhan air; **–pocken** *pl* cacar air, *varicella;* **–polizei** *f* patroli perairan; **–rad** *n* roda/kincir air; **–ratte** *f* sm. tikus air, *arvicola terrestris; fig.* orang yg. gemar berenang; **≗reich** yg. banyak airnya; **–reservoir** *n* tangki/waduk air; **–rinne** *f* selokan, parit; **–rohr** *n* pipa air; **–rutschbahn** *f* peluncuran ke dl. air

Wasser|schaden *m* kerusakan/kerugian karena air; **–scheide** *f, Geogr.* batas perairan; **≗scheu** takut air; **–schi** *m* ski air; **–schlange** *f* ular air; **–schlauch** *m* slang air; kirbat utk. air; **–schloß** *n* istana air; **–schöpfer** *m* gayung, sibur; **–speicher** *m* tempat penyimpanan air, tangki air; **–spiegel** *m* permukaan air/laut; **–sport** *m* olahraga (di) air; **–spülung** *f* pembilasan dng. air; **–stand** *m* tingginya air; **–stein** *m* kerak air; **–stiefel** *pl* sepatu bot karet; **–stoff** *m, Chem.* zat air, hidrogen; **–stoffbombe** *f* bom hidrogen; **≗stoffhaltig** yg. mengandung hidrogen; **–stoffsuperoxyd** *n* peroksida air; **–strahl** *m* pancaran air; **–straße** *f* jalan perairan; **–sucht** *f* busung air, *hydrops*

Wasser|tier *n* binatang (yg. hidup di) air; **–träger** *m* tukang air (minum); **–tropfen** *m* tetes(an) air; **–turbine** *f* turbin air; **–turm** *m* menara air; **–uhr** *f* meteran/jam air

Wasserung *f (–;O) Flgw.* pendaratan di air; *Rakete* jatuh di laut

Wasser|verdrängung *f* pemindahan air; **–versorgung** *f* penyediaan/persediaan air; **–vogel** *m* unggas air; **–waage** *f* waterpas; **–weg** *m* jalan perairan; *auf dem ~* melalui laut/sungai; **–welle** *f* keriting dingin; **–werk** *n* instalasi penyediaan air; **–winde** *f* kangkung, *ipomoea reptans;* **–zähler** *m* meteran air; **–zeichen** *n* cap air

wäßrig *s. wäss(e)rig*

waten *itr.* mengarung, merandai, berjalan/melangkah tersaruk-saruk (dl. lumpur/air)

Watsche *f (–;–n)* tempeleng

watscheln *itr.* berjalan terkedek-kedek (spt. bebek)

Watt *n* **1.** *(–ȼs;–en) Geogr.* kantang, pantai yg. dangkal (pd. waktu surut menjadi kering); **2.** *(–ȼs;–) Elek.* watt

Watt|e *f (–;O)* kapas; **–ebausch** *m* gumpalan kapas; **≗ieren** *(–) tr.* mengisi dng. kapas; **–leistung** *f, Elek.* daya pemakaian watt

Wauwau *m (–s;–s) ugs.* anjing; **≗** guk guk!

WC *n (–$;–$)* wese

web|en *tr. itr.* menenun, bertenun; **≗er(in** *f) m (–s;–)* penenun, tukang tenun; **≗erei** *f (–;–en)* tenunan; pabrik tenun; **≗schiffchen** *n* torak; **≗spule** *f* anak torak; **≗stuhl** *m* abah-

abah/mesin tenun; **⸗waren** *pl* barang tenunan

Wechsel *m* (*–s;–*) **1.** perubahan, pertukaran, pergantian; **2.** *Bank* (surat) wesel; cek; **3.** *Jagd* (bekas) jejak binatang liar, denai

Wechsel|aussteller *m* orang yg. mengisi atau pembuka cek/wesel; **–bad** *n* mandi dng. air panas dan dingin secara bergantian; **–beziehung** *f* hubungan timbal-balik; **–bürgschaft** *f* jaminan cek utk. orang lain; **–fälle** *pl* turun-naiknya roda kehidupan; **–fälschung** *f* pemalsuan cek; **–fieber** *n* demam panas dingin, malaria; **–frist** *f* jangka waktu pembayaran wesel; **–geld** *n* uang kecil; **–gesang** *m* lagu yg. dinyanyikan secara berganti-ganti; **–geschäft** *n* transaksi dng. cek; **–gläubiger** *m*, **–inhaber** *m* pemegang/pemilik cek, kreditor; **⸗haft** berubah-ubah; **–jahre** *pl* mati-haid, menopause; **–kurs** *m* kurs valuta asing; **–makler** *m* makelar cek

wechseln *tr.* menukar(kan), mengganti; *itr.* berubah; *Briefe* ~ surat-menyurat; **–d** berganti-ganti, berubah-ubah

Wechsel|recht *n* peraturan tt. cek/wesel; **–reiter** *m* penipu dng. cek palsu; **–schalter** *m, Tech.* sakelar bolak-balik; **–schuld** *f* hutang karena cek; **⸗seitig** saling, timbal-balik, berganti-ganti; **–sprechanlage** *f* sistem interkom; **–strom** *m, Elek.* arus bolak-balik; **–stube** *f* tempat penukaran uang; **–tierchen** *n* sm. amuba; **⸗weise** silih berganti, *bp.* ganti-gantian; **–winkel** *pl* sudut-sudut bertolak-belakang; **–wirkung** *f* pengaruh timbal-balik

Wechsler *m* (*–s;–*) penukar (uang)

Weck *m* (*–ẹs;–e*), **–e** *f* (*–;–n*), **–en** *m* (*–s;–*) roti kadet

weck|en *tr.* membangunkan; *fig.* mengenangkan, membangkitkan (kembali); **⸗er** *m* (*–s;–*) jam beker, weker

Wedel *m* (*–s;–*) kemucing; **⸗n** *itr., Tier* mengibas-ngibaskan (ekor); *Schi* meluncur dng. mengayunkan tubuh ke kiri dan kanan

weder ~ . . . *noch* . . . baik . . . maupun . . . tidak, tidak (ini) atau pun (itu)

Weg *m* (*–ẹs;–e*) jalan (yg. tdk. diaspal); *Gang* perjalanan; *fig.* cara; *sich auf den ~ machen* berangkat; *im ~e sein/stehen* menjadi halangan/penghalang; *et. in die ~e leiten* menyiapkan sst., memprakarsai; *auf diplomatischem/legalem ~ erledigen* menyelesaikan dng. cara diplomatis/legal; *s-n ~ machen* maju dan berhasil (kariernya); *j-m aus dem ~ gehen* menghindari sso.; *auf dem besten ~ sein* di jalan keberhasilan/sukses; *aus dem ~ räumen* menyingkirkan, membunuh; *woher des ~s?* darimana? *krumme ~e gehen* menyeleweng

weg *Adv.* (sudah) pergi, berlalu; *nicht vorhanden* hilang, lenyap; tdk. ada (lagi); *die Ware war schnell ~* barang itu sangat laku/laris; *~ ! geh ~ ! ugs.* pergilah! *~ damit! ugs. bp.* enyahlah! tdk. mau! *meine Uhr ist ~* arlojiku hilang; *~ sein von j-m/et.* kagum/takjub/terpesona karena sso./sst.; *Hände ~ !* jangan pegang! *er wohnt weit weg (von)* ia tinggal jauh (dari); *ich muß ~* saya harus pergi

wegbekommen (–) *unr. tr.* menghapuskan, menghilangkan, menyingkirkan; *ugs.* mengerti

Wegbereiter *m* (*–s;–*) pelopor, perintis

weg|bleiben *unr. itr. ugs.* tdk. hadir, tdk. datang lagi; *weggelassen werden* tdk. digunakan, dihapuskan; *die Spucke ~* menjadi sangat kaget, ternganga; **–blicken** *itr.* memalingkan muka, mengalihkan pandangan; **–bringen** *unr. tr.* memindahkan, membawa ke tempat lain; *begleiten* mengantar; *entfernen* menghilangkan, menghapuskan; **–dürfen** *unr. itr.* boleh pergi

Wege|bau *m* pembuatan jalan; **–geld** *n* biaya pemakaian jalan, tol jalan; **–lagerer** *m* perampok/penodong di jalan; **–meister** *m* pemeriksa keadaan jalan(an)

wegen *Prp. mit Gen.* karena, sebab; *von ~ ! ugs.* tdk. boleh/bisa!

Wegerecht *n* hak jalan

Wegerich *m* (*–s;–e*) *Bo.* ekor angin, *plantago*

weg|fahren *unr. itr.* berangkat/pergi (ke); **°fall** *m* pembatalan, tdk. terjadinya; **–fallen** *unr. itr.* tdk. jadi, batal, tdk. diperlukan (lagi); ~ *lassen* menghapus, mencoret; **–fangen** *unr. tr.*, **–fischen** *tr. ugs.* merenggut, menangkap/mengambil (lebih dahulu); **–führen** *tr.* menggiring; **°gang** *m* kepergian, keberangkatan ke; perpisahan; **–geben** *unr. tr.* memberikan, menyerahkan; **–gehen** *unr. itr.* pergi (ke); *Waren* laku, laris; *Fleck* hilang, dihapuskan; **–haben** *unr. tr. ugs.* menyingkirkan (sso); *sein Teil* ~ mendapat bagiannya; *e-n* ~ menjadi gila/mabuk; *die Ruhe* ~ bersikap lamban; **–hängen** *tr.* menggantungkan ke tempat lain; **–holen** *tr.* mengambil; **–jagen** *tr.* mengusir, menghalau

weg|kommen *unr. itr. ugs.* pergi, berangkat; *abhanden* kehilangan; *über et.* ~ mengatasi sst.; **–kriegen** *tr. ugs.*, *s. wegbekommen*; **–lassen** *unr. tr.* tdk. menggunakan, menghapuskan; *ugs. fig.* membolehkan/mengijinkan pergi; **–laufen** *unr. itr.* melarikan diri, minggat, pergi diam-diam; *das läuft nicht* ~, *ugs.* bisa ditunda; **–legen** *tr.* meletakkan/menaruh (di tempatnya); **–machen** *tr. ugs.* menghilangkan, menghapuskan; *e Kind* ~ *lassen, ugs.* menggugurkan buah kandungan; *sich* ~ mengangkat kaki, menghilang, *bp.* kabur; **–müssen** *unr. itr. ugs.* harus pergi

Weg|nahme *f* (*–;O*) pengambilan, penyitaan; **°nehmen** *unr. tr.* mengambil (dari), menyita; *stehlen* mencuri; *Gas* ~, *Mot.* mengurangi kecepatan, *bp.* ambil gas

Wegrand *m*, *am* ~ di tepi/pinggir jalan

weg|räumen *tr.* membereskan, membenahi; **–reisen** *itr.* berangkat, pergi; **–reißen** *unr. tr.* merenggut, merebut; *wegspülen* menghanyutkan; *niederreißen* menghancurkan; **–rücken** *tr.* memindahkan, menggeserkan; **–schaffen** *tr.* membuang; menyingkirkan; **–schicken** *tr.* mengirim(kan); *Mensch* menyuruh pergi; **–schleichen** *unr.*, *sich* ~ pergi dng. diam-diam; **–schließen** *unr. tr.* menguncikan; **–schmeißen** *unr. tr. ugs.* membuang; **–schnappen** *tr.* (cepat-cepat) merebut; **–schütten** *tr.* membuang (cairan); **–sehen** *unr. itr.* memalingkan muka; **–setzen** *tr.* meletakkan di tempatnya atau tempat lain; **–stecken** *tr.* memasukkan, menyimpan; menyembunyikan; **–stoßen** *unr. tr.* mendorong ke samping; *mit den Ellenbogen* ~ menyikut; *den Ball* ~ menendang bola

Wegstrecke *f* jarak jalan

weg|treten *unr. itr. tr.*, *Mil.* bubar; **–tun** *unr. tr.* meletakkan ke tempatnya atau di tempat lain; menyembunyikan

Wegweiser *m* (papan) penunjuk jalan

weg|wenden *unr. tr.* memalingkan; *sich* ~ berpaling; **–werfen** *unr. tr.* membuang; **–werfend** yg. menghina/merendahkan

Wegzehrung *f* bekal perjalanan; *j-m die letzte* ~ *geben*, *Rel.* memberikan sakramen(-sakramen) tertentu kpd. orang yg. akan meninggal

Wegzeichen *n* tanda penunjuk jalan

weg|zerren *tr.* menyeret, menarik dng. paksa; **–ziehen** *unr. tr.* menarik ke samping; *itr.* pindah dari, meninggalkan

weh *Adj.* sakit, nyeri; terluka; *j-m* ~ *tun* menyakiti sso.; ~ *tun* sakit; *o* ~ *!* aduh! ~*e dir! ugs.* awas! lihat saja nanti! *mit* ~*em Herzen* dng. hati sedih

Weh *n* (*–s;O*) *mit Ach u.* ~ dng. keluh-kesah, berkeluh-kesah

Wehe *f* (*–;–n*) bukit salju/pasir (akibat tiupan angin); *Med.* royan/his beranak; **°n** *itr. tr.* berkibar(an), melambai-lambai; bertiup; meniupkan

Weh|geschrei *n* jeritan kesakitan; **–klage** *f* keluh-kesah, ratap tangis; **°klagen** *itr.* mengeluh, berkeluh-kesah; **°leidig** cengeng, sering mengeluh; **–mut** *f* kesedihan hati, kepiluan, kesayuan; **°mütig** sedih hati, sayu, pilu

Wehr 1. *n* (*–es;–e*) bendungan, dam; **2.** *f* (*–;–en*) pertahanan; senjata; *sich zur ~ setzen* membela diri

Wehr|beitrag *m* sumbangan pertahanan; **–dienst** *m* dinas ketentaraan/ militer; **–dienstpflicht** *f* wajib militer; **–dienstverweigerung** *f* penolakan wajib militer; **≗en** *tr.* mencegah, menghalangi; *sich ~* membela/mempertahankan diri, melawan; **–ersatzdienst** *m* kerja sosial sebagai pengganti wajib militer; **–ertüchtigung** *f* latihan sebelum masuk tentara; **≗fähig, ≗haft** mampu/sehat utk. masuk tentara; **≗los** tak berdaya; **–losigkeit** *f* (*–;O*) keadaan tak berdaya; **–macht** *f* angkatan bersenjata; **–paß** *m* sm. (buku) tanda pengenal tentara; **–pflicht** *f* wajib militer; **≗pflichtig** yg. diwajibkan masuk tentara

Wehwehchen *n* (*–s;O*) sakit sedikit, keluhan biasa

Weib *n* (*–es;–er*) perempuan, wanita; *Ehefrau* isteri, *bp.* bini; **–chen** *n* (*–s;–*) *Tier* betina; *veraltet* ist(e)ri; *pej.* wanita yg. hanya hidup utk. suami, dapur dan anak

Weiber|art *f* cara hidup kaum wanita; **–feind** *m* laki-laki pembenci wanita; **–held** *m* (laki-laki) hidung belang; **–herrschaft** *f* kekuasaan kaum wanita

weib|isch (laki-laki yg.) keperempuan-perempuanan; **–lich** (bersifat/ berjenis) perempuan, spt. wanita, feminin; *Gr.* betina; **≗lichkeit** *f* (*–;O*) kewanitaan; kaum wanita

Weibs|bild *n*, **–person** *f* kaum lemah; wanita judes; **≗toll** *Adj.* gila perempuan

weich lembut, lunak, lembek, empuk

Weichbild *n* wilayah (sekitar) kota

Weiche *f* (*–;–n*) **1.** wesel, alat utk. memindahkan rel kereta api; **2.** *Anat.* pinggang; **3.** *Weichheit* kelembekan, keempukan; **≗n 1.** *unr. itr.* mundur, menyingkir; menghilang; **2.** *tr. itr.* menjadi(kan) lunak; merendam (dl. air)

Weichen|steller *m*, **–wärter** *m* penjaga wesel kereta api

weichgekocht dimasak sampai empuk; *e ~es Ei* telur setengah matang

Weich|heit *f* kelunakan; *fig.* kelembutan; **≗herzig** mudah iba-hati, suka menolong; **–käse** *f* keju lembek; **≗lich** lembek, lunak; **–ling** *m* (*–s;–e*) orang lembek; **–lot** *n*, *Tech.* pateri lunak/timah; **≗machen** *tr.* melunakkan hati sso.; **–macher** *m* bahan pelunak; **–teile** *pl* bagian badan yg. lunak; **–tier** *n* binatang tak bertulang, *mollusca*

Weide *f* (*–;–n*) **1.** padang rumput; **2.** *Baum* sm. pohon, *salix;* **–land** *n* padang rumput; pangonan, tempat penggembalaan ternak; **≗n** *itr. tr.* merumput, sedang makan rumput; mengangon/menggembalakan ternak; *sich ~* menikmati

Weiden|baum *m* sm. pohon, *salix;* **–geflecht** *n* anyaman dari pohon saliks; **–kätzchen** *n* bunga pohon saliks

Weideplatz *m* padang rumput utk. ternak

weid|gerecht sesuai dng. aturan dan tata cara perburuan yg. baik; **–lich** *Adv.* sepenuh-penuhnya; sangat

Weid|mann *m* pemburu; **≗männisch** *s. weidgerecht;* **–mannsheil** *n*, *~ !* selamat berburu! **–werk** *n* perburuan

weiger|n *sich ~* menolak; **≗ung** *f* (*–;–en*) penolakan

Weihbischof *m* uskup pembantu

Weih(e *f*) *m* (*–es;–e*) sm. burung elang, *circus*

Weihe *f* (*–;–n*) (pen)tahbisan, pemberkatan; *Feierlichkeit* suasana khidmat; **≗n** *tr.* mentahbiskan; *segnen* memberkati; *widmen* mempersembahkan; *er ist dem Tod geweiht* ia harus mati; *sich e-r Sache ~* mengabdikan diri pd. sst.

Weiher *m* (*–s;–*) kolam, empang

weihevoll penuh khidmat

Weihnacht *f* (*–;O*), **–en** *n* (*–;–*) Hari (Raya) Natal; *fröhliche ~ !* Selamat (Hari) Natal!

weihnachtlich (yg. berh. dng.) Natal

Weihnachts|abend *m* malam Natal; **–baum** *m* pohon Natal; **–bescherung** *f* pembagian/pemberian hadiah

Natal; **–feier** *f* perayaan Natal; **–fest** *n* Pesta Natal; **–geschenk** *n* hadiah Natal; **–gratifikation** *f* tunjangan Hari Raya Natal; **–lied** *n* lagu Natal; **–mann** *m* sinterklas; **–markt** *m* bazar Natal; **–zeit** *f* masa Natal

Weih|rauch *m* dupa, kemenyan; *j-m* ~ *streuen* memuja-muja sso.; **–rauchfaß** *n* pedupaan; **–wasser** *n*, *Rel.* air suci; **–wedel** *m*, *Rel.* alat utk. memercikkan air suci

weil *Konj.* (oleh) karena, sebab

weiland *Adv.* dahulu kala, yg. dahulu

Weil|chen *n* (*–s;O*) sejenak, sebentar, sejurus; **–e** *f* (*–;O*) beberapa saat/jenak; *eile mit* ~ *!* jangan tergesa-gesa! *bp.* alon-alon asal klakon; **≗en** *itr.* tinggal, bermukim; **–er** *m* (*–s;–*) dusun

Wein *m* (*–es;–e*) (minuman/pokok) anggur; *j-m klaren/reinen* ~ *einschenken* memberitahukan yg. sebenarnya dng. terus-terang kpd. sso.; **–bau** *m* perkebunan anggur; **–bauer** *m* petani anggur; **–beere** *f* buah anggur; **–berg** *m* kebun anggur; **–blatt** *n* daun pohon anggur; **–brand** *m* brendi

wein|en *itr.* menangis; ~ *über* menangisi; **–erlich** cengeng

Wein|ernte *f* panen anggur; **–essig** *m* cuka anggur; **–faß** *n* tahang/tong anggur; **–flasche** *f* botol anggur; **–garten** *m* kebun anggur; **–gegend** *f* daerah perkebunan anggur; **–geist** *m* etanol, etil-alkohol; **–glas** *n* gelas anggur; **–händler** *m* pedagang anggur; **–hefe** *f* ragi anggur; **–karte** *f* (kartu) daftar minuman anggur; **–keller** *m* gudang anggur (bawah tanah); **–kelter** *f* alat/mesin peras anggur

Weinkrampf *m* raungan/ratapan tangis (tanpa alasan)

Wein|lese *f* panen anggur; **–lokal** *n* kedai minuman anggur yg. baik; **–presse** *f*, *s. Weinkelter;* **–probe** *f* perbuatan mencicipi bermacam-macam anggur (utk. mengetahui rasanya); **–ranke** *f* sulur-suluran anggur liar; **–rebe** *f* pokok anggur, carang pokok anggur, *vitis vinifera;* **≗rot** merah anggur; **–(stein)säure** *f* batu anggur, asaman yg. diambil dari buah-buahan; *Chem.* asam karbon dioksida; **≗selig** agak mabuk, mabuk ringan; **–stock** *m* pokok anggur; **–traube** *f* tandan buah anggur; **–trester** *pl* ampas buah anggur

weise *Adj.* bijak, arif, pandai, budiman

Weise 1. *m*, *f* (*–n;–n*) orang bijaksana/budiman; *die* ~*n aus dem Morgenland* orang Majus dari negeri Timur; **2.** *f* (*–;–n*) cara; *Melodie* lagu, melodi; *auf diese* ~ dng. demikian; **≗n** *unr. tr. itr.* menunjuk(kan); *vor die Tür(e)* ~ mengusir dari rumah; *den Vorschlag von sich* ~ menolak usul

Weis|heit *f* (*–;–en*) kebijaksanaan, kearifan; *Lehre* ajaran; **–heitszahn** *m* gigi geraham bungsu; **≗lich** dng. bijaksana; **≗machen** *tr.* membohongi, *bp.* mengibuli

weiß putih; **≗** *n* (*–es;O*) yg. putih

weis|sagen *tr. itr.* meramalkan, bernubuat; **≗sager(in** *f*) *m* (*–s;–*) peramal; nabi; **≗sagung** *f* (*–;–en*) nubuat, ramalan

Weiß|blech *n* kaleng, belik; **–brot** *n* roti tawar; **–buch** *n*, *Pol.* buku putih; **–e 1.** *m*, *f* (*–n;–n*) orang kulit putih, *bp.* orang bule; **2.** *f* (*–;O*) putihnya; **≗en** *tr.* mengapur, melabur; **–fluß** *m*, *Med.* keputihan, *fluor albus;* **≗gelb** kuning muda; **–gerber** *m* penyamak kulit (halus); **≗glühend** panas pijar; **–glut** *f* panas-pijar; *j-n bis zur* ~ *bringen* membuat sso. naik pitam; **–gold** *n* emas muda (campuran emas 75%, perak 15%, tembaga 10%); **≗haarig** berambut putih, beruban; **–kohl** *m*, **–kraut** *n* kubis, kol, *brassica oleracea capitata;* **≗lich** keputih-putihan; **–metall** *n* logam putih, babbit; **–näherin** *f* penjahit linen; **–waren** *pl* barang-barang (dari) linen; **–wein** *m* anggur putih; **–zeug** *n*, *s. Weißwaren*

Weisung *f* (*–;–en*) petunjuk, perintah, peraturan, instruksi

weit *entfernt* jauh; *ausgedehnt* luas, lapang; *Kleidung* longgar; *sehr* sangat; *bei* ~*em* (*vor Komparativ*) jauh lebih, (*vor Superlativ*) paling; *bei* ~*em nicht* masih jauh dari; ~ *ent-*

fernt von jauh dari, *fig*. tak terpikir (-kan); ~ *gefehlt* sama sekali meleset; ~ *u. breit* di mana-mana; ~ *über 30* hampir/mendekati empat puluh; *j-n* ~ *übertreffen* jauh melebihi sso.; ~ *größer/schöner* jauh lebih besar/bagus; *das* ~*e suchen* pergi/lari dng. diam-diam

weit|ab *Adv*. jauh dari; **–aus** *Adv*. jauh lebih, melebihi; **≗blick** *m* pandangan jauh ke depan, pandangan yg. luas; **–blickend** yg. berpandangan luas

Weite *f* (–;–*n*) *Ausdehnung* luasnya, lebarnya; *Durchmesser* diameter; *Entfernung* kejauhan; **≗n** *tr*. melonggarkan, memperbesar; *sich* ~ melebar, meluas

weiter selanjutnya, lebih lanjut; *Adv*. terus, seterusnya; *e-e* ~*e Schwierigkeit* kesulitan lain lagi; ~ ! terus (-kan)! ~ *nichts?* hanya itu? *und so* ~ (*usw*.) dan seterusnya (dst.); *ohne* ~*es* (tiada masalahnya) boleh saja; tanpa banyak cincong; *bis auf* ~*es* utk. sementara, sekian dulu

weiter|befördern (–) *tr*. meneruskan, mengangkut/mengirimkan terus; **–bestehen** (–) *unr. itr*. tetap berdiri, berlangsung terus; **–bilden** *sich* ~ memperdalam/memperluas pengetahuan; **≗bildung** *f* perluasan pengetahuan/pendidikan; **–bringen** *unr. tr*. memajukan; **–entwickeln** (–) *tr*. memperkembangkan, mengembangkan; *sich* ~ berkembang, maju; **–erzählen** (–) *tr*. menceritakan/memberitahukan kpd. orang lain; **–fahren** *unr. itr*. berjalan terus (tdk. berhenti); melanjutkan perjalanan; **≗fahrt** *f* perjalanan terus; *die* ~ *erfolgt am Dienstag* perjalanan diteruskan pd. hari Selasa; **–führen** *tr*. melanjutkan, meneruskan; **–geben** *unr. tr*. meneruskan; **–gehen** *unr. itr*. berjalan terus; *so kann es nicht* ~ hal itu tdk. bisa berlangsung terus

weiterhin *Adv*. seterusnya, selanjutnya; di samping itu

weiter|kommen *unr. itr*. maju; **–können** *unr. itr*. mampu/sanggup terus; **≗leben** *n*, ~ *nach dem Tode* hidup di akhirat; **–leiten** *tr*. meneruskan; **–lesen** *unr. itr. tr*. membaca terus; melanjutkan membaca; **–machen** *tr*. meneruskan; **–sagen** *tr*., *s. weitererzählen*; **–verbreiten** (–) *tr*. menyebarluaskan; **–verfolgen** (–) *tr*. mengikuti terus; menelusuri; **–verkaufen** (–) *tr*. menjual kembali; **–vermieten** (–) *tr*. menyewakan lagi

weit|gehend *Adj*. sangat; sangat luas, hampir menyeluruh; *Adv*. sedapatdapatnya; **–her** *Adv*. dari jauh; **–herzig** murah hati; **–hin** *Adv*. sampai jauh, ke/di mana-mana; pd. umumnya

weit|läufig luas, lapang; *fig*. secara panjang-lebar; ~*er Verwandter* famili/keluarga jauh; **–maschig** (jala) yg. bermata lebar; **–reichend** luas, meliputi banyak hal; **–schweifig** panjang-lebar, bertele-tele; **–sichtig** *Med*. yg. menderita mata pandang lampau jauh; *fig*. yg. berpandangan luas/jauh; **≗sichtigkeit** *f* (–;*O*) *Med*. mata pandang (lampau) jauh, *hyper(met)ropia*; **≗sprung** *m*, *Sp*. lompat jauh; **–tragend** *s. weitreichend*; **–verbreitet** tersebar luas; **–verzweigt** bercabang banyak; **≗winkelobjektiv** *n*, *Fot*. lensa sudut lebar

Weizen *m* (*–s;O*) gandum, terigu, *triticum*; **–ähre** *f* bulir gandum; **–korn** *n* biji gandum; **–mehl** *n* tepung gandum/terigu

welch (–er, –es, –e) *Interrogativpron*. siapa, apa, yg. mana; *Relat*. yang; *Indefinitpron*., *es gibt* ~*e die sagen* ada yg. mengatakan

welk *Adj*. layu, lisut; **–en** *itr*. menjadi layu

Wellblech *n* (lempengan) seng gelombang

Welle *f* (–;–*n*) gelombang, ombak; *Mechanik* poros; **≗n** *tr*., *Haar* mengombak

wellen|artig spt. ombak; **≗bad** *n* kolam ombak; **≗band** *n*, *Radio* riak gelombang; **≗bereich** *m*, *Radio* daerah gelombang; **≗berg** *m* kepala/puncak/bakat ombak; **≗bewegung** *f* gerak mengombak/menggelombang; **≗brecher** *m* cerocok, pemecah gelombang, penahan ombak; **–förmig** bergelombang, berombak; **≗gang** *m* gerak gelombang; ombak-

ombak, gelora; **≗kamm** *m*, *s. Wellenberg;* **≗länge** *f*, *Radio* panjang gelombang; **≗linie** *f* garis yg. bergelombang; **≗reiten** *n* olahraga (ber)selancar; **≗schlag** *m* pukulan/hempasan ombak; **≗sittich** *m* sm. burung parkit, *melopsittacus undulatus;* **≗tal** *n* lembang/lembah ombak

wellig yg. berombak(-ombak), bergelombang

Wellpappe *f* karton gelombang

Welpe *m* (*–n;–n*) anak anjing/serigala

welsch yg. berh. dng. Italia, Perancis, Spanyol

Wels *m* (*–es;–e*) sm. ikan lele, *silurus glanis*

Welt *f* (*–;–en*) *Erde* dunia, jagat; *s. Weltall; auf der ~* di (atas) bumi; *am Ende der ~* terpencil, jauh sekali; *das Licht der ~ erblicken, zur ~ kommen* dilahirkan; *zur ~ bringen* melahirkan; *et. aus der ~ schaffen* menyelesaikan sst. secara tuntas; *alle ~, ugs.* setiap orang, semua; *die Neue ~* benua Amerika; *die ~ der Technik* dunia teknik

welt|abgeschieden *Adj.* terpencil, terasing; **≗all** *n* (*–s;O*) alam semesta, jagat raya; **–anschaulich** ideologis; **≗anschauung** *f* falsafah hidup, ideologi, weltanschauung; **≗ausstellung** *f* pameran internasional, pekan raya internasional; **≗bank** *f* bank dunia; **–bekannt, –berühmt** terkenal/tersohor/termasyhur di seluruh dunia; **≗bild** *n* pandangan hidup; **–bürgerlich** kosmopolitan; **≗dame** *f* wanita kalangan atas yg. mudah bergaul; **≗enbummler** *m* penjelajah dunia; **≗ereignis** *n* peristiwa (yg. menggemparkan) dunia; **–erfahren** *Adj.* berpengalaman luas; **≗erfahrung** *f* pengalaman luas

Welter·gewicht *n*, *Sp.* kelas berat

welt|erschütternd yg. menggemparkan seluruh dunia; sangat penting; **–fremd** tdk. realistis; **≗friede** *m* perdamaian dunia; **≗geistlicher** *m* imam praja; **≗geltung** *f* reputasi internasional; **≗gericht** *n* (pengadilan pd.) hari kiamat; **≗gerichtshof** *m* Mahkamah Internasional; **≗geschichte** *f* sejarah dunia; **–gewandt** berpengalaman luas, pandai bergaul secara luas; **≗handel** *m* perdagangan/perniagaan internasional; **≗herrschaft** *f* supremasi atas seluruh dunia; **≗karte** *f* peta dunia; **≗kenntnis** *f* pengetahuan dunia; **≗kind** *n* orang yg. berpandangan duniawi, *bp.* anak dunia; **–klug** *s. weltgewandt;* **≗krieg** *m* perang dunia; **≗kugel** *f* bola dunia, globe; **≗lage** *f* situasi internasional

weltlich duniawi; sekuler; **≗keit** *f* (*–;O*) keduniawian

Welt|literatur *f* kesusastraan dunia; **–macht** *f* negara sangat kuat; **–machtpolitik** *f* imperialisme; **–mann** *m* orang yg. berpengalaman luas; **–markt** *m* pasaran internasional/dunia; **–meer** *n* samudra; **–meister(in** *f*) *m* juara dunia; **–meisterschaft** *f* kejuaraan dunia; perlombaan internasional; **–ordnung** *f* tata tertib internasional; **–politik** *f* politik internasional/dunia; **–priester** *m* imam praja

Weltraum *m* ruang angkasa; **–fahrt** *f* penerbangan ruang angkasa; **–fahrzeug** *n* pesawat ruang angkasa; **–forschung** *f* penyelidikan ruang angkasa; **–station** *f* stasiun ruang angkasa

Welt|reich *n* kerajaan yg. luas sekali; **–reise** *f* perjalanan keliling dunia; **–rekord** *m* rekor dunia; **–ruf** *m*, **–ruhm** *m* kemasyhuran internasional; **–schmerz** *m* kemasygulan, gundah-gulana; **–sicherheitsrat** *m* Dewan Keamanan; **–sprache** *f* bahasa internasional; **–stadt** *f* kota metropolitan; **–teil** *m* benua; **≗umfassend, ≗umspannend** sedunia, internasional, mencakup seluruh dunia; **–untergang** *m* keruntuhan dunia; *Rel.* kiamat; **–weisheit** *f* filsafat; **≗weit** mencakup seluruh dunia; **–wirtschaft** *f* ekonomi internasional; **–wunder** *n* keajaiban dunia

wem *Dat. von wer/was* kpd. siapa; **≗fall** *m*, *Gr.* kasus ketiga, datif

wen *Akk. von wer* siapa

Wende *f* (*–;–n*) titik-balik; perubahan; *Sp.* putaran (180°); *Straße* putaran

(balik); *an der ~ des 9. Jahrhunderts* pd. pergantian abad kesembilan
Wendekreis *m, Geogr.* garis balik
Wendeltreppe *f* tangga pilin
wend|en 1. *tr.* membalik(kan); *itr.* (ber)putar balik, berbalik; **2.** *unr. itr. refl.* memalingkan; berpaling; *sich an j-n ~* menyapa sso., meminta bantuan atau bertanya pd. sso.; **≗epunkt** *m* titik balik; **–ig** gesit, lincah, mudah bergerak; *fig.* mudah menyesuaikan diri; **≗ung** *f* (–;–*en*) **1.** perubahan arah; pembalikan; *e-e schlimme ~ nehmen* memburuk, merosot; *e-r Sache e-e bestimmte ~ geben* mengubah sst. ke arah tertentu; **2.** *sprachlich* istilah, ungkapan khas
Wenfall *m, Gr.* kasus keempat, akusatif
wenig sedikit; agak; *~er* kurang; *nicht ~er als* tdk. kurang/sedikit dp.; *immer ~er* (se)makin kurang; **≗keit** *f* (–;*O*) jumlah sedikit; *meine ~, ugs.* hamba sahaya; **–stens** sekurang-kurangnya, setidak-tidaknya
wenn *Konj.* bila, bilamana; *konditional* kalau, jika; seandainya; *er gehorchte ~ es ihm auch schwerfiel* ia patuh walaupun dng. hati yg. berat; *~ er doch kommen würde* semoga ia datang; *ohne ≗ u. Aber* tanpa banyak cincong; **–gleich** walaupun; **–schon** *na ~!* tdk. apa-apa!
wer *Interrogativpron.* siapa; *Relat.* yang; *~ weiß!* entah(lah)! *bp.* (e)nggak tau!
Werbe|abteilung *f* bagian promosi; **–artikel** *m* barang promosi; **–berater** *m* konsultan promosi/pemasaran; **–büro** *n* perusahaan iklan; **–fachmann** *m* ahli periklanan; **–feldzug** *m* aksi pemasaran/promosi; **–fernsehen** *n* siaran iklan di televisi; **–film** *m* film promosi; **–graphiker** *m* perancang iklan; **–kosten** *pl* biaya pemasangan iklan; **–leiter** *m* kepala bagian pemasaran
werb|en *unr. tr.* mencari langganan/anggota/tenaga/suara; *Mil.* mengadakan rekrut; *itr.* mempromosikan, mempropagandakan; *Frau* melamar, *bp.* menaksir; **≗er** *m* (–*s*;–) pelamar, peminang; *Handel* ahli periklanan; **≗e·sendung** *f* siaran niaga/iklan
Werbe|text *m* naskah iklan; **–texter** *m* pengarang naskah iklan; **–trommel** *f, die ~ rühren/schlagen* mempromosikan, mempropagandakan
Werbung *f* (–;–*en*) kegiatan mencari pengikut / pembeli / anggota / (*Mil.*) rekrut; *Anzeige* iklan, *das Werben* promosi, propaganda; *Frau* rayuan; **–skosten** *pl* biaya/pengeluaran utk. promosi
Werdegang *m* jenjang karier/pendidikan; *Tech.* proses pembuatan
werden *unr. itr.* menjadi; *Zukunft* akan; *geliebt ~* dicinta(i); *er wird Lehrer* ia menjadi guru; *wird's bald! ugs.* ayo cepat! lekas-lekas! **≗** *n* (–*s*;*O*) perkembangan, terjadinya, proses; **–d** yg. akan menjadi; *~e Mutter* calon ibu, wanita hamil
Werder *m* (–*s*;–) pulau di sungai
Werfall *m, Gr.* kasus pertama, nominatif
werfen *unr. tr. itr.* melempar(kan), melontarkan, membuang; *Anker ~* melabuhkan sauh; *e-n Blick auf die Zeitung ~* (sebentar) membaca koran; *Junge ~, Tier* beranak; *sich auf die Arbeit ~, ugs.* mulai bekerja rajin; *sich auf j-n ~* menyerang sso.
Werft *f* (–;–*en*) galangan kapal
Werg *n* (–*s*;*O*) (sisa) serat rami, pakal; **–dichtung** *f* paking rami
Werk *n* (–*es*;–*e*) karya, kerja, pekerjaan; *Fabrik* pabrik; *Mechanismus* mekanisme; *e gutes ~* perbuatan yg. baik; *ans ~!* ayo kerja! *ans ~ gehen* mulai (bekerja); *ins ~ setzen* (mulai) menjalankan/melaksanakan; **–angehöriger** *m* karyawan; **–bank** *f* bangku/meja kerja; **≗en** *itr.* bekerja (dng. tangan)
werk|getreu sesuai dng. aslinya; **≗küche** *f* dapur/kantin pabrik; **≗leute** *pl* pekerja, buruh; **≗meister** *m* kepala bagian pabrik; **≗schutz** *m* dinas keamanan pabrik; **≗statt** *f* (–;*¨*–*en*), **≗stätte** *f* (–;–*n*) bengkel, tempat kerja; **≗stoff** *m* bahan (baku); **≗stück** *n* barang/benda yg. masih/sedang dikerjakan; **≗student** *m* mahasiswa yg. bekerja juga; **≗(s)wohnung** *f* flat/perumahan (milik) perusahaan; **≗tag**

m hari kerja; **–tags** pd. hari(-hari) kerja; **–tätig** yg. bekerja; *die* ≗*en* para buruh; ≗**tisch** *m* meja/bangku kerja; ≗**unterricht** *m* prakarya; ≗**vertrag** *m* perjanjian/kontrak tt. pelaksanaan pekerjaan; ≗**zeichnung** *f* gambar konstruksi

Werkzeug *m* perkakas/alat kerja; *fig.* alat; **–fabrik** *f* pabrik perkakas/alat-alat; **–kasten** *m* kotak perkakas; **–macher** *m* tukang perkakas; **–maschine** *f* alat yg. dijalankan dng. mesin, mesin perkakas; **–tasche** *f* tas perkakas

Wermut *m* (–ꬱs;O) **1.** *Bo.* sm. tumbuhan berbunga kuning utk. obat, *artemisia absinthium;* **2.** *Getränk* sm. anggur yg. sedikit pahit rasanya; **3.** *fig.* kepahitan; **–s·tropfen** *m* kesedihan sedikit (dl. suasana gembira)

wert berarti, bernilai; penting; pantas; *et.* ~ *sein* berharga; *er ist des Vertrauens* (*nicht*) ~ ia (tdk.) pantas dipercayai; ~*e Frau A* Ibu/Nyonya A yg. terhormat; *Ihr* ~*es Schreiben* surat Anda

Wert *m* (–ꬱs;–*e*) **1.** nilai, harga; *Phys.*, *Tech.* faktor; *großen* ~ *legen auf* sangat menghargai; *Muster ohne* ~ contoh barang; *das hat keinen* ~, *ugs.* tak ada gunanya; **2.** *Meßwert* angka

wert|beständig yg. nilainya tdk. merosot; ≗**beständigkeit** *f* stabilitas nilai/harga; ≗**brief** *m* surat yg. diasuransikan karena berharga; **–en** *tr.* menilai, menghargai; ≗**gegenstand** *m* barang berharga, benda bernilai tinggi; ≗**igkeit** *f* (–;O) *Chem.* valensi; **–los** tak berharga; ≗**minderung** *f* kemerosotan nilai/harga; ≗**papiere** *pl* surat-surat berharga; ≗**sachen** *pl* barang-barang berharga; **–schätzen** *tr.* menghargai; ≗**schätzung** *f* penghargaan, penghormatan; ≗**steigerung** *f* peningkatan/kenaikan harga; ≗**ung** *f* (–;–*en*) penilaian, evaluasi; ≗**verringerung** *f* penurunan harga; ≗**zuwachs** *m*, *s. Wertsteigerung*

Wesen *n* (–*s*;–) tabiat, watak, perangai; *Phil.* hakekat; *Lebewesen* makhluk; *viel* ~*s von et. machen* membesar-besarkan sst.; *hier treibt e Dieb sein* ~ di sini sering kecurian

. . .**–wesen** *n* (–*s*;O) perihal; *Bank*~ perihal bank, perbankan

wesen|haft real, riil, nyata; *dem Wesen nach* menurut hakekatnya; ≗**heit** *f* (–;O) hakekat, inti, esensi; **–los** tak berarti, tanpa bentuk; ≗**s·art** *f* tabiat, watak, sikap; **–sgleich** yg. sama hakekatnya; ≗**szug** *m* ciri, kekhususan; **–tlich** *Adj.* hakiki, penting, azasi; *im* ~*en* pd. pokoknya/intinya; *Adv.* sangat, *vor Komparativ* jauh lebih; ≗**tliche** *n* (–*n*;–*n*) pokok, inti, hakekat

Wesfall *m*, *Gr.* kasus kedua, genitif

weshalb *Interrogativadv.* mengapa, karena apa, *bp.* kenapa; *Konj.* oleh karena itu, maka

Wespe *f* (–;–*n*) sm. tabuhan/penyengat, *vespidae;* **–nnest** *n* sarang tabuhan; *in e* ~ *stechen* menyinggung/menyindir masalah yg. peka/rawan (sehingga menjadi heboh); **–nstich** *m* sengatan tabuhan; **–ntaille** *f*, *ugs.* pinggang ramping

wessen *Gen. von wer/was;* ~ *Schuld ist das?* kesalahan siapa itu? ~ *wird er angeklagt?* ia dituduh apa?

West **1.** *ohne Artikel* barat; **2.** *m* (–ꬱs;–*e*) *Lit.* angin barat

Weste *f* (–;–*n*) rompi; *e-e saubere* ~ *haben*, *fig.* tdk. berbuat jahat, tdk. korup

Westen *m* (–*s*;O) (bagian/sebelah) barat; *Pol.* negara-negara barat

Westentasche *f* saku rompi; *wie s-e* ~ *kennen* mengenali benar-benar; **–nformat** *n*, *im* ~ dl. ukuran saku

west|lich (di/ke sebelah) barat; ≗**mächte** *pl* negara-negara barat; ≗**nordwest**, ≗**nordwesten** *m* barat laut (bagian) barat; **–wärts** ke (arah) barat; ≗**wind** *m* angin barat

weswegen *s. weshalb*

wett *Adv.* saling membayar, impas; ≗**bewerb** *m* (–*s*;–*e*) persaingan; *Sp.* perlombaan; ≗**bewerber(in** *f*) *m* saingan; **–bewerbsfähig** mampu bersaing; ≗**büro** *n* kantor undian

Wette *f* (–;–*n*) pertaruhan; *um die* ~ *laufen/fahren* berlomba, membalap; *was gilt die* ~*?* apa taruhanmu?

Wett·eifer *m* semangat mengungguli/bersaing; ≗**n** *itr.* berlomba, bersaing

wetten *itr. tr.* bertaruh, memasang taruhan; mempertaruhkan; *ich wette, er kommt heute nicht* saya yakin, ia tdk. datang hari ini

Wetter *n* (*–s;O*) cuaca, *bp.* udara; *Bgb.* (campuran) gas tambang; **–ansage** *f, s. Wetterbericht;* **–beobachtung** *f* pengamatan cuaca; **–bericht** *m* ramalan cuaca; **–dienst** *m* jawatan meteorologi; **–fahne** *f* gada-gada, baling-baling; *fig.* orang plin-plan; **≗fest** tahan cuaca (buruk); **–hahn** *m* ayam-ayaman yg. menunjukkan arah angin; **–karte** *f* peta meteorologis; **–kunde** *f* meteorologi, ilmu cuaca; **–lage** *f* keadaan cuaca; **–leuchten** *n* (*–s;O*) cahaya kilat yg. jauh; **–mantel** *m* jas hujan

wettern *itr.* mengomel, mengumpat, memaki-maki; *es wettert* cuaca bergemuruh dan berkilat

Wetter|prophet *m* peramal cuaca; **–satellit** *m* satelit cuaca; **–schacht** *m, Bgb.* terowongan udara; **–schaden** *m* kerusakan akibat cuaca buruk; **–seite** *f* sisi (rumah, gunung) yg. keanginan; **–verhältnisse** *pl* keadaan cuaca; **–voraussage** *f*, **–vorhersage** *f* ramalan cuaca; **–warnung** *f* pemberitahuan tt. perubahan cuaca; **–warte** *f* stasiun pengamatan cuaca; **–wechsel** *m* perubahan cuaca; **≗wendisch** *fig.* tdk. tetap, berubah-ubah, plin-plan; **–wolke** *f* awan (hujan) badai

Wett|fahrt *f* balapan; **–flug** *m* perlombaan terbang; **–kampf** *m* perlombaan, pertandingan, pertarungan; **–kämpfer(in** *f*) *m* pengikut perlombaan; **–lauf** *m* lomba lari; **–läufer(in** *f*) *m* pelari, pengikut lomba lari; **≗machen** *tr.* mengimbangi, menebus; **–rennen** *n* lomba lari; *Pferde* pacuan; *fig.* perlombaan; **–rüsten** *n* perlombaan persenjataan; **–schwimmen** *n* pertandingan renang; **–segeln** *n* regata, perlombaan perahu layar; **–spiel** *n* perlombaan, pertandingan; **–streit** *m* pertandingan, kontes; **–zettel** *m* kertas undian/taruhan

wetz|en *tr.* mengasah, menajamkan; **≗stahl** *m* besi asahan; **≗stein** *m* batu asahan

Whisky *m* (*–s;–s*) wiski

Wichs|bürste *f* sikat sepatu; **–e** *f* (*–;–n*) semir sepatu; *fig. ugs.* pukulan; **≗en** *tr.* menyemir dan menggosok, mengkilapkan

Wicht *m* (*–e̸s;–e*) orang kerdil, kurcaci; *ugs.* anak kecil; *derb* bajingan

wichtig penting, sangat berarti; amat perlu; (*sich*) ~ *tun* berlagak, bertingkah; **≗keit** *f* (*–;O*) pentingnya, perlunya; **≗tuer** *m* (*–s;–*) orang yg. berlagak, pelagak; **–tuerisch** yg. berlagak

Wicke *f* (*–;–n*) sm. rumput-rumputan yg. menjalar, *vicia*

Wickel *m* (*–s;–*) gulungan, tika(-tika); *Med.* kompres, kain pembalut; *j-n am/beim ~ packen, ugs.* menangkap/memegang sso., *fig.* menegur dng. keras; **–kind** *n* bayi, orok; **≗n** *tr.* menggulung(kan); membalut, membungkus; *Kind* membedung

Wick(e)lung *f* (*–;–en*) perbuatan menggulung/melilit; gulungan, lilitan

Wickel|rock *m* sarung; **–zeug** *n* kain popok

Widder *m* (*–s;–*) domba jantan

wider yg. berlawanan/bertentangan dng.; *das Für u. ≗* pro dan kontra; untung-rugi; **–borstig** bandel, bengal; **–fahren** (–) *unr. itr.* menimpa; *j-m Gerechtigkeit ~ lassen* menilai dan memperlakukan sso. dng. adil; **≗haken** *m* kaitan; **≗hall** *m* (*–e̸s;–e*) gema, gaung; *~ finden, fig.* diterima dng. baik, mendapat tanggapan/respons yg. baik; **–hallen** *itr.* bergema, bergaung; **≗lager** *n, Tech.* pangkal, penopang; **–legen** (–) *tr.* membuktikan suatu kekeliruan; **≗legung** *f* (*–;–en*) pembuktian kesalahan

widerlich yg. memuakkan/menjijikkan

wider|natürlich yg. tdk. wajar, yg. bertentangan dng. kodrat/alam; **≗part** *m* (*–e̸s;–e*) lawan; **–rechtlich** yg. bertentangan dng. hukum/undang-undang, ilegal; **≗rede** *f* bantahan, sanggahan; *ohne ~* tanpa membantah/mengomel, menurut; **≗ruf** *m* pembatalan, penarikan kembali; (*gültig*) *bis auf ~* (berlaku) sampai ditarik kembali; **–rufen** (–)

unr. tr. membatalkan, menarik/ mencabut kembali; **–ruflich** yg. dapat ditarik kembali; **≗sacher** *m* (*–s;–*) lawan, penentang; ~ *Gottes* setan; **≗schein** *m* pantulan sinar/ cahaya

wider|setzen (–) *sich* ~ menentang, melawan; tdk. mentaati; **–setzlich** bandel, bangkang, degil; **≗sinn** *m* omong kosong, kemustahilan; **–sinnig** tdk. masuk akal, mustahil; **–spenstig** yg. membangkang, bandel; **≗spenstigkeit** *f* (*–;O*) sifat membangkang; **–spiegeln** *tr.* mencerminkan, memantulkan; **≗spiel** *n* kebalikan, lawannya

wider|sprechen (–) *unr. itr.* membantah, menyanggah; *einander* ~ bertentangan dng., berlawanan satu sama lain; **≗spruch** *m* bantahan, protes; pertentangan, kontradiksi; *auf* ~ *stoßen* ditentang, dibantah; *in* ~ *stehen zu* bertentangan dng.; **–sprüchlich** saling bertentangan, bertentangan satu sama lain; **–spruchslos** tanpa membantah

Widerstand *m* (*–es;¨–e*) perlawanan; rintangan, hambatan; *Elek.* tahanan, resistansi; *auf* ~ *stoßen bei* ditentang/ ditolak oleh; **–sbewegung** *f* gerakan perlawanan; **≗sfähig** yg. mempunyai daya tahan, kuat; **–sfähigkeit** *f* daya tahan; **–skämpfer** *m* gerilyawan; **–skraft** *f* daya tahan; *Tech.* resistansi; **≗slos** tanpa perlawanan, tak berdaya; **–smesser** *m, Tech.* alat pengukur ohm

wider|stehen (–) *unr. itr.* melawan, menentang, bertahan; *der Versuchung* ~ tahan godaan; *Durian widersteht mir* saya tdk. suka durian; **–streben** (–) *itr.* tdk. suka, enggan, segan; **–strebend** dng. enggan, dng. berat hati, *bp.* ogah-ogahan; **≗streit** *m* pertentangan, konflik; **–streiten** (–) *unr. itr.* bertentangan; **–wärtig** yg. menjijikkan, jijik, memuakkan; **≗wärtigkeit** *f* (*–;–en*) hal yg. menjijikkan; *Unannehmlichkeit* gangguan; **≗wille** *m* keengganan, keseganan; *Abscheu* rasa muak/jijik; **–willig** enggan, segan; muak, jijik

widm|en *tr.* mempersembahkan; mencurahkan; *sich den Gästen* ~ meladeni/menemani tamu; **≗ung** *f* (*–;–en*) persembahan; kata-kata persembahan

widrig yg. merugikan, yg. tdk. menguntungkan; **–enfalls** kalau/ jika tdk.; **≗keit** *f* (*–;–en*) halangan, keadaan yg. tdk. menguntungkan

wie *Interrogativadv.* bagaimana; berapa; *Vergleichspartikel* sama, seperti; ~ *bitte?* bagaimana? *bp.* apa(an)? ~ *geht es Ihnen?* apa kabar? ~ *viel?* berapa? ~ *oft?* berapa kali? ~ *schön!* betapa indahnya! ~ *oben/ zuvor* spt. di atas/sebelumnya; ~ *du mir, so ich dir* balas-membalas; *ich hörte wie er sagte* saya dengar ketika ia mengatakan

wieder lagi, kembali; *hin u.* ~ kadang-kadang; **≗abdruck** *m* cetak ulang; **≗aufbau** *m* pembangunan kembali; **–aufbauen** *tr.* membangun kembali/lagi; **–auf·erstehen** (–) *unr. itr.* bangkit dari kematian, hidup kembali; **≗aufführung** *f, Thea.* pementasan kembali; **–aufkommen** *unr. itr., Mode* muncul lagi/kembali; *Gesundheit* pulih; **–aufleben** *itr.* segar kembali; *Handel* ramai lagi; **≗aufnahmeverfahren** *n, Jur.* proses ulang(an); **–aufnehmen** *unr. tr.* membuka/meneruskan kembali; **≗aufrüstung** *f* persenjataan kembali

Wieder|beginn *m* pembukaan kembali, mulainya lagi; **≗bekommen** (–) *unr. tr.* memperoleh/mendapat kembali; **≗beleben** (–) *tr.* menyadarkan/menghidupkan kembali; **–belebungsversuch** *m* usaha menyadarkan/menghidupkan kembali; **≗bringen** *unr. tr.* membawa kembali, mengembalikan; **≗einführen** *tr.* mengimpor kembali; *fig.* menghidupkan kembali; **–eingliederung** *f* rehabilitasi; **≗einnehmen** *unr. itr.* merebut kembali; **–einreise·erlaubnis** *f* ijin masuk lagi, *reentry;* **≗einsetzen** *tr.* menempatkan kembali dl. jabatan/kedudukan/hak yg. sama; **≗einstellen** *tr.* mempekerjakan kembali

wieder|ergreifen (–) *unr. tr.* menangkap kembali; **–erhalten** (–) *unr. tr.* mendapat kembali; **–erinnern** (–) *itr. refl.* teringat kembali;

–erkennen (–) *unr. tr.* mengenal(i) kembali; *nicht* ~ tak kenal lagi; **–erlangen** (–) *tr.* mendapat/memperoleh kembali; **–eröffnen** (–) *tr.* membuka kembali; **–erstatten** (–) *tr.* menggantikan, mengembalikan; **–erzählen** (–) *tr.* menceritakan kembali; **–finden** *unr. tr.* menemukan kembali/lagi

Wieder|gabe *f* reproduksi; *mündlich/schriftlich* penceritaan kembali, laporan; *Tonband* permainan kembali, *playback;* **≗geben** *unr. tr.* mengembalikan; menceritakan kembali; mengadakan reproduksi; **≗geboren** *Adj.*, ~ *werden* menitis; *wie* ~ segar sekali; **–geburt** *f* lahirnya/timbulnya kembali; *Rel.* titisan; **≗genesen** (–) *unr. itr.* pulih, sehat kembali; **–genesung** *f* pemulihan; **≗gutmachen** *tr.* memperbaiki; mengganti kerugian; **–gutmachung** *f* (–;O) penggantian kerugian, (*Krieg*) pampasan (perang); **–herstellung** *f* pemugaran, restorasi; *Krankheit* pemulihan

'wiederholen *tr.* mengambil kembali; **wieder'holen** (–) *tr.* mengulangi; *sich* ~ terjadi berulang-ulang; terulang (kembali)

wiederholt berulang-ulang, kerap (kali)

Wiederholung *f* (–;–*en*) pengulangan, repetisi, rekapitulasi; **–sfall** *m*, *im* ~(*e*) kalau terjadi lagi

Wieder|hören *n*, *Tel.*, *auf* ~! sampai bertemu lagi! **–instandsetzung** *f* reparasi, pemugaran; **≗käuen** *tr. itr.* memamah biak; *fig.* mengulang-ulang; **–käuer** *m* (–*s*;O) *Tier* pemamah biak; **–kehr** *f* (–;O) kembalinya, perulangan; **≗kehren** *itr.* kembali, pulang; terulang (kembali); **≗kommen** *unr. itr.* datang/muncul lagi; **–kunft** *f* kembalinya, datangnya kembali; **≗sehen** *unr. tr.* bertemu/berjumpa lagi; *auf* ≗! selamat tinggal! sampai bertemu/berjumpa lagi! **–taufe** *f* pembaptisan kembali; **≗tun** *unr. tr.* berbuat lagi, mengulangi

wiederum *Adv.* sekali lagi; *er* ~ *ist der Meinung* sebaliknya dia berpendapat; **–kehren** *itr.* berbalik, membalik

wieder|vereinigen (–) *tr.* menyatukan/mempersatukan kembali; **≗vereinigung** *f* penyatuan kembali; **–vergelten** (–) *unr. tr.* membalas, mengganjar; **≗vergeltung** *f* pembalasan (dendam); **–verheiraten** (–) *tr. refl.* menikah lagi; **≗verheiratung** *f* perkawinan kedua; **≗verkäufer** *m* penjual eceran; **–verwenden** (–) *unr. tr.* memanfaatkan/menggunakan kembali; **≗vorlage** *f*, *zur* ~ harap diperlihatkan lagi; **≗wahl** *f* pemilihan ulang/kembali; **–wählbar** boleh/dapat dipilih kembali; **–wählen** *tr.* memilih lagi; **≗zulassung** *f* ijin masuk kembali

Wiege *f* (–;–*n*) ayunan, buaian; ~ *der Zivilisation* asal-mula peradaban

wiegen 1. *unr. tr. itr.* menimbang; *er wiegt 50 kg* beratnya lima puluh kilo; *s-e Worte* ~ *schwer* kata-katanya sangat penting; **2.** *schaukeln, tr.* mengayunkan, membuai-buai; *itr.* berayun(-ayun); *sich in den Hüften* ~ (berjalan) berlenggang-lenggok

Wiegenlied *n* lagu nina bobo

wiehern *itr.*, *Pferd* meringkik; *ugs. bp* cekakakan

Wiese *f* (–;–*n*) padang rumput, perumputan

Wiesel *n* (–*s*;–) sm. musang, *mustela*

wieso mengapa, bagaimana

wieviel berapa; ~ *Uhr ist es?* jam berapa sekarang? **–mal** berapa kali

wievielt yg. keberapa; *den* ~*en haben wir heute?* tanggal berapa hari ini?

wieweit *Konj.* berapa jauh, sampai berapa

wiewohl *Konj.* walaupun, meskipun

Wikinger *m* (–*s*;–) anggota suku bangsa Viking

wild liar, galak, buas, biadab; *zornig* berang, marah; *ungepflegt* tak terpelihara; *übertrieben* gila-gilaan; *das ist halb so* ~, *fig.* tdk. apa-apa; ~*es Fleisch, Med.* daging tumbuh; *den* ~*en Mann spielen* main gertak; ~*e Ehe* perkawinan yg. tdk. sah, *bp.* samenleven, kumpul kebo

Wild *n* (–*es*;O) binatang liar, margasatwa; **–bach** *m* kali kecil (di pegunungan) yg. mengalir dng. deras; **–bad** *n* (tempat) permandian air panas; **–bahn** *f* daerah perburuan;

auf freier ~ di alam terbuka/bebas; **-braten** *m* daging panggang/goreng binatang buruan; **-bret** *n* daging binatang buruan; **-dieb** *m* pemburu liar; **-dieberei** *f* pemburuan liar

Wilde *m (-n;-n)* orang primitif/liar

Wild·ente *f* bebek liar

Wilder|er *m (-s;-)* pemburu liar/gelap; **≗n** *itr.* berburu liar/gelap

Wild|fang *m* anak lasak; **≗fremd** asing sama sekali; **-geschmack** *m* rasa daging binatang buruan; **-heit** *f (-;O)* kebuasan, keliaran; **-hüter** *m* pengawas binatang (per)buruan; **-leder** *n* kulit binatang buruan; **-nis** *f (-;-se)* rimba raya, hutan belantara

Wild|park *m* taman margasatwa; **-sau** *f* celeng betina; *sich benehmen wie e-e* ~ membabi buta; **-schaden** *m* kerusakan yg. disebabkan oleh binatang liar; **-schütz(e)** *m, s. Wilderer;* **-schwein** *n* babi hutan, celeng, *sus;* **≗wachsend** yg. tumbuh secara liar, yg. tdk. ditanam/dipelihara; **-wasser** *n* sungai deras di pegunungan; **-wechsel** *m* (pe)lintasan binatang liar, denai; **-west·film** *m* film koboi

Wille(n) *m (-ns;-n)* kemauan, keinginan, kehendak, tekad; *Absicht* maksud; *der letzte* ~ pesan terakhir, wasiat, testamen; *aus freiem* ~ *n* atas kehendak sendiri, dng. sukarela; *das geht beim besten ~n nicht* hal itu mustahil

willen *Prp., um Gottes ~!* demi Tuhan! *um der Kinder* ~ demi/guna anak-anak

willenlos lemah watak/kemauan, selalu menurut; **≗igkeit** *f (-;O)* kelemahan watak, kebimbangan

willens *Adv.* bersedia

Willens|akt *m* (tindakan) kemauan; **-erklärung** *f* pernyataan kehendak/kemauan; *Jur.* pernyataan kehendak yg. berakibat yuridis; **-freiheit** *f* kebebasan berkehendak; **-kraft** *f* kemauan yg. keras; **≗schwach** lemah kemauan; **≗stark** keras kemauan

willentlich dng. sengaja

willfahren (-) *u. mit 'ge', itr.* menurut(i), mengikuti/memenuhi keinginan (sso.)

willfährig selalu mengalah, tunduk, mudah terpengaruh

willig bersedia, rela, mau membantu/melayani; **≗keit** *f (-;O)* kesediaan, kerelaan, kesudian

Willkomm *m (-s;-e)*, **-en** *n, m (-s;-)* selamat datang; **≗en** *Adj.* yg. menyenangkan hati, yg. menggembirakan; *j-n ~ heißen* mengucapkan selamat datang

Willkür *f (-;O)* kesewenang-wenangan; **-herrschaft** *f* kelaliman, despotisme; **≗lich** sewenang-wenang, semau-maunya; *wahllos* sembarangan

wimmeln *itr.* banyak, penuh (dng.)

wimmern *itr.* mengerang, merintih

Wimpel *m (-s;-)* panji(-panji); vandel, bendera segitiga

Wimper *f (-;-n)* bulu mata

Wind *m (-es;-e)* angin; *Blähung* kentut; *bei ~ u. Wetter* juga pd. cuaca buruk; *et. in den ~ schlagen* tdk. mengindahkan/mempedulikan sst.; *~ von et. bekommen, ugs.* mendapat info, mendengar; *e-n ~ streichen lassen, ugs.* membuang angin, kentut; *viel ~ machen* bercakap angin, *(Aufhebens)* bikin ribut-ribut tt.; *in den ~ reden* percuma memberi nasihat; *frischen ~ in et. bringen* menyegarkan keadaan

Windbeutel *m* sm. kue sus; *ugs. bp.* orang angin-anginan

Winde *f (-;-n)* **1.** *Tech.* kerekan, katrol; **2.** *Bo.* tumbuhan yg. menjalar, *convolvulus*

Wind·ei *n* **1.** telur burung yg. kulitnya lunak; **2.** *Med.* buah kandungan yg. sudah mati

Windel *f (-;-n)* lampin, bedung(an), kain popok; **≗weich** *j-n ~ schlagen,* memukuli sso. sampai babak belur

winden *unr. tr.* menggulung, melilitkan; *mit der Winde* mengerek (ke atas/bawah); *Blumen* merangkai, mengarang; *j-m et. aus den Händen ~* merebut sst. dari tangan sso.; *sich* ~ meliuk-lampai, menggeliang-geliut; melilit; *Weg* berliku-liku, berkelok-kelok; *fig.* (menjawab dng.) berputar-putar, mengelak-elak; *sich vor Schmerzen* ~ meronta-ronta kesakitan

Windes·eile *f, mit* ~ secepat angin/kilat

Wind|fahne *f* gada-gada; **–fang** *m* ruang kecil antara pintu masuk rumah dan pintu luar; alat pelindung thd. angin pd. cerobong asap; **≗geschützt** terlindung dari angin; **–hose** *f* kisaran/pusaran angin, angin puyuh; **–hund** *m* sm. anjing pacuan/balap, *canis familiaris leineri; fig., s. Windbeutel*

windig banyak angin; *e-e ~e Sache* hal yg. (rupanya) tdk. beres

Wind|jacke *f* jaket sport; **–kanal** *m, Tech.* terowongan angin; **–licht** *n* ting, sm. lentera (yg. tahan angin); **–mühle** *f* kincir angin; *gegen ~n kämpfen* berjuang secara sia-sia; **–pocken** *pl, Med.* cacar air, *varicella;* **–richtung** *f* mata angin; **–röschen** *n* sm. bunga kecil, *ranunculus;* **–rose** *f* cakram kompas; **–sbraut** *f, Lit.* angin puyuh, selembubu; **–schatten** *m* sisi yg. tdk. kena angin; **≗schief** miring, tdk. lurus/tegak; **–schirm** *m* tedeng angin; **–schutzscheibe** *f* kaca depan mobil; **–seite** *f* sisi yg. kena angin, keanginan; **–spiel** *n, s. Windhund;* **–stärke** *f* kekuatan angin; **≗still** tak berangin, teduh; **–stille** *f* keadaan tak berangin; **–stoß** *m* puput bayu (yg. kuat), embusan badai

Windung *f (–;–en)* belitan, lilitan; *Straße* liku-liku, belokan; *Schraube* ulir

Windzug *m* embusan angin

Wink *m (–(e)s;–e)* isyarat, tanda; *fig.* nasehat, petunjuk

Winkel *m (–s;–)* sudut; siku; *Ecke* pojok; *Zeichnen* penggaris segitiga; *spitzer u. stumpfer ~* sudut lancip dan tumpul; **–advokat** *m* pokrol bambu; **–eisen** *n* besi siku; **≗förmig** berbentuk sudut; **–funktion** *f, Math.* fungsi sudut (*mis.* sinus)

wink(e)lig berliku-liku, berkeluk-keluk

Winkel|messer *m* busur derajat, (alat) pengukur sudut; **≗recht** tegak lurus; **–zug** *m* dalih; siasat

wink|en *itr.* melambaikan tangan; memberi isyarat; **≗er** *m (–s;–) Mot.* penunjuk arah, *bp.* lampu sen

winseln *itr.* mendengking; *fig.* merengek(-rengek)

Winter *m (–s;–)* musim dingin; **–anzug** *m* pakaian musim dingin; **–aufenthalt** *m* tempat kediaman pd. musim dingin; **–garten** *m* beranda yg. ditutup kaca; **–getreide** *n* padi-padian yg. ditabur menjelang musim dingin; **–kleidung** *f* pakaian musim dingin; **≗lich** spt. pd. musim dingin; **–mantel** *m* mantel tebal; **–olympiade** *f* olimpiade musim dingin; **–quartier** *n, Mil.* tangsi selama musim dingin; **–reifen** *pl* ban mobil utk. jalan yg. ditutupi salju/es

winters pd. musim dingin

Winter|schlaf *m, Zo.* tidur selama musim dingin; **–schlußverkauf** *m* obral pd. akhir musim dingin; **–sport** *m* sport/olahraga musim dingin; **–(s)zeit** *f* musim dingin; **–vorrat** *m* persediaan (makanan) utk. musim dingin

Winzer *m (–s;–)* petani kebun anggur

winzig sangat kecil

Wipfel *m (–s;–)* puncak pohon

Wippe *f (–;–n)* papan jungkat-jungkit, domplangan; **≗n** *itr.* bergerak turun-naik, jungkat-jungkit

wir (*ausschließlich/einschließlich des Angeredeten*) kami/kita

Wirbel *m (–s;–)* pusaran, kisaran, (per)putaran; *Anat.* ruas tulang belakang, *vertebra; Haar* user-user (-an), pusar kepala; *Trommel* gemuruh genderang; **≗ig** yg. berkisar/berputar; pusing; **–knochen** *m, Anat.* ruas tulang belakang, *vertebra;* **≗n** *tr.* memutar-mutarkan; *itr.* berputar-putar, berpusing, berolak; *mir wirbelt der Kopf, ugs.* kepala saya pusing; **≗los** tak mempunyai ruas tulang belakang; **≗säule** *f* tulang belakang/punggung; **–sturm** *m* taufan, topan; **–tier** *n* binatang yg. beruas tulang belakang, *vertebrata;* **–wind** *m* angin puyuh

wirk|en *tr.* bekerja, mengerjakan; *itr.* berpengaruh, berakibat; *Gutes ~* berbuat/melakukan hal yg. baik; *Stoffe ~* merajut kain; *e-n Teppich ~* membuat permadani; *die Farbe wirkt nicht* warna kurang cocok; *er wirkt* *noch jung* tampaknya ia masih muda; *schädlich* ~ merugikan; *jugendlich* ~ kelihatan muda; **≗erei** *f* (–;–*en*) perajutan; pabrik perajutan

wirklich nyata, riil; yg. sebenarnya, benar-benar, sungguh-sungguh; **≗keit** *f* (–;O) kenyataan, realitas; **≗keitsform** *f*, *Gr.* bentuk pernyataan, indikatif; **–keitsfremd** khayali, tdk. realistis; **–keitsnah** realistis

wirk|sam efektif, berdaya-guna, mempan; **≗samkeit** *f* (–;O) efisiensi, daya-guna; *Tätigkeit* kegiatan; **≗stoff** *m*, *Med.* zat aktif (spt. hormon, enzym, vitamin)

Wirkung *f* (–;–*en*) akibat, efek, reaksi; *Einfluß* pengaruh; *Eindruck* kesan; *Droge* khasiat; *mit ~ vom* mulai berlaku sejak; *~ erzielen* mencapai hasil; *Gesetz von Ursache u. ~* prinsip sebab-akibat; **–sbereich** *m* lingkungan pekerjaan/pengaruh; **–sgrad** *m* kadar tepatguna/efisiensi; **–skraft** *f* dayaguna, kemustajaban; **≗slos** tdk. berakibat/berhasil, percuma, sia-sia; **–sstätte** *f* tempat kegiatan sso.; **≗svoll** yg. mengesankan; *s. wirksam*; **–sweise** *f* cara berakibat/berkhasiat

Wirkwaren *pl* barang-barang rajutan

wirr tdk. beraturan, kusut, porak-poranda, berantakan; *fig.* bingung, pusing, *bp.* kacau; **≗en** *pl* kerusuhan, huru-hara, pergolakan; **≗kopf** *m* orang yg. pikirannya kacau; **≗nis** *f* (–;–*se*), **≗sal** *n* (–ɇs;–*e*) kekacauan, keadaan kalang-kabut, kerusuhan; **≗warr** *m* (–*s*;O) keadaan kacaubalau

Wirsing(kohl) *m* (–*s*;O) sm. kubis/kol, *brassica oleracea var. bullata*

Wirt(in *f*) *m* (–ɇs;–*e*) pemilik/pengurus rumahmakan; *die Rechnung ohne den ~ machen* (mau) berbuat sst. tanpa mengindahkan orang yg. menentukan (dan dapat menggagalkan)

Wirtschaft *f* (–;–*en*) ekonomi, perekonomian; *Haus* urusan rumahtangga; *Land* pertanian; *Gasthaus* restoran; *was ist denn das für e-e ~!* kekacauan macam apa itu! *gelenkte ~* ekonomi terpimpin; **≗en** *itr.* mengelola (dng. baik); mengurus rumahtangga; *sparsam ~* menghemat; **–(l)er** *m* (–*s*;–) pengurus; guru/ahli/mahasiswa ekonomi; **–erin** *f* (–;–*nen*) pengurus rumahtangga atau dapur besar (di pabrik, asrama); **≗lich** berh. dng. ekonomi; ekonomis, hemat; rasional; **–lichkeit** *f* (–;O) efisiensi, penghematan

Wirtschafts|abkommen *n* perjanjian ekonomi; **–betrieb** *m* perusahaan, pabrik; **–beziehungen** *pl* hubungan perdagangan; **–buch** *n* buku belanja rumahtangga; **–form** *f* sistem/pola ekonomi; **–führer** *m* industriawan, pengusaha; **–gebäude** *pl* gedung(-gedung) utk. dapur, tempat cuci, gudang, bengkel dsb.; **–geld** *n* uang belanja; **–gemeinschaft** *f*, *Europäische ~ (EWG)* Masyarakat Ekonomi Eropa (MEE); **–hilfe** *f* bantuan ekonomi; **–jahr** *n* tahun fiskal/takwim; **–krise** *f* krisis ekonomi; **–lage** *f* keadaan ekonomi; **–minister** *m* menteri ekonomi/perdagangan; **–politik** *f* kebijaksanaan ekonomi; **≗politisch** yg. berh. dng. kebijaksanaan ekonomi; **–prüfer** *m* akuntan publik; **–system** *n* sistem ekonomi; **–teil** *m*, *n* rubrik ekonomi; **–wissenschaften** *pl* ilmu ekonomi; **–wunder** *n* keajaiban ekonomi; **–zweig** *m* cabang perekonomian/perniagaan

Wirts|haus *n* rumahmakan; **–leute** *f* (pasangan) pemilik/pengurus rumahmakan; *Vermieter* induk semang

Wisch *m* (–ɇs;–*e*) *pej.* sepotong kertas saja; **≗en** *tr.* mengusap, melap; mengepel; **–er** *m* (–*s*;–) penyeka, lap; *Mot.* kipas kaca mobil, *bp.* weper; **–lappen** *m* lap (basah utk. membersihkan) perabot rumahtangga; **–tuch** *n* lap piring

Wisent *m* (–ɇs;–*e*) bison, *bison bonasus*

Wismut *n* (–ɇs;O) *Chem.* bismut (Bi), timah wurung

wispern *itr. tr.* berbisik(-bisik), membisikkan

Wißbegier|(de) *f* (–;O) kehausan akan ilmu pengetahuan; rasa ingin tahu; **≗ig** *~ sein* sangat ingin tahu

wissen *unr. itr. tr.* tahu, mengetahui, menyadari; (meng)ingat; *~ zu* dapat/mampu (utk.); *~ lassen* memberitahukan; *man kann nie ~* kamu tak akan tahu; *wer weiß !* siapa tahu! *was weiß ich! ugs. bp.* enggak tahu! *ich will von ihm nichts ~* saya tdk. mau berurusan dng. dia; *~ Sie noch?* anda masih ingat? ≗ *n (–s;O)* pengetahuan; ilmu; *meines ~s* sejauh saya tahu; *nach bestem ~ u. Gewissen* sejujur-jujurnya; *mit meinem ~* setahu saya

Wissenschaft *f (–;–en)* ilmu pengetahuan; ilmu; **–ler** *m (–s;–)* ahli ilmu pengetahuan, ilmiawan; **≗lich** ilmiah

Wissens|drang *m*, **–durst** *m* kehausan akan pengetahuan/ilmu; **–gebiet** *n* bidang (ilmu) pengetahuan; **≗wert** patut/pantas diketahui

wissentlich dng. sengaja

wittern *tr., Tier* (me)ngendus, mencium bau; *fig.* mendapat firasat (buruk)

Witterung *f (–;O)* keadaan cuaca; *Tier* penciuman; **≗sbeständig** tahan cuaca, tdk. berkarat; **–s·einflüsse** *pl* pengaruh cuaca; **–s·umschlag** *m* perubahan cuaca (secara mendadak); **–sverhältnisse** *pl* keadaan cuaca

Witwe *f (–;–n)* janda; **–ngeld** *n* pensiun/tunjangan utk. seorang janda; **–nrente** *f* sm. tunjangan tetap seorang janda; **–nstand** *m* status (sebagai) janda

Witwer *m (–s;–)* duda

Witz *m (–es;–e)* lelucon, kelakar; rasa humor; *das worauf es ankommt* maksud, pokok; *Geist* kecerdasan, kecerdikan; **–blatt** *n* majalah humor/komik; **–bold** *m (–es;–e)* orang jenaka, badut; *du ~ ! ugs. bp.* ah kamu pembual besar! kamu gila! **–elei** *f (–;–en)* kelucuan, olok-olok yg. lucu; gangguan; **≗eln** *itr.* berkelakar, bercanda, berseloroh, menceritakan lelucon; *über j-n ~* menertawakan sso.; **≗ig** lucu, jenaka; *iron.* tdk. lucu; **–igkeit** *f (–;O)* kejenakaan; sifat lucu; **≗los** percuma, tak ada gunanya

wo 1. *Interrogativadv.* di mana; **2.** *Relativadv., Münster, ~ ich studier(t)e* Münster tempat aku (pernah) belajar; *die Stunde, ~ es regnete* jam waktu hujan turun; **–anders** *Adv.* di tempat lain

wobei 1. *Interrogativadv., ~ ist das geschehen?* bagaimana hal itu terjadi? **2.** *Relativadv., ~ es notwendig ist, daß* dl. hal itu perlu, bahwa

Woche *f (–;–n)* pekan, minggu; *unter der ~, ugs.* pd. hari-hari biasa/kerja

Wochenbett *n* nifas, waktu selama enam sampai delapan minggu sesudah bersalin, *puerperium;* **–fieber** *n* demam nifas, *febris puerperalis*

Wochen|blatt *n* (majalah) mingguan; **–ende** *n* akhir pekan; **–endhaus** *n* (rumah) peristirahatan utk. akhir minggu; **–karte** *f* karcis (yg. berlaku) sepekan; **≗lang** berminggu-minggu lamanya; **–lohn** *m* upah mingguan; **–markt** *m* pasar sepekan; **–schau** *f* film warta-berita sepekan (sebelum film utama); **–schrift** *f* majalah mingguan; **–tag** *m* hari biasa/kerja; **≗tags** pd hari-hari kerja

wöchentlich setiap minggu; *zweimal ~* dua kali seminggu

wochen|weise secara mingguan; **≗zeitung** *f, s. Wochenschrift*

Wöchnerin *f (–;–nen)* ibu yg. baru bersalin, perempuan nifas, *puerpera;* **–nenabteilung** *f* bagian bersalin

Wodka *m (–s;–s)* brendi Rusia, wodka

wodurch 1. *Interrogativadv., ~ sind Sie darauf aufmerksam geworden?* apa yg. menyebabkan anda tertarik pd. hal itu? *~ wurde der Unfall verursacht?* apa yg. menyebabkan kecelakaan itu? **2.** *Relativadv.* oleh karena itu, yg. menyebabkan

wofern jika; *~ nicht* kecuali kalau

wofür 1. *Interrogativadv.* utk. apa; *~ halten Sie mich? bp.* anda kira saya orang macam apa? **2.** *Relativadv.* utk. hal mana/yg.

Woge *f (–;–n)* ombak, gelombang

wogegen 1. *Interrogativadv.* melawan apa; **2.** *Relativadv., er schlägt vor auszuruhen, ~ ich nichts einzuwenden habe* ia mengusulkan utk. beristirahat, hal mana saya setujui

wogen *itr.* bergelora, berombak; bergolak; *Getreide* melambai-lambai

wo|her *Interrogativadv., Relativadv.* dari mana; **–hin** *Interrogativadv., Relativadv.* ke mana; **–hingegen** sebaliknya

wohl *Adv.* **1.** baik, baik-baik; *sich ~ fühlen* betah, senang; merasa sehat/segar/nyaman; *mir ist nicht ~* saya merasa tdk. enak badan; *j-m ist bei et. nicht ~* sso. merasa kurang enak mengenai sst.; *~ od. übel* mau tak mau; *ich bin mir dessen ~ bewußt* saya menyadari sepenuhnya; *leben Sie ~ !* selamat jalan/tinggal! **2.** mungkin, barangkali; kira-kira; *das kann ~ sein* mungkin saja; *~ kaum!* saya kira tdk.! *~ hundertmal* hampir seratus kali; *das ist ~ wahr, aber* memang benar, tetapi; **3.** *~ dem/der* berbahagialah orang yg.

Wohl *n* (–~~s~~;O) keadaan sehat/selamat/baik-baik; *das leibliche ~* makan dan minum; *auf Ihr ~ !* demi keselamatan anda! semoga anda sehat walafiat! *zum ~ !* selamat! prosit!

wohl|an *Adv., ~ !* ayo! mari! **–anständig** sopan, tertib; **–auf** *Adv.* sehat (walafiat), segar; *~!* baiklah! **–bedacht** dipikirkan baik-baik/masak-masak; *mit ~* dng. sengaja

Wohl|befinden *n* keadaan sehat/baik, kesehatan; **–behagen** *n* rasa puas, kesenangan hati; *mit ~* dng. senang sekali, dng. nikmat; **≗behalten** *Adv.* dng. selamat, dl. keadaan baik(-baik); **≗bekannt** terkenal, tersohor; **≗beleibt** gemuk, gendut, bayak; **–ergehen** *n* keadaan sehat walafiat; **≗erhalten** *Adj.* dl. keadaan baik/utuh, tdk. rusak; **≗erzogen** *Adj.* terdidik baik, sopan

Wohlfahrt *f* (–;O) kesejahteraan, kemakmuran; *öffentliche ~* dinas sosial; **–s·amt** *n* dinas/kantor kesejahteraan sosial; **–s·einrichtung** *f* lembaga sosial; **–s·organisation** *f* organisasi sosial/amal; **–spflege** *f* dinas sosial; **–sstaat** *m* negara yg. (terlalu) mengurus kesejahteraan para warganegaranya; **–s·unterstützung** *f* bantuan/tunjangan sosial

wohl|feil murah; **≗gefallen** *n* rasa senang, rasa puas; *sein ~ haben an* senang pd.; *sich in ~ auflösen, ugs.* **1.** berakhir dng. baik; **2.** menjadi rusak/lepas-lepas; **–gefällig 1.** *Adj.* yg. menyenangkan/memuaskan; **2.** *Adv.* dng. senang/puas; **–geformt** yg. berbentuk bagus; **≗gefühl** *n* rasa enak/segar; **–gelitten** *Adj.* disenangi; **–gemeint** yg. bermaksud baik; **–gemerkt** *Adv., ~ !* ingat (-ingat)! jangan lupa! **–gemut** *Adj.* riang, gembira; **–genährt** agak gemuk; **–geraten** *Adj., Kind* terdidik baik, sopan; *Sache* dibuat dng. baik; **≗geruch** *m* keharuman, wangi-wangian; **≗geschmack** *m* rasa lezat/enak/sedap; **–gesinnt** *j-m ~ sein* bersikap baik pd. sso.; **–gesittet** sopan, tertib, tahu adat; **–gestaltet** berbentuk baik; **–habend** berada, kaya; **≗habenheit** *f* (–;O) kekayaan

wohlig segar, yg. menyenangkan, enak

Wohl|klang *m* bunyi/suara merdu; **≗klingend** berbunyi/bersuara merdu; **–leben** *n* hidup mewah; **≗meinend** yg. bermaksud baik, ramah; **≗riechend** harum semerbak; **≗schmeckend** enak/lezat rasanya; **–sein** *n, s. Wohlbefinden;* **–stand** *m* kekayaan, kemakmuran; **–standsgesellschaft** *f* masyarakat makmur/kaya

Wohl|tat *f* (–;–*en*) perbuatan baik, amal; berkat; *Wonne* hal yg. menyenangkan/enak/meringankan; **–täter** *m*, **–täterin** *f* pengamal, penderma; **≗tätig** yg. berbuat baik, beramal; **–tätigkeit** *f* amal; **–tätigkeitsbasar** *m* pasar amal, *bp.* bazar; **–tätigkeitsveranstaltung** *f* kegiatan/pertunjukan amal; **–tätigkeitsverein** *m* perkumpulan amal

wohl|tuend yg. menyenangkan, nyaman; **–tun** *unr. itr.* berbuat baik/amal, menghibur, menyenangkan, menyegarkan; **–überlegt** dipikirkan baik-baik/masak-masak; **–verdient** setimpal, selayaknya, sesuai dng. prestasi; **–verstanden** *Adv.* dimengerti dng. baik; *~ !* ingat(-ingat)! jangan lupa! **–weislich** dng. bijaksana; **≗wollen** *n* (–*s*;O) kebaikan/kemurahan hati, simpati; **–wollend** ramah, baik hati; yg. menguntungkan

Wohn|anhänger *m, s. Wohnwagen;* **-bezirk** *m* daerah perumahan/pemukiman; **-block** *m* blok (perumahan)
wohnen *itr.* tinggal, bertempat tinggal, berdiam
Wohn|fläche *f* luas lantai/rumah; **-gebäude** *n* rumah tempat tinggal; **-gegend** *f* daerah pemukiman; **-gemeinschaft** *f* sekelompok orang/pasangan yg. tinggal di satu rumah; **≗haft** (*in*) bertempat tinggal (di), berdomisili (di); **-haus** *n* rumah tinggal; **-heim** *n* asrama; **-küche** *f* dapur yg. sekaligus ruang duduk; **-kultur** *f* cita-rasa/gaya menata rumah tinggal; **≗lich** nyaman, menyenangkan; **-ort** *m* tempat tinggal, domisili; **-raum** *m* **1.** ruang yg. dapat didiami dl. rumah; *s. Wohnzimmer;* **2.** perumahan; **-sitz** *m, s. Wohnort;* **-stube** *f, s. Wohnzimmer*
Wohnung *f* (*-;-en*) rumah (tinggal), (tempat) kediaman; apartemen; **-s·amt** *n* dinas/kantor perumahan; **-sbau** *m* pembangunan rumah; konstruksi rumah; **-sbauprogramm** *n* program pembangunan rumah; **-sfrage** *f* masalah perumahan; **-s·inhaber** *m* penghuni rumah; **≗slos** tunawisma, yg. bergelandangan; **-smangel** *m*, **-snot** *f* kekurangan tempat tinggal; **-ssuche** *f* pencarian rumah atau tempat bermukim; **-swechsel** *m* pindah rumah
Wohn|viertel *n* daerah perumahan; **-wagen** *m* sm. gandengan mobil yg. dipakai sebagai tempat tinggal selama bervakansi; **-zimmer** *n* kamar duduk(-duduk)
wölb|en *sich ~* melengkung; **≗ung** *f* (*-;-en*) lengkung(an)
Wolf *m* (*-es;⸚e*) **1.** serigala, *canis lupus; mit den Wölfen heulen* ikut-ikutan; **2.** *Fleisch* gilingan daging; **3.** *sich e-n ~ laufen* meradang di kulit pelipatan paha, *Med. intertrigo*
wölfisch spt. serigala; *fig.* kejam
Wolfram *m* (*-s;O*) *Chem.* wolfram (W)
Wolfs|hunger *m* (sangat) kelaparan; **-milch** *f, Bo.* sm. sudu-sudu, *euphorbiaceae;* **-rachen** *m* bibir/gusi/langit-langit sumbing, *palatum fissum*
Wolke *f* (*-;-en*) awan, mega; *aus allen ~n fallen, ugs.* kaget sekali, *bp.* spt. disambar petir
Wolken|bruch *m* hujan lebat/deras (yg. singkat); **-decke** *f* lapisan awan; **-himmel** *m* langit yg. berawan; **-kratzer** *m* pencakar langit; **-kuckucks·heim** *n* alam khayal; **≗los** tak berawan, terang; **-schicht** *f* lapisan awan; **-wand** *f* gumpalan awan
wolkig berawan, mendung; spt. awan
Woll|decke *f* selimut wol; **-e** *f* (*-;O*) wol, bulu domba; kain/benang wol; *sich in die ~ geraten, ugs.* bertengkar; **≗en** *Adj.* dari wol
wollen *unr. itr. tr.* mau, (berke-) hendak, bermaksud, ingin; *Sie ~ sich bitte morgen bei mir melden* hendaknya besok anda melapor padaku; *Schwimmen will gelernt sein* berenang harus dipelajari; *lieber ~* lebih suka/senang; *so Gott will!* insya Allah! *was ~ Sie damit sagen?* apa maksud anda? *ohne es zu ~* tanpa (di)sengaja; *er mag ~ od. nicht* mau tak mau ia harus; *er weiß nicht, was er will* ia ragu-ragu; *mach, was du willst!* terserah kamu! **≗** *n* (*-s;O*) kemauan, tekad
Woll|garn *n* benang wol/sayet; **-handel** *m* perdagangan wol; **≗ig** dari/spt. wol; keriting; **-sachen** *pl* pakaian dari wol; **-schur** *f* pengguntingan/pemotongan bulu domba; **-stoff** *m* kain wol
Wol|lust *f* kepuasan syahwat, keberahian, nafsu dukana; **≗lüstig** gasang, dukana; **-lüstling** *m* orang gasang/jangak
Wollwaren *pl, s. Wollsachen*
wo|mit **1.** *Interrogativadv.* dng. apa/bagaimana; **2.** *Relativadv.* yg. (mana), hal mana; *~ ich (nicht) sagen will* (bukan) maksud saya; **-möglich** bila mungkin; mungkin sekali; **-nach** **1.** *Interrogativadv., ~ suchst du?* apa yg. kamu cari? **2.** *Relativadv., das Buch, ~ du fragst* buku yg. kamu cari; *der Bericht, ~ das Flugzeug abgestürzt ist, trifft nicht zu* laporan

menurut mana pesawat terbang jatuh, tdk. benar

Wonne *f* (–;–*n*) kenikmatan, kesenangan; kebahagiaan; **–monat** *m*, **–mond** *m* bulan Mei; **≗trunken** *Adj*. sangat senang

wonnig yg. menyenangkan/menggembirakan, manis

wo|ran 1. *Interrogativadv.* akan apa; *~ liegt das?* apa sebabnya? mengapa? *~ denkst du?* apa yg. kamu pikirkan? **2.** *Relativadv.* yang; **–rauf 1.** *Interrogativadv.* apa, mana; *~ kommt es an?* mana yg. penting? *~ wartest du?* apa/siapa yg. kamu tunggu? **2.** *Relativadv.* yang; *ich gab ihn Geld, ~ er wegging* saya memberikannya uang, lalu ia pergi; **–raus 1.** *Interrogativadv.* dari apa/mana; **2.** *Relativadv.* (yg.) dari mana; *et. ~ man lernen kann daß* sst. yg. dapat menjadi pelajaran bahwa; **–rin 1.** *Interrogativadv.*, *~ besteht der Unterschied zwischen* di mana letak perbedaan antara; **2.** *Relativadv.* yang di dalamnya

Wort *n* **1.** (–*e̸s*;–̈*er*) kata; *~ für ~* kata demi kata; **2.** (–*e̸s*;–*e*) kata, perkataan, sabda, titah; *e ~ des Herrn* sabda/firman Tuhan; *e ~ Adenauers* ucapan Adenauer; *das ~ ergreifen* angkat bicara; *j-m ins ~ fallen* memotong pembicaraan sso.; *in ~ u. Tat* dng./dl. perkataan dan perbuatan; *e Mann, e ~ !* pasti! percayalah! *bp.* tanggung beres! *e gutes ~ für j-n einlegen* menganjurkan/membela sso.; *das letzte ~ haben* menentukan; *in ~e fassen* merumuskan; *j-m das ~ im Munde umdrehen* memutarbalikkan perkataan sso.; *mit e-m ~* singkatnya, pendeknya; (*nicht*) *zu ~e kommen* (tdk.) sempat bicara; *sein ~ halten* memegang janjinya; *j-n beim ~ nehmen* menagih janji sso.; *in ~en* dng. huruf

Wort|akzent *m* tekanan kata; **≗arm** miskin/kurang perbendaharaan kata; **–art** *f*, *Gr.* jenis kata; **–bedeutungslehre** *f*, *Gr.* ilmu artikata, semantik; **–bildung** *f* pembentukan kata; **≗brüchig** ingkar/melanggar janji

Wörtchen *n*, *e ~ mit j-m zu reden haben* perlu menegur sso.; *e ~ mitzureden haben* berhak ikut berbicara/memutuskan

Wörterbuch *n* kamus; **–verzeichnis** *n* daftar kata

Wort|familië *f* rumpun kata; **–folge** *f* susunan (urutan) kata; **–führer(in** *f*) *m* pembicara; **–gefecht** *n* silat-lidah, perdebatan; **≗getreu** har(a)fiah; **≗gewandt** fasih berbicara; **≗karg** bersifat pendiam; **–klasse** *f*, *Gr.* jenis kata; **–klauberei** *f* tafsiran terlalu har(a)fiah; **–laut** *m* isi secara harfiah, bunyi naskah

wörtlich harfiah, kata demi kata; *das hat er ~ gesagt* sungguh-sungguh demikian dikatakannya

wort|los dng. diam; **≗meldung** *f* pemberitahuan hendak bicara; **–reich** luas perbendaharaan kata; secara panjang lebar; **≗schatz** *m* kosakata, perbendaharaan kata; **≗schwall** *m* semburan kata-kata; omongan spt. tukang obat; **≗sinn** *m* makna/arti kata; **≗spiel** *n* permainan kata-kata; **≗stamm** *m* akar kata; **≗stellung** *f* susunan kata; **≗streit** *m* pertengkaran mulut; **≗verdreher(in** *f*) *m* orang yg. memutarbalikkan perkataan orang lain; **≗verzeichnis** *n* daftar lata; **≗wechsel** *m*, *s. Wortstreit;* **–wörtlich** dng. kata demi kata, secara harfiah; **≗wurzel** *f* akar kata

wo|rüber 1. *Interrogativadv.* mengenai apa; **2.** *Relativadv.*, *das Thema, ~ er spricht* pokok yg. dibicarakannya; **–rum 1.** *Interrogativadv.* tentang apa; **2.** *Relativadv.*, *es gibt vieles, ~ ich dich bitten möchte* ada banyak hal, yg. saya ingin minta darimu; **–runter 1.** *Interrogativadv.*, *~ leidest du?* apa yg. membuat kamu menderita? **2.** *Relativadv.*, *e-e Beschreibung, ~ ich mir nichts vorstellen kann* penggambaran yg. tdk. dapat saya bayangkan

wo|von 1. *Interrogativadv.* tentang apa; **2.** *Relativadv.*, *et.*, *~ du nichts verstehst* sst. yg. tdk. kamu mengerti; **–vor 1.** *Interrogativadv.* terhadap/akan (si)apa? **2.** *Relativadv.*, *es ist der Blitz, ~ ich mich fürchte* kilat yg. membuat saya takut; **–zu** *Interro-*

gativadv. untuk apa; termasuk (golongan, seri . . .) yg. mana; **2.** *Relativadv., ich schreibe den Brief, ~ ich gestern keine Zeit hatte* saya menulis surat yg. kemarin tdk. sempat saya selesaikan

Wrack *n* (*–s;–s*) bangkai/reruntuhan kapal laut atau pesawat terbang; *fig.* orang lemah kesehatan, orang yg. sering sakit-sakitan

wringen *unr. tr.* memeras (dng. memutar), memulas

Wucher *m* (*–s;O*) bunga/riba/untung yg. terlalu tinggi; **–er** *m* (*–s;–*) orang yg. mengambil untung/riba berlebihan, lintah darat; **–gewinn** *m* keuntungan yg. terlalu besar; **≗isch** yg. menghisap darah, yg. mengambil untung terlalu tinggi; **–handel** *m* perdagangan dng. mengambil keuntungan yg. berlebihan; **–miete** *f* uang sewa yg. terlalu tinggi

wucher|n *itr.* tumbuh cepat dan liar; *Geld* mengambil untung yg. berlebihan, makan riba; **≗preis** *m* harga tinggi sekali; **≗ung** *f* (*–;–en*) *Bio.* tumbuhnya jaringan sel secara liar dan cepat; *Med.* tumor, daging tumbuh; **≗zins** *m*, **≗zinsen** *pl* bunga/riba yg. terlampau tinggi

Wuchs *m* (*–es;O*) pertumbuhan; *Gestalt* sosok tubuh, *bp.* postur

Wucht *f* (*–;O*) kekuatan/tekanan tenaga besar; *fig. ugs.* sst. yg. luar biasa (hebat); *der Schlag traf mich mit voller ~* saya kena pukulan keras; *das Auto prallte mit voller ~ gegen den Baum* mobil membentur pohon dng. keras; *mit voller ~ auf den Rücken gefallen* jatuh terlentang dng. keras; **≗en** *tr. ugs.* mengangkat (barang berat); *itr. fig.* membanting tulang; **≗ig** keras; *mächtig, groß* kokoh, kuat

Wühl|arbeit *f* kegiatan bawah-tanah/subversif; **≗en** *itr., Tier* mengais-ngais, mengorek-ngorek; *fig.* bekerja keras; *hetzen* menghasut; *im Dreck ~* berkubang; *im Koffer ~* mengobrak-abrik dl. koper (utk. mencari sst.); **–er** *m* (*–s;–*) *ugs.* orang yg. bekerja keras; *Pol.* penghasut; **≗erisch** subversif; **–maus** *f* sm. tikus berhidung pesek dan berekor pendek, *microtinae*

Wulst *m* (*–es;¨–e*), *f* (*–;¨–e*) sm. tonjolan memanjang berbentuk setengah bulatan; *Baukunst* torus; **≗ig** yg. menonjol berbentuk setengah bulatan; *~e Lippen* bibir tebal

wund *Adj.* terluka, lecet; *der ~e Punkt* titik lemah; **≗brand** *m, Med.* kelemayuh, mati jaringan, *gangraena;* **≗e** *f* (*–;–n*) luka

Wunder *n* (*–s;–*) mukjizat, keajaiban; *~ wirken* melakukan mukjizat, *fig.* bersifat manjur/mujarab; *sein blaues ~ erleben* mengalami sst. yg. mengejutkan, *bp.* spt. disambar petir; *wie durch e ~* secara ajaib; *er glaubt, ≗ was er getan hat* ia mengira telah melakukan hal yg. hebat (padahal tdk.); *es ist kein ~ daß/wenn* tdk. mengherankan bahwa/kalau; **≗bar** hebat, luar biasa, bagus sekali, sangat; spt. mukjizat, ajaib; *ans ≗e grenzen* hampir tdk. dapat dipercaya

Wunder|ding *n* barang aneh; **–droge** *f* obat mujarab; **–geschichte** *f* dongeng; **–glaube** *m* kepercayaan akan terjadinya mukjizat; kepercayaan (yg. terlalu mudah) pd. hal-hal yg. ajaib; **≗hübsch** cantik sekali; **–kind** *n* anak ajaib; **–land** *m* negeri dongeng; **≗lich** aneh, mengherankan

wunder|n *itr. refl., ich wundere mich über* saya (merasa) heran pd./tt.; *es wundert mich, daß* saya (merasa) heran, bahwa; *du wirst dich (noch) ~, ugs.* kamu akan rasakan nanti; **–schön** sangat bagus/indah; **≗tat** f mukjizat; **≗täter** *m* pembuat mukjizat; **–tätig** yg. membawa mukjizat; **≗tier** *n, j-n anstarren wie e ~* membelalakkan sso. spt. makhluk aneh; **–voll** bagus sekali; **≗werk** *n* karya luar biasa; keajaiban; **≗zeichen** *n* tanda ajaib/mukjizat

Wund|fieber *n* demam akibat luka infeksi; **≗laufen** *unr., sich ~* mendapat luka (di) kaki; **≗liegen** *unr., sich ~* luka akibat berbaring (terlalu lama); **–mal** *n* luka terbuka; *~e Christi* lima luka Kristus, stigmata;

–**salbe** *f* salep utk. luka; –**starrkampf** *m* tetanus

Wunsch *m* (–*es;*⸚*e*) keinginan, hasrat; *Ideal* cita-cita; *Bitte* permintaan; *j-m e-n* ~ *erfüllen* memenuhi keinginan/permintaan sso.; *mit den besten Wünschen zum Geburtstag* semoga bahagia di hari ulang tahun; *auf* ~ *von* atas permintaan; *nach* ~ *gehen* spt. yg. diinginkan; –**bild** *n* cita-cita; khayalan; –**denken** *n* impian, angan-angan

Wụnschelrute *f* batang/tongkat bercabang yg. dipakai utk. menemukan sumber air/minyak, joran ampai

wünschen *tr.* menginginkan, ingin, mengidam(-idam)kan; *erhoffen* mengharap(kan); *bitten* meminta; *j-m guten Morgen* ~ mengucapkan selamat pagi kpd. sso.; *was* ~ *Sie (von mir)?* anda perlu apa (dari saya)? *Sie* ~ ? (anda) ingin apa? *wie Sie* ~ terserah anda; –**swert** yg. diinginkan/diperlukan

wunsch|gemäß sesuai dng. keinginan/pesanan; ⁼**kind** *n* anak yg. diinginkan; ⁼**konzert** *n, Rundf.* (acara) konser pilihan pendengar; –**los** ~ *glücklich* sangat bahagia; ⁼**traum** *m* dambaan, impian; ⁼**zettel** *m* daftar permintaan anak-anak pd. waktu Natal

Würde *f* (–;–*n*) martabat, harkat; *Amt* pangkat; *Titel* gelar; *unter meiner* ~ tdk. pantas bagi saya; ⁼**los** tdk. pantas/sopan, hina; –**nträger** *m* pejabat tinggi, pemegang tanda jasa tinggi; ⁼**voll** yg. bermartabat; dng. khidmat/sopan

würdig terhormat, layak, pantas; –**en** *tr.* menghargai, menghormati, memuji; *j-n keines Blickes* ~ tdk. mengindahkan/menganggap sso., *bp.* menganggap angin sso.; *keiner Antwort* ~ tdk. berkenan memberi jawaban; ⁼**ung** *f* (–;–*en*) penghargaan, penghormatan; *Beurteilung* pertimbangan

Wurf *m* (–*e̸s;*⸚*e*) lemparan; *Falten* cara membentuk lipatan; *Tier* seperindukan yg. lahir bersamaan; *e-n großen* ~ *tun, fig.* mendapat hasil/sukses besar

Würfel *m* (–*s;*–) kubus; dadu; *die* ~ *sind gefallen* keputusan sudah diambil, hal tdk. dapat diubah lagi; –**becher** *m* tempat kocok dadu; ⁼**förmig,** ⁼**ig** berbentuk kubus; ⁼**n** *itr.* bermain/melempar dadu; –**spiel** *n* permainan dadu; –**spieler** *m* orang yg. bermain dng. dadu; –**zucker** *m* gula batu (yg. berbentuk kubus)

Wurf|geschoß *n* peluru pelontar, proyektil; –**scheibe** *f, Sp.* cakram; –**sendung** *f* barang cetakan yg. dikirim secara massal; –**speer** *m,* –**spieß** *m* lembing; –**weite** *f* jarak lempar

würg|en *tr.* mencekik; *itr.* menelan dng. susah-payah; ⁼**engel** *m* malaikatulmaut, el maut; ⁼**er** *m* (–*s;*–) **1.** pembunuh yg. mencekik; *Lit.* maut; **2.** *Vogel* sm. burung yg. suka bernyanyi, *laniidae*

Wurm *m* (–*e̸s;*⸚*er*) cacing, *vermes, helminthes; im Fleisch* belatung; *da ist der* ~ *drin, fig.* ada sst. yg. tdk. beres

Würmchen *n* (–*s;*–) *fig.* anak kecil (yg. memerlukan bantuan)

wurmen *itr. ugs.* membuat jengkel

wurm|förmig berbentuk/spt. cacing; ⁼**fortsatz** *m, Anat.* umbai cacing, *appendix;* ⁼**fraß** *m* kerusakan akibat cacing; –**ig** kena belatung, *bp.* belatungan; –**krank** cacingan; ⁼**loch** *n* lubang cacing; ⁼**mittel** *n* obat cacing; –**stichig** kena atau ada cacing/belatung

Wurst *f* (–;⸚*e*) sosis; *es ist mir (ganz)* ⁼, *ugs.* masa bodoh, *bp.* peduli amat; *es geht um die* ~, *ugs.* ini saat yg. menentukan

Würstchen *n* (–*s;*–) sosis kecil; *fig. ugs.* orang yg. tak berarti

Wurstel|ei *f* (–;*O*) pekerjaan yg. sembrono; ⁼**n** *itr. ugs.* bekerja sembrono

wurst|ig *ugs.* masabodoh, tak peduli, acuh tak acuh; ⁼**igkeit** *f* (–;*O*) sikap acuh-tak-acuh

Wurstwaren *pl* macam-macam sosis

Würze *f* (–;–*n*) rempah-rempah, bumbu

Wurzel *f* (–;–*n*) akar; *Gemüse* wortel; *Math.* akar; *die* ~ *des Übels* biang kejahatan; *mit der* ~ *ausrotten* membasmi sampai ke akar-akarnya; ~*n schlagen* berakar, *fig*. betah, krasan; ~ *ziehen, Math*. mencari akar suatu bilangan; **–behandlung** *f, Med*. perawatan akar gigi; **–exponent** *m, Math*. pangkat akar; **–füllung** *f, Med*. pengisian akar gigi; **–gemüse** *n* sayur wortel; **–knolle(n** *m*) *f* umbi, ubi; **–los** tdk. berakar

wurzeln *itr*. berakar

Wurzel|schößling *m* tunas yg. tumbuh dari akar; **–stock** *m* bongkol umbi tanaman (yg. bertunas lagi setelah musim dingin berlalu), *rhizoma;* **–werk** *n* akar-akaran; **–wort** *n* akar kata; **–zeichen** *n, Math*. tanda akar (√)

würz|en *tr*. membumbui; **–ig** berbumbu/berbau sedap; *scharf* pedas

wusch(e)l|ig yg. berambut keriting dan tdk. rapi; **²kopf** *m* si rambut keriting, *bp*. si kribo

Wust *m* (*–es;O*) tumpukan yg. tak teratur; *Durcheinander* keadaan kacaubalau

wüst gersang, tandus; *wirr* kacaubalau, tak terpelihara; *roh* kasar, kurangajar; *ausschweifend* liar; *häßlich* jelek; **²e** *f* (*–;–n*) gurun, padang pasir; *j-n in die ~ schicken, fig*. membuang/memecat sso.

wüsten *itr*. menghamburkan; *mit seine Gesundheit* ~ tdk. memperhatikan kesehatannya

Wüstenei *f* (*–;–en*) tanah tandus/kosong/sunyi-sepi; *ugs*. keadaan sangat berantakan

Wüstling *m* (*–s;–e*) orang yg. kasar; orang yg. mengumbar nafsu

Wut *f* (*–;O*) keadaan berang, kemarahan yg. hebat, keadaan mata gelap; *Tanz* ² keranjingan dansa; *in ~ geraten* naik pitam, menjadi mata gelap; *vor ~ kochen/schäumen* sangat marah sekali; *ich habe e-e ~ auf dich* saya jengkel/marah sekali padamu; **–anfall** *m*, **–ausbruch** *m* ledakan amarah

wüten *itr*. mengamuk; berkecamuk; **–d** marah, gusar; dng. mata gelap

wut·entbrannt sangat marah

Wüterich *m* (*–s;–e*) pemarah

wut|schäumend, –schnaubend *Adj*. geram, sangat marah, berang

X

X *n* (–;–) sepuluh (*angka Romawi*); *Math.* X, *bilangan tak diketahui; j-m e ~ für e U vormachen, ugs.* menipu/ mengelabui sso.
Xanthippe *f* (–;–*n*) *fig.* perempuan cerewet
X-Beine *pl* kaki pengkor (ke luar)
x-beliebig sembarangan, yg. mana saja
Xenophobie *f* (–;O) rasa takut thd. apa yg. asing, penolakan thd. yg. asing
x-mal *ugs.* berkali-kali, sering
X-Strahlen *pl* sinar x
x-te *ugs., zum ~n Male* utk. kesekian kalinya
Xylophon *n* (–*s*;–*e*) *Mus.* gambang, xilofon

Y

Ysop *m* (–*s*;–*e*) *Bo.* hisop, *hyssopus officinalis*

Z

Zacke *f* (*–;–n*), **–n** *m* (*–s;–*) gerigi, gigi; *Fels* pucuk tajam; **≗n** *tr.* membuat takik-takik bergerigi; **–nlinie** *f* garis bergerigi/berbiku-biku

zackig bergerigi, tajam; *fig. ugs.* gagah, tampan dan rapi

zag|en *itr.* bersifat takut-takut, bertindak ragu-ragu; **–haft** takut-takutan, bingung, malu-malu; **≗haftigkeit** *f* (*–;O*) keragu-raguan, rasa takut, sikap malu-malu

zäh|(e) liat; *fig.* ulet; tabah, tekun; *Masse* kental; *Fleisch* alot, kenyal; **≗eit** *f* (*–;O*) sifat liat/alot; **–flüssig** pekat, kental; **≗igkeit** *f* (*–;O*) ketabahan, ketekunan, keuletan

Zahl *f* (*–;–en*) angka, bilangan; *Anzahl* jumlah; *ohne ~* tak terbilang banyaknya; **≗bar** dapat/harus dibayar, jatuh tempo

zählbar dapat dihitung

zählebig tdk. mudah mati, mampu bertahan

zahlen *tr. itr.* membayar, melunasi; *~ bitte!* minta bon!

zählen *tr. itr.* menghitung, membilang; *das zählt nicht* itu tdk. berlaku; *wir ~ auf dein Erscheinen* kedatanganmu sangat kami harapkan; *zur Familie ~* termasuk anggota keluarga; *j–n ~ zu* menganggap sso. termasuk dl.; *er zählt vierzig Jahre* ia berumur empat puluh tahun; *nur Leistung zählt* hanya prestasi yg. penting

Zahlen|gedächtnis *n* kemampuan utk. mengingat angka; **–lotterie** *f* sm. lotre tebak angka, lotto; **≗mäßig** menurut angka/jumlah; **–material** *n* (data) angka-angka; **–schloß** *n* selot/kunci kombinasi; **–verhältnis** *n* perbandingan angka

Zahler *m* (*–s;–*) pembayar

Zähler *m* (*–s;–*) meteran; *Math.* pembilang

Zahl|grenze *f* batas tarif; **–karte** *f* surat giro pos; weselpos; **≗los** tak terbilang banyaknya; **–meister** *m* (perwira) juru bayar; *Mar.* kepala keuangan; **≗reich** banyak, dl. jumlah besar; **–stelle** *f* tempat/loket pembayaran; **–tag** *m* hari pembayaran (gaji), hari gajian

Zahlung *f* (*–;–en*) pembayaran; *in ~ nehmen/geben* membeli/menjual secara tukar tambah

Zählung *f* (*–;–en*) perhitungan

Zahlungs|abkommen *n* persetujuan cara pembayaran; **–anweisung** *f* surat penyetoran, poswesel; **–art** *f* cara pembayaran; **–aufforderung** *f* surat tagihan; **–aufschub** *m* penundaan pembayaran; **–auftrag** *m* surat perintah membayar; **–bedingungen** *pl* syarat-syarat pembayaran; **–befehl** *m*, *Jur.* perintah hakim utk. membayar; **–beleg** *m* bukti pembayaran; **–eingang** *m* uang masuk; *pl* penerimaan, pemasukan

Zahlungs|einstellung *f* penghentian/penangguhan pembayaran; **–empfänger** *m* penerima pembayaran; **–erleichterung(en** *pl*) *f* pelunakan cara pembayaran; **≗fähig** mampu membayar; **–frist** *f* batas waktu pembayaran; **–mittel** *n* alat pembayaran, uang; **–ort** *m* tempat pembayaran; **–rückstand** *m* tunggakan; **–schwierigkeiten** *pl* kesulitan membayar

Zahlungs|termin *m* waktu pembayaran; **≗unfähig** tdk. mampu membayar, pailit; **–unfähigkeit** *f* kebangkrutan; **–verzug** *m* keterlambatan/kelalaian melaksanakan pembayaran

Zahl|wort *n* kata bilangan; **-zeichen** *n* (tanda) angka

zahm jinak, menurut; *fig.* patuh; *e-e ~e Kritik* kritik yg. lunak

zähm|bar dapat dijinakkan; **-en** *tr.* menjinakkan; mengekang; *sich ~* menguasai diri; **≗ung** *f* penjinakan

Zahn *m* (-*s*;¨*e*) gigi; *Zacke* gerigi; *ugs.* kecepatan; *sich die Zähne putzen* gosok gigi; *sich an et. die Zähne ausbeißen* berusaha keras tetapi tdk. berhasil; *j-m die Zähne zeigen, fig.* menunjukkan gigi kpd. sso.; **-arzt** *m* dokter gigi; **-behandlung** *f* perawatan gigi; **-bürste** *f* sikat gigi; **-creme** *f* pasta/tapal gigi, *bp.* odol

Zähne|klappern *n* (-*s*;*O*) gemeletuknya gigi; **-knirschen** *n* (-*s*;*O*) kertak gigi

zahnen *itr.* mendapat gigi

Zahn|ersatz *m* gigi palsu; **-fäule** *f* kebusukan gigi, *caries dentium;* **-fistel** *f* hiliran bernanah pd. ceruk gigi; **-fleisch** *n* gusi; **-füllung** *f* plombir; **-heilkunde** *f* ilmu kedokteran gigi; **-krem** *f, s. Zahncreme;* **-krone** *f* kepala gigi; **≗los** ompong, tak bergigi; **-lücke** *f* celah antara dua gigi, *bp.* ompong; **-medizin** *f* kedokteran gigi; **-pasta** *f, s. Zahncreme;* **-pflege** *f* pemeliharaan gigi

Zahn|prothese *f* gigi palsu/buatan; **-pulver** *n* bubuk utk. membersihkan gigi; **-putzmittel** *n* obat gosok gigi; **-rad** *n* roda gigi; **-radbahn** *f* (lintas) kereta(-api) bergigi; **-radgetriebe** *n* transmisi roda gigi; **-schmelz** *m* lapis keras pd. gigi, (lapis) email; **-schmerz** *m* sakit gigi; **-stocher** *m* (-*s*;-) tusuk-gigi; **-techniker** *m* ahli membuat gigi; **-wechsel** *m* pertumbuhan gigi yg. kedua; **-weh** *n* sakit gigi; **-wurzel** *f* akar gigi

Zange *f* (-;-*n*) tang, catut, kakatua; *j-n in die ~ nehmen, fig.* memojokkan sso.

Zank *m* (-*s*;*O*) pertengkaran, percekcokan; **-apfel** *m* sebab pertengkaran, pokok perselisihan; **≗en** *refl.* bertengkar, bercekcok

Zänker *m* (-*s*;-) orang yg. suka bertengkar, tukang berkelahi

zankhaft, zänkisch, zanksüchtig suka bertengkar, *bp.* suka bikin ribut

Zäpfchen *n* (-*s*;-) pasak kecil; *Anat.* anak-tekak, *uvula; Med.* pil taruh, setpil, *suppositorium*

Zapfen *m* (-*s*;-) sumbat; *Tech.* pasak, susuk, pena kayu, tap; *Bo.* buah cemara; **≗** *tr., Bier* membuka sumbat; *Gummi* menyadap; *Tech.* menggabungkan dng. lidah bajang; **≗förmig** berbentuk kerucut/contong; **-lager** *n, Tech.* balok bantalan poros; **-loch** *n* lubang tempat sumbat/pasak; **-streich** *m, Mil.* taptu

Zapf|hahn *m* keran-tap; **-messer** *n* pisau sadap; **-säule** *f* pompa bensin; **-stelle** *f* tempat menyadap

zappel|ig tdk. tenang, bergerak terus, gelisah; **-n** *itr.* menggeletik, menjadi gelisah; *Fisch* menggelepar, bergeliang-geliut; *j-n ~ lassen* sengaja merahasiakan sst. yg. sangat ingin diketahui oleh sso.; **≗philipp** *m* (-*s*;-*e*/-*s*) anak lasak

Zar *m* (-*en*;-*en*) tsar

zart halus, lembut, lemah-lembut; *Fleisch* lunak, empuk; *~es Alter* usia masih muda; *das ~e Geschlecht* kaum Hawa; **-besaitet** peka, sangat perasa; cepat tersinggung; **-fühlend** halus budi; **≗gefühl** *n* kelembutan hati, perasaan halus; **≗heit** *f* (-;*O*) kehalusan, kelembutan

zärtlich lemah-lembut, penuh sayang; **≗keit** *f* (-;*O*) kemesraan, kelembutan; *~en, pl* cumbuan, elusan, belaian

Zaster *m* (-*s*;*O*) *ugs. bp.* duit

Zäsur *f* (-;-*en*) penggalan; *fig.* titik balik

Zauber *m* (-*s*;*O*) sihir; sulap; *fig.* pesona, daya tarik; *fauler ~* tipuan; **-ei** *f* (-;-*en*) sihir; sulap(an), penyulapan; **-er** *m* (-*s*;-) tukang sihir, orang hobat; *s. Zauberkünstler;* **-formel** *f* mantera, jampi, aji; **≗haft** bagus sekali, indah; **-kraft** *f* daya sihir; *Anziehungskraft* daya pesona; **-kunst** *f* ilmu sihir; keahlian menyulap; **-künstler** *m* tukang sulap, penyulap

Zauber|kunststück *n* permainan sulap; **–mittel** *n* guna-guna; alat tukang sulap; **≗n** *itr. tr.* menyulap, main sulap; **–spruch** *m, s. Zauberformel;* **–stab** *m* tongkat wasiat; **–trank** *m* obat guna-guna/pengasih/pekasih; **–wort** *n* mantera

Zauder|er *m (–s;–)* orang yg. ragu-ragu; **≗n** *itr.* ragu-ragu, menunda-nunda (karena tdk. bisa mengambil keputusan)

Zaum *m (–ḙs;–̈e)* kendali, tali kang; *im ~ halten* mengendalikan, mengekang

zäumen *tr.* mengenakan kendali pd. kuda

Zaumzeug *n* perlengkapan tali (ke)kang kuda, abah-abah kuda

Zaun *m (–ḙs;–̈e)* pagar; *e–n Streit vom ~e brechen* dng. sengaja mulai bertengkar; **–gast** *m* penonton dari jauh; **–könig** *m* sm. burung penyanyi, *troglodytes troglodytes;* **–pfahl** *m* tiang pagar; *j–m e–n Wink mit dem ~ geben, ugs.* memberi isyarat yg. sangat jelas kpd. sso.

zausen *tr.* menarik-narik, merenggut; *Haar* menjambak

Zebra *n (–s;–s)* kuda belang/loreng, zebra, *equus zebra;* **–streifen** *m* penyeberangan zebra

Zech|bruder *m* kawan minum; peminum, pemabuk; **–e** *f (–;–n)* **1.** bon makan dan minum di restoran; *die ~ bezahlen, fig.* menanggung akibat; **2.** *Bgb.* tambang batubara; **≗en** *itr.* ramai-ramai minum banyak minuman keras; **–er** *m (–s;–)* peminum; **–gelage** *n* pesta pora; **–preller** *m (–s;–)* orang yg. tdk. mau membayar di restoran

Zecke *f (–;–n)* sm. kutu kulit atau sengkenit, *ixodidae*

Zeder *f (–;–n)* pohon aras, *cedrus*

Zeh *m (–ḙs;–en),* **–e** *f (–;–n)* jari kaki; **–enspitze** *f* ujung jari kaki; *auf den ~n stehen* bertanjak kaki, berdiri berjinjit; *auf den ~n gehen* berjingkat-jingkat

zehn sepuluh

Zehner 1. *m (–s;–)* puluhan; *Geld* kepingan uang sepuluh Pfennig; **2.** *f(–;–)* perangko sepuluh Pfennig; **≗lei** terdiri dari sepuluh macam

zehn|fach, –fältig sepuluh kali lipat; **≗finger–Blindschreibemethode** *f* cara mengetik buta dng. sepuluh jari; **–jährig** berumur sepuluh tahun; **≗kampf** *m* dasalomba; **–mal** sepuluh kali (lipat); **–malig** sepuluh kali; **≗t** *m (–en;–en)* iuran/pajak sepersepuluh dari penghasilan; **–tägig** selama sepuluh hari; **–tausend** sepuluh ribu; *die oberen ≗* golongan atas/elite

zehnte kesepuluh; **≗** *m (–n;–n) s. Zehnt;* **≗l** *n (–s;–)* sepersepuluh; **–ns** kesepuluh

zehr|en *itr.* memperlemah, merusak/menggerogoti kesehatan; *von et. ~* memakan sst., hidup dari sst.; *~ von vergangener Größe, fig.* menghibur diri dng. kejayaan masa lampau; **≗geld** *n,* **≗pfennig** *m* uang jalan; **≗ung** *f (–;O)* makanan dan minuman, perbekalan

Zeichen *n (–s;–)* tanda, isyarat, alamat, pertanda, sinyal; *Marke* merek; *Symbol* lambang, simbol; *Kennzeichen* ciri (khas); *s–s ~s* pekerjaannya; *zum ~ dessen daß* utk. menandakan bahwa; **–block** *m* buku gambar; **–brett** *n* papan (utk. meng-) gambar; **–deuter** *m* ahli nujum; **–erklärung** *f* keterangan tanda (gambar); **–feder** *f* pena utk. menggambar; **–gerät** *n* alat (utk. meng-) gambar; **–heft** *n* buku gambar; **–kunst** *f* seni menggambar; **–lehrer** *m* guru (meng)gambar

Zeichen|papier *n* kertas gambar; **–saal** *m* ruang gambar; **–setzung** *f* pemakaian tanda baca; **–sprache** *f* bahasa isyarat; **–stift** *m* kapur/potlot utk. menggambar; **–trickfilm** *m* film kartun; **–unterricht** *m* pelajaran menggambar/melukis

zeichn|en *itr. tr.* menggambar, melukis; *kennzeichnen* menandai; *unterschreiben* menandatangani, *bp.* meneken; **≗en** *n (–s;O)* pelajaran/perbuatan menggambar; **≗er(in** *f)* *m (–s;–)* juru gambar; **≗ung** *f (–;–en)* gambar; pola, corak; *Skizze* denah; *~ e–r Anleihe* penandatanganan pinjaman; **–ungsberechtigt** berwenang utk. menandatangani

Zeigefinger *m* jari telunjuk

zeigen *tr. itr.* menunjuk, menunjukkan; memperlihatkan; *Freude* ~ bergembira; *Fleiß* ~ (tampak) rajin; *es zeigt sich* ternyata, tampak
Zeige|r *m* (*–s;–*) penunjuk, jarum-jarum; *Uhr* jarum jam; **–stock** *m* tongkat penunjuk
zeihen *unr. tr.* menuduh, menyalahkan
Zeile *f* (*–;–n*) *Druck* baris; garis; *Häuser* deretan; *zwischen den ~n lesen* membaca yg. tersirat; **–n·abstand** *m* spasi; **≗nweise** *Adv.* baris demi baris
Zeisig *m* (*–s;–e*) sm. burung, *carduelis*
zeit *Prp.*, ~ *s–s Lebens* sepanjang hidupnya
Zeit *f* (*–;–en*) waktu; *Epoche* masa, zaman, tempo; *Zeitpunkt* saat; *es ist (schon) ~, es wird ~* sudah waktunya; *es ist höchste ~* sudah mendesak sekali; *für alle ~en* utk. selama-lamanya; *in der ~ von Montag bis Mittwoch* antara Senin dan Rabu; *in letzter ~* akhir-akhir ini; *mit der ~ gehen* mengikuti zaman; *mit der ~* lama-kelamaan; *sich ~ lassen* tenang-tenang saja; *sich die ~ vertreiben* mengisi waktu luang/kosong; *von ~ zu ~* sewaktu-waktu; *um diese ~* sekitar waktu itu; *zu jeder ~* setiap waktu, kapan saja; *zur ~* sekarang, dewasa ini; *zur rechten ~* pd. waktu yg. tepat
Zeit|abschnitt *m* kurun/jangka waktu, masa; **–abstand** *m* jarak waktu; **–alter** *n* zaman, masa, abad; **–angabe** *f* penunjukan tanggal dan waktu; *ohne ~* tanpa tanggal; **–ansage** *f, Rundf.* pemberitahuan waktu; **–aufnahme** *f* pengambilan foto dng. lensa terbuka lebih lama dp. 1/20 detik; **–bombe** *f* bom waktu; **–dauer** *f* jangka waktu; **–druck** *m, unter ~* terdesak oleh waktu
Zeit|enfolge *f* kronologi, urutan waktu; *Gr.* urutan bentuk kata kerja menurut waktu; **–form** *f, Gr.* bentuk waktu kata kerja; **–frage** *f* **1.** masalah waktu; **2.** masalah aktual; **–funk** *m, Rundf.* siaran topik aktuil; **–geist** *m* semangat zaman; **≗gemäß** menurut zaman, modern, aktuil; **–genosse** *m*, **–genossin** *f* orang sezaman; **≗genössisch** sezaman, semasa, kontemporer; **≗gerecht** tepat pd. waktunya
Zeit|geschäft *n* transaksi yg. ditetapkan sekarang tetapi dilaksanakan di kemudian hari (dng. kurs/harga sekarang); **–geschichte** *f* sejarah kontemporer; **–gewinn** *m* hemat/untung waktu
zeitig pagi-pagi; **–en** *tr.* menghasilkan
Zeit|karte *f* karcis langganan; **–karten·inhaber** *m* pemegang karcis langganan; **≗kritisch** bersifat kritis thd. gejala sezaman; **–lang** *f, e–e ~* utk. sementara waktu; **–läufte** *pl* peredaran waktu; **≗lebens** seumur hidup; **≗lich** yg. berh. dng. waktu, menurut waktu; *vergänglich* fana; *das ≗e segnen* meninggal; *~ zusammenfallen* bertepatan waktu; **–lichkeit** *f* (*–;O*) kefanaan
zeit|los tdk. terpengaruh oleh mode; **≗lupentempo** *n, im ~* pelan-pelan sekali; **≗mangel** *m* kekurangan waktu; **≗maß** *n* ukuran tempo, irama; **≗messer** *m* jam, alat pengukur waktu; **–nah** aktuil; **≗nehmer** *m* (*–s;–*) pencatat waktu; **≗not** *f, in ~ sein* dikejar waktu; **≗plan** *m* jadwal; **≗punkt** *m* saat; **–raubend** yg. memakan waktu; **≗raum** *m* jangka waktu
Zeit|rechnung *f* kronologi, tarikh; *christliche ~* zaman Masehi; **–schrift** *f* majalah; **–spanne** *f* jangka/kurun waktu; **≗sparend** yg. menghemat waktu; **–tafel** *f* tabel kronologis; **–umstände** *pl* keadaan zaman
Zeitung *f* (*–;–en*) suratkabar, koran
Zeitungs|abonnement *n* langganan koran; **–artikel** *m* artikel, karangan dl. suratkabar; **–ausschnitt** *m* guntingan koran; **–beilage** *f* lampiran koran; **–ente** *f* berita salah; **–frau** *f* wanita penjual/pengantar koran, loper; **–junge** *m* loper, pengantar koran; **–kiosk** *m* kios (koran); **–meldung** *f* berita dl. koran; **–notiz** *f* berita kecil dl. koran
Zeitungs|papier *n* kertas koran; **–redakteur** *m* redaktur suratkabar; **–reklame** *f* iklan dl. koran; **–stand**

m, s. Zeitungskiosk; tempat penjualan koran; **–stil** *m* gaya penulisan wartawan; **–verkäufer(in** *f*) *m* penjual/pengecer koran; **–verleger** *m* penerbit suratkabar; **–wesen** *n* persuratkabaran, perihal suratkabar; **–wissenschaft** *f* jurnalistik, publisistik

Zeit|verhältnisse *pl* keadaan zaman; **–verlust** *m* kehilangan waktu; **–verschwendung** *f* pemborosan waktu; **–vertreib** *m* hiburan, kegemaran utk. mengisi waktu; **≗weilig** utk. sementara waktu; **≗weise** kadang-kadang, tdk. selalu; **–wort** *n* (*–ẹs;–̈er*) kata kerja, *schwaches/starkes* ~ kata kerja lemah/kuat; **–zeichen** *n, Rundf.* waktu; **–zünder** *m* alat peledak pd. bom waktu

zelebrieren (–) *tr.* merayakan

Zelle *f* (*–;–n*) sel

Zell|faser *f* serat selulosa; **–gewebe** *n* jaringan sel; **–kern** *m* inti sel

Zellophan(papier) *n* (*–s;O*) kertas kaca

Zellstoff *m* selulosa

Zellu|loid *n* (*–s;O*) seluloid(a); **–lose** *f* (*–;O*) *s. Zellstoff*

Zell|wand *f* dinding sel; **–wolle** *f* rayon

Zelot *m* (*–en;–en*) orang fanatik

Zelt *n* (*–ẹs;–e*) tenda, kemah; *s–e ~e abbrechen* pindah tempat; **–bahn** *f* kain tenda; **≗en** *itr.* berkemah; **–lager** *n* perkemahan; **–leinwand** *f* kanvas; **–pflock** *m* pasak tenda; **–platz** *m* tempat perkemahan; **–stange** *f* tiang tenda

Zement *m* (*–ẹs;–e*) semen; **≗ieren** (–) *tr.* menyemen, memberi semen; *Metall* memperkeras; *fig.* mengukuhkan (sehingga tdk. dapat diubah)

Zenit *m* (*–s;O*) zenit, titik puncak

zens|ieren (–) *tr.* menyensur; *Schule* memberi nilai/angka, memonten; **≗or** *m* (*–s;–en*) sensor; **≗ur** *f* (*–;–en*) sensur, pengawasan, pemeriksaan; *Schule* penilaian, nilai, ponten, angka rapor

Zentimeter *n* sentimeter (cm)

Zentner *m* (*–s;–*) lima puluh kilogram, setengah kwintal; **≗schwer** berat sekali

zentral sentral, pusat, di tengah-tengah sekali; *das ~e Problem* masalah pokok; **≗bank** *f* bank sentral/negara; **≗e** *f* (*–;–n*) pusat; **≗heizung** *f* pemanasan sentral; **≗isation** *f* pemusatan, sentralisasi; **–isieren** (–) *tr.* memusatkan; **≗isierung** *f* (*–;O*) sentralisasi, pemusatan; **≗ismus** *m* (*–;O*) sentralisme; **≗nervensystem** *n* susunan syaraf sentral/pusat

zentri|fugal pusingan, sentrifugal, gerak putaran menjauhi pusat; **≗fugalkraft** *f* gaya pusingan/sentrifugal; **–petal** pusaran sentripetal, gerak putaran menuju ke pusat

zentrisch di pusat, ke arah pusat

Zentrum *n* (*–s; . . . ren*) (titik) pusat, sentrum

Zeppelin *m* (*–s;–e*) (pesawat) zeppelin

Zepter *n* (*–s;–*) tongkat kerajaan/kekuasaan; *das ~ schwingen* menentukan apa yg. harus dilaksanakan, berkuasa

zer|beißen (–) *unr. tr.* menggigit sampai rusak/hancur; **–bersten** (–) *unr. itr.* meledak, pecah; **–beult** peyot; **–bombt** hancur karena dibom

zerbrech|en (–) *unr. tr.* mematahkan, memecahkan, menghancurkan; *itr.* pecah, patah; *an et.* ~ patah semangat; *sich den Kopf ~ über* berpikir keras tt. sst.; **–lich** mudah pecah/patah, getas

zer|bröckeln (–) *tr. itr.* merepih; **–drücken** (–) *tr.* meremukkan dng. menekan

Zeremon|iё *f* (*–;–n*) upacara, seremoni; **–iёll** *n* (*–s;–e*) tata cara; **≗iёll** berh. dng. tata cara, resmi-resmian; *feierlich* khidmat; **–iёnmeister** *m* pemimpin upacara; **≗iös** formil-formilan

zerfahren *Adj.* rusak oleh kendaraan; *fig.* tdk. bisa memusatkan perhatian, senewen

Zerfall *m* (*–s;O*) runtuhnya, keruntuhan; kemerosotan; **≗en** (–) *unr. itr.* runtuh, rusak, hancur; *Chem.* terurai; *das Buch zerfällt in drei Kapitel* buku ini terdiri dari tiga bab; **–sprodukt** *n, Chem.* hasil penguraian

zer|fetzen (–) *tr.* merobek-robek, mengoyak-ngoyakkan; **–fledert** kumal; **–fleischen** (–) *tr.* mengoyak, mencabik-cabik; *sich* ~, *fig.* saling menghancurkan; **–fließen** (–) *unr. itr.* mencair; *vor Freundlichkeit* ~, *fig.* ramah secara berlebihan; *in Tränen* ~ menangis tersedu-sedu; **–fressen** (–) *unr. tr.* merusak dng. memakannya; **–gehen** (–) *unr. itr.* melarut, *Fett* mencair, *Schnee* meleleh; **–gliedern** (–) *tr.* menguraikan, menganalisa, menggolong-golongkan

zer|hacken (–) *tr.* mencincang, mengernai; *Holz* membelah-belah; **–hauen** (–) *unr. tr.* memukul sampai rusak; **–kauen** (–) *tr.* mengunyah sampai hancur; **–kleinern** (–) *tr.* memotong kecil-kecil; **–klüftet** bercelah-celah

zerknirsch|t yg./dng. menyesal dan merasa bersalah, remuk-redam; **±ung** *f* (–;*O*) rasa sedih karena bersalah

zer|knittern (–) *tr.*, **–knüllen** (–) *tr.* merenyuk, mengumalkan, mengusutkan; **–kochen** (–) *tr.* memasak terlalu lama; **–kratzen** (–) *tr.* menggores (–gores), menggaruk sampai luka, mencakar; **–krümeln** (–) *tr.* merepih (–repih), meremah-remahkan; **–lassen** (–) *unr. tr.* memanaskan sampai mencair

zerleg|bar dapat dibongkar; **±en** (–) *tr.* membongkar dl. bagian-bagian (-nya); *fig., Chem.* menguraikan, menganalisa; *Speise* memotong-motong; **±ung** *f* (–;*O*) pembongkaran; *fig. Chem.* penguraian

zer|lesen *Adj.* kumal; **–lumpt** compang-camping; **–mahlen** (–) *unr. tr.* menggiling, melumatkan; **–malmen** (–) *tr.* meremukkan, menggilas, meluluh-lantakkan; **–martern** (–) *sich den Kopf* ~ berpikir keras tanpa hasil; **–mürben** (–) *tr.* mematahkan semangat; **–nagen** (–) *tr.* mengerat sampai rusak; **–pflücken** (–) *tr.* memetik/mengupas (helai) satu per satu; *fig.* mengeritik habis-habisan

zer|platzen (–) *itr.* meledak, pecah; **–quetschen** (–) *tr.* melumatkan, melenyeh, meremukkan

Zerrbild *n* karikatur, gambar ejekan

zerreiben (–) *unr. tr.* melumatkan, menggiling; mengulak; *fig.* menghancur-leburkan

zerreiß|en (–) *unr. tr.* merobek, mengoyakkan, menyobekkan; *fig.* mengritik habis-habisan; *Bindungen* ~ memutuskan hubungan; *das Herz* ~ membuat cabar hati; *das zerrissene Deutschland* Jerman yg. terpecah-belah; *itr.* menjadi sobek/putus, koyak; **±probe** *f* tes daya tahan, uji-coba

zerren *tr.* menyeret; *Muskel* keseleo

zerrinnen (–) *unr. itr.* perlahan-lahan melebur/mencair/melenyap

Zerrissenheit *f* (–;*O*) keadaan terpecah-belah, perpecahan

Zerr|spiegel *m* cermin yg. mengubah bentuk; **–ung** *f* (–;–*en*) keseleo, terpelecok, *distortio*

zerrütt|en (–) *tr.* mengguncangkan, merongrong; *fig.* mengganggu; *Gesundheit* merusak; **–et** terganggu, retak, rusak; **±ung** *f* (–;*O*) keadaan terganggu, keretakan, perpecahan

zer|sägen (–) *tr.* menggergaji sampai putus; **–schellen** (–) *itr.* menjadi hancur-lebur; *Schiff* kandas berkeping-keping; **–schlagen** (–) *unr. tr.* memukul hancur, merusakkan; *der Plan hat sich* ~ rencana itu gagal; **–schlissen** *Adj.* aus, lusuh; **–schmelzen** (–) *unr. itr.* melebur, mencair; **–schmettern** (–) *tr.* menghancurkan dng. tenaga dahsyat; **–schneiden** (–) *unr. tr.* memotong-motong

zersetz|en (–) *tr.* menguraikan; *fig.* merusak (daya tahan), menggerogoti; *refl.* membusuk, *Chem.* menjadi terurai; **±ung** *f* (–;*O*) penguraian; pembusukan; *fig.* demoralisasi, subversi

zer|siedeln (–) *tr.* merusak pemandangan alam dng. mendirikan bangunan di mana-mana; **–splittern** (–) *tr.* memecah-belah, menghancurkan berkeping-keping; *sich* ~ sibuk dng. terlalu banyak hal; *s–e Kräfte* ~ menghamburkan tenaga; **–sprengen** (–) *tr.* meledakkan; *fig.* mencerai-beraikan; **–springen** (–) *unr. itr.* pecah; **–stampfen** (–) *tr.* menumbuk hingga menjadi halus, melumatkan

zerstäub|en (–) *tr.* menyemprot (-kan); **±er** *m* (–*s*;–) semprotan

zer|stieben (–) *unr. itr.* menjadi cerai-berai, menjadi terpencar-pencar; **–stochen** *Adj.* digigit di mana-mana

zerstör|en (–) *tr.* merusakkan, menghancurkan; **≗er** *m* (*–s;–*) perusak; *Mar.* kapal perusak; **–erisch** bersifat merusak, destruktif; **≗ung** *f* (*–;–en*) perusakan, penghancuran; kerusakan; **≗ungskraft** *f* daya perusak; **≗ungstrieb** *m* dorongan/nafsu utk. merusak; **≗ungswut** *f* vandalisme

zerstoßen (–) *unr. tr.* menumbuk

zerstreu|en (–) *tr.* menyerakkan; mencerai-beraikan; *Menge* membubarkan; *Zweifel* ~ melenyapkan keraguan; *sich* ~ (mem)bubar(kan diri), *fig.* mencari hiburan; **–t** terpencar-pencar; *fig.* linglung, lupa-lupaan; **≗theit** *f* (*–;O*) sifat pelupa/linglung; **≗ung** *f* (*–;–en*) pembubaran; *fig.* hiburan, pelesiran

zerstückel|n (–) *tr.* membagi-bagi dl. potongan kecil, mengeping; **≗ung** *f* (*–;O*) pembagian dl. potongan kecil (-kecil)

zerteilen (–) *tr.* memecahkan, membelah-belah dl. bagian-bagian; *Menge, Wolken* mencerai-beraikan, membubarkan

Zertifikat *n* (*–ϵs;–e*) sertifikat, surat keterangan

zertreten (–) *unr. tr.* menginjak-injak sampai rusak/mati

zertrümmer|n (–) *tr.* menghancurkan, merusakkan sama sekali; *Atom* membelah; **≗ung** *f* (*–;–en*) penghancuran, pembelahan

zerwühlen (–) *tr.* membuat kusut/berantakan/rusak

Zerwürfnis *n* (*–ses;–se*) perselisihan, perpecahan

zerzaus|en (–) *tr.* membuat kusut; **–t** kusut-masai

Zession *f* (*–;–en*) penyerahan, pelepasan hak

Zeter *m*, ~ *u. Mordio schreien, ugs.* menjerit-jerit minta tolong; **≗n** *itr.* menjerit-jerit; meratap terus-menerus

Zettel *m* (*–s;–*) secarik/sehelai kertas; **–kasten** *m* kotak kartu, perkartuan; **–katalog** *m* susunan kartu-kartu *filing*, kartotek

Zeug *n* (*–ϵs;O*) bahan; *Kleider* pakaian; *Textil* kain, cita; *Sachen* barang, benda; *Stoff, ugs.* material; *ungenießbares* ~ makanan jelek sekali; *das* ~ *zum Arzt haben* mempunyai bakat utk. menjadi dokter; *dummes* ~ omong kosong; *wirres* ~ *träumen* bermimpi hal yg. kacau-balau; *sich ins* ~ *legen* berusaha keras; *j-m'am* ~ *flicken* mencela sso.; *arbeiten was das* ~ *hält, fig.* bekerja sekuat tenaga; *sein* ~ *in Ordnung halten* merawat perkakas/peralatan/pakaian dng. baik

Zeuge *m* (*–n;–n*) saksi

zeugen *tr.* mengadakan keturunan/anak; *fig.* menghasilkan; *itr.* naik saksi, memberi kesaksian; *von Kraft* ~ membuktikan kekuatan

Zeugen|aussage *f* keterangan/pernyataan saksi, kesaksian; **–bank** *f* bangku saksi (di pengadilan); **–beeinflussung** *f* hal mempengaruhi saksi; **–eid** *m* sumpah saksi; **–vernehmung** *f* pendengaran keterangan saksi

Zeug|haus *n* gudang persenjataan, arsenal; **–in** *f* (*–;–nen*) saksi wanita

Zeugnis *n* (*–ses;–se*) kesaksian, bukti; *Gutachten* surat keterangan; *Schule* rapor, ijazah; **–abschrift** *f* salinan rapor; **–verweigerungsrecht** *n* hak utk. menolak memberi kesaksian

Zeugung *f* (*–;–en*) perbuatan mengadakan keturunan/anak; **–s·akt** *m* persetubuhan; **≗sfähig** sanggup mengadakan anak; **–skraft** *f* kemampuan mengadakan anak, potensi; **–s·organe** *pl* alat kelamin; **–s·trieb** *m* nafsu/dorongan utk. mengadakan anak

Ziborium *n* (*–s; . . . riën*) *Rel.* sibori, piala utk. menyimpan hosti

Zick|e *f* (*–;–n*) *fig.* wanita cerewet; **–en** *pl, mach keine* ~ *! ugs., bp.* jangan main gila! **–lein** *n* (*–s;–*) anak kambing

Zickzack *m* (*–ϵs;O*) siku keluang, perihal berkelok-kelok, *bp.* zigzag

Ziege *f* (*–;–n*) kambing, *capra*

Ziegel *m* (*–s;–*) batu bata; *Dach* genting, genténg; **–brennerei** *f, s. Ziegelei;* **–dach** *n* atap genting; **–ei** *f* (*–;–en*) pabrik batu bata, pabrik genting; **≗farben** *Adj.* merah bata; **–ofen** *m* dapur pembakaran batu bata; **≗rot** merah bata; **–stein** *m* batu bata

Ziegen|bart *m* **1.** janggut/jenggot kambing; **2.** *Bo.* sm. jamur, *clavaria;* **–bock** *m* bandot, kambing jantan; **–fell** *n* bulu-bulu kambing; **–hirt** *m* gembala kambing; **–leder** *n* kulit kambing; **–milch** *f* susu kambing; **–peter** *m* (*–s;O*) radang kelenjar-ludah telinga, sakit beguk, *parotitis*

Zieh|brücke *f* jembatan angkat/jungkatan; **–brunnen** *m* sumur yg. airnya ditimba

ziehen *unr. tr.* menarik, menghela; *züchten* memelihara, menumbuhkan; *itr.* pindah, pergi ke, menuju; *Aufmerksamkeit auf sich* ~ menarik perhatian; *et. in den Schmutz* ~, *fig.* menjelekkan; *es zieht* ada angin; *j-n zur Verantwortung* ~ meminta pertanggungjawaban dari sso.; *nach sich* ~ mengakibatkan; *s-n Hut* ~ mengangkat topi; *sich in die Länge* ~ berkepanjangan, berlarut-larut; *Tee* ~ *lassen* membiarkan (air) teh menjadi kental; *das Holz zieht sich* kayu mengerut; *das zieht bei mir nicht, ugs.* tdk. berkesan pd. saya; *e-e Waffe* ~ mencabut senjata; *die Wurzel* ~ *aus, Math.* menarik akar dari

Zieh|harmonika *f* (*–;–s/. . . ken*) harmonika tangan, akordeon; **–kind** *n* anak piara; **–ung** *f* (*–;–en*) penarikan; **–vater** *m* ayah yg. membesarkan anak orang lain

Ziel *n* (*–ẹs;–e*) tujuan, sasaran, target, maksud; *Handel* jangka waktu; **–band** *n, Sp.* pita putih tanda garis akhir; **≗bewußt** dng. bertekad bulat; yg. bertujuan pasti; **≗en** *itr.* membidik; *fig.* bermaksud, bertujuan, mengarahkan

Ziel|fernrohr *n* teleskop pd. senapan; **–gerade** *f, Sp.* bagian yg. lurus sebelum akhir; **–gruppe** *f* kelompok yg. menjadi sasaran; **–linie** *f, Sp.* garis akhir; **≗los** tanpa tujuan; **–punkt** *m* tujuan; **–scheibe** *f* sasaran, bulan-bulanan; **–setzung** *f* (*–;–en*) penetapan tujuan/target; **≗sicher** (selalu) tepat, tak pernah salah/menyimpang; **≗strebig** yg. mengejar tujuan dng. tdk. menyimpang

ziemen *sich* ~ (se)patut(nya)

ziemlich agak, cukup, lumayan, sedang; *so* ~ *alles* hampir semuanya; *s. geziemend*

Zier *f* (*–;O*), **–at** *m* (*–ẹs;–e*), **–de** *f* (*–;–n*) perhiasan, hiasan; *die Zierde des Hauses* kebanggaan rumah ini

zier|en *tr.* menghias(i); *sich* ~ bertingkah malu-malu (kucing); **≗erei** *f* (*–;O*) sikap malu-malu/pura-pura; **≗garten** *m* kebun hias; **≗kissen** *n* bantal seraga; **–lich** mungil, halus dan kecil; **≗pflanze** *f* tanaman hias; **≗puppe** *f* wanita pesolek

Ziffer *f* (*–;–n*) angka; **–blatt** *n* pelat/piringan arloji

zig banyak sekali

Zigarette *f* (*–;–n*) rokok, sigaret; ~ *mit Nelken* rokok kretek; *e-e* ~ *drehen* menggulung rokok; **–n·anzünder** *m* pemantik api, geretan; **–n·automat** *m* otomat (yg. menyediakan) rokok; **–n·etui** *n* kotak rokok; **–nlänge** *f* panjangnya rokok; *fig.* waktu yg. singkat; **–nmarke** *f* merek rokok; **–npackung** *f*, **–nschachtel** *f* bungkus rokok; **–nspitze** *f* pipa sigaret; **–nstummel** *m* puntung rokok

Zigarillo *n* (*–s;–s*) sm. cerutu kecil/kurus

Zigarre *f* (*–;–n*) cerutu, serutu, lisong; **–n·abschneider** *m* (*–s;–*) alat pemotong bagian mulut cerutu; **–n·asche** *f* abu cerutu; **–ndeckblatt** *n* daun pembungkus cerutu, *bp.* dekblad; **–nkiste** *f* kotak cerutu; **–nladen** *m* toko cerutu; **–nstummel** *m* puntung cerutu

Zigeuner(in *f*) *m* (*–s;–*) orang kelana, *gipsy*

Zikade *f* (*–;–n*) sm. jangkrik, *cicadina*

Zimbel *f* (*–;–n*) *Mus.* simbal

Zimmer *n* (*–s;–*) kamar, ruang, bilik; **–antenne** *f* antena dalam; **–bestellung** *f* pesanan kamar; **–decke** *f* langit-langit; **–einrichtung** *f* perabot kamar; **–flucht** *f* (*–;–en*) deretan kamar; **–genosse** *m* teman sekamar; **–gymnastik** *f* senam dl. kamar; **–handwerk** *n* keahlian tukang kayu; **–herr** *m* penyewa kamar; **–lautstärke** *f, Radio* volume lembut

Zimmer|mädchen *n* pelayan wanita yg. mengurus kamar tamu di hotel; **–mann** *m* (*–s; . . . leute*) tukang kayu; **–meister** *m* tukang kayu ahli; **≗n** *tr*. membuat sst. dari kayu; *itr*. bekerja sebagai tukang kayu; **–nachweis** *m* biro/kantor pengurusan penginapan

Zimmer|pflanze *f* tanaman hias dl. kamar; **–temperatur** *f* suhu sedang (18-20° Celsius); **–theater** *n* teater kecil; **–vermieter(in** *f*) *m* orang yg. menyewakan kamar; **–vermittlung** *f*, s. *Zimmernachweis*

zimperlich *Adj*. terlalu peka/berperasaan (thd. pekerjaan/kekotoran/kedinginan), berpilih-pilih; *prüde* malu secara berlebihan; *Adv*., *nicht* ~ agak kasar

Zimt *m* (*–s;O*) kayu manis, *cinnamomum*; *fig*. *ugs*. omong kosong; *Kram* barang tak berharga

Zink *n* (*–s;O*) seng (Zn), timah sari; **–blech** *n* lempengan/kaleng seng

Zinke *f* (*–;–n*) gigi (garpu dsb.); **–n** *m* (*–s;–*) *ugs*. hidung besar; **≗n** *tr*. memberi kode (pd. kartu)

Zinn *n* (*–ɇs;O*) timah (Sn); **–en** *pl* bagian bergerigi di atas tembok/menara; **≗e(r)n** *Adj*. dari timah; **–geschirr** *n* peralatan/perkakas dari timah

Zinnober *m* (*–s;O*) sm. mineral yg. berwarna merah (HgS); *ugs*. barang tak berguna, omong kosong; **≗rot** merah kekuning-kuningan

Zins *m* (*–es;–en*) iuran, uang sewa, pajak; **≗bringend** berbunga, menghasilkan bunga; **–en** *pl* bunga; ~ *tragen* berbunga; **–erhöhung** *f* kenaikan bunga; **–eszinsen** *pl* bunga berbunga; **≗frei** bebas/tanpa iuran; **–fuß** *m* suku bunga, tarif bunga; **≗los** *s. zinsfrei*

zins|pflichtig wajib membayar bunga; **≗rechnung** *f* perhitungan suku bunga; **≗satz** *m*, *s. Zinsfuß*; **≗verlust** *m* kehilangan bunga, kerugian karena tdk. mendapat bunga; **≗wucher** *m*, *s. Wucher*

Zionismus *m* (*–;O*) zionisme

Zipfel *m* (*–s;–*) ujung, punca; **–mütze** *f* topi yg. berbentuk kerucut

Zipperlein *n* (*–s;O*) pirai

Zirbeldrüse *f* (kelenjar) ujung tulang pipa, *epiphysis*

zirka kira–kira, kurang–lebih

Zirkel *m* (*–s;–*) jangka; *Kreis* lingkaran; *fig*. kelompok, kalangan; **–kasten** *m* kotak jangka, paserdos; **–leiter** *m* pemimpin kelompok; **≗n** *tr*. mengukur dng. teliti; **–schluß** *m* kesimpulan yg. tak berujung–pangkal

Zirku|lar *n* (*–s;–e*) surat edaran, sirkuler; **–lation** *f* (*–;O*) peredaran, sirkulasi; **≗lieren** (–) *itr*. beredar

Zirkus *m* (*–/–ses;–se*) sirkus

zirpen *itr*. berbunyi kerik–kerik (spt. jangkrik)

zisch|eln *itr*. mendesus/berbisik-bisik dng. marah; **–en** *itr*. mendesar; *Dampf* mendesir, mendesis; *Lippen* mendesus–desus; **≗laut** *m*, *Gr*. bunyi desis

ziselieren (–) *tr*. mengukir logam

Zisterne *f* (*–;–n*) bak air hujan (di bawah tanah)

Zitadelle *f* (*–;–n*) benteng

Zitat *n* (*–s;–e*) kutipan, petikan, cuplikan

Zither *f* (*–;–n*) *Mus*. sm. kecapi

zitieren (–) *tr*. mengutip; *j–n zu sich* ~ menyuruh sso. spy. datang, memanggil sso.

Zitronat *n* (*–ɇs;O*) manisan kulit jeruk sitrun

Zitrone *f* (*–;–n*) jeruk limau/sitrun; **–nbaum** *m* pohon jeruk limau, *citrus medica*; **–ngras** *n* serai(-gulai), *andropogon nardus*; **–nlimonade** *f* limun/limonade jeruk sitrun; **–npresse** *f* alat pemeras buah jeruk; **–nsaft** *m* sari/air jeruk limau; **–nsäure** *f* asam sitrat/limau; **–nwasser** *n* air jeruk limau

Zitrusfrucht *f* (buah) jeruk, *citrus*

zitt|(e)rig yg. gemetar; **–ern** *itr*. gemetar, bergetar; *vor Kälte* menggigil

Zitze *f* (*–;–n*) *Tier* pentil susu

zivil sipil, bukan militer; *~e Preise* harga sedang; **≗** *n* (*–s;O*), **≗anzug** *m* pakaian preman; **≗bevölkerung** *f* penduduk sipil; **≗courage** *f* keberanian mengatakan/bertindak sesuai dng. keyakinan; **≗ehe** *f* perkawinan di catatan sipil; **≗gericht** *n* pengadilan perdata; **≗isation** *f*

(–;–*en*) peradaban; **–isatorisch** yg. berh. dng. peradaban
zivil|isieren (–) *tr*. memperadabkan; **–isiert** beradab; **²ist** *m* (–*en*;–*en*) orang biasa/preman/sipil; **²kleidung** *f* pakaian preman; **²luftfahrt** *f* penerbangan non militer; **²prozeß** *m* perkara perdata; **²prozeßordnung** *f* hukum acara perdata; **²recht** *n* hukum perdata; **²verteidigung** *f* pertahanan sipil
Zobel *m* (–*s*;–) sm. musang yg. bulunya sangat berharga, *martes zibellina*
Zofe *f* (–;–*n*) wanita pelayan dalam, abdi dalem wanita, dayang
zögern *itr*. ragu-ragu, bimbang; ~ *mit* menunda-nunda; *ohne zu* ~ langsung, tanpa ragu-ragu
Zögling *m* (–*s*;–*e*) anak asuhan/asrama
Zölibat *m, n* (–*ẽs*;*O*) selibat
Zoll *m* **1.** (–*ẽs*;–̈*e*) (jawatan) bea-cukai; duane, pabean; *Abgabe* bea, tol; **2.** (–*ẽs*;–) *Maß* inci, dim; **–abfertigung** *f* pemeriksaan pabean/bea-cukai; **–amt** *n* kantor bea-cukai, pabean; **–aufschlag** *m* bea tambahan; **–beamte** *m* pegawai bea-cukai; **–behörde** *f* dinas/jawatan bea-cukai; **²en** *tr*. menyatakan, menghaturkan; *Beifall* ~ bertepuk-tangan
Zoll|erklärung *f* daftar isian atau laporan barang yg. kena bea; **–fahndung** *f* pengusutan pelanggaran bea-cukai; **²frei** bebas bea; **–gebiet** *n* daerah pabean; **–gebühren** *pl* bea, cukai; **–haus** *n, Hafen* (kantor) pabean; **–hinter·ziehung** *f* penggelapan bea-cukai; **–inspektor** *m* pegawai (menengah dinas) bea-cukai; **–kontrolle** *f* pemeriksaan bea-cukai
Zöllner *m* (–*s*;–) pegawai/pemungut bea-cukai
zoll|pflichtig dikenakan bea; **²plombe** *f* segel bea-cukai; **²schranke** *f* palang di perbatasan tempat pembayaran bea-cukai, bom; **²stock** *m* alat ukur dari kayu yg. dapat dilipat, dimstok; **²tarif** *m* tarif bea-cukai; **²vergünstigungen** *pl* keringanan bea-cukai; **²verschluß** *m* segel bea-cukai; **²vorschriften** *pl* peraturan bea-cukai; **–weise** inci demi inci
Zone *f* (–;–*n*) daerah, wilayah, kawasan, zona; *gemäßigte* ~ daerah iklim sedang; **–ngrenze** *f, ugs*. perbatasan antara Jerman Barat dan Jerman Timur; **–ntarif** *m* tarif pembayaran menurut trayek/jarak tertentu
Zoo *m* (–*s*;–*s*) kebun binatang
Zoolog|e *m* (–*n*;–*n*) ahli ilmu hewan; **–ie** *f* (–;*O*) ilmu hewan; **²isch** menurut atau berh. dng. ilmu hewan; ~*er Garten* kebun binatang, taman margasatwa
Zopf *m* (–*ẽs*;–̈*e*) kepang, kuncir; *e alter* ~ pandangan/kebiasaan kolot
Zorn *m* (–*ẽs*;*O*) amarah, murka; **²entbrannt, ²ig** marah, berang
Zot|e (–;–*n*) lelucon jorok/kotor; **²enhaft, ²ig** kotor, jorok, tdk. senonoh
Zott|e *f* (–;–*n*) jonjot, selaput lendir usus, *villus*; *Haar* berkas; **²ig** berbulu kusut/kasar, berambut kusut
zu 1. *Prp*. ke, kepada, pada, di; untuk; per, à; ~ *Ostern* waktu/utk. Paskah; ~ *dem Zweck* utk./demi maksud itu; ~ *Brei machen* menjadikan bubur; ~ *Beginn* pd. permulaan; ~*m Arzt gehen* pergi ke(pada) dokter; ~ *Deutsch* dl. bahasa Jerman; ~ *Köln* di Köln; *zwei* ~ *eins, Sp*. dua (banding) satu; ~*r Hälfte* setengahnya; *aus Freundschaft* ~ *ihm* demi persahabatan dng. dia; *j-n* ~*m Direktor ernennen* mengangkat sso. menjadi direktur; *Fisch* ~*m Reis essen* makan ikan dng. nasi; ~ *Fuß gehen* berjalan kaki; *Bananen* ~ *3 Mark das Kilo* satu kilo pisang à 3 Mark; **2.** *Adv*. (ter)tutup; terlalu; ~ *vorsichtig* terlalu hati-hati; *die Tür ist* ~ pintu tertutup; *ab u*. ~ kadang-kadang; *nur* ~*!* terus saja! **3.** *Konj. beim Infinitiv; ich habe* ~ *arbeiten* saya harus bekerja; *er hat Angst* ~ *kommen* ia takut datang; ~ *vermieten* (akan/utk.) disewakan; *sie ging in die Stadt, um einzukaufen* ia pergi ke kota utk. berbelanja
zualler|erst pertama-tama; **–letzt** paling akhir
zubauen *tr*. menutup dng. bangunan
Zubehör *n* (–*ẽs*;*O*) perlengkapan; *Mot*. suku cadang, onderdil

zubeißen *unr. itr.* menggigit kuat-kuat dan cepat

Zuber *m* (*–s;–*) tahang/pasu dari kayu (dng. pegangan)

zubereit|en (–) *tr.* menyiapkan, mengolah; **≗ung** *f* (*–;–en*) pengolahan, persiapan

zu|billigen *tr.* mengabulkan, mengijinkan; **–binden** *unr. tr.* menutup dng. mengikat; **–bleiben** *unr. itr.* tetap tertutup; **–blinzeln** *itr.* memberi isyarat (dng. kedipan mata)

zubring|en *unr. tr.*, *Zeit* menghabiskan, melewatkan; *die Nacht* ~ bermalam; *die Tür* ~, *ugs.* berhasil menutup pintu; **≗er** *m* (*–s;–*) jalan penghubung menuju jalan besar/raya; *fig.* pelapor, informan; **≗erdienst** *m* pelayanan/pengangkutan umum (yg. membawa penumpang) ke tempat keberangkatan; **≗erlinie** *f* trayek pengangkutan umum ke pelabuhan / stasiun / lapangan-terbang. . . ; **≗erstraße** *f*, *s. Zubringer*

Zubuße *f* sumbangan, iuran

Zucht *f* **1.** (*–;–en*) peternakan, pembiakan; **2.** (*–;O*) *fig.* tata-tertib, disiplin; *sich in ~ nehmen* mengekang/menguasai diri; **–buch** *n* stambuk, buku asal-usul; **–bulle** *m* lembu/sapi pejantan

zücht|en *tr.*, *Tiere* menternakkan, membiakkan; *Pflanzen* memelihara, menumbuhkan; **≗er(in** *f*) *m* (*–s;–*) peternak; petani

Zucht|haus *n* penjara (bagi penjahat kelas berat); **–häusler** *m* (*–s;–*) narapidana; **–hengst** *m* kuda pejantan

züchtig sopan; malu; **–en** *tr.* memukuli (sebagai hukuman); **≗keit** *f* (*–;O*) kesopanan; sikap malu; **≗ung** *f* (*–;–en*) pemukulan sebagai hukuman

zucht|los tdk. tertib/berdisiplin, liar; **≗losigkeit** *f* (*–;O*) sikap/tingkahlaku yg. tdk. tertib; **≗mittel** *n* sarana utk. menegakkan tata-tertib; **≗perle** *f* mutiara yg. dibiakkan; **≗sau** *f* bibit babi

Züchtung *f* (*–;–en*) *Tiere* peternakan, pembiakan; *Pflanzen* pemeliharaan, pembibitan

Zuchtvieh *n* ternak utk. dibiakkan

zucken *itr.* menggerenyet; *Fisch* menggelepar; *Blitz* berkilat secara zig-zag, membelah langit; *die Achseln* ~ mengangkat bahu

zücken *tr.* mencabut, menghunus

Zucker *m* (*–s;O*) gula; *Med.* sakit gula, *bp.* kencing manis, *diabetes mellitus*; **–dose** *f* tempat gula; **–erbse** *f* buah ercis yg. manis; **–fabrik** *f* pabrik gula, pabrik penggilingan tebu; **–guß** *m* lapisan gula; **≗haltig** mengandung gula; **–hut** *m* gula berbentuk kerucut; **≗ig** spt. gula; penuh gula; **≗krank** sakit kencing manis; **–krankheit** *f* penyakit gula; **≗n** *tr.* memberi gula, memaniskan

Zucker|raffinerie *f* penyulingan gula; **–rohr** *n* tebu, *saccharum*; **–rübe** *f* bit/lobak gula, *beta vulgaris*; **–saft** *m* sirup, setrup; **–stück** *n* gula batu; **≗süß** manis spt. gula, sangat manis; *~ sprechen* bermanis-manis; **–waren** *pl* gula-gula, manisan; **–wasser** *n* air gula; **–werk** *n*, *s. Zuckerwaren*; **–würfel** *m* gula batu berbentuk kubus

Zuckung *f* (*–;–en*) menggeleparnya; gerenyet

zudecken *tr.* menutup(i), menyelimuti, menyelubungi

zudem tambah lagi, di samping itu

zudenken *unr. itr.* memperuntukkan, memaksudkan utk.

Zudrang *m* (*–s;O*) desakan orang banyak (yg. mau masuk/ikut...)

zudrehen *tr.* menutup dng. memutar; *sich j-m* ~ berpaling kpd. sso.

zudringlich bersifat mengganggu (karena mendesakkan masalah pribadi pd. orang lain); *(e-m Mädchen gegenüber)* ~ *werden* bersikap kurangajar

zu|drücken *tr.* menutup dng. menekan; *beide Augen* ~ sengaja tdk. memperhatikan (kesalahan orang lain); **–eignen** *tr.* mempersembahkan

zueinander *Adv.* satu sama lain

zuerkennen (–) *unr. tr.* menganugerahkan

zuerst pertama-tama, mula-mula

zu|erteilen (–) *tr.*, *s. zuerkennen, zuteilen*; **–fächeln** *tr.* mengipasi;

–fahren *unr. itr.* berjalan terus; ~ *auf* menuju ke

Zufahrt *f*, **–s·straße** *f* jalan yg. menuju ke

Zufall *m* (–*ẹs*;–̈*e*) (hal yg.) kebetulan; *bp.* nasib; **≗en** *unr. itr.* menutup sendiri; *fig.* jatuh kpd.; *ihm fällt die Aufgabe zu* ia ditugaskan

zufällig, –erweise kebetulan; **≗keit** *f* (–;–*en*) (sifat/hal) kebetulan

zu|fassen *itr.* memegang; *helfen* turut membantu; **–fliegen** *unr. itr.* menutup dng. keras; ~ *auf* terbang ke; *es fliegt ihm alles zu, fig.* ia menangkap semuanya dng. mudah sekali; *die Herzen fliegen ihr zu* ia sangat disenangi; **–fließen** *unr. itr.* mengalir ke; *fig.* diberikan kpd.

Zuflucht *f* (–;O) tempat perlindungan/pelarian; *s-e ~ nehmen zu* menggunakan sebagai kesempatan terakhir; **–s·ort** *m*, *s. Zuflucht*

Zufluß *m* mengalirnya (ke); *Nebenfluß* anak sungai; ~ *erhalten* mendapat air dari; **–rohr** *n* pipa pengisian

zuflüstern *tr.* membisikkan kpd.

zufolge *Prp.* menurut, sesuai dng.

zufrieden *Adj.* puas; **–geben** *unr., sich ~* berpuas-hati (dng.); **≗heit** *f* (–;O) kepuasan; **–stellen** *tr.* memuaskan; **–stellend** yg. memuaskan

zu|frieren *unr. itr.* tertutup lapisan es; **–fügen** *tr.* menambah(kan); menyebabkan; *j-m Schaden ~* merugikan sso.

Zufuhr *f* (–;O) penyediaan, persediaan

zuführ|en *tr.* meng(h)antar(kan); menyediakan; memberi(kan), mengisi; *itr., ~ auf* menuju ke; **≗ung** *f* (–;–*en*) pengisian, penyediaan; penghantaran; **≗ungsdraht** *m, Elek.* kawat pengisi/pengantar

Zug *m* (–*ẹs*;–̈*e*) **1.** *das Ziehen* tarikan, penarikan; *Luft* aliran angin; *Wolken* perpindahan; *im Spiel* giliran; *Rauchen* isapan, hirupan; *Atem* hirupan; *Trinken* tegukan; *im Kamin* angin; **2.** *Reise, Fahrt* perjalanan, ekspedisi; *Kriegszug, Raubzug* serangan, invasi; **3.** *Tech.* alat tarik; *Gewehr* alur, galur, lurah; *Phys.* gaya tarik/hisap; **4.** *Eisenbahn* kereta api; *Lastzug* truk gandengan; **5.** *Kolonne, Schwarm* kelompok (manusia, binatang) yg. bergerak; *Umzug* pawai, arak-arakan, demonstrasi; perpindahan; *Mil.* peleton; *Schule* jurusan; *Vögel* kawanan; **6.** *Gesichtszug* air muka; *typischer ~* ciri/sifat khas; *Tendenz* kecenderungan; **7.** *Verlauf, im ~e von* dl. rangka, sehubungan dng.; **8.** *e geschickter ~* siasat lihai; *zum ~e kommen* mendapat kesempatan utk. bertindak; *in e-m ~e* tanpa berhenti, dng. sekali berbuat; ~ *um* ~ langkah demi langkah tanpa berhenti; ~ *der Zeit* sesuai dng. zamannya; *et. in vollen Zügen genießen* menikmati sst. dng. sepuas-puasnya; *in den letzten Zügen (liegen)* sakratulmaut; *in kurzen Zügen schildern* menggambarkan secara ringkas

Zugabe *f* (–;–*n*) tambahan, hadiah ekstra

Zugang *m* (–*ẹs*;–̈*e*) jalan/pintu masuk, kesempatan masuk; *Zutritt* kesempatan utk. menggunakan; *Handel* pemasukan tambahan, penerimaan; *fig.* kemampuan utk. mengerti; ~ *verboten!* dilarang masuk!

zugänglich dapat dicapai, mudah dihampiri; terbuka (utk. umum/anggota); *fig.* tdk. tertutup (thd.), ramah

Zugbrücke *f* jembatan jungkatan

zu|geben *unr. tr.* mengaku; *erlauben* mengijinkan; **–gegeben(ermaßen)** *Adv.* memang (benar)

zugedacht *die ihm ~e Aufgabe* tugas yg. dimaksudkan/ditentukan utk. dia

zugegen *Adv.* hadir

zugeh|en *unr. itr.* pergi/menuju ke; *schließen* dapat ditutup; *fröhlich ~* berlangsung dl. suasana gembira; *wie ist das zugegangen?* bagaimana hal itu (bisa) terjadi? *die Antwort geht Ihnen morgen zu* jawaban disampaikan kpd. anda besok; **≗frau** *f* pembantu yg. bekerja secara jamjaman

zugehör|ig kepunyaan, termasuk; **≗igkeit** *f* (–;O) keanggotaan

zugeknöpft tertutup
Zügel *m* (–*s*;–) kendali, (tali) kekang; *fig.* pengekangan, kendali; **≗los** tak terkendalikan, liar; **–losigkeit** *f* (–;*O*) sikap/tingkah laku yg. buruk; **≗n** *tr.* mengendalikan, mengekang
zugesellen *sich j-m* ~ menemani sso.
Zuge|ständnis *n* (–*ses*;–*se*) kerelaan, kelonggaran, konsesi; ~*se machen* memberi kelonggaran; **≗stehen** (–) *unr. tr.* mengakui; *erlauben* memperbolehkan; **≗tan** *j-m* ~ *sein* berkenan kpd. sso., menyukai sso.
Zug|feder *f* pegas peregang; **–festigkeit** *f* daya rentang; **–führer** *m* kondektur kepala; *Mil.* komandan regu
zugießen *unr. tr.* menambah (cairan/minuman); ~ *mit* menutup dng. bahan cair (yg. kemudian membeku)
zugig banyak angin
zügig lancar, cepat, tanpa halangan
Zug|kraft *f* daya tarik; *Phys.* gaya tarik; **≗kräftig** yg. menarik, atraktif
zugleich bersamaan, bersama dng.; sekaligus
Zug|luft *f* angin; **–maschine** *f* traktor; truk; **–mittel** *n* sarana/alat pemikat; **–personal** *n* awak kereta api; **–pferd** *n* kuda hela; **–pflaster** *n* koyok, plester obat
zugreifen *unr. itr.* mengambil dng. cepat, mengambil kesempatan; *helfen* segera membantu; *bitte greifen Sie zu!* silakan (ambil)! *die Polizei hat zugegriffen* polisi segera mengambil tindakan
Zugriff *m* (–*ẹs*;*O*) pengambilan cepat; *fig.* penindakan thd.
zugrunde *Adv.*, ~ *gehen* binasa; ~ *legen* menggunakan sebagai dasar; ~ *liegen* berdasarkan; ~ *richten* menghancurkan
Zug|salbe *f* salep utk. mengeluarkan nanah; **–schalter** *m* sakelar tarik; **–seil** *n* tambang; **–tier** *n* hewan hela
zugucken *itr. ugs.* menonton
zugunsten *Prp. mit Gen.* demi, guna
zugute *Adv.*, *j-m et.* ~ *halten* memaklumi sst. sebagai alasan utk. memaafkan sso.; *j-m* ~ *kommen* berguna utk. sso.; *sich et.* ~ *tun auf* membanggakan; bangga akan
Zug|verkehr *m* lalulintas kereta api; **–verspätung** *f* kelambatan kereta api; **–vieh** *n* hewan hela; **–vogel** *m* burung yg. berpindah, burung kelana; **–wind** *m*, *s. Zugluft*; **–zwang** *m*, *im* ~ *sein* harus bertindak
zu|haben *unr. itr.* tertutup; *Kleidung* terkancing; **–halten** *unr. tr.* menutup (dng. tangan); *itr.* menuju ke
Zuhälter *m* (–*s*;–) muncikari, germo
zu|hängen *tr.* menutup dng. kain; **–hauen** *unr. itr.* memukul; *tr.* memahat (secara kasar)
zuhauf *Lit.* dl. jumlah besar
Zuhause *n* (–*s*;*O*) kampung halaman; rumah keluarga
zu|heften *tr.* menjelujur; **–heilen** *itr.* menjadi sembuh
Zuhilfenahme *f*, *unter* ~ *von* dng. bantuan dari
zuhinterst yg. paling belakang
zuhör|en *itr.* mendengar(kan), memasang telinga; *hör zu!* dengarlah! **≗er** *m*, **≗erin** *f* pendengar; *verehrte* ~ para hadirin yg. terhormat; **≗erraum** *m* auditorium; **≗erschaft** *f* sidang pendengar
zu|jauchzen *itr.*, **–jubeln** *itr.* menyambut dng. bersorak-sorai
zu|kaufen *tr.* membeli sebagai tambahan; **–kehren** *tr.* mengarahkan, menghadapkan; **–klappen** *tr. itr.* menutup dng. bunyi ceklek; **–kleben** *tr.* menutup dng. perekat, merekatkan; **–klinken** *tr.* memasukkan slot (pintu); **–knallen** *tr. itr. ugs.* menutup dng. membanting; **–kneifen** *unr. tr.*, *e Auge* ~ mengedipkan/memejamkan mata sebelah; **–knöpfen** *tr.* mengancingkan (sampai tertutup)
zukommen *unr. itr.* menghampiri; *j-m et.* ~ *lassen* menyampaikan/memberikan sst. kpd. sso.; *et. auf sich* ~ *lassen* menunggu perkembangan; *es kommt ihm nicht zu, Kritik zu üben* tdk. pantas baginya utk. mengritik
Zukost *f* lauk
Zukunft *f* (–;*O*) masa depan, hari depan, masa yg. akan datang; *in* ~ lain kali
zukünftig yg. akan datang; mulai hari ini; ~*e Frau* calon isteri

Zukunfts|forschung *f* futurologi; **–musik** *f* angan-angan, khayalan; **–pläne** *pl* rencana utk. masa depan; **≗reich, ≗trächtig** mempunyai masa depan (yg. cerah)

zulächeln *itr.* melemparkan senyum (kpd.)

Zulage *f* (–;–*n*) tunjangan, tambahan

zulande *Adv.*, *hier* ~ di daerah (s)ini, di sini.

zu|langen *itr.* **1.** *s. zugreifen;* **2.** *ugs.* memadai, mencukupi; **–länglich** cukup, memadai

zulassen *unr. tr.* mengizinkan, membiarkan; *amtlich* memberi izin/pengakuan resmi; *Auto* memberi surat tanda nomor kendaraan bermotor; *ugs.*, *Tür* membiarkan tertutup; *zur Prüfung* ~ mengizinkan ikut ujian

zulässig diizinkan, diperbolehkan

Zulassung *f* (–;–*en*) izin, surat izin, hak/izin masuk; **–s·prüfung** *f* ujian masuk

Zulauf *f* (–*s;O*) **1.** ~ *haben* banyak pasien/pengunjung/peminat; **2.** *Tech.* pengisian, pengaliran ke dl.; **≗en** *unr. itr.* (lari) menuju ke; *lauf zu!* cepatlah! ~ *lassen* menambah air; *zugelaufener Hund* anjing jalanan yg. ikut ke rumah; *spitz* ~, *fig.* meruncing

zulegen *sich e Auto* ~ membeli mobil; *sich e-n anderen Namen* ~ ganti nama; *tr. itr.* menambah

zuleide *Adv.*, *j-m et.* ~ *tun* menyakiti hati sso.

zuleit|en *tr.* menyalurkan, menyampaikan; **≗ung** *f* (–;–*en*) saluran/aliran penyediaan

zuletzt akhirnya, yg. terakhir; *nicht* ~ khususnya, terutama; *bis* ~ sampai akhir

zuliebe demi

Zuliefer|er *m* (–*s;*–) leveransir; subkontraktor, pemborong bawahan; **–(ungs)industrie** *f* industri pelengkap

zum = *zu dem*

zumachen *tr. ugs.* menutup; mengancingkan

zumal terutama, teristimewa, apalagi

zumauern *tr.* menutup dng. batu, menembok

zumeist kebanyakan, sebagian besar

zumessen *unr. tr.* mengukur dan membagi; *Strafe* ~ memberi hukuman

zumindest paling tidak, sekurang-kurangnya

zumut|bar wajar, layak; **–e** *Adv.*, *mir ist traurig* ~ saya merasa sedih; *mir ist nicht danach* ~ saya tdk. berminat; **–en** *tr.*, *j-m et.* ~ menuntut sst. dari sso., membebankan sst. kpd. sso.; **≗ung** *f* (–;–*en*) tuntutan yg. tdk. wajar; *Unverschämtheit* perbuatan/sikap kurangajar

zunächst pertama-tama; *vorerst* utk. sementara; *ganz nahe bei* sangat dekat pd.; **≗liegende** *n* (–*n;O*) *fig.* hal yg. paling mendesak

zu|nageln *tr.* menutup dng. paku; **–nähen** *tr.* menjahit sampai tertutup

Zunahme *f* (–*;O*) tambahan, pertambahan; *Wachstum* pertumbuhan

Zuname *m* nama keluarga

Zünd|anlage *f*, *Mot.* sistem penyalaan; **≗en** *tr.* menyalakan; *sprengen* meledakkan; *itr.* bernyala (–nyala); *~de Rede* pidato yg. membakar semangat

Zunder *m* (–*s;O*) rabuk; *j-m* ~ *geben* memukuli sso.

Zünd|er *m* (–*s;*–) (alat) penyala; *Sprengstoff* alat peledak, detonator; **–holz** *n*, **–hölzchen** *n* korek api; **–hütchen** *n*, **–kapsel** *f* sumbu mesiu; **–kerze** *f* busi; **–schalter** *m* sakelar penyala; **–schlüssel** *m* kunci kontak; **–schnur** *f* tali api(–api), murang, sumbu; **–stoff** *m* bahan yg. mudah meledak, bahan peledak; *fig.* masalah peka, hal yg. dapat menghebohkan; **–ung** *f* (–;–*en*) penyalaan, pengapian

zunehmen *unr. itr.* bertambah; bertambah berat; *in ~dem Maße* (se-) makin; *~der Mond* bulan muda

zuneig|en *itr.* condong, cenderung; **≗ung** *f* (–*;O*) simpati

Zunft *f* (–;*≗e*) himpunan pertukangan sejenis, gilde

zünftig sejati; *Kleidung* sungguh-sungguh sesuai; *es geht* ~ *zu* berlangsung dng. baik/tepat/menyenangkan

Zunge *f* (–;–*n*) lidah; *fig.* bahasa; *et. liegt mir auf der* ~ sudah di ujung lidahku (tetapi tdk. bisa diucapkan), hampir-hampir kuingat/ kukatakan; *mit der* ~ *anstoßen* patah lidah, berbicara pelat
züngeln *itr.*, *Schlange* menjulurkan lidah; *Flamme* memarak, menjilat-jilat
zungen|fertig petah/ringan/fasih lidah; **–förmig** yg. berbentuk lidah, **≗laut** *m* bunyi konsonan (yg. dibentuk dng.) lidah; **≗schlag** *m* gangguan pengucapan; *falscher* ~ tergelincir lidahnya, kekhilafan ucapan; **≗spitze** *f* ujung lidah
Zünglein *n* (–*s*;–) lidah kecil; *Waage* lidah dacing; ~ *an der Waage sein* menentukan sst. (walau tdk. kuat)
zunichte ~ *machen* membinasakan; *Plan* menggagalkan; ~ *werden* gagal, batal, musnah
zunicken *itr.* menganggukkpd.
zunutze *Adv.*, *sich et.* ~ *machen* memanfaatkan, menggunakan
zuoberst paling atas
zuordnen *tr.* menggolongkan pd., menambahkan pd., menghubungkan dng.
zupacken *itr.*, *s. zugreifen*
zupaß *Adv.* tepat pd. waktunya, cocok
zupf|en *tr.* menarik sebentar; menggamit; *Fasern* menyebit, menjonjot; *Mus.* memetik; **≗instrument** *n*, *Mus.* alat petik
zur = *zu der*
zu|raten *unr. itr.* menganjurkan; **–raunen** *tr.* membisikkan kpd.
zurechn|en *tr.* menggolongkan; *hinzutun* menambahkan pd.; *fig.*, *s. zuschreiben;* **–ungsfähig** waras, dapat bertanggungjawab; **≗ungsfähigkeit** *f* (–;*O*) keadaan dapat diminta tanggungjawab
zurecht|bringen *unr. tr.* membereskan, mengatur (kembali); mencapai; **–finden** *unr. refl.* menemukan jalan, mengetahui pemecahan; **–kommen** *unr. itr.* dapat menangani; *zeitlich* datang pd. waktunya; *mit j-m* ~ cocok dng. sso., mudah bergaul dng. sso.; **–legen** *tr.* mempersiapkan; **–machen** *tr. ugs.* menyiapkan, membereskan; *sich* ~ berdandan; **–setzen** *tr.* menaruh di tempat yg. tepat; *j-m den Kopf* ~ , *fig.* menegur sso.; **–stellen** *tr.* menempatkan/menaruh secara tepat; **–weisen** *unr. tr.* memperingatkan, menegur, memarahi; **≗weisung** *f* celaan, teguran keras, *bp.* labrakan
zu|reden *itr.* membujuk, menasehati, mendesak; **–richten** *tr.* mempersiapkan, menyiapkan; *übel* ~ , *fig.* merusakkan, melukai
zürnen *itr.* (menjadi) marah
Zurschaustellung *f* peragaan, demonstrasi
zurück kembali, mundur; ~ *sein* sudah kembali, *ugs.* terbelakang; *es gibt kein* ≗ pantang mundur; *hin u.* ~ pulang-pergi
zurück|begeben (–) *unr. refl.* kembali; **–begleiten** (–) *tr.* mengantar pulang; **–behalten** (–) *unr. tr.* menahan, tdk. memberi/melepaskan; **–bekommen** (–) *unr. tr.* mendapat kembali; **–berufen** (–) *unr. tr.* memanggil kembali; **–bezahlen** (–) *tr.* membayar kembali; **–bleiben** *unr. itr.* ketinggalan; *Spuren*, *fig.* berbekas, tertinggal (sebagai sisa/ akibat); **–blicken** *itr.* menoleh ke belakang, memandang kembali; *fig.* mengadakan retrospeksi
zurück|bringen *unr. tr.* membawa kembali, memulangkan, mengembalikan; **–datieren** (–) *tr.* membubuhkan tanggal yg. sudah lewat; **–denken** *unr. itr.* mengingat kembali; **–drängen** *tr.* mendesak mundur; *fig.* mengendalikan; **–dürfen** *unr. itr.* boleh/diizinkan kembali; **–eilen** *itr.* bergegas pulang/kembali; **–erbitten** (–) *unr. itr.* meminta kembali; **–erhalten** (–) *unr. tr.* mendapat kembali; **–erobern** (–) *tr.* merebut kembali
zurück|erstatten (–) *tr.* mengembalikan; **–fahren** *unr. itr.* pulang/ kembali (dng. kendaraan); *fig.* mundur karena kaget; *tr.* mengantar pulang sso.; **–fallen** *unr. itr.* jatuh ke belakang; *fig.* mundur, merosot; (jatuh) kembali kpd.; *auf j-n* ~ dipersalahkan kpd. sso.; **–finden** *unr. itr. tr. refl.* menemukan jalan

kembali (ke); kembali pd.; **–fordern** *tr.* menuntut kembali; **–führen** *tr.* mengantar/menuntun kembali; *fig.*, ~ *auf* mengembalikan pd.; **²gabe** *f* (–;O) pengembalian; **–geben** *unr. tr.* mengembalikan

zurück|gehen *unr. itr.* **1.** *zurückweichen* mundur; *fig.* turun, merosot; ~ *auf* berasal dari; **2.** *s. zurückkehren*; **–gezogen** *Adj.*, ~ *leben* hidup menyepi; **²gezogenheit** *f* (–;O) kesendirian; **–greifen** *unr. itr.*, ~ *auf* menggunakan cadangan; *fig.* kembali kpd.; **–halten** *unr. tr. itr.* menahan; *mit et.* ~ menyembunyikan; *sich* ~ menahan/menguasai diri; **–haltend** berhati-hati; bijaksana, alim; bersifat pendiam; **²haltung** *f* (–;O) sikap hati-hati/bijaksana; *sich* ~ *auferlegen* menahan diri

zurück|kehren *itr.* pulang, kembali pd.; **–kommen** *unr. itr.* pulang, kembali; *wir kommen auf Ihr Schreiben zurück* kami menunjuk pd. surat anda; **–können** *unr. itr.* dapat kembali/mundur; **–lassen** *unr. tr.* meninggalkan; *ugs.* mengizinkan dsso. kembali; *Konkurrenten (hinter sich)* ~ melewati saingan; **–legen** *tr.* meletakkan/menaruh kembali; *aufheben* menyisihkan, menyimpan; *Weg* ~ menempuh jarak; *sich* ~ bersandar pd., membaringkan diri

zurück|lehnen *refl.* bersandar (pd.); **–liegen** *unr. itr.* terjadi di masa lampau; **–melden** *refl.* melaporkan diri setelah kembali; **–müssen** *unr. itr.* harus kembali/dikembalikan; **²nahme** *f* (–;O) penerimaan/ penarikan kembali, pembatalan; **–nehmen** *unr. tr.* menerima kembali; menarik kembali, mencabut; *Mil.* menarik mundur; **–prallen** *itr.* mengenyal, menganjal, memantul; *Person* mundur berkecut hati; **–reichen** *tr.* mengembalikan; *itr. fig.* berasal dari, sampai pd.

zurück|reisen *itr.* pulang/kembali (dng. kendaraan); **–rufen** *unr. tr.* memanggil kembali; *et. ins Gedächtnis* ~ mengingat(kan) kembali akan sst.; *itr.* menilpun kembali; **–schallen** *itr.* berkumandang, bergema; **–schaudern** *itr.* mundur karena terkejut; **–schauen** *itr.* melihat ke belakang, memandang kembali; mengenangkan; **–scheuen** *itr.*, *vor et.* ~ mundur karena terkejut; *vor e-r Aufgabe* ~ takut mengemban suatu tugas; **–schicken** *tr.* mengirim kembali, **–schnellen** *tr.* menganjal

zurück|schlagen *unr. tr.* memukul kembali; *fig.* membalas; *Decke* membalik (sebagian); **–schrecken** *tr.* menghalau dng. menakuti; *itr.*, *s. zurückschaudern*; **–schreiben** *unr. itr. tr.* menulis kembali, membalas (surat); **–sehnen** *refl.* merindukan sst. yg. sudah lewat; **–setzen** *tr.* menempatkan di tempat semula; *Auto* mengundurkan, memundurkan; *Preis* menurunkan; *fig.* mengesampingkan; **²setzung** *f* (–;O) perbuatan mengesampingkan/mengabaikan

zurück|springen *unr. itr.* melompat ke belakang, mundur; **–stecken** *tr.* menaruh/memasukkan kembali; *itr. fig.* mundur dari tuntutan/citacita; **–stehen** *unr. itr.* tdk. setaraf/ sebanding dng.; ketinggalan, dianaktirikan; **–stellen** *tr.* menaruh kembali, menempatkan di belakang; *fig.* (*hintansetzen*) mengesampingkan, (*verschieben*) menunda; *Uhr* mengundurkan; *Waren* menyimpan, menyisihkan utk. sementara; *vom Militärdienst* ~ membebaskan utk. sementara dari wajib militer; **–strahlen** *tr.* memantulkan

zurück|treiben *unr. tr.* menghalau/ mendorong mundur; **–treten** *unr. itr.* mundur; *fig.* mengundurkan diri; **–verlangen** (–) *tr. itr.* menuntut kembali; **–versetzen** (–) *tr.* menempatkan kembali dl. kedudukan semula; *sich ins neunzehnte Jahrhundert* ~ membayangkan hidup di abad kesembilan belas; **–verweisen** (–) *unr. tr.* menunjuk kembali (ke tempat sebelumnya); **–weichen** *unr. itr.* mundur; *fig.* melangkah mundur; mengalah; **–weisen** *unr. tr.* menolak; **²weisung** *f* (–;O) penolakan

zurück|werfen *unr. tr.* melemparkan kembali; *reflektieren* memantulkan; *fig.* mengakibatkan kemunduran;

–**wirken** *itr*. berakibat balik; –**zahlen** *tr*. membayar kembali; melunasi; *fig*. membalas; –**ziehen** *unr. tr*. menarik ke belakang atau ke samping; *fig*. mencabut, membatalkan; *sich* ~ mundur, menarik diri (dari), menyendiri

Zuruf *m* (–*ẹs*;–*e*) seruan; *durch* ~ dng. aklamasi; **≗en** *unr. tr*. menyerukan, berseru kpd.

zurzeit = *zur Zeit* sekarang ini, sedang

Zusage *f* (–;–*n*) janji, jawaban positif, kesanggupan; **≗n** *tr*. menyanggupi, menjanjikan; *itr*. menerima (undangan); *das Klima sagt mir zu* iklim ini cocok utk. saya

zusammen *Adv*. bersama(-sama); *alles* ~ seluruhnya

Zusammen|arbeit *f* kerjasama; **≗arbeiten** *itr*. bekerjasama; **≗ballen** *tr*. menggumpalkan; *sich* ~ menggumpal; berkerumun; *e Verhängnis ballt sich zusammen, fig*. musibah mengancam; –**ballung** *f, Mil*. konsentrasi; –**bau** *m* (–*s*;*O*) perakitan; **≗bauen** *tr*. merakit, menyusun; **≗beißen** *unr. tr., die Zähne* ~, *fig*. bertabah hati; menahan sakit; **≗bekommen** (–) *unr. tr*. mengumpulkan

zusammen|binden *unr. tr*. mengikat menjadi satu; –**brauen** *tr. ugs., Getränk* mencampuradukkan; *e Gewitter braut sich zusammen* cuaca buruk mengancam; –**brechen** *unr. itr*. runtuh, ambruk, roboh; *geldlich* pailit; *Verhandlungen* gagal; *Mensch* jatuh kehabisan tenaga, tak berdaya lagi; –**bringen** *unr. tr*. mengumpulkan; *Menschen* mempertemukan; *vor Aufregung nichts* ~ karena gugup tdk. bisa bicara dng. lancar; **≗bruch** *m* runtuhnya, keruntuhan; *finanziell* kepailitan; *Med*. ambruk tiba-tiba segala gerak hidup, *collaps*

zusammen|drücken *tr*. mengempa, mengimpit; memadatkan, merapatkan; –**fahren** *unr. itr*. bertabrak (–an); *fig*. kaget; *tr*. mengangkut dng. kendaraan ke satu tempat; *ugs*. menabrak; –**fallen** *unr. itr*. runtuh, roboh; *fig*. menjadi kurus/lemah; *zeitlich* terjadi bersamaan/bertepatan dng.; –**falten** *tr*. melipat (-kan); –**fassen** *tr*. meringkas(kan), menyimpulkan; menggabungkan; **≗fassung** *f* ringkasan, ikhtisar; *Schluß* kesimpulan; –**finden** *unr., sich* ~ berkumpul; –**fließen** *unr. itr., Flüsse, Farben* menyatu, bergabung

zusammenfügen *tr*. menyusun (sehingga menjadi satu); menyambung/menghubungkan satu sama lain; *refl*. menyatu, menjadi sesuatu yg. utuh/selaras, cocok satu sama lain

zusammengehör|en (–) *itr*. termasuk satu kelompok, berpasangan; –**ig** yg. termasuk/tergolong satu kelompok; yg. merupakan pasangan, yg. cocok satu sama lain; **≗igkeitsgefühl** *n* rasa kebersamaan, semangat solidaritas

zusammen|geraten (–) *unr. itr. fig*. berkelahi, berselisih; –**gesetzt** terdiri/tersusun dari; ~*er Satz* kalimat majemuk

Zusammenhalt *m* (–*ẹs*;*O*) kebersatuan, solidaritas; **≗en** *unr. tr*. menjaga kesatuan/keutuhan; *Geld, ugs*. tdk. menghamburkan; *itr*. menjaga persatuan, saling mendukung; *s-e Gedanken* ~ memusatkan pikirannya, tdk. menjadi bingung

Zusammen|hang *m* (–*ẹs*;*¨e*) hubungan, kaitan, sangkut-paut(nya); *in* ~ *stehen mit* berhubungan dng.; **≗hängen** *unr. itr*. berhubungan dng.; **≗hängend** yg. (saling) berhubungan dng., bertalian secara logis, masuk akal; **≗hang(s)los** tdk. berhubungan, lepas satu sama lain

zusammen|hauen *unr. tr. ugs*. merusakkan, menghancurkan; *fig*. mengerjakan secara sembrono; *j-n* ~ , *derb* memukuli sso. secara habis-habisan; –**heften** *tr*. menjilid, *bp*. menjepretkan, menceklikkan; –**holen** *tr*. mengumpulkan; –**kehren** *tr*. menyapu dan mengumpulkan di satu tempat; **≗klang** *m* keselarasan; –**klappen** *tr*. melipat(kan); *die Hacken* ~ , *Mil*. membunyikan tumitnya; *itr. ugs*. jatuh lemas; –**knüllen** *tr*. mengumalkan, merenyukkan

zusammen|kommen *unr. itr.* berkumpul; bertemu; *fig.* terjadi pd. waktu yg. sama; **≗kunft** *f* (–;–̈e) pertemuan; **–läppern** *sich* ~ , *ugs.* sedikit demi sedikit atau lamakelamaan bertumpuk sampai menjadi banyak; **–laufen** *unr. itr.* berbondong-bondong dari segala arah menuju ke suatu tempat; bertemu/berkumpul dari segala penjuru; *Straßen, Linien* bertemu; *Farben* bercampur; *Flüsse* bergabung; *Stoff* menyusut, mengerut; *das Wasser im Mund(e)* ~ menimbulkan air liur; *alle Fäden laufen in seiner Hand zusammen, fig.* dia mendalangi semuanya

zusammen|leben *itr.* tinggal/hidup bersama; **≗** *n* (–s;O) (keadaan) hidup bersama; pergaulan; *außereheliches* ~ hidup bersama tanpa nikah, *bp.* samenleven, kumpul kebo; **–legen** *tr.* melipat(kan); *vereinigen* menggabungkan, mempersatukan, mengumpulkan; **≗legung** *f* (–;–en) penggabungan, fusi, penyatuan; **–nehmen** *unr. tr.* memusatkan, mengumpulkan; *zusammengenommen* jumlah seluruhnya, *bp.* total jenderal; *sich* ~ menahan/menguasai diri

zusammen|packen *tr.* mengepak jadi satu bungkusan; **–passen** *itr.* cocok, sesuai, serasi; **–pferchen** *tr.* menjejali, memadati; **≗prall** *m* tabrakan; **–prallen** *itr.* bertabrakan; **–raffen** *tr.* mengumpulkan dng. rakus/tergesa-gesa; *sich* ~ mengumpulkan (lagi) seluruh tenaga; **–rechnen** *tr.* menjumlahkan; **–reimen** *tr. refl.* menyusun, merangkaikan, menyangkutpautkan; *wie reimt sich das zusammen?* bagaimana ini bisa cocok satu sama lain?

zusammen|reißen *unr. refl.* mengumpulkan (lagi) seluruh tenaga; **–rollen** *tr.* menggulung(kan); **–rotten** *refl.* bergerombol; **–rücken** *tr.* merapatkan; *itr.* merapat; **–rufen** *unr. tr.* mengundang/memanggil utk. berkumpul; **–sakken** *itr.* jatuh lemas; **–scharen** *refl.* berkumpul, berkelompok; **≗schau** *f* (–;O) ringkasan, ikhtisar

zusammenschlagen *unr. tr.* merusakkan; memukul sampai jatuh; *falten* melipat(kan); *die Hände* ~ bertepuk-tangan; *die Hände über dem Kopf* ~, *fig.* menjadi kaget; *itr.*, *das Unglück schlägt über ihm zusammen* ia sedang mendapat musibah

zusammen|schließen *unr. tr.* menggabungkan; *sich* ~ berserikat, bergabung, bersatu, berfusi; **≗schluß** *m* gabungan, ikatan, fusi, federasi; **–schmelzen** *unr. tr.* meleburkan dan menjadikan satu; *itr.* mencair, *fig.* menjadi kurang; **–schnüren** *tr.* mengikat dng. tali; *die Angst schnürt mir das Herz zusammen, fig.* saya ketakutan setengah mati

zusammen|schreiben *unr. tr.* menuliskan dl. satu kata; *zusammenstellen* menulis dng. menghimpun tulisan dari berbagai sumber; *pej.* mengarang secara asal-asalan; **–schrumpfen** *itr.* menyusut, mengerut; melisut; berkurang; **–schweißen** *tr.* menyambung dng. mengelas; **≗sein** *n* (–s;O) pertemuan, waktu yg. dihabiskan bersama; kebersamaan; **–setzen** *tr.* menyusun, memasang; *refl.* duduk berdampingan, *fig.* bertemu, (*bestehen aus*) terdiri dari; **≗setzung** *f* (–;–en) susunan; komposisi; *Bestandteile* unsur-unsur; *Chem.* persenyawaan; *Gr.* (kata) gabungan

zusammen|sinken *unr. itr.* jatuh lemas; roboh, runtuh; **≗spiel** *n*, *Sp.* permainan bersama; kerjasama sesuatu regu; **–stecken** *tr.* menyambung/menghubungkan dng. peniti; *die Köpfe* ~ (menunduk dan) berbisik-bisik; *itr.* bersekongkol; **–stellen** *tr.* menyusun, menghimpun; **≗stellung** *f* penyusunan, pengelompokan; susunan; kumpulan; *Verzeichnis* daftar; **–stimmen** *itr.* selaras; *fig.* cocok; rukun

Zusammen|stoß *m* tabrakan, tubrukan, tumbukan; *Streit* (per)bentrokan, perkelahian; **≗stoßen** *unr. itr.* bertabrakan; bentrok, bertengkar; *angrenzen* berbatasan satu sama lain; **≗streichen** *unr. tr.* mencoret spy. berkurang; **≗strömen** *itr.* datang berbondong-bondong; *Fluß* bertemu; **≗stürzen** *itr.* roboh, runtuh, ambruk; **²suchen** *tr.* mengumpulkan

zusammen|tragen *unr. tr.* mengumpulkan; **–treffen** *unr. itr.* bertemu, berjumpa; *Ereignisse* terjadi pd. waktu yg. sama; **²treffen** *n* pertemuan, perjumpaan; terjadinya pd. waktu yg. sama; **–treten** *unr. itr.* berapat, bersidang; *tr.* merusakkan dng. menginjak atau menendang; **²tritt** *m* (*–s;O*) rapat, sidang; **–trommeln** *tr. ugs.* memanggil utk. berkumpul; **–tun** *unr. refl.* bergabung

zusammen|wachsen *unr. itr.* bertumbuh menjadi satu; *fig.* menjadi akrab; **–wirken** *itr.* bekerjasama; **–zählen** *tr.* menjumlahkan; **–ziehen** *unr. tr.* menciutkan/mengerutkan dng. menarik (tali . . .); *Zahlen* menjumlahkan; *Truppen* memusatkan; *refl.* mengerut; *itr.* pindah utk. tinggal bersama; **²ziehung** *f* (*–;O*) kontraksi, konsentrasi

Zusatz *m* (*–es;¨–e*) tambahan, penambahan, suplemen; **–abkommen** *n* perjanjian tambahan; **–antrag** *m* amandemen; **–gerät** *n* alat tambahan/pelengkap, *bp.* adaptor; **–versicherung** *f* asuransi tambahan/pelengkap

zusätzlich sebagai tambahan/pelengkap, ekstra

zuschanden *Adv.*, *et ~ machen* menggagalkan/menghancurkan sst.; *~ werden* gagal; *e Fahrzeug ~ fahren* mengendarai kendaraan dng. sembrono sehingga rusak

zu|schanzen *tr.*, *j-m et. ~* memberi/mengusahakan sst. utk. sso.; **–scharren** *tr.* menutupi dng. tanah, menimbuni dng. mencakar-cakar/mengais-ngais tanah

zuschau|en *itr.* menonton, mengamati, memandang; **²er(in** *f*) *m* (*–s;–*) penonton, pengamat; *Fernsehen* pirsawan

zu|schicken *tr.* mengirim(kan) kpd. sso.; **–schieben** *unr. tr.* menutup dng. menyorongkan; *j-m die Verantwortung ~* melemparkan tanggungjawab kdp. sso.; **–schießen** *unr. tr.* menyumbang, menambahkan; *itr.*, *auf j-n ~* bergegas menghampiri sso.

Zuschlag *m* (*–(e)s;¨–e*) harga/biaya tambahan; *Sondervergütung* bonus; *bei Ausschreibungen* mendapat order; *Eisenbahn* tuslah; *bei der Auktion den ~ bekommen* memenangkan sst. dl. pelelangan; **²en** *unr. itr.* memukul; *Tür* tertutup dng. keras; *tr.* membanting; *Buch* menutup dng. bunyi; **²(s)frei** bebas biaya tambahan; **–(s)gebühr** *f* biaya tambahan; **–(s)karte** *f* karcis tambahan utk. kereta ekspres; **–porto** *n* porto/perangko tambahan

zu|schließen *unr. tr.* mengunci; **–schmeißen** *unr. tr. ugs.* membanting; **–schmieren** *tr.* menutup dng. dempul/semen; **–schnallen** *tr.* menutup dng. gesper; **–schnappen** *itr.* tertutup dng. bunyi ceklek; *Hund* tiba-tiba menggigit

zuschneid|en *unr. tr.* memotong bahan (menurut pola); *auf et. zugeschnitten sein*, *fig.* disesuaikan dng. keperluan; **²erin** *f* tukang potong kain baju

Zuschnitt *m* potongan; *fig.* gaya

zu|schnüren *tr.* mengikat dng. tali; **–schrauben** *tr.* menutup dng. sekrup; **–schreiben** *unr. tr.* menganggap berasal dari; menganggap sebagai; *j-m die Schuld ~* mempersalahkan sso.; *das hast du dir selbst zuzuschreiben* dl. hal ini kamu salah sendiri

zu|schreien *unr. tr.*, *j-m ~* berteriak kpd. atau ke arah sso.; **–schreiten** *unr. itr.*, *auf j-n ~* mendekati sso.

Zuschrift *f* surat (yg. masuk)

zuschulden *Adv.*, *sich et. ~ kommen lassen* berbuat pelanggaran/kejahatan

Zuschuß *m* tunjangan, subsidi; **–betrieb** *m* perusahaan yg. tergantung dari subsidi

zuschütten *tr.* menutupi dng. tanah/puing-puing

zusehen *unr. itr.* mengamati; menonton, memirsa; *abwarten* menanti perkembangan; *sieh zu, daß du nicht fällst!* awas, jangan jatuh! **–ds** *Adv.* kian kelihatan dng. jelas

zu|senden *unr. tr.*, *s. zuschicken*; **–setzen** *tr.* menambahkan; *Chem.* mencampurkan pd.; *Geld* me-

nombok; *itr. ugs.* mengalami kerugian (uang, tenaga); *j-m* ~ mendesak sso.; *Krankheit* melemahkan; *seelisch* membekas/berbekas di hati (sebagai hal yg. berat)
zusicher|n *tr.* menjamin, menjanjikan; **²ung** *f* (–;–*en*) janji
Zuspätkommende *m, f* (–*n*;–*n*) orang yg. datang terlambat
Zuspiel *n* (–*(e)s*;*O*) *Sp.* kerjasama regu; pengoperan bola; **²en** *itr. Sp.* bekerjasama dl. regu; *tr.* mengoper(kan); *fig.* menyampaikan informasi (secara diam-diam)
zuspitz|en *refl.* meruncing; **²ung** *f* (–;*O*) keadaan/saat yg. makin kritis/gawat
zusprechen *unr. itr. tr., Mut/Trost* ~ memberi semangat dng. kata-kata, menghibur; *dem Bier* ~ suka minum bir; *e-n Preis* ~ menganugerahkan hadiah
Zuspruch *m* (–*s*;*O*) kata hiburan; *das Lokal hat viel* ~ restoran ini dikunjungi banyak tamu
Zustand *m* (–*(e)s*;–̈*e*) keadaan, situasi; *Zustände bekommen* sawan, menjadi histeris, mengamuk; **²e** *Adv.* ~ *bringen* menghasilkan, mengerjakan, menyelesaikan; ~ *kommen* jadi, terwujud
zuständig yg. berwenang, kompeten; **²keit** *f* (–;–*en*) (we)wenang, kewenangan, kompetensi
zustatten *Adv., j-m* ~ *kommen* berguna bagi sso.
zu|stecken *tr.* menutup/mengatupkan dng. peniti; *j-m et.* ~ menyelipkan sst. kpd. sso. (secara diamdiam); **–stehen** *unr. itr.* menjadi hak, berhak
zustell|en *tr.* menghalangi; *zuschicken* menyerahkan, memberi, mengirimkan; **²er** *m* (–*s*;–) pengantar surat/paket, tukang pos; **²ung** *f* (–;*O*) penyerahan, pengiriman; **²ungsgebühr** *f* biaya pengiriman
zusteuern *itr.* menuju (ke); *tr. ugs.* menyumbang
zustimm|en *itr.* setuju, menyetujui; *erlauben* mengizinkan, mengabulkan; **²ung** *f* (–;*O*) persetujuan, kata sepakat; *allgemeine* ~ mufakat
zu|stopfen *tr.* menyumbat, menutup; *Gewebe* menambal; **–stoßen** *unr. itr.* menikam; kena, mengalami; *ihm ist e Unglück zugestoßen* ia kena malapetaka; *tr.* menutup dng. keras
Zustrom *m* (–*s*;*O*) *fig.* kedatangan dng. jumlah besar, kebanjiran; ~ *kalter Luft* arus udara dingin yg. mendekat/masuk
zu|strömen *itr.* mengalir/menuju ke; **–stürzen** *itr., auf j-n* ~ bergegas menghampiri sso.
zutage *Adv.,* ~ *bringen* mengungkapkan; *(offen)* ~ *liegen* terlihat jelas, menjadi nyata; ~ *treten* menjadi kelihatan/nyata/jelas
Zutat *f* bahan yg. diperlukan; tambahan; bahan pelengkap
zuteil *Adv., ihm wurde e-e Auszeichnung* ~ ia mendapat penghargaan; **–en** *tr.* membagi(–bagikan kpd.), memberi; *e-r Gruppe zugeteilt werden* ditempatkan di suatu kelompok; **²ung** *f* (–;–*en*) jatah, bagian; *Zuweisung* pemberian, distribusi, alokasi
zutiefst ~ *beleidigt* sangat tersinggung
zutragen *unr. tr.* menyampaikan/melaporkan secara diam-diam; *sich* ~ terjadi, berlangsung
Zuträg|er *m* orang bocor mulut; **²lich** berguna; *für Gesundheit* menguntungkan/cocok bagi kesehatan
zutrau|en *tr.* memandang/menganggap sanggup/mampu; *j-m et. nicht* ~ tdk. percaya bahwa sso. mampu utk.; *das hätte ich ihm nicht zugetraut* saya tdk. menyangka bahwa ia sanggup; **²en** *n* (–*s*;*O*) kepercayaan; **–lich** penuh percaya, tanpa malu-malu; *Tier* jinak; **²lichkeit** *f* (–;*O*) sikap ramah/jinak
zutreffen *unr. itr.* (menjadi) kena benar, sesuai dng. kenyataan/keadaan; *es trifft nicht immer zu* hal itu tdk. selalu begini; **–d** tepat, benar
zutrinken *unr. itr.* (mengangkat gelas dan) minum utk. menghormati sso.
Zutritt *m* (–*s*;*O*) izin masuk; ~ *verboten!* dilarang masuk! *freier* ~ cuma-cuma, gratis

zutu|n *unr. tr.* menambah(kan); *schließen* menutup; *kein Auge* ~ tdk. bisa tidur; **≗n** *n* (*–s;O*) *ohne mein* ~ tanpa bantuan saya; **–(n)lich** *s. zutraulich*

zuungunsten *Prp.*, ~ *von* dng. membawa kerugian pd.

zuunterst paling bawah

zuverlässig dpt. diandalkan/dipercaya(i); **≗keit** *f* (*–;O*) sifat dapat diandalkan/dipercaya(i)

Zuversicht *f* (*–;O*) kepercayaan teguh, keyakinan; **≗lich** penuh kepercayaan/harapan; **–lichkeit** *f* (*–;O*) kepercayaan, optimisme

zuviel terlalu banyak

zuvor sebelumnya; **–kommen** *unr. itr.* mendahului, bergerak lebih cepat dp. (pihak lain); *vereiteln* mencegah; **–kommend** penuh perhatian, ramah, suka membantu; **≗kommenheit** *f* (*–;O*) sikap suka membantu, keramahan; **–tun** *unr. itr.*, *es j-m* ~ melebihi sso.

Zuwachs *m* (*–es;O*) (per)tambahan, pertumbuhan; **≗en** *unr. itr.* tertutup oleh tumbuh-tumbuhan; *Wunde* menjadi sembuh; **–rate** *f* laju pertumbuhan

Zuwanderer *m* pendatang

zuwege *Adv.*, *et.* ~ *bringen* menghasilkan/menyelesaikan sst.; *gut* ~ *sein* masih sehat walafiat

zuweilen *Adv.*, kadang-kadang, sewaktu-waktu

zuweis|en *unr. tr.* memperuntukkan, menentukan, menetapkan, menyerahkan pd./kpd.; *zugewiesen werden* ditugaskan pd.; **≗ung** *f* (*–;–en*) pembagian, alokasi; penugasan

zuwend|en *unr. tr.* menghadapkan, mengarahkan, memalingkan; *fig.* mencurahkan/menaruh perhatian pd.; *sich* ~ beralih pd., *(Aufgabe)* bertekun dng., menaruh perhatian pd.; **≗ung** *f* (*–;–en*) pemberian, hibah; *Aufmerksamkeit* perhatian

zuwenig terlalu sedikit, kurang sekali

zuwerfen *unr. tr.*, *Loch* menutup; menyumbat; *Tür* membanting; *Ball* melempar kpd.; *Blick* menoleh kpd.; memberi isyarat (dng. mata)

zuwider bertentangan/berlawanan dng.; ~ *sein* tdk. menyukai, memuakkan, menjijikkan; **–handeln** *itr.* melanggar, bertindak berlawanan dng.; **≗handelnde** *m*, *f* (*–n;–n*) pelanggar; **≗handlung** *f* (*–;O*) pelanggaran

zu|winken *itr.* melambaikan tangan kpd.; **–zahlen** *tr.* membayar tambahan/ekstra; **–zählen** *tr.* menambah pd., memasukkan dl. golongan/kelompok

zuzeiten *Adv.* kadang-kadang, sewaktu-waktu

zuziehen *unr. tr.* menutup dng. menarik; *fig.* mengikutsertakan (utk. meminta nasihat/pandangan); *sich et.* ~ kena/mendapat sst.; *zugezogen* menjadi penduduk baru di

Zuzug *m* (*–s;O*) perpindahan/kedatangan penduduk baru, imigrasi; *Mil.* bala bantuan

zuzüglich *Prp.* tambah, lebih, plus

Zuzugsgenehmigung *f* izin tinggal

Zwang *m* (*–s;¨e*) paksaan, keharusan; *Psych.* tekanan batin; *sich keinen* ~ *antun* tdk. bersikap/bertindak secara formil-formilan/resmi-resmian; *unter* ~ *stehen* merasa tertekan/terpaksa

zwängen *tr.*, *in et. hinein* ~ menjejali, mengasaki; *sich durch die Menge* ~ memaksakan jalan melalui orang banyak

zwanglos santai, leluasa, tdk. formil-formilan; *in* ~*er Folge erscheinen* terbit secara berkala tetapi dl. jangka waktu yg. tdk. pasti

Zwangs|arbeit *f* kerja paksa/rodi; **–beitreibung** *f*, *s. Zwangsvollstreckung*; **–bewirtschaftung** *f*, *s. Zwangswirtschaft*; **–einweisung** *f* penempatan dl. rumahsakit jiwa secara paksa atas dasar hukum; **–ernährung** *f* pemberian makanan secara paksa; **–handlung** *f*, *Psych.* perbuatan yg. terpaksa dilakukan, tindakan obsesif

Zwangs|herrschaft *f* kelaliman, despotisme; **–jacke** *f* baju pengekang; *fig.* paksaan; **–lage** *f* keadaan terpaksa, dilema; **≗läufig** dng. sendirinya, mau tdk. mau, tdk. dapat dihindarkan; otomatis; **≗mäßig** terpaksa; **–maßnahme** *f* tindakan paksaan; **–mittel** *n* cara utk. memaksakan; **–neurose** *f* neurosis impulsif

Zwangs|vergleich *m* penyelesaian masalah kepailitan yg. disahkan oleh pengadilan dan mengikat semua pihak; **–verkauf** *m*, *s. Zwangsversteigerung;* **–versteigerung** *f* lelang barang-barang sitaan; **–verwalter** *m* komisaris yg. diangkat oleh pengadilan

Zwangs|vollstreckung *f* pelaksanaan keputusan hakim dl. perkara kepailitan; **–vorstellung** *f* obsesi; **≗weise** secara paksa; **–wirtschaft** *f* pola ekonomi semesta berencana (yg. diawasi dng. ketat)

zwanzig dua puluh; **≗er** *m* (–*s*;–) orang yg. berumur dua puluhan; *ugs.* lembaran uang dua puluh Mark; **≗erjahre** *pl* umur/tahun dua puluhan; **–erlei** dua puluh macam; **–fach, –fältig** dua puluh kali (lipat); **–ste** kedua puluh; **≗stel** *n* (–*s*;–) seperdua puluh; **–stens** yg. kedua puluh

zwar *Adv.*, ~ . . . *aber* memang . . . tetapi; *und* ~ yakni, dan bahkan

Zweck *m* (–*(e)s*;–*e*) tujuan, maksud; *zu dem* ~ utk. maksud ini, demi tujuan ini; *das hat keinen* ~ tdk. ada gunanya; *der* ~ *heiligt die Mittel* tujuan menghalalkan cara; **≗bestimmt** yg. diperuntukkan bagi tujuan tertentu; **≗dienlich** yg. berguna/bermanfaat

Zwecke *f* (–;–*n*) paku payung/jamur, *bp.* pines

zweck|entfremdet yg. tdk. digunakan utk. tujuan sebenarnya; **–entsprechend** yg. sesuai dng. maksud/tujuan; **–gebunden** *Adj.* yg. hanya boleh digunakan utk. maksud tertentu; **–los** sia-sia, tdk. ada gunanya/artinya; **–mäßig** cocok, sesuai; praktis; **≗mäßigkeit** *f* (–;*O*) kecocokan, manfaatnya, ketepat-gunaan, efisiensi

zwecks demi, untuk

Zweck|verband *m* asosiasi beberapa kota/daerah demi kepentingan bersama dl. bidang tertentu; **≗widrig** tdk. sesuai dng. tujuan, berlawanan dng. tujuan/maksud

zwei dua; *zu* ~*en* berdua; *halb* ~ jam/pukul setengah dua; *um* ~ pukul dua

Zwei|achser *m* (–*s*;–) kendaraan beroda empat; **≗achsig** berporos dua, beroda empat; **≗bändig** berjilid dua; **≗beinig** berkaki dua; **–bettzimmer** *n* kamar dng. dua tempat tidur; **≗deutig** dwiarti, mempunyai arti rangkap; *anstößig* jorok, yg. menyerempet kecabulan; **≗dimensional** berdimensi dua; **–drittelmehrheit** *f* mayoritas dua-pertiga

Zwei|er *m* (–*s*;–) *Sp.* perahu dng. dua pengayuh; **≗erlei** dua macam; **≗fach** lipat/rangkap dua, dobel, duplo; **–familienhaus** *n* rumah utk. dua keluarga (dng. kebun); **≗farbig** berwarna dua, dwi-warna

Zweifel *m* (–*s*;–) keragu(–ragu)an, kebingungan, kebimbangan; *außer* ~ pasti, tentu; *im* ~ *sein* bimbang hati, sangsi, ragu-ragu, was-was; *in* ~ *ziehen* menyangsikan, meragukan; **≗haft** tdk. pasti, belum tentu, yg. meragukan/mencurigakan; **≗los** tentu, pasti, jelas; **≗n** *itr.* meragukan, meragui, menaruh syak pd., sangsi akan; **–sfall** *m*, *im* ~ dl. keadaan bimbang/ragu-ragu; **≗s·ohne** tentu, pasti

Zweifler *m* (–*s*;–), **–in** *f* orang yg. selalu bimbang/skeptis; **≗isch** skeptis

Zweig *m* (–*(e)s*;–*e*) cabang, dahan; *klein* ranting; *auf keinen grünen* ~ *kommen* tdk. berhasil

zwei|geschlechtig berjenis (kelamin) dua; **–geteilt** terbagi dua

Zweiggeschäft *n* cabang perusahaan, filial

zwei·gleisig *s. zweispurig*

Zweig|niederlassung *f* kantor cabang; **–stelle** *f* kantor cabang/perwakilan, filial

zwei|händig dng. dua tangan; bertangan dua; **–höckerig** berponok dua; **≗hufer** *m* (–*s*;–) *Zo.* binatang berkuku dua; **–hundert** dua ratus; **–jährig** berumur dua tahun; dua tahun lamanya; **–jährlich** dua tahun sekali, setiap dua tahun; **≗kampf** *m* duel, perang tanding; **–mal** dua kali; *sich et. nicht* ~ *sagen*

lassen segera berbuat dng. senang hati
zwei|malig yg. kedua kali; **≗master** *m* (*–s;–*) sekunar; **–motorig** bermesin dua; **≗parteiensystem** *n, Pol.* sistem dua partai; **–phasig** yg. mempunyai dua fase; **≗rad** *n* sepeda; **–räd(e)rig** beroda dua; **–reihig** berkancing dua baris; **–schläf(e)rig** (tempat tidur) utk. dua orang; **–schneidig** bermata dua; **–seitig** dua muka/sisi; *Vertrag* bilateral; *~e Anzeige* iklan dua halaman; **–silbig** terdiri dari dua suku kata
Zwei|sitzer *m* (*–s;–*) kendaraan utk. dua orang; **≗sitzig** yg. mempunyai tempat duduk utk. dua orang; **≗spaltig** yg. mempunyai dua kolom/lajur; **–spänner** *m* (*–s;–*) kereta yg. ditarik dua kuda; **≗sprachig** dl. dua bahasa; berbahasa dua; **≗spurig** berjalur dua; **≗stellig** *~e Zahl* bilangan dng. dua angka; **≗stimmig** (dng.) dua suara; **≗stökkig** bertingkat dua; **≗stufig** bertahap dua; **≗stündig** dua jam lamanya; **≗stündlich** dua jam sekali, setiap dua jam; **≗tägig** selama dua hari
zweit yg. kedua; *e ~er* seorang lagi; *e ~er Mozart* orang yg. berbakat sama spt. Mozart; *wie kein ~er* tiada banding(an)nya; *zu ~* berduaan
Zwei|taktmotor *m* mesin dua tak; **≗tausend** dua ribu
Zweit|ausfertigung *f* duplikat, salinan; **≗beste** *m, f* (*–n;–n*) yg. nomor dua
zwei·teilig terdiri dari dua bagian
zweitens yg. kedua
zweit|klassig *fig.* kurang baik; **–rangig** yg. kurang bermutu, sekunder; **≗schrift** *f* salinan, duplikat; **≗wagen** *m* kendaraan kedua/cadangan
Zwei|vierteltakt *m, Mus.* ketukan dua perempat (2/4); **≗wöchentlich** setiap dua minggu, dua minggu sekali; dwimingguan; **≗zeilig** mempunyai dua baris; *~er Abstand* (jarak) dua spasi; **–zylindermotor** *m* mesin dng. dua silinder/torak
Zwerchfell *n, Anat.* sekat rongga badan, *diaphragma*
Zwerg *m* (*–(e)s;–e*) kurcaci, si cebol, orang kerdil/katai; **≗enhaft** kerdil; **–huhn** *n* ayam katai; **–staat** *m* negara kecil sekali; **–wuchs** *m* (*–es;O*) pertumbuhan bantut hingga menjadi kerdil, *nanismus*
Zwetsch(g)e *f* (*–;–n*) buah prem
Zwick|el *m* (*–s;–*) pesak, kain bersegi-tiga utk. membuat baju lebih longgar; **≗en** *tr. itr.* mencubit, menjepit; **–er** *m* (*–s;–*) kaca mata jepit, lornyet; **–mühle** *f, fig.* dilema
Zwieback *m* (*–s;–̈e/–e*) potongan roti yg. dibakar bolak-balik
Zwiebel *f* (*–;–n*) bawang; bawang bombay/benggala, *allium cepa; Blumen* umbi; **≗förmig** yg. berbentuk kubah; **–gewächs** *n* tanaman yg. berumbi; **≗n** *tr. ugs.* mengganggu; **–schale** *f* kulit bawang
zwie|fach, –fältig berlipat dua/ganda, dua kali lipat; **≗gespräch** *n* dialog; **≗licht** *n* (*–s;O*) aramtemaram, senjakala; **–lichtig** yg. mencurigakan; **≗spalt** *m* (*–(e)s;O*) pertentangan, perselisihan, perpecahan; *innerer ~* keadaan batin yg. terbelah; **–spältig** terbelah, terpecah, bimbang; *~es Wesen* hatinya mendua; **≗sprache** *f* (*–;O*) percakapan (akrab) antara dua orang, dialog; **≗tracht** *f* ketidaksepakatan, perselisihan, pertentangan
Zwil(li)ch *m* (*–(e)s;–e*) kain dril
Zwilling *m* (*–s;–e*) anak kembar (dua); **–e** *pl, Ast.* gemini; **–sbruder** *m* saudara kembar laki-laki; **–s·paar** *n* pasangan kembar; **–sschwester** *f* saudara kembar perempuan
Zwing|burg *f* benteng kuat; **–e** *f* (*–;–n*) sekrup jepitan, sm. ragum; **≗en** *unr. tr.* memaksa(kan); **≗end** yg. memaksa; mutlak perlu, tdk. boleh diabaikan; *~er Beweis* argumentasi yg. tdk. dapat diganggugugat; **–er** *m* (*–s;–*) kandang anjing/beruang; *Burghof* halaman di antara tembok-tembok benteng; **–herr** *m* tiran, despot; **–herrschaft** *f* (*–;O*) despotisme
zwinkern *itr.* mengedipkan (mata); main mata
zwirbeln *tr.* memilin/memulas (dng. jari)

Zwirn *m* (*–(e)s;–e*) benang kuat; **–sfaden** *m* benang jahit; *über e-n ~ stolpern* gagal karena hal sepele
zwischen *Prp. mit Dat. u. Akk.* (di) antara, antar
Zwischen|aufenthalt *m* persinggahan; **–bemerkung** *f* ucapan lancang yg. memotong pembicaraan orang lain; **–bericht** *m* laporan sementara; **–bescheid** *m* keputusan sementara, jawaban sementara; **–bilanz** *f* neraca sementara; **–deck** *n* geladak-antara, kelas (kapal) yg. paling murah; **–ding** *n* hal yg. setengah-setengah/tanggung; **°durch** *zeitlich* sambil, kadang-kadang, sementara itu; *rufen Sie mich ~ mal an* kalau sempat coba menelpon saya
Zwischen|ergebnis *n* hasil sementara; **–fall** *m* insiden, kejadian; **–frage** *f* interupsi, pertanyaan menyelang; **–frucht** *f* tanaman sela; **–größe** *f* ukuran tengahan (antara dua ukuran yg. lazim); **–händler** *m* pedagang perantara, broker; **–landung** *f*, *Flgw.* persinggahan; **–lösung** *f* pemecahan sementara; **–mahlzeit** *f* makan kecil antara waktu makan utama; **°menschlich** *~e Beziehungen* hubungan antara pribadi/manusia
Zwischen|pause *f* (waktu) istirahat pendek; **–person** *f* perantara; **–prüfung** *f* ujian tengah semester; **–raum** *m* sela, jarak; *ohne ~* rapat sekali; **–rede** *f* interupsi; **–regierung** *f* pemerintah ad interim; **–ruf** *m* interupsi; **–rufer** *m* orang yg. menyelang pidato; pengejek yg. berteriak; **–runde** *f* semifinal; **–satz** *m* (anak) kalimat sisipan; **–spiel** *n* selingan, intermeso
zwischenstaatlich antar negara, internasional
Zwischen|station *f* stasiun/tempat persinggahan; **–stecker** *m* seteker adapter; **–stück** *n* alat penghubung, penyambung; **–stufe** *f* tahap peralihan/perantaraan; **–träger(in** *f*) *m* pengadu, informan; **–urteil** *n* keputusan sementara; **–wand** *f* sekat (dinding); **–zeit** *f* waktu antara/jeda; *in der ~* sementara (itu)
Zwist *m* (*–es;–e*), **–igkeit** *f* (*–;–en*) pertengkaran, percekcokan
zwitschern *itr.* berkicau
Zwitter *m* (*–s;–*) banci; **°haft** spt. banci
zwo *s. zwei*
zwölf dua belas; *es ist fünf Minuten vor ~*, *ugs.* waktunya sangat mendesak, hampir terlambat; **°eck** *n* persegi dua belas; **–eckig** bersegi dua belas; **–erlei** dua belas macam; **–fach** dua belas kali lipat; **°fingerdarm** *m* usus dua belas jari, *duodenum*
zwölf|jährig berumur dua belas tahun; dua belas tahun lamanya; **–malig** dua belas kali; **–stündig** selama dua belas jam; **–t** kedua belas; *zu ~* berdua belas; **°tel** *n* (*–s;–*) seperduabelas; **–tens** kedua belas
Zyan *n* (*–s;O*) *Chem.* sianogen; **–kali** *n* (*–;O*) *Chem.* kalium sianida
zyklisch yg. berulang secara berkala
Zyklon *m* (*–s;–e*) angin puyuh
Zyklop *m* (*–en;–en*) *Myth.* raksasa bermata satu
Zyklotron *n* (*–s;–e*) mesin pemecah atom, siklotron
Zyklus *m* (*–;Zyklen*) peredaran, siklus; *Reihe* seri, rangkaian; *Med.* daur haid
Zylinder *m* (*–s;–*) *Mot./Math.* torak, silinder; tabung; *Lampe* semprong; *Hut* topi tinggi (dari sutera hitam); **–block** *m* rumah/bak mesin, bak silinder; **–inhalt** *m*, *Mot.* volume langkah (motor bakar), isi silinder; **–kopf** *m* kepala silinder, *bp.* silinderkop
zylindrisch *yg.* berbentuk torak/silinder, panjang bulat, silindris
Zyn|iker *m* (*–s;–*) pengejek, orang sinis; **°isch** sinis, bersifat mengejek, yg. memandang rendah; **–ismus** *m* (*–s;O*) sinisme, perolok-olokan
Zypresse *f* (*–;–n*) cypres, sm. cemara, *cupressus*
Zyste *f* (*–;–n*) kista, *cystis*

I.

Abkürzungen
Singkatan-singkatan

Dieser Anhang enthält deutsche Abkürzungen und einige fremdsprachliche, die im Deutschen sehr gebräuchlich sind. Im allgemeinen wird bei Substantiven die Singularform des Nominativs angegeben; Genetiv u. Plural siehe Wörterverzeichnis.

Lampiran ini mengandung singkatan-singkatan Jerman dan beberapa singkatan bahasa asing yang sangat lazim dalam bahasa Jerman. Umumnya kata-kata benda hanya disebut dalam bentuk nominatif tunggal; bentuk genitif dan jamak silahkan ambil dari daftar kata-kata.

A

A *Ampere* amper(e)
AA *Auswärtiges Amt* Departemen Luar Negeri (Deplu)
a.a.O. *am angegebenen/angeführten Ort* pd. tempat yg. telah dikutip (loc. cit.)
Abb. *Abbildung* ilustrasi, gambar
Abf. *Abfahrt* keberangkatan
Abk. *Abkürzung* singkatan
Abt. *Abteilung* bagian
a. Chr. (n.) *ante Christum (natum), vor Christus (vor Christi Geburt)* sebelum Masehi (seb. M)
a.d. *an der (Oder)* di tepi sungai (Oder)
a. D. *außer Dienst* sudah pensiun, *Mil.* purnawirawan (purn.)
AG *Aktiengesellschaft* Perseroan Terbatas (P.T.)
Akad. *Akademie* akademi
akad. *akademisch* akademis
Akk. *Akkusativ* (kasus) akusatif
allg. *allgemein* umum(nya)
allj. *alljährlich* setiap tahun, setahun sekali
amtl. *amtlich* resmi
anerk. *anerkannt* diakui
angew. *angewandt* terapan
Ank. *Ankunft* kedatangan
Anm. *Anmerkung* catatan; *Anmeldung* pendaftaran (tamu)
anschl. *anschließend* berikut ini; sebagai berikut (sbb.)
a.o. *außerordentlich* luar biasa
Apart. *Apartement* apartemen, tempat tinggal dl. rumah susun
APO *Außerparlamentarische Opposition* oposisi di luar parlemen
appr. *approbiert* berijazah
Arb. *Arbeit* (pe)kerja(an); *Arbeiter* pekerja, buruh
Arbg. *Arbeitgeber* majikan
ARD *Arbeitsgemeinschaft der öffentlich-rechtlichen Rundfunkanstalten der BRD* Gabungan Radio RFJ
Arge *Arbeitsgemeinschaft* kelompok/panitia kerjasama
Art. *Artikel* artikel
ärztl. *ärztlich* medis
Assist. *Assistent* asisten
A.T. *Altes Testament* Perjanjian Lama (P.L.)
at(m) *atmosphäre* atmosfer (atm)
atü *Atmosphärenüberdruck* tekanan atmosfer
Aufl. *Auflage* edisi, cetakan

Auftr.-Nr. *Auftragsnummer* nomor pesanan/order
ausgen. *ausgenommen* kecuali; (*wenn nicht*) kecuali kalau
ausl. *ausländisch* luar negeri
Az. *Aktenzeichen* nomor (berkas) surat

bürg. *bürgerlich* sipil; *Gastronomie* spt. masakan pd. kalangan menengah
b.w. *bitte wenden* lihat di balik(nya)
bzgl. *bezüglich* sehubungan/berhubungan dengan
bzw. *beziehungsweise* atau

B

B *Bundesstraße* jalan raya federal
b.a.W. *bis auf Widerruf* sampai ditarik kembali
b.a.w. *bis auf weiteres* sampai ada pemberitahuan
Bd. *Band (Buch)* jilid (jd.)
Bde. *Bände* jilid-jilid
bds. *beiderseits, fig.* di kedua belah pihak
begl. *beglaubigt* disahkan; *notariell* dilegalisir
beil. *beiliegend* terlampir
Beisp. *Beispiel* contoh, misal
bes. *besonder* khusus, *besonders* terutama, khususnya
Besch. *Bescheinigung* surat
Best.-Nr. *Bestellnummer* nomor pesanan
Betr. *Betreff* perihal
betr. *betreffend, betrifft, betreffs* yg. berh. dng., perihal
Bez. *Bezeichnung* tanda, (*Name*) nama; *Bezirk* daerah
bez. *bezahlt* lunas; *bezeichnet* ditandai; *bezüglich* mengenai
BGB *Bürgerliches Gesetzbuch* Kitab Undang-Undang Hukum Perdata (KUHPer)
Bhf. *Bahnhof* stasiun
bildl. *bildlich* kiasan
biogr. *biografisch* biografis
biol. *biologisch* biologis
BND *Bundesnachrichtendienst* dinas rahasia federal
bot. *botanisch* yg. berh. dng. tumbuh-tumbuhan
BP *Bundespost* Jawatan Pos Federal
BRD *Bundesrepublik Deutschland* Republik Federal Jerman (RFJ)
BRT *Bruttoregistertonne* ukuran kapasitas atau daya muat kapal laut (2,8316 m³), ton register
bsd. *besonders, s. bes.*

C

C *Celsius* Celsius (C)
ca. *circa, ungefähr* kira-kira
cand. *candidatus, Kandidat* calon, kandidat
cbm *Kubikmeter* meter kubik (m³)
CC *Corps Consulaire, Konsularisches Corps* Korps Konsuler (CC)
ccm *Kubikzentimeter* sentimeter kubik (cm³)
CD *Corps Diplomatique, Diplomatisches Corps* Korps Diplomatik (CD)
CDU *Christlich-Demokratische Union* Partai/Uni Kristen Demokrat
cf. *confer, vergleiche* bandingkan (bdk.)
CH *Confoederatio Helvetica, Schweizerische Eidgenossenschaft* Konfederasi Swiss
chem. *chemisch* kimiawi (kim.)
chir. *chirurgisch* dng. pembedahan/operasi
chr(istl). *christlich* Kristen (Kr.), Kristiani
chron. *chronisch* kronis; *chronologisch* kronologis
Cl. *Club* klub, klab
cm *Zentimeter* senti(meter) (cm)
Co. *Compagnie, Kompanie (Handelsgesellschaft)* perusahaan dagang; *Kompagnon* sekutu dagang, kompanyon; *Chem., Kobalt* kobalt (Co.)
cos. *Kosinus* kosinus (cos)
CSU *Christlich-Soziale Union* Partai/Uni Kristen Sosial
c. t. *cum tempore, mit akademischem Viertel* seperempat jam kemudian

D

D *D-Zug, Durchgangszug* kereta api ekspres
d.Ä. *der Ältere* senior

DAAD *Deutscher Akademischer Austauschdienst* Lembaga Pertukaran Tenaga Akademis Jerman
DAG *Deutsche Angestellten-Gewerkschaft* Serikat Kerja Karyawan Jerman
Dat. *Dativ* (kasus) datif; *Datum* tanggal (tgl.)
DB *Deutsche Bundesbahn* Jawatan Kereta Api Federal Jerman; *Deutsche Bundesbank* Bank Federal Jerman
DDR *Deutsche Demokratische Republik* Republik Demokrasi Jerman (RDJ)
d. E. *durch Eilboten* (dng.) kilat, ekspres
DER *Deutsches Reisebüro* Biro Pariwisata Jerman
ders. *derselbe* yg. sama
desgl. *desgleichen* yg. sama spt. itu.
dez. *dezimal* persepuluhan, desimal
DGB *Deutscher Gewerkschaftsbund* Federasi Serikat Buruh Jerman
dgl. *der-, desgleichen* yg. sama spt. itu
d. Gr. *der/die Große* Agung
d. h. *das heißt* yaitu, yakni; artinya
d. i. *das ist* yaitu, yakni
dial. *dialektisch* dialektis
d(ien)stl. *dienstlich* resmi, yg. berh. dng. dinas
diesj. *diesjährig* dari tahun ini
DIN *Deutsches Institut für Normung* Jawatan Standardisasi Jerman; *Deutsche Industrienorm(en)* Norma (-norma) Industri Jerman
Dipl. *Diplom* (. . . yg. ber)ijazah/diploma
dipl. *diplomatisch* diplomatis; *diplomiert* yg. berijazah/berdiploma
Dipl.–Ing. *Diplomingenieur* insinyur berijazah
Dipl.–K(au)fm. *Diplomkaufmann, gelar orang yg. berdiploma dl. bisnis*
Dir. *Direktion* (*Vorstand*) direksi; *Direktor* direktur (Dir.)
Disko *Diskothek* disko
d.J. *der Jüngere* yunior; *dieses Jahres* tahun ini
DM *Deutsche Mark, satuan mata uang Jerman*
d. M(ts). *d(ies)es Monats* bulan ini
do. *dito* sama spt. di atas, dito
Doppelz. *Doppelzimmer* kamar dng. 2 tempat tidur
Doz. *Dozent* dosen
dpa. *Deutsche Presse-Agentur* Kantor Berita Jerman
Dr. *Doktor* Doktor (Dr.)
Dr. jur. *doctor juris, Doktor der Rechte* Dr. dl. bidang hukum
DRK *Deutsches Rotes Kreuz* Palang Merah RFJ
Dr. med. *doctor medicinae, Doktor der Medizin* Dr. dl. bidang kedokteran
Dr. phil. *doctor philosophiae, Doktor der Philosophie* Dr. dl. bidang filsafat
Dr. theol. *doctor theologiae, Doktor der Theologie* Dr. dl. bidang teologi
Dtl(d). *Deutschland* Jerman
dt(sch). *deutsch* Jerman (Jer.)
D(t)z(d). *Dutzend* (se)lusin, dosin
Durchw.(–Nr.) *Durchwahl(nummer)* (nomor) telepon langsung
DZ *s. Doppelz.*

E

E *Eilzug* kereta api yg. tdk. berhenti di stasiun-stasiun kecil
E-. . . *Elektrische(s)* . . . listrik (*z.B. E-Lok* lok listrik)
ebd. *ebenda* di tempat yg. sama
EDF *Elektronische Datenverarbeitung* komputerisasi data
EG *Europäische Gemeinschaft* Masyarakat Bersama Eropa
e. G. *eingetragene Gesellschaft* perusahaan terdaftar
eGmbH *eingetragene Genossenschaft mit beschränkter Haftpflicht* sm. koperasi yg. terdaftar dng. tanggungan anggota yg. terbatas
ehel. *ehelich* (dari perkawinan) sah
eh(e)m. *ehemalig* bekas, eks-; *ehemals* dahulu
eidg(en). *eidgenössisch* (yg. berh. dng.) Swiss
eingetr. *eingetragen* terdaftar
Eing.–Nr. *Eingangsnummer* nomor masuk
einschl. *einschlägig* yg. berh. satu sama lain, relevan; *einschließlich* termasuk
Einschr. *Einschreiben* surat tercatat
einz. *einzeln* sendiri-sendiri, satu-satu
EKD *Evangelische Kirche in Deutschland* Gereja Protestan di Jerman

EKG, Ekg *Elektrokardiogramm* elektrokardiogram
El., el(ektr). *elektrisch* listrik
entspr. *entsprechen(d)* yg. sesuai
entw. *entweder* salah satu dari dua; ~ . . . *oder* atau (. . . atau)
Erdg. *Erdgeschoß* lantai pertama/dasar
erh. *erhalten* diterima
Erw. *Erwachsene* orang dewasa
Et. *Etage* lantai, tingkat
et al. *et alii, und andere* dan lain-lain (dll.)
etc. *et cetera, und so weiter* dan seterusnya (dst.)
eur(op). *europäisch* (yg. berh. dng.) Eropa
e.V. *eingetragener Verein* perkumpulan terdaftar
ev. *evangelisch* Protestan (Prot.)
ev.–luth. *evangelisch-lutherisch* Protestan-Lutheran
evtl. *eventuell* mungkin, barangkali
EWG *Europäische Wirtschaftsgemeinschaft* Masyarakat Ekonomi Eropa (MEE), Pasaran Bersama Eropa (PBE)
exkl. *exklusiv* eksklusif
Expl. *Exemplar* eksemplar (ex.)
Exz. *Exzellenz* (Paduka) Yang Mulia

F

f *folgende* (*Seite*) dan (halaman) berikutnya
Fa. *Firma* firma
Fachber. *Fachbereich* (*Univ.*) (hampir sama dng.) fakultas
Fak. *Fakultät* fakultas
Fam. *Familie* famili, keluarga (kel.)
FC *Fußballclub* klub sepakbola
FDP *Freie Demokratische Partei* Partai Demokrat Bebas
FD(–Zug) *Ferndurchgangszug* kereta api ekspres jarak jauh (yg. hanya berhenti di kota-kota besar)
Feingeh. *Feingehalt* kadar murni
fem. *feminin* betina, feminin
Fernr. *Fernruf* telepon (Telp.)
Fernschr. *Fernschreiben* surat (melalui) teleks
F.f. *Fortsetzung folgt* bersambung
ff *sehr fein* halus sekali; *folgende* (*Seiten*) dan (halaman-halaman) seterusnya (dst.)
FH *Fachhochschule* sekolah tinggi kejuruan
fig. *figurativ, figürlich* (dl. arti) kiasan
Fl. *Fläche* permukaan; *Fluß* sungai (S), kali (K)
fl. (k.u.w.) W. *fließendes* (*kaltes und warmes*) *Wasser* air (dingin dan panas) yg. mengalir (dari keran)
flg., folg. *folgend(e)* yg. berikut ini
fortl. *fortlaufend* berturut-turut
Forts. *Fortsetzung* lanjutan
Forts. f. *s. F.f.*
Fotogr. *Fotografie* fotografi
Fr. *Frau* Nyonya (Ny.), Ibu; *Schweiz: Franken, satuan mata uang Swiss*
fr. *franko* bebas bea pos
freiw. *freiwillig* sukarela
Frl. *Fräulein* Nona (Nn.)
fut. *futurisch* (waktu) yg. akan datang (y.a.d.)

G

g *Gramm* gram (g)
Gbf. *Güterbahnhof* stasiun barang
geb. *geboren(e)* terlahir, nama gadis
Geb. *Gebäude* gedung; *Gebiet* daerah, *fig.* bidang; *Gebirge* pegunungan (peg.); *Gebühr(en)* ongkos, biaya, iuran; *Geburt* kelahiran
Gebr. *Gebrüder* bersaudara
gef(l). *gefällig* diminta dng. hormat, semoga; *gefälligst* ayo
gegr. *gegründet* (yg.) didirikan
gen. *genannt* yg. dinamai, (*erwähnt*) yg. disebut; *genehmigt* yg. diijinkan
Gen.–Dir. *Generaldirektor* direktur utama (dirut)
geogr. *geografisch* geografis
geol. *geologisch* geologis
geom. *geometrisch* geometris
gepr. *geprüft* sudah diuji
Ges. *Gesellschaft* asosiasi, gabungan; perusahaan; serikat; *Gesetz* undang-undang, hukum
geschl. *geschlossen* tertutup
Geschl. *Geschlecht* jenis kelamin
geschr. *geschrieben* tertulis
ges. gesch. *gesetzlich geschützt* (terdaftar dan) dilindungi oleh hukum

Gew. *Gewicht* berat, bobot
gez. *gezeichnet* tertanda (ttd.)
GG *Grundgesetz* Undang-Undang Dasar (UUD)
ggf(s). *gegebenenfalls* jika perlu
ggs. *gegensätzlich* berlawanan; *gegenseitig* timbal-balik, saling
GmbH *Gesellschaft mit beschränkter Haftung* Perseroan Terbatas (P.T.)
gram(m). *grammatisch* menurut tatabahasa
gyn(äk). *gynäkologisch* kebidanan, yg. berh. dng. penyakit kandungan

H

H *Haltestelle* halte
ha *Hektar* hektar (ha)
habil. *habilitatus, habilitiert* yg. berwenang memberi kuliah di universitas
haftb. *haftbar* bertanggungjawab, yg. (wajib) menanggung
Haftpfl. *Haftpflicht* tanggungan
Halbj. *Halbjahr* setengah tahun, enam bulan
haltb. *haltbar* (*bis*) tahan lama (sampai)
haupts. *hauptsächlich* yg. terutama
H.–Bez. *Handelsbezeichnung* merek/cap dagang
Hbf. *Hauptbahnhof* stasiun utama
h.c. *honoris causa, ehrenhalber* kehormatan (h.c.)
Hdlg. *Handlung* bisnis; toko
hdt. *hundert* seratus
Herst. *Hersteller* pabrikan, produsen
HF *Hochfrequenz* frekwensi tinggi
Hf. *Hafen* pelabuhan
hfl. *holländischer Gulden* Gulden Belanda (fl)
Hg. *Herausgeber* penerbit; *s. Hrsg.*
HG *Handelsgesellschaft* perusahaan niaga/dagang
HGB *Handelsgesetzbuch* Kitab Undang-Undang Hukum Dagang (KUHD)
HiFi, Hi-Fi *high fidelity, höchste Klangtreue* perekaman yg. sangat teliti dan murni, hifi
hist. *historisch* menurut sejarah (sej.), historis
hl. *Hektoliter* (hl)
hl., Hl. *heilig(e), Heilige* suci; Santo (*m*), Santa (*f*) (S.)
HNO *Hals, Nase(n), Ohren* Tenggorokan, Hidung dan Telinga (THT)
hochd. *hochdeutsch* Jerman baku
Hpt. *Haupt-* utama, pusat, kepala
Hr(n). *Herr(n)* Bapak (Bpk.), Tuan (Tn.)
Hrsg. *Herausgeber* (*Verfasser, Redakteur*) penyunting, editor; (*Verlag*) penerbit
hrsg. *herausgegeben* (*von*) disunting (oleh); (*veröffentlicht*) diterbitkan (oleh)
hs. *handschriftlich* dng. tulisan tangan
Hs.–Nr. *Hausnummer* nomor rumah
HTL *Höhere Technische Lehranstalt* sekolah tinggi tehnik
Hubr. *Hubraum* isi silinder, kubik
HVerw., H.–Verw. *Hauptverwaltung* kantor pusat, markas besar
hydr. *hydraulisch* hidraulis
Hyp. *Hypothek* hipotek
Hz *Hertz* hertz (hz)
Hzg. *Heizung* pemanasan

I

i.A. *im Auftrag* atas nama (a.n.)
i. allg. *im allgemeinen* pd. umumnya, secara umum
i.a.W. *in anderen Worten* dng. kata lain
ibd. *ibidem, ebenda, ebendort* ibidem (ibid.)
IC *Intercity-Zug* kereta ekspres yg. hanya berhenti di kota-kota besar dan berangkat setiap jam
i. D. *im Dienst* sedang bertugas; *im Durchschnitt* rata-rata
i.e.S. *im eigentlichen/engeren Sinne* dalam arti sebenarnya/sempit
IG *Industriegewerkschaft* serikat buruh (bidang industri)
IGM *Industriegewerkschaft Metall* Serikat Buruh (yg. bekerja dl.) Industri Logam
i. H. *im Hause* di rumah
i. J. *im Jahre* dl. tahun
ill. *illustriert* bergambar
i. M. *im Monat* dl. bulan, sebulan
Imp. *Imperativ* bentuk perintah, imperatif; *Import* impor

Imperf. *Imperfekt* bentuk waktu lampau, imperfek
inbegr. *inbegriffen* termasuk
Ind. *Index* indeks; *Indikativ* bentuk indikatif; *Industrie* industri
indir. *indirekt* tdk. langsung
indiv. *individuell* yg. bersifat perorangan, individual
Ing. *Ingenieur* insinyur (Ir.)
Inh. *Inhaber* orang yg. memegang/mempunyai/mengurus/mengelola
inkl. *inklusive* termasuk (term.)
inoff. *inoffiziell* tdk. resmi
insges. *insgesamt* seluruhnya
int. *intern* intern
intern. *international* internasional, (se)dunia
i. R. *im Ruhestand* sudah pensiun
IRK *Internationales Rotes Kreuz* Palang Merah Internasional
i. ü. *im übrigen* di samping itu, selain itu
i.V. *in Vertretung* sebagai wakil, dng. mewakili, (*im Namen*) atas nama (a.n.)
i.v. *intravenös* ke dl. pembuluh darah

J

Jan. *Januar* Januari (Jan.)
Jh. *Jahrhundert* abad
JH *Jugendherberge* wisma pemuda
jhrl. *jährlich* setahun sekali, selama satu tahun
Jr., jr., jun. *junior, der Jüngere* yunior, yg. lebih muda
jur. *juristisch* menurut hukum, secara legal

K

Kapt. *Kapitän* kapten nakhoda
Kard. *Kardinal* Kardinal
Kat. *Katalog* katalog; *Kategorie* kategori
kath. *katholisch* Katolik (Kat.)
Kennz. *Kennzeichnen* (*Mot.*) nomor mobil; *Kennziffer* nomor, (*Inserat*) nomor kode
Kfz. *Kraftfahrzeug* mobil, kendaraan bermotor
Kfz.-Vers. *Kraftfahrzeugversicherung* asuransi kendaraan/mobil
KG *Kommanditgesellschaft* perseroan komanditer
kg *Kilogramm* kilo(gram) (kg)
kHz *Kilohertz* kilohertz (khz)
Kl. *Klasse* kelas
km *Kilometer* kilo(meter) (km)
km/st *Kilometer pro Stunde* kilometer per jam (km/jam)
Konj. *Konjugation* tasrif, konyugasi; *Konjunktiv* bentuk subjungtif/pengandaian
konstr. *konstruiert* terencana
Krs. *Kreis* distrik pemerintahan (sm. kecamatan)
Kto. *Konto* rekening (bank)
Kto.–Nr. *Kontonummer* nomor rekening bank
Ktr.–Nr. *Kontrollnummer* nomor (kontrol di karcis, kwitansi, rekening . . .)
KW *Kurzwelle* (*Radio*) gelombang pendek
kW *Kilowatt* kilowat (kw)
kWh *Kilowattstunde* satu kilowat per jam (KWH)
KZ *Konzentrationslager* kamp konsentrasi

L

l *Liter* liter (l)
l. *links* kiri
Lab. *Laboratorium* laboratorium (lab.)
L(and)kr. *Landkreis* daerah pemerintahan (yg. k.l. setingkat dng. kecamatan)
landw. *landwirtschaftlich* berh. dng. pertanian
lat. *lateinisch* (dl. bahasa) Latin
led. *ledig* bujangan, tdk. menikah
leg. *legal* legal, secara hukum
Lekt. *Lektion* satuan pelajaran
Lf.-Bed. *Liefer(ungs)bedingungen* syarat-syarat pengiriman/penyerahan
lfd. *laufend* terus, urutan
lfd. Nr. *laufende Nummer* nomor urut
LH *Lufthansa* (*perusahaan penerbangan Jerman*)
Lit. *Literatur* kesusasteraan, literatur

lit(er). *literarisch* yg. berh. dng. kesusasteraan
liz. *lizensiert* yg. diijinkan
LKW. Lkw *Lastkraftwagen* (kendaraan) angkutan berat (spt. truk, lori)
log. *Logarithmus* logaritma
log. *logisch* logis, masuk akal
lok. *lokal* lokal, setempat
lt. *laut* menurut
ltd. *leitend* yg. memimpin
luftd. *luftdicht* kedap udara
luth. *lutherisch* Lutheran

M

m *Meter* meter (m)
m. *männlich* laki-laki, (*Gr.*) maskulin, jantan
M *DDR: Mark* mark; *Montag* Senin (Sen.)
M. *Monat* bulan (bln.)
MA *Mittelalter* Abad Pertengahan
mA *Milliampere* miliamper(e)
magn. *magnetisch* magnetis
m.A.n. *meiner Ansicht nach* menurut pendapat saya
männl. *männlich* laki-laki, pria; (*Gr.*) maskulin, jantan
Mar. *Marine* angkatan laut, yg. berh. dng. pelayaran
maschr. *maschinenschriftlich* (dng./ yg.) diketik
math. *mathematisch* yg. berh. dng. matematika, matematis
m.a.W. *mit anderen Worten* dng. kata lain
max. *maximal* yg. sebanyak-banyaknya, maksimal
mbH., m. b. H. *mit beschränkter Haftung* (dng. tanggungan) terbatas
MdB, M.d.B. *Mitglied des Bundestages* anggota DPR Federal (di Jerman)
MdL, M.d.L. *Mitglied des Landtages* anggota DPR tingkat negara bagain (di Jerman)
mdl. *mündlich* lisan
m.E. *meines Erachtens* menurut pendapat saya; *mit Einschränkungen* terbatas
Med. *Medizin* kedokteran
meteor. *meteorologisch* yg. berh. dng. ilmu cuaca, meteorologis
MEZ *mitteleuropäische Zeit* Waktu Eropa Tengah
mg *Milligram* miligram (mg)
Mgr. *Monsignore* monsinyur (Mgr.)
mhd. *mittelhochdeutsch* dl. bahasa Jerman Tengah dan Selatan (abad ke-12 – 14)
MHz *Megahertz* megahertz (mhz)
mil(it). *militärisch* militer, ketentaraan
Mill. *Million(en)* juta(an)
Min., min *Minute* menit (men.)
min. *minimal* yg. sekurang-kurangnya, minimal; *minus* minus, kurang
minderj. *minderjährig* di bawah umur
Mio. *Million(en)* juta(an)
Mitgl. *Mitglied* anggota (ang.)
mm *Millimeter* milimeter (mm)
m(ö)bl. *möbliert* diisi/dng./termasuk perabot
mod. *modern* moderen
mögl. *möglich* mungkin; *möglichst . . .* sedapat-dapatnya
Mot. *Motor* mesin; motor
MP *Maschinenpistole* mitralyur ringan; *Militärpolizei* polisi militer
Mrd. *Milliarde(n)* milyar
Mrz. *März* Maret; *Mehrzahl* jamak
MS *Manuskript* naskah, manuskrip; *Motorschiff* perahu motor
m/sek *Meter pro Sekunde* meter per detik
mst. *meist(ens)* biasanya; kebanyakan
mtl. *monatlich* bulanan, setiap bulan
m.ü.M. *Meter über dem Meer* meter di atas permukaan laut
Mus. *Museum* museum
m.W. *meines Wissens* sejauh saya ketahui
Mwst. *Mehrwertsteuer* pajak pertambahan nilai (PPN)

N

N *Norden* utara
n. *nach* sesudah (ses.); *Neutrum* banci, netral
nachm. *nachmittags* sore hari
näml. *nämlich* tepatnya, maksudnya; yakni, yaitu
NATO *Nordatlantikpakt-Organisation* Organisasi Pakta Atlantik Utara

NB *notabene* untuk perhatian (U.P. *atau* NB)
Nbk. *Nebenkosten* biaya sampingan
n. Chr. *nach Christus* sesudah Masehi (M, ses. M)
ND *Nachrichtendienst* kantor berita
neg. *negativ* negatif
neutr. *neutral* netral
NN *nomen nominandum, der Name ist noch zu nennen* (si) X
NO *Nordosten* timur laut
norm. *normal* normal, biasa
notw. *notwendig* perlu
Nr. *Nummer* nomor (no.)
NRW *Nordrhein-Westfalen* (*negara bagian Jerman*)
NS *Nachschrift* (*im Brief*) notabene (NB), (*Abschrift*) salinan, kopi; *Nationalsozialismus* nasionalsosialisme, nazi
NSt *Nebenstelle* kantor cabang
N.T. *Neues Testament* Perjanjian Baru (P.B.)
not. *netto* bersih, netto (nto.)
nuk. *nuklear* nuklir
n.V. *nach Vereinbarung* setelah disetujui, sesuai dng. perjanjian
NW *Nordwesten* barat laut

O

O *Osten* timur
o. *oben* di atas; *ohne* tanpa
o.a. *oben angeführt* spt. di atas (s.d.a.); *oder andere(s)* atau yg. lain(nya)
OB *Oberbürgermeister* walikota (dari kota besar)
o.B. *ohne Befund* negatif, tdk. kena penyakit
ÖBB *Österreichische Bundesbahnen* Jawatan Kereta Api Federal Austria
Obb. *Oberbayern* Bavaria Selatan
Oberfl. *Oberfläche* permukaan
obh. *oberhalb* di sebelah atas
obj. *objektiv* obyektif
oblig. *obligatorisch* wajib
od. *oder* atau
offiz. *offiziell* resmi
Offz. *Offizier* perwira
o.G. *ohne Gewähr* tanpa jaminan
OHG *Offene Handelgesellschaft* perseroan (yg. tanggungan anggota-anggotanya) tdk. terbatas
ökon. *ökonomisch* ekonomis
Op. *Operation* operasi; *Opus* (*Werk*) karya, opus (op.)
OP *Operationssaal* ruang operasi/pembedahan
op.cit. *opere citato, im angegebene Werk* dl. karya yg. sudah dikutip (op.cit.)
o. Prof. *ordentlicher Professor* profesor/mahaguru yg. memegang jabatan tetap
ord. *ordentlich* teratur, wajar
orient. *orientalisch* yg. berh. dng. negara-negara Timur
Orig. *Original* yg. orisinil/asli
orth. *orthodox* ortodoks
örtl. *örtlich* setempat, lokal
österr. *österreichisch* (yg. berh. dng.) Austria
o.U. *ohne Unterschied* tanpa perbedaan
Oz. *Ozean* lautan, samudra
o. Zw. *ohne Zweifel* tanpa ragu-ragu

P

P. *Pater* Pater (P.); *Parkplatz* tempat parkir; *Personenzug* kereta api biasa
päd. *pädagogisch* yg. berh. dng. pendidikan
p.A(dr). *per Adresse* dng. alamat (d/a)
Parl. *Parlament* parlemen
Part. *Partei* partai
Pass. *Passiv* pasif; *Passiva* pasiva, modal yg. dibukukan di sebelah kanan
Pat. *Patent* paten
p. Chr. (**n**) *post Christum* (*natum*), *nach Christus* (*nach Christi Geburt*) sesudah Masehi (M, ses. M)
Perf. *Perfekt, Gr.* perfek
pers. *persönlich* pribadi
Pf. *Pfennig, satuan mata uang Jerman* (*1 DM = 100 Pfennig*)
Pfd. *Pfund* pon (= 500 g)
PH *Pädagogische Hochschule* Sekolah Tinggi Ilmu Pendidikan di Jerman (utk. calon guru sekolah dasar)
pharm. *pharmazeutisch* yg. berh. dng. farmasi

phil. *philologisch* yg. berh. dng. bahasa-bahasa; *philosophisch* filosofis, falsafi
photogr. *photographisch* fotografis
phys. *physikalisch* yg. berh. dng. fisika; *physisch* jasmani, badaniah, fisik
Pkt. *Paket* paket; *Punkt* titik
PKW, Pkw *Personenkraftwagen* mobil penumpang, sedan
Pl. *Platz* medan; *Plural* jamak, plural
plötzl. *plötzlich* tiba-tiba
PLZ *Postleitzahl* kode pos
pol. *politisch* politis; *polizeilich* kepolisian
pos. *positiv* positif
postw. *postwendend* (mem)balas langsung, *fig.* langsung, segera
p.p., ppa, p. pa. *per procura(tionem), in Vollmacht* dng. kuasa
Präs. *Präsidium* (*Vorsitz*) presidium; (*Vorstand*) ketua
priv. *privat* privat, pribadi
Prof. *Professor* profesor (Prof.), mahaguru
prot. *protestantisch* Protestan (Prot.)
Prov. *Provinz* propinsi (prop.); *Provision* komisi
prov. *provisorisch* utk. sementara
PS *Pferdestärke* daya kuda (dk, PK); *Postscriptum* (*Nachschrift*) catatan tambahan, notabene (NB)
PSch(Kto) *Postscheck(konto)* (rekening) giro pos
Pseud. *Pseudonym* nama samaran
psych(ol). *psychologisch* psikologis, jiwani
PTT *Post, Telephon, Telegraph* (*Schweiz*) kantor pos, telepon dan telegram

Q

qkm *Quadratkilometer* kilometer persegi (km^2)
qm *Quadratmeter* meter persegi (*m*^{2})
Qual. *Qualität* kualitas, mutu
Quant. *Quantität* kuantitas, banyaknya

R

r. *rechts* kanan
rechtl. *rechtlich* legal, menurut hukum
Ref. *Referat* (*Abteilung*) seksi, bagian
reform. *reformiert* Reformasi
Reg. *Regierung* pemerintah(an)
Reg.-Bez. *Regierungsbezirk* daerah pemerintahan (tingkat kabupatan)
Rel. *Religion* agama
rel. *relativ* relatif; *religiös* keagamaan
Rep. *Reparatur* perbaikan; *Republik* republik (Rep.)
resp. *respektive* atau
Rest. *Restaurant* restoran
rh *Rhesusfaktor* faktor rhesus (rh)
Richtl. *Richtlinie(n)* garis besar
R.I.P. *requiescat in pace, er* (*od. sie*) *ruhe in Frieden* (semoga) beristirahat dng. tenang
RK *Rotes Kreuz* Palang Merah
rk, r.-k. *römisch-katholisch* Katolik (Kat.)
Rückf. *Rückfahrt* perjalanan pulang

S

S *Süden* selatan; *Schilling, satuan mata uang Austria (1 S = 100 Groschen)*
S. *Seite* halaman (hal., hlm.); *Soll* debet
s *Sekunde* detik (dt.)
s. *siehe* lihat (lih.)
Sa. *summa, Summe* jumlah, total
s.a. *siehe auch* lihat juga
Sakr. *Sakrament* sakramen
Sanat. *Sanatorium* sanatorium
Sa.-Nr. *Sammelnummer* sambungan telepon bersama
S-Bahn *Stadtbahn* kereta listrik dl. kota; *Schnellbahn* kereta api cepat
SBB *Schweizerische Bundesbahnen* Jawatan Kereta Api Swiss
schriftl. *schriftlich* tertulis
Schw. *Schwester* suster
schweiz. *schweizerisch* Swiss
Sdg. *Sendung* kiriman
Sek., sek. detik (dt.)
selbst. *selbständig* independen, mandiri
Sem. *Semester* semester (sem.)
sen. *senior, der Ältere* senior
senkr. *senkrecht* tegak lurus
sex. *sexuell* seksual, kelamin
sFr., sfr. *Schweizer Franken, mata uang Frank Swiss*
sin *Sinus* sinus (sin)

SJ *Societatis Jesu, (von der) Gesellschaft Jesus, Jesuit* Serikat Jesus (SJ)
sm *Seemeile* mil laut
SO *Südosten* tenggara
s.o. *siehe oben* lihat di atas, spt. di atas (s.d.a.)
sog(en). *sogenannt* yg. disebut
SOS *save our ship/souls, internationales Notsignal* tanda minta pertolongan (SOS)
soz. *sozial* sosial; *sozialistisch* sosialis
SPD *Sozialdemokratische Partei Deutschlands* Partai Sosial-Demokrat Jerman
Sped. *Spediteur* pengusaha pengangkutan barang
spez. *speziell* spesial
Sr. *Senior, der Ältere* senior
s.R. *siehe Rückseite* lihat di balik(nya)
St. *Sankt, der/die Heilige* Santo (*m*), Santa (*f*) (S.)
s.t. *sine tempore, ohne (akademisches) Viertel, pünktlich* tepat pd. waktunya
staatl. *staatlich* negeri, (*Regierung*) pemerintahan
staatl. gepr. *staatlich geprüft* berijazah negeri
Std. *Stunde* jam
stdl. *stündlich* setiap jam
stellv. *stellvertretend* yg. mewakili, pejabat (pej.)
StGB *Strafgesetzbuch* Kitab Undang-Undang Hukum Pidana (KUHP)
Str. *Straße* jalan (Jl.)
stud. *studiosus, Student* mahasiswa
StVO *Straßenverkehrsordnung* peraturan lalu-lintas
s.u. *siehe unten* lihat di bawah
Subj. *Subjekt* subyek
SW *Südwesten* barat daya
sym. *symmetrisch* simetris
syst. *systematisch* sistematis
s.Z(t). *seinerzeit* pd. waktu itu

T

t *Tonne* ton
Tab. *Tabelle* tabel
Tabl. *Tablette(n)* tablet, pil
tan *Tangens* tangens (tg)
Tbc *Tuberkulose* tebece (TBC)
techn. *technisch* teknis
TEE **Trans-Europa-Express** kereta api ekspres trans-Eropa
Tel. *Telefon* telepon (Telp.)
telef. *telefonisch* (yg. berh. dng.) telepon, melalui telepon
Telegr. *Telegramm* telegram
telegr. *telegrafisch* telegrafis
Tel.–Nr. *Telefonnummer* nomor telepon (Telp.)
Temp. *Temperatur* temperatur, suhu
tgl. *täglich* setiap hari
TH *Technische Hochschule* Sekolah Tinggi Tehnik, Institut Tehnik
T(sd). *Tausend* ribu
TU *Technische Universität, s. TH*
TÜV *Technischer Überwachungsverein* Dinas Pengawasan Tehnis
TV *Television* televisi (tivi, tv.)
typ. *typisch* khas

U

u. *und* dan
u.a. *und andere(s)* dan lain-lain (dll.); *unter anderem/anderen* antara lain (a.l.)
u.ä. *und ähnliche(s)* dan sebagainya (dsb.)
U.A.w.g. *um Antwort wird gebeten* mohon jawaban
U-Bahn *Untergrundbahn* kereta bawah tanah
übl. *üblich* lazim, biasa
u.d.M. *unter dem Meeresspiegel* di bawah permukaan laut (dbpl.)
ü.d.M. *über dem Meeresspiegel* di atas permukaan laut (dapl.)
u. E. *unseres Erachtens* menurut pendapat kami; *unter Einschränkung* dng. syarat-syarat
u.f(f). *und folgende* dan berikut ini
UKW *Ultrakurzwelle* gelombang ultra pendek
ult. *ultimo* (pd.) akhir bulan
U/min *Umdrehungen in der Minute* putaran per menit
unb(ek). *unbekannt* tak dikenal
unbez. *unbezahlt* tdk. dibayar
unehel. *unehelich* (*Kind*) di luar pernikahan, haram, (*Mutter*) tdk. menikah

Unterz. *Unterzeichnete(r)* penandatangan
unverb. *unverbindlich* tdk. mengikat
unverh. *unverheiratet* tdk. kawin, sendiri
Urk. *Urkunde* dokumen (dok.)
Url. *Urlaub* cuti
urspr. *ursprünglich* asli
usf./usw. *und so fort/weiter* dan seterusnya (dst.)
u. U. *unter Umständen* mungkin
UV *Ultraviolett* ultraviolet, ultra ungu

V

V *Volt* volt (v); *Volumen* isi
v. *versus, gegen* lawan; *von, vom* dari
v. Chr. *vor Christus* sebelum Masehi (seb. M)
ver. *vereinigt* bersatu, tergabung
verantw. *verantwortlich* yg. bertanggungjawab
VEB *DDR: Volkseigener Betrieb* perusahaan milik negara
V(er)f. *Verfasser* pengarang
v(er)gl. *vergleiche* bandingkan (bdk.)
verh. *verheiratet* kawin
Verk. *Verkauf* penjualan
Verl. *Verlag, Verleger* penerbit
veröff. *veröffentlicht* diterbitkan
Vers.–Anst. *Versicherungsanstalt* (perusahaan) asuransi
verst. *verstorben* almarhum (alm.)
Verw. *Verwaltung* administrasi; *Verwendung* penggunaan
verw. *verwitwet* janda
v.g.u. *vorgelesen, genehmigt, unterschrieben* dibacakan, disetujui dan ditandatangani
v.H. *vom Hundert* prosen, perseratus, persenan
v.l.n.r. *von links nach rechts* dari kiri ke kanan
Volksw. *Volkswirt* ekonom
Vorbeh. *Vorbehalt* prasyarat
Vorbest. *Vorbestellung* order/pesanan sebelumnya
Vorm. *Vormittag* pagi hari
Vors. *Vorsitzender* ketua, kepala
VP *Vollpension* penginapan dan makanan
v.T. *vom Tausend* perseribu
v.u. *von unten* dari bawah
VW *Volkswagen* Véwé (VW)

W

W *Watt* watt (w); *Westen* barat
wbl. *weiblich* betina
WC *Wasserklosett* kamar mandi dan toilet dng. air bilas (wésé, WC)
WE *Wärmeeinheit* satuan panas
werkt. *werktags* (setiap) hari kerja
westd(t). *westdeutsch* Jerman Barat
WEZ *westeuropäische Zeit* Waktu Eropa Barat (*Greenwich Mean Time (GMT)*)
Whg. *Wohnung* kediaman, tempat tinggal
wirtsch. *wirtschaftlich* ekonomis
wiss. *wissenschaftlich* ilmiah
wö. *wöchentlich* mingguan, seminggu sekali
w.o. *weiter oben* lebih di atas
Wwe. *Witwe* janda (Jd.)
Wz. (*eingetragenes*) *Warenzeichen* merek dagang (terdaftar)

Z

Z. *Zahl* angka; *Zeile* baris; *Zeit* waktu
z. *zu, zum, zur* ke; pada (pd.)
zahlr. *zahlreich* banyak
z.B. *zum Beispiel* misalnya (mis.)
z.b.V. *zur besonderen Verwendung* utk. tugas khusus
ZDF *Zweites Deutsches Fernsehen* program kedua dari siaran televisi Jerman
zeitl. *zeitlich* waktu
zeitw. *zeitweilig* utk. sementara; *zeitweise* kadang-kadang
Zentr. *Zentrale* (kantor) pusat
Zi. *Ziffer* angka, nomor, (*Abschnitt*) subparagraf; *Zimmer* kamar, ruang (-an)
ziv. *zivil* sipil
ZK *Zentralkomitee* panitia pusat
z.K. *zur Kenntnisnahme* spy./utk. diketahui
Zkft. *Zukunft* waktu yg. akan datang

zool. *zoologisch* yg. berh. dng. ilmu hewan
z.T. *zum Teil* sebagian
Ztr. *Zentner* setengah kwintal
Zts(chr). *Zeitschrift* majalah
Zub. *Zubehör* perlengkapan
zuf. *zufällig* kebetulan; *zufolge* sebagai akibat
zus. *zusammen* bersama(-sama)
Zuschr. *Zuschrift* (kiriman) surat
zuz. *zuzüglich* ditambah (dng.)
zw. *zwecks* utk./dng. tujuan/maksud; *zwischen* di antara
Zwgst. *Zweigstelle* (kantor) cabang
z. Z(t). *zur Zeit* dewasa ini, sekarang

II.

Geographische Namen
Nama-Nama geografis

Alles Neutra außer wenn angegeben.
Semua kata berjenis netral kecuali jika dicatat lain.

A

Aachen Aken
Abessinien Habsyi, Abesinia
Adria *f*, **Adriatische(s) Meer** Laut Adriatik
Afghanistan Afganistan
Afrika Afrika
Ägypten Mesir
Algerien Aljazair
Alpen *pl* (Pegunungan) Alpen
Amazonas *m* (Sungai) Amazona
Amerika Amerika
Angola Angola
Antarktis *f* Antarktika
Antillen *pl* Antilla
Arabien Tanah Arab, Arabia
Arabische(s) Meer Laut Arab
Argentinien Argentina
Arktis *f* Arktika
Ärmelkanal *m* Selat Channel
Armenien Armenia
Asien Asia
Äthiopien Etiopia
Atlantik *m*, **Atlantische(r) Ozean** *m* Samudera Atlantik
Äußere Mongolei *f* Mongolia Luar
Australasien Australasia
Australien Australia
Austronesien Austronesia

B

Babylonien Babilonia
Baden Baden
Bahrain Bahrein
Balkan (halbinsel *f*) *m* (Semenanjung/Jazirah) Balkan
Baltikum Baltik
Bangladesch Bangladesh
Bayern Bavaria
Belgien Belgia
Belgrad Beograd
Benares Varanasi, Benares
Bengalen Benggala
Benin Benin
Bhutan Bhutan
Bikiniatoll Atol Bikini
Birma Birma
Bodensee *m* Danau Konstanz
Böhmen Bohemia
Bolivien Bolivia
Borneo Kalimantan
Brasilien Brazilia, Brasil
Britannien Britania
Brunei Brunei Darusalam
Bulgarien Bulgaria
Bundesrepublik Deutschland *f* Republik Federal Jerman
Burma Birma

C

Celebes Sulawesi
Ceylon Sri Langka
Chile Chili
China (*Volksrepublik*) (Republik Rakyat) Tiongkok/Cina
Chinesische(s) Meer Laut Cina
Costa Rica Kosta Rika
Cypern Siprus

D

Damaskus Damsjik, Damaskus
Dänemark Denmark
Deutsche Bucht *f* Teluk Jerman
Deutsche Demokratische Republik *f* Republik Demokrasi Jerman
Deutschland Jerman
Dominikanische Republik *f* Rep. Dominika

E

Ecuador Ekuador
Eismeer (*Nördliches*) Lautan Arktik(a)
Elfenbeinküste *f* Pantai Gading
El Salvador El Salvador
England Ingg(e)ris
Estland Estonia
Eurasien Eropa-Asia
Europa Eropa

F

Falklandinseln Kepulauan Malvinas/ Falkland
Felsengebirge Pegunungan Rocky
Fidschi(inseln *pl*) (Kepulauan) Fiji
Finnland Finlandia
Franken Franken
Frankreich Perancis

G

Gabun Gabon
Galiläa Galilea
Gambia Gambia
Ganges *m* (Sungai) Gangga
Gelbes(s) Meer Laut Cina Selatan
Genf Geneva, Jeneva
Genfer See *m* Danau Jeneva
Germanien Germania
Ghana Ghana
Goldküste *f* Pantai Mas
Golfstrom *m* Arus Teluk
Griechenland Yunani
Grönland Tanah Hijau (Gronlandia)
Großbritannien Britania Raya
Große(n) Antillen *pl* Antilla Besar
Große(r) Ozean *m* Lautan/Samudera Teduh
Große(n) Sundainseln *pl* Kepulauan Sunda Besar
Guatemala Guatemala
Guinea(-Bissau) Guinea(-Bissau)
Guyana Guyana

H

Haiti Haiti
Hawaii Hawaii
Hessen Hessen
Himalaja Himalaya
Hinterindien Wilayah Muang Thai, Indocina dan Malaysia; Hindia Belakang
Holland Belanda
Honduras Honduras

I

Iberoamerika Amerika Iberia
Indien India
Indische(r) Ozean *m* Samudera Hindia
Indochina Indocina
Indonesien Indonesia
Innerasien Asia Dalam
Irak Irak
Iran Iran
Irland Irlandia
Island Tanah Es, Eslandia
Israel Israel
Italien Italia

J

Jamaika Yamaika
Japan Jepang
Java Jawa
Javasee *f* Laut Jawa
Jemen *m* Yaman
Jerusalem Yerusalem, El Quds
Jordanien Yordania
Jugoslawien Yugoslavia

K

Kalifornien Kalifornia
Kambodscha Kamboja

Kamerun Kamerun
Kanada Kanada
Kap der Guten Hoffnung Tanjung Harapan
Karibisches Meer Laut Karibia
Kaukasus *m* Pegunungan Kaukasus
Kenia Kenya
Kleinasien Asia Kecil/Minor
Kleine Sundainseln *pl* Kepulauan Sunda Kecil
Köln Kolonia, Keulen
Kolumbien Kolombia
Kongo Kongo
Korea Korea
Kotschinchina Kochin Cina
Kreml Kremlin
Kroatien Kroasia
Kuba Kuba
Kuwait Kuwait

L

Laos Laos
Lappland Laplandia
Lateinamerika Amerika Latin
Lettland Latvia
Libanon *m* Libanon
Liberia Liberia
Libyen Libia
Liechtenstein Liechtenstein
Litauen Litauania
Luxemburg Luxemburg

M

Madagaskar *Pol.* Malagasi; *Geogr.* Madagaskar
Magellanstraße *f* Selat Magelhens
Mähren Moravia
Malaiische(r) Archipel *m* Kepulauan Indonesia
Malaiische Halbinsel *f* Semenanjung Melayu
Malakkastraße *f* Selat Malaka
Malawi Malawi
Malaya Malaya
Malaysia Malaysia
Malediven *pl* Maladewa
Mali Mali
Mandschurei *f* Mansyuria
Marokko Maroko
Maskat und Oman Maskat dan Oman
Mauretanien Mauritania
Melanisien Melanesia
Mesopotamien Mesopotamia
Mexiko Meksiko, Mexiko
Mikronesien Mikronesia
Mittelamerika Amerika Tengah
Mittelasien Asia Tengah
Mitteldeutschland Jerman Tengah
Mitteleuropa Europa Tengah
Mittelländische(s) Meer, Mittelmeer Laut Tengah
Mittlere(r) Osten Timur Tengah
Molukken *pl* Maluku
Mongolei *f* Mongolia
Münster Munster

N

Nahe(r) Osten *m* Timur Dekat
Nepal Nepal
Neufundland Newfoundland
Neuguinea *West:* Irian Jaya; *Ost:* Papua-Nugini
Neukaledonien Kaledonia Baru
Neuseeland Selandia Baru
Nicaragua Nikaragua
Niederbayern Bavaria Hilir
Niederlande Negeri Belanda
Niederösterreich Austria Hilir
Niedersachsen Saksonia Hilir
Nigeria Nigeria
Nikobaren Kepulauan Nikobar
Nil *m* (Sungai) Nil
Nordamerika Amerika Utara
Nordatlantik *m* Atlantik Utara
Norddeutschland Jerman Utara
Nordkap Tanjung Utara
Nordkorea Korea Utara
Nordsee *f* Laut Utara
Nordterritorium Wilayah Utara
Norwegen Norwegia

O

Oberbayern Bavaria Hulu
Oberösterreich Austria Hulu
Obervolta Volta Hulu

Oder-Neiße-Linie *f* Garis Oder-Neiße
Oman Oman
Oranien Oranye
Ostasien Asia Timur
Ost-Berlin Berlin Timur
Ostdeutschland Jerman Timur
Osterinsel Pulau Paskah
Österreich Austria
Ostindien Hindia Timur; Wilayah Indonesia, Malaysia, Vietnam dan Muang Thai
Ostpreußen Prusia Timur
Ostsee *f* Laut Baltik/Timur
Ozeanien Wilayah Kepulauan-kepulauan Pasifik, Oseania

P

Pakistan Pakistan
Palästina Palestina
Panama Panama
Panamakanal *m* Terusan Panama
Papua-Niugini Papua-Nugini
Paraguay Paraguay
Pazifik *m*, **Pazifische(r) Ozean** *m* Samudera Pasifik
Peking Beijing
Persien Persia
Persische(r) Golf *m* Teluk Persia
Peru Peru
Philippinen *pl* Filipina
Polen Polandia
Polynesien Polinesia
Portugal Portugal
Preußen Prusia
Pyrenäen *pl* (Pegunungan) Pirenia

R

Republik Südafrika *f* Rep. Afrika Selatan
Rhein *m* (Sungai) Rhein
Rom Roma
Rote(s) Meer Laut Merah
Ruanda Rwanda
Ruhrgebiet Wilayah (Industri Berat di tepi Sungai) Ruhr
Rumänien Rumania
Rußland Rusia

S

Saar *f* (Sungai) Saar
Sachsen Saksonia
Sahara *f* Sahara
San Marino San Marino
Saudi-Arabien Arab Saudi
Schottland Skotlandia
Schwaben Swabia
Schwarze(s) Meer Laut Hitam
Schwarzwald *m* Hutan Hitam
Schweden Swedia
Schweiz *f* Swiss
Schweizer Jura *m* Yura Swiss
See Genezareth *m* Tasik Genesaret, Danau Galilea
Senegal Senegal
Serbien Serbia
Seychellen *pl* Kepulauan Seycelles
Sibirien Siberia
Sierra Leone Sierra Leone
Sikkim Sikkim
Sinai *m* (Pegunungan) Sinai
Singapur Singapura
Skandinavien Skandinavia
Somalia Somali
Sowjetunion *f* Uni Sovyet
Spanien Spanyol
Sri Lanka Sri Langka
Stiller Ozean *m* Lautan/Samudera Teduh
Südafrika Afrika Selatan
Südamerika Amerika Selatan
Sudan Sudan
Süddeutschland Jerman Selatan
Sudeten(land) *pl* Pegunungan (Wilayah) Sudeten
Südostasien Asia Tenggara
Südsee *f* Wilayah Kepulauan-Kepulauan di Pasifik Tengah
Südwestafrika Afrika Barat Daya, Namibia
Sueskanal *m* Terusan Suez
Sumatra Sumatera
Sunda (=*Westjava*) Sunda
Sundainseln *pl* Kepulauan Sunda
Sundastrafe *f* Selat Sunda
Surinam Suriname
Swasiland Swaziland
Syrien Suriah, Siria, Syam

T

Taiwan Taiwan

Tansania Tanzania
Tasmanien Tasmania
Thailand Muang Thai
Tibet Tibet
Timor (Pulau) Timor
Togo Togo
Tote(s) Meer Laut Mati
Tschad *m* Cad
Tschechoslowakei *f* Cekoslovakia
Tunesien Tunisia
Türkei *f* Turki

U

Uganda Uganda
Ukraine *f* Ukraina
Ungarn Hongaria
Union der Sozialistischen Sowjetrepubliken *f* Uni Republik-Republik Sovyet Sosialis
Ural *m* (Pegunungan) Ural
Uruguay Uruguay

V

Vatikan(stadt *f*) *m* (Kota) Vatikan
Venezuela Venezuela
Vereinigte Arabische Emirate *pl* Serikat Keemiran Arab
Vereinigte(s) Königreich (*von Großbritannien und Nordirland)* Kerajaan Britania Raya and Irlandia Utara
Vereinigte(n) Staaten (von Amerika) *pl* Amerika Serikat
Vietnam Vietnam
Vorderasien Asia Barat Daya
Vorderindien Hindia Muka (Pakistan, India, Bangladesh, Birma)

W

West-Berlin Berlin Barat
Westdeutschland Jerman Barat
Westfalen Westfalia
Westindien Kepulauan Antilla; India Barat
Wien Wina
Württemberg Wurttemberg

Z

Zaire Zaire
Zambia Zambia
Zentralafrika Afrika Sentral
Zimbabwe Zimbabwe
Zypern Siprus

III.

Zahlwörter
Kata bilangan

Grundzahlen — *Bilangan pokok/dasar*

0 null *nol*
1 eins *satu*
2 zwei *dua*
3 drei *tiga*
4 vier *empat*
5 fünf *lima*
6 sechs *enam*
7 sieben *tujuh*
8 acht *delapan*
9 neun *sembilan*
10 zehn *sepuluh*
11 elf *sebelas*
12 zwölf *dua belas*
13 dreizehn *tiga belas*
14 vierzehn *empat belas*
15 fünfzehn *lima belas*
16 sechzehn *enam belas*
17 siebzehn *tujuh belas*
18 achtzehn *delapan belas*
19 neunzehn *sembilan belas*
20 zwanzig *dua puluh*
21 einundzwanzig *dua puluh satu*
22 zweiundzwanzig *dua puluh dua*
23 dreiundzwanzig *dua puluh tiga*
30 dreißig *tiga puluh*
31 einunddreißig *tiga puluh satu*
40 vierzig *empat puluh*
41 einundvierzig *empat puluh satu*
50 fünfzig *lima puluh*
51 einundfünfzig *lima puluh satu*
60 sechzig *enam puluh*
61 einundsechzig *enam puluh satu*
70 siebzig *tujuh puluh*
71 einundsiebzig *tujuh puluh satu*
80 achtzig *delapan puluh*
81 einundachtzig *delapan puluh satu*
90 neunzig *sembilan puluh*
91 einundneunzig *sembilan puluh satu*
100 hundert *seratus*
101 hundert(und)eins *seratus satu*
200 zweihundert *dua ratus*
300 dreihundert *tiga ratus*
572 fünfhundert(und)zweiundsiebzig *lima ratus tujuh puluh dua*
1000 tausend *seribu*
2000 zweitausend *dua ribu*
1 000 000 eine Million *sejuta*
2 000 000 zwei Millionen *dua juta*
1 000 000 000 eine Milliarde *satu milyar*

Ordnungszahlen — *Bilangan tingkat*

1. erste *pertama*
2. zweite *kedua*
3. dritte *ketiga*
4. vierte *keempat*
5. fünfte *kelima*
6. sechste *keenam*
7. sieb(en)te *ketujuh*
8. achte *kedelapan*
9. neunte *kesembilan*
10. zehnte *kesepuluh*

11. elfte *kesebelas*
12. zwölfte *kedua belas*
13. dreizehnte *ketiga belas*
14. vierzehnte *keempat belas*
15. fünfzehnte *kelima belas*
16. sechzehnte *keenam belas*
17. siebzehnte *ketujuh belas*
18. achtzehnte *kedelapan belas*
19. neunzehnte *kesembilan belas*
20. zwanzigste *kedua puluh*
21. einundzwanzigste *kedua puluh satu*
22. zweiundzwanzigste *kedua puluh dua*
23. dreiundzwanzigste *kedua puluh tiga*
30. dreißigste *ketiga puluh*
31. einunddreißigste *ketiga puluh satu*
40. vierzigste *keempat puluh*
41. einundvierzigste *keempat puluh satu*
50. fünfzigste *kelima puluh*
51. einundfünfzigste *kelima puluh satu*
60. sechzigste *keenam puluh*
61. einundsechzigste *keenam puluh satu*
70. siebzigste *ketujuh puluh*
71. einundsiebzigste *ketujuh puluh satu*
80. achtzigste *kedelapan puluh*
81. einundachtzigste *kedelapan puluh satu*
90. neunzigste *kesembilan puluh*
100. hundertste *keseratus*
101. hundertunderste *keseratus satu*
200. zweihundertste *kedua ratus*
300. dreihundertste *ketiga ratus*
572. fünfhundert(und)zweiundsiebzigste *kelima ratus tujuh puluh dua*
1000. tausendste *keseribu*
2000. zweitausendste *kedua ribu*
1 000 000. millionste *kesejuta*
2 000 000. zweimillionste *kedua juta*

Bruchzahlen und andere Zahlenwerte
Bilangan pecahan dan nilai bilangan yang lain

½ ein halb *setengah*
1½ anderthalb *satu setengah*
2½ zweieinhalb *dua setengah*
½ Meile *setengah mil*
⅓ ein Drittel *sepertiga*
⅔ zwei Drittel *duapertiga*
¼ ein Viertel seperempat
¾ drei Viertel *tiga perempat*
1¼ ein und eine Viertelstunde *satu jam (dan) 15 menit*
⅕ ein Fünftel *seperlima*
3⅘ drei vier Fünftel *tiga (dan) empat perlima*
0,4 null Komma vier *nol koma empat*
2,5 zwei Komma fünf *dua koma lima*

★

einfach *tdk. dilipat/rangkap*
zweifach *dua kali lipat, dobel, rangkap*
dreifach *tiga kali lipat*
vierfach *empat kali lipat*
fünffach *lima kali lipat*

einmal *sekali*
zweimal *dua kali*
drei-, vier-, fünfmal *tiga, empat, lima kali*
zweimal soviel(e) *dobel, dua kali lipat/sebanyak itu*
erstens, zweitens, drittens *pertama, kedua, ketiga*

★

2×3 = 6 zweimal drei ist sechs *dua kali tiga sama dng. enam*

7+8 = 15 sieben und acht ist fünfzehn *tujuh tambah delapan sama dng. lima belas*

10−3 = 7 zehn weniger drei ist sieben *sepuluh (di)kurang(i) tiga sama dng. tujuh*

20 : 5 = 4 zwanzig geteilt (*od.* dividiert) durch fünf ist vier *dua puluh bagi lima sama dengan empat*

IV.

Maße und Gewichte
Ukuran dan berat

Längenmaße — *Ukuran panjang*

1 mm Millimeter *mili(meter)*
1 cm Zentimeter *senti(meter)*
1 dm Dezimeter *desi(meter)*
1 m Meter *meter*
1 km Kilometer *kilo(meter)*
1 sm Seemeile (= 1,852 Meter) *mil laut (Jerman)*

Flächenmaße — *Ukuran luas*

1 qmm Quadratmillimeter *mili meter persegi*
1 qcm Quadratzentimeter *senti-meter persegi*
1 qm Quadratmeter *meter persegi*
1 a Ar (100 m^2) *are*
1 ha Hektar (100 a) *hektar*
1 Morgen (=25,532 a) *25,532 are*

Raummaße — *Ukuran isi*

1 ccm Kubikzentimeter *sentimeter kubik*
1 cdm Kubikdezimeter *desimeter kubik*
1 cbm Kubikmeter *meter kubik*
1 RT Registertonne (=2,8316 m^3) *ton register*
1 rm Raummeter *meter kubik untuk kayu-kayu (dng. ruang-ruang di antaranya)*
1 fm Festmeter *meter kubik untuk kayu padat*

Hohlmaße — *Takar(an)*

1 l Liter *liter*
1 hl Hektoliter (100 l) *hektoliter*

Gewichte — *Berat*

1 m Milligramm *miligram*
1 g Gramm *gram*
1 Pfd Pfund (=500 g) *pon*
1 kg Kilo(gramm) *kilo(gram)*
1 Ztr. Zentner (=50 kg) *setengah kwintal*
1 t Tonne (1000 kg) *ton*

V.

Unregelmäßige Verben
Kata kerja tak beraturan

In dieser Übersicht sind folgende Formen der unregelmäßigen Verben erfaßt:

Infinitiv,
1.,2.,3. Person Singular Präsens,
1., 3. Person Singular Präteritum,
Partizip Perfekt.

Weniger gebräuchliche Formen stehen in Klammern. Ein (h) bedeutet, daß das Perfekt mit *'haben'* gebildet wird. Ableitungen von Verben (z.B. *'empfinden'*) und zusammengesetzte Verben (z.B. *'zurückgeben'*) sind unter dem Grundverb (z.B. *'finden'*, *'geben'*) nachzuschlagen.

Dalam daftar di bawah ini dicantumkan bentuk-bentuk kata kerja tak beraturan yang mencakup:

infinitif,
orang ke-1, ke-2 dan ke-3 tunggal utk. masa sekarang,
orang ke-1 dan ke-3 tunggal utk. masa lampau,
partisip perfek.

Bentuk-bentuk yang tidak begitu lazim diberi tanda kurung. Tanda (h) berarti, bahwa bentuk perfek dibentuk dengan *'haben'*. Bentuk-bentuk kata kerja yang diturunkan dari suatu kata kerja dasar (mis. *'empfinden'*) dan bentuk-bentuk kata kerja gabungan (mis. *'zurückgeben'*), harus dicari di bawah kata dasar (mis. *'finden'*, *'geben'*).

Infinitiv ***Infinitif***	**Präsens (1./2./3. Pers. Sg.)** ***Masa sekarang (orang ke-1/-2/-3 tunggal)***	**Präteritum** ***Masa lampau***	**Partizip Perfekt** ***Partisip perfek***
backen	backe/bäckst (backst)/bäckt (backt)	backte (buk)	gebacken [h]
befehlen	befehle/befiehlst/befiehlt	befahl	befohlen [h]
beginnen	beginne/beginnst/beginnt	begann	begonnen [h]
beißen	beiße/beißt/beißt	biß	gebissen [h]
bergen	berge/birgst/birgt	barg	geborgen [h]
bersten	berste/birst/birst	barst	geborsten [sein]
bewegen	bewege/bewegst/bewegt	bewog	bewogen [h]
biegen	biege/biegst/biegt	bog	gebogen [h, *itr.* sein]
bieten	biete/bietest/bietet	bot	geboten [h]
binden	binde/bindest/bindet	band	gebunden [h]
bitten	bitte/bittest/bittet	bat	gebeten [h]
blasen	blase/bläst/bläst	blies	geblasen [h]
bleiben	bleibe/bleibst/bleibt	blieb	geblieben [sein]
braten	brate/brätst/brät	briet	gebraten [h]
brechen	breche/brichst/bricht	brach	gebrochen [h/sein]

Infinitiv *Infinitif*	Präsens (1./2./3. Pers. Sg.) *Masa sekarang (orang ke-1/ -2/-3 tunggal)*	Präteritum *Masa lampau*	Partizip Perfekt *Partisip perfek*
brennen	brenne/brennst/brennt	brannte	gebrannt [h]
bringen	bringe/bringst/bringt	brachte	gebracht [h]
denken	denke/denkst/denkt	dachte	gedacht [h]
dingen	dinge/dingst/dingt	dingte (dang)	gedungen (gedingt) [h]
dreschen	dresche/drischst/drischt	drosch	gedroschen [h]
dringen	dringe/dringst/dringt	drang	gedrungen [h/sein]
dünken	dünkt (deucht)	dünkte (deuchte)	gedünkt (gedeucht) [h]
dürfen	darf/darfst/darf	durfte	dürfen, gedurft [h]
empfehlen	empfehle/empfiehlst/empfiehlt	empfahl	empfohlen [h]
essen	esse/ißt/ißt	aß	gegessen [h]
fahren	fahre/fährst/fährt	fuhr	gefahren [sein/h]
fallen	falle/fällst/fällt	fiel	gefallen [sein]
fangen	fange/fängst/fängt	fing	gefangen [h]
fechten	fechte/fich(t)st/ficht	focht	gefochten [h]
finden	finde/findest/findet	fand	gefunden [h]
flechten	flechte/flich(t)st/flicht	flocht	geflochten [h]
fliegen	fliege/fliegst/fliegst	flog	geflogen [sein/h]
fliehen	fliehe/fliehst/flieht	floh	geflohen [sein/h]
fließen	fließe/fließt/fließt	floß	geflossen [sein]
fragen	frage/fragst (frägst)/fragt (frägt)	fragte (frug)	gefragt [h]
fressen	fresse/frißt/frißt	fraß	gefressen [h]
frieren	friere/frierst/friert	fror	gefroren [h/sein]
gären	gäre/gärst/gärt	gor (gärte)	gegoren (gegärt) [h/sein]
gebären	gebäre/gebärst (gebierst)/gebärt (gebiert)	gebar	geboren [h]
geben	gebe/gibst/gibt	gab	gegeben [h]
gedeihen	gedeihe/gedeihst/gedeiht	gedieh	gediehen [sein]
gehen	gehe/gehst/geht	ging	gegangen [sein]
gelingen	gelingt	gelang	gelungen [sein]
gelten	gelte/giltst/gilt	galt	gegolten [h]
genesen	genese/genest/genest	genas	genesen [sein]
genießen	genieße/genießt/genießt	genoß	genossen [h]
geschehen	geschieht	geschah	geschehen [sein]
gewinnen	gewinne/gewinnst/gewinnt	gewann	gewonnen [h]
gießen	gieße/gießt/gießt	goß	gegossen [h]
gleichen	gleiche/gleichst/gleicht	glich	geglichen [h]
gleiten	gleite/gleitest/gleitet	glitt (gleitete)	geglitten (gegleitet) [sein]
glimmen	glimme/glimmst/glimmt	glomm, glimmte	geglommen, geglimmt [h]
graben	grabe/gräbst/gräbt	grub	gegraben [h]
greifen	greife/greifst/greift	griff	gegriffen [h]
haben	habe/hast/hat	hatte	gehabt [h]
hangen	hange/hangst/hangt	hing	gehangen [h]
hängen *itr.*	hänge/hängst/hängt	hing (hängte)	gehangen (gehängt) [h (sein)]
hängen *tr.*	hänge/hängst/hängt	hängte (hing)	gehängt (gehangen) [h]
hauen *tr.*	haue/haust/haut	haute (hieb)	gehauen [h]
hauen *itr.*	haue/haust/haut	hieb (haute)	gehauen [h]
heben	hebe/hebst/hebt	hob (hub)	gehoben [h]
heißen	heiße/heißt/heißt	hieß	geheißen (gehießen) [h]

Infinitiv *Infinitif*	Präsens (1./2./3. Pers. Sg.) *Masa sekarang (orang ke-1/ -2/-3 tunggal)*	Präteritum *Masa lampau*	Partizip Perfekt *Partisip perfek*
helfen	helfe/hilfst/hilft	half	geholfen [h]
kennen	kenne/kennst/kennt	kannte	gekannt [h]
klimmen	klimme/klimmst/klimmt	klomm	geklommen, [sein]
klingen	klinge/klingst/klingt	klang	geklungen [h]
kneifen	kneife/kneifst/kneift	kniff	gekniffen [h]
kommen	komme/kommst/kommt	kam	gekommen [sein]
können	kann/kannst/kann	konnte	können, gekonnt [h]
kriechen	krieche/kriechst/kriecht	kroch	gekrochen [sein]
küren	küre/kürst/kürt	kürte (kor)	gekürt (gekoren) [h]
laden	lade/lädst (ladest)/lädt (ladet)	lud	geladen [h]
lassen	lasse/läßt/läßt	ließ	lassen, gelassen [h]
laufen	laufe/läufst/läuft	lief	gelaufen [h/sein]
leiden	leide/leidest/leidet	litt	gelitten [h]
leihen	leihe/leihst/leiht	lieh	geliehen [h]
lesen	lese/liest/liest	las	gelesen [h]
liegen	liege/liegst/liegt	lag	gelegen [h/sein]
lügen	lüge/lügst/lügt	log	gelogen [h]
mahlen	mahle/mahlst/mahlt	mahlte	gemahlen [h]
meiden	meide/meidest/meidet	mied	gemieden [h]
melken	melke/melkst (milkst)/melkt (milkt)	melkte, molk	gemolken, gemelkt [h]
messen	messe/mißt/mißt	maß	gemessen [h]
mißlingen	mißlingt	mißlang	mißlungen [sein]
mögen	mag/magst/mag	mochte	mögen, gemocht [h]
müssen	muß/mußt/muß	mußte	müssen, gemußt [h]
nehmen	nehme/nimmst/nimmt	nahm	genommen [h]
nennen	nenne/nennst/nennt	nannte	genannt [h]
pfeifen	pfeife/pfeifst/pfeift	pfiff	gepfiffen [h]
pflegen	pflege/pflegst/pflegt	pflog	gepflogen [h]
preisen	preise/preist/preist	pries	gepriesen [h]
quellen	quelle/quillst/quillt	quoll	gequollen [sein]
raten	rate/rätst/rät	riet	geraten [h]
reiben	reibe/reibst/reibt	rieb	gerieben [h]
reißen	reiße/reißt/reißt	riß	gerissen [h/sein]
reiten	reite/reitest/reitet	ritt	geritten [sein/h]
rennen	renne/rennst/rennt	rannte	gerannt [sein/h]
riechen	rieche/riechst/riecht	roch	gerochen [h]
ringen	ringe/ringst/ringt	rang	gerungen [h]
rinnen	rinne/rinnst/rinnt	rann	geronnen [sein]
rufen	rufe/rufst/ruft	rief	gerufen [h]
salzen	salze/salzt/salzt	salzte	gesalzen (gesalzt) [h]
saufen	saufe/säufst/säuft	soff	gesoffen [h]
saugen	sauge/saugst/saugt	sog, saugte	gesogen, gesaugt [h]
schaffen	schaffe/schaffst/schafft	schuf	geschaffen [h]
schallen	schalle/schallst/schallt	schallte (scholl)	geschallt [h]
scheiden	scheide/scheidest/scheidet	schied	geschieden [h/sein]
scheinen	scheine/scheinst/scheint	schien	geschienen [h]
scheißen	scheiße/scheißt/scheißt	schiß	geschissen [h]
schelten	schelte/schiltst/schilt	schalt	gescholten [h]
scheren	schere/scherst/schert	schor (scherte)	geschoren (geschert) [h]
schieben	schiebe/schiebst/schiebt	schob	geschoben [h]
schießen	schieße/schießt/schießt	schoß	geschossen [h/sein]
schinden	schinde/schindest/schindet	schindete	geschunden [h]
schlafen	schlafe/schläfst/schläft	schlief	geschlafen [h]

Infinitiv *Infinitif*	**Präsens (1./2./3. Pers. Sg.)** *Masa sekarang (orang ke-1/ -2/-3 tunggal)*	**Präteritum** *Masa lampau*	**Partizip Perfekt** *Partisip perfek*
schlagen	schlage/schlägst/schlägt	schlug	geschlagen [h/sein]
schleichen	schleiche/schleichst/schleicht	schlich	geschlichen [sein/h]
schleifen	schleife/schleifst/schleift	schliff	geschliffen [h]
schließen	schließe/schließt/schließt	schloß	geschlossen [h]
schlingen	schlinge/schlingst/schlingt	schlang	geschlungen [h]
schmeißen	schmeiße/schmeißt/schmeißt	schmiß	geschmissen [h]
schmelzen	schmelze/schmilzt/schmilzt (schmelzt)	schmolz	geschmolzen [h/sein]
schneiden	schneide/schneidest/schneidet	schnitt	geschnitten [h]
schreiben	schreibe/schreibst/schreibt	schrieb	geschrieben [h]
schreien	schreie/schreist/schreit	schrie	geschrie(e)n [h]
schreiten	schreite/schreitest/schreitet	schritt	geschritten [sein]
schweigen	schweige/schweigst/schweigt	schwieg	geschwiegen [h]
schwellen *itr*	schwelle/schwillst/schwillt	schwoll	geschwollen [sein]
schwimmen	schwimme/schwimmst/schwimmt	schwamm	geschwommen [sein/h]
schwinden	schwinde/schwindest/schwindet	schwand	geschwunden [sein]
schwingen	schwinge/schwingst/schwingt	schwang	geschwungen [h]
schwören	schwöre/schwörst/schwört	schwor (schwur)	geschworen [h]
sehen	sehe/siehst/sieht	sah	gesehen [h]
sein	bin/bist/ist/wir sind/ihr seid/sie sind	war	gewesen [sein]
senden	sende/sendest/sendet	sandte (sendete)	gesandt (gesendet) [h]
sieden	siede/siedest/siedet	sott, siedete	gesotten, gesiedet [h]
singen	singe/singst/singt	sang	gesungen [h]
sinken	sinke/sinkst/sinkt	sank	gesunken [sein]
sinnen	sinne/sinnst/sinnt	sann	gesonnen [h]
sitzen	sitze/sitzt/sitzt	saß	gesessen [h/sein]
sollen	soll/sollst/soll	sollte	sollen, gesollt [h]
spalten	spalte/spaltest/spaltet	spaltete	gespaltet, gespalten [h]
speien	speie/speist/speit	spie	gespie(e)n [h]
spinnen	spinne/spinnst/spinnt	spann	gesponnen [h]
spleißen	spleiße/spleißt/spleißt	spliß	gesplissen [h]
sprechen	spreche/sprichst/spricht	sprach	gesprochen [h]
sprießen	sprieße/sprießt/sprießt	sproß	gesprossen [sein]
springen	springe/springst/springt	sprang	gesprungen [sein/h]
stechen	steche/stichst/sticht	stach	gestochen [h/sein]
stecken *itr.*	stecke/steckst/steckt	steckte (stak)	gesteckt [h]
stehen	stehe/stehst/steht	stand	gestanden [h/sein]
stehlen	stehle/stiehlst/stiehlt	stahl	gestohlen [h]
steigen	steige/steigst/steigt	stieg	gestiegen [sein]
sterben	sterbe/stirbst/stirbt	starb	gestorben [sein]
stieben	stiebe/stiebst/stiebt	stob (stiebte)	gestoben (gestiebt) [sein/h]
stinken	stinke/stinkst/stinkt	stank	gestunken [h]
stoßen	stoße/stöße/stößt	stieß	gestoßen [h/sein]
streichen	streiche/streichst/streicht	strich	gestrichen [h/sein]
streiten	streite/streitest/streitet	stritt	gestritten [h]
tragen	trage/trägst/trägt	trug	getragen [h]
treffen	treffe/triffst/trifft	traf	getroffen [h]
treiben	treibe/treibst/treibt	trieb	getrieben [h/sein]
treten	trete/trittst/tritt	trat	getreten [h/sein]
triefen	triefe/triefst/trieft	triefte (troff)	getrieft (getroffen) [h/sein]

Infinitiv *Infinitif*	Präsens (1./2./3. Pers. Sg.) *Masa sekarang (orang ke-1/ -2/-3 tunggal)*	Präteritum *Masa lampau*	Partizip Perfekt *Partisip perfek*
trinken	trinke/trinkst/trinkt	trank	getrunken [h]
trügen	trüge/trügst/trügt	trog	getrogen [h]
tun	tue/tust/tut	tat	getan [h]
verderben	verderbe/verdirbst/verdirbt	verdarb	verdorben [h/sein]
verdrießen	verdrießt	verdroß	verdrossen [h]
vergessen	vergesse/vergißt/vergißt	vergaß	vergessen [h]
verlieren	verliere/verlierst/verliert	verlor	verloren [h]
wachsen	wachse/wächst/wächst	wuchs	gewachsen [sein]
wägen	wäge/wägst/wägt	wog (wägte)	gewogen (gewägt) [h]
waschen	wasche/wäschst/wäscht	wusch	gewaschen [h]
weben	webe/webst/webt	webte (wob)	gewebt (gewoben) [h]
weichen	weiche/weichst/weicht	wich	gewichen [sein]
weisen	weise/weist/weist	wies	gewiesen [h]
wenden	wende/wendest/wendet	wendete, wandte	gewendet, gewandt [h]
werben	werbe/wirbst/wirbt	warb	geworben [h]
werden	werde/wirst/wird	wurde (ward)	worden, geworden [sein]
werfen	werfe/wirfst/wirft	warf	geworfen [h]
wiegen	wiege/wiegst/wiegt	wog	gewogen [h]
winden	winde/windest/windet	wand	gewunden [h]
winken	winke/winkst/winkt	winkte	gewinkt (gewunken) [h]
wissen	weiß/weißt/weiß	wußte	gewußt [h]
wollen	will/willst/will	wollte	wollen, gewollt [h]
wringen	wringe/wringst/wringt	wrang	gewrungen [h]
zeihen	zeihe/zeihst/zeiht	zieh	geziehen [h]
ziehen	ziehe/ziehst/zieht	zog	gezogen [h/sein]
zwingen	zwinge/zwingst/zwingt	zwang	gezwungen [h]

Wörterbuch Indonesisch–Deutsch

Von E.-D. Krause unter Mitarbeit von R. Simon-Bärwinkel.
492 Seiten, Format 16,5 x 23,0 cm, gebunden.

Das Wörterbuch erfaßt rund 48.000 Stichwörter, Wortverbindungen und Wendungen der modernen Alltagssprache einschließlich wichtiger Fachbegriffe in der heute gültigen orthographischen Form. Um dem Benutzer das Nachschlagen zu erleichtern, sind die präfigierten Formen als besondere Eintragungen in alphabetischer Reihenfolge eingegliedert.

Lehrbuch der indonesischen Sprache

Von E.-D. Krause.
367 Seiten, Format 14,5 x 21,5 cm, kartoniert.

Das Lehrbuch ist in 20 einheitlich aufgebaute Lektionen gegliedert. Auf einen ausführlichen Grammatikteil folgen Vokabeln und Texte; umfangreiche und vielfältige Übungen erleichtern das Einprägen des Stoffes. In lebensnahen Texten und Übungen wird vor allem die Gegenwartssprache vermittelt. Allmählich werden die Lerner an die Originaltexte herangeführt und lernen landeskundliche Besonderheiten kennen. Im Anhang finden sich indonesische Abkürzungen und ein indonesisch-deutsches Wörterverzeichnis.

Langenscheidt
Verlag Enzyklopädie